Kompendien
für Studium, Praxis und Fortbildung

Prof. Eike Richter | Ri Lennart Oliver Feix

Polizei- und Ordnungsrecht
Hamburg

unter Mitarbeit von
Dipl.-Jur. Alena Schröder

Die Deutsche Nationalbibliothek verzeichnet diese Publikation in
der Deutschen Nationalbibliografie; detaillierte bibliografische
Daten sind im Internet über http://dnb.d-nb.de abrufbar.

ISBN 978-3-8487-7003-8 (Print)
ISBN 978-3-7489-1071-8 (ePDF)

1. Auflage 2026
© Nomos Verlagsgesellschaft, Baden-Baden 2026. Gesamtverantwortung für Druck und
Herstellung bei der Nomos Verlagsgesellschaft mbH & Co. KG. Alle Rechte, auch die des
Nachdrucks von Auszügen, der fotomechanischen Wiedergabe und der Übersetzung, vorbe-
halten. Gedruckt auf alterungsbeständigem Papier.

Vorwort

In einem Stadtstaat und einer Metropole wie der Freien und Hansestadt Hamburg fällt dem Polizei- und Ordnungsrecht eine besondere Bedeutung zu – zugleich zeigt es bedeutsame Besonderheiten. Sie haben uns zu dem vorliegenden Kompendium motiviert, mit dem wir Studierenden der Rechtswissenschaft und der Polizei ein hamburgspezifisches und systematisches Lehr- und Lernbuch sowie der polizeilichen und gerichtlichen Praxis eine Unterstützung in der Rechtsanwendung bieten möchten.

Im Mittelpunkt des Lehrbuchs steht die Frage der Rechtmäßigkeit polizeilichen Handelns und das Verständnis für die Schlüsselthemen des Polizei- und Ordnungsrechts wie die öffentliche Sicherheit und Ordnung, die Gefahr, die Verantwortlichkeit, das Ermessen und die Verhältnismäßigkeit. Die hamburgischen Besonderheiten kommen vor allem in der Organisation der Polizei- und Ordnungsverwaltung, den Standard- und Generalbefugnissen sowie in der Durchsetzung polizeilicher Maßnahmen zum Ausdruck. Sie bilden weitere Schwerpunkte des Kompendiums, die wir mit praxisrelevanten Einsatzlagen der Polizei und zahlreichen Fallbeispielen aus der Rechtsprechung veranschaulicht haben. Ebenso wichtig sind uns die wesentlichen Bezüge zum Verfassungs- und zum Europarecht, die einen grundlegenden Wandel des Polizeirechts in Gang gesetzt haben, aber auch zur historischen Entwicklung, vor deren Hintergrund das Polizei- und Ordnungsrecht erst verständlich wird. Diese wechselseitigen Bezüge und Zusammenhänge spiegeln sich in den zahlreichen, besonders gekennzeichneten (→) Querverweisen wider, die es ermöglichen, das Buch nicht nur systematisch zu lesen, sondern auch mit der Lektüre an jeder Stelle einzusteigen.

Rechtsprechung und Literatur konnten wir bis zum 1. April 2025, vereinzelt auch darüber hinaus berücksichtigen. Insbesondere die jüngsten Entscheidungen des Bundesverfassungsgerichts zur automatisierten Datenanalyse und zum BKA-Gesetz konnten wir ebenso noch einbeziehen wie die jüngsten Änderungen der Hamburger Polizeigesetze, die in der Hamburgischen Bürgerschaft seit August 2024 beraten und im Januar 2025 beschlossen wurden.

Wir danken besonders Rechtsreferendarin Dipl.-Jur. Alena Schröder, die einzelne Themen des Kompendiums eigenständig entworfen und das Kompendium durchgängig begleitet hat. Für ihre inhaltliche und organisatorische Unterstützung danken wir stud. iur. Steven Thomas Floßbach, Julia Lips und Annika Lott, der Rechtsreferendarin Dipl.-Jur. Isabelle Schimanek und Ass. iur. Linda Koßmann sowie Kriminalkommissarin Anja Borchardt, LL.B., Kriminaloberkommissarin Fee Weinberger, LL.B, Jannes Matzen, LL.B, und Dr. phil. Maren Richter. Besonderer Dank gebührt stud. iur. Miriam Grimberger, B.A., und Rechtsreferendar Dipl.-Jur. Juri Theis sowie den wissenschaftlichen Mitarbeitern Kriminalkommissar Sebastian Ruffer und Dr. iur. Mark Varszegi für ihre stetige Mitwirkung. Das Kompendium profitiert gleichermaßen von der wissenschaftlichen Freiheit und von der organisatorischen Nähe der Hochschule zur polizeilichen Praxis. Für die wertvollen Anregungen, die uns erreicht haben, sind wir dankbar. Nicht zuletzt möchten wir uns bei Prof. Dr. Wolfgang Hoffmann-Riem, Richter des Bundesverfassungsgerichts a.D. und Justizsenator a.D., für den bestärkenden Zuspruch bedanken, ein modernes Lehrbuch zum Hamburger Polizeirecht zu schreiben. Ebenso danken wir der Zentralbibliothek Recht der Universität Hamburg und der Bibliothek der Hochschule der Akademie der Polizei Hamburg für die freundliche bibliothekarische Unterstützung sowie Dr. Peter Schmidt für die konzeptionelle und verlegerische Betreuung.

Wir freuen uns über Ihre Hinweise und Anregungen (kompendium-polizeirecht@ak.polizei.hamburg.de).

Hamburg, im Juni 2025 *Eike Richter und Lennart Oliver Feix*

Begleitende Lernmaterialien

Um das Lernen mit dem Kompendium zu unterstützen, stellen wir begleitende Lernmaterialien vor allem in Form digitaler Karteikarten bereit. Die Karteikarten bieten praxisnahe und prüfungsrelevante Übungsfälle, viele Prüfschemata und gezielte Lern- und Wiederholungsfragen. Sie enthalten Lösungshinweise und verweisen zur weiteren Erläuterung auf die jeweiligen Abschnitte und Randnummern des Kompendiums sowie auf weitere Quellen. Die Karteikarten können insbesondere genutzt werden, um Themen des Kompendiums zu wiederholen und zu vertiefen. Sie sind zugleich so gestaltet, dass sie auch als Einstiegspunkte dienen können, um sich für die Fragen des Polizei- und Ordnungsrechts zu sensibilisieren und so die Inhalte des Kompendiums besser aufzunehmen. Die Karteikarten orientieren sich an der Gliederung des Kompendiums und sind verschlagwortet, so dass mit ihnen sowohl inhaltlich-systematisch als auch fokussiert auf Leitbegriffe des Polizei- und Ordnungsrechts gelernt werden kann.

Die Karteikarten, die stetig ergänzt und aktualisiert werden, basieren auf der quelloffenen, über das Internet beziehbaren und mit gängigen Betriebssystemen nutzbaren Lernkartei-Software „Anki". Diese ist auf langzeitgedächtnisorientiertes Lernen ausgerichtet und bietet die Möglichkeit, das Lerntempo an die individuellen Bedürfnisse anzupassen. Nach der Installation der Software können die Karteikarten in ihrem jeweils aktuellen Stand über den nebenstehenden QR-Code oder unter https://richter.oeffentliches-recht.poladium.de von der Website der Professur heruntergeladen und in die Software importiert werden.

Wir danken stud. iur. Britta Goerke, Maritt Krebs und Jan Seibel, Rechtsreferendarin Dipl.-Jur. Susanna Janus und Rechtsreferendar Maximilian Schmid sowie dem wissenschaftlichen Mitarbeiter Kriminalkommissar Sebastian Ruffer für ihre engagierte Mitarbeit an den begleitenden Lernmaterialien.

Wir wünschen Ihnen viel Erfolg bei Studium, Ausbildung und Rechtsreferendariat.

Inhaltsübersicht

Inhaltsverzeichnis 11

Literaturverzeichnis 25

Literatur zur Geschichte der Hamburger Polizei und des Hamburgischen Polizeirechts 29

A. **Polizei- und Ordnungsrecht** 31
    I. Allgemeines und besonderes Verwaltungsrecht 31
    II. Grundbegriffe und Prinzipien 32

B. **Grundlagen** 34
    I. Rechtsquellen und ihre Rangordnung 34
    II. Konstitutionelles Gefahrenabwehrrecht 37
    III. Aufgaben der Polizei- und Ordnungsverwaltung 53
    IV. Organisation der Polizei- und Ordnungsverwaltung 59
    V. Gefahrenabwehr in der digitalen Transformation und im Klimawandel 66

C. **Maßnahmen** 68
    I. Vorab: Ermittlung der maßgeblichen Rechtsvorschriften 68
    II. Rechtsgrundlage 75
    III. Anforderungen der formellen Rechtmäßigkeit 89
    IV. Schutzgüter 102
    V. Gefahr 116
    VI. Verantwortlichkeit und Pflichtigkeit 134
    VII. Ermessen, Verhältnismäßigkeit und weitere allgemeine materielle Rechtmäßigkeitsvoraussetzungen 150

D. **Befugnisse im Einzelnen** 173
    I. Grundlagen zu den Standardbefugnissen 173
    II. Informationelle Befugnisse 176
    III. Aktionelle Befugnisse 228
    IV. Generalbefugnis 277
    V. Exkurs: Befugnisse zum Schutz bei psychischen Krankheiten 282
    VI. Befugnisse im Rahmen der Amts-, Informations- und Vollzugshilfe 282

E. **Um- und Durchsetzung** 284
    I. Verwaltungsvollstreckung 284
    II. Unmittelbare Ausführung 299
    III. Insbesondere: Abschleppen von Fahrzeugen 303

F. **Polizeiliche Genehmigungsverfahren** 308

G. **Gefahrenabwehrverordnungen** 311
    I. Rechtsgrundlage der Gefahrenabwehrverordnung 312
    II. Formelle Rechtmäßigkeit der Gefahrenabwehrverordnung 314
    III. Materielle Rechtmäßigkeit der Gefahrenabwehrverordnung 315

H.	Kostentragung und Entschädigung	321
	I. Kostentragung	321
	II. Folgenbeseitigung, Entschädigung und Schadensersatz	328

I.	Rechtsschutz gegen polizeiliche Maßnahmen	335
	I. Rechtsweg	335
	II. Statthafte Formen des Verwaltungsrechtsschutzes	337

J.	Geschichte der Hamburger Polizei und des Hamburgischen Polizeirechts	343
	I. Spätmittelalter und frühe Neuzeit: Policey und Polizeiordnungen	343
	II. Reformation, Aufklärung und Stadtrepublik: Policey, Polizeigewalt und Polizeiorganisation	345
	III. Von der napoleonischen Besetzung bis zum Ende des Kaiserreichs	347
	IV. Weimarer Republik: Militarismus und Preußisches Polizeiverwaltungsgesetz	355
	V. Nationalsozialismus: Zentralisierung, Entstaatlichung und Rechtsumdeutung	358
	VI. Nachkriegszeit: Entpolizeilichung und Entnazifizierung	363
	VII. Im geteilten Deutschland: Reorganisation der Polizei und Vereinheitlichung des Polizeirechts	365
	VIII. Seit der Wiedervereinigung: Polizeirechtsreform und vorbeugende Verbrechensbekämpfung	366

Stichwortverzeichnis 371

Inhaltsverzeichnis

Literaturverzeichnis	25
Literatur zur Geschichte der Hamburger Polizei und des Hamburgischen Polizeirechts	29

A. Polizei- und Ordnungsrecht   31
    I. Allgemeines und besonderes Verwaltungsrecht   31
    II. Grundbegriffe und Prinzipien   32

B. Grundlagen   34
    I. Rechtsquellen und ihre Rangordnung   34
        1. Europäische Union und Völkergemeinschaft   34
        2. Bund sowie Freie und Hansestadt Hamburg   35
        3. Rangordnung   37
    II. Konstitutionelles Gefahrenabwehrrecht   37
        1. Gefahrenabwehr als Teilaufgabe der Sicherheit   38
            a) Sicherheit als staatliche und europäische Aufgabe   38
            b) Sicherheit als gesellschaftliche und private Aufgabe   39
            c) Aufgabe der Gefahrenabwehr   39
                aa) Abwehr von Gefahren   40
                bb) Gefahren- und Kriminalprävention   41
                cc) Freiheit als Grund und Grenze der Gefahrenabwehr   41
        2. Gewährleistung der Gefahrenabwehr   43
            a) Vorgaben des Grundgesetzes   43
                aa) Menschenwürde   43
                bb) Gefahrenabwehr im Rechtsstaat   44
                    (1) Grundrechte   44
                    (2) Verhältnismäßigkeit   46
                    (3) Gesetzmäßigkeit, insbes. Rechtsbindung und Bestimmtheit   47
                    (4) Gewaltenteilung   47
                cc) Demokratie und Gefahrenabwehr   48
                dd) Gefahrenabwehr im Bundesstaat   49
                    (1) Gesetzgebungskompetenzen   49
                    (2) Ausführungskompetenzen   50
            b) Vorgaben der Verfassung der Freien und Hansestadt Hamburg   51
            c) Vorgaben des europäischen Vertragsrechts   52
            d) Vorgaben des Völkerrechts   52
    III. Aufgaben der Polizei- und Ordnungsverwaltung   53
        1. Gefahrenabwehr   54
            a) Abwehr von Gefahren für die öffentliche Sicherheit und Ordnung („klassische" Gefahrenabwehr)   54
            b) Gefahren- und Kriminalprävention („Vorfeld")   55
                aa) Vorbeugende Bekämpfung von Straftaten   56
                bb) Vorbereitung für die Hilfeleistung und das Handeln in Gefahrenfällen   56
            c) Abgrenzung zur besonderen Gefahrenabwehr   57

	2.	Amts-, Informations- und Vollzugshilfe	57
	3.	Verfolgung von Straftaten und Ordnungswidrigkeiten	57
	4.	Weitere gesetzlich zugewiesene Aufgaben	59
IV.	Organisation der Polizei- und Ordnungsverwaltung		59
	1.	Hamburger Polizei- und Ordnungsverwaltung	60
		a) Verwaltungsbehörden, einschl. Sonderordnungsbehörden	60
		b) Polizei, insbes. Vollzugspolizei	61
	2.	Weitere Verwaltungen mit Sicherheitsaufgaben in Hamburg	62
	3.	Organisationsübergreifende Sicherheitsstrukturen	65
	4.	Abgrenzung zur Organisation privater Eigensicherung	66
V.	Gefahrenabwehr in der digitalen Transformation und im Klimawandel		66

C. Maßnahmen   68

I.	Vorab: Ermittlung der maßgeblichen Rechtsvorschriften		68
	1.	Von der konkreten Handlung zum einschlägigen Recht	69
		a) Rechtsbegriffe und Handlungsformen	69
		b) Handlungsformen im Polizei- und Ordnungsrecht	70
	2.	Vom einschlägigen zum maßgeblichen Recht	73
II.	Rechtsgrundlage		75
	1.	Anforderungen an die Rechtsgrundlage, insbes. Notwendigkeit einer Ermächtigung	76
		a) Eingriff in Grundrechte	76
		b) Allgemeiner Vorbehalt des Gesetzes	77
		c) Grenzen der Reichweite des Vorbehalts des Gesetzes	78
		d) Insbesondere: Einwilligung und Grundrechtsverzicht	80
	2.	Bestimmung der Rechts- bzw. Ermächtigungsgrundlage	80
		a) Rang eines Gesetzes	80
		b) Befugnis mit hinreichender Reichweite	82
		c) Reichweite anderer Rechtsgrundlagen	84
	3.	Anwendbarkeit der Rechtsgrundlage, insbes. Kollisionen	84
		a) Anwendungsvorrang bei Spezialität	85
		b) Anwendungsexklusivität bei Abgeschlossenheit	86
	4.	Wirksamkeit der Rechts- bzw. Ermächtigungsgrundlage	88
III.	Anforderungen der formellen Rechtmäßigkeit		89
	1.	Zuständigkeit	90
		a) Zuständigkeiten innerhalb des Hamburger Hoheitsgebiets	91
		aa) Zuständigkeit der Verwaltungsbehörden	91
		bb) Zuständigkeit der Vollzugspolizei	92
		cc) Insbesondere: Schutz privater Rechte	93
		dd) Insbesondere: Einschreiten gegen Hoheitsträger	96
		b) Grenzüberschreitende Zuständigkeiten	97
	2.	Verfahrens- und Formvorschriften	98
		a) Verfahren	98
		b) Form	100
		c) Bekanntgabe und Wirksamkeit	100
	3.	Rechtsfolgen bei Verstößen gegen formelles Polizei- und Ordnungsrecht	101
IV.	Schutzgüter		102
	1.	Öffentliche Sicherheit	103
		a) Unversehrtheit der objektiven Rechtsordnung	103

	b) Subjektiv-öffentliche Rechte und Rechtsgüter des Einzelnen	106
	c) Private Rechte	108
	d) Bestand des Staates, seiner Einrichtungen und Veranstaltungen	108
	e) Insbesondere: Fotografieren und Filmen von Polizeieinsätzen	110
2.	Öffentliche Ordnung	113
V. Gefahr		116
1.	Konkrete Gefahr	117
	a) Anforderungen an die Konkretheit	117
	b) Bestimmung des betroffenen Schutzguts und seines Schadens	119
	c) Hinreichende Wahrscheinlichkeit	120
	d) Absehbare Zeit	122
	e) Beurteilungsperspektive	122
2.	Störung	123
3.	Qualifizierte Gefahren	124
4.	Anscheins- und Scheingefahr	125
5.	Gefahrenverdacht	127
6.	Exkurs: Prognosesoftware („Predictive Policing")	129
7.	Abgrenzungen	130
	a) Konkretisierte und drohende Gefahr	130
	b) Risiko	133
	c) Nichtwissen	133
VI. Verantwortlichkeit und Pflichtigkeit		134
1.	Rechtssubjekte gefahrenabwehrrechtlicher Verantwortlichkeit	136
2.	Verhaltensverantwortlichkeit	137
	a) Zurechnung des Verhaltens zur Gefahr	138
	b) Mittelbare Verursachung, Zweckveranlasser	139
	c) Zusatzverantwortlichkeit	142
3.	Zustandsverantwortlichkeit	142
4.	Notstandspflichtigkeit	145
5.	Anscheins- und Verdachtsverantwortlichkeit	148
6.	Gesamtrechtsnachfolge in die Verantwortlichkeit	150
VII. Ermessen, Verhältnismäßigkeit und weitere allgemeine materielle Rechtmäßigkeitsvoraussetzungen		150
1.	Ermessen der Polizei- und Ordnungsbehörden	151
	a) Ebenen des Ermessens	152
	aa) Entschließungsermessen	152
	bb) Auswahl unter mehreren Verantwortlichen	153
	cc) Mittelauswahlermessen	154
	b) Bindungen des Ermessens	154
	aa) Ermessensnichtgebrauch oder -unterschreitung	155
	bb) Ermessensfehlgebrauch	156
	cc) Ermessensüberschreitung	158
	dd) Insbesondere: Racial Profiling	159
	c) Vollständige Reduzierung des Ermessens	161
	aa) Pflicht zum Einschreiten	161
	bb) Anspruch auf polizeiliches Handeln	162
	cc) Insbesondere: Polizeiliches Einschreiten gegen unfreiwillige Obdachlosigkeit	163

2. Grundsatz der Verhältnismäßigkeit 165
   a) Legitimer Zweck 165
   b) Geeignetheit 166
   c) Erforderlichkeit 167
   d) Angemessenheit, Verhältnismäßigkeit im engeren Sinne 169
3. Bestimmtheit polizei- und ordnungsbehördlicher Verfügungen 170
4. Möglichkeit der Befolgung einer Verfügung 171

D. Befugnisse im Einzelnen 173
   I. Grundlagen zu den Standardbefugnissen 173
      1. Handlungs- bzw. Rechtsform polizeilicher Standardmaßnahmen 174
      2. Durchsetzung und Vollstreckungsbedürftigkeit 175
   II. Informationelle Befugnisse 176
      1. Grundlagen der informationsrechtlichen Befugnisse im PolDVG 178
         a) Anwendungsbereich und Grundbegriffe 178
         b) Grundsätze der Datenverarbeitung 180
         c) Organisation und Verfahren, Kontrolle 182
      2. Befugnisse zur Datenerhebung 183
         a) Befragung einschl. Anhalten sowie Auskunft 184
         b) Identitätsfeststellung und Prüfung von Berechtigungsscheinen 186
            aa) Zwecke und Voraussetzungen der Identitätsfeststellung 187
            bb) Zulässige Maßnahmen zur Feststellung der Identität 189
            cc) Kontrollmaßnahmen in Waffenverbotsgebieten 190
            dd) Prüfung von Berechtigungsscheinen 191
            ee) Feststellung der Personalien durch die Verwaltungsbehörden 192
         c) Datenverarbeitung zur Vorbereitung auf die Hilfeleistung in Gefahrenfällen 192
         d) Datenverarbeitung bei Notrufen, Aufzeichnung von Anrufen und Funkverkehr 192
         e) Erkennungsdienstliche Maßnahmen und Identifizierung unbekannter Toter durch DNA-Material 193
         f) Lichtbildaufnahme in Gewahrsamseinrichtungen 195
         g) Offener Einsatz technischer Mittel zur Übertragung und Aufzeichnung von Bild und Ton 196
            aa) Anlässe und Voraussetzungen der einzelnen Befugnisse 197
            bb) Offenheit, Drittbetroffenheit, Speicherung und Zweckbindung 202
         h) Einsatz von automatischen Kennzeichenlesesystemen 202
         i) Observation 203
         j) Verdeckter Einsatz technischer Mittel 205
         k) Verdeckter Einsatz technischer Mittel in oder aus Wohnungen 207
         l) Überwachung und Aufzeichnung von Telekommunikation und von Kommunikation in informationstechnischen Systemen 208
         m) Einsatz von Vertrauenspersonen 209
         n) Einsatz verdeckter Ermittlungspersonen 211
         o) Elektronische Aufenthaltsüberwachung 213
         p) Ausschreibung zur polizeilichen Beobachtung oder gezielten Kontrolle 215
         q) Opferschutzmaßnahmen 216

3. Befugnisse zur weiteren Datenverarbeitung ... 216
   a) Allgemeine Grundsätze der Weiterverarbeitung ... 216
      aa) Rechtmäßigkeitszusammenhang ... 217
      bb) Grundsatz der Zweckbindung ... 217
         (1) Zweckrealisierende Datenverarbeitung ... 218
         (2) Zweckwahrende Datenverarbeitung ... 219
         (3) Zweckändernde Datenverarbeitung ... 219
         (4) Weitere Modifikationen und Begleitregelungen der Zweckbindung ... 221
      cc) Speicherdauer und Dateisysteme ... 221
   b) Einzelne Weiterberarbeitungsbefugnisse ... 222
      aa) Weitere Verarbeitung, insbes. Sammeln und Speichern von Daten ... 222
      bb) Übermittlung von Daten, einschl. Fahndung ... 223
      cc) Abgleich von Daten, insbes. automatisierte Auswertung und Rasterfahndung ... 224
      dd) Training und Testung von lernenden IT-Systemen ... 226
4. Generalbefugnis der polizeilichen Datenverarbeitung ... 227

III. Aktionelle Befugnisse ... 228
1. Vorladung ... 229
2. Meldeauflage ... 231
3. Platzverweisung ... 233
4. Wohnungsverweisung und -betretungsverbot ... 235
5. Aufenthaltsverbot ... 238
6. Kontakt- und Näherungsverbot ... 240
7. Polizeiliche Begleitung ... 242
8. Ingewahrsamnahme von Personen ... 242
   a) Verfassungsrechtliche Grundlagen ... 243
   b) Gewahrsamstatbestände und -voraussetzungen ... 245
      aa) Schutz der Person ... 245
      bb) Verhinderung von Straftaten und Ordnungswidrigkeiten ... 246
      cc) Durchsetzung eines Platzverweises, Betretungs-, Kontakt- und Näherungs- oder Aufenthaltsverbots ... 248
      dd) Schutz privater Rechte ... 249
      ee) Durchsetzung einer elektronischen Aufenthaltsüberwachung ... 250
      ff) Zuführung von Minderjährigen ... 250
      gg) Zurückführung entwichener Personen ... 250
   c) Besondere Anforderungen an Gewahrsam bzw. Festhalten ... 251
      aa) Entscheidung über die Ingewahrsamnahme ... 251
      bb) Behandlung festgehaltener Personen ... 253
      cc) Dauer der Freiheitsentziehung ... 255
   d) Exkurs: Verbringungsgewahrsam ... 256
9. Sicherstellung von Sachen ... 257
   a) Gegenstand einer Sicherstellung ... 258
   b) Sicherstellungstatbestände und -voraussetzungen ... 259
      aa) Abwehr unmittelbar bevorstehender Gefahren ... 259
      bb) Verhinderung missbräuchlicher Verwendung im Gewahrsam ... 260
      cc) Schutz vor Verlust oder Beschädigung ... 261
   c) Verwahrung ... 262

		d) Verwertung, Einziehung, Unbrauchbarmachung, Vernichtung	263
	10.	Durchsuchung von Personen, Sachen und Wohnungen	263
		a) Durchsuchen und Untersuchen von Personen	264
		aa) Besondere Verfahrensvorgaben	265
		bb) Durchsuchungstatbestände	265
		cc) Befugnisse zur körperlichen Untersuchung	267
		b) Durchsuchen von Sachen	268
		aa) Gegenstand einer Durchsuchung	269
		bb) Besondere Verfahrensvorgaben	269
		cc) Durchsuchungstatbestände	269
		(1) Von einer Person mitgeführte Sachen, insbes. Fahrzeuge	269
		(2) Zum Verbergen von Personen und Gegenständen genutzte Sachen	270
		(3) An bestimmten Orten befindliche Sachen	271
		c) Betreten und Durchsuchen von Wohnungen	271
		aa) Begriff der Wohnung	272
		bb) (Bloßes) Betreten einschließlich Besichtigen	273
		cc) Durchsuchen einschließlich Betreten	274
		(1) Besondere Verfahrensvorgaben	275
		(2) Materielle Voraussetzungen	275
IV.	Generalbefugnis		277
	1.	Gefährderansprache	279
	2.	Informations-, Kommunikations- und Digitalhandeln, insbes. in sozialen Medien	280
V.	Exkurs: Befugnisse zum Schutz bei psychischen Krankheiten		282
VI.	Befugnisse im Rahmen der Amts-, Informations- und Vollzugshilfe		282

E.   Um- und Durchsetzung   284

I.	Verwaltungsvollstreckung		284
	1.	Voraussetzungen der Verwaltungsvollstreckung	285
		a) Formelle Rechtmäßigkeitsvoraussetzungen der Vollstreckung	285
		b) Anforderungen an die Grundverfügung	286
		aa) Inhalt, Wirksamkeit und Vollstreckbarkeit	286
		bb) Rechtmäßigkeit der Grundverfügung	287
		c) Anforderungen an die Art und Weise der Vollstreckung	288
		d) Vollstreckung im beschleunigten Verfahren	289
	2.	Vollstreckungshindernisse	289
	3.	Die Zwangsmittel im Einzelnen	290
		a) Ersatzvornahme	290
		b) Zwangsgeld	291
		c) Unmittelbarer Zwang	291
		aa) Allgemeine Voraussetzungen	293
		bb) Anwendung körperlicher Gewalt	294
		cc) Ärztliche Zwangsmaßnahmen	294
		dd) Anwendung von Hilfsmitteln der körperlichen Gewalt, insbes. Fesselung von Personen	295
		ee) Gebrauch von Waffen, insbes. von Schusswaffen	297
		d) Erzwingungshaft	299

II.	Unmittelbare Ausführung	299
	1. Abgrenzung zur Verwaltungsvollstreckung	300
	2. Voraussetzungen	301
	a) Rechtmäßigkeit einer hypothetischen Grundverfügung	301
	b) Eilbedürftigkeit	301
	3. Rechtsfolge	302
III.	Insbesondere: Abschleppen von Fahrzeugen	303
	1. Sicherstellung	303
	2. Ersatzvornahme	304
	3. Unmittelbare Ausführung	305
	4. Verhältnismäßigkeit des Abschleppens	305

F. Polizeiliche Genehmigungsverfahren   308

G. Gefahrenabwehrverordnungen   311

    I. Rechtsgrundlage der Gefahrenabwehrverordnung   312
       1. Bestimmung der Verordnungsbefugnis   312
       2. Anforderungen an die Verordnungsbefugnis   313
    II. Formelle Rechtmäßigkeit der Gefahrenabwehrverordnung   314
    III. Materielle Rechtmäßigkeit der Gefahrenabwehrverordnung   315
       1. Vereinbarkeit mit den Vorgaben der Verordnungsbefugnis   316
       2. Vereinbarkeit mit höherrangigem Recht   317
       3. Verordnungsermessen   318
          a) Erlassermessen   318
          b) Ausgestaltungsermessen   319

H. Kostentragung und Entschädigung   321

    I. Kostentragung   321
       1. Kostentragung von Verantwortlichen   322
          a) Verwaltungsvollstreckung   323
          b) Unmittelbare Ausführung   324
          c) Sicherstellung und Verwahrung   325
          d) Kostentragung bei mehreren Verantwortlichen   325
       2. Kostentragung durch Veranlasser und Begünstigte   326
    II. Folgenbeseitigung, Entschädigung und Schadensersatz   328
       1. Entschädigung bei rechtmäßigem Handeln der Behörde   329
          a) Entschädigung von Notstandspflichtigen und Polizeihelfern   329
          b) Entschädigung unbeteiligter Dritter   330
          c) Entschädigung von Anscheins- und Verdachtsverantwortlichen   331
       2. Ansprüche bei rechtswidrigem Handeln der Behörde   332
          a) Amtshaftungsanspruch   332
          b) Anspruch aus öffentlich-rechtlichem Schuldverhältnis   334
          c) Verschuldensunabhängige Haftung   334

I. Rechtsschutz gegen polizeiliche Maßnahmen   335

    I. Rechtsweg   335
    II. Statthafte Formen des Verwaltungsrechtsschutzes   337
       1. Rechtsschutz gegen Verwaltungsakte   337
          a) Erledigte Verwaltungsakte   338

	b) Kosten- und Gebührenbescheide	339
2.	Rechtsschutz gegen Realakte	339
3.	Durchsetzung von Ansprüchen auf polizeiliches Handeln	340
4.	Rechtsschutz gegen Gefahrenabwehrverordnungen	341

J. Geschichte der Hamburger Polizei und des Hamburgischen Polizeirechts 343

    I. Spätmittelalter und frühe Neuzeit: Policey und Polizeiordnungen 343
    II. Reformation, Aufklärung und Stadtrepublik: Policey, Polizeigewalt und Polizeiorganisation 345
    III. Von der napoleonischen Besetzung bis zum Ende des Kaiserreichs 347
        1. Wandel des allgemeinen Verständnisses von Polizei im Zuge der gesellschaftlichen Entwicklung und der liberalen Polizeikritik 348
        2. Gründung und Ausgestaltung der Hamburger Polizei 351
        3. Modernisierung und Weiterentwicklung nach englischem und preußischem Vorbild 353
        4. Konturierung und Entwicklung des Hamburger Polizei- und Ordnungsrechts 354
    IV. Weimarer Republik: Militarismus und Preußisches Polizeiverwaltungsgesetz 355
    V. Nationalsozialismus: Zentralisierung, Entstaatlichung und Rechtsumdeutung 358
    VI. Nachkriegszeit: Entpolizeilichung und Entnazifizierung 363
    VII. Im geteilten Deutschland: Reorganisation der Polizei und Vereinheitlichung des Polizeirechts 365
    VIII. Seit der Wiedervereinigung: Polizeirechtsreform und vorbeugende Verbrechensbekämpfung 366

Stichwortverzeichnis 371

Abkürzungsverzeichnis

AlkHbfVerbVO	Verordnung über das Verbot des Verzehrs und des Mitführens alkoholischer Getränke auf öffentlichen Flächen im Bereich des Hauptbahnhofes vom 26. März 2024
ASOG	Allgemeines Sicherheits- und Ordnungsgesetz Berlin
ATDG	Gesetz zur Errichtung einer standardisierten zentralen Antiterrordatei von Polizeibehörden und Nachrichtendiensten von Bund und Ländern
BaFin	Bundesanstalt für Finanzdienstleistungsaufsicht
BayLStVG	Landesstraf- und Verordnungsgesetz Bayern
BayPAG	Gesetz über die Aufgaben und Befugnisse der Bayerischen Polizei
BbgOBG	Ordnungsbehördengesetz Brandenburg
BbgPolG	Brandenburgisches Polizeigesetz
BDSG	Bundesdatenschutzgesetz
BeamtStG	Gesetz zur Regelung des Statusrechts der Beamtinnen und Beamten in den Ländern
BezVG	Bezirksverwaltungsgesetz (Hamburg)
BIS	Behörde für Inneres und Sport
BKA	Bundeskriminalamt
BKAG	Gesetz über das Bundeskriminalamt und die Zusammenarbeit des Bundes und der Länder in kriminalpolizeilichen Angelegenheiten (Bundeskriminalamtgesetz)
BMF	Bundesministerium der Finanzen
BMI	Bundesministerium des Innern
BND	Bundesnachrichtendienst
BNDG	Gesetz über den Bundesnachrichtendienst (BND-Gesetz)
BPOL	Bundespolizei
BPolG	Gesetz über die Bundespolizei (Bundespolizeigesetz)
BremPolG	Bremisches Polizeigesetz
BSI	Bundesamt für Sicherheit in der Informationstechnik
BT-Drs.	Bundestagsdrucksache
BtMG	Gesetz über den Verkehr mit Betäubungsmitteln
Bü-Drs.	Drucksachen der Hamburgischen Bürgerschaft
BVerfSchG	Gesetz über die Zusammenarbeit des Bundes und der Länder in Angelegenheiten des Verfassungsschutzes und über das Bundesamt für Verfassungsschutz
BWPolG	Polizeigesetz Baden-Württemberg
DSGVO	Verordnung (EU) 2016/679 des Europäischen Parlaments und des Rates vom 27. April 2016 zum Schutz natürlicher Personen bei der Verarbeitung personenbezogener Daten, zum freien Datenverkehr und zur Aufhebung der Richtlinie 95/46/EG (Datenschutz-Grundverordnung)
EAÜ	Elektronische Aufenthaltsüberwachung
ED-Behandlung	Erkennungsdienstliche Behandlung/Maßnahme
EGGVG	Einführungsgesetz zum Gerichtsverfassungsgesetz

eKFV	Verordnung über die Teilnahme von Elektrokleinstfahrzeugen am Straßenverkehr (Elektrokleinstfahrzeuge-Verordnung)
Erwgr.	Erwägungsgrund
EuroPol	Europäisches Polizeiamt in Den Haag
FamFG	Gesetz über das Verfahren in Familiensachen und in den Angelegenheiten der freiwilligen Gerichtsbarkeit
FeV	Fahrerlaubnis-Verordnung
FHH	Freie und Hansestadt Hamburg
FluglaternenVO	Verordnung zur Verhütung von Gefahren durch Fluglaternen (Fluglaternenverordnung) vom 5. Januar 2010
FZV	Fahrzeug-Zulassungsverordnung
GastG	Gaststättengesetz
GastVO	Verordnung über den Betrieb von Gaststätten (Gaststättenverordnung) vom 27. April 1971
GebG	Gebührengesetz (Hamburg)
GefAbw(R)	Gefahrenabwehr(recht)
GewO	Gewerbeordnung
GlasflaschenverbotsG	Gesetz über das Verbot des Mitführens und des Verkaufs von Glasgetränkebehältnissen in bestimmten Gebieten
GrAnlG	Grünanlagengesetz
GrünanlagenVO	Verordnung zum Schutz der öffentlichen Grün- und Erholungsanlagen vom 26. August 1975
HBauO	Hamburgische Bauordnung
HeilprG	Gesetz über die berufsmäßige Ausübung der Heilkunde ohne Bestallung
HSOG	Hessisches Gesetz über die öffentliche Sicherheit und Ordnung
HmbAbfG	Hamburgisches Abfallwirtschaftsgesetz
HmbBestattG	Gesetz über das Leichen-, Bestattungs- und Friedhofswesen
HmbBG	Hamburgisches Beamtengesetz
HmbBNatSchAG	Hamburgisches Gesetz zur Ausführung des Bundesnaturschutzgesetzes
HmbDSG	Hamburgisches Datenschutzgesetz
HmbFAnG	Hamburgisches Fischerei- und Angelgesetz
HmbFwG	Hamburgisches Feuerwehrgesetz
HmbGVBl	Gesetz- und Verordnungsblatt Hamburg
HmbHG	Hamburgisches Hochschulgesetz
HmbJVBl	Hamburgisches Justizverwaltungsblatt
HmbKatSG	Hamburgisches Katastrophenschutzgesetz
HmbLärmSchG	Hamburgisches Lärmschutzgesetz
HmbMG	Hamburgisches Meldegesetz
HmbPolAG	Gesetz über die Akademie der Polizei Hamburg und ihren Fachhochschulbereich
HmbPresseG	Hamburgisches Pressegesetz
HmbPSchG	Hamburgisches Gesetz zum Schutz vor den Gefahren des Passivrauchens in der Öffentlichkeit
HmbPsychKG	Hamburgisches Gesetz über Hilfen und Schutzmaßnahmen bei psychischen Krankheiten

HmbRDG	Hamburgisches Rettungsdienstgesetz
HmbSARS-CoV-2-Eindämmungs VO	Verordnung zur Eindämmung der Ausbreitung des Coronavirus SARS-CoV-2 in der Freien und Hansestadt Hamburg
HmbSenGO	Geschäftsordnung des Senats der Freien und Hansestadt Hamburg vom 24. November 2020
HmbSG	Hamburgisches Schulgesetz
HmbStVollzG	Hamburgisches Strafvollzugsgesetz
HmbSÜGG	Hamburgisches Sicherheitsüberprüfungs- und Geheimschutzgesetz
HmbUVollzG	Hamburgisches Untersuchungshaftvollzugsgesetz
HmbVerf	Verfassung der Freien und Hansestadt Hamburg
HmbVerfG	Hamburgisches Verfassungsgericht
HmbVerfSchG	Hamburgisches Verfassungsschutzgesetz
HmbVwVfG	Hamburgisches Verwaltungsverfahrensgesetz
HmbVwVG	Hamburgisches Verwaltungsvollstreckungsgesetz
HundeG	Hamburgisches Gesetz über das Halten und Führen von Hunden
HWaG	Hamburgisches Wassergesetz
HWG	Hamburgisches Wegegesetz
IdF	Identitätsfeststellung
IfSG	Gesetz zur Verhütung und Bekämpfung von Infektionskrankheiten beim Menschen
IMK	Ständige Konferenz der Innenminister und -senatoren der Länder
JI-RL	Richtlinie (EU) 2016/680 des Europäischen Parlaments und des Rates vom 27. April 2016 zum Schutz natürlicher Personen bei der Verarbeitung personenbezogener Daten durch die zuständigen Behörden zum Zwecke der Verhütung, Ermittlung, Aufdeckung oder Verfolgung von Straftaten oder der Strafvollstreckung sowie zum freien Datenverkehr u. zur Aufhebung des Rahmenbeschlusses 2008/977/JI des Rates
JuSchG	Jugendschutzgesetz
KampfmittelVO	Verordnung zur Verhütung von Schäden durch Kampfmittel (Kampfmittelverordnung) vom 13. Dezember 2005
KI-VO	Verordnung (EU) 2024/1689 des Europäischen Parlaments und des Rates vom 13. Juni 2024 zur Festlegung harmonisierter Vorschriften für künstliche Intelligenz und zur Änderung der Verordnungen (EG) Nr. 300/2008, (EU) Nr. 167/2013, (EU) Nr. 168/2013, (EU) 2018/858, (EU) 2018/1139 und (EU) 2019/2144 sowie der Richtlinien 2014/90/EU, (EU) 2016/797 und (EU) 2020/1828 (Verordnung über künstliche Intelligenz)
KontaktverbotsVO	Verordnung über das Verbot der Kontaktaufnahme zu Personen zur Vereinbarung entgeltlicher sexueller Dienstleistungen im Sperrgebiet (Kontaktverbotsverordnung) vom 24. Januar 2012
KunstUrhG	Gesetz betreffend das Urheberrecht an Werken der bildenden Künste und der Photographie
LKA	Landeskriminalamt

LSASOG	Gesetz über die öffentliche Sicherheit und Ordnung des Landes Sachsen-Anhalt
LuftSiG	Luftsicherheitsgesetz
LVwG SH	Landesverwaltungsgesetz für das Land Schleswig-Holsten
MAD	Militärischer Abschirmdienst
MADG	Gesetz über den militärischen Abschirmdienst
MdSadB	Mitteilung des Senats an die Bürgerschaft
MEPolG	Musterentwurf eines einheitlichen Polizeigesetzes des Bundes und der Länder
NPOG	Niedersächsisches Polizei- und Ordnungsbehördengesetz
OBG NRW	Ordnungsbehördengesetz Nordrhein-Westfalen
OWiG	Gesetz über Ordnungswidrigkeiten
OZG	Onlinezugangsgesetz
ÖUntbrGebO	Gebührenordnung für öff. veranlasste Unterbringungen vom 5. Dezember 2017
PAuswG	Gesetz über Personalausweise und den elektronischen Identitätsnachweis
PBefG	Personenbeförderungsgesetz
PolDVG	Gesetz über die Datenverarbeitung der Polizei Hamburg
PolG NRW	Polizeigesetz des Landes Nordrhein-Westfalen
PrALR	Allgemeines Landrecht für die Preußischen Staaten von 1794
ProstSchG	Prostituiertenschutzgesetz (Hamburg)
Prot. InnenA	Protokolle des Innenausschusses der Hamburgischen Bürgerschaft
PrOVG	Oberverwaltungsgericht des Königreichs und des Freistaates Preußen
PrOVGE	Entscheidungen des Preußischen Oberverwaltungsgerichts
PrPVG	Preußisches Polizeiverwaltungsgesetz von 1931
RGBl	Reichsgesetzblatt
RiStBV	Richtlinien für das Strafverfahren und das Bußgeldverfahren
RPPOG	Polizei- und Ordnungsbehördengesetz Rheinland-Pfalz
RVVerkG	Hamburgisches Gesetz über die Verkündung von Rechtsverordnungen
SächsPBG	Sächsisches Polizeibehördengesetz
SächsPVDG	Sächsisches Polizeivollzugsdienstgesetz
SEK	Spezialeinsatzkommando
SiOGebO	Gebührenordnung für Maßnahmen auf dem Gebiet der öffentlichen Sicherheit und Ordnung vom 7. Dezember 1993
SGB	Sozialgesetzbuch
SOG	Gesetz zum Schutz der öffentlichen Sicherheit und Ordnung
SOG LSA	Gesetz über die öffentliche Sicherheit und Ordnung des Landes Sachsen-Anhalt
SOG M-V	Gesetz über die öffentliche Sicherheit und Ordnung in Mecklenburg-Vorpommern
SPolG	Polizeigesetz Saarland
StGB	Strafgesetzbuch
StPO	Strafprozessordnung
StVG	Straßenverkehrsgesetz
StVO	Straßenverkehrs-Ordnung

Abkürzungsverzeichnis

TaubFüttVerbVO	Verordnung über das Verbot des Fütterns von verwilderten Tauben (Taubenfütterungsverbotsverordnung) vom 1. April 2003
ThürOBG	Ordnungsbehördengesetz Thüringen
ThürPAG	Polizeiaufgabengesetz Thüringen
TierSchG	Tierschutzgesetz
TKG	Telekommunikationsgesetz
TKÜ	Telekommunikationsüberwachung
TMG	Telemediengesetz
UZwG	Gesetz über den unmittelbaren Zwang bei Ausübung öffentlicher Gewalt durch Vollzugsbeamte des Bundes
VA	Verwaltungsakt
VerwBehG	Gesetz über Verwaltungsbehörden (Hamburg)
VKO	Vollstreckungskostenordnung (Hamburg)
V-Person	Vertrauensperson
VStättVO	Verordnung über den Bau und Betrieb von Versammlungsstätten (Versammlungsstättenverordnung) vom 5. August 2003
VV	Verwaltungsvorschrift
WaffFHpt/BusBhfVerbotVO	Verordnung über das Verbot des Führens von Waffen in den Gebieten des Hamburger Hauptbahnhofs und Zentralen Omnibusbahnhofs vom 26. September 2023
WaffFVerbotVO	Verordnung über das Verbot des Führens von Waffen und gefährlichen Gegenständen vom 4. Dezember 2007
WaffG	Waffengesetz
WHG	Wasserhaushaltsgesetz
WRV	Weimarer Verfassung

Literaturverzeichnis

Alberts, Hans W./Merten, Karlheinz – Gesetz über die Datenverarbeitung der Polizei, 3. Auflage 2002

Beaucamp, Guy/Ettemeyer, Ulrich/Rogosch, Josef Konrad/Stammer, Jens (Hrsg.) – Hamburger Sicherheits- und Ordnungsrecht, 2. Auflage 2009 – zitiert als: BERS/*Bearbeiter*

Chibanguza, Kuuya/Kuß, Christian/Steege, Hans (Hrsg.) – Künstliche Intelligenz, Recht und Praxis automatisierter und autonomer Systeme, 2022 – zitiert als: CKS/*Bearbeiter*

David, Klaus – Verfassung der Freien und Hansestadt Hamburg, Kommentar, 2. Auflage 2004

Detterbeck, Steffen – Allgemeines Verwaltungsrecht mit Verwaltungsprozessrecht, 21. Auflage 2023

Dreier, Horst (Begr.) – Grundgesetz Kommentar, Band I, 4. Auflage 2023; Band II, 3. Auflage 2015; Band III, 3. Auflage 2018 – zitiert als: Dreier/*Bearbeiter*

Drews, Bill/Wacke, Gerhard/Vogel, Klaus/Martens, Wolfgang – Gefahrenabwehr – Allgemeines Polizeirecht (Ordnungsrecht) des Bundes und der Länder, 9. Auflage 1986 – zitiert als: *DWVM*

Dürig, Günter/Herzog, Roman/Scholz, Rupert (Hrsg.) – Grundgesetz, 105. EL 2024 – zitiert als: DHSch/*Bearbeiter*

Ebers, Martin/Heinze, Christian/Krügel, Tina/Steinrötter, Björn (Hrsg.) – Künstliche Intelligenz und Robotik, 2020 – zitiert als: EHKS/*Bearbeiter*

Ehlers, Dirk/Pünder, Hermann (Hrsg.) – Allgemeines Verwaltungsrecht, 16. Auflage 2022 – zitiert als: EFP/*Bearbeiter*

Ehlers, Dirk/Fehling, Michael/Pünder, Hermann (Hrsg.) – Besonderes Verwaltungsrecht – Band 3, 4. Auflage 2021 – zitiert als: EFP/*Bearbeiter*

Eisenmenger, Sven/Pfeffer, Kristin (Hrsg.) – Handbuch Hamburger Polizei- und Ordnungsrecht für Studium und Praxis, 2020 – zitiert als: EP/*Bearbeiter*

Götz, Volkmar/Geis, Max-Emanuel – Allgemeines Polizei- und Ordnungsrecht, 17. Auflage 2022

Guckelberger, Annette – Allgemeines Verwaltungsrecht mit Verwaltungsprozessrecht und Staatshaftungsrecht, 11. Auflage 2023

Gusy, Christoph/Eichenhofer, Johannes – Polizei- und Ordnungsrecht, 11. Auflage 2023

Habermehl, Kai – Polizei- und Ordnungsrecht, 1993

Herdegen, Matthias/Masing, Johannes/Poscher, Ralf/Gärditz, Klaus Ferdinand (Hrsg.) – Handbuch des Verfassungsrechts, 2021– zitiert als: HMPG/Bearbeiter

Hoffmann-Riem, Wolfgang/Koch, Hans-Joachim (Hrsg.) – Landesrecht Hamburg, Hamburgisches Staats- und Verwaltungsrecht, 5. Auflage 2024 – zitiert als: HRK/*Bearbeiter*

Hufen, Friedhelm – Verwaltungsprozessrecht, 13. Auflage 2024

Huber, Peter Michael/Voßkuhle, Andreas (Hrsg.) – Kommentar zum Grundgesetz, 8. Auflage 2024 – zitiert als: HV/*Bearbeiter*

Isensee, Josef/Kirchhof, Paul (Hrsg.) – Handbuch des Staatsrechts, Band 9, 3. Auflage 2011

Jarass, Hans/Pieroth, Bodo (Hrsg.) – Grundgesetz für die Bundesrepublik Deutschland, Kommentar, 18. Auflage 2024 – zitiert als: JP/*Bearbeiter*

Kingreen, Thorsten/Poscher, Ralf – Polizei- und Ordnungsrecht, 13. Aufl. 2024

Knemeyer, Franz-Ludwig – Polizei- und Ordnungsrecht, 11. Auflage 2007

Knops, Kai-Oliver/Jänicke, Steffen (Hrsg.) – Verfassung der Freien und Hansestadt Hamburg, Kommentar, 2023 – zitiert als: KJ/*Bearbeiter*

Kopp, Ferdinand/Ramsauer, Ulrich (Hrsg.) – Verwaltungsverfahrensgesetz, Kommentar, 25. Auflage 2024 – zitiert als: KR/*Bearbeiter*

Kugelmann, Dieter – Polizei- und Ordnungsrecht, 2. Auflage 2012

Lambiris, Andreas – Klassische Standardbefugnisse im Polizeirecht, 2002

Lisken, Hans/Denninger, Erhard (Hrsg.) – Handbuch des Polizeirechts, 7. Auflage 2021 – zitiert als: LD/*Bearbeiter*

von Mangoldt, Herrmann/Klein, Friedrich/Starck, Christian – Kommentar zum Grundgesetz, 7. Auflage 2018 – zitiert als: vMKS/*Bearbeiter*

Mann, Thomas/Sennekamp, Christoph/Uechtritz, Michael (Hrsg.) – Verwaltungsverfahrensgesetz, 3. Auflage 2025

Martini, Mario/Wendehorst, Christiane (Hrsg.) – KI-VO – Verordnung über künstliche Intelligenz, Kommentar, 2024 – zitiert als: MW/*Bearbeiter*

Maurer, Hartmut/Schwarz, Kyrill-A. – Staatsrecht I, 7. Auflage 2023

Maurer, Hartmut/Waldhoff, Christian – Allgemeines Verwaltungsrecht, 21. Auflage 2024

Merten, Karlheinz/Merten, Heike – Hamburgisches Polizei- und Ordnungsrecht: Kommentar des SOG für Praxis und Ausbildung, 2007

Möller, Manfred/Warg, Gunter – Allgemeines Polizei- und Ordnungsrecht, 6. Auflage 2012

Möstl, Markus/Kugelmann, Dieter (Hrsg.) – BeckOK Polizei- und Ordnungsrecht NW, 25. Edition 2023

Möstl, Markus/Schwabenbauer, Thomas (Hrsg.) – BeckOK Polizei- und Sicherheitsrecht BY, 24. Edition 2024

Ridder, Helmut/Breitbach, Michael/Deiseroth, Dieter (Hrsg.) – Versammlungsrecht, 2. Auflage 2020

Rüthers, Bernd/Fischer, Christian/Birk, Axel – Rechtstheorie und juristische Methodenlehre, 12. Auflage 2022

Röhl, Klaus F./Röhl, Hans-Christian – Allgemeine Rechtslehre, 3. Auflage 2008

Sachs, Michael (Hrsg.) – Grundgesetz, 9. Auflage 2021

Schenke, Wolf-Rüdiger – Polizei- und Ordnungsrecht, 12. Auflage 2023

Schenke, Wolf-Rüdiger/Graulich, Kurt/Ruthig, Josef (Hrsg.) – Sicherheitsrecht des Bundes, 2. Auflage 2019 – zitiert als: SchGR/*Bearbeiter*

Schoch, Friedrich/Eifert, Martin (Hrsg.) – Besonderes Verwaltungsrecht, 2. Auflage 2023 – zitiert als: SchE/*Bearbeiter*

Schoch, Friedrich/Schneider, Jens-Peter (Hrsg.) – Verwaltungsrecht: VwGO, 46. EL 2024 u. VwVfG, 5. EL 2024 – zitiert als: SchSch/*Bearbeiter* VwGO/VwVfG

Sodan, Helge/Ziekow, Jan (Hrsg.) – Verwaltungsgerichtsordnung, Kommentar, 6. Auflage 2025

Stelkens, Paul/Bonk, Heinz Joachim/Sachs, Michael (Hrsg.) – Verwaltungsverfahrensgesetz: VwVfG, Kommentar, 10. Auflage 2023 – zitiert als: SBS/*Bearbeiter*

Thiel, Markus – Polizei- und Ordnungsrecht, 5. Auflage 2022

Voßkuhle, Andreas/Eifert, Martin/Möllers, Christoph (Hrsg.) – Grundlagen des Verwaltungsrechts, Band I u. II, 3. Auflage 2022 – zitiert als: VEM/*Bearbeiter*

Literatur zur Geschichte der Hamburger Polizei und des Hamburgischen Polizeirechts

Albers, Marion – Geschichte der Verwaltungsgerichtsbarkeit in Hamburg, in: Sommermann/Schaffarzik, Handbuch der Geschichte der Verwaltungsgerichtsbarkeit in Deutschland und Europa, 2018

Bähr, Martin – „Juden brauchen wir hier nicht": Hamburgs jüdische Polizeibeamte – verdrängt, verfolgt, vergessen (1918–1952), 2021

Bessel, Richard – Militarisierung und Modernisierung: Polizeiliches Handeln in der Weimarer Republik, in: Lüdtke, Alf – „Sicherheit" und „Wohlfahrt" – Polizei, Gesellschaft und Herrschaft im 19. und 20. Jahrhundert, 1992

Büttner, Ursula – Der Aufstieg der NSDAP, in: Forschungsstelle für Zeitgeschichte in Hamburg, Hamburg im „Dritten Reich", 2. Auflage 2008

Diercks, Herbert/Eckel, Christine/Garbe, Detlef – Das Stadthaus und die Hamburger Polizei im Nationalsozialismus, 2021

Gmür, Rudolf/Roth, Andreas – Grundriss der deutschen Rechtsgeschichte, 16. Auflage 2024

Gretzschel, Matthias – Hamburg: Kleine Stadtgeschichte, 3. Auflage 2016

Hatje, Frank – Repräsentationen der Staatsgewalt, 1997

Jensen, Jürgen – Presse und politische Polizei, Hamburgs Zeitungen unter dem Sozialistengesetz 1878–1890, 1966

Kleinknecht, Thomas/Schulte, Wolfgang/Kock, Doris – 100 Jahre Bildungsarbeit in der Polizei. Die Ausstellung in der Polizei-Führungsakademie, 2002

Kopitzsch, Wolfgang – Hamburg, in: Groß, Hermann/Frevel, Bernhard/Dams, Carsten – Handbuch der Polizeien Deutschlands, 2008

Kopitzsch, Wolfgang – Zur Geschichte der Hamburger Polizei, in: Polizei Hamburg, 200 Jahre Polizei Hamburg, 2014

Krieger, Martin – Geschichte Hamburg, 2. Aufl. 2012

Quast, Gerd – Die Entstehung der hamburgischen Verwaltungsgerichtsbarkeit, 1974

Retzlaff, Friedrich/Gundlach, Wilhelm – Der Polizeibeamte: Dienst- und Lebensregeln in Form einer Dienstvorschrift, 1925

Stolleis, Michael – Geschichte des öffentlichen Rechts in Deutschland, Band III: Staats- und Verwaltungsrechtswissenschaft in Republik und Diktatur (1914–1945), 1999

Weinhauer, Klaus – Protest, kollektive Gewalt und Polizei in Hamburg zwischen Versammlungsdemokratie und staatlicher Sicherheit ca. 1890–1933, in: Lenger, Friedrich – Kollektive Gewalt in der Stadt: Europa 1890–1939, 2013

Bei der Erstellung dieses Lehrbuchs wurden keine auf künstlicher Intelligenz basierende generative Sprachmodelle (Large Language Models) verwendet.

A. Polizei- und Ordnungsrecht

I. Allgemeines und besonderes Verwaltungsrecht

Das Polizei- und Ordnungsrecht ist das allgemeine Recht der staatlichen Gefahrenabwehr. Es wird zusammen mit anderen Rechtsgebieten wie dem Bau-, dem Umwelt-, dem Wirtschaftsverwaltungs-, dem Schul- oder dem Sozialrecht als besonderes Verwaltungsrecht bezeichnet und so dem allgemeinen Verwaltungsrecht gegenübergestellt.[1] Das **allgemeine Verwaltungsrecht** mit seinen zentralen Regelungswerken des HmbVwVfG, des HmbVwVG und des VerwBehG erfasst diejenigen Regelungen, Grundsätze, Begriffe und Rechtsinstitute, die grds. für *alle* Bereiche der öff. Verwaltung maßgebend sind.[2] So gelten etwa die Handlungsform des *Verwaltungsakts* oder Grundelemente des Verwaltungsverfahrens wie die *Anhörung* rechtsgebietsübergreifend und damit auch im Polizei- und Ordnungsrecht.

Dagegen betrifft das **besondere Verwaltungsrecht** *einzelne* Sach- oder Aufgabenbereiche der Verwaltung, die jeweils in einem oder meistens sogar in mehreren Regelungswerken geregelt sind.[3] Sie rücken jeweils einen bestimmten Lebensbereich bzw. eine bestimmte Sachaufgabe in den Mittelpunkt, etwa das Bauen oder die Schule, und schaffen die erforderlichen Ermächtigungsnormen, Zuständigkeits- und Verfahrensregeln, mit deren Hilfe die Sachaufgabe erfüllt werden soll.[4] Auch das **Polizei- und Ordnungsrecht** regelt einen solchen, bestimmten Sach- und Aufgabenbereich der Verwaltung, nämlich die **Abwehr von Gefahren** für die öffentliche Sicherheit und Ordnung. Für diese Aufgabe stellt es der Polizei in seinen zentralen Regelungswerken – dem Gesetz zum Schutz der öffentlichen Sicherheit und Ordnung (SOG) und dem Gesetz über die Datenverarbeitung der Polizei (PolDVG) – besondere Befugnisse und Mittel zur Verfügung, etwa um eine Person zu befragen, deren Identität festzustellen, sie in Gewahrsam zu nehmen oder um die Schusswaffe einzusetzen.

Das Polizei- und Ordnungsrecht zeigt zugleich besonders deutlich, dass sich allgemeines und besonderes Verwaltungsrecht zwar *unterscheiden* lassen, aber stets *zusammen*, im wechselseitigen und sich **ergänzenden Blick** anzuwenden sind. So wird etwa das Ermessen in seinen Grundstrukturen im allg. Verwaltungsrecht fixiert. Welche Kriterien aber bei der Ermessensausübung im Einzelfall zu berücksichtigen sind, lässt sich nur mit Blick auf die polizeirechtlichen Ermessensnormen mit ihren differenzierten Regeln zur Auswahl der Gefahrenverantwortlichen und der in Betracht kommenden Mittel zur Gefahrenabwehr beantworten. So verweist § 40 HmbVwVfG auf den Zweck der Ermächtigung und die darin umschlossenen Ziel- und Grenzbestimmungen im jeweiligen besonderen Rechtsgebiet – im Fall des Polizei- und Ordnungsrechts etwa auf die Regelungen zur Verhältnismäßigkeit in § 4 SOG, zur Gefahrenverantwortlichkeit in den §§ 8 ff. SOG oder auf die Standardbefugnisse in den §§ 11 ff. SOG.

Auch **innerhalb des besonderen Verwaltungsrechts** stehen die Fachgebiete nicht unverbunden nebeneinander und lassen sich nicht immer trennscharf abgrenzen. Auch hierfür ist das Polizei- und Ordnungsrecht sinnbildlich. Denn auch Gesetze anderer Rechtsgebiete des besonderen Verwaltungsrechts regeln die Abwehr bereichsspezifischer Gefahren, wenn auch ihre Hauptzwecke regelmäßig in Aufgaben der Ordnungs-, Leistungs-, Gewährleistungs-, Lenkungs-, Abgaben- oder Bedarfsverwaltung liegen. So können etwa die Bauaufsichtsbehörden nach §§ 58, 75 f. HBauO verschiedene Maßnahmen ergreifen, um Gefahren abzuwehren, die von baulichen

---

1 VEM/*Burgi* Bd. I § 18 Rn. 96 ff.: „*Summe aller Fachverwaltungsrechte*".
2 SchE/*Schmidt-Aßmann* Rn. 1 f. Zum Allg. VerwR der FHH s. HRK/*Beaucamp*.
3 Vgl. *Maurer/Waldhoff* § 3 Rn. 2 f.
4 SchE/*Schmidt-Aßmann* Rn. 1.

Anlagen ausgehen.[5] Ähnlich wird die Gewässeraufsicht in den §§ 100 ff. WHG, §§ 64 HWaG dazu ermächtigt, bei Gefahren und Beeinträchtigungen für den Wasserhaushalt einzuschreiten.[6] Fasst man alle gefahrenabwehrregelnden Rechtsgebiete unter der Bezeichnung des **Gefahrenabwehrrechts** zusammen, regelt das Polizei- und Ordnungsrecht die Abwehr von Gefahren im Allgemeinen und enthält hierzu grundlegende Regelungen und Begriffe der Gefahrenabwehr. In dieser **bereichsspezifischen und zugleich allgemeinen Funktion**[7] liegt die besondere Relevanz, die dem Polizei- und Ordnungsrecht in der Praxis und auch in der juristischen Ausbildung zufällt.[8] Wie fließend dabei der Übergang zwischen allg. Polizei- und Ordnungsrecht und den besonderen Bereichen des Gefahrenabwehrrechts ist, zeigt sich etwa im Versammlungsrecht, das als besonderes Polizei- und Ordnungsrechts eingeordnet werden kann.

II. Grundbegriffe und Prinzipien

5 Das Polizei- und Ordnungsrecht wird in seiner Systematik von verschiedenen Grundbegriffen und Prinzipien geprägt, die für das Verständnis essenziell sind. Dazu gehören die Begriffe der **Aufgabe** und der **Befugnis** sowie das Prinzip, beides zu **trennen**. Danach sind die *Aufgaben*, die den Polizei- und Ordnungsbehörden zugewiesen sind, von den *Befugnissen* zu unterscheiden, die ihnen zur Erfüllung ihrer Aufgaben regelmäßig in Form gesetzlich formulierter Ermächtigungsgrundlagen zur Verfügung stehen. Ist der Polizei also eine Aufgabe wie die Abwehr von Gefahren oder die Verfolgung von Straftaten zugewiesen, ist sie nicht schon deshalb befugt, *jede* Maßnahme oder Handlung zu ergreifen, die dazu beitragen könnte, diese Aufgabe zu erfüllen. Insoweit heiligt der Zweck also gerade nicht die Mittel.

6 Handelt die Polizei- oder Ordnungsbehörde, muss sie dies **rechtmäßig** tun, also alle Anforderungen erfüllen, welche die Rechtsordnung an eben dieses Handeln stellt. Die Anforderungen werden vor allem durch die **Rechtsgrundlage**, aus der sich die Befugnis für die konkret ergriffene Maßnahme ergibt, und durch die **Rechts- bzw. Handlungsform** der Maßnahme bestimmt, die sich etwa als Verwaltungsakt erweisen kann. Die sich so ergebenen Anforderungen an die Rechtmäßigkeit der Maßnahme lassen sich danach einteilen, ob sie eher den *Inhalt der Maßnahme* (materielle Rechtmäßigkeit) oder *Zuständigkeit*, *Verfahren* und *Form* betreffen (formelle Rechtmäßigkeit).

7 Die der Polizei durch das Polizei- und Ordnungsrecht vor allem aufgetragene Aufgabe der staatlichen Gefahrenabwehr und die zur Erfüllung dieser Aufgabe zugewiesenen Befugnisse sind inhaltlich durch die Begriffe der **öffentlichen Sicherheit und Ordnung** sowie der **Gefahr** geprägt (vgl. §§ 1, 3 SOG). Der Begriff der Gefahr steht für die Schwelle, ab der die Polizei zum Schutz der unter dem Begriff der öffentlichen Sicherheit und Ordnung gebündelten Rechtsgüter regelmäßig zu handeln befugt ist. Das Polizei- und Ordnungsrecht ist zudem durch das Verantwortungsprinzip gekennzeichnet. Dies kommt insbes. darin zum Ausdruck, dass die Polizei eine Gefahr nicht nur durch eigenes Handeln, sondern vor allem durch Inanspruchnahme der Personen abwehren kann und ggf. sogar muss, die für die jeweilige Gefahrenlage nach §§ 8 ff. SOG **verantwortlich** sind.

8 Diese Adressatenbezogenheit lässt sogleich die **polizeiliche Verfügung** bzw. den polizeilichen VA, also vor allem die Anweisung, etwas zu tun oder zu lassen („Bleiben Sie stehen!"), zur zentralen polizeilichen Vorgehensweise werden. Weil aber gerade eine polizeiliche Anweisung aus verschiedenen Gründen – etwa weil sie auf den Unwillen des Angewiesenen trifft – unbefolgt bleiben kann, wegen der Gefahr aber nicht unbefolgt bleiben darf, kommt der **Durchsetzung**

---

5 Zu den Befugnissen im Bauordnungsrecht der FHH s. HRK/*Appel/van der Schoot* Rn. 111 u. 136 ff.
6 Zu den Befugnissen im Gewässerschutzrecht der FHH s. HRK/*U. Ramsauer/S. Ramsauer* Rn. 49.
7 Vgl. *Maurer/Waldhoff* § 3 Rn. 4. SchE/*Schmidt-Aßmann* Rn. 20 „Grundtyp des Sicherheitsrechts".
8 Vgl. § 1 Abs. 3 Nr. 3 der Prüfungsgegenständeverordnung vom 24. Januar 2020.

II. Grundbegriffe und Prinzipien

und Vollstreckung von polizeilichen Verfügungen, den dazu nach §§ 17 ff. SOG einsetzbaren polizeilichen Mitteln, aber auch den Möglichkeiten der Polizei, nach § 7 SOG unmittelbar selbst tätig zu werden, eine zentrale Bedeutung für die Effektivität der Gefahrenabwehr zu.

Liegen die Voraussetzungen für eine gefahrenabwehrrechtliche Verfügung, für deren Durchsetzung oder auch für eine sonstige Maßnahme vor, ist die Polizei- oder Ordnungsbehörde nur ausnahmsweise verpflichtet, in einer ganz bestimmter Weise zu handeln. Regelmäßig liegt es in ihrem **Ermessen**, *ob*, *wie* und *ggü. wem* sie handelt – allerdings unter Wahrung bestimmter Grenzen, insbes. des Grundsatzes der **Verhältnismäßigkeit** (vgl. § 4 SOG). Über ihn wird der Ausgleich von Sicherheit und Freiheit, von polizeilicher Eingriffsmacht und grundrechtlichem Abwehrrecht feinjustiert. Je grundrechtsintensiver das polizeiliche Handeln ist, desto dichter und anspruchsvoller werden die (formellen) Vorgaben zu Verfahren und Organisation, die zu den inhaltlichen Eingriffsvoraussetzungen der jeweiligen Befugnis und zum Verhältnismäßigkeitsgrundsatz hinzutreten und so den Grundrechtsschutz flankieren und ergänzen.

9

Mit polizeilichen Maßnahmen sind regelmäßig nicht unerhebliche Aufwendungen für den Staat verbunden. Wenn die Polizei Gefahren abwehrt, treten häufig Schäden oder andere Nebenfolgen ein. Von der dargestellten *primären*, die Anforderungen an das polizeiliche Handeln betreffenden Rechtsebene kann daher eine *sekundäre* Ebene des Polizei- und Ordnungsrechts unterschieden werden, die sich mit den Voraussetzungen der **Kostenerstattung** und **Gebührenerhebung**, der **Folgenbeseitigung** und dem **Schadensausgleich** befasst.

10

B. Grundlagen

1 Im Mittelpunkt des Polizei- und Ordnungsrechts steht das **Handeln** der Polizei- und Ordnungsverwaltung. Viele Vorschriften regeln, was deren Bedienstete unter welchen Voraussetzungen tun dürfen und was nicht. So haben polizeirechtliche Fragestellungen häufig die **Rechtmäßigkeit** einer konkreten Handlung oder Maßnahme, etwa die Befragung einer Person, zum Gegenstand. Polizei- und Ordnungsbedienstete handeln als Teil einer staatlichen **Organisation** (dazu IV), nämlich der Hamburger Polizei- und Ordnungsverwaltung. Sie handeln nicht zu eigenen Zwecken, sondern um die **Aufgaben** zu erfüllen, die Polizei- und Verwaltungsbehörden nach Maßgabe von Recht und Gesetz zugewiesen sind (dazu III). Die einzelne polizeiliche Maßnahme steht also in einem engen Bezug zu den Aufgaben und zur Organisation. Dieser enge Bezug spiegelt sich in den rechtlichen Vorgaben, Voraussetzungen und Maßstäben wider, die in den **Rechtsquellen** des Polizei- und Ordnungsrechts (dazu I) niedergeschrieben sind und an denen sich die jeweilige Maßnahme messen lassen muss. Gesetze, Aufgaben und Organisation der Polizei- und Ordnungsverwaltung fußen wiederum auf den Festlegungen und Vorgaben des polizeilich relevanten Verfassungs- und EU-Vertragsrechts, das dem Polizei- und Ordnungsrecht einen **konstitutionellen Rahmen** gibt (dazu II). Um eine konkrete polizeiliche Maßnahme rechtlich prüfen zu können, ist ein Verständnis dieser Grundlagen und Zusammenhänge notwendig.

I. Rechtsquellen und ihre Rangordnung

2 Für die Frage, ob ein konkretes polizeiliches Handeln rechtens ist, sind eine Vielzahl von **Rechtsnormen** und Vorschriften relevant.[1] Den Kern bilden die Gesetze des allg. Polizei- und Ordnungsrechts (insbes. SOG und PolDVG), die auf die Abwehr von Gefahren für die öff. Sicherheit und die öff. Ordnung gerichtet sind. Auch in Folge der inhaltlichen Verschränkung der Teilrechtsordnungen sind darüber hinaus viele andere Arten von Rechtsnormen auch anderer Rechtsgebiete für die Tätigkeit der Polizei- und Ordnungsverwaltung von Bedeutung. Bedingt durch die föderale Einbindung Hamburgs in die Bundesrepublik Deutschland und deren Eingliederung in die Europäische Union und die Völkergemeinschaft verteilen sich die für die Tätigkeit der Polizei- und Ordnungsverwaltung relevanten Rechtssätze und Vorschriften auf mehrere Ebenen und bilden in Hinblick auf ihre Geltung und Anwendung eine Rangordnung.[2]

1. Europäische Union und Völkergemeinschaft

3 Für das allg. Polizei- und Ordnungsrecht fällt der Europäischen Union keine grundl. Kompetenz [→ B56] zu. Daher gibt es bislang keine oder kaum EU-Regelungen, die spezifisch dem allg. Polizei- und Ordnungsrecht zuzuordnen wären.[3] Aber das Unionsrecht im Übrigen prägt zunehmend auch die Polizei- und Ordnungsverwaltung. Dazu gehören als sog. *Primärrecht* neben **EUV** und **AEUV** auch die **GrCH** (vgl. Art. 6 Abs. 1 EUV), die allerdings nach Art. 51 Abs. 1 GrCH nur zur Anwendung kommt, soweit die Hamburger Polizei- und Ordnungsverwaltung Unionsrecht durchführt. Art. 87 ff. AEUV regeln die polizeiliche Zusammenarbeit der Mitgliedstaaten der EU, etwa durch Europol (vgl. Art. 88 AEUV). Aus dem sog. *Sekundärrecht* sind die auf Art. 16 Abs. 2 AEUV beruhenden **DS-GVO** und **JI-RL** [→ B18] von großer Bedeutung für die

---

1 S. die Zusammenstellung bei Richter, Recht der Polizei der Freien und Hasestadt Hamburg, Textsammlung für Praxis, Studium und Ausbildung der Schutz-, Wasserschutz- und Kriminalpolizei, 2. Aufl. 2019, 2014. Zum mehrdeutigen Begriff der Rechtsquelle *Röhl/Röhl* S. 519 ff., *Rüthers/Fischer/Birk* Rn. 217 ff.
2 Zur Unterscheidung von Anwendungs- und Geltungsvorrang *Maurer/Waldhoff* § 4 Rn. 7 ff.
3 Zu europarechtl. Rechtsgrundlagen des Polizeirechts LD/*Aden* Kap. M Rn. 28 ff.

I. Rechtsquellen und ihre Rangordnung

polizeiliche Datenverarbeitung. Jüngst ist die **KI-VO** hinzugekommen. Relevanz haben zudem die eIDAS-VO und der Digital Service Act.

Auch auf **internationaler und völkerrechtlicher Ebene** sind gefahrenabwehrspezifische Rechtsquellen trotz der zunehmenden Globalität von Gefahrenlagen dünn gesät. *Völkervertragsrechtlich* sind das IKPO-Interpol-Statut[4] und Vereinbarungen der EU mit Drittstaaten zum Schutz der Außengrenzen durch FRONTEX zu erwähnen.[5] Hinzu kommen bilaterale Staatsverträge über die polizeiliche Zusammenarbeit[6] sowie die EMRK des Europarates. Auch die allgemeinen, insbesondere zwingenden (ius cogens) *Regeln des Völkerrechts*, die etwa das Gewaltverbot, die Selbstbestimmung, grundlegende Menschenrechte sowie Kernnormen zum Umweltschutz umfassen,[7] sind wichtige Rechtsquellen für die Polizeiarbeit.

2. Bund sowie Freie und Hansestadt Hamburg

Das **Grundgesetz** und die **Verfassung der Freien und Hansestadt Hamburg** enthalten zwar nur wenige Vorschriften, die sich unmittelbar und spezifisch mit der Polizei- und Ordnungsverwaltung oder der Gefahrenabwehr befassen. Wie für jeden anderen Lebens- und staatlichen Aufgabenbereich prägen sie allerdings als Grundordnung des Staates maßgeblich den verfassungsrechtlichen Rahmen für die Gefahrenabwehr.

So ist es die verfassungsrechtliche Aufteilung der Gesetzgebungs- und Ausführungskompetenzen zwischen Bund und Ländern in den Art. 30, 70 ff. bzw. 83 ff. GG [→ B46], die dazu führt, dass sich die für das Gefahrenabwehrrecht maßgeblichen Rechtsvorschriften sowohl in **Gesetzen** des Bundes als auch des Landes finden. Gefahren für die öff. Sicherheit und Ordnung können in den unterschiedlichsten Lebensbereichen und gesellschaftlichen Zusammenhängen entstehen. Ob, wie und durch wen sie abgewehrt werden dürfen, richtet sich nicht immer nach den Vorschriften des SOG und des PolDVG, also des allg. Polizei- und Ordnungsrechts. Bestimmte Gefahrensituationen sind in anderen Hamburger Gesetzen oder auch in Gesetzen des Bundes speziell geregelt. Gefahrenabwehrrechtliche **Spezialgesetze** sind ggü. dem allg. Polizei- und Ordnungsrecht häufig vorrangig anzuwenden [→ C20, C54], z.B. das LuftSiG des Bundes bei Gefahren für die Sicherheit des zivilen Luftverkehrs oder die HBauO bei Gefahren, die von baulichen Anlagen ausgehen.

Für das gefahrenabwehrrechtliche Handeln in Hamburg sind insbes. die auf Art. 73 Nr. 8 bzw. 9a GG fußenden BPolG und BKAG relevant, zudem das ZfDG, das WaStrG, SeeAufgG, BinSchAufgG sowie LuftVG und LuftSiG. Mangels eines eigenen Versammlungsgesetzes ist in Hamburg zudem das VersG (des Bundes) anzuwenden.[8] Schließlich sind zahlreiche weitere **bundesordnungsrechtliche Gesetze** für die Gefahrenabwehr in Hamburg relevant, etwa das PaßG, MRRG, PersAuswG, PSt, SBGG, VereinsG, StVG, AufenthG, GewO, BImSchG, IfSG, WaffG, SprengG und das KrWG.[9] Im Bereich der **Strafverfolgung** und Strafverfolgungsvorsorge hat der Bund neben dem BKAG auf der Grundlage von Art. 74 Abs. 1 Nr. 1 GG insbes. in der StPO, im EG-StPO und im OWiG Regelungen zur repressiven Polizeitätigkeit erlassen.[10]

---

4 Constitution Of The International Criminal Police Organization-Interpol, abrufbar unter www.interpol.int/Who-we-are/Legal-framework/Legal-documents.
5 Verordnung (EU) 2016/1624 des Europäischen Parlaments und des Rates vom 14. September 2016 u.a. über die Europäische Grenz- und Küstenwache, insbes. Art. 14 ff.
6 Dazu SchE/*Schoch/Kießling* Rn. 184 ff.
7 BVerfG 15.12.2015 – 2 BvL 1/12, Rn. 34.
8 Von der mit der Föderalismusreform 2006 auf die Länder übergegangenen Gesetzgebungskompetenz für das Versammlungsrecht hat Hamburg – anders als andere Länder – bislang keinen Gebrauch gemacht (vgl. Bü-Drs. 21/6186), sodass gem. Art. 125a Abs. 1 S. 1 GG das VersG *als Bundesrecht* fortgilt.
9 S. auch die Auflistung bei *Schenke* Rn. 27 ff.
10 Zur Abgrenzung von Gefahrenabwehr u. Strafverfolgung [→ B68].

8 Hamburg hat – anders als die meisten anderen Länder[11] – nicht *ein*, sondern *zwei* **Landesgesetze zum allg. Polizei- und Ordnungsrecht**. Wiederum anders als in jenen Ländern, die ebenfalls zwei Gesetze vorhalten,[12] unterscheiden sich **SOG** und **PolDVG** darin, dass das PolDVG vor allem informationsbezogene Regelungen enthält und nur an die Vollzugspolizei gerichtet ist, während das SOG vor allem aktionelle Maßnahmen und Zwangsmaßnahmen regelt und sich auch an die Ordnungsverwaltung richtet. So ist für die Frage, welche Regelungen sich im SOG und welche sich im PolDVG finden, der behördliche Anwendungsbereich zwar *prägend*, aber nicht alleine *maßgeblich* (vgl. § 1 Abs. 1 S. 1 PolDVG einerseits, § 3 Abs. 1, Abs. 2 SOG andererseits).[13] Zum zentralen landesrechtlichen Gefahrenabwehrrecht sind zudem das HmbHafenSG sowie das HmbVerfSchG zu zählen, das den Verfassungsschutzbehörden weitreichende Befugnisse zur Datenerhebung, -verarbeitung und -übermittlung verleiht. Wegen der umfassenden Gesetzgebungskompetenz des Bundes für die Strafverfolgung existieren nur punktuelle, eher entfernt die repressive Polizeitätigkeit betreffende Landesregelungen (z.B. im PolDVG, HmbAGGVG).

9 Das SOG von 1966 hat insbes. in den Jahren 2005 und 2012 umfassende **Novellierungen** erfahren [→ J53], um es auf neue Gefahren- und Kriminalitätslagen und technische Entwicklungen anzupassen. Mit der Reform im Jahr 2019 – parallel zu anderen Ländern[14] und zur Weiterentwicklung des MEPolG[15] – wurde das PolDVG neu gefasst und stark erweitert, um europäische und verfassungsgerichtliche[16] Vorgaben umzusetzen und polizeipraktische Bedarfe zu befriedigen.[17] Das SOG wurde hingegen nur punktuell geändert und ergänzt (s. §§ 11a, 23 Abs. 2 SOG). Anfang 2025 erfuhr erneut vor allem das PolDVG weitere, durchaus weitreichende Änderungen und Ergänzungen, insbesondere in Reaktion auf verfassungsgerichtliche Anforderungen.[18]

10 Zu den **besonderen Landesordnungsgesetzen** Hamburgs gehören etwa das HmbBNatSchAG, HWaG, HmbAbfG, Ladenöffnungsgesetz, HmbLärmSchG, HWG, HundeG und die HBauO. Sie regeln – wie die bundesordnungsrechtlichen Gesetze – spezifische (Lebens-)Bereiche auch in Hinblick auf die Abwehr von Gefahren.

11 **Untergesetzlich** wird das Gefahrenabwehrrecht vor allem durch **Verordnungen** ausgestaltet.[19] Wichtige Verordnungen des *Bundes* sind etwa die auf § 6 StVG beruhende StVO, die StVZO, die

---

11 Vgl. PolGBW, ASOG, BremPolG, HSOG, SOG M-V, NPOG, RPPOG, SPolG, SOG LSA, SHLVwG.
12 Vgl. BayPAG u. BayLStVG, BbgPolG u. BbgOBG, PolG NRW u. OBG NRW, SächsPVDG u. SächsPBG, ThürPAG u. ThürOBG. Dem hmb. PolDVG insoweit am ähnlichsten ist das SaarPolDVG.
13 Vgl. *Götz/Geis* § 3 Rn. 14.
14 Zu Novellierungen in anderen Ländern *Arzt/Wiese* NordÖR 2021, 261; *Heintzen/Siegel* LKV 2021, 289; *Roggan* NJ 2020, 290; *Veith* NordÖR 2019, 272; *Tüshaus* SächsVBl. 2019, 273; *Weinreich* NVwZ 2018, 1680.
15 Auf Grundlage eines Auftrags in der Koalitionsvereinbarung auf Bundesebene und eines Beschlusses der Innenministerkonferenz haben sich Bund und Länder seit 2018 bislang erfolglos bemüht, den aus dem Jahr 1977 stammenden „Musterentwurf eines einheitlichen Polizeigesetzes des Bundes und der Länder" (MEPolG) zu novellieren; s. *Heise/Riegel*, Musterentwurf eines einheitlichen Polizeigesetzes, 2. Aufl. 1978; zur hist. Einordnung [→ J49]. 1986 wurde das MEPolG durch den „Vorentwurf zur Änderung des MEPolG" (VE-MEPolG) ergänzt (s. *Schenke*, Anhang; zur Novellierung s. Koalitionsvertrag der 19. WP, Zeilennr. 594 u. 5922 ff. sowie *Graulich* GSZ 2019, 9); im Koalitionsvertrag der 20. WP wird das MEPolG nicht erwähnt. Zweck des MEPolG ist es, als Vorlage („Blaupause") für die Polizeigesetze des Bundes und der Länder zu fungieren und so die Sicherheitsregulierung in Deutschland zu standardisieren (dazu *Thiel* Die Verwaltung 2020, 1 ff.). Auch das SOG und das PolDVG orientieren sich am MEPolG, weichen jedoch – wie Polizeigesetze anderer Länder – in vielerlei Hinsicht von ihm ab. Mittlerweile wird die Standardisierungsfunktion auch dem BKAG und dem BPolG zugeschrieben, vgl. *Barczak* ZRP 2023, 148 (149).
16 Insbes. BVerfG 20.4.2016 – 1 BvR 966/09, 1 BvR 1140/09.
17 S. Bü-Drs. 21/17906 („Reform 2019").
18 [→ BFn 61 u. J60]
19 Auch sie sind Maßstäbe für das polizeil. Handeln und insoweit Rechtsquellen, auch wenn sie zugleich als polizeiliches, weil gesetzesvollziehendes Handeln begriffen werden können, vgl. *Maurer/Waldhoff* § 4 Rn. 23 sowie [→ C17, G2].

FeV und die LuftVO. Auf der Ebene des *Landes* kommen insbes. die auf §§ 1 u. 2 SOG oder auf spezialrechtlichen Rechtsgrundlagen basierenden Verordnungen zur Gefahrenabwehr hinzu,[20] etwa die KontaktverbotsVO, FluglaternenVO, GrünanlagenVO, GastVO oder WaffFVerbotVO. **Satzungen** haben im Gefahrenabwehrrecht dagegen eine punktuelle und dann eher mittelbare Bedeutung. Zu nennen sind etwa die Satzungen der in Hamburg ansässigen Hochschulen, Kammern und Sozialversicherungsträger sowie jene des NDR.

Verwaltungsvorschriften – im Bereich der Polizei auch als Polizeidienstvorschriften (PDV) bezeichnet – konkretisieren die Gesetze und Verordnungen für die Einsatzpraktiken der Polizei. Zentral ist die PDV 100 (Führung und Einsatz),[21] an die zahlreiche weitere Dienstvorschriften anknüpfen,[22] außerdem die PDV 350, die verschiedene polizeiliche Maßnahmen konkretisiert.[23]

3. Rangordnung

Bei der Vielzahl der Regelungen stellt sich die Frage, welche Regelungen in einem konkreten Fall vorrangig **gelten**, insbes. wenn sie Gleiches unterschiedlich regeln [→ C20]. Dies richtet sich – grundsätzlich[24] – zunächst nach den **Rechtskreisen**:[25] Das gesamte Unions- geht dem gesamten deutschen Recht (vgl. Art. 267, 288 Abs. 2 AEUV, Art. 23 GG) und innerhalb dessen das gesamte Bundes- und dem gesamten Landesrecht (vgl. Art. 28 Abs. 1, 31 GG) vor. *Innerhalb* des jeweiligen Rechtskreises richtet sich der Rang nach der **Rechtssatzform**: Im Unionsrecht geht das Primär- dem Sekundärrecht (vgl. Art. 6 Abs. 1 EUV) und im Bundesrecht geht die Verfassung dem formellen (Parlaments-)Gesetz und dieses wiederum der Rechtsverordnung und der Satzung vor.[26] Entsprechendes gilt innerhalb des Landesrechts (vgl. Art. 64 Abs. 2, 65 Abs. 3 Nr. 3 HmbVerf). Völkervertragsrecht teilt den Rang eines Bundesgesetzes (vgl. Art. 59 Abs. 2 GG). Das allg. Völkerrecht geht dagegen dem gesamten Bundes- und Landesrecht außer dem GG vor (Art. 25 GG).[27] Verwaltungsvorschriften sind dagegen stets nachrangig.[28] Die Vor- und Nachrangigkeit in der Geltung ergibt sich also aus der *Zusammenschau* von Rechtskreis und Rechtssatzform. Vom Geltungsvorrang ist der **Anwendungsvorrang** zu unterscheiden: In einem konkreten Fall ist die niederrangige vor der höherrangigen Norm anzuwenden, z.B. das Gesetz vor der Verfassung. Nur soweit beide Normen sich widersprechen, geht die ranghöhere Norm in der Geltung vor.[29]

II. Konstitutionelles Gefahrenabwehrrecht

Aufgaben, Maßnahmen und Organisation der Polizei- und Ordnungsverwaltung regelt der Gesetzgeber in den Gesetzen des Polizei- und Ordnungsrechts. Dabei ist er nicht völlig frei,

---

20 Früher Polizeiverordnungen (vgl. § 24 PrPVG) genannt, vgl. zu den Bezeichnungen s. *Schenke* Rn. 666.
21 Vgl. *Gusy/Eichenhofer* Rn. 33.
22 So etwa PDV 122 (Wasserwerfer und -armaturen), PDV 131 (Entführungen) und 132 (Geiselnahmen), PDV 982 (Pistolen, Maschinenpistolen und Gewehre).
23 Verwaltungsvorschriften werden mangels Außenwirkung verbreitet nicht als Rechtsquelle angesehen, vgl. BVerfG 31.5.1988 – 1 BvR 520/83; JP/*Jarass* Art. 20 Rn. 53; *Maurer/Waldhoff* § 4 Rn. 43. Sie sind grds. nicht veröffentlichungspflichtig, sondern unterliegen dem Verschluss gem. Verschlusssachenanweisung (VSA), um die Funktionsfähigkeit der Polizei, insbes. ihr taktisches Vorgehen und die Kräfte und Führungs- und Einsatzmittel zu schützen, vgl. *Gusy/Eichenhofer* Rn. 35.
24 Im Einzelnen weist die Rangordnung der Rechtsquellen viele Ausnahmen und Besonderheiten auf, etwa im Verhältnis von Bundes- zu Landesrecht durch die Überlagerung des Art. 31 GG durch Art. 142 GG, s. dazu etwa KJ/*Richter* Art. 51 Rn. 61 ff. u. 69.
25 Vgl. *Maurer/Waldhoff* § 4 Rn. 9.
26 Vgl. Art. 1 Abs. 3, 20 Abs. 3, 93 Abs. 1 Nr. 2 u. 2a, 100 Abs. 1 GG.
27 BVerfG 13.10.2016 – 2 BvE 2/15, Rn. 113.
28 Vgl. JP/*Jarass* Art. 20 Rn. 55.
29 Zu Anwendungs- und Geltungsvorrang bei Rechtsgrundlagen [→ C20].

sondern an einen ihm vorgegebenen **Rahmen aus Verfassungs- und anderem höherrangigem Recht** gebunden. Dieses – hier so bezeichnete – konstitutionelle Gefahrenabwehrrecht beginnt bei der Frage nach der Fundierung der Gefahrenabwehr als staatl. Aufgabe der inneren Sicherheit. Aus dem staatlichen Mehrebenensystem, in das Hamburg eingebunden ist, folgen landesverfassungs-, grundgesetz-, europa- und völkerrechtliche Anforderungen an die Erfüllung der Aufgabe der Gefahrenabwehr. Diese Anforderungen richten sich zunächst an den Gesetz- und an andere Normgeber, welche die Gefahrenabwehr in Form von Gesetzen (z.B. SOG, PolDVG) und anderen Vorschriften regeln. Sie richten sich teilweise aber auch unmittelbar an die Polizei- und Ordnungsverwaltung und die Maßnahmen, die sie im Einzelfall ergreift, um in Ausführung der Gesetze Gefahren abzuwehren. Das konstitutionelle Gefahrenabwehrrecht bildet so – wie nachfolgend deutlich wird – zugleich **Grund und Grenze** der Polizei- und Ordnungsgesetze und der auf sie gestützten Maßnahmen und wirkt dabei auch unmittelbar auf die Prüfung der Rechtmäßigkeit einer konkreten Handlung der Polizei- und Ordnungsverwaltung ein [→ C20].

1. Gefahrenabwehr als Teilaufgabe der Sicherheit

15 Die Gefahrenabwehr lässt sich als eine unter mehreren Aufgaben des Staates begreifen, denen der Zweck gemeinsam ist, die **Sicherheit** der Menschen zu gewährleisten.[30] Aus diesem gemeinsamen Bezugspunkt folgen zwar keine Konsequenzen, wie etwa eine Generalzuständigkeit einer bestimmten Behörde.[31] Die systematische Einordnung der Gefahrenabwehr unter den Begriff der Sicherheit hilft aber dabei, in Hinblick auf den Inhalt der Aufgabe, das für sie maßgebliche Recht und die Organisation, Abgrenzungen, Schnittstellen und Überschneidungen zu anderen Aufgaben der Polizei- und Ordnungsverwaltung, aber auch anderer staatlicher und privater Akteure zu erkennen.[32]

a) Sicherheit als staatliche und europäische Aufgabe

16 Die Gefahrenabwehr, aber auch die Strafverfolgung und die weiteren Aufgaben, die der Polizei- und Ordnungsverwaltung zugewiesen sind, zielen verallgemeinert darauf, Staat und Gesellschaft in ihrem Inneren vor Gewalt und Unrecht zu schützen und den **inneren Frieden** zu wahren. Dies haben sie gemein mit Aufgaben anderer staatlicher Einrichtungen, etwa der Melde- und Passämter, des Bundesamts für Verfassungsschutz, des Militärischen Abschirmdienstes und der Verfassungsschutzämter der Länder.[33] Als Aufgaben der **inneren** Sicherheit werden sie von den Aufgaben der **äußeren** und **sozialen Sicherheit** unterschieden, welche die staatliche Aufgabe der Sicherheit komplettieren.[34] So ist etwa die Bundeswehr für die Gewährleistung der äußeren Sicherheit (Art. 87a Abs. 1 S. 1 GG) und nur ausnahmsweise und in engen Grenzen auch für die innere Sicherheit zuständig.[35] Nur ein Staat, der zugleich den inneren, äußeren und sozialen Frieden zu wahren vermag, gewährleistet Sicherheit im Ganzen, für den Einzelnen und die Gesellschaft.[36]

---

30 Zur Sicherheit als Staatsaufgabe BVerfG 1.8.1978 – 2 BvR 1013/77, Rn. 107; *Gusy* VVDStRL 2003, 151 (174 ff.) mwN.
31 *Kingreen/Poscher* § 2 Rn. 2.
32 Vgl. *Kingreen/Poscher* § 2 Rn. 4 ff.
33 *Kingreen/Poscher* § 2 Rn. 1. Vgl. jew. § 1 Abs. 1 des BVerfSchG, des MADG sowie des HmbVerfSchG.
34 Allg. zum Verhältnis der Polizei zu Streitkräften, die insbes. auf die äußere Sicherheit gerichtet sind, sowie zum BND LD/*Bäcker* Kap. B Rn. 217 ff. u. 238 ff. Vgl. auch Art. 3 Abs. 2 EUV u. Art. 67 Abs. 1 u. Abs. 3 AEUV.
35 Vgl. Art. 35 Abs. 2 u. 3 und Art. 87a Abs. 4 iVm Art. 91 Abs. 2 GG.
36 BVerfG 1.8.1978 – 2 BvR 1013/77, Rn. 107: der Staat als „*verfasste Friedens- und Ordnungsmacht*".

II. Konstitutionelles Gefahrenabwehrrecht

Die (innere) Sicherheit fungiert als Dach- und Sammelbegriff oder staatstheoretischer Oberbegriff.[37] Ihre Gewährleistung – und in der Konsequenz auch die Gewährleistung der Teilaufgabe der Gefahrenabwehr – wird als notwendige **Staatsaufgabe** angesehen.[38] Im Grundgesetz ist die Sicherheit allerdings nicht explizit geregelt.[39] Sie kommt aber in verschiedenen staatsorganisationsrechtlichen Regelungen zum Ausdruck.[40] Zur verfassungsrechtlichen Begründung tragen vor allem die Grundrechte bei, soweit ihnen – z.B. Art. 2 Abs. 2 S. 1 u. 2 GG – nicht nur ein subjektives Recht des Einzelnen auf *Abwehr* staatlicher Eingriffe, sondern auch eine (objektivrechtliche) Pflicht des Staates zum *Schutz* des Einzelnen vor Beeinträchtigung entnommen wird. Auch kann der staatliche Sicherheitsauftrag Grundrechtseingriffe rechtfertigen – generelle Maßgaben, die dafür streiten, die Sicherheit zu erweitern, finden sich Grundgesetz aber nicht.[41] Auch die HmbVerf enthält insoweit keine Anhaltspunkte.[42]

17

Sicherheit als Aufgabe hat auch eine **europarechtliche Grundlage**. Gem. Art. 67 Abs. 1 AEUV bildet die EU einen **Raum** der Freiheit, **der Sicherheit** und des Rechts, der sich aus vier Politikbereichen, darunter die polizeiliche Zusammenarbeit (Art. 87 ff. AEUV), zusammensetzt. Anders als das Grundgesetz normiert die GrCh in Art. 6 zudem ein – vom EuGH bestätigtes – **Recht auf Sicherheit**.[43]

18

b) Sicherheit als gesellschaftliche und private Aufgabe

Auch wenn Sicherheit somit zuallererst eine Aufgabe des Staates ist, so ist dieser nicht allein verantwortlich. Neben seine Verantwortung tritt die Verantwortung der Gesellschaft und des Einzelnen, für die eigene, die **private Sicherheit** zu sorgen. Die Aufgaben der Polizei- und Ordnungsverwaltung, insbes. zur Gefahrenabwehr und zur Strafverfolgung, sind Ausdruck des öff. oder staatl. Interesses. Sie können zwar zugleich im privaten Interesse eines Einzelnen stehen, etwa wenn es um den Schutz seines Lebens oder seiner körperlichen Unversehrtheit geht. Die Bürger sehen es seit jeher aber auch als ihre eigene Aufgabe an, sich und ihre Rechte und Rechtsgüter **selbst zu schützen**. Dies ist in Grenzen auch ihr Recht und lässt die staatl. Aufgabe zum Schutz der öff. Sicherheit unberührt.[44]

19

Von der Frage, in welchem Interesse eine Aufgabe der Sicherheit – öffentliche oder private Sicherheit – steht, ist die Frage zu trennen, durch wen – Staat oder Bürger – die jeweilige Sicherheitsaufgabe gewährleistet wird. Sowohl im Rahmen priv. als auch öff. Sicherheitsaufgaben werden neben Polizei und Verwaltungsbehörden auch **private Akteure** wie etwa Sicherheitsdienstleister tätig [→ J59]. Im Zusammenhang mit priv. Eigensicherung stellen sich dann insbes. Fragen nach deren Handlungsrechten sowie zum Zusammenwirken mit den Behörden.

20

c) Aufgabe der Gefahrenabwehr

Als (Teil-)Aufgabe der Sicherheit zielt die Gefahrenabwehr auf den präventiven Schutz des Einzelnen und der Allgemeinheit vor Gefahren. Gefahrenabwehr hat also mit **Entscheidungen** zu tun, *ob* und *wie* gehandelt werden soll. Es geht um zukunftsgerichtetes Handeln – um Handeln,

21

---

37 *Kingreen/Poscher* § 2 Rn. 1.
38 Vgl. SchE/*Schoch/Kießling* Rn. 66 f.
39 Zur Staatsaufgabe „Innere Sicherheit" im GG s. SchE/*Schoch/Kießling* Rn. 69.
40 Vgl. etwa Art. 35 Abs. 2 S. 1, 73 Abs. 1 Nr. 10 lit. b, 87 Abs. 1 S. 2 u. 91 GG.
41 HMPG/*Bäcker* § 28 Rn. 50.
42 Anders als etwa Art. 1 Abs. 2 S. 2 der Verfassung des Landes BW.
43 EuGH 8.4.2014 – C-293/12, Rn. 42; 15.2.2016 – C-601/15 PPU, Rn. 53; 6.10.2020 C-511/18, Rn. 126; auch EGMR 17.11.2015 – 16051/05, Rn. 187 ff. Krit. *Buchholtz* NVwZ 2016, 906 (908).
44 SchE/*Schoch/Kießling* Rn. 130 ff.; LD/*Bäcker* Kap. B Rn. 273.

das den Lauf der Dinge beeinflussen, nämlich vor allem Schäden verhindern soll. Hierin unterscheidet sich die Gefahrenabwehr im Ausgangspunkt *funktional* von der **Strafverfolgung**, was in systematisch getrennten Gesetzen – Polizeigesetze einerseits, StPO andererseits – zum Ausdruck kommt und auch im Grundgesetz wurzelt.[45] Die Zukunftsgerichtetheit unterscheidet die Gefahrenabwehr auch von anderem (Verwaltungs-)Handeln, als sie es häufig mit Situationen zu tun hat, in denen es nicht sicher abschätzbar ist, wie die Dinge sich verhalten und entwickeln, ein schlichtes Abwarten jedoch keine Option ist, da die Möglichkeit eines jederzeit eintretenden Schadens im Raum steht. Auch *nicht* zu handeln, ist insoweit eine Entscheidung. Das (nur) **Mögliche, Wahrscheinliche und Unsichere** ist der Gefahrenabwehr ebenso immanent wie das **Dringliche** und die **Schadensträchtigkeit**. Gefahrenabwehr steht vor der Herausforderung, über Maßnahmen zur Abwehr von Schäden zu einem Zeitpunkt zu entscheiden, zu dem noch ungewiss ist, ob und in welchem Ausmaß diese überhaupt drohen. Sie bewegt sich zwischen den Risiken, einerseits ihr Handeln auf eine Basis zu stützen, die sich nachträglich als haltlose Spekulation erweist, und andererseits zu lange abzuwarten und einen Schaden nicht mehr verhindern zu können.

aa) Abwehr von Gefahren

22 In diesem Kontext dennoch die Entscheidung, ob und *wie* zu handeln ist, zu **rationalisieren** und anzuleiten, beschreibt einen tieferen Sinn des Gefahrenabwehrrechts, dessen es sich zu vergewissern lohnt. Er kommt bereits im „klassischen" Begriff der Gefahr zum Ausdruck, der für eine Abwehrmaßnahme *keine Gewissheit* eines Schadenseintritts verlangt, sondern eine *hinreichende Wahrscheinlichkeit* ausreichen lässt, die zudem aus der *Prospektive* Handelnder und nicht aus der *Retroperspektive* Nachkontrollierender zu bewerten ist. Mit Gefahrenabwehr, wie sie etwa in den gesetzl. Aufgabenzuweisungen der §§ 1 Abs. 1, 3 Abs. 1 SOG angesprochen wird, ist herkömmlich diese **reaktive Abwehr konkreter Gefahren** für ein Schutzgut durch die Polizei- und Ordnungsbehörden mittels Maßnahmen gemeint, die an die Verantwortlichen der Gefahrenlage adressiert sind.[46] In diesem „klassischem" Verständnis geht die Gefahrenabwehr auf den tradierten **Polizeibegriff** zurück, der seinerseits Polizei in einem materiellen, institutionellen und formellen Sinn unterscheidet.[47] Sie wird vor allem (aber nicht nur) durch aktionelle Maßnahmen auf Grundlage der Standard- und Generalbefugnisse geleistet, die insbes. im *Vorbehalt des Gesetzes*, in den *Grundrechten* und im *Verhältnismäßigkeitsgrundsatz* ihre rechtsstaatlichen Grenzen finden. Sie bilden – vereinfacht – ein rechtliches, gleichsam sequentiell und konditional abzuprüfendes **Muster**, das zunächst verlangt, in einer Situation zu prognostizieren, ob ein Schaden bestimmten Ausmaßes hinreichend wahrscheinlich ist, und das dann – falls dies zu bejahen ist – verhältnismäßige Anforderungen an die Wahl einer abwehrenden Maßnahme stellt. Dabei haben sich im Laufe der Zeit Korrelationen insbes. zwischen Prognose und Wahlanforderungen etabliert und gefestigt, die das Muster im Ganzen als gelungen erscheinen lässt, die von Unsicherheiten, Schadensträchtigkeit und Dringlichkeit geprägten Entscheidungen zur Gefahrenabwehr bestmöglich zu rationalisieren. Zur Gefahrenabwehr in diesem „klassischen" Sinne zählt das Gesetz gem. § 1 Abs. 1 S. 2 Nr. 2 PolDVG auch deren **Vorbereitung**.

---

45 Zu verfassungsrechtlichen Vorgaben zur Trennung, aber auch zur Überlagerung von GefAbw und Strafverfolgung s. HMPG/*Bäcker* § 28 Rn. 57 ff.
46 SchE/*Schoch/Kießling* Rn. 10.
47 Zum Polizeibegriff SchE/*Schoch/Kießling* Rn. 8 f. sowie hist. [→ J14].

bb) Gefahren- und Kriminalprävention

Mit dem verstärkt aufkommenden Terrorismus,[48] aber auch mit der Zunahme Organisierter Kriminalität, extremistischer Anschläge und von Amokläufen,[49] den Bedrohungen für kritische Infrastrukturen sowie den gewalttätigen Ausschreitungen bei Großereignissen wie dem G20-Gipfel in Hamburg [→ J56] oder bei Fußballspielen sah sich der Staat vor **neuartige Herausforderungen** gestellt.[50] Die polizeilichen Handlungsstrategien und Befugnisse des „klassischen" Gefahrenabwehrrechts wurden als nicht mehr ausreichend angesehen, um Gesellschaft und Staat wirksam zu schützen.[51] Die neuen Bedrohungsszenarien und Verbrechenswirklichkeiten seien in ihren Verläufen schwerer abschätzbar. Mit dem Instrumentarium der „klassischen" Gefahrenabwehr kämen die Sicherheitsbehörden regelmäßig zu spät, weil sie erst handeln dürften, sobald eine Gefahr konkret geworden und der Verursacher eindeutig identifiziert sei. Dies sei angesichts des Ausmaßes der Bedrohung, die etwa vom Terrorismus und der Organisierter Kriminalität ausgingen, nicht hinzunehmen. Sicherheitsbehörden und Polizei müssten „früher" handeln, nämlich **Gefahren vorsorgen** und **Verbrechen vorbeugend bekämpfen**.[52]

Bund und Länder – auch Hamburg – reagierten und erweiterten in ihren Polizeigesetzen das Aufgabenfeld und die Befugnisse in verschiedener Hinsicht, um die Gefahrenabwehrbehörden zu Maßnahmen im **Vorfeld** [→ B65], also zu Zeitpunkten zu ermächtigen, zu denen (noch) keine Gefahr vorliegt.[53] Die neuen „gefahr- und kriminalpräventiven" Befugnisse – auch „Vorfeldbefugnisse" genannt – richten sich vor allem auf die Erhebung, Speicherung und den Austausch von personenbezogenen Daten und anderen **Informationen** und betreffen nur vereinzelt auch aktionelle Maßnahmen. Sie unterscheiden sich darüber hinaus aber auch strukturell von den Befugnissen der „klassischen" Gefahrenabwehr:[54] Die „Vorfeldbefugnisse" setzen regelmäßig keine konkrete Gefahr mehr voraus, sondern sind bereits bei einem Gefahrenverdacht, ähnlich **abgesenkten Eingriffsschwellen** oder sogar anlasslos zulässig. Maßnahmen müssen sich nicht mehr auf die Verantwortlichen beschränken, sondern können sich gegen einen **erweiterten Personenkreis** oder sogar jede Person richten.

cc) Freiheit als Grund und Grenze der Gefahrenabwehr

Mag die Ausweitung auf das Vorfeld konkreter Gefahren die Sicherheit auch stärken, so erhöht sich mit ihr auch das Risiko, dass die Polizei- und Ordnungsverwaltung ohne Grund in die Freiheit des Einzelnen eingreift. **Sicherheit und Freiheit** müssen zusammen gedacht werden. Der Bezug ist ein doppelter: Zum einen wird Freiheit häufig erst durch Sicherheit möglich.[55] Zum anderen kann Sicherheit häufig nicht erreicht werden, ohne Freiheiten einzuschränken. Für die mit der Gefahrenabwehr verfassungsrechtlich beauftragte Polizei- und Ordnungsverwaltung mündet dies regelmäßig in einer paradox anmutenden Situation: Mit ihren Maßnahmen

---

48 Zu erinnern ist etwa an die Anschläge in New York am 11.9.2001, Madrid am 11.3.2004, London am 7.7.2005, Paris am 13.11.2015, Nizza am 14.7.2016 u. Berlin am 19.12.2016 sowie der RAF seit den 70er-Jahren [→ J49].
49 Etwa in München am 22.7.2016, in Hanau am 19.2.2020 u. in Hamburg am 9.3.2023 [→ J58].
50 Vgl. *Thiel*, Die „Entgrenzung" der Gefahrenabwehr, 2011, S. 30 ff.; *Darnstädt* GSZ 2017, 16 (16 ff.).
51 Vgl. *Thiel*, Die „Entgrenzung" der Gefahrenabwehr, 2011, S. 46 ff u. 114 ff. Das in den Zeiten der RAF-Anschläge bestehende Sicherheitsgefühl hist. nachzeichnend *Richter*, Leben im Ausnahmezustand, 2014. Zur Wandlung der polizeil. Handlungskonzepte LD/*Bäcker* Kap. D Rn. 237 ff.
52 Vgl. *Albers*, Die Determination polizeilichen Tätigkeit in den Bereichen der Straftatenverhütung und der Verfolgungsvorsorge, 2001, S. 97 ff.; *Schoch* Der Staat 2004, 347 (350 ff.); SchE/*Schoch/Kießling* Rn. 11.
53 Dies geschah, meist in Reaktion auf einzelne Ereignisse, in mehreren Reformwellen, wobei die Polizeigesetze der Länder unterschiedl. weit gingen u. auch Besonderheiten entwickelten, was zu beachten ist, wenn zur Auslegung von SOG u. PolDVG auf das Recht anderer Länder Bezug genommen wird.
54 Vgl. SchE/*Schoch/Kießling* Rn. 13 u. ausdifferenzierend LD/*Bäcker* Kap. D Rn. 254 ff.
55 EFP/*Pünder* Rn. 1.

greift sie *in* die Freiheit ein, *um* die Freiheit zu schützen.⁵⁶ Die *Rechtmäßigkeitsprüfung* kann in jedem ihrer Schritte, also etwa in der Suche nach einer notwendigen und anwendbaren Rechtsgrundlage, der Prüfung von Form- und Verfahrensanforderungen, der Auslegung von Tatbestandvoraussetzungen oder der fehlerfreien Ausübung des Ermessens, als Versuch begriffen werden, Freiheit und Sicherheit im Einzelfall in ein ausgewogenes Verhältnis zu bringen.⁵⁷ Schon im Bereich der **„klassischen"** Gefahrenabwehr erweist sich dies als nicht einfaches Unterfangen. Doch sind hier die zu schützende Sicherheit durch Kriterien wie „Gefahr" und „Verursacher" und das zulässige Maß an Freiheitseinschränkung durch die Benennung bestimmter Maßnahmen (z.B. „Sicherstellung") begrifflich und tatsächlich vergleichsweise fassbar und bauen zudem sequentiell und konditional aufeinander auf (z.B. „Wenn Gefahr, dann Sicherstellung"). Im erweiterten Aufgabenbereich der **Gefahren- und Kriminalitätsprävention** kommt hingegen erschwerend hinzu, dass Freiheit und Sicherheit in Situationen ausbalanciert werden müssen, in denen noch sehr **ungewiss** ist, ob und inwieweit Rechtsgüter überhaupt schon betroffen sind und welche Maßnahmen effektiv und angemessen wären, sie zu schützen. Soweit hierauf mit der Absenkung polizeilicher Eingriffsschwellen reagiert wird, um polizeiliches Handeln im Interesse höherer Sicherheit bereits im „Vorfeld" zu ermöglichen, liegt hierin ein **struktureller Freiheitsverlust**, auch weil der verfolgte Sicherheitszweck, die ergriffene Maßnahme und die mit ihr einhergehende Freiheit in ihrer Verhältnismäßigkeit zueinander umso unschärfer werden, je ungewisser die Tatsachenlage ist.⁵⁸

26 Zur Disziplinierung und Umhegung dieses, als „entgrenzt" empfundenen Gefahrenabwehrrechts⁵⁹ hat das **BVerfG** in einer Reihe von Entscheidungen und – auf die Kritik in der Lit. jeweils reagierend⁶⁰ – den **verfassungsrechtlichen Rahmen** weiterentwickelt, um Freiheit und Sicherheit vor dem Hintergrund der sicherheitsbezogenen Entwicklung, aber auch der zunehmenden Digitalisierung von Gesellschaft und Staat auszutarieren.⁶¹ Die Judikate konkretisieren die konstitutionellen, insbes. grundgesetzlichen Vorgaben für die Gefahrenabwehr und prägen die Gestaltung, Anwendung und Auslegung des einfachen Rechts insbesondere im Bereich der polizeilichen Informationsarbeit und des Gefahrenbegriffs, etwa weil sie im Wege der verfassungskonformen Auslegung des einfachen Rechts zu berücksichtigen sind oder sogar dessen Ungültigkeit begründen.⁶² Sie zielen dabei letztlich darauf, den strukturellen Freiheitsverlust (rechtssystematisch) zu kompensieren. Dementsprechend hat das Gericht hervorgehoben, dass der **Gesetzgeber** zwar angesichts neuartiger Gefährdungs- und Bedrohungssituationen die

---

56 *Hoffmann-Riem*, Der Staat als Garant von Freiheit und Sicherheit, in: Papier/Münch/Kellermann, Freiheit und Sicherheit, S. 19 ff.; SchE/*Schoch/Kießling* Rn. 75. Grundrechtsdogmatisch gewendet läuft dies auf ein Spannungsverhältnis zw. den Grundrechten als Abwehrrechte des Bürgers gegen den Staat [→ B17] u. den grundrechtl. Schutzpflichten des Staates hinaus [→ B32].
57 Am Bsp. der (rechtsw.) Ausweisung sog. Gefahrengebiete [→ D42] OVG Hamburg 13.5.2015 – 4 Bf 226/12, Rn. 66.
58 Schon früh grundlegend *Grimm* KritV 1986, 38. Vgl. auch *Trute* GS Jeand'Heur 1999, S. 403 (409).
59 *Thiel*, Die „Entgrenzung" der Gefahrenabwehr, 2011, S. 3. Vgl. auch *Trute* GS Jeand'Heur 1999, S. 403 (414 f.); *Voßkuhle* FS Würtenberger, 2013, 1101 (1112, 1114 ff.).
60 Vgl. HMPG/*Bäcker* § 28 Rn. 82 ff.
61 Insbes. BVerfG 4.4.2006 – 1 BvR 518/02 (Rasterfahndung); 27.2.2008 – 1 BvR 370/07 (Online-Durchsuchung); 11.3.2008 – 1 BvR 2074/05 (autom. Autokennzeichenerfassung); 20.4.2016 – 1 BvR 966/09 (BKAG); 27.5.2020 – 1 BvR 1873/13 (Bestandsdatenauskunft II); 10.11.2020 – 1 BvR 3214/15 (Antiterrordatei II); 26.4.2022 – 1 BvR 1619/17 (BayVSG); 9.12.2022 – 1 BvR 1345/21 (MVSOG); 16.2.2023 – 1 BvR 1547/19 (autom. Datenanalyse); 1.10.2024 – 1 BvR 1160/19 (BKAG II); 24.6.2025 – 1 BvR 2466/19 (Trojaner I) u. 1 BvR 180/23 (Trojaner II).
62 Zur verfassungskonformen Auslegung BVerfG 26.4.1994 – 1 BvR 1299/89, Rn. 37 ff.; 30.3.2004 – 2 BvR 1520/01, Rn. 147 ff.; 11.1.2005 – 2 BvR 167/02, Rn. 47; 14.10.2008 – 1 BvR 2310/01, Rn. 57; 1.10.2024 – 1 BvR 1160/19, Rn. 113 ff. [→ C21]. Auf die einzelnen Vorgaben – wie auch auf etwaige Kritik – wird dort im systematisch einschlägigen Zusammenhang eingegangen.

II. Konstitutionelles Gefahrenabwehrrecht

Balance zwischen Freiheit und Sicherheit neu justieren könne, die Gewichte jedoch von ihm **nicht grundlegend verschoben** werden dürften.[63]

Die Rspr. des BVerfG hat Zuspruch, aber auch **Kritik** im Einzelnen und in grundsätzlicher Hinsicht erfahren.[64] Sie vernachlässige, dass Sicherheit auch dem Freiheitsschutz dient. Die meisten Leitlinien würden aus der – insoweit überdehnten – Verhältnismäßigkeit und Angemessenheit abgeleitet und machten diese von intransparenten und scheinrationalen Wertungen abhängig. Da die Wertung letztverbindlich durch das BVerfG selbst erfolge, ginge damit auch eine demokratiebedenkliche „Machtverschiebung" vom Gesetzgeber auf das BVerfG einher. Das Gleiche gelte etwa für die übermäßig kleinteilige Festlegung von Eingriffsschwellen, die selbst vor einer Definition der konkreten Gefahr nicht Halt mache und mit der das Gericht seine Kompetenzen überschreite. Der Ausgleich zwischen Freiheit und Sicherheit müsse im Kern eine politische Aufgabe und damit grds. dem demokratischen Entscheidungsprozess und so vor allem dem Gesetzgeber überantwortet bleiben. Die Rechtsprechung des BVerfG habe zu einer „Überkonstitutionalisierung" des Gefahrenabwehrrechts geführt. 27

2. Gewährleistung der Gefahrenabwehr

Das konstitutionelle Recht begründet die Gefahrenabwehr nicht nur als staatliche und europäische Teilaufgabe der inneren Sicherheit. Es rahmt und begrenzt auch deren **Erfüllung**, indem es ein – systematisch zwar nicht vollständiges, in mancher Hinsicht aber durchaus konkretes – Gefüge grundgesetzlicher, landesverfassungs-, europa- und völkerrechtlicher Anforderungen statuiert. Diese liefern die „tieferen" Gründe und Rationalitäten für die Struktur des Polizei- und Ordnungsrechts. 28

a) Vorgaben des Grundgesetzes

Die hohe Relevanz, welche die Gefahrenabwehr für die Freiheit hat, hat das Gefahrenabwehrrecht zu einem stark grundgesetzlich geprägten Rechtsgebiet gemacht. Dies betrifft – wie nachstehend erläutert – vor allem die Menschenwürde, das Rechtsstaatsprinzip einschließlich der Grundrechte, das Demokratie- und das Bundesstaatsprinzip,[65] die für sich, aber auch im Zusammenwirken den **verfassungsrechtlichen Rahmen** des Gefahrenabwehrrechts definieren. Im Zuge der weiterentwickelten Ausbalancierung von Freiheit und Sicherheit hat das BVerfG diesen grundgesetzlichen Rahmen durch zahlreiche Entscheidungen zum Teil sehr detailreich konkretisiert. 29

aa) Menschenwürde

Die in Art. 1 Abs. 1 GG geschützte Menschenwürde zieht jeder staatl. Gefahrenabwehrmaßnahme eine **absolute Grenze**. In den absolut geschützten Achtungsanspruch des Einzelnen auf Wahrung seiner Würde eingreifende Maßnahmen sind ungeachtet des Gewichts der Verfassungsgüter, 30

---

63 BVerfG 4.4.2006 – 1 BvR 518/02, Rn. 135.
64 Krit. bis abl. etwa SchE/*Schoch/Kießling* Rn. 81 ff.; *Möstl* DVBl 2010, 808; *Würtenberger* FS Schröder, 2012, 285 (290 ff.); *Volkmann* JURA 2014, 820; *Gärditz* GSZ 2017, 1 (3 ff.); *Löffelmann* GSZ 2023, 92; *ders.*, JR 2024, 485, stärker auf die Aufgabe der Gesetzgeber und der Rechtswissenschaft hinweisend, die Systembildung durch das BVerfG fortzusetzen. S. auch die Sondervoten zu BVerfG 20.4.2016 – 1 BvR 966/09. Dem BVerfG eher zusprechend *Papier* DVBl 2010, 801 (803 ff.); *Voßkuhle* FS Würtenberger, 2013, 1101 (1112 ff.); HMPG/ *Bäcker* § 28 Rn. 184 ff.
65 Andere Staatsstrukturprinzipien, etwa der Schutz der natürlichen Lebensgrundlagen (Art. 20a GG), haben bislang nur im Ansatz Implikationen für das Gefahrenabwehrrecht gezeigt.

auf deren Schutz sie zielen, stets verboten.[66] Dies gilt etwa für die sog. Rettungsfolter,[67] vor allem aber für polizeiliches Handeln im **Kernbereich privater Lebensgestaltung**,[68] was insbes. informationellen Gefahrenabwehrmaßnahmen wie der Telekommunikations- und Wohnraumüberwachung oder dem Einsatz von Vertrauenspersonen Grenzen zieht. Bestehen Anhaltspunkte, dass der Kernbereich privater Lebensgestaltung, also Äußerungen und Vorgänge innerster Gefühle, Ausdrucksformen der Sexualität oder Überlegungen, Ansichten und Erlebnisse höchstpersönlicher Art tangiert sind, dürfen die Daten von vornherein nicht erhoben werden; führt die Maßnahme unerwartet zur Erhebung von absolut geschützten Daten, muss sie abgebrochen und müssen die Daten gelöscht werden. Gespräche, in denen die Zielperson Straftaten oder eine dringende Gefahr offenbart, sind indes grundsätzlich nicht geschützt, selbst wenn sie auch Höchstpersönliches zum Gegenstand haben.[69]

bb) Gefahrenabwehr im Rechtsstaat

31   Als eines der elementaren Prinzipien des Grundgesetzes zielt das **Rechtsstaatsprinzip** auf die Bindung und Begrenzung öffentlicher Gewalt zum Schutz individueller Freiheit und ist damit gerade für das Polizei- und Ordnungsrecht prägend.[70] Es steht für das **Primat des Rechts**[71] und kommt in zahlreichen Vorschriften des Grundgesetzes zum Ausdruck.[72] Neben den Grundrechten und der Verhältnismäßigkeit sind es – wie nachfolgend dargestellt – vor allem die Gesetzmäßigkeit mit ihren Elementen der Rechtsbindung und Bestimmtheit sowie die Gewaltenteilung, die dem Polizei- und Ordnungsrecht einen rechtsstaatlichen Rahmen geben.[73]

(1) Grundrechte

32   Die wichtigste Ausprägung (auch) des Rechtsstaatsprinzips bilden die unveräußerlichen, dauerhaft geltenden und einklagbaren Grundrechte in den Art. 1 bis 19 GG und grundrechtsgleichen Rechte in Art. 20 Abs. 4, 33, 38, 101, 103 u. 104 GG als grundl. Freiheits- und Gleichheitsrechte.[74] In ihrer Funktion als **Abwehrrechte** zielen sie auf ein Unterlassen staatl. Maßnahmen und dienen dazu, die Freiheitssphäre des Einzelnen vor Eingriffen der öff. Gewalt zu sichern. Sie ziehen dem Polizei- und Ordnungsrecht und dem inhärent häufig eingriffsintensiven Handeln der Polizei eine wichtige verfassungsrechtliche Grenze.[75]

33   Im Rahmen der Gefahrenabwehr kommt es häufig zu „klassischen", **imperativen Eingriffen** [→ C31], die unmittelbar und gezielt grundrechtliche Freiheiten verkürzen, etwa wenn eine Person in Gewahrsam genommen wird. Hingegen stellt sich insbes. bei (polizeilichem) Informationshandeln die Frage, ob und nach welchen Kriterien **mittelbar-faktische** oder auch technisch effektuierte Beeinträchtigungen, wie etwa die Aufsummierung immer neuer digitaler

---

66   BVerfG 15.2.2006 – 1 BvR 357/05, Rn. 116 ff.; 3.3.2004 – 1 BvR 2378/98, Rn. 119 f.
67   Dazu LD/*Denninger* Kap. B Rn. 21 ff.
68   Vgl. BVerfG 14.9.1989 – 2 BvR 1062/87, Rn. 17 ff.; 20.4.2016 – 1 BvR 966/09, Rn. 199; 9.12.2022 – 1 BvR 1345/21, Rn. 100 ff., insbes. 121. Krit. *Volkmann* DVBl 2008, 590 ff.
69   Vgl. zum Ganzen BVerfG 20.4.2016 – BvR 966/09, Rn. 122; 10.11.2020 – 1 BvR 3214/15, Rn. 119 ff., insbes. 121 u. 126 m. w. N.
70   Vgl. BVerfG 25.7.1979 – 2 BvR 878/74, Rn. 69; 19.3.2013 – 2 BvR 2628/10, Rn. 55; 17.1.2017 – 2 BvB 1/13, Rn. 547; LD/*Denninger* Kap. B Rn. 33 ff.
71   Vgl. *Hesse*, Grundzüge des Verfassungsrechts der BRD, 20. Auflage 1999, Rn. 186 ff.; *Maurer/Schwarz* § 8 Rn. 6 f.
72   JP/*Jarass* Art. 20 Rn. 37.
73   Zur rechtsstaatl. Verankerung des Rechtsschutzes, der Staatshaftung u. der Rechtssicherheit s. LD/*Denninger* Kap. B Rn. 56 f. sowie allg. *Maurer/Schwarz* § 8 Rn. 40 ff., 44 ff. u. 64 ff.
74   Vgl. *Maurer/Schwarz* § 8 Rn. 14. Die Grundrechte stehen auch mit der Menschenwürdegarantie u. dem Demokratie- u. Sozialstaatsprinzip in engem Zusammenhang.
75   HMPG/*Bäcker* § 28 Rn. 51 f.; LD/*Graulich* Kap E. Rn. 51.

II. Konstitutionelles Gefahrenabwehrrecht

Möglichkeiten, klassischen Eingriffen in der Zielsetzung und ihren Wirkungen gleichkommen.[76] Anders als bei klassischen Eingriffen stellt das BVerfG dazu vor allem auf das **Gewicht** des Eingriffs ab.[77]

Die Grundrechte können auch **Pflichten** des Staates und somit der Polizei statuieren, den Bürger vor Gefährdungen und Verletzungen zu **schützen**, die nicht von ihm (mit) zu verantworten sind, sondern von privaten Dritten, von ausländischen öffentlichen Gewalten oder Naturgewalten ausgehen.[78] So ist der Staat gem. Art. 1 Abs. 1 S. 2, 2 Abs. 2 S. 1 u. 2 GG insbes. verpflichtet, das Leben, die körperliche Unversehrtheit und die Freiheit der Einzelnen zu schützen.[79] Mit Blick auf die alle Lebensbereiche erfassende Digitalisierung steht er auch in der Pflicht, zum Schutz informationstechnischer Systeme vor Angriffen Dritter beizutragen.[80] Von der Statuierung einer Schutzpflicht ist die Frage zu trennen, *wie* der Staat seiner Schutzpflicht nachzukommen hat. Gesetzgeber und vollziehende Gewalt haben insoweit einen weiten Einschätzungs- und Gestaltungsspielraum.[81] Ihre Pflicht verletzen sie erst, wenn sie gänzlich von Schutzvorkehrungen absehen oder wenn ihre Maßnahmen ungeeignet oder unzulänglich sind, das Schutzziel zu erreichen.[82] Beruft sich der Bürger auf seine Grundrechte, um eine Gefahrenabwehrmaßnahme abzuwehren, kann – vor allem iRd Angemessenheit – eine Abwägung mit grundrechtl. Schutzpflichten notwendig werden. Der Schutzpflicht korrespondiert zwar ein **Schutzanspruch** des Einzelnen ggü. dem Staat, der sich jedoch nur unter sehr engen und selten erfüllten Voraussetzungen zu einem (einklagbaren) Anspruch auf eine *bestimmte* polizeiliche Maßnahme verdichtet [→ C285], wenn der Schutzpflicht nur durch eben *diese* Maßnahme Genüge getan werden kann.[83] Ein explizites **Grundrecht auf Sicherheit**, zumal als (objektivrechtliche) Schutzpflicht, kennt das Grundgesetz nicht.[84]

Grundrechte setzen zudem Maßstäbe für eine den Grundrechtsschutz effektuierende Organisations- und Verfahrensgestaltung.[85] Im Sinne eines **Grundrechtsschutzes durch Organisation und Verfahren** müssen diese insbes. so gestaltet sein, dass nicht die Gefahr einer Entwertung materieller Grundrechtspositionen besteht.[86] Insbes. um Grundrechtseinschränkungen abzuwehren, kann es erforderlich sein, diese verfahrensbezogen zu kompensieren, etwa durch die Statuierung von *Auskunfts-*, *Begründungs-* oder nachträglichen *Unterrichtungspflichten*.[87] So hat das BVerfG vor allem für **verdeckte** Informationserhebungen, also heimliche und schon deshalb schwerwiegende Eingriffe, zur Wahrung der Angemessenheit die Statuierung und Einhaltung verfahrensrechtlicher Sicherungen verlangt, vor allem auch um den Kernbereich

---

76 Vgl. *Rademacher/Perkowski* JuS 2020, 713 (718). Zur sog. „Überwachungsgesamtrechnung" etwa Roßnagel NJW 2010, 1238; *Löffelmann*, Überwachungsgesamtrechnung und Verhältnismäßigkeitsgrundsatz, 2022.
77 BVerfG 4.4.2006 – 1 BvR 518/02, Rn. 136; 11.3.2008 – 1 BvR 2074/05, Rn. 169; 16.2.2023 – 1 BvR 1547/19, Rn. 90 ff.
78 Vgl. BVerfG 16.12.1983 – 2 BvR 1160/83; Dreier/*Sauer* Vorb. Rn. 115 ff. Zur objektivrechtl. Schutzfunktion BVerfG 13.2.2007 – 1 BvR 421/05, Rn. 63 ff.; 24.7.2018 – 2 BvR 309/15, Rn. 74 sowie JP/*Jarass* Vorb. vor Art. 1 Rn. 5. Nach SchE/*Schoch/Kießling* Rn. 71 mwN gilt die staatl. Schutzpflicht bei jedem Grundrecht. Differenzierter *Britz* NVwZ 2023, 1449 (1454 f.).
79 Vgl. BVerfG 20.4.2016 – 1 BvR 966/09, Rn. 100.
80 BVerfG, 8.6.2021 – 1 BvR 2771/18 Ls. 2a u. Rn. 26 ff.; *Gruber/Brodowski/Freiling* GSZ 2022, 171 (172 f.). Auch *Britz* NVwZ 2023, 1449 (1455).
81 BVerfG 1.12.2009 – 1 BvR 2857/07, Rn. 135.
82 BVerfG 11.1.2016 – 1 BvR 2980/14, Rn. 19; SchE/*Schoch/Kießling* Rn. 72.
83 BVerfG 20.2.2008 – 1 BvR 2722/06, Rn. 78; SchE/*Schoch/Kießling* Rn. 73.
84 *Thiel*, in: Dietrich/Fahrner/Gazeas/von Heinschel-Heinegg, Handbuch Sicherheits- und Staatsschutzrecht, 2022 § 2 Rn. 14 u. 34 ff.
85 Vgl. BVerfG 14.5.1985 – 1 BvR 233/81, Rn. 83; EFP/*Pünder* Rn. 16, 200 f. mwN.
86 Vgl. BVerfG 8.2.1983 – 1 BvL 20/81, Rn. 31; 14.12.2017 – 2 BvR 2655/17, Rn. 22.
87 BVerfG 14.7.1999 – 1 BvR 2226/94, Rn. 172; 14.12.2000 – 2 BvR 1741/99, Rn. 62. Im Kontext von sog. nicht-imperativen Datenerhebungsbefugnissen vgl. *Kingreen/Poscher* § 18 Rn. 23 ff.

privater Lebensgestaltung schützen.[88] Zudem ist eine grundrechtsfreundliche Anwendung vorhandener Verfahrensvorschriften geboten.[89] Auch das **Trennungsgebot** von Polizei und Nachrichtendiensten wird zum Teil als organisatorische und verfahrensbezogene Konsequenz zum vorgelagerten Schutz gegen Grundrechtsgefährdungen gesehen.[90]

(2) Verhältnismäßigkeit

36 Der aus dem Rechtsstaatsprinzip und den Grundrechten abgeleitete Grundsatz der Verhältnismäßigkeit hat für das gesamte Staatswesen und insbes. für die Austarierung von Freiheit und Sicherheit eine überragende Bedeutung.[91] Der Staat darf die Freiheit des Bürgers nur soweit beschränken, wie es zum Schutz öff. Interessen unerlässlich ist.[92] Sowohl gefahrenabwehrrechtliche **Gesetze** als auch die auf ihrer Grundlage getroffenen **Maßnahmen** der Polizei- und Ordnungsverwaltung müssen einen *legitimen Zweck* verfolgen und dazu *geeignet, erforderlich* und *angemessen* sein.[93]

37 Angesichts der Unschärfe, die der Verhältnismäßigkeitsgrundsatz im Zuge der Austarierung von Freiheit und Sicherheit [→ B25] vor allem im Bereich der Kriminal- und Gefahrenprävention erfährt, hat die ihm zugrundeliegende Zweck-Mittel-Relation konkrete Ausprägungen und Besonderheiten erfahren.[94] Das BVerfG leitet aus diesem nicht nur die Notwendigkeit **tatbestandlicher Eingrenzungen** an sich,[95] sondern insbes. auch **Mindesteingriffsschwellen** ab, etwa dass Eingriffe von *erheblichem* Gewicht mindestens eine konkrete Gefahr verlangen.[96] Ähnlich setzen *heimliche* Eingriffe von Verfassungswegen *tatsächliche* Anhaltspunkte einer konkreten Gefahr für – was die **Schutzgüter** betrifft – überragend wichtige bzw. hinreichend gewichtige Rechtsgüter sowie Tatsachen voraus, die – was die **Adressierung** betrifft – den Schluss zulassen, dass bestimmte Personen an der Gefahrenlage beteiligt sein werden, über deren Identität wenigstens so viel bekannt ist, dass die Maßnahme gezielt gegen sie eingesetzt und weitgehend auf sie beschränkt werden kann.[97] Aus der Verhältnismäßigkeit folge schließlich die Notwendigkeit einer **Gesamtabwägung** zwischen der Schwere des Eingriffs und dem Gewicht sowie der Dringlichkeit der ihn rechtfertigenden Gründe unter Beachtung der Grenze der Zumutbarkeit.[98] Gefordert wird, dass die Eingriffsintensität bzw. das *Eingriffsgewicht* einer staatlichen Sicherheitsmaßnahme einerseits und das *Gewicht des Rechtsguts*, das mit der Maßnahme geschützt werden soll, in Kombination mit der *Einschreiteschwelle*, also dem maßnahmeauslösenden Anlass, andererseits, in einem angemessenen Verhältnis stehen.[99] Diese

---

88 BVerfG 27.2.2008 – 1 BvR 370/07, Rn. 257; 9.12.2022 – 1 BvR 1345/21, Rn. 100 ff; 24.6.2025 – 1 BvR 2466/19, Rn. 64 ff. u. 1 BvR 180/23, Rn. 171 ff.
89 BVerfG 4.5.1985 – 1 BvR 233/81, Rn. 83; 20.9.2016 – 2 BvE 5/15, Rn. 57.
90 Andere sehen das Trennungsgebot im Rechtsstaats-, insbes. Gewaltenteilungs-, im Bundesstaatsprinzip oder in Art. 87 Abs. 1 S. 2 GG verankert, während das BVerfG diese Frage offengelassen hat, s. etwa BVerfG 28.1.1989 – 2 BvF 3/92, Rn. 87. Dazu LD/*Denninger* u. *Bäcker*, Kap. B Rn. 43 bzw. 244 ff.
91 Vgl. *Schenke* Rn. 403 mit Fn. 2; *DWVM* S. 390 mit Fn. 116; *Götz/Geis* § 16 Rn. 9, 11 ff. Zur Herleitung BVerfG 12.5.1978 – 2 BvR 1226/83, Rn. 104.
92 Vgl. BVerfG 15.12.1965 – 1 BvR 513/65, Rn. 17; 5.3.1968 – 1 BvR 579/67, Rn. 19.
93 Allg. *Michaelis* JA 2021, 573.
94 Vgl. LD/*Denninger* Kap. B Rn. 66 ff.; *Löffelmann* GSZ 2023, 92 (93); mit Bezug v.a. auf sog. nicht-imperative Datenerhebungsbefugnisse *Kingreen/Poscher* § 18 Rn. 16 ff.
95 Vgl. BVerfG 11.3.2008 – 1 BvR 2074/05, Rn. 171.
96 Vgl. BVerfG 4.4.2006 – 1 BvR 518/02, Rn. 137, 144 u. 161; s. auch 1.10.2024 – 1 BvR 1160/19, Rn. 90.
97 Vgl. BVerfG 27.2.2008 – 1 BvR 370/07, Rn. 247, 249 u. 251; 16.2.2023 – 1 BvR 1547/19, Rn. 105 ff.
98 Vgl. BVerfG 9.3.1994 – 2 BvL 43/92, Rn. 123.
99 Vgl. BVerfG 9.12.2022 – 1 BvR 1345/21, Rn. 89 u. 161 mwN; 1.10.2024 – 1 BvR 1160/19, Rn. 90 f. Vgl. auch das Sondervotum zu BVerfG 21.6.2016 – 2 BvR 637/09, Rn. 9. Zum Wechselverhältnis von Eingriffsschwelle u. Schutzgut BVerfG 27.5.2020 – 1 BvR 1873/13 Rn. 179; 9.12.2022 – 1 BvR 1345/21, Rn. 173. Zudem *Löffelmann* GSZ 2023, 92 ff. (94).

II. Konstitutionelles Gefahrenabwehrrecht

Gesamtabwägung prägt in erster Linie die – verfassungsgerichtlich streng zu überprüfende[100] – Verhältnismäßigkeit des gefahrenabwehrrechtlichen Gesetzes. Aus ihr werden aber auch andere, an das Gesetz und die Gesetzesanwendung zu stellende Anforderungen abgeleitet, etwa was Dokumentations-, Benachrichtigungs- und Berichtspflichten, Richtervorbehalte, die Einrichtung spezifischer Kontrollorgane und anderer **verfahrensbezogener Mechanismen** oder auch die Zweckbindung und andere Vorgaben der polizeilichen Datenverarbeitung betrifft.[101] Die verfassungsrechtliche Überlagerung zielt letztlich darauf ab, Freiheit und Sicherheit mit Hilfe der Kategorien der Eingriffsschwelle und der Eingriffsintensität differenzierter, dynamischer und feingesteuerter auszubalancieren.

(3) Gesetzmäßigkeit, insbes. Rechtsbindung und Bestimmtheit

Zum Kern des Rechtsstaatsprinzips gehört die Bindung der Verwaltung und damit auch der Polizei- und Ordnungsverwaltung an Gesetz und Recht nach Art. 20 Abs. 3 GG. Die **Bindung** umfasst das Grundgesetz, formelle Gesetze, sonstige geschriebene Rechtsnormen wie Verordnungen und Satzungen sowie ungeschriebenes Gewohnheitsrecht – und zwar unter Berücksichtigung ihrer jeweiligen Rangstufe. So ist etwa das einfache Gesetz vorrangig *anzuwenden*, geht aber in der *Geltung* der Verfassung nach, soweit es mit dieser nicht vereinbar ist.[102]   38

Beispiel: Die Ingewahrsamnahme einer Person ist nicht unmittelbar nach Art. 2 Abs. 2, 104 Abs. 2 GG, sondern nach den §§ 13 ff. SOG zu beurteilen, die sich aber ihrerseits in den Grenzen dieser verfassungsrechtlichen Normen halten müssen. Andernfalls bliebe möglicherweise unberücksichtigt, dass das SOG engere Grenzen zieht als die Verfassung.[103]   39

Es ist das Recht, insbes. das Gesetz, dass die Polizei- und Ordnungsverwaltung zum Handeln ermächtigt und ihr zugleich Grenzen setzt. Indem sie das Gesetz in diesem Sinne umsetzt, verwirklicht sie den in ihm zum Ausdruck kommenden Willen des demokratischen Gesetzgebers.[104] Dass somit jede polizeiliche und ordnungsbehördliche Tätigkeit Grund und Grenze im geltenden Recht finden muss bzw. findet, kommt vor allem in der Bedeutung des **Vorbehalts und Vorrangs des Gesetzes**, aber auch im Grundsatz der **Normenklarheit und -bestimmtheit** zum Ausdruck, der nach dem BVerfG nicht nur verlangt, dass bei Eingriffen in die informationelle Selbstbestimmung Anlass und Verwendungszweck gesetzlich klar bezeichnet sind,[105] sondern auch an „verdeckte" Informationserhebungen, also heimliche und schon deshalb schwerwiegende Eingriffe besondere und hinreichend bestimmte Anforderungen stellt.[106] Zudem sind sog. dynamische Verweisungen von einem Landes- auf ein Bundesgesetz nur dann hinreichend bestimmt und somit verfassungsrechtl. zulässig, wenn die in Bezug genommene Regelungen ein eng umrissenes Feld betreffen und deren Inhalt im Wesentlichen bereits feststeht.[107]   40

(4) Gewaltenteilung

Über seine grundl. Elemente hinaus ist der in Art. 20 Abs. 2 GG verankerte Grundsatz der Gewaltenteilung im Zusammenhang mit polizeilichem und ordnungsbehördlichem Handeln vor allem unter den Gesichtspunkten der **möglichsten Richtigkeit** staatlicher Entscheidungen   41

---

100 Vgl. dazu die Gründe bei BVerfG 20.4.2016 – 1 BvR 966/09, Rn. 94.
101 Vgl. BVerfG 20.4.2016 – 1 BvR 966/09; 19.5.2020 – 1 BvR 2835/17.
102 Vgl. *Maurer/Schwarz* § 8 Rn. 25 u. 27.
103 Vgl. *Maurer/Schwarz* § 8 Rn. 27.
104 Vgl. LD/*Denninger* Kap. B Rn. 54 f.
105 Vgl. BVerfG 11.3.2008 – 1 BvR 2074/05, Rn. 160. S. etwa [→ D67, D71, D75, D 77, D80 u. D84].
106 BVerfG 27.2.2008 – 1 BvR 370/07, Rn. 208 ff. Dazu LD/*Denninger* Kap. B Rn. 61 ff. Auch BVerfG 20.4.2016 – 1 BvR 966/09, Rn. 165 u. 323.
107 BVerfG 26.4.2022 – 1 BvR 1619/17, Rn. 385; im Kontext von sog. nicht-imperativen Datenerhebungsbefugnissen *Kingreen/Poscher* § 18 Rn. 22.

und der **Mäßigung der Staatsgewalt** bedeutsam geworden.[108] Optimale Richtigkeit bedeutet, dass die Entscheidungen von Organen getroffen werden, die dafür nach ihrer Organisation, Zusammensetzung, Funktion und Verfahrensweise über die besten Voraussetzungen verfügen.[109] Zusammen mit dem Grundsatz der parlamentarischen Verantwortung der Regierung wird hieraus ein **Kernbereich exekutiver Eigenverantwortung** abgleitet, der dem Vorbehalt des Gesetzes Grenzen setzt und etwa im Ermessen zum Ausdruck kommt.[110]

cc) Demokratie und Gefahrenabwehr

42 Demokratie ist eine Lebensform und – was im Folgenden im Vordergrund steht – eine **Staatsform**.[111] Gem. Art. 20 Abs. 2 S. 1 GG darf die Staatsgewalt, mithin jedes staatliche Handeln mit Entscheidungscharakter,[112] nur vom Volk *ausgehen*, also keine anderen Legitimationsquellen haben.[113] Gem. S. 2 darf die Staatsgewalt nur vom Volk *ausgeübt* werden, sei es durch Wahlen und Abstimmungen oder durch besondere Organe der Gesetzgebung, der vollziehenden Gewalt und der Rechtsprechung. Für den Bürger ergibt sich hieraus ein Anspruch, an der politischen Willensbildung gleichberechtigt teilzuhaben und nur einer öff. Gewalt ausgesetzt zu sein, die er auch legitimieren und beeinflussen kann.[114] In diesem Sinne gründet Demokratie auf der Idee der **freien Selbstbestimmung** aller Bürger, indem die politische Willensbildung vom Volk zu den Staatsorganen erfolgt und nicht umgekehrt.[115]

43 Diese Anforderungen an die **demokratische Legitimation** gelten auch für die Gefahrenabwehr als Teil der vollziehenden Staatsgewalt. Auch die Entscheidungen und Handlungen der Polizei müssen sich auf den Willen des Volkes zurückführen und legitimieren lassen und ihm ggü. verantwortet werden.[116] Verlangt wird ein bestimmtes *Legitimationsniveau*,[117] wobei mit Blick auf die Relevanz polizeilicher Maßnahmen für die Freiheit des Einzelnen zu beachten ist, dass die Legitimation *umso höher* sein muss, *je intensiver* eine in Rede stehende Maßnahme Grundrechte berührt oder von grundl. Bedeutung für die Allgemeinheit ist. Die Legitimation kann über eine ununterbrochene auf das Volk zurückzuführende Legitimationskette für die mit der Wahrnehmung polizeilicher Angelegenheiten betrauten Amtswalter sowie über eine strikte Bindung an die von der Volksvertretung erlassenen Gesetze für die Wahrnehmung der zugewiesenen Aufgaben gewährleistet werden.[118] Hieraus wird gefolgert, dass die Polizei- und Ordnungsverwaltung grds. **hierarchisch organisiert** und an die **Weisungen** des Senats **gebunden** sein müsse,[119] wie dies etwa in den Polizeidienstvorschriften zum Ausdruck kommt. Informations-, Anhörung-, Auskunfts- und andere Betroffenenrechte sollen dagegen keine Konsequenz des Demokratieprinzips sein, da die Volkssouveränität nicht zum Inhalt habe, dass sich die Entscheidungen der Staatsgewalt von den jeweils Betroffenen her zu legitimieren haben.[120]

---

108 LD/*Denninger* Kap. B Rn. 35; SchSch/*Schmidt-Aßmann/Schenke*, Einl. Rn. 56.
109 BVerfG 30.6.2015 – 2 BvR 1282/11, Rn. 125.
110 Vgl. BVerfG 18.12.1984 – 2 BvE 13/83, Rn. 137.
111 *Maurer/Schwarz* § 5 Rn. 1. Unter dem Gesichtspunkt der sog. demokr. Resilienz hat in der Polizei Demokratie auch als Lebensform oder Haltung eine aktuelle Relevanz, s. *Derin/Singelnstein*, Die Polizei – Helfer, Gegner, Staatsgewalt, 2022.
112 BVerfG 31.10.1990 – 2 BvF 3/89, Rn. 39; 6.5.2014 – 2 BvR 1139/12, Rn. 168.
113 JP/*Jarass* Art. 20 Rn. 2.
114 Vgl. BVerfG 17.1.2017 – 2 BvB 1/13, Rn. 758; 30.7.2019 – 2 BvR 1685/14, Rn. 115.
115 Vgl. BVerfG 5.12.2002 – 2 BvL 5/98, Rn. 148; 16.12.2014 – 2 BvE 2/14, Rn. 28.
116 Vgl. BVerfG 17.1.2017 – 2 BvB 1/13, Rn. 545.
117 BVerfG 7.11.2017 – 2 BvE 2/11, Rn. 198.
118 BVerfG 7.11.2017 – 2 BvE 2/11, Rn. 222.
119 Vgl. Dreier/*Dreier*, Art. 20 Demokratie Rn. 132 ff.; JP/*Jarass* Art. 20 Rn. 10 f.
120 Vgl. BVerfG 31.10.1990 – 2 BvF 2/89, Rn. 53.

II. Konstitutionelles Gefahrenabwehrrecht 49

Über die Anforderungen an ihre eigene demokratische Legitimation hinaus wird aus dem 44
Demokratieprinzip zudem eine Verantwortung der Polizei- und Ordnungsbehörden für eine **demokratiegewährleistende und -förderliche polizeiliche Aufgabenwahrnehmung** abgeleitet.[121]
Den Volkswillen etwa über Wahlen zu bilden und auf die Willensbildung staatl. Organe Einfluss zu nehmen, um sich in diesem Sinne selbst zu bestimmen und Demokratie zu leben, müssen die Bürger von sich aus *wollen*. Ob diese aber auch demokratisch aktiv werden und so die Demokratie zum Leben bringen *können*, hängt wesentlich von den Rahmenbedingungen ab, insbes. ob der Einzelne sich **ohne Angst** am gesellschaftlichen Diskurs beteiligen kann, er prinzipiell bereit ist, sich (auch politisch) zu **engagieren** und ob Bürger und Staat sich wechselseitig **vertrauen**, was sich etwa in gegenseitiger Information widerspiegelt.[122]

Diese, für die Demokratie notwendigen Rahmenbedingungen eines öffentlichen politischen 45
Meinungs- und Willensbildungsprozesses werden auch durch das **Verhalten der Gefahrenabwehrbehörden wesentlich mitbestimmt**, etwa wenn es um Beobachtung und Überwachung, staatl. Neutralität, Einschüchterung (z.B. durch den Einsatz von Drohnen) und Konkretisierung der „innenpolitischen Friedlichkeitsgrenze" durch versammlungsfreundliches Verfahren geht.[123] Das Versammlungsrecht ist zugleich ein Beispiel, in dem staatl. Maßnahmen – etwa im Fall von Gegendemonstrationen – nicht nur daran zu messen sind, ob sie die für eine plurale freiheitliche Demokratie notwendigen Bedingungen nicht nur *nicht gefährden*, sondern auch *proaktiv ermöglichen* und damit für den Erhalt der Voraussetzungen für Demokratie eintreten.[124] Dies gilt auch für die polizeiliche Öffentlichkeitsarbeit [→ C264]. Welche Bedeutung einer **angstfreien, friedlichen Kommunikationskultur** für die Demokratie zukommt und welche demokratiezersetzenden Folgen es nach sich ziehen kann, wenn der Staat die ihm obliegende Verantwortung für den Schutz einer demokratische Kultur nicht wahrzunehmen in der Lage ist, zeigt die zunehmende *digitale* Gewalt, die den Einzelnen individuell schädigt und nicht selten dazu drängt, sich aus dem gesellschaftlichen Diskurs zurückzuziehen.[125]

dd) Gefahrenabwehr im Bundesstaat

Um seine Aufgabe der Gefahrenabwehr zu erfüllen, muss der Staat Gesetze erlassen und 46
ausführen. Die entspr. Gesetzgebungs- und Ausführungskompetenzen sind im Bundesstaat (Art. 20 Abs. 1 GG) **vertikal**, also **zwischen Bund und Ländern** verteilt.[126] Die an sich klare Verteilung erfährt eine gewisse Unschärfe, weil von der Strafverfolgung auch präventive Aufgaben sowie die Verfolgungsvorsorge erfasst werden und dem Bund in spezifischen Bereichen auch Ausführungskompetenzen zugewiesen sind.

(1) Gesetzgebungskompetenzen

Nach Art. 70 GG liegt die Gesetzgebungskompetenz grds. bei den Ländern, soweit dem Bund 47
nicht nach Art. 71, 73 GG die *ausschließliche* Gesetzgebungskompetenz zusteht oder er nach Art. 72, 74 GG von seiner *konkurrierenden* Gesetzgebungskompetenz Gebrauch gemacht hat. Die Aufrechterhaltung der öff. Sicherheit und Ordnung an sich ist in den Art. 71 ff. GG

---

121 Zum Folgenden LD/*Bäcker* Kap. B Rn. 77 ff.
122 LD/*Denninger* Kap. B Rn. 90. Zur Erforderlichkeit staatl. Öffentlichkeitsarbeit vgl. BVerfG 26.6.2002 – 1 BvR 558/91, Rn. 53.
123 LD/*Denninger* Kap. B Rn. 83 u. 92 f. Zur geplanten Einführung einer Spezialbefugnis zum Einsatz von Polizeidrohnen vgl. nun § 38 des Referentenentwurfs zur Änderung des BPolG, abrufbar unter www.bmi.bund.de (Stand 8.10.2025).
124 LD/*Denninger* Kap. B Rn. 93.
125 Zu den demokratiegefährdenden Wirkungen digitaler Gewalt s. *Jung* DÖV 2023, 141.
126 Ausführlich LD/*Bäcker* Kap. B Rn. 93 ff.

indes nicht als Gegenstand einer Bundeskompetenz genannt,[127] sodass die Gesetzgebung zur **Gefahrenabwehr** entspr. der Grundsatzregelung bei den **Ländern** liegt. Da es dem jeweiligen Landesgesetzgeber obliegt, ob und wie er die Gefahrenabwehr regelt, finden sich in Hamburg entspr. Vorschriften nicht nur im SOG und PolDVG, sondern auch in speziellen Landesgesetzen wie der HBauO, dem HmbSG oder dem HWaG.[128]

48 Allerdings schließen einzelne der Sach- und Lebensbereiche, die nach den Art. 71 ff. GG dem **Bund** zugewiesen sind, die Gefahrenabwehr ausdrücklich mit ein.[129] Weitere Sachbereiche wie der Luftverkehr sind zwar allgemeiner gehalten, können aber ebenfalls die Kompetenz zur Regelung der Gefahrenabwehr mitumfassen, wenn und soweit – was streng zu prüfen ist – nur so der jeweilige Sachbereich sinnvoll geregelt werden kann.[130] In Form solcher **Einschließungen und Annexe** fallen dem Bund einzelne Zuständigkeiten für spezielle Teilbereiche des Polizei- und Ordnungsrechts zu.[131]

49 Im Bereich der **Strafverfolgung** hat der Bund auf der Grundlage von Art. 74 Abs. 1 Nr. 1 GG in der StPO und im OWiG Regelungen zur repressiven Polizeitätigkeit erlassen.[132] Zur Kompetenz gehört auch die **Vorsorge** für die Verfolgung künftiger Straftaten,[133] bei der nach Art. 70 Abs. 1 GG jedoch Ergänzungen durch die Länder möglich bleiben, *soweit* der Bundesgesetzgeber keine abschließend Regelungen getroffen hat.[134] Ob dies allerdings der Fall ist, wird regelmäßig schwierig zu bewerten sein, auch weil die **Strafverfolgungsvorsorge**, wie die vorbeugenden Bekämpfung von Straftaten insgesamt (vgl. § 1 Abs. 1 S. 2 Nr. 1 PolDVG), fließend in die Gefahrenabwehr übergeht.[135]

(2) Ausführungskompetenzen

50 Von der Kompetenz zum Erlass von Gefahrenabwehrgesetzen ist die Kompetenz zu ihrer Ausführung zu trennen. Sie umfasst insbes. die Einrichtung, Organisation und Ausstattung der **Gefahrenabwehrbehörden** sowie die Regelung des inneren und äußeren **Verfahrens**. Die Kompetenz steht weitgehend den Ländern und somit **Hamburg** zu, und zwar nicht nur was die Ausführung von landeseigenen, sondern gemäß Art. 30, 83 GG auch von Gefahrenabwehrgesetzen des Bundes betrifft. Auf dieser Kompetenz fußen die verfahrens- und organisationsrechtlichen Regelungen insbes. im SOG, PolDVG, VerwBehG, HmbVwVfG und HmbVwVG.

51 Abweichend von Art. 30, 83 GG sind dem **Bund** Ausführungskompetenzen zur Gefahrenabwehr zugewiesen,[136] schon länger im Bereich der Bahn und der Flughäfen,[137] dann zur Einrichtung der „Zentralstelle für das polizeiliche Auskunfts- und Nachrichtenwesen" und der sog. Antiterrorda-

---

127 BVerfG 29.4.1958 – 2 BvO 3/56, Rn. 13.
128 Vgl. *David* Art. 48 Rn. 14 u. 19.
129 *Kingreen/Poscher* § 2 Rn. 36 ff.
130 Vgl. BVerfG 29.4.1958 – 2 BvO 3/56, Rn. 13; 3.7.2012 – 2 PBvU 1/11, Rn. 17 ff.
131 Z.B. Art. 73 Abs. 1 Nr. 3, 5–6a, 9a, 10b, 12 u. 14 sowie Art. 74 Abs. 1 Nr. 3 f., 11, 19, 20–22, 24 GG. Vgl. u.a. die Auflistung in *Schenke* Rn. 26 ff.
132 S. dazu LD/*Bäcker* Kap. B Rn. 100 ff.
133 Vgl. BVerfG 27.7.2005 – 1 BvR 668/04, Rn. 97 ff. Zur Abgrenzung von Gefahrenabwehr u. Strafverfolgungsvorsorge s. *Graulich* NVwZ 2014, 685.
134 BVerwG 25.1.2012 – 6 C 9.11, Rn. 35 f.
135 Vgl. LD/*Bäcker* Kap. B Rn. 100 ff. Etwa zu ED-Maßnahmen [→ C49] s. § 81b StPO u. § 16 PolDVG sowie OVG Hamburg 11.4.2013 – 4 Bf 141/11, Rn. 57 ff.; zur Bodycam [→ C59] vgl. § 18 Abs. 5 S. 1 PolDVG („zur Verfolgung von Straftaten"). Nach BVerfG 9.12.2022 – 1 BvR 1345/21, Rn. 163 ist § 163e StPO eine abschließende Regelung.
136 Dabei bildet die Gesetzgebungskompetenz des Bundes die äußerste Grenze seiner Verwaltungskompetenz, dazu BVerfG 3.7.2000 – 2 BvG 1/96, Rn. 36.
137 Art. 87e Abs. 1 S. 1, 87d Abs. 1 S. 1 GG. Dazu BVerfG 28.1.1998 – 2 BvF 3/92 Rn. 57 ff.; *Kingreen/Poscher* § 2 Rn. 42 f.

II. Konstitutionelles Gefahrenabwehrrecht 51

tei.[138] Weitere Kompetenzen des Bundes für die Einrichtung von **Bundesbehörden** [→ B85] und zur Regelung des Verfahrens zur Gefahrenabwehr sind in Art. 87 Abs. 1 S. 1 GG, auch iVm Art. 89 Abs. 2 S. 1 u. 2 GG bzw. 108 Abs. 1 GG sowie in Art. 40 Abs. 2 S. 1, 87 Abs. 3 S. 2, 87a Abs. 1 u. 87b Abs. 1, 87f Abs. 2 S. 2 und Art. 91 Abs. 2 GG verankert.[139]

b) Vorgaben der Verfassung der Freien und Hansestadt Hamburg

Die HmbVerf trifft keine konkreten Aussagen zur staatlichen Aufgabe der Gefahrenabwehr. Sie regelt auch **keine Grundrechte**, bekennt sich jedoch in der Präambel zum Schutz der Würde und Freiheit aller Menschen und verpflichtet die Stadt, sich gegen Rassismus und Antisemitismus sowie jede andere Form gruppenbezogener Menschenfeindlichkeit einzusetzen und sich der Erneuerung und Verbreitung totalitärer Ideologien sowie der Verherrlichung und Verklärung des Nationalsozialismus entgegen zu stellen.[140] Die HmbVerf regelt neben den Staatsprinzipien in Art. 3 HmbVerf vor allem das Hoheitsgebiet und die staatliche Organisation Hamburgs als Stadtstaat. Dabei zeigen sich im Vergleich zu anderen Bundesländern einige **Besonderheiten**, die insbes. der Organisation [→ B78] der Polizei- und Ordnungsverwaltung und deren Zuständigkeiten [→ C84] einen Rahmen geben. Das **Staatsgebiet** umfasst gem. Art. 2 Abs. 1 S. 1 HmbVerf das bisherige, durch Herkommen und Gesetz festgelegte Gebiet. Maßgeblich ist das Groß-Hamburg-Gesetz von 1937.[141] Eine – verfassungsrechtlich mögliche – hamburgische Staatsangehörigkeit ist nicht vorgesehen. **Staatsvolk** iSv Art. 3 Abs. 2 S. 1, Art. 7 u. 50 HmbVerf ist das hamburgische Staatsvolk. Art. 3 Abs. 2 HmbVerf spricht die **Staatsgewalt** an, die durch gesamte Verfassung konkretisiert wird. Art. 5 HmbVerf regelt Landesfarben, Flagge und Wappen als die **Staatssymbole** Hamburgs, die sich etwa auf den Dienstgradabzeichen und den Fahrzeugen der Polizei wiederfinden.[142]

Nach Art. 4 Abs. 1 HmbVerf werden in Hamburg **staatliche und gemeindliche Tätigkeit nicht getrennt**. Als Stadtstaat ist Hamburg keine kommunale Gebietskörperschaft iSv. Art. 28 Abs. 2 GG, sondern nimmt auch seine kommunalen Aufgaben als Land wahr. Auch die auf Art. 4 Abs. 2 HmbVerf basierenden Bezirke sind keine Kommunen. Als Akteure der mittelbaren Staatsverwaltung – soweit dieser überhaupt neben der unmittelbaren Staatsverwaltung die Aufgabe der Gefahrenabwehr zufällt – kommen daher nur andere Körperschaften sowie Anstalten und Stiftungen in Betracht. Fragen der „gemeindlichen" Gefahrenabwehr stellen sich in Hamburg nicht in vergleichbarer Weise wie in anderen Bundesländern.[143]

Die Organisation der Verwaltung und damit auch der Polizei- und Ordnungsverwaltung findet ihren verfassungsrechtlichen Rahmen in einer mit Blick auf die zentralen Institutionen *dreigliedrigen* bzw. mit Blick auf die organisatorischen Ebenen **zweistufigen Einheitsverwaltung** mit dem Senat als Kollegialorgan und oberste Landesbehörde an der Spitze und zusammen mit den Fachbehörden als obere Stufe sowie den Bezirksämter als untere Stufe.[144] Dies folgt aus Art. 4 Abs. 1 HmbVerf und Art. 33 Abs. 2 S. 2 HmbVerf (vgl. zudem Art. 42 Abs. 2 S. 1 u. 55 HmbVerf) und

---

138 Art. 87 Abs. 1 S. 2 GG. BVerfG 24.4.2013 – 1 BvR 1215/07, Rn. 104. Der für die Kompetenzreichweite maßgebl. Begriff der Zentralstelle ist verfassungsrechtl. weitgehend ungeklärt, vgl. BVerfG 3.3.2004 – 1 BvF 3/92 sowie HMPG/*Bäcker* § 28 Rn. 78.
139 Eine grundsätzl. Trennung von Polizei und Streitkräften und entspr. Grenzen der zivil-militärischen Kooperation ergeben sich aus Art. 87a Abs. 1 S. 1, Abs. 3 u. 4, 91 GG sowie insbes. für den Katastrophennotstand einschl. Terrorismusbekämpfung aus Art. 87a Abs. 2 GG insbes. iVm Art. 35 Abs. 2 S. 2, Abs. 3 S. 1 GG. Vgl. dazu BVerfG 3.7.2012 – 2 PBvU 1/11 sowie LD/*Bäcker* Kap. B Rn. 217 ff.
140 Dazu KJ/*Voßkühler* Präambel Rn. 29.
141 HRK/*Schuler-Harms* Rn. 23. Zum hist. Hintergrund [→ J31].
142 S. dazu Ziffer 4.1 der Anordnung über Wappen, Flaggen und Siegel der FHH u. § 113 S. 1 HmbBG.
143 Vgl. etwa Art. 6 BayLStVG. Dazu LD/*Rachor/Roggan* Kap. C Rn. 36 ff.
144 HRK/*Beaucamp* Rn. 17.

kommt auch in Art. 1 HmbVerf zum Ausdruck.[145] Zu erwähnen ist der Neutralitätsgrundsatz in Art. 58 HmbVerf.

c) Vorgaben des europäischen Vertragsrechts

55 Nach Art. 67 Abs. 1 AEUV bildet die EU einen Raum der Freiheit, der Sicherheit und des Rechts, der in Hinblick auf die Gefahrenabwehr in Hamburg vor allem durch die **polizeiliche Zusammenarbeit** nach Maßgabe der Art. 87 ff. AEUV konkretisiert wird.[146] Im Mittelpunkt steht der **Informationsaustausch**, ergänzt um Vorgaben zu weiteren Maßnahmen nach Art. 87 Abs. 2 AEUV.[147] Er wird etwa im Schengener Informationssystem (Art. 92 ff. SDÜ) exemplarisch, das als Ausgleichsmechanismus für den Wegfall der Grenzkontrollen fungiert, indem es z.B. die europaweite Ausschreibung von Personen erlaubt, denen die Einreise in den Schengenraum verweigert werden darf (Art. 96 SDÜ).[148] In Art. 87 Abs. 3 AEUV werden die Mitgliedstaaten zudem zur **operativen Zusammenarbeit**, also zur gemeinsamen Abstimmung und Koordination von polizeilichen Gefahrenabwehrmaßnahmen ermächtigt, die bislang insbes. durch die Bildung gemeinsamer Ermittlungsgruppen und grenzüberschreitender Observation und Nacheile ausgefüllt wird.[149]

56 Das so strukturierte, europäische Sicherheitsverfassungsrecht zielt auf eine immer stärkere europäische Integration der Hamburger Polizei- und Ordnungsverwaltung und Europäisierung des Polizeirechts der FHH. Ausdruck dessen sind nicht nur grenzübergreifende Kooperationen Deutschlands und Hamburgs mit anderen europäischen Einzelstaaten,[150] sondern eine zunehmende Zahl **unionsrechtlicher Sicherheitsbehörden** wie etwa Europol (Art. 88 AEUV), mit der – vermittelt über das BKA – auch die Vollzugspolizei der FHH zusammenarbeitet.[151] Einfluss auf das Polizei- und Ordnungsrecht nimmt die EU vor allem durch originäre **Rechtsakte** (vgl. Art. 288 AEUV) wie Verordnungen und Richtlinien. So verlangt insbes. die sog. JI-RL eine Anpassung des polizeilichen Informationsrechts (Art. 1 Abs. 1 JI-RL).

d) Vorgaben des Völkerrechts

57 Von den völkerrechtlichen Regelungen hat die **EMRK** des Europarates eine starke Relevanz für die Hamburger Polizeipraxis, auch weil die in ihr geregelten Freiheitsrechte im Gewährleistungsgehalt zum Teil von den grundgesetzlichen Freiheitsrechten abweichen. Sie hat gem. Art. 59 Abs. 2 GG innerstaatliche Geltung im Rang eines förmlichen Bundesgesetzes.[152] Zudem ist die EMRK in ihrer Auslegung durch den EGMR mit Blick auf Art. 1 Abs. 2 GG iVm Art. 59 Abs. 2 GG bei der Auslegung der Grundrechte heranzuziehen.[153] Gesetze sind im Einklang mit ihr auszulegen und anzuwenden.[154]

---

145 Vgl. KJ/*Kröger* Art. 57 Rn. 24 f. u. 27.
146 Ausführlich SchE/*Schoch/Kießling* Rn. 154 ff.
147 SchE/*Schoch/Kießling* Rn. 160.
148 Hinzu kommen Systeme zum Austausch erkennungsdienstl. und anderer personenbezogener Daten, etwa iRd ins Europarecht übernommenen Vertrags von Prüm; vgl. SchE/*Schoch/Kießling* Rn. 161 ff u 167 f.
149 SchE/*Schoch/Kießling* Rn. 178 ff.
150 LD/*Aden* Kap. M Rn. 48 ff.
151 Zu Europol s. auch VO (EU) 2016/794, §§ 1, 2 Abs. 1 u. 2 Europol-Gesetz iVm §§ 3 Abs. 1, 32 Abs. 1 u. 3 BKAG; zu Interpol s. das IKPO-Interpol-Statut u. §§ 3 Abs. 1, 27 Abs. 5 BKAG.
152 BVerfG 27.1.2015 – 1 BvR 471/10, Rn. 149. Ausführlich *Zehetgruber* ZJS 1/2016, 52.
153 BVerfG 27.1.2015 – 1 BvR 471/10, Rn. 149.
154 BVerfG 26.3.1987 – 2 BvR 589/79, Rn. 35; 20.6.2012 – 2 BvR 1048/11, Rn. 90 ff. Bedeutung hat etwa das Verhältnis von § 13 SOG [→ D166] zu Art. 5 Abs. 1 EMRK.

III. Aufgaben der Polizei- und Ordnungsverwaltung

Die Aufgaben des Staates werden regelmäßig in den Gesetzen festgelegt. Dabei beschränken sich die Gesetze selten darauf, nur eine **Aufgabe** und damit einen **Zweck** des staatl. Handelns zu bestimmen, etwa die Abwehr von Gefahren für die öff. Sicherheit oder Ordnung in § 3 Abs. 1 SOG. Sie legen häufig zugleich fest, welche staatl. Organisationseinheit den jeweiligen Zweck zu verfolgen hat,[155] weisen die Aufgabe also einem Subjekt als verantwortlich zu, etwa den Verwaltungsbehörden. Für die Polizei- und Ordnungsverwaltung finden sich solche **Aufgabenzuweisungen** in den für sie relevanten Gesetzen, insbes. im SOG und im PolDVG, aber auch in einer Vielzahl von besonderen Ordnungsgesetzen wie dem VersG oder der StVO. Mit Hilfe der Aufgabenzuweisungen können die Handlungen, die im Einzelfall zur Erfüllung der Aufgabe ergriffen werden, anhand der mit ihnen verfolgten Ziele als aufgabenkonform oder -fremd unterschieden werden.[156] So umschreiben die gesetzlichen Aufgabenzuweisungen, in Anlehnung an den rechtshistorischen Sprachgebrauch in Süddeutschland,[157] den **generellen Handlungsraum** der Polizei- und Ordnungsverwaltung und hängen eng mit der Festlegung von **Zuständigkeiten** zusammen.[158]

58

Dabei lassen sich die durch die Gesetze zugewiesenen Aufgaben ähnlich wie die Rechtsgebiete [→ B4] begrifflich **nicht immer trennscharf** abgrenzen. Auch können sich einzelne Aufgaben begrifflich **überschneiden**. Zudem kann eine Lage, ein Fall oder eine polizeiliche Maßnahme mehreren Aufgaben zugeordnet werden, etwa sowohl der Gefahrenabwehr als auch der Strafverfolgung [→ B75]. Von der Zuweisung einer Aufgabe zur Polizei- und Ordnungsverwaltung ist die Frage zu unterscheiden, welche **Befugnisse** ihr zu deren Erfüllung zur Verfügung stehen (vgl. auch Art. 30 GG), auch wenn Aufgabenzuweisungen bereits jene Tätigkeiten und Handlungen der Verwaltung legitimieren und **ermöglichen**, die nicht in Grundrechte eingreifen und daher keine gesonderte Befugnis benötigen.[159] Da die Aufgabenzuweisungen Zwecke definieren, die mittels der Befugnisse erreicht werden sollen, sind jene nicht selten ausdrückliche Voraussetzung einer Befugnis (z.B. § 40 PolDVG) oder jedenfalls bei deren (insbes. teleologischer) Auslegung zu berücksichtigen.

59

Die Aufgabenzuweisungen der Polizei- und Ordnungsverwaltung werden danach unterschieden und geordnet, ob sie – **präventiv** – auf die Abwendung oder zumindest Begrenzung von Schäden für polizeiliche Schutzgüter oder – **repressiv** – auf die Sanktionierung von schuldhaft begangenen Rechtsverstößen gerichtet sind,[160] wobei sich nicht jede Aufgabenzuweisung (eindeutig) einordnen lässt. Die Aufgabenzuweisungen lassen sich zudem ausgehend von der Zuordnung zur Polizei- und Ordnungsverwaltung nach ihrer **Rechtsquelle** systematisieren. Sie stellen sich dann im Überblick wie folgt dar:

60

---

155 Vgl. für das POR *Albers*, Die Determination polizeilicher Tätigkeit in den Bereichen der Straftatenverhütung und der Verfolgungsvorsorge, 2001, S. 22 f.; LD/*Bäcker* Kap. D Rn. 1.
156 Vgl. LD/*Bäcker* Kap. D Rn. 1.
157 Vgl. *Knemeyer* Rn. 70 ff.; auch *Götz/Geis* § 7 Rn. 5. Ähnlich auch *Albers*, Die Determination polizeil. Tätigkeit in den Bereichen der Straftatenverhütung und der Verfolgungsvorsorge, 2001, S. 26, nach der sich das „zulässige Handlungsspektrum" aber „aus der Zusammenschau von Aufgaben und Befugnissen" ergibt.
158 Aufgaben u. Zuständigkeit [→ C80] lassen sich begriffl. nicht trennscharf unterscheiden, insbes. wenn diese im selben Normsatz geregelt sind. Der Aufgabenbegriff dürfte eher den Zweck, der Zuständigkeitsbegriff eher den Aspekt der (verantwortl.) Zuordnung (zu einer Verwaltungseinheit) betonen. So lässt sich etwa der *Schutz priv. Rechte* als Aufgabe begreifen u. davon die Frage trennen, wer unter welchen Voraussetzungen dafür zuständig ist [→ C93]. § 3 Abs. 3 SOG ist dann sowohl als Aufgaben- als auch als Zuständigkeitsnormsatz anzusehen.
159 LD/*Bäcker* Kap. D Rn. 1 f.: „*Ermöglichungsfunktion der Aufgabenzuweisungen*".
160 Vgl. LD/*Bäcker* Kap. D Rn. 3.

1. Gefahrenabwehr

61 Die (allgemeine) Gefahrenabwehr ist die *zentrale*, aber nur *eine* Aufgabe, die der Polizei- und Ordnungsverwaltung gesetzlich zugewiesen ist. Hinzu kommen weitere zugewiesene Aufgaben, wie insbes. die Verfolgung von Straftaten und Ordnungswidrigkeiten. Umgekehrt ist die Abwehr von (besonderen) Gefahren auch anderen Behörden als Aufgabe zugewiesen [→ B71].

a) Abwehr von Gefahren für die öffentliche Sicherheit und Ordnung („klassische" Gefahrenabwehr)

62 Zur Gefahrenabwehr zählen nach § 3 Abs. 1 SOG und § 1 Abs. 1 S. 1 PolDVG die Abwehr von Gefahren für die öff. Sicherheit und Ordnung und die Beseitigung bereits eingetretener Störungen. Gemeint sind **konkrete Gefahren** für ein Schutzgut, auf die die Polizei- und Ordnungsbehörden mit Abwehrmaßnahmen reagieren, die sich an die Verantwortlichen einer Gefahrenlage richten.[161] Die so umschriebene Kernaufgabe wird durch den konstitutionellen Rahmen [→ B14] vorgeprägt und ist das Ergebnis einer historischen Entwicklung [→ J11], welche die Aufgaben der Polizei immer stärker auf diesen Kern zurückgeführt hatte, der allerdings durch Generalität, Abstraktheit und Entwicklungsoffenheit gekennzeichnet ist und deshalb heute etwa auch die Abwehr von konkreten Gefahren im digitalen Raum umfasst.[162] Diese Kernaufgabe wird verbreitet als *„klassische"* Gefahrenabwehr bezeichnet, weil sie bis zum Erlass des PolDVG im Jahr 1991 praktisch alleiniger Gegenstand der Hamburger Polizei- und Ordnungsgesetze war.[163]

63 Mit Blick auf die *Zuständigkeit* unterteilt das SOG die klassische Aufgabe der Abwehr konkreter Gefahren in die **Gefahrenabwehr iRd Geschäftsbereiche** der Verwaltungsbehörden nach § 3 Abs. 1 SOG, zu denen vor allem die Bezirksämter und Fachbehörden und damit auch die Polizei als Teil der Behörde für Inneres und Sport gehören, sowie in die **Gefahrenabwehr in Eilfällen** nach § 3 Abs. 2 SOG, die nach § 3 Abs. 2 S. 1 lit. a SOG insbes. der Vollzugspolizei obliegt. § 3 Abs. 3 SOG schränkt zwar die Zuständigkeit für den *Schutz privater Rechte* ein [→ C93], bringt dadurch

---

161 Vgl. SchE/*Schoch/Kießling* Rn. 10; LD/*Bäcker* Kap. D Rn. 9.
162 Vgl. Kipker/*Brodowski*, Cybersecurity, 2. Auflage 2023, Kap. 17 Rn. 9.
163 Vgl. *Kingreen/Poscher* § 3 Rn. 4.

III. Aufgaben der Polizei- und Ordnungsverwaltung

aber – wie auch durch seine systematische Stellung – zum Ausdruck, dass der Schutz privater Rechte von der Aufgabe der „klassischen" Gefahrenabwehr mitumfasst ist.[164]

Wie § 1 SOG zeigt, ist die Aufgabe der Gefahrenabwehr aber nicht auf die Abwehr konkreter, also im Einzelfall vorliegender Gefahren beschränkt, sondern umfasst auch die Abwehr **abstrakter Gefahren**, also von Gefahren, die noch nicht tatsächlich der Fall sind, aber als Fall vorstellbar sind. Zwar erfolgt die Abwehr abstrakter Gefahren durch Verordnung, unterscheidet sich damit aber nur in der Handlungsform und in der Abstraktheit der Perspektive, nicht aber gefahrenbegrifflich von der Abwehr konkreter Gefahren.[165]

b) Gefahren- und Kriminalprävention („Vorfeld")

Um den gefahren- und kriminalpräventiven Herausforderungen Rechnung zu tragen [→ B23], wurde mit dem Erlass des PolDVG (nur) der **Vollzugspolizei** Aufgaben der *vorbeugenden Bekämpfung von Straftaten* (§ 1 Abs. 1 S. 2 Nr. 1) und die *Vorbereitung für Hilfeleistungen und das Handeln in Gefahrenfällen* (Nr. 2) als neue Aufgaben neben der „klassischen" Gefahrenabwehr zugewiesen. Bei den Erweiterungen geht es nicht um die Abwehr konkreter Gefahren oder die Verfolgung konkreter Straftatverdachte, sondern um Aufgaben im **Vorfeld**, die darauf gerichtet sind, dass es entweder erst gar nicht zu konkreten Gefahren oder Straftaten kommt oder – wenn sie doch eingetreten sind – dass die Polizei auf die Gefahrenabwehr und Strafverfolgung vorbereitet ist. Die Erweiterungen sind also präventiv auf **Risikominimierung** und (weitsichtige) **Vorsorge** gerichtet und unterscheiden sich hierin paradigmatisch von der Aufgabe der „klassischen" Gefahrenabwehr iSd § 3 Abs. 1 SOG, die vom Gedanken der *Reaktion* auf konkrete Gefahren getragen ist.[166] Zudem betreffen sie nicht nur das Vorfeld von Gefahren, sondern auch von Straftaten.

Dieser **querschnittartige und vorverlagernde**, sich von der „klassischen" Gefahrenabwehr unterscheidende **Zuschnitt** setzt sich in den Befugnissen und dort vor allem in der regelmäßigen Absenkung der Eingriffsvoraussetzungen fort. Vorfeldbefugnisse setzen häufig keine konkrete Gefahr voraus, sondern lassen es etwa genügen, dass „Tatsachen die Annahme rechtfertigen" oder „auf Grund tatsächlicher Anhaltspunkte der Verdacht besteht".[167] Diese Kriterien werden erst im Licht der Aufgabenerweiterungen verständlich, was bei der Auslegung zu berücksichtigen ist.

Der besondere Zuschnitt der Vorfeldaufgaben in § 1 Abs. 1 S. 2 PolDVG führt auch dazu, dass sie sich **nicht leicht** in die herkömmliche Einteilung von „klassischer" Gefahrenabwehr einerseits und Strafverfolgung andererseits **einordnen lassen**,[168] was schon mit einer passenden Bezeichnung der Aufgaben beginnt.[169] Auch dem Hmb. Gesetzgeber ist eine Einordnung erkennbar schwergefallen. Er spricht in § 1 Abs. 1 PolDVG mit Bezug auf die Vollzugspolizei zunächst nur von „ihren Aufgaben" (S. 1), also *ohne* jede sachliche Spezifizierung (z.B. Aufgaben der Gefahrenabwehr), um dann die Erweiterungen (S. 2 Nr. 1 u. 2) diesem unspezifischen Aufgabenbegriff zuzuordnen (S. 2 Hs. 1). Damit bleibt begrifflich im Unklaren, ob und ggf. welche der Vorfeldaufgaben *neben* die Aufgabe der Gefahrenabwehr treten oder ein Teil derselben sind.[170]

---

164 In der Übersicht zu den Aufgaben [→ B60] wird der Schutz privater Rechte daher nicht gesondert ausgewiesen, ebenso wenig wie der Schutz *von* u. *vor* Hoheitsträgern als denkbare weitere Ausdifferenzierung der Aufgaben, vgl. LD/*Bäcker* Kap. D Rn. 17 ff.
165 Vgl. BVerwG 3.7.2002 – 6 CN 8.01, Rn. 35; LD/*Graulich* Kap. E Rn. 72.
166 LD/*Denninger* 6. Aufl. 2018 Kap. D Rn. 5 f.; EFP/*Pünder* Rn. 69.
167 Vgl. etwa §§ 11 Abs. 1 Nr. 4 u. 6, 16 Abs. 1 S. 1 PolDVG einerseits u. § 36 Abs. 2 S. 7 PolDVG andererseits.
168 Vgl. etwa *Albers*, Die Determination polizeilicher Tätigkeit in den Bereichen der Straftatenverhütung und der Verfolgungsvorsorge, 2001, S. 252; *Kingreen/Poscher* § 3 Rn. 5 f.
169 Vgl. *Götz/Geis* § 7 Rn. 18. In diesem Lehrbuch wird dieses Aufgabenfeld mit „Gefahren- und Kriminalitätsprävention" [→ B23] bezeichnet.
170 S. VEMEPolG v. 12.3.1986, auch BVerfG 16.3.2005 – 1 BvR 668/04, Rn. 87 ff.

aa) Vorbeugende Bekämpfung von Straftaten

68 Die vorbeugende Bekämpfung von Straftaten teilt sich wiederum in zwei Teilaufgaben. Mit der **Verhütung von Straftaten** iSd § 1 Abs. 1 S. 2 Nr. 1 Var. 1 PolDVG verbindet sich die Aufgabe, Tatgelegenheiten zu reduzieren oder auch komplexe kriminelle Strukturen (etwa des Terrorismus oder der organisierten Kriminalität) auszuleuchten oder sogar zu zerschlagen, um so die Gefahr von Straftaten und damit einhergehenden Schäden (z.B. für die sog. kritische Infrastruktur) gar nicht erst entstehen zu lassen.[171] So kann schon die uniformierte polizeiliche Präsenz so verunsichern, dass von kriminellen Handlungen Abstand genommen wird.[172] Das BVerfG sieht die Straftatenverhütung vom Begriff der **Gefahrenabwehr** als mitumfasst.[173]

69 Die Verunsicherung ist allerdings nur nachhaltig, wenn ihr eine wirkungsvolle Verfolgung nachfolgt, sollte es doch zu einer Straftat kommen.[174] Der Gesetzgeber hat daher die Verhütung von Straftaten mit der Aufgabe der **Vorsorge für die Verfolgung künftiger Straftaten** iSd § 1 Abs. 1 S. 2 Nr. 1 Var. 2 PolDVG verbunden. Sie zielt auf eine effektive und effiziente Verfolgung, z.B. auf das Sammeln von Informationen,[175] aber auch, sich anlasslos auf die Strafverfolgung vorzubereiten, also in diesem Sinne proaktiv kriminalistisch tätig zu werden. Die Verankerung im Polizeigesetz verleiht der Verfolgungsvorsorge zwar eine gefahrenabwehrrechtliche Prägung, weshalb die Staatsanwaltschaft nicht an ihr beteiligt ist. Inhaltlich handelt es sich bei ihr dennoch auch um einen Aspekt der **Strafverfolgung**, deren Regelung nach Art. 74 Abs. 1 Nr. 1 GG grds. in die Kompetenz des Bundes fällt [→ B49].[176] In der Folge fehlt Hamburg nach Maßgabe des Art. 72 Abs. 1 GG die Kompetenz zur Regelung der Verfolgungsvorsorge, soweit der Bund – wie etwa zur Telekommunikationsüberwachung in § 100a StPO oder zur ED-Behandlung in § 81b StPO[177] – abschließende Regelungen erlassen hat.[178] Landesrechtliche Bestimmungen wie die Aufgabennorm des § 1 Abs. 1 S. 2 Nr. 1 Var. 2 PolDVG und entspr. Befugnisse sind demgemäß verfassungskonform zu reduzieren und dürften den polizeilichen Handlungsraum [→ B58] nur in geringem Maß erweitern.[179]

bb) Vorbereitung für die Hilfeleistung und das Handeln in Gefahrenfällen

70 Die Vorbereitung für die Hilfeleistung und das Handeln in Gefahrenfällen iSd § 1 Abs. 1 S. 2 Nr. 2 PolDVG trägt der Herausforderung Rechnung, dass die Polizei mit vielen und unterschiedlichen Gefahren – auch gleichzeitig – konfrontiert sein kann. Dies macht entsprechende, insbes. **vorausschauende Vorbereitungen** erforderlich, etwa das Bereithalten von Gerät und das Planen von Einsätzen.[180]

---

171 Vgl. LD/*Bäcker* Kap. D Rn. 25: „gelegenheitsorientierte Kriminalprävention" u. „strategische Überwachung"; EFP/*Pünder* Rn. 70.
172 Vgl. *Kingreen/Poscher* § 3 Rn. 5.
173 BVerfG 20.4.2016 – 1 BvR 966/09, Rn. 88; BVerwG 25.1.2012 – 6 C 9.11, Rn. 29; SchE/*Schoch/Kießling* Rn. 24.
174 Vgl. *Kingreen/Poscher* § 3 Rn. 5.
175 Vgl. LD/*Bäcker* Kap. D Rn. 37.
176 BVerfG 27.7.2005 – 1 BvR 668/04, Rn. 99.
177 Vgl. dazu BVerfG 27.7.2005 – 1 BvR 668/04, Rn. 105 ff; OVG Lüneburg 22.4.2015 – 11 ME 58/15.
178 BVerwG 25.1.2012 – 6 C 9.11, Rn. 35 f. Zu Gunsten der Länder weitergehend etwa SchE/*Schoch/Kießling* Rn. 26; *Götz/Geis* § 8 Rn. 23.
179 Vgl. VGH Mannheim 15.5.2014 – 1 S 815/13, Rn. 42; *Kingreen/Poscher* § 3 Rn. 6; LD/*Bäcker* Kap. D Rn. 38.
180 Vgl. *Kingreen/Poscher* § 3 Rn. 7.

III. Aufgaben der Polizei- und Ordnungsverwaltung 57

c) Abgrenzung zur besonderen Gefahrenabwehr

Die so gegliederte Aufgabe der Gefahrenabwehr beruht auf den Zuweisungen des SOG und 71
des PolDVG als die Gesetze des allgemeinen Polizei- und Ordnungsrechts. Sie kann daher
auch als allgemeine Gefahrenabwehr bezeichnet und der Aufgabe der Abwehr besonderer oder
bereichsspezifischer Gefahren ggü. gestellt werden. Diese besondere Gefahrenabwehr beruht
auf **Zuweisungen anderer Gesetze**, die bestimmte Lebensbereiche regeln.[181] Sie ist zwar häufig
besonderen Verwaltungen [→ B78], zum Teil aber auch – wie etwa das Versammlungsrecht
[→ B76] – der Polizei- und Ordnungsverwaltung als Aufgabe zugewiesen.

2. Amts-, Informations- und Vollzugshilfe

Auch Polizei und Verwaltungsbehörden haben die Aufgabe der Amtshilfe,[182] sind also iSd § 4 72
Abs. 1 HmbVwVfG verpflichtet, anderen Behörden auf deren Ersuchen **ergänzende Hilfe** zu
leisten. Die Amtshilfe ist Ausdruck eines allg. *Kooperationsprinzips*, das vor dem Hintergrund
der funktionalen Ausdifferenzierung des Staates in eine unüberschaubare Anzahl von Behörden
und Einrichtungen aus Effektivitäts- und Effizienzgründen ein Mindestmaß an *„Einheit der
Staatsgewalt"* herstellt.[183] Das Erfordernis eines *Ersuchens* und die Beschränkung auf *ergänzende*
Hilfeleistung implizieren, dass es bei der Amtshilfe um ein nur **punktuelles Zusammenwirken**
mit Ausnahmecharakter geht.[184] Als Hilfe der Polizei- und Ordnungsverwaltung kommen insbes.
Leistungen in Betracht, mit denen sie auch ihren eigenen Aufgaben erfüllt oder die typisch
für ihre Organisation und Ausstattung sind. So verfügt die Polizei in vielen Lebensbereichen
über *Informationen*, ist mit besonderen *Zwangsmitteln* ausgestattet und zu deren Anwendung
befugt. Als spezifische Ausprägungen der Amtshilfe lassen sich die **Informations-** und die
Vollzugshilfe unterscheiden. Die einander ergänzende Zusammenarbeit besteht bei Ersterer
in der *Übermittlung* von Informationen,[185] etwa wenn die Polizei der zuständigen Behörde
Angaben aus einer polizeil. Datei zu einer Person mitteilt, die eine Gaststätte eröffnen will.[186]
Zur Vollzugshilfe stellt die Polizei ihre Vollstreckungsmittel, etwa die Anwendung unm. Zwangs,
in den Dienst anderer Behörden, die nicht über die erforderlichen Dienstkräfte oder Mittel
verfügen, um eigene Anordnungen durchzusetzen.[187] Auch bei der Amtshilfe ist zwischen der
Aufgabe einerseits und den Befugnissen, die zu deren Erfüllung zur Verfügung stehen [→ D267],
andererseits, zu unterscheiden.

3. Verfolgung von Straftaten und Ordnungswidrigkeiten

Anders als Polizeigesetze anderer Länder enthält das SOG keine explizite Öffnungsregelung, 73
nach der der Polizei- und Ordnungsverwaltung durch Gesetz weitere Aufgaben zugewiesen

---

181 Zur allg. Gefahrenabwehr *Götz/Geis* § 2 Rn. 3.
182 Vgl. aber Bü-Drs. 21/17906, 47 u. 22/16042, 12, wonach die Amtshilfe (nur) eine *Verpflichtung* sei, ohne zugleich als *Aufgabe* bezeichnet werden können. Dies erscheint nicht nur begrifflich unklar. Auch wird nicht hinreichend unterschieden zwischen der Aufgabe, Hilfe zu leisten, einerseits, und der (fremden) Aufgabe, der diese Hilfeleistung dient, andererseits.
183 Vgl. BVerfG 28.11.1957 – 2 BvL 11/56, Rn. 29; 27.4.1971 – 2 BvL 31/71, Rn. 18; EFP/*Pünder* Rn. 53.
184 Vgl. BVerfG 13.7.2011 – 2 BvR 742/10, Rn. 23. Eine ständige Hilfeleistung ließe sich nicht mehr auf §§ 4 ff. HmbVwVfG stützen, sondern bedürfte einer entspr. gesetzl. Aufgabenzuweisung, LD/*Bäcker* Kap. D Rn. 41.
185 Vgl. BVerfG 24.1.2012 – 1 BvR 1299/05, Rn. 147; LD/*Bäcker* Kap. D Rn. 39. Grundlegend *Simitis* NJW 1986, 2795 (2798).
186 Vgl. BeckOK PolR NRW/*Keller* § 47 Rn. 96.1. Ein Bsp. für eine *umgekehrte* Informationshilfe ist der Überflug eines Protestcamps durch ein Tornado-Kampfflugzeug als Amtshilfe der Bundeswehr in einer Höhe von 114 m zur Aufnahme von Luftbildern, vgl. BVerwG 25.10.2017 – 6 C 45.16, Rn. 31 ff.
187 Vgl. *Götz/Geis* § 9 Rn. 2. Insoweit wird auch das Begriff *Vollstreckungshilfe* gebraucht.

werden können.[188] Zu diesen, aus Sicht des SOG spezialgesetzlich statuierten Aufgaben gehört vor allem die repressive Aufgabe der Verfolgung von Straftaten und Ordnungswidrigkeiten. Bei **Verdacht** einer Straftat hat die Polizei gem. § 163 Abs. 1 S. 1 StPO die Sache zu erforschen und alle dringenden Anordnungen zu treffen, um die Verdunklung der Sache zu verhüten. Sie unterliegt nach § 161 Abs. 1 S. 2 StPO u. § 152 Abs. 1 GVG den Weisungen und Aufträgen der **Staatsanwaltschaft**. Bei Verdacht einer Ordnungswidrigkeit hat die Polizei gem. § 53 Abs. 1 S. 1 OWiG zu ermitteln.

74 Das *Gefahrenabwehrrecht* und das *Strafverfolgungsrecht* sind im Hinblick auf die Aufgabe, aber auch auf die Befugnisse zu unterscheiden und zu trennen. Die **Befugnisse der Strafverfolgung** sind insbes. in der StPO geregelt und das Mittel zur Erfüllung der Strafverfolgungsaufgabe.[189] Die Trennung schließt jedoch nicht aus, dass in ein und derselben Situation beide Aufgaben zu erfüllen sind, sodass Befugnisse aus beiden Bereichen in den Blick zu nehmen sind. Auch kann aus der polizeilichen Einsatzperspektive anfänglich noch unklar sein, ob es in einer Situation um Gefahrenabwehr oder Strafverfolgung geht. Die **Abgrenzung** wird mitunter dadurch erschwert, dass beide Aufgaben zu ihrer Erfüllung Befugnisse vorsehen, die zu ähnlichen oder gleichen Maßnahmen ermächtigen.[190] Der Anfangsverdacht, der regelmäßig die Eingriffsschwelle strafprozessualer Maßnahmen bildet, bietet ein wichtiges Indiz dafür, ob überhaupt Befugnisnormen der StPO in Betracht kommen.[191] Ein präventives Tätigwerden und ein Rückgriff auf gefahrenabwehrrechtliche Befugnisse werden dadurch jedoch nicht ausgeschlossen.[192]

75 So kann es zu uneindeutigen Überschneidungssituationen kommen, in denen sich ein polizeiliches Handeln nach seinem äußeren Erscheinungsbild nicht ohne weiteres der Aufgabe der *Gefahrenabwehr* oder jener der *Strafverfolgung* zuordnen lässt, weil es sowohl auf Befugnisnormen des Polizeirechts als auch auf solche der StPO gestützt worden sein könnte.[193] In derartigen Fällen sog. **doppelfunktionaler Maßnahmen** ist insbes. zu klären, welche *Befugnisnorm* für die Rechtmäßigkeit der Maßnahme maßgeblich ist und auf welchem *Rechtsweg* [→ 13] diese überprüft werden kann. Dabei lassen sich uneindeutige Handlungen vielfach bereits dadurch zuordnen, dass ein *Maßnahmenbündel* in seine jeweiligen Einzelmaßnahmen aufgeteilt wird.[194] Eine rein strafprozessuale Maßnahme wird angenommen, wenn die Unterbindung eines gefahrbegründend strafbaren Handelns lediglich *faktische Nebenfolge* der Strafverfolgung ist.[195] Entscheidet sich die Polizei in Ausübung ihres Entschließungsermessens *ausdrücklich* für ein präventives oder repressives Tätigwerden, das – ggf. auf Nachfrage – kommuniziert bzw. begründet wird,[196] ist die Rechtmäßigkeit an dieser polizeilichen *Zwecksetzung* zu messen.[197] Dabei ist der Zweck im Zweifel objektiv nach dem Gesamteindruck der Maßnahme zu ermitteln.[198]

---

188 Vgl. etwa § 1 Abs. 4 BPolG, § 1 Abs. 2 BWPolG, Art. 2 Abs. 4 BayPAG, § 1 Abs. 5 NPOG. § 1 Abs. 3 OBG NRW, die allerdings nur deklaratorische Bedeutung haben dürften, vgl. *DWVM* S. 129.
189 Zu den Befugnissen der Polizei zur Strafverfolgung vgl. LD/*Frister* Kap. F Rn. 1 ff.
190 Vgl. etwa zur Identitätsfeststellung § 13 PolDVG u. §§ 163b f. StPO, zur Durchsuchung §§ 15 ff. SOG u. §§ 102 ff. StPO u. zur Sicherstellung § 14 SOG u. §§ 94 ff. StPO.
191 *Thiel* § 4 Rn. 19. Vgl. demggü. BVerwG 25.8.2004 – 6 C 26.03, Rn. 21.
192 BGH 26.4.2017 – 2 StR 247/16, Rn. 25 mwN.
193 Weiterführend zu doppelfunktionalen Maßnahmen *Schoch* JURA 2013, 1115; *Danne* JuS 2018, 434.
194 LD/*Bäcker* Kap. D Rn. 336; *Schoch* JURA 2013, 1115 (1119).
195 In diesem Fall erfolgt „Prävention [lediglich] *durch Repression*"; vgl. BGH 26.4.2017 – 2 StR 247/16, Rn. 20 ff.; OVG Hamburg 7.8.2018 – 4 So 24/18, Rn. 18; LD/*Graulich* Kap. E Rn. 179.
196 Bei Meinungsverschiedenheiten zw. Polizei u. Staatsanwaltschaft ist in der jeweiligen Situation einer Gemengelage ist die Zuordnung einvernehmlich abzuwägen – im Zweifel entscheidet die Polizei. Vgl. hierzu LD/*Bäcker* Kap. D Rn. 337 u. Ziff. B. III der Anl. 1 RiStBV.
197 *Thiel* § 4 Rn. 22; *Götz/Geis* § 8 Rn. 20; SchE/*Schoch/Kießling* Rn. 21; ESch/*Ehlers* § 25 Rn. 164.
198 Diese Betrachtung ist nicht mit der sog. „Schwerpunkttheorie" der Rspr. zu verwechseln, die aus Sicht des Betroffenen und zudem allein zur Bestimmung des Rechtswegs abstellt (s. BVerwG 22.6.2001 – 6 B 25.01, Rn. 6) auf den schwerpunktmäßigen Grund des Einschreitens abstellt, vgl. SchE/*Schoch/Kießling* Rn. 21; *Götz/Geis* § 8 Rn. 20 [→ 13]. Andere nehmen an, dass Gefahrenabwehr- dem Strafverfolgungshandeln im

Nur wenn so eine Zuordnung nicht vorgenommen werden kann oder die Polizei ihr Handeln ausdrücklich auf *beide* Zwecke stützt,[199] stellt sich die Frage, ob die **Rechtmäßigkeit** der (echten) doppelfunktionalen Maßnahme nur an *einer*[200] oder an *beiden*[201] in Betracht kommenden Befugnisnormen zu messen ist. Letzteres überzeugt, da eine Verfolgung strafprozessualer Zwecke durch Rückgriff auf Befugnisnormen aus dem Gefahrenabwehrrecht nicht gerechtfertigt werden kann.[202]

4. Weitere gesetzlich zugewiesene Aufgaben

Neben der Amts-, Vollzugs- und Informationshilfe und der Verfolgung von Straftaten und Ordnungswidrigkeiten sind der Polizei- und Ordnungsverwaltung durch verschiedene Gesetze weitere Aufgaben zugewiesen. Dazu gehören vor allem die **Abwehr bereichsspezifischer Gefahren**, da die Polizei- und Ordnungsverwaltung hierfür bereits wegen ihrer Aufgabe der allgemeinen Gefahrenabwehr prädestiniert ist. Eine solche bereichsspezifische, praktisch bedeutsame Gefahrenabwehraufgabe ist der **Schutz von Versammlungen**, insbes. die Abwehr versammlungsspezifischer Gefahren. Sie wird durch das VersG zugewiesen, das auch weitere Regelungen zur Zuständigkeit und eigene Befugnisse enthält.[203] Weitere bundesspezialgesetzlich geregelte Aufgaben betreffen die Aufrechterhaltung der Sicherheit und Ordnung des Straßenverkehrs, insbes. die **Verkehrsregelung, -kontrolle und -überwachung**,[204] sowie das Vereins-, Waffen- und Sprengstoffwesen.[205]

IV. Organisation der Polizei- und Ordnungsverwaltung

Die Polizei- und Ordnungsgesetze benennen nicht nur Aufgaben und Befugnisse, sie weisen diese auch bestimmten staatlichen Behörden, Einheiten und Akteuren zu, die zusammen die Polizei- und Ordnungsverwaltung im Sinne einer **institutionellen Organisation** bilden.[206] Da die Ausführung der Polizei- und Ordnungsgesetze, also insbes. die Einrichtung und Organisation der Verwaltung, in erster Linie in die Kompetenz der Länder fällt [→ B50], handelt es sich bei der Polizei- und Ordnungsverwaltung ganz überwiegend um **Landesverwaltung**.[207] Einheiten der Hamburger Polizei- und Ordnungsverwaltung werden im Gesetz etwa als *Verwaltungsbehörden* (§ 3 Abs. 1 SOG), *Vollzugspolizei* (Abs. 2 S. 1 lit. a) oder (nur) *Polizei* (§§ 11 Abs. 1 S. 2, 12b Abs. 1 S. 4 SOG) bezeichnet.[208] Hinzu treten Einheiten angrenzender Aufgabenbereiche sowie der **EU, des Bundes und anderer Länder**, die zunehmend **organisationsübergreifende** Strukturen bilden, an denen auch die Sicherheitsbehörden der FHH mitwirken. Die staatlichen sind von **privaten Akteuren** abzugrenzen, soweit sie – auch zusammen mit der Hamburger Polizei- und Ordnungsverwaltung – Aufgaben der Gefahrenabwehr wahrnehmen.

Zweifel vorgeht, vgl. *Kingreen/Poscher* § 2 Rn. 14; *Möller/Warg* Rn. 52; ablehnend BGH 26.4.2017 – 2 StR 247/16, Rn. 26 ff.
199 IdS echte Doppelfunktionalität dürfte die Ausnahme bilden; vgl. *Götz/Geis* § 8 Rn. 20; *Thiel* § 4 Rn. 25.
200 *Schmidtbauer* FS Steiner, 2009, 734 (753); *Gusy/Eichenhofer* Rn. 169; *EFP/Pünder* Rn. 68; *Danne* JuS 2018, 434 (436).
201 LD/*Bäcker* Kap. D Rn. 336; *Kugelmann* Kap. 1 Rn. 64; *Thiel* § 4 Rn. 25; *Albers*, Die Determination polizeil. Tätigkeit in den Bereichen der Straftatenverhütung und der Verfolgungsvorsorge, 2001, S. 96.
202 *Schoch* JURA 2013, 1115 (1119).
203 Vgl. etwa §§ 9, 12, 12a, 13 Abs. 1, 18 Abs. 2 u. 3, 19 Abs. 4, u. 19a VersG.
204 S. etwa §§ 36 Abs. 5, 44 Abs. 2 StVO; dazu *Götz/Geis* § 9 Rn. 7 ff. Zu Abschleppfällen [→ E53].
205 Dazu LD/*Denninger/Bäcker/Graulich* Kap. I Rn. 477 ff. u. 566 ff.
206 Allg. *Maurer/Waldhoff* §§ 21 ff.
207 *Kingreen/Poscher* § 2 Rn. 35 u. 39; *Götz/Geis* § 5 Rn. 8 f.; LD/*Rachor/Roggan* Kap. C Rn. 42. Zur hist. Entwicklung der Hamburger Polizei- u. Ordnungsverwaltung [→ J3].
208 Als weitere Einheiten werden etwa genannt: *Polizeipräsident* oder *Polizeiführer vom Dienst* (§ 12c Abs. 3 S. 1 SOG), *Polizeivollzugsbeamter* (§§ 19 Abs. 1, 30a f. SOG), *Hilfspolizist* (§ 29 SOG), *Polizeidienststelle* (§ 23 Abs. 2 S. 2 SOG), *Polizeibehörde* (§ 30a Abs. 3 SOG), (schlicht) *Behörde* (§ 31 SOG).

1. Hamburger Polizei- und Ordnungsverwaltung

78 Gem. § 3 Abs. 1 SOG fällt die Abwehr von Gefahren für die öff. Sicherheit oder Ordnung den Verwaltungsbehörden zu. Nur in Eilfällen ist die Gefahrenabwehr auch eine Aufgabe der Vollzugspolizei, § 3 Abs. 2 S. 1 lit. a SOG. Die vorbeugende Bekämpfung von Straftaten und die Vorbereitung auf künftige Gefahrenabwehr sind ausschließlich Aufgaben der Vollzugspolizei (§§ 1 Abs. 1 S. 2 Nr. 1 PolDVG), ebenso etwa die Strafverfolgung (§§ 161 Abs. 1 S. 1, 163 Abs. 1 S. 1 StPO). Als Ausdruck der sog. Entpolizeilichung [→ J14, J42] **trennt** Hamburg also, wie die meisten anderen Länder auch, begrifflich und organisatorisch die **Polizeibehörden** von anderen **Ordnungsbehörden**,[209] bezeichnet letztere aber als *Verwaltungsbehörden*. Diese und weitere Besonderheiten der Organisation der Hamburger Polizei- und Ordnungsverwaltung folgen insbes. aus der landesverfassungsrechtlichen Staats- und Verwaltungsorganisation Hamburgs mit ihrem Prinzip einer zweistufigen Einheitsverwaltung mit dem Senat als oberste Landesbehörde.

a) Verwaltungsbehörden, einschl. Sonderordnungsbehörden

79 Zu den Verwaltungsbehörden gehören insbes. die derzeit elf **Fachbehörden** des Senats und sieben **Bezirksämter** Altona, Bergedorf, Eimsbüttel, Harburg, Mitte, Nord und Wandsbek (§ 4 VerwBehG, § 1 BezVG). Auch der **Senat** kann als Verwaltungsbehörde tätig werden und hierzu Senatskommissionen und -ämter beauftragen (§ 1 Abs. 1 S. 2 VerwBehG).[210] Umfasst sind aber auch Behörden und Einrichtungen der sog. mittelbaren Staatsverwaltung, also der verselbständigten Verwaltungsträger.[211] Zu ihnen gehören die **Körperschaften** des öff. Rechts wie die neun Hamburger Hochschulen und das UKE,[212] die selbständigen und rechtsfähigen **Anstalten** wie Stadtreinigung oder -entwässerung, Studierendenwerk, f&w (fördern und wohnen), die Hamburger Friedhöfe oder die Hamburg Port Authority,[213] die öffentlich-rechtlichen **Stiftungen**, etwa die großen Hamburger Museen wie die Kunsthalle,[214] sowie Beliehene[215]. Von den verselbständigten Verwaltungsträgern sind wiederum insbes. Schulen und Landesbetriebe (vgl. §§ 26, 106 LHO) zu unterscheiden, die rechtlich unselbständige Teile der jeweils übergeordneten Fachbehörde sind.[216] Nicht zu den Verwaltungsbehörden, sondern zur Organisation privater Eigensicherung [→ B92] gehören Einrichtungen, die Verwaltungsaufgaben in **Privatrechtsform** wahrnehmen, z.B. die Hamburger Hochbahn.[217]

80 In Folge des zweistufigen Verwaltungsaufbaus mit dem Senat als oberster Landesbehörde [→ B54] weist dieser die Aufgabe der Gefahrenabwehr im Wege der Geschäftsverteilung und der Zuständigkeitsanordnungen den ihm nachgeordneten Behörden und Ämtern zu. Daher ist die in anderen Ländern übliche Unterscheidung von **allgemeinen Ordnungs-** bzw. **Gefahrenabwehrbehörden und Sonderordnungsbehörden** in Hamburg kaum sinnstiftend. Eine allg. Ordnungs- oder Gefahrenabwehrbehörde gibt es, sofern man nicht den Senat selbst so bezeichnen will, im Hamburger Behördenaufbau nicht, eben weil jede Verwaltungsbehörde (nur) in ihrem – vom Senat zugewiesenen – Zuständigkeitsbereich für die Abwehr von Gefahren im Allgemeinen zuständig ist [→ C84]. Soweit ihnen dabei – möglicherweise auch unmittelbar

---

209 Zum Folgenden auch HRK/*Richter* Rn. 20 ff. Zur Unterscheidung von Einheits- u. Trennsystem: SchE/*Schoch/Kießling* Rn. 834 ff.
210 Zum Aufbau der Hamburger Verwaltung ausführlich HRK/*Beaucamp* Rn. 17 ff.
211 Zum Folgenden HRK/*Beaucamp* Rn. 49 ff.
212 §§ 1 Abs. 1, Abs. 4, 2 Abs. 1 HmbHG. Zur Ausübung der Ordnungsgewalt der Universität zur Gefahrenabwehr vgl. § 81 Abs. 4 HmbHG sowie anschaulich OVG Hamburg 26.5.1977 – Bs III 20/77.
213 Vgl. § 2 Abs. 1 HPAG sowie iÜ § 1 des jew. Errichtungsgesetzes.
214 § 1 Hamburgisches Museumsstiftungsgesetz.
215 Dazu ausführlich *DWVM* S. 59 ff.
216 OVG Hamburg 23.8.2012 – 1 Bs 154/12, Rn. 17; HRK/*Beaucamp* Rn. 18 u. 48.
217 S. dazu HRK/*Beaucamp* Rn. 52 mwN.

IV. Organisation der Polizei- und Ordnungsverwaltung 61

durch das Gesetz selbst [→ A4] – auch besondere Zuständigkeiten [→ C85] für die Abwehr von *bereichsspezifischen Gefahren* oder andere Aufgaben der Polizei- und Ordnungsverwaltung zugewiesen sind,[218] entsprechen sie den in anderen Ländern so bezeichneten Sonderordnungsbehörden.

b) Polizei, insbes. Vollzugspolizei

Ebenfalls in Folge des Prinzips des zweistufigen Verwaltungsaufbaus ist die Polizei in Hamburg als eines von derzeit sechs Ämtern **in die Behörde für Inneres und Sport eingegliedert.**[219] Sie untersteht dabei – organisatorisch nicht leicht nachvollziehbar – der Dienst- und Fachaufsicht des Amtes für Innere Verwaltung und Planung. Die Polizei mit ihren insgesamt rund 11.400 Beschäftigten wird von der Polizeipräsidentin oder dem Polizeipräsidenten geleitet und gliedert sich – von besonderen Einrichtungen, Stellen und Beauftragten abgesehen – in vier Intendanz- und Stabs- und in sechs Organisationseinheiten, darunter die Schutzpolizei (SP), die Wasserschutzpolizei (WSP), das Landeskriminalamt (LKA) und die Akademie (AK).[220] Die Organisationseinheiten haben weiter Untergliederungen. Zur **Schutzpolizei** gehören etwa die Landesbereitschaftspolizei, die Verkehrsdirektion, die regionalen Polizeikommissariate und der Fachstab, in dem u.a. die Versammlungsbehörde eingegliedert ist. Die **Wasserschutzpolizei** ist für die Sicherheit des Hafens zuständig und nimmt vor allem grenzpolizeiliche Aufgaben wahr (§ 3 Abs. 1 S. 1 HafenSG).[221] Das **LKA** als kriminalpolizeiliche Zentralstelle des Landes (vgl. § 1 Abs. 2 S. 1 BKAG) gliedert sich in sieben Unterorganisationseinheiten. Zur **Akademie** als zentrale Aus- und Fortbildungseinrichtung der Polizei Hamburg gehört insbes. die teilrechtsfähige Hochschule.[222]

81

Wenn in der FHH aus einer funktionalen Sicht von der *Polizei* die Rede ist, ist häufig die **Vollzugspolizei** gemeint. So will etwa das PolDVG – allerdings *nur* für seinen eigenen Anwendungsbereich – unter „Polizei" *nur* die „Vollzugspolizei" verstanden wissen (vgl. § 1 Abs. 1 S. 1), also die für die vollzugspolizeilichen Aufgaben (insbes. der Gefahrenabwehr im Eilfall und der Straftaten- und Ordnungswidrigkeitenverfolgung) zuständigen **Organisationseinheiten** des Amtes Polizei in der Behörde für Inneres und Sport (§ 2 Abs. 1 PolDVG). Zu diesen Organisationseinheiten gehören die Schutzpolizei, das Landeskriminalamt und die Wasserschutzpolizei. In anderen organisations- und dienstrechtlichen Zusammenhängen sind Polizei und Vollzugspolizei allerdings nicht identisch. Vielmehr knüpft der (dienstrechtliche) Begriff der Vollzugspolizei an die auf § 106 Abs. 2 HmbBG beruhende Verordnung über die zum Polizeivollzugsdienst gehörenden Beamtinnen und Beamten an,[223] in der im Einzelnen geregelt

82

---

218 Allg. zu den Sonderordnungsbehörden *Götz/Geis* § 6 Rn. 13 f.
219 Vgl. § 4 Abs. 2 Nr. 9 VerwBehG. Ein Organigramm ist unter www.hamburg.de/innenbehoerde/organigramm-innenbehoerde abrufbar, wobei zu beachten ist, dass die Bezeichnung „Amt" auf mehreren Organisationsebenen verwendet wird. Zur Organisationsvielfalt in den Ländern *Götz/Geis* § 5 Rn. 9.
220 Ein Organigramm des Amtes Polizei ist unter suche.transparenz.hamburg.de/dataset/organigramm-polizei1 abrufbar. Die dort u. nachfolgend beschriebene Organisation wird polizeitechnisch als *Allgemeine Aufbauorganisation* (AAO) bezeichnet. Sie dient der Erfüllung der regelhaften Polizeiaufgaben. Zur Bewältigung bes. polizeil. Lagen, etwa beim G20-Gipfel, während der Covid-19-Pandemie, bei der Fußball-EM 2024 oder in der Silvesternacht, wird die AAO häufig durch eine *Besondere Aufbauorganisation* (BAO) überlagert, die eingerichtet wird, um Kräfte, Ressourcen u. Weisungslinien zu bündeln u. auf die jeweilige bes. Lage auszurichten.
221 S. dazu EP/*Bertram* Rn. 921 ff.
222 Vgl. §§ 1, 9 Abs. 1 HmbPolAG sowie § 1 Abs. 1 Nr. 7 HmbHG.
223 Vom 25.5.2004, HmbBVBl. 2004, S. 245.

wird, welche Bediensteten (des Amtes der Polizei) dem Polizei*vollzugs*dienst angehören.[224] Hier kommt die historisch bedingte Organisation der Polizei als **Einheitspolizei** zum Ausdruck, die lediglich im Rahmen von Laufbahnzweigen („Dienstzweigen") der Schutz-, Kriminal- und Wasserschutzpolizei untergliedert ist (§ 106 Abs. 3 S. 1 HmbBG iVm § 2 Abs. 2 HmbLVO-Pol).[225]

83 Zur Organisation der Polizei gehören auch die **Hilfspolizisten** (sog. Angestellte im Polizeidienst), die eingesetzt werden, soweit nicht genügend Kräfte vorhanden sind, um die polizeilichen Aufgaben zu erfüllen. Hilfspolizisten werden von der Behörde für Inneres und Sport gem. § 29 Abs. 1 SOG bestellt.[226] Dies setzt die Einwilligung iSd § 183 BGB der zu bestellenden Personen voraus. Durch die Bestellung werden die Hilfspolizisten **nicht zu Beamten** im statusrechtlichen Sinne, sondern in einem privaten Rechtsverhältnis gebunden.[227] Sie gelten straf- und staatshaftungsrechtlich als Amtsträger, deren Verhalten der **Polizei zugerechnet** wird. Zulässig ist die Bestellung nur zur Überwachung und Regelung des Straßenverkehrs (§ 29 Abs. 1 lit. a SOG), etwa als Schülerlotse oder zur Unterstützung der Vollzugspolizei oder Feuerwehr in deren Aufgabenbereich, allerdings nur in Not- oder Katastrophenfällen (lit. b).[228] Diese engen Voraussetzungen schließen es insbes. aus, dass Verwaltungsbehörden ohne Vollzugskräfte sich ohne spezielles Gesetz einen eigenen „Vollzugsdienst" durch Bestellung von Privatpersonen schaffen, etwa durch die Einschaltung privater Sicherheitsdienste.[229] Gem. § 29 Abs. 2 S. 1 SOG haben Hilfspolizisten die Befugnisse, die den Beamten des Polizeivollzugsdienstes zustehen, wobei eine Begrenzung („im Rahmen ihres Auftrages") auf jene Befugnisse einschließlich der Zwangsanwendung angezeigt erscheint, die zur Erfüllung der übertragenen Aufgabe benötigt werden.[230] Befugnisse zum Waffengebrauch sind gem. § 29 Abs. 2 S. 2 SOG von vornherein ausgenommen.[231]

2. Weitere Verwaltungen mit Sicherheitsaufgaben in Hamburg

84 Gefahrenabwehr wird in Hamburg nicht nur von der landeseigenen Polizei- und Ordnungsverwaltung, sondern auch von Einheiten und Behörden der EU, des Bundes und anderer Länder wahrgenommen. Dies entspricht den **konstitutionellen Vorgaben** einer europäischen, nationalen und föderalen Mehrebenenorganisation, die zwar auf Trennung und Untergliederung

---

224 So sind etwa in der Akademie der Polizei auch Beamtinnen u. Beamte des Vollzugsdienstes tätig, auch wenn die Akademie als Organisationseinheit keine vollzugspolizeil. Aufgaben wahrnimmt u. deswegen z.B. nicht unter § 2 Abs. 1 PolDVG fällt.
225 Allg. *Götz/Geis* § 5 Rn. 2. Zur Kritik BeckOK PolR NRW/*Keller*, § 2 POG NRW Rn. 22 ff. Zum hist. Ursprung der Einheitspolizei [→ J31]. 2022 gehörten von den rund 11.400 Beschäftigten der Polizei 8.078 Personen (5.453 Männer u. 2.625 Frauen) dem Polizeivollzugsdienst an (s. Personalbericht 2023 der FHH, abrufbar unter www.hamburg.de/personalamt, S. 19), also 430 Bedienstete pro 100.000 Einwohner. Hist. zur Polizeidichte [→ J13].
226 S. Ziffer III Nr. 1 der Anordnung zur Durchführung des Gesetzes zum Schutz der öffentlichen Sicherheit und Ordnung und des Gesetzes über die Datenverarbeitung der Polizei.
227 *Götz/Geis* § 5 Rn. 14. Zuletzt wurden insgesamt 551 angestellte Hilfspolizisten ausgebildet, davon 100 für die sog. lokale Präsenz, vgl. Bü-Drs. 22/7401 u. 22/3207, auch zu konkr. Einsatzbereichen.
228 Allg. zum sachlichen Bedürfnis vgl. BVerfG 18.1.2012 – 2 BvR 133/10, Rn. 146.
229 Übersehen von OVG Hamburg 26.5.1977 – Bs. III 20/77, in dem immer noch instruktiven Fall des Einsatzes priv. Sicherheitskräfte anstelle der Polizei bei einem mit Gewalt verbundenen Universitätsstreik.
230 So dürften sie sich etwa auf die Befugnisse der StPO schon deshalb nicht stützen können, da sie keine Hilfsbeamte der Staatsanwaltschaft sind, vgl. § 1 Abs. 1 Nr. 3 der VO über die Ermittlungspersonen der Staatsanwaltschaft. Vgl. auch SchGR/*Ruthig/Graulich* § 64 BPolG Rn. 10.
231 Von Hilfspolizisten sind Personen zu unterscheiden, die – auch als Beliehene *anderer* Behörden – sondergesetzlich zu polizeil. Befugnissen ermächtigt sind, ohne *organisatorisch* zur Polizei zu gehören, wie etwa Jagdaufseher (§ 25 Abs. 2 BJagdG, § 23 Hmb. Jagdgesetz), Luftfahrzeugführer (§ 29 Abs. 3 LuftVG) oder Schiffskapitäne (§ 121 SeeArbG).

IV. Organisation der Polizei- und Ordnungsverwaltung

gründet, aber auch auf Einheit und Kooperation angelegt ist.[232] Sie belassen dem jeweiligen Gesetzgeber und – in den von ihm gesetzten Rahmen – der Verwaltung selbst beträchtliche Spielräume zur konkreten Ausgestaltung der Organisation der Gefahrenabwehr. In der Folge hat sich ein vertikales und horizontales Geflecht ausdifferenzierter, voneinander getrennter, auch zusammenwirkender Sicherheitsverwaltungen herausgebildet, die neben der Hamburger Polizei- und Ordnungsverwaltung ihre Aufgaben auf dem Hamburger Staatsgebiet [→ C91] erfüllen.

Zur Gefahrenabwehr hat der Bund 1951 den Bundesgrenzschutz eingerichtet und im Jahr 2005 mit dem BPolG zur **Bundespolizei** weiterentwickelt.[233] Zu deren Aufgaben gehören der Grenzschutz (§ 2 BPolG) und die Aufgaben als Bahnpolizei (§ 3 BPolG), der Luftsicherheit (§§ 4, 4a BPolG) sowie der Aufgaben auf See (§ 6 BPolG).[234] Die Bundespolizei kann zudem um den Schutz von Bundesorganen ersucht werden (§ 5 BPolG).[235] Neben der Gefahrenabwehr, zu deren Erfüllung eine Generalklausel (§ 14 BPolG) und besondere Befugnisse (§§ 21 ff. BPolG) zur Verfügung stehen, sind der BPOL im eingeschränkten Umfang auch Aufgaben der Straf- und Ordnungswidrigkeitenverfolgung zugewiesen (§ 12 f. BPolG).[236] Das BVerfG hat die Aufgabenkonzentration bei der BPOL gebilligt, aber mit Blick auf die begrenzten Kompetenzen des Bundes [→ B51] betont, dass diese nicht ihr Gepräge als Polizei mit begrenzten Aufgaben verlieren darf.[237]

85

Das **Bundeskriminalamt** lässt sich als Kriminalpolizei des Bundes einordnen.[238] Das BKA dient nach § 1 Abs. 1 BKAG im föderalen System der Zusammenarbeit des Bundes mit den Ländern in kriminalpolizeilichen Angelegenheiten,[239] allerdings entsprechend der eingeschränkten Bundeskompetenzen [→ B51] im Sinne einer *Zentralstelle* für das polizeiliche Auskunfts- und

86

---

232 Trennung und Untergliederung kommen insbes. im Bundesstaatsprinzip und in den Art. 87 ff. GG und Art. 33 Abs. 3, 71 Abs. 2 S. 1 HmbVerf, Einheit und Kooperation hingegen etwa in der verwaltungsleitenden Funktion der Regierung (vgl. etwa Art. 33 Abs. 2 S. 2, 47 Abs. 1 S. 1 HmbVerfG), der Amtshilfe (Art. 35 Abs. 1 GG) und in Vorgaben zur föderalen (vgl. Art. 2 Abs. 1 S. 2 HmbVerf) und europäischen (vgl. Art. 87 Abs. 1 AEUV) Zusammenarbeit einschl. der Einrichtung von Organisationsverbünden zum Ausdruck.
233 Zur Umbenennung s. *Scheuring* NVwZ 2005, 903. Die BPOL ist dem BMI unterstellt und ist eine Vollzugspolizei mit mehr als 54.000 Beschäftigten, s. LD/*Rachor*/*Roggan* Kap. C Rn. 67 ff. sowie die Jahresberichte unter bundespolizei.de. Unter der Bezeichnung der „Bundesfinanzpolizei" werden die dem Bundesministerium der Finanzen unterstehenden Zollfahndungsbehörden gefasst, deren Aufgaben und Befugnisse im ZFdG geregelt sind, s. hierzu sowie zur Polizei beim Deutschen Bundestag als weitere eigenständige Polizeibehörde des Bundes LD/*Rachor*/*Roggan* Kap. C Rn. 82 bzw. 93a.
234 Zur bundespolizei. Schleierfahndung *Götz/Geis* § 17 Rn. 88 ff. Der Grenzschutz umfasst 3.831 km Landsowie 888 km Seegrenzen einschl. eines 50 m breiten Meeres- und 30 km breiten Inlandsstreifens; die Bahnpolizei bezieht sich insbes. auf Abwehr von Gefahren, die Benutzern, Anlagen (5.693 Personenbahnhöfe in einem Schienennetz von rund 33.401 Streckenkilometern) oder dem Betrieb der Bahn drohen, die bei Betrieb der Bahn entstehen oder von Bahnanlagen ausgehen, vgl. *Götz/Geis* § 5 Rn. 22. Auf Flugplätzen u. in Flugzeugen obliegt der BPOL der Schutz vor Angriffen nach §§ 5, 16 Abs. 3 S. 2 u. 3 LuftSiG; s. zudem auch § 4a BPolG. Zur Aufgabe der BPOL bzgl. der Sabotageakte gegen die Nord Stream Pipelines, vgl. BT-Drs. 20/4170, 3.
235 Z.B. des Bundespräsidialamts, des Bundeskanzleramts, des Auswärtigen Amts oder des BVerfG.
236 Gepl. Ausweitungen der Strafverfolgungsaufgabe waren ein wesentlicher Grund für das Scheitern der Bemühungen zur Reformierung des BPolG im Jahr 2021 (BT-Drs. 19/26541), s. dazu *Arzt* ZRP 2021, 205 mwN. Der am 20.12.2023 vom Bundeskabinett beschlossene und 14.3.2024 erstmalig im Bundestag beratene Entwurf eines Gesetzes zur Neustrukturierung des BPolG, womit insbes. die Vorgaben der JI-RL u. des BKAG-Urteils umgesetzt werden sollten, hat sich durch Ablauf der 20. Wahlperiode erledigt; s. BT-Drs. 20/10406 sowie *Barczak* ZRP 2023, 148 u. *Thiel* GSZ 2024, 89.
237 BVerfG 28.1.1998 – 2 BvF 3/92, Rn. 81 ff.
238 Zu der 1951 eingerichteten Bundesoberbehörde mit ihren derzeit etwa 8.200 Bediensteten s. bka.de.
239 Das BKAG wurde im Jahr 2008 trotz der beschränkten Bundeskompetenz zu einem den Landespolizeigesetzen fast ebenbürtigen Polizeigesetz erweitert und im Jahr 2017 nach der grundl. Entscheidung des BVerfG 20.4.2016 – 1 BvR 966/09 angepasst. Insbes. die Befugnisse zu heimlichen Überwachungsmaßnahmen wurden zwar als grds. verfassungskonform bewertet, jedoch ihre Ausgestaltung als unverhältnismäßig angesehen, s. *Buchholtz* NVwZ 2016, 906; *Beaucamp* DVBl 2017, 534. In Umsetzung weiterer bundesverfassungsgerichtlicher Vorgaben hat der Gesetzgeber im BKAG jüngst die Voraussetzungen zur

Nachrichtenwesen (§ 2 Abs. 1 BKAG) und für die Kriminalpolizei im föderalen Kontext (vgl. §§ 2 Abs. 3 u. 4, 29 ff. BKAG) und in der internationalen Zusammenarbeit (vgl. §§ 3 Abs. 2–4, 27, 33 BKAG).[240] Dem BKA sind zwar vor allem ausgewählte Aufgaben der Strafverfolgung zugewiesen (§ 4 Abs. 1 u. 2 BKAG), insbes. im Bereich der internationalen Waffen-, Drogen und Falschgeldkriminalität und der international organisierten Kriminalität.[241] Es nimmt aber auch Aufgaben der Gefahrenabwehr wahr (§ 5 BKAG), beschränkt auf den internationalen Terrorismus und nur unter besonderen Voraussetzungen.[242] Dazu hat es eine Generalbefugnis (§ 38 BKAG) und Standardbefugnisse (§§ 39 ff. BKAG), die den Befugnissen in den Polizeigesetzen der Länder ähneln.

87 Hinzu kommen diverse **(Sonder-)Ordnungsbehörden des Bundes**, die ähnlich wie die Verwaltungsbehörden in Hamburg Gefahrenabwehraufgaben wahrnehmen, ohne dabei (Vollzugs-)Polizei zu sein. Dazu gehören im Bereich der Verkehrsverwaltung etwa die Wasser- und Schifffahrtsdirektionen und -ämter (§§ 24 ff. WaStrG), die Luftfahrtbehörden (§§ 29 ff. LuftVG), das Bundesamt für Güterverkehr (§§ 10 ff. GüKG) sowie das Kraftfahrt-Bundesamt (§§ 28, 30 StVG),[243] im Bereich der Informationssicherheit das BSI (vgl. insbes. §§ 3 Abs. 1, 3a BSIG)[244] und im Bereich des Katastrophenschutzes das Bundesamt für Bevölkerungsschutz und Katastrophenhilfe (BBK, vgl. insbes. § 2 BBKG, § 4 Abs. 1 ZSGB). Sie unterstehen wie die BPOL und das BKA dem **BMI**, das als zuständige Behörde für Verbote von Vereinen (§ 3 Abs. 2 Nr. 2 VereinsG) auch unmittelbar gefahrenabwehrrechtlich tätig wird. Dagegen untersteht die BaFin als weiteres Beispiel für eine Bundesgefahrenabwehrbehörde (§§ 1 ff. FinDAG) dem BMF.

88 Neben der Polizei nehmen auch das Bundesamt und die Landesämter für **Verfassungsschutz** sowie für den Bereich der Streitkräfte der Militärische Abschirmdienst Aufgaben der inneren Sicherheit wahr, nämlich den Staat in seinem Bestand und seiner *freiheitlichen demokratischen Grundordnung* zu schützen.[245] Das Gesetz vollzieht zwar die historisch fundierte Erkenntnis, dass Polizei und Nachrichtendienste aus Gründen der Machtdekonzentration zu trennen sind (vgl. § 2 Abs. 2 S. 1 HmbVerfSchG).[246] Das einfache Gesetz nutzt allerdings die Offenheit, ob eine Trennung auch verfassungsrechtlich absolut oder nur in einzelner Hinsicht geboten ist [→ B35], und hält das Bundesamt und die Landesämter für Verfassungsschutz dazu an, nicht nur untereinander (s. § 3 Abs. 1 S. 1 HmbVerfSchG), sondern auch mit der (Hamburger) Polizei zu kooperieren. Dies gilt insbes. für den Informationsaustausch und die Nutzung fremderho-

---

Datenspeicherung sowie zur Überwachung von Kontaktpersonen strenger gefasst, vgl. BT-Drs. 21/324 u. 325.
240 Das BKA ist (deutsches) Nationales Zentralbüro der Internationalen Kriminalpolizeil. Organisation (IKPO – „Interpol", § 3 Abs. 1 BKAG), nationale (Kontakt-)Stelle bzw. Behörde im Rahmen von „Europol" (Art. 4, 19 Europol-ÜE), des Schengener Informationssystems u. des Prüm-Beschlusses der EU; weiterführend dazu *Götz/Geis* § 5 Rn. 29 ff. Zur Antiterrordatei als beim BKA gemeinsame zentrale Datenbank zur Aufklärung u. Bekämpfung des internat. Terrorismus s. EFP/*Pünder* Rn. 46.
241 Zu entspr. Weisungsrechten ggü. dem LKA Hamburg und anderen Landeskriminalämtern sowie zu besonderen Eigensicherungsbefugnissen s. § 4 Abs. 4 BKAG sowie § 34 BKAG.
242 Zu den angrenzenden, präv. Aufgaben des Schutzes der Mitglieder von Verfassungsorganen u. des Zeugenschutzes s. §§ 6, 63 ff. bzw. §§ 7, 66 BKAG sowie *Götz/Geis* § 5 Rn. 39 f.
243 Dazu *Götz/Geis* § 6 Rn. 22; *Knemeyer* Rn. 37, 39.
244 Zur Arbeit u. Organisation des BSI vgl. LD/*Rachor/Roggan* Kap. C Rn. 94 f.
245 Vgl. jeweils § 1 Abs. 1 BVerfSchG, MADG u. HmbVerfSchG. Im Vergleich zur nachrichtendienstlichen *Inlands*aufklärung durch die Verfassungsschutzämter lässt sich der Militärische Abschirmdienst wegen seines Militärbezugs kompetenzrechtlich klarer zur Polizei abgrenzen, vgl. Art. 87a Abs. 1 S. 1 GG. Entsprechendes gilt wegen des Auslandsbezugs für die nachrichtendienstliche *Auslands*aufklärung durch den BND, vgl. Art. 73 Abs. 1 Nr. 1, 87 Abs. 1 S. 1, 87a Abs. 1 S. 1 GG. Dazu LD/*Bäcker* Kap. B Rn. 236 ff. u. 238 ff.
246 Vgl. LD/*Bäcker* Kap. B Rn. 244. In Hamburg bildet das Landesamt für Verfassungsschutz ebenso wie die Polizei ein Amt der Behörde für Inneres und Sport, ist also (nur) so von den polizeilichen Dienststellen organisatorisch getrennt.

bener Daten,[247] die durch die Verfassung nicht generell ausgeschlossen, sondern lediglich an strenge, dem Zweckbindungsgrundsatz ähnelnden Eingriffsschwellen zu binden sind.[248] Dem Verfassungsschutz stehen dagegen keine polizeiliche Befugnisse oder Weisungsbefugnisse ggü. polizeilichen Dienststellen zu[249] und er darf die Polizei auch nicht im Wege der Amtshilfe um Maßnahmen wie etwa die Sammlung und Übermittlung von Nachrichten ersuchen, zu denen er selbst nicht befugt ist (§ 2 Abs. 2 S. 2 HmbVerfSchG).[250] Dagegen sollen sich die von den Sicherheitsbehörden gemeinsam betriebene Antiterrordatei (vgl. insbes. §§ 1, 2 u. 5 ATDG)[251] und die sog. Gemeinsamen Zentren,[252] an denen auch Hamburg beteiligt ist (s. § 3 Abs. 1 S. 2 HmbVerfSchG), in den verfassungsrechtlichen Grenzen halten.

Im Rahmen der verfassungsrechtlich zulässigen zivil-militärischen Kooperation [→ B51] ist das **Landeskommando Hamburg der Bundeswehr** die Ansprechstelle für Bürgerschaft, Senat und insbes. Polizei zur Kräfteanforderung bei Naturkatastrophen oder zur Bewältigung eines besonders schweren Unglücksfalls.[253]   89

3. Organisationsübergreifende Sicherheitsstrukturen

Nicht zuletzt begünstigt durch Internationalisierung und Digitalisierung haben sich Behörden   90
und Organisationseinheiten der internationalen Gemeinschaft, der EU, des Bundes und der Länder zu organisationsübergreifenden Sicherheitsstrukturen zusammengeschlossen. Auch wenn solche Zusammenschlüsse sich verfestigen und ausdifferenzieren, bestimmte Bezeichnungen tragen und zum Teil auf Verwaltungsvereinbarungen beruhen, fällt ihnen *rechtlich* regelmäßig **keine Selbstständigkeit** zu, etwa als Behörde (insbes. nach außen) aufzutreten.[254] Sie zielen somit insbes. auf den zwischenorganisatorischen, auch informellen Informationsaustausch [→ D94] und die wechselseitige Amtshilfe [→ B72], um dem Umstand Rechnung zu tragen, das Gefahren nicht an räumlichen und organisatorischen Grenzen Halt machen.[255] Aber auch mit dieser Funktion werfen solche organisationsübergreifende Sicherheitsstrukturen rechtlich relevante Fragen des Gesetzesvorbehalts, der Kooperation, Zuständigkeitsabgrenzung, Verantwortungszurechnung und parlamentarischen Kontrolle auf.[256]

Von den auf die Gefahrenabwehr ausgerichteten Zusammenschlüssen auf der **Bund- Länder-**   91
Ebene wirkt die Hamburger Polizei- und Ordnungsverwaltung insbes. an dem auf Lageauswertung und -analyse ausgerichteten Gemeinsamen Extremismus- und Terrorismusabwehrzentrum (GETZ),[257] der Bekämpfung der illegalen Migration dienenden Gemeinsamen Analyse- und Strategiezentrum Illegale Migration (GASIM), auf Zivil- und Katastrophenschutz zielenden Gemeinsamen Melde- und Lagezentrum (GMLZ), dem auf maritimen Schutz ausgerichteten Gemeinsamen Lagezentrum See (GLZ-See) und an der den Informationsaustausch fördernden

---

247 Vgl. §§ 12, 14 Abs. 1 u. 3, 19 Abs. 4 HmbVerfSchG sowie §§ 7 ff. und 19 ff. HmbVerfSchG.
248 Vgl. BVerfG 28.1.1998 – 2 BvF 3/92, Rn. 87; 10.11.2022 – 1 BvR 3214/15.
249 Zur aktiven Cyberabwehr („Hackback"), die aktuell u. symptomatisch die vertikale Trennung von Polizei u. Nachrichtendiensten, aber auch die horizontale Trennung von Bundes- u. Landeskompetenz herausfordert vgl. § 1 Abs. 2 BNDG u. Art. 73 Abs. 1 Nr. 1 GG sowie BT-Drs. 19/1328, 19/7698 u. 19/7705.
250 Insbes. § 3 SOG ist wegen der Spezialität des HmbVerfSchG nicht anwendbar; aA noch *DWVM* S. 95.
251 BVerfG 24.4.2013 – 1 BvR 1215/07, Rn. 123 f.
252 Z.B. das Gemeinsame Terrorismusabwehrzentrum, vgl. LD/*Bäcker* Kap. B Rn. 263 ff.
253 Z.B. die große Flut im Jahr 1962 [→ J46]. Die Bundeswehr ist in Hamburg mit 20 Dienststellen vertreten und beschäftigt 6.500 Soldatinnen, Soldaten und zivile Beschäftigte.
254 LD/*Rachor/Graulich* Kap. C Rn. 137.
255 Vgl. *Domert/Räuker* DÖV 2014, 414.
256 Vgl. dazu LD/*Rachor/Graulich* Kap. C Rn. 140 f.
257 Hervorgegangen aus dem Gemeinsamen Terrorismusabwehrzentrum (GTAZ) und dem Gemeinsamen Zentrum gegen Rechtsextremismus und -terrorismus (GAR) wirft es insbes. Fragen des Trennungsgebots [→ B35] auf, vgl. *Kutscha* NVwZ 2013, 324 (325).

Zentrale Informationsstelle Sporteinsätze (ZIS) mit; zu nennen ist zudem die Koordinierungsstelle Sicherheitsoperation.[258] Spezifische Zusammenschlüsse auf **Landes- und Kommunalebene** spielen dagegen in Hamburg in Folge der staatlichen Einheitsorganisation und der Nichttrennung von Staats- und Gemeindeaufgaben [→ B53] anders als in anderen Bundesländern keine Rolle.[259]

4. Abgrenzung zur Organisation privater Eigensicherung

92 Private wirken in verschiedener Hinsicht an der Abwehr von Gefahren mit. Sie sehen es insbes. auch als ihre eigene Aufgabe an, sich und ihre Rechtsgüter zu schützen (private Eigensicherung), etwa durch eigene Aktivitäten oder auch durch die Beauftragung privater Sicherheitsdienste. Dies geschieht auf Grundlage und in den Grenzen privater Rechte wie insbes. dem Hausrecht (§§ 903, 1004 BGB), dem Notwehr- (§ 32 StGB, § 227 BGB), Notstands- (§§ 34, 35 StGB, §§ 228, 904 BGB) und Selbsthilferecht (§§ 228, 859 BGB) sowie dem Recht der vorläufigen Festnahme (§ 127 Abs. 1 StPO). Weder der **Bürger** noch das von ihm **beauftragte Unternehmen** wird organisatorischer Teil der Polizei- und Ordnungsverwaltung und damit des Staates. Polizei- und Ordnungsverwaltung und private Sicherheitsdienste werden in ihren jeweiligen Verantwortungsbereichen und rechtlich unbeeinflusst voneinander tätig und wirken so tatsächlich – aber u.U. durchaus gewollt – zusammen, etwa durch Informationsaustausch oder gemeinsame Streifengänge.[260] Wird die Zusammenarbeit darüber hinaus verdichtet, insbes. in der Weise, dass private Sicherheitsdienste iSd § 29 SOG, etwa als Verwaltungshelfer oder Beliehene,[261] rechtlich in den Organisationsbereich der Polizei- und Ordnungsverwaltung zur Erfüllung derer Sicherheitsaufgaben einbezogen werden, stellen sich schwierige, auch verfassungsrechtliche Fragen nach den Voraussetzungen und Grenzen eines solchen Einsatzes derartiger Dienste.[262]

V. Gefahrenabwehr in der digitalen Transformation und im Klimawandel

93 Die **Digitalisierung**, insbes. in ihrer derzeitigen Entwicklungsstufe der sog. künstlichen Intelligenz, führt auch in der Polizei- und Ordnungsverwaltung zu graduellen, mitunter strukturellen und paradigmatischen Veränderungen, die sich zunehmend auf das Polizei- und Ordnungsrecht auswirken und abbilden. Als *Medium* verändert KI Verfahren und Form der Verwaltungstätigkeit sowie der Interaktion zwischen Bürger und Verwaltung, was etwa Fragen der rechtssicheren Kommunikation aufwirft [→ C114]. Die Digitalisierung greift aber tiefer und verändert das polizeiliche *Erkennen, Aufklären und Wissen* und nimmt damit starken Einfluss auf das Verständnis von Tatsächlichkeit, Richtigkeit, Gefährlichkeit und Wahrheit, was etwa beim sog. Predictive Policing [→ C200], der Internetaufklärung [→ C214], dem Einsatz von Body-Cams [→ D59] oder Drohnen [→ D62], bei der sog. intelligenten Videoüberwachung [→ D63] und bei der Infiltration von IT-Systemen [→ D77] relevant wird.[263] Die Digitalisierung verändert die Struktur polizeilichen *Entscheidens*, aber auch des Handelns, was in rechtlichen Fragen der Subjektivität, des Freiheitsschutzes und der Verantwortung mündet, etwa wenn es um Entscheidungen durch oder mit Unterstützung von KI, um die Zurechnung von damit verbundenen Gefahren [→ C220], das polizeiliche Informieren, Kommunizieren, Fahnden und Blockieren insbes. in sozialen

---

258 Vgl. zu den genannten und weiteren Zusammenschlüssen LD/*Rachor/Graulich* Kap. C Rn. 137 ff.
259 Vgl. dazu LD/*Rachor/Graulich* Kap. C Rn. 171 ff.
260 Vgl. *Kingreen/Poscher* § 3 Rn. 35 f; *Thiel* § 1 Rn. 29 f. Zu jüngeren Beispielen der sog. Quattro-Streifen und Sozialraumläufer [→ J59].
261 S. dazu SchE/*Schoch/Kießling* Rn. 146 ff.
262 Vgl. BVerfG 18.1.2012 – 2 BvR 133/10; *Hoffmann-Riem* ZRP 1977, 277; *Kingreen/Poscher* § 3 Rn. 37 ff. Hinzu treten Fragen der gewerberechtl. Anforderungen an private Sicherheitsdienste, vgl. dazu § 34a GewO.
263 S. etwa exemplarisch zum Begründungsgebot *Ibold* GSZ 2024, 10.

V. Gefahrenabwehr in der digitalen Transformation und im Klimawandel

Medien [→ D263, D114] oder den Einsatz von (autonomen) Polizeirobotern geht. Virtuelle Räumlichkeit und digitale Vernetzung stellen die Polizei und Ordnungsverwaltung vor neue *Schutzpflichten, Aufgaben und Zuständigkeiten* [→ B34, B62, C80] und ermöglichen und fördern neue Formen der *Organisation und Kooperation*, etwa in Form von sicherheitsbehördlichen Zusammenschlüssen [→ B86], begründen so aber auch neue Freiheitsgefährdungen, z.B. für die informationelle Selbstbestimmung [→ B26, D114].[264]

Auch dem **Klimawandel** wird eine ähnlich paradigmatische Bedeutung zugeschrieben, mit grundlegenden Folgen für Gesellschaft und Staat und damit auch für die Aufgaben und Strukturen von Sicherheit, wenngleich die polizeilichen und rechtlichen Implikationen bislang allenfalls angedeutet und schemenhaft erscheinen.[265]

94

---

[264] Vgl. *Albers*, in: Seckelmann, Digitalisierte Verwaltung – Vernetztes E-Government, Kap. 22, insbes. Rn. 11 ff.
[265] S. dazu *Beckert*, Verkaufte Zukunft, 2024, S. 184 ff.; *Fontana* ZUR 2023, 528 (530).

C. Maßnahmen

1 Handeln Polizei oder Verwaltungsbehörden, um eine Gefahr abzuwehren, müssen sie dies **rechtmäßig** tun, also alle Anforderungen erfüllen, die die Rechtsordnung an das jeweilige Handeln stellt. Ausgangspunkt für diese Anforderungen ist die **Bindung an Gesetz und Recht** nach Art. 20 Abs. 3 GG, insbes. an die Grundrechte nach Art. 1 Abs. 3 GG. Der hierin zum Ausdruck kommende *Grundsatz der Gesetzmäßigkeit* ist zentral für die Verwirklichung von Rechtsstaat und Demokratie. Das Recht und nicht etwa andere Normativitäten, Vorstellungen oder Erwartungen ist das *Primat* im Staat und bildet den Maßstab für das behördliche Handeln, das insbes. an die Regelungen des Gesetzgebers gebunden und so zum Ausdruck des demokratischen Willens wird. Mit der Bindung an das Recht wird das polizei- und ordnungsbehördliche Handeln zugleich der gerichtlichen Kontrolle unterworfen, um so insbes. den Einzelnen vor ungerechtfertigten Eingriffen in seine Grundrechte zu schützen.[1]

2 Der Grundsatz der Gesetzmäßigkeit umfasst den **Vorrang des Gesetzes**, wonach eine staatliche Tätigkeit nicht gegen Gesetz und Recht verstoßen darf – kein Handeln *gegen* das Gesetz. Nimmt die Polizei- und Ordnungsbehörde eine Handlung vor, die ein Gesetz explizit *verbietet*, ist sie also schon deswegen rechtswidrig.[2] Umgekehrt gilt indes: Wenn die Handlung nicht explizit verboten ist, ist sie deswegen noch *nicht* rechtmäßig. Denn der Grundsatz der Gesetzmäßigkeit verlangt über den Vorrang des Gesetzes hinaus, dass eine staatliche Tätigkeit auf einer **Rechtsgrundlage** beruht, die die in Rede stehende Handlung *positiv* legitimiert und erlaubt. Allerdings sind die Anforderungen an die Rechtsgrundlage nicht stets dieselben, sondern hängen von der konkret in Rede stehenden staatlichen Tätigkeit ab. Insbes. soweit der **Vorbehalt des Gesetzes** greift, darf die Polizei- und Ordnungsverwaltung nur tätig werden, wenn und soweit ihr dies *durch oder aufgrund Gesetz* erlaubt ist – kein Handeln *ohne* Gesetz.

3 Auch aus dem Vorliegen einer hinreichenden Rechtsgrundlage folgt aber noch nicht die Rechtmäßigkeit des Handelns. Dazu müssen die Anforderungen und **Voraussetzungen** erfüllt sein, die in der jeweiligen Rechtsgrundlage benannt werden und unter denen die Rechtsfolge, also die polizeiliche Handlung, legitimiert wird.[3] Diese Voraussetzungen müssen unter Einbeziehung **allgemeiner Vorschriften** bestimmt werden, etwa des § 40 HmbVwVfG, der Anforderungen an die Ausübung eingeräumten Ermessens formuliert.[4] In **formeller Hinsicht** werden insbes. Anforderungen an *Zuständigkeit, Verfahren* und *Form* gestellt. **Materielle Voraussetzungen** beschreiben in Anknüpfung an die *Schutzgüter* des Polizei- und Ordnungsrechts eine bestimmte *Gefahr* und regeln, wer *herangezogen* werden kann, um diese zu beseitigen. Rechtsfolgenseitig sind neben allg. Anforderungen, wie insbes. der Bindung an den Grundsatz der **Verhältnismäßigkeit**, die Anforderungen an die **Ermessensausübung** einzuhalten. Um so eine konkrete Tätigkeit der Polizei- und Ordnungsverwaltung auf ihre Rechtmäßigkeit hin zu überprüfen, stellt sich bei jeder Stufe die Frage, welche rechtlichen Vorschriften für diese konkrete Tätigkeit maßgeblich sind.

I. Vorab: Ermittlung der maßgeblichen Rechtsvorschriften

4 An **welchen Gesetzen** oder sonstigen Vorschriften des Polizei- und Ordnungsrechts sich eine konkrete Handlung messen lassen muss, lässt sich regelmäßig leicht ermitteln. Es können sich

---

1 Vgl. *Maurer/Waldhoff* § 6 Rn. 1; JP/*Jarass* Art. 20 Rn. 41.
2 Vgl. etwa § § 24 Abs. 3 SOG.
3 Vgl. SchE/*Schoch/Kießling* Rn. 191. Die Bestimmung der Rechtsgrundlage stellt damit auch methodisch einen Dreh- und Angelpunkt dar, da sie die weitere Prüfung determiniert.
4 Vgl. *Thiel* § 6 Rn. 2; *Maurer/Waldhoff* § 10 Rn. 22.

aber auch Zweifel ergeben. Dann ist die Handlungs- oder Rechtsformenlehre ein dogmatisch und methodisch wichtiger Schlüssel, um die für die konkrete Handlung einschlägigen Vorschriften zu ermitteln (dazu 1). Maßgeblich sind die so ermittelten Vorschriften jedoch nur, soweit diese auch als (rechtlich) wirksam bzw. gültig festgestellt sind (dazu 2).

1. Von der konkreten Handlung zum einschlägigen Recht

Anlass und Gegenstand der rechtlichen Prüfung ist regelmäßig ein konkretes Handeln der Polizei- und Ordnungsverwaltung, wie es *tatsächlich* stattfindet und beobachtet werden kann. Schon wenige Beispiele lassen erahnen, wie **vielfältig** die Handlungen in der Wirklichkeit sind, wie unterschiedlich sie wahrgenommen und wie verschieden sie in Worte gefasst werden können: Polizeibedienstete fragen eine Person in der Innenstadt, ob sie eine Streiterei mitverfolgen konnte, und halten eine plötzlich ihren Gang beschleunigende Frau am Arm fest – ein Streifenwagen verfolgt derweil mit Blaulicht und Einsatzhorn ein lautaufheulendes, getuntes Fahrzeug.

a) Rechtsbegriffe und Handlungsformen

Das Polizei- und Ordnungsrecht hat zum Ziel, solche und andere tatsächlichen Handlungen auf ihre **Rechtmäßigkeit** („Richtigkeit") hin zu überprüfen. Dazu normiert es in Form rechtlicher Vorschriften und Regeln die Voraussetzungen, die jede denkbare Handlung erfüllen muss, um rechtmäßig zu sein. Allerdings würde jeder Versuch, die polizeiliche Handlungsvielfalt abzubilden, zu einer unüberschaubaren Menge ausdifferenziertester Vorschriften führen, die kaum zu handhaben wären. Um dies zu vermeiden, nutzt das Polizei- und Ordnungsrecht wie jedes andere Rechtsgebiet die Möglichkeiten der Sprache, die vielfältigen Handlungen und Ereignisse, wie sie in der Wirklichkeit beobachtet werden können, nach gemeinsamen Merkmalen zu **typisieren** und unter **Rechtsbegriffen** zu bündeln, um sie so *gemeinsamen* Rechtsregeln zu unterwerfen. Im Polizei- und Ordnungsrecht geschieht dies etwa dadurch, dass der Gesetzgeber sog. **Standardbefugnisse** normiert, die durch handlungstypisierende Rechtsbegriffe gekennzeichnet sind.

Beispiel: In der Praxis geht die Polizei in unterschiedlicher Weise vor, um einer Person habhaft zu werden, etwa indem diese in einer Zelle, in einem Streifenwagen oder einem Reisebus festgehalten oder auch im Rahmen einer Versammlung von der Polizei eingekesselt wird. Da all diese Handlungen trotz ihrer tatsächlichen Unterschiede als Ingewahrsamnahme iSd § 13 Abs. 1 SOG zu qualifizieren sind, kann zur Überprüfung ihrer Rechtmäßigkeit jeweils auf dieselben, nämlich auf die in § 13 SOG niedergeschriebenen Regeln zurückgegriffen werden. Der Gesetzgeber muss also nicht für jede dieser Handlungen und Situationen jeweils eigene Regeln statuieren.

Mit dieser Standardisierung und Bündelung durch sprachliche Abstraktion vermeidet der Gesetzgeber ein Ausufern gesetzlicher Regelungen und eine unbeherrschbare Regelungskomplexität – zudem gewährleistet er, dass vergleichbare Handlungen an gleichen Vorgaben rechtlich zu überprüfen sind.[5] Dies setzt sich auf der Ebene von **Rechtsbegriffen** und Kriterien fort, die der Gesetzgeber im **Polizei- und Ordnungsrecht** übergreifend, etwa in einer Vielzahl von Standardbefugnissen, oder sogar darüber hinaus in anderen Teilbereichen des Verwaltungsrechts verwendet. Dazu gehören Begriffe wie *öffentliche Sicherheit und Ordnung*, *Gefahr* oder *Verantwortlichkeit*, die im Polizei- und Ordnungsrecht gleichsam „vor die Klammer gezogen" und als allg. Teil angesehen werden können.[6]

Diese rechtssprachliche Technik der Bündelung und Standardisierung mündet in der sog. **Handlungsformenlehre** des allg. Verwaltungsrechts, die das tatsächliche Handeln in der gesamten

---
5 S. dazu DHSch/*Kirchhof* Art. 3 Abs. 1 Rn. 118 ff.
6 Das SOG regelt viele Leitbegriffe im ersten Abschnitt mit den §§ 3 ff. („Allgemeine Vorschriften").

Verwaltung mittels leitender Begriffe qualifiziert und zusammenfasst.[7] Dazu gehören etwa die Begriffe *Amtshilfe, Anhörung, Verwaltungsakt, Ermessen* oder *unmittelbarer Zwang*, an die das Polizei- und Ordnungsrecht – auch explizit etwa in §§ 3 Abs. 1, 7 Abs. 1, 13b Abs. 4, 17 SOG – anknüpft und sich so mit dem allg. Verwaltungsrecht wechselseitig verschränkt.[8] Einige dieser Begriffe werden als *Handlungs-* oder auch *Rechtsformen* bezeichnet.[9]

10 Vor diesem Hintergrund wird die kaum zu unterschätzende, rechtssystematische, -dogmatische und -methodische Bedeutung der Handlungsformen für die richtige Rechtsanwendung erkennbar:[10] Sie sind der Schlüssel, um die **Rechtsvorschriften** mit ihren rechtlichen Anforderungen zu ermitteln, die für eine konkrete, tatsächliche polizeiliche Handlung **Maßgeblichkeit beanspruchen**, wenn es um deren Rechtmäßigkeit geht. Im Polizei- und Ordnungsrecht hat die Handlungsform insbes. Einfluss darauf, welche Rechtsgrundlage in Betracht kommt, welche Verfahrens- und Formvorschriften relevant sind und nach welchen Vorschriften sich der Rechtsschutz richtet. Es ist somit vor allem die **Zuordnung** einer konkreten Handlung zu einer vom Recht bereitgestellten Handlungsform, aus der das rechtliche Programm zur Prüfung der Rechtmäßigkeit eben dieser Handlung folgt.[11]

b) Handlungsformen im Polizei- und Ordnungsrecht

11 Die Bedeutung, die im Verwaltungsrecht den Handlungsformen und hier (historisch erklärbar) insbes. dem VA zufällt,[12] erschließt sich im Polizei- und Ordnungsrecht erst auf den zweiten Blick. Dessen Vorschriften und auch die Zwischenüberschriften im SOG sprechen nicht von „*Verwaltungsakt*", sondern häufig von „*Maßnahmen*".[13] Der Begriff der **Maßnahme** umfasst jegliche polizeiliche und ordnungsbehördliche Tätigkeit und soll nach verbreitetem Verständnis nur Tätigkeiten ausschließen, die nicht in Rechte Betroffener eingreifen[14] und in der Folge als sog. **schlichtes Verwaltungshandeln** bspw. nicht dem Vorbehalt des Gesetzes unterfallen [→ C37], wie etwa Streifenfahrten oder eine Beratung zur Einbruchsprävention. Mit dem weiten Begriff der Maßnahme ist das Polizei- und Ordnungsrecht im Übrigen offen für *alle* Handlungsformen, die das allg. Verwaltungsrecht kennt,[15] und kann sich darauf konzentrieren, in seinen *speziellen* Vorschriften Modifikationen zu statuieren, die zur Aufgabenerfüllung, also der Abwehr von Gefahren, besonders zielführend sind.[16] Zu beachten ist allerdings, dass auch die Verwendung, Definition und Unterscheidung von Handlungsformen in erster Linie in die Kompetenz des demokratisch legitimierten Gesetzgebers fällt. So lassen die Überschriften des Ersten und des Zweiten Teils des SOG wie auch der Sprachgebrauch ihrer jeweiligen Vorschriften erkennen, dass der Gesetzgeber die Verordnung nicht als (eine Form der) Maßnahme ansieht.[17] In der Folge betreffen – was eben auch den gesetzgeberischen Vorstellungen entsprechen dürfte – die §§ 1 ff.

---

[7] Dazu *Maurer/Waldhoff* vor § 9; *Schmidt-Aßmann* Kap. 6 Rn. 34 ff; VEM/*Hoffmann-Riem/Bäcker* Bd. II § 32 Rn. 1 ff.; *Barczak* JuS 2024, 289 (290). Weil das Recht allgemein vor allem sprachlich gefasst ist, reicht die Idee der Handlungsformen selbstverständlich über das allg. VerwR hinaus.
[8] SchE/*Schmidt-Aßmann* Rn. 8.
[9] Zur Differenzierung vgl. *Schmidt-Aßmann* Kap. 6 Rn. 34; *Barczak* JZ 2022, 981 (984).
[10] Zur Bedeutung der Handlungsformenlehre am Bsp. der Covid-19-Pandemie s. *Barczak* JZ 2022, 981.
[11] Umgekehrt wird deutlich: Die Handlungsformen und ihre Prüfung sind kein Selbstzweck. Die Frage etwa, ob die Sicherstellung einer Sache als VA zu qualifizieren ist, liefert für sich noch keine Erkenntnis, ob die Sicherstellung rechtmäßig ist. Ihre Beantwortung entscheidet jedoch wesentlich über die Geltung der Rechtsvorschriften und -maßstäbe, an denen sich die Sicherstellung rechtlich messen lassen muss.
[12] S. dazu allg. *Maurer/Waldhoff* § 9 Rn. 1 ff. u. SchE/*Schmidt-Aßmann* Rn. 9 f.
[13] SchE/*Schoch/Kießling* Rn. 872.
[14] Vgl. *Götz/Geis* § 18 Rn. 1.
[15] Vgl. SchE/*Schoch/Kießling* Rn. 872.
[16] SchE/*Schmidt-Aßmann* Rn. 8 ff.
[17] Anders *Barczak* JuS 2024, 289 (290).

und 3 ff. SOG unterschiedliche Dinge und stehen in ihrer Anwendbarkeit nebeneinander und nicht etwa in Form eines Spezialitätsverhältnisses.

Trotz des weitgefassten Maßnahmebegriffs kommt dem **Verwaltungsakt** als Handlungsform auch im Polizei- und Ordnungsrecht eine große, wenn auch nicht (mehr) die ihm ursprünglich zugewiesene allumfassende Bedeutung zu. Nach § 35 S. 1 HmbVwVfG ist ein VA jede hoheitliche Maßnahme, die eine Behörde zur Regelung eines Einzelfalls auf dem Gebiet des öffentlichen Rechts trifft und die auf unmittelbare *Rechtswirkung* nach außen gerichtet ist.[18] Typisch für das Polizei- und Ordnungsrecht sind befehlende, ge- oder verbietende Verwaltungsakte, mit denen die Behörde regelmäßig die für eine Gefahr Verantwortlichen zu einer Handlung, Duldung oder zu einem Unterlassen verpflichtet.[19] Solche **(Polizei-)Verfügungen**[20] führen noch nicht an und für sich, sondern erst dann zu einer tatsächlichen Veränderung und damit zur Abwehr einer Gefahr, wenn sie von den verpflichteten Personen (freiwillig) befolgt oder ggf. gegen deren Willen durchgesetzt und vollstreckt werden [→ E6],[21] etwa durch Anwendung unmittelbaren Zwangs. Im Zuge der Vollstreckung können wiederum weitere Verwaltungsakte ergehen, z.B. die *Androhung eines Zwangsmittels* oder die *Festsetzung eines Zwangsgeldes*. Auch die Erhebung von *Kosten und Gebühren* für die Gefahrenabwehr erfolgt durch VA. Dies gilt auch für *Erlaubnisse und Genehmigungen*, die im Polizei- und Ordnungsrecht allerdings nur eine geringe Bedeutung haben [→ F1].

12

Eine „Handlungsunterform" des VA bildet die **Allgemeinverfügung**.[22] Während sich die Regelung in einem VA nach § 35 S. 1 HmbVwVfG an *individuelle* Personen richtet, also eine konkret-*individuelle* Regelung darstellt, richtet sich die Regelung in einer Allgemeinverfügung nach S. 2 an einen nach allg. Merkmalen bestimmten oder bestimmbaren Personenkreis, ist also eine konkret-*generelle* Regelung.[23] Als *personenbezogene Allgemeinverfügungen* ergehen so insbes. Verbote oder Auflösungen von Versammlungen, von Veranstaltungen oder Ansammlungen sowie regelmäßig Platzverweisungen und Räumungsanordnungen, sofern diese keine Sammelverfügungen darstellen, also als Bündel gleichgelagerter Einzelverwaltungsakte erlassen werden.[24] Personenbezogene Allgemeinverfügungen unterscheiden sich von abstrakt-generellen Regelungen wie etwa Rechtsverordnungen, die sich an eine *unbestimmte* Anzahl von Personen richten und eine Vielzahl von Sachverhalten regeln. Allgemeinverfügungen werfen im Polizei- und Ordnungsrecht besondere Rechtsfragen auf, etwa im Fall von *Verkehrszeichen* [→ E56], die wegen ihrer Funktion als Ersatz entspr. verkehrsregelnder Ge- und Verbote durch Vollzugspolizisten als *benutzungsregelnde Allgemeinverfügungen* mit Dauerwirkung eingeordnet werden. Für eine Allgemeinverfügung müssen die in der Befugnisnorm statuierten Anforderungen im Hinblick auf jeden Sachverhalt, der von der Verfügung erfasst wird, in vollem Umfang erfüllt sein.[25]

13

Beispiele: Als Allgemeinverfügungen ergingen das stadtweite Verbot pro-palästinensischer Demonstrationen mit Bezug zur Unterstützung der Terrororganisation Hamas und deren Angriff auf das Staatsgebiet Israels

14

---

18 Zum behördl. Handeln durch VA vgl. *Schoch* JURA 2010, 670.
19 Vgl. KR/*Ramsauer* § 35 Rn. 114.
20 Vgl. *Maurer/Waldhoff* § 9 Rn. 45; SchE/*Schoch/Kießling* Rn. 875. Zum Begriff der Polizeiverfügung s. DWVM S. 348 ff. Statt „Verfügung" werden verbreitet mit wohl synonymer Bedeutung auch die Bezeichnungen „Anordnung" oder „(An-)Weisung" verwendet, die jedoch eher für das innerdienstl. bzw. -organisatorische Verhältnis stehen dürften. Das Gesetz verwendet „Anordnung" häufig in diesem Sinne (vgl. § 20 SOG, §§ 33 Abs. 1 S. 1 PolDVG), vereinzelt aber auch iSv „Verfügung" (vgl. § 11a S. 2 SOG).
21 Vgl. *Habermehl* Rn. 509 f. Dementsprechend werden bei Polizeiverfügungen die verwaltungsrechtl. Grundsätze zur *Wirksamkeit* von Verwaltungsakten bedeutsam, s. DWVM S. 343 f.
22 *Maurer/Waldhoff* § 9 Rn. 30 ff. Zur Allgemeinverf. *Schoch* JURA 2012, 26.
23 Vgl. BVerwG 22.1.2021 – 6 C 26.19, Rn. 27 f.; OVG Hamburg 3.7.2017 – 4 Bs 142/17, Rn. 22.
24 Vgl. KR/*Ramsauer* § 35 Rn. 163; DWVM S. 351 f.
25 VG Hamburg 8.12.2023 – 5 E 5290/23, Rn. 14.

im Oktober 2023, das Versammlungsverbot während des G20-Gipfels im Jahr 2017 auf einer Fläche von etwa 36 km² zwischen Flughafen und Innenstadt sowie das Verbot des Mitführens und Abbrennens von Feuerwerk an der Binnenalster und auf dem Rathausmarkt zum Jahreswechsel 2023/2024. Auch die Durchführung der Osterfeuer am Elbstrand wird durch Allgemeinverfügung geregelt.[26]

15 Gerade beim präv. Handeln der Vollzugspolizei fallen die in § 9 HmbVwVfG beschriebenen Verfahrensstadien zeitlich häufig so zusammen, dass sie auf Betroffene wie ein *einziger* Akt wirken, der sich zudem nicht selten in einem *tatsächlichen* Tun erschöpft, etwa jemanden zu beobachten, festzuhalten oder zu durchsuchen. In Situationen der Gefahr fehlt den Polizeibediensteten nicht selten die Zeit, um erst noch anzuordnen, was zu tun ist. Sie müssen es selbst tun. Es fehlt dann an einer *Regelung*, wie sie § 35 S. 1 HmbVwVfG für einen VA voraussetzt, also an einer Willenserklärung, die auf die Setzung einer Rechtsfolge gerichtet ist, nämlich Rechte oder Pflichten zu begründen, zu ändern, aufzuheben oder festzustellen.[27] Das Handeln erschöpft sich in der Herbeiführung eines tatsächlichen Erfolgs und ist deshalb nicht als VA, sondern als **Realakt** zu qualifizieren,[28] dem die Umsetzung inhärent ist [→ E2]. Solche Realakte können auf Grundlage einer Vielzahl von *Standardbefugnissen* oder nach § 3 Abs. 1 SOG erfolgen. Auch durch *behördliches Informationshandeln*, Wissenserklärungen und Warnungen werden keine Rechtsfolgen gesetzt.[29] Maßnahmen, die im Wege der *unmittelbaren Ausführung* getroffen werden, haben rein tatsächliche Wirkung – gleiches gilt etwa für die *Anwendung unmittelbaren Zwangs* oder die *Ersatzvornahme* iRd Verwaltungsvollstreckung. Nicht ausgeschlossen ist, dass mit polizeilichem Realhandeln auch ein VA-Erlass einhergeht. Dies gilt etwa für den praktisch alltäglichen Fall einer Verwendung von Blaulicht gemeinsam mit dem Einsatzhorn, womit gem. § 38 Abs. 1 S. 2 StVO die Anordnung an alle übrigen Verkehrsteilnehmer verbunden ist, *„sofort freie Bahn zu schaffen".*[30]

16 **Beispiele:** Wenn die Bediensteten der Polizei- und Ordnungsbehörden einen Zaun aufstellen, einen Tweet veröffentlichen oder das Telefonat mit einem Rechtsanwalt auf einem ihnen ausgehändigten Mobiltelefon beenden, werden durch die Maßnahmen allein tatsächliche Folgen herbeigeführt. Der Einsatz eines Polizeihundes, der einen Demonstranten beißt, ist ein Realakt – gleiches gilt für den Einsatz von Pfefferspray. Auch einer Gefährderansprache fehlt regelmäßig der Regelungscharakter.[31]

17 Die Rechtsverordnung bzw. **Gefahrenabwehrverordnung** ist zwar *Rechtsnorm* und insoweit *Rechtsquelle* [→ B11], zugleich aber auch eine *Form* des Verwaltungshandelns.[32] Sie bietet sich an, wenn die Polizei in Vollzug formeller Gesetze nicht nur einzelne Fälle konkret vorliegender Gefahren, sondern eine größere, noch nicht genau übersehbare Zahl gleichgelagerter Fälle und somit eine *abstrakte Gefahr* einheitlich abwehren muss oder will.[33] Als Handlungsform unterscheidet sich die Verordnung vom VA so durch ihren *abstrakt-generellen* Charakter. Insbes. richtet sie sich – anders als die personenbezogene Allgemeinverfügung – an einen *unbestimmten* Adressatenkreis.[34] Für die Abgrenzung zur Allgemeinverfügung kommt es im Übrigen maßgeblich darauf an, ob Rechtsfolgen tatsächlich an einen Einzelfall, also einen

---

26 Vgl. Amtl. Anz. Nr. 82, 2023, S. 1582 sowie dazu VG Hamburg 8.12.2023 – 5 E 5290/23 (Hamas); Amtl. Anz. Nr. 45, 2017, S. 869 sowie dazu VG Hamburg 25.2.2022 – 3 K 1611/18 (G20); Amtl. Anz. Nr. 95, 2023, S. 1854 (Feuerwerk); Amtl. Anz. Nr. 27, 2023, S. 477 (Osterfeuer).
27 Zum Begriff des VA, insbes. des Merkmals der Regelung u. zu seiner Doppeldeutigkeit s. etwa *Maurer/Waldhoff* § 9 Rn. 6 ff.; SBS/*Stelkens* § 35 Rn. 69.
28 *Maurer/Waldhoff* § 9 Rn. 8 u. § 15 Rn. 1; *Guckelberger* § 12 Rn. 12 u. § 23 Rn. 2 ff.
29 Vgl. *Schenke* Rn. 712; LD/*Graulich* Kap. E Rn. 67.
30 Zu Sonder- u. Wegerechten nach §§ 35 u. 38 StVO *Berg* GewArch 2022, 225 u. *Koehl* SVR 2018, 249.
31 VG Cottbus 17.4.2020 – 3 L 181/20 (Zaun); OVG Münster 28.11.2022 – 5 A 2808/19, Rn. 35 (Tweet); VG Saarlouis 13.8.2015 – 6 K 867/14, Rn. 54 (Telefonat); VG Lüneburg 27.7.2004 – 3 A 124/02, Rn. 14 (Biss); VG Göttingen 12.5.2021 – 1 A 130/16 (Reizstoff); Gefährderansprache [→ D259].
32 Vgl. SchE/*Schoch/Kießling* Rn. 886; *Maurer/Waldhoff* § 13 Rn. 1 f.
33 Vgl. *Maurer/Waldhoff* § 13 Rn. 2.
34 Zur Abgrenzung *Schenke* Rn. 675 ff.; *Götz/Geis* § 19 Rn. 14 ff.

bestimmten Sachverhalt anknüpfen.³⁵ Im Unterschied zu Verwaltungsvorschriften entfaltet eine Verordnung unm. Rechtswirkung nach außen.³⁶

Einrichtungen der *mittelbaren Staatsverwaltung* [→ B79] sind regelmäßig befugt, ihre eigenen Angelegenheiten in Form von **Satzungen** selbst zu regeln.³⁷ Soweit ihnen Aufgaben der Gefahrenabwehr zugewiesen sind, scheidet die Satzung als Handlungsform schon deshalb aus, weil die Gefahrenabwehr (jedenfalls) in der FHH *keine* Selbstverwaltungsangelegenheit, also keinen Gegenstand der autonomen Gestaltung durch den Selbstverwaltungsträger darstellt.³⁸ Es handelt sich vielmehr um eine auf Grundlage von § 3 Abs. 1 SOG zugewiesene, staatliche Aufgabe. 18

Um ihre innere Organisation und inneren Abläufe zu regeln, stehen der Verwaltung die **Verwaltungsvorschrift** und die **Weisung** zur Verfügung.³⁹ Nur selten sind sie gesetzlich vorgesehen, sondern – insbes. in der Polizei – Ausdruck der hierarchischen Organisation. Sie beruhen rechtlich regelmäßig auf der (ungeschriebenen) *Leitungs- und Weisungskompetenz* der übergeordneten Verwaltungsinstanz und gelten der verfassungsrechtlichen Vollzugsbefugnis der Exekutive als inhärent.⁴⁰ Indem sie etwa vom Gesetz verwendete Begriffe definieren und erläutern und Abläufe oder Vorgehensweisen festlegen, dienen sie insbes. der *Funktionsfähigkeit* und der *Gleichmäßigkeit* des Gesetzesvollzugs. Während die Weisung (z.B. der Vorgesetzten) auf die Anleitung eines Bediensteten im *Einzelfall* gerichtet ist, zielen Verwaltungsvorschriften auf eine *generelle* Steuerung der Bediensteten, etwa darauf, dass Gesetze und Verordnungen organisationsweit gleich verstanden und angewendet werden.⁴¹ Verwaltungsvorschrift und Weisung wirken (fast ausnahmslos) *verwaltungsintern*,⁴² binden also die Polizeibediensteten bei ihren Maßnahmen,⁴³ nicht aber die kontrollierenden Gerichte oder den Bürger. 19

2. Vom einschlägigen zum maßgeblichen Recht

Die insbes. über die Handlungsform ermittelten, für die konkrete Handlung einschlägigen Rechtsvorschriften sind für die Rechtmäßigkeit nur maßgeblich, wenn diese auch wirksam sind. Davon kann indes regelmäßig ausgegangen werden. Angesichts der Vielzahl von Rechtsvorschriften, welche für die Polizei- und Ordnungsverwaltung relevant und auf unterschiedlichen Ebenen, zu unterschiedlichen Zeiten und in unterschiedlichen Formen erlassen worden sind [→ B2], können sich allerdings **Normenkollisionen** und Wertungswidersprüche ergeben – mehrere Rechtsvorschriften, die jeweils für sich betrachtet gültig sind, würden dann den *gleichen* Sachverhalt mit *unterschiedlichen* Rechtsfolgen regeln.⁴⁴ 20

Eine Normenkollision liegt jedoch *nicht* vor, wenn die niederrangige Rechtsvorschrift sich **konform** zur höherrangigen Rechtsvorschrift **auslegen** lässt. Dann ist geboten, diese – etwa 21

---

35 KR/*Ramsauer* § 35 Rn. 162c; *Guckelberger* § 12 Rn. 19.
36 Vgl. *Detterbeck* Rn. 102; KSch/*W.-R. Schenke/R.-P. Schenke* § 47 Rn. 29.
37 Vgl. *Maurer/Waldhoff* § 4 Rn. 24.
38 Vgl. SchE/*Schoch/Kießling* Rn. 874; § 3 Rn. 160; vgl. auch EFP/*Pünder* Rn. 295.
39 Zu innerdienstlichen Rechtsakten vgl. *Schenke* Rn. 543.
40 Vgl. BVerfG 15.7.1969 – 2 BvF 1/64; BVerwG 9.6.1983 – 2 C 34.80, Rn. 18; *Gusy/Eichenhofer* Rn. 32. Die PDV werden von der Vorschriftenkommission der Innenministerkonferenz als Vorlagen erarbeitet und dann von Bund und Länder für ihren jeweiligen Hoheitsbereich erlassen.
41 Zur Konkretisierungs- u. Gleichheitsfunktion *Gusy/Eichenhofer* Rn. 33 f.
42 Vgl. *Maurer/Waldhoff* § 24 Rn. 21 ff. u. spez. zu PDVen *Gusy/Eichenhofer* Rn. 35.
43 Zur Verpflichtung über das Dienstrecht vgl. § 35 f. BeamtStG, § 107 Abs. 3 HmbBG.
44 Vgl. *Maurer/Waldhoff* § 4 Rn. 5 u. 51 f. Im POR ergeben sich solche Kollisionen insbes. bei der Bestimmung der RGL [→ C54].

völkerrechts-, EU-rechts-, verfassungs- oder gesetzeskonforme – Auslegung zu wählen und die niederrangige Vorschrift anzuwenden.⁴⁵

22 **Beispiel:** Die Vorgängervorschrift des § 48 StVO, der zur Vorladung zur Teilnahme am Verkehrsunterricht ermächtigt, wurde mit Art. 2 Abs. 1 GG unter der Einschränkung als verfassungskonform angesehen, dass die Vorladung sinnvoll sein, die besonderen Umstände des Falles berücksichtigen und das Ziel haben müsse, die Verkehrsdisziplin zu erhalten und zu verbessern, um Verkehrsgefährdungen und Unfälle zu verhüten. Die Ladung müsse auch in einem angemessenen Verhältnis zu dem festgestellten Verstoß gegen die Verkehrsvorschriften stehen und dürfe keinesfalls aus Schikane oder Willkür erfolgen.⁴⁶

23 Welche Rechtsvorschrift im Fall einer – auch unter Ausschöpfung der Auslegung nicht auflösbaren⁴⁷ – Kollision gilt und welche nicht, entscheidet bei **Rangverschiedenheit** grds. ihr Rang [→ B13]. Nach dem *Rangprinzip* geht die höherrangigere Rechtsvorschrift der niederrangigeren *vor* mit der Folge, dass letztgenannte nichtig ist oder zumindest nicht (mehr) angewendet werden darf (lex superior derogat legi inferiori).⁴⁸ Als Bundesgesetz muss die Rechtsvorschrift mit dem GG, als Rechtsverordnung des Bundes zudem mit den Bundesgesetzen, als Landesgesetz zusätzlich mit dem (übrigen) Bundesrecht sowie der HmbVerf und als Rechtsverordnung des Landes auch mit den Landesgesetzen vereinbar sein. Ist dies nicht der Fall, ist die jeweilige Rechtsvorschrift verfassungs- bzw. rechtswidrig und daher von Rechts wegen (ipso iure) und von Anfang an (ex tunc) nichtig und unwirksam.⁴⁹ So geht im Kollisionsfall etwa die StVO als Verordnung des Bundes dem StVG als Bundesgesetz nach, dem SOG als Landesrecht dagegen vor, obwohl dieses ein (Landes-)Gesetz ist.⁵⁰

24 Kollidieren dagegen Rechtsvorschriften **gleicher Rangstufe**, kann das Kriterium des Ranges keine Lösung bringen. Es kommen dann das *Zeit-* und das *Spezialitätsprinzip* zur Geltung, was im Gefahrenabwehrrecht an verschiedenen Stellen [→ C79], besonders aber bei der Bestimmung der anwendbaren Rechtsgrundlage [→ C54] bedeutsam ist.

25 Von der inhaltlichen Frage des Ranges und der Wirksamkeit ist die Frage zu trennen, *wer*, in welchem Verfahren zur **Prüfung und Feststellung** einer Normenkollision *berechtigt* ist.⁵¹ So könnten **Polizei- und Verwaltungsbedienstete** eine Rechtsvorschrift prüfen und mit der Behauptung unangewendet lassen, dass diese verfassungs- oder rechtswidrig und daher unwirksam sei. Zwar wird ihnen eine Prüfungskompetenz zugesprochen.⁵² Halten sie ein *Gesetz* oder eine *Rechtsverordnung* aber für verfassungs- bzw. rechtswidrig, sind sie zwar nicht zu dessen Anwendung verpflichtet,⁵³ dürfen es nach vorzugswürdiger Auffassung aber auch nicht schlicht ignorieren, sondern sind verpflichtet, ihr Vorgehen auszusetzen und die Bedenken im Wege der **Remonstration** über ihre Vorgesetzten bis zum Senat geltend machen.⁵⁴ Dieser kann – soweit er die Bedenken teilt – seine Kompetenzen nutzen, um Änderung oder Aufhebung von *Gesetzen* im Gesetzgebungswege zu beantragen bzw. von *Rechtsverordnungen* des Landes selbst

---

45 Zur konformen Auslegung BVerfG 10.6.2009 – 1 BvR 825/08, Rn. 47 (Gesetz); 22.10.2014 – 2 BvR 661/12, Rn. 128 (EMRK); 15.12.2015 – 2 BvR 2735/14, Rn. 77 (EU-Recht); 14.10.2008 – 1 BvR 2310/06, Rn. 57; 22.3.2018 – 2 BvR 780/16, Rn. 150; 1.10.2024 – 1 BvR 1160/19, Rn. 113 ff., (jeweils Verfassung); 29.1.2019 – 2 BvC 62/14, Rn. 62 (Völkerrecht). Zum grds. Anwendungsvorrang *nieder*rangiger Vorschriften, vgl. *Maurer/Waldhoff* § 4 Rn. 6 u. 59. Zu Beispielen verfassungskonformer Auslegung [→ D52, D67, D92].
46 BVerfG 23.5.1967 – 2 BvR 534/62. S. auch *Kühling* JuS 2014, 481 mwN.
47 Zu den Grenzen der verfassungskonformen Auslegung JP/*Jarass* Art. 20 Rn. 68 mwN.
48 Zu den Kollisionsregelungen BVerfG 7.5.1998 – 2 BvR 1991/95, Rn. 62.
49 Dazu und zur gegenläufigen „Vernichtbarkeitstheorie" s. *Röhl/Röhl* S. 588 ff.
50 Vgl. Sachs/*Huber* Art. 31 Rn. 10 u. 14.
51 Vgl. *Maurer/Waldhoff* § 4 Rn. 12 u. 61 ff.
52 Vgl. *Maurer/Waldhoff* § 4 Rn. 65; auch BVerfG 21.2.1961 – 1 BvR 314/60.
53 Vgl. für das Gesetz BVerfG 21.2.1961 – 1 BvR 314/60.
54 Zur Remonstration vgl. § 36 Abs. 2 BeamtStG, § 107 Abs. 3 HmbBG, § 20 Abs. 3 SOG. Zu den (str.) Einzelheiten JP/*Jarass* Art. 20 Rn. 50a u. 57 f. sowie *Maurer/Waldhoff* § 4 Rn. 65 u. 67; BeckOK BeamtenR Bund, Brinktrine/Schollendorf/*Weinrich*, 33. Ed. 2024, BeamtStG § 36 Rn. 19.

zu tätigen.⁵⁵ Zudem kann der Senat die Gültigkeit von Gesetzen und Rechtsverordnungen nach Art. 93 Abs. 1 Nr. 2 GG bzw. nach Art. 65 Abs. 3 Nr. 3 HmbVerf verfassungsgerichtlich überprüfen lassen. Der Weg der Remonstration ist freilich kaum praktikabel, wenn sofort oder kurzfristig entschieden werden muss, etwa über die Ingewahrsamnahme einer Person oder die Auflösung einer Versammlung.⁵⁶

Hält ein **Gericht**, das eine konkrete Tätigkeit der Verwaltung überprüft, die in Betracht kommende Rechtsvorschrift für rechts- bzw. verfassungswidrig, so muss es im Fall eines *Gesetzes* nach Art. 100 Abs. 1 GG oder Art. 64 Abs. 2 HmbVerf das Verfahren aussetzen und die Entscheidung des BVerfG bzw. des HmbVerfG einholen. Gleiches gilt in Verfahren vor Gerichten der FHH für eine *landesrechtliche Verordnung* als Rechtsgrundlage, es sei denn, diese hält sich schon nicht iRd ermächtigenden Gesetzes (vgl. Art. 64 Abs. 1 S. 1 Var. 2 HmbVerf). Dann kann das Gericht sie – wie im Fall einer *Verordnung des Bundes*⁵⁷ – ohne Vorlage verwerfen und unangewendet lassen [→ I20].⁵⁸

26

II. Rechtsgrundlage

In seinem Ziel, die öff. Gewalt zum Schutz individueller Freiheit zu begrenzen, erklärt das Prinzip der Gesetzmäßigkeit [→ C1] es für notwendig,⁵⁹ dass *jede* polizeiliche oder ordnungsbehördliche Tätigkeit **ihren Grund im geltenden Recht** findet.⁶⁰ Eine solche Rechtsgrundlage bildet gleichsam den Ankerpunkt in der Rechtsordnung, an den mit einer konkreten staatlichen Tätigkeit angeknüpft werden kann, um dieser die rechtsstaatlich notwendige Legitimation zu verleihen. Für die Rechtmäßigkeit einer polizei- oder ordnungsbehördlichen Tätigkeit bildet somit die Bestimmung einer hinreichenden und wirksamen Rechtsgrundlage den stets notwendigen Ausgangspunkt.

27

Von der Notwendigkeit einer Rechtsgrundlage ist die Frage zu trennen, welche **Anforderungen an die Rechtsgrundlage** zu stellen sind, also etwa wie ausdrücklich und inhaltlich detailliert sie die Voraussetzungen und Rechtsfolgen bestimmen und ob sie bspw. die Form eines Gesetzes haben muss. Die Antwort gibt vor allem das Verfassungsrecht, dessen Vorgaben wiederum von der konkreten polizeilichen Handlung indiziert wird, für die eine Rechtsgrundlage gesucht wird.⁶¹ Unterfällt es insbes. dem Vorbehalt des Gesetzes, so reicht nicht jeder Anknüpfungspunkt in der Rechtsordnung aus, sondern es bedarf einer gesetzlichen Ermächtigung bzw. Befugnis, die

28

---

55 Vgl. Art. 76 Abs. 1 Var. 3 GG, Art. 48 Abs. 1 Var. 1 HmbVerf bzw. Art. 53 Abs. 1 S. 1 HmbVerf.
56 Vgl. *Maurer/Waldhoff* § 4 Rn. 66, der in diesen Fällen den Bediensteten nach möglichst sorgfältiger Prüfung für befugt hält, das Gesetz unangewendet zu lassen und dementsprechend zu entscheiden.
57 DHSch/*Remmert* Art. 80 Rn. 141.
58 Vgl. KJ/*Schaefer* Art. 53 Rn. 39. S. auch *Maurer/Waldhoff* § 4 Rn. 62 f. In der Fallbearbeitung ist gutachterlich ebenfalls inzident zu prüfen, ob die Verwaltung bzw. das Gericht die einschlägige Rechtsgrundlage als rechts- bzw. verfassungswidrig ansehen wird und ob ihnen von sich aus die Kompetenz zusteht, die Rechtsgrundlage auch als unwirksam anzusehen und unangewendet zu lassen. Letzteres ist insbes. im Anwendungsbereich des Art. 100 Abs. 1 GG nicht der Fall, was beim Prüfungsaufbau zu beachten ist, s. dazu *Schwerdtfeger/Schwerdtfeger*, Öffentliches Recht in der Fallbearbeitung, 15. Aufl. 2018, Rn. 392.
59 BVerfG 17.1.2017 – 2 BvB 1/13, Rn. 531.
60 In diesem (weiten) Sinne handelt die Verw. nie im rechtsfreien Raum, vgl. VEM/*Hoffmann-Riem/Pilniok* Bd. I § 12 Rn. 89 u. 108.
61 Die Suche nach einer hinr. RGL nimmt ihren Ausgangspunkt in der konkr. zu legitimierenden Tätigkeit u. richtet ihren Blick auf die geltenden Vorschriften des VerwR, insbes. GefAbwR sowie auf die begrenzenden Vorgaben des VerfR. Notwendig ist allerdings – methodisch herausfordernd – ein wechselseitiger Blick, wobei der Auslegung eine zentrale Bedeutung zukommt, vgl. BVerfG 22.11.2000 – 1 BvR 2307/94, Rn. 350; *Rüthers/Fischer/Birk* Rn. 696 ff.; *Gusy/Eichenhofer* Rn. 173. Für ein zielführendes Prüfungsvorgehen bietet sich an, solche verfassungsrechtlichen Aspekte voranzustellen, die durch den Vorbehalt des Gesetzes und von der konkret zu legitimierenden Tätigkeit indiziert werden u. die die Suche nach einer Rechtsgrundlage von vornherein strukturell eingrenzen. Andere verfassungsrechtliche Aspekte, die weniger die in Rede

in ihren Vorgaben grds. umso *bestimmter* sein muss, je grundrechtswesentlicher das konkrete polizeiliche Handeln ist (dazu 1).[62] Stehen die Anforderungen fest, kann die **Bestimmung der Rechtsgrundlage** für die konkrete polizeiliche Tätigkeit erfolgen (dazu 2). Diese muss anwendbar (dazu 3) sowie ihrerseits wirksam, also insbes. mit dem Verfassungsrecht und anderem, höherrangigem Recht vereinbar sein (dazu 4).

1. Anforderungen an die Rechtsgrundlage, insbes. Notwendigkeit einer Ermächtigung

29 Soweit eine Tätigkeit der Polizei- und Ordnungsverwaltung unter den **Vorbehalt des Gesetzes** fällt, reicht nicht *jede* Rechtsgrundlage, also *irgendeine* Anknüpfung an die geltende Rechtsordnung aus. Notwendig ist eine Ermächtigungsgrundlage, also eine *gesetzliche* Rechtsgrundlage, welche die *Befugnisse*, mithin die Maßnahmen bestimmt, die von der Verwaltung ergriffen werden dürfen.[63] Wer Regelungen zu statuieren hat – z.B. Parlament oder Verordnungsgeber – und wie konkret, detailliert und bestimmt diese etwa im Hinblick auf den jeweiligen Gegenstand formuliert sein müssen, folgt aus der **Reichweite** des Vorbehalts.[64] Diese ist nicht einfach zu bestimmen, weil sich der Vorbehalt des Gesetzes aus unterschiedlichen, verfassungsrechtlichen Aspekten, insbes. den grundrechtlichen Gesetzesvorbehalten und dem allg. Vorbehalt des Gesetzes heraus begründet und sich diese Begründungsstränge auch in einer unterschiedlichen Legitimationskraft fortsetzen.[65]

a) Eingriff in Grundrechte

30 Wenn und soweit das Handeln in Grundrechte eingreift, muss die Rechtsgrundlage in jedem Fall eine *gesetzliche* sein.[66] Das ergibt sich bereits aus den jeweiligen **grundrechtlichen Gesetzesvorbehalten**, die – wie etwa Art. 2 Abs. 2 S. 3, 8 Abs. 2 oder 12 Abs. 1 GG – ausdrücklich bestimmen, dass die jeweiligen Grundrechte nur *„durch Gesetz"* oder *„auf Grund eines Gesetzes"* eingeschränkt werden dürfen.[67] Gleiches gilt aber auch für Eingriffe in vorbehaltlos gewährleistete Grundrechte wie etwa Art. 4 Abs. 1 u. 2 GG, soweit sie zum Schutz kollidierender Verfassungsgüter eingeschränkt werden dürfen.[68]

---

stehenden Tätigkeit, sondern die in Betracht gezogene RGL betreffen, können dagegen – bei Bedarf – nachgeschaltet werden.

62 Vgl. BVerfG 21.4.2015 – 2 BvR 1322/12, 1989/12, Rn. 54. Bezeichnungen wie *„Ermächtigung"*, *„Befugnis"*, *„Ermächtigungsgrundlage"* oder *„Befugnisnorm"* werden mit unterschiedl. Bezugspunkten u. Bedeutungen verwendet, aber auch synonym gebraucht, vgl. etwa *Kingreen/Poscher* § 3 Rn. 1; *Gusy/Eichenhofer* Rn. 171 f. Um zw. der Zuweisung von Aufgaben („Aufgabenzuweisung"), der Berechtigung oder Verpflichtung zu grundrechtseingreifenden *Maßnahmen* u. Handlungen („Befugnis"), der diesbezügl. Erlaubnis durch den Gesetzgeber („Ermächtigung") sowie der Frage zu unterscheiden, inwieweit diese Aspekte im Recht („Rechtsgrundlage"), insbes. im Gesetz („Gesetzesgrundlage") zum Ausdruck kommen, werden in diesem Lehrbuch die Bezeichnungen in dem dargelegten Begriffsverständnis verwendet. Demnach kann eine Aufgabenzuweisung – soweit sie durch Recht oder Gesetz erfolgt – eine Rechts- bzw. Gesetzesgrundlage sein, sie ist aber keine Ermächtigung u. Befugnis, auch soweit diese zu – lediglich eingriffslosem [→ C37] – staatl. Handeln berechtigt. Ermächtigung(sgrundlage) u. Befugnis(grundlage) meinen das Gleiche, nämlich eine (gesetzl. Rechtsgrundlage in Form einer) Berechtigung zu grundrechtseingr. Maßnahmen. So kommt in einer Ermächtigung der Verwaltung durch den Gesetzgeber zugleich deren Befugnis zum Ausdruck, wobei die Bezeichnung „Befugnis" stärker die Perspektive der handelnden Verwaltung betont, vgl. SchE/*Schoch/Kießling* Rn. 196 mit Fn. 568.
63 Vgl. *Maurer/Waldhoff* § 6 Rn. 10 ff.; SchE/*Schoch/Kießling* Rn. 188 mwN: *„Ob"*, *„Wie"* und *„Wieweit"*.
64 LD/*Denninger* Kap. B Rn. 58.
65 Vgl. *Maurer/Waldhoff* § 6 Rn. 4 ff.; JP/*Jarass* Art. 20 Rn. 71 ff.; EFP/*Pünder* Rn. 13.
66 Vgl. BVerfG 26.6.2002 – 1 BvR 670/91, Rn. 68 ff.; JP/*Jarass* Vorb. vor Art. 1 Rn. 27 u. Art. 20 Rn. 73.
67 *Maurer/Waldhoff* § 6 Rn. 5.
68 JP/*Jarass* Vorb. vor Art. 1 Rn. 27.

II. Rechtsgrundlage

Ein („klassischer") **Eingriff** ist gegeben, wenn das staatliche Handeln **unmittelbar** und gezielt durch ein erforderlichenfalls **zwangsweise** durchzusetzendes Ge- oder Verbot zu einer Verkürzung grundrechtlicher Freiheit führt,[69] ohne dass es dabei auf das Gewicht der Belastung ankäme.[70] Dies ist bei vielen gefahrenabwehrrechtlichen Standardmaßnahmen[71] und anderen Tätigkeiten der Polizei- und Ordnungsverwaltung der Fall, da diese regelmäßig etwas ge- oder verbieten und mit Zwang verbunden sind.[72] Eine Maßnahme kann aber auch dann einen grundrechtlichen Gesetzesvorbehalt auslösen, wenn sie nur **faktisch und mittelbar** ein Grundrecht beeinträchtigt, in ihrer Zielsetzung und ihren Wirkungen allerdings einem „klassischen" Eingriff gleichkommt.[73] In diesem Fall kommt es allerdings auf das **Gewicht** des Eingriffs an, das sich aus der *Intensität* der Grundrechtsbeeinträchtigung und der *Wertigkeit* des zu schützenden Rechtsguts ergibt.[74] Zur Bestimmung der Intensität stellt das BVerfG auf zahlreiche Kriterien wie Heimlichkeit, Dauer, Streubreite, Schutzbedürftigkeit, Umfang erlangter Daten und deren denkbare Verwendung ab.[75] Polizeipraktisch bedeutsam, aber in ihrer grundrechtseingreifenden Wirkung schwierig zu bewerten sind „Einschüchterungen" oder auch Wiederholungen und Kumulationen von Handlungen.[76]

31

Beispiel: Während ein polizeiliches Aufenthaltsverbot oder eine Vorladung klassische Grundrechtseingriffe darstellen, wirkt der Überflug eines Tornado-Kampfflugzeugs über ein Protestcamp in einer Höhe von 114 m zur Aufnahme von Luftbildern faktisch und mittelbar auf das Versammlungsverhalten ein.[77]

32

b) Allgemeiner Vorbehalt des Gesetzes

Ungeachtet der grundrechtlichen Gesetzesvorbehalte verlangt der allg. Vorbehalt des Gesetzes, dass der **Gesetzgeber** in grundl. normativen Bereichen **wesentliche Entscheidungen** selbst treffen muss.[78] Nach dem Demokratieprinzip darf das durch unmittelbare Wahl besonders legitimierte Parlament die wesentlichen Entscheidungen nicht dem Handeln und der Entscheidungsmacht der Exekutive überlassen.[79] Auch das Rechtsstaatsprinzip fordert, dass die Rechtsbeziehungen zwischen Staat und Bürger durch allg. Gesetze geregelt werden, die eindeutig, berechenbar und stabil sind, nicht allein das Verwaltungshandeln determinieren, sondern auch subj., im Streitfall durchsetzbare Rechte vermitteln.[80] Wesentlich sind Entscheidungen, die für die

33

---

69 Vgl. BVerfG 26.6.2002 – 1 BvR 670/91, Rn. 68; BVerwG 27.3.1992 – 7 C 21.90, Rn. 32.
70 Isensee/Kirchhof/*Hillgruber* Bd. 9 § 200 Rn. 95.
71 Ihnen korrespondieren häufig best. GRe, in die sie eingreifen, z.B. dem Durchsuchen von Wohnungen der Art. 13 GG o. der Feststellung der Personalien das Recht auf informationelle Selbstbestimmung.
72 SchE/*Schoch/Kießling* Rn. 187; *Maurer/Waldhoff* § 6 Rn. 16 ff.; LD/*Denninger* Kap. B Rn. 60. Das Vorliegen eines Grundrechtseingriffs ist daher – weshalb die Polizei auch als typische „Eingriffsverwaltung" bezeichnet wird – häufig offensichtlich, sodass es einer ausführl., verfassungsrechtl. Prüfung nicht bedarf. In der Prüfung sollten allerdings stets die Grundrechte, in die eine Maßnahme eingreift, bzw. die von ihr ausgelösten grundrechtl. Gesetzesvorbehalte *konkret benannt* werden, weil sie nicht nur bei der Frage der Notwendigkeit einer RGL, sondern an einigen weiteren Stufen der Rechtmäßigkeitsprüfung bedeutsam werden, etwa [→ C284].
73 Vgl. BVerfG 26.6.2002 – 1 BvR 670/91, Rn. 76 f.; 11.7.2006 – 1 BvL 4/00, Rn. 82.
74 BVerfG 4.4.2006 – 1 BvR 518/02, Rn. 136; 11.3.2008 – 1 BvR 2074/05, Rn. 169.
75 Vgl. BVerfG 20.4.2016 – 1 BvR 966/09, Rn. 101; 26.4.2022 – 1 BvR 1619/17, Rn. 157 mwN; 16.2.2023 – 1 BvR 1547/19, Rn. 76 ff. Zur Rspr. des BVerfG *Löffelmann*, Überwachungsgesamtrechnung und Verhältnismäßigkeitsgrundsatz, 2022, S. 45 f. mwN; HMPG/*Bäcker* § 28 Rn. 93 unterscheidet Eingriffe *geringer, mittlerer, hoher* u. *höchster* Intensität.
76 Zum erhöhten Eingriffsgewicht bei kumulierten bzw. gebündelten Maßnahmen s. BVerfG 1.10.2024 – 1 BvR 1160/19, Rn. 99.
77 Vgl. BVerwG 25.10.2017 – 6 C 45.16, Rn. 31 ff.
78 BVerfG 6.7.1999 – 2 BvF 3/90, Rn. 125; 5.11.2014 – 1 BvF 3/11, Rn. 33.
79 BVerfG 24.5.2006 – 2 BvR 669/04, Rn. 85; *Maurer/Waldhoff* § 6 Rn. 6.
80 *Maurer/Waldhoff* § 6 Rn. 6.

Verwirklichung der Grundrechte *erhebliche* Bedeutung haben,[81] und zwar in Hinblick darauf, *wer* zu regulieren hat und *wie dicht* die Regulierung sein muss. Es besteht sonach eine gleitende Stufenfolge von den *ganz wesentlichen* Angelegenheiten, die der ausschließlichen Regelung durch den Gesetzgeber vorbehalten sind, über die *minder wesentlichen* Angelegenheiten, die auch durch den gesetzlich bestimmten Verordnungsgeber geregelt werden können, bis zu den *unwesentlichen* Angelegenheiten, die dem Vorbehalt des Gesetzes nicht unterfallen und somit von der Exekutive etwa durch Verwaltungsvorschrift geregelt werden können.[82] Eine Rechtsgrundlage kraft Grundrechtswesentlichkeit wird etwa für die grundsätzlichen Voraussetzungen eines Alkoholkonsumverbots im Bereich der Gefahrenvorsorge verlangt.[83]

c) Grenzen der Reichweite des Vorbehalts des Gesetzes

34 Die **Verständnisentwicklung**, der die Grundrechte, der grundrechtliche Eingriffsbegriff und die Staatsstrukturprinzipien des Rechtsstaats und der Demokratie seit jeher unterliegen, wirkt sich stets auch auf den Vorbehalt des Gesetzes und dessen Reichweite sowie damit auf die Notwendigkeit einer gesetzlichen Rechtsgrundlage und die an sie zu stellenden Anforderungen aus.[84] Dies zeigt etwa die staatl. **Informations- und Datenverarbeitung**, für die mangels Grundrechtsrelevanz ursprünglich grds. *keine* gesetzlichen Grundlagen als notwendig erachtet wurden.[85] Seit dem Volkszählungsurteil des BVerfG und der Entwicklung des Grundrechts auf informationelle Selbstbestimmung aus Art. 2 Abs. 1 iVm Art. 1 Abs. 1 GG bedarf jede Erhebung und weitere Verarbeitung personenbezogener Daten einer *gesetzlichen* Grundlage, die Zweck, Inhalt und Grenzen des Eingriffs in hinreichend bestimmter Weise regelt.[86] In der Folge mussten die Polizei- und Ordnungsgesetze um Rechtsgrundlagen der Datenerhebung und -verarbeitung ergänzt werden. Werden iSd verbreiteten Verständnisses die **Schutzbereiche** der Grundrechte und der **Eingriffsbegriff weit ausgelegt** und Art. 2 Abs. 1 GG als allg. Freiheitsrecht und subsidiäres Auffanggrundrecht mit Gesetzesvorbehalt verstanden,[87] wird man für viele, auf den ersten Blick auch weniger gewichtige Tätigkeiten der Polizei- und Ordnungsverwaltung eine Rechtsgrundlage als notwendig erachten, weil diese jedenfalls in die allg. Handlungsfreiheit eingreifen oder iSd allg. Vorbehalts des Gesetzes (grundrechts)wesentlich sind.[88]

35 Um einer so zu befürchtenden, überhöhten **gesetzlichen Regelungsdichte** entgegenzutreten und zugleich die Verwaltung in ihrer verfassungsrechtlich garantierten Eigenständigkeit zu stärken,[89] hat das BVerfG in einzelnen Entscheidungen insbes. zu staatl. Warnungen versucht, die Schutzbereiche über die Betonung der im Wortlaut der Grundrechte vorgegebenen sachlichen Begrenzungen – z.B. *„friedlich und ohne Waffen"* in Art. 8 Abs. 1 GG – sowie den Eingriffsbegriff

---

81 BVerfG 21.4.2015 – 2 BvR 1322/12, Rn. 52; 19.9.2018 – 2 BvF 1/15, Rn. 194.
82 Vgl. *Maurer/Waldhoff* § 6 Rn. 14.
83 Vgl. VGH Mannheim 28.7.2009 1 S 2200/08, Rn. 53 sowie Bü-Drs. 22/13895, 3 zu § 1a SOG, der unter best. Voraussetzungen zum Erlass von AlkoholverbotsVOen ermächtigt. Grds. werden die Bedeutung von allg. Vorbehalt des Gesetzes u. Wesentlichkeitstheorie im POR als gering eingeschätzt, weil polizeil. Maßnahmen regelm. in Grundrechte eingreifen [→ C30], vgl. etwa LD/*Denninger* Kap. B Rn. 60.
84 Vgl. *Götz/Geis* § 7 Rn. 8.
85 Vgl. BVerfG 15.12.1983 – 1 BvR 209/83.
86 BVerfG 15.12.1983 – 1 BvR 209/83, Ls. 2; 1.10.2024 – 1 BvR 1160/19, Rn. 90 [→ D15]. Zum Hintergrund s. EFP/*Pünder* Rn. 204 u. *Kugelmann* Kap. 7 Rn. 4 ff. Zu „neuen" Grundrechten *Voßkuhle/Schemmel* JuS 2024, 312 ff.
87 BVerfG 18.1.1957 – 1 BvR 253/56, Rn. 13 ff.
88 Vgl. *Thiel* § 1 Rn. 4 ff. u. § 6 Rn. 1 f.; EFP/*Pünder* Rn. 14.
89 Die Regelungsdichte ist gemeint, wenn eine „Überregulierung" o. „Überbürokratisierung" kritisiert wird. Zur Eigenständigkeit s. VEM/*Hoffmann-Riem/Pilniok* Bd. I § 12 Rn. 103 ff.

II. Rechtsgrundlage

enger auszulegen.[90] Mit diesem Ansatz lehnte das Gericht im Fall einer staatl. Warnung bereits einen Grundrechtseingriff und damit die Notwendigkeit einer besonderen Rechtsgrundlage ab, sofern die warnende Stelle iRd ihr übertragenen Aufgabe handelt, die Bevölkerung nicht falsch bzw. unsachlich informiert und das Verhältnismäßigkeitsgebot beachtet.[91] Etwas anderes gelte, wenn die Informationstätigkeit in der Zielsetzung und ihren Wirkungen Ersatz für eine staatl. Maßnahme sei, die als Grundrechtseingriff zu qualifizieren wäre und sich deshalb als funktionales Äquivalent eines Eingriffs erweise.[92]

Verschiedentlich wird von der **Handlungsform** auf die Auslösung des Vorbehalts des Gesetzes geschlossen.[93] Daran ist richtig, dass die Rechtsordnung an eine Verfügung der Polizei schon allein deshalb bestimmte rechtliche Folgen knüpft, die für sich genommen den Adressaten belasten, wenn und weil die Verfügung etwa als VA zu qualifizieren ist. Als VA ist die Verfügung unabhängig von ihrer Rechtmäßigkeit wirksam, kann für sofort vollziehbar erklärt und ohne gerichtliches Urteil vollstreckt werden. Zieht eine Handlung kraft ihrer Form derartige Rechtswirkungen nach sich, wird dies zunehmend als Grund angesehen, sie unter den Vorbehalt des Gesetzes zu stellen,[94] ungeachtet ihres Inhalts oder auch des Umstands, dass sich die Rechtswirkungen aus der Rechtsordnung ergeben und nicht zur Disposition der handelnden Verwaltung stehen. Hieraus zu schließen, dass bestimmte, einfachgesetzlich normierte Handlungsformen *generell* den Vorbehalt des Gesetzes auslösen, dürfte indes zu weit gehen. Gegenstand der verfassungsrechtlichen Bewertung bleibt die *Handlung*. So kann ein polizeilicher Realakt sowohl darin liegen, eine Person gegen ihren Willen zu Boden zu bringen, als auch darin, einer Person mit deren Willen aufzuhelfen. 36

Einigkeit besteht allerdings, dass der Vorbehalt des Gesetzes **nicht für jede**, noch so marginale **Handlung** gilt.[95] Eine strenge, lückenlose und bis ins Kleinste reichende gesetzliche Durchnormierung hätte eine kaum überschaubare Vielzahl von Gesetzesvorschriften zur Folge, die für Bedeutungen und Gewichtungen unempfindlich wäre und die Polizei- und Ordnungsverwaltung in ihrer Handlungs- und Funktionsfähigkeit erstarren ließe.[96] So gibt es zwar keine *rechts-*, sehr wohl aber *gesetzesfreie* Räume. Im Einzelfall kann es schwierig zu bestimmen sein, ob eine konkrete Handlung der Polizei- und Ordnungsverwaltung dem Vorbehalt des Gesetzes unterfällt, also in Grundrechte eingreift oder (grundrechts-)wesentlich ist. Auch im polizei- und ordnungsbehördlichen Aufgabenbereich verbieten sich **pauschale Aussagen** über Eingriffsqualität oder Wesentlichkeit. Dies ist in jedem Einzelfall zu bestimmen, wie etwa die Gefährderansprache,[97] die Internetaufklärung („Internetstreife"),[98] polizeiliches Informationshandeln[99] sowie polizeiliche Internetangebote und Tätigkeiten in sozialen Netzwerken zeigen. 37

---

90 BVerfG 26.6.2002 – 1 BvR 558/91; 17.12.2002 – 1 BvL 28/95. Nach BVerfG 26.6.2002 – 1 BvR 670/91, Rn. 78 f. besteht etwa keine Notwendigkeit einer gesetzl. Grundlage, soweit der in Rede stehende Sachbereich staatl. Normierung nicht zugänglich ist. Zum Gesamten *Hoffmann-Riem* Der Staat 2004, 203 (217 f.). Krit. *Kahl* Der Staat 2004, 167; Dreier/*Sauer* Vorb. Rn. 142.
91 BVerfG 26.6.2002 – 1 BvR 558/91, Rn. 40 ff.; 26.6.2002 – 1 BvR 670/91, Rn. 53 ff.
92 BVerfG 26.6.2002 – 1 BvR 558/91, Rn. 62. Ähnlich, aber modifizierend BVerfG 21.3.2018 – 1 BvF 1/13, Rn. 28. Zur Kritik etwa EFP/*Pünder* Rn. 15.
93 Vgl. BVerwG 15.12.2005 – 7 C 20.04, Rn. 26; SchE/*Schoch/Kießling* Rn. 190; EFP/*Pünder* Rn. 14.
94 Vgl. Stuttgart 2.6.2022 – 10 K 4519/19; *Maurer/Waldhoff* § 10 Rn. 29.
95 Zur früheren Lehre vom sog. Totalvorbehalt vgl. BVerfG 18.12.1984 – 2 BvE 13/83, Rn. 184; DHSch/*Greszick* Art. 20 Rn. VI/108.
96 Vgl. *Hesse*, Grundzüge des Verfassungsrechts der BRD, 20. Auflage 1999, Rn. 509.
97 OVG Münster 22.8.2016 – 5 A 2532/14: kein Eingriff.
98 BVerfG 27.2.2008 – 1 BvR 370/07, Rn. 188 f.
99 Vgl. BVerfG 26.6.2002 – 1 BvR 558/91; 26.6.2002 – 1 BvR 670/91; SchE/*Schoch/Kießling* Rn. 190. Instruktiver polizeilicher Fall zur Grenze des Grundrechtseingriffs OVG Lüneburg 28.11.2023 – 11 LC 303/20. Ls. 2 u. Rn. 37.

d) Insbesondere: Einwilligung und Grundrechtsverzicht

38 Sind **Betroffene** mit einer polizeilichen Maßnahme **einverstanden**, entfällt deshalb nicht ohne Weiteres die Notwendigkeit einer gesetzlichen Rechtsgrundlage. Zwar könnte die Einwilligung als – seinerseits insbes. durch Art. 2 Abs. 1 GG grundrechtlich geschützter[100] – **Verzicht** gedeutet werden, die Grundrechte geltend zu machen, mit der Konsequenz, dass die Maßnahme auch nicht in diese eingreifen könnte.[101] Eine solch weitreichende und ausschließlich vom Einzelnen abhängige Verzichtsmöglichkeit würde jedoch den Grundrechten nicht gerecht werden. Diese sind nicht nur subj. Abwehrrechte, sondern auch Teil der obj. Rechtsordnung und Wertentscheidung, oft auch mit Pflichten für den Einzelnen oder den Staat.[102] Es ist daher zunächst zu fragen, ob und inwieweit eine betroffene Person überhaupt auf die Ausübung *konkreter*, von einem bestimmten Grundrecht geschützter Handlungsweisen, etwa die Abwehr polizeilicher Maßnahmen, verzichten *kann*. Dies wird anzunehmen sein, wenn die grundrechtlich geschützte Position ausschließlich dem eigenen Interesse dient,[103] was nur differenziert, also mit Blick auf das im Einzelfall relevante Grundrecht bewertet werden kann.[104] Verzichtet etwa jemand auf sein Grundrecht auf Leben aus Art. 2 Abs. 2 S. 1 GG, ist die Polizei deshalb keineswegs befugt, diese Person zu erschießen.

39 Kommt ein Grundrechtsverzicht in Betracht, sind an eine Einwilligung bzw. Verzichtserklärung verfassungsrechtsfundierte **Anforderungen** zu stellen, damit sie die Notwendigkeit einer gesetzlichen Grundlage entfallen lässt. Die einwilligende Person muss hinreichend informiert sein, insbes. über die Folgen der Einwilligung, die diese zudem freiwillig, rechtswirksam und -verbindlich (z.B. mit der notwendigen Geschäftsfähigkeit) erklärt haben muss.[105] Vereinzelt hat auch der Gesetzgeber materielle und verfahrensbezogene Anforderungen formuliert, die nicht nur als Beleg für eine generelle Verzichtsmöglichkeit angeführt werden können,[106] sondern im Einzelfall auch erfüllt sein müssen.[107]

2. Bestimmung der Rechts- bzw. Ermächtigungsgrundlage

40 Soweit für eine Maßnahme der Polizei- und Ordnungsbehörde eine (gesetzliche) Ermächtigung notwendig ist, muss aus der **gesamten Rechtsordnung**, insbes. aus den Regelungswerken des Gefahrenabwehrrechts, eine Rechtsgrundlage bestimmt werden, die eine solche Ermächtigung darstellt, also den Rang eines Gesetzes hat – dazu a) – und inhaltlich als Befugnis zu qualifizieren ist – dazu b). Verlangt die konkrete polizeiliche Tätigkeit hingegen – was eher die Ausnahme ist – keine Ermächtigung, kommen auch andere Rechtsgrundlagen in Betracht – dazu c).

a) Rang eines Gesetzes

41 Der Vorbehalt des Gesetzes verlangt mehr als eine Parlamentsentscheidung (Parlamentsvorbehalt), nämlich eine Rechtsgrundlage im Rang eines **formellen Gesetzes**, also eines Rechtssatzes, über den die gesetzgebenden Organe, insbes. das Parlament in dem dafür vorgesehenen

---

100 Vgl. vMKS/*Starck* Art. 1 Rn. 300 f. krit. zum Begriff. Auch einige spez. GRe sollen die Einwilligung in die Beeinträchtigung im Schutz mitumfassen, vgl. Isensee/Kirchhof/*Bethge* Bd. 9 § 203 Rn. 110.
101 Aus verfassungsrechtl. Sicht Dreier/*Sauer* Vorb. Rn. 153.
102 LD/*Denninger* Kap. B Rn. 59; JP/*Jarass* Vorb. vor Art. 1 Rn. 35.
103 Vgl. *Maurer/Waldhoff* § 14 Rn. 38; LD/*Denninger* Kap. B Rn. 59a.
104 Bedeutung hat die Einwilligung im Zusammenhang mit körperl. Untersuchungen [→ D227]; Wohnungsverweisungen u. Betretungsverboten [→ D148] u. Wohnungsdurchsuchungen [→ D242].
105 Vgl. JP/*Jarass* Vorb. vor Art. 1 Rn. 36; LD/*Denninger* Kap. B Rn. 59a.
106 Nach BVerfG 19.7.2017 – 2 BvR 2003/14, Rn. 42 muss eine Einwilligung unter bestimmten Voraussetzungen auch auf eine gesetzl. Regelung gestützt werden können.
107 Zur Einwilligung bei polizeil. Datenverarbeitungen vgl. §§ 2 Abs. 22, 5 PolDVG [→ D127].

II. Rechtsgrundlage

Gesetzgebungsverfahren und in der notwendigen Form entschieden hat.[108] In den Blick kommen vor allem **Bundesgesetze** sowie **Landesgesetze** der FHH [→ B6], z.B. § 15 Abs. 1 VersG oder § 3 Abs. 1 SOG. So sind etwa Verwaltungsvorschriften und damit insbes. die für die Polizeipraxis bedeutsamen Polizeidienstvorschriften keine Rechtssätze im Rang eines Gesetzes und genügen dem Vorbehalt des Gesetzes daher nicht.[109]

Rechtsverordnungen des Bundes und des Landes [→ B11] wie die StVO oder die AlkHbfVerbVO entsprechen – ohne an sich Gesetze im formellen Sinne zu sein – dem Rang eines Gesetzes, wenn und weil sie ihrerseits auf einer formell-gesetzlichen Ermächtigung beruhen und durch diese inhaltlich bestimmt werden.[110] Für bundesrechtliche Ermächtigungen folgt dies aus Art. 80 Abs. 1 GG. Für landesrechtliche Ermächtigungen bestimmt nahezu wortgleich Art. 53 Abs. 1 HmbVerf, dass die Hamburger Bürgerschaft den Senat durch Gesetz zum Erlass von Rechtsverordnungen ermächtigen darf, **Inhalt, Zweck und Ausmaß** der erteilten Ermächtigung aber im Gesetz bestimmt sein müssen.[111] Der Bestimmtheitsgrundsatz in S. 2 des Art. 53 Abs. 1 HmbVerf bzw. Art. 80 Abs. 1 GG wird vor allem im Kontext des Rechtsstaatsprinzips, insbes. der Rechtssicherheit gelesen und aus Sicht der Rechtsunterworfenen konkretisiert.[112] Für den Bürger muss – ggf. im Wege der Auslegung – bereits aus dem ermächtigenden Gesetz ersichtlich sein, in welchen Fällen und mit welcher Tendenz von der Ermächtigung Gebrauch gemacht werden wird und welchen Inhalt die auf dieser Grundlage erlassene Verordnung haben kann.[113] Die so konkretisierten Anforderungen gewährleisten, dass der Verordnungsgeber zwar zur Ausgestaltung der Regulierung ermächtigt, dabei aber an einen Rahmen und an zentrale Eckpunkte gebunden wird, die der Gesetzgeber iRd Verordnungsermächtigung zu treffen und getroffen hat.[114] **(Grundrechts-)Wesentliche Angelegenheiten** sind jedoch ausschließlich durch den Gesetzgeber zu regulieren und dürfen nicht auf den Verordnungsgeber delegiert werden.[115] Die meisten Gefahrenabwehrverordnungen Hamburgs beruhen auf **§ 1 Abs. 1 SOG**, der den Senat generalklauselartig zum Erlass ermächtigt und – wenn auch nicht bedenkenfrei – die dargestellten verfassungsrechtlichen Anforderungen erfüllt [→ G9].

42

Keinen Gesetzesrang hat demnach **ungeschriebenes** oder überpositives **Staatsnotstandsrecht**. Als (Staats-)Notstand oder auch Ausnahmezustand werden innere oder äußere Krisen bzw. Notsituationen bezeichnet, die durch besondere Gefahren, Katastrophen, Spannungs- oder Verteidigungsfälle hervorgerufen werden, dadurch den Bestand oder die Handlungsfähigkeit des Staates konkret gefährden und mit den üblichen politisch-administrativen Mitteln nicht

43

---

108 *Maurer/Waldhoff* § 6 Rn. 9.
109 Vgl. BVerfG 14.3.1972 – 2 BvR 41/71.
110 Ob ein Rechtssatz als form. Gesetzes oder form. RVO erlassen wurde, ist meist offensichtlich, lässt sich im Zweifel aber an der Eingangsformel der Verkündung, also der amtl. Bekanntgabe des Rechtssatzes in dem dafür vorgeschriebenen amtl. Blatt festmachen, vgl. Art. 82 Abs. 1 GG, Art. 52 f. HmbVerf. Zur Eingangsformel s. § 42 Abs. 2 GGO iVm Anl. 6 Nr. 2 S. 1.
111 Vermittelt über Art. 28 Abs. 1 GG bzw. als sog. Durchgriffsbestimmung (s. dazu KJ/Richter Art. 51 Rn. 54 ff.) sollen insbes. das Erfordernis der Ermächtigung durch Gesetz u. das Bestimmtheitsgebot in Art. 80 Abs. 1 S. 1 bzw. 2 GG auch für *landes*rechtl. Ermächtigungen gelten, vgl. BVerfG 23.10.1986 – 2 BvL 7/84, Rn. 29; 19.11.2002 – 2 BvR 329/97, Rn. 50; vMKS/*Brenner* Art. 80 Rn. 25; dagegen KJ/*Schaefer* Art. 53 Rn. 10 u. 37. Dies dürfte sich wegen der Wortlautgleichheit insbes. darin auswirken, dass bei der Auslegung von Art. 53 Abs. 1 GG neben der Rspr. des HmbVerfG auch jene des BVerfG zu Art. 80 GG zu berücksichtigen ist, vgl. KJ/*Schuler-Harms* Einl. 3 Rn. 54. Umgekehrt bildet Art. 53 Abs. 1 HmbVerf keinen Maßstab für *bundes*rechtl. Verordnungsermächtigungen, s. KJ/*Schaefer* Art. 53 Rn. 37.
112 Vgl. *Maurer/Waldhoff* § 13 Rn. 6.
113 Vgl. BVerfG 4.5.1997 – 2 BvR 509/96, 511/96, Rn. 17; 11.3.2020 – 2 BvL 5/17, Rn. 101.
114 Vgl. *David* Art. 53 Rn. 17 ff.; *Maurer/Waldhoff* § 4 Rn. 21 u. § 13 Rn. 6 ff.; HRK/*Beaucamp* Rn. 64.
115 Dies würde gegen den Vorbehalt des Gesetzes in der Konkretisierung durch den Wesentlichkeits- bzw. gegen den Bestimmtheitsgrundsatz des Art. 80 Abs. 1 S. 2 GG bzw. Art. 53 Abs. 1 S. 2 HmbVerf verstoßen, vgl. mit der ersten u. zweiten Begründung BVerfG 20.10.1981 – 1 BvR 640/80, Rn. 43 ff.; 10.11.1994 – 1 BvR 337/92, Rn. 87 ff. sowie *Maurer/Waldhoff* § 6 Rn. 6 ff. u. 15. u. § 13 Rn. 8.

zu bewältigen sind.[116] Für solche Staatsnotstände hält das GG besondere, geschriebene Rechtsgrundlagen für Bund und Länder vor,[117] die für ungeschriebenes Staatsnotstandsrecht, zumal auf Gesetzesebene, keinen Raum lassen.[118] Dasselbe gilt für **Gewohnheitsrecht**,[119] dem aber in Hamburg als Rechtsgrundlage für polizei- und ordnungsbehördliches Handeln ohnehin keine praktische Bedeutung mehr zukommen dürfte.[120]

b) Befugnis mit hinreichender Reichweite

44 Aus dem Kreis der gesetzlichen Vorschriften kommen als Rechtsgrundlage für grundrechtseingreifende Handlungen nur solche in Betracht, die eine **Befugnis** statuieren. Da es der Gebrauch der Mittel ist, der sich freiheitseinschränkend auf den Einzelnen auswirkt, ist der Gesetzgeber aus demokratischen und rechtsstaatlichen Gründen gehalten, diese **Mittel klar zu bestimmen** und festzulegen, mit denen die Polizei- und Ordnungsverwaltung ihre Aufgabe erfüllen darf.[121] Die Notwendigkeit, die eingreifenden Mittel in Form von Befugnissen explizit festzulegen, sichert die Rechte des demokratisch gewählten Parlaments, liefert der Exekutive begrenzende Handlungsmaßstäbe, ermöglicht den Gerichten eine wirksame Rechtskontrolle und gibt dem Bürger die Transparenz, um sich auf belastende Maßnahmen einzustellen.[122] Befugnisse lassen sich regelmäßig daran erkennen, dass diese nicht (nur) einen Zweck, eine Aufgabe oder ein Verfahren, sondern *Handlungen, Mittel oder Tätigkeiten* beschreiben, welche die Polizei- und Ordnungsverwaltung zur Erfüllung der Aufgabe ergreifen bzw. ausüben darf. Dies schließt die Verwendung unbestimmter oder auslegungsbedürftiger Rechtsbegriffe nicht aus.[123]

45 Ausgangspunkt zur Bestimmung der Befugnis bildet die zu legitimierende, konkrete Tätigkeit. Die Rechtsordnung enthält verteilt auf zahlreiche Gesetzeswerke eine große Zahl von Befugnisnormen. Sie ermächtigen die Polizei- und Ordnungsbehörde aber nicht zu jedem beliebigen, sondern nur zu den in ihr jeweils begrifflich genannten Tätigkeiten und Handlungen. Im konkreten Fall brauchen so von vornherein nur jene Befugnisnormen in den Blick genommen werden, die in der **begrifflichen Reichweite** auch die zu legitimierende Tätigkeit erfassen. Die Grenzen der so umschriebenen Reichweite einer Befugnisnorm sind durch **Auslegung** zu ermitteln.[124]

46 **Beispiele:** Manche Befugnisnormen beschreiben Tätigkeiten und Handlungen sehr konkret. So ermächtigt § 12 Abs. 1 SOG dazu, „eine Person anzuhalten und ihre Personalien festzustellen". Andere Befugnisnormen sind begrifflich weiter gefasst – etwa § 14 SOG, wonach „sichergestellt" werden darf – oder sogar sehr offen, wie § 3 Abs. 1 SOG, der zu „Maßnahmen" ermächtigt. Für die Suche nach einschlägigen Rechtsgrundlagen im konkr. Fall bedeutet dies methodisch, dass der Blick zunächst auf die Rechtsfolgenseite der Vorschriften fallen sollte.

---

116 Vgl. Isensee/Kirchhof/*Klein* Bd. 12 § 280 Rn. 1.
117 Vgl. Art. 35 Abs. 2 S. 1 u. 2 sowie Abs. 3, 80a, 91 Abs. 1, 115a ff. GG. Die HmbVerf kennt – anders als andere Landesverfassungen – keine Regelungen zum Staatsnotstand.
118 *Schenke* Rn. 42 mVa die Gesetzgebungsmaterialien BT-Drs. 5/2873, S. 9; *Gusy/Eichenhofer* Rn. 175. Vgl. auch BVerfG 12.7.1994 – 2 BvE 3/92, Rn. 254 ff.; 15.2.2006 – 1 BvR 357/05, Rn. 90, jeweils zu Art. 87a Abs. 2 GG (Gebot „strikter Texttreue").
119 Vgl. BVerfG 13.10.1971 – 1 BvR 280/66, Rn. 50; Isensee/Kirchhof/*Hillgruber* Bd. 9 § 201 Rn. 32.
120 Anders etwa im BayPAG, s. dazu BeckOK/*Unterreitmeier* Art. 102 BayPAG Rn. 7.
121 Vgl. SchE/*Schoch/Kießling* Rn. 189 f.; LD/*Bäcker* Kap. D Rn. 2.
122 Vgl. BVerfG 24.4.2013 – 1 BvR 1215/07, Rn. 140; 7.3.2017 – 1 BvR 1314/12, Rn. 125.
123 Vgl. BVerfG 20.6.2012 – 2 BvR 1048/11, Rn. 118; 24.7.2018 – 2 BvR 309/15, 502/16, Rn. 78.
124 Mitunter wird die sog. Anordnungskompetenz, verstanden als Aufgabe u. „Macht" zum Einschreiten, als Aspekt der generellen Beschränkung der Reichweite gefahrenabwehrrechtl. Befugnisse thematisiert. Insbes. in Fällen gefahrenverursachender Hoheitsträger wird die Frage, ob Polizei- u. Ordnungsbehörden kompetent sind, gegen diese einzuschreiten, nicht in der sachl. Zuständigkeit [→ C101, Fn. 228] verortet, sondern – ohne Unterschied im Ergebnis – als Frage der Anordnungskompetenz behandelt, vgl. etwa *Götz/Geis* § 13 Rn. 82.

II. Rechtsgrundlage 83

Befugnisnormen sind somit insbes. von **Aufgabenzuweisungen** [→ B59] und **Zuständigkeits-** 47
vorschriften [→ C82] abzugrenzen, die zwar meist ebenfalls gesetzlich geregelt sind, jedoch als Grundlage für *eingreifendes* Handeln des Staates nicht ausreichen.[125] Vor dem dargestellten Hintergrund von Demokratie und Rechtsstaat darf aus der gesetzlichen Zuweisung von Aufgaben und Zuständigkeiten nicht auf die Befugnis geschlossen werden. Regelmäßig lassen sich Befugnisse von Aufgaben-, Zuständigkeits- und Verfahrensnormen anhand des Wortlauts und im Wege der Auslegung klar unterscheiden. Manchmal ist es jedoch schwierig auszumachen, ob eine Norm (nur) eine *Aufgabe* oder (auch) eine *Befugnis* zuweist. So enthält etwa der mit „Aufgaben" betitelte, aber auch zu „Maßnahmen" ermächtigende § 3 Abs. 1 SOG sowohl Aufgabenzuweisung und Zuständigkeitsregelung als auch eine Befugnis.

Am dargestellten Maßstab stellen auch Gesetze, die bloße **Verhaltenspflichten des Bürgers** 48
statuieren, keine Befugnis dar. Sie sind zu ihrer Durchsetzung vielmehr regelmäßig auf eine Befugnis angewiesen [→ C131]. Aus denselben Gründen lassen sich aus **strafrechtlichen Rechtfertigungsgründen** keine Befugnisse für ein entspr. Verwaltungshandeln, etwa für den Einsatz der Schusswaffe [→ E39] ableiten.[126] Die §§ 32 ff. StGB legitimieren keine staatl. Eingriffe in Grundrechte, sondern rechtfertigen die Verwirklichung eines Straftatbestandes mit der Folge des Ausschlusses einer Bestrafung.[127] Ob ein Polizeibediensteter als Organ des Staates zu einem Handeln *befugt* ist oder ob er sich als Person durch das(selbe) Handeln *strafbar macht*, sind zwei voneinander zu trennende Fragen.[128] Der Unterschied in den Rechtsfolgen wird auch darin deutlich, dass Bedienstete im Rahmen einer öffentlich-rechtlichen Befugnis nicht bloß *berechtigt*, sondern ggf. auch *verpflichtet* [→ C258] sein können. Ihre Vorgesetzten können sie im Einzelfall dazu anweisen und im Fall von Pflichtverletzungen Aufsichts- und Disziplinarmaßnahmen ergreifen.[129] Bei einer Verletzung der Rechte Dritter haftet der Träger der Polizeikosten [→ H32]. Im Vergleich dazu sind die Bediensteten (als Personen) zu straf- oder auch zivilrechtlicher Notwehr oder Nothilfe berechtigt, nicht aber verpflichtet.[130] Sie können zu ihrer Ausübung weder angewiesen werden, noch kann eine staatliche Haftung eintreten.[131] Bringt das Gesetz den Zusammenhang von Polizei- und Strafrecht zum Ausdruck,[132] unterstreicht es damit gerade die Notwendigkeit der Differenzierung zwischen beiden Rechtsgebieten und ihren Zwecken.[133]

Beispiel: Polizeirechtliche Befugnis und strafrechtliche Rechtfertigungsgründe können auseinanderfallen. 49
Dies zeigen Fälle der Bedrohung von Polizeibeamten durch bewaffnete Minderjährige, deren Abwehr polizeirechtlich auf die Grenze des § 24 Abs. 3 SOG trifft, die das Vorliegen eines strafrechtlichen Rechtfertigungsgrundes nach den §§ 32 ff. StGB indes unberührt lässt.

Soweit eine Handlung den Vorbehalt des Gesetzes kraft ihrer Handlungsform auslöst [→ C36], 50
wird verlangt, dass eine Rechtsgrundlage nicht nur Gesetzesrang haben und inhaltlich bestimmt sein muss, sondern auch zu der vorbehaltsauslösenden *Handlungsform* ermächtigen müsse. Dabei legen Befugnisnormen nur selten ausdrücklich fest, in welcher Handlungsform die Polizei- und Ordnungsverwaltung tätig werden darf. Meist sprechen diese nur unspezifisch von „*Maß-*

---

125 *Thiel* § 6 Rn. 3. Eingriffsfreies Handeln [→ C52] kann auf eine Aufgabenzuweisung gestützt werden.
126 Zum Folgenden vgl. *Gusy/Eichenhofer* Rn. 176 ff.; *Kingreen/Poscher* § 11 Rn. 30; *Schenke* Rn. 39.
127 Vgl. etwa die Rechtsfolge des § 32 StGB „[...] handelt nicht rechtswidrig."
128 Vgl. BVerfG 15.2.2006 – 1 BvR 357/05, Rn. 129.
129 Vgl. § 35 Abs. 1 S. 2 BeamtStG; § 20 Abs. 1 SOG [→ E25] sowie § 47 Abs. 1 BeamtStG; HmbDG.
130 Vgl. *Gusy/Eichenhofer* Rn. 178; *Kingreen/Poscher* § 11 Rn. 30; *MüKo/Erb* § 32 StGB Rn. 189 ff.
131 Vgl. *Schenke* Rn. 621; *DWVM* S. 548.
132 Vgl. etwa § 107 Abs. 3 S. 2 HmbBG; § 20 Abs. 2 SOG.
133 Eine sog. Unberührtheitsklausel, nach der die Vorschriften über Notwehr u. Notstand von den polizeirechtl. Bestimmungen über Zwangsmittel „unberührt" bleiben sollen u. die nach früheren Auffassungen als Argument für Anwendbarkeit (auch) als Befugnisnormen geworben wurde (vgl. *Schwabe,* Die Notrechtsvorbehalte des Polizeirechts, 1979, S. 41 ff.) enthält das Hamburger Recht nicht. Vgl. dagegen etwa § 57 Abs. 2 PolG NRW, Art. 77 Abs. 2 BayPAG, § 71 Abs. 2 NPOG; vgl. auch *Kingreen/Poscher* § 11 Rn. 30 sowie *Felix,* Einheit der Rechtsordnung, 1988, S. 57 ff.; *Gusy/Eichenhofer* Rn. 176 u. 178.

nahmen" oder beschreiben die Handlung hinsichtlich ihres Inhalts.[134] Verbreitet wird dies als unproblematisch angesehen, weil sich die entspr. Befugnis zwangsläufig aus der Ermächtigung der Verwaltung zur Tätigkeit aufgrund öff. Rechts und damit kraft hoheitlicher Gewalt ergebe.[135] Jedenfalls muss sich die Handlungsformbefugnis, insbes. die **Verwaltungsaktsbefugnis** als das Recht, durch VA handeln zu dürfen, nicht explizit aus der Befugnisnorm ergeben, sondern kann auch durch deren Auslegung gewonnen werden, um dem Vorbehalt des Gesetzes zu genügen.[136] So wird in hoheitlich geprägten Subordinationsverhältnissen wie dem Polizei- und Ordnungsrecht regelmäßig von einer VA-Befugnis ausgegangen.[137]

51   Wegen des **Zitiergebots** des Art. 19 Abs. 1 S. 2 GG darf gem. § 32 SOG auf Grundlage der Befugnisnomen des SOG nur in die in Art. 2, 11 u. 13 GG *genannten* sowie in *solche* Grundrechte eingriffen werden, die nicht gesetzlich zitiert sein müssen.[138] Entsprechendes gilt gem. § 77 PolDVG für die Befugnisse des PolDVG in Hinblick auf die Grundrechte in Art. 2 Abs. 2 S. 2, 10 u. 13 GG.[139]

c) Reichweite anderer Rechtsgrundlagen

52   Soweit Tätigkeiten der Polizei- und Ordnungsverwaltung nicht unter den Vorbehalt des Gesetzes fallen, muss ihnen keine Ermächtigung bzw. Befugnis zu Grunde liegen. Es reicht jede andere Rechtsgrundlage, insbes. auch Aufgabenzuweisungen bzw. Zuständigkeitsnormen aus, um eingriffsfreie und nicht grundrechtswesentliche Aktivitäten der Polizei- und Ordnungsbehörden zu legitimieren.[140] Wo sich allerdings keinerlei Anknüpfungspunkt in der Rechtsordnung findet, insbes. keine Aufgabenzuweisung einschlägig ist, darf die Polizei- und Ordnungsverwaltung nicht tätig werden.[141]

53   **Beispiele:** Innerorg. Tätigkeiten (z.B. Wartung von Einsatzmitteln u. -fahrzeugen, Aus- u. Fortbildung), Streifengänge u. -fahrten, Wissenserklärungen, Berichte u. Auskünfte (z.B. Informationen zur Einbruchsprävention, Vorführungen des sog. Verkehrskaspers in der Schule, Hinweise zu ausgelegten Giftködern oder auch das Überbringen einer Todesnachricht an Angehörige) finden ihre hinreichende Rechtsgrundlage in § 3 SOG u.§ 1 Abs. 1 PolDVG in ihrer Funktion als Aufgabenzuweisungen.

3. Anwendbarkeit der Rechtsgrundlage, insbes. Kollisionen

54   Erfasst eine Rechtsgrundlage, etwa eine Befugnis, von ihrer begrifflichen Reichweite die konkret zu legitimierende Tätigkeit, ist sie auf diese Tätigkeit grds. auch anwendbar. Der Gesetzgeber kann allerdings den Zweck bzw. **Anwendungsbereich** einer Rechtsgrundlage auch gesondert normieren, etwa eingangs des jeweiligen Gesetzeswerks.[142] Aus der Perspektive ihrer begrifflichen Reichweite ist es dabei nicht selten, dass für eine konkrete polizeiliche Tätigkeit begrifflich **mehrere Rechtsgrundlagen als anwendbar** in Betracht kommen. In solchen Fällen der Normenkollision ist zunächst zu prüfen, ob die jeweiligen Normgeber ausdrücklich bestimmt

---

134 Anders etwa §§ 7 Abs. 3 S. 1, 10 Abs. 4 („durch Verwaltungsakt") u. die Generalverordnungsbefugnis des § 1 Abs. 1 SOG („durch Rechtsverordnung").
135 Vgl. *Maurer/Waldhoff* § 10 Rn. 29.
136 Vgl. BVerwG 7.12.2011 – 6 C 39.10, Rn. 14 f.
137 *Maurer/Waldhoff* § 10 Rn. 30; *Gusy/Eichenhofer* Rn. 180. Sonst entstünde der Widerspruch, dass die Verwaltung einerseits zum Handeln im konkr. Fall berechtigt und verpflichtet würde, andererseits aber mangels Befugnis zum Erlass eines dafür erforderlichen VA nicht handeln dürfte.
138 S. MdSadB Nr. 75, 1965, 20; vgl. auch *Gusy/Eichenhofer* Rn. 174.
139 S. Bü-Drs. 13/5422, 31 u. 18/1487, 21.
140 Vgl. SchE/*Schoch/Kießling* Rn. 189.
141 Vgl. *Gusy/Eichenhofer* Rn. 165.
142 Vgl. etwa jew. § 1 (f.) des LuftSiG, IfSG, WaffG, HmbVwVfG, HmbVwVG, HmbDSG, HWG, HBauO, HmbPsychKG; auch § 1 PolDVG. SOG und VersG kennen dagegen keine entspr. Vorschriften.

haben, ob und ggf. welche Rechtsgrundlage vorrangig, möglicherweise auch ausschließlich oder auch nur subsidiär zur Anwendung kommt.

Beispiel: Werden Teilnehmende einer Versammlung aufgefordert, diese Versammlung zu verlassen, kann dies als ein „Ausschließen von der Versammlung" (§ 11 Abs. 1 VersG), ein „Verwiesenwerden von einem Ort" (§ 12a SOG) oder auch als „Treffen einer Maßnahme" (§ 3 Abs. 1 u. 2 S. 1 SOG) begriffen werden. Eine ausdrückliche Regelung, wie diese Befugnisse in ihrer Anwendbarkeit zueinander stehen, enthält weder das VersG noch das SOG.   55

Häufig fehlen indes ausdrückliche Anwendungsregelungen. Es kommen dann die allg. Regeln der Normenkollision in ihrer spezifischen Anwendung auf das Gefahrenabwehrrecht zum Zug,[143] insbesondere der sog. **Spezialitätsgrundsatz** (lex specialis derogat legi generali).[144] Er beruht auf der Annahme, dass der Gesetzgeber, wenn er eine Gefahr speziell regelt, obwohl diese auch von einer allgemeineren Regelung erfasst würde, die spezifische Regelung ebenso vorrangig, wenn nicht sogar ausschließlich angewendet wissen will.[145] Mit dem Erlass einer jeden Befugnis entscheidet der Gesetzgeber für bestimmte Fälle, ob, unter welchen Voraussetzungen, mit welchen Maßnahmen und in welchen Grenzen Polizei und Ordnungsverwaltung in bestimmte Grundrechte eingreifen dürfen. Der so zum Ausdruck kommende Wille des Gesetzgebers, die grundrechtlichen Gesetzesvorbehalte auszufüllen, darf nicht dadurch unterlaufen werden, dass die Befugnisse nur aus sich heraus und nicht in ihrem sachlichen Zusammenhang betrachtet werden.[146]   56

Beispiel: So ist im vorstehenden Beispiel zu beachten, dass der Gesetzgeber in § 11 Abs. 1 VersG ausdrücklich nur den „Leiter" und sonst niemanden ermächtigt hat, Teilnehmende aus der Versammlung auszuschließen. Sähe man dessen ungeachtet daneben ebenfalls § 12a SOG oder § 3 Abs. 1 u. 2 S. 1 SOG als anwendbar an, dürfte in derselben Situation etwa auch die Polizei handeln.[147]   57

Für die Auflösung einer Normenkollision ist entscheidend, ob eine Vorschrift nach dem Willen des Normgebers – auch mit dem rechtssystematischen Blick auf andere Vorschriften – als *speziell* und *abschließend* anzusehen ist.[148] Dies ist im Zweifel im Wege der **Auslegung** zu klären,[149] wobei wegen des dargelegten Grundrechtsbezugs die konditionale Struktur von Rechtsgrundlagen eine wichtige Rolle spielt. Dabei lassen die gefahrenabwehrrechtlichen Befugnisse eine Systematik erkennbar werden, die faustformelartig durch einen zweigestuften Vorrang gekennzeichnet ist:[150] *(Spezial-)Befugnisse* des bes. Gefahrenabwehrrechts gehen grds. den *Standard-* und diese wiederum den *Generalbefugnissen* des allg. Gefahrenabwehrrechts vor [→ D1].   58

a) Anwendungsvorrang bei Spezialität

Eine Befugnis ist speziell gegenüber einer anderen, wenn sie dieselben Merkmale aufweist und diesen mindestens noch ein weiteres Merkmal hinzufügt. Mengenlogisch ist Spezialität durch ein **Verhältnis der Inklusion** oder der Ober-Untermenge gekennzeichnet – die spezielle Befugnis als *innerer* und die allg. Befugnis als *äußerer* von zwei ineinander liegenden Kreisen.[151] Die Inklusion   59

---

143 Vgl. *Thiel* § 6 Rn. 2; SchE/*Schoch/Kießling* Rn. 197 ff.; *DWVM* S. 154; BERS/*Rogosch* Vor §§ 3 ff. SOG Rn. 7. Allg. *Röhl/Röhl* S. 585 ff.; *Rüthers/Fischer/Birk* Rn. 274 ff. u. 770 ff.
144 *Rüthers/Fischer/Birk* Rn. 274 u. 770 ff.
145 Vgl. BVerwG 25.7.2007 – 6 C 39.06.
146 Vgl. EFP/*Pünder* Rn. 21; *Kingreen/Poscher* § 3 Rn. 15 f.; SchE/*Schoch/Kießling* Rn. 198 f.
147 Vgl. *Thiel* § 6 Rn. 4; *DWVM* S. 154.
148 Zu Spezialität und Abgeschlossenheit der Befugnisse vgl. auch § 3 Abs. 1 S. 2 u. 3 HSOG sowie § 9 Abs. 1 S. 1 Hs. 2 u. Abs. 2 POG RP. Das Polizeirecht der FHH kennt keine vergleichbare Vorschrift.
149 *Rüthers/Fischer/Birk* Rn. 771.
150 Vgl. *Götz/Geis* § 17 Rn. 5; *Lambiris* S. 63; EFP/*Pünder* Rn. 20; *Möller/Warg* Rn. 67 u. 71. S. auch *Knemeyer* Rn. 157 ff. mit Verweis auf § 8 Abs. 1 u. 2 MEPolG.
151 Vgl. *Zippelius*, Juristische Methodenlehre, 12. Aufl. 2021, 31; *Barczak* JuS 2015, 969 (973).

kann sich dabei auf die Eingriffsvoraussetzungen (Tatbestand) oder die Eingriffsmaßnahmen (Rechtsfolge) beziehen.[152]

60 So erweisen sich die zahlreichen **Spezialbefugnisse** in den Gesetzen des bes. Gefahrenabwehrrechts schon deswegen als speziell gegenüber den Befugnissen des SOG und des PolDVG, weil sie sich nicht auf Gefahren im *Allgemeinen*, sondern in *spezifischen Lebensbereichen* beziehen, etwa auf Gefahren im Zusammenhang mit Versammlungen (VersG), Gewerbebetrieben (GewO) oder baulichen Anlagen (HBauO).

61 Entsprechendes gilt für die **Standardbefugnisse** der §§ 11 ff. SOG und §§ 12 ff. PolDVG gegenüber der Generalklausel in § 3 SOG und der Generalklausel zur Datenverarbeitung der Polizei in § 11 PolDVG. Jene dienen zwar ebenso der Abwehr allg. Gefahren, sind jedoch Ausdruck *wiederkehrender, typisierbarer* Handlungsmuster[153] und häufig tatbestandlich oder rechtsfolgenseitig spezifisch geprägt, etwa indem sie im Vergleich zu den Generalklauseln höhere Anforderungen an die Eingriffsschwelle, z.B. die Gefahrenlage oder die betroffenen Schutzgüter, an das Verfahren oder an die Verhältnismäßigkeit und Ermessensausübung stellen.[154]

62 Beispiel: Im Vergleich zu § 3 Abs. 1 u. 2 SOG normiert § 14 Abs. 1 SOG nicht nur engere und spezifische Eingriffsvoraussetzungen, sondern ermächtigt bei deren Vorliegen auch nur zur Sicherstellung von Sachen und nicht zu anderen Maßnahmen.

63 Eine spezielle Befugnis ist gegenüber einer allgemeineren Befugnis **vorrangig anzuwenden**. Daraus folgt jedoch noch nicht, dass die allg. Befugnis nicht dann noch anwendbar ist, wenn die spezielle Befugnis nicht zum Tragen kommt, etwa weil die Voraussetzungen im konkreten Fall nicht vorliegen. Dies hängt davon ab, ob der Gesetzgeber die Befugnis in dem Willen erlassen hat, dass diese den konkreten Fall nicht nur *speziell*, sondern auch *abschließend* [→ C64] regelt.[155]

b) Anwendungsexklusivität bei Abgeschlossenheit

64 Den Willen zu einer abschließenden Regelung äußert der Gesetzgeber nur selten ausdrücklich, wie etwa in § 1 Abs. 2 HmbPresseG. Er ist daher regelmäßig durch Auslegung zu ermitteln. Soweit der Gesetzgeber die Gefahrenabwehr für bestimmte Lebensbereiche in **besonderen Gefahrenabwehrgesetzen** regelt, spricht dies im Zweifel für den Anspruch einer umfassenden und abschließenden Regelung.[156] Dies gilt insbes. dann, wenn die besonderen Gefahrenabwehrgesetze nicht nur Spezialbefugnisse, sondern auch selbst eine bereichsspezifische Generalbefugnis enthalten.[157] Zudem wird eine Abgeschlossenheit angenommen, soweit es um Gefahren geht, die für das betreffende Spezialgesetz **typisch** sind. Soweit es dagegen um die Verhinderung andersartiger (atypischer) Gefahren geht, zu denen das Spezialgesetz keine Regelung trifft, wird eine Abgeschlossenheit nicht angenommen.[158]

65 Beispiele: Wie aus §§ 5, 12a Abs. 1, 13, 15, 17a Abs. 4, 18 Abs. 3 VersG erkennbar, trifft das VersG Regelungen zu versammlungstypischen Gefahren für öff. Versammlungen. Aus Vorschriften wie § 45 Abs. 9 S. 2 StVO wird abgeleitet, dass die StVO verkehrstypische Gefahren abschließend regelt.

66 Soweit eine Befugnis einen Fall nicht nur *speziell*, sondern auch *abschließend* regelt, werden alle anderen Befugnisse **verdrängt** und sind unanwendbar – und zwar auch dann, wenn diese aus sich heraus einschlägig erscheinen und die Voraussetzungen der speziellen Befugnis nicht

---

152 Jeweils rechtsfolgenseitig ist etwa eine Ingewahrsamnahme begriffl. eine Maßnahme (§ 3 Abs. 1 SOG), aber nicht jede Maßnahme ist eine Ingewahrsamnahme, vgl. § 13 Abs. 1 SOG: „diese Maßnahme".
153 Vgl. SchE/*Schoch/Kießling* Rn. 225; *Lambiris* S. 36.
154 Vgl. EFP/*Pünder* Rn. 191 ff.; *Kingreen/Poscher* § 11 Rn. 2.
155 Vgl. BVerwG 25.7.2007 – 6 C 39.06.
156 *DWVM* S. 154. Vgl. etwa OVG Hamburg 12.2.2019 – 3 Bf 116/15 mit entspr. Auslegung des DSchG.
157 Vgl. etwa § 16a Abs. 1 Nr. 1 TierSchG, §§ 17 Abs. 1 u. 22 BImSchG, § 58 Abs. 1 S. 2 HBauO.
158 EFP/*Pünder* Rn. 21; SchE/*Schoch/Kießling* Rn. 207.

II. Rechtsgrundlage

vorliegen. In diesem Fall ist es der gesetzgeberische Wille, dass jede Tätigkeit unterbleibt. Spiegelbildlich gilt indes: *Soweit* die spezielle Befugnis einen Fall nicht abschließend regelt, ist sie zwar vorrangig anzuwenden, andere Befugnisse bleiben aber **(subsidiär oder ergänzend) anwendbar**. So kommt das **Polizei- und Ordnungsrecht** ergänzend zur Anwendung, wenn ein bes. Gefahrenabwehrgesetz in sachlicher oder zeitlicher Hinsicht nicht alle Gefahren zu regeln beansprucht oder wenn es bewusst Lücken lässt, die durch die Vorschriften des Polizei- und Ordnungsrechts geschlossen werden sollen.[159] Soweit es in einem Fall um die Abwehr versammlungsspezifischer Gefahren geht, ist ausschließlich das VersG anwendbar – auf das SOG kann nur im Vorfeld oder nach Auflösung einer Versammlung sowie bei atypischen Gefahren zurückgegriffen werden (sog. Polizeifestigkeit des Versammlungsrechts).[160]

Beispiele: Die Untersagung von Gewerbebetrieben mangels Zulassung oder aufgrund der Unzuverlässigkeit des Betreibers kann ausschließlich auf § 15 Abs. 2 bzw. § 35 GewO gestützt werden – ein Rückgriff auf das SOG bleibt nur möglich, soweit Gefahren etwa durch die konkrete Ausgestaltung der Gewerbeausübung hervorgerufen werden, da die GewO nur die Zulassung zu einem Gewerbe, nicht aber dessen Ausübung abschließend regelt.[161] Auch der Unterrichtsausschluss eines Schülers (ohne Infektionsverdacht), der entgegen des Hygienekonzepts der Schule keinen Mund-Nasen-Schutz tragen wollte, konnte nicht auf das SOG gestützt werden, da die §§ 28 ff. IfSG speziell auf Infektionsgefahren gerichtete, abschließende Befugnisse enthalten, die nicht unterlaufen werden dürfen.[162] Ein Verbot des Fahrdienstes „uber pop" konnte demgü. auf Grundlage des SOG erfolgen, soweit dieser nach PBefG zwar genehmigungsbedürftig, aber nicht -fähig ist. Denn das PBefG und auch die GewO sehen keine Befugnisnorm vor, auf deren Grundlage nicht-genehmigungsfähige Mobilitätsangebote verboten werden können.[163] Gleiches gilt für eine Untersagung von Bildaufnahmen ggü. einem Journalisten, da die einfachgesetzlich in § 1 Abs. 2 HmbPresseG geregelte Polizeifestigkeit nur Eingriffsmaßnahmen zur Abwehr von Gefahren aufgrund des geistigen Inhalts von Presseerzeugnissen erfasst, in diesem Fall aber nur der äußere Rahmen der Pressetätigkeit betroffen ist.[164] 67

Der Rückgriff auf das Polizei- und Ordnungsrecht ist dagegen ausgeschlossen, wenn ein Fall von einer spezialgesetzlichen Befugnis abschließend geregelt wird. Es ist fraglich, ob dies auch gilt, wenn statt der eigentlich zuständigen Behörde die Vollzugspolizei im Rahmen ihrer **Eilzuständigkeit** nach § 3 Abs. 2 S. 1 lit. a SOG tätig wird. Dafür spricht, dass die Eilzuständigkeit nichts an der grundrechtlichen Abwägung ändert, die der Gesetzgeber durch die Statuierung von Spezial-, Standard- und Generalbefugnissen zum Ausdruck gebracht hat.[165] Die Folge sind allerdings hohe Anforderungen an die Rechtskenntnisse der Vollzugspolizei in den spezialgesetzlichen Bereichen. Weil diese in der Praxis nicht immer vorausgesetzt werden könnten, wird auch vertreten, dass sich das Handeln im Eilfall stets nach SOG richte.[166] 68

Beispiel: Trifft die Vollzugspolizei im Eilfall eine unaufschiebbare Anordnung, um eine Gefahr abzuwehren, die von einer nicht-genehmigungsbedürftigen Anlage iSd BImSchG ausgeht, wirft dies die Frage auf, ob sich die Anordnung ausschließlich nach der speziellen Befugnis in § 24 iVm § 22 BImSchG und der auf Grundlage dieses Gesetzes erlassenen, gegenwärtig 36 Rechtsverordnungen richtet. 69

---

159 So ist etwa die Verantwortlichkeit fachrechtl. zumeist ungeregelt, sodass auf die allg. Adressatenvorschriften in §§ 8 ff. SOG zurückgegriffen werden kann [→ C215, Fn. 579]; vgl. SchE/*Schoch/Kießling* Rn. 209; *Schenke* Rn. 428 f.; EFP/*Pünder* Rn. 22.
160 Zur Polizeifestigkeit des Versammlungsrechts s. RBD/*Deiseroth/Kutscha* Art. 8 GG Rn. 441; *Bünnigmann* JuS 2016, 695.
161 Vgl. auch § 1 Abs. 1 GewO. S. SchE/*Schoch/Kießling* Rn. 200 mwN; BVerwG 24.6.1971 – 1 C 39.67; 24.10.2001 – 6 C 3.01; *Kingreen/Poscher* § 5 Rn. 33.
162 Vgl. OVG Hamburg 15.1.2021 – 1 Bs 237/20, Rn. 74 ff., 86.
163 Vgl. OVG Hamburg 24.9.2014 – 3 Bs 175/14, Rn. 21.
164 Vgl. BVerwG 28.3.2012 – 6 C 12.11. Zur Polizeifestigkeit des PresseR *Bünnigmann* Jus 2016, 894.
165 Die ergriffenen Maßnahmen bleiben aber auch dann solche der Vollzugspolizei, sodass Rechtsbehelfe sich gegen diese richten müssen, vgl. MdSadB Nr. 75, 1965, 12. Die (primär) zust. Verwaltungsbehörde darf die von der Vollzugspolizei getroff. (unaufschiebbaren) Maßnahmen aufheben oder ändern, vgl. § 3 Abs. 2 S. 3 SOG.
166 S. etwa BERS/*Rogosch* § 3 SOG Rn. 44; LD/*Bäcker* Kap. D Rn. 12; *Kingreen/Poscher* § 3 Rn. 11 f. u. 17 sowie § 5 Rn. 20 ff.

70 Innerhalb des allg. Gefahrenabwehrrechts sind ausschließlich die **Standardbefugnisse** anwendbar, wenn sie den Fall nicht nur *speziell*, sondern auch *abschließend* regeln. Der Rückgriff auf die Generalklausel in § 3 Abs. 1 u. 2 SOG oder auf § 11 PolDVG ist dann ausgeschlossen.[167] Aufgrund ihrer grundrechtlich bedingt spezifischen und detaillierten Ausgestaltung werden Standardbefugnisse in ihrem Anwendungsbereich regelmäßig als **abschließende** Regelungen angesehen.[168] Hierfür spricht, dass grundlegend zu vermuten ist, dass der Gesetzgeber, wenn er bestimmte Maßnahmen konkret benennt und in ihrer Reichweite, ihren Voraussetzungen und Grenzen detailliert und spezifisch bestimmt und so den Ausgleich von grundrechtlicher Freiheit und sicherheitsbezweckender Einschränkung konkretisiert, damit den Willen verbindet, dass diese Maßnahmen auch allein nach diesen Maßstäben ergriffen werden.[169]

71 **Beispiel:** Für eine Sicherstellung benennt § 14 SOG konkret und spezifisch die Voraussetzungen („unmittelbar bevorstehenden Gefahr", „missbräuchlichen Verwendung durch eine in Gewahrsam genommene Person"), das Verfahren (z.B. Abs. 2: „Bescheinigung ausstellen") sowie die Grenzen (z.B. Abs. 6: „Vernichtung") einer Sicherstellung auch in Hinblick auf die Einschränkung des nach Art. 14 GG geschützten Eigentums.

72 Der Rückgriff auf die Generalklauseln ist **auch** dann ausgeschlossen, **wenn** eine abschließend regelnde Standardbefugnis auf den konkreten Fall anwendbar ist, aber deren **Voraussetzungen nicht vorliegen** – andernfalls würde der gesetzgeberische Wille unterlaufen werden.[170]

73 **Beispiel:** Für eine Sicherstellung darf nicht auf § 3 Abs. 1 u 2 SOG zurückgegriffen werden, wenn die engeren Voraussetzungen des § 14 Abs. 1 SOG nicht vorliegen. Dass im Fall eines Anbringens einer Parkkralle zur präventiven „Sicherstellung" des Kraftfahrzeuges eines Sexualstraftäters zur Verhinderung weiterer Taten dennoch der Rückgriff auf die Generalklausel zulässig war, wurde damit begründet, dass darin gar keine Sicherstellung iSd § 14 SOG zu sehen gewesen sei. Durch das Anbringen der Parkkralle habe die Behörde nicht die alleinige Sachherrschaft an dem Fahrzeug erlangt, weshalb kein der Rechtsfolge der Sicherstellung entspr. Verwahrungsverhältnis begründet worden sei.[171]

74 Dementsprechend kommen die **Generalklauseln** subsidiär oder ergänzend zur Anwendung,[172] wenn der Fall nicht speziell und abschließend durch die Standardbefugnisse geregelt wird.

75 **Beispiel:** Auf Grundlage von § 3 Abs. 1 SOG konnte einem Sexualstraftäter verboten werden, sich „Kindern und Jugendlichen" zu nähern oder zu solchen Personen Kontakt aufzunehmen. Zwar ist ein Kontakt- und Näherungsverbot in § 12b Abs. 3 SOG geregelt, allerdings beschränkt auf konkret zu bestimmende Personen. Mit dieser Befugnisnorm wolle der Gesetzgeber Lücken im Bereich des Gewaltschutzes und der Nachstellung schließen und nicht Kontakt- und Näherungsverbote abschließend regeln, weshalb ein Rückgriff auf die Generalklausel nicht ausgeschlossen sei.[173]

4. Wirksamkeit der Rechts- bzw. Ermächtigungsgrundlage

76 Ist die für das konkrete Handeln der Polizei- und Ordnungsverwaltung notwendige Rechtsgrundlage bestimmt und anwendbar, so kann sie das Handeln nur stützen, wenn sie wirksam, also insbes. nicht wegen **Verstoßes gegen höherrangiges Recht** rechts- oder verfassungswidrig und deshalb nichtig ist. Bei *begründeten* Zweifeln ist daher deren Recht- und Verfassungsmäßigkeit (inzident) zu überprüfen. Dies ist eine Frage der im Einzelfall konkret in Rede stehenden Vorschrift mit Blick auf das für sie maßgebliche höherrangige Recht.[174] Die verfassungsgerichtliche

---

167 BERS/*Rogosch* vor §§ 3 ff. SOG Rn. 6 f.; SchE/*Schoch/Kießling* Rn. 225; *Schenke* Rn. 37.
168 EFP/*Pünder* Rn. 190.
169 Vgl. *Thiel* § 6 Rn. 7.
170 *Lambiris* S. 64 f.; LD/*Graulich* Kap. E Rn. 273.
171 Vgl. VG Hamburg 22.6.2018 – 1 E 2009/18.
172 Die Generalklauseln kommen selbstverständlich zudem bei Handlungen zur Anwendung, die weder spezialgesetzlich noch standardbefuglich erfasst sind. Es liegt dann schon keine Normenkollision vor [→ C54].
173 Vgl. VG Hamburg 10.2.2017 – 9 K 6154/14. Das Erfordernis einer spez. EGL wurde in Ermangelung einer Praxis derartiger Verbote verneint, bei regelmäßiger Anwendung aber für naheliegend gehalten.
174 Auf etwaige Inkonformitäten wird bei der jew. Rechtsvorschrift eingegangen. S. die Vorgaben des konstitutionell. Rechts [→ B14] u. zur Vereinbarkeit von RVOen mit höherrangigem Recht [→ G2].

Rechtsprechung, insbes. im Zuge der jüngsten Ausbalancierung von Freiheit und Sicherheit [→ B25], lässt allerdings **strukturelle Schwerpunkte** erkennen, die nicht nur, aber vor allem die informationellen Befugnisse im Aufgabenbereich der Gefahren- und Kriminalprävention [→ B65] betreffen.[175] Dabei betont das BVerfG die Notwendigkeit einer gesetzes- und verfassungskonformen Auslegung [→ C20], insbes. der Tatbestandsseiten von Befugnisnormen;[176] zugleich hat das Gericht nicht selten festgestellt, dass die Möglichkeiten der Auslegung nicht reichen, um die Verfassungskonformität zu wahren, sondern eine Korrektur durch den Gesetzgeber selbst erforderlich ist, insbesondere wenn und weil andernfalls der Grundsatz der Bestimmtheit und der Normenklarheit nicht gewahrt wäre.[177]

Formellverfassungsrechtliche Schwerpunkte sind insbes. Fragen der kompetenzrechtlichen Trennung der Gefahrenabwehr von anderen Aufgaben der Polizei, insbes. von der Strafverfolgung einschl. der vorbeugenden Bekämpfung von Straftaten, sowie von anderen Sicherheitsbehörden [→ B49, B51]. 77

Materiellverfassungsrechtliche Schwerpunkte betreffen vor allem den Menschenwürde fundierten Schutz des Kernbereichs privater Lebensgestaltung [→ B30] und die Vereinbarkeit von polizeilichen Befugnissen mit den Grundrechten, etwa die Eingriffsrechtfertigung durch Organisations- und Verfahrensgestaltung [→ B35] und durch eine Operationalisierung des Verhältnismäßigkeitsgrundsatzes in Form spezifischer Eingriffsschwellen und Maßnahmeadressierungen bzw. einer Gesamtabwägung von Eingriffsgewicht und Dringlichkeit rechtfertigender Gründe zur Ermittlung der Einschreiteschwelle [→ B33, B37]. Auch die Normenklarheit und -bestimmtheit bildet ein Schwerpunkt der materiellen Verfassungsmäßigkeit [→ B40]. 78

III. Anforderungen der formellen Rechtmäßigkeit

Ein rechtmäßiges Handeln der Polizei- und Ordnungsbehörden erfordert die Einhaltung der Vorgaben zu **Zuständigkeit, Verfahren und Form**.[178] Dazu ist zu prüfen, ob sich entspr. Vorgaben aus der einschlägigen Befugnisnorm und ihrem normativen Kontext ergeben. Soweit dies der Fall ist, gilt auch hier, dass im Anwendungsbereich einer Spezialbefugnis nur dann auf die allg. Vorgaben zurückgegriffen werden darf, soweit die formellen Vorgaben der Spezialbefugnis nicht abschließend sind [→ C24]. Mit allg. Vorgaben sind zunächst solche des *allg. Gefahrenabwehrrechts*, also insbes. des SOG und PolDVG und der dazugehörigen Verordnungen und Anordnungen gemeint. Ergänzend kommen die Vorgaben des *allg. Verwaltungsrechts*, insbes. des allg. Verfahrensrechts zur Geltung, nach § 1 Abs. 1 Hs. 2 HmbVwVfG jedoch nur, soweit die Vorgaben des allg. Gefahrenabwehrrechts nicht inhaltsgleich oder entgegenstehend sind. Das HmbVwVfG gilt gem. § 1 Abs. 3 VwVfG und damit abweichend von § 1 Abs. 1 Nr. 2 u. Abs. 2 VwVfG auch bei der Ausführung von *Bundesrecht*,[179] etwa des StVG, der StVO oder des VersG. Besondere formelle Vorgaben gelten auch für Maßnahmen der Verwaltungsvollstreckung, wobei die Bestimmungen des HmbVwVG bei der Anwendung unm. Zwangs durch die §§ 17 bis 26 SOG ergänzt werden. 79

---

175 Im Kontext sog. nicht-imperativer Datenerhebungsbefugnisse vgl. *Kingreen/Poscher* § 18 Rn. 16 ff.
176 Vgl. etwa BVerfG 20.4.2016 – 1 BvR 966/09, Rn. 155, 171, 188 u. 213; 10.11.2022 – 1 BvR 3214/15, Rn. 130; 26.4.2022 – 1 BvR 1619/17, Rn. 298.
177 Vgl. etwa BVerfG 4.4.2006 – 1 BvR 518/02, Rn. 161; 27.2.2008 – 1 BvR 370/07, Rn. 256; 20.4.2016 – 1 BvR 966/09, Rn. 235; 9.12.2022 – 1 BvR 1345/21, Rn. 94 f. u. 203; 1.10.2024 – 1 BvR 1160/19, Rn. 116; [→ B40].
178 Allg. zur form. Rechtmäßigkeit s. *Maurer/Waldhoff* § 10 Rn. 37 ff; *Guckelberger* § 14 Rn. 8 ff.
179 *Maurer/Waldhoff* § 5 Rn. 12.

1. Zuständigkeit

80 Die Zuständigkeit betrifft die Frage, welcher Behörde die Wahrnehmung einer polizeilichen oder ordnungsbehördlichen Aufgabe mit den hierfür zur Verfügung stehenden Befugnissen zugewiesen ist.[180] Dabei ist grds. zwischen der *sachlichen, instanziellen, funktionellen* und *örtlichen* Zuständigkeit zu unterscheiden.[181] Im Polizei- und Ordnungsrecht der FHH mit ihrem zweistufigen Verwaltungsaufbau und der direkten Zuweisung von Aufgaben durch Zuständigkeitsanordnungen des Senats kommt der Bestimmung der **sachlichen Zuständigkeit** die größte Relevanz zu. Sie betrifft den gegenständlich bzw. inhaltlich beschriebenen Tätigkeitsbereich einer Behörde, der an die Zuweisung bestimmter Sachaufgaben anknüpft.[182] Die sachliche Zuständigkeit kann sich aus SOG oder PolDVG ergeben – daneben bestehen spezialgesetzliche Zuständigkeitszuweisungen.

81 Die **örtliche Zuständigkeit** betrifft den räumlichen Tätigkeitsbereich einer Behörde und ist in der FHH vor allem für die Bezirksämter als Ordnungsbehörden, nicht aber für die Vollzugspolizei von Bedeutung. Die Frage der **instanziellen Zuständigkeit**, also welcher behördlichen Ebene eine Sachaufgabe zugewiesen ist, stellt sich in mehrstufigen Verwaltungshierarchien, wie sie in anderen Ländern, aber grds. nicht in Hamburg bestehen.[183] Eine größere Bedeutung für das Polizei- und Ordnungsrecht haben Regelungen zur **funktionellen Zuständigkeit**.[184] Sie weisen einzelne Angelegenheiten innerhalb einer Behörde einem bestimmten Organwalter, wie der Behördenleitung oder Angehörigen des höheren Dienstes zu.[185] So kann etwa die Anordnung einer Observation nach § 20 Abs. 2 S. 2 PolDVG bei Gefahr im Verzug statt durch einen Richter auch durch die Polizei selbst erfolgen, konkret durch den „Polizeipräsidenten oder seinen Vertreter im Amt".[186]

82 Im SOG und im PolDVG kann sich die Zuständigkeit für einzelne Maßnahmen direkt aus der **einschlägigen Befugnisnorm** ergeben, die festlegt, dass (nur) eine bestimmte Organisationseinheit für die jeweilige Maßnahme zuständig ist. Viele Befugnisnormen lassen die Zuständigkeit jedoch unspezifiziert oder sogar ungeregelt. In diesen Fällen folgt die Zuständigkeit für die *Maßnahme* aus der Zuständigkeit für die *Aufgabe*, zu deren Erfüllung die Befugnis dient, und damit aus den **allg. Aufgabennormen** des § 3 SOG und § 1 Abs. 1 PolDVG.

83 **Beispiele:** Nach §§ 11 Abs. 1 S. 1, 12 Abs. 1 SOG sind für Vorladung und Personalienfeststellung die Verwaltungsbehörden zuständig. § 12c Abs. 1 SOG nennt ausdrücklich die Polizei als zuständig. Die Befugnisse im PolDVG richten sich nach dessen §§ 1 Abs. 1 u. 2 Abs. 1 von vornherein nur an die (Vollzugs-)Polizei). §§ 12a, 13 oder 14 SOG enthalten keine konkrete Vorgaben zur Zuständigkeit, sodass sich die Zuständigkeit an § 3 Abs. 1 u. 2 SOG bemisst, die hier als Aufgabenzuweisungen bzw. als Zuständigkeitsnormen und nicht als Befugnisgeneralklauseln fungieren.

---

180 Die Hamburger Gesetze regeln die Zuständigkeit von Behörden oder anderen Verwaltungsorganen der FHH, nicht aber die Zuständigkeit der FHH in Abgrenzung zum Bund oder anderen Ländern. Zur Relevanz dieser sog. Verbandszuständigkeit *Maurer/Waldhoff* § 21 Rn. 44 ff.
181 Zu Arten der Zuständigkeit vgl. *Maurer/Waldhoff* § 21 Rn. 47 ff.
182 KR/*Ramsauer* § 3 Rn. 3.
183 KR/*Ramsauer* § 3 Rn. 3a.Vgl. *Thiel* § 7 Rn. 5 in Bezug auf NRW.
184 Zu Richter- u. Behördenleitervorbehalten im Polizeirecht s. *Lisken/Mokros* NVwZ 1991, 609.
185 KR/*Ramsauer* § 3 Rn. 3b; *Maurer/Waldhoff* § 21 Rn. 50. Die Befugnisse hervorgehobener polizeil. Instanzen sichern zumindest eine gewisse Distanz ggü. dem Einzelfall u. möglicherweise auch eine größere Erfahrung; vgl. auch SächsVerfGH 14.5.1996 – Vf. 44-II/94, Rn. 265 ff.
186 Vgl. auch § 23 Abs. 2 S. 3 SOG „Leitung der zuständigen Polizeidienststelle", § 12c Abs. 3 S. 1 SOG „Polizeiführer vom Dienst" u. § 21 Abs. 4 S. 2 PolDVG „Leitung des Landeskriminalamtes oder die Vertretung im Amt".

III. Anforderungen der formellen Rechtmäßigkeit

a) Zuständigkeiten innerhalb des Hamburger Hoheitsgebiets

§ 3 Abs. 1 u. 2 SOG, die nicht nur als Aufgaben- und Befugnisnormen, sondern auch als **allgemeine Zuständigkeitsnormen** fungieren, grenzen die Zuständigkeiten von *Verwaltungsbehörden* und *Vollzugpolizei* unter Verweis auf den *Geschäftsbereich* und die *unaufschiebbaren Maßnahmen* ab, ohne diese Begriffe näher auszufüllen. Insbes. ist im SOG nicht geregelt, welcher Geschäftsbereich einer Verwaltungsbehörde für welches räumliche Gebiet zugewiesen ist. Diese für die Zuständigkeit maßgeblichen Merkmale markieren zusammen zugleich die Trennung zwischen Ordnungsbehörden und Vollzugspolizei iSd **Trennsystems**, mit der Folge, dass in der FHH eine allg. Ordnungsbehörde fehlt.[187] Der Fall, in dem nicht der *„Geschäftsbereich"* einer Verwaltungsbehörde betroffen, aber auch keine Unaufschiebbarkeit gegeben ist, ist in der Zuständigkeit also ungeregelt.[188]

84

aa) Zuständigkeit der Verwaltungsbehörden

Der **Rahmen des Geschäftsbereichs** iSd § 3 Abs. 1 SOG und damit die sachliche Zuständigkeit einer Verwaltungsbehörde für die Aufgabe der Abwehr von Gefahren für die öff. Sicherheit oder Ordnung wird *außerhalb* des SOG festgelegt. Maßgebend sind die nach Art. 57 S. 2 HmbVerf und § 4 Abs. 2 S. 2 VerwBehG erlassenen **Zuständigkeitsanordnungen** des Senats.[189] Die Zuweisung einer Gefahrenabwehraufgabe erfolgt dabei entweder *explizit* in der Anordnung oder *als Annex* einer anderen öff. Aufgabe – hier liegt die Bedeutung des Merkmals „*im Rahmen des Geschäftsbereichs*".[190] Über die Zuständigkeitsanordnungen verteilen sich die ordnungsbehördlichen Zuständigkeiten auf die *Bezirksämter* und die verschiedenen *Fachbehörden*.[191] Dazu treten weitere Behörden und Einrichtungen, etwa der *mittelbaren Staatsverwaltung*, soweit ihre Geschäftsbereiche durch Gesetz oder Senatsanordnung geregelt werden.[192] Die meisten Zuständigkeiten der Ordnungsverwaltung liegen nach Maßgabe des § 2 BezVG bei den *Bezirksämtern*. Der Senat kann allerdings gem. § 1 Abs. 4 VerwBehG ungeachtet seiner Zuständigkeitsanordnungen jederzeit jede ordnungsbehördliche Angelegenheit selbst erledigen oder Weisungen erteilen (Evokation).[193] Neben der Gefahrenabwehr im eigenen Geschäftsbereich sind den Verwaltungsbehörden in entspr. Weise zahlreiche Ordnungsaufgaben durch **besondere Vorschriften** außerhalb von SOG und PolDVG zugewiesen, so etwa die Verfolgung und Ahndung von Ordnungswidrigkeiten nach §§ 35 ff. OWiG.[194]

85

---

187 Vgl. dagegen etwa § 3 OBG NW, § 82 HessGO. Zu allg. Ordnungsbehörden LD/*Bäcker* Kap. D Rn. 10.
188 In derartigen Fällen wird mit unterschiedl. Ansätzen eine Zuständigkeit der Polizei für neuartige o. unbenannte Aufgaben der GefAbw konstruiert; vgl. VG Hamburg 6.2.2009 – 8 E 3301/08, Rn. 53 mwN.
189 Dazu HRK/*Beaucamp* Rn. 9. Die Zuständigkeitsanordnungen sind unter www.landesrecht-hamburg.de, Gesetze/Verordnungen Sachgebiet 0, einsehbar.
190 S. etwa die Anordnung über Zuständigkeiten für das Schulwesen. Ein Hausverbot gg. Personen, die den Geschäftsbetrieb einer Behörde stören, kann deshalb in der FHH auf § 3 Abs. 1 SOG gestützt werden.
191 Die Behörde für Inneres und Sport (BIS) ist in diesem Fall *nicht* als „Trägerbehörde" des Amtes für Polizei u. der Vollzugspolizei angesprochen [→ B81], sondern in ihrem Geschäftsbereich als Verwaltungs- bzw. Fachbehörde. Ihre Zuständigkeit ist daher nicht gleichzusetzen mit jener der Polizei, soweit nicht der Geschäftsbereich der BIS betroffen u. die jeweilige Aufgabe intern der Polizei zugewiesen ist.
192 S. etwa die Anordnung zur Durchführung des HWG, die Zuständigkeiten für die BIS oder die Bezirksämter daneben aber auch für einige Körperschaften oder Anstalten wie die HPA oder die Stadtreinigung begründet. Von der Zuweisung von Zuständigkeiten ist die Frage zu trennen, mit welchen Mitteln (also Befugnissen u. Handlungsformen) diese wahrgenommen werden darf, s. etwa zur Satzung [→ C18].
193 Zum Evokationsrecht des Senats s. HRK/*Beaucamp* Rn. 9; *David* Art. 33 Rn. 25 ff.
194 S. die Anordnung über Zuständigkeiten für die Verfolgung von Ordnungswidrigkeiten. Für die (präv.) Abwehr von strafbaren Handlungen oder Ordnungswidrigkeiten gibt es keine bes. Zuständigkeitszuweisung. Diese Aufgabe gehört zur GefAbw u. fällt in den Geschäftsbereich der jew. Ordnungsbehörden, soweit die Sanktionen als Unterstützung der ordnungsbehördl. Aufgabenerfüllung konzipiert sind.

86 **Beispiele:** In der Anordnung zur Durchführung von SOG und PolDVG bestimmt Ziff. 5 Abs. 1, dass die Bezirksämter für die Genehmigung von Großveranstaltungen nach § 31 SOG zuständig sind. Ziff. 1 Abs. 1 weist ihnen zudem die Zuständigkeit für die Abwehr von Tiergefahren zu. Gehen diese allerdings von Hunden aus, bestimmt Ziff. 1 Abs. 4 der Anordnung zur Durchführung des HundeG und des Hamburgischen Gefahrtiergesetzes, dass Anordnungen nach § 23 HundeG wie etwa die Untersagung der Haltung eines gefährlichen Hundes auch von der BIS getroffen werden dürfen. Zuständige Behörde für die Durchführung des VersG und des VereinsG oder für Durchführung des HmbLärmSchG ist die BIS.[195]

87 Gem. § 3 Abs. 1 HmbVwVfG bestimmt der Senat zudem die **örtliche Zuständigkeit** der Verwaltungsbehörden,[196] da das SOG auch insoweit keine Festlegungen trifft. Dies geschieht ebenfalls über die Zuständigkeitsanordnungen, aus denen sich in Zusammenschau mit § 2 S. 2 u. 3 BezVG regelmäßig ergibt, dass eine Fachbehörde für die Abwehr von Gefahren im Zusammenhang mit einer Aufgabe örtlich für das *gesamte* Hamburger Staatsgebiet zuständig ist, während der Tätigkeitsbereich der Bezirksämter nach Maßgabe der § 1 Abs. 1, Abs. 2 BezVG iVm RäumGlG auf die *jeweiligen Bezirke* begrenzt wird.

bb) Zuständigkeit der Vollzugspolizei

88 Die Vollzugspolizei [→ B82] ist für die **Abwehr von Gefahren** zuständig,[197] und zwar *neben* den Verwaltungsbehörden und ungeachtet eines Geschäftsbereichs, jedoch nur soweit iSd § 3 Abs. 2 S. 1 lit. a SOG **unaufschiebbare Maßnahmen** zu treffen sind.[198] Maßgeblich für die Unaufschiebbarkeit ist nicht die Intensität der Gefahr, sondern die *Dringlichkeit deren Abwehr*.[199] Es sollen Fälle erfasst werden, in denen die zuständige Verwaltungsbehörde nicht rechtzeitig bzw. hinreichend tätig werden kann. Wenn aus verständiger ex-ante-Einschätzung ein Warten auf Maßnahmen der Verwaltungsbehörde die effektive Gefahrenabwehr vereiteln oder unwahrscheinlich machen würde, ist *auch* die Vollzugspolizei sachlich zuständig, dabei aber auf Maßnahmen beschränkt, die aufgrund der zeitlichen Dringlichkeit *unerlässlich* sind. Dies sind häufig nur vorläufige Maßnahmen. Auch muss sie der primär zuständigen Behörde die Gelegenheit geben, selbst tätig zu werden. § 3 Abs. 2 S. 2 SOG sieht daher eine verwaltungsinterne Pflicht zur *unverzüglichen* Benachrichtigung vor, deren Verletzung allerdings nicht zum Wegfall der Zuständigkeit nach § 3 Abs. 2 S. 1 lit. a SOG führt. Auch in Fällen fehlender Benachrichtigung muss eine effektive Möglichkeit der Gefahrenabwehr bestehen bleiben. **Örtlich** erstreckt sich die Zuständigkeit der Vollzugspolizei bei unaufschiebbaren Maßnahmen auf das *gesamte* Hamburger Staatsgebiet.[200]

89 Im **Anwendungsbereich des PolDVG** ist die Vollzugspolizei nach §§ 1 Abs. 1 u. 2 Abs. 1 PolDVG **sachlich** *ausschließlich* und **örtlich** für das *gesamte* Hamburger Staatsgebiet zuständig. Im Unterschied zur Aufgabe der Gefahrenabwehr besteht die Zuständigkeit der Vollzugspolizei bei

---

195 S. die Anordnungen über Zuständigkeiten im Versammlungsrecht und öff. Vereinsrecht sowie zur Durchführung des Hamburgischen Lärmschutzgesetzes.
196 Vgl. auch § 101 VwVfG.
197 Weil § 3 Abs. 2 S. 1 lit. a SOG die Zuständigkeit nicht der BIS, sondern behördenintern direkt der Vollzugspolizei zuweist, kann er auch als Vorschrift der funktionellen (u. nicht nur der sachlichen) Zuständigkeit begriffen werden.
198 Zum Folgenden HRK/*Richter* Rn. 30 ff.; VG Hamburg 13.12.2023 – 5 K 1923/20, Rn. 45 ff. Es handelt sich um eine originäre (wenn auch subsidiäre) Zuständigkeit der Vollzugspolizei, vgl. LD/*Bäcker* Kap. D Rn. 11. Sie ist deshalb nicht als Amts- oder Vollzugshilfe zu qualifizieren. Zur Frage, ob spezialgesetzliche Befugnisse maßgeblich bleiben, wenn die Vollzugspolizei aufgrund ihrer Eilzuständigkeit nach § 3 Abs. 2 S. 1 lit. a SOG handelt [→ C68].
199 S. aber auch VG Hamburg 25.5.2018 – 2 K 7467/17, Rn. 27, das eine Unaufschiebbarkeit iSd § 3 Abs. 2 S. 1 lit. a SOG jedenfalls auch dann annimmt, wenn Unaufschiebbarkeit iSv § 80 Abs. 2 Nr. 2 VwGO vorliegt, etwa im Hinblick auf § 18 Abs. 1 lit. c HmbVwVG.
200 Vgl. dazu § 3 Abs. 2 S. 1 lit. a. SOG u. § 2 S. 2 u. 3 BezVG. Die Gebietsgrenzen der einzelnen Polizeikommissariate können unter geoportal-hamburg.de eingesehen werden.

III. Anforderungen der formellen Rechtmäßigkeit 93

der vorbeugenden Bekämpfung von Straftaten und bei der Vorbereitung auf künftige Gefahrenabwehr **nicht nur für unaufschiebbare Maßnahmen**.[201] Anders als dessen Vorgängerregelung koppelt § 1 Abs. 1 S. 1 PolDVG die sachliche Zuständigkeit der Vollzugspolizei für das PolDVG nicht mehr an die Aufgabenzuweisung im SOG; das Verhältnis beider Aufgabenbereiche ist allerdings weiterhin häufig unscharf [→ B67].[202]

Die Vollzugspolizei ist zudem für weitere, **durch besondere Gesetze zugewiesene** Aufgaben zuständig, wobei die Zuständigkeit häufig auf bestimmte Teilaufgaben und Maßnahmen beschränkt bleibt und neben jene anderer Behörden tritt. So ist für Maßnahmen zur Verfolgung von Straftaten und Ordnungswidrigkeiten nach §§ 161 Abs. 1 S. 2, 163 Abs. 1 S. 1 StPO, 53 Abs. 1 S. 1 OWiG ausdrücklich die *Polizei* zuständig. Entsprechendes gilt für Maßnahmen nach §§ 36 Abs. 5, 44 Abs. 2 StVO zur Aufrechterhaltung der Sicherheit und Ordnung des Straßenverkehrs. Auch im Aufgabenbereich des Schutzes von Versammlungen weist das VersG einzelne Aufgaben und Maßnahmen ausdrücklich der *Polizei*, die meisten anderen hingegen der *zuständigen Behörde* zu.[203]

90

Die **örtliche** Zuständigkeit der Vollzugspolizei erstreckt sich auf das gesamte Hamburger Staatsgebiet. Sie wird insbes. nicht durch eine örtliche Zuständigkeit von *Bundesbehörden* ausgeschlossen, soweit sie sich auf dem (auch) *hamburgischen* Staatsgebiet befinden,[204] wenn sie ihre Aufgaben erfüllen. Für die Abgrenzung dürfte regelmäßig nicht die *örtliche*, sondern die *sachliche* Zuständigkeit entscheidend sein.[205]

91

Beispiel: Im Bereich der Bahnanlagen folgt aus der örtl. Zuständigkeit der BPOL nicht die örtl. Unzuständigkeit der Vollzugspolizei der FHH, die dort aber durch die spezielle sachliche Zuständigkeit der BPOL, soweit diese reicht, von einer Tätigkeit ausgeschlossen ist.[206] Dies lässt die – praktisch bedeutsame – Amtshilfe unberührt.

92

cc) Insbesondere: Schutz privater Rechte

Eine *einschränkende* Regelung in Bezug auf den Schutz privater Rechte normiert § 3 Abs. 3 SOG.[207] **Private Rechte** sind nicht durch das öffentliche, sondern durch das Privatrecht begründet. An ihrer Sicherung und Durchsetzung besteht zwar ein öff. Interesse, weshalb sie – wie § 3 Abs. 3 SOG zeigt – vom Schutzgut der öff. Sicherheit umfasst sind. Vollzugspolizei und Verwaltungsbehörden sind jedoch nicht zu ihrer Durchsetzung berufen – die Exekutive ist

93

---

201 Für eine subs. Zuständigkeit mag gesprochen haben, dass § 1 Abs. 1 S. 1 PolDVG aF die sachl. Zuständigkeit der Polizei ausdrückl. an die Aufgabenzuweisung des SOG u. damit auch an § 3 Abs. 2 SOG gekoppelt hatte; vgl. § 1 PolDVG in der Fassung vom 16.6.2005. Dieses Verständnis erschien jedoch schon seinerzeit nicht zweckgerecht, da es sich bei diesen Aufgaben in der Sache um *polizeil.*, nicht um *verwaltungsbehördl.* Aufgaben handelt. Zudem ist das Kriterium der „Unaufschiebbarkeit" einer Maßnahme auf konkr. Gefahren zugeschnitten und passt nicht für *vorsorgende* und *vorbeugende* Tätigkeiten.
202 In § 1 Abs. 1 S. 1 PolDVG bezieht sich das finale Adverbial „*Gefahrenabwehr*" auf „*Daten*", nicht auf „*ihrer Aufgaben*". Vgl. insoweit auch die klarere Regelung in § 1a VEMEPolG.
203 Vgl. etwa § 13 VersG („Die Polizei") und § 15 VersG („Die zuständige Behörde").
204 Das Staatsgebiet des Bundes setzt sich aus den Gebieten aller Länder zusammen; s. JP/*Jarass* Präambel Rn. 8; vgl. auch KJ/*Schuler-Harms* Art. 2 Rn. 22.
205 Vgl. BVerwG 22.3.2012 – 1 C 5.11, Rn. 18; *Guckelberger* § 14 Rn. 10.
206 So bleibt es bei einer Zuständigkeit für die Verfolgung von Straftaten, welche die Bahn nicht betreffen; vgl. *Götz/Geis* § 5 Rn. 22 mwN.
207 § 3 Abs. 3 SOG lässt sich systematisch-funktional nicht eindeutig einordnen. Der Wortlaut legt nahe, die Vorschrift als Aufgaben- u. nicht als Befugnisnorm oder Beschränkung der Zuständigkeit zu lesen. Sie ermächtigt nicht zu konkr. Maßnahmen, sondern bestimmt, dass den Verwaltungsbehörden die Aufgabe des Schutzes priv. Rechte nur in Grenzen obliegt, innerhalb derer diese aber stets zuständig sind. So reguliert die Vorschrift den behördl. Handlungsraum [→ B58, Fn. 158], der vor allem, aber nicht nur in der *Zuständigkeit* abgebildet werden kann. Der Schutz privater Rechte spielt deswegen nicht nur hier, sondern auch beim Schutzgut der öff. Sicherheit u. (rechtsfolgenseitig) bei der Reichweite von Maßnahmen eine Rolle. Zum Schutz privater Rechte *Graulich* GSZ 2023, 233.

nach dem Gewaltenteilungsgrundsatz von Justizaufgaben vielmehr grds. ausgeschlossen.[208] Der Schutz privater Rechte ggü. anderen Rechtssubjekten des Privatrechts ist nach § 13 GVG **Aufgabe der ordentlichen Gerichte**,[209] die mit den Instrumenten des Zivilprozessrechts ausgestattet sind, über eigene Vollstreckungsorgane verfügen und – auch einstweiligen (vgl. §§ 916 ff. u. 935 ff. ZPO) und vorläufigen (vgl. etwa §§ 704 ff. ZPO) – Rechtsschutz gewähren.[210] Nur wenn anzunehmen ist, dass dieser gerichtliche Rechtsschutz für die Betroffenen *zu spät* käme und ohne verwaltungsbehördliche Hilfe die Verwirklichung des privaten Rechts vereitelt oder wesentlich erschwert werden würde, relativiert § 3 Abs. 3 SOG den Gewaltenteilungsgrundsatz und erklärt auch die **Verwaltungsbehörden** für zuständig. Die von ihm vorausgesetzte, einer Gefahr im Verzug [→ C187] ähnelnden Situation wird regelmäßig auch die Notwendigkeit unaufschiebbarer Maßnahmen begründen, sodass nach Abs. 2 S. 1 lit. a daneben auch die **Vollzugspolizei** zuständig wird.[211]

94 Die **Subsidiaritätsklausel** des § 3 Abs. 3 SOG **greift** von vornherein **nicht ein**, soweit es *nicht ausschließlich* um den Schutz privater Rechte, sondern auch um **andere Teilschutzgüter** der öff. Sicherheit geht, etwa um die Unversehrtheit der Rechtsordnung. So sind im Falle einer Betroffenheit privater Rechte nicht selten zugleich Vorschriften des öff. Rechts oder des Straf- und Ordnungswidrigkeitenrechts betroffen.

95 **Beispiele:** Bei der Verletzung einer Unterhaltspflicht ist zugleich § 170 StGB betroffen; im Fall eines Aufenthalts auf fremden Grundstücken der § 123 StGB oder § 12 Abs. 3 Nr. 3 StVO, wenn die Grundstückseinfahrt und damit das Eigentum durch ein fremdes Kfz beeinträchtigt wird.[212]

96 Gleiches hat die Rspr. angenommen, wenn in der Beeinträchtigung privater Rechte zugleich eine Beeinträchtigung der (in den Grundrechten zum Ausdruck kommenden) obj. **Werteordnung** des Grundgesetzes zu sehen ist.[213] § 3 Abs. 3 SOG steht schließlich der Zuständigkeit der Verwaltungsbehörden auch nicht entgegen, wenn sie in sog. **semi-öffentlichen**, also öff. zugänglichen, aber im privaten Eigentum stehenden **Räumen** tätig werden.[214]

97 Zu den **privaten Rechten** iSd § 3 Abs. 3 SOG [→ C140] gehören vor allem schuldrechtliche Forderungen, sachenrechtliche Zuweisungen sowie Nutzungs- und Vermögensrechte. Ist das Bestehen eines solchen Rechts nicht offenkundig, kann von der Behörde jedoch keine umfassende Klärung zivilrechtlicher Rechts- und Beweisfragen erwartet werden.[215] Diese hat iRd Gefahrenprognose zu berücksichtigen, ob (vermeintliche) Rechtsinhaber die Voraussetzungen ihres Rechts – etwa eines Kaufpreisanspruchs – *glaubhaft gemacht* haben.[216] Besteht in diesem Sinne eine Gefahr für das private Recht, darf die Behörde nur einschreiten, wenn **zivilgerichtlicher (Eilrechts-)Schutz nicht rechtzeitig** zu erreichen ist, etwa abends, an Wochenenden oder Feiertagen.[217] Ein Eingriff wird in begrenzten Ausnahmefällen auch erfolgen können, wenn gerichtlicher Rechtsschutz zwar *möglich*, der betroffenen Person aber *nicht zumutbar* ist

---

208 *Gusy/Eichenhofer* Rn. 91.
209 Dies gilt auch für privatrechtliche Ansprüche des Staates, vgl. BVerfG 18.12.2012 – 1 BvL 8/11.
210 Vgl. Bü-Drs. 18/1487, 8; *Götz/Geis* § 10 Rn. 20.
211 Vgl. Bü-Drs. 18/1487, 8. Die Vollzugspolizei ist für den Schutz priv. Rechte jedenfalls nur dann zuständig, wenn die Voraussetzungen *sowohl* des Abs. 2 *als auch* des Abs. 3, der sich nur auf die Verwaltungsbehörden bezieht, vorliegen.
212 Vgl. VG Aachen 5.1.2023 – 6 L 2/23, Rn. 75; OVG Saarlouis 6.5.1993 – 1 R 106/90; *Schenke* Rn. 58; EFP/ *Pünder* Rn. 90. Für weitere Beispiele [→ C136].
213 So angenommen etwa bei der Beeinträchtigung des APR einer unbestimmten Anzahl von Schwangeren durch Gehsteigbelästigung, vgl. VGH Mannheim 11.10.2012 – 1 S 36/12, Rn. 73 – zur Rechtsänderung [→ C136].
214 *Gusy* VerwArch 2001, 344 (366); *Kingreen/Poscher* § 3 Rn. 25; aA LD/*Bäcker* Kap. D Rn. 15 Fn. 26.
215 Vgl. OVG NRW VerwRspr 1969, 85 (88); VG Würzburg v. 25.1.2019 – 9 K 17/703.
216 Vgl. OVG Lüneburg 30.9.2008 – 11 LA 396/07, Rn. 14; *Gusy/Eichenhofer* Rn. 93.
217 Vgl. OLG Hamm 22.1.2016 – 11 U 67/15, Rn. 13; *Kingreen/Poscher* § 3 Rn. 29; *Schoch* JURA 2013, 468 (472); Bü-Drs. 18/1487, 8.

III. Anforderungen der formellen Rechtmäßigkeit

– etwa weil sie in Fällen von Gehsteigbelästigung gezwungen wäre, ihre rechtlich geschützte Anonymität preiszugeben.

Des Weiteren setzt § 3 Abs. 3 SOG voraus, dass die Verwirklichung des privaten **Rechts vereitelt oder wesentlich erschwert** würde, wenn die Verwaltungsbehörde nicht eingreift und etwa die Identität eines Konfliktbeteiligten feststellt, damit ein später angerufenes Zivilgericht Rechtsbehelfe zustellen kann.[218] Eine Rechtsvereitelung droht nicht bereits, wenn der behauptete zivilrechtliche Anspruch auf dem Zivilrechtsweg nicht *sogleich* verwirklicht werden kann. Vielmehr muss zu befürchten sein, dass ohne ein vorläufiges Einschreiten der Gefahrenabwehrbehörden eine Verwirklichung auch mit gerichtlicher Hilfe gar nicht oder nur mit unzumutbaren Erschwernissen zu erreichen ist.[219] Mitunter wird darüber hinaus die gesonderte Feststellung eines öff. Interesses für erforderlich gehalten,[220] das unter den Voraussetzungen des § 3 Abs. 3 SOG jedoch regelmäßig gegeben sein wird.[221] Gegen den Willen des Rechtsinhabers oder unter Drängen auf dessen Ausübung seiner Rechte darf die Behörde allerdings nicht einschreiten.[222]

Sind die Voraussetzungen der Subsidiaritätsklausel in § 3 Abs. 3 SOG erfüllt, hat die Behörde ihr Handeln grds. auf **vorläufige Maßnahmen** zu beschränken, da ihre Aufgabe und damit der legitime Zweck ihres Handelns von vornherein nur darin besteht, die spätere *Rechtsdurchsetzung zu sichern*, nicht aber das streitige Recht durchzusetzen.[223] Dies kann etwa gebieten, eine Sicherstellung unter die auflösende Bedingung der Beantragung gerichtlichen Schutzes zu stellen.[224] Eine entspr. Verfügung bei Streitigkeiten mehrerer Personen über deren Eigentümerstellung oder eine Identitätsfeststellung zur Sicherung der Realisierbarkeit von Schadensersatzansprüchen bilden so typische Maßnahmen zum Schutz privater Rechte. Behördlich darf dabei keinesfalls mehr gewährt werden, als vor Gericht erreichbar wäre – auch darf die gerichtliche Entscheidung nicht vorweggenommen werden.[225] Endgültige Maßnahmen kommen nur in Betracht, wenn auch vorläufige Maßnahmen den drohenden Rechtsverlust nicht mehr verhindern könnten.[226]

Beispiele: Die Entfernung eines gegen private Investoren gerichteten Spruchbanners („Immobilienhaie – Vorsicht bissig") von der Balustrade eines Blocks in einem Fußballstadion durfte durch die Polizei zum Schutz privater Rechte erfolgen, weil eine Störung des Besitzes des Veranstalters am Stadion vorlag, Zivilrechtsschutz am Abend des Spieltages nicht mehr zu erreichen war und ohne das polizeiliche Einschreiten die Besitzstörung nicht vor Ende des Spiels beseitigt hätte werden können. Gerichtlich bestätigt wurde auch das abendliche Einschreiten der Polizei gegen eine Frau, die sich während des Urlaubs ihres Sohnes dauerhaft – und gegen den Willen der anderen Bewohner – in dessen WG aufhielt und diese auch nach Aufforderung unter Verweis auf das Hausrecht nicht zu verlassen bereit war. Auch die polizeiliche Räumung einer Vielzahl von Grundstücken in der Gemeinde Lützerath zum Schutz von Eigentum und Besitz eines Energiekonzerns wurde als zulässig angesehen. Dagegen hat ein Grundstückseigentümer keinen Anspruch auf Erlass einer polizeilichen Räumungsverfügung, wenn bereits eine Feststellung der Identität der unbekannten Hausbesetzer ein Vorgehen auf dem Zivilrechtsweg ermöglicht.[227]

---

218 OVG Münster 16.6.2014 – 11 A 2816/12, Rn. 61; *Thiel* § 4 Rn. 34; *Gusy/Eichenhofer* Rn. 94.
219 Umstr. ist, ob Selbsthilfemöglichkeiten nach §§ 229, 230, 561, 860, 910 BGB zu berücksichtigen sind, vgl. VG Freiburg NJW 1979, 2060 (2061); *Schenke* Rn. 57.
220 Vgl. etwa § 1 Abs. 1 S. 1 BWPolG u. § 1 Abs. 1 S. 1 SächsPolG; *Schenke* Rn. 59 mwN.
221 So auch SchE/*Schoch/Kießling* Rn. 258; *Götz/Geis* § 10 Rn. 19; BERS/*Rogosch* § 3 SOG Rn. 48.
222 Vgl. VGH München 27.2.2019 – 10 C 18/2522, Rn. 21. In anderen Ländern wird mitunter ein Antrag vorausgesetzt; vgl. § 2 Abs. 2 BWPolG, § 2 Abs. 2 SächsPVDG. So durfte die Polizei einen durch den Vertragspartner getäuschten Vermieter, der seine Halle unwissentlich für eine rechtsextreme Veranstaltung vermietet hatte, nicht zur Anfechtung des Mietvertrags auffordern, um die Veranstaltung aufzulösen, vgl. VG Stade 17.8.2007 – 1 A 93/05, Rn. 26.
223 *Gusy/Eichenhofer* Rn. 94; LD/*Bäcker* Kap. D Rn. 16.
224 Vgl. VG Köln 30.3.2017 – 20 K 7424/15, Rn. 84.
225 Vgl. *Gusy/Eichenhofer* Rn. 93 f.; *Kingreen/Poscher* § 3 Rn. 30.
226 SchE/*Schoch/Kießling* Rn. 259; aA DWVM S. 239.
227 Vgl. VG Bremen 12.7.2022 – 2 K 1849/20 (Banner); OLG Hamm 22.1.2016 – 11 U 67/15 (Mutter); VG Aachen 5.1.2023 – 6 L 2/23, Rn. 72 ff (Lützerath), 25.10.2023 – 6 K 58/23, Rn. 30 ff (Besetzung).

dd) Insbesondere: Einschreiten gegen Hoheitsträger

101 Gefahren können nicht nur von Privaten, sondern auch von Hoheitsträgern ausgehen. Allgemein anerkannt ist, dass diese von sich aus verpflichtet sind [→ C221], bei der Erfüllung ihrer Aufgaben keine Gefahren zu verursachen und selbst verursachte Gefahren abzuwehren. Kommt ein Hoheitsträger dieser Pflicht nicht nach, stellt sich die Frage nach der Kompetenz von Verwaltungsbehörden und Vollzugspolizei, also zunächst nach deren **sachlicher Zuständigkeit**, gegen den Hoheitsträger einzuschreiten.[228]

102 **Beispiele:** Hoheitsträger können durch ihnen zurechenbare störende Immissionen gefahrverursachend in Erscheinung treten, etwa wegen Lärm ausgehend von einer hoheitlich betriebenen Sportanlage, einer Unterkunft für Geflüchtete, einer Feuerwehrsirene, viertelstündlich läutenden Kirchglocken oder wegen Geruchsbelästigungen durch eine Kläranlage. Als Störung wurde ferner die Übertragung des Teerbelags einer nicht hitzebeständigen öffentlichen Straße von Fußgängern auf den Teppich eines Kaufhauses angesehen. Grds. nicht zurechenbar sind hingegen Gefahren, die durch die widmungswidrige Nutzung von hoheitlich betriebenen Anlagen entstehen, etwa auf Nachbargrundstücke landende Bälle eines Street-Ball-Platzes.[229]

103 Gegen die sachliche Zuständigkeit der **Verwaltungsbehörden** spricht, dass diese gem. § 3 Abs. 1 SOG *im Rahmen ihres Geschäftsbereichs* für die Gefahrenabwehr zuständig sind. Demnach ist *jede* Verwaltungsbehörde in ihrem Zuständigkeitsbereich auch zur Abwehr solcher Gefahren berufen, die von *ihr selbst* ausgehen. Sie hat gleichsam „gegen sich selbst" einzuschreiten. Andernfalls würde sich die Aufgabe der Gefahrenabwehr nicht mehr an den Geschäftsbereichen orientieren und stattdessen bei einzelnen Verwaltungsbehörden konzentrieren, was der Hamburger Zuständigkeitsordnung [→ B80] widerspräche.[230] Insoweit gilt grds.: **Keine Hoheitsgewalt gegen Hoheitsträger.**[231] Wer gegen eine gefahrbringende Tätigkeit von Hoheitsträgern vorgehen will, kann demnach nicht verlangen, dass eine Verwaltungsbehörde einschreitet, sondern muss einen Unterlassungsanspruch gegen den Hoheitsträger selbst richten.[232] Etwas anderes soll gelten, wenn der Hoheitsträger privatrechtlich-fiskalisch oder erwerbswirtschaftlich tätig ist und dabei Gefahren entstehen. Dann ist die in ihrem Geschäftsbereich berührte Verwaltungsbehörde zuständig.[233]

104 Ein solcher Ausschluss der sachlichen Zuständigkeit wird verbreitet als zu weitreichend angesehen und auf den Fall begrenzt, in dem ein Einschreiten der Gefahrenabwehrbehörde den gefahrverursachenden Hoheitsträger bei der Erfüllung seiner **hoheitlichen Aufgabe beeinträchtigen** würde. In Anbetracht des § 17 VwVG (des Bundes) sei dies bei dem Erlass einer Verfügung regelmäßig noch nicht der Fall, sondern erst bei deren zwangsweisen Durchsetzung.[234] Ob dieses Argument allerdings auch die eindeutigen und vor allem *gesetzlichen* Zuständigkeitsgrenzen des § 3 Abs. 1 SOG zu überspielen vermag, bleibt zweifelhaft. Vielmehr scheint die jüngere Rspr., nach der Einschränkungen der sachlichen Zuständigkeit nur angenommen werden dürfen, wenn

---

228 Die Frage nach der Kompetenz des Einschreitens betrifft die *Zuständigkeit für eine Aufgabe* u. auch die *Mittel zu deren Erfüllung*. So wird das Einschreiten gg. Hoheitsträger auch unter dem Gesichtspunkt einer generellen Beschränkung von Befugnissen thematisiert [→ C45, insbes. Fn. 124]. Die Problematik des Einschreitens gg. Hoheitsträger stellt sich in der FHH insbes. angesichts § 3 SOG u. § 10 HmbVwVG anders dar als in anderen Ländern.
229 BVerwG 19.1.1989 – 7 C 77.87 (Sportanlage); VGH Mannheim 24.11.2020 – 10 S 2012/19 (Geflüchtetenunterkunft); BVerwG 29.4.1988 – 7 C 33/87 (Feuerwehrsirene); BVerwG 30.4.1992 – 7 C 25.91 (Glockengeläut); BGH 6.2.1986 – III ZR 109/84 (Kläranlage); OLG Saarbrücken 30.1.1987 – 4 U 37/85 (Teerverschmutzung); OVG Münster 9.8.2022 – 8 A 3753/18 (Street-Ball-Platz).
230 Vgl. LD/*Bäcker* Kap. D Rn. 22 ff.
231 Allg. vgl. BVerwG 16.1.1968 – I A 1.67; VGH Kassel 29.8.2001 – 2 UE 1491/01.
232 *Schenke* Rn. 306 f.
233 Vgl. VGH Kassel 7.3.1996 – 14 TG 3967/95; *Thiel* § 8 Rn. 147.
234 SchE/*Schoch/Kießling* Rn. 338.

III. Anforderungen der formellen Rechtmäßigkeit

und soweit sie sich *aus dem Fachrecht ergeben*,[235] insoweit gerade zu bestätigen, dass es allein auf § 3 Abs. 1 SOG ankommt.[236] Allenfalls dem jüngst eingeführten § 10 Abs. 1 HmbVwVG, wonach die *Vollstreckung* gegen den Bund oder ein Land unzulässig ist, könnte zu entnehmen sein, dass der Gesetzgeber anscheinend trotz § 3 Abs. 1 SOG von einer grundsätzlichen Kompetenz der Verwaltungsbehörden zum Erlass dann allerdings nicht vollstreckbarer [→ E12] Verfügungen ausgeht.[237]

Während die *Verwaltungsbehörden* also für ein Einschreiten gegen Hoheitsträger sachlich unzuständig sein dürften, gilt dies nicht für die **Vollzugspolizei** oder die Feuerwehr. Ihre Zuständigkeit zur Vornahme unaufschiebbarer Maßnahmen resultiert aus § 3 Abs. 2, nicht aus Abs. 1 SOG. Die Zuständigkeitsbeschränkung der Verwaltungsbehörden im Hinblick auf Maßnahmen ggü. anderen Behörden bzw. Trägern von Hoheitsgewalt hat auf die Eilfallzuständigkeit der Polizei *keine* Auswirkungen. Diese geht der Zuständigkeit eines jeden Hoheitsträgers zur Gewährleistung von öff. Sicherheit und Ordnung in seinem jeweiligen Zuständigkeitsbereich vor.[238]

b) Grenzüberschreitende Zuständigkeiten

Die Zuständigkeit einer Behörde wird durch die Verbandszuständigkeit ihres Verwaltungsträgers präjudiziert.[239] Die Zuständigkeit der Hamburger Polizei- und Ordnungsverwaltung endet daher grds. an der Landesgrenze der FHH – anders als viele Gefahrenfälle. So finden sich in den §§ 30, 30a u. 30b SOG besondere Vorschriften für die **Zusammenarbeit mit auswärtigen Polizei- und Ordnungsbehörden**, die insbes. Regelungen zur örtlichen Zuständigkeit treffen.[240] § 30 SOG zielt darauf ab, bei Ereignissen unterhalb einer Katastrophe,[241] etwa bei Ölunfällen, schnell zu einer länderübergreifenden Hilfeleistung zu kommen. Dazu können Bedienstete oder Kräfte des Bundes und der Länder, Kreise und Gemeinden Amtshandlungen auf dem Hamburger Staatsgebiet vornehmen, soweit die zuständige Hamburger Behörde diese etwa aus Anlass von Staatsbesuchen, Sportereignissen oder Großdemonstrationen *zuvor angefordert* oder ihrem Handeln *nachträglich zugestimmt* hat.

§ 30a SOG erweitert die **Zuständigkeit auswärtiger Bediensteter in der FHH** um weitere polizeiliche Aufgaben, früher beschränkt auf Polizeivollzugsbeamte und -bedienstete, jüngst erweitert auf bestimmte Beamte der Zollverwaltung.[242] Polizeiliche Aufgaben wie etwa die Abwehr unmittelbar bevorstehender erheblicher Gefahren und die Verfolgung von Straftaten und Ordnungswidrigkeiten (Abs. 1 S. 1 Nr. 3 u. 5) oder Gefangenentransporte (Nr. 4)[243] sollen ausschließlich von solchen auswärtigen Bediensteten wahrgenommen werden, die über eine vergleichbare Ausbildung verfügen.[244] Für Bedienstete ausländischer Polizeibehörden und solcher der EU-Mitgliedstaaten müssen weitere Voraussetzungen erfüllt sein (Abs. 3).[245] Werden unter diesen Voraussetzungen auswärtige Polizeivollzugsbeamte, Bedienstete und Kräfte in Hamburg

105

106

107

---

235 Vgl. BVerwG 25.7.2002 – 7 C 24.01; BVerwG 25.9.2008 – 7 A 4.07; *Götz/Geis* § 13 Rn. 82; *Möller/Warg* Rn. 123.
236 Vgl. *Götz/Geis* § 13 Rn. 82.
237 Bü-Drs. 20/4579, 22. Zum Umkehrschluss SchE/*Schoch/Kießling* Rn. 338.
238 Vgl. EFP/*Pünder* Rn. 144.
239 *Maurer/Waldhoff* § 21 Rn. 44 f.
240 Vgl. SchE/*Schoch/Kießling* Rn. 871.
241 Vgl. §§ 1 Abs. 1, 3 Abs. 1 Nr. 4, 12 HmbKatSG.
242 Zur Notwendigkeit der Erweiterung s. Bü-Drs. 21/17906, 87 f.
243 Beachte hierzu § 30a Abs. 1 S. 3 SOG.
244 Bü-Drs. 13/5422, 19.
245 Bezügl. Amtshandlungen von Bediensteten ausl. Staaten in der FHH besteht nach § 30a Abs. 3 S. 2 SOG eine Berichtspflicht des Senats: Im Jahr 2022 hat es keine derartigen Einsätze gegeben, vgl. Bü-Drs. 22/13428, 21. Einsätze erfolgten iRd Fußball-Europameisterschaft 2024; vgl. Bü-Drs. 22/15561.

tätig, richtet sich die **Rechtmäßigkeit** ihrer Maßnahmen nach Maßgabe der §§ 30 Abs. 2, 30a Abs. 2 S. 1 SOG ausschließlich nach dem Landesrecht der FHH. Dies mag die rechtliche Prüfung etwa durch Gerichte erleichtern, kann aber im Einsatz selbst aufgrund zum Teil abweichender Rechtslagen in anderen Ländern zu Unsicherheiten bei den Bediensteten führen, zumal sie nach § 30 Abs. 2 S. 2 Hs 2. SOG den Weisungen der Hamburger Verwaltung unterliegen.[246] Ihre Amtshandlungen sind der FHH zuzurechnen, sodass etwaige Rechtsbehelfe, Ersatz- und Kostenansprüche gegen diese zu richten sind.

108 Für den umgekehrten Fall des **auswärtigen Einsatzes hamburgischer Vollzugspolizei** im Zuständigkeitsbereich eines anderen Landes oder des Bundes setzt § 30b Abs. 1 S. 1 SOG voraus, dass ein Fall des § 30a Abs. 1 SOG oder des Art. 91 Abs. 2 GG vorliegt und das jeweilige auswärtige Landes- oder Bundesrecht einen solchen Einsatz vorsieht, also seinerseits eine dem § 30a SOG entspr. Regelung enthält.[247] Ob und nach welchem Maßstab Polizeivollzugsbeamte der FHH außerhalb der Bundesrepublik Deutschland eingesetzt werden dürfen, richtet sich nach den hierfür notwendigen völkerrechtlichen Vereinbarungen und rechtlichen Regelungen im jeweiligen Einsatzland (§ 30b Abs. 1 S. 2 SOG).[248]

2. Verfahrens- und Formvorschriften

109 Neben der Zuständigkeit stellt die Rechtsordnung Anforderungen an das Verfahren und die Form des Handelns der Polizei- und Ordnungsbehörden. Für deren Verwaltungstätigkeit gelten nach § 1 Abs. 1 Hs. 2 HmbVwVfG die allgemeinen **Anforderungen des HmbVwVfG,** soweit das Polizei- und Ordnungsrecht keine inhaltsgleichen oder entgegenstehenden Bestimmungen enthält. Hat eine polizeiliche Maßnahme die Rechtsform eines Verwaltungsaktes, führen die Polizei- und Ordnungsbehörden ein **Verwaltungsverfahren** iSd § 9 HmbVwVfG durch. Maßgebliche Verfahrensregelungen ergeben sich dann aus den §§ 9 ff. bzw. §§ 35 ff. HmbVwVfG zum Verwaltungsakt.[249] Welche Regelungen im Einzelfall für Verfahren, Vollstreckung oder Rechtsschutz anzuwenden sind, hängt also vor allem von der Handlungsform ab [→ C4]. Weil verwaltungsrechtliche Vorschriften regelmäßig das Vorliegen eines *Verwaltungsakts* voraussetzen, viele polizeiliche Maßnahmen aber als *Realakte* zu qualifizieren sind, ist mitunter unklar, welche Vorschriften bei diesen Maßnahmen anzuwenden sind.[250] Im Hinblick auf Verfahren und Form wird grds. eine analoge Anwendung des HmbVwVfG in Betracht gezogen.[251]

a) Verfahren

110 Vorgaben hinsichtlich der Ablauforganisation, des Vorgehens und der Form bei gefahrenabwehrenden Maßnahmen ergeben sich mitunter aus den Befugnisnormen im SOG und im PolDVG selbst. Solche **spezifischen Vorgaben** sind häufig Ausdruck eines *prozeduralen Grundrechtsschutzes* [→ B35]. Sie regeln etwa die **Beteiligung** anderer Behörden und Organe und

---

246 So auch *DWVM* S. 116; s. auch § 52 Abs. 2 MEPolG. Insbes. gilt nicht die für die Amtshilfe maßgebliche Verantwortungsaufteilung des § 7 HmbVwVfG [→ B267].
247 S. etwa § 103 NGefAG, § 10 LVwG SH sowie die Vereinbarung zw. den Ländern HH, SH und NI über die Erweiterung der örtl. Zuständigkeit ihrer Polizei (Anl. zu § 30a Abs. 1 S. 1 Nr. 5 SOG); im Hinblick auf die Strafverfolgung § 167 GVG u. das Gesetz zur Neufassung des Abkommens über die erweiterte Zuständigkeit der Polizei der Länder bei der Strafverfolgung vom 9.6.1992. Zur einheitl. Wahrnehmung wasserschutzpolizeil. Aufgaben dehnt das Unterelbeabkommen zw. den Ländern NI, SH u. HH die örtl. Zuständigkeit der Hamburger Wasserschutzpolizei aus.
248 Vgl. § 30b Abs. 1 S. 3 SOG u. Bü-Drs. 22/13428, 21.
249 Zu allg. Verfahrensanforderungen s. *Maurer/Waldhoff* § 19 Rn. 1 ff; *Guckelberger* § 14 Rn. 8 ff.
250 Vgl. SchE/*Schoch/Kießling* Rn. 882.
251 KR/*Ramsauer* § 9 Rn. 4c.

III. Anforderungen der formellen Rechtmäßigkeit 99

binden polizeiliche Maßnahmen an eine richterliche Anordnung oder eine Entscheidung durch die Staatsanwaltschaft.[252] Sie sehen **Hinweis-, Belehrungs- und Benachrichtigungspflichten** vor und stellen eine Beteiligung der Betroffenen oder deren Anwesenheit im Rahmen einer Maßnahme sicher.[253] Hinzu kommen Vorgaben zu den **Modalitäten** des Verwaltungshandels, wie Pflichten zur Protokollierung oder zur Löschung von Daten.

Ergänzend gelten für die Polizei- und Ordnungsverwaltung die Vorgaben des **allgemeinen Verwaltungsverfahrensrechts**, insbes. die Verfahrensgrundsätze der §§ 9 ff. HmbVwVfG. Hervorzuheben sind der *Untersuchungsgrundsatz* in § 24 HmbVwVfG sowie die Vorgaben zu *Beweismitteln* und zur *Mitwirkung der Beteiligten* in § 26 Abs. 1 u. 2 HmbVwVfG,[254] weil für die polizeiliche Aufgabenerfüllung die Aufklärung der Tatsachenlage und die Gefahrerforschung [→ C197] besonders wichtig sind. Dabei ist zu beachten, dass die §§ 24, 26 HmbVwVfG keine Befugnisnormen darstellen, die zu Eingriffen in Rechte der Beteiligten oder Dritter ermächtigen. Bei der **Sachverhaltsermittlung** und der Heranziehung von Beweismitteln ist die Behörde insoweit auf freiwillige Mitwirkung angewiesen.[255] Für Aufklärung, Informationsbeschaffung und Gefahrerforschung als der Gefahrenabwehr immanente Aufgaben hält das Polizei- und Ordnungsrecht allerdings zahlreiche Befugnisnormen vor, auch um Eingriffe in die Rechte Betroffener und Dritter zu legitimieren.[256]

111

Hervorzuheben ist ferner die Pflicht zur **Anhörung** nach § 28 Abs. 1 HmbVwVfG, wonach Adressaten eines belastenden Verwaltungsaktes vor dessen Erlass die Gelegenheit zur Äußerung zu geben ist. Nicht selten sind bei polizei- und ordnungsbehördlichem Handeln die Voraussetzungen der Ausnahmeregelungen in Abs. 2 erfüllt, sodass von einer Anhörung abgesehen werden kann – etwa bei *Gefahr im Verzug* oder *öffentlichem Interesse* (Nr. 1),[257] dem Erlass einer *polizeilichen Allgemeinverfügung* (Nr. 4)[258] oder wenn Maßnahmen in der *Verwaltungsvollstreckung* getroffen werden sollen (Nr. 5). Zu berücksichtigen ist jedoch, dass die Anhörung in Form eines *Ansprechens* bzw. *Nachfragens* aufgrund der kurzen Dauer und der Formlosigkeit in polizeilichen Kontext regelmäßig keine erhöhten Anforderungen an handelnde Amtswalter stellt, sodass Ausnahmen im Ermessen der Behörde grds. restriktiv zu handhaben sind.[259] Die Anhörung unterbleibt nach Abs. 3, wenn ihr ein *zwingendes* öff. Interesse entgegensteht.

112

Schließlich ist auf die grundlegende **Begründungspflicht** [→ C116] nach § 39 HmbVwVfG sowie auf die – in ihrer Bedeutung auch für Beweis und Rechtsschutz kaum zu unterschätzende – Pflicht nach § 29 HmbVwVfG hinzuweisen, das Verwaltungshandeln **aktenkundig** zu dokumentieren.[260]

113

Um die Möglichkeiten der Digitalisierung zu nutzen, hat der Gesetzgeber Vorschriften für ein **elektronisches bzw. automatisiertes Verfahren** eingeführt, insbes. zur Übermittlung elektronischer Dokumente in § 3a Abs. 1 u. 3 HmbVwVfG sowie zur Anhörung in § 28 Abs. 2 Nr. 4 HmbVwVfG.

114

---

252 Zur Funktion des Richtervorbehalts etwa BVerfG 20.2.2001 – 2 BvR 1444/00, Rn. 27. Krit. dazu *Lisken/Mokros* NVwZ 1991, 609.
253 *Kingreen/Poscher* § 6 Rn. 18.
254 Dazu *Maurer/Waldhoff* § 19 Rn. 26 u. 39.
255 SBS/*Kallerhoff/Fellenberg* § 24 Rn. 9 u. § 26 Rn. 46.
256 Bei der Anwendung von informationellen u. Gefahrerforschungsbefugnissen ist im Verf. auf die §§ 24, 26 HmbVwVfG zurückzugreifen, vgl. SBS/*Kallerhoff/Fellenberg* § 24 Rn. 9.
257 Vgl. etwa BVerwG 13.7.2017 – 1 VR 3.17 (Abschiebung Gefährder).
258 Zur Erforderlichkeit der Anhörung bei kleinem Adressatenkreis vgl. BVerwG 22.2.2022 – 4 A 7.20.
259 Vgl. EFP/*Pünder* Rn. 180.
260 Vgl. BVerfG 6.6.1983 – 2 BvR 244/83; SchSch/*Schneider* VwVfG § 29 Rn. 45 ff. Die zunehmende Verbreitung von KI-gestützten Large Language Models dürfte die Funktionalität der Aktenführung herausfordern.

b) Form

115 Das Polizei- und Ordnungsrecht stellt nur punktuell spezifische Anforderungen an die Form des Handelns, etwa in Befugnisnormen wie § 11a S. 2 SOG für die Meldeauflage, die *schriftlich und befristet* zu erfolgen hat. Im Übrigen gilt der **Grundsatz der Formfreiheit**: Nach § 37 Abs. 2 S. 1 HmbVwVfG können Verwaltungsakte *schriftlich*, *mündlich* oder *in anderer Weise* erlassen werden. Die Polizeiverfügung erfolgt in der Praxis häufig **mündlich**, etwa in Form einer Aufforderung, stehen zu bleiben, ein bestimmtes Verhalten zu unterlassen oder sich auszuweisen. **Schriftliche** Verwaltungsakte ergehen in der Praxis regelmäßig bei Vorladungen oder etwa bei längerfristigen Aufenthaltsverboten, obwohl § 11 Abs. 1 SOG auch die mündliche Form zulässt und § 12b Abs. 2 SOG keine Formvorgabe trifft.[261] Ein Erlass **in anderer Weise** erfolgt etwa durch das Aufstellen eines Verkehrsschildes oder durch Handzeichen, etwa zur Regelung des Verkehrs an einer Straßenkreuzung.[262] Besondere Vorgaben zur **elektronischen** Form finden sich §§ 3a Abs. 2 u. 4, 37 Abs. 2–5 HmbVwVfG.

116 Einige Vorschriften in SOG und PolDVG sehen allerdings vor, dass *mündliche* Verfügungen oder Verfahrenshandlungen unter bestimmten Voraussetzungen *schriftlich* zu bestätigen sind.[263] Nach der allg. Regelung des § 37 Abs. 2 S. 2 HmbVwVfG hat eine **schriftliche Bestätigung** zu erfolgen, wenn Betroffene dies unverzüglich verlangen und hieran ein berechtigtes Interesse besteht, was im Sinne effektiven Rechtsschutzes regelmäßig der Fall sein dürfte.[264] Nach § 39 Abs. 1 HmbVwVfG sind schriftlich bestätigte und schriftliche Verwaltungsakte mit einer **Begründung** zu versehen, aus der sich die wesentlichen tatsächlichen und rechtlichen Gründe der behördlichen Entscheidung sowie die maßgeblichen Gesichtspunkte für die im Polizei- und Ordnungsrecht regelmäßig erforderliche Ermessensausübung ergeben. Diese **formelle** (äußerliche) ist von der materiellen (inhaltlichen) Begründung (bzw. Begründbarkeit) einer Maßnahme zu unterscheiden, die in der Prüfung der materiellen Rechtmäßigkeit (z.B. dem Vorliegen der Tatbestandsvoraussetzungen) zum Ausdruck kommt.[265] Aufgrund der Ausnahmebestimmungen in § 39 Abs. 2 HmbVwVfG hat die formelle Begründungspflicht nur eine geringe Bedeutung, insbes. da im polizeilichen Kontext für den Betroffenen iSd Nr. 2 regelmäßig die Auffassung der Behörde über die Sach- und Rechtslage auch ohne schriftliche Begründung ohne weiteres erkennbar sein dürfte.[266] Im Fall automatisiert bzw. **elektronisch** erstellter Verwaltungsakte kommt die Ausnahme nach § 39 Abs. 2 Nr. 3 HmbVwVfG hinzu. Die **Bestimmtheit** des Verwaltungsaktes [→ C305] iSd § 37 Abs. 1 HmbVwVfG ist keine formelle, sondern eine *materielle* Anforderung.

c) Bekanntgabe und Wirksamkeit

117 Nach § 41 Abs. 1 S. 1 HmbVwVfG ist ein VA von Polizei- und Ordnungsbehörden demjenigen **Beteiligten bekannt** zu geben, für den er bestimmt ist oder der von ihm betroffen wird.[267] Dies setzt voraus, dass die zuständige Behörde die Verfügung mit entspr. Wissen und Wollen dem Betroffenen ggü. eröffnet, wobei die Verfügung tatsächlich derart in den Machtbereich des Adressaten gelangen muss, dass dieser bei gewöhnlichen Verlauf und unter normalen Umständen

---

261 Vgl. LD/*Graulich* Kap. E Rn. 371.
262 EFP/*Pünder* Rn. 181 mwN; *Kingreen/Poscher* § 6 Rn. 26.
263 Vgl. etwa §§ 16a Abs. 5 SOG, 10 Abs. 2 S. 3, 10a Abs. 3 S. 2, 23 Abs. 2 S. 1 PolDVG.
264 *Thiel* § 7 Rn. 11.
265 Fragen der hinreichend materiellen Begründung oder Rechtfertigung von Maßnahmen (zu den verfassungsrechtl. Grundlagen umfassend Kischel, Die Begründung, 2003), wie sich etwa grundlegend durch den Einsatz von KI stellen (dazu etwa Ibold GSZ 2024, 10), entzünden sich dementsprechend an materiellen Merkmalen wie z.B. der Gefahr oder Störung.
266 *Kingreen/Poscher* § 6 Rn. 20.
267 Zur Bekanntgabe von VAen s. *Schoch* JURA 2011, 23; *Maurer/Waldhoff* § 9 Rn. 71 ff.

III. Anforderungen der formellen Rechtmäßigkeit

eine Möglichkeit zur Kenntnisnahme hat.[268] Neben der *individuellen* – auch *elektronischen* (Abs. 2a u. 2b)[269] – Bekanntgabe sehen Abs. 3 u. 4 auch eine *öffentliche* Bekanntgabe vor, die für polizei- und ordnungsbehördliche *Allgemeinverfügungen* [→ C13] iSd § 35 S. 2 HmbVwVfG von Bedeutung ist. Besonderheiten gelten für die Bekanntgabe von *Verkehrszeichen* [→ E56].

Die Bedeutung der ordnungsgemäßen Bekanntgabe liegt vor allem darin, dass erst sie den VA gem. § 43 Abs. 1 HmbVwVfG **wirksam** werden lässt. Solange ein VA nicht wirksam ist, ist er rechtl. nicht existent.[270] Auch für die Vollstreckung ist die Wirksamkeit eine Voraussetzung [→ E7]. 118

Beispiel: Das Abschleppen eines in Spanien zugelassenen Fahrzeugs im Wege der Ersatzvornahme war rechtswidrig, weil sich ein vollstreckbares Wegfahrgebot allein aus einer Beseitigungsverfügung nach § 61 S. 1 HWG in Form eines am Fahrzeug angehefteten Zettels hätte ergeben können. Da sich der Halter aber in Spanien aufhielt, war der Zettel so nicht in dessen Machtbereich mit der Möglichkeit einer Kenntnisnahme gelangt. Die Verfügung war ihm also nicht ordnungsgemäß bekanntgegeben und somit nicht wirksam geworden.[271] 119

3. Rechtsfolgen bei Verstößen gegen formelles Polizei- und Ordnungsrecht

Bei Verstößen gegen Vorgaben zur Zuständigkeit, zum Verfahren und zur Form gelten die Wirksamkeits- bzw. Fehlerfolgenvorschriften des allg. Verwaltungsrechts in §§ 43 ff. HmbVwVfG. Zu beachten ist allerdings, dass sich die Folge eines Verstoßes gegen eine spezielle formelle Vorschrift des Polizei- und Ordnungsrechts auch aus dieser Vorschrift selbst ergeben kann (vgl. § 1 Abs. 1 Hs. 2 HmbVwVfG). Im Rahmen der allg. Regelungen sind die **Besonderheiten des Verwaltungsaktes** im Vergleich zu anderen behördl. Handlungsformen zu beachten – anders als bei einer Rechtsverordnung führen formelle Fehler grds. zwar zur *Rechtswidrigkeit*, nicht aber zur *Unwirksamkeit* einer Polizeiverfügung.[272] Unwirksam ist nach § 43 Abs. 3 HmbVwVfG nur ein nichtiger VA, der unter einem der in § 44 Abs. 2 HmbVwVfG explizit genannten oder iSd Abs. 1 *offensichtlich* unter einem *besonders schwerwiegenden* Fehler leidet.[273] 120

Gem. § 45 Abs. 1 HmbVwVfG besteht für bestimmte Fehler bis zum Abschluss eines verwaltungsgerichtlichen Verfahrens (Abs. 2) für die Behörde die Möglichkeit einer **Heilung**,[274] etwa durch nachträgliche Anhörung Betroffener. Im Polizei- und Ordnungsrecht haben vor allem die *Nachholung der Begründung* (Abs. 1 Nr. 2) und der *Anhörung* (Nr. 3) praktische Bedeutung.[275] Eine Anhörung ist jedoch nur dann ordnungsgemäß nachgeholt, wenn sie ihre Funktion für den Entscheidungsprozess der Behörde *uneingeschränkt* erreicht,[276] Betroffene also nicht nur (nachträglich) Gelegenheit zur Äußerung erhalten, sondern die Behörde sich mit den vorgetragenen Argumenten auch erkennbar auseinandersetzt.[277] Dazu darf sich der betreffende 121

---

268 Vgl. *Guckelberger* § 13 Rn. 7; KR/*Tegethoff* § 41 Rn. 6 u. 7c.
269 S. zudem § 9 Abs. 1 OZG.
270 Vgl. *Maurer/Waldhoff* § 9 Rn. 71. Zu Fehlerfolgen SBS/*Stelkens* § 41 Rn. 222 ff. Es ist daher nicht ohne Weiteres überzeugend, die Bekanntgabe – wie verbreitet – erst und stets in der *formellen* Rechtmäßigkeit zu prüfen, weil der VA dazu bereits existent sein müsste. Vielmehr ist zu differenzieren: Aus einer (gerichtlichen) ex-post-Perspektive geprüft, spricht vieles dafür, Wirksamkeit und Bekanntgabe eines polizeilichen VA zu Beginn zu untersuchen, um sicherzustellen, dass überhaupt ein rechtlich relevanter (existenter) Gegenstand vorliegt. Da sich aus der für die Polizeipraxis typischen ex-ante-Sicht dagegen die Frage stellt, ob eine beabsichtigte Maßnahme rechtmäßig *wäre*, ist eine ordnungsgemäße Bekanntgabe eher eine Frage der Rechtsfolge bzw. Ausführung, ähnlich wie das Ermessen.
271 VG Hamburg 12.5.2016 – 15 K 6236/15, Rn. 38.
272 Zur Unterscheidung von Rechtmäßigkeit u. Wirksamkeit bei VAen s. *Maurer/Waldhoff* § 10 Rn. 1 ff.
273 Vgl. aber auch Abs. 3. Zu Ausnahmefällen der Nichtigkeit polizeil. VAe s. *DWVM* S. 586 ff.
274 *Maurer/Waldhoff* § 10 Rn. 63.
275 S. dazu *Schenke* Rn. 555 f.
276 Vgl. BVerwG 24.6.2010 – 3 C 14.09, Rn. 37; *Maurer/Waldhoff* § 10 Rn. 63.
277 Vgl. OVG Schleswig 10.12.2019 – 4 MB 88/19, Rn. 8; OVG Bautzen 21.5.2019 – 3 B 151/19.

VA aber nicht bereits erledigt haben.²⁷⁸ Dies ist bei polizei- und ordnungsbehördlichem Handeln jedoch häufig der Fall, da dieses regelmäßig eine Reaktion auf eine Gefahrensituation darstellt.²⁷⁹ Eine ordnungsgemäße Nachholung sollte also nicht vorschnell angenommen werden.²⁸⁰ Auch *Ermessenserwägungen* können im gerichtlichen Verfahren nach § 114 S. 2 VwGO ergänzt werden, wenn der VA sich noch nicht erledigt hat.²⁸¹

122   Im Übrigen kann sich eine **Unbeachtlichkeit** formeller Fehler nach § 46 HmbVwVfG ergeben, wenn *offensichtlich* ist, dass diese die Entscheidung in der Sache *nicht beeinflusst* haben. Relevanz hat dies vor allem für gebundene Entscheidungen oder Fälle der Ermessensreduzierung auf null, da hier ein Nachweis über die Unbeachtlichkeit des Fehlers für die Entscheidung möglich ist.²⁸² Derartige Fälle kommen im Polizei- und Ordnungsrecht indes eher selten vor. Regelmäßig sehen gefahrenabwehrrechtliche Befugnisse rechtsfolgenseitig *Ermessen* vor, womit stets die Möglichkeit abweichender Entscheidungen der Behörde bei einer Beachtung der formellen Vorgaben anzunehmen ist.²⁸³

IV. Schutzgüter

123   Zentrale Schutzgüter des Polizei- und Ordnungsrechts sind die **öffentliche Sicherheit** und die **öffentliche Ordnung**. Polizei und Verwaltungsbehörden haben nach Maßgabe der §§ 1 Abs. 1, 3 Abs. 1 u. 2 SOG die Aufgabe, Gefahren für die öff. Sicherheit *oder* Ordnung abzuwehren und bereits eingetretene Störungen zu beseitigen. Auch soweit einige Vorschriften besondere Schutzgüter wie *Leib, Leben oder Freiheit* bezeichnen, handelt es sich dabei um *Teilschutzgüter* der öff. Sicherheit. Andere Vorschriften wie etwa § 12a SOG und § 12 PolDVG, die Platzverweisung und Befragung regeln, beziehen sich auf die öff. Sicherheit oder Ordnung, indem sie auf die **Aufgabe der Gefahrenabwehr** Bezug nehmen. Die Schutzgüter bilden den zentralen Bezugspunkt der Rechtsprüfung, ohne den sich weitere Voraussetzungen wie die Gefahr, die Verantwortlichkeit oder die Verhältnismäßigkeit nicht prüfen lassen. Die Prüfung der mat. Rechtmäßigkeit einer Maßnahme beginnt deshalb mit der Frage, ob und in welchen Teilschutzgütern die öff. Sicherheit oder die öff. Ordnung *betroffen* sind. Dabei kommt der öff. Sicherheit mit ihren Teilschutzgütern eine praktisch höhere Relevanz zu als der öff. Ordnung.²⁸⁴ Die *freiheitlich-demokratische Grundordnung* [→ B88] ist kein Schutzgut des Polizei- und Ordnungsrechts der FHH,²⁸⁵ auch wenn sie sich mit der öff. Sicherheit überschneiden kann.

124   Sicherheit und Ordnung werden nur geschützt, soweit diese **öffentlich** sind, an ihrer Erhaltung also ein öff. Interesse besteht und sie sich nicht in einer *„Privatangelegenheit"* erschöpfen.²⁸⁶ Aber auch wenn es nicht um die Gefährdung von Rechtsgütern der Allgemeinheit sondern *ausschließlich* bestimmter einzelner Personen geht, wird das öff. Interesse durch Anknüpfungspunkte in der öffentlich-rechtlichen Rechtsordnung konkretisiert und kann an ihnen gemessen werden,

---

278   Vgl. BVerwG 22.3.2012 – 3 C 16.11, Rn. 18; *Maurer/Waldhoff* § 10 Rn. 63.
279   *Kingreen/Poscher* § 6 Rn. 23. Dabei sind auch viele polizeil. Maßnahmen als Realakte zu qualifizieren, die im Moment der Vornahme endgültig sind [→ C15].
280   *Maurer/Waldhoff* § 10 Rn. 63; sehr krit. *Schenke* Rn. 555.
281   KR/*Ramsauer* § 45 Rn. 18, 22; *Maurer/Waldhoff* § 10 Rn. 64 ff.
282   Vgl. EFP/*Pünder* Rn. 182 mwN. Krit. ggü. dieser Reduzierung *Maurer/Waldhoff* § 10 Rn. 69 ff.
283   EFP/*Pünder* Rn. 182; aA *Schenke* Rn. 557.
284   Diese hat lediglich die Funktion eines Auffangtatbestands, vgl. *Thiel* § 8 Rn. 35 f.
285   Vgl. etwa § 1 Abs. 1 S. 2 BWPolG, § 2 Abs. 1 S. 2 SächsPolG u. dazu *Kingreen/Poscher* § 7 Rn. 17. Eine prakt. Bedeutung dürfte entspr. Bezugnahmen nicht zukommen, vielmehr sind staatsfeindliche Aktivitäten an den Teilschutzgütern der öff. Sicherheit zu messen; so auch von OVG Bautzen 11.10.2019 – 3 B 274/19, Rn. 6 ff. (Verbot einer rechten Kampfsportveranstaltung). Gleiches gilt für den Begriff der *verfassungsmäßigen Ordnung*, vgl. LD/*Bäcker* Kap. D Rn. 63.
286   *DWVM* S. 228 ff.; *Gusy/Eichenhofer* Rn. 81. Ausdrückl. § 1 Abs. 1 BWPolG.

sodass darüber hinaus keine abstrakte und gesonderte Prüfung eines öff. Interesses erforderlich sein dürfte.[287] Dies gilt insbes. für den Schutz privater Rechte nach § 3 Abs. 3 SOG sowie für die (Selbst- und Fremd-)Gefährdung von Individualrechtsgütern.

1. Öffentliche Sicherheit

Der Begriff der öffentlichen Sicherheit ist im Polizei- und Ordnungsrecht der FHH gesetzlich nicht definiert.[288] Rspr. und Lit. haben allerdings über die Jahrzehnte zu einem gefestigten Verständnis geführt. So lässt sich die öff. Sicherheit je nach Zählweise [→ C140] in drei bzw. vier **Teilschutzgüter** unterteilen: Die *Unversehrtheit der Rechtsordnung*, die *individuellen Rechtsgüter und privaten Rechte des Einzelnen* sowie den *Bestand des Staates, seiner Einrichtungen und Veranstaltungen*. Regelmäßig überschneiden sich diese individual- und kollektivbezogenen Teilschutzgüter.[289] So umfasst die obj. Rechtsordnung sowohl Vorschriften, die dem Schutz der privaten Rechte und Rechtsgüter des Einzelnen dienen als auch solche, die den Bestand des Staates schützen.[290]

Aus dem Begriff der „*Sicherheit*" geht selbst nicht unmittelbar hervor, was durch das Polizei- und Ordnungsrecht geschützt ist. Dieser **verweist** vielmehr über die genannten Teilschutzgüter auf Belange und Interessen, die von der Rechtsordnung geschaffen, konkretisiert und geschützt werden.[291] Mögen Belange oder Interessen auch *nachvollziehbar* oder *legitim* sein, bilden diese allein deshalb noch kein polizei*rechtliches* Schutzgut. Aufgrund des *Gesetzesvorbehalts* bedarf es dazu der **Anerkennung durch die Rechtsordnung**, um eine Einschränkung von Freiheitsrechten zu rechtfertigen, die mit der polizeilichen Durchsetzung einhergeht. Diese Anbindung an Demokratie und Rechtsstaat bestimmt die Auslegung der *öffentlichen Sicherheit* und das Verständnis ihrer Teilschutzgüter, auch im Verhältnis zueinander. So ist „*Sicherheit*" an und für sich kein Rechtsgut, sondern bezieht sich auf *etwas*, das frei von Gefahren zu halten, also zu sichern ist. Bei der rechtlichen Auslegung des Begriffs geht es darum, dieses „*etwas*" zu bestimmen, nämlich jene Belange und Interessen, die von der Rechtsordnung als Rechtsgüter anerkannt sind und auf die er Bezug nimmt, um sie zu schützen.[292] Deshalb ist etwa das **Sicherheitsgefühl** der Bevölkerung bzw. von einzelnen Gruppen als solches kein Schutzgut, solange und soweit es nicht durch die Rechtsordnung anerkannt ist. Das Sicherheitsgefühl mag eine politische Bedeutung entfalten, kann aber nicht in Form polizeilicher Verfügungen durchgesetzt werden.[293]

a) Unversehrtheit der objektiven Rechtsordnung

Vor dem Hintergrund der notwendigen rechtlichen Anerkennung [→ C126] und angesichts der Verrechtlichung nahezu aller Lebensbereiche ist die Unversehrtheit der objektiven Rechts-

---

287 Vgl. *Schoch* JURA 2013, 468 (469); LD/*Bäcker* Kap. D Rn. 50. Anders mit Bezug v.a. auf den Individualrechtsschutz *Schenke* Rn. 59. Vgl. auch *Kugelmann* Kap. 5 Rn. 37.
288 Vgl. demggü. § 2 Nr. 2 BremPolG, § 3 Nr. 1 SOG LSA; § 54 ThürOBG.
289 Zur hist. Erklärung der Überschneidung s. *Kingreen/Poscher* § 7 Rn. 3 f.; DWVM S. 232 f.
290 So ausdrücklich § 3 Abs. 1 SOG: „*zum Schutz der Allgemeinheit oder des Einzelnen*".
291 Vgl. *Gusy/Eichenhofer* Rn. 80: „*Verweisungsbegriff*".
292 Vgl. *Kugelmann* Kap. 5 Rn. 38; *Gusy/Eichenhofer* Rn. 80.
293 Vgl. LD/*Graulich* Kap. E Rn. 93 ff.; OVG Weimar 21.6.2012 – 3 N 653/09; OVG Lüneburg 27.1.2005 – 11 KN 38/04. Weiterführend dazu *Gusy* KritV 2010, 111. Vgl. aber zudem die jüngst in Hessen eingeführte Regelung in § 1 Abs. 7 HSOG, nach der nun ausdrücklich auch der Stärkung des Sicherheitsgefühls eine besondere Bedeutung bei der Aufgabenwahrnehmung zukommt. Viele Menschen – so der hess. Gesetzgeber – verspürten ein subjektives Gefühl der Unsicherheit, auch wenn dies oft nicht durch objektive Kriminalitätszahlen und -statistiken belegt werden könne (LT-Drs. 21/1448, S. 6). Zu den Auswirkungen auf Eingriffsschwellen und Befugnisse etwa [→ C169 u. D56].

ordnung das **leitende Teilschutzgut** der öff. Sicherheit.[294] Zur obj. Rechtsordnung gehören **sämtliche Rechtsnormen** unabhängig von ihrem Normtyp, von der Verfassung bis hin zu Rechtsverordnungen und Satzungen. Erfasst ist nicht nur *„geschriebenes"*, sondern auch *„ungeschriebenes"*, nicht kodifiziertes Richter- und Gewohnheitsrecht.[295] Die öff. Sicherheit verweist so auf alle rechtlich verbindlichen Regelungen, die menschliches Verhalten durch Ge- oder Verbote anleiten, und definiert damit den durch das Gefahrenabwehrrecht zu wahrenden, **objektiven Soll-Zustand**.[296] Die Polizei- und Ordnungsverwaltung lässt sich so tatsächlich als *„Gesetzeshüterin"* bezeichnen. Dabei kommt es nicht darauf an, ob ein rechtswidriges Verhalten – etwa das nächtliche Überfahren einer roten Ampel auf einer menschenleeren Straße – zugleich auch *tatsächlich* gefährlich ist, da die Unversehrtheit der Rechtsordnung *als solche* das schützenswerte Gut bildet – die fehlende Gefährlichkeit kann ggf. auf der Ebene der Verhältnismäßigkeit zu berücksichtigen sein.[297]

128 Besondere Relevanz kommt den Tatbeständen des **Straf- und Ordnungswidrigkeitenrechts** zu, da diese ein ungewolltes und für sich sanktionswürdiges Verhalten konkret beschreiben.[298] Im polizeirechtlichen Sinne sind diese Vorschriften bereits verletzt, wenn der jeweilige *obj. Tatbestand* verwirklicht ist bzw. dessen Verwirklichung droht und *keine rechtfertigenden Umstände* gegeben sind, wobei auch der *strafbare Versuch* erfasst wird.[299] Für die *präventive Gefahrenabwehr* mit dem Ziel eines vorgelagerten Rechtsgüterschutzes kommt es anders als bei der *repressiven Strafverfolgung* nicht auf den subj. Tatbestand – auf Vorsatz und Fahrlässigkeit – und auch nicht auf die Schuld an.[300] Zur Gewährleistung *effektiver* Gefahrenabwehr, müssen Personen unabhängig von ihrem Verschulden in Anspruch genommen werden können, wenn sie eine Gefahr im polizeirechtlichen Sinne verursachen.[301]

129 Ähnlich verhält es sich, wenn die **Verwirklichung eines Antragsdelikts** droht, ein Strafantrag aber nicht gestellt wurde.[302] Bei *relativen Antragsdelikten*, wie der Körperverletzung oder Sachbeschädigung, für die ein öff. Interesse an der Strafverfolgung dem Strafantrag gleichgestellt wird, kann die Polizei- und Ordnungsverwaltung zur Abwehr einer Gefahr für die Unversehrtheit der Rechtsordnung einschreiten. Für *absolute Antragsdelikte* wie dem Hausfriedensbruch oder der Beleidigung wird iRd polizeilichen Entschließungsermessens zwar das *individuelle* Strafverfolgungsinteresse des Rechtsinhabers zu berücksichtigen sein, dies schließt ein Einschreiten zugunsten der *öffentlichen* Sicherheit aber regelmäßig nicht aus.[303] Das deutsche Strafrecht erstreckt sich nach §§ 5 ff. StGB auch auf die Verhütung von **Straftaten im Ausland**. Besteht die Möglichkeit der *inländischen* Abwehr einer bevorstehenden Straftat im Ausland, etwa durch das Verhängen einer Meldeauflage nach § 11a SOG gegen gewaltbereite Hooligans vor einem brisanten Auswärtsspiel, fällt dies auch in den Zuständigkeitsbereich deutscher Sicherheitsbehörden.[304]

---

294 SchE/*Schoch/Kießling* Rn. 244; *Götz/Geis* § 10 Rn. 7; *Knemeyer* Rn. 101.
295 *Schenke* Rn. 61; *Thiel* § 8 Rn. 10.
296 Vgl. *Kingreen/Poscher* § 7 Rn. 7 f.; LD/*Bäcker* Kap. D Rn. 49.
297 Vgl. EFP/*Pünder* Rn. 292; LD/*Bäcker* Kap. D Rn. 52 mit Bezug auf abstr. Gefährdungsdelikte.
298 *Thiel* § 8 Rn. 13; DWVM S. 236 f.
299 Vgl. die polizeirechtl. Definition einer Straftat in § 2 Nr. 4 BremPolG: *„eine rechtswidrige Tat, die den obj. Tatbestand eines Strafgesetzes verwirklicht"*; *Götz/Geis* § 10 Rn. 11. Zur Bedeutung von zivilem Ungehorsam als Argument, um eine Gefahr für die obj. Rechtsordnung zu verneinen, OVG Münster 9.1.2023 – 5 B 14/23.
300 Im GefAbwR geht es nicht um die Legitimation einer indiv. Strafe oder Sanktion, sondern um die Abwehr obj. Gefahren, vgl. SchE/*Schoch/Kießling* Rn. 246.
301 EFP/*Pünder* Rn. 88.
302 Vgl. BVerwG 8.9.1981 – I C 88.77, Rn. 44.
303 *Schenke* Rn. 58; LD/*Bäcker* Kap. D Rn. 51; aA EFP/*Pünder* Rn. 88. So dürfte auch das Übermalen eines beleidigenden Schriftzuges an der Roten Flora zu bewerten sein, vgl. Bü-Drs. 22/6157; 22/6158.
304 Vgl. BVerwG 25.7.2007 – 6 C 39.06; SchE/*Schoch/Kießling* Rn. 247; *Kingreen/Poscher* § 7 Rn. 10.

IV. Schutzgüter

Beispiele: Zur Abwehr von Gefahren für die Unverletzlichkeit der Rechtsordnung kann die Polizei die Beteiligten einer drohenden körperlichen Auseinandersetzung voneinander trennen (§ 223 Abs. 1 StGB), den Weg versperrende Gaffer des Unfallorts verweisen (§ 323c Abs. 2 StGB) oder den Autoschlüssel einer alkoholisierten Person sicherstellen (§ 316 StGB). Anhaltende Störungen, etwa durch Wahlplakate mit beleidigendem oder volksverhetzendem Inhalt (§§ 185, 130 StGB) werden durch deren Entfernung beseitigt.[305] Auch bei Verletzung von Vorschriften des OWiG kann eingeschritten werden, etwa in Fällen nächtlicher Ruhestörungen (§ 117 OWiG), gegen Urinieren im öff. Raum (§ 118 OWiG), das Halten gefährlicher Tiere (§ 121 OWiG) oder gegen sexuell anstößige Werbung (§ 119 OWiG).[306]

130

Teil der obj. Rechtsordnung sind auch die Vorschriften des besonderen **Verwaltungsrechts**. Statuieren diese als Verhaltensnormen ein *Ge- oder Verbot* bzw. mitunter auch ein umfangreiches *Pflichtenprogramm*, können sie durch den Einzelnen verletzt werden.[307] Entspr. Regelungswerke können dabei selbst spez. Befugnisse normieren, die regeln, was im Falle derartiger Rechtsverletzung behördlich unternommen werden darf.[308] Regeln verwaltungsrechtliche Ge- oder Verbotsnormen selbst *keine* Befugnisse (mit), sog. **leges imperfectae**, können die Polizei- und Ordnungsbehörden unter Rückgriff auf die Befugnisse des SOG, etwa auf dessen § 3 Abs. 1, gegen *bevorstehende* und *andauernde* Rechtsverletzungen vorgehen und so die Ge- und Verbotsnormen für den Einzelfall *konkretisieren* und deren Einhaltung anordnen.[309] Dies gilt auch für **untergesetzliche Rechtsvorschriften**, die wie die StVO keine eigenen Regelungen zur Umsetzung der Verhaltenspflichten treffen und durch das allg. Gefahrenabwehrrecht durchgesetzt werden können.[310] Relevant werden dabei auch Verordnungen, die auf Grundlage des § 1 SOG erlassen wurden.

131

Beispiele: § 20 HundeG regelt eine Kotbeseitigungspflicht, enthält aber keine Ermächtigung zu deren Durchsetzung. § 1 Abs. 1 HeilprG untersagt die Ausübung von Heilkunde ohne behördliche Ermächtigung, ohne dabei selbst zu einem Einschreiten zu ermächtigen.[311] Polizeirelevante Verbote ergeben sich ferner aus § 2 HmbPSchG für das Rauchen in öff. Einrichtungen, aus § 1 GlasflaschenverbotsG für das Mitführen von Glasgetränkebehältnissen auf Reeperbahn und Hansaplatz am Wochenende oder etwa aus § 3 Abs. 1 HmbLärmSchG für nächtliche Störungen durch laute Musik im Wohngebiet. Aus § 32 Abs. 3 ProstSchG resultiert das Verbot von Werbung für (ebenfalls verbotene) Dienstleistungen der Sexarbeit ohne Kondom. Einschreiten kann die Polizei aufgrund einer Missachtung untergesetzlicher Rechtsvorschriften, etwa bei Verstößen gegen die Maskenpflicht aus der HmbSARS-CoV-2-EindämmungsVO oder gegen die §§ 8, 11 eKFV etwa durch Transport einer weiteren Person auf einem E-Scooter. §§ 20 Abs. 1, 21 Abs. 4 der Hafenverkehrsordnung statuieren ein grundsätzliches Rechtsfahrgebot auf Hamburgs Gewässern, das mit Ausnahmen für die Außen- und Binnenalster, auch für das Stand-Up-Paddling gilt.

132

Die Unversehrtheit der Rechtsordnung ist auch betroffen, wenn ein erlaubnispflichtiges Vorhaben **ohne Erlaubnis** durchgeführt wird.[312] Hat die Behörde aber ein gesetzeswidriges Verhalten, etwa durch wirksame Erlaubnis oder Genehmigung, für zulässig erklärt, liegt aufgrund der

133

---

305 S. etwa OVG Bautzen 21.9.2021 – 6 B 360/21, Rn. 18 ff. („Hängt die Grünen"); OVG Lüneburg 24.05.2019 – 11 ME 189/19; BVerfG 24.5.2019 – 1 BvQ 45/19 („Migration tötet"); abl. VGH München 30.1.2020 – 10 ZB 19.2241 („Geld für die Oma – statt für Sinti und Roma"); OVG Bautzen 21.5.2019 – 3 B 136/19, Rn. 6 ff. („Reserviert für Volksverräter").
306 Vgl. OVG Lüneburg 30.11.2012 – 11 KN 187/12, Rn. 68 (Urinieren, Koten u. Erbrechen); OVG Münster 24.6.2009 – 5 B 464/09 (Werbung). Zu § 118 OWiG [→ C157].
307 SchE/*Schoch/Kießling* Rn. 248.
308 Vgl. etwa die konkr. Tierhaltungspflichten in § 2 TierSchG, bei deren Verletzung eine Ermächtigung zur Fortnahme des Tieres oder anderen Maßnahmen in § 16a TierSchG vorgesehen sind. S. dazu OVG Lüneburg 8.11.2018 – 11 LB 34/18 u. im anschaulichen Fall des Schimpansen „Robby".
309 EFP/*Pünder* Rn. 88; *Kugelmann* Kap. 5 Rn. 41; *Thiel* § 8 Rn. 12.
310 Vgl. BVerwG 20.10.2015 – 3 C 15.14; SchE/*Schoch/Kießling* Rn. 249. Eine Betroffenheit der obj. Rechtsordnung setzt die Verletzung einer Regelung durch ein zumindest form. Gesetz voraus, eine Anordnung im schulischen Hygieneplan genügt nicht; vgl. OVG Hamburg 15.1.2021 – 1 Bs 237/20, Rn. 86.
311 Vgl. *Schenke* Rn. 62; BVerwG 11.11.1993 – 3 C 45.91 (Heilmagnetisieren mit Wünschelrute). Aus der neueren Rspr. vgl. VG Oldenburg 12.6.2018 – 7 A 7963/17 (Tattoo-Entfernung mit Laser); OVG Lüneburg 15.3.2011 – 8 ME 8/11 (trad. chinesische Medizin).
312 Zur wichtigen Unterscheidung von form. und mat. Rechtsverletzung, s. *Maurer/Waldhoff* § 9 Rn. 53 f.

Legalisierungswirkung des Verwaltungsakts kein Verstoß gegen die obj. Rechtsordnung vor.³¹³ Dies bezieht sich allerdings nur auf jene Tatsachen und Rechtsfragen, die Gegenstand des Verwaltungsverfahrens waren, also lediglich auf das Verhalten bzw. den Zustand, der von der Genehmigung erfasst wird.³¹⁴ Liegt aus anderen Gründen eine Gefahr vor oder hebt die Behörde den VA nach §§ 48, 49 HmbVwVfG auf, kann eingeschritten werden.³¹⁵

134 Zur obj. Rechtsordnung gehört auch das **Verfassungsrecht**, dem jedoch iRd Teilschutzguts keine eigene Bedeutung zukommt, da an die Verfassungsorgane gerichtete, staatsorganisationsrechtliche Vorschriften nicht durch den Einzelnen verletzt werden können.³¹⁶ Die **Grundrechte** sind in erster Linie Abwehrrechte gegen den Staat, woran dessen Hoheitsträger gem. Art. 1 Abs. 3 GG unmittelbar gebunden sind. Sie begründen jedoch keine Verhaltenspflichten für den Bürger, sodass in einem grundrechtsbeeinträchtigenden Konflikt zwischen Privaten kein Verstoß gegen die obj. Rechtsordnung liegt, sondern regelmäßig das einfache Recht oder die Rechtsgüter des Einzelnen betroffen sind.³¹⁷ Auch das **Unions- und das Völkerrecht** sind Teil der obj. Rechtsordnung.³¹⁸ In ihrer Vollständigkeit erfasst diese auch die Normen des **Privatrechts**, wobei es zu Überschneidungen mit dem Teilschutzgut der subj. Rechte und Rechtsgüter des Einzelnen kommt und die subsidiäre Zuständigkeit der Verwaltungsbehörden gem. § 3 Abs. 3 SOG zu beachten ist.³¹⁹

b) Subjektiv-öffentliche Rechte und Rechtsgüter des Einzelnen

135 Zur öff. Sicherheit gehört das Teilschutzgut der subjektiv-öffentlichen Rechte und Rechtsgüter des Einzelnen. Dazu zählen untrennbar mit einer Person verbundene **Individualrechtsgüter**, wie insbes. die Menschenwürde, Leben, Gesundheit, körperliche Unversehrtheit, das allgemeine Persönlichkeitsrecht, die Ehre oder die Freiheit der Person.³²⁰ Gemeinschaftsbezogene (Kollektiv-)Rechtsgüter wie die Volksgesundheit oder die öff. Wasserversorgung werden demggü. vom Teilschutzgut bereits begrifflich nicht erfasst.³²¹ Individuelle Rechte oder Rechtsgüter werden regelmäßig durch einfachgesetzliche Normen des öff. Rechts geschützt, was eine **eingeschränkte Bedeutung** des Teilschutzgutes begründet. Die drohende Verletzung *subjektiver* Rechtspositionen in Form eines Verstoßes gegen entspr. straf- oder verwaltungsrechtliche Vorschriften begründet dann eine Gefahr für die *objektive* Rechtsordnung – soweit der Gesetzgeber konkrete Regelungen zum Schutz individueller Rechte und Rechtsgüter getroffen hat, bedarf es keines Rückgriffs auf das abstraktere Teilschutzgut.³²²

136 **Beispiele:** Maßnahmen zum Schutz der persönlichen Ehre einer Person können über die Unversehrtheit der Rechtsordnung auf die Straftatbestände der §§ 185 ff. StGB gestützt werden. Solange wie im Fall der Gehsteigbelästigung, einer etwa religiös motivierten Ansprache von Personen auf deren Schwangerschaftskonfliktsituation unmittelbar vor einer entspr. Beratungsstelle, keine konkrete Verbotsnorm bestand,

---

313 Vgl. BVerwG 2.12.1977 – IV C 75.75; *Götz/Geis* § 10 Rn. 14 ff. Bloßes Dulden reicht grds. nicht aus.
314 *Gusy/Eichenhofer* Rn. 88.
315 SchE/*Schoch/Kießling* Rn. 250; *Kingreen/Poscher* § 7 Rn. 12.
316 Zur eingeschr. Relevanz des Verfassungsrechts als Schutzgut s. *Kingreen/Poscher* § 7 Rn. 15 ff.
317 Vgl. *Thiel* § 8 Rn. 16. Etwas anderes gilt nach *Schenke* Rn. 63, soweit die Menschenwürde betroffen ist. Aus einem grundrechtswidr. Zustand kann sich jedoch eine Pflicht des Staates zum Einschreiten ergeben [→ C284]. Auch Staatszielbestimmungen bedürfen einer einfachgesetzl. Konkretisierung, um durch die öff. Sicherheit geschützt zu werden, vgl. *Götz/Geis* § 10 Rn. 46.
318 S. *Lindner* JuS 2005, 302 (305); SchE/*Schoch/Kießling* Rn. 251 mwN. Zur Bedeutung der Grundfreiheiten u. der EMRK als Teil des Schutzguts s. *Kugelmann* 14. Kap. Rn. 57 ff.
319 Vgl. SchE/*Schoch/Kießling* Rn. 252; *Möller/Warg* Rn. 84.
320 Vgl. *DWVM* S. 235 f.; *Thiel* § 8 Rn. 26.
321 *Götz/Geis* § 10 Rn. 36 ff. u. *Kugelmann* Kap. 5 Rn. 44; aA *Thiel* § 8 Rn. 28 f.; *Möller/Warg* Rn. 82.
322 Vgl. *DWVM* S. 236; *Kingreen/Poscher* § 7 Rn. 5 u. 20; SchE/*Schoch/Kießling* Rn. 256; *Knemeyer* Rn. 101.

IV. Schutzgüter

konnte die Polizei die aufgezwungene Konfrontation zum Schutz des APRs unterbinden.[323] Die heimliche Anfertigung von Bildaufnahmen des Intimbereichs anderer Personen („Upskirting") betrifft den Schutz des Rechts auf sexuelle Selbstbestimmung oder des Rechts am eigenen Bild – ein polizeiliches Einschreiten kann seit 1.1.2021 aber bereits aufgrund eines Verstoßes gegen § 184k StGB erfolgen. Gleiches gilt seit dem 22.9.2021 in Bezug auf § 126a StGB für ein polizeiliches Einschreiten gegen die Veröffentlichung einer Sammlung öff. zugänglicher (Adress-)Daten als „Feindesliste".

Rechtlich *eigenständige* Bedeutung erfährt das Teilschutzgut insbes. in Fällen, in denen Gefahren für Individualrechtsgüter nicht aus rechtswidrigem Verhalten erwachsen.[324] Verliert eine Person etwa in Folge einer rechtmäßigen Kündigung des Mietverhältnisses ihre Wohnung und kann sie sich selbst nicht anderweitig Wohnraum beschaffen, liegt in der **unfreiwilligen Obdachlosigkeit** [→ C288] eine Gefahr für Individualrechtsgüter, für Leib und Leben oder auch das Eigentum.[325] Gleiches gilt in Fällen von Erdbeben, Überschwemmungen, Lawinen oder Sturm, weil derartige **Naturereignisse** regelmäßig Rechtsgüter wie Leben, Gesundheit und Eigentum gefährden, ohne dass ein Normverstoßes vorliegt.[326]

137

Fallkonstellationen der **Selbstgefährdung** erfordern eine differenzierte Betrachtung. So schützt die Rechtsordnung den Einzelnen nicht vor sich selbst, sondern umfasst vielmehr gerade auch dessen (Grund-)Recht, die eigene Gesundheit und das eigene Leben selbstbestimmt zu gefährden.[327] Wer etwa durch die Ausübung riskanter Sportarten, gesundheitsschädlichen Konsum, besondere sexuelle Praktiken oder das Halten gefährlicher Tiere *bewusst* und *ausschließlich sich selbst* gefährdet, beeinträchtigt hierdurch nicht die öff. Sicherheit. Dies gilt, soweit nicht durch Rechtsvorschrift, etwa in der StVO, im BtMG, KCanG oder TierSchG, ausdrückliche Verbote oder konkrete Verhaltensregeln statuiert werden.[328] Der (grundrechtlich) garantierten Selbstgefährdung, die eine „aufgedrängte Gefahrenabwehr" ausschließt, werden in obj. und subj. Hinsicht **Grenzen** gesetzt.[329] So ist eine Betroffenheit der öff. Sicherheit anzunehmen, wenn durch selbstgefährdende Aktivitäten eine konkrete Gefährdung *anderer Menschen* entsteht, etwa weil diese zu risikoreichen Rettungsaktionen verleitet werden.[330] Die öff. Sicherheit ist ferner betroffen, wenn die Selbstgefährdung nachweislich nicht von einem *freien Willen* getragen ist, sich die Person in einer *hilflosen Lage* befindet oder die Tragweite ihres Handelns nicht absehen kann.[331]

138

Die beschriebenen Grundsätze gelten grds. auch bei einer drohenden **Selbsttötung**, die dennoch überwiegend als Gefahr für die öff. Sicherheit angesehen wird.[332] Das BVerfG betont, dass das Recht auf ein selbstbestimmtes Sterben in jeder Phase menschlicher Existenz bestehe, also nicht etwa nur in Phasen unheilbarer Krankheit – ausgenommen seien jedoch Fälle, in denen

139

---

323 Mittlerweile gilt nach § 8 SchKG ein bußgeldbewährtes Belästigungsverbot; s. dazu BT-Drs. 20/10861. Vgl. VGH Mannheim 11.10.2012 – 1 S 36/12, 25.8.2022 – 1 S 3575/21, Rn. 58 ff. zur vorherigen Rechtslage sowie dazu *Graf/Vasovic* NVwZ 2022, 1679.
324 Vgl. LD/Bäcker Kap. D Rn. 55 ff.
325 Vgl. VGH Mannheim 5.3.1996 – 1 S 470/96, Rn. 3; OVG Münster 27.10.2020 – 9 E 704/20, Rn. 9; OVG Bremen 1.10.1993 – 1 B 120/93, Rn. 5. Zur polizeirechtl. Erfassung von Obdachlosigkeit *Ruder* KommJur 2020, 401 u. 2020, 447. Eine Gefährdung der öff. Ordnung wird heute nicht mehr angenommen; vgl. *DWVM* S. 258.
326 *Kingreen/Poscher* § 7 Rn. 21 f.; *Thiel* § 8 Rn. 25.
327 BVerfG 21.12.2011 – 1 BvR 2007/10, Rn. 17 (Solarium), 9.3.1994 – 2 BvL 43/92, Rn. 119 (Cannabis).
328 Vgl. BVerfG 26.1.1982 – 1 BvR 1295/80, Rn. 19 f. (Schutzhelm), 24.7.1986 – 1 BvR 331/85 (Gurtpflicht); *EFP/Pünder* Rn. 91.
329 S. dazu *Schoch* JURA 2013, 468 (473 f.) mwN. Zur Menschenwürde als Grenze der Selbstgefährdung *Thiel* § 8 Rn. 33 mVa BVerwG 24.10.2001 – 6 C 3.01 (Laserdrome) u. VG Neustadt (Weinstr.) 21.5.1992 – 7 L 1271/92 (Zwergenweitwurf).
330 Vgl. *Schenke* Rn. 60; *Kingreen/Poscher* § 7 Rn. 25 f.; krit. dazu LD/Bäcker Kap. D Rn. 59. Vgl. VGH Mannheim 11.7.1997 – 8 S 2683/96 (Tauchverbot).
331 Dies ist etwa bei Kindern oder bei Erwachsenen in einem die freie Willensbestimmung ausschließenden Zustand der Fall; vgl. *Götz/Geis* § 10 Rn. 31; *Thiel* § 8 Rn. 31.
332 S. *Schoch* JURA 2013, 468 (474); *Götz/Geis* § 10 Rn. 32 ff. u. *Knemeyer* VVDStRL 1977, 221 (256).

der Suizidentschluss nicht auf einem autonom gebildeten, freien Willen basiere.³³³ Bei einem Suizidversuch ist ein rechtmäßiges Einschreiten etwa in Form des Schutzgewahrsams nach § 13 Abs. 1 Nr. 1 SOG bereits deshalb möglich, da regelmäßig *unklar* ist, ob die Selbsttötung auf einem autonomen Willensentschluss beruht oder ob sich die betroffene Person vielmehr in einem psychischen Ausnahmezustand befindet.³³⁴ Dogmatisch lässt sich die polizeiliche Intervention so als Gefahrerforschungseingriff [→ C197] einstufen, um herauszufinden, ob ein die **freie Willensbetätigung** ausschließender Zustand vorliegt – wird dieser durch die Polizei fälschlich angenommen, ergibt sich regelmäßig eine Anscheinsgefahr.³³⁵ Auch kann mit einem Suizid regelmäßig eine Gefährdung Dritter einhergehen – das bloße *Nachahmungspotenzial* an einem prominenten Ort dürfte für sich jedoch nicht ausreichen. Anders ist die Lage bei einem **wohlerwogenen Selbsttötungsentschluss** zu beurteilen, wenn sich etwa eine unheilbar kranke Person dazu entschließt, selbstbestimmt aus dem Leben zu scheiden, die in dieser extremen Notlage nicht nur die tödliche Dosis eines Betäubungsmittels erwerben, sondern auch die Entscheidung über die Beendigung des eigenen Lebens treffen darf.³³⁶

c) Private Rechte

140 Dass private Rechte ebenfalls zum Schutzgut der öff. Sicherheit gehören, kommt bereits in § 3 Abs. 3 SOG zum Ausdruck.³³⁷ Dabei handelt es sich nicht um subjektiv-öffentliche, sondern um **durch das Privatrecht begründete Rechtspositionen**, die ggü. natürlichen oder juristischen Personen durch den Einzelnen und auch durch Hoheitsträger geltend gemacht werden, die dabei an die Durchsetzungsmechanismen des Privatrechts gebunden sind.³³⁸ Dazu gehören etwa schuldrechtliche Forderungen, dingliche Rechtspositionen, Marken-, Patent- oder Namensrechte.³³⁹ Auch das Sorgerecht nach § 1626 BGB wird umfasst.³⁴⁰ Für die Einordnung als privates Recht macht es keinen Unterschied, ob zusätzlich auch ein Schutz durch die Grundrechte besteht, wie etwa im Falle des zivilrechtlich definierten Eigentums, das grundrechtlich durch Art. 14 GG geschützt wird. Wenngleich private Rechte zum Schutzgut der öff. Sicherheit gehören, obliegt deren Durchsetzung in erster Linie den ordentlichen Gerichten, was durch die **Subsidiaritätsklausel** in § 3 Abs. 3 SOG [→ C93] sichergestellt wird.³⁴¹

d) Bestand des Staates, seiner Einrichtungen und Veranstaltungen

141 Als drittes Teilschutzgut werden der Bestand und die Funktionsfähigkeit des Staates angesehen, also dessen territoriale Unversehrtheit und politische Unabhängigkeit, dessen dauerhafte Einrichtungen sowie Veranstaltungen als ad hoc gebildete Handlungskomplexe.³⁴² Als Teile des Staates sind **alle Träger hoheitlicher Gewalt** erfasst: Bund, Länder, Gemeinden und Gemeindeverbände, sonstige juristische Personen des öff. Rechts wie die Rundfunkanstalten, die als öffentlich-rechtliche Körperschaften anerkannten Religionsgemeinschaften, Hochschulen und

---

333 BVerfG 26.2.2020 – 2 BvR 2347/15, Rn. 210 u. 240 f.
334 Vgl. *Kugelmann* Kap. 5 Rn. 65; LD/*Bäcker* Kap. D Rn. 60; krit. *Gusy/Eichenhofer* Rn. 86.
335 Dies gilt insbes., wenn der Selbsttötungsversuch in einer Weise begangen wird, die darauf schließen lässt, dass dieser auf eine Entdeckung angelegt, das Handeln also vom Bedürfnis nach Hilfe gelenkt ist; vgl. *Kingreen/Poscher* § 7 Rn. 27 f.; EFP/*Pünder* Rn. 92; *Schenke* Rn. 60.
336 Vgl. BVerfG 26.2.2020 – 2 BvR 2347/15; BVerwG 2.3.2017 – 3 C 19.15; SchE/*Schoch/Kießling* Rn. 262 mwN. So auch EFP/*Pünder* Rn. 92 mVa die Regelung der Patientenverfügung in § 1901a BGB.
337 BERS/*Rogosch* § 3 SOG Rn. 48. Zum Schutz priv. Rechte s. *Schoch* JURA 2013, 468.
338 *Kugelmann* Kap. 5 Rn. 44; *Gusy/Eichenhofer* Rn. 91; *Schoch* JURA 2013, 468 (470).
339 Vgl. *Götz/Geis* § 10 Rn. 18; *Gusy/Eichenhofer* Rn. 91 f.
340 *Thiel* § 8 Rn. 27.
341 Vgl. Bü-Drs. 18/1487, 8.
342 Vgl. BVerwG 28.3.2012 – 6 C 12.11, Rn. 23; *Kingreen/Poscher* § 7 Rn. 30 ff.

IV. Schutzgüter

Selbstverwaltungskörperschaften – zudem auch Private, die mit der Wahrnehmung hoheitlicher Aufgaben betraut sind.[343] Nicht dazu gehören dürften politische Parteien, deren Funktion es zwar ist, auf die politische Willensbildung Einfluss zu nehmen und an der Vertretung des Volkes in den Parlamenten mitzuwirken, die aber deshalb nicht *hoheitlich* sind.[344] Unter den Begriff der **Einrichtungen** fallen alle „greifbaren" hoheitlichen Funktionseinheiten von gewisser Dauerhaftigkeit. Erfasst sind zudem virtuelle Einrichtungen wie etwa staatliche Accounts in sozialen Medien.[345] Auch die auswärtigen Beziehungen der Bundesrepublik Deutschland werden als Teil des Schutzgutes angesehen.[346]

Beispiele: Einrichtungen sind etwa alle Parlaments-, Verwaltungs- und Gerichtsgebäude, der öffentlichen Daseinsvorsorge dienende Sportplätze, Theater, Museen, Bibliotheken, Schwimmbäder oder Friedhöfe, Wohnheime für Geflüchtete oder Obdachlose, Kasernen, Versorgungsbetriebe oder auch der öffentliche Verkehrsraum. Veranstaltungen können etwa internationale Gipfeltreffen, Staatsempfänge, -begräbnisse oder -besuche, Militärübungen oder ein Zapfenstreich der Bundeswehr, Sitzungen parlamentarischer Gremien, Gerichtsverhandlungen, Tage der offenen Tür, Ausstellungen, Polizeikontrollen sowie schulische oder universitäre Lehr- und Prüfungsveranstaltungen sein.[347]

142

Auch diesem Schutzgut kommt nur eine **begrenzte eigenständige Bedeutung** zu, da mit den Staatsschutzdelikten in den §§ 80 ff. StGB, die für staatsgefährdende Bestrebungen bereits Vorbereitungs- und Versuchshandlungen erfassen, sowie weiteren einschlägigen Straftatbeständen in §§ 123, 240 u. 315 ff. StGB, der Bestand des Staates über die obj. Rechtsordnung erfasst ist.[348] Zugleich sind gefährdete Hoheitsträger zu ihrem Schutz mitunter mit eigenen Befugnissen ausgestattet, die ggü. dem allg. Polizei- und Ordnungsrecht Vorrang haben, regelmäßig aber zu einem Tätigwerden als *Vollzugshilfe* führen können.[349] Hierzu gehört etwa das **Hausrecht öffentlich-rechtlicher Einrichtungen**, das dazu ermächtigt, selbst über den Zutritt und das Verweilen in Dienstgebäuden zu entscheiden, um einen geordneten Ablauf des Behördenbetriebs zu gewährleisten.[350] Zudem bestehen spezielle Regelungen zur Ordnungs- und Polizeigewalt staatlicher Organe zur Sicherung der störungsfreien Nutzung öff. Einrichtungen oder des störungsfreien Ablaufs öff. Veranstaltungen ggü. den zugelassenen Personen und Teilnehmenden – etwa für die *Gerichte* in den §§ 175 bis 183 GVG, für die *Parlamente* in Art. 18 Abs. 2 HmbVerf bzw. Art. 40 Abs. 1 S. 2 GG oder für *Ausschüsse der Verwaltung*, § 89 HmbVwVfG.[351]

143

Praktische Relevanz haben Gefährdungen der **Funktionsfähigkeit** des Staates und seiner Einrichtungen, wenn sie aus *Naturereignissen* oder aus *nicht rechtswidrigem Verhalten* der Verursacher erwachsen – durch die Auswirkungen von Hochwasser oder am Unfallort anwesende Personen, die das Durchkommen der Sicherheitskräfte behindern.[352] Die öff. Sicherheit schützt Hoheitsträger und deren Tätigkeit auch unabhängig von Normverstößen.[353] Dies gilt etwa für die **Einsatzfähigkeit von Polizei- und Ordnungsbehörden**, die gefährdet wird, wenn es zu einer

144

---

343 *Thiel* § 8 Rn. 19; *Möller/Warg* Rn. 91.
344 Vgl. vMKS/*Streinz* Art. 21 Rn. 18 ff.
345 Vgl. VG Hamburg 28.4.2021 – 3 K 5339/19, Rn. 51 u. 72.
346 So begründet nach VG Braunschweig 7.9.2016 – 5 A 202/15, Rn. 22 die Absicht einer Person, aus der BRD auszureisen, um am militanten „Jihad" teilzunehmen oder diesen zu unterstützen, eine Gefahr für die öff. Sicherheit. Vgl. auch BERS/*Rogosch* § 3 SOG Rn. 11.
347 Vgl. *Thiel* § 8 Rn. 22 f. mwN u. *Kingreen/Poscher* § 7 Rn. 31. Zur Störung universitärer Prüfungen durch Besprechung einer Hausarbeit im Repetitorium s. *Gromitsaris* JuS 1997, 49 ff. Vgl. auch OVG Hamburg NJW 1997, 1254 f. zur Störung des Vorlesungsbetriebs an der UHH.
348 Vgl. EFP/*Pünder* Rn. 93; *Schenke* Rn. 65. Daneben können die Aktivitäten der Verfassungsschutzbehörden [→ B88] zum Schutz des Bestands des Staates beitragen.
349 *Thiel* § 8 Rn. 24; LD/*Bäcker* Kap. D Rn. 71.
350 Vgl. zu Hausverboten [→ C85, Fn. 190]. S. auch *Götz/Geis* § 10 Rn. 43 f. mwN; *Gusy/Eichenhofer* Rn. 82. Zum behördlichen Hausrecht *Austermann* JURA 2023, 419 (419 ff.).
351 Vgl. *Götz/Geis* § 10 Rn. 44, 45; LD/*Bäcker* Kap. D Rn. 71.
352 *Thiel* § 8 Rn. 21; vgl. SchE/*Schoch/Kießling* Rn. 265. Vgl. aber § 201a StGB.
353 Vgl. EFP/*Pünder* Rn. 93; *Schenke* Rn. 65; *Thiel* § 8 Rn. 18 ff.; aA *Kugelmann* Kap. 5 Rn. 46 ff.

Störung von Amtshandlungen kommt – in diesen Fällen kann die Polizei unter Berücksichtigung des Übermaßverbots die erforderlichen Maßnahmen zur Eigensicherung und zum Schutz ihrer Tätigkeit treffen.[354] Gegen Personen, die eine polizeiliche Maßnahme behindern, kann etwa ein Platzverweis auf Grundlage des § 12a SOG erlassen werden.[355] Ob tatsächlich eine entspr. Beeinträchtigung gegeben ist, bedarf aber einer Feststellung im Einzelfall – ohne einem drohenden Normverstoß werden etwa die Warnung vor einer Geschwindigkeitskontrolle oder das Filmen eines regulären Polizeieinsatzes in der Regel nicht zu verbieten sein.[356]

145 Der Schutz staatlicher Tätigkeit darf nicht ausufern und grundrechtliche Freiheiten dürfen nicht über das erforderliche Maß hinaus eingeschränkt werden. So stellt die auch scharfe **Kritik staatlicher Tätigkeit** keine äußere Störung der Funktionsfähigkeit des Staates und seiner Einrichtungen dar.[357] Gewaltlos und ohne Ehrverletzungen vorgebrachte kritische Äußerungen werden durch **Meinungs-, Kunst- bzw. Versammlungsfreiheit** geschützt und bieten keinen Anlass für ein Einschreiten von Polizei oder Verwaltungsbehörden, wenn nicht strafrechtliche Grenzen etwa des § 130 Abs. 3, Abs. 4 StGB überschritten werden.[358] Der verfassungsrechtliche **Schutz von Machtkritik** bezieht sich dabei auch auf Vertreter *ausländischer* Staaten, auch wenn sie Demonstrationen und Kundgebungen als „unfreundlichen Akt" empfinden.[359] Grenzen können sich über den strafrechtlichen Rahmen hinaus ergeben, wenn mit *physischen Mitteln* wie Besetzungen, Blockaden und Lärm ordnungsgemäße Hoheitstätigkeit behindert wird.[360]

146 **Beispiele:** Bei einem öff. Zapfenstreich muss die Bundeswehr kritische Äußerungen der Zuschauer ertragen, auch wenn sie der Feierlichkeit abträglich sind – dies gilt jedoch nur, solange der konkrete Ablauf der Veranstaltung nicht erheblich beeinträchtigt wird. Mit ähnlicher Argumentation begründete das OVG Hamburg Versammlungsbeschränkungen iRd G20-Gipfels, die auch auf eine Gefahr für die auswärtigen Beziehungen des Bundes gestützt wurden – diese würden in erheblicher Weise negativ beeinträchtigt, wenn es durch etwaige Blockaden zu Verspätungen beim Transport von Gipfelteilnehmern käme, die zu einer empfindlichen Störung des Ablaufes oder sogar zu einem Abbruch der Veranstaltung führen würden.[361]

e) Insbesondere: Fotografieren und Filmen von Polizeieinsätzen

147 Eine **differenzierte Betrachtung** erfordert die Bewertung einer Betroffenheit der öff. Sicherheit in der praktisch alltäglich vorkommenden Situation eines Fotografierens oder Filmens von Polizeieinsätzen. Ein grundsätzliches Verbot der Anfertigung von Foto- oder Videoaufnahmen polizeilicher Maßnahmen ist gesetzlich *nicht* geregelt. Einschreiten darf die Polizei, wenn im Einzelfall die **Funktionsfähigkeit des Staates** konkret gefährdet wird. Dies kann allerdings nur in Ausnahmefällen angenommen werden, etwa bei einer physischen Behinderung des Einsatzgeschehens, dem auffälligen Fotografieren eines gezielten polizeilichen Zugriffs, das die Aufmerksamkeit der gesuchten Person erregen und so den Einsatzerfolg behindern könnte sowie

---

354 Vgl. SchE/*Schoch/Kießling* Rn. 265; BVerwG 28.3.2012 – 6 C 12.11, Rn. 23 ff.; OVG Koblenz 27.3.2014 – 7 A 10993/13, Rn. 29.
355 Vgl. etwa § 29 Abs. 1 S. 2 ASOG, § 13 Abs. 1 S. 2 POG RP. Wengleich sich in der FHH mit § 25 Abs. 2 HmbFwG eine vergleichbare (deklaratorische) Regelung nur für die Feuerwehr finden lässt, führt auch eine Behinderung polizeil. Amtshandlungen zur Störung der öff. Sicherheit; vgl. BERS/*Stammer* § 12a SOG Rn. 6 sowie § 17 Abs. 1 S. 2 NPOG u. OVG Lüneburg 4.2.2019 – 11 LA 366/18, Rn. 10.
356 Die Warnung vor einer Geschwindigkeitskontrolle führt nicht zu einer Störung der polizeil. Tätigkeit, sondern zu deren Zweckerreichung; vgl. LD/*Bäcker* Kap. D Rn. 70; *Gusy/Eichenhofer* Rn. 83; aA OVG Münster NJW 1997, 1596; *Götz/Geis* § 10 Rn. 42. Vgl. aber § 23 Abs. 1c StVO.
357 *Götz/Geis* § 10 Rn. 41; *Schenke* Rn. 66.
358 Vgl. *Gusy/Eichenhofer* Rn. 88; LD/*Bäcker* Kap. D Rn. 62. Erfüllt etwa das umgedrehte Tragen der Nationalflagge durch Protestierende aus der Querdenkerszene *nicht* den Tatbestand des § 90a StGB, liegt hierin auch keine Gefahr für die öff. Sicherheit; vgl. VG Berlin 20.8.2021 – 1 L 408/21, Rn. 11 ff.
359 BVerfG 6.6.2007 – 1 BvR 1423/07, Rn. 28.
360 *Götz/Geis* § 10 Rn. 41; iE auch *Kingreen/Poscher* § 7 Rn. 39 f.
361 BVerwG 12.1.1990 – 7 C 88.88, Rn. 27 ff.; OVG Hamburg 3.7.2017 – 4 Bs 142/17, Rn. 72 (G20).

bei einer Live-Berichterstattung etwa zu Geiselnahmen, bei Amok- oder Terrorlagen.[362] Eine Beeinträchtigung *künftiger* Einsätze kann sich aus der hinreichenden Wahrscheinlichkeit einer Enttarnung verdeckter Ermittler sowie besonderer polizeilicher Taktiken ergeben, wenn diese infolge einer Weitergabe der Aufnahmen nicht mehr eingesetzt werden könnten – eine derartige Gefahr kann insbes. bei Spezialkräften bestehen, die über besondere Fahrzeuge, Führungs- und Einsatzmittel verfügen, die Zielpersonen nicht bekannt sein sollten.[363]

Zum Schutz der obj. Rechtsordnung kann die Polizei eingreifen, wenn eine strafbare Verletzung des **Rechts am eigenen Bild** droht,[364] die nach Maßgabe der **§§ 22, 23 u. 33 KunstUrhG** zu bestimmen ist.[365] Vorausgesetzt werden dafür *konkrete Anhaltspunkte*, dass Aufnahmen *ohne Einwilligung veröffentlicht*, also verbreitet oder öffentlich zur Schau gestellt werden.[366] Wird nicht bereits in Echtzeit gestreamt, setzt eine entspr. Prognose besondere Umstände voraus, aus denen auf eine **Veröffentlichung** geschlossen werden kann.[367] Dass Aufnahmen von Polizeieinsätzen häufig in Internetportalen hochgeladen werden, reicht dafür nicht aus.[368] Auch kann nicht bereits deshalb eine Veröffentlichung angenommen werden, weil Teilnehmende einer Versammlung, die von der Polizei gefilmt oder videografiert werden, ihrerseits Bild- und Tonaufnahmen der Bediensteten anfertigen.[369] Zudem kann es sich auch bei einem Polizeieinsatz um ein **Ereignis von zeitgeschichtlicher Bedeutung** handeln, das nach § 23 Abs. 1 Nr. 1 KunstUrhG die Veröffentlichung von Aufnahmen ohne Einwilligung unter Abwägung der Rechtspositionen der fotografierenden und der fotografierten Personen erlaubt.[370] Berufen sich Polizeibedienstete auf ihr Recht am eigenen Bild, kann der Persönlichkeitsschutz dadurch abgeschwächt sein, dass diese in hoheitlicher Funktion tätig werden und ihr Handeln der öffentlichen Kontrolle unterliegt.[371] Ein überwiegendes Interesse an der Veröffentlichung kann sich insbes. bei der Dokumentation unzulässiger Gewaltanwendung oder anderweitiger Überschreitungen der polizeilichen Befugnisse ergeben.[372] Wird ein Einsatz demggü. aus rein *kommerziellen* Interessen gefilmt, kann das Persönlichkeitsrecht der Bediensteten Vorrang haben.[373]

Beispiel: Ohne Einwilligung veröffentlicht werden konnte das unverpixelte Foto eines bei einer Gegendemonstration anlässlich eines Neonazifestivals („Schild- und Schwertfestival") eingesetzten Bundespolizisten, der an seiner Uniform zwei Aufnäher mit Symbolen (Schild und Schwerter) und Sprüchen trug, die in Teilen auch in der rechten Szene Verwendung finden. Bei den Aufnahmen handelte sich um Bildnisse der Zeitgeschichte, wobei die vorzunehmende Abwägung aufgrund des erheblichen Informationswerts zugunsten des

---

362 Vgl. OVG Bautzen 19.11.2007 – 3 B 665/05; *Kirchhoff* NVwZ 2021, 1177 (1178).
363 Vgl. BVerwG 28.3.2012 – 6 C 12.11, Rn. 36; *Kirchhoff* NVwZ 2021, 1177 (1178); EFP/*Pünder* Rn. 278.
364 Besteht keine Gefahr einer strafbaren Veröffentlichung, kann das Recht am eigenen Bild in Ausnahmefall bereits durch die *Aufnahme* selbst verletzt sein – ein polizeil. Schutz kann dann allerdings nur nach Maßgabe des § 3 Abs. 3 SOG erfolgen; vgl. VGH Mannheim 8.5.2008 – 1 S 2914/07.
365 Die Zulässigkeit der *Veröffentlichung* von Bildaufnahmen kann auch nach Inkrafttreten der DS-GVO am Abwägungsmaßstab der §§ 22, 23 KunstUrhG bestimmt werden, vgl. dazu *Kirchhoff* NVwZ 2021, 1177 (1181). Für die Datenverarbeitung zu *journal.* Zwecken ergibt sich dies aus den isD Öffnungsklausel in Art. 85 Abs. 2 DS-GVO getroffenen Regelungen in § 11a HmbPresseG u. § 36 Abs. 1 S. 4 MStV-HSH, nach denen weite Teile der DS-GVO keine Anwendung finden, vgl. dazu BGH 7.7.2020 – VI ZR 246/19, Rn. 11. *Außerhalb* des Anwendungsbereichs des Presserechts ist ungeklärt, ob die §§ 22, 23 KunstUrhG aufgrund von Art. 85 Abs. 1 DS-GVO als nationale Rechtsvorschriften zum Schutz der Meinungs- u. Informationsfreiheit anwendbar bleiben oder ob die Rechtmäßigkeit einer Veröffentlichung allein anhand der DS-GVO zu beurteilen ist. Dann wäre nach Art 6 Abs. 1 UAbs. 1 lit. f DS-GVO eine Abwägung vorzunehmen, die allerdings den gleichen Maßstäben folgt, vgl. BGH 24.2.2022 – I ZR 2/21, Rn. 27 ff.
366 Vgl. BVerwG 14.7.1999 – 6 C 7.98, Rn. 27; BVerfG 24.7.2015 – 1 BvR 2501/13, Rn. 14 f.
367 Vgl. LD/*Graulich* Kap. E Rn. 898; *Reuschel* NJW 2021, 17 (20); *Götz/Geis* § 17 Rn. 69.
368 OLG Zweibrücken 30.9.2021 – 1 OLG 2 Ss 33/21, Rn. 16; VG Meiningen 13.3.2012 – 2 K 373/11, Rn. 30.
369 BVerfG 24.7.2015 – 1 BvR 2501/13, Rn. 15. Zu § 23 Abs. 1 Nr. 3 KunstUrhG s. *Reuschel* NJW 2021, 17 (19); zum Filmen auf Versammlungen s. *Schramm* NVwZ 2023, 1542.
370 BVerwG 28.3.2012 – 6 C 12.11, Rn. 34.
371 *Payandeh* NVwZ 2013, 1458 (1459); *Kirchhoff* NVwZ 2021, 1177 (1179).
372 LG Bonn 8.6.2021 – 25 Ns 69/21, Rn. 45; *Payandeh* NVwZ 2013, 1458 (1459).
373 OLG Frankfurt 19.5.2021 – 13 U 318/19, Rn. 28 iRd Abwägung mit der Kunstfreiheit.

veröffentlichenden Medienunternehmens ausging. Dafür sprach das besondere gesellschaftliche Interesse an einer Auseinandersetzung mit der Bedeutung der bei einem dienstlichen Anlass getragenen Symbole und der dadurch möglicherweise zum Ausdruck kommenden Haltung eines zu Neutralität, Objektivität, Unparteilichkeit und Verfassungstreue verpflichteten Beamten, der durch das Anbringen der Aufnäher selbst in die Öffentlichkeit getreten war.[374]

150 Für ein polizeiliches Einschreiten gegen fotografierende oder filmende **Presseleute** ist iRd Abwägung der besondere Schutz durch die Pressefreiheit aus Art. 5 Abs. 1 S. 2 GG zu beachten. So ist bei Vertretern der Presse grds. davon auszugehen, dass diese sich rechtstreu verhalten und keine Aufnahmen unzensierter Personen veröffentlichen.[375] Durch ein im Einzelfall ergehendes Verbot von Bildaufnahmen wird der Presse bereits die Möglichkeit genommen, den Einsatz zur Berichterstattung zu *dokumentieren*, obwohl die Gefahr erst in der *Veröffentlichung* liegt. Deshalb wird eine derartige Verfügung regelmäßig nicht erforderlich sein, wenn die Möglichkeit einer Verständigung über das „Ob" und „Wie" der Veröffentlichung besteht.[376] Als milderes Mittel kommt eine **vorübergehende Sicherstellung** des Speichermediums im Anschluss an den Einsatz in Betracht.[377]

151 Die **obj. Rechtsordnung** kann bereits durch das bloße *Anfertigen* von Bildaufnahmen polizeilicher Tätigkeit betroffen sein, auch wenn eine nach und §§ 22, 23, 33 KunstUrhG strafbare Veröffentlichung *nicht* droht. Das Aufnehmen der an einem Polizeieinsatz beteiligten Personen stellt eine Datenverarbeitung iSd Art. 2 Abs. 1 DS-GVO dar, deren Rechtmäßigkeit am Maßstab von Art. 6 DS-GVO zu messen ist.[378] Gegen eine **rechtswidrige Datenverarbeitung**, die gem. Art. 83 Abs. 5 lit. a DS-GVO iVm § 41 BDSG als Ordnungswidrigkeit mit einem Bußgeld belegt ist, soll die Polizei zur Gefahrenabwehr einschreiten können.[379] Da es im Falle des Aufzeichnens eines Polizeieinsatzes regelmäßig an einer *Einwilligung* der fotografierten oder gefilmten Personen und damit an einer Rechtfertigung nach Art. 6 Abs. 1 lit. a DS-GVO fehlen wird, bestimmt sich die Rechtmäßigkeit der Datenverarbeitung nach Art. 6 Abs. 1 lit. f DS-GVO. Maßgeblich ist ein *berechtigtes Interesse* der Person hinter der Kamera, zu dessen Verwirklichung das Filmen erforderlich ist – dieses Interesse bzw. die Grundfreiheiten wie Meinungs- und Informationsfreiheit müssen jene der gefilmten Bediensteten, also insbes. deren Persönlichkeitsrechte, überwiegen.[380] Ein berechtigtes Interesses kann bestehen, wenn die Dokumentation eines Geschehens, etwa eines Zwangsmitteleinsatzes, zu Beweiszwecken erfolgt.[381]

152 Ob eine strafbare **Verletzung der Vertraulichkeit des nichtöffentlich gesprochenen Wortes** vorliegt und damit ein Einschreiten gegen die Anfertigung von *Audio- oder Videoaufzeichnungen* bei polizeilichen Maßnahmen erfolgen kann, wird unterschiedlich bewertet.[382] Weitgehend wird **§ 201 Abs. 1 Nr. 1 StGB** in Bezug auf die Kommunikation im Rahmen polizeilicher Maßnahmen zwar grds. für anwendbar gehalten, eine *Nichtöffentlichkeit* jedoch abgelehnt, wenn Äußerungen

---

374 Vgl. BGH 8.11.2022 – VI ZR 1319/20.
375 OVG Saarlouis 11.4.2002 – 9 R 3/01, Rn. 59; *Kirchhoff* NVwZ 2021, 1177 (1180). Die Vermutung kann durch ein entspr. Vorverhalten widerlegt werden, vgl. LD/*Graulich* Kap. E Rn. 898.
376 BVerwG 28.3.2012 – 6 C 12.11, Rn. 35; *Götz/Geis* § 17 Rn. 70.
377 BVerwG 28.3.2012 – 6 C 12.11, Rn. 39; VGH Mannheim 19.8.2010 – 1 S 2266/09, Rn. 39.
378 Weiterführend dazu *Kirchhoff* NVwZ 2021, 1177 (1181); *Rennike* NJW 2022, 8 (9).
379 So *Rennike* NJW 2022, 8 (10); krit. mit Blick auf die polizeil. Überprüfbarkeit einer Rechtfertigung *Kirchhoff* NVwZ 2021, 1177 (1182).
380 Simitis/Hornung/Spiecker/*Schantz* Art. 6 Abs. 1 Rn. 99 ff. Der Europäische Datenausschuss (EDSA) sieht ein Interesse als berechtigt an, wenn es rechtmäßig, klar und präzise formuliert, real sowie gegenwärtig ist, und verlangt für die Erforderlichkeit, dass es keine vernünftige, ebenso wirksame, aber weniger aufdringliche Alternative zur Datenverarbeitung (also z.B. zum Filmen von Polizeibediensteten) gibt, um das verfolgte Interesse zu erreichen, vgl. European Data Protection Board, Guidelines 1/2024 on processing of personal data based on Article 6(1)(f) GDPR, version 1.0 adopted on 8 October 2024, abrufbar unter www.edpb.europa.eu, Rn. 12 ff., insbes. 17 u. 29.
381 Insoweit sind ähnliche Kriterien maßgeblich, wie für eine Abwägung iRd §§ 22 u. 23 KunstUrhG.
382 Vgl. *Reuschel* NJW 2021, 17 (18 f.); OLG Koblenz 24.10.2022 – 1 OLG 4 Ss 105/22, Rn. 14 ff.

unter Umständen erfolgen, in denen mit einer Kenntnisnahme durch Dritte gerechnet werden muss.[383] Eine derartige *„faktische Öffentlichkeit"* kann angenommen werden, wenn für andere Personen die *Möglichkeit* besteht, die Diensthandlungen jedenfalls akustisch wahrzunehmen und dieser Umstand für die in ihrer Kommunikation geschützte Person erkennbar ist – auf eine tatsächliche Kenntnisnahme kommt es dagegen nicht an.[384] Wenngleich diese Anforderungen regelmäßig erfüllt sein dürften, sind viele Einsatzsituationen denkbar, die sich *außerhalb* einer erwartbaren Wahrnehmbarkeit Dritter abspielen. Dass eine Audio- oder Videoaufzeichnung dann als Straftat unterbunden werden dürfte,[385] gerade wenn das Polizeihandeln nichtöffentlich erfolgt, vermag nicht zu überzeugen. Richtigerweise ist eine Anwendbarkeit von § 201 Abs. 1 Nr. 1 StGB mit Blick auf dessen **Schutzbereich** für dienstliche Äußerungen von Polizeibeamten mit Außenwirkung **generell abzulehnen**.[386] Hierfür spricht, dass nicht die (zufällige) Anwesenheit weiterer Personen über die Strafbarkeit einer Aufzeichnung bzw. die Rechtmäßigkeit deren Unterbindung entscheiden und auch kein Anreiz geschaffen werden sollte, Eingriffsmaßnahmen *gerade* nichtöffentlich zu gestalten, sodass ein Einschreiten gegen filmende Personen möglich ist.[387] Ferner bedarf es keines Schutzes der Unbefangenheit von mündlichen Äußerungen Polizeibediensteter, die bei ihrem Handeln rechtlich gebunden sind und insoweit einer Kontrolle unterliegen.[388]

2. Öffentliche Ordnung

Im Polizei- und Ordnungsrecht der FHH wird, wie in den meisten Ländern, an der offentlichen Ordnung als zweitem Schutzgut neben der öff. Sicherheit festgehalten.[389] Eine Konturierung des Begriffs erfolgte im Jahr 1931 in der Begründung zum PrPVG und in der Folge durch die Rechtsprechung des PrOVG.[390] An dessen überkommene Formel knüpft auch die heutige, von Lit. und Rspr. in weitgehender Übereinstimmung vertretene **Definition** des Begriffs an. Danach wird die öffentliche Ordnung verstanden als „die Gesamtheit der iRd verfassungsmäßigen Ordnung liegenden *ungeschriebenen Regeln* für das Verhalten des Einzelnen in der Öffentlichkeit, deren Befolgung nach den jeweils herrschenden sozialen und ethischen Anschauungen als unerlässliche Voraussetzung eines geordneten menschlichen Zusammenlebens innerhalb eines bestimmten Gebiets angesehen wird".[391] Ein entspr. Verständnis wird auch für den Begriff der öff. Ordnung im SOG zu Grunde gelegt.[392] Anders als die öff. Sicherheit ist die öff. Ordnung nicht auf die Wahrung *rechtlich* geschützter Güter gerichtet, sondern dient der Abwehr von

---

383 OLG Düsseldorf 4.11.2022 – 3 RVs 28/22, Rn. 7; LG Hamburg 21.12.2021 – 610 Qs 37/21, Rn. 3; LG Kassel 23.9.2019 – 2 Qs 111/19, Rn. 6 ff.; aA LG München I 11.2.2019 – 25 Ns 116 Js 165870/17, Rn. 20, das maßgeblich für die Zweckbestimmung durch die sprechende Person abstellt.
384 OLG Düsseldorf 4.11.2022 – 3 RVs 28/22, Rn. 7; LG Osnabrück 24.10.2021 – 10 Qs/120 Js 32757/21 – 49/21, Rn. 9; *Ullenboom* NJW 2019, 3108 (3109 f.). Vergleichbar ist die Konstellation eigener polizeil. Aufnahmen durch eine Bodycam, vgl. LG Hanau 20.4.2023 – 1 Qs 23/22, Rn. 14.
385 OLG Zweibrücken 30.6.2022 – 1 OLG 2 Ss 62/21, Rn. 15.
386 *Roggan* StV 2020, 328; LG Aachen 19.8.2020 – 60 Qs 34/20, Rn. 32.
387 S. die Anmerkungen von *Reuschel* zu OLG Zweibrücken NJW 2022, 3300 (3303). So etwa im Fall des LG München I 11.2.2019 – 25 Ns 116 Js 165870/17, Rn. 20.
388 So auch LG Osnabrück 24.10.2021 – 10 Qs/120 Js 32757/21 – 49/21, Rn. 11. Situationen, in denen Polizeibedienstete iSd Schutzzwecks von § 201 StGB „*keinen Anlass zu sehen brauch[en], wegen der Anwesenheit verschiedener Personen Zurückhaltung [...] zu wahren*" (vgl. OLG Düsseldorf 4.11.2022 – 3 RVs 28/22, Rn. 7), können sich freilich außerhalb von Eingriffssituationen ergeben.
389 Vgl. etwa die §§ 1 Abs. 1 BWPolG, ASOG, BbgPolG u. SOG M-V sowie Art. 2 Abs. 1 BayPAG. In HB u. SH wurde die öff. Ordnung gestrichen, vgl. § 162 Abs. 1 LVwG SH; § 1 Abs. 1 BremPolG. In NI u. NRW wurde das Schutzgut wieder eingeführt, vgl. § 2 Nr. 1 lit. a NPOG, § 1 Abs. 1 PolG NRW.
390 *DWVM* S. 245; PrOVGE 91, 139 (140) („Damenboxkämpfe").
391 Vgl. BVerfG 14.5.1985 – 1 BvR 233/81 (Brokdorf); SchE/*Schoch/Kießling* Rn. 268; LD/*Bäcker* Kap. D Rn. 72; *Thiel* § 8 Rn. 37 ff. Vgl. auch die Legaldefinitionen in § 3 Nr. 2 SOG LSA u. § 54 Nr. 2 OBG Thür.
392 Vgl. OVG Hamburg 29.1.2020 – 1 Bs 6/20, Rn. 22; OVG Hamburg MDR 1979, 259.

Gefahren für Wertvorstellungen, Sitte und Moral als *Sozialnormen*, denen kraft gesellschaftlicher Anerkennung eine Verbindlichkeit attestiert wird.[393]

154 Das Schutzgut der öff. Ordnung ist aufgrund seiner Unbestimmtheit **Kritik** ausgesetzt, teilweise wird es unter verfassungsrechtlichen Gesichtspunkten weiterhin abgelehnt.[394] So wird insbes. eingewandt, die öff. Ordnung sei mit **Demokratieprinzip und Wesentlichkeitsgrundsatz** unvereinbar, da verbindliche Gemeinschaftsgüter nur vom Gesetzgeber definiert werden dürften, während die Konkretisierung gesellschaftlicher Wertvorstellungen nicht den Polizei- und Ordnungsbehörden obliege.[395] Dennoch wird die öff. Ordnung verbreitet nicht als verfassungswidrig angesehen,[396] schließlich hält der Gesetzgeber an der öff. Ordnung als verbindliches Schutzgut fest,[397] was als Ausdruck seiner Einschätzungsprärogative verstanden werden kann. Dass der Rechtsordnung eine Orientierung an rechtlichen und außerrechtlichen, gesellschaftlichen Anschauungen und Wertvorstellungen nicht fremd ist, zeigen auch die §§ 157, 242 und 138, 817, 826 BGB sowie zahlreiche Normen im besonderen Gefahrenabwehrrecht.[398] Auch in der höchstrichterlichen Rspr. werden keine Bedenken hinsichtlich der Bestimmtheit des Schutzguts erhoben.[399]

155 Ein polizeiliches Handeln zur Abwehr einer Gefahr für die öff. Ordnung setzt zunächst die **Existenz einer Sozialnorm** voraus. Ein Verhalten, das bereits gegen eine *Rechtsnorm*, z.B. ein Gesetz oder eine Verordnung, *verstößt*, begründet keine Gefahr für das Schutzgut.[400] Für die Bestimmung von Sozialnormen sind Zeit- und Ortsbezogenheit der jeweils herrschenden gesellschaftlichen Anschauungen zu berücksichtigen.[401] In der Rspr. werden insoweit die **Wertemaßstäbe des Grundgesetzes** herangezogen.[402] Auch unterhalb der Schwelle geschriebener rechtlicher Verbote soll ein Verhalten durch die Werteordnung des Grundgesetzes beschränkt werden, wenn es das friedliche Zusammenleben der Bürger auf provokative oder aggressive Weise konkret beeinträchtigt.[403] In der Lit. wird demggü. eine sozialwissenschaftliche und **empirische Herangehensweise** gefordert, um *tatsächlich* vorherrschende gesellschaftliche Anschauungen zu ermitteln.[404] Keinesfalls dürften die *eigenen*, zumal ideologischen Anschauungen handelnder Amtswalter in Behörden oder Gerichten zum Maßstab gemacht werden.[405] Einer so bestimmten Sozialnorm wird eine Bindungswirkung indes nur dann beigemessen, wenn diese verfassungskonform durch den Gesetzgeber geregelt werden könnte.[406] Ein grundrechtlich

---

393 SchE/*Schoch/Kießling* Rn. 269.
394 Abl. *Störmer* Die Verwaltung 1997, 233; *Kugelmann* Kap. 5 Rn. 94; *Kingreen/Poscher* § 7 Rn. 44 ff.
395 *Kingreen/Poscher* § 7 Rn. 46; *Kugelmann* Kap. 5 Rn. 94. Zur Pervertierung der öff. Ordnung zur Zeit des Nationalsozialismus [→ J39, Fn. 159].
396 Vgl. *Kahl* VerwArch 2008, 451 (453 f.). Zur Vereinbarkeit der öff. Ordnung mit den Vorgaben des GG sowie zu deren Auswirkungen auf das Schutzgut *Poscher* FS Würtenberger, 2013, 1029 (1037 ff.).
397 SchE/*Schoch/Kießling* Rn. 270.
398 DWVM S. 247; *Schenke* Rn. 70; *Habermehl* Rn. 102. Vgl. etwa § 15 Abs. 1 VersG; § 19 GastG; § 45 Abs. 1 S. 1 StVO. Vgl. darüber hinaus Art. 13 Abs. 7 u. Art. 35 Abs. 2 GG.
399 Vgl. BVerfG 14.5.1985 – 1 BvR 233/81 (Brokdorf); BVerwG 24.10.2001 – 6 C 3.01 (Laserdrome).
400 *Gusy/Eichenhofer* Rn. 96. Vgl. auch den Wortlaut: *„für die öff. Sicherheit oder Ordnung"*.
401 Umfassend dazu *Thiel* § 8 Rn. 45 f. Vgl. für heute überholte Anschauungen etwa BVerwG 15.12.1981 – 1 C 232.79 („Peep-Show"); 29.10.1963 – I C 8.63, Rn. 18 (Obdachlosigkeit); PrOVGE 91, 139 (Frauenboxen); PrOVGE 23, 409 (Störung eines Gottesdienstes); OVG München NVwZ 1984, 254 („Damen-Schlamm-Catchen oben ohne"); OVG Lüneburg NJW 1974, 820 („Bordellbetrieb").
402 Vgl. BVerfG 23.6.2004 – 1 BvQ 19/04; VG Düsseldorf 30.4.2019 – 6 L 175/19, Rn. 61; abl. *Schenke* Rn. 70; LD/*Bäcker* Kap. D Rn. 74 mit Fn. 114 mVa die drohende Umdeutung der GRe [→ C134].
403 Vgl. BVerfG 24.3.2001 – 1 BvQ 13/01, Rn. 30. Vgl. aber OVG Münster 14.5.2018 – 15 B 643/18 mit der Ablehnung eines derartigen Sachverhalts (Parole: „Nie wieder Israel").
404 LD/*Bäcker* Kap. D Rn. 74 mwN; DWVM S. 250; EFP/*Pünder* Rn. 96. Vgl. insoweit als Positivbeispiel VG Berlin 1.12.2000 – 35 A 570/99, insbes. Rn. 36 ff.
405 Vgl. *Kingreen/Poscher* § 7 Rn. 44 u. 46; SchE/*Schoch/Kießling* Rn. 277.
406 DWVM S. 249; LD/*Bäcker* Kap. D Rn. 75. Vgl. insoweit die Definition *„Gesamtheit der iRd verfassungsmäßigen Ordnung liegenden [...]"*.

erlaubtes, insbes. Minderheiten schützendes Verhalten kann nicht unter Berufung auf die öff. Ordnung verboten werden.[407] So wird sich bei einer Kritik an der Machtausübung staatl. Stellen ein Verstoß gegen die öff. Ordnung kaum annehmen lassen.[408]

Auch Sozialnormen beziehen sich nur auf Handlungen und Zustände, während Gedanken, Auffassungen und Absichten erst in der Form ihrer Äußerung in Konflikt mit der öff. Ordnung geraten können.[409] Von Bedeutung ist nur ein solches Verhalten, das in der **Öffentlichkeit** erfolgt – ein Verstoß kann nur außerhalb der rechtlich geschützten Privat- bzw. Intimsphäre stattfinden und muss als solcher von Dritten wahrgenommen werden können.[410] Durch das Erfordernis der **Unerlässlichkeit** für ein geordnetes Zusammenleben sollen Bagatellverstöße ausgeschlossen werden, also bloße Belästigungen, die grundlegende Voraussetzungen des Zusammenlebens nicht gefährden, wie etwa „wildes Plakatieren" oder lautes Telefonieren.[411] Ferner finden nur solche Sozialnormen Berücksichtigung, die das **menschliche Zusammenleben** betreffen. Zwar mag es herrschenden Moralvorstellungen entsprechen, kranke oder verletzte Haustiere nicht ihrem Schicksal zu überlassen – wenn die Natur jedoch „ihren Lauf" nimmt, kann unterbleibende Hilfe nicht mittels polizeilichen Zwangs unter Rückgriff auf die öff. Ordnung durchgesetzt werden.[412]

Trotz der Bestimmbarkeit seines normativen Gehalts ist die **praktische Bedeutung** der öff. Ordnung als Schutzgut *des Polizei- und Ordnungsrechts* stark geschmälert. Gründe hierfür sind veränderte gesellschaftliche Vorstellungen in Bezug auf Moral und Sitte, die gesetzgeberische Ausfüllung früher nur lückenhaft geregelter Gebiete und eine zunehmende Verrechtlichung vieler Lebensbereiche sowie verfassungsrechtlich gebotene Einschränkungen.[413] Während die öff. Ordnung früher zumeist aufgrund von *Sexualmoral* und *religiösen Vorstellungen* als gefährdet angesehen wurde,[414] wird das Schutzgut heute hauptsächlich im Versammlungsrecht, im Zusammenhang mit (Rechts-)Extremismus, Gewaltverherrlichung oder anderer menschenwürdewidriger Verhaltensweisen relevant.[415] Sozial unerwünschtes Verhalten wird vielfach in Gefahrenabwehrverordnungen konkret beschrieben, sodass ein hiergegen gerichtetes polizeiliches Einschreiten zum Schutz der *objektiven Rechtsordnung* erfolgt.[416] Gleiches gilt infolge der Aufnahme des ebenfalls gefahrorientierten Begriffs der *„öffentlichen Ordnung"* in den generalklauselartigen **§ 118 Abs. 1 OWiG**,[417] wonach **grob ungehörige Handlungen** mit Eignung zur Beeinträchtigung der öff. Ordnung eine Ordnungswidrigkeit darstellen.[418] Eine polizeiliche Anordnung, mit der ein nach § 118 Abs. 1 OWiG tatbestandsmäßig Handeln etwa auf Grundlage

---

407 SchE/*Schoch/Kießling* Rn. 277; *Thiel* § 8 Rn. 48; *Möller/Warg* Rn. 97.
408 Vgl. dagegen Bü-Drs. 22/762 zum Übermalen eines polizeikrit. Wandbildes an der Flora im Schanzenviertel, das nach Angaben des Senates zur Beseitigung einer Störung der öff. Ordnung erfolgte. Krit. dazu auch *Koch* JURA 2021, 1151 (1159).
409 *DWVM* S. 248.
410 *Thiel* § 8 Rn. 41 f. Für die Annahme der Verletzung einer Sozialnorm kommt es auf das mehrheitl. Werturteil der an der Aufrechterhaltung der Ordnungsnormen interessierten Staatsbürger an, vgl. LD/*Graulich* Kap. E Rn. 101 mVa *Scheer/Trubel* PrPVG S. 36 ff.
411 Vgl. OLG Oldenburg 19.1.1976 – Ss (OWi) 417/75; *Thiel* § 8 Rn. 48 mwN.
412 VGH Kassel 17.5.2017 – 8 A 1064/14, Rn. 54 f.
413 Ausführlich im Einzelnen s. *Götz/Geis* § 11 Rn. 5; *Poscher* FS Würtenberger, 2013, 1029 (1044).
414 Zu früheren Fallgruppen *DWVM* S. 251 ff.; *Möller/Warg* Rn. 96.
415 *Thiel* § 8 Rn. 49; SchE/*Schoch/Kießling* Rn. 276. Vgl. etwa OVG Münster 7.1.2020 – 15 A 4693/18 (Fackelverbot); VG Augsburg 18.10.2019 – Au 8 S 1737/19 (EU-Flagge als Fußabtreter). Zur öff. Ordnung als Schutzgut im VersR s. RBD/*Barczak* § 15 Rn. 162 ff.
416 Vgl. VGH Mannheim 5.8.2021 – 1 S 1894/21 zu Verbotsnormen bzgl. Trinkspielen wie „Flunkyball".
417 Vgl. *Kingreen/Poscher* § 7 Rn. 47 ff.; *Gusy/Eichenhofer* Rn. 98 f.
418 Für die Bestimmung der nach § 118 Abs. 1 OWiG tatbestandsm. Handlungen gelten insoweit die gleichen Maßstäbe wie für eine Subsumtion unter den Begriff der öff. Ordnung iSd § 3 Abs. 1 SOG. Vgl. etwa VG Darmstadt 5.6.2018 – 3 K 1937/17 (Fotos abgetriebener Föten vor einer Grundschule); VG Leipzig 6.6.2014 – 1 L 398/14, VG Karlsruhe 2.6.2005 – 6 K 1058/05 (Nacktradeln); zur Ablehnung eines Verstoßes s. etwa VG Bremen 15.10.2020 – 5 V 2212/20 (Reichskriegsflagge); schon die grob ungehörige Handlung abl. AG Lübeck 29.6.2023 – 83a OWi 739 Js 4140/23 jug (Urinieren in die Ostsee).

von § 3 Abs. 1 SOG untersagt wird, erfolgt zur Unterbindung einer gesetzlich bestimmten Ordnungswidrigkeit und somit ebenfalls gestützt auf das Schutzgut der öff. Sicherheit.

158 **Beispiel:** Zur Unterbindung einer Ordnungswidrigkeit nach § 118 OWiG durfte einem Mann, der regelmäßig – nur mit einem T-Shirt und einem Stringtanga bekleidet – Kinder vor einer Grundschule ansprach, auf Grundlage der Generalklausel aufgegeben werden, bei einem Aufenthalt im direkten Umfeld von zwei in der Nähe seiner Wohnung gelegenen Grundschulen Oberbekleidung zu tragen, die vollständig gesäß- und genitalienbedeckend ist. Ein solches Verhalten könne nicht mit dem sozial anerkannten „Zurschaustellen von Körperteilen" an Seen und auf Sonnenwiesen gerechtfertigt werden. Als geeignet zu einer Beeinträchtigung der öffentlichen Ordnung wurde auch der seinerzeit noch gänzlich verbotene öffentliche Konsum von zu medizinischen Zwecken verschriebenem Cannabis auf einem Wochenmarkt eingeordnet, da dieser in mehreren Fällen bewusst zur Provokation der Marktleute und anwesender Passanten erfolgte.[419]

159 Der öff. Ordnung kann nach alledem innerhalb des Polizei- und Ordnungsrechts lediglich eine **Reservefunktion** zukommen.[420] Zugebilligt wird ihr mitunter eine verbleibende Berechtigung, um auf unvorhersehbare und unerträgliche Störungen des sozialen Zusammenlebens zu reagieren, bis der Gesetzgeber regelnd tätig geworden ist.[421] *Rechtspraktisch* lassen sich derartige Fallgestaltungen, in denen Polizei- und Ordnungsbehörden – außerhalb des Versammlungsrechts und unabhängig von einer Ordnungswidrigkeit nach § 118 Abs. 1 OWiG – zum Schutz der öff. Ordnung tätig werden, nicht ausmachen. Vielfach wird das Schutzgut als entbehrlich angesehen.[422]

V. Gefahr

160 Die Befugnisse im Polizei- und Ordnungsrecht werden maßgeblich durch den Begriff der Gefahr bestimmt – regelmäßig ist die Polizei- und Ordnungsverwaltung erst zu einem Einschreiten befugt, wenn eine *Gefahr* vorliegt.[423] Der Begriff beschreibt eine Sachlage, bei der die hinreichende Wahrscheinlichkeit besteht, dass in absehbarer Zeit ein Schaden für die öffentliche Sicherheit und Ordnung eintreten wird.[424] Dieser **Grundbegriff** liegt auch dem Hamburger Polizei- und Ordnungsrecht zu Grunde, ohne dass er gesetzlich definiert wäre.[425] Vielmehr bestimmen sich die Anforderungen an die Gefahr aus der jeweiligen Befugnisnorm heraus, indem in deren Tatbestand einzelne Elemente des Grundbegriffs, wie etwa „*Sachlage*", „*hinreichende Wahrscheinlichkeit*" oder „*Schutzgut*" spezifiziert werden. Erst die jeweilige **Ausprägung** des Gefahrenbegriffs mit seinen spezifischen Anforderungen markiert die genaue **Eingriffsschwelle**, ab der Polizei und Verwaltungsbehörden die Maßnahmen treffen dürfen, die in der jeweiligen Norm genannt sind. Der Gefahrenbegriff und dessen verschiedene Ausprägungen legitimieren und begrenzen die mit den jew. Maßnahmen verbundenen Grundrechtseingriffe und erfüllen so eine wichtige, freiheitssichernde Funktion.[426] Zugleich lässt schon der Grundbegriff erkennen,

---

419 Vgl. VG München 28.4.2022 – M 22 K 20.5906 (Grundschule); AG Fürth 8.1.2020 – 441 OWi 952 Js 164259/19 (Cannabis).
420 So *Schenke* Rn. 68; EFP/*Pünder* Rn. 95 u. 97; *Thiel* § 8 Rn. 49; vgl. auch *Gusy/Eichenhofer* Rn. 98 ff; SchE/*Schoch/Kießling* Rn. 276.
421 EFP/*Pünder* Rn. 95; *Poscher* FS Würtenberger, 2013, 1029 (1041). Vgl. auch *Knemeyer* Rn. 104, der auf die Bedeutung der öff. Ordnung für die Sicherung des soz. Friedens hinweist u. dessen Schutz gegen „*Gedankenlosigkeit, Rücksichtslosigkeit und Intoleranz*". Zu mittlerweile pönalisierten Sexpuppen mit kindlichem Erscheinungsbild s. *Mosbacher/Khabi* JuS 2022, 402 (404).
422 *Koch* JURA 2021, 1151 (1160); vgl. auch *Möller/Warg* Rn. 98 ff. u. *Kingreen/Poscher* § 7 Rn. 47 ff.
423 Grundl. *Voßkuhle* JuS 2007, 908; *Schoch* JURA 2003, 472; *Krüger* JuS 2013, 985.
424 Vgl. BVerfG 9.6.2020 – 2 BvE 2/19, Rn. 46; BVerwG 6.2.2019 – 1 A 3.18, Rn. 33; BVerwG 26.2.1974 – I C 31.72, Rn. 32; *Kingreen/Poscher* § 8 Rn. 2 u. 33; BERS/*Rogosch* § 3 SOG Rn. 22; *DWVM* S. 220.
425 Vgl. Bü-Drs. 22/16024, 17. Andere Länder haben den Begriff der Gefahr legaldefiniert, z.B. § 2 Nr. 1 NPOG, § 2 Nr. 3 lit. a BremPolG, § 3 Nr. 3 lit. a SOG LSA, § 3 Abs. 3 Nr. 1 SOG M-V.
426 Vgl. SchE/*Schoch/Kießling* Rn. 278; *Kingreen/Poscher* § 8 Rn. 2. Zur verfassungsrechtl. Bedeutung polizeil. Eingriffsschwellen s. *Turnit* JURA 2019, 258.

dass es für das Vorliegen einer Gefahr jedenfalls grds. *nicht* darauf ankommt, *wer oder was genau diese verursacht* hat.[427]

Beispiele: Um eine vorgeladene Person „zwangsweise vorführen" zu dürfen, lässt § 11 Abs. 3 S. 1 Nr. 1 SOG nicht eine Gefahr für irgendein Schutzgut der öff. Sicherheit oder Ordnung ausreichen, sondern verlangt eine Gefahr spezifisch für „Leib, Leben oder Freiheit einer Person". Für die Sicherstellung einer Sache, setzt § 14 Abs. 1 S. 1 lit. a SOG eine in zeitlicher Hinsicht gesteigerte Gefahr voraus, nämlich eine Gefahr, die „unmittelbar bevorsteht".

161

Zu den **„klassischen" Eingriffsschwellen**, die sich in den Gesetzen finden lassen, gehören die konkrete Gefahr, die *Störung* und *qualifizierte Ausprägungen* der konkreten Gefahr (z.B. die gegenwärtige, die dringende oder unmittelbare Gefahr) sowie der *Gefahrenverdacht*. Im Zuge der verfassungsrechtlichen Austarierung von Freiheit und Sicherheit [→ B26] hat das BVerfG dem Gesetzgeber aus dem Verhältnismäßigkeitsgrundsatz heraus aufgetragen, die Eingriffsschwellen insbes. der Überwachungsbefugnisse zur Verhinderung terroristischer Straftaten auszudifferenzieren. In der Folge entstanden Begrifflichkeiten wie die *konkretisierte Gefahr* oder die *drohende Gefahr*, von denen nicht klar ist, ob sie eigenständige Eingriffsschwellen bzw. Gefahrenkategorien oder lediglich **Modifizierungen** der konkreten Gefahr und des Gefahrenverdachts bilden. Auch erscheint unklar, ob sich diese verfassungsrechtlichen Anforderungen nur an Überwachungsbefugnisse richten – und hier wiederum nur zur Verhütung von terroristischen Straftaten – oder generelle Geltung, also auch für andere Befugnisse, beanspruchen.[428] Der Gesetzgeber hat die Modifizierungen punktuell aufgegriffen, einzelne Befugnisse angepasst und so damit begonnen, die Struktur der Eingriffsschwellen im Polizeirecht auszudifferenzieren. Soweit geboten, ist das einfache Recht verfassungskonform auszulegen oder – wenn dies nicht möglich ist – als verfassungswidrig zu bewerten. Die starke Überlagerung des Polizeirechts durch das Verfassungsrecht ändert nichts daran, dass Ausgangspunkt der Rechtsanwendung und somit der Bestimmung der Eingriffsschwelle die im Einzelfall jeweils einschlägige Rechtsgrundlage bleibt.[429]

162

1. Konkrete Gefahr

Viele Befugnisnormen sprechen wie etwa § 3 Abs. 1 SOG oder § 11 Abs. 1 Nr. 1 PolDVG von einer „bevorstehenden Gefahr" oder auch nur von einer „Gefahr", z.B. § 31 Abs. 11 S. 1 SOG. Einige ermächtigen wie §§ 12 Abs. 1, 12a SOG „zur Gefahrenabwehr". Verlangt ist dann regelmäßig eine *konkrete* Gefahr, die den Grundbegriff der Gefahr **auf einen Einzelfall bezieht**. Eine konkrete Gefahr ist also eine Sachlage, die bei ungehindertem Ablauf des objektiv zu erwartenden Geschehens *im Einzelfall* in absehbarer Zeit mit hinreichender Wahrscheinlichkeit zu einem Schaden oder einer Verletzung eines polizeilichen Schutzguts führt.[430]

163

a) Anforderungen an die Konkretheit

Für eine konkrete Gefahr muss der befürchtete Schaden von einer **Sachlage** ausgehen und die Wahrscheinlichkeit seines Eintritts im einzelnen bzw. konkreten Fall bestehen. Notwendig ist eine *tatsachenbasierte* und nicht ausschließlich auf gedanklichen Vorstellungen beruhende Gefahr. Das erwartete Geschehen muss also aus sicher bestehenden, gleichsam lückenlosen

164

---

427 Als zu eng u. unpräzise wird daher der in BVerfG 27.2.2008 – 1 BvR 370/07, Rn. 152, 2.3.2010 – 1 BvR 256/08, Rn. 231 verwendete Begriff kritisiert, wonach eine (konkr.) Gefahr *„eine Sachlage [ist], bei der im Einzelfall die hinreichende Wahrscheinlichkeit besteht, dass in absehbarer Zeit ohne Eingreifen des Staates ein Schaden für die Schutzgüter der Norm durch bestimmte Personen verursacht wird"*. Zur Kritik SchE/Schoch/Kießling Rn. 280 mwN.
428 S. etwa *Wehr* JURA 2019, 940 (949); *Kingreen/Poscher* § 8 Rn. 15 u. 18
429 Zum Anwendungs- und Geltungsvorrang [→ B13].
430 BVerfG 20.4.2016 – 1 BvR 966/09, Rn. 111; LD/*Bäcker* Kap. D Rn. 80.

Tatsachen („Fakten") heraus abgeleitet und begründet werden. Nur eine solche konkrete Tatsachenlage rechtfertigt ein gleichfalls konkret-tatsächliches Handeln von Polizei oder Verwaltungsbehörden.[431] In dieser **Tatsachenbasiertheit** und **Einzelfallbezogenheit** unterscheidet sich die *konkrete* von der *abstrakten* Gefahr. Die abstrakte Gefahr kann zwar ebenso bestimmt und spezifisch sein und muss sich auch nicht in der Intensität oder im Grad unterscheiden. Sie ist dabei aber eine von Einzelfällen abstrahierte und typisierte Umschreibung oder Vorstellung einer Gefahr, der deshalb auch nur – abgesehen von (konkreten) Maßnahmen der Verhütung künftiger Straftaten – mit abstrakt-generellen Mitteln [→ G16] zu begegnen ist.[432]

165 **Beispiele:** Erst die Tatsache, dass rivalisierende Rockergruppen in zwei Auseinandersetzungen verwickelt waren, begründete die in einem Einzelfall hinreichende Wahrscheinlichkeit, dass eine Gewalteskalation in Gang gesetzt wird. In Folge dieser konkreten Gefahr durfte verboten werden, in einem bestimmten Gebiet Kleidungsstücke mit Symbolen, Abzeichen oder sonstigen Kennzeichen bestimmter Rockergruppierungen zu tragen. Das Tragen solcher Kleidungsstücke an und für sich – also wenn die tatsächlichen Auseinandersetzungen nicht hinzukommen wären – begründet keine konkrete Gefahr. Zwar mag das Tragen von „Rockerkleidung" einen einschüchternden Effekt auf andere haben. Dies beruht aber nur auf einer allg. Verhaltensweise und nicht auf einem konkr. Sachverhalt. In diesem Fall käme nur eine abstrakte Gefahr in Betracht. Wird dagegen ein Pkw über mehrere Stunden mit laufendem Motor abgestellt, kann ohne weiteres von einer konkreten Gefahr für die öff. Sicherheit in Form eines Verstoßes gegen § 30 Abs. 1 S. 2 StVO ausgegangen werden. Auch bei freilaufenden Pferden im Straßenverkehrsbereich kann diese angenommen werden, da ein Zusammenstoß mit anderen Verkehrsteilnehmenden und erhebliche Schäden für Leib, Leben und Eigentum dieser droht.[433]

166 In einem ersten Schritt ist also eine **Diagnose** der Sachlage notwendig. Die Konkretheit der Sachlage kann sich dabei aus verschiedenen Quellen, auf verschiedenen Ebenen und **in verschiedener Hinsicht** ergeben, z.B. durch eigene Wahrnehmungen einer Polizeistreife oder Hilferufe.[434] Auch ein laufendes oder eingestelltes Ermittlungsverfahren kann als Tatsache für eine Gefahr der Begehung (neuer) Straftaten herangezogen werden.[435] Die Rspr. hat allerdings hervorgehoben, dass die Prüfung einer Gefahr – ungeachtet ihrer Ausprägung – ihren Anfang stets in der Feststellung tatsächlicher Anhaltspunkte bzw. von *Tatsachen* zu nehmen hat, auch um überhaupt eine tragfähige Grundlage für eine Prognose der weiteren Entwicklung zu haben.[436] Insbes. polizeiliche Berufserfahrungen sind keine Tatsachen.[437] Ohne tatsächliche Anhaltspunkte erschöpft sich die Prüfung von vornherein in schlichten Vermutungen und Spekulationen.[438] Anhaltspunkte, die einen Schadenseintritt ungewiss und nur möglich erscheinen lassen, können allenfalls den Verdacht einer Gefahr [→ C194] begründen. In die Diagnose der Sachlage müssen **alle** tatsächlichen Umstände und Aspekte des Sachverhalts einbezogen werden.[439]

---

431 Vgl. *Kingreen/Poscher* § 8 Rn. 19.
432 Zur Abgrenzung von abstr. u. konkr. Gefahr vgl. BVerwG 26.6.1970 – IV C 99.67, Rn. 14; *Knemeyer* Rn. 91; *Kugelmann* Kap. 2 Rn. 101; *Schenke* Rn. 75; *Kingreen/Poscher* § 8 Rn. 9 u. 19.
433 Vgl. OVG Bremen 21.10.2011 – 1 B 162/11 (Kuttenverbot); VG Düsseldorf 13.9.2022 – 14 K 7125/21 (laufender Motor); VG Chemnitz 2.1.2012 – 3 K 243/10 (Pferde).
434 Vgl. *Gusy/Eichenhofer* Rn. 112.
435 Vgl. OVG Bremen 16.2.2023 – 1 B 30/23, Rn. 20. Insbes. soll dem nicht die strafprozessuale Unschuldsvermutung entgegenstehen; vgl. OVG Münster 87.2021 – 5 B 1922/20, Rn. 48.
436 BVerfG 20.4.2016 – 1 BvR 966/09, Rn. 112; 27.7.2005 – 1 BvR 668/04, Rn. 148, OVG Hamburg 31.1.2022 – 4 Bf 10/21 Rn. 31.
437 Vgl. *Gusy/Eichenhofer* Rn. 112. Davon zu trennen ist ihre Bedeutung als Prognose*wissen* [→ C175].
438 Vgl. BVerfG 4.9.2009 – 1 BvR 2147/09, Rn. 9; 21.4.1998 – 1 BvR 2311/94, Rn. 25. Genau genommen scheitert das Vorliegen einer Gefahr dann nicht an der Prognose bzw. an deren Ergebnis, etwa weil keine hinreichende Wahrscheinlichkeit vorliegt [→ C173], sondern an der Diagnose der Sachlage, sodass der Raum für eine Prognose erst gar nicht eröffnet wird.
439 Vgl. *Kingreen/Poscher* § 8 Rn. 13.

V. Gefahr

Keine Rolle spielt an dieser Stelle, von welcher **Art** diese Tatsachen sind und in welchem ursächlichem Zusammenhang sie stehen: Ob eine Gefahr von menschlichem Verhalten ausgeht oder ohne menschliches Zutun etwa durch Naturereignisse verursacht wird, ist zunächst irrelevant.[440]

167

Für die Bildung eines Maßstabs lassen sich die Fragen der Konkretheit bzw. Bestimmtheit eines künftigen Geschehens einerseits und der Wahrscheinlichkeit seines Eintretens andererseits gedanklich zwar unterscheiden, indes kaum getrennt beantworten. Dies erklärt die **unterschiedlichen Folgerungen**, die aus dem Fehlen von Tatsachen gezogen werden: Einige verneinen nicht nur die Konkretheit, sondern die Gefahr im Ganzen, weil es an der (jedenfalls hinreichenden) Wahrscheinlichkeit fehle.[441] Nach anderem Verständnis fehlt es nur an einer Gefahr *im Einzelfall*, was aber von der Frage der Wahrscheinlichkeit zu trennen sei. Konkrete und abstrakte Gefahr würden sich nicht hinsichtlich der Schadenseintrittswahrscheinlichkeit, sondern nur darin unterscheiden, dass die konkrete Gefahr eine Gefahr *im* und die abstrakte Gefahr eine Gefahr *losgelöst* vom Einzelfall sei.[442]

168

b) Bestimmung des betroffenen Schutzguts und seines Schadens

Zentraler **Bezugspunkt** der konkreten Gefahr sind die Schutzgüter der öff. Sicherheit oder Ordnung und ein bestimmtes (auch wenn nur vorstellbares) **Schadensereignis**.[443] Daher lassen sich die weiteren Voraussetzungen der konkreten Gefahr nur sinnvoll prüfen, wenn vorab das Schutzgut *genau* bestimmt – und damit der Schaden wenigstens ansatzweise konkretisiert [→ C174] – wurde.[444] Was in einem Fall als Schaden anzusehen ist und welche Anforderungen an dessen hinreichende Wahrscheinlichkeit zu stellen sind, wird durch die Struktur und die Eigenschaften des jeweils in Rede stehenden Schutzguts mitbestimmt.[445]

169

Beispiele: Ein Schaden für das Leben eines Menschen liegt in dessen Tod. Die Unversehrtheit von § 242 StGB als Teil der obj. Rechtsordnung ist geschädigt, wenn eine fremde bewegliche Sache in der Absicht rechtsw. Zueignung weggenommen wird. Die Funktionsfähigkeit einer JVA als staatl. Einrichtung ist geschädigt, wenn wg. einer Sitzblockade ein Gefangenentransport unmöglich ist.

170

Das in Bezug genommene Schadensereignis muss zwar beschreibbar, aber grundsätzlich nicht von einer bestimmten Art oder Qualität sein. Es reicht, wenn sich auf eine **Minderung des vorhandenen Bestandes** an geschützten Gütern bezogen wird.[446] **Bloße Belästigungen**, Unbe-

171

---

440 SchE/*Schoch/Kießling* Rn. 280; LD/*Bäcker* Kap. D Rn. 81.
441 Vgl. BVerfG 4.4.2006 – 1 BvR 518/02.
442 Vgl. LD/*Graulich* Kap. E Rn. 132; *Götz/Geis* § 12 Rn. 22.
443 Vgl. LD/*Bäcker* Kap. D Rn. 81. Begrifflich setzt eine Gefahr freilich nicht voraus, dass das Schadensereignis auch eintritt. Es muss nur hinreichend wahrscheinlich sein [→ C173]. Hierin liegt gerade die präv. Funktion des Gefahrenabwehrrechts, vgl. *Habermehl* Rn. 64; *Kugelmann* Kap. 2 Rn. 102.
444 Vgl. *Gusy/Eichenhofer* Rn. 109. Die Bedeutung des Bezugspunktes spiegelt sich etwa in der Frage der Anerkennung des Sicherheitsgefühls als Schutzgut [→ C126] wider: Mit einem pauschal verstandenen Sicherheitsgefühl als Bezugspunkt würde die Prüfung, ob eine konkrete Gefahr vorliegt, in ihrem Maßstab von Beginn an durch die (vorgestellten) „Schadensereignisse" geprägt, das ausschließlich von inneren, von außen nicht zugänglichen Zuständen eines Menschen abhängt und in diesem Sinne nicht verobjektivierbar ist. In der Konsequenz würden bereits Verhaltensweisen (z.B. ein Herrchen lässt seinen Hund an der Flexi- oder Rollleine zwischen anderen Spaziergängern umherlaufen oder diese von ihm beschnuppern) die Gefahrenschwelle überschreiten, die für sich und von außen betrachtet ohne hinzutretende Umstände oder Verhaltensweisen (im Bsp. etwa „Fehlreaktionen" der Passanten und weitere Reaktionen des Hundes) noch keine Verwirklichung eines Schadensereignisses befürchten lassen, mag sich dies ein Betroffener auch vorstellen (im Bsp. etwa von dem Hund gebissen zu werden). Zu einem anderen Ergebnis mag man kommen, soweit die psychische Integrität bzw. das seelische Wohlbefinden etwa unter dem Gesichtspunkt der Unversehrtheit der Rechtsordnung oder der Individualrechtsgüter polizeilich geschützt ist [→ C127] und zum Bezugspunkt der Prüfung gemacht wird (im Bsp. etwa medizinisch anerkannte Kynophobie). Vgl. zum Ganzen auch OVG Weimar 21.6.2012 – 3 N 653/09, Rn. 64 ff.
445 Vgl. LD/*Bäcker* Kap. D Rn. 85.
446 SchE/*Schoch/Kießling* Rn. 281.

quemlichkeiten, oder Geschmacklosigkeiten, die Schutzgüter nur in sehr geringer Intensität beeinträchtigen, werden daher verbreitet von vornherein nicht als Schäden und damit als hinreichende Bezugspunkte einer Gefahr angesehen.[447] Sie begründen deshalb auch keine Gefahr, selbst wenn sie sicher zu erwarten sind. Anders verhält es sich, wenn Normen, insbes. aus dem besonderen Ordnungsrecht, *explizit* an derartige Beeinträchtigungen anknüpfen, wie etwa § 16 Abs. 2 Nr. 3 SOG an Emissionen oder § 1 Abs. 2 StVO, wonach sich im Verkehr jeder u.a. so zu verhalten hat, dass kein anderer mehr, als nach den Umständen unvermeidbar, behindert oder *belästigt* wird.[448]

172 **Beispiele:** Kritisches Grölen und Pfeifen, dass zu einem öff. Gelöbnisses der Bundeswehr zu erwarten sind, begründen keine Gefahr für ein Schutzgut und dementsprechend auch keine Störung, wenn sie tatsächlich stattfinden. Entsprechendes gilt für das Betteln in der Fußgängerzone – zumindest solange es unaufdringlich und nicht aggressiv oder organisiert erfolgt –, das Läuten von Kuhglocken und das Bellen angeleinter Hunde vor einem Supermarkt auch während der Ladenöffnungszeiten dar.[449]

c) Hinreichende Wahrscheinlichkeit

173 Eine konkrete Gefahr verlangt nicht nur eine Sachlage und eine Vorstellung von einem künftigen Schadensereignis, sondern *auch*, dass sich die Sachlage mit hinreichender Wahrscheinlichkeit zu diesem Schaden weiterentwickelt. Da Polizei und Verwaltungsbehörden zur Abwehr von Gefahren und nicht nur von Schäden berufen sind, sind sie gezwungen, über das Vorliegen einer Gefahr zu urteilen, *bevor* der Schaden eintritt.[450] Sie können nicht abwarten, ob eine Sachlage tatsächlich zu einem Schaden führt, etwa um sicher zu gehen, dass es sich um eine Gefahr gehandelt hat. Sie müssen daher notwendig auf Basis der jeweils vorliegenden, häufig auch ungesicherten oder nicht vollständigen Informationen, in Ansehung tatsächlicher Umstände und gesicherter Erkenntnisse bewerten, ob eine Gefahr vorliegt. Sie müssen die Sachlage analysieren bzw. diagnostizieren [→ C166] und darauf aufbauend **prognostizieren**, wie sich das Geschehen fortentwickeln wird, insbes. ob und mit welcher Wahrscheinlichkeit der (vorgestellte) Schaden zu erwarten ist.[451]

174 Die Rspr. insbes. zu Überwachungsmaßnahmen und sich anschließend ein Teil der Lit. verlangen dabei eine **Konkretheit auch des zu erwartenden Geschehens** einschließlich des befürchteten Schadensereignisses.[452] Die Konkretheit – wie sie bislang vor allem auf die Sachlage und damit auf die Diagnose angewendet wurde [→ C164] – wird also nicht mehr nur auf das *vergangene*, sondern auch auf das *künftige (befürchtete) Geschehen* bezogen.[453] Verlangt wird eine jedenfalls

---

447 Vgl. PrOVG 22.3.1917 – III. B. 59/16; BVerwG 25.2.1969 – 1 C 7.68; *DWVM* S. 221; *Schenke* Rn. 79. Vgl. LD/*Bäcker* Kap. D Rn. 85, der die Bagatellschwelle nicht im Schadensbegriff, sondern in den Grenzen der Schutzgüter u. des Ermessens verortet. Zur Abgrenzung von Gefahr u. Geschmacklosigkeit vgl. OVG Weimar 22.10.2019 – 3 EO 715/19, Rn. 6 (NPD-Wahlplakat). Diff. EFP/*Pünder* Rn. 102.
448 Vgl. auch §§ 5 Abs. 1 Nr. 1, 3 Abs. 1 BImSchG, § 33a Abs. 1 S. 3 GewO, § 5 Abs. 1 Nr. 3 GastG. Auch eine bloße Belästigung, etwa durch nächtliches Hundegebell, kann die Gefahrenschwelle überschreiten; vgl. OVG Bremen 3.9.2009 – 1 B 216/09; OVG Bautzen 17.7.2017 – 3 B 87/17.
449 BVerwG 12.1.1990 – 7 C 88.88, Rn. 28 (Gelöbnis); VGH Mannheim 7.3.1996 – 1 S 2947/95 (Kuhglocken); OVG Hamburg 20.7.2000 – 2 Bf 476/98, Rn. 2 (Bellen).
450 Dass sich Gefahrenabwehr *notwendig* stets auf Entwicklungen und Schäden in der *Zukunft* bezieht, begründet das konzeptionelle und methodische Hauptproblem des Gefahrenabwehrrechts. Denn die Zukunft ist nicht erkennbar, sondern kann nur aus Beobachtungen von Vergangenheit und Gegenwart heraus prognostiziert werden, vgl. *Gusy/Eichenhofer* Rn. 111.
451 Dazu *Korte/Dittrich* JA 2017, 332 (336 f.); SchE/*Schoch/Kießling* Rn. 284 u. 278, wobei in der Praxis Diagnose u. Prognose weniger als getrennte Stufen aufeinander folgen als vielmehr durch einen „pendelnden" Blick miteinander verbunden sein dürften.
452 LD/*Bäcker* Kap. D Rn. 82; *Kingreen/Poscher* § 8 Rn. 13.
453 Vgl. *Gusy/Eichenhofer* Rn. 113. Die Notwendigkeit der Konkretisierung (auch) des Schadensereignisses soll v.a. verhindern, dass die Voraussetzung der Gefahr in Fällen der Befürchtung schwerster Schäden praktisch keine Schwelle mehr darstellt, weil über die sog. Je-desto-Relation [→ C176] in der Konsequenz der

V. Gefahr

ansatzweise Konkretisierung – treffender könnte man von Bestimmtheit oder Beschreibbarkeit sprechen – des zu erwartenden Geschehens einschließlich des Schadensereignisses in einer **sachlichen, zeitlichen und personellen Dimension**.[454] Mit anderen Worten: Dass in Zukunft irgendetwas passieren könnte, aber unklar oder unbeschreibbar ist, *wo*, *wann* und *durch wen*, reicht für die Annahme einer konkreten Gefahr ebenso wenig aus[455] wie etwa die (abstrakte) Gefährlichkeit oder Schadensgeneigtheit eines Individuums.[456] Die so auch auf das Schadensereignis erstreckte Konkretheit hat allerdings weitere Modifizierungen und Ausdifferenzierungen erfahren, die unter den Begriffen der (hinreichend) *konkretisierten Gefahr* und der *drohenden Gefahr* diskutiert werden [→ C204].

Bei ihren prognostischen Schlussfolgerungen stützt sich die Praxis methodisch vor allem auf **Erfahrungs-** und auch **Alltagswissen**, wenn etwa ein Hund als Gefahr für die körperliche Unversehrtheit angesehen wird, weil dieser schon einmal einen Menschen gebissen hat.[457] Aus Erfahrung gewonnenes Wissen trägt allerdings nur, soweit es auf neue Situationen übertragbar ist. Es darf daher nicht dem Stand von Wissenschaft und Technik widersprechen,[458] dessen Vermittlung als **Fachwissen** insbes. Ziel der Aus- und Fortbildung ist. So kann auch bei als gefährlich eingestuften und sonstigen großen Hunden mit hoher Beißkraft eine Gefahr bejaht werden, auch wenn nicht bekannt ist, ob es bereits zu einem Beißvorfall gekommen ist.[459] Dabei steht die Rspr. *generalisierten Annahmen* häufig skeptisch gegenüber[460] und spricht situationsbedingten Umständen umso mehr Gewicht zu, je weniger Erfahrungswissen besteht.[461] Das gilt etwa für die schwierige Prognose, ob eine strafrechtlich verurteilte Person auch künftig Straftaten begehen wird. Amtswaltern bleibt häufig nur, den jeweiligen Einzelfall und seine spezifischen Umstände zu würdigen.[462]

175

Ausgehend von der diagnostizierten Sachlage muss die wissensbasierte Prognose ergeben, dass der Eintritt des (vorgestellten) Schadens **hinreichend** wahrscheinlich ist. Dies ist nicht der Fall, solange die Polizei- und Ordnungsverwaltung lediglich vermutet oder nicht ausschließen kann, dass der Schaden eintritt.[463] Auch wenn die Diagnose der Sachlage zu tragfähigen Tatsachen geführt hat, reicht es also für eine Gefahr nicht aus, wenn die Prognose einen Schadenseintritt lediglich als möglich erscheinen lässt.[464] Es besteht dann allenfalls ein Risiko [→ C211].[465] Andererseits muss sich die Verwaltung nicht *gewiss* oder *sicher* sein, dass der Schaden eintritt,

176

Schwere der Schäden eine Wahrscheinlichkeit als hinreichend angesehen werden kann, die gleichsam gen Null tendiert. Die befürchteten Schäden sollen dann – so das Argument – wenigstens konkretisiert sein, vgl. Wehr JURA 2019, 940 (943).

454 Vgl. Kingreen/Poscher § 8 Rn. 15. Krit. zu dieser Ausweitung Kulick/Goldhammer/Möstl, Der Terrorist als Feind?, 67 (77 ff.), der die Konkretheit nicht auf den Prognosegegenstand, sondern nur auf die Tatsachengrundlage bezieht. Hiergegen wiederum LD/*Bäcker* Kap. D Rn. 84.
455 Vgl. BVerfG 4.4.2006 – 1 BvR 518/02; Kingreen/Poscher § 8 Rn. 13; LD/*Bäcker* Kap. D Rn. 83.
456 So aber OVG Münster 5.7.2013 – 5 A 607/11. Krit. *Pieroth* Die Verwaltung 2020, 39 (50); LD/*Bäcker* Kap. D Rn. 83.
457 Vgl. SchE/*Schoch/Kießling* Rn. 286, 289; *Götz/Geis* § 12 Rn. 9.
458 *Götz/Geis* § 12 Rn. 9.
459 VGH München 6.4.2016 – 10 B 14.1054, Rn. 19; OVG Lüneburg 13.8.2009 – 11 ME 287/09.
460 Vgl. BVerwG 25.7.2007 – 6 C 39.06, Rn. 32 ff.; OVG Schleswig 16.5.2012 – 4 MB 39/12.
461 Vgl. OVG Lüneburg 19.10.2011 – 7 LB 57/11, Rn. 24. Zum Ganzen SchE/*Schoch/Kießling* Rn. 289 f.; *Trute* Die Verwaltung 2013, 537 (539 f.).
462 Vgl. SchE/*Schoch/Kießling* Rn. 291; BVerfG 22.5.2019 – 1 BvQ 42/19; OVG Bremen 26.11.2011 – 1 B 309/11; VGH Mannheim 15.5.2014 – 1 S 815/13, Rn. 51; OVG Bautzen 14.3.2000 – 3 Bs 15/00.
463 Vgl. BVerfG 4.9.2009 – 1 BvR 2147/09, Rn. 9; BVerfG 21.4.1998 – 1 BvR 2311/94, Rn. 25.
464 Vgl. *Götz/Geis* § 12 Rn. 7.
465 Vgl. Gusy/Eichenhofer Rn. 109. Ob eine Gefahr oder (allenfalls) ein Risiko vorliegt, entscheidet sich also am *Ergebnis* der Prognose. Ob eine Gefahr oder (allenfalls) ein Gefahrenverdacht vorliegt, entscheidet sich dagegen bereits an der Diagnose der Sachlage [→ C165, C194], also bevor sich die Frage der Prognose überhaupt stellt.

um eine konkrete Gefahr annehmen zu dürfen. Nach gefestigter Rechtsauffassung lässt sich das zwischen zwei Polen liegende *Hinreichen* – auch wenn es sich auf die Wahrscheinlichkeit bezieht – nicht im Sinne eines naturwissenschaftlichen Erkenntnisaktes messen oder ausrechnen. Es bedarf für die Annahme einer Gefahr vielmehr einer **wertenden Abwägung** durch die Behörde: Je größer eine befürchtete *Schädigung* ist, desto geringere Anforderungen können an deren *Wahrscheinlichkeit* gestellt werden.[466] Umgekehrt wachsen die Anforderungen an die Schadenseintrittswahrscheinlichkeit, je geringer das Ausmaß des Schadens ist, der dem Schutzgut droht. Im Wege dieser **Je-desto-Relation** wird gleichsam der Verhältnismäßigkeitsgrundsatz in den Gefahrenbegriff hineinverlagert.[467]

177 **Beispiele:** Wenn Anhaltspunkte dafür bestehen, dass eine Person sich ins Ausland absetzen will, um dort den bewaffneten Jihad zu unterstützen, genügt bereits die entfernte Möglichkeit eines Schadenseintritts zur Annahme einer hinreichenden Wahrscheinlichkeit, da im Schadensfall Leib und Leben von Menschen und damit hochrangige Schutzgüter betroffen sind. Wiegt der drohende Schaden derart schwer, werden iRd für den Erlass einer Meldeauflage erforderlichen Gefahrenprognose reduzierte Anforderungen an die Wahrscheinlichkeit – genauer: an das „Hinreichen" – zu stellen sein, dass sich die betroffene Person im Ausland an Gewalttaten beteiligt.[468]

d) Absehbare Zeit

178 Auch das Erfordernis, dass mit einem Schadenseintritt in absehbarer Zeit zu rechnen sein muss, ist kein mathematisch bestimmbares Kriterium, sondern verlangt eine *Wertung*: Der Schaden darf nicht erst in ferner Zukunft zu erwarten sein, andererseits muss die Schädigung auch nicht unmittelbar bevorstehen.[469] Anders als die hinreichende Wahrscheinlichkeit bezieht sich das Kriterium der absehbaren Zeit nicht auf die Chance („Ob"), sondern auf den zu erwartenden **Zeitpunkt** („Wann") eines Schadensereignisses. Da beide Kriterien Teil einer wertenden Prognose sind, die sich sowohl auf die kausalen als auch auf die zeitlichen Verläufe beziehen muss, um über ein behördliches Einschreiten entscheiden zu können, lassen sie sich nicht trennscharf unterscheiden. Soweit dem Kriterium der absehbaren Zeit neben der hinreichenden Wahrscheinlichkeit überhaupt eine besondere Bedeutung zugeschrieben wird,[470] wird es als Abgrenzungsmerkmal zur Gefahrenvorsorge gesehen.[471] Andere integrieren beide Kriterien über die Je-desto-Relation und machen die Anforderungen an zeitliche Nähe – wie schon an hinreichende Wahrscheinlichkeit – von der Bedeutung des Schutzguts und damit vom Schadensausmaß abhängig.[472]

e) Beurteilungsperspektive

179 Während Polizei und Verwaltungsbehörden iSd ihnen übertragenen Aufgabe gehalten sind, über das Vorliegen einer Gefahr im Wege einer Prognose des hypothetischen Geschehensablaufs zu entscheiden, bevor sie handeln, kontrollieren die Gerichte regelmäßig erst *im Nachgang* die Rechtmäßigkeit der getroffenen Maßnahme. Dabei räumen unbestimmte Rechtsbegriffe, die der Auslegung und Wertung oder wie die Gefahr sogar einer Prognose bedürfen, der

---

466 BVerwG 26.2.1974 – I C 31.72, Rn. 41; BVerwG 3.7.2002 – 6 CN 8.01, Rn. 41; *Götz/Geis* § 12 Rn. 7; *Schenke* Rn. 82. Krit. zur Je-desto-Formel *Leisner* DÖV 2002, 326. Zur Notwendigkeit der Konkretisierung (auch) des Schadens als Korrektiv [→ CFn 453].
467 Vgl. EFP/*Pünder* Rn. 100.
468 Vgl. VG Braunschweig 7.9.2016 – 5 A 202/15, Rn. 24 f. (Jihad). Vgl. auch die konkr. Maßstabsbildung des VG Münster 1.3.2017 – 5 K 1276/16, Rn. 33 ff. (Rohmilchtankstelle).
469 EFP/*Pünder* Rn. 101. Eine zeitl. qual. Gefahr [→ C184] kann indes gesetzl. explizit vorgegeben sein.
470 *Götz/Geis* § 12 Rn. 3 erwähnt das Merkmal zumindest. Abl. LD/*Bäcker* Kap. D Rn. 93.
471 SchE/*Schoch/Kießling* Rn. 287.
472 Entscheidend dürfte die Frage sein, ob bei weiterem Zuwarten später noch eine effektive Gefahrenabwehr möglich sein wird, EFP/*Pünder* Rn. 101.

Behörde **keinen Beurteilungsspielraum** ein, sondern sind gerichtlich voll überprüfbar.[473] Aus rückblickender Perspektive eines Gerichts kann sich die Prognose dann als unzutreffend erweisen, etwa weil zwischenzeitlich Informationen bekannt geworden sind, die der Behörde zum Zeitpunkt des Einschreitens unbekannt waren, oder sich eine Wahrscheinlichkeit, auch wenn diese als hinreichend erschien, schlicht nicht realisiert hat.[474] Ein Gericht könnte so zum Ergebnis kommen, dass gar keine Gefahr vorgelegen hatte, die rechtlichen Voraussetzungen der ergriffenen Maßnahmen also (doch) nicht gegeben waren.

Ob sich der behördlich angenommene Geschehensverlauf, insbes. der befürchtete Schaden **realisiert**, spielt für die – auch nachträgliche – Bewertung einer Gefahrenprognose indes **keine Rolle**.[475] Dies schließt sich schon deshalb aus, weil die Polizei- und Ordnungsbehörden, die von einer Gefahr ausgehen, einschreiten, um den angenommenen Geschehensablauf kausal zu beeinflussen und so die Gefahr abzuwehren. Ob sich der Geschehensablauf ohne ihr Einschreiten wie prognostiziert zu einem Schaden entwickelt hätte, lässt sich dann kaum mehr beurteilen. Zudem wären die Gefahrenabwehrbehörden in ihrer Handlungsbereitschaft stark eingeschränkt, wenn sie damit rechnen müssten, dass ihre Prognose mit Informationen und Erkenntnissen überprüft würden, die erst aus einer rückblickenden Perspektive vorliegen.[476] Treten die zum Zeitpunkt des Handels prognostizierten Verläufe, Umstände und Folgen *nicht* ein, mag man die ursprüngliche Annahme einer Gefahr hinterfragen, *rechtlich* wird sie dadurch nicht in Frage gestellt, soweit sie alle an sie zu stellenden Anforderungen zu diesem Zeitpunkt erfüllt hat.[477] Maßgeblich ist der Zeitpunkt der Entscheidung über das Einschreiten, also die Perspektive **ex ante**, *nicht* die ex-post-Erkenntnis.[478]

180

2. Störung

Eine Sachlage, in der sich eine Gefahr *realisiert*, das Geschehen also bereits zu einem **Schaden** für ein Schutzgut der öff. Sicherheit oder Ordnung geführt hat, wird als Störung bezeichnet.[479] Von der (konkreten) Gefahr unterscheidet sich die Störung also *kategorial*, weil der Schaden keine Vorstellung mehr ist, über dessen Eintritt ein Wahrscheinlichkeitsurteil getroffen werden könnte, sondern dieser bereits real ist. Eine Störung der körperlichen Unversehrtheit liegt vor, wenn etwa ein Mensch bereits durch ein Tier am Körper verletzt wurde. Die obj. Rechtsordnung ist verletzt, wenn festgestellt wird, dass gegen eine Norm verstoßen, also etwa der Tatbestand des § 223 Abs. 1 StGB verwirklicht wird.[480]

181

Befugnisse wie § 3 Abs. 1 u. 2 SOG sprechen regelmäßig (nur) von einer Gefahr, erstrecken sich dennoch auch auf die Beseitigung einer bereits eingetretenen Störung als fortbestehende Gefahr.[481] Die Aufgabe der Gefahrenabwehr kann, muss aber nicht enden, weil ein Schaden etwa

182

---

473 Vgl. BVerfG 20.2.2001 – 2 BvR 1444/00, Rn. 52; BVerwG 17.10.1990 – 1 C 12.88, Rn. 26 f.; OVG Münster 4.5.2015 – 19 A 2097/14. Vgl. aber auch VGH Mannheim 10.2.2015 – 1 S 554/13, Rn. 80 ff.
474 Vgl. *Götz/Geis* § 12 Rn. 50; SchE/*Schoch/Kießling* Rn. 285.
475 *Götz/Geis* § 12 Rn. 11. Anders noch PrOVG PrVBl 38, 360.
476 Vgl. EFP/*Pünder* Rn. 105.
477 Vgl. BVerwG 26.2.1974 – I C 31.72; *Götz/Geis* § 12 Rn. 11. Dass man „hinterher immer schlauer ist", hat auf die Rechtmäßigkeit der Gefahrenbeurteilung keinen Einfluss, auch weil dies schon begrifflich nicht der Anspruch einer Prognose sein kann, vgl. *Gusy/Eichenhofer* Rn. 111.
478 Vgl. DWVM S. 223; *Thiel* § 8 Rn. 52. Von der Beurteilungsperspektive („ex ante") ist die Frage zu trennen, welche Anforderungen an den gefahrbeurteilenden Amtswalter zu stellen sind. Sie wird mit dem Begriff der Anscheinsgefahr und deren Abgrenzung zur Scheingefahr thematisiert [→ C189].
479 SchE/*Schoch/Kießling* Rn. 282; *Thiel* § 8 Rn. 5.
480 Vgl. *Schwabe* DVBl 2001, 968; *Habermehl* Rn. 84; SchE/*Schoch/Kießling* Rn. 283. Eine Gefahr kommt insoweit nur in Betracht, wenn ein (ggf. erneuter) Normverstoß (noch) nicht vorliegt. Die dann notwendige Prognose richtet sich auf die Frage, ob es abermals zu einem Normverstoß kommen wird.
481 Vgl. *Gusy/Eichenhofer* Rn. 103; *Knemeyer* Rn. 88 (Gefahr der „Schadensperpetuierung").

in Form der Begehung einer Straftat bereits eingetreten ist. Das lässt die Aufgabe unberührt, einen Normverstoß auch sanktionsbezogen zu verfolgen, etwa durch die Strafverfolgungsbehörden [→ C73].

183 **Beispiel:** Die Polizei wird auf einen Schriftzug an der Plakatwand der Roten Flora im Schanzenviertel aufmerksam, der sich in beleidigender Form gegen den Innensenator richtet. Da der Schaden für das Teilschutzgut der obj. Rechtsordnung aufgrund der Verwirklichung des obj. Tatbestands von § 185 StGB bereits eingetreten ist, liegt eine Störung der öff. Sicherheit vor. Die Polizei kann Maßnahmen zur Beseitigung des anhaltenden Normverstoßes treffen, etwa die Entfernung anordnen oder den Schriftzug selbst übermalen. Damit endet die polizeiliche Gefahrenabwehr – mit der Fertigung einer Strafanzeige gegen die Verfasser des Schriftzugs wird die Polizei im Rahmen ihrer Strafverfolgungsaufgabe tätig.[482]

3. Qualifizierte Gefahren

184 Einzelne Befugnisse in SOG und PolDVG oder im besonderen Gefahrenabwehrrecht verlangen tatbestandlich *mehr* als nur eine „einfache" konkrete Gefahr – etwa eine Gefahr für Leib, Leben oder Freiheit einer Person, eine dringende Gefahr oder eine unmittelbar bevorstehende Gefahr. **Gesteigert** werden dann *alternativ* oder *kumulativ* die Anforderungen an das Ausmaß des zu erwartenden Schadens bzw. dessen Eintrittswahrscheinlichkeit oder zeitliche Nähe. In derartig qualifizierten Eingriffsschwellen kommt die Je-desto-Relation zum Ausdruck.[483] Sie beinhalten tatbestandlich bereits einen Teil der auf Rechtsfolgenseite erforderlichen Güterabwägung und ermöglichen besonders intensive Grundrechtseingriffe, die Heranziehung Nichtverantwortlicher oder eine Vernachlässigung von Verfahrensvorschriften.[484]

185 Gefahrentatbestände mit **konkret bezeichneten Rechtsgütern** wie etwa die Gefahr für *Leib, Leben oder Freiheit einer Person,* für *den Bestand oder die Sicherheit des Bundes oder eines Landes* sowie die *Lebensgefahr* stellen besondere Anforderungen an den zu erwartenden Schaden.[485] Auf den Schutz derartiger, besonders hochrangiger Rechtsgüter richtet sich auch die **erhebliche** Gefahr,[486] deren qualitative Steigerung darin liegt, eine Schädigung von besonderem Gewicht vorauszusetzen.[487] Insbes. für polizeiliche Überwachungsmaßnahmen hat das BVerfG in mehreren Entscheidungen – ohne begriffliche Einheitlichkeit – definiert, welche Rechtsgüter überragend wichtig oder besonders gewichtig sind.[488]

186 Um besonders schnell handeln sowie Personen in Anspruch nehmen zu können, die mit der Gefahrenverursachung nichts zu tun haben, muss der Eintritt des Schadens bereits besonders nah und sehr wahrscheinlich sein. So verlangen die unmittelbare Ausführung nach § 7 Abs. 1 SOG, die Heranziehung nicht verantwortlicher Personen nach § 10 Abs. 1 SOG aber auch viele andere Vorschriften in SOG und PolDVG eine **unmittelbar bevorstehende** oder auch **gegenwärtige Gefahr.**[489] Umschrieben wird damit eine Sachlage, die ohne ein Tätigwerden der Behörde einen baldigen Schadenseintritt mit hoher Wahrscheinlichkeit erwarten lässt.[490] Der Schaden kann in diesem Sinne jederzeit eintreten.[491] Verlangt das Gesetz, wie etwa in § 16 Abs. 4 SOG für

---

482 Vgl. dazu Bü-Drs. 22/6157; 22/6158.
483 *Voßkuhle* JuS 2007, 908 (908).
484 Vgl. *Kingreen/Poscher* § 8 Rn. 21 ff.; *Kugelmann* Kap. 5 Rn. 150 ff.
485 Vgl. etwa §§ 13 Abs. 1 S. 1, 18a Abs. 5 S. 3 SOG; § 12 Abs. 2 S. 2 PolDVG.
486 Vgl. etwa § 23 Abs. 2 S. 1 SOG; § 14 Abs. 1 Nr. 2 PolDVG.
487 Bü-Drs. 21/17906, 86 (Fixierung).
488 Vgl. BVerfG 27.2.2008 – 1 BvR 370/07 (Online-Durchsuchung); BVerfG 20.4.2016 – 1 BvR 966/09 (BKA-Gesetz) [→ B37] sowie LD/*Bäcker* Kap. D Rn. 121.
489 Vgl. etwa § 14 Abs. 1 S. 1 lit. a. SOG; § 23 Abs. 2 PolDVG. § 39 Abs. 1 S. 1 Nr. 3 PolDVG verlangt etwa eine „*unmittelbar bevorstehende erhebliche Gefahr*". Dagegen meint eine (nur) *bevorstehende* eine konkr. Gefahr. § 45 Abs. 1 Nr. 3 PolDVG verlangt eine „*gegenwärtige und erhebliche Gefahr*". Zur Frage, ob eine zeitl.-qual. Gefahr ausscheidet, deren Eintrittszeitpunkt länger bekannt war [→ C249].
490 Vgl. SchE/*Schoch/Kießling* Rn. 301.
491 *Voßkuhle* JuS 2007, 908 (908).

V. Gefahr

das jederzeitige Betreten von Wohnungen, eine **dringende Gefahr**,[492] so muss ein Schaden für ein besonders hochrangiges Rechtsgut drohen, wie für Leben oder Gesundheit, und das mit einer hohen Wahrscheinlichkeit.[493] Eine Steigerung in zeitlicher Hinsicht enthält der Begriff jedoch nicht.[494]

Eine solche *zeitliche* Prägung hat dagegen die **Gefahr im Verzug**.[495] Liegt diese vor, wird *anstatt* oder auch *zusätzlich* zu der eigentlich zuständigen eine andere Behörde, etwa die Polizei, für das Handeln zuständig, meist unter zusätzlicher Befreiung von Verfahrensvorgaben, etwa nach § 28 Abs. 2 Nr. 1 HmbVwVfG von der vorherigen Anhörung der Beteiligten.[496] So ist die zeitliche Steigerung eine relative: Erforderlich ist eine Sachlage, bei der deshalb ein Schaden einzutreten droht, weil die eigentlich zuständige Behörde oder Stelle zu spät käme oder eigentlich bestimmte Verfahrensschritte vorgesehen sind.[497] Der Verzug, also die Verzögerung, die zu erwarten ist, wenn Regelzuständigkeiten und -verfahren eingehalten würden, kennzeichnet also *nicht den Zustand* der Gefahr, sondern ist deren *Ursache*. Gefahr im Verzug besteht danach nur, wenn die Einhaltung regulärer Zuständigkeits- und Verfahrensvorschriften den Erfolg einer Maßnahme mit hoher Wahrscheinlichkeit gefährden würde.[498] Dem Begriff fällt daher regelmäßig die Funktion zu, formelle Vorgaben zu modifizieren, statt eine materielle Eingriffsvoraussetzung zu statuieren.

Beispiel: Im Rahmen der Suche nach einem vermissten Kind durfte die Polizei ein Haus ohne richterliche Anordnung durchsuchen, weil Zeugenaussagen darauf hindeuteten, dass sich das Kind in dem Haus befinden und ihm dort entgegen eines gerichtlichen Umgangsverbots Zugang zu seinem Vater ermöglicht würde. In diesem Fall konnte eine unmittelbar bevorstehenden Gefahr in Form einer Kindeswohlgefährdung angenommen und das Haus betreten werden.[499]

4. Anscheins- und Scheingefahr

Sehen Polizeibedienstete es zum Zeitpunkt ihrer Entscheidung zugunsten eines Einschreitens („ex ante") als hinreichend wahrscheinlich an, dass der weitere Geschehensverlauf in einem Schaden mündet, gehen diese zu Recht von einer Gefahr aus, selbst wenn sich der befürchtete Schaden tatsächlich *nicht* realisiert oder sich im Nachhinein sogar herausstellt, dass *nie* ein Schaden drohte [→ C180].[500] Dies gilt allerdings nur, wenn die **Gefahrenbewertung** den an sie zu stellenden Anforderungen gerecht wird. Amtswalter müssen die Sachlage hinreichend analysiert bzw. diagnostiziert und den weiteren Verlauf tragfähig prognostiziert haben und so vertretbar zu dem Schluss einer konkreten Gefahr gekommen sein.[501] Dabei sind die Anfor-

---

492 Auch § 22 Abs. 1 S. 1 PolDVG.
493 Vgl. BVerfG 20.4.2016 – 1 BvR 966/09, Rn. 110; 7.12.2011 – 2 BvR 2500/09, Rn. 128; BVerwG 6.9.1974 – I C 17.73, Rn. 23; SchE/*Schoch/Kießling* Rn. 301; LD/*Graulich* Kap. E Rn. 153 ff.
494 Vgl. Bü-Drs. 18/1487, 8.
495 Vgl. etwa § 15 Abs. 4 S. 3 u. 6 SOG; § 20 Abs. 2 S. 1 PolDVG.
496 BVerwG 15.12.1983 – 3 C 27.82; *Thiel* § 8 Rn. 75; LD/*Graulich* Kap. E Rn. 152.
497 Vgl. *Gusy/Eichenhofer* Rn. 128; SchE/*Schoch/Kießling* Rn. 301; *Voßkuhle* JuS 2007, 908 (908).
498 Vgl. BVerfG 3.4.1979 – 1 BvR 994/76, Rn. 42 f.; 20.2.2001 – 2 BvR 1444/00, Rn. 34. S. das Beispiel [→ D92].
499 Vgl. VG Köln 28.4.2016 – 20 K 3945/14.
500 Verbreitet wird festgestellt, dass es dann *obj.* an einer Gefahr fehle und daraus gefolgert, dass zw. einem obj. u. einem subj. Gefahrenbegriff zu unterscheiden sei; vgl. *Meyer* JURA 2017, 1259 (1260 ff.); *Kingreen/Poscher* § 8 Rn. 33 ff.; aA SchE/*Schoch/Kießling* Rn. 288. Eine solche Unterscheidung führt nicht weiter, da die Welt zwar objektiv („wirklich"), also unabhängig von menschl. Wahrnehmung u. Erkenntnis bestehen mag, sie aber in dieser Objektivität für den Menschen nur über seine (idS stets subj.) Wahrnehmung u. Erkenntnis zugänglich ist. Dies gilt auch für die polizeiliche. Gefahr, egal ob deren Vorliegen durch Polizeibedienstete oder Gerichte beurteilt wird, s. aber anders *Kingreen/Poscher* § 8 Rn. 37 ff., die zudem die erkenntnistheoretische Frage mit der Frage der Vorwerfbarkeit verbinden. Dieser in der Lit. ausgetragene Streit dürfte sich in einem unterschiedl. Begriffsverständnis erschöpfen; vgl. *Götz/Geis* § 12 Rn. 53.
501 Vgl. BVerwG 1.7.1975 – I C 35.70; BVerwG 26.1.1974 – I C 31.74; *Voßkuhle* JuS 2007, 908 (909); *Gusy/Eichenhofer* Rn. 122; *Schenke* Rn. 86 ff.

derungen an Diagnose- und Prognosekompetenz nicht zu überspannen. Maßgeblich ist eine **"objektivierte" Perspektive**: Bedienstete müssen sich daran messen lassen, ob zum Zeitpunkt ihres Einschreitens ein verständiger, besonnener und sorgfältig handelnder Amtswalter bei der ex-ante bestehenden Sach- und Wissenslage von einer Gefahr ausgegangen wäre.[502] Ist dies zu bejahen, liegt eine konkrete Gefahr vor, selbst wenn sich die Gefahrenbewertung – trotz aller Sorgfalt – als falsch oder irrtümlich erweist.[503] Dieser, erst *ex post* sichtbar werdende Irrtum wird mit dem Begriff der **Anscheinsgefahr** gekennzeichnet. An dem Vorliegen einer konkreten Gefahr ändert er nichts.[504] Auch bei einer Anscheinsgefahr dürfen Polizei und Verwaltungsbehörden gegen denjenigen einschreiten [→ C250], der die vermeintliche Gefahr *verursacht* hat oder *zu haben scheint*. Die Kosten des Polizeieinsatzes können sie von ihm jedoch nur verlangen, wenn diese Person *rückblickend betrachtet* die Anscheinsgefahr veranlasst und zu verantworten hat [→ H6].[505]

190 Nehmen Polizeibedienstete eine Gefahr auf Grundlage einer Bewertung an, die am verobjektivierten Maßstab *nicht* vertretbar ist, liegt eine **Scheingefahr** (Putativgefahr) vor.[506] Im Unterschied zur Anscheinsgefahr ist also nicht erst im Nachhinein (ex post), sondern bereits nach der Sach- und Wissenslage zum Zeitpunkt des Einschreitens (ex-ante) erkennbar gewesen, dass kein Schaden zu befürchten ist.[507] Ein verständiger, besonnener und sorgfältig handelnder Amtswalter hätte keine Gefahr angenommen und wäre nicht eingeschritten.[508] Eine Scheingefahr ist **keine Gefahr** und kann keine Eingriffe legitimieren, die eine Gefahr voraussetzen – dennoch ergriffene Maßnahmen sind rechtswidrig.[509]

191 **Beispiele:** Weil bei einem Fahrzeug Qualm ausschließlich aus dem Auspuff austrat, konnte lediglich auf eine unsaubere Verbrennung innerhalb des Motors, nicht jedoch auf einen drohenden Fahrzeugbrand geschlossen werden. Rechtswidrig war auch die Ingewahrsamnahme einer ersichtlich geistig behinderten Person, die mit einer Spielzeugpistole hantierte, was für die handelnden Amtswalter ohne weiteres zu erkennen gewesen wäre.[510]

192 Für das Vorliegen einer Anscheinsgefahr bzw. konkreten Gefahr und die Abgrenzung zu einer Scheingefahr ist also letztlich **Maßstab eines verobjektivierten Amtswalters** entscheidend. Dies erscheint plausibel, um über eine Verbindung von subjektiver und objektiver Perspektive polizeiliche Eigenständigkeit und gerichtliche Kontrolle auszubalancieren. Was allerdings „verobjektivierte" Bedienstete ausmacht, was an Verständnis, Besonnenheit und Sorgfalt von diesen zu erwarten ist und was sie in der jeweiligen Situation hätten wissen und wahrnehmen können oder auch müssen, bestimmt letztlich das nachkontrollierende Gericht.[511] Diese Macht zur **„Standardisierung"** darf nicht so weit gehen, dass sich die Gerichtsbarkeit – zumal aus

---

502 Vgl. DWVM S. 223; EFP/*Pünder* Rn. 99; *Thiel* § 8 Rn. 52; LD/*Bäcker* Kap. D Rn. 95 ff. (normativ-subjektiven Gefahrenbegriff). Aus der Rspr. etwa OVG Saarlouis 2.7.2009 – 3 A 217/08, Rn. 78.
503 Vgl. *Kingreen/Poscher* § 8 Rn. 50 f.; LD/*Bäcker* Kap. D Rn. 95. Weiterführend *Schenke* JuS 2018, 505.
504 BVerwG 26.2.1974 – I C 31.72, Rn. 32; *Schenke* Rn. 86 f.; EFP/*Pünder* Rn. 105. Weil auch die Anscheinsgefahr eine konkrete Gefahr ist, der Begriff also für die Frage der Gefahrenbewertung keinen Mehrwert erzeugt, sondern durch die Betonung des (nur) *Scheinbaren* sogar missverständlich ist, wird er verbreitet kritisiert und für verzichtbar gehalten; vgl. *Thiel* § 8 Rn. 57. Vgl. auch BVerwG 26.2.1974 – 1 C 31.72, Rn. 32; VGH Mannheim 30.6.2020 – 1 S 2712/19; VGH München 28.6.2019 – 10 C 18.375. Allenfalls wird ihm eine Relevanz für die Kostentragung und die Entschädigung zugeschrieben, vgl. SchE/*Schoch/Kießling* Rn. 293, s. auch *Hoffmann-Riem* FS Wacke, 1972, 327 ff.
505 OVG Hamburg 24.9.1985 – Bf VI 3/85.
506 SchE/*Schoch/Kießling* Rn. 294; LD/*Bäcker* Kap. D Rn. 95; *Kingreen/Poscher* § 8 Rn. 64 ff.
507 EFP/*Pünder* Rn. 104; *Voßkuhle* JuS 2007, 908 (909).
508 Vgl. VGH München 2.12.1991 – 21 B 90.1066, Rn. 54; EFP/*Pünder* Rn. 104.
509 VGH Mannheim NVwZ 1991, 493 (493); EFP/*Pünder* Rn. 104; *Thiel* § 8 Rn. 59; *Schenke* Rn. 88. Zur Entschädigung u. Kostentragung [→ H20, H2]. Zur etwaigen disziplinar- oder strafrechtl. Verantwortlichkeit *Poscher*, Gefahrenabwehr, 1999, S. 147 ff.
510 Vgl. VG Minden 13.5.2004 – 9 K 1857/02 (Qualm); OLG Karlsruhe 3.12.1999 – 7 U 113/97 (Pistole).
511 So liegt nach VGH München 8.3.2010 – 10 B 09.1102 keine Anscheinsgefahr vor, wenn sich die Polizei in der jur. Bewertung, hier der §§ 185, 166 StGB, irrt. Zur Abgrenzung von Fällen der Unwissenheit [→ C212].

einer rückschauenden Perspektive – zur „besseren Polizistin" aufschwingt. Insoweit dürfte die prozessuale Plausibilisierung und Legitimierung des vom Gericht angelegten Maßstabs durch entspr. Beweismittel, etwa durch Sachverständige oder eine Inaugenscheinnahme, besonders wichtig sein.

Beispiele: Weil sich ein Autofahrer während einer Polizeikontrolle verwirrt, teilnahmslos und unkooperativ zeigte und polizeilichen Maßnahmen wie einem Urin- und einem Pupillentest verweigerte, konnte ein polizeiliches Einschreiten rechtmäßig in der Annahme erfolgen, der Fahrer stehe unter Drogen- bzw. Medikamenteneinfluss und stelle eine Gefahr für den Straßenverkehr dar, auch wenn die Alkoholisierung durch eine spätere Untersuchung widerlegt wurde. Auch angesichts eines authentischen Flugblattes, das eine Konzertveranstaltung der verbotenen Vereinigung „Nationaler Widerstand" ankündigte, die zudem parallel in den sozialen Medien als „Szenetreffen" beworben wurde, durfte die Polizei von einem gegen das Vereinsgesetz verstoßenden Unterstützungsevent ausgehen, welches sich allerdings im Nachhinein als legale Parteiveranstaltung darstellte.[512]

193

5. Gefahrenverdacht

Die konkrete Gefahr setzt eine *Sachlage*, also sicher bestehende, gleichsam lückenlosen Tatsachen („Fakten") voraus [→ C164]. Ergibt die Diagnose der IST-Situation zum Zeitpunkt der Entscheidung allerdings, dass nur wenige Aspekte tatsächlich feststehen, der Sachverhalt unsicher oder inkonsistent ist und die Umstände ungewiss sind, *kann* keine Prognose über die wahrscheinliche Entwicklung vorgenommen werden – dies selbst dann nicht, wenn das für die Prognose notwendige Wissen vorliegt,[513] sie also vorgenommen werden könnte, wenn die Sachlage tragfähig *wäre*. In diesen Fällen kann eine Gefahr also weder bejaht noch verneint, sondern allenfalls für **möglich** gehalten und **vermutet**,[514] über sie aber erst dann entschieden werden, wenn die Sachlage weiter **aufgeklärt würde** und weitere Tatsachen hinzukämen. Solange besteht nur der Verdacht einer Gefahr.

194

Beispiele: Über die Gefahr einer Hormonbehandlung aller von einem hormonelle Masthilfemittel verwendenden Betrieb erworbenen Kälber konnte mangels entsprechender Informationen keine Prognose vorgenommen werden. Weil für Baumhäuser, in denen eine Versammlung geplant wurde, der bauordnungsrechtliche Standsicherheitsnachweis fehlte, die tatsächliche Standsicherheit aber ungewiss war, wurde nur der Verdacht einer Gefahr angenommen.[515]

195

Einige **Befugnisse** im SOG und im PolDVG setzen **ausdrücklich** nur einen Gefahrenverdacht voraus und senken damit die Eingriffsschwelle gezielt ab.[516] Sie verwenden dabei aber nicht die Bezeichnung „Gefahrenverdacht", sondern umschreiben den Begriff häufig mit der Formulierung „wenn Tatsachen bzw. tatsächliche Anhaltspunkte die Annahme rechtfertigen".[517] Die

196

---

512 Vgl. VGH München 4.5.2011 – 10 ZB 10.736 (Polizeikontrolle); VG Gelsenkirchen 21.2.2017 – 14 K 3390/13 (Konzertverbot). Vgl. auch VG Freiburg 19.2.2017 – 5 K 1126/12 (Paketbombe). Plastisch wird die Schwierigkeit des anzulegenden Sorgfaltsmaßstabs auch in Fällen des Social Engineering, etwa in Form des sog. Swatting, wobei Angreifer v.a. mit den Möglichkeiten der Digitalisierung Polizei oder Rettungskräfte durch Vortäuschen eines Notfalls alarmieren und und so versuchen, einen Einsatz am Wohnort ihres Opfers herbeizuführen, s. dazu (aus strafrechtl. Sicht) *Hessel/Krüger/Leffer* NJOZ 2020, 737 (738).
513 Insbes. in diesem *Diagnose*defizit – neben seiner tendenziell zeitnäheren Aufklärbarkeit – grenzt sich der Gefahrenverdacht vom begriffl. ähnlichen Risiko [→ C211] ab, das durch einen Mangel an *Prognose*wissen bzw. -vermögen und weniger durch ein tatsachenbezogenes Erkenntnisdefizit gekennzeichnet ist, vgl. SchE/*Eifert* Kap. 5 Rn. 52 mwN.
514 Vgl. OVG Hamburg 31.1.2022 – 4 Bf 10/21 Rn. 41; *Kingreen/Poscher* § 8 Rn. 52.
515 Vgl. SchE/*Schoch/Kießling* Rn. 295; BGH 12.3.1992 – III ZR 128/91 (Kälber); OVG Magdeburg 2.2.2022 – 3 M 207/21 (Baumhäuser). S auch *Meyer* JURA 2017, 1259 (1265 ff.) mwN.
516 Vgl. etwa §§ 11 Abs. 1, 12b Abs. 2, SOG; § 12 Abs. 1 PolDVG u. aus dem bes. GefAbwR § 9 Abs. 2 BBodSchG u. § 46 Abs. 4 S. 1 Nr. 2 WaffG.
517 Vgl. *Götz/Geis* § 12 Rn. 39, *Kingreen/Poscher* § 8 Rn. 54. Dagegen sieht *Tabbara* GSZ 2022, 215 (217 ff.) in der Formulierung „*Tatsachen bzw. tatsächl. Anhaltspunkte die Annahme rechtfertigen...*" keine Umschreibung für einen Gefahrenverdacht. Daran ist richtig, dass einige Befugnisse diese Formulierung zwar verwenden, sich aber von vornherein nicht auf eine Gefahrensituation, sondern etwa darauf, dass eine Person

Formulierung zeigt, dass auch der Gefahrenverdacht mit einer *Diagnose* der Sachlage ansetzt,[518] eine hinreichende Sachlage im Unterschied zur konkreten Gefahr jedoch bereits dann vorliegt, wenn sich die Tatsachen als ungewiss bzw. lückenhaft erweisen[519] und deshalb keine tragfähige Prognose zulassen, sondern in diesem Sinne lediglich eine Annahme oder Vermutung eines Schadens zu begründen vermögen. Trotz ihrer Ungewissheit und Lückenhaftigkeit müssen die **Tatsachen und das zu erwartende Geschehen** allerdings – wie auch bei der konkreten Gefahr [→ C164, C169, C170] – in einer sachlichen, zeitlichen und personellen Dimension *bestimmt*, also spezifisch beschreibbar sein.[520] Dabei ist zu beachten, dass gesetzlich mitunter vorgegeben ist, ob sich die Prognose auf die Gefährlichkeit einer *Situation* oder einer *Person* zu beziehen hat.[521] In Situationen des Gefahrenverdachts ist dem Amtswalter bewusst, dass zwar *einige*, aber *nicht genügend* Anhaltspunkte vorliegen, um eine Gefahr anzunehmen.[522] Stellt sich seine Bewertung des Gefahrenverdachts nachträglich als unzutreffend heraus, werden verbreitet die Maßstäbe zur Anscheins- und Scheingefahr entspr. angewendet.[523] Ermächtigt eine spezielle Befugnis ausdrücklich zu einem Handeln bei Vorliegen eines Gefahrenverdachts, ergeben sich Inhalt und Reichweite der Maßnahmen aus der Befugnisnorm.[524]

197 Grundsätzlich umstritten ist, ob, unter welchen Voraussetzungen und mit welchen Rechtsfolgen dem Gefahrenverdacht über die speziell geregelten Befugnisse hinaus eine Bedeutung zu kommt. Verbreitet werden **Befugnisse, die** ausdrücklich eine **konkrete** und ggf. sogar qualifizierte **Gefahr voraussetzen**, auch bei einem Gefahrenverdacht angewendet.[525] Dies gilt insbes. für § 3 Abs. 1 SOG, der damit auch zu einer Generalklausel für Fälle des Gefahrenverdachts wird.[526] Notwendig sei eine teleologische Auslegung des Gefahrenbegriffs, weil die hinreichende Wahrscheinlichkeit, die zeitliche Nähe und das Ausmaß des zu erwartenden Schadens zwar Grenzen für die Annahme einer *konkreten* Gefahr bildeten, es allerdings auch *unterhalb* dieser Grenzen auf die Je-desto-Relation ankommen müsse, um effektive Gefahrenabwehr zu gewährleisten.[527] Die Behörde dürfe in Situationen, in denen sie zwar (nur) den Verdacht einer Gefahr habe, die weitere Aufklärung aber *notwendig* sei, um im Falle einer Erhärtung des Verdachts gefahrenabwehrfähig zu bleiben, nicht in Untätigkeit verharren.[528] Dabei wird dem Umstand, dass zum Zeitpunkt des Handelns nur ein *Verdacht* und eben noch keine *Gefahr* angenommen werden kann, auch bei den übrigen Rechtmäßigkeitsanforderungen [→ C254] entspr. relativierend Rechnung getragen. Bei einem Gefahrenverdacht werden Maßnahmen so grds. auf

---

        sachdienliche Hinweise machen kann (z.B. § 11 Abs. 1 SOG; § 12 Abs. 1 S. 1 PolDVG). Die Formulierung steht dann *nicht* für einen Gefahrenverdacht. Zur Abgrenzung *Thiel* § 8 Rn. 63.
518 OVG Hamburg 31.1.2022 – 4 Bf 10/21, Rn. 40; *Kingreen/Poscher* § 8 Rn. 52. Keine Tatsachen sind bloße *Einschätzungen* von Sicherheitsbehörden, vgl. OVG Münster 16.4.2014 – 19 B 59/14, Rn. 16.
519 *Götz/Geis* § 12 Rn. 31. Einige Befugnisse verlangen keine *„Tatsachen"*, sondern lassen *„tatsächl. Anhaltspunkte"* genügen. Soweit hierin eine Differenzierung gesehen wird, dürfte sie darin liegen, dass die Anforderungen an die Tatsachendichte nochmal abgesenkt sind, diese also „lückenhafter" sein können.
520 Vgl. BVerfG 27.2.2008 – 1 BvR 370/07, Rn. 251; BVerwG 21.7.2010 – 6 C 22.09, Rn. 29 f. Der Gesetzgeber hat deshalb die Befugnisse in §§ 20, 21 u. 29 PolDVG, jeweils Abs. 1 S. 1 Nr. 2, um die Hs. „die ein [...] erkennen lassen" ergänzt, s. Bü-Drs. 21/17906, 49 f. u. 58. Vgl. auch OVG Hamburg 31.1.2022 – 4 Bf 10/21, Rn. 40, das allerdings vermissend auch von *„drohender Gefahr"* spricht.
521 Vgl. etwa § 16 Abs. 2 Nr. 1 u. 2 SOG, § 18 Abs. 1 S. 1 PolDVG (Situation) u. § 12c Abs. 1 S. 1 Nr. 2 SOG, § 31 Abs. 1 S. 1 Nr. 2 PolDVG (Person).
522 OVG Hamburg 4.6.2009 – 4 Bf 213/07, Rn. 48; *Schenke* Rn. 89; *Thiel* § 8 Rn. 60.
523 Vgl. *Gusy/Eichenhofer* Rn. 112; *Götz/Geis* § 12 Rn. 42.
524 Vgl. *Kugelmann* Kap. 5 Rn. 129.
525 Vgl. BVerwG 25.10.2017 – 6 C 46.16, Rn. 16. S. etwa zu § 13 Abs. 1 Nr. 1 PolDVG [→ D37].
526 So bereits PrOVGE 77, 331 (338 f.). Auch *Götz/Geis* § 12 Rn. 32; *Kingreen/Poscher* § 8 Rn. 60; krit. *Schenke* Rn. 88 f.
527 Vgl. SchE/*Schoch/Kießling* Rn. 298; EFP/*Pünder* Rn. 108, v.a. mit Blick auf die Generalklausel. Vgl. auch OVG Hamburg 31.1.2022 – 4 Bf 10/21, Rn. 40 sowie von der Wendung *„Tatsachen, die die Annahme rechtfertigen"* kommend *Tabbara* GSZ 2022, 215 ff.
528 Vgl. SchE/*Schoch/Kießling* Rn. 298.

Gefahrerforschungseingriffe reduziert, die lediglich der Aufklärung des Verdachts dienen.⁵²⁹ Besonders umstritten ist, ob und unter welchen Voraussetzungen Maßnahmen ergriffen werden dürfen, welche eine (nur mögliche) Gefahr vorläufig, d.h. bis zur abschließenden Beurteilung der Gefahrenlage, oder sogar endgültig **beseitigen**.⁵³⁰

Andere begegnen einer **Ausweitung des Gefahrenbegriffs** auf den Gefahrenverdacht generell mit **Ablehnung** und verweisen darauf, dass polizei- und ordnungsrechtliche Befugnisse explizit zwischen (konkreter) *Gefahr* und *Gefahrenverdacht* unterscheiden.⁵³¹ Den Behörden stehen die Möglichkeiten des allg. Verfahrensrechts zur Verfügung, insbes. den Sachverhalt zu ermitteln, Beweismittel heranzuziehen und Betroffene anzuhören [→ C110]. Zwar sind Ermittlung und Aufklärung auf dieser Grundlage nur *ohne Grundrechtseingriff* zulässig und die Behörde damit auf freiwillige Mitwirkung angewiesen.⁵³² § 26 Abs. 2 S. 3 HmbVwVfG bestätige, dass es durch Rechtsvorschrift *besonders vorgesehen* sein muss, dass Bürger zur Mitwirkung bei der Sachverhaltsermittlung verpflichtet und die Behörde spiegelbildlich befugt ist, entspr. Maßnahmen anzuordnen oder jedenfalls deren Duldung zu verlangen.⁵³³ So seien gefahrenabwehrrechtliche Befugnisse aber schon von ihrem Wortlaut her eindeutig, ob und mit welchen Folgen diese bereits einen Gefahrenverdacht ausreichen lassen, um der Behörde einer Beschaffung weiterer Informationen und eine Aufklärung des Verdachts zu ermöglichen.⁵³⁴

198

Beispiel: Erhält die Polizei Kenntnis von einer privaten Geburtstagsfeier in einer Gaststätte, bei der verschiedene, dem rechtsextremen Spektrum zuzuordnende Musikgruppen auftreten sollen, und gibt es Hinweise, dass menschenverachtende Songtexte gesungen und Musik-CDs vor Ort verkauft werden sollen, bestehen einige Anhaltspunkte, dass iRd Veranstaltung nach § 130 StGB strafbare Handlungen begangen werden. Kann die Polizei insoweit keine hinreichende Wahrscheinlichkeit, sondern lediglich eine Möglichkeit ausmachen, kommt eine Auflösung der Feier nicht in Betracht. Als zulässig angesehen wurde jedoch das Eindringen der Polizei in die Veranstaltungsräume zur weiteren Erforschung des Sachverhalts.⁵³⁵

199

6. Exkurs: Prognosesoftware („Predictive Policing")

Die verschiedenen Ausprägungen des Gefahrenbegriffs zeigen, dass der Eintritt eines Schadens zwar stets zu einem gewissen Grad wahrscheinlich oder zumindest möglich, nie aber gewiss oder sicher sein muss [→ C176], um gefahrenabwehrrechtliche Handlungsbefugnisse auszulösen. Dies lässt **IT-gestützte Verfahren zur „vorausschauenden Polizeiarbeit"** interessant werden, die Muster vergangener Straftaten, etwa bereits begangener Einbruchsdiebstähle analysieren, mit vorhandenen polizeilichen Daten verknüpfen und so – raum- oder personenbezogen – die Wahrscheinlichkeit künftiger Straftaten, Straftäter und Tatorte berechnen und entspr. Risikostufen angeben.⁵³⁶ Aufgrund dieser probabilistisch hergeleiteten Risikoerwartung soll die Polizei vor Ort sein können, um die nächste Straftat zu verhindern, bevor sie begangen wird.⁵³⁷

200

Die dogmatische **Einordnung** in das Polizeirecht, insbes. in den **Gefahrenbegriff** ist – zumal sich die Technik rasch weiterentwickelt und stetig ausdifferenziert – nicht einfach, auch wenn polizeiliche Prognosen ebenso wie die digitale Auswertung umfangreicher Datensammlungen für sich genommen nichts Neues sind.⁵³⁸ Neu ist, dass die Prognosen nicht mehr durch

201

---

529 S. dazu *Schoch* JuS 1994, 667 (669).
530 S. dazu *Götz/Geis* § 12 Rn. 32; SchE/*Schoch/Kießling* Rn. 299; EFP/*Pünder* Rn. 108.
531 Vgl. *Meyer* JURA 2017, 1259 (1269); *Wapler* DVBl 2012, 86 (87 f.).
532 Vgl. § 26 Abs. 2 S. 1 HmbVwVfG u. dazu *Schenke* JuS 2018, 505 (512): „*Mitwirkungsobliegenheit*".
533 Vgl. dazu auch SBS/*Kallerhoff/Fellenberg* § 26 Rn. 61 f.
534 So auch *Schenke* Rn. 97; *Kniesel* DÖV 1997, 905 (907).
535 VG Lüneburg 29.4.2003 – 3 A 249/01.
536 EFP/*Pünder* Rn. 72.
537 Vgl. EFP/*Pünder* Rn. 72. Hierzu *Egbert/Krasmann*, Predictive Policing (Abschlussbericht), 2019, abrufbar unter www.wiso.uni-hamburg.de/fachbereich-sowi.
538 Vgl. LD/*Arzt* Kap. G Rn. 1294; EFP/*Pünder* Rn. 72.

den Menschen, sondern durch Algorithmen erstellt werden. Daher ist fraglich, ob Predictive Policing über das Vorliegen einer *konkreten Gefahr* nach den heute geltenden Rechtsmaßstäben entscheiden kann. Denn der Algorithmus ist – anders als der Mensch – (noch) nicht in der Lage, normative Erwägungen über die Wertigkeit eines Rechtsgutes [→ C176] anzustellen.[539] Zudem ist es zweifelhaft, ob durch automatisierten Mustervergleich, der nicht nur in der Datenbasis limitiert ist, sondern sich in der Ausgabe von Korrelationen statt von Kausalitäten erschöpft,[540] das befürchtete Schadensereignis wenigstens ansatzweise konkretisiert [→ C174] prognostiziert werden kann. Von daher kann Predictive Policing allenfalls einen *Gefahrenverdacht* erkennen.[541] Doch selbst dann bleiben Zweifel, auch weil die Diagnose und Prognose iRd Predictive Policing abstrakte Risikoberechnungen darstellen, die gerade keinen konkreten Einzelfall betreffen. Der Gefahrenverdacht lässt zwar lückenhafte, tatsächliche Anhaltspunkte genügen, das zu erwartende Geschehen und die Tatsachen müssen allerdings auch in diesem Rahmen in einer sachlichen, zeitlichen und personellen Dimension bestimmt, also spezifisch beschreibbar sein [→ C196].

202 Dem überschaubaren Potenzial von Predictive Policing stehen zugleich gewichtige Implikationen und **Risiken** für grundl. Maximen des polizeilichen Handelns gegenüber, wie Transparenz, Diskriminierungsfreiheit, Vertrauen, das Verbot der Gesamtüberwachung und die gerichtliche Kontrolle.[542] Jedenfalls solange kann auf die Letztentscheidung durch den Menschen nicht verzichtet werden.[543] Nicht digitale, nur in der realen Welt vorhandene Informationen können in vielen Fällen ein wichtiges Korrektiv bilden und müssen deswegen unbedingt berücksichtigt werden.[544] Hinzukommen dürften die von der KI-VO gezogenen und die verfassungsrechtlichen Grenzen. Zwar hat das BVerfG den Sicherheitsbehörden die automatisierte Datenanalysen ebenso wenig untersagt wie die Nutzung von KI; es hat allerdings komplexe Anforderungen an die notwendigen Ermächtigungsgrundlagen formuliert.[545]

7. Abgrenzungen

203 Von der Eingriffsschwelle der (konkreten) Gefahr in ihren unterschiedlichen Ausprägungen und Qualifizierungen sind neuartige Schwellenbegriffe wie die (hinreichend) *konkretisierte* und die *drohende* Gefahr zu unterscheiden.[546] Eine Abgrenzung ist darüber hinaus zu den Kategorien des *Risikos* und des *Nichtwissens* vorzunehmen.

a) Konkretisierte und drohende Gefahr

204 Vom Gefahrenverdacht sind jüngst **in anderen Ländern** eingeführte Befugnisse zu unterscheiden,[547] die sich von der neueren Judikatur des BVerfG insbes. zu Überwachungsmaßnahmen

---

539 Vgl. EFP/*Pünder* Rn. 72.
540 *Koch*, Predictive Policing und Gefahrenkategorien, 2023, S. 53 ff.
541 So *Rademacher* AöR 2017, 366 (391); EFP/*Pünder* Rn. 72.
542 Vgl. BVerfG 2.3.2010 – 1 BvR 256/08, Rn. 218; LD/*Arzt* Kap. G Rn. 1294; EHKS-*Sprenger* § 31 Rn. 40 ff. u. 58, auch *Ebers* § 3 Rn. 123.
543 EHKS-*Sprenger* § 31 Rn. 41.
544 *Rademacher* AöR 2017, 366 (383).
545 BVerfG 16.2.2023 – 1 BvR 1547/19; *Wischmeyer* JuS 2023, 797. Gesetzliche Ermächtigungen bedarf es bereits für das „Trainieren" der Systeme mit polizeispezifischen Daten, um diese überhaupt erst verlässlich und leistungsfähig zu machen, vgl. dazu Art. 57 ff. mit Erwgr. 137 ff.
546 BVerfG 20.4.2016 – 1 BvR 966/09, Rn. 112: Der Gesetzgeber könne über das „tradierte[n] sicherheitsrechtliche[n] Modell der Abwehr konkreter, unmittelbar bevorstehender oder gegenwärtiger Gefahren" hinausgehen.
547 S. etwa Art. 11a BayPAG, §§ 34b, 34c NRWPolG, §§ 31 f. BWPolG, §§ 21, 61 SächsPVDG u. §§ 17b, 17c NPOG, die sich allerdings in Regelungstechnik u. Reichweite unterscheiden, vgl. *Möstl* GSZ 2021, 89 (91 ff.).

V. Gefahr

zu veranlasst sehen und an dem tautologisch anmutenden Begriff der drohenden Gefahr ansetzen.[548] Die drohende Gefahr setzt anders als der Gefahrenverdacht nicht an den der Gefahrenbewertung zugrunde zu legenden Tatsachen, sondern an der *Prognose* und deren *Bezugspunkt* an,[549] indem sie die **Anforderungen an die Vorhersehbarkeit** des Kausalverlaufs, die zeitliche Nähe, die Bestimmtheit der zu prognostizierenden Schadenssituation und wohl auch an die Wahrscheinlichkeit **absenkt**,[550] um so bereits iRd Entstehung einer konkreten Gefahr, also in deren Vorfeld, Eingriffsbefugnisse zu schaffen, die nicht nur auf Aufklärung, sondern auf die *Abwehr* der erst entstehenden Gefahr gerichtet sind.[551] Die „drohende Gefahr" erscheint so als eigenständige Gefahrenkategorie, die eine Lage kennzeichnet, in der nicht mehr nur ein Gefahrenverdacht, aber auch noch keine konkrete Gefahr vorliegt. Die Einführung entspr. Befugnisse kann daher auch als legislative Antwort auf die Streitfrage gesehen werden, ob im Vorfeld einer konkreten Gefahr nicht nur Aufklärungs-, sondern auch Gefahrabwehrmaßnahmen zulässig sein sollen [→ C197].[552]

Diese Entwicklung ist durch **internationalen Terrorismus** und insbes. durch die Anschläge auf das World-Trade-Center am 11. September 2001 motiviert und lässt sich mit Blick auf von sog. Schläfern ausgehende Bedrohungslagen einordnen. Es geht um Lagen, die (noch) kein sachlich und zeitlich konkretes Schadensgeschehen, also etwa einen bestimmten terroristischen Anschlag, dafür aber ein **individuelles Verhalten** einer Person erkennen lassen, das auf einen solchen Anschlag hindeutet.

Beispiele: Eine drohende Gefahr wurde darin gesehen, dass bei einer Person eine Skizze zur Herstellung eines hochexplosiven Sprengstoffes gefunden wurde, sie ein Säuregemisch hergestellt und in einem Telegram-Chat nach weiteren Schritten iRd Herstellungsprozesses gefragt hat.[553] Gedacht wird auch an den Fall, dass eine Person aus einem Ausbildungslager für Terroristen im Ausland in die Bundesrepublik Deutschland einreist.[554]

Das BVerfG verwendet die drohende Gefahr (nur) als ein begriffliches Teilelement der **(hinreichend) konkretisierten Gefahr**.[555] Dabei erscheint die konkretisierte Gefahr jedenfalls auf den ersten Blick als begrifflich eigenständige Lage, in der kein Gefahrenverdacht (mehr) vorliegt, aber auch (noch) keine konkrete Gefahr besteht, weil diese erst *in Entstehung* ist: Eine konkretisierte Gefahr setze zumindest tatsächliche **Anhaltspunkte für die Entstehung** einer konkreten Gefahr für die Schutzgüter voraus.[556] Notwendig seien **bestimmte Tatsachen**, die auf eine im Einzelfall drohende Gefahr **für ein überragend wichtiges Rechtsgut hinweisen**. Dann könnte im Gegenzug die für die konkrete Gefahr eigentlich geltende Anforderung, dass sich der zum Schaden führende Kausalverlauf mit hinreichender Wahrscheinlichkeit vorhersagen lassen

---

548 S. BVerfG 27.2.2008 – 1 BvR 370 sowie 20.4.2016 – 1 BvR 966/09. Aus der Lit. s. etwa *Leisner-Egensperger* DÖV 2018, 677; *Löffelmann* GSZ 2018, 85; *Enders* DÖV 2019, 205; *Ogorek* JZ 2019, 63. Vgl. auch *Pieroth* VERW 2020, 39 (44 f.): „Jede Gefahr droht; wenn nichts droht, besteht auch keine Gefahr."
549 Vgl. *Kingreen/Poscher* § 8 Rn. 16 aE u. 52.
550 Die Absenkung des Wahrscheinlichkeitsmaßstabs wird neben der Absenkung der Anforderungen an die Konkretheit des zu erwartenden Geschehens wohl nur zum Teil als Kennzeichen einer drohenden Gefahr angesehen, vgl. dazu *Götz/Geis* § 12 Rn. 48 mwN.
551 Vgl. etwa Art. 11a Abs. 1 BayPAG: „um [...] die Entstehung einer Gefahr [...] zu verhindern". Dazu BayLT-Drs. 17/16299, 11 sowie BayVerfGH 13.3.2025 – Vf. 5-VIII-18, Ls. 4–7, der Art. 11a Abs. 1 BayPAG für verfassungskonform, insbes. im Wege einer einschränkenden Auslegung für verhältnismäßig sowie als hinreichend bestimmt ansieht; vgl. auch NRW LT-Drs. 17/2351, 2.
552 Vgl. *Götz/Geis* § 12 Rn. 44.
553 Vgl. OLG München 1.4.2019 – 34 Wx 289/18, Rn. 39 ff.
554 Vgl. BVerfG 20.4.2016 – 1 BvR 966/09, Rn. 112.
555 Vgl. BVerfG 1.10.2024 – 1 BvR 1160/19, Rn. 106.
556 BVerfG 20.4.2016 – 1 BvR 966/09, Rn. 112; 9.12.2022 – 1 BvR 1345/21, Rn. 90 ff.; 1.10.2024 – 1 BvR 1160/19, Rn. 106.

muss, abgesenkt werden.[557] An solche Anhaltspunkte bzw. Hinweise auf bestimmte Tatsachen hat das BVerfG wiederum Anforderungen in bislang in zwei Varianten gestellt:[558]

208 Anhaltspunkte bzw. Hinweistatsachen lägen – **erste Variante** – vor, wenn sie den *Schluss auf ein wenigstens seiner Art nach konkretisiertes und zeitlich absehbares Geschehen sowie darauf zulassen, dass bestimmte Personen beteiligt* sein werden, über deren Identität zumindest so viel bekannt ist, dass die Überwachungsmaßnahme gezielt gegen sie eingesetzt und weitgehend auf sie beschränkt werden kann.[559] Lassen sich also anhand der bekannten Tatsachen das zu erwartende **Geschehen** einschließlich des Schadensereignisses **sachlich, zeitlich und personell** wenigstens in Typ und Struktur **beschreiben** [→ C174], dann reicht dies für eine hinreichend konkretisierte Gefahr aus, auch wenn sich der Kausalverlauf, also ob und wie sich die Lage zu dem Geschehen entwickelt wird, nicht mit hinreichender Wahrscheinlichkeit vorhersehen lässt. Weil diese Variante bereits in der Je-desto-Relation [→ C176] abgebildet sei, wird er verbreitet nicht als eigenständige Gefahrenlage, sondern als eine verfassungsrechtliche Präzisierung gesehen, ab welcher Grenze bereits von einer von einer konkreten Gefahr gesprochen werden könne.[560]

209 Speziell in Bezug auf terroristische Straftaten, die lang geplant von bisher nicht straffällig gewordenen Personen an nicht vorhersehbaren Orten und in ganz verschiedener Weise verübt würden, könnten die Anforderungen an die Erkennbarkeit des Geschehens weiter abgesenkt werden.[561] Es müsse noch kein seiner Art nach konkretisiertes und zeitlich absehbares Geschehen erkennbar sein. Für Überwachungsmaßnahmen seien dann aber – **zweite Variante** – Anhaltspunkte bzw. Hinweistatsachen notwendig, dass das *individuelle Verhalten einer Person die konkrete Wahrscheinlichkeit begründet, dass sie solche Straftaten in überschaubarer Zukunft begehen wird*. Entscheidend ist hier also nicht, ob sich ein Geschehen, sondern ob sich die **Gefährlichkeit einer bestimmten Person** konkretisieren lässt, weshalb hierin auch eine neue Ausprägung des Gefahrenbegriffs gesehen wird.[562] Die so verfassungsrechtlich zulässige – treffender als „Gefährder" statt als „Gefahr" bezeichenbare – Eingriffsschwelle ist jedenfalls weit **im Vorfeld** angesiedelt, weil nur noch die Gefährlichkeit einer Person *an sich* tatsachenbasiert und (hinreichend) wahrscheinlich sein muss, im Übrigen aber, was ein Angriff durch die betreffende Person und damit ein Schadensereignis betrifft, bereits die theoretische Möglichkeit ausreicht, um polizeilich einschreiten zu dürfen.[563] Das BVerfG betont deshalb, dass in Bezug auf die Gefährlichkeit der Person relativ diffuse Anhaltspunkte, etwa einzelne, in der Deutung noch offene Beobachtungen nicht ausreichen.[564]

210 Diesen verfassungsrechtlichen Rahmen hat die Rspr. bislang nur für **informationelle Maßnahmen** entwickelt, zuerst für Überwachungsmaßnahmen und dann auch für Bestandsdatenabfragen zu Telefonanschlüssen.[565] Dies ist konsequent, weil es in Lagen, in denen eine konkrete Gefahr allenfalls erst im Entstehen sein könnte, angezeigt ist, die Lage zunächst weiter aufzuklären,

---

557 Vgl. BVerfG 20.4.2016 – 1 BvR 966/09, Rn. 112; 9.12.2022 – 1 BvR 1345/21, Rn. 90 ff.; 1.10.2024 – 1 BvR 1160/19, Rn. 106.
558 Zusammenfassend zuletzt BVerfG 1.10.2024 – 1 BvR 1160/19, Rn. 107.
559 Vgl. BVerfG 20.4.2016 – 1 BvR 966/09, Rn. 112; 1.10.2024 – 1 BvR 1160/19, Rn. 107; OVG Hamburg 31.1.2022 – 4 Bf 10/21, Rn. 31.
560 Vgl. *Koch*, Predictive Policing und Gefahrenkategorien, 2023, S. 238 ff. mwN.
561 Hierzu und zum Folgenden vgl. BVerfG 20.4.2016 – 1 BvR 966/09, Rn. 112; 9.12.2022 – 1 BvR 1345/21, Rn. 91 ff.; 1.10.2024 – 1 BvR 1160/19, Rn. 107.
562 Vgl. *Kingreen/Poscher* § 8 Rn. 16 f.; *Koch*, Predictive Policing und Gefahrenkategorien, 2023, S. 252 f mwN. Zum Verhältnis zur konkr. Gefahr auch *Wehr* JURA 2019, 940 (943 ff).
563 Vgl. HRK/*Richter* Rn. 56.
564 Vgl. BVerfG 20.4.2016 – 1 BvR 966/09, Rn. 113; 9.12.2022 – 1 BvR 1345/21, Rn. 92; 1.10.2024 – 1 BvR 1160/19, Rn. 108.
565 BVerfG 27.5.2020 – 1 BvR 1873/13; BVerfG 20.4.2016 – 1 BvR 966/09; abzugrenzen von Maßnahmen im Rahmen strafrechtl. Führungsaufsicht, dazu BVerfG 1.12.2020 – 2 BvR 916/11.

V. Gefahr

und weil bis dahin keine weitergehenden Mittel erforderlich sind.⁵⁶⁶ Während die konkretisierte Gefahr im Fall des Gefährders nur für informationelle Maßnahmen zur Terrorismusbekämpfung einen verfassungsrechtlichen Rahmen zieht, ist unklar, ob auch dies auch für die konkretisierte Gefahr im Fall abgesenkter Vorhersehbarkeit des sachlichen Schadensereignisses gilt oder ob hier ein verfassungsrechtlicher Rahmen für Überwachungsmaßnahmen oder sogar generell für informationelle Maßnahmen gezogen wurde [→ C162]. Für **Hamburg** werden diese verfassungsrechtlichen Ausdifferenzierungen des Gefahrenbegriffs **nur relevant**, soweit hmb. Befugnisse entsprechend *verfassungskonform auszulegen* sind⁵⁶⁷ oder soweit der Gesetzgeber sie *begrifflich aufgreift*. Bislang dürften die Befugnisse zur elektronischen Aufenthaltsüberwachung in § 30 Abs. 1 S. 1 Nr. 2 PolDVG und zur polizeilichen Beobachtung in § 31 Abs. 1 S. 1 Nr. 1 PolDVG die einzigen Vorschriften sein, bei der sich der Gesetzgeber an die (personell) Konkretisierte Gefahr jedenfalls anlehnt.⁵⁶⁸

b) Risiko

Ebenfalls von der Gefahr und dem Gefahrenverdacht ist das Risiko abzugrenzen.⁵⁶⁹ Wie der Gefahrenverdacht ist auch das Risiko durch eine erhöhte Ungewissheit gekennzeichnet, was beide von der konkreten Gefahr unterscheidet [→ C164, C194]. Im Unterschied zum Gefahrenverdacht betrifft die Ungewissheit beim Risiko aber weniger die Tatsachenlage als vielmehr das Prognosewissen. Mangels entspr. wissenschaftlichem oder Erfahrungswissen ist bei Risiken **keine oder jedenfalls keine dezidierte Wahrscheinlichkeitsaussage** – also keine Prognose – über einen Schadenseintritt **möglich** – selbst dann nicht, wenn die Tatsachen, an die das notwendige Prognosewissen ansetzen würde, feststünden.⁵⁷⁰ Die Befugnisse in SOG und PolDVG erfassen Risiken grds. nicht, ermächtigen in diesen Fällen jedenfalls nicht zu Abwehrmaßnahmen und auch nur punktuell zu vorsorglichem Handeln [→ B65].⁵⁷¹ Die Verwaltung von Risiken wird spezialgesetzlich geregelt und vor allem besonderen Ordnungsbehörden zugewiesen.⁵⁷²

211

c) Nichtwissen

Von Situationen des unsicheren, lückenhaften oder auch vermeintlichen Wissens, des Verdachts und der Vermutung ist die Situation des „Nichtwissens" zu unterscheiden, in der **jedes Wissen**,

212

---

566 Verfassungsrechtlich bedenklich sind daher Regelungen wie etwa Art. 11a Abs. 1 BayPAG (s. auch die Vorgängerregelung des Art. 11 Abs. 3 S. 1 BayPAG), soweit sie auch aktionelle Maßnahmen bereits bei einer drohenden Gefahr zulassen, vgl. *Kingreen/Poscher* § 8 Rn. 18 mwN.
567 Zur verfassungskonformen Auslegung [→ C21].
568 Im Gesetzgebungsverfahren hieß es, das Hamburger Polizeirecht verzichte ausnahmslos auf den Begriff der drohenden Gefahr bzw. auf entspr. Befugnisse, s. Prot. InnenA Nr. 21/38, S. 12, 33 ff., vgl. aber auch Bü-Drs. 21/17906, 59. Richtig ist, dass § 30 Abs. 1 S. 1 Nr. 2 PolDVG jedenfalls nicht so weit geht, auf der Rechtsfolgenseite neben „elektronische Fußfessel" auch Maßnahmen vorzusehen, die bereits auf Abwehr einer (entstehenden) Gefahr zielen. Anders nun die Verwendung des Begriffs der drohenden Gefahr iRd Neuregelung der sog. hypothetischen Datenneuerhebung [→ D103]. Häufiger knüpft der Gesetzgeber – auch vermittelt über den Begriff der „Vorfeldstraftat" in § 2 Abs. 24 PolDVG [→ DFn 47] – an die „konkretisierte Gefahr" (s. §§ 31 Abs. 2 S. 2, 49 Abs. 2 S. 1 Nr. 2 u. S. 2 PolDVG) an [→ DFn 385 u. D118].
569 Vgl. *Götz/Geis* § 12 Rn. 33.
570 Vgl. *Röhl/Röhl* S. 493. Nimmt man die fehlende Möglichkeit eines Wahrscheinlichkeitsurteils zum Abgrenzungskriterium, dann schließen sich Gefahr und Risiko aus. Zum Teil werden Gefahr und Risiko aber auch als sich überschneidende Begriffskreise bzw. Gefahr als Unterbegriff von Risiko verstanden, vgl. *Gusy/Eichenhofer* Rn. 110. Zum vorsorgelegitimierenden Begriff des Risikos vgl. etwa § 5 Abs. 1 Nr. 2 BImSchG, § 6 Abs. 2 S. 1 GenTG.
571 Vgl. VGH Mannheim 25.10.2012 – 1 S 1401/11; *Götz/Geis* § 12 Rn. 33; Vgl. *Gusy/Eichenhofer* Rn. 109.
572 Vgl. etwa § 7 Abs. 2 Nr. 3 AtomG, § 6 Abs. 1 GenTG sowie *Götz/Geis* § 12 Rn. 9 u. 33. Zu Risikosteuerung *Scherzberg/Lepsius* VVDStRL 63 (2003), 214 u. 264. Zum AtomG BVerwG 19.12.1985 – 7 C 65.82.

etwa im Hinblick auf Tatsachen, Kausalverläufe oder Erfahrung **fehlt**.[573] Was tatsächlich nicht wahrgenommen wird, wissenschaftlich unerforscht ist und auch nicht erfahren wurde, lässt sich als Gefahr nicht erkennen. Der Unwissende sieht sich nicht vor das Problem gestellt, Fragen nach einer Gefahr, einem Gefahrenverdacht oder einem Risiko nicht beantworten zu können. Ihm stellen sich diese Fragen erst gar nicht.

213 Gefahrenabwehr und damit auch das Gefahrenabwehrrecht bewegen sich allerdings von vornherein in den erkenntnistheoretischen **Grenzen des Wahrnehm- und Verstehbaren**. Niemand ist allwissend, kann mit Sicherheit voraussagen, was künftig geschieht, und doch muss jeder trotz unvollständigem Wissen handeln. Das gilt nochmal mehr für polizeiliches Handeln, weil es typischerweise unter Zeitdruck steht, der eine vollständige Erhebung aller Tatsachen im Einzelfall oft ebenso unmöglich macht, wie die vollständige Erwägung aller in Betracht kommenden Belange.[574] Wer die Aufgabe hat, Gefahren abzuwehren, muss sie vorher aufklären – und darf zugleich nicht riskieren, deshalb mit der Abwehr zu spät zu kommen.[575]

214 Die Grenzen des Wahrnehm- und Verstehbaren dürfen allerdings nicht mit **organisatorischen, personellen und ressourcenbezogenen Defiziten** verwechselt werden, welche die Polizei ebenso davon abhalten können, Gefahren aufzuklären und abzuwehren, weil man von ihnen „nichts weiß". Nicht zuletzt aus den Grundrechten heraus dürfte der Staat gehalten sein, die Polizei personell und organisatorisch stetig so auszurichten, auszustatten und innovationsoffen weiterzuentwickeln, dass sie insbes. durch *Informations- und Wissensgenerierung* in der Lage ist, auch neuartige, etwa digitalisierungsgetriebene Gefahren erkennen und abwehren zu können.[576]

VI. Verantwortlichkeit und Pflichtigkeit

215 In einer Einsatzsituation eröffnen sich Polizei- und Ordnungsbehörden in tatsächlicher Hinsicht verschiedene Möglichkeiten, eine Gefahr abzuwehren: Ihre Bediensteten können *selbst handeln*, sie können aber auch Personen *anweisen*, sich in einer bestimmten Weise zu verhalten.[577] In ihrer Entscheidung, ob sie zur Abwehr einer Gefahr selbst tätig werden oder *ob* und ggf. *wen* sie dazu heranziehen, sind die Bediensteten allerdings nicht frei. Vorgaben können sich unmittelbar aus der jeweils einschlägigen Befugnisnorm ergeben, etwa einer Standardbefugnis oder einer Ermächtigung im besonderen Gefahrenabwehrrecht. So kann etwa nach § 11 Abs. 1 S. 1 SOG *jede Person* vorgeladen werden, wenn Tatsachen die Annahme rechtfertigen, dass sie sachdienliche Hinweise machen kann, weggewiesen werden kann nach § 12b Abs. 1 S. 1 SOG jedoch nur ein *„Wohnungsinhaber"*.[578] Spezielle Verantwortlichkeiten finden sich auch im PolDVG, weil informationelle Befugnisse der Gefahren- und Straftaten*aufklärung* dienen und so vor allem dadurch geprägt sind, zu welchen spezifischen Zwecken und mit welcher Betroffenheit sie die Verarbeitung personenbezogener Daten erlauben [→ D22]. Soweit spezielle Vorgaben fehlen,

---

573 Aspekte der (völligen) Unwissenheit werden auch dem Risikobegriff zugeschlagen. Vgl. BVerwG 3.7.2002 – C CN 8.01, das Hunde best. Rassen als Risiken eingestuft hat, weil es die genetisch bedingte Gefährlichkeit als wissenschaftl. nicht erwiesen angesehen hat.
574 Vgl. *Gusy/Eichenhofer* Rn. 117.
575 Vgl. auch *Röhl/Röhl* S. 494.
576 Zur Diskrepanz zwischen Zuständigkeit und Befugnissen für die Gefahrenabwehr im digitalen Raum einerseits und tatsächlicher Aufgabenwahrnehmung andererseits s. *Gruber/Brodowski/Freiling* GSZ 2022, 171 (172 f.), die zutreffend darauf hinweisen, dass die Diskrepanz auch nicht mit dem Opportunitätsprinzip [→ C258] begründet werden kann, da dieses voraussetzt, dass der Polizei die Gefahren – und hier liege das Defizit – überhaupt bekannt sind. Allg. *Röhl/Röhl* S. 494.
577 Einführend zur Verantwortlichkeit s. etwa *Goldhammer* JURA 2021, 638; *Hartmann* JuS 2008, 593.
578 Vgl. auch § 13 Abs. 1 Nr. 1 SOG (Person in hilfloser Lage) sowie § 4 Abs. 3 S. 1 BBodSchG (Verursacher einer schädlichen Bodenveränderung); § 8 PassG (Passinhaber). Befugnisse des PolDVG setzten vielfach bereits im Vorfeld einer Gefahr an u. sehen vor, dass Maßnahmen gegen Verdächtige oder auch Kontakt- oder Begleitpersonen gerichtet werden dürfen.

VI. Verantwortlichkeit und Pflichtigkeit

kommen die **§§ 8 bis 10 SOG** – ggf. auch ergänzend – zur Anwendung.[579] Unter Einbeziehung von **§ 7 SOG** geben sie eine gestufte Antwort auf Frage nach der **Pflichtigkeit**:[580] Nach §§ 8 und 9 SOG kann eine Person in die Pflicht genommen werden, wenn und weil sie für ein *Verhalten einer Person* oder den *Zustand einer Sache* verantwortlich ist. Aber auch Personen, die eine solche Verantwortung nicht trifft, können nach § 10 SOG zur Gefahrenabwehr herangezogen werden, allerdings nur wenn die Gefahr nicht anders – auch nicht durch eigenes Handeln der Polizei- und Ordnungsverwaltung nach § 7 SOG – abgewehrt werden kann.

Dieser Stufung liegt die Vorstellung zu Grunde, dass Gefahren zu beseitigen hat, wer diese verantwortet. Personen, die Gefahren nicht von sich aus beseitigen, hat die Polizei- und Ordnungsverwaltung in die Pflicht zu nehmen, damit sie ihrer Verantwortung nachkommen. So liegt die Abwehr einer Gefahr im Ausgangspunkt in der Verantwortung Einzelner, zu der diese der Staat ggf. durch entspr. Maßnahmen anzuhalten hat. Lässt sich die Gefahr so nicht abwehren, ist der Staat gehalten, selbst tätig zu werden. Er kann zwar auch *Dritte* in die Pflicht nehmen – dies jedoch nur als letzte Lösung, weil diese die Gefahr nicht zu verantworten haben. Die Verantwortlichkeit ist somit **Grund**, zugleich aber auch **Legitimation** für die Schutzmaßnahmen der Polizei- und Ordnungsverwaltung. Die mit ihnen meist unvermeidbar einhergehenden Freiheitsbeschränkungen sind primär denjenigen zuzumuten, die für eine Gefahr individuell verantwortlich sind. Die Verantwortung des Staates besteht darin, unter dieser Vorgabe die Gefahrenabwehr durch entspr. Maßnahmen zu gewährleisten und dabei die Freiheiten der übrigen Gesellschaft nur soweit unerlässlich einschränken.

216

Ob eine Person pflichtig ist und von Polizei oder Verwaltungsbehörden zur Abwehr einer Gefahr in Anspruch genommen werden darf, richtet sich nach ihrer **Verantwortlichkeit** für die Gefahr. §§ 8 und 9 SOG regeln zum Teil *konkret* und *differenziert*, zum Teil aber auch *abstrakt* und *auslegungsbedürftig*, unter welchen Kriterien einer Person die Verantwortung für eine Gefahr **zuzurechnen** ist.[581] Angeknüpft wird etwa an die Verursachung, an das Bestehen eines – auch beendeten – Rechts- oder Pflichtverhältnisses oder an die Ausübung der tatsächlichen Gewalt über eine Sache. Bei § 10 SOG begründet sich die Pflichtigkeit demggü. vor allem aus der Situation eines *Notstands*, in der weder Verantwortliche iSd §§ 8 und 9 SOG herangezogen werden können noch der Staat selber in der Lage ist, die Gefahr abzuwehren. Soweit daher in § 10 SOG überhaupt von Verantwortlichkeit für eine Gefahr und deren Zurechnung gesprochen werden kann, dann nur in dem Sinne, dass jeden als Teil der Gesellschaft eine „Grundverantwortung" trifft, in einer derartigen Notsituation bei der Abwehr der Gefahr mitzuhelfen.[582] § 10 Abs. 1 SOG umschreibt die so angesprochene Allgemeinheit als *„andere als die in §§ 8 und 9 genannten Personen"*.

217

Im Rahmen der sog. **Gefahr- und Kriminalprävention** stellt sich die grundlegende Problematik, dass es um Maßnahmen im Vorfeld einer (möglichen) Gefahr geht. Vorfeldbefugnisse, insbes. zur Informationsverarbeitung, treffen vielfach keine Festlegungen, an wen sich eine Maßnahme richten darf. Gleiches gilt für § 10 SOG. Die §§ 8 und 9 SOG gehen insoweit ins Leere, weil sie für die Bestimmung der Pflichtigkeit eine *Gefahr* voraussetzen. In diesem Zusammenhang

218

---

579 Umgekehrt verweisen einige Spezialgesetze ohne eigene Adressatenregelung, z.B. § 61 S. 2 HWG, auf die §§ 8ff. SOG, die als allg. Vorschriften aber auch ohne ausdrückl. Verweis im bes. Gefahrenabwehrrecht angewendet werden können, soweit eigene Bestimmungen fehlen; vgl. OVG Hamburg 17.5.2000 – 5 Bf 31/96, Rn. 155 (HWaG) sowie VG Mainz 29.11.2017 – 1 K 1430/16, Rn. 53 (IfSG). Vgl. auch BVerwG 29.5.2019 – 6 C 8.18, Rn. 26 f. (Abgeschlossenheit PassG) u. *Beckermann* DÖV 2020, 144.
580 Mit Pflichtigkeit ist hier also die *Möglichkeit* gemeint, jemanden rechtmäßig zur Abwehr heranzuziehen bzw. zu verpflichten. Sie ist einerseits von der *Verantwortlichkeit* als (eine) ihre(r) Voraussetzung(en), andererseits von der *Verpflichtung*, die erst Folge der Maßnahmen gegen Pflichtige ist, zu unterscheiden. Zur Stufung, zu der aufgrund des Vorrangs vor § 10 Abs. 1 SOG auch die unm. Ausführung einer Maßnahme nach § 7 SOG [→ E48] gehört, vgl. *Kingreen/Poscher* § 9 Rn. 2.
581 Vgl. SchE/*Schoch/Kießling* Rn. 341 f.
582 Vgl. auch § 10 Abs. 2 SOG: *„Mithilfe"*.

hat das BVerfG anlässlich von Überwachungsmaßnahmen entschieden, dass der Adressat einer Maßnahme aus Sicht eines verständigen Dritten den obj. Umständen nach in eine Gefährdung verfangen sein muss – über die **Identität** des Adressaten muss zumindest so viel bekannt sein, dass die Überwachungsmaßnahme gezielt gegen diesen eingesetzt und weitgehend auf ihn beschränkt werden kann.[583]

219 Von der Frage der Pflichtigkeit, also welche Person zur Gefahrenabwehr herangezogen werden *kann*, ist die Entscheidung zu trennen, wer von den pflichtigen Personen richtigerweise auszuwählen ist.[584] Dies ist eine Frage des Ermessens, das der Behörde insoweit vom Gesetzgeber eingeräumt ist. Hier setzt der Begriff des **Adressaten** an, der von den Begriffen der *Verantwortlichkeit* und der *Pflichtigkeit* zu unterscheiden ist und für jene Person steht, die aus dem Kreis aller (potenziell) ordnungspflichtiger Personen tatsächlich in Anspruch genommen und im Zuge einer gefahrenabwehrrechtlichen Maßnahme *adressiert* wird.[585] Die Pflichtigen werden häufig auch als **Störer** bezeichnet, wobei das Gesetz für diesen (missverständlichen) Begriff keinen Anhaltspunkt liefert.[586] Nicht verwechselt werden dürfen Verantwortlichkeit und Pflichtigkeit mit dem Begriff der **Haftung**, der die Frage nach der einer rechtmäßige Inanspruchnahme folgenden Kostentragung betrifft.[587]

1. Rechtssubjekte gefahrenabwehrrechtlicher Verantwortlichkeit

220 Polizeirechtlich verantwortlich und damit pflichtig iSd §§ 8 bis 10 SOG kann grds. **jede natürliche Person** sein. Auf die Einsichts- oder Schuldfähigkeit, die Geschäfts- oder Deliktsfähigkeit iSd §§ 104, 828 BGB oder eine etwaige Abhängigkeit von Stellung und Tätigkeit kommt es nicht an.[588] Auch **juristische Personen** können pflichtig sein und neben den für sie handelnden Vertretern herangezogen werden.[589] Gleiches gilt für nicht rechtsfähige privatrechtliche Vereinigungen, wenn diese über eine hinreichende innere Struktur und Organisation verfügen.[590] Auch Minderjährige oder nicht geschäftsfähige Personen können pflichtig sein.[591] Mangels Personalität kommt eine polizeirechtliche Verantwortlichkeit **künstlicher Intelligenz** de lege lata nicht in Betracht – so sind etwa im Zusammenhang mit autonomen Fahrzeugen Maßnahmen gegen diejenigen Personen zu richten, die das jeweilige Fahrzeug in den Verkehr gebracht haben.[592] Scheitert eine Heranziehung in den beschriebenen Fällen, kommt eine unmittelbare Ausführung in Betracht.

---

583 BVerfG 20.4.2016 – 1 BvR 966/09, Rn. 109 u. 112 ff.; 9.12.2022 – 1 BvR 1345/21, Rn. 90 f. [→ B37].
584 Vgl. *Thiel* § 8 Rn. 79, 80.
585 So auch *Thiel* § 8 Rn. 84.
586 S. auch *Götz/Geis* § 13 Rn. 4 f. Der Störerbegriff ist missverständlich, weil er die für eine *Gefahr* verantwortlichen erfassen will, eine *Störung* also gerade noch nicht eingetreten sein muss. Für die polizei- und ordnungsrechtl. Dogmatik ungeeignet erscheint auch der Begriff der *Gefährder*, der den Sicherheitsbehörden als Arbeitsbegriff dient; vgl. *Thiel* § 8 Rn. 82 mwN. (Ordnungs- o. Polizei-)*Pflichtigkeit* u. *Verantwortlichkeit* werden – anders als hier – auch synonym verwendet u. dabei auf § 18 PrPVG verwiesen. In jedem Fall sind beide von der sog. *materiellen Polizeipflicht* zu unterscheiden, mit der eine abstrakte (Vorsorge-)Pflicht des Einzelnen beschrieben wird, das eigene Verhalten u. den Zustand eigener Sachen so einzurichten, dass daraus keine Gefahren entstehen. Zum Schluss von einem Verstoß gg. die Polizeipflicht auf die Verantwortlichkeit s. MdSadB Nr. 75, 1965, 14. Zur mat. Polizeipflicht *Selmer* FS Götz, 2005, 391; zur Begriffskritik *Pietsch* S. 193.
587 Vgl. *Habermehl* Rn. 171; *Kugelmann* Kap. 8 Rn. 2.
588 *Kingreen/Poscher* § 9 Rn. 5.
589 *Schenke* Rn. 304 f.; SchE/*Schoch/Kießling* Rn. 336.
590 *Kugelmann* Kap. 8 Rn. 10; DWVM S. 294.
591 Sie können so in einem *polizeirechtl.* Sinne Adressaten einer Maßnahme sein. Wenn diese aber zugleich eine Verfahrenshandlung iSd HmbVwVfG darstellt (z.B. VA), dann fehlt ihnen genau wie jur. Personen die verfahrensrechtl. Handlungsfähigkeit iSd § 12 HmbVwVfG. Die Maßnahme muss jedenfalls dann an die gesetzl. Vertreter als Adressaten im *verwaltungsverfahrensrechtl.* Sinne gerichtet werden; vgl. dazu KR/*Ramsauer* § 12 Rn. 1 u. 11. Zu nicht geschäftsfähigen Pflichtigen *Schenke* JuS 2016, 507.
592 Weiterführend dazu *Goldhammer* JURA 2021, 638 (648); *Guckelberger* UTR 2018, 7.

VI. Verantwortlichkeit und Pflichtigkeit

Auch **Hoheitsträger** sind an gefahrenabwehrrechtliche Regelungen gebunden, also *von sich* 221
aus verpflichtet, bei der Erfüllung ihrer Aufgaben keine Gefahren zu verursachen und selbst verursachte Gefahren abzuwehren, egal ob sie in *öffentlich-rechtlicher* oder in *verwaltungsprivatrechtlicher* Form tätig sind und ob die gefahrenabwehrrechtlichen Vorgaben den *eigenen* oder einen *anderen* Zuständigkeitsbereich betreffen. Diese anerkannt und verbreitet als sog. materiell-rechtliche Pflichtigkeit bezeichnete Bindung von Hoheitsträgern ergibt sich bereits aus Art. 20 Abs. 3 GG.[593] Davon zu trennen, ist die (umstrittene) Frage, ob die Polizei- und Ordnungsbehörden *kompetent* [→ C101], also sachlich zuständig und im Hinblick auf Maßnahme und Vollstreckung befugt [→ E12] sind, ggü. pflichtigen Hoheitsträgern einzuschreiten.

Besonderheiten gelten aufgrund völkerrechtlicher Regelungen für **Angehörige diplomatischer** 222
Missionen und konsularischer Vertretungen, gegen die hoheitliche Zwangsmaßnahmen ausgeschlossen sind, wobei der Schutz vor Eingriffen bei Konsuln auf den Bereich der Dienstausübung beschränkt bleibt.[594] Unzulässig sind insbes. Ingewahrsamnahmen, wobei ein kurzzeitiges Festhalten im Ausnahmefall gestattet sein kann, um eine Person an der weiteren Begehung strafbarer Handlungen zu hindern.[595] Einschränkungen gelten nach Art. VII des NATO-Truppenstatuts auch hinsichtlich der Hoheitsgewalt über auf Bundesgebiet stationierte **NATO-Streitkräfte**, die auf ihnen überlassenen Liegenschaften insbes. über eine eigene Polizei verfügen.[596] Für **Abgeordnete** des Deutschen Bundestages oder der Parlamente der Länder erfährt die Polizeipflichtigkeit aufgrund von Art. 46 Abs. 3 u. 4 GG und entspr. landesverfassungsrechtlicher Vorschriften über die parlamentarische Immunität eine Einschränkung – (auch) gefahrenabwehrende Maßnahmen mit Bezug zu Art. 2 Abs. 2 S. 2 GG bedürfen einer Genehmigung des jeweiligen Parlaments, das diese ferner aussetzen kann.[597] Nach Art. 15 Abs. 1 HmbVerf gilt dies für Freiheitsentziehungen (Var. 1), etwa in Form einer Ingewahrsamnahme nach § 13 SOG, sowie Freiheitsbeschränkungen, soweit diese die Ausübung des Mandats eines **Mitglieds der Hamburgischen Bürgerschaft** berühren (Var. 2) – dies wäre etwa bei Aufenthaltsverboten denkbar.[598]

2. Verhaltensverantwortlichkeit

§ 8 Abs. 1 SOG regelt die Verursachung einer Gefahr durch eine Person, wobei das menschliche 223
Handeln, ein Tun oder Unterlassen, die Verantwortlichkeit begründet – unabhängig von subj. Anforderungen wie Vorsatz oder Fahrlässigkeit, von Handlungswillen oder -bewusstsein.[599] In Betracht kommt ein **positives Tun** nicht allein, wenn es bereits verboten, strafbar oder für sich betrachtet gefährlich ist, wie etwa das Führen eines Kfz unter Alkoholeinfluss oder das Zünden von Feuerwerkskörpern in einer Menschenmenge. Auch ein zunächst unproblematisches und vermeintlich ungefährliches Verhalten kann den Anknüpfungspunkt für die Verantwortlichkeit bilden, wenn sich diesem iRd anzustellenden Prognose die Gefahr zurechnen lässt.[600]

---

593 *Götz/Geis* § 13 Rn. 80; *Schoch* JURA 2005, 324.
594 Vgl. Art. 29, 31 WÜD; Art. 41, 43 WÜK. Zu den Vorrechten diplomatischer u. konsularischer Angehöriger vgl. LD/*Bäcker* Kap. D Rn. 135; *DWVM* S. 296.
595 IGH 24.5.1980 (US Diplomatic and Consular Staff in Tehran), § 86.
596 Vgl. VGH München 1.3.2017 – 22 ZB 16.610, Rn. 16; LD/*Bäcker* Kap. D Rn. 136. Vgl. auch BVerwG 16.12.1988 – 4 C 40.86, Rn. 50 (Unzulässige Untersagung Hubschrauberlandeplatz NATO-Gelände).
597 Vgl. Sachs/*Magiera* Art. 46 Rn. 22 ff. mwN.
598 Weiterführend dazu KJ/*Hellwig/Nowrot* Art. 15 Rn. 20 ff.
599 Vgl. *Götz/Geis* § 13 Rn. 43.
600 Zur Unterscheidung von pflichtwidrigem Verhalten u. prognostizierten Verhaltensfolgen als Schadensereignisse vgl. LD/*Bäcker* Kap. D Rn. 145 ff.

224 Ein **pflichtwidriges Unterlassen** kann eine Verhaltensverantwortlichkeit begründen, wenn eine besondere, öffentlich-rechtliche Pflicht zum Tätigwerden besteht.[601] Dies gilt etwa für den Winterdienst in Form des Schneeräumens und Streuens durch Anliegerinnen und Anlieger nach § 31 HWG.[602] Vorschriften zu echten Unterlassungsdelikten wie § 323c StGB oder eine Garantenstellung nach § 13 StGB können ebenfalls Handlungspflichten begründen.[603] Auch bei einer Nichtbefolgung *zivilrechtlicher* Pflichten wie der elterlichen Sorge kommt eine Inanspruchnahme der insoweit verhaltensverantwortlichen Person(en) in Betracht, wobei die Grenzen der polizeilichen Zuständigkeit nach § 3 Abs. 3 SOG zu beachten sind.[604]

a) Zurechnung des Verhaltens zur Gefahr

225 Ob ein Verhalten eine Gefahr **verursacht**, kann nicht allein am Wertungsmaßstab einer sich an der strafrechtlichen *conditio-sine-qua-non*-Formel orientierenden **Äquivalenztheorie** gemessen werden.[605] Danach würde sich die Verhaltenszurechnung allein danach bemessen, ob die Gefahr entfiele, wenn das Verhalten nicht stattgefunden hätte.[606] Nach einer solchen naturwissenschaftlich gleichwertigen Betrachtung kämen regelmäßig viele, teilweise auch sehr entfernte Ursachen in Betracht, die im Polizei- und Ordnungsrecht nicht durch subj. Kriterien des Verschuldens eingeschränkt werden können.[607] Im Zivil- und Strafrecht sorgen Kriterien der **Adäquanz** für eine Einschränkung der Verantwortlichkeit.[608] Sie konkretisieren die Äquivalenztheorie dahingehend, dass eine Haftung für Konsequenzen von atypischen Geschehensabläufen ausscheidet oder unterbrechen die (obj.) Zurechnung der (Tat-)Handlung zum Erfolgseintritt. Im Polizei- und Ordnungsrecht kann eine Adäquanztheorie keinen sinnvollen Beitrag leisten, denn auch wenn eine Gefahr die Konsequenz eines atypischen Geschehensablaufs ist, muss diese zugunsten effektiver Gefahrenabwehr beseitigt werden, was die Möglichkeit einer Inanspruchnahme der Verantwortlichen erforderlich macht.[609]

226 Eine an den Zwecken des Polizei- und Ordnungsrechts orientierte, wertende Betrachtung zur Bestimmung der Verantwortlichkeit kann anhand der **Theorie der unmittelbaren Verursachung** oder auch Unmittelbarkeitslehre erfolgen.[610] Danach ist nur jenes Verhalten als polizeirechtlich verursachend anzusehen, das selbst unmittelbar zur Überschreitung der Gefahrenschwelle geführt, also das *entscheidende* Glied in der Ursachenkette gesetzt hat – wessen Verhaltensbeitrag entscheidend war, muss durch eine **wertende Betrachtung** aller Umstände des Einzelfalls bestimmt werden.[611] Dabei ist zwar regelmäßig, aber keineswegs zwingend

---

601 Nicht ausreichend ist etwa die allg. Sozialpflichtigkeit des Eigentums nach Art. 14 Abs. 2 GG oder die bloße Inhaberschaft eines „Gegenmittels", die nur unter den Voraussetzungen des § 10 Abs. 1 SOG eine Heranziehung ermöglicht, s. dazu *DWVM* S. 307 f. Für Sorgeberechtigte, den es entgegen der allg. Schulpflicht nach § 37 Abs. 1 S. 1 HmbSG unterlassen, Kinder zur Schule zu schicken, soll es nicht auf eine Verhaltensverantwortlichkeit nach § 8 Abs. 1 SOG ankommen, da § 41 Abs. 1 S. 1 HmbSG als spezialgesetzl. Ermächtigung für ein Einschreiten durch Verfügung angesehen wird, vgl. VG Hamburg 24.5.2017 – 2 E 5613/17, Rn. 21.
602 Zu Verkehrssicherungspflichten SchE/*Schoch/Kießling* Rn. 354 f.
603 EFP/*Pünder* Rn. 113.
604 So auch *Kingreen/Poscher* § 9 Rn. 6 f.; *Schenke* Rn. 311; aA *Kugelmann* Kap. 8 Rn. 37; *Thiel* § 8 Rn. 89.
605 Zum Verursachungsbegriff *DWVM* S. 310 ff.; *Selmer* JuS 1992, 97; *Poscher* JURA 2007, 801.
606 Zur Äquivalenztheorie s. *Muckel* DÖV 1998, 18, der insoweit eine Einschränkung auf Ebene der Verhältnismäßigkeit vornimmt.
607 Vgl. hierzu LD/*Bäcker* Kap. D Rn. 153 ff.; *Kingreen/Poscher* § 9 Rn. 12.
608 Zu einem rechtsgebietsübergreifenden Überblick *Rönnau/Faust/Fehling* JuS 2004, 113.
609 Zur mangelnden Übertragbarkeit *Thiel* § 8 Rn 93 f.; *Knemeyer* Rn. 324; *Kugelmann* Kap. 8 Rn. 26.
610 S. etwa SchE/*Schoch/Kießling* Rn. 345; *DWVM* S. 313 f.; BVerwG 12.4.2006 – 7 B 30.06, Rn. 4; OVG Hamburg 27.4.1983 – Bf II 15/79, DÖV 1983, 1016 (1017).
611 Maßgeblich ist Unmittelbarkeit im Sinne eines engen Wirkungs- u. Verantwortungszusammenhangs zw. Verhalten u. Gefahr, vgl. *Götz/Geis* § 13 Rn. 12.

VI. Verantwortlichkeit und Pflichtigkeit

anzunehmen, dass unmittelbare Verursacherin diejenige Person ist, die zuletzt maßgeblich den Geschehensablauf beeinflusst hat – ursächlich kann aber auch ein Verhalten sein, das von Anfang an eine erhöhte Gefahrentendenz aufwies und spätere Beiträge unbeachtlich erscheinen lässt.[612] Ein *rechtswidriges* Verhalten überschreitet, die Kausalität vorausgesetzt, in jedem Fall die Gefahrenschwelle und ermöglicht stets eine Zurechnung.[613] *Mittelbare* Ursachen einer Gefahr scheiden demggü. als verantwortlichkeitsbegründende Handlungsbeiträge aus. Zur Bestimmung der Verantwortlichkeit muss so neben der Kausalität nach Maßgabe der *conditio-sine-qua-non*-Formel die Unmittelbarkeit, also das Überschreiten der Gefahrenschwelle in eigener Person, festgestellt werden.

Beispiel: Als bloß mittelbare Verursachung einer Störung der Rechtsordnung qualifizierte das PrOVG im Jahr 1920 die Darbietung einer bekannten Marschmelodie durch die Kurkapelle des Nordseebades Borkum, zu der anwesende Kurgäste das „Borkum-Lied" mit antisemitischem Text sangen – ein eigenständiges Überschreiten der Gefahrenschwelle durch die Kapelle wurde hingegen abgelehnt.[614] Neuerliche Entscheidungen – fast hundert Jahre später – zum Verbot von Konzertveranstaltungen, bei denen Anwesende zur gespielten Musik regelmäßig rechtsradikale Texte mit strafbarem Inhalt singen, bestätigen das polizeiliche Einschreiten gegen die Musikgruppen aufgrund deren Veranlassung von Straftaten durch das Publikum.[615]

227

Regelmäßig zu ähnlichen Wertungen kommt die **Rechtswidrigkeitslehre**, wonach ein Verhalten verursachend ist, wenn es eine Handlungs- oder Unterlassungspflicht verletzt.[616] Die **Sozialadäquanzlehre** lässt darüber hinaus auch genügen, dass das Verhalten das allgemeine Lebensrisiko in sozial inadäquater Weise steigert.[617] Gegenüber einer Zurechnung am Maßstab der Unmittelbarkeit werden so kaum abweichende Ergebnisse erzielt, da letztlich stets eine normative Wertung erfolgt.[618] Übereinstimmung besteht insbes. dahingehend, dass im Rahmen einer derartigen, an rechtlichen Maßstäben orientierten Bewertung als Polizeipflichtiger ausscheiden muss, wer sich **rechtskonform** verhält, selbst wenn das Verhalten zur Gefahr kausal beiträgt oder der Gefahr sogar zeitlich unmittelbar vorangeht.[619] Wer lediglich von seinen Rechten Gebrauch gemacht, kann auch nach der Theorie der unmittelbaren Verursachung nicht als Verhaltensverantwortlicher, sondern nur nach Maßgabe des § 10 Abs. 1 SOG in Anspruch genommen werden – dies gilt etwa für friedliche Teilnehmende einer Versammlung bei einer gewaltsamen Gegendemo oder bei einer obdachlosigkeitsbegründenden, aber rechtmäßigen Kündigung einer Wohnung.[620]

228

b) Mittelbare Verursachung, Zweckveranlasser

Als verhaltensverantwortlich wird nach überwiegender Ansicht auch derjenige angesehen, der das gefahrenverursachende Verhalten anderer *veranlasst*, obwohl das eigene, für sich genommen neutrale Handeln (noch) nicht die Gefahrenschwelle überschreitet.[621] Eine Zurechnung kann

229

---

612 Vgl. OVG Hamburg 18.2.2000 – 3 Bf 670/98, Rn. 5; *Möller/Warg* Rn. 130; *Thiel* § 8 Rn. 95.
613 *Kugelmann* Kap. 8 Rn. 27; SchE/*Schoch/Kießling* Rn. 345.
614 Vgl. PrOVGE 80, 176 ff. Krit. im Hinblick auf die ausgebliebene Inanspruchnahme als Zweckveranlasser *DWVM* S. 316.
615 Vgl. OVG Bremen 26.11.2011 – 1 B 309/11; OVG Berlin-Brandenburg 27.9.2013 – OVG 1 S 245.13, Rn. 8 f., die ohne konkretere Ausführungen wohl auf die Figur des Zweckveranlassers abstellen. Vgl. dazu auch LD/*Bäcker* Kap. D Rn. 169 mit Fn. 293, mit Begründung der Verhaltensverantwortlichkeit aufgr. strafbarer Beihilfehandlungen.
616 *Schnur* DVBl 1962, 1 (3, 8); *Pietzcker* DVBl 1984, 457 (459).
617 *Hurst* AöR 1958, 43; *Gusy/Eichenhofer* Rn. 339.
618 Vgl. *Kingreen/Poscher* § 9 Rn. 21; *Schenke* Rn. 315.
619 *DWVM* S. 316. Zur Legalisierungswirkung einer Genehmigung [→ C133].
620 Vgl. SchE/*Schoch/Kießling* Rn. 349 sowie EFP/*Pünder* Rn. 126 mVa den Rechtsgrundsatz „neminem laedit, qui suo iure utitur". Krit. zur Verantwortungsfreiheit bei zulässiger Rechtsausübung *Thiel* § 8 Rn. 97, der eine Berücksichtigung auf Ermessensebene vornimmt.
621 Vgl. PrOVGE 40, 216; 85, 270 (Schaufensterpuppen); BVerwG 12.4.2006 – 7 B 30.06, Rn. 4; *DWVM* S. 315. Umfassend dazu *Schoch* JURA 2009, 360.

nach Maßgabe der Theorie der unmittelbaren Verursachung nicht überzeugend begründet werden, da der Beitrag des Zweckveranlassers auch bei wertender Betrachtung nicht das *entscheidende* Glied in der Kausalkette setzt, sondern eine lediglich *mittelbare* Ursache der Gefahr bildet.[622] Diese soll dennoch zugerechnet werden, wenn ein hinreichend enger **Wertungszusammenhang** zwischen der unmittelbar durch Dritte verursachten Gefahr und dem Verhalten des Zweckveranlassers vorliegt, der dessen Inanspruchnahme rechtfertigt.[623]

230 Anhand welcher **Zurechnungskriterien** der Zusammenhang zwischen veranlassendem und gefahrverursachendem Verhalten zu bewerten ist, wird unterschiedlich beurteilt.[624] Im Rahmen einer **subjektiven Betrachtung** wird darauf abgestellt, ob der Zweckveranlasser das gefahrverursachende Verhalten Dritter *mit Wissen und Wollen* durch sein eigenes Verhalten auslöst,[625] wobei teilweise schon die *billigende Inkaufnahme* für ausreichend gehalten wird.[626] Eine **objektive Betrachtung** bewertet das mittelbar verursachende Verhalten danach, ob es in einem derartigen Kausalzusammenhang mit der Gefahr steht, dass diese sich als Folge *typischerweise* einstellt.[627] Zum Teil werden die beiden Ansätze auch *kombiniert* – die Verantwortlichkeit des Zweckveranlassers soll demnach gleichermaßen durch subj. wie obj. Umstände begründet werden können.[628]

231 **Beispiele:** Als Zweckveranlasser konnte der Betreiber eines Online-Angebots für Mountainbikerouten herangezogen werden, da diese die radfahrenden Kunden durch Naturschutzgebiete führten. Zugerechnet wurde ferner einem Kioskbesitzer der Umgang der Kunden mit den erworbenen Bierflaschen beim Karneval. „Jedenfalls als Zweckveranlasser" wurden der Scientology-Verein für das Anwerben von Personen auf öff. Wegen durch dessen Mitglieder in Anspruch genommen, so wie ein Festsaalvermieter, der seinen Saal am Karfreitag für Festivitäten vermietete, die zu Störungen der Feiertagsruhe führten. Abgelehnt wurde die Verantwortlichkeit einer Diskothek als Herausgeber von Werbeaufklebern für deren verbotswidrige Verwendung durch Dritte unter Berücksichtigung der Berufsfreiheit und der hinreichenden Kontrolle und Überwachung bei der Verteilung der Aufkleber.[629]

232 Überzeugend begründen lässt sich die Inanspruchnahme des Zweckveranlassers weniger anhand der maßgeblichen Kriterien von Unmittelbarkeit, Rechtswidrigkeit oder Sozialinadäquanz des Verhaltens, sondern allenfalls damit, dass sich die Gefahr auf diese Weise effektiv abwehren lässt und die Motive des Zweckveranlassers regelmäßig nicht schützenswert erscheinen.[630] Dennoch hat die von der Rspr. seit mehr als hundert Jahren bemühte Figur bis heute keine gesetzliche Stütze im Polizei- und Ordnungsrecht erfahren.[631] Auch die unklaren Kriterien zur Überwindung der Zurechnungsproblematik, die einen befriedigenden Maßstab nicht herbeizuführen vermögen, sprechen für eine **Ablehnung der Figur des Zweckveranlassers**. Wer sich rechtmäßig verhält, kann außerhalb des Anwendungsbereich spezieller Befugnisnormen vielmehr nur unter den Voraussetzungen des § 10 Abs. 1 SOG herangezogen werden, die durch die Konstruktion des

---

622 So auch LD/*Bäcker* Kap. D Rn. 168 ff.; *Gusy/Eichenhofer* Rn. 336; *Kingreen/Poscher* § 9 Rn. 31. Eine Zurechnung nach Unmittelbarkeitslehre bejahend *Pietsch/Sommerfeld* JA 2022, 840 (842 ff.); *Schenke* Rn. 317.
623 Vgl. OVG Münster 6.10.2017 – 11 A 353/17, Rn. 25; VG Aachen 19.2.2021 – 5 L 219/20, Rn. 81.
624 Zur Kritik an den Theorien s. *Beaucamp/Seifert* JA 2007, 577; *Wobst/Ackermann* JA 2013, 916.
625 Vgl. OVG Münster 20.9.2017 – 16 A 1920/09, Rn. 114; VGH Kassel 27.2.1992 – 11 TH 1975/91, Rn. 40; LD/*Graulich* Kap. E Rn. 210.
626 So etwa *Knemeyer* § 26 Rn. 328; *Selmer* JuS 1992, 97 (101 f.).
627 Vgl. VGH Kassel 7.7.2023 – 8 B 921/23, Rn. 15 f.; OVG Lüneburg NVwZ 1988, 638 (639); *Schoch* JURA 2009, 360 (363); *Götz/Geis* § 13 Rn. 21; *Habermehl* Rn. 215.
628 Vgl. VGH Mannheim 29.5.1995 – 1 S 442/95, Rn. 17; EFP/*Pünder* Rn. 129 f.; *Thiel* § 8 Rn. 112; *Schenke* Rn. 316 f; *Pietsch/Sommerfeld* JA 2022, 840 (845).
629 Vgl. VG Aachen 19.2.2021 – 5 L 219/20, Rn. 91 ff. (Routen); OVG Hamburg 19.1.2012 – 4 Bf 269/10, Rn. 43 (Scientology); OVG Münster 19.2.2018 – 4 A 218/16, Rn. 33 ff. (Saal); OVG Münster 9.2.2012 – 5 A 2382/10, Rn. 45 ff. (Kiosk); VG Karlsruhe 9.4.2019 – 1 K 4439/17, Rn. 56 ff. (Aufkleber).
630 Aus Gründen der Effektivität wird einem rechtl. neutralen Verhalten eine Provokationsabsicht unterstellt; vgl. *Kingreen/Poscher* § 9 Rn. 31 ff. So auch *Trute* Die Verwaltung 2013, 537 (544).
631 *Wobst/Ackermann* JA 2013, 916 (917).

Zweckveranlassers nicht umgangen werden dürfen.[632] Für Personen, die einen rechtlich missbilligten Beitrag leisten, wird vielfach auch eine *originäre* Verhaltensverantwortlichkeit in Betracht kommen,[633] etwa aufgrund einer Verletzung von Verkehrssicherungspflichten [→ C224].[634]

Zudem wird das dringende Bedürfnis einer Inanspruchnahme als Zweckveranlasser zugunsten effektiver Gefahrenabwehr nicht zwangsläufig anzunehmen sein.[635] Auch ohne die (freilich aufwandsärmere) Heranziehung eines „Hintermannes" wird praktisch regelmäßig die **Möglichkeit eines polizeilichen Einschreitens** bestehen, das bei einer größeren Zahl Verhaltensverantwortlicher etwa mit Lautsprecherdurchsagen unterstützt und durch den Erlass einer Allgemeinverfügung auch ggü. einem unbestimmten Personenkreis wirksam erfolgen kann.[636] Lässt sich eine Gefahrenlage in Ermangelung *zeitlicher* und *personeller* Kapazitäten der Polizei- oder Ordnungsbehörde nicht bewältigen, liegt hierin keine Rechtfertigung einer Heranziehung als Zweckveranlasser, sondern vielmehr die Begründung einer **Inanspruchnahme nach § 10 Abs. 1 SOG**.[637] Eine damit verbundene Entschädigungspflicht scheint insbes. bei einem Einschreiten gegen Notstandspflichtige, die sich in rechtmäßiger Weise wirtschaftlich betätigen, sachgerecht.[638] Der Beitrag des tatsächlich provozierenden Veranlassers kann demggü. bei einer Entschädigung nach § 10 Abs. 3 S. 2 Var. 2 SOG (in vollem Umfang) anspruchsmindernd berücksichtigt werden.[639]

233

Selbst bei grundsätzlicher Akzeptanz der Figur wird eine Heranziehung als Zweckveranlasser **restriktiv** zu erfolgen haben.[640] Zu beachten bleibt, dass mit einer entspr. Einstufung einer Person nicht zwangsläufig die *Rechtmäßigkeit* ihrer Inanspruchnahme einhergeht, da die Behörde für die Auswahl unter mehreren Verantwortlichen ihr **Ermessen** ausüben muss.[641] Vor allem wenn das gefahrverursachende Verhalten Dritter durch rechtmäßige Grundrechtsausübung des Zweckveranlassers ausgelöst wird, ist bei dessen Inanspruchnahme Zurückhaltung geboten.[642] Das gilt insbes. für die **Veranstalter von Großevents**, deren grundrechtlich geschützte Berufstätigkeit sonst regelmäßig zur Verhaltensverantwortlichkeit führen würde.[643] Im **Versammlungsrecht** kann die Inanspruchnahme einer friedlichen Versammlung aufgrund von gewaltbereiten Gegendemonstranten ausgehenden Gefahren nur unter den Voraussetzungen des § 10 Abs. 1

234

---

632 So auch *Gusy/Eichenhofer* Rn. 336; *Kugelmann* Kap. 8 Rn. 45; *Möller/Warg* Rn. 133.
633 Vgl. etwa *Schenke* Rn. 320; LD/*Bäcker* Kap. D Rn. 169 unter Verweis auf §§ 26 u. 27 StGB.
634 Dies gilt etwa bei einem Entweichen von Pflegeheimbewohnern infolge unzureichender Sicherungsmaßnahmen des Betreibers, vgl. LD/*Bäcker* Kap. D Rn. 169; aA etwa VG Saarlouis 18.8.2009 – 6 K 125/09, Rn. 18 ff. (Zweckveranlasser). Vgl. auch VG Gießen 4.2.2015 – 4 K 409/14.GI, Rn. 45, das für die Begründung des Zweckveranlassers gerade auf die Verletzung von VSPen Bezug nimmt.
635 Vgl. *Gusy/Eichenhofer* Rn. 336. Dies zeigen auch Fälle der Ruhestörung, in denen ein Zweckveranlasser schon deshalb nicht herangezogen werden kann, weil eine große Zahl lärmender Personen ohne Antrieb eines „Hintermanns" zusammenkommt. Handelt es sich dabei um ein regelmäßiges Phänomen, kann die Behörde mit dem Erlass einer VO reagieren; vgl. VG Köln 17.5.2018 – 13 K 5410/15.
636 So auch *Thiel* § 8 Rn. 111.
637 Vgl. insoweit die Argumentation von OVG Hamburg 13.4.2012 – 4 Bs 78/12 u. VG Hamburg 2.4.2012 – 15 E 756/12 zum an den FC St. Pauli gerichteten Verbot einer Abgabe von Eintrittskarten an Hansa Rostock als Gastverein [→ C249]. S. dazu *Trute* Die Verwaltung 2013, 537 (545 ff.).
638 Wird der Zweckveranlasser als Verhaltensverantwortlicher eingeordnet, ginge damit demggü. eine Pflicht zur Kostentragung einher, vgl. *Wobst/Ackermann* JA 2013, 916 (919 f.). Zur Bedeutung der Rechtmäßigkeit des Verhaltens iRd Theorie der unm. Verursachung [→ C228].
639 Ähnlich *Beaucamp/Seifert* JA 2007, 577 (580). Vgl. auch MdSadB Nr. 75, 1965, 15: „*Nur derjenige, der zum Wohl der Gemeinschaft etwas aufopfert, kann billigerweise eine Entschädigung verlangen.*"
640 So auch EFP/*Pünder* Rn. 128.
641 *Thiel* § 8 Rn. 111; *Schoch* JURA 2009, 360 (366).
642 *Kugelmann* Kap. 8 Rn. 46; *Schenke* Rn. 317; vgl. DWVM S. 316; diff. SchE/*Schoch/Kießling* Rn. 361 ff.
643 Vgl. EFP/*Pünder* Rn. 130; *Trute* Die Verwaltung 43 (2013), 537 (546); OVG Hamburg 13.4.2012 – 4 Bs 78/12, Rn. 29. Offenlassend BVerwG 29.3.2019 – 9 C 4.18, Rn. 37; abl. unter Verweis auf ein Sicherheitskonzept VGH Kassel 7.7.2023 – 8 B 921/23, Rn. 16.

SOG erfolgen,[644] eine Heranziehung als Zweckveranlasser wäre allenfalls denkbar, wenn der eigentliche Zweck einer Versammlung *allein* in der Provokation von Gewalt Dritter liegt.[645]

c) Zusatzverantwortlichkeit

235 Die Verantwortlichkeit trifft nach § 8 Abs. 1 SOG in erster Linie diejenigen, die sich gefahrenverursachend verhalten. Unter bestimmten Voraussetzungen können dazu weitere Personen polizeipflichtig sein, wenn und weil ihnen das fremde Verhalten aufgrund ihrer gesetzlichen oder vertraglichen Einflussmöglichkeiten zugerechnet werden kann.[646] Die akzessorische **Zusatzverantwortlichkeit** ersetzt dabei nicht die Ordnungspflicht des Verhaltensverantwortlichen, sondern tritt hieran anknüpfend hinzu, sodass zugunsten effektiver Gefahrenabwehr auch die Personen herangezogen werden, die auf das Geschehen (hätten) einwirken können.[647] So wird die Verantwortlichkeit in § 8 Abs. 2 SOG bei Minderjährigen unter 14 Jahren auf die **Aufsichtspflichtigen** ausgedehnt, etwa die nach BGB Sorgeberechtigten, Babysitter oder auf Lehrkräfte in der Schule.[648] Zudem können in einem Betreuungsverhältnis Maßnahmen gegen den **Betreuer** gerichtet werden, anders als in anderen Ländern aber nur, wenn dessen Aufgabenkreis die Personensorge, die Aufsicht über die Person oder den Bereich, auf den die Maßnahme gerichtet ist, umfasst.[649] Gleiches gilt nach. § 8 Abs. 3 SOG für den **Geschäftsherrn**, dessen Verrichtungsgehilfe eine Gefahr verursacht, sowie für vergleichbare Abhängigkeitsverhältnisse etwa zwischen Arbeitgeberin und Arbeitnehmer.[650] Exkulpationstatbestände, wie etwa in § 831 Abs. 1 S. 2 BGB, sind im Polizei- und Ordnungsrecht *nicht* zu finden – eine Zusatzverantwortlichkeit für lediglich „*bei Gelegenheit*" der Verrichtung verursachte Gefahren scheidet dennoch aus.[651]

236 **Beispiele:** Als zusatzverantwortlich wurde ein Aufträge für Taxifahrten annehmendes und auf Basis vertraglicher Vereinbarungen gegen festes monatliches Entgelt an selbstständige Taxiunternehmen zur Erbringung der Beförderungsleistungen weitergebendes Unternehmen angesehen – eine Verfügung zur Entfernung rechtswidriger Werbebeklebung auf den Fahrzeugen konnte aufgrund des Weisungsrechts für die einzelnen Fahrten auch gegen das Vermittlungsunternehmen gerichtet werden. Als Zusatzverantwortliche und damit potenzielle Adressaten einer im Einzelfall erforderlichen Verbotsverfügung werden demgü. die Inhaber von Vergnügungslokalen angesehen, deren sog. Koberer Passanten ansprechen, anhalten oder anders am Weitergehen hindern, um diese zu einem Besuch des Etablissements zu veranlassen.[652]

3. Zustandsverantwortlichkeit

237 Eine Gefahr kann nicht nur von dem Verhalten einer Person, sondern auch von einer Sache ausgehen, die einen polizeirechtswidrigen *Zustand* hervorruft. § 9 SOG regelt die Zustandsverantwortlichkeit des *Eigentümers* sowie des *Inhabers der tatsächlichen Gewalt* in Anknüpfung an deren rechtliche oder tatsächliche **Beherrschung einer Sache**.[653] Der Begriff der *Sache* ist iSd § 90 BGB zu verstehen und umfasst Sachgesamtheiten, Gase oder auch Flüssigkeiten.[654] Anders

---

644 VG Hamburg 6.10.2000 – 20 VG 3276/99, Rn. 81 ff.
645 Vgl. BVerfG 9.6.2006 – 1 BvR 1429/06, Rn. 21; BVerfG 1.9.2000 – 1 BvQ 24/00, Rn. 18, die Zulässigkeit der Figur des Zweckveranlassers im VersR aber offenlassend. Zu den Besonderheiten der Verantwortlichkeit iRd VersR s. RBD/*Barczak* § 15 Rn. 210 ff.
646 Umfassend zur Zusathaftung *Peine*, Die Zusatzverantwortlichkeit im Gefahrenabwehrrecht.
647 Vgl. BERS/*Beaucamp* § 8 SOG Rn. 3; *Thiel* § 8 Rn 114.
648 Zur Bestimmung der Aufsichtspflichtigen LD/*Bäcker* Kap. D Rn. 172.
649 *Merten/Merten* § 8 Rn. 15. Vgl. dagegen etwa Art. 7 Abs. 2 S. 2 BayPAG; § 4 Abs. 2 S. 2 NRWPolG.
650 Zu den Anforderungen *Gusy/Eichenhofer* Rn. 347.
651 DWVM S. 310; *Götz/Geis* § 13 Rn. 46.
652 Vgl. VG Hamburg 18.8.1999 – 13 VG 1925/97, Rn. 28 ff. zum in den Folgeinstanzen für unwirksam erklärten Verbot von Eigenwerbung auf Taxis; VG Hamburg 30.10.1980 – 1 VG 298/79 (Koberer).
653 Vgl. BVerwG 4.10.1985 – 4 C 76.82, Rn. 20; OVG Hamburg 27.6.1991 – Bf II 38/90, Rn. 20; LD/*Bäcker* Kap. D Rn. 174; SchE/*Schoch/Kießling* Rn. 371; *Möller/Warg* Rn. 135.
654 Vgl. *Merten/Merten* § 9 Rn. 3.

als in anderen Ländern werden *Tiere* als bedeutende Fallgruppe iRd Zustandsverantwortlichkeit nicht ausdrücklich erwähnt, sodass diese über die Regelung des § 90a BGB einzubeziehen sind.[655] Gefahrverursachend kann die auch nur vorrübergehende *Beschaffenheit* einer per se *ungefährlichen* Sache sein, der Verursachungsbeitrag kann sich aber auch aus der Lage im Raum und ihrem Verhältnis zu anderen Sachen ergeben – zustandsverantwortlich ist daher sowohl der Halter eines bissigen Hundes als auch die Halterin eines verkehrswidrig abgestellten Kfz.[656] Eine **Zurechnung** wird auch zur Bestimmung der Zustandsverantwortlichkeit nach Maßgabe der Theorie der unm. Verursachung [→ C226] vorgenommen – entscheidend soll danach sein, dass *die Sache selbst* unmittelbar die Gefahrenschwelle überschreitet.[657] So können auch Pflichten zur Sicherung potenziell gefährlicher Anlagen etwa vor terroristischen Anschlägen nicht aus einer Zustandsverantwortlichkeit abgeleitet werden.[658]

Beispiele: Eine von einem Grundstück selbst ausgehende Gefahr, die eine Zustandsverantwortlichkeit der Eigentümer begründet, wird bei einem darauf befindlichen, von Eichenprozessionsspinnern befallen Baum angenommen. Nicht zurechenbar sind dagegen der DB als Eigentümerin einer Eisenbahnbrücke die infolge einer Einnistung von Tauben im Bauwerk entstehenden Gesundheitsgefahren für Passanten im Bereich der Unterführung, die von dem Taubenkot ausgehen.[659] Eine coronabedingte Schließungsverfügung konnte an die Betreiberin eines Schlacht- und Zerlegebetriebs als Inhaberin der tatsächl. Gewalt gerichtet werden, da sich ein massives Infektionsgeschehen unter den Beschäftigten iRd Prognose auf die Beschaffenheit der Betriebsanlage stützen ließ. Der Schulträger kann dagegen nicht nach § 9 SOG herangezogen werden, wenn Schülerinnen und Schüler vom Schulgelände aus Gegenstände auf das Nachbargrundstück werfen, sofern er über seine bloße Eigentümer- und Schulträgerposition hinaus nicht die Exzesse der Dritten fördert oder entspr. Anreize hierfür schafft.[660]

238

Nach § 9 Abs. 1 S. 1 SOG ist grds. der **Eigentümer der Sache** polizeipflichtig. Der Begriff des Eigentums wird durch das bürgerliche Recht bestimmt.[661] Die Heranziehbarkeit des Eigentümers folgt dessen *Recht* zur Einwirkung auf die Sache.[662] Wer gem. § 903 BGB grds. nach freiem Belieben damit verfahren kann, muss auch für die Gefahren verantwortlich sein, die von der Sache ausgehen.[663] Die Vorschriften über die Zustandsverantwortlichkeit werden zusätzlich durch die Verknüpfung von privatem Nutzen und den Lasten der Sozialpflichtigkeit legitimiert – sie stellen Inhalts- und Schrankenbestimmung iSd Art. 14 Abs. 1 S. 2 GG dar.[664] Die Inanspruchnahme des Eigentümers kann Schwierigkeiten bereiten, wenn dieser unbekannt oder ortsabwesend ist. Im Sinne effektiver Gefahrenabwehr kann daher zusätzlich der **Inhaber der tatsächlichen Gewalt** über die Sache herangezogen werden, dessen Zustandsverantwortlichkeit § 9 Abs. 2 S. 3 Var. 1 SOG regelt. Maßgeblich ist insoweit die *Möglichkeit* einer Einwirkung auf die Sache, auf ein Recht zum Besitz kommt es dagegen nicht an.[665] Mit dem zivilrechtlichen Begriff des *Besitzes* kann die *tatsächliche Gewalt* daher nicht gleichgesetzt werden.[666]

239

---

655 Vgl. dagegen etwa § 14 Abs. 1 u. 2 ASOG; § 7 Abs. 1 NPOG; § 5 Abs. 1 NRWPolG.
656 *DWVM* S. 318; *Thiel* § 8 Rn. 118 f.
657 *Schenke* Rn. 340; SchE/*Schoch/Kießling* Rn. 373 ff. mwN; aA *Lepsius* JZ 2001, 22.
658 Derartige Regelungen können sich allein aus dem Gesetz ergeben; vgl. etwa § 8 Abs. 1 S. 1 LuftSiG; § 7 Abs. 2 Nr. 2 AtG. Vgl. *Kingreen/Poscher* § 9 Rn. 49 f.; BVerwG 4.10.1985 – 4 C 76.82, Rn. 19 ff.
659 Vgl. OVG Saarlouis 3.8.2023 – 2 A 137/22, Rn. 32 ff. (Eichenprozessionsspinner); aA VG Magdeburg 24.4.2018 – 1 A 94/15; OVG Münster 2016 – 13 A 3802/02, Rn. 19 ff. (Tauben). Zur Abgrenzung von *Sachgefahr* u. bloß sachbezogener Gefahr s. LD/*Bäcker* Kap. D Rn. 181.
660 Vgl. VG Münster 23.9.2021 – 5 K 938/20, Rn. 62 ff. (Schlachthof); krit. dazu die Anm. von *Plesker* NVwZ 2022, 260 (269 f.); VG Koblenz 5.11.2015 – 4 K 877/14.KO (Schule).
661 Vgl. OVG Hamburg DÖV 1983, 1016 (1017); SchE/*Schoch/Kießling* Rn. 389; *Götz/Geis* § 13 Rn. 59; aA *Hummel* Die Verwaltung 2010, 521.
662 Dies gilt auch für Miteigentum, Sicherungseigentum oder das dingl. Anwartschaftsrecht des Vorbehaltskäufers; vgl. *Gusy/Eichenhofer* Rn. 351.
663 So bereits MdSadB Nr. 75, 1965, 14.
664 Vgl. BVerfG 16.2.2000 – 1 BvR 242/91, Rn. 46 ff.; EFP/*Pünder* Rn. 116; SchE/*Schoch/Kießling* Rn. 371 f.
665 So auch *Merten/Merten* § 9 Rn. 5; *Gusy/Eichenhofer* Rn. 350.
666 Verantwortlichkeitsbegründende Sachherrschaft besteht bei unm. Besitz wie bloßer Besitzdienerschaft, nicht jedoch bei mittelbarem Besitz o. Erbenbesitz; vgl. *Götz/Geis* § 13 Rn. 55 u. 57; *Knemeyer* Rn. 334.

240 Für den Inhaber der tatsächlichen Gewalt begründet die Aufgabe der Sachherrschaft das **Ende der Zustandsverantwortlichkeit**, für den Eigentümer endet diese mit der wirksamen Übereignung einer Sache.[667] Ob die Verantwortlichkeit im Wege der *Einzelrechtsnachfolge* auf den neuen Eigentümer übergeht, ist umstritten.[668] Maßgeblich für die Bestimmung von Eigentümerstellung oder tats. Gewalt ist der Zeitpunkt des polizeilichen Einschreitens, sodass auch *nach* Eintritt der Gefahr grds. noch eine Veränderung der Zustandsverantwortlichkeit erfolgen kann.[669] Die diesbezüglichen Vorschriften des SOG beziehen daher in bestimmten Fällen den **früheren Eigentümer** einer gefahrbegründenden Sache mit ein, auch um eine Entziehung durch vorsätzlichen Eigentumsverlust auszuschließen.[670] Ist die Sache iSd § 959 BGB *herrenlos*, darf gem. § 9 Abs. 1 S. 2 SOG auch derjenige herangezogen werden, der infolge einer **Dereliktion** nicht mehr Eigentümer ist.[671] Dies gilt auch für *Grundstücke*, für die sich die Eigentumsaufgabe nach § 928 BGB vollzieht.[672] Anders als in anderen Ländern findet sich in § 9 Abs. 2 S. 3 Var. 2 SOG zudem eine gesetzliche Bestimmung, mit der die Zustandsverantwortlichkeit ausdrücklich auf Personen erstreckt wird, die ihr Eigentum nach §§ 946–950 BGB, also durch **Verbindung, Vermischung oder Verarbeitung** verloren haben.[673] Auch ohne gesetzliche Regelung im SOG scheitert die „Flucht" aus der Zustandsverantwortlichkeit bei einer nach § 138 BGB sittenwidrigen Übereignung der Sache an eine vermögenslose jur. Person oder einer gem. § 134 BGB iVm § 3 S. 1 Nr. 3 TierSchG verbotenen Dereliktion eines Tieres.[674]

241 Die polizeirechtliche Verantwortlichkeit des Eigentümers ist nach § 9 Abs. 2 SOG ausgeschlossen, wenn ein **unberechtigter Inhaber der tatsächlichen Sachherrschaft** die Gewalt über die Sache *gegen den Willen* des Eigentümers ausübt.[675] Hat eine jemand etwa ein Kfz iSd § 242 StGB gestohlen oder weigert sich, die rechtmäßig gekündigte Mietwohnung zu verlassen, ist allein diese Person heranzuziehen – ein Eigentümer kann in diesen Situationen nicht mehr auf seine Sache einwirken.[676] Anders liegt der Fall jedoch, wenn eine Bereitschaft des Inhabers der tatsächlichen Gewalt, diese ggü. dem Eigentümer zu behaupten, nicht in Betracht kommt.[677] Der **Ausschluss der Verantwortlichkeit** gilt nur so lange, bis der Unberechtigte die tatsächliche Sachherrschaft

---

667 Vgl. *Schenke* Rn. 350; *Thiel* § 8 Rn. 124 u. 128. Bei Immobilien endet die Verantwortl. mit der Eintragung des neuen Eigentümers im Grundbuch, vgl. VGH Mannheim 30.4.1996 – 10 S 2163/95, Rn. 27.
668 Dafür BVerwG 22.1.1971 – IV C 62.66; OVG Lüneburg 25.3.2013 – 11 ME 34/13 (Leinen- u. Maulkorbzwang); *Möller/Warg* Rn. 140; *Kingreen/Poscher* Rn. 55 ff.; aA *DWVM* S. 300 f.; abl.; EFP/*Pünder* Rn. 141; SchE/*Schoch/Kießling* Rn. 417. Zur Beurteilung iRd Gesamtrechtsnachfolge [→ C255].
669 Vgl. OVG Hamburg DÖV 1983, 1016 (1017); *Götz/Geis* § 13 Rn. 68.
670 Bü-Drs. 13/5422, 16.
671 Die Regelung wurde nachträgl. ins SOG eingefügt, u.a. als Reaktion auf den Brand eines Kühlhauses in Wilhelmsburg im Jahr 1983, wobei mehrere tausend Tonnen Butter brannten u. die Löscharbeiten erheblich erschwerten, vgl. Bü-Drs. 13/5422, 16.
672 EFP/*Pünder* Rn. 118. Die Gefahr muss bereits vor Aufgabe des Eigentums bestanden haben, vgl. OVG Münster 3.3.2010 – 5 B 66/10, Rn. 7 ff.
673 Die Regelung geht auf Erfahrungen bei einer Sturmflut zurück, während der in großen Mengen Öl aus eingelagerten Fässern in den Hafen gespült worden war; vgl. EFP/*Pünder* Rn. 118. Das OVG Hamburg (DÖV 1983, 1016) hatte die Verantwortlichkeit der Vor-Eigentümerin infolge eines Übergangs nach §§ 946 ff. BGB auf die FHH als Eigentümerin des Kanals abgelehnt. Vgl. *DWVM* S. 328 mit Fn. 60.
674 Vgl. OVG Berlin-Brandenburg 8.12.2016 – 2 B 7/14; LD/*Bäcker* Kap. D Rn. 191; *Thiel* § 8 Rn. 126.
675 Nicht ausreichend für einen Ausschluss ist es dagegen, wenn Mieter oder Pächter einen polizeiwidrigen Zustand verursachen, da diese die tatsächl. Gewalt zwar *ohne Willen* (u. ggf. vertragswidrig), nicht aber *gegen den Willen* des Vertragspartners ausüben, vgl. OVG Hamburg 17.5.2000 – 5 Bf 31/96, Rn. 176.
676 Vgl. BERS/*Beaucamp* § 9 SOG Rn. 6; *Kingreen/Poscher* § 9 Rn. 41; *Thiel* § 8 Rn. 123. Eine dennoch ergehende Verfügung würde dem Eigentümer eine tats. unmögl. Handlungspflicht auferlegen, vgl. *DWVM* S. 328; OVG Hamburg 27.6.1991 – Bf II 38/90, Rn. 21.
677 So scheitert die Heranziehung des Halters nicht daran, wenn ein nutzungsberechtigtes Familienmitglied das Auto absprachewidrig einem Dritten zur Verfügung gestellt hat, der auf diese Gefälligkeit kaum mit einer Verweigerung der Herausgabe reagieren würde; OVG Hamburg 27.6.1991 – Bf II 38/90, Rn. 22.

VI. Verantwortlichkeit und Pflichtigkeit

aufgegeben hat – ab diesem Moment lebt die Verantwortlichkeit des Eigentümers wieder auf.[678] Im Umkehrschluss lässt § 9 Abs. 2 SOG erkennen, dass es für die Zustandsverantwortlichkeit des Sacheigentümers grds. unerheblich ist, wie es, etwa durch Verhalten Dritter, ein Naturereignis oder höhere Gewalt, zu dem gefahrverursachenden Zustand der Sache gekommen ist – insbes. kommt es nicht auf ein Verschulden an.[679]

In der Lit. wurde daran anknüpfend verschiedentlich gefordert, das nur eingeschränkt beeinflussbare Risiko von Inanspruchnahme und damit verbundener Kostentragung aus Billigkeitserwägungen zu begrenzen, etwa durch eine Einschränkung auf Gefahren, die anders als Naturereignisse oder Kriegsfolgen nicht in die **Risikosphäre der Allgemeinheit** fallen.[680] Die Rspr. ist demggü. unter Verweis auf die in Art. 14 Abs. 2 GG statuierte Sozialbindung des Eigentums von einer **uneingeschränkten Zustandspflichtigkeit** des Eigentümers ausgegangen.[681] Mit einer Grundsatzentscheidung zur ordnungsrechtlichen Haftung des Grundstückseigentümers für Altlasten hat das BVerfG die verschuldensunabhängige Zustandsverantwortlichkeit als Inhalts- und Schrankenbestimmung des Eigentums anerkannt, der im Einzelfall aber eine Grenze der Zumutbarkeit durch das Übermaßverbot gesetzt wird.[682] Für die Frage, ob die **Opfergrenze** überschritten und damit die Privatnützigkeit des Eigentums nicht mehr erhalten ist, kommt es danach auf eine Gesamtwürdigung an, in die das Verhältnis zwischen dem *finanziellen Aufwand für die Gefahrenabwehr* und dem *Verkehrswert der gefährlichen Sache*, die Finanz- und Wirtschaftskraft des Sacheigentümers, die Sphäre, aus der die Gefährlichkeit der Sache herrührt sowie die Vorhersehbarkeit einzustellen sind.[683] Nach überwiegender Ansicht können die Grundsätze für den Bereich der Altlastenfälle auf das allg. Gefahrenabwehrrecht übertragen werden, in dessen Rahmen sie auf Ebene der Verhältnismäßigkeit zu berücksichtigen sind und eine Begrenzung der Pflicht zur Kostentragung erforderlich machen, nicht aber zu einem Ausschluss der Zustandsverantwortlichkeit führen.[684]

4. Notstandspflichtigkeit

Kann eine Gefahr weder durch Heranziehung von Verhaltens- oder Zustandsverantwortlichen noch durch den Einsatz eigener Mittel der Behörde abgewehrt werden, kommt eine **Inanspruchnahme Dritter** in Betracht, auch wenn ihnen die Gefahr nicht zurechenbar ist.[685] Dabei handelt es sich um Personen, die zwar nicht gefahrenverantwortlich, aber regelmäßig Inhaber eines „Gegenmittels" sind und so eine effektive Gefahrabwehr ermöglichen.[686] Im Polizei- und Ordnungsrecht der FHH regelt § 10 SOG die Inanspruchnahme Notstandspflichtiger, die mitunter auch als „Nichtstörer" bezeichnet werden, und statuiert dafür in Abs. 1 u. Abs. 2 **erhöhte**

---

678 Dies gilt etwa für das gestohlene u. nunmehr verbotswidrig abgestellte Kfz durch den Dieb, vgl. OVG Lüneburg 17.11.2016 – 13 LB 143/16, Rn. 26 ff.; VGH Kassel 18.5.1999 – 11 UE 4648/96, Rn. 19. Krit. aufgr. des Fortbestands der Verantwortlichkeit auch nach einer Dereliktion *Götz/Geis* § 13 Rn. 60.
679 Vgl. *DWVM* S. 320.
680 Vgl. etwa *Friauf* FS Wacke, 1972, 293 ff.; *Papier* NWVBl 1989, 322. Dazu *Schenke* Rn. 343 ff.
681 Vgl. BVerwG 14.12.1990 – 7 B 134.90, Rn. 4 ff.; 14.11.1996 – 4 B 205.96, Rn. 4 ff.; VGH Mannheim 9.5.1995 – 10 S 771/94. Vgl. auch *DWVM* S. 320 f.: Möglichkeit der Korrektur auf Ermessensebene.
682 BVerfG 16.2.2000 – 1 BvR 242/91.
683 Weiterführend u. krit. dazu LD/*Bäcker* Kap. D Rn. 194.
684 So etwa *Schenke* Rn. 343 ff.; *Kugelmann* Kap. 8 Rn. 57; SchE/*Schoch/Kießling* Rn. 380 f.; krit. *Kingreen/Poscher* § 9 Rn. 72; *Thiel* § 8 Rn. 131 ff.; *Gusy/Eichenhofer* Rn. 367 f. Aus der neueren Rspr. vgl. VGH München 4.6.2020 – 10 CS 20.839 (Ermessensfehler), Rn. 22; OVG Magdeburg 21.12.2021 – 3 M 177/21, Rn. 14 ff. (keine Zumutbarkeitsgrenze bei Grundstücken im Eigentum der öff. Hand).
685 Dazu *Barczak* Die Verwaltung 2016, 157; *Kießling* JURA 2016, 483; *Schoch* JURA 2007, 676.
686 *Kießling* JURA 2016, 483 (485 f.). § 10 Abs. 1–4 SOG erfasst daher nur die *gezielte* Inanspruchnahme, nicht aber die *zufällige* Betroffenheit unbeteiligter Dritter [→ H25] Vgl. etwa LG Hamburg 9.4.2021 – 303 O 65/20, Rn. 49 ff (Pandemiebedingte Schließung von Fahrschulen).

Voraussetzungen, die als eine adressatenbezogene Konkretisierung des Verhältnismäßigkeitsprinzips begriffen werden können. So wird der **Ausnahmecharakter** der mit einem **Entschädigungsanspruch** einhergehenden Notstandspflichtigkeit tatbestandlich abgesichert, die eine „Grenzlinie rechtsstaatlichen Polizeirechts" darstellt.[687] Das zu erbringende **Sonderopfer** kann nichtverantwortlichen Personen abverlangt werden, die grds. selbst von polizei- und ordnungsbehördlicher Tätigkeit profitieren, was einen eigenen Beitrag in Fällen erforderlich macht, in denen eine Gefahr sonst nicht abgewehrt werden könnte.[688] Gleiches gilt für die vielfach von der Verantwortlichkeit gelösten Adressatenregelungen im PolDVG sowie spezielle Vorschriften zur Inanspruchnahme Nichtverantwortlicher im besonderen Gefahrenabwehrrecht, die eine Anwendung von § 10 SOG ausschließen.[689]

244 **Beispiele:** Bei einem Wasserrohrbruch, der erhebliche Wassermengen auf dem Gehweg verursachte, konnte die Halterin eines ordnungsgemäß geparkten Fahrzeugs nach § 10 Abs. 1 SOG in Anspruch genommen und aufgefordert werden, das Auto wegzufahren, damit Gefahrbeseitigungsmaßnahmen getroffen werden konnten. Auch die Bewohner eines Mehrfamilienhauses, in dem ein bedrohter Staatsanwalt lebte, durften als Notstandspflichtige in Anspruch genommen werden und mussten die Schutzmaßnahmen der Polizei wie Personenkontrollen, Videoüberwachungen oder die Anwesenheit eines Polizeibusses auf dem Nachbargrundstück dulden. Ebenso durfte der Eigentümer einer Gaststätte in Anspruch genommen und zur Schließung aufgefordert werden, weil ein Felsblock von Nachbargrundstück auf die Gaststätte zu stürzen drohte.[690]

245 Eine Heranziehung ist nach § 10 Abs. 1 SOG nur *erforderlich*, wenn die Gefahr **nicht auf andere Weise**, also insbes. durch Inanspruchnahme weder der nach § 8 oder § 9 SOG Verantwortlichen noch durch eigenes Handeln der Behörde selbst abgewehrt werden kann.[691] Vorrang hat so auch die unmittelbare Ausführung einer Maßnahme, *anstelle* der oder *für* die Handlungs- oder Zustandsverantwortlichen.[692] Maßgeblich für die Beurteilung der Möglichkeiten eines Einschreitens ist die behördliche ex-ante-Perspektive.[693] Dabei ist einschränkend zu beachten, dass heranziehbaren Handlungs- oder Zustandsverantwortlichen zugemutet werden kann, das Gebot der polizeilichen Verfügung durch eine **Beauftragung Dritter**, etwa eines Abschleppdienstes, eines Tauch-, Bergungs- oder Entsorgungsunternehmens, zu erfüllen. Dies gilt auch für Polizei oder Verwaltungsbehörden selbst, die ein Spezialunternehmen *beauftragen* müssten, statt dieses nach § 10 Abs. 1 SOG in Anspruch zu nehmen.[694] Zu den Möglichkeiten behördeneigenen Handelns gehört auch die Anforderung anderer Behörden bzw. auswärtiger Kräfte zur Leistung von **Amtshilfe**.[695] Da eine zusätzlichen Mobilisierung von Personal- und Einsatzmitteln durch die Verwaltung regelmäßig zu einem höheren **finanziellen Aufwand** führt als die Heranziehung nicht verantwortlicher Personen, können Kostengründe allein hierfür keine Rechtfertigung liefern.[696]

---

687 LD/*Denninger*, 6. Aufl. 2018, Kap. D Rn. 140. Zum idS zu verstehenden Begriff des polizeil. Notstands *DWVM* S. 331 f. Krit. dazu *Knemeyer* Rn. 347.
688 Vgl. *Thiel* Rn. 134 („Solidarpflicht der Bürgerinnen und Bürger"); *Kugelmann* Kap. 8 Rn. 90.
689 Vgl. etwa § 16 HmbKatSG (Heranziehen zu Sach- u. Werkleistungen), § 25 Abs. 2 S. 1 HmbFwG (Platzverweisung vom Einsatzort) sowie § 28 Abs. 1 S. 1 IfSG (Maßnahmen gg. andere als erkrankte Personen) u. dazu OVG Saarlouis 27.4.2020 – 2 B 134/20, Rn. 16.
690 Vgl. VG Düsseldorf 3.3.2020 – 14 K 1577/19 (Wasserrohrbruch); OVG Koblenz 8.12.2005 – 12 A 10951/04, Rn. 20 ff. (Staatsanwalt); OLG Naumburg 11.1.2018 – 9 U 48/17 (Felsblock).
691 Die tatbestandsimmanente Subsidiarität hat zur Folge, dass bei mögl. Heranziehung von Handlungs- und/oder Zustandsverantwortlichen kein Auswahlermessen [→ C260] in Bezug auf eine Inanspruchnahme nach § 10 Abs. 1 SOG besteht.
692 So auch *Habermehl* Rn. 197; *Knemeyer* Rn. 343 u. 347; aA wohl *Merten/Merten* § 7 Rn. 5.
693 *Schenke* Rn. 387.
694 Vgl. LD/*Bäcker* Kap. D Rn. 222.
695 Zur Amtshilfe, allerdings vorrangig aus der Perspektive der Polizei als anfordernde Behörde [→ B72].
696 Vgl. SchE/*Schoch/Kießling* Rn. 465 mwN; *Kugelmann* Kap. 8 Rn. 88.

VI. Verantwortlichkeit und Pflichtigkeit

Unter dem Begriff des „**unechten Notstands**" werden darüber hinaus Fälle einer iSd § 10 Abs. 1 SOG zulässigen Inanspruchnahme gefasst, in denen eine Heranziehung von Handlungs- oder Zustandsverantwortlichen zwar *an sich möglich* wäre, der dadurch herbeigeführte Schaden aber *außer Verhältnis zu dem beabsichtigten Erfolg* stünde.[697] Insoweit ist der ganz überwiegenden Auffassung in der Lit. zuzustimmen, dass eine derartige Kategorie keinen Erkenntnisgewinn bringt, da eine *unverhältnismäßige* und damit *rechtswidrige* Heranziehung Verantwortlicher freilich keine (vorrangige) Alternative zur Inanspruchnahme nach § 10 Abs. 1 SOG darstellt.[698] Unklar bleibt dabei aber, ob die Zulässigkeit der Heranziehung Nichtverantwortlicher aus einem Missverhältnis zwischen den für diese nur *geringen*, für den/die Verantwortlichen jedoch *enormen* Folgen eines Einschreitens ergeben kann.[699] Wenn die Heranziehung Verantwortlicher den Anforderungen des § 4 SOG zwar genügen, das anzuwendende Mittel aber Folgen auslösen würde, die in einem enormen Missverhältnis zu der geringfügigen Beeinträchtigung einer nicht verantwortlichen Person stünden, dürfte auch dies geeignet sein, die Subsidiarität zu überwinden.[700] In Betracht käme so etwa die Sicherstellung eines im Besitz herausgabeunwilliger Nachbarn befindlichen Ersatzschlüssels, um die zur Rettung eines Tiers erforderliche gewaltsame Öffnung einer besonders gesicherten Haustür zu vermeiden.

246

Als Ausdruck der Angemessenheit setzt die Inanspruchnahme Nichtverantwortlicher voraus, dass eine **Gefahr unmittelbar bevorsteht** [→ B186], also *zeitlich nah* und *gesteigert wahrscheinlich* ist, wenn nicht bereits eine Störung vorliegt. Teilweise wird zusätzlich gefordert, dass die Gefahr eine *Erheblichkeit* aufweist und nicht bloß Bagatellcharakter hat – dies ist richtigerweise keine tatbestandliche Anforderung, sondern eine Frage der Abwägung auf Ebene der Verhältnismäßigkeit.[701] Konkretisiert werden Möglichkeiten einer Inanspruchnahme durch die Aufzählung bestimmter in Betracht kommender Maßnahmen in § 10 Abs. 2 SOG, auch wenn diese nicht abschließend ist.[702] Zudem kann eine Begrenzung auf vorläufige und befristete Maßnahmen iSd Verhältnismäßigkeit geboten sein.[703] Schließlich darf die Inanspruchnahme für die nicht verantwortliche Person keine erhebliche *eigene Gefährdung* oder eine *Verletzung höherwertiger Pflichten* mit sich bringen – es gilt insoweit eine **Zumutbarkeitsgrenze**.[704] Dies entspricht dem Solidargedanken, der § 10 SOG zugrundeliegt: Die Leistung eines zumutbaren eigenen Beitrags sollte, wer eine Gefahr nicht verursacht hat, nicht unter Verweis auf die *geringe Bedeutung ihrer Abwehr für die Allgemeinheit* verweigern können – dies ist eine Frage der

247

---

697 DWVM S. 334; VG Hamburg 6.10.2000 – 20 VG 3276/99, Rn. 88.
698 Vgl. etwa *Kingreen/Poscher* § 9 Rn. 80. Steht der mit einer Inanspruchnahme des Verantwortlichen einhergehende Schaden außer Verhältnis zum Erfolg, kommt es auf ein Missverhältnis zu den geringen Folgen der Heranziehung Nichtverantwortlicher nicht mehr an, aA offenbar *Möller/Warg* Rn. 148.
699 Vgl. *Schmidt-Jorzig* JuS 1970, 507 (509 f.); *Barczak* Die Verwaltung 2016, 157 (182 f.) mwN.
700 Ähnlich EFP/*Pünder* Rn. 149; aA *Götz/Geis* § 14 Rn. 6. Vgl. auch *Schenke* Rn. 388, der bei Bestehen eines derartigen Missverhältnisses der eintretenden Folgen offenbar eine Unverhältnismäßigkeit der Inanspruchnahme des Verantwortlichen annimmt.
701 So EP/*Beaucamp* Rn. 179; *Merten/Merten* § 10 Rn. 6. Zu beachten ist jedoch, dass tatbestandl. gerade *keine* erhebliche Gefahr verlangt wird; vgl. dagegen etwa § 16 Abs. 1 Nr. 1 ASOG; § 8 Abs. 1 Nr. 1 NPOG. Ein Überschreiten der Bagatellschwelle ist andererseits bereits Voraussetzung einer konkr. Gefahr. Die Intensität der Gefahr wird daher für sich genommen eine Inanspruchnahme nach § 10 Abs. 1 SOG nicht ausschließen, sondern vielmehr iRd Verhältnismäßigkeit mit dem Eingriff abzuwägen sein.
702 Mit der Aufzählung sollte das Reichsleistungsgesetz abgelöst werden, das teilweise als Landesrecht fortgalt u. ähnliche Fälle regelte, vgl. MdSadB Nr. 75, 1965, 15 sowie § 33 Abs. 1 Nr. 13 SOG; *Merten/Merten* § 10 Rn. 12. Das geltende Bundesleistungsgesetz bestimmt, welche Beiträge im Verteidigungsfall angefordert werden dürfen, wenn der staatl. Bedarf anders nicht gedeckt werden kann. Der nicht abschließenden Aufzählung in § 10 Abs. 2 SOG lässt sich das Signal entnehmen, dass Notstandspflichtige insbes. zur Leistung entspr. gefahrabwehrender Beiträge verpflichtet werden sollen, was Maßnahmen, die in gleicher Weise ggü. den Verantwortlichen ergehen könnten (z.B. Platzverweisung der Geschädigten, nicht aber der Schädiger zur Auflösung einer Prügelei) bes. begründungsbedürftig macht.
703 Vgl. *Knemeyer* Rn. 349.
704 Vgl. MdSadB Nr. 75, 1965, 15; *Kugelmann* Kap. 8 Rn. 90; *Götz/Geis* § 14 Rn. 1 u. 5.

Verhältnismäßigkeit. Wer sich dagegen berechtigt um *unzumutbare Folgen für die eigene Person* sorgt, kann auch nicht unter Hinweis auf eine noch so große Erheblichkeit einer Gefahr zu deren Abwehr verpflichtet werden. Kommen danach mehrere Personen für eine Inanspruchnahme nach § 10 Abs. 1 SOG in Betracht, ist eine **Auswahl nach pflichtgemäßen Ermessen** unter Berücksichtigung von Gefahrennähe, Leistungsfähigkeit und den damit verbundenen Nachteilen zu treffen.[705]

248 Die **praktische Bedeutung** einer Inanspruchnahme von Notstandspflichtigen ist gering. Dies liegt nicht allein an Professionalisierung und spezieller Ausstattung der Polizei, deren Einsatzkräfte in der FHH innerhalb kürzester Zeit in großer Zahl den Ort einer Gefahrenlage erreichen können, sondern auch an der Verfügbarkeit abrufbarer privater Dienstleistungen.[706] Erinnert sei zudem daran, dass eine Verantwortlichkeit auch aus § 323c StGB folgt, eine die Hilfeleistung unterlassende Person also nach § 8 Abs. 1 SOG [→ C224] herangezogen werden kann.[707] Fortwährende Bedeutung hat die Inanspruchnahme nach § 10 Abs. 1 SOG insbes. für die Sicherstellung von Wohnraum zur **Unterbringung obdachloser Menschen** [→ C288], wohingegen die Sicherstellung von Immobilien zur Unterbringung **Geflüchteter** in § 14a SOG gesondert und befristet unter abgesenkten Voraussetzungen geregelt ist.[708] Besondere Anforderungen gelten aufgrund des Schutzes durch Art. 8 GG bei der Abwehr von Gefahren für **Versammlungen**.[709] Auch bei (anderen) **Großveranstaltungen** sind die Möglichkeiten eines Einschreitens gegen Teilnehmende maßgeblich, da einer damit verbundenen Gefahrenlage nur unter den Voraussetzungen des § 10 Abs. 1 SOG durch eine Inanspruchnahme des Veranstalters begegnet werden kann [→ C233], wenn dieser die Gefahr nicht verursacht, sondern durch sein rechtmäßiges Handeln lediglich den Anlass schafft.

249 **Beispiel:** Zur Abwehr von Gefahren, die mit der Zweitligapartie des FC St. Pauli gegen Hansa Rostock am Millerntor einhergingen, durfte die Polizei dem Kiezclub nach §§ 3 Abs. 1, 10 Abs. 1 SOG die Abgabe des vorgesehenen Kontingents von 2.400 Tickets an den Gastverein untersagen, um die Zahl gewaltbereiter Anhänger der Gastmannschaft zu reduzieren. Bei vergangenen Aufeinandertreffen war es immer wieder zu gewaltsamen Auseinandersetzungen zwischen Teilen der rivalisierenden Fan-Gruppen und der Polizei sowie zu Angriffen auf die Einsatzkräfte gekommen – dabei waren eine größere Zahl Polizeibediensteter und weitere Personen teilweise schwer verletzt worden. Da zeitgleich zu dem Hochrisikospiel der Frühlingsdom auf dem Heiligengeistfeld stattfand, wäre es für die Polizei besonders schwierig gewesen, die erforderliche Anzahl an Einsatzkräften bereitzustellen, um Ausschreitungen auszuschließen. Zum Ausgleich etwaiger wirtschaftliche Schäden infolge geringerer Ticketeinnahmen ist dem FC St. Pauli ein Anspruch aus § 10 Abs. 3 SOG erwachsen.[710]

5. Anscheins- und Verdachtsverantwortlichkeit

250 Polizei und Verwaltungsbehörden dürfen eine Person zur Gefahrenabwehr heranziehen, wenn diese durch ihr Verhalten oder die Verantwortlichkeit für eine Sache aus vertretbarer Perspektive der handelnden Amtswalter zum Zeitpunkt des Eingreifens eine Gefahr verursacht hat.[711] Auch wenn nach Aufklärung des Sachverhaltes der in Anspruch genommenen Person die Umstände, die zur Annahme der Gefahr oder deren Verursachung geführt haben, letztlich *nicht* zuzurechnen sind, ändert dies nichts an Notwendigkeit und Rechtmäßigkeit einer derartigen Beurteilung.[712]

---

705 *DWVM* S. 306.
706 Vgl. *Gusy/Eichenhofer* Rn. 384. Befugnisse wie § 14 PolDVG stellen sicher, dass die Polizei Personen mit bes. Fähigkeiten/Kenntnissen u. Verantwortliche für gefährl./gefährdete Anlagen kontaktieren kann.
707 Vgl. *Kingreen/Poscher* § 9 Rn. 74; *Götz/Geis* § 14 Rn. 3; aA *Habermehl* Rn. 203.
708 Zur Unterbringung nach allg. Notstandsregelungen vgl. OVG Lüneburg 1.12.2015 – 11 ME 230/15.
709 Vgl. etwa OVG Hamburg 11.9.2015 – 4 Bs 192/15 sowie dazu BVerfG 11.9.2015 – 1 BvR 2211/15 („Tag der Patrioten"). Zur Inanspruchnahme der Versammlung nach § 10 Abs. 1 SOG s. RBD/*Barczak* § 15 Rn. 213 ff.
710 Vgl. OVG Hamburg 13.4.2012 – 4 Bs 78/12.
711 Vgl. EFP/*Pünder* Rn. 134; LD/*Bäcker* Kap. D Rn. 140.
712 OVG Hamburg NJW 1986, 2005 (2006).

VI. Verantwortlichkeit und Pflichtigkeit

In Fall der sog. **Anscheinsverantwortlichkeit** ist es jedoch unangemessen, den in rechtmäßiger Weise Herangezogenen die Kosten für die Gefahrenabwehr aufzubürden – sie sind vielmehr für die Folgen ihrer Inanspruchnahme zu entschädigen [→ H28].[713]

Beispiel: Die Polizei durfte eine Person als verantwortlich ansehen, die Teil einer um eine Feuerstelle versammelten Menschenmenge war. Das Feuer war widerrechtlich auf öffentlicher Straße entzündet und aus der Menge waren Bierflaschen und andere Gegenstände auf Polizeibedienstete geworfen worden. Die von der Polizei angesprochene Person hatte eine Bierflasche in der Hand und hielt sich in zeitlich sehr engem Zusammenhang zu den begangenen Straftaten an der Feuerstelle auf, weshalb sie – betrachtet aus der ex-ante-Perspektive – die Polizei zurecht annehmen durfte bzw. – betrachtet des ex-post-Perspektive – die Person den Anschein erweckte, die vorangegangenen Störungen (mit-)verursacht zu haben.[714]

251

Eine andere Bewertung erfordert der Fall der **Scheingefahr**, in dem die Polizei zwar ebenso eine Gefahrenlage annimmt, dies aber aufgrund einer *nicht vertretbaren* Prognose erfolgt, sodass rechtlich keine Gefahr vorliegt und ein Einschreiten schon deshalb als rechtswidrig zu qualifizieren ist [→ C190]. Ohne eine Gefahr stellt sich die Frage nach der Verantwortlichkeit nicht. War die Prognose dagegen vertretbar, sodass die Polizei *zurecht* von einer Gefahr ausgehen durfte, nimmt sie dann aber eine Person als verantwortlich in die Pflicht, die auch aus der ex-ante-Perspektive *nicht* in vertretbarer Weise als Verursacherin angesehen werden durfte, ist die Maßnahme in dieser Hinsicht rechtswidrig. Eine Verursachung iSd §§ 8 oder 9 SOG liegt nicht vor. Weitere Folge einer Heranziehung **Scheinverantwortlicher** (Putativstörer) ist ein Entschädigungsanspruch [→ H28].[715]

252

Soweit Standardbefugnisse mit entspr. abgesenkter Eingriffsschwelle tatbestandlich explizit an einen **Gefahrenverdacht** anknüpfen [→ C196], bestimmen sie regelmäßig abschließend auch den Kreis der Personen, die rechtmäßigerweise herangezogen werden dürfen.[716] Gleiches gilt für entspr. spezialgesetzlichen Befugnisse, die insbes. im Umwelt- oder im Infektionsschutzrecht zu finden sind.[717]

253

Soweit ein Gefahrenverdacht in Befugnissen, die wie § 3 Abs. 1 SOG explizit eine konkrete Gefahr vorsehen, tatbestandlich als ausreichend angesehen wird [→ C197],[718] sind zur Bestimmung der in rechtmäßiger Weise heranziehbaren Personen die §§ 8 u. 9 SOG entspr. anzuwenden.[719] Adressat einer **(Gefahrerforschungs-)Maßnahme** darf demnach werden, wer aus ex-ante Perspektive den Verdacht der Gefahr durch sein Verhalten oder aufgrund des Zustandes seiner Sachen verursacht hat.[720] Gleiches gilt, wenn sogar eine konkrete Gefahr oder Störung ausgemacht werden kann, die Unsicherheit also lediglich hinsichtlich der potenziell polizeilich verantwortlichen Person besteht.[721] Umstritten ist allerdings, ob **Verdachtsverantwortliche** dann nur verpflichtet werden dürfen, die Gefahrerforschung durch die Polizei- und Ordnungsverwaltung zu *dulden*, oder ob ihnen aufgeben werden darf, die Gefahr selbst zu *erforschen*.[722] Die Kosten müssen sie

254

---

713 Vgl. *Kingreen/Poscher* § 9 Rn. 23; BGH 12.3.1992 – III ZR 128/91, Rn. 21.
714 Vgl. VGH Mannheim 14.12.2010 – 1 S 338/10, Rn. 24 ff.
715 Vgl. *Kugelmann* Kap. 5 Rn. 141; EFP/*Pünder* Rn. 133.
716 S. etwa § 12b Abs. 2 SOG: „einer Person", § 12 Abs. 1 PolDVG: „jede Person".
717 Vgl. etwa §§ 9 Abs. 2 S. 1, 4 Abs. 3, 5 u. 6 BBodSchG (Untersuchungsmaßnahmen zur Gefährdungsabschätzung beim Verdacht schädl. Bodenveränderungen); vgl. auch §§ 28 Abs. 1, 2 Abs. 7 IfSG (Schutzmaßnahmen gg. Ansteckungsverdächtige) dazu VG Hamburg 28.7.2022 – 14 E 3105/22, Rn. 8 u. 13 (Affenpocken) u. BVerwG 22.3.2012 – 3 C 16.11, Rn. 25 (Masern).
718 Erachtet man den Gefahrenverdacht von vornherein nicht als ausreichend, um diese zu überschreiten, stellt sich die Frage nach der Pflichtigkeit nicht; vgl. *Schenke* JuS 2018, 505 (515).
719 Vgl. *Götz/Geis* § 14 Rn. 99; SchE/*Schoch/Kießling* Rn. 352 u. 402; krit. *Schenke* Rn. 335, *Kniesel* DÖV 1997, 905 (907f.); *Poscher* Gefahrenabwehr, 1999, 183 f., nach denen lediglich eine Heranziehung nach den Vorschriften über die Notstandspflichtigkeit möglich ist.
720 Vgl. EFP/*Pünder* Rn. 135; *Hartmann* JuS 2008, 593 (595); *Thiel* § 8 Rn. 104.
721 Vgl. LD/*Bäcker* Kap. D Rn. 141; aA *Kugelmann* Kap. 8 Rn. 36; *Goldhammer* JA 2021, 638 (644).
722 Vgl. etwa VGH Kassel 24.6.1991 – 4 TH 899/91 (Duldung); VGH Mannheim 8.2.1993 – 8 S 515/92, Rn. 51 f.; *Kingreen/Poscher* § 9 Rn. 26 (Erforschung).

nur tragen, soweit sich nach Erforschung des Gefahrenverdachts ihre Verantwortlichkeit für eine Gefahr bestätigt [→ H6] – andernfalls kommt eine Entschädigung in Betracht [→ H28].

6. Gesamtrechtsnachfolge in die Verantwortlichkeit

255 Nach überwiegender Auffassung kann die Verhaltens- oder Zustandsverantwortlichkeit auf eine andere Person im Wege der **Gesamtrechtsnachfolge** nach §§ 1922, 1967 BGB übergehen.[723] Dies wird insbes. angenommen, wenn Polizei oder Verwaltungsbehörden eine Person etwa durch VA bereits konkret in Anspruch genommen haben, also eine **konkretisierte Pflichtigkeit** besteht und nicht bloß die abstrakte Möglichkeit des rechtmäßigen Erlasses einer Verfügung.[724] In diesen Fällen soll ein behördliches Einschreiten gegen den Rechtsnachfolger aus rechtspraktischen Gründen nicht neu eingeleitet werden müssen, sondern eine Verfügung ihm ggü. aufrecht erhalten werden können, soweit diese *vertretbare Handlungen* zum Gegenstand hat – *höchstpersönliche Verpflichtungen* wie bei einer Meldeauflage oder einer angeordneten elektronischen Aufenthaltsüberwachung gehen nicht über.[725] Insbes. ein bestandskräftiger VA kann gegen den Rechtsnachfolger vollstreckt werden, nachdem diesem ggü. eine Bekanntgabe erfolgt ist.[726] Wenn eine Person demggü. noch nicht durch Verfügung herangezogen worden ist, wird jedenfalls in Bezug auf die *Zustandsverantwortlichkeit* kein Bedürfnis für eine Rechtsnachfolge in die dann noch **abstrakten Polizeipflichten** gesehen, da eine etwaige Zustandsverantwortlichkeit originär beim neuen Eigentümer entsteht.[727] Auch die Rechtsnachfolge in die abstrakte *Verhaltensverantwortlichkeit* wird in der Lit. weitgehend abgelehnt.[728] In Fällen der **gesellschaftsrechtlichen Gesamtrechtsnachfolge** (vgl. § 20 UmwG; § 25 Abs. 1 S. 1 HGB) soll ein derartiger Übergang möglich sein.[729]

VII. Ermessen, Verhältnismäßigkeit und weitere allgemeine materielle Rechtmäßigkeitsvoraussetzungen

256 Liegen die tatbestandlichen Voraussetzungen einer gefahrenabwehrrechtlichen Befugnisnorm vor, ergibt sich hieraus für die Verwaltung in der Regel noch keine Verpflichtung, von der angeordneten Rechtsfolge Gebrauch zu machen und entspr. tätig zu werden. Regelmäßig haben Polizei und Verwaltungsbehörden ein Ermessen, das unter **Berücksichtigung der Besonderheiten des Einzelfalles** auszuüben ist.[730] Während sich aus dem Gesetz *einheitliche abstrakte Anforderungen* an die Ausübung des Ermessens ergeben, stellen sich polizei- und ordnungsbehördliche Einsatzlagen unterschiedlich dar – das *konkrete Vorgehen* ist an die jeweiligen Umstände, die Intensität der Gefahr oder etwa eine besondere Schutzbedürftigkeit des Gegenübers anzupassen. Insbes. die Grundrechte können ein bestimmtes Handeln ausschließen oder aber die Verwaltung dazu anhalten, in einer derartigen Weise tätig zu werden. Neben der Verhältnismäßigkeit gelten weitere **allgemeine Rechtmäßigkeitsvorgaben**, die stets für die

---

723 Zur früher überw. Ablehnung einer Rechtsnachfolge vgl. *Kingreen/Poscher* § 9 Rn. 51 ff. mwN; so weiterhin *Schenke* Rn. 364 ff., der eine Rechtsnachfolge nur bei ausdrückl. gesetzl. Regelung annimmt u. darauf verweist, dass auch der gg. eine Person *rechtmäßig* erlassene VA ggü. dem Rechtsnachfolger *rechtswidrig* sein kann. S. etwa die gesetzl. Anordnungen in § 58 Abs. 2 HBauO. Zur Rechtsnachfolge in die Verantwortlichkeit *Stückemann* JA 2015, 569.
724 Vgl. BERS/*Beaucamp* vor § 8 ff. SOG Rn. 19; SchE/*Schoch/Kießling* Rn. 406 ff.; *Habermehl* Rn. 222.
725 Vgl. BVerwG 22.1.1971 – IV C 62.66; LD/*Bäcker* Kap. D Rn. 201 f.; *DWVM* S. 298 ff.
726 Zu den Anforderungen an die Vollstreckung ggü. dem Rechtsnachfolger vgl. VGH 19.7.1984 – 4 TH 1617/84; *DWVM* S. 300.
727 Vgl. *Thiel* § 8 Rn. 153; OVG Magdeburg 29.3.2016 – 2 M 156/15, Rn. 14 ff.
728 EFP/*Pünder* Rn. 138 f.; LD/*Bäcker* Kap. D Rn. 205.
729 Vgl. BVerwG 16.3.2006 – 7 C 3.05 sowie *Götz/Geis* § 13 Rn. 84 zu § 4 Abs. 3 BBodSchG; krit. dazu *Kingreen/Poscher* § 9 Rn. 60.
730 Zu den Grundlagen verwaltungsbehördl. Ermessens *Schoch* JURA 2004, 462.

VII. Ermessen, Verhältnismäßigkeit, allg. Rechtmäßigkeitsvoraussetzungen 151

Ausgestaltung des behördlichen Handelns zu beachten sind. Sie können isoliert von Bedeutung sein oder mit der Prüfung der Ermessensausübung korrespondieren.

1. Ermessen der Polizei- und Ordnungsbehörden

Die allermeisten gefahrenabwehrrechtlichen Befugnisnormen sehen ausdrücklich vor, dass die zuständige Behörde eine bestimmte Maßnahme treffen *darf*, *kann*, hierzu *befugt* oder *berechtigt* ist.[731] *Ob* und auch *wie* diese einschreitet, liegt dann in ihrem Ermessen und hängt davon ab, wie sich eine Gefahr im jeweiligen Einzelfall konkret darstellt, welches Gewicht den bedrohten Rechtsgütern zukommt oder etwa wie viele Personen potenziell betroffen sind.[732] Auch auf Grundlage der Generalklausel in § 3 Abs. 1 SOG entscheidet die Behörde *nach pflichtgemäßem Ermessen* darüber, ob und wann, unter Heranziehung welcher von mehreren Pflichtigen und mit welchen Mitteln eine Gefahr abgewehrt werden soll. Befugnisnormen, die demggü. eine **gebundene Entscheidung** vorsehen, bei Erfüllung ihrer Voraussetzungen also zwingend das rechtsfolgenseitig beschriebene Handeln zur Folge haben müssen, finden sich vereinzelt im besonderen Gefahrenabwehrrecht.[733]

257

Die Einräumung von Ermessen ist prägend für das Polizei- und Ordnungsrecht und Ausdruck des in diesem Bereich hoheitlicher Tätigkeit geltenden **Opportunitätsprinzips**.[734] So resultiert aus der gefahrenabwehrrechtlichen Aufgabenzuweisung und den Befugnisnormen für Polizei- und Ordnungsbehörden grds. zunächst nur eine *Verpflichtung zur Prüfung*, ob in einem Einzelfall eingeschritten werden soll, nicht aber ohne weiteres auch eine *Verpflichtung zum Einschreiten*.[735] Hierin liegt ein wesentlicher Unterschied zur Tätigkeit der Strafverfolgungsorgane. Als Ausdruck des **Legalitätsprinzips** *ist* die Staatsanwaltschaft gem. § 152 Abs. 2 StPO *verpflichtet*, wegen aller verfolgbaren Straftaten einzuschreiten. Die Polizeibehörden *haben* im Rahmen ihrer repressiven Aufgabenzuweisung gem. § 163 Abs. 1 S. 1 StPO *Straftaten zu erforschen*. Während es für die Sanktionierung strafrechtlich relevanten Fehlverhaltens primär auf eine Garantie formeller Gleichbehandlung ankommt, dient das Opportunitätsprinzip dem Ziel, die präventive Abwehr von Gefahren so effektiv wie möglich zu gestalten.[736] Schon aufgrund begrenzter sachlicher und personeller Ressourcen können Polizei- und Ordnungsbehörden nicht alle Gefahren (gleichzeitig) abwehren, was die Möglichkeit zur Priorisierung erforderlich macht.[737]

258

Durch die Einräumung von Ermessen lässt der Gesetzgeber der Verwaltung einen Bereich der **Eigenständigkeit** – Polizei und Verwaltungsbehörden sind nicht bloße Vollzugsorgane der Legislative.[738] Gefahrenabwehrrechtliche Befugnisnormen können nicht für alle polizeilichen

259

---

731 Vgl. etwa § 13 Abs. 1 PolDVG („darf"), § 12 Abs. 1 SOG („sind berechtigt"), § 11a S. 1 SOG („kann"). „Soll"-Vorschriften verpflichten die Behörde grds. zu einem Tätigwerden, wenn nicht ein atypischer Fall vorliegt; vgl. etwa § 19 Abs. 3 S. 3 PolDVG. Eine derartige Bindung im Regelfall ist dem Wortlaut nicht stets zu entnehmen – zum teilweise als „*intendiert*" bezeichneten Ermessen im POR s. etwa *Schoch* JURA 2010, 358 (360 f.) sowie *Beaucamp* JA 2006, 74 (76 ff.).
732 *Thiel* § Rn. 159. Verfahrensvorgaben im POR lassen dagegen regelmäßig *keinen* Spielraum, vgl. etwa § 12c Abs. 3 S. 2 SOG.
733 Vgl. etwa § 15 Abs. 2 GastG („ist zu widerrufen") oder § 3 Abs. 1 S. 1 StVG („hat (...) zu entziehen"). Geht es um die Erteilung einer Genehmigung ist regelmäßig eine gebundene Entscheidung vorgesehen, vgl. etwa § 72 Abs. 1 S. 1 HBauO („ist zu erteilen"). Im POR sieht § 31 SOG [→ F5] dagegen nur zwingende Versagungsgründe vor.
734 Zum Opportunitätsprinzip s. *Ullrich* VerwArch 2011, 383 (398); *Gusy/Eichenhofer* Rn. 391.
735 Vgl. dazu *Schenke* Rn. 113; aA *Knemeyer* Rn. 126 u. 129 f., der auf die staatl. Pflicht zur Schutzgewährung verweist u. nur in Bezug auf das „*Wann*" u. „*Wie*" ein Ermessen anerkennt.
736 Vgl. *Kugelmann* Kap. 10 Rn. 2 f.; *Gusy/Eichenhofer* Rn. 391.
737 *Kingreen/Poscher* § 10 Rn. 34.
738 Einführend zu Ermessen u. Beurteilungsspielraum *Kment/Vorwalter* JuS 2015, 193. Grundlegend VEM/*Hoffmann-Riem/Pilniok* Bd. I § 12 Rn. 83 ff.

Lebenssachverhalte das im jeweiligen Einzelfall maßvolle Handeln abgestuft vorgeben – sie steuern durch *tatbestandliche* Eingriffs- und Verfahrensvoraussetzungen, angepasst an die abstrakt bezeichnete Rechtsfolge.[739] Dabei verbleibt *rechtsfolgenseitig* ein Entscheidungsspielraum, in dem die konkreten Umstände der Einsatzsituation zu berücksichtigen sind. Im Opportunitätsprinzip manifestieren sich die hohen **Anforderungen an Vernunft und Feingefühl** handelnder Amtswalter, denn Art und Weise der Ermessensausübung haben nicht nur Auswirkungen auf die Rechtmäßigkeit des Handelns, sondern tragen maßgeblich zur gesellschaftlichen Wahrnehmung der polizeilichen Arbeit bei.[740]

a) Ebenen des Ermessens

260 Gefahrenabwehrrechtliche Befugnisnormen räumen regelmäßig ein **zweistufiges Ermessen** ein. Im Rahmen des **Entschließungsermessens** haben Polizei und Verwaltungsbehörden zunächst darüber zu entscheiden, *ob* sie in einem konkreten Fall überhaupt tätig werden sollen. Entschließt sich eine Behörde, zur Abwehr einer Gefahr tätig zu werden, verbleibt ein Spielraum, *wie* und *gegen wen* eingeschritten werden soll. Die Wahl eines Mittels und die Auswahl des Pflichtigen werden vom **Auswahlermessen** umfasst. Die Einräumung von Entschließungs- und Auswahlermessen ist charakteristisch für das Polizei- und Ordnungsrecht, in dem das Ermessen seit jeher in diesem Umfang verstanden wurde.[741] Das Auswahlermessen bezieht sich dabei auf all jene Personen, welche nach den allg. Adressatenvorschriften als gefahrenabwehrrechtlich verantwortlich zu qualifizieren sind. Welche Maßnahmen in welcher Weise getroffen werden, ist eine Frage des (Mittel-)Auswahlermessens, das ebenfalls nur durch *tatbestandlich* erfüllte Befugnisnormen eröffnet werden kann. Liegen bereits die vom Gesetzgeber definierten tatbestandlichen Voraussetzungen für ein Handeln der Polizei- und Ordnungsbehörden nicht vor, ist für *rechtsfolgenseitige* Erwägungen zum Ermessen kein Raum.[742]

aa) Entschließungsermessen

261 Im Rahmen des Entschließungsermessen ist darüber zu entscheiden, **ob und wann** Polizei oder Verwaltungsbehörden tätig werden. So kann es Gründe geben, trotz Vorliegens einer Gefahr zunächst beobachtend abzuwarten, einen anderen Einsatz zu priorisieren oder auch vollständig von einem Tätigwerden abzusehen. Der rechtsfolgenseitige Handlungs- und Entscheidungsspielraum ermächtigt *nicht* zu Untätigkeit und Reaktionslosigkeit, sondern ermöglicht eine optimale Organisation des gefahrenabwehrbehördlichen Handelns.[743] Maßgeblich ist dabei, dass sich das Vorgehen nach Auffassung der Behörde positiv auf die ihr übertragene Aufgabe auswirkt.[744] Hierbei ist, neben den ressourcenbezogenen **Zweckmäßigkeitsgesichtspunkten**,[745] etwa die Wirkung eines (uniformierten) polizeilichen Einschreitens zu berücksichtigen, das in bestimmten Situationen auch zur Eskalation einer Gefahrenlage führen kann, die sich vielleicht von allein aufgelöst hätte.[746] Politische „*zero tolerance*"-Strategien, die regional- oder bereichsspezifisch für die Gefahrenabwehrbehörden bei jedem Rechtsverstoß zwingend ein Einschreiten

---

739 So gibt insbes. § 3 Abs. 1 SOG rechtsfolgenseitig lediglich den Begriff der *Maßnahme* vor.
740 *DWVM* S. 373.
741 Vgl. *Maurer/Waldhoff* § 7 Rn. 8; *DWVM* S. 371.
742 *Maurer/Waldhoff* § 7 Rn. 19; SBS/*Sachs* § 40 Rn. 32. Davon zu unterscheiden sind Konstellationen der Unwissenheit [→ C212].
743 *Götz/Geis* § 16 Rn. 4. Zur zulässigen Entscheidung dafür, untätig zu bleiben s. LD/*Rachor/Graulich*, 6. Aufl. 2018, Kap. E Rn. 118 ff.
744 *Kugelmann* Kap. 10 Rn. 8.
745 Zeitl. u. örtl. Faktoren, Kapazität an Personal u. Einsatzmitteln; vgl. SchE/*Schoch/Kießling* Rn. 303.
746 Vgl. *Kugelmann* Kap. 10 Rn. 9; EFP/*Pünder* Rn. 154; *Habermehl* Rn. 252.

vorsehen, sind im Einzelfall kritisch auf ihre Vereinbarkeit mit dem Opportunitätsprinzip zu untersuchen.[747] Die bloße Entschließung, im Hinblick auf eine Gefahrenlage untätig zu bleiben, stellt keine außenwirksame *Duldung* dar, führt also grds. nicht dazu, dass der Verwaltung zu einem späteren Zeitpunkt ein Einschreiten verwehrt wäre.[748]

bb) Auswahl unter mehreren Verantwortlichen

Kommen mehrere nach § 8 oder § 9 SOG Verantwortliche als Adressaten des Polizeihandelns in Betracht, liegt die Auswahl unter ihnen im pflichtgemäßen Ermessen der Behörde. In Bezug auf eine Inanspruchnahme nach § 10 SOG besteht ein Ermessen nur hinsichtlich der Auswahl unter mehreren der Personen, die rechtmäßig als Notstandspflichtige herangezogen werden könnten.[749] Eine **Mehrheit von Verantwortlichen** kann entstehen, wenn *mehrere Personen* durch ihre Handlungen verhaltensverantwortlich oder etwa aufgrund von Miteigentümer- und Besitzerverhältnissen zustandsverantwortlich sind, aber auch, wenn eine Person verhaltens- und eine andere zustandsverantwortlich ist, wie etwa bei Fahrer und Halter eines verkehrsgefährdenden abgestellten Fahrzeugs.[750] Denkbar ist auch, dass nur eine Person sowohl nach § 8 als auch nach § 9 SOG verantwortlich ist – diese wird mitunter als „**Doppelstörer**" bezeichnet. Alle Polizeipflichtigen sind gleichermaßen für den gesamten Gefahrenzustand verantwortlich, insbes. kommt es auf zivilrechtliche Eigentümerverhältnisse nicht an, sodass eine nur anteilige Verantwortlichkeit nicht bestehen kann.[751] Die Auswahl unter mehreren Polizeipflichtigen ist von großer praktischer Bedeutung, da diese nicht nur für die *primäre* Frage der Rechtmäßigkeit der Maßnahme mitentscheidend ist, sondern regelmäßig auch die Antwort auf die *sekundäre* Frage nach der **Kostentragung** präjudiziert, ohne dass einer von mehreren verantwortlichen Personen gegen die Mitverantwortlichen *aus dem allg. Gefahrenabwehrrecht* ein Ausgleichsanspruch erwächst [→ H14].[752]

262

Das SOG trifft für die Auswahl unter mehreren Verantwortlichen keine weitergehenden Vorgaben.[753] Leitender Zweck für die Ausübung des Ermessens iSd § 40 HmbVwVfG ist die **Effektivität der Gefahrenabwehr**. Polizei- und Ordnungsbehörden haben jene verantwortliche Person in die Pflicht zu nehmen, durch die eine Beseitigung der Gefahr am *wirksamsten*, also am schnellsten, verlässlichsten und gründlichsten erfolgen kann.[754] Dies hängt wiederum davon ab, über welche **Mittel und Möglichkeiten** die zur Auswahl stehenden Pflichtigen jeweils verfügen. Eine am Zweck der Effektivität zu orientierende Auswahlentscheidung steht daher erst an, wenn die Inanspruchnahme eines jeden Pflichtigen für sich möglich und verhältnismäßig wäre.[755] Zur Beurteilung der Effektivität können unter anderem die finanzielle Leistungsfähigkeit, die zivilrechtliche Verfügungsbefugnis, besondere Kenntnisse und die Erreichbarkeit der Verant-

263

---

747 So *Dolderer* NVwZ 2001, 130; *Schenke* Rn. 113; s. auch *Kugelmann* Kap. 10 Rn. 4 ff.
748 *Götz/Geis* § 16 Rn. 8; anders jedoch bei Zusicherung oder öff.-rechtl. Vertrag iSd §§ 38 u. 54 HmbVwVfG, die etwa im Baurodnungsrecht von Bedeutung sind.
749 Das Auswahlermessen bei mehreren nach §§ 8 und/oder 9 SOG Verantwortlichen kann sich demgü. nicht auf die subsidiäre Heranziehung Nichtverantwortlicher nach § 10 Abs. 1 SOG beziehen [→ C245]. S. aber das Problem des sog. unechten polizeil. Notstandes [→ C246].
750 Dazu *Schoch* JURA 2012, 685 (686) mwN sowie *Felix/Nitschke*, NordÖR 2004, 469.
751 Vgl. *Thiel* § 8 Rn. 168; weiterführend dazu *Schenke* Rn. 356.
752 *Gusy/Eichenhofer* Rn. 369 u. 378; *Habermehl* Rn. 207. Vereinzelt wird im bes. GefAbwR ein Ausgleich geregelt, vgl. etwa § 24 Abs. 2 BBodSchG.
753 Auch der in § 10 Abs. 1 SOG statuierte Vorrang von Handlungs- oder Zustandsverantwortlichen ggü. der Heranziehung von Nichtverantwortlichen ist keine Vorgabe zur Ausübung des Ermessens, sondern bereits die dafür bestehende tatbestandliche Voraussetzung.
754 Vgl. *Kingreen/Poscher* § 9 Rn. 88; SchE/*Schoch/Kießling* Rn. 425.
755 Vgl. MdSadB Nr. 75, 1965, 14 mVa diese Kriterien für die Auswahl unter mehreren Verantwortlichen.

wortlichen in Betracht gezogen werden.[756] Verbleiben mehrere Personen, die *gleich effektiv* herangezogen werden könnten, ist derjenige in die Pflicht zu nehmen, dem die Heranziehung am ehesten **zuzumuten** ist.[757] Dies öffnet Raum für weitere Auswahlkriterien, wie etwa die Nähe der Beteiligten zur Gefahrenverursachung oder zivilrechtliche Beziehungen unter den Polizeipflichtigen, die in ihrer Relevanz jedoch umstritten sind.[758] In anderen Fällen kann die staatliche Neutralität dafür sprechen, nach zeitlicher Priorität auszuwählen.[759] Pauschalisierende **Faustformeln** können allenfalls eine Orientierung bieten, nicht aber das Rangverhältnis der Kriterien ändern oder das Ermessen anleiten.[760] Fehler können sich insbes. bei unvollständiger Ermittlung verantwortlicher Personen sowie aufgrund einer Überschreitung grundrechtlicher Ermessensgrenzen ergeben.

264 **Beispiele:** Versperren zwei auf der Fahrbahn einer Einbahnstraße stehende Fahrzeuge gemeinsam die Ausfahrt einer berechtigten Person von deren Behindertenparkplatz, kommt es nicht auf die Reihenfolge der Verursachung an. Zugunsten effektiver Gefahrenabwehr kann das in Fahrtrichtung vordere Fahrzeug abgeschleppt werden, damit eine Ausfahrt des Parkplatzinhabers aus der Straße in Fahrtrichtung erfolgen kann. Verwendet ein Handwerksunternehmen bei Sanierungsarbeiten in einer Lagerhalle asbestbelastetes Fugenmaterial, wird eine diesbezügliche Beseitigungsverfügung an das Unternehmen gerichtet werden, da dieses im Vergleich zu einer von der Eigentümerin der Halle beauftragten anderen Firma eine größere Sachnähe zur Gefahr aufweist – auf Sekundärebene kann eine andere Bewertung erfolgen.[761]

cc) Mittelauswahlermessen

265 Das Mittel- oder Handlungsauswahlermessen kann in zweierlei Hinsicht relevant werden: Sind die Voraussetzungen verschiedener Befugnisnormen erfüllt, obliegt Bediensteten von Polizei und Verwaltungsbehörden die **Auswahl unter mehreren Maßnahmen**. Dies gilt auch, soweit verschiedene Handlungen auf Grundlage der Generalklausel in Betracht kommen. Maßgeblich wird das Mittelauswahlermessen dann durch *Geeignetheit* und *Erforderlichkeit* determiniert. Andererseits kann ein Ermessen auch in Bezug auf die **Ausführung einer bestimmten Maßnahme** bestehen, etwa hinsichtlich Art und Weise eines zulässigen Schlagstockeinsatzes zur Durchsetzung einer Verfügung. Soweit die einschlägige Befugnisnorm keine detaillierten Vorgaben zur Durchführung einer Maßnahme trifft, stellt sich regelmäßig die Frage nach der *Angemessenheit* des Handelns im jeweiligen Einzelfall.

b) Bindungen des Ermessens

266 Hinsichtlich des eingeräumten Entschließungs- und Auswahlermessens besteht für die Polizei- und Ordnungsbehörden ein *Entscheidungsspielraum*, aber keine vollständige *Entscheidungsfreiheit*.[762] Im Rechtsstaat gibt es kein *freies*, sondern nur ein rechtlich gebundenes Ermessen.[763] Dies kommt auch in der Generalklausel in § 3 Abs. 1 SOG zum Ausdruck, wonach die Behörde

---

756 Vgl. LD/*Bäcker* Kap. D Rn. 209 u. 211; EFP/*Pünder* Rn. 172.
757 *Kingreen/Poscher* § 9 Rn. 89 mVa die Verhältnismäßigkeit. Zum Gebot einer (gleichheits-)gerechten Lastenverteilung s. *Garbe* DÖV 1998, 632. Auch diesbezügl. besteht ein Ermessen der Behörde u. kein Anspruch auf eine gerechte Lastenverteilung, vgl. *Götz/Geis* § 13 Rn. 92; LD/*Bäcker* Kap. D Rn. 214.
758 Vgl. SchE/*Schoch/Kießling* Rn. 426 ff.; *Götz/Geis* § 13 Rn. 92; *Schoch* JURA 2012, 685 (689).
759 Dies gilt etwa im VersR, vgl. *Kingreen/Poscher* § 9 Rn. 92 u. § 21 Rn. 9.
760 So auch *Kingreen/Poscher* § 9 Rn. 93 ff.; *Schenke* Rn. 357; *Thiel* § 8 Rn. 166; EP/*Beaucamp* Rn. 182. Mit Verweis auf ein Regelverhältnis bei ähnlichen Ergebnissen etwa LD/*Graulich* Kap. E Rn. 113; KR/*Ramsauer* § 40 Rn. 41; OVG Hamburg 17.5.2000 – 5 Bf 31/96, Rn. 174: „*Handlungsstörer vor Zustandsstörer*" u. EFP/*Pünder* Rn. 173: „*Doppelstörer vor einfachem Störer*".
761 Vgl. VG Hamburg 27.9.2010 – 10 K 410/10, Rn. 27 (Parkplatz); VG Stuttgart 5.7.2018 – 14 K 2804/16, Rn. 63 (Asbest).
762 So *Schoch* JURA 2004, 462 (464), der darauf hinweist, dass nur Grundrechtsträger „Freiheit" genießen, nicht aber die nach Art. 20 Abs. 3 GG an Gesetz u. Recht gebundene Verwaltung.
763 *Voßkuhle* JuS 2008, 117 (118); EFP/*Pünder* Rn. 156 mwN; *Maurer/Waldhoff* § 7 Rn. 17.

VII. Ermessen, Verhältnismäßigkeit, allg. Rechtmäßigkeitsvoraussetzungen

ihr Ermessen *„pflichtgemäß"* auszuüben hat. Inhaltlich wird diese Pflicht zunächst im allg. Verwaltungsrecht von § 40 HmbVwVfG konkretisiert, wonach die Behörde ihr Ermessen entspr. dem Zweck der jeweiligen Ermächtigung und unter Einhaltung der gesetzlichen Grenzen auszuüben hat. Verwiesen ist damit auf die der **Systematisierung von Ermessensfehlern** dienenden Kategorien des Ermessensnichtgebrauchs, des Ermessensfehlgebrauchs und der Ermessensüberschreitung.[764] Unterlässt die Behörde also die Ausübung des ihr eingeräumten Ermessens, verfolgt sie dabei von der Ermächtigung nicht gedeckte Zwecke oder werden die Grenzen des Ermessens überschritten, handelt sie ermessensfehlerhaft und damit *rechtswidrig*.[765]

Eine un*zweckmäßige*, etwa polizeitaktisch unkluge Maßnahme muss demggü. nicht zwingend zu einem Ermessensfehler führen – rücken z.b. mehr Polizeikräfte als nötig zu einem Einsatz aus, ist das Handeln allein aus diesem Grund nicht rechtswidrig. Überlegungen und Wertungen von Polizei- und Ordnungsbehörden zur **Zweckmäßigkeit** ihres Vorgehens in einer Gefahrenlage können nachträglich regelhaft nicht durch allg. Erwägungen des Verwaltungsgerichts zu bestimmten Maßnahmen nachvollzogen oder ersetzt werden.[766] Der Rahmen der vom Gesetzgeber gelassenen Eigenständigkeit muss auch bei der Überprüfung einer Maßnahme durch die Gerichte gewahrt werden. Während die Verwaltung im Rahmen eines Widerspruchsverfahrens nach § 68 Abs. 1 S. 1 VwGO die Rechtmäßigkeit *und* die Zweckmäßigkeit ihres Handelns nachzuprüfen hat, bleibt die **gerichtliche Kontrolle** daher auf die *Rechtmäßigkeit* beschränkt.[767] Während die tatbestandlichen Voraussetzungen einer Befugnisnorm, wie etwa der unbestimmte Rechtsbegriff der *Gefahr* oder die Anforderungen der §§ 8 ff. SOG, der vollen gerichtlichen Kontrolle unterliegen, kann die Ermessensausübung iSd § 114 S. 1 VwGO nur *eingeschränkt* hinsichtlich ihrer Rechtmäßigkeit, also mit Blick auf das Vorliegen von Ermessensfehlern überprüft werden.[768] Dabei fällt dem Grundsatz der **Verhältnismäßigkeit** in allen Fehlerkategorien eine herausragende Bedeutung zu, da er die Ermessensausübung nicht nur begrenzt, sondern zugleich maßgeblich die Anforderungen konkretisiert, unter denen das Ermessen zweckentsprechend ausgeübt wird.[769]

aa) Ermessensnichtgebrauch oder -unterschreitung

Macht die Behörde von dem ihr eingeräumten Ermessen keinen Gebrauch, übt sie ihr Ermessen also entweder *gar nicht* oder *nur unvollständig* aus, liegt eine Ermessensunterschreitung, auch als Ermessensnichtgebrauch bezeichnet, vor.[770] Hierzu kommt es, wenn etwa Amtswalter aufgrund eines *tatsachenbezogenen Irrtums* oder infolge einer *falschen rechtlichen Bewertung* nicht erkennen, dass die **Voraussetzungen einer Befugnisnorm** vorliegen, die ein Ermessen eröffnet.[771] Gleiches gilt für das „Übersehen" eines weiteren **potenziellen Adressaten**, dessen Heranziehung gar nicht erwogen wird.[772] Ein Ermessensnichtgebrauch kann sich zudem daraus ergeben, dass Amtswalter fälschlich davon ausgehen, zum Handeln verpflichtet zu sein, also etwa auf Grundlage von § 15 Abs. 3 VersG eine nicht angemeldete Versammlung auflösen *zu müssen*. Hier resultiert der vollständige Ausfall der Ermessensausübung aus der irrigen Annahme, die Befugnisnorm sehe eine **gebundene Entscheidung** vor.

---

764 Dazu KR/*Ramsauer* § 40 Rn. 74 ff.; *Schoch* JURA 2004, 462 (465); Ehlers/Pünder/*Jestaedt* § 11 Rn. 61.
765 *Maurer/Waldhoff* § 7 Rn. 17.
766 *Kugelmann* Kap. 10 Rn. 12; vgl. auch *Thiel* § 8 Rn. 162; SchE/*Schoch/Kießling* Rn. 305.
767 *Maurer/Waldhoff* § 7 Rn. 18. Zur gerichtl. Kontrolldichte s. *Kment/Vorwalter* JuS 2015, 193.
768 Zur Prüfung von Ermessensnormen in der polizeirechtl. Fallbearbeitung s. *Benz* JuS 2021, 934.
769 Vgl. *Maurer/Waldhoff* § 7 Rn. 23.
770 *Schoch* JURA 2004, 462 (465); *Detterbeck* Rn. 328.
771 *Schenke* Rn. 110. Grundlage für eine richtige Ausübung des Ermessens ist die vollständige Ermittlung des Sachverhalts, vgl. dazu § 24 HmbVwVfG sowie KR/*Ramsauer* § 24 Rn. 11 f. Davon zu unterscheiden sind Konstellationen der Unwissenheit [→ C212].
772 *Thiel* § 8 Rn. 172; *Götz/Geis* § 13 Rn. 95.

269 Die irrige Annahme einer Bindung kann sich im Polizei- und Ordnungsrecht insbes. aufgrund von **Verwaltungsvorschriften,** insbes. von PDVen [→ B12] ergeben. Ermessenslenkende Verwaltungsvorschriften bestimmen, in welcher Weise der rechtsfolgenseitig eröffnete Spielraum durch die Behörde ausgestaltet werden soll, um eine einheitliche und gleichmäßige Ermessensausübung sicherzustellen.[773] Ein Tätigwerden von Polizei- und Ordnungsbehörden nach den Vorgaben einer rechtmäßigen Verwaltungsvorschrift steht nicht im Widerspruch zum Opportunitätsprinzip und der Verpflichtung, ein eingeräumtes Ermessen tatsächlich auszuüben.[774] Handeln Bedienstete in der so vorgegebenen Weise, ist die Entscheidung Ergebnis einer **generellen Ermessensabwägung,** die zulässig ist, sofern die Besonderheiten des Einzelfalls berücksichtigt wurden.[775] Wird die Atypik eines Falls jedoch verkannt und so eine Bindung angenommen, unterbleibt die notwendige Ermessensausübung.[776] Gleiches gilt, wenn aufgrund einer „Soll"-Vorschrift das im Ausnahmefall bestehende Ermessen irrig nicht zur Anwendung gelangt.[777] Ein atypischer Fall ist gegeben, wenn der konkrete Sachverhalt außergewöhnliche Umstände aufweist, deren Besonderheiten von der ermessenslenkenden Vorschrift nicht hinreichend erfasst und von solchem Gewicht sind, dass sie eine von der im Regelfall vorgesehenen Rechtsfolge abweichende Behandlung gebieten.[778]

270 **Beispiel:** Die Anordnung ggü. einer in Gewahrsam genommenen Person, sich zum Zwecke einer Durchsuchung vollständig zu entkleiden, unterliegt einem Ermessensfehler, wenn die handelnden Polizeibediensteten aufgrund einer entspr. Vorgabe in einer PDV annehmen, dass die Durchsuchung im Gewahrsam stets auf diese Weise zu erfolgen hat. Ein derartiger Eingriff kann nicht auf eine Verwaltungsvorschrift, sondern nur auf polizeiliche Befugnisnormen gestützt werden, die allerdings ein Ermessen vorsehen. Unterbleibt nach Maßgabe der (somit rechtswidrigen) Verwaltungsvorschrift die Ausübung des Ermessens im Einzelfall, ist die Maßnahme rechtswidrig – auch hier handeln Amtswalter in der irrigen Annahme einer Bindung.[779]

bb) Ermessensfehlgebrauch

271 Lässt sich die Behörde bei ihrem Handeln nicht ausschließlich vom Zweck der sie ermächtigenden Normen leiten, liegt darin ein Ermessensfehlgebrauch, da die der Entscheidung zugrundeliegenden Erwägungen nicht der Zielsetzung der Ermessensnorm entsprechen.[780] Der **Zweck** markiert eine sog. innere Ermessensgrenze.[781] Maßnahmen auf dem Gebiet des Polizei- und Ordnungsrechts dürfen nur iSd zugewiesenen Aufgabe [→ B58] bzw. zu dem durch die jeweilige Befugnisnorm näher konkretisierten Zweck erfolgen.[782] Zulässige Erwägungen können sich einerseits auf eine möglichst *effektive Ausgestaltung* der Aufgabenwahrnehmung beziehen und andererseits auf die weitestgehende *Schonung der Rechtspositionen* jener Personen, die dazu herangezogen werden.[783] General- oder spezialpräventive Erwägungen oder eine Verfolgung fiskalischer Interessen sind im präventiven Polizei- und Ordnungsrecht demggü. grds. ermessensfehlerhaft.[784] Sofern der Gesetzgeber der Polizei nicht andere, polizeifremde

---

773 *Maurer/Waldhoff* § 24 Rn. 13; *Schoch* JURA 2004, 462 (464).
774 Vgl. hierzu bereits *DWVM* S. 393 ff.
775 KR/*Ramsauer* § 40 Rn. 76.
776 S. Sodan/Ziekow/*Wolff/Humberg* § 114 Rn. 106 ff. zu Ermessensfehlern im Zusammenhang mit VVen.
777 Vgl. KR/*Ramsauer* § 40 Rn. 75. Ob ein atypischer Sonderfall vorlag, ist keine Frage des (dadurch erst eröffneten) Ermessens u. vollständig gerichtl. überprüfbar, vgl. Ehlers/Pünder/*Jestaedt* § 11 Rn. 57; BVerwG 2.7.1992 – 5 C 39.90, Rn. 19.
778 OVG Münster 29.5.2017 – 4 A 516/15, Rn. 31.
779 Vgl. VG Köln 25.11.2015 – 20 K 2624/14, Rn. 116 ff.
780 Vgl. BVerwG 13.3.1997 – 3 C 2.97, Rn. 28; *Maurer/Waldhoff* § 7 Rn. 22. Welche Kriterien zu berücksichtigen sind, ist am Maßstab der Befugnisnormen zu bestimmen; vgl. SchE/*Schmidt-Aßmann* Rn. 13.
781 Vgl. SBS/*Sachs* § 40 Rn. 62; *Schoch* JURA 2004, 462 (466).
782 EFP/*Pünder* Rn. 161; *Schoch* JURA 2004, 462 (466) mwN.
783 KR/*Ramsauer* § 40 Rn. 41.
784 Vgl. *Maurer/Waldhoff* § 7 Rn. 22; SBS/*Sachs* § 40 Rn. 65; OVG Hamburg 8.6.2011 – 5 Bf 124/08.

VII. Ermessen, Verhältnismäßigkeit, allg. Rechtmäßigkeitsvoraussetzungen

Aufgaben übertragen und in diesem Rahmen ein Ermessen eingeräumt hat, will dieser auch keine anderen, wohl aber die polizeilichen Motive verfolgt wissen.[785]

Beim Ermessensfehlgebrauch muss das isoliert betrachtete Handeln der Amtswalter als *Ergebnis ihrer Entscheidung* nicht zwangsläufig „falsch" sein, jedoch widerspricht der *Prozess der Entscheidungsfindung* den mit der Einräumung des Ermessens verbundenen Vorstellungen des Gesetzgebers. Ermessen beinhaltet zunächst die Verpflichtung der Behörde, den Sachverhalt iSd § 24 HmbVwVfG zutreffend und vollständig zu ermitteln – nur so nutzt diese im konkreten Einzelfall den Vorteil, der ihren Spielraum rechtfertigt. Berücksichtigt die Behörde bei ihrer Entscheidung nicht alle hinsichtlich des Zwecks der Ermächtigung maßgeblichen Tatsachen oder entscheidet diese aufgrund falscher Feststellungen, besteht ein **Ermessensdefizit**.[786] Werden hingegen Umstände berücksichtigt, die nicht dem Zweck der Ermächtigung entsprechen, führen diese **sachfremden Erwägungen** zu einem **Ermessensmissbrauch**.[787] Parteipolitische oder weltanschauliche Einstellungen dürfen für das Handeln von Hoheitsträgern ebenso wenig maßgeblich sein wie Willkür begründende persönliche Gefühle, böse Absichten, Beziehungen, Befangenheit oder etwa die „Stimmung" Bediensteter angesichts des nahenden Feierabends.[788] Derartige Motive oder Haltungen schließen grds. die Annahme aus, dass eine Entscheidung auf Grundlage der gebotenen sachgemäßen Abwägung aller für die Entscheidung maßgeblichen Gesichtspunkte beruht.[789]

Beispiel: Erlässt die Polizei ein Aufenthaltsverbot nach § 12b Abs. 2 SOG, weil sie von der Begehung mehrerer Straftaten ausgeht, können die tatbestandlichen Voraussetzungen der Befugnisnorm auch dann erfüllt sein, wenn ein Delikt aufgrund einer falschen Subsumtion des Sachverhalts ausscheidet. Wird die angenommene Vielzahl von Straftaten allerdings auch der Ausübung des Ermessens zu Grunde gelegt, beruht dieses auf falschen Vorstellungen, welche einen Ermessensfehlgebrauch begründen. Einen Ermessensfehlgebrauch begründet auch die Sicherstellung von Bargeld auf Grundlage des § 14 Abs. 1 S. 1 lit. c SOG zum Schutz der Rechte des Eigentümers, wenn ausgeschlossen ist, dass dieser ermittelt werden kann.[790]

Im Hinblick auf **(polizei-)taktische Motive** eines Einschreitens zur Gefahrenabwehr ist eine differenzierte Betrachtung geboten, ob diese tatsächlich mit den Zwecken des Polizei- und Ordnungsrechts zu vereinbaren sind. Entscheidet sich die Polizei etwa für die Durchführung einer Gefährderansprache ggü. einem Hooligan an dessen Arbeitsplatz, um sich durch *gezielte Bloßstellung* die *Einwirkung Dritter auf den Adressaten* zu Nutze zu machen, wäre eine derartige Ermessensausübung nicht mehr vom Gesetzeszweck gedeckt.[791] Die Berücksichtigung der **Eigensicherung** handelnder Amtswalter bei einem Einschreiten stellt dagegen kein zweckfremdes Motiv dar, das zur Rechtswidrigkeit einer Maßnahme führt – hier kommt es vielmehr auf einen angemessen Interessenausgleich an. Soweit Maßnahmen von Polizei und Verwaltungsbehörden einer schriftlichen Begründung nicht bedürfen [→ C116], ist die Fehlerhaftigkeit aufgrund der inneren **Motivlage** nur schwer nachweisbar, sofern diese sich nicht im Verwaltungsvorgang dokumentiert ist oder die Maßnahme etwa in Form einer schriftl. Allgemeinverfügung ergeht.[792]

---

785 Vgl. *DWVM* S. 382.
786 Vgl. KR/*Ramsauer* § 40 Rn. 77 f. Davon zu unterscheiden sind Konstellationen der Unwissenheit [→ C212].
787 *Schenke* Rn. 112; EFP/*Pünder* Rn. 157.
788 Vgl. etwa SchSch/*Geis* VwVfG § 40 Rn. 106 mwN; KR/*Ramsauer* § 40 Rn. 71; *DWVM* S. 381 ff. auch im Hinblick auf die Besorgnis der Befangenheit als Verfahrensfehler.
789 KR/*Ramsauer* § 40 Rn. 71.
790 Vgl. VG Hamburg 20.10.2011 – 17 K 3395/08, Rn. 24 ff. (Aufenthaltsverbot); VG Hamburg 9.2.2017 – 17 E 7585/16, Rn. 26 ff. (Sicherstellung).
791 Zu polizeil. Motiven u. Zwecken des Polizeirechts LD/*Rachor/Graulich* Kap. E Rn. 100 ff. mwN.
792 Vgl. *Schenke* Rn. 112 mwN. Zu Dokumentation und Aktenführung [→ C113].

cc) Ermessensüberschreitung

275 Nach § 40 HmbVwVfG muss die Behörde die gesetzlichen Grenzen des Ermessens einhalten – werden diese äußeren Ermessensgrenzen missachtet, liegt eine Ermessensüberschreitung vor. Dass eine behördliche Entscheidung nicht im Widerspruch zum geltenden Recht stehen darf, entspricht dem Grundsatz der **Gesetzmäßigkeit der Verwaltung** bzw. dem allg. Vorrang des Gesetzes nach Art. 20 Abs. 3 GG. So sind zunächst die Grenzen einzuhalten, die sich unmittelbar *aus der Ermächtigungsgrundlage selbst* ergeben. Übt die Behörde das Ermessen aus, welches ihr durch die gesetzliche Ermächtigung eingeräumt wird, darf sich hieraus aufgrund der umfassenden Rechtsbindung auch hinsichtlich *aller übrigen gesetzlichen Regelungen*, dem Verfassungs- und dem Unionsrecht kein Widerspruch ergeben.[793]

276 Verkennt oder ignoriert die Behörde den Bedeutungsgehalt einer Ermächtigung und übt Ermessen aus, das tatsächlich nicht eingeräumt wird, liegt darin ein **Verstoß gegen die Befugnisnorm**.[794] Deren Grenzen werden überschritten, wenn eine gebundene Entscheidung oder ein nur auf einen Teilbereich *beschränktes* Ermessen vorgesehen ist, die Verwaltung aber *vollumfängliches* Ermessen ausübt.[795] Hier wird verbreitet auch der Fall verortet, in dem Amtswalter eine Entscheidung treffen, die von der Befugnisnorm nicht (mehr) abgedeckt wird, die also *begrifflich* über die gesetzlich vorgesehene Rechtsfolge hinausgeht – etwa die Verhängung eines Bußgeldes von 100 Euro auf Grundlage einer Norm, die ausdrücklich ein Bußgeld nur in Höhe von 20 bis 50 Euro vorsieht.[796] Aus einer *subjektiven* Betrachtung mögen solche Fälle als Frage des Ermessens erscheinen – aus einer *objektiven, überzeugenderen* Betrachtung fehlt infolge mangelnder Reichweite bereits die für das konkrete Handeln der Behörde notwendige Rechtsgrundlage.[797] So stellte das OVG Hamburg hinsichtlich einer Identitätsfeststellung samt Rucksackkontrolle im sog. Gefahrengebiet ohne Bezug zum Ermessen fest, dass ein *Öffnen, Hineingreifen und Bewegen des Inhaltes* nicht von der damaligen [→ D42] Befugnis zur *Inaugenscheinnahme* in § 4 Abs. 2 PolDVG aF gedeckt war.[798] Wie für das Durchwühlen des Rucksacks besteht auch für die Festsetzung eines zu hohen Bußgeldes, also für das konkrete Handeln der Behörde, von vornherein keine Ermächtigung, die diesbezüglich Ermessen einräumt.

277 Das Ermessen wird vor allem durch den **Grundsatz der Verhältnismäßigkeit** bzw. durch die **Grundrechte** begrenzt.[799] Aus Art. 1 Abs. 3 GG folgt die unmittelbare Bindung der Gefahrenabwehrbehörden an die Grundrechte. Mit einer polizeilichen Maßnahme, die zu einem nicht zu rechtfertigenden Eingriff in den Schutzbereich eines Grundrechts führt, überschreiten die handelnden Amtswalter ihr Ermessen. Gerade spezialgesetzlichen Ermächtigungen und Standardbefugnissen korrespondieren sachlich bestimmte Grundrechte, die in die Prüfung des Verhältnismäßigkeitsgrundsatzes einzustellen sind. Dabei gilt für die **einfachgesetzlichen Konkretisierungen** des Übermaßverbots etwa in § 4 SOG oder § 12 HmbVwVG der Anwendungsvorrang des rangniederen Rechts [→ C23], ohne dass sich hieraus ein von dem Schutzgehalt der Grundrechte abweichender Maßstab ergibt.[800] Ob die einzelnen Elemente des Verhältnismäßigkeitsgrundsatzes eingehalten wurden, ist eine **gerichtlich vollumfänglich nachprüfbare**

---

793 Vgl. SBS/*Sachs* § 40 Rn. 73 u. 82 ff.
794 Vgl. SBS/*Sachs* § 40 Rn. 74 f.
795 Mann/Sennekamp/Uechtritz/*Schönenbroicher* § 40 Rn. 211 f.
796 Vgl. *Maurer/Waldhoff* § 7 Rn. 20; *Kment/Vorwalter* JuS 2015, 193 (199); *Thiel* § 8 Rn. 174.
797 Vgl. auch *Schoch* JURA 2004, 462 (466), der dieser „zumeist genannten" Grenze eine geringere Relevanz beimisst. So auch LD/*Rachor/Graulich*, 6. Aufl. 2018, Kap. E Rn. 97 mit Fn. 128.
798 OVG Hamburg 13.5.2015 – 4 Bf 226/12, Rn. 78 ff.
799 Vgl. *Voßkuhle* JuS 2008, 117 (118); SchE/*Schoch/Kießling* Rn. 306.
800 Die Prüfung von Freiheitsgrundrechten geht daher in der Prüfung der einfachgesetzl. Konkretisierungen des Verhältnismäßigkeitsgrundsatzes auf, vgl. SchE/*Schoch/Kießling* Rn. 324.

VII. Ermessen, Verhältnismäßigkeit, allg. Rechtmäßigkeitsvoraussetzungen

Rechtsfrage, wobei hinsichtlich der erforderlichen Prognoseentscheidungen und Wertungen auf die ex-ante-Perspektive eines objektiven Beobachters abzustellen ist.[801]

Besondere Bedeutung als Grenzen des Ermessens erfahren das Gleichbehandlungsgebot und die Diskriminierungsverbote aus Art. 3 GG. Aus dem **allgemeinen Gleichheitssatz** in Art. 3 Abs. 1 GG ergibt sich die grundsätzliche Verpflichtung der Verwaltung, in gleichgelagerten Fällen gleichartig vorzugehen.[802] Dies wird insbes. für Polizei- und Ordnungsbehörden regelmäßig durch den Erlass von Verwaltungsvorschriften bezweckt.[803] Ein von der **Selbstbindung der Verwaltung** abweichendes Vorgehen muss auf sachgerechten Gründen beruhen, was etwa bei einem willkürlichen „Herauspicken" iRd Auswahl unter mehreren polizeirechtlich Verantwortlichen nicht der Fall ist.[804] Einen Anspruch auf ein rechtswidriges Behördenhandeln verleiht das Gleichheitsgebot allerdings nicht.[805] Auch das **Diskriminierungsverbot** in Art. 3 Abs. 3 GG stellt eine polizeirelevante Grenze des Ermessens dar, die insbes. in Fällen des sog. Racial Profiling überschritten wird. Ferner kann sich ein polizeiliches Vorgehen infolge einer unzulässigen Differenzierung aufgrund des Geschlechts als ermessensfehlerhaft erweisen.[806]

Beispiel: An bestimmten gesetzl. Feiertagen verbieten §§ 1, 2 Abs. 1a der Feiertagsschutzverordnung in der FHH den Betrieb von Waschanlagen für Kfz. Verstoßen Gewerbetreibende gegen die Verordnung, kann auf Grundlage des § 3 Abs. 1 SOG eine Untersagungsverfügung ergehen. Bei Kenntnisnahme von Verstößen müssen die zuständigen Behörden einheitlich vorgehen und dürfen ein Tätigwerden insbes. nicht von Beschwerden aus der Nachbarschaft abhängig machen – hierin läge ein Verstoß gegen das Gleichbehandlungsgebot aus Art. 3 Abs. 1 GG.[807]

dd) Insbesondere: Racial Profiling

Von Racial Profiling wird gesprochen, wenn sich die Polizei- oder Ordnungsbehörde insbes. bei ihrer Entscheidung, tätig zu werden oder bestimmte Adressaten auszuwählen, von der Zuordnung von Menschen zu (vermeintlichen) „**Rassen**",[808] also von deren Hautfarbe, Haarstruktur oder anderen Merkmalen leiten lässt, die das **Erscheinungsbild** einer Person betreffen und die zur rassistischen Kategorisierung herangezogen werden.[809] Häufig geht es um verdachts- oder anlasslose Identitätsfeststellungen, Datenabgleiche oder Befragungen, die tatbestandlich allein bestimmte polizeiliche Lageerkenntnissen voraussetzen, insbes. bei Kontrollen im Grenzbereich.[810] Unter dem Merkmal der „Rasse" verbietet Art. 3 Abs. 3 S. 1 GG die kausale Ungleichbe-

---

801 KR/*Ramsauer* § 40 Rn. 45; EFP/*Pünder* Rn. 160 mwN.
802 EFP/*Pünder* Rn. 169; *Schenke* Rn. 111; *DWVM* S. 385 ff. Dazu *Kluckert* JuS 2019, 536.
803 Vgl. *Maurer/Waldhoff* § 24 Rn. 27. Vgl. auch KSch/*Ruder* § 114 Rn. 43 (Konzeptpflicht).
804 Dazu *Schoch* JURA 2012, 685 (689). Zu baupolizeil. Anwendungsfällen s. *Götz/Geis* § 16 Rn. 10 mwN.
805 Zum Grundsatz „Keine Gleichheit im Unrecht" s. *Sachs/Jasper* JuS 2016, 769 (774).
806 Vgl. etwa KG Berlin 23.1.2024 – 9 U 94/22 (Platzverweis gg. sonnenbadende Frau aufgr. ihres nackten Oberkörpers) sowie dazu *Schmidt* djbZ 2021, 131.
807 Vgl. OVG Hamburg 8.5.1990 – Bf VI 54/89, Rn. 47. Zum Zeitpunkt der Entscheidung u. bis zur Einfügung des § 2 Abs. 1a galt das Verbot noch für (alle) Sonn- u. Feiertage, vgl. GVBl. 2005, 22.
808 Mit Bezug auf Entschließungs- u. Auswahlermessen auch *Goldhammer* JURA 2021, 638 (648).
809 Mit Aufnahme des Merkmals in Art. 3 Abs. 3 S. 1 GG soll v.a. vor dem Hintergrund der rassistischen Ausgrenzung im Nationalsozialismus [→ J37] erreicht werden, dass nie wieder an der „Rasse" angeknüpft wird, um Menschen unterschiedl. zu behandeln, weil Konzepte der „Rasse" in jeder Hinsicht illegitim sind. Dazu knüpft Art. 3 Abs. 3 S. 1 GG allerdings – paradox anmutend, aber wohl unvermeidlich – selbst an dem Merkmal an u. zwingt zur Definition, was unter „Rasse" zu verstehen ist. Vgl. HV/*Baer/Markard* Art. 3 Rn. 471 ff. mwN.
810 Besondere Bedeutung hat die Problematik etwa für Maßnahmen auf Grundlage der §§ 22 Abs. 1a, 23 Abs. 1 Nr. 3 BPolG, vgl. etwa OVG Koblenz 21.4.2016, 7 A 11108/14 u. dazu *Liebscher* NJW 2016, 2779 sowie VG Dresden 18.1.2022 – 6 K 438/19. Vgl. auch OVG Saarlouis 21.2.2019 – 2 A 806/17; VG München 27.7.2016 – M 7 K 14.1468. Zu verdachtslosen Personenkontrollen der BPOL s. BT-Drs. 20/4961. Dazu *Boysen* JURA 2020, 1192; *Petterson* ZAR 2019, 301.

handlung von Menschengruppen wegen bestimmten, biologisch vererbbaren Zuschreibungen.[811] Unerheblich ist, ob es um objektiv oder nur vermeintlich biologisch vererbbare Merkmale geht; für ein Anknüpfen an der „Rasse" ist erforderlich, aber auch ausreichend, dass die polizeiliche Entscheidung oder die Adressatenauswahl *wegen der „Rasse"*, also in diesem Sinne als bezweckte Benachteiligung erfolgt.[812] Um eine solche **rassistische Ungleichbehandlung** handelt es sich auch dann,[813] wenn eine Maßnahme zwar nicht *ausschließlich* oder *ausschlaggebend*, aber als *tragendes Kriterium* unter mehreren in einem Motivbündel an das Merkmal anknüpft.[814] Das OVG Hamburg sieht keine rassistische Ungleichbehandlung, wenn die Polizei ein Merkmal – etwa die Hautfarbe – zur individuellen *Beschreibung* einer Person nutzt, solange es sich dabei um eine sachliche Personenbeschreibung und nicht um eine Perpetuierung von rassistischen, irrationalen, stigmatisierenden oder haltlosen Vorurteilen handele.[815]

281 Knüpfen Polizei oder Verwaltungsbehörden bei einer Maßnahme oder Ermessensausübung in diesem Sinne an Merkmale der „Rasse" an, ist zweifelhaft und umstritten, ob sich dies überhaupt rechtfertigen lässt.[816] Denn das Diskriminierungsverbot wegen der Rasse hat einen engen Bezug zur unantastbaren Menschenwürde.[817] Keinesfalls zu rechtfertigen ist ein polizeiliches Handeln in *ausschließlicher* Anknüpfung an die Hautfarbe.[818] Ob eine Anknüpfung an Merkmale des Art. 3 Abs. 3 S. 1 GG in einem *Motivbündel* gerechtfertigt werden kann, wenn entspr. Lageerkenntnisse die erhöhte Straffälligkeit einer bestimmten ethnischen Gruppe nahelegen, ist höchst zweifelhaft.[819] Selbst wenn eine **Rechtfertigung** durch kollidierendes Verfassungsrecht als grds. möglich angesehen wird,[820] dürfte sie an dem Verhältnis regelmäßig geringer Erfolgsaussichten anlass- und verdachtsloser Kontrollen zu dem besonders geschützten Differenzierungsmerkmal scheitern.[821] Dazu kommt, dass etwaige Lageerkenntnisse ihrerseits auf unzuverlässigen Statistiken oder unbewussten Vorurteilen beruhen können.[822] Schließlich ist zu berücksichtigen, dass es erheblich stigmatisierend wirken und zur Verfestigung rassistischer Stereotypen beitragen kann, wenn vom Verhalten Einzelner auf eine Gruppe geschlossen wird.[823]

---

811 Vgl. HV/*Baer/Markard* Art. 3 Rn. 469 f., die insbes. auf das Verbot aus Art. 21 GRCh hinweisen. Zur Kausalität BVerwG 3.3.1998 – 9 C 3.97, Rn. 19; JP/*Jarass* Art. 3 Rn. 149. Nach dem jüngst ergänzten Abs. 5 der Präambel der HmbVerf [→ B52] setzt sich die FHH gg. Rassismus u. Antisemitismus sowie gegen jede andere Form gruppenbezogener Menschenfeindlichkeit ein.
812 Vgl. BVerfG 8.4.1987 – 1 BvL 8/84, Rn. 95; OVG Hamburg 31.1.2022 – 4 Bf 10/21, Rn. 81; JP/*Jarass* Art. 3 Rn. 140.
813 BVerfG 2.11.2020 – 1 BvR 2727/19, Rn. 11 spricht von *„rassistischer Diskriminierung"*.
814 OVG Münster 7.8.2018 – 5 A 294/16, Rn. 52 ff; OVG Koblenz 21.4.2016 – 7 A 11108/14, Rn. 107; LD/*Graulich* Kap. E Rn. 332.
815 In einem solchen Fall läge schon keine Differenzierung nach „Rasse" oder Herkunft vor, sondern es seien anlässlich einer bestimmten Situation u. einer konkr. Maßnahme persönliche Merkmale einer Person auffallend u. charakteristisch, die zugleich u. zufällig auch dem Merkmal der „Rasse" zugeschrieben werden könnten, OVG Hamburg 31.1.2022 – 4 Bf 10/21, Rn. 86. Zur Anknüpfung an die Hautfarbe s. auch *Leidinger* KJ 2018, 450 (455); *Petterson* ZAR 2019, 301 (303 f.).
816 Krit. HV/*Baer/Markard* Art. 3 Rn. 475; JP/*Jarass* Art. 3 Rn. 155. Zur Frage, ob eine Diskriminierung bereits bei Anknüpfung an ein Merkmal der Art. 3 Abs. 3 S. 1 GG vorliegt oder erst, wenn sich diese Differenzierung nicht rechtfertigen lässt, s. HV/*Baer/Markard* Art. 3 Rn. 426 mwN.
817 EGMR 10.5.2001 – 25781/94, Rn. 305 f.; HV/*Baer/Markard* Art. 3 Rn. 475 mwN; JP/*Jarass* Art. 1 Rn. 12 u. Art. 3 Rn. 155. Vgl. auch BVerfG 17.1.2017 – 2 BvB 1/13, Rn. 541.
818 OVG Münster 7.8.2018 – 5 A 294/16, Rn. 60 ff.
819 Vgl. *Kingreen/Poscher* § 17 Rn. 49; *Tischbirek/Wihl* JZ 2013, 219 (223); aA *Froese* DVBl 2017, 293 (294 f.); *Petterson* ZAR 2019, 301 (306 f.).
820 OVG Hamburg 31.1.2022 – 4 Bf 10/21, Rn. 82.
821 Vgl. OVG Koblenz 21.4.2016 – 7 A 11108/14, Rn. 108 ff.; VG Dresden 18.1.2022 – 6 K 438/19, Rn. 55.
822 OVG Münster 7.8.2018 – 5 A 294/16, Rn. 68.
823 Vgl. OVG Münster 7.8.2018 – 5 A 294/16, Rn. 64; *Liebscher* NJW 2016, 2779 (2781); *Boysen* JURA 2020, 1192 (1194). Auch der EuGH betont, dass nicht legitim sein kann, was Ressentiments aktiviert, vgl. EuGH 10.7.2008 – C-54/07.

VII. Ermessen, Verhältnismäßigkeit, allg. Rechtmäßigkeitsvoraussetzungen

Selbst wenn man daher eine Anknüpfung an Merkmale der „Rasse" in – dann ohnehin engen Ausnahmefällen – als rechtfertigbar ansehen möchte, ist für Betroffene problematisch, dass sich ein derartiger Sachverhalt – schon aufgrund möglicher unbewusster Vorurteile – **kaum beweisen** lässt.[824] Der EGMR hat in einer Entscheidung zu einer verdachtsunabhängigen Identitätskontrolle auf Grundlage des § 23 Abs. 1 Nr. 3 BPolG bekräftigt, dass den Staat eine aus Art. 14 iVm Art. 3 u. 8 EMRK ableitbare **Ermittlungspflicht** trifft, wenn Anhaltspunkte dafür bestehen, dass eine polizeiliche Maßnahme aufgrund der ethnischen Zugehörigkeit oder Zuschreibung der betroffenen Person erfolgt ist.[825] Für eine gerichtliche Kontrolle erscheint geboten, der Behörde jedenfalls die **Beweislast** dafür aufzuerlegen, dass sie bei einer zielgerichteten Auswahlentscheidung nicht an die Hautfarbe oder andere diskriminierende Merkmale angeknüpft hat, wenn sich andernfalls die Entscheidung über die Maßnahme nicht erschließt.[826] Diskutiert wird in diesem Zusammenhang auch über das Instrument einer **Kontrollquittung**, die kontrollierten Personen durch die Polizei ausgestellt werden kann und Aufschluss über den Grund der Maßnahme geben soll.[827] Einfachgesetzliche **Verbotstatbestände**, die über den verfassungsrechtlichen Mindestmaßstab nicht hinausgehen, dürften demggü. praktisch kaum zur Lösung der Problematik beitragen.[828]

282

c) Vollständige Reduzierung des Ermessens

Während Polizei- und Ordnungsbehörden im Rahmen ihres Ermessens grds. eine Vielzahl von Optionen zur Verfügung steht, kann es im Einzelfall vorkommen, dass sich der eingeräumte Spielraum so weit verengt, dass nur (noch) eine bestimmte Entscheidung rechtmäßig und ermessensfehlerfrei wäre, diese also getroffen werden muss. Derartige Fallkonstellationen werden als „**Ermessensreduzierung auf null**" bezeichnet. Die Behörde ist dann verpflichtet, entspr. tätig zu werden. Verletzen die Bediensteten eine bestehende *Pflicht zum Einschreiten*, kann das pflichtwidrige Unterlassen einen Amtshaftungsanspruch begründen. Mit der Pflicht der Behörde kann ein subj. *Anspruch auf polizeiliches Handeln* des Einzelnen korrespondieren, den dieser auch gerichtlich durchsetzen [→ I7] kann.

283

aa) Pflicht zum Einschreiten

Eine polizeiliche Pflicht zum Einschreiten besteht, wenn die Entscheidung, (weiterhin) untätig zu bleiben, rechtswidrig wäre. Reduzieren kann sich allerdings nicht nur das *Entschließungsermessen* – auch das *Auswahlermessen* kann derartig eingeschränkt sein, dass nur (noch) eine ganz bestimmte Maßnahme ermessensfehlerfrei zu treffen ist.[829] Ob eine derartige Pflicht zum Tätigwerden besteht, beurteilt sich nach der **Intensität der Gefahr oder Störung** und der

284

---

824 Illustrativ für die Schwierigkeiten im Beweis OVG Hamburg 31.1.2022 – 4 Bf 10/21, Rn. 85.
825 EGMR 18.10.2022 – 215/19 u. dazu *Payandeh* NJW 2023, 123; fortführend EGMR 20.2.2024 – 43868/18, 25883/21.
826 Vgl. OVG Koblenz 21.4.2016 – 7 A 11108/14, Rn. 112 ff.; Vgl. OVG Münster 7.8.2018 – 5 A 294/16, Rn. 64 ff.; VG Dresden 18.1.2022 – 6 K 438/19, Rn. 49 ff.
827 Vgl. § 27 Abs. 1 S. 2 BremPolG u. dazu BremBü-Drs. 20/511, Begr. zu Nr. 25 b). Zu Kontrollquittung u. Anhörung s. *Lorenz* DÖV 2024, 219. Vgl. auch § 23 Abs. 1 Satz 3 BPolG-E, BT-Drs. 20/10406, 99, der sich jedoch im jüngsten Referentenentwurf zur Änderung des BPolG [→ BFn 123] nicht mehr findet.
828 Vgl. etwa § 181 Abs. 2 LVwG-SH sowie § 23 Abs. 2 Satz 2 BPolG-E, BT-Drs. 20/10406, 99. Derartige Vorschriften können indes eine gesteigerte Bedeutung iRd polizeil. Aus- u. Fortbildung zur Folge haben.
829 Vgl. *DWVM* S. 397, die zurecht anmerken, dass eine Reduzierung des Entschließungsermessens ein Einschreiten auch ausschließen kann. Vgl. insoweit auch OVG Hamburg 31.1.2022 – 4 Bf 10/21, Rn. 68 u. 102 für Identitätsfeststellungen von erkennbar unbeteiligten Personen. Gleiches gilt für das Auswahlermessen unter mehreren Verantwortlichen; vgl. *Thiel* § 8 Rn. 175.

Bedeutung der gefährdeten Rechtsgüter.[830] Dabei ist allerdings nicht der *absolute* Wert in den Blick zu nehmen – auch in Bezug auf den Schutz von Rechtsgütern niederen Ranges kann sich das Ermessen reduzieren.[831] Maßgeblich ist, dass im Rahmen einer **Güterabwägung** die gefährdeten und polizeilich zu schützenden Rechtsgüter die durch den Eingriff betroffenen Interessen überwiegen.[832] Eine Pflicht zum Einschreiten darf ferner nicht zur Vernachlässigung wichtigerer Pflichten der Behörde oder zu einem unzumutbaren Aufwand führen.[833] Eine **Ermessensreduzierung** kann sich insbes. aus der Schutzpflichtdimension der Grundrechte und der Verhältnismäßigkeit in Form des Untermaßverbots sowie aus einer Selbstbindung der Behörde ergeben.[834] Ein Verstoß gegen die Menschenwürdegarantie des Art. 1 Abs. 1 GG bietet keinen Raum für Ermessenserwägungen und begründet stets eine Pflicht zum Einschreiten.[835] Gleiches gilt, wenn sich Bedienstete durch das Unterlassen eines Einschreitens strafbar machen würden, etwa nach §§ 212, 13 StGB bzw. § 323c Abs. 1 StGB im Fall eines Suizidversuchs [→ C139], der erkennbar nicht freiverantwortlich erfolgt bzw. jedenfalls als solcher nicht feststellbar ist.[836]

bb) Anspruch auf polizeiliches Handeln

285 Selbst wenn die Polizei im Einzelfall zu einem Einschreiten verpflichtet ist, heißt das noch nicht, dass ein Tätigwerden von der dadurch *begünstigten* Person auch individuell eingefordert werden kann. Einen allg. Anspruch des Einzelnen auf den Vollzug der *objektiven* Rechtsordnung gibt es nicht – um ein behördliches Einschreiten gegen einen Gesetzesverstoß verlangen zu können, bedarf es stets der Verletzung eines **subjektiv-öffentlichen Rechts**.[837] Ob eine Rechtsnorm einen Anspruch des Einzelnen begründen kann, wird am Maßstab der **Schutznormtheorie** bestimmt.[838] Wenn mit einer Norm nicht nur die Interessen der Allgemeinheit verfolgt werden, sondern diese zumindest *auch* den Interessen des Einzelnen zu dienen bestimmt ist, verleiht sie dem Betroffenen ein subjektives Recht.[839] Auch im Polizei- und Ordnungsrecht werden subj. Ansprüche auf behördliches Handeln zur Abwehr von Gefahren für die *öff. Sicherheit* heute anerkannt.[840] Die Generalklausel kommt als **Anspruchsgrundlage** in Betracht, wenn eine Gefahr für Rechte oder Rechtsgüter des Einzelnen besteht, da § 3 Abs. 1 SOG insoweit gerade dem Schutz von Individualinteressen dient.[841] Gleiches gilt, wenn das Einschreiten zur Wahrung der obj. Rechtsordnung erfolgen und der Verstoß gegen eine den Einzelnen schützende Rechtsnorm abgewehrt werden soll.[842] Soweit die *öff. Ordnung* relevant wird, dürfte ein behördliches Handeln

---

830 Vgl. BVerwG 18.8.1960 – I C 42.59; SchE/*Schoch/Kießling* Rn. 327; *Voßkuhle* JuS 2008, 117 (118).
831 Vgl. *Götz/Geis* § 16 Rn. 6; *DWVM* S. 400 f.; *Kingreen/Poscher* § 10 Rn. 43; *Wilke* FS Scupin, 1983, 838 f.; aA *Di Fabio* VerwArch 1995, 214 (220 ff.); *Schenke* Rn. 115, der das Entstehen einer Handlungspflicht auf den Schutz hochrangiger Rechtsgüter begrenzt.
832 Vgl. *Gusy/Eichenhofer* Rn. 393; *Kugelmann* Kap. 10 Rn. 14 u. 16; *Schenke* Rn. 114.
833 *Kingreen/Poscher* § 10 Rn. 43; SchE/*Schoch/Kießling* Rn. 327.
834 S. *Voßkuhle/Kaiser* JuS 2011, 411 (412); EFP/*Pünder* Rn. 168. Auch UnionsR u. einfachgesetzl. Vorschriften können eine Pflicht zum Einschreiten begründen; vgl. SchE/*Schoch/Kießling* Rn. 330 f. mwN.
835 BVerwG 24.10.2001 – 6 C 3.01, Rn. 69.
836 Vgl. BeckOK/*Holzner* Art. 11 BayPAG Rn. 182. Zur Strafbarkeit im Zusammenhang mit Suizid vgl. BGH 3.7.2019 – 5 StR 132/18, Rn. 44; *Ullrich/Staar/Reichelt* Die Polizei 2021, 533 (534 f.).
837 S. dazu *Dietlein* DVBl 1991, 695; *Di Fabio* VerwArch 1995, 214; *Wilke* FS Scupin, 1983, 831.
838 S. dazu *Ramsauer* JuS 2012, 769 sowie Ehlers/*Pünder*/*Klafki* Rn. 14 ff.
839 BVerwG 22.1.1971 – VII C 48.69; *Maurer/Waldhoff* § 8 Rn. 8; *Voßkuhle/Kaiser* JuS 2009, 16 (17). Dabei kommt es auf eine obj. Ermittlung der Schutzrichtung an, nicht aber darauf, ob die Vorschrift nach der Vorstellung des Gesetzgebers ein subj. Recht gewähren sollte, vgl. *DWVM* S. 402 f.
840 Zur hist. Einordnung [→ J47].
841 Vgl. BERS/Rogosch § 3 SOG Rn. 40; SchE/*Schoch/Kießling* Rn. 332. *Knemeyer* Rn. 131 stützt den Anspruch demggü. auf die Aufgabennormen.
842 In diesem Fall sind die zu schützenden Rechtsgüter durch Rechtsnormen konkretisiert, die iRd öff. Sicherheit das vorrangige Teilschutzgut bilden [→ C127]; s. auch *Guckelberger* § 9 Rn. 6 mwN.

VII. Ermessen, Verhältnismäßigkeit, allg. Rechtmäßigkeitsvoraussetzungen

allein dem Schutz der Allgemeinheit dienen und ein Anspruch nicht bestehen, weil Sozialnormen wohl nicht als individualschützend (jedenfalls) im vorliegenden Sinne anzusehen sind.[843]

Beispiel: Verneint wurde ein Anspruch aus § 3 Abs. 1 SOG auf Erlass eines polizeilichen Verbots einer aus Sicht des Anspruchsstellers blasphemischen Aufführung im Thalia Theater. § 166 StGB, der eine Beschimpfung u.a. von religiösen Bekenntnissen unter Strafe stellt, verleiht gerade keinen Individualschutz, während die Religionsfreiheit durch Aufführung eines Theaterstücks in einem geschlossenen Raum, das der Einzelne nicht besuchen muss, gar nicht erst betroffen war. Vorschriften wie § 3 Abs. 1 HmbLärmSchG dienen demgggü. auch dem Schutz des Einzelnen und können einen entspr. Anspruch auf ein polizeiliches Einschreiten bei Störungen der Nachtruhe gewähren, wenn diese auch den Anspruchsteller betreffen. Anwohner haben aber keinen Anspruch auf ein von der Ordnungsbehörde erstelltes Sicherheitskonzept für eine Großveranstaltung, die durch einen privaten Veranstalter durchgeführt.[844]

286

Der Anspruch auf Einschreiten erfordert, dass die Gefahr für (durch eine Rechtsnorm) geschützte Individualrechtsgüter gerade dem Anspruchsteller *selbst* als Rechtsträger droht.[845] Zudem muss die Behörde überhaupt aufgrund einer Ermessensreduzierung zum Handeln verpflichtet sein. Zum *Schutz privater Rechte* [→ C93] darf dem Betroffenen keine anderweitige Schutzmöglichkeit, etwa in Form rechtzeitigen und wirksamen zivilgerichtlichen Rechtsschutzes zur Verfügung stehen. Ein Anspruch darf nicht wegen Unmöglichkeit oder Unzumutbarkeit ausgeschlossen sein.[846] Die gefährdete Person kann als Anspruchsstellerin zunächst lediglich verlangen, dass die Behörde eine **ermessensfehlerfreie Entscheidung** trifft.[847] Wenn das Ermessen aber derart reduziert ist, dass nur noch ein Einschreiten rechtmäßig ist, kann der Anspruch auf eine ermessensfehlerfreie Entscheidung nur ein Anspruch auf Einschreiten sein. Auf welche konkrete Weise Polizei und Verwaltungsbehörden handeln, liegt aber weiterhin in deren Ermessen, es sei denn *auch* das Auswahlermessen ist auf die Wahl einer *bestimmten* Maßnahme reduziert.[848] Ein Anspruch auf ein ganz bestimmtes Einschreiten kann sich auch aus einer entspr. Standardbefugnisnorm ergeben.

287

cc) Insbesondere: Polizeiliches Einschreiten gegen unfreiwillige Obdachlosigkeit

Praxisrelevanter Anwendungsfall der Ermessensreduzierung und des Anspruchs auf Einschreiten zur Gefahrenabwehr sind Fälle *unfreiwilliger* Obdachlosigkeit [→ C137]. Auf behördliche Hilfe ist angewiesen, wer nicht aus freiem Willensentschluss ohne Unterkunft lebt und aus eigener Kraft zur Abwehr der damit verbundenen Gefahren nicht in der Lage ist,[849] wobei es weder auf die persönlichen Gründe noch auf ein etwaiges Verschulden ankommt.[850] Aufgrund der akuten Gefährdung von Leben und Gesundheit reduziert sich das Entschließungsermessen der Behörde in diesen Fällen auf null – die wohnungslose Person hat **Anspruch auf Einweisung in eine Unterkunft** auf Grundlage der Generalklausel.[851] Die Einweisungsverfügung als begünstigender VA ermöglicht der Person einen Einzug in die behördlich zugewiesene Unterkunft,

288

---

843 Anders noch *DWVM* S. 403 f.
844 Vgl. VG Hamburg 23.1.2012 – 15 E 211/12 (Theater); VG Freiburg 10.10.2018 – 4 K 805/16 (Lärm); s. auch VGH Kassel 10.4.2014 – 8 A 2421/11 mit anderer Konstellation, in der sich kein Anspruch ergibt. Vgl. OVG Schleswig 29.8.2018 – 4 MB 95/18, Rn. 14 ff. („Werner-Rennen").
845 Vgl. *Knemeyer* Rn. 132.
846 *Thiel* § 8 Rn. 179.
847 Vgl. Ehlers/Pünder/*Klafki* Rn. 47.
848 Vgl. Gusy/*Eichenhofer* Rn. 394; *Thiel* § 8 Rn. 180.
849 Grds. müssen obdachl. Personen als iSd § 8 SOG Verantwortliche selbst zur GefAbw tätig werden. Zu den Anforderungen an eigenständige Bemühungen vgl. OVG Berlin-Brandenburg 11.12.2019 – 1 S 101/19, Rn. 6, 1.8.2018 – 1 S 38.18, Rn. 5.
850 VGH München 16.4.2020 – 4 CE 20/436, Rn. 10. Auch Geflüchtete unterfallen dem gefahrenabwehrrechtl. Begriff der Obdachlosigkeit.
851 Vgl. OVG Lüneburg 27.3.1991 – 12 M 23/91, Rn. 6; LD/*Graulich* Kap. E Rn. 848; SchE/*Schoch/Kießling* Rn. 333; *Ruder* KommJur 2020, 401 (404). Zum Hilfesystem in der FHH vgl. Bü-Drs. 22/3265.

ohne sie dazu zu verpflichten.[852] Die *vorübergehende* Unterbringung erfolgt zur Abwehr der bestehenden Gefahr für die öff. Sicherheit, räumt der Person aber keinen Anspruch auf einen Verbleib in der Unterkunft ein – eine *längerfristige* Leistungsgewährung richtet sich nach dem Sozial- oder Ausländerrecht.[853] Bei Verstößen gegen die Hausordnung,[854] etwa infolge von Auseinandersetzungen oder Sachbeschädigungen, kann eine **Verlegung** untergebrachter Personen aus einer Einrichtung erforderlich werden.[855] In diesen Fällen leben anfängliche Gefahr und Unterbringungsanspruch wieder auf.[856]

289 Aufgrund des Übergangscharakters besteht kein Anspruch auf eine *konkrete* Unterkunft oder eine *bestimmte* Form der Unterbringung – die Entscheidung darüber, wo und wie diese erfolgt, verbleibt im Ermessen der Behörde, welches insbes. durch die Menschenwürde begrenzt wird.[857] Die **Anforderungen an die öffentlich-rechtliche Unterbringung** haben durch obergerichtliche Rspr. eine gewisse Konkretisierung erfahren. So muss eine Unterkunft jedenfalls über eine (funktionsfähige) Heizung, Stromanschluss, Toilette und Waschgelegenheit verfügen und mindestens 10 m² Platz pro Person bieten, wobei auf die etwa aus körperlicher und psychischer Verfassung resultierenden Bedarfe und insbes. auf Alter und Anzahl von Kindern einer Familie Rücksicht zu nehmen ist.[858] Gemeinschaftsunterkünfte mit Mehrbettzimmern sind grds. keine unzumutbaren Unterkünfte, was von der Rspr. unter Verweis auf bestehende Hygienekonzepte auch während der Covid-19-Pandemie so beurteilt worden ist.[859]

290 Eine von Obdachlosigkeit bedrohte Person hat grds. keinen Anspruch auf **Wiedereinweisung in ihre vorherige (Miet-)Wohnung**. Eine Wiedereinweisungsverfügung ist – etwa mit Blick auf die Eigentümerin einer Wohnung – nur unter den Voraussetzungen des § 10 Abs. 1 SOG möglich, nachdem sich die Behörde darum bemüht hat, die Person in einer Obdachlosenunterkunft unterzubringen oder ggf. leerstehende Wohnungen oder Hotelzimmer anzumieten.[860] Das Ermessen der Behörde kann allerdings aufgrund der besonderen Schutzbedürftigkeit der betroffenen Person auf eine Wiedereinweisung in ihre vorherige Wohnung reduziert sein, wenn etwa ein Umzug bei einer psychische Erkrankung oder Risikoschwangerschaft die Gesundheit der Person stark gefährden würde.[861] Bei der Inanspruchnahme privater Immobilien zur (Wieder-)Einweisung handelt es sich um eine **Sicherstellung** nach § 14 Abs. 1 S. 1 lit. a SOG [→ D208], die auf zwei bis sechs Monate zu begrenzen ist.[862] Nach Ablauf dieser Zeit steht dem

---

852 Vgl. OVG Münster 27.10.2020 – 9 E 704/20, Rn. 12; OVG Bremen 1.10.1993 – 1 B 120/93, Rn. 7; *Schenke* Rn. 71.
853 Vgl. *Ruder* KommJur 2020, 447 (448). Zum Vorrang des Sozialrechts s. *Gusy/Eichenhofer* Rn. 342. Ein Mietverhältnis wird nicht begründet, vgl. OVG Schleswig 20.5.2022 – 4 MB 16/22, Rn. 20.
854 Zur rechtl. Qualifizierung von Hausordnungen in Unterkünften VGH Mannheim 28.6.2021 – 12 S 921/21.
855 Zur Umsetzungsverfügung LD/*Graulich* Kap. E Rn. 854. Die Umsetzungsverfügung muss auf sachlichen Gründen beruhen; vgl. OVG Schleswig 20.5.2022 – 4 MB 16/22, Rn. 21; VGH München 17.8.2017 – 4 C 17/1340, Rn. 9; VG Hamburg 11.9.1997 – 2 VG 4201/97, Rn. 3.
856 Auch wer aufgrund eines Hausverbots eine Unterkunft verlassen muss, gilt dadurch nicht als freiwillig obdachlos; vgl. OVG Bautzen 30.7.2013 – 3 B 380/13, Rn. 10; VG Berlin 1.3.2017 – 23 L 144/17, Rn. 6.
857 OVG Münster 29.8.2022 – 9 B 805/22, Rn. 9 ff.; OVG Schleswig 24.2.1992 – 4 M 15/92, Rn. 4; SchE/*Schoch/Kießling* Rn. 333.
858 Vgl. BVerfG 07.4.1993 – 1 BvR 565/93 (Schwangerschaft); VGH München 20.7.2021 – 4 CE 21/1374, Rn. 19 (psychisches Trauma); OVG Münster 7.3.2018 – 9 E 129/18, Rn. 15 (barrierefreie Toilette); OVG Saarlouis 3.6.1994 – 3 W 14/94, Rn. 15; VG Würzburg 24.4.2020 – W 5 K 19/1650, Rn. 18 ff. Zu den Anforderungen an eine menschenwürdige Unterkunft *Ruder* 2020, 447 (449).
859 VGH München 12.4.2021 – 4 CE 21/897; VG Freiburg 24.3.2021 – 5 K 731/21, Rn. 12.
860 OVG Münster 5.7.1990 – 9 B 1632/90, Rn. 5. Die Behörde darf sich nicht auf Hotels beschränken, mit denen entspr. Kooperationsvereinbarungen bestehen; vgl. VG Köln 13.1.2023 – 22 L 43/23, Rn. 28.
861 Vgl. OVG Berlin-Brandenburg 13.3.1980 – 6 S 7/80, Rn. 14 (Schwangerschaft); VGH München 11.11.2019 – 4 CE 19/1344, Rn. 15 (psych. u. physische Belastung); OVG Koblenz 8.12.1992 – 6 A 10998/92 (Suizidgefahr).
862 LD/*Graulich* Kap. E Rn. 851; *Götz/Geis* § 14 Rn. 14 mwN.

VII. Ermessen, Verhältnismäßigkeit, allg. Rechtmäßigkeitsvoraussetzungen   165

Eigentümer der sichergestellten Wohnung ein Folgenbeseitigungsanspruch zu, für den ebenfalls auf § 3 Abs. 1 SOG zurückgegriffen werden kann.[863]

2. Grundsatz der Verhältnismäßigkeit

Der verfassungsrechtlich fundierte Grundsatz der Verhältnismäßigkeit mit seinem Bezugspunkt   291
des *legitimen Zwecks* und seinen Teilgeboten der *Geeignetheit*, *Erforderlichkeit* und *Angemessenheit* bildet eine der wichtigsten Begrenzungen der Gefahrenabwehr. Insbes. innerhalb der regelhaft vorhandenen Ermessensspielräume leitet die Verhältnismäßigkeit das behördliche Handeln an und macht die im Einzelfall getroffene Entscheidung hinsichtlich ihrer materiellen Gerechtigkeit nachvollziehbar.[864] Im Polizei- und Ordnungsrecht ist die Verhältnismäßigkeit **einfachgesetzlich ausgeformt**, um den verfassungsrechtlichen Grundsatz bereichsspezifisch zu konkretisieren.[865] So normiert § 4 SOG die Anforderungen der Verhältnismäßigkeit und § 3 PolDVG überträgt diese in die allg. Grundsätze zur polizeilichen Datenverarbeitung. Die so definierten Vorgaben des Übermaßverbots gelten für die **Ermessensausübung** auf Grundlage von Generalklausel und Standardbefugnissen, als begrenzender Umstand bei der Inanspruchnahme von Notstandspflichtigen, als legi generali für Spezialbefugnisse sowie nach § 12 HmbVwVG für die Verwaltungsvollstreckung.[866] Aufgrund des Anwendungsvorrangs [→ C23] ist die Verhältnismäßigkeit zunächst an diesen *einfachgesetzlichen* Vorgaben zu messen, soweit diese nicht hinter dem verfassungsrechtlichen Maßstab zurückbleiben.[867] Dabei werden sowohl das Entschließungs- als auch das Auswahlermessen begrenzt. Führt deren Ermessensausübung zu einer unverhältnismäßigen Beeinträchtigung Betroffener, liegt hierin eine *Ermessensüberschreitung*.

a) Legitimer Zweck

Für die Prüfung von Eignung, Erforderlichkeit und Angemessenheit des Polizeihandelns bildet   292
der *Zweck* den maßgeblichen Bezugspunkt, was auch im Wortlaut des § 4 SOG zum Ausdruck kommt.[868] Eine Maßnahme kann nicht *verhältnismäßig* sein, wenn sich der mit ihr verfolgte Zweck bereits am Maßstab der Aufgabenzuweisung als illegitim darstellt, von der Behörde also gar nicht verfolgt werden darf – in diesem Fall hätte eine Zweck-Mittel-Relation keinen Wert. Im Polizei- und Ordnungsrecht liegt der legitimerweise zu verfolgende Zweck in der **Gefahrenabwehr**, so wie diese in den Aufgabenzuweisungen [→ B61] in SOG und PolDVG definiert wird.[869] **Absolute Sicherheit** scheidet aus verfassungsrechtlichen Gründen als Zweck aus, da eine derartige Zielsetzung zu nicht zu rechtfertigenden Einschränkungen von Freiheit führen würde.[870]

Der beabsichtigte Erfolg des Handelns ist genau zu bestimmen, wobei dieser regelmäßig aus   293
mehreren konkreten Teilzielen bestehen kann, welche dann für die Prüfung von Geeignetheit und Erforderlichkeit zu berücksichtigen sind.[871] Soweit Befugnisse zur Abwehr konkr. oder qual. Gefahren auch in Situationen des *Gefahrenverdachts* angewendet werden kann, der Zweck, an dem sich entspr. Maßnahmen messen lassen müssen, grds. nur die (weitere) **Aufklärung** sein –

---
863 Vgl. SchE/*Schoch/Kießling* Rn. 484.
864 S. dazu auch *Voßkuhle* JuS 2007, 429; *Schoch* JURA 2004, 462.
865 *Götz/Geis* § 16 Rn. 12 u. 14; *Kugelmann* Kap. 10 Rn. 32.
866 Vgl. EFP/*Pünder* Rn. 160; vgl. SchE/*Schoch/Kießling* Rn. 307.
867 So auch *Kingreen/Poscher* § 10 Rn. 2; *Götz/Geis* § 16 Rn. 14.
868 Vgl. § 4 Abs. 1 S. 1 SOG „zur Gefahrenabwehr".
869 S. dazu LD/*Rachor/Graulich*, 6. Aufl. 2018, Kap. E Rn. 139 ff. mwN.
870 Vgl. BVerfG 4.4.2006 – 1 BvR 518/02, Rn. 128.
871 Vgl. BERS/*Beaucamp* § 4 SOG Rn. 4.

geeignet und ggf. erforderlich dürften daher insbes. solche Maßnahmen sein, die Unsicherheiten und Ungewissheiten in der Tatsachenlage aufklären.[872] Werden Polizei- und Ordnungsbehörden nach § 3 Abs. 3 SOG zum **Schutz privater Rechte** tätig, kann der legitime Zweck ihres Handelns von vornherein nur darin bestehen, die spätere Rechtsdurchsetzung vor den Zivilgerichten zu sichern.

b) Geeignetheit

294 Gem. § 4 Abs. 1 S. 1 SOG muss eine Maßnahme zur Gefahrenabwehr geeignet sein, was aus verfassungsrechtlicher Sicht [→ B37] (nur) eine **abstrakte** Eignung verlangt.[873] Die Maßnahme muss **zwecktauglich**, also ein „Schritt in die richtige Richtung" sein, nicht aber eine vollständige Zweckerfüllung erreichen.[874] So stellt auch § 4 Abs. 1 S. 2 SOG klar, dass ein Mittel ausreicht, welches die Gefahr nur *vermindert* oder *vorübergehend abwehrt*.[875] Maßgeblich ist, dass die Behörde zum Zeitpunkt der Entscheidung davon ausgehen durfte, dass ein Mittel den **beabsichtigten Erfolg zumindest fördert** – war diese Prognose aus ex-ante-Sicht nicht offenkundig unzutreffend oder willkürlich, führt auch die nachträglich offenbarte Untauglichkeit des Mittels nicht zu einem Verstoß gegen das Übermaßverbot.[876] Für die Geeignetheit einer Polizeiverfügung kommt es auf die *angeordnete* Handlung, nicht auf die *tatsächliche* Befolgung an – wird die Verfügung durch den Adressaten nicht befolgt, kann sie gegen dessen Willen vollstreckt werden. Ungeeignet sind jedoch Verfügungen, die zu rechtlich Unzulässigem oder zu einer unvertretbaren Handlung verpflichten, die für den Adressaten *unmöglich* [→ C308] ist. Praktisch stellt die Geeignetheit nur selten eine relevante Grenze dar.[877] Ob eine Maßnahme von bloß *geringer* Wirkung einen Eingriff rechtfertigt, ist eine Frage der Angemessenheit.

295 **Beispiele:** Auch wenn die Anordnung einer elektronischen Aufenthaltsüberwachung (sog. Fußfessel) für einen gewalttätigen Ex-Partner, der von der Begehung weiterer (Nachstellungs-)Taten abgehalten werden soll, aufgrund ihrer jedenfalls temporären Wirkung den angestrebten Erfolg zumindest fördern kann, müssen für die Beurteilung der Geeignetheit die Auswirkungen für die Zeit nach Ablauf der Maßnahme berücksichtigt werden. Ruft die Fußfessel bei ihrem die Trennung nicht akzeptierenden Träger Wut und Rachegedanken hervor, die Gefahren für Leib und Leben Dritter nach Ende des Anordnungszeitraums noch verstärken, hätte die Maßnahme eine kontraproduktive Wirkung.[878]

296 Die Gesetze anderer Länder und das BPolG stellen klar, dass sich Grenzen für die Geeignetheit auch in **zeitlicher Hinsicht** ergeben, wenn der Zweck erreicht wird, wegfällt oder sich herausstellt, dass ein Mittel tatsächlich untauglich ist.[879] Nur bis zu diesem Zeitpunkt ist eine Maßnahme von Polizei- und Ordnungsbehörden zulässig – kann ein Mittel den Zweck nicht mehr erreichen, wird dessen Anwendung rechtswidrig.[880] Einzig das Polizei- und Ordnungsrecht der FHH enthält in § 4 Abs. 1 SOG *keine* entspr. Regelung in Bezug auf die **Zweckerreichung** oder die spätere **Offenbarung der Untauglichkeit**.[881] Keine Bedeutung hat dies für ein *andauerndes polizeiliches Realhandeln*, etwa der permanenten Videoüberwachung einer Straße, da in derartigen Fällen

---

872 Vgl. dazu VGH München 13.5.1986 – 20 CS 86.00338, Rn. 18 ff.; VGH Kassel 10.6.1992 – 7 TH 3585/89, Rn. 7; SchE/*Schoch/Kießling* Rn. 299.
873 Vgl. BVerfG 14.7.1999 – 1 BvR 2226/94, Rn. 14; 3.3.2004 – 1 BvR 2378/98, Rn. 210.
874 *Schoch* JURA 2004, 462 (466); LD/*Graulich* Kap. E Rn. 38; *Götz/Geis* § 16 Rn. 21.
875 Platzverweise u. Ingewahrsamnahmen sollen als Mittel gg. eine lokale Drogenszene so nicht (mehr) als ungeeignet angesehen werden können; vgl. Bü-Drs. 15/5177; OLG Hamburg 3.11.1995 – 2 Wx 71/95.
876 Vgl. *Thiel* § 8 Rn. 184; *Schenke* Rn. 405; BERS/*Beaucamp* § 4 SOG Rn. 6.
877 Vgl. die Beispiele bei SchE/*Schoch/Kießling* Rn. 308 ff.
878 Vgl. offengelassen OLG Hamburg 31.7.2020 – 2 W 48/20, Rn. 65.
879 Vgl. etwa Art. 4 Abs. 3 BayPAG, § 11 Abs. 3 ASOG, § 4 Abs. 3 NPOG sowie § 15 Abs. 3 BPolG.
880 *Kingreen/Poscher* § 10 Rn. 24; EFP/*Pünder* Rn. 162.
881 S. *DWVM* S. 423 ff. mit Fn. 91 zu den Hintergründen zu §§ 41 Abs. 1 u. 43 PrPVG. Krit. zur Rechtslage in der FHH *Merten/Merten* § 5 Rn. 1 ff.; demggü. heißt es in der MdSadB Nr. 75, 1965, 12, der Grundsatz der Verhältnismäßigkeit gelte auch in zeitl. Hinsicht.

die Voraussetzungen von Befugnisnorm oder § 4 SOG nicht *mehr* vorlägen, sodass die an Recht und Gesetz gebundene Verwaltung ihr Handeln nicht fortsetzen darf.[882] Für Maßnahmen in Form eines *Verwaltungsaktes mit Dauerwirkung*, etwa ein langfristiges Kontaktverbot, gewährt § 5 SOG einen speziellen **Aufhebungsanspruch**, wenn die tatbestandlichen Voraussetzungen nicht mehr vorliegen und Betroffene einen Antrag stellen.[883]

Im Sinne der Anforderungen an fortdauerndes Realhandeln ist auch § 4 Abs. 1 S. 3 SOG zu verstehen, der deklaratorisch auf die **Wiederholungsmöglichkeit einer Maßnahme** hinweist. Gegen dieselbe Person wiederholt werden darf jedoch nur jene Maßnahme („sie"), die nicht bereits an den Anforderungen von S. 1 und 2 scheitert, da hier der Abs. 1 in seiner Gesamtheit die Anforderungen an die „Geeignetheit" definiert.[884] Stellt sich mit erstmaliger Ausführung also heraus, dass eine Maßnahme die Gefahr iSd S. 2 nicht einmal vermindern oder vorübergehend abwehren kann, offenbart sich die *Untauglichkeit* des Mittels, das somit nicht wiederholt werden darf. Führt etwa eine Gefährderansprache im Falle häuslicher Gewalt nicht zu einer Verhaltensänderung, sodass nach kurzer Zeit erneut ein Notruf in gleicher Angelegenheit eingeht, wäre eine Wiederholung dieser Maßnahme mangels Zwecktauglichkeit rechtswidrig, was auch in § 4 Abs. 2 S. 2 SOG zum Ausdruck kommt. Eine Wiederholungsmöglichkeit besteht nur, wenn der Zweck noch nicht *vollständig* erreicht ist, etwa bei einer Anordnung ggü. Personen, sich „noch weiter" von einer Gefahrenstelle zu entfernen.[885] Gleiches gilt, wenn ein Gefahrentatbestand nach vorübergehender Abwehr *erneut* auf dieselbe Weise erfüllt ist.[886]

297

c) Erforderlichkeit

Polizei und Verwaltungsbehörden dürfen nicht stärker in die Rechte betroffener Personen eingreifen, als dies zur Abwehr einer Gefahr nötig ist. Der Grundsatz der Erforderlichkeit gebietet ein **polizeiliches Interventionsminimum**, das in § 4 Abs. 2 S. 1 SOG in Übereinstimmung mit den verfassungsrechtlichen Anforderungen des Übermaßverbots geregelt ist.[887] Kommen mehrere Maßnahmen in Betracht, ist danach diejenige Maßnahme zu treffen, die den Einzelnen und die Allgemeinheit am wenigsten belastet.[888] Bezugspunkt ist dabei „*die Gefahrenabwehr im Einzelfall*", also die erfolgreiche Bewältigung einer polizei- oder ordnungsbehördlichen Lage – dazu kommen nur solche Maßnahmen „*in Betracht*", die ebenfalls die konkrete Gefahr abwehren oder die Störung beseitigen würden. Ein Mittel mit *geringerer* Eingriffsintensität ist folglich nur dann von Bedeutung, wenn es iSd des Handlungszwecks mit Blick auf den angestrebten Erfolg, *in gleicher Weise geeignet* bzw. *gleich wirksam* ist.[889] Auch bei *gleicher* Wirksamkeit bleibt die

298

---

882 Vielfach enthalten Befugnisnormen diesbezügl. spez. Vorgaben, vgl. etwa § 13c Abs. 1 Nr. 1 SOG (Gewahrsam) u. § 31 Abs. 4 S. 1 PolDVG (Ausschreibung zur polizeil. Beobachtung) oder machen eine zeitl. befristete Anordnung erforderlich, die nur verlängert werden kann, wenn die Voraussetzungen weiterhin vorliegen, vgl. etwa § 20 Abs. 2 S. 11 PolDVG (Observation). Stellt die Behörde ihre Tätigkeit nicht ein, hilft der allg. Abwehr- u. Unterlassungsanspruch [→ H31].
883 Vgl. MdSadB Nr. 75, 1965, 13. Dies erfasst reine Fälle, in denen ein Jahre zuvor ausgesprochenes, bestandskräftiges Hausverbot seinen Zweck erreicht hat, vgl. VG Hamburg 8.10.1996 – 4 VG 4603/96. Die Vorschrift verpflichtet zur behördl. Aufhebung des VAs, vgl. OVG Hamburg 11.12.2000 – 2 Bs 311/00, Rn. 25. Einen FBA gewährt § 5 SOG selbst jedoch nicht; aA BERS/*Beaucamp* § 5 SOG Rn. 2. In anderen Ländern richtet sich die Aufhebung nach §§ 48, 49 VwVfG; vgl. *Schenke* Rn. 406.
884 Vgl. HRK/*Richter* Rn. 74; Bü-Drs. 15/5177, 5.
885 Mit offenbar weiterem Verständnis BERS/*Beaucamp* § 4 SOG Rn. 8.
886 *Merten/Merten* § 4 Rn. 8.
887 Vgl. *Kingreen/Poscher* § 10 Rn. 25; EFP/*Pünder* Rn. 165 mwN.
888 So hat nach BVerfG 20.4.2016 – 1 BvR 966/09, Rn. 94 etwa der offene Zugriff auf Datenbestände einer Zielperson schon nach dem verfassungsrechtl. Verhältnismäßigkeitsgrundsatz grds. Vorrang vor einer heimlichen Infiltration.
889 BVerwG 12.1.2012 – 7 C 5.11, Rn. 23; SchE/*Schoch/Kießling* Rn. 313. Kann etwa die Erteilung versammlungsrechtl. Auflagen zu Datum und Verlauf einer gepl. Kundgebung deren gefahrbegründende Parallele

geringere Belastung des Adressaten jedoch außer Betracht, wenn sich aus einem alternativen Mittel eine *stärkere* Beeinträchtigung der Allgemeinheit ergibt.[890]

299 **Beispiele:** Als nicht erforderlich wurde die Sicherstellung eines Computers eingestuft, von dem aus massenhaft E-Mails an eine Polizeidienststelle versendet wurden – insoweit hätte die Installation eines Spam-Filters genügt. Das Festhalten eines Beschuldigten zur Durchführung erkennungsdienstlicher Maßnahmen ist nicht mehr erforderlich und damit rechtswidrig, wenn die Identität des Beschuldigten bereits mittels Vorlage des Personalausweises festgestellt wurde. Nicht erforderlich ist ferner ein Platzverweis für das gesamte Stadtgebiet zum Schutz der Teilnehmer einer Versammlung in einer Großstadt. Dagegen gebietet die Erforderlichkeit nicht, dass die Polizei statt der Versetzung eines Kfz, das eine private Garagenausfahrt blockiert, mit dem Mieter der Garage dessen Pläne und die Möglichkeit der Bestellung eines Taxis erörtert.[891]

300 Da auf Ebene der Erforderlichkeit **keine Abstriche an Effektivität** hingenommen werden müssen, führt diese nicht zu einer Beschneidung des behördlichen Handlungsspielraums, die der Aufgabenwahrnehmung abträglich wäre.[892] Für die Erforderlichkeit kommt es (noch) nicht auf eine Relation zum angestrebten Zweck, sondern vielmehr auf den (selbstverständlichen) Ausschluss von Mitteln an, deren intensivere Wirkung keinerlei Mehrwert hätte, der sich in einer Abwägung auswirken könnte. Für die Anwendung solcher Mittel kann schon aus einer rein logischen Betrachtung im Rechtsstaat kein Bedürfnis bestehen. So führen auch sprachliche Qualifizierungen in einer Befugnisnorm grds. nicht zu gesteigerten Anforderungen an den verfassungsrechtlich definierten Maßstab der Erforderlichkeit, da ein weniger belastendes, zur Erfüllung des konkreten Zwecks gleich wirksames Mittel entweder besteht oder nicht besteht.[893] Dass ein Mittel *„unerlässlich"*, *„zwingend erforderlich"* oder *„das einzige Mittel"* sein muss, veranschaulicht zumeist lediglich die Bedeutung der betroffenen Rechtsgüter und die Intensität des Eingriffes, der einer Abwägung iRd Angemessenheit standhalten muss.[894]

301 Auch für die Beurteilung der Erforderlichkeit einer Maßnahme ist die **ex-ante-Perspektive** entscheidend.[895] Maßgeblich ist also, welche Mittel unter Berücksichtigung des Informationsstandes zum Zeitpunkt der Entscheidung obj. als erforderlich gelten durften – stellt sich erst ex-post heraus, dass eine Gefahr auch mit milderen Mitteln hätte abgewehrt werden können, hat dies für die Erforderlichkeit keine Bedeutung.[896] So stellt auch § 4 Abs. 2 S. 2 SOG klar, dass ein stärker belastendes Mittel ergriffen werden darf, wenn sich das zunächst gewählte, vermeintlich mildere entgegen der (pflichtgemäßen) Einschätzung als wirkungslos erweist. Gibt es mehrere gleichermaßen geeignete Mittel, ist grds. ausreichend, wenn Polizei oder Verwaltungsbehörden eines dieser Mittel ergreifen.[897]

302 Nach § 4 Abs. 4 S. 1 SOG ist dem Adressaten auf dessen Antrag die Anwendung eines, von ihm angebotenen, ebenso wirksamen **Austauschmittels** zu gestatten, wenn die Allgemeinheit hierdurch nicht stärker beeinträchtigt wird und sich auch in zeitlicher Hinsicht keine Verzögerung ergibt. S. 2 räumt für den Antrag nach Maßgabe des § 70 VwGO grds. eine Frist von einem Monat ein, wenn nicht aufgrund von § 80 Abs. 2 Nr. 2 bzw. 4 VwGO eine sofortige Vollziehung möglich

---

zu Aufmärschen bei den Reichsparteitagen im Dritten Reich beseitigen, wäre ein Versammlungsverbot nach § 15 Abs. 1 VersG nicht erforderlich, vgl. BVerfG 5.9.2003 – 1 BvQ 32/03, Rn. 27 ff.
890 *Schenke* Rn. 407; *Thiel* § 8 Rn. 185.
891 Vgl. OLG Karlsruhe 23.8.2016 – 11 W 79/16 (Wx), Rn. 32 ff. (Computer); BVerfG 8.3.2011 – 1 BvR 47/05 (Personalien); OVG Münster 27.9.2021 – 5 A 2807/19, Rn. 84 ff. (Versammlung); VG Düsseldorf 21.11 2017 – 14 K 6193/17, Rn. 9 u. 34 (Taxi).
892 *Götz/Geis* § 16 Rn. 24; BERS/*Beaucamp* § 4 SOG Rn. 9.
893 So auch *Kingreen/Poscher* § 10 Rn. 27.
894 Vgl. LD/*Rachor/Graulich*, 6. Aufl. 2018, Kap. E Rn. 168; aA *Kugelmann* Kap. 10 Rn. 40. Anders liegt der Fall, wenn sich etwa die Unerlässlichkeit nicht allg. auf die Gefahrenabwehr, sondern konkr. auf ein tatbestandl. definiertes Ziel bezieht, was etwa beim Unterbindungsgewahrsam [→ D175] der Fall ist.
895 BVerwG 26.2.1974 – I C 31.72, Rn. 38; SchE/*Schoch/Kießling* Rn. 313.
896 BERS/*Beaucamp* § 4 SOG Rn. 10 mwN.
897 EFP/*Pünder* Rn. 165.

VII. Ermessen, Verhältnismäßigkeit, allg. Rechtmäßigkeitsvoraussetzungen

ist.[898] Da die Behörde ohnehin zur Anwendung milderer Mittel verpflichtet ist, hat die Wahl eines Austauschmittels nur dann eine Bedeutung, wenn sich erst infolge eines Antrages die Möglichkeit des Einsatzes eines objektiv milderen Mittels offenbart oder wenn sich ein Mittel nur aus **Sicht des Betroffenen** als mildere Maßnahme darstellt.[899] Auch wenn das selbstgewählte Ersatzmittel den Polizeipflichtigen objektiv stärker belastet, ist die ursprünglich von der Behörde vorgesehene Maßnahme in den genannten Fällen nicht mehr erforderlich.[900]

d) Angemessenheit, Verhältnismäßigkeit im engeren Sinne

Auch das im Einzelfall mildeste Mittel darf nicht um jeden Preis angewendet werden. Nach § 4 Abs. 3 SOG darf das Handeln von Polizei und Verwaltungsbehörden für den Einzelnen oder die Allgemeinheit keinen Nachteil herbeiführen, der erkennbar **außer Verhältnis** zu dem beabsichtigten Erfolg steht. Um ein solches Missverhältnis annehmen zu können, müssen auf beiden Seiten die betroffenen Belange festgestellt und abstrakt gewichtet, sodann die Intensität der Betroffenheit und der Wert des Gemeinwohlgewinns im konkreten Einzelfall bestimmt werden.[901] Anders als iRd Eignung und Erforderlichkeit kommt es bei der Angemessenheit also auch auf das **Ausmaß** der Gefahr bzw. der Störung an, welches das öff. Interesse an der Gefahrenabwehr konkretisiert, das zur Rechtfertigung des mit der Abwehrmaßnahme verbundenen Eingriffs in Ansatz gebracht werden kann. Die Bedeutung des gefährdeten Schutzgutes, das voraussichtliche Ausmaß des drohenden Schadens und die Wahrscheinlichkeit des Schadenseintritts sind gegen die Nachteile und die Intensität für Betroffene und die Allgemeinheit abzuwägen.[902] Dabei fallen die **Grundrechte** vor allem auf Seiten der von der Maßnahme Betroffenen ins Gewicht, da diese sich in ihrer primären Dimension *gegen* den Staat richten. Soweit sie aber **Schutzpflichten** für den Staat begründen, sind Grundrechte ebenfalls *zugunsten* einer Maßnahme in die Abwägung einzustellen – dies allerdings aus verfassungsrechtlichen Gründen nur, soweit sie *zur Stärkung von Freiheit* beitragen, die Erfüllung einer grundrechtlichen Schutzpflicht lässt die Grenze der Angemessenheit also nicht entfallen.[903]

Nach § 4 Abs. 3 SOG darf die belastende Wirkung einer Maßnahme nicht *„erkennbar"* außer Verhältnis zum *„beabsichtigten"* Erfolg stehen. Auch für die Angemessenheit ist daher die **ex-ante-Perspektive** maßgeblich, also ob die Behörde zum Zeitpunkt der Maßnahme vertretbar davon ausgehen durfte, dass die Intensität des Eingriffs und dessen von ihr erwartete Folgen nicht erkennbar außer Verhältnis stehen.[904] Verbreitet werden erhöhte Anforderungen an das **Missverhältnis** bzw. an den Grad des Unangemessenen gestellt und ein *„offensichtliches Missverhältnis"*, eine *„Eindeutigkeit"* oder eine *„deutlich größere Belastung"* gefordert.[905] Dies erscheint konsequent, da einer rechtmäßigen Befugnisnorm bereits die Abwägung des Gesetzgebers zugrundeliegt, der für die jeweilige Maßnahme entspr. Anforderungen statuiert und so einen ab-

---

898 Vgl. BERS/*Beaucamp* § 4 SOG Rn. 19; iRd Verwaltungsvollstreckung richtet sich die Frist nach § 8 HmbVwVG, wobei § 27 HmbVwVG zu beachten ist.
899 Vgl. MdSadB Nr. 75, 1965, 13; *Kingreen/Poscher* § 10 Rn. 28 f.; *Götz/Geis* § 16 Rn. 28. Insoweit disponiert der Betroffene nur über Vorschriften zu seinem eigenen Schutz, vgl. *Habermehl* Rn. 239.
900 Vgl. BVerwG 24.9.1976 – IV C 58.75, Rn. 28; EFP/*Pünder* Rn. 165 mwN sowie OVG Greifswald 8.7.2013 – 3 M 98/13, wonach es bei der ursprüngl. Anordnung bleibt, wenn der Adressat zu einer Realisierung des Austauschmittels nicht in der Lage ist.
901 Zur Prüfung der Angemessenheit vgl. *Voßkuhle* JuS 2007, 429 (430); s. auch *Schenke* Rn. 410.
902 SchE/*Schoch/Kießling* Rn. 319 f.; EFP/*Pünder* Rn. 166; *Thiel* § 8 Rn. 188.
903 Vgl. BVerfG 4.4.2006 – 1 BvR 518/02 Rn. 129 f.
904 Vgl. *Schenke* Rn. 410; *Kugelmann* Kap. 10 Rn. 43; DWVM S. 391.
905 Vgl. etwa EFP/*Pünder* Rn. 166; *Kingreen/Poscher* § 10 Rn. 30; SE/*Schoch/Kießling* Rn. 320; DWVM S. 392; aA *Schenke* Rn. 410.

strakten Ausgleich zwischen den konkurrierenden Rechtspositionen vorgenommen hat.[906] Folgt man diesem Argument, dürfte in der Konsequenz eine Maßnahme, deren Erforderlichkeit erst einmal festgestellt ist, tendenziell eher selten als unangemessen erscheinen.[907] So wird die Angemessenheit vor allem iRd Generalbefugnis bedeutsam, weil diese unbestimmt zu „*Maßnahmen*" ermächtigt oder auch beim *Abschleppen von Kfz* und beim *Zwangsmitteleinsatz*.[908] Gleiches gilt für die Ausgestaltung gesetzlich nicht bis ins letzte Detail regelbarer Maßnahmen im Einzelfall, etwa einer Durchsuchung, einer Observation oder dem Einsatz verdeckter Ermittler.[909]

3. Bestimmtheit polizei- und ordnungsbehördlicher Verfügungen

305 Als allg. Rechtmäßigkeitsvoraussetzung neben den Anforderungen der jeweiligen Befugnisnorm resultiert aus dem **Rechtsstaatsprinzip** das Erfordernis der Bestimmtheit des polizeilichen Handelns.[910] Für Verwaltungsakte ist das Bestimmtheitsgebot einfachgesetzlich in § 37 Abs. 1 HmbVwVfG normiert. Es setzt voraus, dass eine adressierte Person erkennen *können* muss, welche Behörde handelt, an wen die Verfügung gerichtet ist und welches Verhalten damit verlangt wird, wobei sich die konkr. Anforderungen an die Bestimmtheit an den Besonderheiten des Einzelfalls und des anzuwendenden materiellen Rechts orientieren.[911] Für *polizeiliche* Verfügungen bietet sich als Anhaltspunkt etwa die Frage an, ob diese ohne weitere Konkretisierung als **Grundlage der Verwaltungsvollstreckung** dienen können.[912] Ist die Verfügung nicht hinreichend bestimmt, so ist sie rechtswidrig und kann unter den Voraussetzungen des § 44 Abs. 1 HmbVwVfG sogar nichtig sein.[913] Dies gilt nach § 44 Abs. 2 Nr. 1 HmbVwVfG stets für schriftliche oder elektronische VAe, wenn die erlassende Behörde nicht zu erkennen ist.

306 Adressat und Inhalt eines Verwaltungsakts müssen jedenfalls durch Auslegung eindeutig bestimmbar sein.[914] Die **Adressatenbestimmtheit** erfordert bei einem mündlichen VA lediglich die direkte Ansprache einer Person, ohne dass diese zu benennen ist – für eine Allgemeinverf. genügt die Bestimmbarkeit des Adressatenkreises anhand allg. Merkmale.[915] In Bezug auf den **Inhalt** können an mündliche Verfügungen, die an Ort und Stelle erfolgen, keine allzu strengen Anforderungen gestellt werden.[916] Eindeutig muss jedoch sein, ob eine Verfügung mit dem Anspruch auf *Verbindlichkeit* ausgesprochen wird oder ob es sich bloß um einen *Hinweis* oder eine *Empfehlung* handelt. Grds. muss der Verfügungsinhalt dabei aus sich heraus verständlich sein, zulässig ist zu deren Konkretisierung aber der Verweis auf weitere Dokumente,

---

906 DWVM S. 392; vgl. BVerwG 26.2.1974 – I C 31.72, Rn. 34. Je detaillierter der Gesetzgeber die maßgebl. Vorschriften ausgestaltet hat, desto geringer fällt die prakt. Bedeutung der Angemessenheit aus; vgl. LD/Rachor/Graulich, 6. Aufl. 2018, Kap. E Rn. 173.
907 So *Gusy/Eichenhofer* Rn. 399; *Götz/Geis* § 16 Rn. 30.
908 So auch LD/*Rachor/Graulich*, 6. Aufl. 2018, Kap. E Rn. 176; *Götz/Geis* § 16 Rn. 30.
909 In diesem Zusammenhang hat das BVerfG entschieden, dass Maßnahmen, die mit *hohem Gewicht* in GRe einwirken, aus verfassungsrechtl. Gründen nur bei *konkreter Gefahr* ergriffen werden dürfen; s. BVerfG 4.4.2006 – 1 BvR 518/02, Rn. 133 [→ B37].
910 SchSch/*Schröder* § 37 VwVfG Rn. 20; *Thiel* § 8 Rn. 190. Zu trennen davon ist die Frage nach der hinreichenden Bestimmtheit der dem Handeln zu Grunde liegenden RGL [→ B40].
911 Vgl. BVerwG 15.2.1990 – 4 C 41.87, Rn. 29; *Kingreen/Poscher* § 10 Rn. 32; *Schenke* Rn. 558. Vgl. OVG Lüneburg 4.6.2019 – 8 ME 39/19 zu den Anforderungen an die Bestimmtheit einer Passverfügung, die einer Person nicht aufgeben darf, selbst herauszufinden, was von ihr verlangt wird.
912 BVerwG 26.10.2017 – 8 C 18.16, Rn. 13; *DWVM* S. 435; EFP/*Pünder* Rn. 170.
913 Vgl. etwa OVG Saarlouis 20.2.2017 – 2 A 34/16, Rn. 30 zur mangelnden Adressatenbestimmtheit. Zur Nichtigkeit wegen Unbestimmtheit vgl. KR/*Ramsauer* § 44 Rn. 26.
914 OVG Berlin-Brandenburg 31.10.2008 – OVG 1 S 155/08, Rn. 6; *Götz/Geis* § 18 Rn. 12b.
915 Vgl. EFP/*Pünder* Rn. 82; *Guckelberger* § 12 Rn. 23; SchSch/*Schröder* § 37 VwVfG Rn. 29.
916 Vgl. OVG Lüneburg 4.2.2019 – 11 LA 366/18 Rn. 7; VGH München 20.3.2001 – 24 B 2709/99, Rn. 49.

VII. Ermessen, Verhältnismäßigkeit, allg. Rechtmäßigkeitsvoraussetzungen

etwa auf eine Karte zur Kennzeichnung des Geltungsbereichs eines Aufenthaltsverbots.[917] Die Maßnahme muss für den Adressaten *subjektiv* verständlich und nachvollziehbar formuliert sein.[918] Zu berücksichtigen sind daher dessen Kenntnisse und Fähigkeiten – etwa das Verständnis für Fachsprache, die Rechtskunde oder beim Erlass eines Platzverweises für die örtlichen Gegebenheiten.[919] Die Aufforderung zu einem Handeln erfordert zumindest eine Angabe des Ziels eines gebotenen Tätigwerdens und ggf. auch das dafür einzusetzende Mittel.[920] Handelt es sich bei der Verfügung um ein Verbot, müssen etwaige räumliche und zeitliche Grenzen erkennbar sein.[921]

Beispiele: Als hinreichend bestimmt wurde die Anordnung qualifiziert, ruhestörende Musik auf „Zimmerlautstärke" herunterzudrehen, ein Platzverweis für „die Innenstadt" sowie die Aufforderung, „jegliche Handlungen zu unterlassen, welche die polizeil. Geschwindigkeitsmessungen in einer bestimmten Gemeinde stören". Das Verbot „Kinder und Jugendliche planmäßig angelegt zu beobachten" war zu unbestimmt, ebenso die nicht weiter konkretisierte Aufforderung der Veranstalter eines Weihnachtsmarktes, ein „bewegliches schweres Fahrzeug" als mobile Sicherheitskomponente im Eingangsbereich aufzustellen. Zu unbestimmt war auch ein Aufenthaltsverbot für „Anhänger/Fans von Eintracht Frankfurt (erkennbar durch Fanbekleidung, Skandieren von Parolen und sonstigem Auftreten)" und die Aufforderung, bei Führen eines Hunds „besonders darauf zu achten, dass der Hund keine Personen oder Tiere anspringt, anfällt oder beißt".[922]

307

4. Möglichkeit der Befolgung einer Verfügung

Polizei und Verwaltungsbehörden dürfen eine Anordnung nur treffen, wenn diese durch den Adressaten auch befolgt werden *kann*. Wie iRd § 275 Abs. 1 BGB kann sich eine Unmöglichkeit sowohl in tatsächlicher als auch in rechtlicher Hinsicht ergeben.[923] Polizeiverfügungen, die aus **tatsächlichen** Gründen niemand ausführen könnte, sind bereits nach § 44 Abs. 2 Nr. 4 HmbVwVfG wegen *obj. Unmöglichkeit* nichtig. Dies gilt etwa für die Auflage für eine Versammlung im öff. Straßenraum, den Fahr- und Fußgängerverkehr nicht zu behindern.[924] Eine nur für den Adressaten bestehende *subj. Unmöglichkeit*, wie etwa im Falle eines Platzverweises ggü. einer immobilen Person, führt dagegen nur zur Rechtswidrigkeit der Maßnahme.[925] Etwas anderes gilt für *vertretbare* Handlungen, da insoweit eine Beauftragung Dritter mit entspr. Fachkenntnissen in Betracht kommt.[926] Dies dürfte bereits eng an Fälle wirtschaftlichen Unvermögens anknüpfen, die nach einhelliger Auffassung keine rechtswidrigkeitsbegründende persönliche Unmöglichkeit darstellt.[927]

308

---

917 Vgl. BVerwG 26.1.1990 – 8 C 69.87, Rn. 17; VGH München 30.11.2017 – 10 ZB 2121/17, Rn. 7; SBS/*Stelkens* § 37 Rn. 37 f; KR/*Tegethoff* § 37 Rn. 6a.
918 VG Hamburg 10.2.2017 – 9 K 6154/14, Rn. 64.
919 Vgl. BVerwG 24.2.1996 – 11 B 123.95, Rn. 11; OVG Lüneburg 4.2.2019 – 11 LA 366/18, Rn. 7; VG Düsseldorf 5.6.2023 – 18 L 896/23, Rn. 60 ff.
920 Vgl. OVG Münster 15.4.2009 – 10 B 304/09, Rn. 7; SBS/*Stelkens* § 37 Rn. 34; SchSch/*Schröder* § 37 VwVfG Rn. 37.
921 OVG Magdeburg 21.3.2012 – 3 L 341/11, Rn. 35; VG Frankfurt (Oder) 15.9.2021 – 5 L 237/21, Rn. 45.
922 Vgl. VGH München 29.2.2016 – 10 ZB 15.2168 (Zimmerlautstärke); OVG Lüneburg 4.2.2019 – 11 LA 366/18, Rn. 7 (Platzverweis); VG Saarlouis 17.2.2004 – 6 F 6/04, Rn. 9 (Geschwindigkeitsmessung); VG Hamburg 10.2.2017 – 9 K 6154/14, Rn. 92 (Beobachtungsverbot); OVG Berlin-Brandenburg 21.12.2017 – 11 S 92.17, Rn. 10 (Weihnachtsmarkt); VG Darmstadt 28.4.2016 – 3 L 642/16.DA, Rn. 12 (Aufenthaltsverbot); OVG Magdeburg 19.6.2012 – 3 M 293/11, Rn. 9 (Hundeführung).
923 Vgl. EFP/*Pünder* Rn. 163 f. mVa dem Rechtsgrundsatz *ultra posse nemo obligatur*; *DWVM* S. 417 ff.
924 Vgl. VGH München NJW 1984, 2116; OVG Münster 17.12.2020 – 5 A 2300/19, Rn. 62.
925 *Kingreen/Poscher* § 10 Rn. 18 f; *DWVM* S. 417 f. Vgl. auch VGH Mannheim 16.2.1994 – 1 S 2882/93, Rn. 4 zur subj. Unmöglichkeit einer Einbürgerung in einem anderen Staat.
926 Vgl. *Habermehl* Rn. 230; EFP/*Pünder* Rn. 163.
927 VGH Mannheim 27.9.1996 – 10 S 413/96, Rn. 27; *Götz/Geis* § 16 Rn. 22; *Thiel* § 8 Rn. 184; *DWVM* S. 418; SBS/*Sachs* § 44 VwVfG Rn. 147 mwN. Wirtschaftl. Folgen können, etwa bei Überschreitung der sog. Opfergrenze [→ C242], auf Sekundärebene zu berücksichtigen sein.

309 Rechtswidrig infolge einer **rechtlichen** Unmöglichkeit sind aber Anordnungen, deren Befolgung einen Widerspruch zur übrigen Rechtsordnung hervorruft.[928] Einen stets nach § 44 Abs. 2 Nr. 5 HmbVwVfG nichtigen Unterfall der rechtlichen Unmöglichkeit bilden Verfügungen, welche die Begehung einer rechtswidrigen, straf- oder bußgeldbewehrten Tat verlangen, wie etwa das an eine betrunkene Person adressierte Wegfahrgebot bezüglich ihres Autos.[929] Rechtlich unmöglich ist es auch, wenn Adressaten bei Vornahme der ihnen auferlegten Handlung in Bezug auf eine Sache mangels Verfügungsgewalt unzulässig in **private Rechte Dritter** eingreifen würden – etwa in Folge einer Anordnung von Sanierungsmaßnahmen auf einem fremden Grundstück ggü. dem Nichteigentümer oder aufgrund einer ggü. der Mieterin eines Hauses ergangenen Beseitigungsverfügung.[930] Teilen sich indes mehrere Personen als Miteigentümer oder Miterben die zur Ausführung einer Anordnung erforderliche Verfügungsgewalt, besteht keine rechtliche Unmöglichkeit, wenn die Anordnung nur ggü. einem Mitberechtigten erfolgt – derartige Konstellationen führen lediglich zu einem Vollstreckungshindernis, das durch eine **Duldungsverfügung** ausgeräumt werden kann.[931]

310 **Beispiele:** Statt einer Entfernung und anderweitigen Unterbringung konnte dem Betreiber eines Tierheims wegen rechtl. Unmöglichkeit nicht aufgegeben werden, seine Hunde zum Lärmschutz entgegen tierschutzrechtlicher Vorschriften dauerhaft in einem unbelüfteten Raum zu halten. Die Anordnung einer Maulkorbpflicht für einen bereits verstorbenen und eingeäscherten Hund ist obj. unmöglich und daher nichtig. Als möglich angesehen wurden die Absperrung eines Gehwegs für Bauarbeiten nach Einholung der dafür notwendigen Genehmigung, die Einrichtung einer für Tauben unzugänglichen Vogelfutterstelle, um einem Taubenfütterungsverbot nachzukommen, und das Fällen eines Baumes, der sich auf einem im Miteigentum Dritter stehenden Grundstück befand, dessen mangelndes Einverständnis lediglich ein im Wege einer Duldungsverfügung auszuräumendes Vollzugshindernis hätte bilden können.[932]

---

928 *Kingreen/Poscher* § 10 Rn. 18; *Knemeyer* Rn. 282; vgl. OVG Lüneburg OVGE 27, 321 (325).
929 VGH Mannheim 24.2.2022 – 1 S 2283/20, Rn. 34.
930 VG Gießen 26.9.2007 – 8 G 1356/07, Rn. 19; OVG Hamburg 1.12.1992 – Bf VI 29/91, Rn. 54; SchE/*Schoch/ Kießling* Rn. 312; *Götz/Geis* § 16 Rn. 22.
931 BVerwG 28.4.1972 – IV C 42.69; VGH Kassel 10.11.1995 – 14 TH 2919/94, Rn. 20; *Schoch* JURA 2004, 462 (467); *Maurer/Waldhoff* § 10 Rn. 55; *Götz/Geis* § 16 Rn. 23.
932 OVG Lüneburg OVGE 27, 321 (325) (Hundehaltung); VG Frankfurt 19.8.2019 – 5 L 1802/19/F, Rn. 11 (Maulkorb); OVG Münster 8.4.2014 – 2 A 371/13, Rn. 51 (Genehmigung); VG Düsseldorf 4.5.2011 – 18 K 1622/11, Rn. 18 (Taubenfütterung); OVG Schleswig 13.1.2021 – 4 MB 44/20 (Baumfällen).

D. Befugnisse im Einzelnen

Polizei und Verwaltungsbehörden stehen zur Erfüllung ihrer Aufgaben gesetzlich geregelte Befugnisse zur Verfügung. Viele Maßnahmen, die dafür *typischerweise* von Bedeutung sind, haben im Polizei- und Ordnungsrecht der FHH eine eigene Ausgestaltung erfahren.[1] Während das SOG maßgeblich physisch geprägte, *aktionelle* Maßnahmen regelt, bildet das PolDVG mit seinen *informationellen* Befugnissen den Rahmen für die Erhebung und Verarbeitung von insbes. personenbezogenen Daten (nur) durch die Vollzugspolizei.[2] **Standardbefugnisse** haben gemein, dass sie anders als etwa die Generalklausel in § 3 Abs. 1 SOG nicht zu *allen erforderlichen*, sondern nur zu *bestimmten, sachlich benannten* Maßnahmen ermächtigen und dafür besondere Anforderungen formulieren. Soweit Standardbefugnisse eigene Vorgaben zur tatbestandlichen Eingriffsschwelle, den zu adressierenden Personen, zu Zuständigkeit, Verfahren oder zur Ausübung des rechtsfolgenseitig eingeräumten Ermessens treffen, verdrängen sie die *allgemeinen* Anforderungen an die Rechtmäßigkeit des polizeilichen Handelns.[3] Im Anwendungsbereich einer Standardbefugnis ist ein Rückgriff auf die polizei- und ordnungsbehördliche **Generalklausel** regelmäßig ausgeschlossen [→ C69], die als auffangende Rechtsgrundlage für mehr oder weniger *atypisches* bzw. *nicht standardisiertes* Handeln verbleibt.

1

I. Grundlagen zu den Standardbefugnissen

Standardbefugnisse können zu *Verwaltungs-* oder zu *Realakten* ermächtigen. Diese Frage nach der **Handlungs-** bzw. **Rechtsform** einer *Standardmaßnahme* – verbreitet ist auch von der Rechtsnatur die Rede – wird in vielen Zusammenhängen bedeutsam, etwa mit Blick auf den Vorbehalt des Gesetzes [→ C36], die Verwaltungsaktsbefugnis [→ C50] oder den Rechtwidrigkeitszusammenhang bei der polizeilichen Datenweiterverarbeitung [→ D29 u. 96], zudem in Bezug auf den Rechtsschutz und die statthafte Klageart [→ I6] im Verwaltungsprozess. Eine pauschale Antwort ist dabei nicht möglich, da Standardbefugnisnormen nicht zu Maßnahmen in Gestalt einer *bestimmten* Handlungsform ermächtigen.[4] Ihre Handlungsform ist nach der allg. Regeln zu bestimmen. Maßgeblich ist also insbes., ob dem jeweiligen Handeln ein Regelungscharakter zukommt (vgl. § 35 S. 1 HmbVwVfG; dazu nachfolgend 1). Die Zweckerreichung eines auf Grundlage einer Standardbefugnis erfolgenden Vorgehens der Behörde kann daran anknüpfend von der Befolgung einer regelnden Verfügung durch den Adressaten abhängig sein oder einen tatsächlichen Erfolg selbst herbeiführen – dies wirft die Frage nach einem Bedürfnis bzw. der Möglichkeit einer **Durchsetzung** von Standardmaßnahmen auf (dazu 2).

2

---

1 Viele der in SOG und PolDVG geregelten Standardmaßnahmen können auf gleiche oder ähnliche Weise zur Strafverfolgung auf Grundlage entspr. Befugnisnormen in der StPO getroffen werden.
2 Wie in diesem Lehrbuch wird in der Lit. verbreitet zwischen *aktionellen* (bzw. operativen) und *informationellen* Befugnissen, also nach dem Gegenstand einer Befugnis, unterschieden, vgl. etwa *Kugelmann* Kap. 6. Rn. 1 f. Zweckmäßig erscheint auch eine Einteilung nach dem Zweck einer Befugnis, also ob sie der Aufklärung oder der Beseitigung einer Gefahr dient, so *Gusy/Eichenhofer* Rn. 185. Vgl. zu unterschiedl. Systematisierungsansätzen *Kneymeyer* Rn. 162 ff; *Kingreen/Poscher* § 11 Rn. 7 ff.; SchE/*Schoch/Kießling* Rn. 491. Eine Klassifizierung aktioneller Befugnisse als *klassische* oder *traditionelle* Standardbefugnisse dürfte mittlerweile überholt sein.
3 Statuieren Standardbefugnisnormen keine spez. Vorgaben, kommen die allg. Regelungen ggf. ergänzend zur Anwendung [→ C58]; vgl. *Möstl* JURA 2011, 840 (845 ff.). Dies gilt etwa für die Regelungen zur Zuständigkeit [→ C82] oder die §§ 8 ff. SOG [→ C215].
4 So zutreffend SchE/*Schoch/Kießling* Rn. 490; *Gusy/Eichenhofer* Rn. 180.

1. Handlungs- bzw. Rechtsform polizeilicher Standardmaßnahmen

3 Ansätze einer Systematisierung in Bezug auf die Handlungs- bzw. Rechtsform von Standardmaßnahmen werden in unterschiedlicher Weise vorgenommen, wobei weitgehende Einigkeit darüber besteht, dass zwischen *anordnenden* und *realisierenden* Standardmaßnahmen unterschieden werden kann.[5] Bloße Anordnungsbefugnisse ermächtigen allein zu einer Verpflichtung des Adressaten – so etwa § 12a SOG, auf dessen Grundlage eine Person zum Verlassen eines Ortes *verpflichtet* und ihr eine Rückkehr *untersagt* werden kann.[6] Solche anordnenden oder **verfügenden Standardmaßnahmen** sind ausschließlich auf die Herbeiführung von Rechtsfolgen gerichtet und als Verwaltungsakte zu qualifizieren.

4 **Beispiele:** Um verfügende Standardmaßnahmen handelt es sich bei der Vorladung nach § 11 SOG, der Meldeauflage nach § 11a SOG sowie bei Betretungs-, Aufenthalts-, Kontakt- und Näherungsverboten nach § 12b SOG. Auch das im Rahmen einer Identitätsfeststellung nach § 13 Abs. 1, Abs. 4 PolDVG erfolgende Anhalten einer Person und das Verlangen, die Ausweispapiere auszuhändigen, stellen wie die Herausgabe einer Sache zum Zwecke der Sicherstellung nach § 14 Abs. 1 SOG Verfügungen dar.

5 Etwas anderes gilt für **realisierende Standardmaßnahmen**, die auf die Herbeiführung eines tatsächlichen Erfolges gerichtet sind und sich als polizeiliches Realhandeln darstellen. In Bezug auf die zugrundeliegenden **Handlungsbefugnisse** besteht Einigkeit indes nur, soweit es um die *tatsächliche Durchführung* und deren Qualifizierung als Realakt geht, etwa für das Einsperren einer Person in einer Gewahrsamszelle. Unterschiedliche Auffassungen werden dazu vertreten, inwieweit die Ausführung durch einen VA eingeleitet werden muss oder begleitet wird.[7]

6 **Beispiele:** Um realisierende Standardmaßnahmen handelt es sich etwa bei der Ingewahrsamnahme auf Grundlage des § 13 SOG, bei der Durchsuchung einer Person oder einer Wohnung nach §§ 15 u. 16 SOG, bei der ED-Behandlung nach § 16 PolDVG sowie bei allen verdeckt erfolgenden Datenerhebungseingriffen auf Grundlage der §§ 20 ff. PolDVG, z.B. durch Observation, den Einsatz von Vertrauenspersonen, verdeckt Ermittelnden oder techn. Mittel.

7 Verbreitet wird gefordert, dass derartigen Ausführungshandlungen eine Verfügung vorauszugehen hat, womit die betroffene Person etwa in Bezug auf eine Durchsuchung zur *Duldung* oder *Mitwirkung* verpflichtet wird.[8] Dies soll zu einer möglichst schonenden Durchführung der polizeilichen Maßnahme beitragen. Eine entspr. Verfügung wird so aus Gründen der Verhältnismäßigkeit für erforderlich gehalten.[9] In der Folge werden auch realisierende Standardmaßnahmen mitunter als **einheitliche Verwaltungsakte** angesehen, wobei das Realhandeln nur einen Annex bildet.[10] Mit einer derartigen Beurteilung geht einher, dass zugleich die Voraussetzungen einer unmittelbaren Ausführung vorliegen müssen, wenn ein VA ggü. einer etwa handlungsunfähigen Person nicht erlassen werden kann.[11]

8 Nach anderer Ansicht werden realisierende Standardmaßnahmen als **Realakte** qualifiziert.[12] Eine Anordnung, die sich als *regelnde* Verfügung ggü. dem Betroffenen darstellt und zur Duldung der Maßnahme verpflichtet, sei nicht erforderlich, da eine derartige Pflicht bereits der gesetzlichen Befugnisnorm entnommen werden könne.[13] Die Konstruktion einer (konkludenten) Duldungsverfügung, der es zur Sicherung des Verwaltungsrechtswegs nicht mehr bedarf

---

5 Umfassend dazu *Lambiris* S. 115 ff.; so auch KR/*Ramsauer* § 35 Rn. 114; *Kingreen/Poscher* § 11 Rn. 14 f.
6 Vgl. etwa *Möller/Warg* Rn. 276; EFP/*Pünder* Rn. 185.
7 Vgl. *Götz/Geis* § 18 Rn. 9 f.; *Möstl* JURA 2011, 840 (848).
8 S. insbes. *Schenke* FS Graulich, 2019, 101 (102 ff.); *Schenke* Rn. 128 ff. So auch *Götz/Geis* § 18 Rn. 11; *Kugelmann* Kap. 9 Rn. 10; Mann/Sennekamp/Uechtritz/*Windoffer* § 35 Rn. 100.
9 EFP/*Pünder* Rn. 187; *Kingreen/Poscher* § 11 Rn. 14.
10 LD/*Graulich* Kap. E Rn. 63 f.; *Schenke* Rn. 128.
11 Vgl. KR/*Ramsauer* § 35 Rn. 115.
12 S. insbes. *Lambiris* S. 121 u. 136 sowie *Finger* JuS 2005, 116 (117 f.); SBS/*Stelkens* § 35 Rn. 96; Gusy/*Eichenhofer* Rn. 182.
13 *Lambiris* S. 133 mwN; Gusy/*Eichenhofer* Rn. 182.

I. Grundlagen zu den Standardbefugnissen

[→ I6], sei auch für eine Vollstreckung nicht erforderlich.[14] Eine etwaige *Anordnung*, z.B. einer Ingewahrsamnahme, wird dann als lediglich innerdienstliche Weisung an die ausführenden Polizeibediensteten angesehen.[15]

Die umstrittenen Ansätze einer abstrakten Bestimmung der Handlungsform zeigen, dass eine *konsistente* Systematisierung kaum vorzunehmen sein wird. Welche Handlungsform ein behördliches Handeln hat, ist anhand von § 35 S. 1 HmbVwVfG zu bestimmen. Wozu eine Standardbefugnis ermächtigt, wird im Einzelfall durch **Auslegung der Norm** zu ermitteln sein. Dabei scheint es keineswegs zwingend, etwa für die Befugnisse in §§ 13, 15 u. 16 SOG, wonach eine Person „*in Gewahrsam genommen*" oder „*durchsucht*" werden darf, die Möglichkeit eines Erlasses von Verwaltungsakten zu konstruieren. Dafür kann auch kein Bedürfnis ausgemacht werden, da ein Polizeihandeln *durch VA* weder für den Rechtsschutz [→ I1] noch für die Durchsetzung [→ D10] erforderlich ist. Soweit iSd **Verhältnismäßigkeit** der betroffenen Person eine Möglichkeit zur Mitwirkung gegeben werden soll, scheint nicht überzeugend, dass dies besser durch *Verfügung* der Duldung einer Maßnahme als durch deren schlichte *Ankündigung* erfolgen könnte – für die **Erfolgsaussichten** einer Durchsuchung kommt es nicht darauf an, *warum* diese zu dulden ist, sondern *ob* diesbezüglich eine Bereitschaft besteht.

9

2. Durchsetzung und Vollstreckungsbedürftigkeit

Wie die Realisierung einer polizeilichen Standardmaßnahme ohne Mitwirkungsbereitschaft des polizeilichen Gegenübers erreicht werden kann, lässt sich zunächst mit Blick auf die gesetzlich angeordnete **Rechtsfolge der jeweiligen Befugnisnorm** bestimmen. Mitunter regeln Standardbefugnisse konkret, zu welchen Handlungen die Behörde ermächtigt wird, um die Zielsetzung einer Maßnahme zu verwirklichen [→ E2] oder diese überhaupt erst zu ermöglichen. So ermächtigt § 13 Abs. 4 PolDVG etwa zum *Anhalten*, *Befragen* oder *Durchsuchen* einer Person, um deren Identität feststellen zu können. Zur Durchsetzung einer Platzverweisung, eines Betretungs-, Aufenthalts- oder Kontakt- und Näherungsverbots kann der Adressat in *Gewahrsam* [→ D177] genommen werden. Die beschriebenen Maßnahmen stellen *kein* Vollstreckungshandeln dar,[16] ihre Rechtmäßigkeit hängt davon ab, dass auch die durchzusetzenden oder zu ermöglichenden Maßnahmen zulässigerweise getroffen werden können.[17]

10

Ganz überwiegend enthalten Standardbefugnisse keine konkrete Beschreibung des durch sie legitimierten polizeilichen Vorgehens – ermächtigt wird lediglich dazu, eine Person von einem Ort *zu verweisen*, sie *in Gewahrsam zu nehmen* oder *zu durchsuchen*. Erweisen sich die auf Grundlage einer Befugnisnorm getroffenen Maßnahmen aufgrund ihrer Regelungswirkung als **Verwaltungsakte**, können diese im Wege der Verwaltungsvollstreckung [→ E3] – auch in Form der Anwendung unmittelbaren Zwangs iSd §§ 17 ff. SOG – durchgesetzt werden. In diesen Fällen dient die Vollstreckung der Überwindung eines entgegenstehenden Willens. Ermächtigt eine Standardbefugnis demggü. zu einem **realisierenden Handeln**, besteht zunächst kein Bedürfnis für eine separat zu behandelnde Durchsetzung, da der Ermächtigung das **Umsetzungselement immanent** ist und es zunächst nicht auf einen positiven Willensentschluss des Gegenübers ankommt.[18] Dies gilt jedoch nur, soweit sich das realisierende Handeln noch als Bestandteil

11

---

14 *DWVM* S. 216 f.; *Finger* JuS 2005, 116 (117 f.); *Beckmann* NVwZ 2011, 842 (843); SchE/*Schoch/Kießling* Rn. 490.
15 VG Hamburg 15.9.2014 – 2 K 2225/14, Rn. 4; 5.6.2018 – 17 K 1823/18, Rn. 26.
16 Im Einzelnen ist allerdings zu prüfen, ob eine Vollstreckung ggü. einer Ergreifung eingriffsintensiverer „Durchsetzungsmaßnahmen" das mildere Mittel darstellen würde.
17 Vgl. EFP/*Pünder* Rn. 189; *Kingreen/Poscher* § 11 Rn. 20 ff.
18 LD/*Graulich* Kap. E Rn. 902; *Habermehl* Rn. 513; *Möstl* JURA 2011, 840 (849).

der *Standard*maßnahme erweist,[19] ohne dabei den Charakter einer neuen Maßnahme oder eines Vollstreckungshandelns zu erhalten – andernfalls würden die spezielleren und strengeren Regeln des Vollstreckungsrechts umgangen.[20] Insbes. kann nicht angenommen werden, dass Handlungsbefugnisse bereits ihre zwangsweise erfolgende Durchsetzung implizieren.[21]

12 **Beispiel:** Um eine Person in Gewahrsam zu nehmen, dürfen die Polizeibediensteten diese etwa am Oberarm umfassen und sich so in Richtung des Streifenwagens begeben – ein solches Handeln gehört zum typischen Gepräge einer Ingewahrsamnahme. Dass eine Fesselung der Person iRd Gewahrsams erfolgen kann, stellt bereits § 23 Abs. 1 SOG klar. Begründet ist der Gewahrsam begrifflich, wenn die Polizei die Person ergriffen hat und sie fortan physisch an der Fortbewegung hindert. Der Einsatz des Schlagstocks ist demggü. kein begrifflicher Bestandteil einer Ingewahrsamnahme und von § 13 SOG nicht gedeckt.

13 Etwas anderes gilt, wenn das entspr. Handeln der Polizei durch **Widerstand** gestört wird, dessen Durchbrechung nicht mehr von der Befugnis selbst umfasst ist.[22] In diesem Fall wird ein Rückgriff auf die Bestimmungen des unmittelbaren Zwangs erforderlich, der seinerseits auf eine durch die Behörde zu erlassende, selbstständige Verfügung gestützt werden kann.[23] Diese **Begleitverfügung** muss nicht in Form einer Verfügung zur *Duldung der Standardmaßnahme* konstruiert werden, sondern wird im Sinne einer lebensnahen Betrachtung regelmäßig als Verfügung ergehen, den *Widerstand zu beenden* oder eine *Mitwirkungshandlung vorzunehmen*. Teilweise wird ein Erlass entspr. Verfügungen auf Grundlage der jeweils betroffenen Standardbefugnis selbst für möglich gehalten,[24] was angesichts des Wortlauts („eine Person darf durchsucht/in Gewahrsam genommen werden") zweifelhaft scheint. Insofern dürfte sich kein Unterschied zu der Störung einer polizeilichen Maßnahme durch Dritte ergeben, denen ggü. in gleicher Weise vorzugehen wäre – in diesen Fällen kann gestützt auf § 3 Abs. 1 SOG aufgrund einer Störung der öff. Sicherheit [→ C144] eine entspr. Verfügung ergehen.[25]

14 **Beispiele:** Will die Polizei eine Person durchsuchen, können die Bediensteten etwa deren Arme abtasten und anheben. Nur weil etwa das Anheben der Arme nicht unter Aufwendung eigener Körperkraft der Person geschieht, liegt darin noch keine eigenständige polizeiliche (Vollstreckungs-)Maßnahme zur Durchsetzung der Durchsuchung. Wehrt sich die betroffene Person demggü. etwa durch wilde Ruderbewegungen oder das Pressen der Arme gegen den eigenen Körper, ist die Situation anders zu beurteilen. In diesem Fall wird ein polizeiliches Handeln zur Ermöglichung der Durchsuchung erforderlich, das von der Rechtsfolge der Norm nicht mehr abgedeckt wird, nämlich der Einsatz einfacher körperlicher Gewalt zur Durchbrechung des geleisteten Widerstands. Dieser kann zur Vollstreckung einer Begleitverfügung („Lassen Sie das! Hören Sie auf, um sich zu schlagen! Heben Sie die Arme an!" etc.) erfolgen.

II. Informationelle Befugnisse

15 Jedem polizeilichen Handeln liegt eine Entscheidung zu Grunde, die wiederum auf **Informationen** beruht. Die staatliche und auch polizeiliche Informationsverarbeitung galt lange Zeit als rechtlich wenig relevant und war nur sehr punktuell gesetzlich reguliert. Der Gesetzgeber beschränkte sich v.a. auf *imperative*, also gezielte, mit Befehl und Zwang durchsetzbare Informations*erhebungen* wie die Identitätsfeststellung oder erkennungsdienstliche Maßnahmen. Dies änderte sich insbes. mit dem Volkszählungsurteil des BVerfG,[26] allerdings nur für eine bestimmte

---

19 Vgl. etwa EP/*O'Hara* Rn. 445 f. mit weiteren Beispielen.
20 *Finger* JuS 2005, 116 (118); *Möstl* JURA 2011, 840 (849).
21 So auch *Beckmann* NVwZ 2011, 842 (844); aA *Schmitt-Kammler* NWVBl 1995, 166; vgl. auch *Heintzen* DÖV 2005, 1038 (1041), der eine Verdrängung des Vollstreckungsrechts annimmt, sowie *Möller/Warg* Rn. 187, die in den Befugnisnormen der Durchsuchung, Sicherstellung u. Ingewahrsamnahme bereits eine Grundlage für deren zwangsweise erfolgende Durchsetzung erachten.
22 Zu „gestörten Standardmaßnahmen" u. zu Konnexitätsfragen *Lambiris* S. 163 ff. u. 190 ff.
23 So auch *Habermehl* Rn. 514.
24 So etwa SBS/*Stelkens* § 35 Rn. 98.
25 So auch *Beckmann* NVwZ 2011, 842 (844).
26 BVerfG 15.12.1983 – 1 BvR 209/83. S. den Überblick zur historischen Entwicklung des polizeilichen Daten- und Informationsrechts bei *Kingreen/Poscher* § 16 Rn. 6 ff.

II. Informationelle Befugnisse

Art von Informationen, nämlich für **personenbezogene Daten**. Für deren Verarbeitung bedurfte es fortan nach Maßgabe des *Vorbehalts des Gesetzes* gesetzlicher Vorschriften, die Zweck, Inhalt und Grenzen des Eingriffs in die **informationelle Selbstbestimmung** in hinreichend bestimmter Weise regeln.[27] Dabei wurde der informationellen Selbstbestimmung von Beginn an ein weiter Schutzbereich zugeschrieben, nämlich die Befugnis des Einzelnen, grundsätzlich selbst über die Preisgabe und Verwendung seiner persönlichen Daten zu bestimmen. Das Grundrecht schütze so nicht nur die *Privatsphäre*, sondern flankiere und erweitere den grundrechtlichen Schutz von Verhaltensfreiheit und Privatheit, indem es ihn schon auf der Stufe der *Persönlichkeitsgefährdung* beginnen lasse.[28] In der Konsequenz begründet jede Erhebung von personenbezogenen Daten und jede weitere Verwendung von ihnen über den ursprünglichen Anlass hinaus *einen eigenen Grundrechtseingriff*, der verfassungsrechtlich eigens nach dem Grundsatz der Zweckbindung gerechtfertigt werden müsse.[29] Der Hamburger Gesetzgeber reagierte darauf im Jahr 1991 mit dem Erlass des PolDVG und vielen Erweiterungen in der Folgezeit.[30]

Mit der zunehmenden **Digitalisierung** aller gesellschaftl. und staatl. Bereiche wurde allerdings deutlich, dass der polizeilichen Informationsarbeit mit der informationellen Selbstbestimmung zwar eine bis heute *prägende*, aber nicht die *einzige* konstitutionelle Grenze gezogen wird. Zusammen mit anderen Grundrechten und den Staatsstrukturprinzipien bildet sie einen **verfassungsrechtlichen**, durch das Europarecht ergänzten **Rahmen** für die polizeiliche Verarbeitung *jeglicher* Informationen, also nicht nur von Daten mit Personenbezug. Das BVerfG hat diesen Rahmen auch vor dem Hintergrund der Austarierung von Freiheit und Sicherheit [→ B25] durch mitunter sehr spezifische **Anforderungen konkretisiert**, die in erster Linie, aber nicht nur den Gesetzgeber bei der Regelung von Informationsbefugnissen, sondern auch die Polizei- und Ordnungsbehörden bei deren Ausübung begrenzen.[31] Sie betreffen etwa den Schweregrad von Straftaten, den Grad eines Tatverdachts, die Ausprägung einer Rechtsgutsgefährdung oder prozedurale Kontrollmechanismen, wie Dokumentations-, Benachrichtigungs- und Berichtspflichten, Richtervorbehalte und die Einrichtung spezifischer Kontrollorgane.[32] So leitete das BVerfG aus dem Grundgesetz etwa das sog. Doppeltürprinzip [→ D114] ab, wonach bei einer Datenübermittlung grds. *beide*, also die *sendende* und die *empfangene* Stelle, einer Rechtsgrundlage bedürfen. Aus der Verfassung wurde auch abgeleitet, dass die Polizei bereits vorhandene Daten auch zu einem anderen als dem ursprünglichen Zweck verwenden darf, wenn sie die Daten zu diesem Zweck erheben *dürfte* (sog. Prinzip der hypothetischen Datenneuerhebung (→ D97)), dass Nachrichtendienste und Polizei idS informationell zu *trennen* sind [→ B35] und dass *Informationsübermittlungen des Verfassungsschutzes* an die Gefahrenabwehrbehörden wenigstens eine konkretisierte Gefahr verlangen.[33] Zudem sind für verdeckte Informationsverarbeitungen besondere Anforderungen der verfassungsrechtlichen *Angemessenheit* einzuhalten.[34]

16

---

27 Zur Reichweite des Vorbehalts, insbes. bzgl. der informationellen Selbstbestimmung auch [→ C34]. Instruktiver Fall zur Frage des Eingriffs OVG Lüneburg 28.11.2023 – 11 LC 303/20, Rn. 45, auch [→ D124 u. 254].
28 BVerfG 1.10.2024 – 1 BvR 1160/19, Rn. 81 mwN.
29 BVerfG 1.10.2024 – 1 BvR 1160/19, Rn. 90 mwN. Dabei schützt das Recht auf informationelle Selbstbestimmung nicht nur vor einzelnen Datenerhebungen, sondern auch vor dem Zugriff auf große und dadurch typischerweise besonders aussagekräftige Datenbestände, s. BVerfG 24.6.2025 -1 BvR 180/23, Ls. 2.b) u. Rn. 223.
30 Bü-Drs. 13/5422, 15; [→ D18].
31 Ausführlich LD/*Bäcker* Kap. B, insbes. Rn. 36 ff. u. 179 ff.; auch *Kingreen/Poscher* § 18 Rn. 15 ff. u. § 19 Rn. 27 ff., die eine verfassungsrechtl. Prägung vor allem bei dort so bezeichneten nicht-imperativen Datenerhebungs- sowie bei Datenweiterverarbeitungsbefugnissen sehen.
32 *Löffelmann* GSZ 2023, 93 mit zahlr. Nachw. zur Rechtsprechung des BVerfG.
33 BVerfG 28.9.2022 – 1 BvR 2354/13, Rn. 132.
34 BVerfG 27.2.2008 – 1 BvR 370/07; 16.2.2023 – 1 BvR 1547/19, Rn. 105 ff.

D. Befugnisse im Einzelnen

17 In diesem konstitutionellen Rahmen erweitert sich das polizeiliche *Datenschutz*recht zu einem **polizeilichen Informationsrecht**. Seinen Kern bilden weiterhin die Regelungen des PolDVG und dessen Befugnisse, die auf gemeinsamen Grundlagen beruhen (dazu nachfolgend 1). Daneben können aber auch andere Regelungen bedeutsam werden, etwa des VersG, StVG, HmbTG und auch des SOG, etwa in Form der Generalklausel [→ D263]. Dabei lassen sich Informationsverarbeitungen und -befugnisse der Polizei, ungeachtet ob es um personenbezogene Daten oder sonstige Informationen geht,[35] danach systematisieren, ob sie auf die *Gewinnung*, die (weitere) *Verarbeitung* oder das *Äußern* von Informationen gerichtet sind (dazu nachfolgend 2 bis 4 sowie auch IV). Die nachfolgende Darstellung konzentriert sich auf die informationsrechtlichen Regelungen des PolDVG und hier auf die Phase der Informationsgewinnung.[36]

1. Grundlagen der informationsrechtlichen Befugnisse im PolDVG

18 Die informationsrechtlichen Befugnisse sind vor allem im PolDVG geregelt. Als **polizeiliches Datenschutzrecht** regelt es die Befugnisse zur Erhebung und Verarbeitung personenbezogener Daten mit *doppeltem Zweck* – die Polizei zur Informationsgewinnung und -verarbeitung zu ermächtigen und dabei den grundrechtlichen Persönlichkeitsschutz, insbes. die **informationelle Selbstbestimmung** zu gewährleisten.[37] Im Laufe der Zeit ist das PolDVG mit seinen ursprünglich nur 28 Paragrafen immer wieder ergänzt und erweitert worden. Die DS-GVO und die JI-RL, das BKAG-Urteil des BVerfG und neue Bedarfe der polizeilichen Praxis haben 2019 eine umfassende Reform des Gesetzeswerks notwendig gemacht,[38] in deren Folge sich sein textlicher Umfang nahezu verdoppelt hat. Die heute 78 Paragrafen des PolDVG und ihre Systematik sind auf den ersten Blick nicht leicht zu erfassen. Hilfreich ist es, sich zunächst mit einigen Grundlagen vertraut zu machen, die alle datenschutzrechtlichen Befugnisse prägen. Die Befugnisse selbst sind in den Abschnitten 2 u. 3 des PolDVG geregelt und lassen sich in solche der Daten*gewinnung* bzw. -*erhebung* – und hier wiederum in *allgemeine* und *besondere* Befugnisse der Erhebung – sowie der (weiteren) *Verarbeitung* einteilen.[39] Hinzu kommt die polizeiliche *Generalklausel* der Datenverarbeitung in § 11 PolDVG.

a) Anwendungsbereich und Grundbegriffe

19 Der Anwendungsbereich des PolDVG geht insoweit über jenen des SOG hinaus, als er gem. § 1 Abs. 1 PolDVG nicht nur die Abwehr von Gefahren (S. 1), sondern auch die Bereiche der *vorbeugenden Verbrechensbekämpfung* und der *Gefahrenvorsorge* erfasst (S. 2). Viele Befugnisse des PolDVG setzen deshalb konsequent *keine* konkrete Gefahr voraus und ermöglichen mitunter auch Maßnahmen, die sich – ungeachtet der Voraussetzungen in § 10 SOG – auch gegen

---

35 Personenbezogene Daten u. sonstige Informationen bilden selbstverständl. keine alternativen Kategorien. Polizeiliche Informationen sind vielmehr häufig deswegen bedeutsam, weil sie sowohl einen Personenbezug haben als auch unter anderen Gesichtspunkten gewichtig sind. Ihre Rechtmäßigkeit ist dann sowohl an den datenschutzrechtl. als auch den informationsrechtl. Anforderungen zu messen.
36 Befugnisse zur Informationsgewinnung bzw. -erhebung können in Hinblick auf ihre Handlungsform und grundrechtliche Eingriffswirkung weiter in imperative, also einen Adressaten gezielt verpflichtende (z.B. § 12 PolDVG), und nicht-imperative, mithin faktisch wahrnehmende (z.B. § 20 PolDVG) Erhebungsbefugnisse unterschieden werden, vgl. *Kingreen/Poscher* § 17 Rn. 1 u. 18 Rn. 1 f.
37 Zu dieser doppelten Zweckrichtung, auch vor dem Hintergrund der Unterscheidung von Daten und Informationen vgl. *Kingreen/Poscher* § 16 Rn. 2 ff.
38 BVerfG 20.4.2016 – 1 BvR 966/09. Zu von der Polizeipraxis formulierten Bedarfen zählten etwa die elektronische Aufenthaltsüberwachung, Ausschreibung zur gezielten Kontrolle u. Lichtbilder im Gewahrsam, vgl. Bü-Drs. 21/17906, 42.
39 Vgl. im PolDVG die Überschriften zu den Unterabschnitten 1 u. 2 von Abschnitt 2 sowie zu Abschnitt 3, wobei der Gesetzgeber von einer offiz. Überschrift zu Abschnitt 2 abgesehen hat.

II. Informationelle Befugnisse

(unbeteiligte) Dritte richten. Der Anwendungsbereich des PolDVG ist zugleich enger als jener des SOG, als sich die Befugnisse des PolDVG nach dessen § 1 Abs. 1 u. § 2 Abs. 1 von vornherein nur an die **Vollzugspolizei** richten. Die Datenverarbeitung der *Verwaltungsbehörden* iSd § 3 Abs. 1 SOG richtet sich nach der DS-GVO, dem HmbDSG und nach bereichsspezifischen Gesetzen wie etwa § 12 Abs. 1 SOG und dem HmbMG.[40] Auch ein Rückgriff auf die (aktionelle) polizeiliche Generalklausel des § 3 Abs. 1 SOG ist zum Zweck der Datenverarbeitung grds. nicht zulässig [→ D256].[41]

Die wichtigsten, im PolDVG verwendeten **Begriffe** sind in dessen § 2 definiert, insbes. der Terminus *Straftaten von erheblicher Bedeutung* in Abs. 2.[42] Die Definition von *Kontakt- oder Begleitpersonen* in Abs. 4 wurde im Jahr 2019 an die Vorgaben des BVerfG angepasst.[43] Der vom Gericht verlangten, spezifischen individuellen Nähe der Betroffenen zu der Gefahr, die von dem Verantwortlichen ausgeht, ist bereits in der Definition Rechnung getragen (vgl. insbes. auch Abs. 4 S. 2) und fließt so als generelle Voraussetzung in die Befugnisse ein, die auf Kontakt- oder Begleitpersonen Bezug nehmen.[44] Zudem soll mit ihr und anderen Definitionen[45] der von Art. 6 JI-RL geforderten Unterscheidung verschiedener Kategorien betroffener Personen Rechnung getragen werden.[46] Die Definitionen in § 2 Abs. 7 bis 22 PolDVG setzen Art. 3 JI-RL um und kompensieren, dass viele Begriffsbestimmungen im HmbDSG, auf die bislang verwiesen wurde (§ 1 Abs. 2 PolDVG aF), weggefallen sind und in einer an die JI-RL und die DS-GVO angepassten Form ins PolDVG überführt werden mussten.[47] Für das datenschutzrechtliche

20

---

40 Die DS-GVO (u. nicht die JI-RL iVm dem PolDVG) ist allerdings auch für polizeil. Tätigkeit relevant, nämlich für solche, die nicht *vollzugs*polizeilich [→ B81] ist. Zudem hat der Gesetzgeber Datenverarbeitungen durch die *Vollzugspolizei* für denkbar gehalten, die nicht im Anwendungsbereich der JI-RL und damit des PolDVG (vgl. § 1 Abs. 2), sondern der DS-GVO fallen, nämlich Datenverarbeitungen im Zusammenhang mit GefAbw, die *nicht straftatenbezogen* ist (vgl. Art. 1 u. 2 Abs. 1 JI-RL einerseits, Art. 2 Abs. 2 lit. d DS-GVO anderseits, sowie dazu Simitis/Hornung/Spiecker/Richter § 45 BDSG Rn. 4 ff.). Um sicherzustellen, dass auch in diesen nicht straftatenbezogenen Gefahrenabwehrfällen der Vollzugspolizei die wichtigen Datenerhebungsbefugnisse der §§ 10 bis 33 PolDVG sowie die §§ 4, 51 PolDVG zur Verfügung stehen, erklärt § 1 Abs. 3 S. 1 u. 2 PolDVG die genannten Vorschriften zugleich als Regelungen, die auf den sog. Öffnungsklauseln der DS-GVO (Art. 6 Abs. 2 u. 3, Art. 9 Abs. 2 u. 4, 10) beruhen und damit *zugleich* auch im Anwendungsbereich der DS-GVO gelten. Im Übrigen stellt § 1 Abs. 3 S. 3 PolDVG ebenfalls aus Gründen der Rechtssicherheit klar, dass im Anwendungsbereich der DS-GVO diese sowie das HmbDSG unmittelbar gelten, vgl. zum Ganzen Bü-Drs. 21/17906, 43 f.
41 Vgl. zur Datenverarbeitung durch andere Verwaltungsbehörden Bü-Drs. 13/5422, 15. Ob die „Fachgesetze" die informationelle Tätigkeit der Ordnungsbehörden in Hamburg abdecken, darf bezweifelt werden. Auch der (Vollzugs-)Polizei ist der Rückgriff versagt, weil das PolDVG die Datenverarbeitung abschließend regelt, vorbehaltl. *bes.* Rechtsvorschriften über die Datenerhebung (§ 10 Abs. 1 PolDVG).
42 Zur gesetzgeberisch beabsichtigten Erstreckung auf den nun nicht mehr vom BtMG, sondern von § 34 KCanG und § 25 MedCanG definierten unerlaubten Cannabisverkehr s. Bü-Drs. 22/16042, 11; zudem § 104 StPO.
43 BVerfG 25.4.2001 – 1 BvR 1104/92, Rn. 54. Geboten ist eine restriktive Begriffsauslegung. Vgl. auch BVerfG 20.4.2016 – 1 BvR 966/09, Rn. 114 ff., 167 ff. u. 291 ff.; 1.10.2024 – 1 BvR 1160/19, Rn. 109.
44 Vgl. etwa §§ 20 Abs. 1 S. 1 Nr. 2, 21 Abs. 1 S. 1 Nr. 1, 28 Abs. 1 S. 1, 29 Abs. 1 S. 1 PolDVG. Allerdings erscheinen die Bedingungen, unter denen nach § 2 Abs. 4 PolDVG eine Person als Kontakt- oder Begleitperson angesehen werden darf, im Vergleich etwa zum jüngst eingeführten § 45 Abs. 1 Nr. 4 BKAG (dazu BT-Drs. 21/325, 5 f.) recht niedrigschwellig und unbestimmt.
45 Vgl. §§ 11 Nr. 4, 36 Abs. 3 PolDVG.
46 Bü-Drs. 21/17906, 44.
47 Zu der langen Liste legal definierter Grundbegriffe gehören *Einschränkung der Verarbeitung, Profiling, Pseudonymisierung, Anonymisierung, Dateisystem, Verantwortlicher, Auftragsdatenverarbeiter, Empfänger, Verletzung des Schutzes personenbezogener Daten, genetische Daten, biometrische Daten, Gesundheitsdaten, besondere Kategorien personenbezogener Daten* und *Einwilligung.* In den jüngst eingefügten Abs. 23 u. 24 definiert der Gesetzgeber zudem die Begriffe des *Digitalen Dienstes,* der gleichlautend mit § 1 Abs. 4 Nr. 1 TDDDG den bisherigen Begriff *Telemedien(dienst)* ersetzen soll, sowie der *Vorfeldstraftaten,* also strafbewehrte Vorbereitungshandlungen (z.B. § 89a Abs. 2 StGB), an den ´verfassungsrechtlich mit polizeilichen Befugnissen insbes. der heimlichen Überwachung anknüpfen dürfe, wenn er dabei wenigstens eine konkre-

Polizeirecht konstituierend ist der Begriff der **personenbezogenen Daten**. § 2 Abs. 7 PolDVG übernimmt – von einer redaktionellen Anpassung abgesehen – die Definition von Art. 3 Nr. 1 JI-RL: Personenbezogene Daten sind alle Informationen, die sich auf eine identifizierte oder identifizierbare natürliche Person (betroffene Person) beziehen. Daten juristischer Personen sind also von vornherein ausgenommen. Nach § 2 Abs. 7 Hs. 2 PolDVG wird eine natürliche Person als **identifizierbar** angesehen, die direkt oder indirekt, insbes. mittels Zuordnung zu einer Kennung wie einem Namen, zu einer Kennnummer, zu Standortdaten, zu einer Online-Kennung oder zu einem oder mehreren besonderen Merkmalen, die Ausdruck der physischen, physiologischen, genetischen, psychischen, wirtschaftlichen, kulturellen oder sozialen Identität dieser Person sind, identifiziert werden kann. Entscheidend für den **Personenbezug** bzw. die Personenbeziehbarkeit von Daten ist, ob diese – selbst wenn sie belanglos erscheinen oder auch offenkundig sind – Rückschlüsse auf eine Person zulassen,[48] und sei es vermittelt über andere Daten.[49] Was die Tätigkeitsformen betrifft, sieht § 2 Abs. 8 PolDVG in Folge von Art. 3 Nr. 2 JI-RL die **Verarbeitung** nunmehr als einzigen Oberbegriff vor. Der Begriff ist denkbar weit gefasst und schließt insbes. die *Erhebung* als eine Form der Verarbeitung mit ein. Der Gesetzgeber scheint dabei davon auszugehen, dass ein Umgang mit Daten erst dann grundrechtsrelevant ist und einer gesetzlichen Legitimation bedarf, wenn er intentional ist. Jedenfalls sei etwa der umherschweifende Blick von Polizeibediensteten noch kein Verarbeiten.[50] Dagegen dürfte in europarechtskonformer Auslegung eine Verarbeitung auch vorliegen, wenn sie nur versucht wird.[51]

21 Das früher geltende PolDVG hatte noch streng zwischen Befugnissen zur *Erhebung* und zur *(Weiter-)Verarbeitung* unterschieden und hieran die **Systematik des Gesetzes** ausgerichtet. Diese Systematik „schimmert" auch noch heute durch,[52] wenngleich das PolDVG nunmehr zwischen einerseits *allgemeinen* (§§ 12 bis 15) und *besonderen* (§§ 16 bis 33) Befugnissen zur Datenverarbeitung, die beide aber inhaltlich vor allem die Erhebung betreffen, und Befugnissen zur *weiteren* Datenverarbeitung (§§ 34 bis 51), die erkennbar alle anderen Formen der Verarbeitung regeln, andererseits unterscheidet. Mit § 11 PolDVG findet sich eine Vorschrift, die für alle Formen der Datenverarbeitung gilt und in diesem Sinne als informationelle Generalklausel bezeichnet werden kann.

b) Grundsätze der Datenverarbeitung

22 Das PolDVG normiert eine Reihe von **Grundsatzregelungen** und -anforderungen, die „vor die Klammer gezogen" für alle und mehrere Befugnisse gelten und die in deren Rahmen mitzuprüfen sind. Auch hier war der Gesetzgeber erkennbar bemüht, die Grundsatzregelungen je nach ihrem Geltungsanspruch systematisch zu verorten. Während § 10 Abs. 2 bis 4 PolDVG und §§ 34 f. PolDVG Grundsätze festlegen, die entweder nur für die Daten*erhebung* oder nur für die *weiteren* Formen der Verarbeitung gelten [→ D28], regeln die §§ 3 bis 9 u. 10 Abs. 1 PolDVG Grundsätze, die für *alle* Formen der *Verarbeitung* gelten. § 3 PolDVG dient der Umsetzung der **allgemeinen Verarbeitungsgrundsätze** in Art. 4 Abs. 1 JI-RL.[53] Danach muss die polizeiliche Datenverarbeitung rechtmäßig sein, der Zweckbindung genügen, auf das notwendige Maß beschränkt werden, sachlich richtig sein, sich zeitlich auf das erforderliche Maß

---

tisierte oder konkrete Gefahr für das strafrechtlich geschützte Rechtsgut verlangt werde (BVerfG 9.12.2022 – 1 BvR 1345/21, Rn. 92), s. Bü-Drs. 22/16042, 12.
48 Vgl. BVerfG 15.12.1983 – 1 BvR 209/83, Rn. 150; 24.1.2012 – 1 BvR 1299/05, Rn. 122.
49 So ist das Kfz-Kennzeichen ein personenbezogenes Datum, weil mit ihm über eine Abfrage im Zentralen Verkehrsinformationssystem (ZEVIS) der Halter des Kfz ermittelt werden kann.
50 Bü-Drs. 21/17906, 45, wobei wohl der *zufällige*, umherschweifende Blick gemeint ist.
51 Vgl. EuGH 4.10.2024 – C-548/21, Rn. 69 ff.
52 Vgl. etwa § 1 S. 2 PolDVG: „Erhebung und weitere Verarbeitung".
53 Bü-Drs. 21/17906, 45, auch zum Verzicht auf die Übernahme der Worte „nach Treu und Glauben".

II. Informationelle Befugnisse

beschränken und eine angemessene Sicherheit der Daten gewährleisten. Der Verarbeitungszweck (z.B. die Abwehr einer Gefahr) gibt auch die grundlegende Antwort auf die Fragen, *wessen* personenbezogene Daten verarbeitet werden dürfen und *wer* – soweit die Polizei bei der Verarbeitung auf eine Mitwirkung anderer angewiesen ist – polizeilich verantwortlich ist, also Adressat einer informationellen Maßnahme sein kann [→ C215]. Wie § 10 Abs. 2 PolDVG [→ D30], wonach die in ihren Daten betroffene Person nur *ein* Akteur ist, bei dem die Daten erhoben werden können, allgemein zeigt, überschneiden sich diese Personenkreise, sind jedoch regelmäßig nicht identisch. Maßgeblich ist die jeweils einschlägige Befugnis, die häufig den Kreis der *Betroffenen* oder der möglichen *Adressaten* oder beides explizit bestimmt (z.B. § 24 Abs. 1 u. Abs. 3 S. 1 PolDVG), auch was etwa Unbeteiligte betrifft (z.B. § 24 Abs. 3 S. 2 PolDVG).[54] Was die Adressierung angeht, gilt im Übrigen die allg. Regelung des § 10 Abs. 2 PolDVG, sodass für einen Rückgriff auf die §§ 8–10 SOG allenfalls ein geringer Anwendungsbereich verbleiben dürfte.

In Konkretisierung von Art. 4 Abs. 4 JI-RL, wonach die Polizei die Einhaltung dieser Grundsätze nachweisen können muss, finden sich verteilt über das PolDVG zahlreiche Vorschriften mit Dokumentationsverpflichtungen. § 4 PolDVG greift Art. 10 JI-RL auf und legt die einschränkenden Voraussetzungen (Abs. 1) und die vorzusehenden Garantien fest, die hinzukommen, wenn **besondere Kategorien personenbezogener Daten** iSd § 2 Abs. 21 PolDVG verarbeitet werden, die im Hinblick auf den Persönlichkeitsschutz besonders sensibel sind.[55]

23

In § 5 PolDVG finden sich – in Anlehnung an § 51 BDSG – die allg. Anforderungen an die **Wirksamkeit einer Einwilligung** iSd § 2 Abs. 22 PolDVG, die hinzu zu lesen sind, soweit eine Befugnis auf einer Einwilligung [→ D127] aufbaut.[56] Weil vollzugspolizeiliche Situationen regelmäßig durch ein Machtgefälle zwischen Polizei und Betroffenen gekennzeichnet sind, wird allerdings häufig schon die für eine wirksame Einwilligung notwendige Freiwilligkeit (§ 5 Abs. 1 S. 1 u. 2 PolDVG) jedenfalls zweifelhaft sein. Die Einwilligung oder auf sie aufsetzende Befugnisse dürften damit nur eine eingeschränkte Bedeutung haben, um eine polizeiliche Verarbeitung personenbezogener Daten zu rechtfertigen.[57] § 6 PolDVG formuliert in Form eines Verbots unbefugter Datenverarbeitung eine grundl. Pflicht aller Bediensteter, bei der Aufgabenwahrnehmung das **Datengeheimnis** zu wahren.[58] § 7 PolDVG setzt die Vorgaben nach Art. 23 JI-RL zur **Verarbeitung auf Weisung** im Fall der Auftragsverarbeitung um. § 8 PolDVG bezieht sich auf die Vorgaben nach Art. 7 JI-RL zur **sachlichen Richtigkeit** im Hinblick auf die Subjektivität von Wahrnehmungen.[59] Der Gesetzgeber sieht in § 8 PolDVG lediglich eine Klarstellung, da die für polizeiliche Maßnahmen regelmäßig notwendige Prognoseentscheidung ohnehin auf Tatsachen beruhen muss und sich nicht in persönlichen Einschätzungen erschöpfen darf.[60] § 9 PolDVG setzt Art. 11 JI-RL um und normiert ähnlich wie § 54 BDSG (strenge) Einschränkungen bzw. Verbote **automatisierter Einzelentscheidungen**, insbes. des Profilings.[61] § 10 Abs. 1 PolDVG normiert einen weiteren Grundsatz, der ebenfalls Geltung für *jede Form der Datenverarbeitung* beansprucht. Er bestimmt, dass sich die polizeilichen

24

---

54 Vgl. etwa § 24 Abs. 1 u. Abs. 3 S. 1 PolDVG sowie § 24 Abs. 3 S. 2 PolDVG.
55 Der Verweis in Art. 10 JI-RL dient der Vermeidung des Begriffs „rassische Herkunft" im Gesetzestext des PolDVG, vgl. Bü-Drs. 22/9131, 6, sowie 22/947 u. 2376. Erwgr. 37 S. 2 der JI-RL stellt ausdrücklich klar, dass dieser Begriff nicht die Existenz verschiedener menschlicher Rassen belegen soll, sondern sich auf bestimmte Eigenschaften bezieht, die tatsächl. oder vermeintlich vererbbar sind. Hierzu gehören etwa die Augenfarbe u. -form, Haartyp oder Hautfarbe.
56 S. § 59 Abs. 4 S. 2 PolDVG.
57 LD/*Müller/Schwabenbauer* Kap. G Rn. 473 f.
58 Für die Strafverfolgung gilt zusätzl. § 53 BDSG. Für die Verpflichtung nicht-beamteter Personen s. das VerpflG.
59 Vgl. Erwgr. 30 der JI-RL.
60 Bü-Drs. 21/17906, 46. Zur Tatsachenbasiertheit von *Gefahr* [→ C164] u. *Gefahrenverdacht* [→ C196].
61 Bü-Drs. 21/17906, 46. Vgl. auch § 35a HmbVwVfG. Zur Parallelvorschrift des § 54 BDSG s. Simitis/Hornung/Spiecker/*Richter* § 54 Rn. 1 ff.

Datenverarbeitungsbefugnisse – vorbehaltlich anderweitiger *besonderer* Vorschriften wie etwa der StPO – **abschließend** [→ C64] nach dem PolDVG richten.

c) Organisation und Verfahren, Kontrolle

25 Bei informationellem Polizeihandeln kommt dem *Grundrechtsschutz durch Organisation und Verfahren* [→ B35] eine große Bedeutung zu. Das PolDVG enthält zahlreiche entspr. Vorgaben, die zumeist auch der Umsetzung der JI-RL dienen und früher im HmbDSG aF geregelt waren. Im vierten Abschnitt des Gesetzes sind **Pflichten der Verantwortlichen und Auftragsverarbeiter** geregelt. Sie betreffen etwa die *Datenverantwortlichkeit* und die *Datensicherheit* nach §§ 52 f. u. 54 PolDVG,[62] das *Verzeichnis* der Kategorien von Verarbeitungstätigkeiten[63] sowie die *Protokollierung* nach §§ 55 u. 63 PolDVG.[64] Die nach den §§ 20 bis 31 u. 50 PolDVG verdeckt erhobenen Daten sind zudem nach Maßgabe der §§ 64 u. 65 PolDVG zu *protokollieren*[65] und unter Angabe eingesetzter Mittel, Methoden oder Maßnahmen zu *kennzeichnen*.[66] Daneben bestehen Pflichten zur *Technikgestaltung und -folgenabschätzung* nach §§ 56 bis 58 u. 62 PolDVG, zur *Berichtigung, Löschung und Verarbeitungseinschränkung* nach § 59 PolDVG sowie *Melde- und Benachrichtigungspflichten*.[67] So ist die Polizei im Falle einer Verletzung des Schutzes personenbezogener Daten – etwa durch Verlust des Merkbuchs oder eines anderen Datenträgers sowie bei unzulässigen Abfragen in einer Datenbank – nach § 60 Abs. 1 S. 1 PolDVG verpflichtet, dies möglichst innerhalb von 72 Stunden dem HmbBfDI zu *melden* und ggf. nach § 61 Abs. 1 S. 1 PolDVG unverzüglich die Betroffenen zu *benachrichtigen*.

26 Den Vorgaben zu Organisation und Verfahren korrespondieren zum Teil entspr. prozedurale **Rechte der Betroffenen** im fünften Abschnitt des PolDVG. Dazu gehören etwa der *Auskunftsanspruch* aus § 69 PolDVG,[68] die Ansprüche auf *Berichtigung, Löschung und Einschränkung* der Verarbeitung in § 70 PolDVG. Diese Rechte werden nach Maßgabe des § 66 PolDVG verfahrensbezogen gesichert und von *allg. Informationspflichten* in § 67 PolDVG flankiert. Diese, weitgehend für *alle* informationellen Befugnisse geltenden Vorkehrungen werden von Vorgaben ergänzt, die nur für *bestimmte* Datenverarbeitungsbefugnisse gelten. So sehen etwa einige *verdeckte* Datenerhebungsbefugnisse eine anschließende **Benachrichtigung** der Betroffenen vor,[69] welche die in § 68 Abs. 1 S. 1 PolDVG vorausgesetzten *Mindestangaben* enthalten muss.[70] Die Benachrichtigung muss erfolgen, sobald dies ohne Gefährdung des Zwecks der

---

62 S. dazu auch Simitis/Hornung/Spiecker/*Richter* §§ 62–64 BDSG. Zu den jüngsten Änderungen des § 52 Abs. 3 PolDVG s. Bü-Drs. 22/16042, 9 u. 32 f. sowie *Richter* aaO § 62 Abs. 3 BDSG.
63 Nach Bü-Drs. 21/17906, 73 ersetzt § 55 PolDVG auch die Errichtungsanordnung nach § 26 PolDVG aF.
64 Zu den Parallelnormen im BDSG s. Simitis/Hornung/Spiecker/*Richter* §§ 70 u. 76 BDSG. Zu den jüngsten Änderungen des § 63 Abs. 3 PolDVG s. Bü-Drs. 22/16042, 10 u. 33 f.
65 Zu Protokollierung u. Nachforschung nach Abs. 3 s. Bü-Drs. 21/17906, 76 sowie BVerfG 20.4.2016 – 1 BvR 966/09, Rn. 141; 3.3.2004 – 1 BvR 2378/98.
66 Zur Kennzeichnung u. Bedeutung für das sog. Kriterium der hypoth. Datenneuerhebung s. Bü-Drs. 21/17906, 76 f. sowie BVerfG 20.4.2016 – 1 BvR 966/09, Rn. 287 u. *Weichert* NVwZ 2022, 844; *Kingreen/Poscher* § 19 Rn. 11. Zum jüngst neugefassten § 65 PolDVG s. Bü-Drs. 22/16042, 10 u. 34 f.
67 Zu den Parallelnormen im BDSG s. Simitis/Hornung/Spiecker/*Richter* bzw. *Thiel* §§ 65–67, 69, 71, 75 BDSG. Zu den jüngsten Änderungen des § 62 Abs. 1 S. 4 PolDVG s. Bü-Drs. 22/16042, 9 f. u. 33.
68 Die an § 57 BDSG angelehnte Vorschrift dient der Umsetzung von Art. 14 f. JI-RL. Vgl. Bü-Drs. 21/17906, 78 f., insbes. zur Bedeutung der Verweisung in Abs. 1 Nr. 3 auf den Begriff der „*Kategorie*" in § 65 Abs. 1 S. 1 Nr. 4 PolDVG für eine Generalisierbarkeit der Angaben. Zu § 69 Abs. 2 PolDVG s. auch Anl. 1 Prot. InnenA Nr. 21/40, S. 7.
69 Vgl. etwa §§ 21 Abs. 5, 22 Abs. 7, 26 Abs. 4, 27 Abs. 4 S. 2, 28 Abs. 2 S. 4, 29 Abs. 4 S. 4 PolDVG.
70 Die Benachrichtigungspflicht folgt aus Art. 19 Abs. 4 GG, da Betroffene verdeckter Datenerhebungen nur durch nachträgl. Information die Rechtmäßigkeit der Maßnahmen überprüfen lassen können; vgl. BVerfG 12.10.2011 – 2 BvR 236/08, Rn. 226; 20.4.2016 – 1 BvR 966/09, Rn. 136 u. 261; Bü-Drs. 21/17906, 78; 14.7.1999 – 1 BvR 2226/94, Rn. 177 ff. Vgl. auch Art. 13 JI-RL.

II. Informationelle Befugnisse

Maßnahme oder anderer hochrangiger Rechtsgüter möglich ist. Sie kann nach Abs. 1 S. 2 u. 3 unterbleiben, wenn überwiegende Belange einer betroffenen Person entgegenstehen oder ein entspr. Interesse einer nur unerheblich betroffenen Person nicht anzunehmen ist, etwa weil eine Benachrichtigung den Grundrechtseingriff noch vertiefen würde.[71] Eine über zwölf Monate hinausgehende Zurückstellung erfordert nach Abs. 3 eine **gerichtliche Entscheidung**.[72]

Der sechste Abschnitt des PolDVG mit den §§ 72 bis 74 regelt die Befugnisse der oder des Hamburgischen Beauftragten für Datenschutz und Informationsfreiheit. Der **HmbBfDI** kontrolliert auch die Polizei auf die Einhaltung datenschutzrechtlicher und -sicherheitstechnischer Vorschriften. Nach Maßgabe des § 72 Abs. 1 u. 2 PolDVG hat er die Befugnis, Verstöße zu beanstanden, Stellungnahmen einzufordern, ggf. fortbestehende Verstöße gerichtlich feststellen zu lassen und im Fall der Strafbewehrung anzuzeigen. Die Polizei ist nach § 74 PolDVG verpflichtet, mit dem HmbBfDI *zusammenzuarbeiten* – nach § 72 Abs. 3 PolDVG hat sie diesem jederzeit Zugang insbes. zu allen Diensträumen sowie zu Unterlagen, Akten, Datenbeständen und anderen Informationen zu gewähren bzw. diese bereitzustellen und zwar auch im Falle einer Einstufung als geheime Verschlusssachen.[73] Der **parlamentarischen Kontrolle** dient die im siebten Abschnitt in § 75 PolDVG[74] normierte *Berichtspflicht* des Senats ggü. der Bürgerschaft für die nach §§ 19 bis 30 u. 49 PolDVG angeordneten Maßnahmen.

27

2. Befugnisse zur Datenerhebung

Der zweite Abschnitt des PolDVG regelt – entgegen dessen Überschreibung mit dem weiteren Begriff der Datenverarbeitung – vor allem Befugnisse der *Datenerhebung*. Zu diesem Zweck ermächtigen §§ 16 bis 33 PolDVG, anders als die Erhebungsbefugnisse der §§ 12 bis 15 PolDVG, zum **Einsatz besonderer Mittel**, nämlich insbes. zu solchen des *Erkennungsdienstes*, zu *technischen* und zu Mitteln der *Verdeckung*. Dementsprechend statuieren die Vorschriften *gesteigerte* Anforderungen iSd Grundrechtsschutzes, den technische bedingten Verlust an Rechtsschutzmöglichkeiten und Verfahrensteilhabe zu kompensieren.[75] Dazu dienen insbes. **Anordnungsbefugnisse** der Polizeiführung, der StA oder des Amtsgerichts,[76] über die auch die Interessen der Betroffenen Berücksichtigung finden sollen.[77] Zu nennen sind zudem Pflichten zur **Unterrichtung oder Benachrichtigung** [→ D26] der jeweils betroffenen Personen im Anschluss an eine Maßnahme.

28

Das **Erheben** ist eine Form der Verarbeitung iSd § 2 Abs. 8 PolDVG, das selbst aber nicht gesetzlich definiert ist. Es bezeichnet einen Vorgang, durch den Daten zielgerichtet *erstmals* in den Verfügungsbereich des Verantwortlichen, also etwa der Polizei, gelangen.[78] Dabei genügt die *Möglichkeit* ihrer Kenntnisnahme.[79] Gelangen Daten ohne den Willen des Verantwortlichen in dessen Verfügungsbereich, liegt kein Erheben vor.[80] Viele Befugnisse ermächtigen ausdrücklich

29

---

71 Vgl. BVerfG 12.10.2011 – 2 BvR 236/08, Rn. 227; 15.7.1999 – 1 BvR 2226/94, Rn. 292.
72 Zu den jüngsten Änderungen des § 68 Abs. 3 PolDVG s. Bü-Drs. 22/16042, 10 u. 35.
73 Vgl. § 2 Abs. 4 S. 1 Nr. 7, S. 2 HmbSÜG. Zur Praxis der Überprüfung polizeil. Handelns s. den BfDI-Tätigkeitsbericht 2023, S. 18 ff. in Bü-Drs. 22/15032. Zur Parallelnorm im BDSG s. Simitis/Hornung/Spiecker/*Richter* § 68 BDSG.
74 Der Verweis in S. 3 ist auf § 22 Abs. 9 PolDVG zu beziehen, s. Bü-Drs. 22/16042, 10 u. 35. Vgl. ferner die speziellen Strafvorschriften in § 76 PolDVG.
75 Bü-Drs. 13/5422, 21. Vgl. auch SächsVerfGH 14.5.1996 – Vf. 44-II/94.
76 Zur Richtervorbehalten u. Rechtsschutz bei verd. Datenerhebungen s. *Henner* DÖV 1997, 939. Vgl. allg. BVerfG 3.3.2004 – 1 BvF 3/92, Rn. 147 ff.; 27.7.2005 – 1 BvR 668/04, Rn. 134. Zur Anerkennung richterl. Anordnungen anderer Länder s. § 32 PolDVG u. Bü-Drs. 21/17906, 62.
77 Vgl. etwa §§ 16 Abs. 3 u. 4, 20 Abs. 2, 22 Abs. 3 u. 9, 26 Abs. 1, 29 Abs. 4 PolDVG.
78 So die vom Gesetzgeber als gleichlautend bezeichnete Definition der Datenerhebung iSd DS-GVO, vgl. Simitis/Hornung/Spiecker/*Roßnagel* Art. 4 Abs. 1 Nr. 2 DS-GVO Rn. 15; Bü-Drs. 21/17906, 45.
79 Vgl. Kühling/Buchner/*Herbst* Art. 4 Abs. 1 Nr. 2 DS-GVO Rn. 21.
80 Zu aufgedrängten Daten vgl. LD/*Müller/Schwabenbauer* Kap. G Rn. 594.

zum Erheben,[81] andere zu Tätigkeiten, die ein Erheben einschließen, wie etwa zum Befragen, Feststellen (§ 13 Abs. 1 PolDVG) oder Beobachten (§ 20 Abs. 1 PolDVG). Mit **Erfassen** ist zwar auch ein gezieltes Erheben gemeint, allerdings eher im Sinne einer kontinuierlicher Aufzeichnung eines Datenstroms statt der Beschaffung einzelner Daten (vgl. etwa § 19 Abs. 1 PolDVG).[82] Zugleich wird erkennbar, dass von „Erheben" begrifflich sowohl imperatives (z.B. Befragen) als auch realisierendes Handeln (z.B. Beobachten) umfasst ist und ein Erheben somit je nach dem als VA oder als Realakt zu qualifizieren ist [→ D2]. Dies wird etwa beim Rechtmäßigkeitszusammenhang [→ D96] bedeutsam.

30 § 10 Abs. 2 bis 4 PolDVG enthält (weitere) Grundsätze der Datenverarbeitung, die zu jenen der §§ 3 bis 9 PolDVG hinzutreten, nach ihrem Wortlaut aber ausschließlich die Daten*erhebung* betreffen. Sie statuieren zur Gewährleistung informationeller Selbstbestimmung und in Ausformung des Verhältnismäßigkeitsgrundsatzes **Regel-Ausnahme-Vorgaben** und sind bei jeder Befugnis der §§ 11 ff. PolDVG zu beachten. So sind die Daten nach § 10 Abs. 2 S. 1 PolDVG regelmäßig **bei der betroffenen Person** selbst oder bei öff. Stellen zu erheben und dürfen bei *nicht*-öffentlichen Stellen nur unter den Voraussetzungen des S. 2 erhoben werden. Abs. 3 verlangt grds. eine **offene Datenerhebung**, um Betroffenen eine Mitsteuerung des Datenflusses und Rechtsschutz zu ermöglichen.[83] Eine *objektiv* nicht erkennbare oder *gezielt* **verdeckte** Ausübung der Erhebungsbefugnisse in §§ 12 ff. PolDVG ist nur unter den (zusätzlichen) Voraussetzungen der S. 2 u. 3 zulässig.[84] In S. 4 findet sich schließlich der datenschutzrechtsspezifische Grundsatz der **Rechtsbehelfsbelehrung**.[85]

a) Befragung einschl. Anhalten sowie Auskunft

31 Die Befragung einer Person als klassisches Instrument zur Informationsgewinnung iRd polizeilichen Aufklärung einer Sachlage ist in § 12 PolDVG geregelt.[86] Die Befugnis umfasst das **Fragen und Anhören** *gegen oder ohne den Willen* der betroffenen Person, die in eine psychische Drucksituation gebracht wird und zur Duldung des Kommunikationsvorgangs verpflichtet ist, zu dem sie nach Abs. 1 S. 2 auch **angehalten** werden darf.[87] Das *Befragen* als solches ist **nichtregelndes Realhandeln**,[88] zum *Anhalten* ergeht in der Regel eine Verfügung. Während die Ermächtigung in § 12 PolDVG nur an die *Vollzugspolizei* gerichtet ist, hat der Gesetzgeber für die *Verwaltungsbehörden* keine besondere Befugnis vorgesehen.[89] Diese können entspr. Maßnahmen, jedenfalls soweit es dabei nicht um *personenbezogene Daten* geht, wegen der geringen Eingriffstiefe auf die Generalklausel in § 3 Abs. 1 SOG stützen.[90] Die Befragung führt

---

81 Vgl. etwa. §§ 23 Abs. 1, 25 Abs. 1, 30 Abs. 6 S. 2 PolDVG.
82 Kühling/Buchner/*Herbst* Art. 4 Abs. 1 Nr. 2 DS-GVO Rn. 22.
83 EFP/*Pünder* Rn. 206 mwN.
84 Dies gilt nur, soweit gesetzl. nicht ausgeschlossen; s. etwa § 14 Abs. 1 S. 2 u. § 18 Abs. 3 S. 1 u. Abs. 4 S. 1 PolDVG. Ob auch die informationelle Generalklausel verdeckt anwendbar ist, erscheint zweifelhaft, vgl. LD/*Müller/Schwabenbauer* Kap. G Rn. 610; vgl. auch BVerfG 23.2.2007 – 1 BvR 2368/06.
85 S. dazu EFP/*Pünder* Rn. 206 mwN.
86 Vgl. die strafproz. Befugnisse in §§ 68, 136 f. StPO sowie die (nicht explizit geregelte) informator. Befragung, s. dazu BayObLG 2.11.2004 – 1 St RR 109/04.
87 Grundl. dazu *Gusy* NVwZ 1991, 614 (615 ff.) („Zwangskommunikation"). Wer sich freiwillig den Fragen der Polizei stellt oder diese informiert, wird demggü. nur informatorisch befragt.
88 *Gusy/Eichenhofer* Rn. 221; aA LD/*Graulich* Kap. E Rn. 312.
89 Vgl. demggü. etwa § 24 Abs. 1 Nr. 1 OBG NRW iVm § 9 Abs. 2 PolG NRW.
90 Vgl. insoweit auch die entspr. Annahme des Gesetzgebers in § 11 Abs. 1 S. 1 SOG. § 3 Abs. 1 SOG kommt zur Anwendung, da § 11 PolDVG ebenfalls nur auf die Vollzugspolizei anwendbar ist und § 26 HmbVwVfG umfasst, wie Abs. 2 S. 3 zeigt, keine Auskunftspflicht, regelt iÜ nur sehr begrenzte Mitwirkungsobliegenheiten u. dürfte zur Begründung einer Duldungspflichtpflicht nicht ausreichen.

II. Informationelle Befugnisse

aufgrund der damit verbundenen **Duldungspflicht** zu einem Eingriff in Art. 2 Abs. 1 GG,[91] im Falle einer *Aussagepflicht* in das Recht auf informationelle Selbstbestimmung.[92] Das Anhalten stellt anders als der polizeiliche Gewahrsam lediglich eine kurzfristige Freiheitsbeschränkung dar.[93] Eine Aufforderung zum Anhalten kann ggü. einer anwesenden Person erforderlichenfalls mit unm. Zwang **vollstreckt** werden.[94] Zur Ermöglichung der Befragung einer *abwesenden* Person kann die Polizei diese unter den Voraussetzungen des § 11 Abs. 1 S. 1 SOG *vorladen* und nach Maßgabe dessen Abs. 3 auch zwangsweise *vorführen*, wenn die Angaben der Person zur Abwehr der tatbestandlich qual. Gefahr erforderlich sind. Soweit nach Abs. 2 eine Pflicht zur Auskunft besteht, kann diese durch VA konkretisiert und **durchgesetzt** werden, wofür ein Zwangsgeld in Betracht kommt, die Anwendung unm. Zwangs hingegen schon gem. § 15 Abs. 2 HmbVwVG ausscheidet [→ E27].

Die **Voraussetzungen** einer Befragung durch die Polizei regelt Abs. 1, der eine weit gefasste Adressierung an *jede Person* enthält. Auch muss keine (konkrete) Gefahr vorliegen.[95] Erforderlich ist iSd Zwecks der Vorfeldbefugnis lediglich ein **Bezug zur Aufgabenerfüllung**, wobei die Anforderungen tatbestandlich herabgesetzt werden, da nicht *Tatsachen* verlangt werden, sondern bereits **tatsächliche Anhaltspunkte** ausreichen,[96] aufgrund derer anzunehmen sein muss, die betroffene Person könne **sachdienliche Angaben** machen, die zur Erfüllung einer polizeilichen Aufgabe erforderlich sind. Erfasst sind damit jedenfalls alle Teilaufgaben der **Gefahrenabwehr** [→ B61], nicht jedoch die Verfolgung von Straftaten und Ordnungswidrigkeiten.[97] Eine Befragung erfordert innerhalb der betroffenen Aufgabe einen konkreten **Anlass**, darf also nicht zur bloßen Ausforschung „ins Blaue hinein" oder zu aufgabenfremden Zwecken erfolgen.[98] Tatsächliche Anhaltspunkte können sich aus eingriffsloser Erkenntnisgewinnung wie Wahrnehmungen der zu einem Einsatz gerufenen Bediensteten am Ort des Geschehens, aus öff. zugänglichen Informationen, einem (zunächst) freiwillig-informatorischem Gespräch, Auskünften Dritter oder in Form plötzlicher Fluchtergreifung einer Person ergeben. 32

Von der Befragungs- und Anhaltebefugnis ist die **Auskunftspflicht** in Abs. 2 zu unterscheiden, die sich nach S. 1 zunächst nur auf abschließend geregelte **Angaben zur Person** bezieht.[99] Diese sollen eine ggf. später erforderliche weitere Befragung und diesbezügliche Erreichbarkeit der Person ermöglichen, wenngleich eine Verifizierung der Informationen von der Befugnis nicht umfasst ist.[100] Eine gesicherte Feststellung der Identität kann nur nach § 13 PolDVG 33

---

91 LD/*Graulich* Kap. E Rn. 312. Keinen Eingriff begründet demggü. das ausschl. auf Freiwilligkeit beruhende Gespräch ohne Duldungs- oder Aussagepflicht. Zur informator. Befragung s. *Gusy* NVwZ 1991, 614 (618 f.). Zum trad. Eingriffsverständnis s. *Götz/Geis* § 17 Rn. 20.
92 *Kugelmann* Kap. 7 Rn. 56; EFP/*Pünder* Rn. 208; aA *Schenke* Rn. 200, Eingriff nur bei Auskunftspflicht.
93 Vgl. Bü-Drs. 13/5422, 23; *Kugelmann* Kap. 7 Rn. 55; LD/*Graulich* Kap. E Rn. 312. Zur Abgrenzung von Anhalten u. Festhalten vgl. OVG Lüneburg 30.8.2012 – 11 LB 372/10, Rn. 47.
94 Vgl. BERS/*Rogosch* § 3 PolDVG Rn. 3.
95 Etwas anderes gilt für die Befragung durch die VerwBehörden, soweit diese auf § 3 Abs. 1 SOG zu stützen ist. Insoweit wird eine Absenkung der Gefahrenschwelle zur Gefahrenforschung angenommen. Die Frage der (konkr.) Gefahr als Voraussetzung wird auch bei der Vorladung [→ D131] relevant.
96 Vgl. BERS/*Ettemeyer* § 11 SOG Rn. 5; Bü-Drs. 13/5422, 26. Zur Diff. zw. „*Tatsachen*" u. „*tatsächlichen Anhaltspunkten*" [→ C196, Fn. 519].
97 Zur präv. verkehrsbezogenen Kontrolle vgl. § 36 Abs. 5 StVO.
98 Vgl. *Alberts/Merten* § 3 Rn. 2; BERS/*Rogosch* § 3 PolDVG Rn. 2.
99 Vgl. auch § 111 Abs. 1 OWiG, wonach die Verweigerung entspr. Angaben bzw. unrichtige Angaben ggü. der zust. Behörde eine OWi darstellen. Besteht diesbezügl. ein Verdacht, kann nach IdF nach §§ 163b Abs. 1 StPO, 46 OWiG erfolgen. Dies gilt jedoch nur für ein rechtm. Auskunftsverlangen; vgl. BVerfG 7.3.1995 – 1 BvR 1564/92, Rn. 31 ff. Danach besteht keine allg. Verpflichtung, sich ohne Grund auf amtl. Aufforderung auszuweisen oder sonstige Angaben zu Personalien zu machen; vgl. BVerfG 24.7.2015 – 1 BvR 2501/13, Rn. 11.
100 Vgl. *Thiel* § 10 Rn. 10 sowie BERS/*Rogosch* § 3 PolDVG Rn. 4 mit weiteren Einschränkungen. Vgl. demggü. § 22 Abs. 1 S. 3 BPolG, der ausdrückl. eine Aushändigung von Ausweispapieren vorsieht.

erfolgen [→ D35], wozu dessen Abs. 4 entspr. Maßnahmen bis hin zu einer ED-Behandlung vorsieht.[101] Zu *weiteren Angaben* zur Sache oder Informationen über Dritte ist die befragte Person nur unter den Voraussetzungen des S. 2 verpflichtet. Gesetzliche **Handlungspflichten** können sich etwa aus echten Unterlassungsdelikten wie §§ 138, 323c StGB, einer Garantenstellung oder aus der elterlichen Sorgepflicht nach § 1626 BGB ergeben.[102] Eine aus der Generalklausel folgende Auskunftspflicht trifft die nach §§ 8, 9 SOG Verantwortlichen, die polizeilich zu einem Handeln verpflichtet werden dürfen.[103] Kommt die pflichtige Person einer Verfügung nicht nach, darf die Polizei zur Gefahrenabwehr erforderliche Auskünfte einfordern, wie etwa den Zahlencode für ein Vorhängeschloss oder die Inhaltsstoffe einer ausgetretenen Substanz.[104] Eine **generelle Auskunftspflicht** besteht, soweit Tatsachen die Annahme rechtfertigen, dass eine Person sachdienliche Angaben zur Abwehr einer Gefahr für überragend gewichtige Rechtsgüter machen kann (Var. 2).[105]

34 Eine Auskunftspflicht scheitert nicht daran, dass die befragte Person durch ihre Auskunft möglicherweise polizeirechtliche Maßnahmen gegen sich selbst in Gang setzt.[106] Bewirkt die Aussage jedoch die Gefahr einer Verfolgung wegen einer Straftat oder Ordnungswidrigkeit, sind **Begrenzungen einer Pflicht zur Selbstbezichtigung** zu beachten.[107] Insoweit gelten nach Abs. 3 die Zeugnis- und Auskunftsverweigerungsrechte der §§ 52 bis 55 StPO sowie die Beweiserhebungs- und Verwertungsverbote des § 136a StPO entsprechend. Da die Befragung sich auch auf Informationen beziehen kann, zu denen die betroffene Person keine Angaben machen muss, ist diese insoweit zu belehren.[108]

b) Identitätsfeststellung und Prüfung von Berechtigungsscheinen

35 Die präventive Identitätsfeststellung durch die *Vollzugspolizei* als offen erfolgende Erhebung personenbezogener Daten richtet sich nach § 13 PolDVG.[109] Die Befugnis ermöglicht eine verbindliche Klärung, um wen es sich bei einer unbekannten Person handelt bzw. ob sie mit einer der Polizei bereits bekannten Person identisch ist.[110] Anders als bei einer Befragung ist gerade die **Erhebung personenbezogener Daten** Gegenstand der spezielleren Befugnis, die sich hinsichtlich der nach Abs. 3 erhebungsfähigen Daten nur geringfügig vom *Umfang der Auskunftspflicht* in § 12 Abs. 2 S. 1 PolDVG unterscheidet,[111] in Abs. 4 jedoch zur Personalienfeststellung zulässige Maßnahmen vorsieht, die *erheblich* über das Anhalten einer Person hinausgehen. Oftmals

---

101 Dies gilt auch, wenn erhobene Angaben nicht nur zusätzl. Informationen zur Aufgabenbewältigung wären, sondern gerade Ziel der polizeil. Ermittlungstätigkeit sind; vgl. *Kingreen/Poscher* § 17 Rn. 3.
102 *Kingreen/Poscher* § 17 Rn. 8 f. mit Erläuterung; *Thiel* § 10 Rn. 11.
103 Vgl. Bü-Drs. 13/5422, 23; EFP/*Pünder* Rn. 209; *Götz/Geis* § 17 Rn. 20. Nichtverantwortliche, die etwa als Zeugen oder aufgrund spez. Sachkunde über zur Gefahrenabwehr erforderliche Informationen verfügen, müssen nur unter den Voraussetzungen des § 10 Abs. 1 SOG aussagen.
104 *DWVM* S. 193; *Kingreen/Poscher* § 17 Rn. 10 f; krit. *Gusy* NVwZ 1991, 614 (617).
105 Vgl. Bü-Drs. 18/1487, 13; *Pünder* NordÖR 2005, 349 (350).
106 *DWVM* S. 193. Es ist umstr., ob der Grundsatz der Selbstbelastungsfreiheit (nemo tenetur se ipsum accusare) im Wege der Gesamtrechtsanalogie auch außerhalb des Strafprozessrechts anwendbar ist; vgl. etwa OLG Brandenburg 8.7.2019 – (1 B) 53 Ss-OWi 285/19 (169/19) sowie *Barczak* JuS 2021, 1 (5).
107 Vgl. bereits BVerfG 13.1.1981 – 1 BvR 116/77, Rn. 23; 26.2.1997 – 1 BvR 2172/96, Rn. 82.
108 *Alberts/Merten* § 3 Rn. 7; SchE/*Schoch/Kießling* Rn. 494.
109 Zur strafproz. IdF vgl. §§ 163b, 163c StPO. Vgl. auch § 46 Abs. 1 OWiG. Eine IdF durch die *Verwaltungsbehörden* ist eigens in § 12 SOG geregelt.
110 Vgl. Bü-Drs. 13/5422, 23.
111 Vgl. „*frühere Namen*" u. „*Geschlecht*". Frühere Namen sind insbes. Geburtsnamen. Begrifflich könnten der Vorschrift auch Vornamen unterfallen, die Personen vor rechtl. anerkannter Angleichung ihrer geschlechtlichen Identität getragen haben. Insoweit ist das Offenbarungsverbot nach § 13 SBGG zu beachten, vgl. allerdings die polizeirelevanten Ausnahmen in Abs. 1 S. 2 u. 3.

bildet eine Identitätsfeststellung den ersten grundrechtsrelevanten Kontakt mit der Polizei.[112] Eingegriffen wird dabei jedenfalls in das Recht auf informationelle Selbstbestimmung.[113]

aa) Zwecke und Voraussetzungen der Identitätsfeststellung

Mit unterschiedlicher Anknüpfung werden in § 13 Abs. 1 PolDVG die Voraussetzungen entspr. Maßnahmen ausgestaltet. Anders als die systematische Stellung vermuten lässt, ist die zur **Abwehr einer bevorstehenden Gefahr** erfolgende Identitätsfeststellung (Nr. 1 Var. 1) kein allgemeiner Einstiegstatbestand, sondern statuiert höhere Anforderungen als die im Folgenden normierten **Gefahrerforschungstatbestände** (Nr. 2–4),[114] nämlich eine bevorstehende Gefahr.[115] Die Befugnis lässt offen, in welchem Umfang Daten über andere als die **Verantwortlichen** erhoben werden dürfen. Nach der Gesetzesbegründung soll der „*Störerbegriff*" des SOG bei Maßnahmen nach dem PolDVG zu beachten sein,[116] sodass für eine Inanspruchnahme nichtverantwortlicher Personen hier die Voraussetzungen des § 10 Abs. 1 SOG vorliegen müssen.[117] Nach § 13 Abs. 1 Nr. 1 Var. 2 PolDVG kann eine Identitätsfeststellung erfolgen, um iRd **Amts- oder Vollzugshilfe** den Adressaten für die Maßnahme der anderen Behörde auszumachen.

36

Die Identitätsfeststellung nach § 13 Abs. 1 Nr. 1 Var. 1 PolDVG setzt nach der Gesetzesbegründung eine **konkrete Gefahr** voraus.[118] Demggü. nimmt das OVG Hamburg an, dass tatbestandlich bereits ein *Gefahrenverdacht* ausreicht. Mit der Maßnahme allein sei generell nicht die Abwehr einer konkreten Gefahr verbunden, vielmehr handele es sich regelmäßig um eine Vorfeldmaßnahme, die auf die Kenntniserlangung der Identität und somit auf die Erforschung und weitere Aufklärung eines noch nicht in allen Facetten feststehenden Sachverhalts gerichtet sei.[119] Regelmäßig wird die Identitätsfeststellung zwar keine *unmittelbar* abwehrende Wirkung haben, wenn nicht bereits durch Aufhebung der Anonymität einer Person Straftaten verhindert werden,[120] sie kann jedoch erforderlich sein, um entspr. *Folgemaßnahmen* zu ermöglichen – etwa bei einer hilflosen Person, deren Identität festgestellt wird, um Angehörige oder eine zuständige Einrichtung benachrichtigen zu können.[121] Dann geht es aber nicht um die Gefahrerforschung, sondern um das Handeln zur *Ermöglichung der Abwehr einer konkreten Gefahr*.[122] Gleiches gilt für den Schutz privater Rechte nach § 3 Abs. 3 SOG, wenn etwa Ersatzansprüche ohne eine Feststellung der Personalien des Schädigers leerlaufen würden.[123] Zwar kann auch eine Maßnahme nach § 13 Abs. 1 Nr. 1 Var. 1 PolDVG die weitere Erforschung einer konkreten Gefahrenlage zum Ziel haben – die tatbestandlichen Anforderungen bleiben davon jedoch unberührt. Identitätsfeststellungen bereits auf Grundlage eines bloßen **Gefahrenverdachts** sind gesetzlich nur für die ortsgebunde-

37

---

112 Umfassend zur präventiv-polizeil. IdF s. *Tomerius* DVBl 2019, 1581.
113 BVerfG 24.7.2015 – 1 BvR 2501/13, Rn. 10 ff.; OVG Hamburg 13.5.2015 – 4 Bf 226/12, Rn. 40 ff.
114 So auch *Alberts/Merten* § 4 Rn. 4.
115 Vgl. auch BVerfG 24.7.2015 – 1 BvR 2501/13, Rn. 13 f. S. dazu *Tomerius* DVBl 2019, 1581, (1583).
116 Bü-Drs. 13/5422, 21; *DWVM* S. 186. Vgl. auch OVG Hamburg 31.1.2022 – 4 Bf 10/21, Rn. 53.
117 Der Gesetzgeber geht demggü. offenbar davon aus, dass ohne weiteres die Identität von Zeugen u. Hinweisgebern festgestellt werden darf, vgl. Bü-Drs. 13/5422, 20 f., mit Hinweis auf die IdF. Soweit eine Inanspruchnahme Dritter zur GefAbw tatbestandl. erforderlich ist, kann hier aber nichts anderes gelten als für die IdF auf Grundlage des § 12 SOG.
118 S. Bü-Drs. 13/5422, 23. Vgl. BERS/*Ettemeyer* § 4 PolDVG Rn. 5; *Alberts/Merten* § 4 Rn. 4.
119 OVG Hamburg 31.1.2022 – 4 Bf 10/21, Rn. 39 ff. Diese Auffassung vermag nicht zu überzeugen, insbes. weil das aus mangelnder Geeignetheit einer Maßnahme in *bestimmten* Fällen auf eine Herabsetzung deren tatbestandl. Anforderungen in *anderen* Fällen schließt.
120 Vgl. VGH Mannheim 14.12.2010 – 1 S 338/10, Rn. 28.
121 Vgl. *Gusy/Eichenhofer* Rn. 228; BERS/*Ettemeyer* § 4 PolDVG Rn. 5.
122 So auch *Kingreen/Poscher* § 17 Rn. 32 u. OVG Berlin-Brandenburg 6.6.2012 – OVG 1 N 28/11, Rn. 4 f., wonach eine *Gefahr* durch die IdF nicht *unmittelbar* abgewendet werden muss.
123 *Kugelmann* Kap. 7 Rn. 72.

nen Befugnisse in § 13 Abs. 1 u. 2 PolDVG vorgesehen.[124] Mit der *Befragung* steht zudem eine niedrigschwellige Maßnahme zur Verfügung, die regelmäßig weitere Erkenntnisse hinsichtlich Erforderlichkeit oder Entbehrlichkeit einer Identitätsfeststellung liefern kann.[125]

38   Ein **ortsbezogener Gefahrenverdacht** markiert die Eingriffsschwelle für die als Vorfeldmaßnahme erfolgenden Identitätsfeststellungen nach § 13 Abs. 1 Nr. 2 u. 3 PolDVG. Besteht der abstrakte Verdacht, dass ein Ort eine *besondere Gefährlichkeit* aufweist (Nr. 2) oder dass ein Ort bzw. ein Objekt mit Bezug zur Daseinsvorsorge einer *besonderen Gefährdung* unterliegt (Nr. 3), können aufgrund dieser Annahme die Personalien jeder Person festgestellt werden, die hier *angetroffen* wird. Ein längerer Aufenthalt ist für ein tatbestandsmäßiges **Antreffen** nicht erforderlich, sodass auch ein zielgerichtetes Passieren ohne Anzeichen eines verzögerten Ganges unter den nachträglich abgeschwächten Wortlaut der Vorschriften fällt.[126] Gleiches gilt an einer zur Verhütung bes. schwerwiegender Straftaten eingerichteten polizeilichen **Kontrollstelle** (Nr. 4), an der eine Identitätsfeststellung einen personenunabhängigen, deliktsbezogenen Gefahrenverdacht voraussetzt.[127]

39   Die Einstufung als sog. **gefährlicher Ort** iSd Nr. 2 setzt einen entspr. Gefahrenverdacht voraus,[128] dass dort Personen *Straftaten von erheblicher Bedeutung* iSd § 2 Abs. 2 PolDVG verabreden, vorbereiten oder verüben (lit. a), dass dort Personen angetroffen werden, die gegen aufenthaltsrechtliche Straf- oder Ordnungswidrigkeitsvorschriften verstoßen (lit. b) oder dass sich dort gesuchte Straftäter verbergen (lit. c).[129] In allen Varianten sind dafür objektive, der Nachprüfung zugängliche Tatsachen etwa in Form von Mitteilungen anderer Behörden, Strafanzeigen oder in Einsatzkonzepten hinterlegten polizeilichen Erkenntnissen vorausgesetzt, dass in der Vergangenheit an den von der Vorschrift erfassten, nicht notwendigerweise allg. zugänglichen Orten bereits entspr. Taten begangen wurden.[130] Eine gerichtlich vollumfänglich überprüfbare Festsetzung erfolgt nach Vorlage einer entspr. Dokumentation örtlicher Polizeidienststellen durch Entscheidung des Polizeipräsidenten.[131] § 13 Abs. 1 Nr. 2 PolDVG ist zugleich Rechtsgrundlage für eine „**Razzia**" – eine organisierte, überraschende Identitätsfeststellung eines größeren Personenkreises, der sich an einem bestimmten Ort aufhält.[132] An einem sog. **gefährdeten Objekt** bezieht sich der erforderliche Gefahrenverdacht auf darin oder in unmittelbarer Nähe begangene Straftaten und die davon ausgehende Gefährdung des Objekts oder von Personen (Nr. 3). Vom weiten Tatbestand werden nicht nur öff. Einrichtungen wie etwa der Flughafen, öff. Verkehrsmittel, die Bürgerschaft oder Unterkünfte für Geflüchtete erfasst, sondern auch Arbeitsstätten oder Privatwohnungen gefährdeter Einzelpersonen. Eine Gefährdung ergibt sich nicht

---

124 So aus der Gesetzessystematik bereits schließend *Alberts/Merten* § 4 Rn. 4. Außerhalb dieser Orte und ohne konkrete Gefahr läge in einer inhaltsgleichen Maßnahme kein milderer Gefahrerforschungseingriff [→ C196], sondern schlicht eine Umgehung der gesetzlichen Anforderungen.
125 So auch *Tomerius* DVBl 2019, 1581, (1583); aA OVG Hamburg 31.1.2022 – 4 Bf 10/21, Rn. 72.
126 Vgl. OVG Hamburg 23.8.2002 – 1 Bf 301/00, das derartig erhöhte Anforderungen an den zuvor im Gesetz geregelten Eingriffstatbestand gestellt hatte, der zur Kontrolle einer Person ermächtigte, *„wenn sie sich an einem [solchen] Orte aufhält"*. Zur Klarstellung der niedrigen Eingriffsschwelle änderte der Gesetzgeber den Wortlaut, der seither daran anknüpft, dass eine Person *„an einem [solchen] Ort angetroffen wird."* S. Bü-Drs. 18/1487, 13 u. dazu *Pünder* NordÖR 2005, 349 (350).
127 S. dazu *Kugelmann* Kap. 7 Rn. 81 ff.; *Schenke* Rn. 132 mwN.
128 Krit. dazu *Tomerius* DVBl 2017, 1399 (1400 ff.). S. auch *Brockmann/Lücke* NVwZ 2022, 1189.
129 Zur Durchsuchung von Sachen an „gefährl. Orten" [→ D237]. Zum Vorschlag, Teile Hamburgs etwa an Halloween u. Silvester temporär als gefährl. Orte einzustufen Bü-Drs. 22/13466.
130 Vgl. Bü-Drs. 21/5325, 3, Bestimmung der „Gefährlichkeit" anhand konkr. Umstände des Einzelfalls.
131 Vgl. Bü-Drs. 21/7638. In den vergangenen Jahren wurden an vier bes. kriminalitätsbelasteten Orten auf St. Pauli u. in St. Georg unter erleichterten Voraussetzungen IdFen u. Durchsuchungen durchgeführt, vgl. Bü-Drs. 22/10031 sowie 22/13428. Vgl. OVG Hamburg 31.1.2022 – 4 Bf 10/21, Rn. 103 ff.
132 Vgl. *Kingreen/Poscher* § 17 Rn. 17 u. 35; *Gusy/Eichenhofer* Rn. 235. Die mit der Razzia gewöhnlich verbundene Absperrung des Ortes kann auf die Anhaltebefugnis in Abs. 4 S. 2 Nr. 1 gestützt werden. Regelmäßig sind mit einer Razzia weitere Maßnahmen wie Durchsuchungen verbunden.

bereits aus der Örtlichkeit selbst, sondern erfordert eine ereignisabhängige, tatsachenbasierte Gefährdungslage, was entspr. Hinweise oder polizeilicher Erkenntnisse wie Anschlagsszenarien oder Morddrohungen voraussetzt.[133]

Da für Identitätsfeststellungen in bloßer Anknüpfung an den Aufenthaltsort tatbestandlich keine weiteren **Anforderungen an die zu kontrollierenden Personen** gestellt werden, besteht für derartige Maßnahmen kein Zusammenhang zwischen Verantwortlichkeit und Inanspruchnahme. In der Lit. herrscht daher weitgehend Einigkeit darüber, dass zusätzliche **Einschränkungen** vorzunehmen sind, um ein Ausufern der Befugnisse zu verhindern.[134] Gefordert wird überwiegend der Ausschluss von Personen, die offensichtlich nicht als potenzielle Gefahrenverursacher in Betracht kommen, zumal andernfalls kein Beitrag zur Aufgabe der vorbeugenden Bekämpfung von Straftaten geleistet werde.[135] Während das VG Hamburg insoweit noch das Vorliegen gewisser Anhaltspunkte für einen Bezug der kontrollierten Person zur an dem jeweiligen Ort bestehenden abstrakten Gefährlichkeit auf Basis einer verfassungskonformen Auslegung des § 13 Abs. 1 Nr. 2 PolDVG gefordert hatte,[136] genügt nach Auffassung des OVG Hamburg eine Korrektur auf Ermessensebene. Danach soll eine Kontrolle von Personen, die offensichtlich in keinem Bezug zu den prägenden Ortsgefahren stehen, jedenfalls regelmäßig nicht erforderlich sein oder zumindest erhöhte Begründungspflichten auslösen.[137] Von besonderer Bedeutung für die Ausübung des Ermessens ist zudem das **Diskriminierungsverbot** [→ C280] des Art. 3 Abs. 3 S. 1 GG.

40

bb) Zulässige Maßnahmen zur Feststellung der Identität

Auf welchem Weg das in der Befugnisnorm bezeichnete *Ergebnis* in Form der Identitätsfeststellung im Einzelfall herbeigeführt wird, hängt davon ab, welche zulässigen Maßnahmen iSd § 13 Abs. 4 S. 1 PolDVG dafür *erforderlich* sind.[138] Ermächtigt wird in S. 2 zu einem **gestuften Vorgehen**, dass zunächst mit dem Anhalten der Person, einer Befragung nach deren Identität und einer Aufforderung zur Aushändigung mitgeführter Ausweisdokumente einhergeht.[139] Nur wenn derartige Maßnahmen nach Nr. 1 bis 3 erfolglos bleiben oder von vorherein offensichtlich keinen Erfolg versprechen, können nach S. 3 unter Berücksichtigung der **Verhältnismäßigkeit** intensivere Eingriffe erfolgen.[140] Möglich ist dann ein Festhalten (Nr. 4) oder auch das **Verbringen zur Dienststelle** (Nr. 6).[141] Eine **Durchsuchung** der Person und der von ihr mitgeführten Sachen nach identifikationsdienlichen Gegenständen (Nr. 5) wird regelmäßig auf das Auffinden von (Ausweis-)Dokumenten oder anderer körperfremder Gegenstände zu richten sein.[142] Die Feststellung äußerlich wahrnehmbarer Merkmale wie Tattoos oder Narben kann wie andere

41

---

133 Vgl. BERS/*Ettemeyer* § 4 PolDVG Rn. 12; SchE/*Schoch/Kießling* Rn. 509; *Gusy/Eichenhofer* Rn. 230.
134 Vgl. nur *Tomerius* DVBl 2017, 1399, (1402 ff.); *DWVM* S. 186.
135 So etwa *Alberts/Merten* § 4 Rn. 5; *Kingreen/Poscher* § 17 Rn. 44 ff.
136 So VG Hamburg 10.11.2020 – 20 K 1515/17, Rn. 50 ff. zur Vorgängernorm.
137 OVG Hamburg 31.1.2022 – 4 Bf 10/21, Rn. 88 ff.
138 Vgl. auch *Thiel* § 10 Rn. 25.
139 Die Aufforderung stellt einen VA iSd § 35 S. 1 HmbVwVfG dar. PolDVG, SOG u. PAuswG begründen keine Pflicht, Ausweise *mitzuführen*. Vgl. demgü. § 38 Abs. 1 Nr. 1 WaffG u. § 2a Abs. 1 SchwarzArbG sowie § 36 Abs. 5 StVO, § 4 Abs. 2 FeV, § 11 Abs. 6 FZV.
140 Stets ausreichend ist die Vorlage eines gültigen Personalausweises oder Passes, sofern keine konkr. Anhaltspunkte für dessen Fälschung, Verfälschung oder sonstige Unstimmigkeiten vorliegen, etwa ein Verdacht unrechtmäßigen Besitzes; vgl. VGH Mannheim 14.12.2010 – 1 S 338/10, Rn 33 ff.
141 Diese sog. Sistierung stellt grds. eine bloße *Freiheitsbeschränkung* dar, für die kein Richtervorbehalt gilt. Wird im Einzelfall die zeitl. Intensität einer *Freiheitsentziehung* [→ D166] erreicht, ist Art. 104 Abs. 2 GG direkt anzuwenden; vgl. Bü-Drs. 13/5422, 16 f. Die Maßnahme nach § 13c Abs. 2 SOG ist auf max. zwölf Stunden beschränkt; vgl. auch § 163c Abs. 2 StPO. Wenngleich in § 13b Abs. 1 SOG ein Verweis auf § 13 Abs. 4 S. 1 Nr. 6 PolDVG fehlt [→ D184], sind dessen Abs. 1 u. 2 [→ D190] iSd Verhältnismäßigkeit auch für die IdF der Vollzugspolizei anzuwenden.
142 So BERS/*Ettemeyer* § 4 PolDVG Rn. 29.

ED-Maßnahmen (Nr. 7) erfolgen, wenn dies für eine Identitätsfeststellung nach § 13 Abs. 1 PolDVG erforderlich ist und die Voraussetzungen des § 16 PolDVG erfüllt sind. Eine Identitätsfeststellung geht häufig mit einem **Datenabgleich** in polizeilichen Auskunftssystemen nach § 48 PolDVG einher, der dann jedoch keine ermöglichende Begleitmaßnahme darstellt, sondern bereits erhobene Daten voraussetzt.

42 **Exkurs:** Mit der Reform des Polizeirechts im Jahr 2005 war die Identitätsfeststellung nach § 4 PolDVG aF um einen neuen Abs. 2 ergänzt worden, der die hoch umstrittenen Befugnisse zu **verdachtslosen Personenkontrollen** in sog. **Gefahrengebieten** regelte.[143] Diese waren eingeführt worden, um auf besondere Entwicklungen in einzelnen Stadtgebieten zu reagieren, etwa auf Einbruchsserien, die Zunahme von Gewaltdelikten oder verstärkte Aktivitäten der organisierten Kriminalität.[144] Möglichkeiten zum Anhalten und Befragen einer Person sowie zur Feststellung der Personalien waren dabei nicht auf einen bestimmten gefährlichen *Ort* [→ D39] beschränkt, sondern innerhalb eines ganzen *Gebiets* möglich, wenn entspr., von der Polizei selbst erhobene *Lageerkenntnisse* vorlagen, an denen sich auch die Personenauswahl zu orientieren hatte.[145] Neben der Identitätsfeststellung ermächtigte die Norm ferner zur **Inaugenscheinnahme** mitgeführter Sachen, wobei die Polizei diese näher betrachten, nicht aber durchsuchen durfte.[146]

43 Schon früh war der Polizei vorgehalten worden, die Befugnisse aus § 4 Abs. 2 PolDVG aF exzessiv anzuwenden, etwa indem sie Gefahrengebiete über mehrere Stadtteile erstreckte oder weil die Inaugenscheinnahme nicht selten einer Durchsuchung gleichkam.[147] Auch die Rechtsgrundlage selbst war unter Kritik geraten.[148] Dieser Kritik schloss sich das OVG Hamburg 2015 in einem *obiter dictum* an und äußerte erhebliche Zweifel an der Verfassungsmäßigkeit des § 4 Abs. 2 S. 1 PolDVG aF,[149] insbes. im Hinblick auf **Normenklarheit und -bestimmtheit**. Die Voraussetzungen der Ausweisung eines Gefahrengebiets sowie seine örtliche und zeitliche Umgrenzung seien nicht hinreichend klar vom Gesetzgeber bestimmt worden, sondern würden iRd konkreten Lageerkenntnisse *von der Polizei selbst* festgelegt. Auch die **Verhältnismäßigkeit** sei mit Blick auf die informationelle Selbstbestimmung zweifelhaft, da die Regelung weder eine nennenswerte Eingriffsschwelle noch ausreichende Nähe zum Adressaten aufweise. Hinzu komme, dass sich die Befugnis an bestimmten Zielgruppen orientiere, denen eine gesteigerte Bereitschaft der Straftatenbegehung unterstellt und die so einer erheblichen **stigmatisierenden Wirkung** ausgesetzt würde – dies verleite dazu, bei der Auswahl der zu kontrollierenden Personen die absolut verbotenen Diskriminierungsmerkmale des Art. 3 Abs. 3 GG zu missachten.[150] § 4 Abs. 2 S. 1 PolDVG aF blieb zwar noch kurze Zeit in Geltung, wurde dann aber im Jahr 2016 vom Gesetzgeber aufgegeben. Eine verfassungskonforme Ausgestaltung der Befugnis war nicht möglich, ohne der Regelung die Effektivität zu nehmen, da gerade die kritisierten Aspekte den Charakter des Konstrukts der „Gefahrengebiete" ausmachten.[151]

cc) Kontrollmaßnahmen in Waffenverbotsgebieten

44 Weiterhin möglich sind **lageabhängige Kontrollen** an Orten, die auf Grundlage von § 42 WaffG und § 1 SOG als Waffenverbotszonen ausgewiesen sind. Mit der WaffFVerbVO hat der Senat das Führen von Waffen und anderen gefährlichen Gegenständen auf der Reeperbahn und im Bereich des Hans-Albers-Platzes verboten,[152] mit der WaffFHpt/BusBhfVerbotVO das Führen von Waffen und Messern im Bereich des Hauptbahnhofs [→ J59]. Nach § 13 Abs. 2 PolDVG darf die Polizei innerhalb dieser Gebiete Personen anhalten, befragen und deren Identität

---

143 Zur Diskussion in der Lit. s. *Möllers* NVwZ 2000, 382; *Kastner* VerwArch 2001, 216. Zur pol. Diskussion u. der Umsetzung der Befugnis s. etwa Bü-Drs. 19/3198.
144 Bü-Drs. 18/1487, 13 f.
145 S. dazu *Pünder* NordÖR 2005, 349 (351) sowie BERS/*Ettemeyer* § 4 PolDVG Rn. 19 ff.
146 Bü-Drs. 18/1487, 14. Zu den Grenzen der Inaugenscheinnahme [→ D276].
147 Vgl. *Assall/Gericke* KJ 2016, 61 (62); *Ernst* NVwZ 2014, 633 (636). Vgl. auch die (gescheiterte) Volksinitiative „*Für ein freies Hamburg – Gefahrengebiete abschaffen*", Bü-Drs. 20/12486.
148 S. etwa *Ernst* NVwZ 2014, 633.
149 Dazu im Folgenden OVG Hamburg 13.5.2015 – Bf 226/12. S. auch *Ernst* NordÖR 2015, 300.
150 Dazu auch *Tomerius* DVBl 2017, 1399 (1405).
151 Bü-Drs. 21/5325, 2; *Ernst* NordÖR 2015, 300 (307).
152 Vgl. die in Anl. 1 u. 2 WaffFVerbVO definierten Gebiete. Ausnahmen gelten etwa für bestimmte Reizstoffsprühgeräte, vgl. § 3 Abs. 2 Nr. 6 WaffFVerbVO.

II. Informationelle Befugnisse

feststellen.[153] Ermächtigt wird zudem zur Durchsuchung der Personen und den von ihnen mitgeführten Sachen. Tatbestandlich vorausgesetzt wird dafür – in Anknüpfung an die für die Ausweisung der Gebiete erforderliche abstrakte Gefahr – lediglich, dass auf Grund konkreter Lageerkenntnisse anzunehmen ist, dass die zu kontrollierenden Personen gegen das Verbot verstoßen.[154] Durch die Festlegung *lageabhängiger Zielgruppen* soll ausgeschlossen werden, dass aufgrund der Befugnis jede beliebige Person kontrolliert werden darf.[155] Dies ändert jedoch nichts daran, dass § 13 Abs. 2 PolDVG zu **verdachtsunabhängigen Kontrollen** ermächtigt, solange eine Person nur Teil eben einer solchen Zielgruppe ist.[156] Die ursprünglich befristet normierten Befugnisse wurden mehrfach verlängert und im Jahr 2021 dauerhaft entfristet.[157] Eine hohe Relevanz erfährt § 13 Abs. 2 PolDVG auf der Reeperbahn, im Bereich des Hansaplatzes kommt die Norm dagegen kaum zur Anwendung.[158]

dd) Prüfung von Berechtigungsscheinen

Nach § 13 Abs. 5 PolDVG darf die **Aushändigung** eines Berechtigungsscheins verlangt werden, wenn für die betroffene Person aufgrund gesetzlicher Vorschriften aus dem besonderen Ordnungsrecht oder einer entspr. behördlichen Verfügung, etwa in einem Sondernutzungsbescheid, eine **Mitführungspflicht** besteht. Dies gilt etwa für einen Angel-, Jagd- oder Waffenschein,[159] eine Reisegewerbekarte nach § 60c GewO oder die als „Taxischein" bekannte Genehmigung zur Personenbeförderung nach § 17 Abs. 4 S. 1 PBefG. Werden unter **Berechtigungsscheinen** auch behördlich ausgestellte Urkunden verstanden, die zur Vornahme bestimmter Handlungen ermächtigen bzw. berechtigen,[160] dürfte etwa die *Anmelde- oder Aliasbescheinigung* nach § 5 ProstSchG trotz der Mitführungspflicht in Abs. 7 nicht als Berechtigungsschein zu qualifizieren sein, da sie – anders als die Erlaubnis nach §§ 12 ff. ProstSchG – nicht zu etwas berechtigt.[161] Zweck der Prüfmaßnahme ist nicht, die Identität der betroffenen Person festzustellen, sondern **ordnungsbehördliche Erlaubnisse zu überwachen**.[162] Die Vorschrift stellt klar, dass dies auch durch die Vollzugspolizei geschehen kann und verleiht die dafür erforderliche Befugnis.[163] Spezialgesetze können über die Mitführungspflicht des Berechtigungsscheins hinaus eigene Ermächtigungsgrundlagen enthalten – im Rahmen einer Verkehrskontrolle nach § 36 Abs. 5 StVO darf etwa auch die Aushändigung von *Führerschein* und *Fahrzeugschein* verlangt werden.[164]

45

---

153 Ausdrücklich wird in § 13 Abs. 2 PolDVG zu Maßnahmen an einem solchen „*Ort*" ermächtigt – hieraus ergeben sich aber keine Einschränkungen. Der Ortsbegriff ist § 42 Abs. 5 WaffG entnommen u. meint öff. Straßen, Wege o. Plätze. Diese werden in der WaffFVerbVO gesammelt als „*Gebiete*" ausgewiesen.
154 Vgl. Bü-Drs. 20/1923, 11.
155 Vgl. BERS/*Ettemeyer* § 4 PolDVG Rn. 20 u. 24; Bü-Drs. 18/1487, 14; 20/1923, 11.
156 AA wohl EFP/*Pünder* Rn. 216. Insbes. wird tatbestandl. kein indiv. Zurechnungszusammenhang hinsichtl. einzelner Personen gefordert; vgl. Bü-Drs. 18/1487, 14. So wohl dennoch EP/*Grünewald* Rn. 589. Vgl. nun auch § 23 Abs. 3 des Referentenentwurfs zur Änderung des BPolG [→ BFn 123].
157 Bü-Drs. 21/4207; 22/3790; HRK/*Richter* Rn. 90.
158 Zur Umsetzung in der Praxis vgl. Bü-Drs. 22/3790, 3 ff.
159 Vgl. § 9 Abs. 1 HmbFAnG, § 15 Abs. 1 BJagdG bzw. § 38 WaffG.
160 LD/*Graulich* Kap. E Rn. 339.
161 Vgl. die für eine Prüfung maßgebliche, speziellere Befugnis in § 11 Abs. 1 ProstSchG.
162 *Alberts/Merten* § 4 Rn. 11. Wenngleich sich dies nicht direkt aus dem Wortlaut ergibt, ist ergänzend zu fordern, dass die betroffene Person gerade in Ausübung der jeweiligen Tätigkeit bzw. aus diesem Anlass von der Polizei kontrolliert wird, vgl. auch *Kingreen/Poscher* § 17 Rn. 16 f.
163 Vgl. Bü-Drs. 13/5422, 23; *DWVM* S. 188. Das Aushändigungsverlangen ist ein VA iSd § 35 S. 1 HmbVwVfG.
164 Vgl. § 2 Abs. 1 StVG, § 4 FeV, § 11 Abs. 6 FZV; *Gusy/Eichenhofer* Rn. 219; *Kugelmann* Kap. 7 Rn. 70.

ee) Feststellung der Personalien durch die Verwaltungsbehörden

46 Während die Identitätsfeststellung durch die *Vollzugspolizei* abschließend durch § 13 PolDVG ausgestaltet wird, ist eine entspr. Befugnis der *Verwaltungsbehörden* **§ 12 Abs. 1 SOG** geregelt. Auch diese sind berechtigt, eine Person anzuhalten und ihre Personalien festzustellen, wenn dies zur Gefahrenabwehr erforderlich ist.[165] Tatbestandlich wird so eine **konkrete Gefahr** oder Störung vorausgesetzt, nicht notwendigerweise deren unmittelbare Abwehr durch die Maßnahme selbst.[166] Rechtsfolgenseitig umfasst die insoweit offene Ermächtigung die Aufforderung der betroffenen Person zur Angabe ihrer Personalien sowie zu deren Beleg durch vorzuzeigende Ausweispapiere oder andere Dokumente. § 12 Abs. 3 SOG erweitert die Befugnisse nicht, sondern beschränkt sie iSd Verhältnismäßigkeit auf das Erforderliche. Unter engen Voraussetzungen ermöglicht § 12 Abs. 2 SOG eine freiheitsbeschränkende **Verbringung zur Dienststelle** (sog. Sistierung), wobei §§ 13b u. c SOG einzuhalten sind.[167] Durchsuchungen der Person oder mitgeführter Sachen nach identifikationsdienlichen Gegenständen können nicht auf § 12 SOG gestützt werden, sondern richten sich nach den strengeren Anforderungen der §§ 15, 15a SOG.[168]

c) Datenverarbeitung zur Vorbereitung auf die Hilfeleistung in Gefahrenfällen

47 Die Befugnis in § 14 PolDVG dient der Gefahrenvorsorge iSd § 1 Abs. 1 Nr. 2 PolDVG und erlaubt die Verarbeitung von (Kontakt-)Daten der in Abs. 1 S. 1 Nr. 1 bis 4 umschriebenen Personen, wobei die Erhebung nach S. 2 ausschließlich offen zu erfolgen hat.[169] **Dienstleister** wie etwa Dolmetscher, Sachverständige, Ärzte, Abschlepp- und Entsorgungsunternehmen (Nr. 1) sowie **Verantwortliche** für *gefährliche* (Nr. 2) oder *gefährdete* (Nr. 3) Anlagen und Einrichtungen sollen für die Polizei schnellstmöglich erreichbar sein, sobald deren Kenntnisse, Fähigkeiten oder Hilfeleistung für die Bewältigung einer Gefahrenlage erforderlich werden (z.B. Sicherheitsbeauftragte für Botschaften oder für Tanklager).[170] Gleiches gilt für verantwortliche **Ansprechpersonen** öff. Veranstaltungen (Nr. 4, z.B. Veranstalter von Fußballspielen),[171] deren Daten nach Abs. 2 allerdings nur befristet gespeichert werden dürfen und innerhalb eines Monats nach Beendigung des Anlasses zu löschen sind, sofern es sich nicht um wiederkehrende Veranstaltungen handelt, wie etwa beim zuschauerrelevanten Sportbetrieb. Für die Daten gilt der **Zweckbindungsgrundsatz** des § 34 PolDVG.

d) Datenverarbeitung bei Notrufen, Aufzeichnung von Anrufen und Funkverkehr

48 Die Polizei darf nach § 15 S. 1 PolDVG die über Notrufeinrichtungen und -anwendungen geführte Kommunikation sowie den **Funkverkehr** ihrer Leitstelle aufzeichnen.[172] Beide Fällen betreffen vor allem die Kommunikation *mit der Polizeieinsatzzentrale* („Michel"), nämlich der Bürger über die *amtl. Notrufnummern* sowie der Bediensteten in den Polizeidienststellen und

---

165 Eine IdF zur Gefahrerforschung dürfte durch die Verwaltungsbehörden auf Grundlage von § 12 SOG demnach nicht erfolgen; so aber *Merten/Merten* § 12 SOG Rn. 2.
166 BERS/*Ettemeyer* § 12 SOG Rn. 2; MdSadB Nr. 75, 1965, 16. Dazu bereits [→ D37, D131].
167 [→ D184]. Zur Sistierung [→ D41] s. auch HRK/*Richter* Rn. 89.
168 AA BERS/*Ettemeyer* § 12 SOG Rn. 4. Praktisch wird in Fällen der (erkennbaren) Erfolgsigkeit einer IdF regelmäßig ein unterstützendes Tätigwerden der Vollzugspolizei erforderlich sein. Auch ED-Maßnahmen nach § 16 PolDVG können nur durch die Vollzugspolizei erfolgen.
169 Vgl. die ggü. § 10 Abs. 3 S. 3 speziellere Regelung in § 14 Abs. 1 S. 2 PolDVG.
170 Bü-Drs. 13/5422, 23.
171 Im Hinblick auf § 14 VersG u. die Polizeifestigkeit des Versammlungsrechts [→ C66] dürfte die Vorschrift nicht für Anmelder regelmäßig stattfindender Versammlungen gelten.
172 Dies gilt für den Funkverkehr erst seit der Reform 2019; vgl. Bü-Drs. 21/17906, HRK/*Richter* Rn. 92.

II. Informationelle Befugnisse

Einsatzfahrzeugen über *Funk*.[173] Dies dient neben der Dokumentation behördl. Handelns auch der Sicherstellung effektiver Gefahrenabwehr, da schwer verständliche oder ungenaue Angaben in der **Ausnahmesituation** eines Notrufs so erneut angehört werden können.[174] Gleiches gilt für den Funkverkehr, der hinsichtlich Inhalt und Uhrzeit nachvollziehbar bleibt, wenn in **gefahrenträchtigen Einsatzlagen** wie bei Schlägereien, Verfolgungen oder Widerstandshandlungen die Kommunikation mit Einsatzkräften nicht mehr hergestellt werden kann oder durch Hintergrundgeräusche oder technische Störungen qualitativ beeinträchtigt wird.[175] Direkte *Anrufe* bei oder sonstige Kommunikationen mit lokalen Polizeidienststellen betreffen hingegen nicht selten allg. Anliegen und Anfragen aus der Bevölkerung oder anderer Behörden, also regelmäßig nicht Notfallsituationen. Nach S. 2 kann eine Aufzeichnung solcher Anrufe oder sonstiger Kommunikationen daher erst gestartet werden, wenn erkennbar ist, dass diese ebenfalls in einer Not(ruf)lage abgesetzt werden oder dies anderweitig zur Gefahrenabwehr oder zur Verhütung von Straftaten erforderlich ist – etwa zur Überprüfung von Drohanrufen oder bei Hinweisen zu begangenen oder bevorstehenden Straftaten.[176] Die Löschfrist von sechs Monaten (S. 3) entspricht den Regelungen im HmbRDG und HmbFwG.

e) Erkennungsdienstliche Maßnahmen und Identifizierung unbekannter Toter durch DNA-Material

§ 16 PolDVG ermöglicht erkennungsdienstliche Maßnahmen zum Zwecke der Identifizierung und Wiedererkennung von Personen aufgrund individueller körperlicher Merkmale.[177] Die **präventive Ermächtigung** bezieht sich nur auf *Nichtbeschuldigte*.[178] Abs. 3 bestimmt als ED-Maßnahmen abschließend die Abnahme von Finger- und Handflächenabdrücken, die Aufnahme von Lichtbildern, die Feststellung äußerlich wahrnehmbarer Merkmale sowie die Durchführung von Messungen.[179] Die präventive ED-Behandlung beschränkt sich danach auf **äußerliche**

49

---

173 Funkkreise einzelner Dienststellen („kleiner Kanal") dürften demgü. nicht umfasst sein. Mit Bü-Drs. 22/16042, 2 u. 13, wurde die Befugnis über Anrufe über Notrufeinrichtungen – also v.a. Sprachtelefonie – hinaus auf *jede Kommunikation* über Notruf*anwendungen* (z.B. die NotrufApp, vgl. auch § 164 Abs. 4 TKG) erweitert. Nach der Vorstellung des Gesetzgebers sollen von dem Begriff Kommunikation *sämtliche* mit dem Notruf (technisch untrennbar) in Verbindung stehende Daten iSv § 164 TKG iVm § 4 Abs. 2 u. 4 NotrufV umfasst sein (z.B. auch Standortdaten, IP-Adressen). Er hat dies allerdings nicht – verfassungsrechtl. bedenklich – im Gesetz selbst bestimmt.
174 Auch soll die Vorschrift dem Missbrauch des Polizeinotrufs vorbeugen, vgl. Bü-Drs. 20/1923, 11.
175 Bü-Drs. 21/17906, 48.
176 Bü-Drs. 20/1923, 11, die den Bedarf der Regelung des § 15 S. 2 PolDVG erkennen lässt, nämlich (ausnahmsweise) Anrufe aufzeichnen zu dürfen, die zwar nicht über Notrufeinrichtungen, sondern z.B. „über Fernsprechanschlüsse in den Wachräumen der Polizeikommissariate" eingehen, aber inhaltlich Notsituationen betreffen. Unklar, wenn nicht widersinnig und mangels Begründung allenfalls mit einem Redaktionsversehen erklärbar erscheint es, dass der Gesetzgeber (Bü-Drs. 22/16042, 2 u. 13) die Regelung des § 15 S. 2 PolDVG nun zwar auf „Kommunikationen" erweitert, zugleich aber explizit – und gleichlautend zu S. 1 – auf solche über *Notrufeinrichtungen und -anwendungen* beschränkt hat.
177 Zu ED-Behandlungen in der Praxis s. Bü-Drs. 22/13733.
178 Ist der Tatverdächtige zugleich Beschuldigter iSd StPO, ist ausschließl. § 81b Var. 2 StPO anzuwenden, der trotz Regelung in der StPO mat. Polizeirecht darstellt, vgl. OVG Hamburg 11.4.2013 – 4 Bf 141/11, Rn. 28 ff.; *Habermehl* Rn. 553 f.; *Gusy/Eichenhofer* Rn. 241. In diesem Fall dient die Maßnahme „*Zwecken des Erkennungsdienstes*", erfolgt also zur Strafverfolgungsvorsorge u. damit nach § 1 Abs. 1 S. 2 Nr. 1 PolDVG zur Gefahrenabwehr. § 81b Var. 1 StPO verleiht demgü. eine *repressive* Befugnis zum Zwecke der „*Durchführung des Strafverfahrens*". Zu grundl. Fragen der Gesetzgebungskompetenz für diese Vorschriften zur Strafverfolgungsvorsorge s. BVerwG 19.10.1982 – 1 C 29.79, Rn. 30; 25.1.2012 – 6 C 9.11 sowie [→ B49]. Zum Rechtsweg [→ I2, Fn. 9].
179 Vgl. demgü. die jedenfalls missverständl. Begründung des Gesetzgebers in Bü-Drs. 13/5422, 25. Offen bleibt die Vorschrift nur hinsichtl. der Feststellung äußerl. Merkmale nach Nr. 3. Vgl. OVG Lüneburg 22.4.2015 – 11 ME 58/15, Rn. 16 (Intimbereich).

Feststellungen.[180] Anders als in anderen Ländern besteht in der FHH keine Befugnis zu molekulargenetischen Untersuchungen (DNA-Analyse) außerhalb der begrenzten Anwendungsfälle des Abs. 4.[181] Aufgrund des empfindlichen Eingriffs in das allg. Persönlichkeitsrecht behält Abs. 3 S. 4 die Befugnis zur **Anordnung** einer ED-Behandlung bestimmten, besonders ermächtigten Polizeibediensteten vor. Zur Durchführung der Maßnahmen, die *Realhandeln* darstellen, kann die Person vorgeladen und erforderlichenfalls auch zwangsweise vorgeführt werden.[182] Abs. 2 regelt die **weitere Aufbewahrung von Unterlagen** als lex specialis ggü. dem Zweckbindungsgrundsatz nach § 34 PolDVG. Dient die Behandlung nur der Feststellung der Identität, müssen die Unterlagen anschließend vernichtet werden, wenn deren weitere Aufbewahrung nicht für Zwecke nach Abs. 1 Nr. 2 oder nach anderen Vorschriften zulässig ist.[183] Es gelten die Fristen des § 35 Abs. 2 S. 3 PolDVG.

50 In Anknüpfung an § 13 Abs. 4 Nr. 6 PolDVG darf eine ED-Behandlung nach Abs. 1 Nr. 1 als **ultima ratio** zur Vornahme einer **Identitätsfeststellung** erfolgen.[184] Demggü. betrifft Abs. 1 Nr. 2 ED-Maßnahmen zur **vorbeugenden Bekämpfung von Straftaten**. Die Ermächtigung setzt voraus, dass die betroffene Person der Begehung einer mit Strafe bedrohten Tat verdächtig ist. *Verdächtig* iSd § 16 Abs. 1 Nr. 2 PolDVG ist jeder, bei dem Tatsachen dafür sprechen, dass er eine Straftat begangen hat, ohne dass die betroffene Person Beschuldigter iSd § 81b StPO ist.[185] Im Anwendungsbereich der Ermächtigung verbleiben danach strafunmündige oder sonst schuldunfähige Personen sowie bereits rechtskräftig Verurteilte, wenn eine ED-Erfassung nicht erfolgt ist.[186] Auch ein Freispruch aus Mangel an Beweisen oder eine Einstellung nach § 154 StPO stehen einer tatbestandsmäßigen Verdächtigung nicht entgegen.[187] Zusätzliche Voraussetzung ist eine **Gefahr der Begehung weiterer Straftaten**, die sich aus Art oder Ausführung der Verdachtstat sowie aus der Persönlichkeit der betroffenen Person ergeben kann und den maßgeblichen Anknüpfungspunkt der Präventivbefugnis bildet.[188] Anders als in anderen Ländern lässt der Wortlaut offen, ob die befürchtete Straftat der Verdachtstat in Art oder Ausführung ähneln muss.[189] Da zur tatsächlichen Grundlage für die Gefahrprognose jedoch die näheren Umstände der Verdachtstat gehören, muss im Ergebnis eine Nähe zur Verdachtstat oder eine **Wiederholungsgefahr** bestehen.[190] Die Befugnis ist nicht auf Straftaten von erheblicher Bedeutung beschränkt – das Übermaßverbot ist eigenständig zu beachten.[191]

---

180 Eingriffe in das Körperinnere können nur nach §§ 15 Abs. 4 u. 18a SOG [→ D227] erfolgen.
181 Vgl. etwa Art. 14 Abs. 3 BayPAG, § 31a SOG M-V, § 14a NRWPolG u. dazu *Schenke* Rn. 138.
182 Vgl. § 11 Abs. 1 S. 2, Abs. 3 S. 1 Nr. 2 SOG sowie Bü-Drs. 20/1923, 11.
183 S. auch *Gusy/Eichenhofer* Rn. 242 ff.; *Habermehl* Rn. 560. Die Erforderlichkeit weiterer Speicherung hat die Behörde von Amts wegen zu prüfen; vgl. Bü-Drs. 13/5422, 25; *Alberts/Merten* § 7 Rn. 8.
184 Dazu müssen alle zul. Begleitmaßnahmen zur IdF ausscheiden, vgl. §§ 13 Abs. 4, 16 Abs. 1 Nr. 1 PolDVG. Auch die Maximaldauer nach § 13c Abs. 2 SOG ist zu beachten [→ D41].
185 OVG Hamburg 11.4.2013 – 4 Bf 141/11, Rn. 79 ff.
186 Vgl. *Gusy/Eichenhofer* Rn. 236.
187 Der ursprüngl. Tatverdacht ist dann nicht weggefallen, er hat lediglich nicht zu einer Verurteilung geführt; vgl. OVG Hamburg 11.4.2013 – 4 Bf 141/11, Rn. 79. So iE SchE/*Schoch/Kießling* Rn. 524 mwN.
188 Vgl. Bü-Drs. 13/5422, 24. Maßgebl. ist die hinr. Wahrscheinlichkeit, dass die betroffene Person in Zukunft weiter straffällig werden wird; vgl. BERS/*Rogosch* § 7 PolDVG Rn. 8 f. mwN. Eine Wiederholungsgefahr kann bei Sexualstraftaten regelmäßig schon bei erstmaliger Tatbegehung angenommen werden, vgl. VG Neustadt (Weinstr.) 18.9.2017 – 5 K 889/16, Rn. 30; VG Berlin 9.8.2021 – 1 K 93/17, Rn. 21. Gleiches gilt für BtM-Delikte; vgl. VG Hamburg 17.4.2018 – 19 E 1490/18, Rn. 20 ff. Zur Prognose bei Heranwachsenden s. OVG Bautzen 27.12.2023 – 6 A 628/21 sowie OVG Münster 7.8.2024 – 5 A 885/21.
189 Vgl. demggü. § 15 Abs. 1 S. 1 Nr. 2 NPOG, § 14 Abs. 1 Nr. 2 PolG NW („Gefahr der Wiederholung").
190 Vgl. Bü-Drs. 13/5422, 24; *Habermehl* Rn. 554; *Kingreen/Poscher* § 17 Rn. 63.
191 Zum Maßstab für die Notwendigkeit erneuter ED-Maßnahmen vgl. VG Hamburg 30.5.2022 – 5 E 1895/22, Rn. 79 ff. sowie OVG Lüneburg 28.6.2007 – 11 LC 372/06, Rn. 40 ff.

§ 16a PolDVG, der jüngst anstelle des zuvor geltenden § 16 Abs. 4 PolDVG eingefügt wurde,[192] 51
regelt die **DNA-Analyse** zum Zwecke der Vermisstensachbearbeitung und der Identifizierung unbekannter Toter außerhalb strafrechtlicher Ermittlungsverfahren. Ist eine aufgefundene Leiche etwa aufgrund fortgeschrittener Verwesung auch durch einen Abgleich von Finger- oder Gebissabdrücken nicht identifizierbar, kann DNA-Material **sichergestellt** und molekulargenetisch **untersucht** werden – dies umfasst auch die Entnahme von Körperzellen und ermöglicht auch eine Zuordnung von Leichenteilen.[193] Weiterhin kann die Polizei nach § 16a Abs. 1 S. 1 sowohl DNA-Material **vermisster Toter** als auch von **Angehörigen der vermissten Person** sicherstellen.[194] In § 16a Abs. 2 S. 5 PolDVG findet sich ein früher in § 16 Abs. 4 S. 9 a.F. PolDVG geregelter Sondertatbestand: Bei einer **Naturkatastrophe** oder einem besonders schweren Unglücksfall sind Maßnahmen nach § 16a Abs. 1 PolDVG auch dann zulässig, wenn eine Identitätsfeststellung unbekannter Toter, hilfloser oder vermisster Personen auf andere Weise wesentlich erschwert wäre.[195] Abs. 1 S. 2 bis 5 bestimmen rechtsfolgenseitig die Reichweite der so zugeschnittenen Befugnisse.[196] S. 6 bis 8 regeln abschließend die Zwecke, zu denen die gewonnenen Identifizierungsmuster gespeichert werden dürfen, und dementsprechend den Zeitpunkt, zu denen die Daten gelöscht werden müssen, nämlich nachdem sie einer Person zugeordnet worden sind. Abs. 2 regelt vor allem Anforderungen an das **Verfahren**: Die molekulargenetische Untersuchung steht unter Richtervorbehalt, wenn keine Einwilligung greift (S. 1) und nicht ein Fall des S. 9 vorliegt (s. dort Hs. 2). Zuständig ist das AG Hamburg (S. 2). Das weitere Verfahren richtet sich nach Vorschriften des FamFG und der StPO (S. 3 f.).

f) Lichtbildaufnahme in Gewahrsamseinrichtungen

Der erst im Jahr 2019 eingefügte § 17 PolDVG erlaubt der Polizei, Lichtbilder von Personen 52
in amtl. Gewahrsam anzufertigen und den in der jeweiligen Einrichtung tätigen Bediensteten zugänglich zu machen.[197] Bedeutung hat die Vorschrift insbes. für anlässlich von **Großereignissen** eingerichtete **Gefangenensammelstellen**. Anders als in einem Gewahrsamsraum eines Polizeikommissariats kann hier die Zuordnung erschwert sein, wenn und weil eine große Zahl häufig ähnlich bekleideter Personen in Gewahrsam genommen werden und zudem das Personal häufiger wechselt.[198] Die Aufnahme von Lichtbildern soll eine schnellstmögliche **Wiedererkennung der Personen** ermöglichen, um iSd Verhältnismäßigkeit Zeitverzug im organisatorischen Betrieb zu vermeiden, etwa bei Anwaltskontakten, Toilettengängen und Befragungen sowie insbes. im Zuge von Entlassungen. Die Maßnahme greift in das Recht am eigenen Bild und

---

192 S. Bü-Drs. 22/16042, 2 f. Zudem wird mit dem ebenfalls neuen § 16b PolDVG eine Referenzdatenbank geregelt, in der unter engen Voraussetzungen DNA-Identifizierungsmuster von Polizeibediensteten oder sonstigen, mit Spurenmaterial befassten Personen mit deren Zustimmung verzeichnet werden, um Spuren erkennen zu können, die sich an Asservaten befinden, aber von unbeteiligten Dritten oder höherer Gewalt unabsichtlich verursacht wurden und somit die Aufklärungsarbeit in die Irre führen können (sog. Trugspuren), s. dazu Bü-Drs. 22/16042, 14 f.
193 Bü-Drs. 18/1487, 14. Zur Möglichkeit der Einwilligung, die ein Rückgriff auf die Befugnis entfallen lassen könnte, dazu aber über § 5 PolDVG hinaus ggf. auch den körperlichen Eingriff zum Gegenstand haben müsste, s. S. Bü-Drs. 22/16042, 14.
194 Mit Bü-Drs. 22/16042, 2 u. 13 f. hat der Gesetzgeber den Tatbestand in S. 1 neu gefasst, um die Befugnis auf die Suche auch nach lebenden Vermissten zu erweitern. Zudem wurde die Befugnis auf hilflose Personen sowie – bei öff. Interesse – auf Verwandte (§ 1589 BGB) von vermissten Personen erstreckt.
195 Zu den Begriffen „*Naturkatastrophe*" u. „*besonders schwerer Unglücksfälle*" vgl. Art. 35 Abs. 2 GG sowie BVerfG 15.2.2006 – 1 BvR 357/05, Rn. 98; 3.7.2012 – 2 PBvU 1/11, Rn. 43 ff.
196 Vgl. insbes, die nach Abs. 1 S. 3 entspr. anwendbaren Verfahrensregelungen des § 81f Abs. 1 S. 2 StPO.
197 Die Anfertigung von Bild- u. Tonaufzeichnungen in Gewahrsamsräumen zum Schutz der Betroffenen, der Bediensteten u. zur Verhütung von Straftaten wird dagegen von § 18 Abs. 4 PolDVG erfasst.
198 Vgl. Bü-Drs. 21/17906, 48. Danach stelle erfahrungsgemäß auch der Austausch von Kleidungsstücken unter den in Gewahrsam genommenen Personen ein Problem dar.

auf informationelle Selbstbestimmung ein, ohne daran zusätzliche, den Einzelfall betreffende Anforderungen zu stellen – so dürfte im Falle außerordentlicher Sammelunterbringung mehrerer Personen die Anfertigung von Lichtbildern hinsichtlich des beschriebenen Zwecks stets *erforderlich* sein.[199] Bedenklich bleibt die mangelnde Bestimmtheit der Befugnis, deren Wortlaut keine Beschränkung auf die in der Gesetzesbegründung beschriebenen Konstellationen erkennen lässt, jedoch hierauf zu reduzieren ist. Die Daten sind nach S. 2 spätestens mit der Entlassung einer auf diese Weise erfassten Person zu löschen. Eine Zweckänderung kommt nur unter den Voraussetzungen des § 34 PolDVG in Betracht.[200]

g) Offener Einsatz technischer Mittel zur Übertragung und Aufzeichnung von Bild und Ton

53 § 18 PolDVG enthält in seinen Absätzen 1 bis 8 **mehrere Befugnisse**, denen gemein ist, dass sie die Polizei zur Verarbeitung personenbezogener Daten durch den **Einsatz technischer Mittel zur Übertragung bzw. Aufzeichnung von Bild und Ton** an bestimmten Orten und zu bestimmten Anlässen ermächtigt.[201] Der Gesetzgeber hat die Befugnisse jüngst weiter ausdifferenziert.[202] Neben *Ort* und *Anlass* unterscheiden sie sich in der Art des zulässigen *Technikmittels*, in den legitimen *Zwecken* und im zulässigen *Adressatenkreis*. Zudem erlauben einige Befugnisse zur bloßen *Übertragung*, andere auch zur *Aufzeichnung* von Bewegtbildern, wiederum andere auch zu *Tonaufnahmen*.[203] § 18 PolDVG bildet so die Grundlage vor allem für die offen erfolgende Videoüberwachung.[204] Dabei handelt es sich überwiegend um Vorfeldbefugnisse zur vorbeugenden Bekämpfung von Straftaten, wie schon die jeweils statuierte Eingriffsschwelle zeigt.[205] Infolge ihrer unterschiedlichen Spezifika, Voraussetzungen und Reichweiten stellen sich Fragen, wie sich die verschiedenen Befugnisse des § 18 PolDVG in ihrer Anwendbarkeit zueinander verhalten. Lediglich der Befugnis in Abs. 8 scheint, da sie weder an einem bestimmten Ort noch an einem bestimmten Anlass anknüpft, eine Auffangfunktion zuzukommen.[206] Maßnahmen nach § 18

---

199 Dies gilt insbes. soweit Lichtbildaufnahmen nicht nur zur IdF, sondern auch „*zur Aufrechterhaltung der Sicherheit und Ordnung im Gewahrsam*" erlaubt werden. Auch die in der Gesetzesbegründung genannten Szenarien von Evakuierungen oder Ausschreitungen lassen erkennen, dass von einer fotografischen Erfassung aller Personen bei deren Ankunft in den Gewahrsamsräumen ausgegangen wird.
200 Vgl. Anlage 1 zum Prot. InnenA Nr. 21/40, S. 5.
201 Zu Umfang, Anlässen u. Infrastruktur des tatsächl. Einsatzes s. etwa Bü-Drs. 21/17273.
202 Mit Bü-Drs. 22/16042, S. 3 f. u.16 wurde Abs. 5 a.F. durch vier neue Absätze 5 bis 8 ersetzt, die nach Einsatzmittel und -ort differenzieren: Abs. 5 regelt (wie vor 2015) den Einsatz technischer Mittel aus dem Polizeifahrzeug heraus (sog. Dashcams) bei Anhalte- und Kontrollsituationen im öffentlich gewidmeten oder mit Duldung des Eigentümers genutzten Verkehrsraum. Abs. 6 u. 7 regeln den Einsatz körpernah getragener Geräte (insbes. Bodycams) und Abs. 8 regelt – ähnlich wie Abs. 5 a.F. – den Einsatz technischer Mittel in sonstigen Situationen. S. dazu auch Prot. InnenA Nr. 22/39, Anl. 1, 1 f.
203 Abs. 1 S. 1 dürfte nicht derart zu verstehen sein, dass hinsichtl. der Datenerhebung eine Offenheit „*auch*" für andere, *nicht-technische* Mittel bestünde. Es dürfte sich um ein Redaktionsversehen des Gesetzgebers handeln, da die Vorfassung noch eine Ermächtigung für eine Bild- u. Tonaufzeichnung vorsah, die ggü. den vorstehenden Befugnissen der bes. Datenverarbeitung herausgehoben werden sollte.
204 Zur polizeil. Videoüberwachung s. *Siegel* NVwZ 2012, 738; *Roggan* NVwZ 2001, 134.
205 Vgl. OVG Hamburg 22.6.2010 – 4 Bf 276/07, Rn. 60 ff. Zur polizeil. Videoüberwachung mit Blick auf Aufgaben und Gesetzgebungskompetenz s. *Ogorek* DÖV 2018, 688.
206 Vgl. Bü-Drs. 22/16042, S. 17. So dürften Abs. 5 sog. Dashcams bzw. Abs. 6 u. 7 sog. Bodycams speziell und abschließend regeln, so dass die Abs. 1 bis 4 u. 8 nicht auch auf deren Einsatz anwendbar sind, obwohl sie sich auch iSd Absätze als „technische Mittel" bezeichnen ließen. Dagegen bleiben Befugnisse in derselben Situation nebeneinander anwendbar, wenn sie sich bspw. auf verschiedene technische Mittel beziehen. So ist die Polizei unter den Voraussetzungen des Abs. 6 auch dann befugt, die Bodycam einzuschalten, wenn sie Maßnahmen im Zusammenhang einer Veranstaltung iSd Abs. 1 durchführt, und zwar unabhängig davon, ob die Veranstaltung bereits unter den Voraussetzungen des Abs. 1 mit technischen Mitteln der Bild- und Tonübertragung bzw. -aufzeichnung begleitet wird. Allgemein zur Anwendbarkeit von Rechtsgrundlagen [→ C54].

II. Informationelle Befugnisse

PolDVG stellen einen **Eingriff** jedenfalls in das Recht auf informationelle Selbstbestimmung dar – und zwar auch dann, wenn mittels Technik nur beobachtet und nicht aufgezeichnet wird.[207]

aa) Anlässe und Voraussetzungen der einzelnen Befugnisse

Gem. § 18 Abs. 1 PolDVG dürfen technische Mittel zur **Bild- und Tonübertragung** bei **öff. Veranstaltungen** wie Fußballspielen oder Volksfesten (z.B. dem Dom) sowie bei **Ansammlungen**, also sonstigen zufälligen Zusammenkünften von Menschen, eingesetzt werden. Die Befugnis gilt nicht für Versammlungen iSd VersG, für die sich abschließende Regelungen in §§ 12a, 19a VersG finden.[208] Ziel der Befugnis ist die rechtzeitige Erkennung und Verhütung von Straftaten iRd tatbestandlich erfasster Ereignisse, wobei jeweils ein entspr. spezifischer, durch Tatsachen gerechtfertigter Gefahrenverdacht vorliegen muss,[209] um alle Teilnehmenden auf Grundlage des S. 1 durch Bild- und Tonübertragung in Echtzeit erfassen und beobachten zu dürfen.[210] Eine **Aufzeichnung** und Speicherung des Materials ist demgü. nur auf Grundlage des S. 2 möglich, der an die Verantwortlichkeit der betroffenen Personen anknüpft, wenn diese als Gefahrenverursacher identifiziert werden konnten.[211] Die jeweils zulässigen Videoaufnahmen können *bei oder im Zusammenhang mit* der Veranstaltung oder Ansammlung erfolgen, was einen engen zeitlichen und räumlichen Kontext erfordert, der An- und Abreise umfasst.[212] Neben einer Vielzahl stationärer Kameras, die für anlassbezogene Videoüberwachung genutzt werden können, erfolgen entspr. Maßnahmen durch Einsatzkräfte etwa der Landesbereitschaftspolizei.[213] Für große Veranstaltungen wie Hafengeburtstag, Schlagermove, Fanfest oder auch anlässlich des G20-Gipfels werden bzw. wurden Kameras zudem temporär angebracht.[214] Im Volksparkstation und am Millerntor werden der Polizei von den Vereinen zoomfähige Videoanlagen zur Verfügung gestellt.[215]

Eine Anfertigung und Verarbeitung von technischen **Bild- und Tonaufzeichnungen** darf nach § 18 Abs. 2 PolDVG auch in und an **besonders gefährdeten Objekten** iSd § 13 Abs. 1 Nr. 3 PolDVG [→ D40] erfolgen. Notwendig ist ein Gefahrenverdacht, der gleichenorts auf die Begehung von Straftaten und eine damit verbundene Gefährdung von Personen, der Objekte oder darin befindlicher Sachen gerichtet ist. Die Aufzeichnungen dürfen nur den für eine Gefahr – konsequenterweise dürfte gemeint sein: einen Gefahrenverdacht – Verantwortlichen betreffen. Von der Befugnis nach Abs. 2 darf grds. nur unter entspr. Hinweis Gebrauch gemacht werden (S. 3).[216]

54

55

---

207 Vgl. OVG Hamburg 22.6.2010 – 4 Bf 276/07, Rn. 50 ff.; *Siegel* NVwZ 2012, 738 (739). Zum Grundrechtseingriff durch Videoaufnahmen s. *Schenke* Rn. 204; BVerfG 23.2.2007 – 1 BvR 2368/06. Zum grundrechtlichen Unterlassungsanspruch BVerwG 2.5.2024 – 6 B 66.23 m. krit. Anm. *Halder/Schubert* NVwZ 2024, 1238.
208 Vgl. *Alberts/Merten* § 8 Rn. 1. Zur Bildübertragung u. -aufzeichnung bei Versammlungen s. RBD/*Arzt* § 19a VersG Rn. 10 ff.
209 In Betracht kommen etwa konkr. Lageerkenntnisse, bisherige Einsatzerfahrungen bei Vorjahresveranstaltungen, konkr. Verhalten im Publikum, feindschaftliche Fanverhältnisse bei Fußballspielen.
210 Die einheitlich an die Verantwortlichkeit der erfassten Personen anknüpfende Vorgängerfassung hatte sich gerade iRv Großveranstaltungen als zu eng erwiesen, vgl. Bü-Drs. 20/1923, 12.
211 Von einer Absenkung der Eingriffsschwelle für Bild- u. Ton*aufzeichnungen* wurde abgesehen, vgl. Bü-Drs. 20/4102, 14. Ähnlich bereits BERS/*Ettemeyer* § 8 PolDVG Rn. 8.
212 Vgl. Bü-Drs. 13/5422, 25. Erfasst ist so etwa eine Beobachtung der Treffpunkte bekannter Ultra-Gruppen vor deren Abreise zu einem Auswärtsspiel.
213 Zur Ausstattung der Polizei Hamburg mit Kameras, vgl. Bü-Drs. 21/20102, 28, 21/17273 u. 22/13052.
214 Vgl. Bü-Drs. 21/14162, Anlage 2.
215 Zu Videoüberwachungsmaßnahmen der Polizei anlässlich von Fußballspielen s. Bü-Drs. 22/5926.
216 Eine Ausnahme soll zulässig sein, wenn durch den Hinweis der Zweck der Maßnahme gefährdet wird, weil etwa potenziellen Straftätern Gelegenheit gegeben wird, die Maßnahme durch entspr. Verhalten zu unterlaufen, vgl. Bü-Drs. 13/5422, 25. Der Vorschrift kam in der Vergangenheit eine nur geringe praktische Relevanz zu; vgl. Bü-Drs. 21/17273, 4.

56 Auch die Befugnis gem. **§ 18 Abs. 3 PolDVG** zur Videoüberwachung von **öffentlich zugänglichen Straßen, Wegen und Plätzen**, etwa für den großflächig-prominenten, zunehmend KI-gestützten Kameraeinsatz auf der Reeperbahn,[217] am Jungfernstieg oder auf dem Hansaplatz,[218] dient der vorbeugenden Bekämpfung von Straftaten. Wurde an einem tatbestandlich erfassten Ort wiederholt Straftaten begangen und sind diese auch für die Zukunft zu prognostizieren, darf die Polizei offen mittels **Bildübertragung** beobachten und **Bildaufzeichnungen** von Personen verarbeiten.[219] Erfasst sind aber nur Straftaten der Straßenkriminalität, also solche Straftaten, die in ihrer Tatphase ausschließlich oder überwiegend auf öff. Straßen, Wegen und Plätzen begangen werden und visuell wahrnehmbar sind.[220] An Orten, die sich in ihrer Kriminalitätsbelastung erheblich vom übrigen Stadtgebiet abheben, sollen Videoüberwachungsmaßnahmen dazu beitragen, dass solche „Kriminalitätsbrennpunkte" nicht gemieden werden und das subjektive Sicherheitsgefühl der Bevölkerung nicht gemindert wird.[221] In ihrer Adressierung ist die Befugnis nicht beschränkt, sondern umfasst alle Personen im Aufnahmebereich des eingesetzten Technikmittels (z.B. Kamera). Sie erlaubt dagegen nicht die Videoüberwachung *privater* Gebäude(-teile) und Flächen, auch wenn diese öff. zugänglich sind.[222] Der Schutz sog. private zones wie Hauseingängen oder Fenstern von Wohngebäuden ist technisch durch eine entspr. Kameraausrichtung oder Verpixelung sicherzustellen.[223]

57 **§ 18 Abs. 4 PolDVG** ermächtigt die Polizei zur offenen Anfertigung von **Ton- und Bildaufzeichnungen** von **Personen in amtlichem Gewahrsam**. Die Befugnis ist zeitlich auf die in § 13c Abs. 1 Nr. 3 SOG geregelte Maximaldauer des Gewahrsams begrenzt. Der Technikeinsatz soll von Sachbeschädigungen und Widerstandshandlungen abschrecken sowie zu einer etwaigen Sicherung von Beweisen beitragen, außerdem sollen so Selbstverletzungen oder Suizidhandlungen verhindert werden.[224] Dementsprechend darf die Aufzeichnung nur auf den Schutz der Betroffenen, der Vollzugsbediensteten oder der polizeilich genutzten Räume gerichtet sein.

---

217 Infolge der Klage einer Anwohnerin hat die Vorschrift eine gesetzgeberische Präzisierung erfahren. Vgl. dazu OVG Hamburg 22.6.2010 – 4 Bf 276/07; Schnabel NVwZ 2010, 1457 u. Bü-Drs. 20/1923, 12. Zur Videoüberwachung an Reeperbahn u. Jungfernstieg s. Bü-Drs. 21/16588, 22/12275.
218 Zur Videoüberwachung am Hansaplatz („IVBeo"), bei der seit Juli 2023 (zunächst erprobungsweise) Datensätze der Kameras nach auffälligen Bewegungsmustern (z.B. Ansammlungen, Stürze, Schläge, Tritte) automatisiert analysiert und im Trefferfall die entsprechenden Livebilder automatisch auf den Monitor der Polizeibediensteten übertragen werden, s. Bü-Drs. 22/5311, 22/14472 (KI) sowie die HmbBfDI-Tätigkeitsberichte aus den Jahren 2019 (S. 23 ff.), 2020 (S. 64 ff.) u. 2023 (S. 72 ff.). Der Mehrwert wird darin gesehen, dass das System für den menschlichen Beobachter Komplexität und Ablenkung reduziert, indem es irrelevante Szenen aus der Überwachung aussortiert und dem Menschen gar nicht erst zeigt. Da die Entscheidung, ob eine Gefahrensituation vorliegt, bei den Polizeibediensteten verbleibe, soll es sich nicht um eine ausschließlich automatisierte Entscheidung handeln, die an § 9 PolDVG zu messen wäre [→ D24]. Auch soll § 18 Abs. 3 PolDVG als Rechtsgrundlage für die „intelligente" Videoüberwachung ausreichen, weil die Weiterverarbeitung der Videoaufzeichnungen nicht wesentlich tiefer in die Grundrechte der Betroffenen eingreife als die Videoüberwachung selbst (vgl. HmbBfDI-Tätigkeitsbericht 2023, S. 74).
219 Zu den Anforderungen an die Gefahrenprognose vgl. Bü-Drs. 18/1487, 15.
220 VGH Mannheim 21.7.2003 – 1 S 377/02, Rn. 78.
221 Vgl. Bü-Drs. 18/1487, 15 mVa auf einen Beschluss der IMK im Jahr 2000. Anders als möglicherweise mit der Gesetzesbegründung intendiert, dürfte § 18 Abs. 3 S. 1 PolDVG weiterhin einen – allenfalls leicht abgesenkten („zu rechnen ist") – Gefahrenverdacht und in diesem Sinne eine objektive, tatsachenbasierte [→ C164 u. 196] Eingriffsschwelle voraussetzen, weil nach dem Gesetzeswortlaut die Annahme ausdrücklich durch Tatsachen gerechtfertigt werden und sich gegenständlich unmittelbar auf die Begehung von Straftaten an einem bestimmten Ort beziehen muss, dagegen nicht schon – wie etwa explizit im weitergehenden § 14 Abs. 3 S. 1 Nr. 3 u. S. 2 HSOG – eine lediglich zu dokumentierende Annahme ausreicht, die sich nur darauf bezieht, dass dieser Ort von der Bevölkerung aus einem (subjektiven) Unsicherheitsgefühl heraus gemieden wird. Allgemein zum Sicherheitsgefühl als Schutzgut [→ C126]. Zum Begriff des Kriminalitätsbrennpunkts vgl. auch VGH Mannheim 21.7.2003 – 1 S 377/02, Rn. 60; *Siegel* NVwZ 2012, 738 (741).
222 Vgl. OVG Hamburg 22.6.2010 – 4 Bf 276/07, Rn. 127 ff.
223 Vgl. dazu den BfDI-Tätigkeitsbericht aus dem Jahr 2020, S. 65.
224 Bü-Drs. 18/1487, 16.

II. Informationelle Befugnisse

Eine – nach dem Wortlaut denkbare – lückenlose Beobachtung erscheint im Hinblick auf die Privat- und Intimsphäre bedenklich.[225] Eingriffe in ein durch Berufsgeheimnis geschütztes Vertrauensverhältnis isd §§ 53 und 53a StPO sind unzulässig (§ 18 Abs. 4 S. 3 PolDVG).

Nach **§ 18 Abs. 5 PolDVG** dürfen offen **Bild- und Tonaufzeichnungen** bei **Anhalte- und Kontrollsituationen im öffentlichen Verkehrsraum** angefertigt werden. Im Unterschied zu den Befugnissen der Abs. 1 bis 4 darf dazu aber nicht jedes, sondern nur **technische Mittel in Fahrzeugen der Polizei** eingesetzt werden. Gemeint sind sog. Dashcams, die offen erkennbar aus dem Streifenwagen heraus ein Geschehen am Einsatzort dokumentieren, um so die Eigensicherung der Polizei zu stärken, aber auch die Aggressionsbereitschaft zu senken.[226] Zum öffentlichen Verkehrsraum gehören alle Verkehrsflächen, die wegerechtlich dem allgemeinen Verkehr gewidmet oder die ungeachtet von Widmung und Eigentumsverhältnissen mit (ausdrücklicher oder stillschweigender) Duldung des Verfügungsberechtigten für jedermann oder aber zumindest für eine allgemein bestimmte größere Personengruppe zur Benutzung zugelassen ist und auch tatsächlich so genutzt wird.[227] Nach dem Wortlaut von Abs. 5 S. 1 besteht nur eine geringe Eingriffschwelle: es reicht eine Anhalt- und Kontrollsituation als Anlass und die (wohl abstrakte) Erforderlichkeit, Vollzugsbedienstete oder Dritte zu schützen, um die Dashcam einschalten zu dürfen.[228]

58

Nach **§ 18 Abs. 6 PolDVG** darf die Polizei **bei der Durchführung von Gefahrenabwehr- oder Strafverfolgungsmaßnahmen in öffentlich zugänglichen Bereichen** offen **Bild und Ton aufzeichnen**. Allerdings darf dazu – wie auch bei Abs. 5 – nicht jedes, sondern nur **körpernah getragene Aufzeichnungsgeräte** eingesetzt werden. Angesprochen ist damit v.a. die sog. Bodycam – eine Kamera, die meist auf Schulter- oder Brusthöhe an der Polizeiuniform befestigt zur Dokumentation des Einsatzgeschehens dient. Die Einführung der Befugnis wurde mit der steigenden Gewaltbereitschaft ggü. Einsatzkräften begründet; die Kamera soll als Mittel der Eigensicherung eingesetzt werden und zur Deeskalation beitragen, aber auch die objektive Rekonstruktion von Geschehensabläufen ermöglichen.[229] Problematisch ist daher, dass es grundsätzlich nur vom Polizeibediensteten abhängt, ob und wie lange eine Aufzeichnung erfolgt, der Betroffene also – außer in Wohnungen [→ D61] – nicht auch seinerseits verlangen kann, dass die Kamera eingeschaltet wird, etwa um auch mögliches Fehlverhalten der Polizei zu dokumentieren.[230] Eine Bodycam greift regelmäßig wesentlich intensiver als andere Videotechniken in die informa-

59

---

225 Vgl. BGH 8.5.1991 – 5 AR Vollz 39/90, Rn. 10; iE EFP/*Pünder* Rn. 231.
226 Vgl. Bü-Drs. 22/16042, 16, auch mVa 18/1487, 16. § 18 Abs. 5 PolDVG a.F. hatte die zuvor geltende Vorschrift, die wie die aktuelle Vorschrift nur die Dashcam zum Gegenstand hatte, auf die Bodycam erstreckt. Der Gesetzgeber hat mit Abs. 5 einerseits und Abs. 6 u. 7 andererseits nun wieder getrennte, sich in den Anforderungen unterscheidende Befugnisse normiert.
227 Bü-Drs. 22/16042, 16, mVa BGH 30.1.2013 – 4 StR 527/12, Rn. 4.
228 Vgl. Bü-Drs. 18/1487, 16.
229 Bü-Drs. 20/12895, 2, u. 22/16042, 16. Zum Einsatz zur Beweissicherung vgl. *Ruthig* GSZ 2018, 1. Ob die Bodycam zu diesem Zweck tatsächlich geeignet ist, wird bezweifelt; mitunter wird eine provozierende Wirkung angenommen, vgl. LD/Arzt Kap. G Rn. 1152; *Köhler/Thielicke* NVwZ-Extra 13/2019, 1 (2); *Kipker/Gärtner* NJW 2015, 296 (297). Vgl. auch *Schenke* VerwArch 2019, 436 (447f.). Vgl. AG Reutlingen 10.8.2021 – 5 UR II 4/21 L, Rn. 24ff zum Einsatz bei psychisch kranken Personen. In der FHH ist ein Pilotprojekt im Jahr 2016 trotz gleichbleibend hoher Zahl von Widerstandshandlungen mit positivem Fazit abgeschlossen worden – neben positiver Resonanz in der Bevölkerung konnte im Einsatz insbes. auf umstehende Personen eine deeskalierende und Einmischungen verhindernde Wirkung festgestellt werden, s. Bü-Drs. 21/8737. Nach Abschluss der Pilotphase verfügte die Polizei Hamburg zunächst nur über 16 Bodycams, von denen neun im Streifendienst eingesetzt wurden, in den Jahren 2022/2023 sind 64 weitere angeschafft worden, die überwiegend im Bereich der zentralen Regional-Polizeikommissariate zum Einsatz kommen – von einer flächendeckenden Ausstattung dürfte die Polizei noch weit entfernt sein, vgl. Bü-Drs. 21/16656, 1; 22/7219, 8; 22/8423, 5; 22/11243.
230 *Köhler/Thielicke* NVwZ-Extra 13/2019, 1 (2).

tionelle Selbstbestimmung ein,[231] da infolge der Mobilität der Kameras Personen mit großer Streubreite und aus unmittelbarer Nähe gefilmt werden – andererseits erfolgt der Einsatz nur punktuell, anlassbezogen und kurzzeitig.[232] Zu den öffentlich zugänglichen Bereichen gehören etwa Einzelhandelsgeschäfte, Gaststätten und Clubs, die für den Publikumsverkehr geöffnet sind. Abs. 6 S. 5 nimmt Anwaltskanzleien, Arztpraxen, Beratungsstellen oder andere Räumlichkeiten aus, die der Ausübung von Berufsgeheimnisträgern iSd § 53 Abs. 1 StPO dienen.

60   Bei der Befugnis in Abs. 6 können zwei Tatbestände unterschieden werden: nach **S. 1** ist der Einsatz zulässig, wenn er **nach den Umständen erforderlich** ist, um Vollzugsbedienstete oder Dritte, etwa Rettungskräfte, vor Gefahren für Leib oder Leben zu schützen – vorausgesetzt ist also keine konkrete Gefahr, sondern lediglich eine Einsatzsituation, die auf Grundlage polizeilichen Erfahrungswissens Eskalationsgefahr birgt.[233] Nach **S. 2** sind auch automatisierte Voraufzeichnungen, also Aufzeichnungen im Bereitschaftsbetrieb (sog. Pre-Recording) zulässig – und zwar ohne materielle Voraussetzung und nur begrenzt durch das eingeräumte Ermessen („dürfen"), das v.a. in Hinblick auf eine angemessene, vom Gesetz nicht vorgegebene zeitl. Begrenzung des Bereitschaftsbetriebs pflichtgemäß auszuüben ist (vgl. § 40 HmbVwVfG). Die im Bereitschaftsbetrieb aufgezeichnete Daten werden kurzzeitig (höchstens 60 Sekunden) im Zwischenspeicher erfasst und – wenn nicht eine manuelle Aufzeichnungsaktivierung nach S. 1 erfolgt – automatisch gelöscht (S. 2 u. 3).[234]

61   Mit **§ 18 Abs. 7 PolDVG** hat der Gesetzgeber jüngst eine Befugnis eingeführt, die der Polizei den Einsatz von **körpernah getragenen Aufzeichnungsgeräten** wie die Bodycam auch in Wohnungen erlaubt.[235] Dabei gelten grundsätzlich die Anforderungen des Abs. 6. Der mit dem Einsatz in Wohnungen einhergehende (zusätzliche) Eingriff in Art. 13 GG verlangt jedoch strengere Anforderungen insbes. an Bestimmtheit und Verfahrensregelungen,[236] die sich in Abs. 7 finden und die die Anforderungen des Abs. 6 ergänzen, soweit sie sie nicht verdrängen. So darf die Bodycam sowohl iSv Abs. 6 S. 1 als auch von S. 2 – mit Blick auf die Notwendigkeit einer dringenden, also gewichtigen Gefahr in Art. 13 Abs. 7 GG – nur eingesetzt werden, wenn eine (konkrete) Gefahr für Leib oder Leben von Vollzugsbediensteten oder Dritten vorliegt.[237] Weil der Einsatz der Bodycam auch aus Sicht des Betroffenen als ein Mittel der objektiven Dokumentation empfunden werden und damit deeskalierend wirken kann, kann der Betroffene die Aufzeichnung nach Abs. 7 S. 2 auch verlangen. Die Vorschrift zieht diesem Anspruch zugleich Grenzen für den Fall, dass bei mehreren Wohnungsinhaber divergierende Auffassungen über

---

231 S. *Schmidt*, Polizeil. Videoüberwachung durch den Einsatz von Bodycams, 2018, S. 93 ff u. 128 ff.
232 Vgl. *Ruthig* GSZ 2018, 12 (14); *Lachenmann* NVwZ 2017, 1424 (1425).
233 Vgl. Bü-Drs 20/12895, 3. Gleiche Voraussetzungen gelten für die Durchsuchung einer Person zur Eigensicherung nach § 15 Abs. 2 S. 1 SOG [→ D225]. Mit aA wohl EP/*Grünewald* Rn. 620 zu § 18 Abs. 5 PolDVG a.F., die einen Einsatz bei „sämtlichen polizeil. Gefahrenabwehrmaßnahmen" für zulässig hält.
234 Das Pre-Recording wurde erst jüngst in Anlehnung an § 27a Abs. 3 BPolG eingeführt, s. Bü-Drs. 22/16024, 4 u. 16 sowie *Schenke* Rn. 208; *Lachenmann* NVwZ 2017, 1424 (1427). Zu Parallelbefugnissen in anderen Ländern vgl. etwa § 32 Abs. 5 S. 4 NPOG; Art. 33 Abs. 4 S. 1 BayPAG sowie dazu *Zaremba* LKV 193, (200 f.).
235 Bü-Drs. 22/16024, 4 u. 16. Zu früheren Regelungen anderer Länder vgl. etwa Art. 33 Abs. 4 BayPAG; § 33 Abs. 4 BremPolG; § 24c Abs. 3 ASOG.
236 Zum Einsatz von Bodycams in Wohnungen *Schäfer* NVwZ 2022, 360 (362 ff.). Mit soll allerdings eine entsprechende Rechtsgrundlage eingeführt werden, die insbes. eine Gefahr für Leib oder Leben vorausssetzt und die weitere Verarbeitung der Aufzeichnung unter den Vorbehalt einer gerichtl. Anordnung stellt. Für einen solchen Vorbehalt vgl. *Petri* ZD 2018, 453 (459); *Thiel* § 10 Rn. 55; *Köhler/Thielicke* NVwZ-Extra 13/2019, 1 (7); aA *Schenke* VerwArch 2019, 436 (457 ff.); *Schmidt*, Polizeil. Videoüberwachung durch den Einsatz von Bodycams, 2018, S. 421 ff.
237 So die Gesetzesbegründung in Bü-Drs. 22/16024, 17, in der zugleich eine Kernbereichsregelung als verfassungsrechtlich nicht erforderlich gehalten wird, weil es nicht um eine nichtöffentliche bzw. höchstpersönliche Kommunikation handele.

II. Informationelle Befugnisse

den Einsatz besteht oder das Verlangen zu einer weiteren Eskalation und damit zu einer Gefahrerhöhung führt.[238]

Nach **§ 18 Abs. 8 PolDVG** darf die Polizei in öffentlich zugänglichen Bereichen [→ D59] offen **technische Mittel** zur Anfertigung von **Bild- und Tonaufzeichnungen** einsetzen. Tatbestandlich ist die Befugnis eng gefasst, indem sie eine konkrete Gefahr für Leib, Leben oder Freiheit einer Person voraussetzt. Da die Befugnis aber rechtsfolgenseitig nicht an bestimmte Orte, bestimmte Anlässe oder Techniken ansetzt, kommt ihr im Vergleich zu den Abs. 1 bis 7 eine **auffangartige Funktion** zu. Die weite, technik- und innovationsoffene Formulierung trägt der raschen Entwicklung insbesondere der Digitalisierung Rechnung, erscheint aber auch verfassungsrechtlich nicht unbedenklich, soweit die Befugnis auch als Grundlage für den Einsatz eingriffsintensiver, technischer Mittel erwogen wird, für die der Bestimmtheitsgrundsatz präzisere Eingriffsermächtigungen verlangt.[239] So soll etwa der **Einsatz von Drohnen** erfasst sein, also von unbemannten Luftfahrtsystemen, die ausgestattet mit Kameras und Mikrofonen bspw. bei der Suche von vermissten Personen helfen.[240] Der Einsatz von Drohnen auf Grundlage von Abs. 8 ist jedoch allenfalls denkbar, soweit die Drohnen funktionell so eingesetzt werden wie herkömmliche technische Mittel. So kann etwa fraglich sein, ob eine Kamera-Drohne hinreichend wahrnehmbar ist, um den Anforderungen an die Offenkundigkeit von Videoüberwachungen zu genügen.[241] Auch in Folge ihres großen Bewegungsradius können Kamera-Drohnen eingriffsintensiver als immobile Kameras wirken. Je drohnenspezifischer, über herkömmliche Videotechnik hinausgehender die einzusetzenden Funktionen sind, desto mehr spricht für die Erforderlichkeit speziellerer Ermächtigungsgrundlagen.[242]

Über die nach § 18 PolDVG gestattete Videoüberwachung hinaus geht auch die sog. **intelligente Videoüberwachung**, bei der nicht nur die Videoaufzeichnung automatisiert erfolgt, sondern auch die Datenauswertung.[243] Darunter fällt insbes. die biometrische Gesichtserkennung, die einen automatischen Abgleich mit hinterlegten Datenbeständen von Gesichtsaufnahmen ermöglicht. Wegen ihrer erheblichen Streubreite und ihrem Einschüchterungspotenzial ist § 18 PolDVG als Ermächtigungsgrundlage für diese Maßnahme zu unbestimmt, was auch dadurch bestätigt wird, dass etwa für die automatisierte Kennzeichenkontrolle mit § 19 PolDVG eine spezielle Befugnis besteht.[244] Soweit KI eingesetzt wird, muss sich die biometrische Gesichtserkennung auch an den Vorgaben der KI-VO (insbes. Art. 5) messen lassen.[245]

---

238 Vgl. Bü-Drs. 22/16024, 16 f.
239 Zu Eingriffsintensität u. Bestimmtheitsanforderungen vgl. BVerfG 23.2.2007 – 1 BvR 2368/06, Rn. 47.
240 Vgl. Bü-Drs. 22/16024, 17. Zum Einsatz von Drohnen durch die Polizei Hamburg s. Bü-Drs. 22/16764 u. 22/15332 sowie 22/1138 u. 22/4954.
241 Vgl. VG Sigmaringen 20.10.2020 – 14 K 7613/18, Rn. 60 ff. Nach der Vorstellung des Gesetzgebers soll auf die Offenheit des Einsatzes ggf. gesondert hinzuweisen sein, was allerdings keine ausdrückliche gesetzl. Vorgabe ist, sondern sich nur aus der Gesetzesbegründung ergibt, vgl. Bü-Drs. 22/16024, 17.
242 Vgl. *Tomerius* LKV 2020, 481 (484, 486); *Martini* DÖV 2019, 732 (736 f.); *Kingreen/Poscher* § 18 Rn. 8; LD/*Müller/Schwabenbauer* Kap. G Rn. 689. Vgl. etwa Art. 47 BayPAG u. § 34 SOG M-V. Vgl. nun auch die in § 38 des Referentenentwurfs zur Änderung des BPolG [→ B123] vorgesehene Spezialbefugnis zum Einsatz von Polizeidrohnen. Es ist zu erwarten, dass auch der Hamburger Landesgesetzer entsprechende Befugnisse in seine Polizeigesetze aufnimmt.
243 Vgl. SchE/*Schoch/Kießling* Rn. 687. Zur automatischen Auswertung von Verhaltensmustern, die auf die Begehung einer Straftat hindeuten, ermächtigt etwa § 44 Abs. 4 BWPolG.
244 Zur Eingriffswirkung vgl. *Martini* NVwZ – Extra 1–2/2022, 1 (6 f.); *Rademacher/Perkowski* JuS 2020, 713 (718); *Petri* GSZ 2018, 144 (148). Eine bes. Ermächtigung sieht § 59 SächsPDVG vor. Entgegen VG Hamburg 23.10.2019 – 17 K 203/19 kommt § 48 Abs. 1 BDSG mangels hinreichender Bestimmtheit nicht als EGL in Betracht; krit. dazu auch *Mysegades* NVwZ 2020, 852.
245 Hierzu MW/*Wendehorst* Art. 5 Rn. 136 ff.

bb) Offenheit, Drittbetroffenheit, Speicherung und Zweckbindung

64 Die Maßnahmen nach § 18 Abs. 1 u. 2 PolDVG sollen nach Maßgabe des § 10 Abs. 3 PolDVG grundsätzlich **offen**, die Maßnahmen nach Abs. 3 bis 8 müssen dagegen ausdrücklich stets offen erfolgen, also für den Betroffenen klar erkennbar sein.[246] In Folge der „Streubreite" sind vom Einsatz von Videokameras und anderer technischer Mittel zur Bild- und Tonübertragung bzw. -aufzeichnung häufig auch unbeteiligte **Dritte** betroffen. Gem. § 18 Abs. 1 S. 3, Abs. 2 S. 2, Abs. 3 S. 3, Abs. 4 S. 2, Abs. 5 S. 2, Abs. 6 S. 6 (auch iVm Abs. 7 S. 1) u. Abs. 8 S. 2 steht dies der jeweiligen Einsatzbefugnis nicht entgegen, wobei Maßnahmen zur Gewahrsamsüberwachung nach Abs. 4 S. 3 nicht in die von §§ 53 f. StPO geschützten Vertrauensverhältnisse (z.B. bei anwaltlichen oder ärztlichen Konsultationen) eingreifen dürfen. Für Bild- und Tonaufzeichnungen und sonstige suchfähig personenbezogene Daten, die über die Befugnisse nach **§ 18 Abs. 1 bis 3 PolDVG** gespeichert wurden, gilt eine **Lösch- bzw. Vernichtungsfrist** von einem Monat, von der jedoch abgewichen werden darf, falls die Daten erforderlich sind, um gegen die jeweils betroffene Person strafrechtlich zu ermitteln oder sie von Straftaten abzuhalten (Abs. 1 S. 4 u. 5 Var. 2 u. 3, Abs. 2 S. 2 u. Abs. 3 S. 2).[247] Die darüber hinaus in Abs. 1 S. 5 Var. 1 vorgesehene Ausnahme für Daten, die zur Verfolgung von *Ordnungswidrigkeiten von erheblicher Bedeutung* benötigt werden,[248] erscheint nicht nur systemwidrig, sondern auch fragwürdig, weil zu diesem Zweck die Erhebung der Daten über den Einsatz technischer Mittel iSd § 18 PolDVG unverhältnismäßig anmutet.[249] Für die Befugnisse nach **§ 18 Abs. 4 bis 8 PolDVG** gilt dagegen von vornherein eine wesentlich kürzere Löschfrist von vier Tagen, von der aber entspr. dem Zweck der Befugnisse abgesehen werden darf, soweit die Daten zur Strafverfolgung benötigt werden (Abs. 4 S. 4, Abs. 5 S. 2, Abs. 6 S. 6, auch iVm Abs. 7 S. 1 sowie Abs. 8 S. 2).[250] Besonderheiten gelten für Aufzeichnungen im Rahmen des **Pre-Recordings** nach Abs. 6 S. 2 [→ D60]: sie sind nach S. 3 automatisch nach höchstens 60 Sekunden zu löschen, es sei denn, es beginnen in dieser Zeitspanne Aufzeichnungen nach S. 1. Dann gilt wieder die Viertagefrist (S. 4). Eine besondere Verfahrensvorgabe in Form eines Richtervorbehalts zur Weiterverarbeitung von **Bodycam-Aufzeichnungen in Wohnungen** nach Abs. 7 S. 1 enthält Abs. 6 S. 3 u. 4 iVm § 22 Abs. 3 S. 10–13 PolDVG.[251]

h) Einsatz von automatischen Kennzeichenlesesystemen

65 § 19 Abs. 1 S. 1 PolDVG erlaubt die **automatische Erfassung** von Kraftfahrzeugkennzeichen und deren **Abgleich** mit den in Abs. 2 S. 1 konkret bezeichneten **Sachfahndungsbeständen** bei BKA und LKA.[252] Bei Kfz-Kennzeichen handelt es sich um personenbezogene Daten,

---

246 Vgl. OVG Hamburg 22.6.2010 – 4 Bf 276/07, Rn. 67. Die Befugnis nach Abs. 2 sieht zwar keine ausdrückliche Offenheit, allerdings die Hinweispflicht in S. 3 vor.
247 Die Daten werden in einem Ringspeichersystem gesichert u. nach Ablauf der Speicherfrist automatisiert gelöscht; vgl. Bü-Drs. 21/14162, 3; 21/17273, 5.
248 Hintergrund war insbes. die Verfolgung von Graffiti u. Müllablagerungen; vgl. Bü-Drs. 18/1487, 15.
249 Auch scheint ein Bedürfnis für die Befugnis tatsächl. nicht zu bestehen. Zwischen Jan. 2017 u. Mai 2019 wurde davon kein Gebrauch gemacht; vgl. Bü-Drs. 21/17273, 4.
250 Insbesondere für Aufzeichnungen der Bodycam gilt somit eine im Vergleich zu anderen Ländern auffällig kurze Löschfrist, vgl. etwa Art. 33 Abs. 8 BayPAG (mehr als zwei Monate). § 33 Abs. 6 S. 1 BremPolG (nach frühestens zwei Monaten), § 32 Abs. 4 S. 7 NPOG (sechs Wochen). Krit. mit Blick auf das Recht auf eine Einsichtnahme *Schenke* VerwArch 2019, 436 (471 ff.); *Martini/Nink/Wenzel* NVwZ-Extra 24/2016, 1 (11).
251 Vgl. Bü-Drs. 22/16024, 17, wonach die Weiterverarbeitung von Aufzeichnungen nach Abs. 7 S. 2 durch das Verlangen selbst gerechtfertigt sei, weshalb der Richtervorhalt hierauf nicht erstreckt werden müsse.
252 Die Mischdateien enthalten Datensätze zur Strafverfolgung *und* zur Gefahrenabwehr – der Abgleich dient jedoch primär den in Abs. 1 S. 1 beschriebenen präv. Zwecken. Abs. 2 S. 2 beschreibt den für den Abgleich heranzuziehenden Datenbestand abstr.-generell, um einen unbegrenzten Zugriff im Fall einer nicht vorhersehbaren Ausweitung der Dateien auszuschließen, vgl. Bü-Drs. 20/1923, 13. Zur strafproz. Parallelnorm vgl. § 163g StPO sowie *Zaremba* SVR 2022, 168.

II. Informationelle Befugnisse

weshalb Erfassung und Abgleich in die informationelle Selbstbestimmung eingreifen. Dies gilt nach jüngerer Rspr. (mit minderem Gewicht) auch im sog. *Nichttrefferfall*, wenn also der Abgleich keinen Treffer ergibt und die Daten automatisch und spurenlos gelöscht werden.[253] Um der **Grundrechtsrelevanz**, insbesondere der personellen Breitenwirkung („Streubreite") der Maßnahme Rechnung zu tragen, orientiert sich die Vorschrift an den vom BVerfG aufgestellten Anforderungen an Normenklarheit, Bestimmtheit und Verhältnismäßigkeit.[254] Insbes. dürfen Kennzeichen nur anlässlich einer Kontrolle im öff. Verkehrsraum und nur zum Zweck der Eigensicherung, des Auffindens und der Verhinderung des Gebrauchs gestohlener Kfz und Kfz-Kennzeichen sowie der Verhütung von damit begangenen Anschlussstraftaten erfasst werden.[255] In dieser Eingriffsschwelle und **Zweckbestimmung** kommt zum Ausdruck, dass der Einsatz automatischer Kennzeichenlesesysteme auf den Schutz von Rechtsgütern und öff. Interessen von erheblichem Gewicht beschränkt ist.[256]

Die erforderliche spezielle Befugnis ermächtigt zur automatisierten Datenverarbeitung *bei* Kontrollen, nicht aber zur anlassgebenden Kontrolle *selbst*.[257] Die **Erfassung** muss *offen* und *mit Anhaltemöglichkeit* erfolgen.[258] Neben der Zweck- und Anlassbestimmung dienen auch die ausdrücklichen **Verbote** einer flächendeckenden Erhebung und einer Erstellung von Bewegungsprofilen dazu, eine uferlose Datenerfassung und polizeiliche Beobachtung zu verhindern.[259] Der jeweils abzugleichende Datenbestand muss *anlassbezogen* ausgewählt werden.[260] Im **Trefferfall** dürfen nur die in Abs. 3 S. 2 präzisierten Daten gespeichert und nach Maßgabe des Abs. 3 S. 5 zur Gefahrenabwehr weiterverarbeitet werden. Das Fahrzeug soll dann nach Abs. 3 S. 3 angehalten werden, weitere Maßnahmen dürfen jedoch erst nach (manueller) Überprüfung des Treffers erfolgen.[261] Stellt das automatisierte System keinen Treffer fest, sind die Daten iSd Abs. 3 S. 1 *unverzüglich*, also ohne weitere menschliche Sichtung oder Möglichkeit zur Herstellung eines Personenbezugs spurenlos zu löschen.[262] Die Maßnahme ist nach § 75 S. 1 PolDVG berichtspflichtig.[263]

66

i) Observation

Auf Grundlage des § 20 PolDVG kann eine **planmäßig angelegte Beobachtung einer Person** erfolgen,[264] die der Polizei einen umfassenden Einblick in deren persönliche Lebensumstände

67

---

253 BVerfG 18.12.2018 – 1 BvR 142/15, Rn. 47 ff. u. 97 sowie dazu *Trute* Die Verwaltung 53 (2020), 99 (110 ff.). Anders noch BVerfG 11.3.2008 – 1 BvR 2074/05, Rn. 68. Krit. *Möstl* GSZ 2019, 101 (102 f.).
254 Vgl. Bü-Drs. 20/1923, 12 f. in Bezug auf BVerfG 11.3.2008 – 1 BvR 2074/05. Vgl. BERS/*Ettemeyer* § 8 PolDVG zur Vorfassung. Zu unionsrechtl. Anforderungen *Zaremba* NJ 2022, 301.
255 Bü-Drs. 20/1923, 12. So bereits Bü-Drs. 18/1487, 16 f.
256 Vgl. die durch BVerfG 18.12.2018 – 1 BvR 142/15, Rn. 99 u. 104 ff. definierten erhöhten Anforderungen an die Eingriffsschwelle. Krit. dazu EFP/*Pünder* Rn. 233.
257 Vgl. BVerfG 18.12.2018 – 1 BvR 142/15, Rn. 81 ff. sowie etwa § 36 Abs. 5 S. 1 StVO.
258 Vgl. BVerfG 18.12.2018 – 1 BvR 142/15, Rn. 79; *Zaremba* NJ 2022, 301 (306). Im Vergleich dazu sieht § 163g StPO – in Hinblick auf Art. 19 Abs. 4 GG bedenklich, aber am Maßstab von BVerfG 18.12.2018 – 1 BvR 142/15, Rn. 154 f. wohl verfassungskonform – keine Offenheit vor.
259 Vgl. Abs. 1 S. 2 u. Abs. 2 S. 4 sowie dazu BVerfG 11.3.2008 – 1 BvR 2074/05, Rn. 90 ff.; *Kugelmann* Kap. 7 Rn. 134; *Kingreen/Poscher* § 18 Rn. 20. Auch darf nach Abs. 2 S. 3 kein Abgleich mit *unvollständigen* Kennzeichen des Fahndungsbestands erfolgen.
260 BVerfG 18.12.2018 – 1 BvR 142/15, 111. Krit. dazu *Roggan* NVwZ 2019, 344 (349).
261 Die Überprüfung dient auch dazu, unechte Treffer in Form falsch erkannter Kennzeichen zu identifizieren und zu löschen; vgl. LD/*Graulich* Kap. E Rn. 760.
262 Vgl. BVerfG 11.3.2008 – 1 BvR 2074/05, Rn. 68; Bü-Drs. 20/1923, 12.
263 Seit März 2017 wurden in der FHH keine autom. Erfassungen durchgeführt, die Geräte stehen mittlerweile nicht mehr zur Verfügung; vgl. Bü-Drs. 22/2731, 7; 22/6799, 7; 22/10031, 7; 22/13428, 7.
264 Wird anderes als Personen beobachtet (z.B. Örtlichkeiten), wird dies schon rechtsfolgenseitig nicht von § 20 PolDVG erfasst und muss daher – soweit notwendig – auf andere Rechtsgrundlagen gestützt werden [→ D254].

verschafft. Unterschieden wird dabei zwischen einer *längerfristigen Observation* (Abs. 1 bis 3), die entweder länger als 24 Stunden innerhalb einer Woche oder über den Zeitraum einer Woche hinaus vorgesehen ist oder in einem solchen Zeitraum tatsächlich durchgeführt wird, und einer *kurzfristigen Observation* (Abs. 4) von geringerer Dauer.[265] Ursprünglich für die Situation einer Geiselnahme oder Entführung vorgesehen, wird heute v.a. zur **Straftatenverhütung** observiert, insbes. in den Bereichen terroristischer Straftaten und organisierter Kriminalität.[266] In Abgrenzung zur *Gebäudeüberwachung* zielt die Observation auf die Beobachtung **bestimmter Zielpersonen**,[267] wobei der Einsatz technischer Mittel nicht inbegriffen ist.[268] Sie greift in die **informationelle Selbstbestimmung** ein, je nach Dauer, Verdeckung und Kombination mit weiteren Maßnahmen auch mit beträchtlichem Gewicht.[269] Sie ist verfassungskonform zu begrenzen, weil eine Überwachung, die sich über einen längeren Zeitraum erstreckt und derart umfassend ist, dass nahezu lückenlos alle Bewegungen und Lebensäußerungen der Betroffenen registriert und zur Grundlage eines **Persönlichkeitsprofils** werden können, mit der Menschenwürdegarantie nicht vereinbar wäre.[270]

68 Die **Eingriffsschwelle** definiert § 20 Abs. 1 S. 1 PolDVG. Eine Observation von *Verantwortlichen* und – unter den Voraussetzungen des § 10 SOG – von *Nichtverantwortlichen* kann nach Nr. 1 erfolgen, wenn eine konkrete Gefahr für die genannten hochrangigen Rechtsgüter vorliegt.[271] Nr. 2 Var. 1 bezweckt dagegen die vorbeugende Bekämpfung von Straftaten und setzt **Tatsachen**, die die Annahme rechtfertigen – also einen entspr. Gefahrenverdacht – voraus, dass die Zielperson Straftaten von erheblicher Bedeutung begehen wird. In verfassungsrechtlicher Konsequenz müssen die Tatsachen ein wenigstens seiner Art nach **konkretes** und zeitlich absehbares **Geschehen** erkennen lassen.[272] Richten sich die Straftaten gegen bedeutende Sach- und Vermögenswerte, muss gem. Abs. 1 S. 3 zusätzlich ein öffentliches Interesse an deren Erhaltung bestehen.[273] Für die Observation von Kontakt- und Begleitpersonen iSd § 2 Abs. 4 PolDVG lässt § 20 Abs. 1 S. 1 Nr. 2 Var. 2 PolDVG genügen, dass die Aufklärung des Sachverhalts auf andere Weise aussichtslos wäre. Auch wenn die verfassungsrechtlich gebotene, spezifische individuelle Gefahrnähe bereits über die Definition der Kontaktperson [→ D20] als Voraussetzung für die Befugnis einfließt, bleiben ungeachtet dessen verfassungsrechtliche Bedenken, ob die Eingriffsschwelle nicht hinter der für den Verantwortlichen zurückbleibt.[274] Die Betroffenheit Dritter, soweit unvermeidbar, hindert die längerfristige Observation nicht.

---

265 Vgl. die strafproz. EGL in § 163f StPO. Zum Unterschied zw. kurz- u. langfristigen Observationen vgl. BVerfG 20.4.2016 – 1 BvR 966/09, Rn. 174.
266 Bü-Drs. 20/1923, 14 mVa Bü-Drs. 13/5422, 26 u. 18/1487, 16. Im Jahr 2022 erfolgten 14 Erst- und neun Verlängerungsanordnungen von Observationen, die allesamt auf § 20 Abs. 1 Nr. 2 PolDVG gestützt wurden; vgl. Bü-Drs. 22/13428, 8.
267 Vgl. OLG Braunschweig 12.6.2020 – 3 W 88/20; BERS/*Ettemeyer* § 9 PolDVG Rn. 6.
268 Dokumentation, Kamera, Mikrofone etc. benötigen eine gesonderte RGL, z.B. § 21 PolDVG. Soweit jedoch – wie in der Praxis nicht selten – im Zuge der Observation auch bildliche und akustische Aufzeichnungen gemacht werden, kumulieren sich die Eingriffsgewichte und erhöhen sich somit die Anforderungen an die (zu kombinierenden) Rechtsgrundlagen [→ D71].
269 Vgl. BVerfG 14.11.2024 – 1 BvL 3/22, Ls. 1 u. Rn. 94; 1.10.2024 – 1 BvR 1160/19, Rn. 99; 26.4.2022 – 1 BvR 1619/17, Rn. 357; BVerfG 20.4.2016 – 1 BvR 966/09, Rn. 91 f.
270 BVerfG 20.4.2016 – 1 BvR 966/09, Rn. 130; BVerfG 3.3.2004 – 1 BvR 2378/98, Rn. 150. Vgl. bereits *Alberts/Merten* § 9 Rn. 1 f.
271 Vgl. Bü-Drs. 20/1923, 14.
272 Dazu BVerfG 20.4.2016 – 1 BvR 966/09, Rn. 164 u. OLG Hamburg 31.7.2020 – 2 W 48/20, Rn. 58; BVerfG 1.10.2024 – 1 BvR 1160/19, Rn. 105: „konkretisierte Gefahr für ein hinreichend gewichtiges Rechtsgut"; auch 14.11.2024 – 1 BvL 3/22, Ls. 2 u. Rn. 76 f.
273 Vgl. BVerfG 20.4.2016 – 1 BvR 966/09, Rn. 154 f.; Bü-Drs. 21/17906, 49.
274 Vgl. BVerfG 1.10.2024 – 1 BvR 1160/19, Rn. 110. Insbes. bezieht sich § 2 Abs. 4 PolDVG im Vergleich zu § 20 Abs. 1 Nr. 2 Var. 1 nicht auf Straftaten von erheblicher Bedeutung. Var. 1 und 2 wären dennoch jedenfalls „gleichschwellig", wenn „des Sachverhalts" in Var. 2 als Bezugnahme auf den Tatbestand der Var.

Abs. 2 und Abs. 3 statuieren strenge **Verfahrensvorgaben**. Wegen des intensiven Grundrechtseingriffs unterliegt die Maßnahme einem **Richtervorbehalt**,[275] auf dessen Bestimmungen auch die Vorschriften weiterer bes. Datenerhebungsmaßnahmen verweisen.[276] Zuständig für die Anordnung ist das AG Hamburg, bei Gefahr im Verzug auch die Polizeipräsidentin bzw. der -präsident oder die jeweilige Vertretung im Amt,[277] wobei eine richterliche Bestätigung innerhalb von drei Tagen einzuholen ist. Ferner kann nach S. 7 auf Anhörung der und Bekanntgabe an die Zielperson verzichtet werden, wenn diese den Zweck der Maßnahme gefährden würden. Die Anordnung einer Observation ist – bei mehrmaliger Verlängerungsmöglichkeit – auf höchstens drei Monate zu befristen (S. 11 f.), sie muss zudem den Bestimmtheitsanforderungen des S. 12 Rechnung tragen. Abs. 3 sieht eine Unterrichtungspflicht vor, für die § 68 PolDVG [→ D26] gilt.

69

Unter den Voraussetzungen des § 10 Abs. 3 S. 3 PolDVG *kann* die Observation, muss aber nicht **verdeckt** durchgeführt werden. Allerdings dürfte eine offene Beobachtung regelmäßig eine andere Zielsetzung und Eingriffswirkung haben,[278] etwa Abschreckung oder Verunsicherung. Hierfür kommt auch eine **kurzfristige Observation** in Betracht, welche zeitlich hinter dem in Abs. 1 S. 1 definierten Umfang zurückbleibt.[279] Ihre Eingriffsvoraussetzungen sind im Vergleich zur längerfristigen Observation deutlich abgesenkt. Sie ist insbes. nicht erst zulässig, wenn die Erfüllung einer polizeilichen Aufgabe anderenfalls aussichtslos wäre – es genügt vielmehr eine Gefährdung deren Erfüllung.

70

j) Verdeckter Einsatz technischer Mittel

Erfolgt eine Beobachtung unter verdecktem Einsatz technischer Mittel zur **akustischen bzw. visuellen Verarbeitung** personenbezogener Daten, gilt § 21 PolDVG. Die Befugnis ist hinsichtlich ihrer materiellen Voraussetzungen [→ D68] in Umsetzung der Vorgaben des BVerfG an die längerfristige Observation angelehnt.[280] Dabei hat der Gesetzgeber allerdings die in § 10 Abs. 3 PolDVG aF vorausgesetzte *Dringlichkeit* des Gefahrenverdachts durch eine konkretisierte Gefahr ersetzt. Dem gesteigerten bzw. kumulierten, schweren Eingriffsgewicht, das im Vergleich zur *schlichten* Observation nach § 20 Abs. 1–3 PolDVG mit dem *zusätzlichen* Einsatz technischer Mittel einhergeht, wird so nicht Rechnung getragen, zumal sich sowohl § 20 Abs. 1 S. 1 Nr. 2 PolDVG als auch § 21 Abs. 1 S. 1 Nr. 2 PolDVG lediglich auf Straftaten von erheblicher Bedeutung (§ 2 Abs. 2 PolDVG) und nicht auf besonders gewichtige Rechtsgüter, etwa (besonders) schwere Straftaten (vgl. §§ 100a Abs. 2, 100b Abs. 2 StPO) beziehen.[281] Nach Abs. 1 S. 2 dürfen die technischen Mittel unter denselben Voraussetzungen auch eingesetzt werden, um den **Aufenthaltsort einer Person** zu ermitteln.[282] *Welche* Mittel für Maßnahmen nach § 21 PolDVG genau eingesetzt

71

---

1 unter Wahrung des Grundsatzes der Bestimmtheit und Normenklarheit [→ B40] verfassungskonform auszulegen wäre [→ C21].
275 Vgl. BVerfG 20.4.2016 – 1 BvR 966/09, Rn. 174; Bü-Drs. 21/17906, 49 f.
276 Vgl. §§ 21 Abs. 2 S. 1 (verdeckt. Einsatz techn. Mittel), 28 Abs. 2 S. 1 (V-Personen), 29 Abs. 4 S. 1 (verdeckte Ermittler) oder 50 Abs. 4 S. 2 (Rasterfahndung) PolDVG.
277 Dagegen nicht (mehr) der Polizeiführer vom Dienst, vgl. Bü-Drs. 20/1923, 14.
278 Dazu *Schenke* Rn. 263; LD/*Graulich* Kap. E Rn. 729. So fällt auch die offene Dauerüberwachung aus der Sicherungsverwahrung entlassener Straftäter nicht unter § 20 Abs. 1 PolDVG, zur früheren Diskussion *Guckelberger* VBlBW 2011, 209; BVerfG 8.11.2012 – 1 BvR 22/12, Rn. 25; OVG Münster 5.7.2013 – 5 A 607/11, Rn. 89 ff. Zum daher eingeführten § 12c SOG [→ D162].
279 Vgl. LD/*Graulich* Kap. E Rn. 723. *Spontan erfolgende*, kurzfristige polizeil. Beobachtungen [→ D123] können auf die informationelle Generalklausel gestützt werden.
280 Vgl. BVerfG 20.4.2016 – 1 BvR 966/09, Rn. 108, 154 f. u. 164; Bü-Drs. 21/17906, 50. Die verfassungsrechtlichen Bedenken in Hinblick auf die Überwachung von Kontakt- und Begleitpersonen [→ D68] gelten für § 21 Abs. 1 S. 2 Nr. 2 Var. 2 PolDVG entsprechend.
281 Offengelassen von BVerfG 14.11.2024 – 1 BvL 3/22, Rn. 97, vgl. aber auch Rn. 78, 84, 92 u. 99.
282 Hiervon zu trennen sind Aufenthaltsermittlungen nach §§ 25 Abs. 3 S. 1 Nr. 2 u. 30 PolDVG.

werden dürfen, hat der Gesetzgeber indes offengelassen, was aufgrund der rasanten technischen Entwicklung zwar nachvollziehbar, mit Blick auf den Bestimmtheitsgrundsatz jedoch auch bedenklich erscheint.[283]

72 Nach Abs. 2 S. 1 gelten für das Abhören und Aufzeichnen des nichtöffentlich gesprochenen Wortes die strengen **prozeduralen Sicherungen** des § 20 Abs. 2 PolDVG [→ D69] in Form des Vorbehalts einer **richterlichen Anordnung** bzw. Bestätigung sowie einer Begrenzung auf drei Monate. Demggü. dürfen Bildaufnahmen und -aufzeichnungen sowie die technische Ermittlung des Aufenthaltsortes nach Abs. 2 S. 2–5 durch die Polizeiführung oder bei *Gefahr im Verzug* durch den Polizeiführer von Dienst zeitl. unbefristet angeordnet werden. Werden technische Mittel ausschließlich zum Schutz der bei einem Polizeieinsatz tätigen Personen mitgeführt und verwendet, gemeint sind hier sog. Personenschutzsender, genügt nach Abs. 4 die Anordnung der LKA-Leitung.[284] Abs. 5 sieht eine **Benachrichtigungspflicht** vor, für die § 68 PolDVG [→ D26] gilt.

73 **Beispiel:** Ein verdeckter Einsatz technischer Mittel erfolgte im Rahmen einer Observation zweier, der linken Szene zugeordneter Einrichtungen im Kleinen Schäferkamp. Dafür versteckte die Polizei eine Videokamera in einer Cola-Flasche und platzierte sie für eine Dauer von zwei Monaten auf der Fensterbank der gegenüber gelegenen Seniorenresidenz.[285]

74 § 21 Abs. 3 S. 2 PolDVG dient der Umsetzung der Vorgaben des BVerfG zum **Kernbereichsschutz** [→ B30].[286] Art. 1 Abs. 1, 2 Abs. 1 GG sichert Bürgern einen dem Staat nicht verfügbaren Menschenwürdekern zu. Selbst überragende Interessen der Allgemeinheit können einen Eingriff in diesen absolut geschützten Bereich privater Lebensgestaltung nicht rechtfertigen.[287] Geschützt ist insbes. die **nichtöffentliche Kommunikation** mit **Personen des höchstpersönlichen Vertrauens**. Dazu zählen neben den nach der StPO zeugnisverweigerungsberechtigten Personen auch Lebensgefährten oder enge Freunde.[288] Liegen Anhaltspunkte dafür vor, dass durch die Maßnahme *allein* Erkenntnisse aus dem Kernbereich erlangt würden, ist diese nach S. 2 unzulässig.[289] Auch ein **Straftatenbezug** lässt den Kernbereichsschutz nicht entfallen, wenn eine Situation gegeben ist, die dem Einzelnen gerade ermöglichen soll, ein Fehlverhalten einzugestehen – der höchstpersönlichen Privatsphäre, die dem Staat absolut entzogen ist, unterfallen etwa vertrauliche Gespräche mit einem Psychotherapeuten oder einer Strafverteidigerin.[290] S. 1 sieht daher stets eine Unzulässigkeit der Maßnahme vor, wenn in ein durch **Berufsgeheimnis** geschütztes Vertrauensverhältnis iSd §§ 53 und 53a StPO eingegriffen wird. Angesichts der Handlungs- und Prognoseunsicherheiten, unter denen Sicherheitsbehörden ihre Aufgaben wahrnehmen, kann ein *unbeabsichtigtes* Eindringen in den Kernbereich nicht für jeden Fall von vornherein ausgeschlossen werden.[291] Daher sehen Abs. 3 S. 3 ff. für diesen Fall ein

---

283 Vgl. demggü. etwa § 18 SOG, der Einsatzmittel konkret u. nahezu abschließend benennt. Für Maßnahmen nach §§ 21, 22 PolDVG in Betracht kommen etwa Alarmkoffer, Bewegungsmelder, Peilsender, GPS, Nachtsichtgeräte, Videoüberwachung, Kameras mit spez. Teleobjektiven, Wärmebildkameras.
284 Die Regelung stimmte zunächst nicht mit der zugehörigen Gesetzesbegründung überein, nach der die Anordnung auch durch die Polizeiführung vom Dienst als ausreichend angesehen wird (s. Bü-Drs. 21/16135, 53). Mit Bü-Drs. 22/16042, 4 u. 12 f., hat der Gesetzgeber korrigiert und die Zuständigkeit für die Anordnungsbefugnis in § 21 Abs. 4 S. 2 PolDVG entsprechend erweitert.
285 Vgl. Bü-Drs. 21/16135. Der HmbBfDI äußerte ernsthafte Zweifel an der Rechtmäßigkeit der Maßnahme, insbes. hinsichtl. des erfassten Bildausschnitts; vgl. Tätigkeitsbericht aus dem Jahr 2019, S. 26.
286 Vgl. Bü-Drs. 21/17906, 51. Zum Kernbereich priv. Lebensgestaltung s. *Schneider* JuS 2021, 29.
287 BVerfG 3.3.2004 – 1 BvR 2378/98, Rn. 118.
288 BVerfG 3.3.2004 – 1 BvR 2378/98, Rn. 146 f.
289 Die Vorschrift ist verfassungskonform so auszulegen, dass eine Kommunikation über Höchstvertrauliches nicht schon deshalb aus dem strikt zu schützenden Kernbereich herausfällt, weil sich in ihr höchstvertrauliche mit alltägl. Informationen vermischen. Vgl. BVerfG 3.3.2004 – 1 BvR 2378/98, Rn. 178; BVerfG 20.4.2016 – 1 BvR 966/09, Rn. 222 zum vergleichbaren § 49 BKAG.
290 BVerfG 3.3.2004 – 1 BvR 2378/98, Rn. 148; 20.4.2016 – 1 BvR 966/09, Rn. 122.
291 BVerfG 27.2.2008 – 1 BvR 370, Rn. 278 f.; 20.4.2016 – 1 BvR 966/09, Rn. 124.

abgestuftes Schutzkonzept vor, dass zwischen der Fortsetzung der Daten*erhebung* (S. 3–6) und der anschließenden Daten*verwertung* (S. 7–11) differenziert.[292]

k) Verdeckter Einsatz technischer Mittel in oder aus Wohnungen

Die Befugnis für die präventiv-polizeiliche Datenverarbeitung durch verdeckten Einsatz technischer Mittel in oder aus Wohnungen enthält § 22 PolDVG.[293] Wie die technisch gestützte Observation nach §§ 20, 21 PolDVG kann die Maßnahme durch **Verarbeitung akustischer und optischer Daten** erfolgen, wobei auch insoweit die einsetzbaren technischen Mittel [→ D71] nicht begrenzt werden.[294] Umfasst wird von der Ermächtigung lediglich ein **verdeckter Einsatz** von Kamera- oder Mikrofontechnik, nicht jedoch eine womöglich belastendere, *offen* erfolgende Wohnungsüberwachung.[295] Die Anforderungen der Befugnisnorm sind mit der Reform im Jahr 2019 im Verhältnis zur Vorgängernorm entspr. den Vorgaben des Art. 13 GG nochmal enger gezogen worden.[296] Abs. 1 trifft Regelungen zu **Eingriffsvoraussetzungen** und **Adressaten**. Nach S. 1 muss die Maßnahme, so wie dies auch Art. 13 Abs. 4 GG verlangt,[297] zur Abwehr einer **dringenden Gefahr** für bestimmte hochrangige Rechtsgüter erforderlich sein und darf dabei nach Maßgabe des BVerfG nach S. 2 nur gegen den für diese Gefahr **Verantwortlichen** als Zielperson gerichtet sowie nur in dessen Wohnung durchgeführt werden.[298] Dritte dürfen nach S. 4 von der Maßnahme nur mitbetroffen werden, wenn dies unvermeidbar ist. So darf ein verdeckter Einsatz techn. Mittel in Wohnungen *anderer Personen* nur unter den engen Voraussetzungen des S. 3 erfolgen.[299] Abs. 2 erstreckt den absoluten Berufsgeheimnisträgerschutz der §§ 53 u. 53a StPO auf die präv. Wohnraumüberwachung.

Wegen ihrer Eingriffsintensität ist die Maßnahme durch enge **Verfahrenssicherungen** gekennzeichnet: Es bedarf nach Abs. 3 stets einer vorherigen, schriftlichen und zeitlich-inhaltlich bestimmten **Anordnung** durch das zuständige AG Hamburg, die nur ausnahmsweise bei *Gefahr im Verzug* durch die Polizeiführung erfolgen darf,[300] dann aber nachträglich bestätigt werden muss. Nach Abschluss der Maßnahme sind die Betroffenen nach Maßgabe des § 68 PolDVG [→ D26] zu *benachrichtigen* (Abs. 7) und die erlangten Aufzeichnungen nach Abs. 5 dem Gericht zur *Entscheidung* über die Verwertbarkeit oder Löschung vorzulegen.[301] Abs. 8 statuiert **Löschungs- und Sperrverpflichtungen**, welche die Daten als Grundlage für effektiven Rechtsschutz der Betroffenen *erhalten*, der sonstigen Nutzung durch die Polizei aber *entziehen* sollen.[302] Abs. 6 enthält ausdifferenzierte Regelungen zur **Datenverwendung**, insbes. in S. 2 – in Abweichung vom Zweckbindungsgrundsatz in § 34 PolDVG – zur hypothetischen Datenneuerhebung sowie zum mat. und prozeduralen **Kernbereichsschutz**.[303] Bei der Überwachung von Privatwohnungen

---

292 Bü-Drs. 21/17906, 51.
293 Vgl. die strafproz. Ermächtigung nur für akustische Wohnungsüberwachung in § 100c StPO.
294 Eine Infiltration techn. Geräte, z.B. von Smart-Home-Geräten, in der Whg. der Zielperson kann auf dieser Grundlage nicht erfolgen, s. dazu *Löffelmann* GSZ 2020, 244 (248).
295 OVG Hamburg 22.11.2006 – 4 Bs 244/06, Rn. 20 f.
296 Zum sog. „großen Lauschangriff" s. BVerfG 3.3.2004 – 1 BvR 2378/98; VerfG M-V 18.5.2000 – 5/98. S. auch die Besprechung durch *Gusy* JuS 2004, 457.
297 S. dazu BVerfG 9.12.2022 – 1 BvR 1345/21, Rn. 125 f.
298 Bü-Drs. 21/17906, 53; BVerfG 20.4.2016 – 1 BvR 966/09, Rn. 104 ff.
299 Bü-Drs. 21/17906, 53; BVerfG 3.3.2004 – 1 BvR 2378/98, Rn. 263; 20.4.2016 – 1 BvR 966/09, Rn. 114.
300 Eine weitere Ausnahme statuiert Abs. 3, ähnlich wie § 21 Abs. 4 PolDVG, für den Einsatz von Personenschutzsendern; vgl. Bü-Drs. 13/5422, 26.
301 Abs. 5 vervollständigt die gerichtl. Kontrollbefugnis, vgl. BVerfG 20.4.2016 – 1 BvR 966/09, Rn. 204.
302 Vgl. die Ausnahmeregelung in S. 7. Verfassungsrechtl. dazu VerfG M-V 18.5.2000 – 5/98, Rn. 160 ff.; BVerfG 14.7.1999 – 1 BvR 2226/94, Rn. 180; 3.3.2004 – 1 BvR 2378/98, Rn. 348. S. aber noch [→ DFn 303].
303 Der Gesetzgeber hat jüngst Abs. 6 mit Ausnahme von S. 3 sowie in der Folge Abs. 8 S. 7 gestrichen, da die Regelungen im Zuge der gleichzeitigen Neuregelung des § 34 Abs. 3 PolDVG berücksichtigt wurden, vgl. Bü-Drs. 22/16042, 4 u. 18 [→ D97].

besteht grds. die *Vermutung*, dass auch Äußerungen erfasst werden, die dem Kernbereich zuzurechnen sind.[304] Diesem Umstand ist nach Maßgabe des Abs. 4 zu begegnen. Es gilt die besondere **Berichtspflicht** nach § 75 S. 3 PolDVG.[305]

I) Überwachung und Aufzeichnung von Telekommunikation und von Kommunikation in informationstechnischen Systemen

77 Die Regelungen zur Überwachung *der* und zum Eingriff *in* die Telekommunikation in den §§ 23–27 PolDVG wurden insbes. geschaffen, um besser auf die Nutzung moderner Kommunikationstechnologien durch organisierte Kriminalität und terroristische Vereinigungen reagieren zu können.[306] Sie enthalten eine Reihe von sich polizeitaktisch ergänzenden Befugnissen, die vor allem das durch Art. 10 Abs. 1 GG geschützte **Fernmeldegeheimnis**, aber auch die informationelle Selbstbestimmung und das Grundrecht auf Integrität und Vertraulichkeit informationstechnischer Systeme beschränken.[307]

78 § 23 PolDVG regelt in Abs. 1 die **Überwachung und Aufzeichnung der Telekommunikation** sowie in Abs. 2 deren *Unterbrechung* oder *Unterbindung*.[308] Ein **Eingriff in IT-Systeme** kann nach § 24 Abs. 1 PolDVG erfolgen, um *laufende* Kommunikation zu überwachen und aufzuzeichnen. Die Vorschrift umfasst auch die sog. **Quellen-TKÜ**, die eine *Infiltration* des IT-Systems zur Auslesung von Informationen auch am Endgerät ermöglicht,[309] bevor diese etwa durch einen Messengerdienst verschlüsselt werden.[310] Eine vom BVerfG verlangte Regelung zur grundrechtskonformen Auflösung des regelmäßig bestehenden Zielkonflikts, Sicherheitslücken zum Schutz des Einzelnen vor Angriffen Dritter [→ B34] einerseits schließen und andererseits für die gefahrenabwehrenden Infiltration offen halten zu müssen,[311] enthält das PolDVG nicht. Eine **Onlinedurchsuchung** (sog. Staatstrojaner), die sich auf die Gesamtheit bereits vorhandener Daten bezieht, ist im Polizei- und Ordnungsrecht der FHH nicht vorgesehen.[312] Auf Grundlage des § 27 Abs. 1 u. 2 PolDVG kann die **Erhebung von Bestandsdaten** und nach § 25 Abs. 1 u. 4 PolDVG von (nicht-inhaltsbezogenen) Verkehrs- sowie Nutzungsdaten erfolgen.[313] Möglich

---

304 BVerfG 20.4.2016 – 1 BvR 966/09, Rn. 128. S. dazu *Schenke* Rn. 229.
305 Vgl. Bü-Drs. 22/13022, 2. Im Jahr 2022 erfolgten keine Maßnahmen nach § 22 Abs. 1 u. 9 PolDVG.
306 Bü-Drs. 18/1487, 17; krit. dazu *Gusy* Die Polizei 2004, 61. Zum Begriff vgl. § 3 Nr. 22 TKG.
307 BVerfG 24.6.2025 – 1 BvR 2466/19 u. 1 BvR 180/23. Zum Grundrechtsschutz bei Telekommunikationseingriffen *Schoch* JURA 2011, 194; *Bantlin* JuS 2019, 669.
308 Vgl. zu den Voraussetzungen BERS/*Stammer* § 10a PolDVG Rn. 1 ff.; K/*Brodowski* Kap. 17 Rn. 11 ff. sowie Bü-Drs. 21/17906, 55. Zur Verfassungskonformität von § 23 Abs. 1 PolDVG vgl. BVerfG 24.6.2025 – 1 BvR 2466/19, Rn. 84 ff. Bei den Befugnissen nach Abs. 2 handelt es sich nicht um informationelle Befugnisse zugunsten polizeil. Datenerhebung und Gefahraufklärung. Vielmehr geht es hierbei um die Abwehr einer Gefahr.
309 Die Quellen-TKÜ ragt daher in ihren Voraussetzungen heraus. Die engen Beschränkungen sollen sicherstellen, dass die Infiltrierung nur der Überbrückung der Verschlüsselung der Telekommunikation dient u. keinesfalls zu einer Onlinedurchsuchung führt. Die Protokollierungspflicht nach § 64 PolDVG ist hier für die Gewährleistung eines effektiven Grundrechtsschutzes bes. wichtig, Bü-Drs. 21/17906, 55. Zur Verfassungskonformität von § 23 Abs. 2 PolDVG vgl. BVerfG 24.6.2025 – 1 BvR 2466/19, Rn. 84 ff.
310 S. dazu BVerfG 8.6.2021 – 1 BvR 2771/18 (IT-Sicherheitslücken) sowie *Martini/Fröhlingsdorf* NVwZ 2020, 1803. Zur Identifikation von Sicherheitslücken *Derin/Golla* NJW 2019, 1111.
311 BVerfG 8.6.2021 – 1 BvR 2771/18, Ls. 2b. Zur „Sicherheitslücke" s. auch §§ 2 Abs. 6, 7 Abs. 1 S. 1 Nr. 1 lit. a BSIG.
312 Vgl. demgggü. die Befugnisse etwa in Art. 45 BayPAG, § 33c SOG M-V (teilw. für verfassungswidrig erklärt durch BVerfG 9.12.2022 – 1 BvR 1345/21, Rn. 127 f.) u. § 33d NPOG sowie 100b StPO. Zu Online-Durchs., 24.6.2025 – 1 BvR 2466/19 u. 1 BvR 180/23 sowie zum Schutz der Vertraulichkeit u. Integrität informationstechn. Systeme s. BVerfG 27.2.2008 – 1 BvR 370/07 (Online-Durchs.), 24.6.2025 – 1 BvR 2466/19 u. 1 BvR 180/23 sowie *Hoffmann-Riem* JZ 2008, 1009.
313 Mit Blick auf BVerfG 27.5.2020 – 1 BvR 1873/13, Rn. 234 f., hat der Gesetzgeber zwar nicht für Abs. 1, dagegen aber für Abs. 2 Anpassungsbedarf gesehen und mit Bü-Drs. 22/16042, 5 u. 19 f., die Auskunft anhand dynamischer IP-Adressen auf die Abwehr von Gefahren für Rechtsgüter von hervorgehobenen

II. Informationelle Befugnisse

sind dazu insbes. die Zielsuchlaufabfrage nach § 25 Abs. 2 PolDVG sowie der (vorbereitende) Einsatz technischer Mittel (sog. IMSI-Catcher) zur Ermittlung der Geräte- (IMEI) und SIM-Kartennummer oder des Standortes eines Mobilfunkendgerätes nach § 25 Abs. 3 PolDVG.[314]

Die Befugnisse sind in ihren **Voraussetzungen** ähnlich ausgestaltet, verlangen materiell regelmäßig eine qualifizierte Gefahr,[315] dürfen aus verfassungsrechtlichen Gründen nur gegen den Gefahrverantwortlichen oder ausnahmsweise den Kommunikationsmittler oder -helfer[316] gerichtet und nach § 23 Abs. 1 S. 2 PolDVG nur dann ergriffen werden, wenn die Aufgabenerfüllung auf andere Weise aussichtslos oder wesentlich erschwert wäre. Zum **Kernbereichsschutz** wird auf § 21 Abs. 3 S. 1–6 PolDVG verwiesen. § 26 PolDVG und § 27 Abs. 4 PolDVG sehen ausdifferenzierte **prozedurale Vorgaben**, wie insbes. eine richterliche Anordnung, vor.[317] Da die Maßnahmen regelmäßig einen Zugriff auf die Telekommunikationseinrichtungen und die Datenbestände der Dienstanbieter voraussetzen, bestehen für diese Mitwirkungspflichten.[318] Hervorzuheben ist schließlich die **Strafvorschrift** des § 26 Abs. 6 S. 2 PolDVG. Gegenüber der Bürgerschaft besteht eine **Berichtspflicht**.[319]

79

m) Einsatz von Vertrauenspersonen

§ 28 PolDVG erlaubt den Einsatz sog. Vertrauenspersonen, die, ohne Polizeibedienstete zu sein, zielgerichtet und auf längere Zeit mit der Polizei zusammenarbeiten und **Informationen übermitteln**, ohne dies nach außen zu erkennen zu geben.[320] Vertrauenspersonen unterscheiden sich so von Informanten, die nur gelegentlich einzelfallbezogene Informationen weitergeben, und auch von verdeckten Ermittlern, bei denen es sich um getarnte Polizeibedienstete handelt.[321] Die Initiative der **Zusammenarbeit** kann sowohl von der Polizei als auch von der V-Person selbst ausgehen.[322] Aufgrund der **Ausnutzung von Vertrauen** zur verdeckten Weitergabe von Informationen führt der Einsatz von V-Personen zu einem tiefen Eingriff in die informationelle Selbstbestimmung.[323] Nach Abs. 1 S. 2 ist die Maßnahme nicht ausgeschlossen, sollten auch Dritte

80

Gewicht, nämlich für den Bestand oder die Sicherheit des Bundes oder eines Landes oder für Leib, Leben oder Freiheit einer Person oder Sachen von bedeutendem Wert, deren Erhalt im öff. Interesse liegt, begrenzt. Zudem wurde im neuen S. 2 eine Pflicht zur Dokumentation des Auskunftsbegehrens statuiert (vgl. BVerfG aaO, Rn. 248 f.). Zu den Begriffen der Verkehrs-, Nutzungs- u. Bestandsdaten vgl. §§ 25 Abs. 5 bzw. 6 PolDVG ((→ DFn 47); auch § 15 Abs. 1 TMG) u. § 27 Abs. 5 PolDVG (dazu Bü-Drs. 22/16042, 5 u. 20). Weiterführend dazu *Schenke* Rn. 241 ff.
314 Zum Einsatz des IMSI-Catchers s. BVerfG 22.8.2006 – 2 BvR 1345/03 sowie *Nachbaur* NJW 2007, 335. Zur Handyortung vgl. BVerfG 17.7.2024 – 1 BvR 2133/22, insbes. Rn. 137 ff., bei einer Suizidankündigung VG Gießen 27.11.2023 – 4 K148/23.GI.
315 Vgl. aber § 27 Abs. 1 S. 1 PolDVG.
316 Vgl. § 23 Abs. 1 S. 1 Nr. 1 u. 2 PolDVG sowie dazu BVerfG 20.4.2016 – 1 BvR 966/09, Rn. 159 u. 233; Bü-Drs. 21/17906, 55. Zur Betroffenheit von Dritten vgl. § 23 Abs. 2 S. 2 PolDVG.
317 S. auch das Betretungs- u. Durchsuchungsrecht in § 26 Abs. 2 S. 3 PolDVG. Der Gesetzgeber hat § 26 Abs. 3 mit Ausnahme von S. 4 und in der Folge Abs. 5 S. 6 gestrichen, da die Regelungen im Zuge der gleichzeitigen Neuregelung des § 34 PolDVG berücksichtigt wurden, vgl. Bü-Drs. 22/16042, 5 u. 18 f. [→ D97]. Zur Berichtigung des zuvor fehlerhaften Verweises in § 27 Abs. 4 S. 2 s. Bü-Drs. 22/16042, 5 u. 20.
318 Vgl. etwa §§ 23 Abs. 3, 25 Abs. 5 PolDVG.
319 Der jährl. Turnus für Berichte nach § 78 Abs. 3 PolDVG erstmalig am 1. Januar 2022 begonnen, vgl. Bü-Drs. 22/5324. Zu Anzahl u. Gründen der Anordnungen s. Bü-Drs. 22/13428, 12 ff. § 78 PolDVG ist nun allerdings aufgehoben worden, s. Bü-Drs. 22/16042, 10 u. 35.
320 Zum bislang ungeregelten Einsatz von V-Personen zur Strafverfolgung vgl. BT-Drs. 20/11312.
321 Vgl. BERS/*Ettemeyer* § 11 PolDVG Rn. 1.
322 *Schenke* Rn. 261. Zur rechtl. Beziehung zw. V-Person u. Polizei LD/*Graulich* Kap. E Rn. 747 u. 752.
323 Vgl. BVerfG 20.4.2016 – 1 BvR 966/09, Rn. 174; BVerfG 17.7.2024 – 1 BvR 2133/22, Rn. 182 ff.; *Soiné* NJW 2020, 2850 (2850 f.).

unvermeidbar betroffen werden. Sie steht generell mit den Grundsätzen der Offenheit und der Unmittelbarkeit der Datenerhebung im Konflikt.³²⁴

81 Die **Einsatzvoraussetzungen** entsprechen gem. Abs. 1 S. 1 weitgehend denen der längerfristigen Observation [→ D68].³²⁵ Abs. 2 S. 2 sieht einen **Richtervorbehalt** nach Maßgabe des § 20 Abs. 2 PolDVG vor [→ D69]. Die zulässige Anordnungsdauer des Einsatzes einer V-Person ist auf max. neun Monate begrenzt, wobei die Verlängerung für weitere neun Monate möglich ist (S. 3 u. 4). Dieser vergleichsweise lange **Zeitraum** wird mit dem zunächst erforderlichen Aufbau eines stabilen *Vertrauensverhältnisses* zur Einschätzung von Verbindlichkeit und Berechenbarkeit der V-Person begründet, bevor es zur *eigentlichen* Informationsübermittlung kommt.³²⁶ Die Zielperson ist nach Abs. 2 S. 5 iSd § 68 PolDVG über die Maßnahme zu **benachrichtigen**, sobald dies insbes. ohne Gefährdung der V-Person, ihres weiteren Einsatzes oder einer anderen Person möglich ist.³²⁷

82 V-Personen haben **keine hoheitlichen Befugnisse**, vielmehr unterfallen Handlungen in Ausübung ihrer Tätigkeit ohne Einschränkung dem Straf- und Zivilrecht – die Befugnis in § 28 Abs. 1 PolDVG richtet sich allein an die *Polizei* und ermöglicht spezifisch eine Gewinnung jener Informationen, die aus Unkenntnis über die Zusammenarbeit von der Ziel- an die V-Person weitergegeben wurden.³²⁸ Bei Straftaten einer V-Person iRd Einsatzes ist die Polizei nach dem **Legalitätsprinzip** iSd §§ 152 Abs. 2, 163 Abs. 1 S. 1 StPO zu Ermittlungen verpflichtet.³²⁹ Darüber hinaus gelten weitere, verfassungsrechtlich gebotene Einschränkungen.³³⁰ Eine Zielperson darf durch den Einsatz einer V-Person nicht zur Begehung von Straftaten provoziert werden.³³¹ Bestimmte Personen(-gruppen) sind für den Einsatz als V-Personen ausgeschlossen, insbes. Journalisten, Berufsgeheimnisträger oder Ehepartner von Zielpersonen.³³²

83 Den **Kernbereichsschutz** [→ B30] in Abs. 3 hat der Gesetzgeber jüngst ergänzend geregelt. Bislang erschöpfte sich die Regelung in einem Verweis auf § 21 Abs. 3 S. 7–11 PolDVG, der sich weiterhin in § 28 Abs. 3 S. 7 PolDVG findet. Diese Regelungen begrenzen allerdings nur die *Auswertung* von Daten, die von der V-Person erhoben und an die Polizei weitergegeben werden, nicht jedoch die *Erhebung* und *Weitergabe* selbst. Eine solche Datenerhebungsgrenzregelung hatte der Gesetzgeber zunächst – anders als für andere verdeckte Datenerhebungsmaßnahmen – nicht für geboten gehalten,³³³ obwohl die Tätigkeit einer V-Person bereits für sich genommen kernbereichsrelevant sein kann, soweit sie etwa nicht nur zufällig geäußerte Informationen aufnimmt, sondern selbst aktiv auf vertrauliche Gespräche hinwirkt.³³⁴ Um der Kernbereichs-

---

324 EFP/*Pünder* Rn. 235.
325 Zu den verfassungsrechtlichen Anforderungen an die Eingriffsschwelle vgl. auch vgl. BVerfG 17.7.2024 – 1 BvR 2133/22, Rn. 188 ff. Die verfassungsrechtlichen Bedenken in Hinblick auf die Observation von Kontakt- und Begleitpersonen nach § 20 Abs. 1 S. 1 Nr. 2 PolDVG [→ D68] gelten für § 28 Abs. 1. S. 1 PolDVG entsprechend.
326 Bü-Drs. 21/17906, 57. Das Vertrauen bezieht sich hauptsächl. auf die Bereitschaft zur Geheimhaltung der Zusammenarbeit mit der Polizei, vgl. LD/*Graulich* Kap. E Rn. 746.
327 Soll ein weiterer Einsatz als V-Person erfolgen, kann dies nicht zu einer dauerhaften Zurückstellung der Benachrichtigung führen, was der Richtervorbehalt in § 68 Abs. 3 PolDVG [→ D26] gewährleistet.
328 LD/*Graulich* Kap. E Rn. 748. Insbes. darf die V-Person keine unechten Urkunden herstellen oder gebrauchen, um eine Legende zu untermauern – auch die Ausstattung mit entspr. Dokumenten durch die Polizei dürfte mangels gesetzl. Grundlage, anders als für den verd. Ermittler nach § 29 Abs. 2 PolDVG, von der Befugnis nicht gedeckt sein; aA BERS/*Ettemeyer* PolDVG § 11 Rn. 2. Vgl. dagegen etwa § 26 Abs. 2 S. 1 ASOG, § 34 Abs. 6 S. 3 RPPOG, § 18 Abs. 3 S. 1 SOG LSA.
329 *Soiné* NJW 2020, 2850 (2850 f.).
330 Weiterführend dazu *Soiné* NJW 2020, 2850 (2853).
331 EGMR 23.10.2014 – 54648/09 (F v. Deutschland); BGH 10.6.2015 – 2 StR 97/14.
332 Vgl. LD/*Graulich* Kap. E Rn. 751 mit Hinweis auf Grundrechte und einfachgesetzliche Regelungen.
333 Vgl. Bü-Drs. 21/17906, 57, mVa BVerfG 20.4.2016 – 1 BvR 966/09.
334 Vgl. BVerfG 9.12.2022 – 1 BvR 1345/21, Rn. 108 ff. Zur ähnlichen Kernbereichsrelevanz von verdeckt eingesetzten Mitteln und Ermittlern [→ D74 u. 87] sowie BT-Drs. 20/11312, 23 f.

relevanz Rechnung zu tragen, wurde § 28 Abs. 3 PolDVG entspr. ergänzt:[335] Gem. S. 1 ist die Maßnahme – also auch schon die Datenerhebung durch die V-Person – unzulässig, wenn tatsächliche Anhaltspunkte dafür vorliegen, dass durch den Einsatz allein Erkenntnisse aus dem Kernbereich erlangt würden. Die gezielte Abschöpfung kernbereichsrelevanter Informationen soll in jedem Fall ausgeschlossen sein.[336] Ergeben sich während der Durchführung Anhaltspunkte, dass der Einsatz den Kernbereich betrifft, ist er gem. S. 2 zu unterbrechen, sobald dies ohne Gefährdung für Leib, Leben oder der weiteren Verwendung als V-Person möglich ist. Solange eine solche Gefährdung vorliegt, darf der Einsatz also trotz der Kernbereichsbetroffenheit fortgeführt werden, was jedoch gem. S. 3 umfassend zu dokumentieren ist. Ungeachtet dessen darf der Einsatz gem. S. 4 auch fortgeführt werden, wenn und sobald zu erwarten ist, dass die Gründe für die Unterbrechung – also die Anhaltspunkte für eine Kernbereichsbetroffenheit – nicht mehr vorliegen. In allen Fällen haben die V-Person und deren polizeil. Kontaktperson gem. S. 5 zu prüfen, ob (erlangte) Informationen den Kernbereich betreffen, bevor sie sie weitergeben. Im Zweifel entscheidet gem. S. 6 die oder der behördliche Datenschutzbeauftragte über die Verwendbarkeit und Löschung der Daten.

n) Einsatz verdeckter Ermittlungspersonen

§ 29 PolDVG regelt den präventiven Einsatz verdeckt Ermittelnder.[337] Dabei handelt es sich um **Bedienstete aus dem Polizeivollzug**, die unter einer ihnen verliehenen, auf Dauer angelegten, veränderten Identität zur polizeilichen Aufklärung und Ermittlung eingesetzt werden. Eine solche **Legende** dient nicht der *kurzfristigen Tarnung*, sondern dem *gezielten, planmäßigen* und *langfristig angelegten* Täuschen über Identität und Auftrag, um das **Vertrauen** der Personen im auszuforschenden Szeneumfeld zu gewinnen.[338] Die verdeckte Ermittlung greift besonders intensiv in das allg. Persönlichkeitsrecht ein, weil sie heimlich erfolgt, das Vertrauen ausnutzt und die Preisgabe personenbezogener Daten aktiv veranlasst.[339] Je nach Einsatz können weitere Grundrechte betroffen sein – etwa Art. 13 GG, wenn die ermittelnde Person Wohnungen, Betriebs- oder Geschäftsräume betritt, oder auch die Rundfunkfreiheit, wenn sie während ihres Einsatzes bei einem Rundfunksender mitwirkt.[340] Es dürfen aber personenbezogene Daten nur über die für eine Gefahr **Verantwortlichen** sowie deren *Kontakt- und Begleitpersonen* [→ D20] verarbeitet werden – das Umfeld der Zielperson darf nicht „ins Blaue hinein" erfasst werden.[341]

---

335 Weil die Polizei beim Einsatz von V-Personen – anders als etwa bei technischen Maßnahmen – nicht selbst unmittelbar die Informationserhebung steuert, muss notgedrungen vor allem die V-Person selbst in der jeweiligen Situation (z.B. bei der Anbahnung eines Gesprächs) entscheiden, ob die Grenzen zum Kernbereich überschritten werden. Dementsprechend muss die Polizei die von ihr eingesetzte V-Person im Vorfeld hinreichend instruieren, vgl. BVerfG 9.12.2022 – 1 BvR 1345/21, Rn. 113 ff.
336 S. zum Folgenden Bü-Drs. 22/16024, 5 u. 20 ff. Die Regelungen greifen v.a. die Vorgaben aus BVerfG 9.12.2022 – 1 BvR 1345/21, Rn. 107 ff., auf und orientieren sich dabei erkennbar an § 21 Abs. 3 S. 1–6 PolDVG.
337 Vgl. die strafproz. Befugnis in § 110a StPO sowie zur gepl. Neuregelung BT-Drs. 20/11312.
338 Vgl. Bü-Drs. 13/5422, 27; BERS/*Ettemeyer* § 12 PolDVG Rn. 2. Eine Zivilstreife mit allg. Beobachtungsauftrag o. eine planmäß. Observation in Verkleidung sind keine verd. Ermittl. iSd § 29 PolDVG. Ein permanentes Eintauchen in die jew. Szene ist aber nicht erforderlich, wenn auch wiederkehrende kurzfrist. Kontakte auf einer dauerhaften Legende aufbauen, vgl. *Alberts/Merten* § 12 PolDVG Rn. 4.
339 Vgl. BVerfG 26.4.2022 – 1 BvR 1619/17, Rn. 340; 20.4.2016 – 1 BvR 966/09, Rn. 160; VG Karlsruhe 26.8.2015 – 4 K 2107/11, Rn. 55; *Roggan* GSZ 2019, 111 (111 f.).
340 Zum rechtwidrigen Einsatz der verdeckten Ermittlerin „Iris Schneider", vgl. Bü-Drs. 21/692, 2.
341 Vgl. BVerfG 20.4.2016 – 1 BvR 966/09, Rn. 168 ff.; Bü-Drs. 21/17906, 58. Die etwa für § 20 Abs. 1 S. 1 Nr. 2 Var. 2 PolDVG angebrachten verfassungsrechtl. Bedenken [→ D68] dürften für § 29 Abs. 1 S. 1 PolDVG nicht gelten. Denn Abs. 1 S. 1 formuliert für „Verantwortliche(n)" und deren Kontakt- und Begleitpersonen" einen gemeinsamen Tabestand, sodass die Eingriffsschwelle in Hinblick auf Kontaktpersonen jedenfalls nicht niedriger ist als die Schwelle hinsichtlich Verantwortlicher.

85 Die **Einsatzvoraussetzungen** regelt § 29 Abs. 1 PolDVG. Angeordnet werden kann die Maßnahme nach S. 1 zur Abwehr einer konkreten Gefahr für Leib, Leben oder Freiheit einer Person (Nr. 1) sowie zur vorbeugenden Straftatenbekämpfung (Nr. 2), wobei die Eingriffsschwelle hinsichtlich ihrer Anforderungen an den Gefahrenverdacht sowie den Schutz von Sach- und Vermögenswerten denen der Observation [→ D68] und damit auch des V-Personeneinsatzes entspricht.[342] § 29 Abs. 4 PolDVG definiert **formelle Anforderungen**, insbes. einen **Richtervorbehalt** nach Maßgabe des § 20 Abs. 2 PolDVG.[343] Der Einsatz darf für eine **Maximaldauer** von neun Monaten angeordnet und entspr. verlängert werden, damit die Ermittlungsperson ihre Legende durch ein planvolles Vorgehen glaubhaft machen kann.[344] Die Anordnung muss hinreichend bestimmt sein, auch in Bezug auf die Identität der Ermittlungsperson sowie der potenziell Betroffenen neben der Zielperson.[345] Für den **Kernbereichsschutz** hatte § 29 Abs. 5 PolDVG früher schlicht auf die Datenverwertungsverbote in § 21 Abs. 3 S. 7–11 PolDVG verwiesen. In der Folge fehlten verfassungsrechtlich gebotene Regelungen zur Datenerhebung [→ D83].[346] Der Gesetzgeber hat deshalb § 29 Abs. 5 PolDVG jüngst entsprechend ergänzt und insgesamt in ähnlicher Weise ausgestaltet wie § 28 Abs. 3 PolDVG.[347] Abs. 4 S. 5 statuiert eine **Benachrichtigungspflicht** nach Maßgabe des § 68 PolDVG.[348] Ist bereits die Einsatzanordnung bzw. der Einsatz rechtswidrig, erstreckt sich dies auf alle erfolgten Ermittlungshandlungen.[349]

86 Abs. 2 und 3 ermächtigen zu Handlungen, die zur **Vorbereitung und Ausführung** der Maßnahme, insbes. zu Aufbau und Aufrechterhaltung der Legende erforderlich sind. So dürfen nach Abs. 2 S. 1 entspr. *Urkunden* geändert oder hergestellt werden, S. 2 gestattet der Ermittlungsperson die *Teilnahme am Rechtsverkehr* unter deren Legende, etwa den Abschluss eines Miet- oder Arbeitsvertrags.[350] Außerhalb dieser ausdrückl. zugestandenen Bereiche, in denen Täuschungs- und Fälschungshandlungen gerechtfertigt sind, unterliegen verdeckt Ermittelnde dem Strafrecht.[351] Abs. 3 S. 1 erweitert die Befugnisse der Ermittlungsperson aus § 16 SOG zum **Betreten von Wohnungen** unter Nutzung der Legende bei entspr. *Einverständnis* des Berechtigten – andernfalls könnte eine Einladung durch die arglose Zielperson nicht angenommen werden.[352] Die Vorschrift ermächtigt indes nicht zur verdeckten *Durchsuchung*, auch ein Zutrittverschaffen durch über die Legende hinausgehende Täuschungen ist nach S. 2 unzulässig.[353] Polizeibediensteten stehen für den verdeckten Ermittlungseinsatz nach Abs. 3 S. 3 auch alle anderen präv. und strafproz. Befugnisse zur Verfügung, von denen diese jedoch nur *offen* Gebrauch machen dürfen.[354]

---

342 Vgl. Bü-Drs. 21/17906, 58. Gefahren für Bestand oder Sicherheit des Bundes oder eines Land werden von Nr. 1 schon tatbestandl. nicht erfasst. Zur Vorsorge für künftige Strafverfolgung dürfen verdeckt Ermittelnde von vornherein nicht eingesetzt werden, s. HRK/*Richter* Rn. 104.
343 Der Richtervorbehalt [→ D69] wurde in Reaktion auf BVerfG 20.4.2016 – 1 BvR 966/09 eingefügt. Zuvor war die StA anordnungsbefugt, vgl. Bü-Drs. 21/4851.
344 Für den Einsatz von V-Personen u. verdeckt Ermittelnder gilt bei unterschiedl. Begründung damit die gleiche Maximaldauer, vgl. Bü-Drs. 21/17906, 58.
345 Vgl. VG Karlsruhe 26.8.2015 – 4 K 2107/11, Rn. 58 ff; VG Freiburg 6.7.2005 – 1 K 439/03, Rn. 32.
346 BVerfG 19.12.2022 – 1 BvR 1345/21, Rn. 109 ff.
347 S. Bü-Drs. 22/16024, 5 u. 22 [→ D83].
348 Die bloß abstr. Möglichkeit der Gefährdung des künft. Einsatzes der Ermittlungsperson reicht zur Zurückstellung isv § 68 Abs. 2 S. 2 PolDVG [→ D26] nicht aus; vgl. BVerfG 20.4.2016 – 1 BvR 966/09, Rn. 261; BVerfG 6.3.2004 – 1 BvR 2378/98, Rn. 303.
349 Vgl. OVG Hamburg 8.6.2018 – 4 Bf 103/17.Z, Rn. 17; VG Karlsruhe 26.8.2015 – 4 K 2107/11, Rn. 56.
350 Daraus erwachsene Rechte u. Pflichten treffen die FHH – wirtschaftl. Schäden Dritter sind zu vermeiden oder jedenfalls zu beseitigen, vgl. LD/*Graulich* Kap. E Rn. 741; BERS/*Ettemeyer* § 12 PolDVG Rn. 4.
351 Vgl. *Kugelmann* Kap. 7 Rn. 152; *Schenke* Rn. 259.
352 Bü-Drs. 13/5422, 27.
353 Zum Betreten von Wohnungen durch verdeckt Ermittelnde s. *Hohnerlein* NVwZ 2016, 511 (513 f.).
354 BERS/*Ettemeyer* § 12 PolDVG Rn. 13; LD/*Graulich* Kap. E Rn. 742.

II. Informationelle Befugnisse

Die Anwendung von **List und Täuschung** zum Aufbau von Vertrauen ist für den Einsatz verdeckter Ermittlungspersonen unumgänglich, muss sich jedoch iRd **Verhältnismäßigkeit** bewegen und mit den Rechten der Zielperson in einen möglichst schonenden Ausgleich gebracht werden.[355] Dabei gelten umso höhere Anforderungen, je vertrauensvoller und intensiver der Kontakt zur Zielperson gesucht wird,[356] etwa im Fall *sexueller Beziehungen* zwischen Ermittlungs- und Zielperson,[357] die auch die Menschenwürde bzw. den **Kernbereich privater Lebensgestaltung** [→ B30] berühren können, wenn sie zur Informationsgewinnung ausgenutzt werden.[358] Wenn in einer besonders intimen Situation Daten durch Überwachung nicht erhoben bzw. verarbeitet werden dürfen, darf eine derartige Situation erst recht nicht aktiv durch die Ermittlungsperson herausgefordert werden.[359] Durch die staatl. veranlasste Täuschung über Motive und Identität einer Bindungsperson wird regelmäßig bereits mit der Herstellung solcher Beziehungen in den Kernbereich eingegriffen, ohne dass es auf die konkret gewonnenen Informationen ankäme.[360]

87

o) Elektronische Aufenthaltsüberwachung

Mit dem erst im Jahr 2019 eingefügten § 30 PolDVG erhält die Polizei die Befugnis, den Aufenthaltsort einer Person mit Hilfe eines von dieser ständig am Körper zu führenden technischen Mittels, der sog. **elektronischen Fußfessel**, zu überwachen.[361] Die permanente Nachvollziehbarkeit des gegenwärtigen Aufenthaltsorts soll ein schnelles Eingreifen ermöglichen und Betroffene durch Erhöhung des Entdeckungsrisikos von der Begehung von Straftaten abschrecken.[362] Abs. 1 S. 2 stellt klar, dass die elektronische Aufenthaltsüberwachung (EAÜ) insbes. mit einem Aufenthaltsverbot nach § 12b Abs. 2 SOG verbunden, aber auch *isoliert* angeordnet werden kann.[363] Es handelt sich um eine notwendigerweise *offen* erfolgende Maßnahme, die dennoch eine **erhebliche Eingriffsintensität** aufweist.[364] Der Kernbereich privater Lebensgestaltung wird zwar regelhaft nicht betroffen sein, da über den Standort hinausgehende Informationen, wie der Zweck des Aufenthalts oder das Verhalten der Person am Ort, unbekannt bleiben.[365] Auch in Anbetracht der Möglichkeit zur Erstellung eines Bewegungsbilds handelt es sich aber um einen

88

---

355 LD/*Graulich* Kap. E Rn. 744.
356 Vgl. BVerfG 26.4.2022 – 1 BvR 1619/17, Rn. 341.
357 Vgl. die Einsätze in der linken Szene VG Hamburg 19.4.2017 – 17 K 7997/16 („Maria Block"), Bü-Drs. 21/8053 („Iris Schneider") u. Bü-Drs. 21/4613 („Astrid Schütt"). Das OVG Hamburg 8.6.2018 – 4 Bf 103/17.Z, Rn. 14, sah die sexuelle Beziehung als nicht feststellungsfähiges Rechtsverhältnis an, was Art. 19 Abs. 4 GG nicht gerecht wird, weil die sexuelle Beziehung zwar nicht behördl. angeordnet wurde, sie aber das Vertrauen in höchstem Maße missbraucht hat und erhebl. psychische Folgen auslösen kann.
358 Vgl. BVerfG 3.3.2004 – 1 BvR 2378/98, Rn. 120; auch *Soiné* GSZ 2022, 258.
359 *Roggan* GSZ 2019, 111 (113); *Hohnerlein* NVwZ 2016, 511 (514). Krit. auch LD/*Graulich* Kap. E Rn. 744 u. EFP/*Pünder* Fn. 962.
360 Vgl. BVerfG 9.12.2022 – 1 BvR 1345/21, Rn. 107. Sexuelle u. Liebesbeziehungen wurden in der FHH innenrechtlich in der VE-Richtlinie verboten, vgl. Prot. InnenA Nr. 21/12, 8. Vgl. demggü. den gesetzl. Ausschluss in § 47 Abs. 2 S. 4 BremPolG.
361 Zur EÜA iRd Führungsaufsicht vgl. § 68b StGB iVm § 463a StPO; zur Terrorabwehr § 56 BKAG. Die Rechtsfolge des § 30 Abs. 1 S. 1 PolDVG umfasst auch die Anlegung und Wartung des techn. Mittels zu dulden, vgl. Bü-Drs. 22/16042, 6 u. 22.
362 Bü-Drs. 21/17906, 59. Das Signal wird über GPS u. LBS an die Gemeinsame Elektronische Überwachungsstelle der Länder übertragen, wobei Standortdaten nicht live, sondern nur in Intervallen übermittelt werden, vgl. Bü-Drs. 21/18273, 3.
363 Die EAÜ ermöglicht eine Überwachung von Aufenthaltsbeschränkungen (Abs. 2 S. 4 Nr. 2) durch Auslösung eines Alarms bei einem Verstoß, vgl. Bü-Drs. 21/17906, 60.
364 Bü-Drs. 21/17906, 59. Zum Grundrechtseingriff s. *Guckelberger* DVBl 2017, 1121 (1123 ff.) sowie *Ullrich/Walter/Zimmermann* NWVBl 2019, 98 (100 ff.).
365 Vgl. BVerfG 1.12.2020 – 2 BvR 916/11, Rn. 246; *Guckelberger* DVBl 2017, 1121 (1123).

intensiven Eingriff in die **informationelle Selbstbestimmung**.[366] Das allg. Persönlichkeitsrecht kann ferner dadurch beeinträchtigt sein, dass die Person aus Scham auf bestimmte sportliche Aktivitäten oder soziale Kontakte verzichtet.[367]

89 Die **Voraussetzungen** des EAÜ-Einsatzes bestimmt Abs. 1: Dieser ist zulässig zur vorbeugenden Bekämpfung terroristischer Straftaten iSd S. 3, und zwar bereits bei einem *konkretisierten Gefahrenverdacht* (S. 1 Nr. 1) oder bei einer durch individuelles Verhalten begründeten, konkr. Wahrscheinlichkeit, also wohl einer *drohenden Gefahr* (Nr. 2).[368] Darüber hinaus ist der Einsatz zum Schutz von Leib, Leben oder Freiheit nur bei Vorliegen einer *konkreten Gefahr* möglich (Nr. 3), etwa in Fällen häusl. Gewalt.[369] Insbesondere Nachstellungshandlungen iSd § 238 StGB *unterhalb der qual. Gefahrenschwelle* reichten für eine EAÜ bislang also nicht aus.[370] Allerdings ist mit Nr. 4 jüngst ein weiterer Tatbestand eingeführt werden, nach dem eine EAÜ bei einer Person zulässig ist, die nach polizeilichen Erkenntnissen – eine gerichtl. Verurteilung soll also nicht erforderlich sein – bereits eine Nachstellung begangen hat, und wenn bestimmte Tatsachen die Annahme rechtfertigen, dass die Person erneut eine Nachstellung begehen wird.[371] Liegen die tatbestandlichen Voraussetzungen vor, darf die Polizei die nach Abs. 1 S. 1 **verantwortliche Person** zum Tragen des Geräts *verpflichten* und nach Abs. 2 S. 1 Daten zu Aufenthaltsort und Funktionsfähigkeit *verarbeiten*. Diese unterliegen ohne Einwilligung des Betroffenen der strengen **Zweckbindung** nach Abs. 2 S. 4. Die Maßnahme bedarf nach Abs. 3 u. 4 einer qual. **richterlichen Anordnung** und ist bei entspr. Verlängerungsmöglichkeit auf drei Monate zu befristen.[372] Bewegungsbilder dürfen nur mit *besonderer* richterlicher Gestattung erstellt werden, was eine Darlegung im polizeilichen Antrag voraussetzt.[373] Abs. 5 sieht umfassende Lösch- und Dokumentationspflichten vor. Unter den Voraussetzungen von Abs. 1 u. 2 darf die Polizei nach Abs. 6 zur Durchführung der EAÜ personenbezogene Daten auch von anderen Stellen **übermittelt** bekommen.

90 Dem **Kernbereichsschutz** wird in Abs. 2 S. 2 durch ein Erhebungsverbot von Daten, die über den bloßen *Aufenthalt* in der Wohnung hinausgehen, Rechnung getragen. Soweit technisch möglich, darf die Bewegung der Person innerhalb der Wohnung nicht geortet werden, um einen Rückzugsort zu gewährleisten und nicht in Art. 13 GG einzugreifen.[374] *Mildere Mittel* können etwa Meldeauflagen, Gefährderansprachen sowie isolierte Aufenthaltsverbote sein.[375] Im Rahmen der **Verhältnismäßigkeit** ist auch eine potenziell kontraproduktive Wirkung der befristeten Maßnahme *in der Folgezeit* zu berücksichtigen, die sich etwa in Fällen häusl. Gewalt daraus ergeben kann, dass eine Person durch das Tragen des Geräts ständig an Wut und Rachepläne

---

366 Vgl. OLG München 1.4.2019 – 34 Wx 289/18, Rn. 70.
367 Vgl. BVerfG 1.12.2020 – 2 BvR 916/11, Rn. 294.
368 Die Regelung trägt den verfassungsrechtl. Bedenken am Begriff der drohenden Gefahr [→ C204] Rechnung, soweit sie sich auf Überwachungsmaßnahmen u. terrorist. Straftaten beschränkt; vgl. BVerfG 20.4.2016 – 1 BvR 966/09, Rn. 164. Zu den Anforderungen vgl. BGH 22.2.2022 – 3 ZB 3/21, Rn. 33 ff.
369 Krit. zur Ausdehnung auf außerterrorist. Gefahren *Barczak* ZRP 2021, 122 (123) sowie Prot. InnenA Nr. 21/38. Zu den tatbestandl. Anforderungen OLG Hamburg 31.7.2020 – 2 W 48/20, Rn. 58.
370 OLG Hamburg 31.7.2020 – 2 W 48/20, Rn. 60.
371 Vgl. Bü-Drs. 22/16042, 6 u. 22. Vorbild dürften u.a. die Befugnisse in § 34c Abs. 2 S. 1 Nr. 2 u. S. 2 PolG NRW sein, die eine EAÜ auch zur Kontrolle einer Wohnungsverweisung erfassen, dazu *Thiel* GSZ 2019, 1 (7).
372 Eine Ausnahme bei Gefahr im Verzug besteht in der FHH nicht; vgl. demgggü. § 32 Abs. 5 S. 4 BWPolG, § 17c Abs. 4 NPOG sowie Art. 34 BayPAG (Richtervorbehalt bei Erstellung von Bewegungsbildern). Zur sofortigen Vollziehbarkeit der Anordnung vgl. Bü-Drs. 22/16042, 6 u. 22 sowie zur Durchsetzung [→ D181].
373 Dabei besteht auch die Möglichkeit zur Verbindung der Standortdaten mehrerer Maßnahmenadressaten zu einem Bewegungsbild, vgl. Bü-Drs. 21/17906, 60 u. 61.
374 Im Sinne des zweistufigen Schutzkonzeptes dürften solche Daten nach Abs. 5 S. 4 auch nicht verarbeitet werden; Bü-Drs. 21/17906, 60. Sichergestellt wird dies praktisch über ein in der Whg. aufgestelltes Zusatzgerät (Home-Unit), das den Aufbau einer Ortung unterdrückt u. statt Standortdaten nur den Status (betr. Person ist zuhause) meldet, vgl. Bü-Drs. 21/18273, 3.
375 *Schröder* BayVBl 2022, 145 (146).

II. Informationelle Befugnisse

erinnert wird [→ C295]. Ob die EAÜ über die Möglichkeiten der Überwachung und eines gezielteren Zugriffs *hinaus* tatsächlich geeignet ist, um von der Straftatbegehung abzuschrecken, wird mit Blick auf die verschiedenen Einsatzbereiche unterschiedlich bewertet,[376] erforderlich ist stets eine Prognose im Einzelfall.

p) Ausschreibung zur polizeilichen Beobachtung oder gezielten Kontrolle

Nach § 31 Abs. 1 S. 1 PolDVG kann die Polizei für einen bestimmten Zeitraum personenbezogene Daten einer Person sowie das Kennzeichen des von ihr genutzten Kfz in einem Dateisystem verarbeiten (Ausschreibung), die Person idS also listen, mithin ihre Daten speichern und bereitstellen.[377] Wird eine zur **polizeilichen Beobachtung** ausgeschriebene Person von der Polizei (zufällig) angetroffen, darf dies und weitere Umstände der ausschreibenden Polizeibehörde gem. Abs. 2 *übermittelt* werden.[378] Diente die Ausschreibung der **gezielten Kontrolle** (Abs. 1 S. 2), können die Person und ihre mitgeführten Gegenstände bzw. ihr Kfz zudem unter abgesenkten Voraussetzungen durchsucht werden.[379] Die Ausschreibung ist ein polizeiinterner Vermerk und zielt auf interne Kontrollmeldungen, ist also insoweit *verdeckt*, kann wegen der Durchsuchungsmöglichkeit aber in einer *offenen* Maßnahme münden.[380] Die Ausschreibung dient der vorbeugenden Bekämpfung von Straftaten,[381] etwa im Bereich der organisierten Kriminalität im Rockermilieu.[382] Sie greift in die **informationelle Selbstbestimmung** ein, wobei die Eingriffsintensivität durch die lange Speicherungsdauer, die Häufigkeit der Abrufe und die potenzielle Bildung eines „Sozialprofils", aber auch durch eine geringe Kontrolldichte und die Zufallsabhängigkeit eines Antreffens bestimmt wird.[383]

91

Abs. 1 S. 1 Nr. 1 betrifft die Ausschreibung von *Intensivtätern* und setzt voraus, dass eine Gesamtwürdigung der Person und bereits begangener Straftaten erwarten lässt, dass die Person **Straftaten von erheblicher Bedeutung** iSd § 2 Abs. 2 PolDVG begehen wird.[384] Nach Nr. 2 dürfen auch *potenzielle Ersttäter* ausgeschrieben werden, wenn ein **Gefahrenverdacht** für die Begehung solcher Straftaten vorliegt. Auch angesichts der *Heimlichkeit* ist verfassungsrechtlich indes eine konkretisierte Gefahr für ein Rechtsgut von erheblichem Gewicht bzw. der Begehung besonders schwerer Straftaten mit einer Höchststrafe von mehr als fünf Jahren zu verlangen, sodass die Vorschrift ggf. verfassungskonform auszulegen ist.[385] Auch deshalb hat der Gesetzgeber jüngst einen neuen S. 2 in § 31 Abs. 1 eingefügt, wonach eine Ausschreibung, wenn sie sich auf eine Vorfeldstraftat bezieht, eine konkrete oder konkretisierte Gefahr für das durch

92

---

376 Vgl. *Thiel* § 10 Rn. 103. Krit. zur Eignung zur Terrorismusbekämpfung *Kaiser* KJ 2017, 176 (180 ff.).
377 Vgl. § 2 Abs. 8 PolDVG sowie SchE/*Schoch/Kießling* Rn. 748; *Zaremba* NJ 2022, 301 (305 f.). Bei genauerer Betrachtung ist die polizeil. Beobachtung entgegen ihrer systematischen Verortung nicht per se keine Befugnis zur Datenerhebung, sondern zur weiteren Datenverarbeitung, vgl. *Kingreen/Poscher* § 19 Rn. 16. Zu PIOS und INPOL bzw. POLAS s. LD/*Petri/Kremer* bzw. *Arzt* Kap. A Rn. 103 u. Kap. G Rn. 1199 ff. u. 1222 ff.; [→ D114].
378 Bü-Drs. 13/5422, 27.
379 Vgl. §§ 15 Abs. 1 Nr. 4, 15a Abs. 1 Nr. 9 SOG.
380 Vgl. Bü-Drs. 21/17906, 61.
381 Soweit die Vorschrift die Vorsorge für die Verfolgung von künftigen Straftaten umfasst, hat der Bund hierfür von seiner Gesetzgebungskompetenz in § 163e StPO abschließend Gebrauch gemacht, vgl. BVerfG 9.12.2022 – 1 BvR 1345/21, Rn. 164. Mit Bü-Drs. 22/16042, 6 u. 22 f. hat der Gesetzgeber § 31 Abs. 1 PolDVG dementsprechend auf die Verhütung der genannten Straftaten begrenzt.
382 Vgl. *Kingreen/Poscher* § 19 Rn. 15; Bü-Drs. 21/17906, 61.
383 Vgl. BVerfG 9.12.2022 – 1 BvR 1345/21, Rn. 174 f.; LD/*Müller/Schwabenbauer* Kap. G Rn. 998 auch mit Blick auf die strafproz. Ermächtigung in § 163e StPO; BERS/*Ettemeyer* § 13 PolDVG Rn. 2.
384 Vgl. VGH München 8.7.2019 – 10 ZB 18.1003 „zu befürchten". Zweifelhaft ist, ob auch laufende o. nach § 170 Abs. 2 StPO eingestellte Verfahren berücksichtigt werden können; so BERS/*Ettemeyer* § 13 PolDVG Rn. 3.
385 BVerfG 9.12.2022 – 1 BvR 1345/21, Ls. 3 u. Rn. 177 ff., zum ähnlichen § 35 Abs. 1 S. 1 SOG M-V.

den Straftatbestand geschützte Rechtsgut voraussetzt. Dies gilt auch für die Ausschreibung zur gezielten Kontrolle nach S. 3.[386] Beim Antreffen dürfen, ungeachtet des § 2 Abs. 4 PolDVG, auch die Personalien von Begleitern übermittelt werden – notwendig ist allerdings, dass deren Identitäten nach anderen Rechtsvorschriften festgestellt werden durften.[387] Die **formellen Anforderungen** ergeben sich aus Abs. 3, wonach die Ausschreibung nur von der Polizeiführung, bei *Gefahr im Verzug* auch vom Polizeiführer vom Dienst, bei regelmäßiger Überprüfung für **höchstens ein Jahr** angeordnet werden darf.[388] Abs. 4 sieht Lösch- und Benachrichtigungsfristen für die Ausschreibung vor, während sich die Löschung der im Zuge der Ausschreibung erhobenen Daten nach den allg. Vorschriften [→ D26] richtet.

q) Opferschutzmaßnahmen

93 Mit § 33 PolDVG findet sich eine Befugnis zum operativen Opferschutz, die den **Aufbau vorübergehender Tarnidentitäten** für *Opfer* (Abs. 1), deren *Angehörige* (Abs. 2) und für sachlich befasste *Polizeibedienstete* (Abs. 3) vorsieht, soweit diese sich in besonderen Gefährdungslagen befinden.[389] Für die Betroffenen können wie für verdeckte Ermittlungspersonen entspr. geänderte Dokumente erstellt werden, wobei auch die Möglichkeit zur Teilnahme im Rechtsverkehr eingeräumt wird.[390] Anders als in anderen Ländern bleibt die Maßnahme, die eine *Gefahr für Leib, Leben oder Freiheit* erfordert und hohe Anforderungen an die Eignung der zu schützenden Personen stellt, nicht auf den Schutz von Zeugen beschränkt.[391]

3. Befugnisse zur weiteren Datenverarbeitung

94 An die Erhebung von Daten schließt sich idR deren Weiterverarbeitung an, die im dritten Abschnitt des PolDVG geregelt ist. Denn um eine Gefahr aufzuklären und ggf. abzuwehren, reicht es regelmäßig nicht aus, dass Polizeibedienstete bspw. die Personalien einer Person erfragen (§ 13 Abs. 1 u. 3 PolDVG). Häufig ist es notwendig, die erhobenen Personalien im Merkbuch zu notieren, in einer polizeilichen Datenbank zu speichern oder anderen Polizeibediensteten zu übermitteln, etwa damit die Personalien mit anderen Daten abgeglichen werden können. Im Ausgangspunkt gilt: Jede weitere Verarbeitung von erhobenen personenbezogenen Daten begründet einen *separaten* Grundrechtseingriff und erfordert so grds. eine **Rechtsgrundlage** [→ D15].[392] Einzelne Weiterverarbeitungsbefugnisse finden sich – punktuell flankiert durch allg. Vorschriften wie die §§ 38 f. PolDVG – vor allem in den §§ 35 ff. PolDVG.

a) Allgemeine Grundsätze der Weiterverarbeitung

95 Bestimmte Voraussetzungen und Grenzen sind allerdings für *alle* Befugnisgrundlagen relevant. Dazu gehören insbes. der Rechtmäßigkeitszusammenhang, der Zweckbindungsgrundsatz, die Dauer der Speicherung und der Begriff der Datei bzw. des Dateisystems.

---

[386] S. Bü-Drs. 22/16042, 6 u. 22 f. Zum Begriff der Vorfeldstraftat [→ DFn 47].
[387] Krit. mit Verweis auf deutl. eingriffsintensivere Maßnahmen EP/*Grünewald* Rn. 766.
[388] In der langen Anordnungsdauer kommt der Unterschied zur Fahndung zum Ausdruck, die sich nach dem ersten Antreffen der Person erledigt.
[389] Bü-Drs. 21/17906, 62.
[390] Urkunden *herstellen* oder verändern dürfen nach dem Verweis in Abs. 3 nur Polizeibedienstete.
[391] Vgl. Bü-Drs. 21/17906, 62 mVa § 30 Abs. 3 NPOG.
[392] Insbes. zu Weiterverarbeitungen BVerfG 1.10.2024 – 1 BvR 1160/19, Rn. 82.

aa) Rechtmäßigkeitszusammenhang

Der praktische Zusammenhang von Erhebung und weiterer Verarbeitung wirft die grundlegende 96
Frage nach dem Rechtmäßigkeitszusammenhang auf, ob also eine weitere Verarbeitung wie
das Speichern von Daten schon deshalb rechtswidrig und unzulässig ist, wenn und weil die
Daten **zuvor rechtswidrig verarbeitet**, inbes. erhoben wurden. Ermächtigen die Befugnisse der
§§ 35 ff. PolDVG in ihren Rechtsfolgen also zur Weiterverarbeitung von „Daten", stellt sich die
Frage, ob damit stets nur *rechtmäßig* erhobene bzw. verarbeitete Daten gemeint sind.[393] Für
eine Unverwertbarkeit rechtswidrig verarbeiteter Daten spricht das Gesetzmäßigkeitsprinzip
der Verwaltung und die grundrechtlich gewährleistete informationelle Selbstbestimmung. Aber
gesetzeswidrig erlangte, gespeicherte, übermittelte oder sonst rechtswidrig verarbeitete Daten
können für die Polizei entscheidend sein, um Gefahren abwehren und somit ihren grundrechtl.
Schutzpflichten nachkommen zu können. Der somit notwendige Ausgleich der widerstreitenden
Aspekte verbiete es, pauschal von der Rechtswidrigkeit einer Verarbeitung (z.B. einer Erhebung)
auf die Rechtswidrigkeit einer Weiterverarbeitung zu schließen.[394] In jedem Fall ist zu prüfen,
ob für die jeweils in Rede stehende (Weiterverarbeitungs-)Befugnis der Rechtmäßig- bzw.
Rechtswidrigkeitszusammenhang **besonders (gesetzlich) geregelt** ist[395] oder inwieweit sich aus
den jeweils einschlägigen Vorschriften ein dezidierter Wille des Gesetzgebers feststellen lässt,
dass er mit Vorgaben zur Rechtmäßigkeit einer Verarbeitung auch die Weiterverarbeitung solcher
Daten ausschließen wollte, die unter Nichteinhaltung dieser Vorgaben verarbeitet wurden.
In diesem Sinne könnte es einen Unterschied machen, wenn der Gesetzgeber für bestimmte
Befugnisse etwa spezifische Löschungsgebote statuiert (z.B. §§ 18 Abs. 1 S. 4 u. Abs. 4 S. 4, 19 Abs. 3
S. 1 PolDVG) oder auch wieder relativiert (z.B. § 18 Abs. 6 PolDVG iVm § 59 Abs. 4 PolDVG). Für
imperative, also in Form von Verwaltungsakten erfolgende Datenerhebungen [→ D29] können
Verwertbarkeitserleichterungen aus den Wirksamkeits- und Bestandskraftregelungen der §§ 43
HmbVwVfG folgen.[396] Verwertbarkeitseinschränkungen können sich hingegen allgemein aus
dem Grundsatz der Zweckbindung und der Vorgabe der hypothetischen Datenneuerhebung
[→ D97] ergeben.[397] Im Übrigen wird vorgeschlagen, dass die rechtlich geschützten Interessen
des durch die rechtswidrige Verarbeitung Verletzten einerseits und das Interesse an einer
effektiven Gefahrenabwehr andererseits iRd Ermessens und insbes. der Verhältnismäßigkeit
[→ C256] zum Ausgleich zu bringen sind.[398]

bb) Grundsatz der Zweckbindung

Als allg. Grundsatz, der bei jeder weiteren Verarbeitung zu beachten sind, regelt § 34 PolDVG die 97
Zweckbindung. § 38 Abs. 1 S. 1 u. 2 PolDVG unterstreichen, dass die Vorgaben des § 34 PolDVG
auch für die Übermittlung von Daten gelten. Der Grundsatz der Zweckbindung trägt einem
besonderen Effekt Rechnung, der aus dem Wesen von und dem Umgang mit Daten resultiert:
Mehr als andere Dinge verändern Daten ihren Sinn, sobald sie in einen anderen Kontext gestellt
werden. Mit jeder **Kontextänderung** verändert sich ihr Informationsgehalt. Dies gilt auch für
Daten über einen Menschen. Aus dessen grundrechtlicher Perspektive verändert bzw. vertieft
sich dementsprechend mit jeder Kontextveränderung der Eingriff in seine informationelle

---

393 Insoweit hilft auch der allg. Grundsatz in § 3 S. 1 PolDVG nicht weiter, weil er sich auf die Rechmäßigkeit der Verarbeitung, nicht aber der zu verarbeitenden Daten bezieht, anders wohl *Albers*, Prot. InnenA Nr. 22/39, Anl. 1 S. 8.
394 So *Kingreen/Poscher* § 16 Rn. 18; *Götz/Geis* § 17 Rn. 155; ausführlich *Schenke* Rn. 283 ff.
395 Vgl. etwa § 12 Abs. 3 PolDVG iVm § 136a Abs. 3 S. 2 StPO; §§ 21 Abs. 3 S. 7, 49 Abs. 1 S. 1 PolDVG.
396 Zur vergleichbaren Frage im Rahmen des Vollstreckungsrechts [→ E9].
397 LD/*Müller/Schwabenbauer* Kap. G Rn. 825.
398 Dazu *Schenke* Rn. 284 f. mwN.

Selbstbestimmung. Dabei kommt verschärfend dazu, dass sich Daten – nicht zuletzt seit der Digitalisierung – leicht verbreiten und nahezu grenzenlos vervielfältigen lassen.

98 **Beispiel:** Erfragen Polizeibedienstete anlässlich eines Verkehrsunfalls den Namen einer beteiligten Person, so haben sie idR nur die Information gewonnen, dass eben diese Person mit diesem Namen an dem Unfall beteiligt war. Stellen sie den erfragten Namen allerdings in einen anderen Kontext, etwa durch Eingabe in das polizeiliche Fahndungssystem und den Abgleich mit dem dort gespeicherten Datenbestand, so erfahren sie zusätzlich – und ohne weitere Datenerhebung –, ob und ggf. aus welchen Gründen (z.B. Haftbefehl) nach der vor ihnen stehenden Person gefahndet wird.

99 Dementsprechend wurde der Grundsatz der Zweckbindung ursprünglich vor allem aus der informationellen Selbstbestimmung hergeleitet.[399] Heute ist er auch europarechtl. verankert (Art. 4 Abs. 1 lit. b JI-RL, Art. 5 Abs. 1 lit. b DS-GVO). Um die informationelle Selbstbestimmung zu schützen, erkärt er die Kontextänderung von personenbezogenen Daten als **rechtfertigungsbedürftige Ausnahme**. Der Umgang mit personenbezogenen Daten ist grds. an den Zweck („Kontext") gebunden, der für sie festgelegt ist. Gesetzgeber und BVerfG haben allerdings mit der Zeit sehr ausdifferenzierte Vorgaben entwickelt, unter denen Ausnahmen und Relativierungen zulässig sind.[400] Insbesondere das BVerfG hat eine verfassungsrechtl. Dogmatik entwickelt, die zwischen *zweckrealisierender*, *zweckwahrender* und *zweckändernder* (Weiter-)Nutzung unterscheidet. Sie richtet sich vor allem an den die Polizeigesetze gestaltenden Gesetzgeber, prägt aber auch die Anwendung der Gesetze durch die Polizei [→ D100]. So ist es wichtig, zwischen den Fragen zu unterscheiden, wer den Zweck einer Datenverarbeitung festlegt (Zweckfestlegung), und mit welcher Wirkung die Datenverarbeitung an diesen Zweck gebunden ist (Zweckbindung). Zudem ist hinsichtlich beider Fragen darauf zu achten, auf welcher Ebene (Verfassung, Gesetz) Festlegungen getroffen werden und an wen (Gesetzgeber, Behörde) sie sich richten. Da der Zweckbindungsgrundsatz schließlich verschiedene Folgen nach sich zieht, kann er dogmatisch an unterschiedlichen Stellen der Rechtmäßigkeitsprüfung einer (Weiter-)verarbeitung bedeutsam werden, also nicht etwa nur iRd Verhältnismäßigkeit, sondern auch bereits bei den Anforderungen an die Rechtsgrundlage, die zu schützenden Rechtsgüter oder die Einschreiteschwelle.[401]

(1) Zweckrealisierende Datenverarbeitung

100 Um den verfassungsrechtl. Vorgaben zur zweckrealisierenden, zweckwahrenden und zweckändernden (Weiter-)Nutzung Rechnung zu tragen,[402] hat der Gesetzgeber § 34 PolDVG in Anlehnung an § 12 BKAG jüngst reformiert und präzisiert. Soweit Daten zu dem *konkreten* Zweck, zu dem sie erhoben wurden, also gleichsam im selben Erhebungskontext genutzt und verarbeitet werden, bildet hierfür die **jeweilige Erhebungsbefugnis** (z.B. § 13 Abs. 1 PolDVG) selbst eine hinreichende Rechtsgrundlage.[403] Dementsprechend geht § 34 PolDVG auf eine solche zweckrealisierende Nutzung nicht ein und definiert für diese keine Voraussetzungen, sondern beschränkt sich in Abs. 1 auf die Festlegung der Grenzen, in denen eine Nutzung von Daten die Bindung an den ursprünglichen Zweck noch wahrt [→ D101]. Erst in Abs. 2 bis 4 werden Voraussetzungen festgelegt, nämlich unter denen Daten für einen *anderen* Zweck genutzt werden dürfen [→ D103].[404]

---

399 BVerfG 15.12.1983 – 1 BvR 209/83, E 65, 1 (46).
400 Bü-Drs. 21/17906, 63 ff.; *Schenke* Rn. 270 f.; *Gusy/Eichenhofer* Rn. 260.
401 Dies resultiert vor allem aus der verfassungsrechtl. Ableitung des Zweckbindungsgrundsatzes aus der Verhältnismäßigkeit verstanden als Gesamtabwägung [→ B37]. Am Bsp. der Rasterfahndung etwa *Kingreen/Poscher* § 19 Rn. 41 ff.
402 S. dazu insbes. BVerfG 20.4.2016 – 1 BvR 966/09, Rn. 276 ff.; 1.10.2024 – 1 BvR 1160/19, Rn. 90 ff.
403 Vgl. BVerfGE 20.4.2016 – 1 BvR 966/09, Rn. 277 ff. S. dazu das Beispiel bei *Kingreen/Poscher* § 19 Rn. 29.
404 Bü-Drs. 22/16042, 6 f. u. 23 ff. Die von der Reformierung umfasste Neuregelung der hypothetischen Datenneuerhebung dürfte auch für die Teilnahme Hamburgs an den Informationsverbünden [→ D110]

II. Informationelle Befugnisse

(2) Zweckwahrende Datenverarbeitung

Dient eine Verarbeitung nicht mehr der Realisierung des konkreten Zwecks, zu dem die Daten erhoben wurden, bedarf es für die (Weiter-)Verarbeitung einer **eigenen Rechtsgrundlage**, etwa in den §§ 35 ff. PolDVG. Allerdings zieht **§ 34 Abs. 1 PolDVG** der Weiterverarbeitung eine generelle Grenze: Um zulässig zu sein, muss diese zwar nicht konkret, aber *abstrakt* den Erhebungszweck wahren (zweckwahrende Verarbeitung), sich also vereinfacht gesagt im selben Fallkontext wie die Erhebung bewegen. Dies erklärt, dass sich Abs. 1 S. 1 von vornherein nur auf Daten bezieht, die die **Polizei selbst erhoben** hat, und für deren (Weiter-)Verarbeitung verlangt, dass diese – Nr. 1 – zur **Erfüllung derselben Aufgaben** und – Nr. 2 – zum **Schutz derselben Rechtsgüter** oder sonstigen Rechte oder zur Verhütung derselben Straftat **erforderlich** ist. Bezugspunkt bildet dabei nicht der konkrete Fall, in dem die Daten erhoben wurden und nun weiterverarbeitet sollen, sondern die *jeweilige Datenerhebungsvorschrift*, die ihm zugrunde lag: Erlaubt sie die Datenerhebung nur zum Schutz bestimmter Rechtsgüter oder zur Verhütung bestimmter Straftaten, so begrenzt dies auch die weitere Verwendung der erhobenen Daten in derselben Behörde.[405] Besondere Anforderungen an die Einschreiteschwelle stellt § 34 Abs. 1 PolDVG hingegen *nicht*.[406] Die so von der jeweiligen Datenerhebungsvorschrift gezogenen Grenzen ergänzen bzw. überformen die für die Weiterverarbeitung jeweils einschlägige Rechtsgrundlage und sind bei deren Prüfung (z.B. bei den Schutzgüter oder bei Ermessen und Verhältnismäßigkeit) entsprechend einzubeziehen.[407]

101

Beispiel: Erhebt die Polizei gem. § 13 Abs. 1 Nr. 1 Var. 1 PolDVG zulässig die Personalien (§ 13 Abs. 3) einer Person, so darf sie die so erhobenen Daten auf Grundlage von § 36 Abs. 1 auch in Dateisystemen verarbeiten, soweit dies zur Erfüllung ihrer Aufgaben, nämlich genauer – was sich in diesem Fall aus § 34 Abs. 1 iVm § 13 Abs. 1 Nr. 1 Var. 1 ergibt – zur Abwehr bevorstehender Gefahren für die öff. Sicherheit oder Ordnung erforderlich ist. Einen spezifischen Anlass in Form einer – wie in § 13 Abs. 1 Nr. 1 Var. 1 vorausgesetzt – **konkreten** Gefahr bedarf es hierzu nicht. Eine solche Anlassschwelle ergibt sich weder aus § 36 Abs. 1 selbst noch über § 34 Abs. 1 S. 1. Dementsprechende darf die Polizei die erhobenen Daten z.B. auch als bloßen Spurenansatz für weitere Aufklärungen nutzen, etwa um ihn durch weitere Informationserhebungen – für die es allerdings eigene Rechtsgrundlagen bedarf – zu verdichten.[408]

102

(3) Zweckändernde Datenverarbeitung

Dient eine (Weiter-)Verarbeitung von Daten weder konkret, noch abstrakt dem selben Zweck, zu dem die Daten erhoben wurden, sondern vielmehr einem ganz **anderen Zweck**,[409] zieht

103

---

bedeutsam sein. Allerdings ist zu berücksichtigen, dass die Verantwortung für einen Verbund häufig bereits bundesgesetzl. geregelt ist (vgl. etwa §§ 12 Abs. 2, 14 BKAG) und sich die Mitwirkung Hamburgs an einem Verbund regelmäßig darauf beschränkt, Daten anzuliefern und abzurufen.

405 Vgl. Bü-Drs. 22/16042, 23 mVa BVerfG 20.4.2016 – 1 BvR 966/09, Rn. 278 f. u. 281; auch Bü-Drs. 22/17443, 2. Mit Blick auf Art. 4 Abs. 1 lit. b, c u. e JI-RL wird kritisiert, dass es nicht auf den in der „jeweiligen Datenerhebungsvorschrift" vom Gesetzgeber festgelegten, (notwendig) abstrakten, sondern den in diesem Rahmen von der Polizei im Einzelfall konkretisierten Zweck ankomme, vgl. *Albers*, Prot. InnenA Nr. 22/39, Anl. 1 S. 5 f. u. 7 mVa BVerfG 20.4.2016 – 1 BvR 966/09, Ls. 2a u. 1.10.2024 – 1 BvR 1160/19, Rn. 146. Eine entsprechend verfassungskonforme Auslegung dürfte allerdings die Abgrenzung von zweckrealisierender, -wahrender und -ändernder Verarbeitung unschlüssig werden lassen.
406 Vgl. Bü-Drs. 22/16042, 23 f. mVa BVerfG 20.4.2016 – 1 BvR 966/09, Rn. 280.
407 Allerdings ist für die zweckwahrende – anders als für die zweckändernde – Weiterverarbeitung strittig, jedenfalls aber unklar, ob das Erfordernis einer Rechtsgrundlage bereits mit der Vorschrift zur zweckwahrenden Verarbeitung – hier also § 34 Abs. 1 PolDVG – erfüllt ist (s. etwa Simitis/Hornung/Spiecker/Roßnagel Art. 5 Rn. 98 mwN) oder ob es hierzu einer gesonderten RGL bedarf (z.B. aus den §§ 35 ff. PolDVG), in die dann die Zweckbindungsgrenzen „hineinzulesen" sind (so wohl z.B. Kingreen/Poscher § 19 Rn. 30).
408 Vgl. BVerfG 20.4.2016 – 1 BvR 966/09, Rn. 280; *Kingreen/Poscher* § 19 Rn. 30.
409 Zu beachten ist, dass der Gesetzgeber in § 34 Abs. 1 S. 2 PolDVG für Verarbeitungen zu den dort genannten und jüngst in S. 3 um die Aus- und Fortbildung (§ 37 PolDVG; Bü-Drs. 22/16042, 24) erweiterten Aufgaben festgelegt hat, dass es sich nicht Zweck*änderungen*, sondern um unter Abs. 1 fallende Zweckwahrungen handelt. Krit. Zum Regelungsstandort *Albers*, Prot. InnenA Nr. 22/39, Anl. 1 S. 7.

§ 34 Abs. 2 PolDVG die Grenzen der Zulässigkeit noch enger. Denn der Gesetzgeber muss sicherstellen, dass auch eine Verarbeitung in einem neuen Kontext dem Eingriffsgewicht Rechnung trägt, das sich mit der Erhebung der Daten verbunden hatte.[410] D.h. er muss verhindern, dass Daten zwar mit einem hinreichenden Zweck und somit rechtmäßig von der Polizei erhoben werden und so in deren Verfügungsgewalt gelangen, dann aber zu einem anderen Zweck genutzt werden, zu dem sie nach verfassungsrechtlichen Maßstäben schon gar nicht hätten erhoben werden dürfen. Verfassungsrechtlich gilt die Grenze bzw. das **Kriterium der hypothetischen Datenneuerhebung** („hyDaNe"), nämlich ob die Daten auch für den geänderten („neuen") Zweck mit vergleichbar schwerwiegenden Mitteln hätten erhoben werden dürfen.[411] Es kommt also nicht darauf an, ob eine entsprechende Erhebungsbefugnis für den geänderten Zweck tatsächlich besteht, sondern nur darauf, ob sie im Einklang mit der Verfassung geschaffen werden *könnte*. Wie zweckwahrende Verarbeitungen benötigen auch zweckändernde Verarbeitungen daher aus Gründen des Vorbehalts des Gesetzes eine eigenständige Rechtsgrundlage, bei deren Anwendung etwaige Grenzen zu berücksichtigen sind, die an die (vorherige) Datenerhebung zu stellen sind.[412] Diese Grenzen sind aber im Vergleich zur zweckwahrenden Datenerhebung strukturell nochmal enger. Denn um mit Blick auf das Erhebungseingriffsgewicht die Verhältnismäßigkeit zu gewährleisten, verlangt das Kriterium der hypothetischen Datenneuerhebung nicht nur, dass eine zweckändernde Verarbeitung zur Erfüllung von Aufgaben und zum Schutz von Rechtsgütern erfolgt, die in ihrer Bedeutung auch eine Datenerhebung tragen würden, sondern auch, dass für die Verarbeitung im Einzelfall in tatsächlicher Hinsicht ein eigener, hinreichend spezifischer und konkreter Anlass, also eine Eingriffsschwelle, besteht.[413]

104 Vor diesem verfassungsrechtlichen Hintergrund und in Umsetzung des Kriteriums der hypothetischen Datenneuerhebung enthält § 34 Abs. 2 S. 1 PolDVG zwei, sich jeweils aus bestimmten Schutzgütern und Eingriffsschwellen zusammensetzende **Grundtatbestände**. Danach ist eine zweckändernde Datenverarbeitung zulässig, wenn

- sich im Einzelfall konkrete Ermittlungsansätze erkennen lassen (Eingriffsschwelle), um mindestens vergleichbar schwerwiegenden Straftaten oder Ordnungswidrigkeiten zu verhüten oder zu verfolgen (Schutzgüter) – Nr. 1 u. 2, jeweils lit. a – oder

- sich im Einzelfall konkrete Ermittlungsansätze zur Abwehr von in einem übersehbaren Zeitraum drohenden Gefahren erkennen lassen (Eingriffsschwelle), um mindestens vergleichbar bedeutsame Rechtsguter oder sonstige Rechte zu schützen (Schutzgüter) – Nr. 1 u. 2, jeweils lit. b.

105 Die **Vergleichbarkeit** ist „unter Berücksichtigung der jeweiligen Datenerhebungsvorschrift" (S. 1 Hs. 1) zu bestimmen, nach der die Daten, die weiterverarbeitet werden sollen, erhoben wurden.[414] Die Eingriffsschwelle verlangt **im Einzelfall erkennbare, konkrete Ermittlungsansätze**, d.h. die Möglichkeit eines Schadenseintritts darf nicht nur abstrakt, sondern muss in ersten Umrissen absehbar und konkretisiert sein.[415] Im Fall des lit. b. bezieht sich die Konkretisierung allerdings nur auf in einem übersehbaren Zeitraum drohende Gefahren, wodurch die Eingriffsschwelle weiter vorverlagert werden dürfte.[416]

---

410 Vgl. BVerfG 20.4.2016 – 1 BvR 966/09, Rn. 284.
411 Vgl. BVerfG 20.4.2016 – 1 BvR 966/09, Rn. 287. Krit. zur hyDaNe *Albers*, Prot. InnenA Nr. 22/39, Anl. 1 S. 6.
412 Vgl. BVerfG 20.4.2016 – 1 BvR 966/09, Rn. 285 ff.; *Kingreen/Poscher* § 19 Rn. 31. Zur „Überformung" der zweckwahrenden Verarbeitung durch die jeweilige Datenerhebungsvorschrift [→ D101].
413 Vgl. BVerfG 20.4.2016 – 1 BvR 966/09, Rn. 289.
414 Vgl. Bü-Drs. 22/17443, 2. In Bü-Drs. 22/16042, 6 u. 25, hieß es im Gesetzestext noch „unter Berücksichtigung der jeweiligen Erhebungsschwelle" sowie in der Begründung „vergleichbar gewichtig" (mit Beispiel zu § 23 PolDVG). Krit. *Albers*, Prot. InnenA Nr. 22/39, Anl. 1 S. 7.
415 Vgl. Bü-Drs. 22/16042, 25 mVa BVerfG 20.4.2016 – 1 BvR 966/09, Rn. 289 f.
416 Zum Begriff der drohenden Gefahr [→ C204].

II. Informationelle Befugnisse

Allerdings sind die Grundtatbestände des Abs. 2 überhaupt nur maßgeblich, soweit die zweckändernde Verarbeitung nicht **besonders geregelt** (z.B. § 51 PolDVG) ist (§ 34 Abs. 2 S. 1 Hs. 2). Zwei besondere Rechtsvorschriften sieht § 34 PolDVG selbst vor, nämlich in Abs. 3 S. 2 die Weiterverarbeitung zu **Zwecken der Strafverfolgung**, wenn die Daten dafür auch auf Grundlage entsprechender strafprozessualer Befugnisse hätten erhoben werden dürfen (vgl. auch § 100e Abs. 6 Nr. 3 StPO), sowie in Abs. 4 die (schon früher) geregelten **Sondertatbestände**.[417] Allerdings dürften die Sondertatbestände so – etwa unter Ergänzung von Abs. 2 – anzuwenden sein, dass auch auf ihrer Grundlage eine zweckändernde Verarbeitung nicht hinter den verfassungsrechtlichen Anforderungen zurückbleibt, wie sie der Gesetzgeber in Abs. 2 zum Ausdruck gebracht hat.[418] Eine weitere Spezialregelung findet sich Abs. 2 S. 2: Sog. **Grunddaten**, also der Identifizierung einer Person dienende Daten, dürfen ungeachtet der Grundsätze in Abs. 1 u. 2 verarbeitet werden, um diese Person (z.B. im polizeilichen Datenbestand) zu identifizieren.[419]

106

Beispiel: Um die Zuverlässigkeit einer Person im Zuge der Einstellung in den Polizeidienst zu überprüfen, wertet die Polizei polizeiliche und Datensysteme anderer Behörden aus, ob über diese Person für die Einstellung relevante Informationen vorliegen. Dass sie für diesen konkreten Zweck also Daten verarbeitet, die sie selbst nicht oder aber jedenfalls nicht zum Zweck der Zuverlässigkeitsprüfung erhoben hat, ist nach § 51 PolDVG zulässig.

107

(4) Weitere Modifikationen und Begleitregelungen der Zweckbindung

In seinen Abs. 3 bis 10 enthält § 34 PolDVG zahlreiche Regelungen, die die Grundsätze der Zweckbindung in Abs. 1 u. 2 weiter ausdifferenzieren. Nach Abs. 3 gelten *beide* Grundsätze des Abs. 1 u. 2 auch für die Weiterverarbeitung von Daten aus **Wohnraumüberwachungen**, wegen deren besonderen Eingriffsgewicht allerdings mit der (starren) Maßgabe, dass in jedem Fall eine *dringende Gefahr* iSd § 22 Abs. 1 PolDVG vorliegen muss.[420] Die Voraussetzungen für die Verarbeitung in **gemeinsamen Dateien** wurden jüngst durch Streichung der strengen Vorgaben des früheren Abs. 4 S. 1 abgesenkt und richten sich nun gem. Abs. 7 ebenfalls nach den allgemeinen Vorgaben der hypothetischen Datenneuerhebung in Abs. 2.[421] Zu den schon bislang geltenden **allgemeinen Vorgaben** zu wertenden Angaben, personengebundenen Hinweisen und Planung von Maßnahmen (Abs. 8 bis 10) sind jüngst ergänzende Pflichten zu organisatorischen und technischen Vorkehrungen hinzugekommen (Abs. 6).[422]

108

cc) Speicherdauer und Dateisysteme

Als weiterer allg. Grundsatz, der bei jeder weiteren Verarbeitung zu beachten ist, regelt § 35 PolDVG die **Dauer von Datenspeicherungen**. Nach Abs. 1 dürfen Daten nur solange gespeichert werden, wie es für die Aufgabenerfüllung erforderlich ist. Abs. 2 S. 1 u. 4 f. u. Abs. 3 S. 3 spezifizieren die Erforderlichkeitsprüfung, und Abs. 2 S. 2 f., Abs. 3 S. 1 f. u. 4 sehen ein ausdifferenziertes Regelungskonzept zur Speicherdauer vor, was insgesamt den verfassungsrechtlichen Anforderungen genügen dürfte.[423]

109

Für die polizeiliche Informationsarbeit sind **Dateisysteme** grundlegend. Hierunter fällt nach § 2 Abs. 13 PolDVG jede strukturierte, nach bestimmten Kriterien zugängliche Sammlung personenbezogener Daten. Der Begriff ist denkbar weit gefasst und stellt insbes. nicht auf ein

110

---
417 Bü-Drs. 22/16042, 25 f.
418 Krit. *Albers*, Prot. InnenA Nr. 22/39, Anl. 1 S. 7.
419 Vgl. Bü-Drs. 22/16042, 25.
420 Vgl. Bü-Drs. 22/16042, 25 mVa BVerfG 20.4.2016 – 1 BvR 966/09, Rn. 291.
421 Vgl. Bü-Drs. 22/16042, 26.
422 Vgl. Bü-Drs. 22/16042, 26.
423 Vgl. hierzu BVerfG 1.10.2024 – 1 BvR 1160/19, Rn. 156 ff. u. 182 ff. Vgl. dazu auch den jüngst eingeführten § 77 Abs. 2 BKAG sowie dazu BT-Drs. 21/324, 8 f.

bestimmtes Medium oder eine lokale Verortung ab, sodass von tradierten Akten, Ordnern und Unterlagen in Papier, die in einer einzelnen Polizeiwache gesammelt werden, bis zu international verteilt gespeicherten, digitalen Datenbanken jede Form strukturierter Informationsbestände erfasst werden.[424] Zu den praktisch wichtigsten Dateisystemen gehören das *polizeiliche Auskunftssystem* (INPOL, in Hamburg auch als POLAS bezeichnet) mit (örtlichen) Informationen zu kriminalitätsbezogenen Fällen, Personen, Festnahmen und Suchvermerken,[425] aber auch die papierbasierte („klassische") *Akte*[426] und das *Merkbuch* in Papierform, das allerdings im Zuge der Einführung digitaler Endgeräte (MobiPol), über die auch auf viele der genannten Dateisysteme mobil zugegriffen werden kann, abgelöst wird.[427] Wichtig für die polizeiliche Informationsarbeit ist zudem die Teilnahme an internationalen, europäischen und föderalen **Informationsverbünden**.[428]

b) Einzelne Weiterberarbeitungsbefugnisse

111 Einzelne Weiterverarbeitungsbefugnisse finden sich – punktuell flankiert durch allgemeine Vorschriften (s. etwa §§ 38 f.) – in den §§ 35 ff. PolDVG, die zwar idR allgemein zur (Weiter-)Verarbeitung von personenbezogenen Daten ermächtigen, aber häufig auch auf bestimmte Verarbeitungsformen (§ 2 Abs. 8) zielen, etwa die Speicherung, Veränderung und Verwendung (so §§ 35 bis 37a), die Übermittlung (§§ 37a, 39 bis 47) und den Abgleich (§§ 48 bis 51).

aa) Weitere Verarbeitung, insbes. Sammeln und Speichern von Daten

112 Für die **(weitere) Verarbeitung** von Daten, etwa ihrer Speicherung, Veränderung oder Nutzung, enthält **§ 36 Abs. 1 PolDVG eine allg., generalklauselartige Befugnis** für die Polizei, die in der Anwendung spezielleren Befugnissen nachgeht.[429] Voraussetzung ist, dass die Verarbeitung zur polizeilichen Aufgabenerfüllung *erforderlich* ist, was durch den Zweckbindungsgrundsatz begrenzt wird. Auf § 36 Abs. 1 lassen sich allerdings grundsätzlich nicht solche (Weiter-)Verarbeitungen stützen, die eine erhöhte Eingriffsintensität aufweisen und daher eine spezielle Ermächtigungsgrundlage erfordern.[430] **Speichern** meint das Erfassen, Aufnehmen oder Aufbewahren von Daten auf einem Datenträger zum Zweck der weiteren Verwendung.[431] Umfasst sind nicht nur digitale Datenträger, sondern auch tradierte Speichermedien, wie etwa Papier, nicht hingegen das menschliche Gedächtnis.[432] Eine **Veränderung** von Daten liegt vor, wenn diese inhaltlich umgestaltet, etwa in eine Datei übernommen werden.[433] Unter den Auffangbegriff der **Nutzung** fällt jede sonstige Verwendung von Daten, die nicht Speichern, Verändern,

---

424 Vgl. dazu Erwgr. 18 JI-RL. Zu Dateisystemen vgl. SchE/*Schoch/Kießling* Rn. 758 ff. Zur Datenspeicherung in Dateien im Bereich der Sportgewalt Bü-Drs. 22/17495 u. 22/8023.
425 Dazu etwa *Kingreen/Poscher* § 19 Rn. 4 ff.
426 Allgemein zur verbindlichen Führung elektronischer Akten s. insbes. §§ 8 u. 11 f. (aber auch § 2 Abs. 2 Nr. 12) HmbVwDiG sowie die (auf polizeiliche Aktenführung rückwirkende) HmbEAktFVO sowie *Kingreen/Poscher* § 19 Rn. 2 f.
427 Ob sich zur Zulässigkeit der Datenverarbeitung über diese Endgeräte bereits aus den Rechtsgrundlagen der jeweiligen Dateisysteme u. Verarbeitungsmaßnahme folgt, erscheint im Hinblick auf das vernetzende u. kumulierende Potenzial der Endgeräte jedenfalls fraglich.
428 Dazu ausführlich LD/*Arzt* Kap. G Rn. 1108 ff.
429 *Kingreen/Poscher* § 19 Rn. 13 u. 14 ff.
430 BVerfG 1.10.2024 – 1 BvR 1160/19, Rn. 118 ff., insbes. 127, zur Verfassungskonformität des weitgehend gleichlautenden § 16 Abs. 1 BKAG.
431 § 4 Abs. 2a Nr. 2 HmbDSG aF; *Schenke* Rn. 195, LD/*Müller/Schwabenbauer* Kap. G Rn. 811.
432 Vgl. *Gusy/Eichenhofer* Rn. 262.
433 Vgl. § 4 Abs. 2a Nr. 3 HmbDSG aF.

II. Informationelle Befugnisse 223

Übermitteln, Löschen oder Sperren ist.[434] Ein Verbot für die Verarbeitung *rechtswidrig* erlangter Daten ist nicht vorgesehen.[435]

§ 36 Abs. 2 PolDVG enthält eine besondere Rechtsgrundlage (insbes. S. 1), aber auch Grenzziehungen für die Verarbeitung, insbes. Sammlung von personenbezogenen Daten, die iRd **Verfolgung von Straftaten** gewonnen wurden (vgl. auch § 481 Abs. 1 S. 1 StPO), wie insbes. in POLAS. Danach dürfen diese Daten zur vorbeugenden Bekämpfung von Straftaten grds. gespeichert werden, wenn ein strafrechtliches Ermittlungsverfahren eingeleitet worden ist, allerdings begrenzt auf zwei Jahre (S. 2), wenn nicht eine sog. Negativprognose gestellt wird (S. 4 bis 6).[436] Im Übrigen sind bei der Verwendung von repressiv erhobenen Daten zu präventiven Zwecken mögliche Verwendungsregelungen der StPO zu beachten (z.B. § 100e Abs. 6 Nr. 2 StPO) und daran anschließend polizeirechtliche Vorschriften zur zweckändernden Weiterverarbeitung wie § 36 Abs. 2 PolDVG anzuwenden (vgl. § 481 Abs. 2 StPO). In diesem Sinne verweist S. 1 verarbeitungseinschränkend auf § 34 Abs. 2 u. 3 und insbes. auf das Kriterium der hypothetischen Datenneuerhebung.[437] § 36 Abs. 2 u. 3 PolDVG enthalten zudem verschiedenen Vorgaben zur Datenspeicherung.[438] 113

bb) Übermittlung von Daten, einschl. Fahndung

Die Übermittlung von Daten meint das **Bekanntgeben der Daten an Dritte**, wobei die Daten entweder *weitergegeben* oder *zur Einsicht bereitgestellt* werden.[439] Während § 38 PolDVG allg. Regeln der Datenübermittlung enthält, insbes. die Verantwortung dafür der Polizei zuweist und die allg. Grundsätze der Zweckbindung (insbes. der Zweckänderung) und das Kriterium der hypothetischen Datenneuerhebung zum Maßstab erhebt (S. 1 u. 2),[440] betreffen die §§ 39 bis 44 PolDVG die Datenübermittlung durch die Polizei an **unterschiedliche Adressaten**. Sie eröffnen damit anderen Behörden die Möglichkeit zur Nutzung der übermittelten Daten, soweit sie ihrerseits zum Abruf der Daten ermächtigt sind („Doppeltürenmodell") [→ D16].[441] 114

Eine Datenübermittlung setzt begrifflich voraus, dass sie an eine andere *Stelle* erfolgt. Stelle iSd §§ 38 ff. PolDVG ist die Behörde iSd § 1 Abs. 2 HmbVwVfG. Die Übertragung von Daten **zwischen Polizeidienststellen** innerhalb Hamburgs ist mangels *verschiedener* Stellen eine nach § 36 PolDVG zu beurteilende *weitere Verarbeitung* der Daten.[442] Im Übrigen unterscheidet das Gesetz – auch hinsichtlich seiner Anforderungen – zwischen der Übermittlung im Rahmen der europäischen polizeilichen Zusammenarbeit (§ 39 PolDVG), an Polizeidienststellen anderer Länder und des Bundes (§ 40 PolDVG), an öff. Stellen im innerstaatlichen Bereich und im Bereich der EU (§ 41 PolDVG), deren Mitgliedstaaten und Schengen-assoziierter Staaten (§ 42 PolDVG), an Drittstaaten und über- und zwischenstaatliche Stellen (§§ 43–46 PolDVG), an 115

---

434 Vgl. § 4 Abs. 2a Nr. 7 HmbDSG aF; *Schenke* Rn. 195.
435 Zur Verwertbarkeit rechtswidrig erlangter Daten [→ D96].
436 Dazu Bü-Drs. 21/17906, 66. Vgl. dazu auch den jüngst eingeführten § 30a Abs. 2 BKAG sowie dazu BT-Drs. 21/324, 7 f.
437 Bü-Drs. 22/16042, 8 u. 26; [→ D103].
438 Abs. 3 statuiert für die Speicherung keine Eingriffsschwelle, die hinter der Schwelle von Abs. 2 zurückbleibt, sondern die eher höher sein dürfte (vgl. Abs. 3 S. 1: „erheblicher"), so dass Abs. 3 jedenfalls insoweit nicht auf ähnliche verfassungsrechtliche Bedenken stößt wie etwa § 20 Abs. 1 S. 1 Nr. 2 Var. 2 PolDVG [→ D68].
439 *Gusy/Eichenhofer* Rn. 268.
440 Zur jüngsten Änderung s. Bü-Drs. 22/16042, 8 u. 26 f.
441 BVerfG 24.1.2012 – 1 BvR 1299/05, Rn. 123; 27.5.2020 – 1 BvR 1873/13, Rn. 93.
442 BERS/*Beaucamp* § 16 PolDVG Rn. 2. Da die Polizei in Hamburg insgesamt eine Behörde in diesem Sinne ist, bedurfte es der Regelung in § 38 Abs. 1 S. 3 PolDVG, um die Datenübertragung etwa zur Führerscheinstelle den Schutzvorschriften über die Datenübermittlung zu unterstellen. Allg. zur Frage, wann eine Verwaltungseinheit und damit keine Übermittlung vorliegt vgl. *Kingreen/Poscher* § 19 Rn. 22.

Private (§ 47 Abs. 1 PolDVG) sowie an die Öffentlichkeit,[443] die auch als präventive *Öffentlichkeitsfahndung* bezeichnet werden kann (Abs. 2).[444] Dabei können sich über die Vorgaben im PolDVG hinaus Anforderungen auch aus anderen Rechtsvorschriften ergeben. Dies gilt etwa für den in Praxis wichtigen **polizeilichen Informationsverbund** (§ 29 BKAG). Soweit die Hamburger Polizei als teilnehmende Stelle (Abs. 3 Nr. 1) dort Daten eingibt oder abruft (Abs. 2 S. 2), trägt sie die Verantwortung für die Rechtmäßigkeit (§ 31 Abs. 2 BKAG, vgl. auch § 29 Abs. 2 BKAG). Die Voraussetzungen für die Eingabe oder den Abruf ergeben sich insbesondere aus §§ 29 Abs. 3 S. 2, 30 Abs. 1 BKAG.[445] Einzelnen **Übermittlungen in umgekehrter Richtung**, also außerhalb von Verbünden durch andere Stellen an die Polizei Hamburg, richten sich hingegen vor allem nach den für die übermittelnde Behörde maßgeblichen Rechtsvorschriften.[446]

cc) Abgleich von Daten, insbes. automatisierte Auswertung und Rasterfahndung

116 § 48 PolDVG erlaubt iS einer Grundbefugnis den **Abgleich** personenbezogener Daten bestimmter Personen mit dem Inhalt polizeilicher Dateisysteme, also etwa die Prüfung, ob in den Dateisystemen zu einer identifizierten Person Daten gespeichert sind.[447] Nach Abs. 1 S. 2 ist ein Abgleich der Daten von Verantwortlichen zur Abwehr einer konkreten Gefahr oder von Personen bei denen tatsächliche Anhaltspunkte die Annahme rechtfertigen, dass sie künftig Straftaten begehen, zulässig. Ein Abgleich mit dem Fahndungsbestand kann mit allen rechtmäßig erlangten personenbezogenen Daten erfolgen, wobei wegen der niedrigschwelligen Tatbestandsvoraussetzungen der Verhältnismäßigkeitsgrundsatz iRd eingeräumten Ermessens besonderen Augenmerk verdient.[448] Der Datenabgleich prägt auch die datenschutzrechtliche Sonderregelung zur **Zuverlässigkeitsprüfung** in § 51 PolDVG.[449]

117 Eine besondere Form des Datenabgleichs ist die **Rasterfahndung** (§ 50 PolDVG), bei der die Polizei personenbezogene Daten mit bestimmten, zuvor schriftlich festgelegten Merkmalen von öffentlichen und nichtöffentlichen Stellen anfordern und automatisiert mit anderen Datenbeständen in mehreren Suchläufen abgleichen („rastern") kann, um Personen zu ermitteln, auf die diese Merkmale zutreffen.[450] Die Eingriffsintensität der Rasterfahndung ist aufgrund des großen Umfangs der Daten mit hoher Persönlichkeitsrelevanz hoch – der Gesetzgeber hat insoweit die Absenkung der Eingriffsschwelle auf einen bloßen Gefahrenverdacht wieder zurückgenommen

---

443 Zur Stufung der Voraussetzungen EFP/*Pünder* Rn. 259.
444 Dazu OVG Hamburg 4.6.2009 – 4 Bf 213/07; Bü-Drs. 20/1923, 22. Da regelmäßig auch Plattformen priv. Anbieter genutzt werden, stellen sich spezif. Rechtsfragen der staatl. Souveränität u. des Datenschutzes. Die repress. Öffentlichkeitsfahndung richtet sich nach §§ 131 Abs. 3, 131a Abs. 3, 131b StPO. Mit Bü-Drs. 22/16042, u. 27 hat der Gesetzgeber § 47 Abs. 1 S. 1 Nr. 3 PolDVG ersatzlos gestrichen, da sich diese Fälle nach § 34 Abs. 2 Nr. 1 PolDVG sowie nach Art. 6 Abs. 1 lit. f DS-GVO richteten. Zudem ist mit § 47a PolDVG eine Regelung zur Datenübermittlung von der Polizei an Beratungsstellen in Fällen häuslicher Gewalt und zur Unterstützung der Distanzierungs- und Ausstiegsberatung (z.B. Extremismus) eingeführt worden, vgl. Bü-Drs. 22/16042, 8 u. 26 f.
445 S. dazu LD/*Müller/Schwabenbauer* Kap. G Rn. 890, die zudem die abrufende Stelle für die Einhaltung der Zweckbindung in der Verantwortung sehen. Zur Verfassungskonformität des polizeilichen Informationsverbunds vgl. auch BVerfG 1.10.2024 – 1 BvR 1160/19; die dort (Rn. 211 f.) dem BKA überantwortete Pflicht zur Dokumentation der sog. Negativprognose dürfte praktisch die jeweils dateneinstellende Stelle, also auch die Polizei Hamburg treffen.
446 Zur Datenübermittlung zw. privaten Sicherheitsdiensten u. Polizei, s. *Peilert*, in: Stober/Olschok, Handbuch des Sicherheitsgewerberechts, 2004, Rn. 20 ff.; *Pitschas*, S. 190; *Weichert* Die Polizei 1994, 313.
447 Bü-Drs. 13/5422, 30.
448 Dazu LD/*Müller/Schwabenbauer* Kap. G Rn. 936.
449 Ein Beispiel ist die Zuverlässigkeitsprüfung gem. § 31 Abs. 7 Nr. 1 SOG [→ F5]. Zur Neufassung der Sätze 3 bis 6 des § 51 PolDVG, insbesondere für die Einbindung von Datenbeständen auch des Verfassungsschutzes s. Bü-Drs. 22/16042, 9 u. 32. S. auch die Regelungen des HmbSÜGG.
450 Dazu *Horn* DÖV 2003, 746; *Schenke* Rn. 277 ff.; *Lisken* NVwZ 2002, 513.

und durch die verfassungsrechtlich geforderte konkrete Gefahr ersetzt.[451] Die Rasterfahndung ist nur zum Schutz höchstrangiger Rechtsgüter zulässig und muss richterlich angeordnet werden.

Eine weitere besondere Vorschrift des Datenabgleichs bildet § 49 PolDVG, der zur **automatischen Auswertung** personenbezogener Daten ermächtigt. Dabei werden bisher unverbundene, automatisierte Dateien und Datenquellen in Analyseplattformen vernetzt und die vorhandenen Datenbestände durch Suchfunktionen systematisch erschlossen.[452] Aufgrund ihrer Auswertungsintensität benötigt sie eine besondere Befugnis, weil insbes. die §§ 48 u. 50 PolDVG in Hinblick auf das grundrechtliche Eingriffsgewicht bzw. die Bestimmtheit nicht ausreichen.[453] Auch die automatisierte Datenanalyse ist nur zum Schutz höchstrangiger Rechtsgüter zulässig.[454] Das BVerfG hat dementsprechend die erste Alternative der ursprünglichen Fassung des § 49 Abs. 1 PolDVG, die automatisierte Datenanalyse zur vorbeugenden Bekämpfung „von in § 100a Abs. 2 StPO genannten Straftaten", für verfassungswidrig und nichtig erklärt.[455] Der Gesetzgeber hat dies zum Anlass genommen, § 49 PolDVG in erkennbarer Anlehnung an § 25a HSOG weitgehend neu zu fassen und dabei die automatisierte Anwendung zur Datenanalyse als **deterministisches und menschlich zu beherrschendes Hilfsinstrument** legal zu definieren.[456] Angesichts der technischen Innovationsdynamik sei es Ziel, die gegenständliche Reichweite der Rechtsgrundlage zu schärfen (Abs. 1) und die Eingriffsschwelle zur Verhütung oder Verhinderung von Straftaten zu konkretisieren und anzuheben. Dazu bezieht sich die Regelung von vornherein nur auf **rechtmäßig** [→ D96] gespeicherte Daten, nimmt auf den Straftatenkatalog des § 100b Abs. 2 StPO Bezug und setzt voraus, dass tatsächliche Anhaltspunkte die Annahme rechtfertigen müssen, dass solche Straftaten innerhalb eines übersehbaren Zeitraumes auf eine zumindest ihrer Art nach konkretisierte Weise begangen werden sollen (Abs. 2 S. 1 Nr. 2). Da der **Tatbestand** bereits im sog. Vorfeld ansetzt, ist es – so die gesetzgeberische Intention – zur Wahrung der Verhältnismäßigkeit generell unzulässig, Verkehrsdaten in die Analyse einzubeziehen (Abs. 2 S. 6). Im Fall sog. Vorfeldstraften [→ DFn 47] ist eine Analyse nur bei einer konkreten oder konkretisierten Gefahr für das durch den Straftatbestand geschützte Rechtsgut zulässig (Abs. 2 S. 2). Abs. 2 bestimmt zudem abschließend die einbeziehbaren Datenquellen, zu denen auch Nutzungsdaten (S. 3) sowie staatl. Register und einzelne, gesondert gespeicherte Datensätze aus Internetquellen gehören sollen (S. 4), während eine direkte Anbindung an Internetdienste ebenso ausgeschlossen wird (S. 5), wie die Einbindung von personenbezogenen Daten aus Wohnraumüberwachungen und Online-Durchsuchungen (S. 7). Abs. 3 u. 4 sehen flankierend technisch-organisatorische Vorgaben (Rollen- und Rechtekonzept, Datenkategorisierung und -kennzeichnung, Speicherfristen, Zugriffskontrolle, Protokollierung, Begründungspflichten, Stichprobenkontrollen) auch iSd prozeduralen Grundrechtsschutzes [→ B35] vor.

118

Auch wenn die Neufassung des § 49 PolDVG nicht alle Regelungspassagen der (noch) wortreicheren Vorbildvorschrift des § 25a HSOG übernimmt (sondern sie zum Teil in die Gesetzesbegründung verschiebt), erscheint sie doch unter dem Gesichtspunkt der **Vorhersehbarkeit** bedenklich. Das gilt auch für den Umfang der einbeziehbaren Daten und Datenquellen und für das damit einhergehende Eingriffsgewicht, auch wenn Wohnraumdaten ausgenommen sind. Insoweit könnte es für die Verfassungskonformität insbes. des praktisch besonders relevanten

119

---

451 Vgl. BVerfG 4.4.2006 – 1 BvR 518/02, Rn. 140; Bü-Drs. 18/1487, 21; 20/1923, 22.
452 BVerfG 16.2.2023 – 1 BvR 1547/19, Rn. 2.
453 CKS/Golla § 9 A Rn. 17 u. 39 ff. mwN.
454 Vgl. BVerfG 16.2.2023 – 1 BvR 1547/19.
455 Vgl. BVerfG 16.2.2023 – 1 BvR 1547/19 u. dazu *Wischmeyer* JuS 2023, 797; BfDI-Tätigkeitsbericht 2022, 77. Zur Kritik an der Vorschrift bereits im parl. Verfahren vgl. Prot. InnenA Nr. 21/38, S. 8, 10, 12, 13 f. einschl. Anlagen sowie Bü-Drs. 21/19055, 3 u. Prot. InnenA Nr. 21/40, S. 5 ff., Anlage 1. Zur umstr. Nutzung der Analysesoftware der US-amerikan. Firma Palantir Bü-Drs. 22/7701 u. 12883.
456 Bü-Drs. 22/16042, 8 f. u. 28 ff. Soweit im Folgenden auf § 25 HSOG Bezug genommen wird s. dazu BeckOK/ *Bäuerle* § 25a, insbes. Rn. 31 ff. sowie ders. ZD 2025, 128.

Tatbestandes des Abs. 2 S. 1 Nr. 2 förderlich sein, dass er – anders als der entsprechende Tatbestand des § 25a HSOG – ausschließlich und konkret auf den Katalog des **§ 100b Abs. 2 StPO** Bezug nimmt und zudem eine erhöhte Eingriffsschwelle bei Vorfeldstraftaten vorsieht. Entscheidend dürfte auch die praktische Wirksamkeit des Rechte- und Rollenkonzepts sein. Ob die die Neufassung allerdings den Anforderungen an Transparenz, individuellem Rechtsschutz, aufsichtlicher Kontrolle und an die Verminderung von Diskriminierungsrisiken und Fehleranfälligkeit sowie den Ausschluss des Einsatzes für strafprozessuale Zwecke genügt,[457] erscheint zweifelhaft,[458] zumal wenn man – in der Praxis wohl unvermeidbar – auf ein System eines privaten Anbieters angewiesen sein sollte.

dd) Training und Testung von lernenden IT-Systemen

120   Der jüngst eingefügte § 37a PolDVG sieht vor,[459] dass die Polizei zum Trainieren und Testen (nicht zum Einsatz!) von lernenden IT-Systemen bei ihr vorhandene personenbezogene Daten weiterverarbeiten darf (Abs. 1 S. 1). Zu diesem Zweck statuiert die Vorschrift eine **Fünfstufenbefugnis**, nämlich Verarbeitung durch die Polizei *selbst*, wobei die Daten zu *anonymisieren* (Abs. 2 S. 1), hilfsweise nur zu *pseudonymisieren* sind (S. 2) und wiederum hilfsweise sogar *als Klardaten* verwendet werden dürfen (S. 3) sowie subsidiär Übermittlung an einen *Auftragsdatenverarbeiter*, etwa ein mit der Entwicklung beauftragtes IT-Unternehmen (Abs. 3 S. 1), oder – als letzte Stufe – an Dritte (S. 2).

121   Zwar normiert die Vorschrift einige spezifische **Anforderungen und Grenzen**, die für alle Befugnisstufen gelten, etwa was die Diskriminierungsfreiheit der Algorithmen (Abs. 1 S. 2) und die Nachvollziehbarkeit der Technik (Abs. 1 S. 3), auszuschließende Daten (Abs. 1 S. 4, Abs. 2 S. 4 u. Abs. 3 S. 3) oder die Geheimhaltung betrifft (Abs. 3 S. 4 bis 6). Die Anforderungen sind allerdings insgesamt sehr niedrigschwellig, weil jede Befugnisstufe im Wesentlichen nur zur Voraussetzung hat, dass die jeweils vorrangig anzuwendende Befugnisstufe für die Polizei einen **unverhältnismäßigen Aufwand** bedeuten würde.

122   Ob der mit der Befugnis einhergehende Eingriff in die informationelle Selbstbestimmung **verfassungsrechtlich** zu rechtfertigen ist, erscheint **zweifelhaft**, zumal der informationellen Selbstbestimmung ein hohes Gewicht zukommt [→ C34, D15], die Befugnis lediglich den Aufgaben der Strafverfolgungsvorsorge und der Vorbereitung der Gefahrenabwehr [→ B69 u. 70] dient und der Begriff des unverhältnismäßigen Aufwandes sehr unbestimmt ist. Dass der Begriff gem. § 37a Abs. 5 S. 2 Nr. 5 PolDVG noch näher bestimmt werden soll, vermag die rechtsstaatlichen Bedenken kaum auszuräumen, sondern lässt demokratie- und gewaltenteilungsbezogene Zweifel hinzutreten. Denn unter welchen Kriterien der jeweilige Aufwand unverhältnismäßig ist, bestimmt – ebenso wie weitere Rahmenbedingungen der Verarbeitung (vgl. Abs. 5 S. 2 Nr. 1 bis 6) – weder der Gesetzgeber selbst, noch soll dies nach Maßgabe von Art. 53 HV bzw. Art. 80 Abs. 1 GG durch Rechtsverordnung [→ B11 u. G4] erfolgen. § 37a Abs. 5 PolDVG lässt vielmehr eine *Verwaltungsvorschrift* ausreichen, die dem Vorbehalt des Gesetzes nicht genügt [→ B12, C19, 33 u. 41]. Letzlich lotet somit die Polizei die Möglichkeiten und Grenzen der Technik selbst aus und bestimmt so alleine – der HmbBfDI ist gem. S. 1 lediglich anzuhören – die Reichweite

---

[457] Vgl. BVerfG 16.2.2023 – 1 BvR 1547/19, Rn. 77, 95, 100, 109 u. 160, das sich mit diesen Aspekten aber nur angedeutet befasst, vgl. dazu auch Rn. 48.
[458] Krit. auch *Albers*, Prot. InnenA Nr. 22/39, Anl. 1 S. 9.
[459] Die Vorschrift wurde im Gesetzgebungsverfahren spät und – soweit ersichtlich – ohne gesetzgeberische Begründung und protokollierte Sachbefassung in das PolDVG aufgenommen. Hintergrund dürften v.a. KI-basierte Projekte wie die Videoüberwachung „IVBeo" [→ D56] sein, die bislang mit „erlernten" Mustererkennungen aus einem Systemeinsatz in Mannheim arbeitet.

II. Informationelle Befugnisse

der Befugnis, die sie selbst ausführt.[460] Dass zudem eine grundlegende Gefahr technologischer Abhängigkeit der Polizei etwa von privaten IT-Unternehmen besteht, dokumentiert Abs. 4.

4. Generalbefugnis der polizeilichen Datenverarbeitung

Auch das PolDVG enthält in seinem § 11 eine Generalbefugnis, die in Abgrenzung zur *aktionellen* Generalklausel in § 3 Abs. 1 SOG allein zu Maßnahmen der polizeilichen Datenverarbeitung bzw. -erhebung ermächtigt. Die allg. Vorschrift kommt als Rechtsgrundlage nur zur Anwendung, wenn und soweit die Befugnisse im PolDVG einschl. der allg. (Weiter-)Verarbeitungsbefugnis in § 36 Abs. 1 PolDVG [→ D112] ein **informationelles Polizeihandeln** nicht speziell und abschließend regeln [→ C70]. Auch die Generalklausel im PolDVG weist kein hohes Maß an Bestimmtheit auf, was angesichts unionsrechtlicher Vorgaben nur Maßnahmen von geringer Eingriffstiefe möglich macht.[461] 123

Beispiele: Entscheiden sich Bedienstete der Polizei spontan für einen gezielten Blick auf eine Person, weil und solange sie sich auffällig verhält, dürfte hierin zwar kein eingriffsfreies Umherschweifen des Blickes mehr [→ D20], aber auch noch kein planmäßiges Beobachten und damit noch keine Observation nach § 20 Abs. 4 PolDVG [→ D70] liegen – die Maßnahme könnte dann an der informationellen Generalklausel gemessen werden.[462] Verschickt die Polizei anlässlich des Zweitliga-Stadtderbys Gefährderanschreiben an die in der Crime-Datei „LKA-12 Sportgewalt" registrierten Personen aus den Fanlagern der Hamburger Vereine, bildet § 3 Abs. 1 SOG hierfür die Rechtsgrundlage, soweit damit ein Grundrechtseingriff verbunden ist. Die Befugnis zur Speicherung der Daten in der Datei kann dagegen § 11 Abs. 1 PolDVG entnommen werden.[463] 124

Die Tatbestände des § 11 PolDVG verfolgen sehr **unterschiedliche Zwecke** und betreffen verschiedenste Maßnahmen. Dies ist insbesondere bei der Bestimmung, *wessen* personenbezogene Daten („betroffene Person" iSv § 10 Abs. 2 S. 1 PolDVG) verarbeitet werden dürfen und – falls die Polizei dabei, etwa im Fall einer Erhebung, auf die Mitwirkung anderer angewiesen ist – *an wen* einen entsprechende informationelle Maßnahme gerichtet („Verantwortlicher") werden darf, zu berücksichtigen [→ D22]. 125

In Nr. 1 Var. 1 setzt § 11 Abs. 1 PolDVG – entspr. der aktionellen Generalklausel in § 3 Abs. 1 SOG – eine **konkrete Gefahr** voraus, zu deren Abwehr die Datenerhebung *erforderlich* ist.[464] Var. 2 und 3 ermöglichen die Datenerhebung zur Wahrnehmung grenzpolizeilicher Aufgaben bzw. zur Amts- oder Vollzugshilfe, sind also im Vorfeld angesiedelt oder haben keinen Bezug zur Gefahr.[465] Besonders niedrig sind die Voraussetzungen, wenn personenbezogene Daten aus allgemein zugänglichen Quellen erhoben werden (Nr. 2).[466] Ausreichend ist dann, dass die Erhebung **zur Erfüllung einer polizeilichen Aufgabe** iSd § 1 Abs. 1 PolDVG erforderlich ist.[467] Aber auch wenn die Zwecke der Nr. 1 u. 2 somit weit gefasst sind, begrenzen sie den Kreis der Personen, deren Daten verarbeitet werden dürfen. Bei Nr. 3 bis 7 sind die Voraussetzungen enger, weil Daten 126

---

460 Zu ähnlich gelagerten Bedenken bzgl. der (aufgehobenen) Befugnisse zu sog. Gefahrengebieten [→ D43]. Soweit sich § 37a PolDVG an den Vorgaben der DS-GVO messen lassen muss [→ DFn 40], erscheint zudem fraglich, ob die Polizei ein ausreichendes berechtigtes Interesse hat, das im Verhältnis zu den Interessen, Grundrechten oder -freiheiten der betroffenen Person überwogen wird (vgl. Art. 6 Abs. 1 lit. f DS-GVO).
461 Vgl. LD/*Müller/Schwabenbauer* Kap. G Rn. 610 mit Blick auf Art. 8 Abs. 2 JI-RL. Krit. zur Bestimmtheit schon *Alberts/Merten* § 6 Rn. 1 ff.
462 Vgl. dazu OVG Lüneburg 28.11.2023 – 11 LC 303/20, Rn. 63, auch [→ D15].
463 Vgl. Bü-Drs. 22/9726, 4.
464 Die Erforderlichkeit setzt als eigenständige Vorgabe voraus, dass die Polizei auf die Informationen angewiesen ist, um eine best. Aufgabe rechtzeitig, vollständig u. zeitgerecht wahrnehmen zu können, s. LD/*Müller/Schwabenbauer* Kap. G Rn. 618.
465 Zumindest unklar Bü-Drs. 13/5422, 24.
466 Dies wird z.T. nicht als Eingriff angesehen, so etwa die Begründung zu § 8a VEMEPolG [→ JFn 15], 26. Zur Grundrechtsrelevanz von polizeil. Recherchen in offenen Daten des Internets, vgl. BVerfG 27.2.2008 – 1 BvR 370, 595/07, Rn. 188 ff. Krit. dazu *Alberts/Merten* § 6 Rn. 6.
467 BERS/*Rogosch* § 6 PolDVG Rn. 6.

beim Betroffenen oder bei Dritten erhoben werden und besondere Lagen oder Zwecke betroffen sind. Maßnahmen der Datenverarbeitung müssen dann erforderlich sein zur Vorbereitung und Durchführung von Einsätzen mit besonderer Gefährdungslage (Nr. 3) oder **zum Schutz einer Person** – wenn etwa die Begehung von Straftaten zu erwarten ist (Nr. 4) oder die berufliche Tätigkeit und Stellung in der Öffentlichkeit eine Verarbeitung von Informationen über Personen im Umfeld erforderlich macht (Nr. 5).[468] Nr. 6 und 7 dienen der vorbeugenden Bekämpfung von **Straftaten mit erheblicher Bedeutung** iSd § 2 Abs. 2 PolDVG und betreffen Verdächtige bzw. die Kontakt- oder Begleitpersonen iSd § 2 Abs. 4 PolDVG.[469]

127 Mit der Reform im Jahr 2019 ist in § 11 Abs. 2 PolDVG die Datenverarbeitung infolge einer **Einwilligung** [→ D24] als eigenständiger, wenn auch nur ergänzender Befugnistatbestand in die Generalklausel eingefügt worden.[470] Hieran entzünden sich verfassungsrechtliche Zweifel, insbes. weil das Merkmal „Zweck der Erhebung" – im Vergleich zu den Tatbeständen des Abs. 1, aber auch mit Blick auf die denkbare Grundrechtsintensität so eröffneter Datenverarbeitungen – zu unbestimmt erscheint.[471] Andererseits wohnt auch der aktionellen Generalbefugnis eine gewisse, heute verfassungsrechtlich akzeptierte Offenheit inne. Jedenfalls ist § 11 Abs. 2 PolDVG im Lichte des Ewgr. 35 der JI-RL zu lesen.[472] Wird demnach die betroffene Person *aufgefordert*, einer rechtlichen Verpflichtung nachzukommen, so hat sie keine echte Wahlfreiheit, weshalb ihre Reaktion nicht als freiwillig abgegebene Willensbekundung betrachtet werden kann – dies soll die Mitgliedstaaten aber nicht daran hindern vorzusehen, dass die betroffene Person der Verarbeitung ihrer personenbezogenen Daten zustimmen kann. Hiervon hat der Gesetzgeber Gebrauch gemacht: In besonderen Bestimmungen wie §§ 39 Abs. 1 S. 1 Nr. 4 u. 59 S. 2 PolDVG und angesichts der Vielgestaltigkeit der zu bewertenden Sachverhalte – anschließend an die informationelle Generalklausel – in allg. und ergänzender Form in § 11 Abs. 2 PolDVG.[473]

III. Aktionelle Befugnisse

128 Den aktionellen Befugnissen in §§ 11 bis 16a SOG ist weitgehend gemein, dass sie zur **Anordnung** bzw. Verfügung von Handlungen oder Verhaltensweisen ermächtigen, teilweise aber auch zu einem **tatsächlichen Handeln**. Mit der Anordnung eines bestimmten Verhaltens werden unterschiedliche **Zwecke** verfolgt, etwa die Ermöglichung der Gewinnung von Informationen, die Steuerung des Aufenthaltsorts einer Person, die Einschränkung von (Bewegungs-)Freiheit,

---

468 Vgl. § 8a Abs. 1 Nr. 3, Abs. 2 Nr. 3 VEMEPolG. Nr. 4 betrifft nur die Erhebung von Daten über die gefährdete Person (vgl. „die Person"). In Bü-Drs. 13/5422, 24 hat der Gesetzgeber sich zur Frage, *über* wen Daten erhoben werden dürfen, nicht geäußert.
469 Zur jüngsten Ersetzung des Begriffs *Erhebung* durch *Verarbeitung* in Nr. 6 s. Bü-Drs. 22/16042, 13. § 11 Nr. 7 PolDVG trifft auf ähnliche verfassungsrechtlichen Bedenken wie § 20 Abs. 1 S. 1 Nr. 2 Var. 2 PolDVG [→ D68]. Auch wenn die verfassungsrechtlich gebotene, spezifische individuelle Gefahrnähe bereits über die (allerdings vergleichsweise niedrigschwellige) Definition der Kontaktperson [→ D20] als Voraussetzung in die Befugnis einfließt, bleiben ungeachtet dessen verfassungsrechtliche Bedenken, ob die Eingriffsschwelle nicht hinter der für den Verantwortlichen zurückbleibt. Um wenigstens „Gleichschwelligkeit" zu gewährleisten, wäre es denkbar, Nr. 7 so verfassungskonform auszulegen [→ C21], dass personenbezogene Daten von Kontakt- und Begleitpersonen nur unter den (zusätzlichen) Voraussetzungen verarbeitet werden dürfen, die für die entsprechende Verarbeitung von Daten des Verantwortlichen nach dem § 11 Nr. 1–6 PolDVG gelten. Ob eine solche Auslegung jedoch den Grundsatz der Bestimmtheit und Normenklarheit [→ B40] wahren würde, erscheint fraglich.
470 S. Anl. 1 zum Prot. InnenA Nr. 21/40, S. 5. Zuvor galt über § 1 Abs. 2 PolDVG aF die Einwilligungsregelung des § 5 Abs. 1 Nr. 2 HmbDSG aF, der aber wg. Art. 6 Abs. 1 S. 1 lit. a DS-GVO weggefallen ist.
471 S. Prot. InnenA Nr. 21/38, S. 9 u. 12 f. Auch es widersprüchlich, dass § 11 Abs. 2 PolDVG rechtsfolgenseitig zur *Verarbeitung* ermächtigt, tatbestandl. aber nur auf den Zweck der *Erhebung*, nicht der Verarbeitung abstellt.
472 Zu den Möglichkeiten der Einwilligung im Geltungsbereich der JI-RL s. *Golla/Skobel* GSZ 2019, 140 sowie *Schieder* GSZ 2021, 16.
473 Bü-Drs. 21/17906, 47. Auch Bü-Drs. 22/16042, 13.

III. Aktionelle Befugnisse

das Auffinden oder die Inbesitznahme von Sachen. Wie *informationelle* werden auch *aktionelle* Befugnisse zum Teil von spezifischen Vorgaben zu **Organisation und Verfahren** flankiert, etwa zur Beteiligung anderer Behörden, von Gerichten oder der Staatsanwaltschaft, zu Hinweis-, Belehrungs- und Benachrichtigungs- sowie anderen Beteiligungspflichten oder auch zu weiteren Modalitäten des Verwaltungshandelns.

1. Vorladung

Nach § 11 Abs. 1 SOG darf eine Person vorgeladen, also durch schriftlichen oder mündlichen VA dazu aufgefordert werden, bei der Behörde oder an einem bestimmten Ort zu **erscheinen** und **dort zu bleiben**, bis die zugrundeliegende Angelegenheit in Gestalt einer Befragung oder der Durchführung erkennungsdienstlicher Maßnahmen (ED-Behandlung) erledigt ist.[474] Der Zweck einer Vorladung erschöpft sich insoweit in einer **dienenden Funktion**, eine Befragung oder ED-Maßnahmen zu ermöglichen bzw. zu unterstützen.[475] Deren Rechtsgrundlage ist nicht § 11 SOG, sondern folgt für die Polizei aus den §§ 12 bzw. 16 PolDVG und für die Verwaltungsbehörden – begrenzt auf die Befragung – aus § 3 Abs. 1 SOG. Danach richtet sich auch, inwieweit die vorgeladene Person die Befragung nur zu dulden hat oder sie darüber hinaus auch zur Antwort bzw. Auskunft *verpflichtet* ist – die Vorladung ist hiervon zu trennen und verpflichtet allein zum Erscheinen und Bleiben.[476] Örtliches Ziel der Vorladung ist regelmäßig die Dienststelle, kann aber auch ein anderer Ort sein, etwa wenn dieser in Bezug zur Aufklärung von Gefahren steht.[477] Die präventive Vorladung ist von der Vorladung zum Zweck der Aufklärung von *Straftaten oder Ordnungswidrigkeiten* (vgl. § 46 OWiG) zu unterscheiden, für die §§ 133 ff., 161a Abs. 1 S. 1 und 163a Abs. 3 StPO abschließende Regelungen treffen, die durch eine Anwendung des Gefahrenabwehrrechts nicht unterlaufen werden dürfen.[478]

Die Vorladung setzt **tatbestandlich** die Zulässigkeit der Maßnahmen voraus, denen sie dient.[479] Solange also eine *Befragung* oder eine *ED-Behandlung* unzulässig ist, kommt auch eine Vorladung nicht in Betracht. Für die Befragung greift § 11 Abs. 1 S. 1 SOG nahezu wörtlich die Formulierung von § 12 Abs. 1 S. 1 PolDVG auf, verlangt demggü. jedoch nicht nur *tatsächliche Anhaltspunkte*, sondern *Tatsachen*, welche die Annahme rechtfertigen, die vorgeladene Person könne **sachdienliche Angaben** machen. Um eine Person nicht nur *befragen*, sondern dazu auch *vorladen* zu dürfen, müssen also konkrete Umstände und Fakten mit hinreichender Wahrscheinlichkeit den Schluss zulassen, dass eine Person durch ihre Angaben zur Gefahrenabwehr beiträgt – Vorladungen zur allgemeinen Ausforschung oder Unterrichtung sind demnach unzulässig.[480] Nach § 11 Abs. 1 S. 2 SOG darf eine Vorladung auch zur Durchführung **erkennungsdienstlicher Maßnahmen** erfolgen, wenn also die Voraussetzungen des § 16 PolDVG erfüllt sind. Soweit dies etwa bei einer „freiwilligen" ED-Behandlung nicht der Fall ist, dürfte hierzu auch nicht vorgeladen werden.[481]

---

474 Vgl. SchE/*Schoch/Kießling* Rn. 531; BERS/*Ettemeyer* § 11 SOG Rn. 1 f.; *Gusy/Eichenhofer* Rn. 225. Die Vorladung war als eine der ersten Standardbefugnisse bereits im PrPVG spez. geregelt [→ J32]. Das allg. VerwR kennt keine Befugnis zur Vorladung, sondern verweist auf die Notwendigkeit bes. Regelungen (§ 26 Abs. 2 S. 3 HmbVwVfG).
475 Vgl. *Götz/Geis* § 17 Rn. 21; *Kingreen/Poscher* § 17 Rn. 68 u. allg. Rn. 77 f.
476 Vgl. *Götz/Geis* § 17 Rn. 21; *Lambiris* S. 24; SchE/*Schoch/Kießling* Rn. 531.
477 Vgl. MdSadB Nr. 75, 1965, 15; *Merten/Merten* § 11 Rn. 3.
478 Vgl. BERS/*Ettemeyer* § 11 SOG Rn. 2; *Gusy/Eichenhofer* Rn. 227.
479 Allg. *Kingreen/Poscher* § 11 Rn. 77 f.
480 Vgl. *Merten/Merten* § 11 Rn. 14 ff.; BERS/*Ettemeyer* § 11 SOG Rn. 5.
481 Vgl. OVG Magdeburg 18.9.2007 – 2 O 218/07; *Lambiris* S. 25.

131 Darüber hinaus wird tatbestandlich eine **konkrete Gefahr** verlangt, womit für die Vorladung im Vergleich zur Befragung engere Voraussetzungen gelten.[482] Dies trage der besonderen Grundrechtsintensität Rechnung, die sich mit einer Vorladung verbindet. Zudem sehe § 11 Abs. 1 S. 1 SOG – so wie der auch nur bei konkreter Gefahr zulässige Platzverweis – die Vorladung ausdrücklich „zur Gefahrenabwehr" vor. Dieses Merkmal ließe sich allerdings auch zweck- oder aufgaben- statt bedingungs- oder voraussetzungsbezogen verstehen.[483] So dient die Vorladung in erster Linie dazu, Befragung oder ED-Maßnahmen zu ermöglichen, die jedoch selbst keine bzw. nur diff. Anforderungen [→ D32, D50] an die Gefahrenlage stellen, und zudem der Vorladung über die tatbestandliche Akzessorietät Grenzen ziehen.[484] Es erscheint daher keineswegs zwingend, die Vorladung auf Fälle der konkreten Gefahr zu beschränken.

132 Wie für ED-Maßnahmen nach § 16 PolDVG besteht gem. § 11 Abs. 1 S. 2 SOG auch für eine hierauf gerichtete Vorladung ausschließlich eine **Zuständigkeit** der *Polizei*. Darüber hinaus erklärt § 11 Abs. 1 S. 1 SOG für eine Vorladung zum Zweck der Befragung die *Verwaltungsbehörden* für zuständig, die zu einer Befragung nur auf Grundlage von § 3 Abs. 1 SOG befugt sind. Dabei kann die Vorladung gem. § 11 Abs. 1 S. 1 SOG **schriftlich oder mündlich** [→ C115] erfolgen. Nach Abs. 2 S. 1 ist der **Grund der Vorladung** präzise anzugeben, wenn nicht ausnahmsweise (vgl. „soll") wichtige Gründe gegen die Angabe sprechen – adressierte Personen müssen ermessen können, was von ihnen verlangt werden wird oder welche Maßnahmen im Rahmen einer ED-Behandlung auf sie zukommen.[485] Floskelhafte oder ähnlich unkonkrete Begründungen („zur Aufklärung des Sachverhalts") reichen dafür nicht aus.[486]

133 Auch das in § 11 Abs. 1 SOG eingeräumte **Ermessen** und die Verhältnismäßigkeit haben sich am konkreten Zweck der Vorladung zu orientieren, nämlich eine Befragung oder ED-Behandlung zu ermöglichen oder zu unterstützen. Regelmäßig wird in die Abwägung einzustellen sein, wie dringlich diese Maßnahmen sind, welche geeigneten Möglichkeiten *neben* einer Vorladung zur Verfügung stehen, wie die Modalitäten einer Vorladung gestaltet werden können und welcher Aufwand Betroffenen zugemutet werden darf. So scheidet eine Vorladung zur Dienststelle etwa aus, wenn die gewünschte Auskunft auch anderweitig erlangt werden kann oder wenn bekannt ist, dass eine bereits identifizierte Person ohne Aussagepflicht keine Angaben machen will.[487] § 11 Abs. 2 S. 2 SOG enthält eine konkretisierende Regelung zur Ermessensausübung, wonach iSd **Verhältnismäßigkeit** Rücksicht auf die Lebensverhältnisse des Adressaten genommen werden soll. Mit Blick auf die Durchführung von ED-Maßnahmen ist zu berücksichtigen, dass eine Vorladung zur Dienststelle regelmäßig schon deswegen erforderlich sein wird, weil nur dort die notwendige technische Infrastruktur zur Verfügung steht. Zur **Entschädigung** als Zeugen oder Sachverständige vorgeladener Personen verweist § 11 Abs. 5 SOG auf das JVEG.

134 Die Vorladung kann gem. § 11 Abs. 3 S. 1 SOG als **Vorführung** *zwangsweise* durchgesetzt werden, wenn ihr ohne hinreichenden Grund keine Folge geleistet wird und einer der abschließend geregelten Ausnahmefälle vorliegt. **Unmittelbarer Zwang** iSd § 18 Abs. 1 SOG darf danach angewendet werden [→ E22], wenn dies zur Abwehr einer Gefahr für Leib, Leben oder Freiheit einer Person oder zur Durchführung von ED-Maßnahmen erforderlich ist – andernfalls darf gem. § 11 Abs. 3 S. 2 SOG *nur* ein **Zwangsgeld** festgesetzt werden. Für die mit Zwang durchgesetzte Vorladung besteht **kein Richtervorbehalt**. Für die Vorführung zugunsten einer *ED-Behandlung* lässt § 19 Abs. 2 HmbVwVG die Anordnung Bediensteter mit Befähigung zum

---

482 EFP/*Pünder* Rn. 211; *Merten/Merten* § 11 Rn. 14; BERS/*Ettemeyer* § 11 SOG Rn. 5.
483 In diese Richtung EP/*Holzki* Rn. 211.
484 Vgl. auch *Kingreen/Poscher* § 17 Rn. 74 ff.
485 *Kingreen/Poscher* § 17 Rn. 72; vgl. OVG Lüneburg 5.2.2004 – 11 ME 271/03.
486 *Schenke* Rn. 143; *Gusy/Eichenhofer* Rn. 225.
487 Vgl. *Kingreen/Poscher* § 17 Rn. 78; DWVM S. 191.

Richteramt genügen. Dient die Vorführung einer *Befragung*, entfällt nach § 11 Abs. 4 SOG aufgrund häufig gegebener Eilbedürftigkeit und hohem Rang der gefährdeten Rechtsgüter auch dieser Vorbehalt. Dies erscheint konsequent, da eine Vorführung regelmäßig nur eine **Freiheitsbeschränkung** iSd Art. 104 Abs. 1 GG darstellt.[488] Kommt die Polizei jedoch praktisch nicht umhin, die Person für einen längeren Zeitraum an eng umgrenzten Orten, z. B. in einem Polizeifahrzeug oder dem „Schreibraum" in einer Dienststelle, festzuhalten, vermag die Absenkung der gesetzlichen Anforderungen nicht zu überzeugen.[489] In diesen Fällen dürfte die Schwelle zur **Freiheitsentziehung** [→ D166] überschritten werden,[490] sodass die Notwendigkeit einer vorherigen oder unverzüglich nachgeholten, gerichtlichen Anordnung unmittelbar aus Art. 104 Abs. 2 S. 1 u. 2 GG folgt.[491]

2. Meldeauflage

Mit einer Meldeauflage kann nach § 11a S. 1 SOG einer Person aufgegeben werden, sich an bestimmten Tagen zu bestimmten Zeiten bei einer bestimmten Polizeidienststelle zu melden. Der **Zweck** dieser Maßnahme besteht darin, die adressierte Person daran zu hindern, in einer bestimmten Zeitspanne *andere* **Orte aufzusuchen**.[492] So können etwa gewaltbereite Hooligans von Sportveranstaltungen ferngehalten oder Ausreisen zu terroristischen Ausbildungscamps verhindert werden – in Betracht kommen Meldeauflagen ferner in Fällen von Gewalt in persönlichen Näheverhältnissen, die nicht von § 12b Abs. 1 SOG erfasst werden.[493] Meldeauflagen greifen jedenfalls in die allgemeine Handlungsfreiheit, unter Umständen auch in die Versammlungsfreiheit und seltener in das Grundrecht auf Freizügigkeit ein.[494] Sie erfolgen häufig als Ergänzung eines Aufenthaltsverbots iSd § 12b Abs. 2 SOG, was den Gleichlauf der Voraussetzungen beider Maßnahmen erklärt – auch Platzverweise oder Ausreisebeschränkungen können neben § 11a SOG angeordnet werden.[495] Im Kontext von Versammlungen stellt die Meldeauflage eine typische Vorfeldmaßnahme dar, die durch das VersR nicht gesperrt wird.[496]

135

Als **Standardbefugnisnorm** wurde die Meldeauflage erst mit der Reform des SOG im Jahr 2019 als typisches und „*in der Praxis bewährtes Instrument*" als § 11a eingefügt.[497] Bis zu diesem Zeitpunkt wurde sie auf die Generalklausel in § 3 Abs. 1 SOG gestützt,[498] was das BVerwG als ausreichend angesehen hat.[499] Auch wenn dies Bedenken aufwirft, werden in einigen Ländern weiterhin Meldeauflagen auf Grundlage der Generalklausel erlassen.[500] Für die FHH ist die Frage nicht mehr von Belang, da nun eine spezifische Regelung besteht, die dem Bestimmtheitsgrundsatz Rechnung trägt. Anders als § 3 Abs. 1 SOG verlangt § 11a SOG

136

---

488 Vgl. BVerwG 19.7.1989 – 8 C 79.87, Rn. 13; JP/*Jarass* Art. 104 Rn. 14; *Götz/Geis* § 8 Rn. 21.
489 Vgl. EFP/*Pünder* Rn. 212 u. *Kingreen/Poscher* § 13 Rn. 4 u. § 17 Rn. 79.
490 Vgl. OVG Münster DVBl 1982, 658; *Kingreen/Poscher* § 16 Rn. 4. Vgl. auch EGMR EuGRZ 2013, 489 (494); BVerfG 8.3.2011 – 1 BvR 47/05, Rn. 26.
491 Vgl. bereits Bü-Drs. 13/5422, 17. Abgemildert erscheint die verfassungsrechtl. Problematik, weil der von § 11 Abs. 4 SOG nicht gesperrte § 19 Abs. 3 HmbVwVG für die Vorführung eine im Vergleich zu Art. 104 Abs. 2 S. 3 GG engere zeitl. Grenze zieht. Danach darf die vorgeführte Person nur für die Dauer der bezweckten Amtshandlung, längstens jedoch 24 Stunden festgehalten werden.
492 Vgl. LD/*Graulich* Kap. E Rn. 284; *Schenke* Rn. 51. Vgl. die strafproz. Befugnis in § 116 Abs. 1 S. 2 Nr. 1 StPO.
493 Vgl. Bü-Drs. 21/17906, 84; *Kirchhoff* NVwZ 2020, 1617 (1621). S. auch *Barczak* JURA 2014, 888 (892 ff.) (Hooligans); VG Braunschweig 7.9.2016 – 5 A 202/15 (Jihad).
494 Vgl. BVerwG 17.9.2007 – 8 B 30.07 zu Art. 11 GG.
495 *Kirchhoff* NVwZ 2020, 1617 (1617 u. 1619); Bü-Drs. 21/17906, 85.
496 BVerwG 25.7.2007 – 6 C 39.06, Rn. 30; *Thiel* § 19 Rn. 18.
497 Vgl. Bü-Drs. 21/17906, 84.
498 Zur Rechtslage vor Einführung des § 11a SOG vgl. BERS/*Rogosch* vor §§ 3 ff. SOG Rn. 9.
499 BVerwG 25.7.2007 – 6 C 39.06, Rn. 31 ff.
500 LD/*Graulich* Kap. E Rn. 285 f.; *Kugelmann* Kap. 6 Rn. 117; *Schucht* NVwZ 2011, 709. Vgl. auch *Barczak* JURA 2014, 888 (893) sowie *Kirchhoff* NVwZ 2020, 1617 (1620 ff.) mit Länderübersicht.

keine konkrete Gefahr, ermöglicht eine Meldeauflage also bereits im *Gefahrenvorfeld*.[501] Diese Absenkung der Gefahrenschwelle erfolgte erst im Gesetzgebungsverfahren.[502] Formell gelten für die Anordnung auch nach dem neuen § 11a SOG die allgemeinen Zuständigkeitsregelungen. Die Meldeauflage ist ein VA iSd § 35 S. 1 HmbVwVfG,[503] was etwa grds. eine Anhörung nach § 28 Abs. 1 HmbVwVfG erforderlich macht. § 11a S. 2 SOG statuiert ein **Schriftform-** und damit nach § 39 Abs. 1 S. 1 HmbVwVfG auch ein **Begründungserfordernis**.

137 In materieller Hinsicht setzt §§ 11a SOG **Tatsachen** voraus, welche die **Annahme rechtfertigen**, dass die jeweilige Person eine **Straftat** begehen wird.[504] Der inhaltliche Bezugspunkt ist also *enger*, da nicht jedes Teilrechtsgut der öffentlichen Sicherheit ausreicht. Die Gefahrenschwelle ist dagegen *herabgesetzt* [→ C196]. Dabei kommt es auf den Zeitpunkt des Erlasses der Meldeauflage an.[505] So kann die Gefahrenschwelle auch überschritten sein, wenn die Prognose allein aufgrund in der Vergangenheit liegender Verhaltensweisen erfolgt.[506] Während die *konkrete Gefahr* erfordert, dass etwa im Falle eines Hooligans auf Grund seines individuellen Verhaltens in der Vergangenheit bei obj. Betrachtung damit zu rechnen ist, dass dieser sich *bei einem bevorstehenden Fußballspiel* an Ausschreitungen beteiligen wird,[507] kommt es für § 11a S. 1 SOG nicht entscheidend darauf an, dass der Adressat tatsächlich auch iRd konkret bevorstehenden Ereignisses in Erscheinung zu treten beabsichtigt.[508] Auch der Zusatz, dass die Meldeauflage „zur Verhütung *dieser* Straftat erforderlich" sein muss, erhöht nicht die Anforderungen an die Wahrscheinlichkeit, sondern entspricht dem für das Ermessen maßgeblichen Verhältnismäßigkeitsmaßstab.[509]

138 **Beispiel:** Als nicht rechtmäßig wurde eine Meldeauflage gegen eine an Blockadeaktionen der „Letzten Generation" teilnehmenden Person angesehen, die sich auf einen Zeitraum von zwei Monaten erstreckte. Zwar hatte die Betroffene in der Vergangenheit im Rahmen von Blockadeaktionen Straftaten begangen. Die letzte strafbare Handlung hatte aber vor mehr als einer Woche stattgefunden, was die Gefahrenprognose für die folgenden zwei Monate nicht rechtfertigte.[510]

139 Rechtsfolgenseitig sieht die Befugnis **Ermessen** und dabei eine spezielle Vorgabe zur **Befristung** der Meldeauflage auf höchstens sechs Monate vor, die nach S. 3 allerdings verlängert werden kann. Nicht unproblematisch erscheint, dass in der FHH, im Vergleich zu anderen Ländern mit kürzeren Maximalzeiträumen, für die Meldeauflage **kein Richtervorbehalt** besteht und auch eine Begrenzung der Meldehäufigkeit nicht vorgesehen ist.[511] Diese Umstände müssen auf Ermessensebene korrigiert werden. Dies gilt auch für eine Beschränkung der Meldepflicht auf die jeweilige Wohnort-Polizeidienststelle, die gerade bei längeren Zeiträumen nicht erforderlich

---

501 Vgl. *Barczak* JURA 2014, 888 (893); *Kirchhoff* NVwZ 2020, 1617 (1621). Krit. *Kingreen/Poscher* § 8 Rn. 18 u. § 12 Rn. 26.
502 Der Gesetzentwurf des Senats hatte für § 11a SOG noch das Erfordernis einer konkreten Gefahr vorgesehen. Vgl. Bü-Drs. 21/19055, Prot. InnenA Nr. 21/38 u. 40, jeweils Anl. 1, S. 9f. bzw. 2 u. 7. Anders als in Bü-Drs. 21/17906, 84, beschrieben, hat § 11a SOG also nicht bloß klarstellende Funktion.
503 Trotz des Wortlauts stellt die Meldeauflage keine Auflage iSd § 36 HmbVwVfG dar.
504 Es können auch Straftaten im Ausland sein, s. BVerwG 25.7.2007 – 6 C 39.06.
505 Vgl. OVG Lüneburg 14.6.2006 – 11 ME 172/06.
506 Unter diesen Voraussetzungen konnte auf Grundlage der Generalklausel eine Meldeauflage nicht erlassen werden, vgl. *Thiel* § 19 Rn. 18 u. *Barczak* JURA 2014, 888 (893).
507 Vgl. etwa OVG Lüneburg 14.6.2006 – 11 ME 172/06; vgl. auch VG Hamburg 2.4.2012 – 15 E 756/12.
508 Vgl. die Ausführungen von *Kirchhoff* in der Anhörung zu § 11a SOG, Bü-Drs. 21/19055, Prot. InnenA Nr. 21/38, 23. Vgl. auch den Maßstab des OVG Lüneburg 26.4.2018 – 11 LC 288/16 (Aufenthaltsverbot). Zu Anforderungen an die Prognose (Gefährderansprache) s. *Kießling* DVBl 2012, 1210 (1212 ff.). Dies lässt sich für Fälle häuslicher Gewalt verdeutlichen: Hat eine polizeibekannte gewalttätige Person Kenntnis vom neuen Wohnort des früheren Partners bzw. der früheren Partnerin, kann ohne zusätzliche Umstände eine *konkrete* Gefahr nicht angenommen werden – wohl aber liegen Tatsachen vor, welche die Annahme rechtfertigen können, dass Straftaten in der Zukunft zu erwarten sind.
509 So iE auch EP/*Eisenmenger* Rn. 225.
510 Vgl. VG Frankfurt (Main) 25.5.2022 – 5 L 1307/22.F.
511 Vgl. etwa § 16a Abs. 2 NPOG, § 52b Abs. 5 SOG M-V. Krit. auch *Kirchhoff* NVwZ 2020, 1617 (1619).

III. Aktionelle Befugnisse

ist, wenn der Adressat auch durch das Aufsuchen anderer Dienststellen von den jeweiligen Ereignissen oder Personen(gruppen) ferngehalten werden kann.[512] Die konkreten Umstände (z.B. Dienstreise, Urlaub, Angehörige) sollten im Rahmen einer Anhörung erörtert werden – entspr. Vorschläge sind als Angebot eines Austauschmittels jedenfalls zu berücksichtigen.[513] Zur **Durchsetzung** wird in der Praxis regelmäßig die sofortige Vollziehung der Meldeauflage nach § 80 Abs. 2 S. 1 Nr. 4 VwGO angeordnet und diese unter Festsetzung eines Zwangsgeldes iSd § 14 HmbVwVG erlassen.[514] Ein Durchsetzungsgewahrsam ist in der FHH für die Meldeauflage nicht vorgesehen.[515]

3. Platzverweisung

§ 12a SOG ermächtigt die Polizei- und Ordnungsbehörden zum Erlass eines *vorübergehenden* **Entfernungsge- oder Betretungsverbots**.[516] Einer Person wird dadurch zeitlich befristet aufgegeben, *einen bestimmten Ort* zu verlassen oder diesen gar nicht erst zu betreten.[517] Im Falle des Entfernungsgebots kann, soweit erforderlich, zwar die einzuschlagende Richtung, nicht aber ein bestimmter Ort als Ziel vorgegeben werden.[518] Die Schutzwirkung eines Platzverweises ist bereits durch den Wortlaut sowohl *zeitlich* als auch *örtlich* begrenzt, was den Unterschied insbes. zum spezielleren Aufenthaltsverbot nach § 12b Abs. 2 SOG ausmacht, das für ganze „*Gebiete*" und eine Dauer von *bis zu sechs Monaten* erlassen werden darf.[519] So stellt ein Platzverweis lediglich einen **Eingriff in Art. 2 Abs. 1 GG** dar.[520] Aufgrund der Kurzfristigkeit der Maßnahme ist Art. 11 Abs. 1 GG nicht betroffen.[521] Auch die körperliche Bewegungsfreiheit bleibt gewahrt, da Art. 2 Abs. 2 S. 2 GG kein Recht vermittelt, sich überall unbegrenzt aufzuhalten.[522] Die Platzverweisung kann als Standardmaßnahme des allg. Gefahrenabwehrrechts nicht gegen Teilnehmer einer Versammlung gerichtet werden – regelmäßig dient sie aber der Durchsetzung einer zuvor nach §§ 13 Abs. 1, 15 Abs. 3 VersG ausgesprochenen Versammlungsauflösung.[523] Darüber hinaus erfolgen Platzverweise etwa bei Schlägereien, zur Durchsetzung des Hausrechts oder familienrechtlicher Umgangsregelungen.[524]

140

Der Platzverweis stellt einen **VA** iSd § 35 S. 1 HmbVwVfG dar, der auch als Allgemeinverfügung iSd S. 2, gerichtet an eine nach allgemeinen Merkmalen bestimmbare Mehrzahl von

141

---

512 Vgl. BVerwG 25.7.2007 – 6 C 39.06, Rn. 45; *Schucht* NVwZ 2011, 709 (709).
513 Vgl. VGH Mannheim 18.5.2017 – 1 S 1193/16, Rn. 87.
514 Vgl. *Schucht* NVwZ 2011, 709 (709).
515 *Kirchhoff* NVwZ 2020, 1617 (1618); vgl. *Ebert* LKV 2017, 10 (16) Länderbeispiele in Fn. 61.
516 § 25 Abs. 2 HmbFwG enthält eine eigene Befugnis für Platzverweise an Einsatzorten der Feuerwehr. Vgl. Bü-Drs. 13/5422, 16; SchE/*Schoch/Kießling* Rn. 538; *Schenke* Rn. 145 mit Fn. 329. Vgl. auch die spezielleren Befugnisse in §§ 36, 44 Abs. 2 StVO, § 8 S. 2 Nr. 1 JuSchG, §§ 18 Abs. 3, 19 Abs. 4 VersG (vgl. aber auch § 2 Abs. 2 VersG). Strafproz. soll § 164 StPO als mildere Maßnahme auch einen Platzverweis umfassen; *Kingreen/Poscher* § 12 Rn. 9; LD/*Buchberger* Kap. K Rn. 17.
517 Vgl. SchE/*Schoch/Kießling* Rn. 533 f.; *Lambiris* S. 25. Soweit eine Person vorübergehend von einem Ort verwiesen wird, geht damit einhergehend auch das vorübergehende Verbot einher, diesen wieder zu betreten, vgl. SchGR/*W.-R. Schenke* § 38 BPolG Rn. 6. Die Anordnung eines Platzverweises kann sich auch auf von dem Adressaten mitgeführte Fahrzeuge, sonstige Gegenstände oder Tiere erstrecken; vgl. BERS/*Stammer* § 12a SOG Rn. 1.
518 *Lambiris* S. 25; BERS/*Stammer* § 12a SOG Rn. 12. Dies ist bes. für die Versammlungsauflösungen von Bedeutung, etwa um Zusammenstöße mit Gegendemos zu vermeiden. Krit. *Schenke* Rn. 145.
519 Vgl. LD/*Graulich* Kap. E Rn. 434; *Gusy/Eichenhofer* Rn. 277.
520 Dazu SchE/*Schoch/Kießling* Rn. 537 mwN. So auch *Kugelmann* Kap. 6 Rn. 24; EP/*Holzki* Rn. 251.
521 Vgl. BVerfG 25.3.2008 – 1 BvR 1548/02, Rn. 24 ff.
522 JP/*Jarass* Art. 2 Rn. 134; aA BERS/*Stammer* § 12a SOG Rn. 3; LD/*Graulich* Kap. E Rn. 437.
523 Vgl. auch §§ 13 Abs. 2, 18 Abs. 1 VersG. Vgl. BVerfG 26.10.2004 – 1 BvR 1726/01, Rn. 17 f.; *Gusy/Eichenhofer* Rn. 277; *Kugelmann* Kap. 6 Rn. 28 f.
524 Vgl. OVG Weimar 4.11.2020 – 3 ZKO 580/12, (Hausrecht, Gedenkstätte Buchenwald); VG Aachen, 14.1.2010 – 6 L 533/09 (Umgangsrecht); VG München 9.10.2020 – M 7 S 20.4452 (Maskenpflicht).

Personen(gruppen), erlassen werden kann. Für die Platzverweisung gelten die allgemeinen **Zuständigkeitsregelungen**. § 12a SOG setzt eine **konkrete Gefahr** voraus, wobei die Anforderungen nicht über jene der Generalklausel hinausgehen.[525] Eine Gefahr kann auch in einer Störung präventiv-polizeilicher Amtshandlungen [→ C144] liegen – erfolgen diese hingegen zur Strafverfolgung, enthält § 164 StPO eine eigene Ermächtigung.[526] Wer **Adressat** eines Platzverweises werden kann, ist in § 12a SOG allgemein gehalten („eine Person"), sodass die Verantwortlichkeit anhand der §§ 8 ff. SOG zu bestimmen ist. Nicht verantwortliche Personen dürfen nur unter den Voraussetzungen des § 10 Abs. 1 SOG in Anspruch genommen werden,[527] welche durch die allg. Formulierung in § 12a SOG keine Relativierung erfahren.[528]

142 In der Praxis erweist sich der Platzverweis häufig als effektives Mittel mit vergleichsweise geringer Eingriffstiefe, was iRd **Ermessens** und insbes. bei der Erforderlichkeit bedeutsam wird. Der zulässige Umfang von *Zeit* („vorübergehend") und *„Ort"* iSd § 12a SOG ist an den konkreten Umständen der Gefahrensituation auszurichten, was eine Orientierung an Richtwerten jedoch nicht ausschließen muss.[529] Eine **räumliche Beschränkung** auf eine eng umgrenzte, überschaubare Örtlichkeit wie einen Straßenabschnitt, den Eingangsbereich eines Gebäudes oder einen konkreten Platz, dürfte dabei zu restriktiv sein.[530] Ein vorübergehender Platzverweis, der sich an der Natur einer Gefahr orientiert, kann auch für Parkanlagen, Amüsiermeilen oder Veranstaltungsorte wie das Heiligengeistfeld oder das Messegelände gelten.[531] Zeitlich erfassbar ist jedenfalls regelmäßig die gesamte Dauer polizeilicher Einsatzmaßnahmen bei einem konkreten Ereignis – Höchstgrenzen werden überwiegend bei 24 Stunden gezogen.[532] Auch die **zeitliche Beschränkung** sollte sich jedoch an der Gefahr orientieren, deren Beseitigung bei größeren Schadenslagen und in Katastrophenfällen länger andauern kann.[533] Der Platzverweis muss entspr. dem Bestimmtheitsgebot jedenfalls räumlich und zeitlich genau **bestimmt** sein, da Adressaten wissen müssen [→ C305], *wann* diese sich *wo* nicht aufhalten dürfen.

143 § 4 Abs. 1 S. 3 SOG sichert rechtlich ab, dass Platzverweisungen **mehrfach** gegen dieselbe Person ausgesprochen werden dürfen, etwa gegen mutmaßliche Drogendealer.[534] Soweit die Notwendigkeit einer *längerfristigen* Verweisung von einem Ort aber bereits zum Zeitpunkt der Anordnung erkennbar war, dürfte eine solche nicht über eine Summierung von Platzverweisungen,[535] sondern nur unter den engeren Voraussetzungen eines Aufenthaltsverbot iSd § 12b Abs. 2 SOG zulässig sein.[536] Wird die Verfügung nicht befolgt, kann zu ihrer **Durchsetzung**

---

525 BERS/*Stammer* § 12a SOG Rn. 4. Anders Art. 16 Abs. 1 S. 1 Nr. 2 BayPAG, § 34 Abs. 2 PolG NRW.
526 Vgl. *Gusy/Eichenhofer* Rn. 83.
527 BERS/*Stammer* § 12a SOG Rn. 7; EFP/*Pünder* Rn. 268; aA *Kingreen/Poscher* § 12 Rn. 16.
528 Dies muss selbst in Ländern gelten, in denen der Platzverweis an *„jede Person"* gerichtet werden kann, vgl. § 17 NPOG, § 14 BremPolG. Vgl. *Schenke* Rn. 146 mwN. Zur Adressatenbestimmung s. *Zott/Geber* JA 2014, 328.
529 Zu Orientierung an konkr. Gefahr u. Richtwerten vgl. SchE/*Schoch/Kießling* Rn. 540 ff.
530 Vgl. *Tomerius* DVBl 2017, 1399 (1401); *Schenke* Rn. 145; EFP/*Pünder* Rn. 268.
531 S. die Beispiele bei BERS/*Stammer* § 12a SOG Rn. 8; OVG Münster 27.9.2021 – 5 A 2807/19, Rn. 70 ff. Vgl. auch OVG Lüneburg 4.12.2019 – 11 LA 366/18, Rn. 8 f., wonach auch die „Innenstadt" (Braunschweig) noch Ort eines Platzverweises sein kann. Diese Bewertung wird auf Hamburg nicht übertragbar sein. Vgl. auch BVerfG 25.3.2008 – 1 BvR 1548/02, Rn. 34 (Lindauer Stadtgebiet).
532 So etwa *Schenke* Rn. 145; EFP/*Pünder* Rn. 268; *Kugelmann* Kap. 6 Rn. 25.
533 Vgl. *Götz/Geis* § 17 Rn. 22; BERS/*Stammer* § 12a SOG Rn. 13; *Merten/Merten* § 12a Rn. 2. Vgl. demggü. VG Aachen 5.1.2023 – 6 L 2/23, Rn. 19 ff. (mehrere Wochen).
534 Bü-Drs. 15/5177, 2; zur Platzverweisung als Mittel gg. Drogenkriminalität s. BERS/*Stammer* § 12a SOG Rn. 15 ff.
535 AA offenbar VG Aachen 5.1.2023 – 6 L 2/23, Rn. 28 (Lützerath), wonach der Verweis auf eine Erteilung konsekutiver Platzverweise „bloße Förmelei" wäre.
536 Dafür spricht auch der später eingeführte § 12b Abs. 2 S. 3 SOG. Eine Summierung kann im Hinblick auf Art. 11 GG problematisch werden, der Verweilungsbeschränkungen gewisser Intensität (s. JP/Jarass Art. 11 Rn. 2) unter hohe Rechtfertigungslast stellt, der wiederum § 12a SOG nicht genügen dürfte.

unmittelbarer Zwang iSd §§ 17ff. SOG etwa durch Abdrängen, Wegtragen oder den Einsatz eines Wasserwerfers angewendet werden – als äußerstes Mittel ist zudem die Ingewahrsamnahme nach § 13 Abs. 1 Nr. 3 SOG zulässig.[537] Abweichend vom allg. Vollstreckungsrecht hängt die Rechtmäßigkeit des Durchsetzungsgewahrsams [→ D177] wegen dessen Grundrechtsintensität von der Rechtmäßigkeit der Grundverfügung ab. Platzverweise sind als regelmäßig unaufschiebbare Maßnahmen gem. § 80 Abs. 2 S. 1 Nr. 2 VwGO **sofort vollziehbar**, wenn sie von der Vollzugspolizei erlassen werden.

4. Wohnungsverweisung und -betretungsverbot

§ 12b Abs. 1 SOG ermächtigt die Polizei- und Ordnungsbehörden, eine Person aus *ihrer* Wohnung zu verweisen und deren (erneutes) Betreten für eine Dauer von bis zu zehn Tagen zu verbieten, um eine Gefahr für Leib, Leben oder Freiheit von Bewohnern *derselben* Wohnung abzuwehren. Praktisch geht es um Fälle **häuslicher Gewalt,** in denen die Anordnung gegenüber der gewalttätigen Person getroffen wird. Die „**Wegweisung**" als *Gebot*, die Wohnung zu verlassen und das **Betretungsverbot** werden als zwei zu unterscheidende Verfügungen regelmäßig zusammen erlassen, wenn sich der Aggressor nicht bereits außerhalb der Wohnung befindet, sodass eine Untersagung der Rückkehr ausreicht.[538] Um den gefahrlosen Zugang der gefährdeten Person zu ihrer Wohnung zu sichern, werden dabei auch Orte wie das Treppenhaus, der Hauseingang oder eine Tiefgarage erfasst, zudem der unmittelbar angrenzende Straßenbereich.[539] Die Befugnis dient dem sofortigen Schutz der gefährdeten Person in ihrer häuslichen Umgebung und der Sicherung des erforderlichen Rückzugsraums, um über die Inanspruchnahme **zivilgerichtlichen Rechtsschutzes** entscheiden zu können.[540] Bis ein Erlass weitergehender und langfristiger Anordnungen nach dem **GewSchG** iVm §§ 210 ff. FamFG erfolgen kann, schafft die polizeiliche Krisenintervention eine Überbrückung, ohne die zivilrechtlicher Schutz zu spät käme.[541] Die Maßnahmen zur subsidiären Gefahrenabwehr erfolgen im ersten Zugriff – in S. 2, 3 u. 4 kommt die Vorläufigkeit des polizeilichen Eingriffs durch dezidierte Befristungen zum Ausdruck.[542]

144

Durch die Dauer von bis zu zehn Tagen unterscheidet sich die Wohnungsverweisung in ihrer Wirkung stark von einem Platzverweis oder einer kurzfristigen Ingewahrsamnahme, die in Fällen häuslicher Gewalt keine vergleichbare Wirkung erzielen können.[543] Dies zeigt sich auch an den betroffenen **Grundrechten**, wobei je nach Konstellation in Art. 11 Abs. 1, 14 Abs. 1, 6 Abs. 1 oder in Art. 12 Abs. 1 GG eingegriffen wird.[544] Eine Betroffenheit des Art. 13 GG wird häufig mit Verweis darauf abgelehnt, dass dieser nur die Privatheit, nicht aber das Besitzrecht an der Wohnung schützt.[545]

145

In Bezug auf die **formelle Rechtmäßigkeit** sind der Ermächtigung kaum konkrete Vorgaben zu entnehmen, was angesichts der Eingriffsintensität und mit Blick auf die Regelungen anderer

146

---

537 Vgl. BVerfG 26.10.2004 – 1 BvR 1726/01, Rn. 17 f.; BERS/*Stammer* § 12a SOG Rn. 14. Wg. des vorläuf. Charakters des Platzverw. muss der Gewahrsam jedoch zeitl. eng begrenzt bleiben, vgl. SächsVerfGH 14.5.1996 – 44-II-94, Rn. 171 ff.
538 Zum Verhältnis von Wegweisung u. Betretungsverbot s. *Seibert/Kohal* JURA 2019, 15 (21 ff.).
539 Vgl. Bü-Drs. 16/6147, 3; BERS/*Stammer* § 12b SOG Rn. 20 ff.
540 Bü-Drs. 16/6147, 3. Zu den gesetzl. Motiven s. auch *Guckelberger/Gard* NJW 2014, 2822 (2822 f.). Vgl. auch die Strafvorschriften in § 4 GewSchG.
541 Vgl. BVerfG 22.2.2002 – 1 BvR 300/02, Rn. 7; SchE/*Schoch/Kießling* Rn. 563. Zum GewSchG s. *Cirullies* NZFam 2022, 333.
542 Vgl. *Gusy/Eichenhofer* Rn. 278 ff.
543 BERS/*Stammer* § 12b SOG Rn. 4; *Seibert/Kohal* JURA 2019, 15 (16).
544 Vgl. VGH Mannheim 22.7.2004 – 1 S 2801/03. Zu betroff. Grundrechten *Guckelberger* JA 2011, 1.
545 BVerfG 26.5.1993 – 1 BvR 208/93, Rn. 33 ff.; *Kingreen/Poscher* § 12 Rn. 5; *Götz/Geis* § 17 Rn. 28. Anders Bü-Drs. 16/6147, 3; EFP/*Pünder* Rn. 273; *Krugmann* NVwZ 2006, 152.

Ländern überrascht.[546] Es gelten die allg. Regelungen zur **Zuständigkeit**. Auch ohne entspr. Verfahrensvorschriften ergeben sich aus der Funktion der Befugnis **Beratungspflichten** hinsichtlich bestehender Möglichkeiten zivilgerichtlichen Rechtsschutzes zugunsten der in der Wohnung verbleibenden sowie in Bezug auf Alternativunterkünfte zur Vermeidung von Obdachlosigkeit der aus der Wohnung zu verweisenden Person.[547] Auch hinsichtlich einer Aufforderung zur Angabe einer Anschrift für die Zustellung behördlicher wie gerichtlicher Entscheidungen oder in Bezug auf eine Überprüfung der *Einhaltung* des Rückkehrverbots sind § 12b SOG bindende Vorgaben nicht zu entnehmen.[548]

147 Schutzgüter einer Wohnungsverweisung sind **Leib, Leben oder Freiheit** von Bewohnern derselben Wohnung.[549] In den bekanntwerdenden Fällen geht es zumeist um den Schutz einer Frau vor dem gewalttätigen männlichen Partner,[550] diese betreffen aber auch andere räumliche Näheverhältnisse etwa bei Gewalt gegen Kinder oder unter Mitbewohnern einer WG. Maßgeblich ist nur, dass die Personen sich als tatsächliche **häusliche Gemeinschaft** einen auf Dauer angelegten, gemeinsamen Lebensmittelpunkt teilen, ohne dass es auf zivilrechtliche Verhältnisse ankäme.[551] Voraussetzung für eine Wohnungsverweisung ist eine (konkrete) **Gefahr** für die genannten Schutzgüter.[552] Sie soll auch unter Berücksichtigung von Vorkommnissen *außerhalb* der Wohnung[553] bei konkreten Anzeichen für *wiederholte* Misshandlungen, aber auch im Fall einer *erstmaligen* Gewalttat vorliegen, wenn aufgrund der Intensität des Angriffs und der Schwere der Verletzungen mit einer jederzeitigen Wiederholung der Gewaltanwendung zu rechnen ist.[554] In der Praxis ist es häufig schwierig, die für die Gefahrenprognose notwendige konkrete Tatsachenlage lückenlos und widerspruchsfrei zu analysieren, zumal die Polizei auf Angaben der beteiligten Personen angewiesen ist.[555] Eine Anscheinsgefahr genügt, solange der Anschein währt.[556]

148 Das Entschließungsermessen wird aufgrund der von Art. 2 Abs. 2 GG vermittelten **Schutzpflicht des Staates** regelmäßig in Form der Anordnung einer Wegweisung auszuüben sein, wobei Ausnahmen denkbar sind – etwa wenn die Wohnung besonders auf die gesundheitlichen Bedürfnisse eines Täters mit Behinderung oder Pflegebedürftigkeit zugeschnitten ist oder wenn eine Betreuung in der Wohnung lebender Kinder und Jugendlicher nicht anderweitig sichergestellt werden kann.[557] Auch infolge des **freiwilligen Verlassens der Wohnung durch**

---

546 Vgl. etwa § 34a NRWPolG. Zu form. Anforderungen s. *Guckelberger* JA 2011, 1 (3 ff.).
547 Vgl. § 34a Abs. 4 NRWPolG, § 17a Abs. 1 NPOG; Bü-Drs. 16/6147, 1. LD/*Rachor/Graulich* (6. Aufl., 2018) Kap. E Rn. 465; *Merten/Merten* § 12b Rn. 10; BERS/*Stammer* § 12b SOG Rn. 31.
548 Vgl. etwa § 12 Abs. 3 u. 6 BremPolG; 34a Abs. 3 u. 7 NRWPolG. In der FHH wird das polizeil. Handeln iRd Wohnungsverweisung durch PDV näher ausgestaltet.
549 Auch ohne explizite Aufführung im Tatbestand (vgl. § 18 Abs. 2 S. 1 ThürPAG) wird eine Gefahr für die sexuelle Selbstbestimmung die Rechtsfolge des § 12b Abs. 1 SOG auslösen. Vgl. dazu auch *Seibert/Kohal* JURA 2019, 15 (17).
550 Im Jahr 2023 waren 70,5 % der durch häusl. Gewalt Geschädigten weiblich; s. Häusliche Gewalt, Bundeslagebild 2023, www.bka.de, S. 4.
551 Vgl. Bü-Drs. 16/6147, 3; *Guckelberger/Gard* NJW 2014, 2822 (2823); *Thiel* § 10 Rn. 113; VG Göttingen 24.2.2012 – 1 A 69/10, Rn. 17.
552 Vgl. Bü-Drs. 18/1487, 8 zur Änderung der Vorgängerregelung, die noch eine „*dringende Gefahr*" erforderte. S. dazu auch BERS/*Stammer* § 12b SOG Rn. 6. Krit. zur Gefahrenschwelle mit Blick auf die Rechte der weggewiesenen Person *Krugmann* NVwZ 2006, 152.
553 OVG Münster 7.11.2011 – 5 A 1352/10, Rn. 4.
554 Vgl. OVG Münster 17.10.2023 – 5 A 3548/20, Rn. 33 ff.; *Guckelberger* JA 2011, 1 (5 ff.); BERS/*Stammer* § 12b SOG Rn. 6 ff. Teilw. werden auch Einschüchterungen u. psychischer Zwang als ausreichend angesehen. Zu Schwierigkeiten iRd Gefahrenprognose s. LD/*Rachor/Graulich* (6. Aufl., 2018) Kap. E Rn. 469 ff.; SchE/*Schoch/Kießling* Rn. 565.
555 Zur Tatsachenermittlung s. BERS/*Stammer* § 12b SOG Rn. 7 ff.
556 VG Augsburg 30.8.2018 – Au 8 S 18.1436; VG Aachen 19.4.2018 – 6 L 673/18.
557 OVG Münster 12.12.2017 – 5 A 2428/15, Rn. 37 ff.; BERS/*Stammer* § 12b SOG Rn. 32.

III. Aktionelle Befugnisse

das **Opfer** wird die Wegweisung regelmäßig nicht entbehrlich, wenn sich daraus nicht eindeutig eine Auflösung der Gefahrenlage ergibt – dabei sind die konkreten Umstände des bestehenden Näheverhältnisses zu berücksichtigen, etwa der Verbleib von Sachen in der *alten* oder die Möglichkeiten zum Bezug einer *neuen* Wohnung.[558] Die **Adressatenauswahl** wird weitgehend durch den Wortlaut der Befugnisnorm bestimmt, aus dem sich ableiten lässt, dass der *gewalttätige Bewohner* zum Schutz des Opfers wegzuweisen ist. Eine Notstandspflichtigkeit kommt nicht in Betracht.[559] Bei wechselseitiger Gewaltanwendung ist regelmäßig die Person wegzuweisen, die „den größeren Anteil" am Streit trägt – bei „gleichen Anteilen" kommt es für die Ausübung des Ermessens darauf an, wem der Auszug aus der gemeinsamen Wohnung für kurze Zeit am ehesten zugemutet werden kann.[560] Eine **Verweisung gegen den Willen des Opfers** wird häufig abgelehnt, solange die *Grenzen der Selbstgefährdung* (keine Todesgefahr, freie Willensbildung) eingehalten und Dritte, wie etwa minderjährige Kinder, nicht mitgefährdet sind.[561] Es wird jedoch regelmäßig schwierig festzustellen sein, dass ein solcher Wille auch wirklich frei und nicht etwa unter Druck des Aggressors oder wegen eines Abhängigkeitsverhältnisses gefasst wurde, sodass trotz entspr. Erklärung des Opfers eine *Anscheinsgefahr* vorliegen kann.[562]

Die Art und Weise der Durchführung, etwa in Form der Festlegung des zeitlichen und räumlichen Umfangs, liegen im behördlichen **Ermessen**, das sich insbes. an § 4 SOG zu orientieren hat.[563] Ein verhältnismäßiges Handeln wird regelmäßig erfordern, dass die zu verweisende Person die Gelegenheit erhält, persönliche Gegenstände mitzunehmen.[564] Das Betretungsverbot muss zudem zeitlich und räumlich hinreichend *bestimmt* sein. Dabei stellt dessen Anordnung für eine Dauer von **zehn Tagen** den Regelfall dar, da der Gesetzgeber diesen Zeitraum für die Inanspruchnahme notwendiger Beratung und zivilgerichtlichen Rechtsschutzes zurecht für erforderlich hält.[565] Das Betretungsverbot endet nach S. 2 spätestens zehn Tage nach dessen Anordnung. Wird ein *Gewaltschutzantrag* gestellt, verlängert sich das Verbot nach S. 3 bis zum Zeitpunkt der Wirksamkeit der gerichtlichen Entscheidung, maximal aber auf eine Gesamtdauer von 20 Tagen.[566] Die Vorgabe des S. 4 soll sicherstellen, dass der polizeiliche Schutzauftrag erfüllt und weitergehende Maßnahmen auch zur Verfolgung strafbewehrter Verstöße gegen § 4 GewSchG getroffen werden können.[567] Das Betretungsverbot ist ein **Dauerverwaltungsakt**,[568] der regelmäßig nach § 80 Abs. 2 Nr. 2 VwGO sofort vollziehbar ist und unter Androhung eines Zwangsgeldes ausgesprochen werden kann. Bei physischer Gegenwehr kann die Wegweisung unter Anwendung unmittelbaren Zwangs oder etwa durch Ingewahrsamnahme nach § 13 Abs. 1 Nr. 4 SOG **durchgesetzt** werden.

---

558 Vgl. *Guckelberger/Gard* NJW 2014, 2822 (2825 ff.); VG Osnabrück 10.12.2010 – 6 B 83/10, Rn. 7 f.
559 Vgl. Bü-Drs. 16/6147, 3 („Täter"); *Guckelberger/Gard* NJW 2014, 2822 (2825).
560 So auch VG Lüneburg 13.6.2003 – 3 B 47/03, Rn. 10.
561 EFP/*Pünder* Rn. 273; *Kingreen/Poscher* § 12 Rn. 29. Zur fehl. Einwilligungsfähigkeit von Kindern BVerfG 21.12.2011 – 1 BvR 2007/10. Umfassend dazu *Guckelberger* JA 2011, 1 (6).
562 Vgl. OVG Münster 14.5.2012 – 5 B 599/12, Rn. 9; VG Aachen 18.5.2010 – 6 L 190/10; *Thiel* § 10 Rn. 114; *Merten/Merten* § 12b SOG Rn. 11.
563 Zur Ermessensausübung vgl. *Guckelberger* JA 2011, 1 (7).
564 Vgl. etwa § 14a Abs. 2 BremPolG, § 7 Abs. 2 S. 3 NPOG, § 34a Abs. 2 NRWPolG.
565 Bü-Drs. 16/6147, 3. So auch BERS/*Stammer* § 12b SOG Rn. 25.
566 Innerhalb dieser Frist darf auch in außergewöhnlichen Verfahrenskonstellationen eine gerichtliche Entscheidung erwartet werden, vgl. Bü-Drs. 16/6147, 3.
567 Vgl. Bü-Drs. 18/1487, 8.
568 Im (vorläufigen) Rechtsschutzverfahren kommt es auf die Rechtmäßigkeit im Zeitpunkt der *gerichtlichen* Entscheidung an, vgl. OVG Münster 14.5.2012 – 5 B 599/12, Rn. 6.

5. Aufenthaltsverbot

150 § 12b Abs. 2 SOG ermächtigt dazu, einer Person für einen bestimmten Zeitraum die **Anwesenheit an bestimmten Orten oder in bestimmten Gebieten der FHH zu untersagen**. Im Vergleich zur Wohnungs- oder Platzverweisung kann sich das Aufenthaltsverbot **räumlich weitreichender** [→ D140] auf ein Stadtviertel oder größere Gebiete der Stadt erstrecken und mit einer Dauer von bis zu sechs Monaten **zeitlich längerfristig sein**, es darf jedoch gerade nicht die Wohnung des Adressaten erfassen.[569] Das Aufenthaltsverbot stellt regelmäßig einen Eingriff in Art. 11 Abs. 1 GG dar,[570] der nach dem Kriminalitätsvorbehalt in Abs. 2 nur aufgrund eines Gesetzes erfolgen darf, das der Vorbeugung strafbarer Handlungen dient.[571] So ist § 12b Abs. 2 SOG speziell und ausdrücklich auf die **Verhütung von Straftaten** zugeschnitten,[572] andere Schutzgüter wie *Ordnungswidrigkeitstatbestände* oder das *Stadtbild* werden nicht erfasst.[573]

151 **Beispiele:** Im Sinne ihrer ursprünglichen Intention werden Aufenthaltsverbote zum Schutz von Veranstaltungen etwa vor Hooligans oder zur Bekämpfung von illegalem Glücksspiel und Drogenkriminalität,[574] z.B. auf St. Pauli, im Schanzenviertel oder in St. Georg, ausgesprochen,[575] außerdem zur Bekämpfung von Jugendkriminalität am Jungfernstieg oder bei Risikospielen, wie etwa dem Derby zwischen dem HSV und dem FC St. Pauli.[576]

152 In **formeller Hinsicht** bestimmt § 12b Abs. 2 SOG nicht ausdrücklich, wer für ein Aufenthaltsverbot **zuständig** ist, sodass die allgemeinen Zuständigkeitsregelungen zum Tragen kommen. Umstritten ist, ob es stets einer *Anhörung* und einer *Begründung* nach §§ 28, 39 HmbVwVfG bedarf.[577] In jedem Fall muss ein Aufenthaltsverbot hinsichtlich dessen **Bestimmtheit** hohen Anforderungen genügen, um befolgbar zu sein. So muss insbes. *räumlich* und *zeitlich* genau beschrieben sein, wann und wo die adressierte Person sich nicht aufhalten darf. So werden Aufenthaltsverbote, wenngleich für sie iSd § 37 Abs. 2 HmbVwVfG keine gesetzliche Formvorgabe besteht, in der Praxis regelmäßig **schriftlich** und unter Beifügung einer Karte verfügt und begründet.[578]

153 § 12b Abs. 2 S. 1 SOG setzt keine konkrete Gefahr voraus, sondern lässt unter *Absenkung der Gefahrenschwelle* [→ C196] genügen, dass **Tatsachen die Annahme rechtfertigen**, dass die betroffene Person an den bestimmten Orten oder Gebieten eine Straftat begehen wird.[579] Die Prognose darf nicht auf bloße Vermutungen oder subj. Einschätzungen gestützt werden, sondern erfordert nachprüfbare, **dem Beweis zugängliche Geschehnisse**, aus denen auf die bevorstehenden kriminellen Handlungen gerade durch die betroffene Person geschlossen werden kann.[580] Berücksichtigungsfähig sind dabei auch sog. **Indiztatsachen** wie vorherige Straftaten, laufende Ermittlungen, szenenbezogene Hinweise oder mitgeführte Gegenstände, die

---

569 Vgl. Bü-Drs. 18/1487, 8 f.; *Götz/Geis* § 17 Rn. 25.
570 Vgl. VG Hamburg 20.10.2011 – 17 K 3395/08, Rn. 20; SchE/*Schoch/Kießling* Rn. 547; *Schenke* Rn. 148; diff. *Gusy/Eichenhofer* Rn. 282; EFP/*Pünder* Rn. 269.
571 Zur umstr. Gesetzgebungskompetenz der Länder LD/*Rachor/Graulich* (6. Aufl., 2018) Kap. E Rn. 423 mwN; Bü-Drs. 16/6147, 4.
572 Zum (heute) ausgeschl. Rückgriff auf die Generalklausel *Böhm/Mayer* DÖV 2017, 325 (328) mwN.
573 BERS/*Stammer* § 12b SOG Rn. 42; *Pünder* NordÖR 2005, 292 (294); *Kingreen/Poscher* § 15 Rn. 23.
574 Vgl. OVG Lüneburg 26.4.2018 – 11 LC 288/16; VGH Mannheim 18.5.2017 – 1 S 160/17 (Ultras); VG Berlin 30.8.2012 – 1 L 196.12 (Hütchenspiel).
575 Zur Historie in der FHH vgl. Bü-Drs. 18/1487, 8 f.; BERS/*Stammer* § 12b SOG Rn. 34 f. Zur heutigen Arbeit der Taskforce Drogen s. etwa Bü-Drs. 22/12503 – allein im zweiten Quartal 2023 wurden in den betreffenden Stadtteilen St. Pauli, St. Georg u. dem Schanzenviertel 6.955 Aufenthaltsverbote verhängt.
576 Vgl. etwa Bü-Drs. 22/3704 (Jungfernstieg), 21/16392 (Derby) u. 21/18511 (Hooligans).
577 Dazu *Benrath* DVBl 2017, 868 (868 f.); vgl. *Marxsen* Jura 2019 (1), 105 (108).
578 S. etwa OVG Magdeburg 23.4.2018 – 3 L 85/16; auch OVG Lüneburg 4.2.2019 – 11 LA 366/18.
579 Maßgebl. ist der Zeitpunkt des Erlasses; vgl. VG Hamburg 2.10.2012 – 5 K 1236/11, Rn. 154 ff.
580 Vgl. etwa SchE/*Schoch/Kießling* Rn. 551; VGH Mannheim 18.5.2017 – 1 S 160/17, Rn. 37; *Böhm/Mayer* DÖV 2017, 325 (329).

III. Aktionelle Befugnisse

auf das Vorliegen *anderer*, die Prognose tragender Tatsachen schließen lassen – dabei hängen die Anforderungen an die Wahrscheinlichkeit einer Straftatenbegehung von der Wertigkeit der bedrohten Rechtsgüter ab.[581] Indizien können sich auch aus der *Zugehörigkeit* zu einer gewaltbereiten Gruppe oder dem Erscheinungsbild einer Person ergeben, wenn ein klarer Bezug zu einem strafrechtlich relevanten Ereignis erkennbar ist.[582] Für sich genommen können derartige Erkenntnisse jedoch, genau wie eine Erfassung als *Gefährder, Gewalttäter Sport* oder *linksmotivierter Straftäter*,[583] eine positive Prognose nicht begründen.[584] Tauglicher **Adressat** ist nach § 12b Abs. 2 SOG der potenzielle Täter („diese Person"), auf den sich auch die Prognose bezieht.[585] Als Allgemeinverfügungen verhängte Aufenthaltsverbote, etwa gegen *„alle Fans"* einer Fußballmannschaft, erweisen sich auch deshalb als problematisch.[586]

Rechtsfolgenseitig sieht die Ermächtigung vor, dass der adressierten Person die **Anwesenheit** untersagt werden kann. Erfasst ist davon jedenfalls jede Form des *Verweilens*,[587] nach Sinn und Zweck der Befugnis aber grds. auch bereits das *Betreten* und *Durchqueren* der Örtlichkeit.[588] Die Anwesenheit darf für **längstens sechs Monate** untersagt werden. Im Übrigen eröffnet § 12b Abs. 2 SOG ein **Ermessen**, das jedoch wegen des gravierenden Eingriffs iSd Verhältnismäßigkeit vorgeformt wird. Dass durch Aufenthaltsverbote kriminelles Verhalten womöglich nicht verhindert, sondern nur örtlich verlagert wird, soll der Geeignetheit nicht entgegenstehen, solange die Kriminalität zumindest lokal beseitigt und insgesamt erschwert wird.[589] S. 2 schreibt vor, dass sich das **zeitlich und örtlich erforderliche Maß** an den in Rede stehenden Straftaten orientieren muss und nicht den Zugang zur Wohnung der adressierten Person umfassen darf.[590] S. 4 verweist auf mögliche Ausnahmen auf Grund **besonderer Bedürfnisse** wie Arzt- und Behördenbesuchen oder einer Fahrt durch das Verbotsgebiet mit öffentlichen Verkehrsmitteln.[591]

154

Zur **Durchsetzung** eines nach § 80 Abs. 2 S. 1 Nr. 2 u. 4 VwGO sofort vollziehbaren Aufenthaltsverbots wird regelmäßig ein *Zwangsgeld* festgesetzt und im Falle der Zuwiderhandlung die *Erzwingungshaft* beantragt, bis zu deren Erlass auch ein temporärer *Durchsetzungsgewahrsam* nach § 13 Abs. 1 Nr. 4 SOG erfolgen kann.[592] Damit ein eingeleitetes Verfahren zur Beantragung einer Erzwingungshaft infolge einer Erledigung des Vollstreckungstitels nach Ablauf des Aufenthaltsverbots nicht erneut beginnen muss, wurde mit § 12b Abs. 2 S. 3 SOG die Möglichkeit einer

155

---

581 Vgl. VGH Mannheim 18.5.2017 – 1 S 1193/16, Rn. 46 ff.; BERS/*Stammer* § 12b SOG Rn. 40 f.; VG Hamburg 2.10.2012 – 5 K 1236/11, Rn. 182 f.
582 LD/*Rachor/Graulich* Kap. E Rn. 433. Vgl. etwa VGH Kassel 1.2.2017 – 8 A 2105/14.Z; OVG Lüneburg 26.4.2018 – 11 LC 288/16.
583 Vgl. VGH Schwerin 17.9.2021 – 7 A 3538/17 SN, Rn. 49 (Gefährder); *Böhm/Mayer* DÖV 2017, 325 (329 f.); *Hecker* NVwZ 2016, 1301 (1303 f.) (Gewalttäter Sport); OVG Hamburg 13.5.2015 – 4 Bf 226/12, Rn. 95 (linksmotiv. Straftäter).
584 Strittig wird dies, wenn jemand „zum harten Kern" einer gewalttätigen Gruppe gehört u. bereits auffällig geworden ist, weil dann geringere Indizien ausreichen sollen, vgl. VGH Mannheim 18.5.2017 – 1 S 160/17, Rn. 38 ff.; *Müller-Eiselt* NdsOVG SpuRt 2020, 42 (46 ff.); OVG Lüneburg 26.4.2018 – 11 LC 288/16, Rn. 34 ff.
585 Ein Rückgriff auf die §§ 8 ff. scheidet danach aus, vgl. *Thiel* § 10 Rn. 98; *Schenke* Rn. 151.
586 Vgl. etwa VGH Mannheim 4.10.2002 – 1 S 1963/02; VG Darmstadt 28.4.2016 – 3 L 642/16DA, Rn. 13 ff. Zur Problematik s. auch SchE/*Schoch/Kießling* Rn. 552.
587 Vgl. *Kingreen/Poscher* § 12 Rn. 6.
588 S. dazu VGH München 15.7.2013 – 10 C 11.2847; OVG Münster 18.1.2000 – 5 B 1956/99.
589 *Thiel* § 10 Rn. 97; EFP/*Pünder* Rn. 270; krit. dazu *Gusy/Eichenhofer* Rn. 283.
590 So kann sich ein Aufenthaltsverbot etwa auf einen Zeitraum von sechs Stunden vor An- und nach Abpfiff eines Hochrisikospiels im Stadionbereich erstrecken, gegen notorische Gewalttäter aber auch für mehrere Monate u. deutlich größere Gebiete der Stadt erlassen werden; vgl. VGH München 30.11.2017 – 10 ZB 17.2121 sowie SchE/*Schoch/Kießling* Rn. 554 ff. mwN.
591 Vgl. BERS/*Stammer* § 12b SOG Rn. 50 ff.; *Kingreen/Poscher* § 12 Rn. 28 mwN.
592 Bü-Drs. 18/1487, 9; BERS/*Stammer* § 12b SOG Rn. 56 ff.; VG Hamburg 17.10.2012 – 2 V 2522/12.

Verlängerung eingefügt.[593] Zur Verhütung terroristischer Straftaten oder zur Abwehr einer Gefahr für Leib, Leben oder Freiheit einer Person, kann ein Aufenthaltsverbot gem. § 30 Abs. 1 S. 2 PolDVG unter strengen Voraussetzungen mit einer *elektronischen Aufenthaltsüberwachung* (sog. elektr. Fußfessel) verbunden werden.

6. Kontakt- und Näherungsverbot

156　Das in § 12b Abs. 3 SOG normierte Kontakt- und Näherungsverbot ermöglicht die Abwehr einer konkreten Gefahr, die von einer Person für eine andere Person ausgeht, sich aber nicht auf räumlich abgrenzbare Bereiche wie die Wohnung, den Arbeitsplatz, den Kindergarten oder die Schule beschränkt. Dazu kann nach S. 1 die **Aufnahme jeder**, also auch die fernmündliche, elektronische oder über Dritte erfolgende **Verbindung** *zu* (Nr. 1) oder die **Herbeiführung eines Zusammentreffens** (Nr. 2) *mit* der gefährdeten Person untersagt werden. Die Befugnis ergänzt *personenbezogen* die in Abs. 1 und Abs. 2 normierten *raumbezogenen* Maßnahmen, mit denen nicht gegen obsessive Belästigung durch Anrufe, Nachrichten und Postsendungen oder das Verfolgen und Auflauern etwa auf dem Arbeitsweg vorgegangen werden kann.[594] Auch das Kontakt- und Näherungsverbot dient – als präventive Ergänzung zum GewSchG und dem Straftatbestand der Nachstellung in § 238 StGB – der **Verhinderung von Eskalationen** insbes. in sozialen Näheverhältnissen.[595] Wie Wortlaut („insbesondere") und Gesetzesbegründung zeigen, ist § 12b Abs. 3 SOG aber nicht auf enge soziale Beziehungen beschränkt, sondern kommt regelmäßig als Ergänzung eines Aufenthaltsverbots auch in Fällen des Stalkings durch Unbekannte in Betracht oder bei andauernder Gewaltausübung durch und gegen einzelne Jugendliche (z.B. Auflauern und Verprügeln auf dem Schulweg).

157　Eine **zeitliche Befristung** von bis zu zehn Tagen ist in § 12b Abs. 3 S. 2 SOG (nur) für Kontakt- und Näherungsverbote innerhalb enger sozialer Beziehungen vorgesehen, da diese Fälle eine erhöhte Berücksichtigung schutzwürdiger Interessen der adressierten Person erforderlich machen können. Der zeitliche Umfang entspricht der maximalen Dauer der Wohnungsverweisung, deren weitere Befristungs- und Benachrichtigungsregelungen auch für die Befugnis in § 12b Abs. 3 SOG in S. 3 und S. 4 entspr. normiert sind. Der nur vorläufige, den zivilgerichtlichen Schutz ergänzende Charakter besteht insoweit auch für das Kontakt- und Näherungsverbot. Ob eine **enge soziale Beziehung** besteht, richtet sich nach den konkreten Umständen des Einzelfalls, etwa dem Bestehen einer Partnerschaft oder dem Umgang mit Kindern, wobei anders als nach § 12b Abs. 2 SOG eine gemeinsame Wohnung gerade nicht erforderlich ist.[596]

158　**Beispiele:** Als Fälle innerhalb sozialer Näheverhältnisse werden etwa das Stalking durch einen Ex-Partner in der Trennungsphase oder sexuelle Übergriffe auf ein Kind durch ein Elternteil oder dessen neuen Partner erfasst. Anlassgebend für ein Kontakt- und Näherungsverbot kann auch ein gewaltsames Einwirken durch Familienmitglieder auf die so gefährdete Person sein, das aus weltanschaulicher oder religiöser Motivation und in Ablehnung anderer Lebensweisen erfolgt.[597]

159　Art und Intensität des mit einem Kontakt- und Näherungsverbot verbundenen **Grundrechtseingriffs** hängen davon ab, ob ein derartiges Näheverhältnis zwischen der *gefährdeten* und der *polizeilich adressierten* Person besteht. Regelmäßig dürfte mit der zeitlich begrenzten Maßnahme

---

593　S. dazu Bü-Drs. 21/19239, 1 u. 2 f. Zur Erreichung des Zwecks erscheint die Vorschrift auch deswegen notwendig, weil sich wegen der ausdrückl. zeitl. Begrenzungen in § 12b Abs. 2 S. 1 SOG eine wiederholte Anwendung nicht auf § 4 Abs. 1 S. 3 SOG stützen lassen dürfte.
594　Vgl. Bü-Drs. 20/1923, 23.
595　Vgl. Bü-Drs. 20/1923, 23. Die strafrechtl. Regelungen zur Bewährung in den §§ 56 ff. StGB, die teilw. ähnliche Schutzmaßnahmen ermöglichen, haben keine Sperrwirkung ggü. gefahrenabwehrrechtl. Anordnungen nach § 12b Abs. 3 SOG, vgl. VG Hamburg 10.2.2017 – 9 K 6154/14, Rn. 35 ff.
596　VG Hamburg 21.1.2019 – 14 E 115/19, Rn. 32 f.
597　Vgl. etwa *Rühle*, Polizei- und Ordnungsrecht RP, 8. Auflage 2021, Kap. G Rn. 40.

auch im Falle einer engen sozialen Beziehung nur ein Eingriff in Art. 2 Abs. 1 GG verbunden sein.[598] Bei getrenntlebenden Ehepartnern oder einem Eltern-Kind Verhältnis kann ein Eingriff in Art. 6 Abs. 1 bzw. Abs. 3 GG hinzukommen.[599] Eine Betroffenheit von Art. 11 Abs. 1 GG kann allenfalls bei einem längeren Kontakt- und Näherungsverbot ohne gleichzeitigen Erlass eines Aufenthaltsverbots der Fall sein, wenn hierdurch längerfristig erschwert oder ausgeschlossen wird, im Nahbereich der gefährdeten Person den Wohnsitz zu nehmen.[600]

Für das als VA ergehende Kontakt- und Näherungsverbot gelten die allgemeinen Regelungen zur **Zuständigkeit**. Tatbestandlich muss dessen Anordnung erforderlich sein, um eine konkrete **Gefahr für Leib, Leben oder Freiheit** jener Person abzuwenden, zu der die Kontaktaufnahme untersagt wird. Eine Anwendung des § 12b Abs. 3 SOG im Hinblick auf eine lediglich *abstrakt* beschreibbare Personengruppe ist daher nicht möglich.[601] Adressat der Maßnahme kann nur die Person sein, die iSd § 8 Abs. 1 SOG durch ihr Verhalten die Gefahr begründet – die Inanspruchnahme Nichtverantwortlicher, etwa des neuen Partners bei Gewalt durch den eifersüchtigen Ex-Partner, wäre zur Abwehr der Gefahr bereits nicht *erforderlich*. Rechtsfolgenseitig ist iRd **Ermessensausübung** sicherzustellen, dass die Maßnahme einer Wahrnehmung berechtigter Interessen nicht entgegensteht – in Betracht kommt etwa ein Umgangsrecht mit einem gemeinsamen Kind oder die Erledigung notwendiger rechtlicher Angelegenheiten.[602] 160

Keine Rechtsgrundlage bietet § 12b Abs. 3 SOG für Kontaktverbote zur Verhütung **terroristischer Straftaten** oder zur Unterbindung kriminellen Zusammenwirkens, zumal in diesen Fällen regelmäßig keine *konkrete* Gefahr für Leib, Leben oder Freiheit *jener* Person besteht, die an der konspirativen Planung derartiger Aktivitäten beteiligt ist.[603] Anders als die Befugnisnormen anderer Länder, die in Anlehnung an den erst im Jahr 2018 in Kraft getretenen **§ 55 Abs. 2 BKAG** Kontaktverbote mit geringeren Eingriffsvoraussetzungen auch für Personengruppen in Anbetracht einer abstrakten terroristischen Bedrohungslage vorsehen,[604] hat der zeitlich ältere § 12b Abs. 3 SOG nicht die Funktion, Gefahren für die Allgemeinheit abzuwehren.[605] Ist die Anordnung nicht dem Schutz jener Person bestimmt, zu der die Kontaktaufnahme untersagt wird, sondern dient sie der Abwehr von Gefahren für Dritte oder einer abstrakten Personengruppe, müsste in der FHH auf die **Generalklausel** zurückgegriffen werden, was jedoch nur vorübergehend [→ D256] zulässig wäre.[606] Für das Erfordernis einer Spezialbefugnis spricht auch die höhere Eingriffsintensität, da eine zur Kontaktvermeidung von extremistischen 161

---

598 *Kingreen/Poscher* § 12 Rn. 8.
599 Art. 10 GG dürfte dagegen selbst dann nicht betroffen sein, wenn auch die fernkommunikative Verbindungsaufnahme untersagt wird, da er nur davor schützt, dass von Inhalt und Umständen der Fernkommunikation Kenntnis genommen wird, *Schenke* Rn. 154.
600 Vgl. HV/*Gusy* Art. 11 Rn. 34.
601 VG Hamburg 10.2.2017 – 9 K 6154/14, Rn. 47 ff. „*Kinder und Jugendliche unter 18 Jahren*".
602 Vgl. etwa BT-Drs. 14/5429, 29 zur entspr. Vorgabe im GewSchG; *Rühle*, Polizei- und Ordnungsrecht RP, 8. Auflage 2021, Kap. G Rn. 40.
603 So dennoch EP/*Holzki* Rn. 297. Selbst wenn eine konkr. Gefahr angenommen würde, etwa wenn Terroristen eine Person kontaktieren, um sie in der Absicht zu radikalisieren, ein Selbsttötungsattentat zu verüben, hätte ein gegenüber den Terroristen ausgesprochenes Kontaktverbot – anders als etwa in Stalking-Fällen – nicht (vorrangig) den Zweck, den Attentäter zu schützen.
604 Vgl. etwa § 31 Abs. 2 BWPolG, Art. 16 Abs. 2 S. 1 Nr. 1 BayPAG, § 34b Abs. 1 PolG NRW, § 21 Abs. 3 SächsPVDG.
605 Vgl. nur Bü-Drs. 20/1923, 23 sowie die parl. Beratungen im Gesetzgebungsverfahren.
606 Der eingeschränkte Anwendungsbereich der Spezialbefugnis schließt einen derartigen Rückgriff zwar nicht aus, im Falle einer typisierbaren und wiederholten Anwendung von Kontaktverboten in anderen als den von § 12b Abs. 3 SOG erfassten Konstellationen würde aber eine gesetzliche Regelung erforderlich, so VG Hamburg 10.2.2017 – 9 K 6154/14, Rn. 54 ff.

Gefährdern geeignete Maßnahme eine langfristige Wirkung hätte, bereits das Gefahrenvorfeld beträfe und so auf entspr. prozedurale Sicherungen angewiesen wäre.[607]

7. Polizeiliche Begleitung

162 § 12c SOG normiert eine auf die Sicherheitsverwahrung nach § 66 StGB abgestimmte Befugnis, die der Polizei ermöglicht, ehemals oder aktuell **Sicherungsverwahrte** zum Schutz der Bevölkerung vor erneuten Straftaten zu begleiten.[608] Die Befugnis wurde als Reaktion auf ein Urteil des VG Hamburg geschaffen, das die vormalige Polizeipraxis, nach der polizeiliche Begleitungen auf § 20 Abs. 1 S. 1 Nr. 2 PolDVG oder die Generalklausel gestützt wurden, für unzulässig erklärt und eine spezielle gesetzliche Grundlage gefordert hatte.[609] Der Wortsinn, aber auch der Vergleich mit der Observation und der gewöhnlichen Streifenfahrt deuten darauf hin, dass „*Begleiten*" mehr bedeutet, als durch zufälliges Streifen oder durch zwar gezieltes, aber verdecktes Beobachten Informationen zu erheben.[610] Die verhaltenssteuernde Wirkung der Maßnahme setzt vielmehr darauf, dass sich Adressaten – und nach Abs. 1 S. 2, soweit unvermeidbar, auch Dritte – von der Polizei rund um die Uhr und für viele Monate **beobachtet wissen** und sehen.[611] Dementsprechend stellt die Begleitung einen schwerwiegenden Eingriff in das durch Art. 2 Abs. 1 i.V.m. Art. 1 GG geschützte allgemeine Persönlichkeitsrecht des Betroffenen dar.[612]

163 § 12c SOG bestimmt ausdrücklich, dass nur die (Vollzugs-)Polizei für die Begleitung **zuständig** ist. Die Begleitung ist bloßes **Realhandeln**. Abs. 3 sieht verschiedene prozedurale Sicherungen und verfahrensbezogene Vorgaben vor, die jedoch aufgrund ihrer im Vergleich zur Grundrechtsintensität der polizeilichen Begleitung geringen Anforderungen, insbes. dem Fehlen eines Richtervorbehalts, verfassungsrechtliche Zweifel aufwerfen.[613] Die Befugnis richtet sich abweichend von §§ 8 ff. SOG an einen spezifischen, eng begrenzten **Adressatenkreis**, der in § 12c Abs. 1 S. 1 Nr. 1 SOG bestimmt wird. Tatbestandlich verlangt die Maßnahme nach Abs. 1 S. 1 Nr. 2 einen **Gefahrenverdacht**, dass die zu begleitende Person schwerste **Gewalt- oder Sexualstraftaten** begehen wird.[614] Die materiellen Voraussetzungen sind aufgrund der mit der Maßnahme einhergehenden, hohen Grundrechtsintensität streng auszulegen.[615] Dies gilt auch für den nach Abs. 1 S. 3 zu wahrenden Kernbereichsschutz, der etwa eine Begleitung des Adressaten in dessen Wohnung ausschließt, sofern sich dort keine anderen Personen befinden. Insbes. die in Abs. 4 eröffnete Langfristigkeit und Verlängerbarkeit der Maßnahme wecken verfassungsrechtliche Zweifel.

8. Ingewahrsamnahme von Personen

164 Die Ingewahrsamnahme einer Person gehört zu den praktisch wichtigsten Befugnissen des Gefahrenabwehrrechts. **Gewahrsam** in einem polizei- und ordnungsbehördlichen Sinne be-

---

607 Zum Erfordernis einer Spezialbefugnis für derartige Kontaktverbote vgl. *Schenke* Rn. 154; EFP/*Pünder* Rn. 274. Vgl. auch SchGR/*Schenke* zu § 55 BKAG sowie BR-Drs. 109/17, 143. Solche Maßnahmen wären ggf. an anderen Grundrechten wie Art. 4 GG zu messen, vgl. *Zaremba* DÖV 2019, 221 (224).
608 Zum Hintergrund s. EGMR 13.1.2011 – 6587/04 (Haidn/Deutschland) u. BVerfG 4.5.2011 – 2 BvR 2365/09, Rn. 2 ff. sowie *Greve/von Lucius* DÖV 2012, 97; *Guckelberger* VBlBW 2011, 209.
609 Vgl. VG Hamburg 27.11.2013 – 13 K 1715/13 (n.v.) sowie Bü-Drs. 20/10443. In der Praxis hat die Befugnis bislang eine äußerst geringe Relevanz erfahren.
610 Vgl. Bü-Drs. 20/10443, 2: „begleitende Observation". Zur Abgrenzung [→ D70].
611 Zu diesem Grundprinzip *Foucault*, Überwachen und Strafen, 1994, S. 260 f.
612 Vgl. OVG Saarlouis 6.9.2013 – 3 A 13/13.
613 Zur verfassungsrechtl. Perspektive LD/*Bäcker* Kap. B Rn. 116 ff.
614 Weiterführend zu den Voraussetzungen s. EP/v. *Rodbertus* Rn. 308 ff.
615 Bü-Drs. 20/10443, 2 nennt (nur) Art. 2 Abs. 1 u. Abs. 1 GG. Zu Recht den Blick auf die Menschenwürde lenkend *Popp* ZD 2013, 567.

schreibt ein mit hoheitlicher Gewalt hergestelltes Rechtsverhältnis, kraft dessen einer Person die Freiheit in der Weise entzogen ist, dass sie von den Polizei- und Ordnungsbehörden in einer dem Zweck entspr. Weise verwahrt und daran gehindert wird, sich fortzubewegen.[616] Das Handeln, das zur *Begründung* eines solchen Rechts- bzw. Gewahrsamsverhältnisses führt, kann als **Ingewahrsamnahme** bezeichnet werden, die in § 13 SOG geregelt und in §§ 13a bis c SOG weiter ausgestaltet wird.[617] Häufig wird eine Person in Gewahrsam genommen, indem sie in einer dafür vorgesehenen behördlichen Einrichtung, etwa einer Zelle eines Polizeikommissariats, eingeschlossen wird.[618] Begrifflich notwendig ist das aber nicht. Maßgeblich für die Annahme von Gewahrsam ist nicht der Ort, sondern dass eine Person physisch daran gehindert wird, sich von diesem fortzubewegen.[619]

Beispiele: Die Unterbringung in einer für einen besonderen Zweck eingerichteten „Gefangenensammelstelle" stellt Gewahrsam dar, ebenso wie ein längeres Festhalten in einem Polizeifahrzeug oder einem angehaltenen Reisebus.[620] Gleiches gilt für die vollständige Einkesselung von Demonstrierenden oder von Fußballfans in einem Stadionblock durch Polizeikräfte.[621] Dabei macht es keinen Unterschied, ob sich der „Kessel" in Bewegung befindet, solange die Personen im Inneren diesen nicht verlassen dürfen.[622] Keine Ingewahrsamnahme ist das Anhalten zur Identitätsfeststellung oder zur Befragung, die freiwillige Inobhutbegebung oder das Festhalten als unmittelbarer Zwang. 165

a) Verfassungsrechtliche Grundlagen

Ingewahrsamnahme und Gewahrsam greifen in Art. 2 Abs. 2 S. 2 GG ein und bedürfen nach S. 3 schon deshalb einer gesetzlichen Grundlage. Soweit sie zudem nicht nur als *Freiheitsbeschränkung* iSd Art. 104 Abs. 1 GG, sondern auch als **Freiheitsentziehung** iSd Art. 104 Abs. 2 GG zu qualifizieren sind, müssen sie sich zusätzlich an den dort genannten, besonderen verfassungsrechtlichen Voraussetzungen messen lassen,[623] die einfachgesetzlich in §§ 13a bis c SOG ausgestaltet worden sind. Dazu knüpft der Gesetzgeber am Begriff des **Festhaltens** an und meint damit zunächst jedes Festhalten auf Grundlage von § 13 SOG (vgl. § 13a Abs. 1 S. 1 SOG). Hieraus lässt sich schließen, dass jeder hoheitliche Gewahrsam iSd Norm begrifflich immer auch eine *Freiheitsentziehung* iSd Art. 104 Abs. 2 GG darstellt. Zwingend ist dieser Schluss jedoch nicht, weil § 13b Abs. 1 SOG ausdrücklich auch ein Festhalten auf Grund von § 12 Abs. 2 SOG erfasst, das gemeinhin nicht als *Freiheitsentziehung* eingestuft wird [→ D46]. Umgekehrt zeigt etwa der Fall der *elektronischen Aufenthaltsüberwachung*, dass eine polizeiliche Maßnahme auch ohne Gewahrsam oder Festhalten im polizeirechtlichen Sinne verfassungsrechtlich als Freiheitsentziehung bewertet werden kann [→ D88]. Wenngleich sich also *Gewahrsam* bzw. *Fest-* 166

---

616 Vgl. OVG Münster NJW 1980, 138 (138 f.); OVG Schleswig 13.12.2019 – 4 LB 42/17, Rn. 58; LG Hamburg NVwZ-RR 1997, 537 (538). S. auch die kürzere Definition des VG München 12.10.2016 – M 7 K 14.2128, Rn. 23: *„[Polizeilicher] Gewahrsam bedeutet, dass die Polizei [bzw. eine Behörde] einer Person ihre Freiheit entzieht, sie in Verwahrung nimmt und sie daran hindert, sich zu entfernen."*
617 *Kingreen/Poscher* § 13 Rn. 1.
618 Seit dem Jahr 2023 können für den Gewahrsam auch Gebühren erhoben werden [→ H175].
619 Vgl. etwa *Götz/Geis* § 17 Rn. 32; *Thiel* § 10 Rn. 123; *Kingreen/Poscher* § 13 Rn. 1 u. 3. Vgl. auch § 415 Abs. 2 FamFG.
620 Vgl. BVerfG 8.3.2011 – 1 BvR 47/05, Rn. 28 (Polizeifahrzeug). Zu Ingewahrsamnahmen u. der Gefangenensammelstelle iRd G20-Gipfels in Hamburg s. etwa VG Hamburg 5.6.2018 – 17 K 1823/18, Prot. Sonderausschuss Nr. 21/11, 65 ff. sowie dessen Abschlussbericht in Bü-Drs. 21/14350.
621 Vgl. LG Hamburg NVwZ 1987, 833 („Hamburger Kessel"); BERS/*Stammer* § 13 SOG Rn. 3; BVerfG 14.2.2017 – 1 BvR 2639/15 („Feldgewahrsam").
622 Vgl. *Schenke* Rn. 157 Fn. 379. Maßgebl. dürfte es darauf ankommen, ob die Bewegungsrichtung durch die Polizei vorgegeben wird. Dies ist von der Frage zu unterscheiden, auf welche Befugnisnorm eine solche Maßnahme gestützt werden könnte, s. dazu *Krüger/van der Schoot* NordÖR 2007, 276.
623 Art. 104 Abs. 2 GG ist Ausdruck des Grundrechtsschutzes durch Verfahren [→ B35]; JP/*Jarass* Art. 104 Rn. 1. Zum Grundrecht der Freiheit der Person *Brunner* JURA 2020, 1328.

halten iSd §§ 13 ff. SOG und die *Freiheitsentziehung* iSd Art. 104 Abs. 2 GG begrifflich weitgehend überschneiden dürften,[624] sind die Begriffe dennoch im Ausgangspunkt zu unterscheiden.

167 Eine Freiheitsentziehung iSd Art. 104 Abs. 2 GG setzt voraus, dass die **körperliche Bewegungsfreiheit** nach jeder Richtung hin **aufgehoben** wird.[625] Als kennzeichnend werden zudem Verhaftung, Festnahme und ähnliche Maßnahmen des unmittelbaren Zwangs angesehen.[626] Schließlich darf die Beschränkung nicht nur kurzfristig sein, sondern muss eine **gewisse Dauer** aufweisen.[627] So muss die Freiheitseinschränkung (insgesamt) von *besonderer* **Eingriffsintensität** sein – andernfalls liegt eine bloße *Freiheitsbeschränkung* iSd Art. 104 Abs. 1 GG vor.[628] Daran gemessen wird polizeilicher Gewahrsam regelmäßig eine Freiheitsentziehung im verfassungsrechtlichen Sinne darstellen, schon weil die betroffene Person häufig in eine **Einrichtung** gesperrt wird, deren Zweck gerade darin besteht, die Bewegungsfreiheit so einzuschränken, dass die Person diese nicht von sich aus verlassen kann. Auch dürften die mit dem Gewahrsam verfolgten gesetzlichen Zwecke regelmäßig erfordern, dass Betroffene nicht nur vorübergehend in ihrer Freiheit eingeschränkt werden.[629] *Keine* Freiheitsentziehungen sind Beeinträchtigungen der Bewegungsfreiheit, die mit einem *Anhalten* zur Befragung, dem kurzfristigen *Festhalten* zur Identitätsfeststellung,[630] mit einer *Vorführung* oder der Durchführung einer *ED-Behandlung* notwendig einhergehen.[631] Überschreiten solche Maßnahmen allerdings die für sie üblicherweise erforderliche Dauer, sind sie als Freiheitsentziehung zu bewerten.[632]

168 In der Folge müssen Maßnahmen, die Gewahrsam und *zugleich* Freiheitsentziehung sind, sich sowohl an den **einfachgesetzlichen** wie auch an den **verfassungsrechtlichen Anforderungen** messen lassen.[633] Erstere konkretisieren zwar letztere, vermögen diese aber nicht einzuschränken und sind auch für deren Auslegung nicht bindend.[634] Die Vorgaben der Art. 104 Abs. 1 u. 2 GG sind daher unmittelbar und ergänzend anzuwenden, soweit sie nicht von §§ 13a bis c SOG abgebildet werden,[635] welche im Zweifel verfassungskonform auszulegen sind. Gleiches gilt für die zusätzlichen Vorgaben des **Art. 5 EMRK**, an denen sich der Gewahrsam messen lassen muss. Die Vorschrift im Rang eines einfachen Bundesgesetzes [→ B57] zählt in Abs. 1 S. 2 die

---

624 Vgl. auch die Verwendung der Begriffe „*Festhalten*" u. „*Gewahrsam*" in Art. 104 GG.
625 BVerfG 15.5.2002 – 2 BvR 2292/00, Rn. 24; 14.5.1996 – 2 BvR 1516/93, Rn. 114; BGH 11.10.2000 – XII ZB 69/00. Auch BVerwG 23.6.1981 – I C 78.77; HV/*Gusy* Art. 104 Rn. 20. Zum Folgenden JP/*Jarass* Art. 104 Rn. 11.
626 BVerfG 24.7.2018 – 2 BvR 309/15, Rn. 65; 14.5.2020 – 2 BvR 2345/16, Rn. 48.
627 BVerfG 1.12.2022 – 2 BvR 916/11, Rn. 222; BGH 11.10.2000 – XII ZB 69/00.
628 BVerfG 19.11.21 – 1 BvR 781/21, Rn. 250; 24.7.2018 – 2 BvR 309/15, Rn. 67. Vgl. auch BVerwG 23.6.1981 – I C 78.77, Rn. 11; BVerfG 15.5.2002 – 2 BvR 2292/00, Rn. 24.
629 Vgl. DHSch/*Di Fabio* Art. 2 Abs. 2 S. 2 Rn. 83 ff.
630 Zu den Grenzen vgl. BVerfG 8.3.2011 – 1 BvR 142/05, Rn. 18 ff.; 8.3.2011 – 1 BvR 47/05, Rn. 22 ff. (Räumung Bauwagenplatz/Bambule).
631 Vgl. BVerwG 19.7.1989 – 8 C 79.87, Rn. 14 (Vorführung zur Musterung); *Götz/Geis* § 17 Rn. 32. Auf den Zweck der Maßnahme abstellend *Habermehl* Rn. 577.
632 Häufig wird eine maximal zulässige Dauer von zwei Stunden angenommen; vgl. *Götz/Geis* § 17 Rn. 34; LD/*Rachor/Graulich*, 6. Aufl. 2018, Kap. E Rn. 484. Vgl. auch *Schenke* Rn. 157 mit Fn. 387.
633 Die Rspr. definiert die Freiheitsbeschränkung als Ober- u. die Freiheitsentziehung als Unterbegriff, vgl. etwa BVerfG 15.5.2002 – 2 BvR 2292/00, Rn. 24, sodass für Freiheitsentziehungen Abs. 2 u. Abs. 1 des Art. 104 GG gelten. Davon grds. zu trennen ist die Frage, ob sich eine Maßnahme überhaupt auf § 13 SOG stützen lässt, weil sie (jedenfalls auch) als *Gewahrsam* zu qualifizieren ist, oder ob nicht von vornherein eine andere Befugnisnorm zur Rechtfertigung angeführt werden muss. Auch die §§ 13a bis c SOG knüpfen wörtlich nicht an der Freiheitsentziehung, sondern am *Festhalten* an.
634 Vgl. Art. 104 Abs. 2 S. 4 GG sowie JP/*Jarass* Art. 104 Rn. 22; *Gusy/Eichenhofer* Rn. 299.
635 Zur ergänzenden Anwendung [→ D185, D196]. Zur unm. Anwendbarkeit von Art. 104 Abs. 2 GG BVerfG 24.7.2018 – 2 BvR 309/15, Rn. 95.

III. Aktionelle Befugnisse

zulässigen *Gründe* einer Freiheitsentziehung abschließend auf, sichert in Abs. 2 bis 4 eine Reihe von *Verfahrensgarantien* und gewährt in Abs. 5 einen Anspruch auf *Schadensersatz* [→ I39].[636]

b) Gewahrsamstatbestände und -voraussetzungen

Soweit es sich bei einer Maßnahme um eine *Ingewahrsamnahme* handelt, kann allein der insoweit abschließende § 13 SOG als **Rechtsgrundlage** dienen – ein Rückgriff auf § 3 Abs. 1 SOG ist gesperrt.[637] Von § 13 SOG sind die strafprozessualen Maßnahmen der Untersuchungshaft nach §§ 112 f. StPO und der vorläufigen Festnahme nach § 127 StPO zu unterscheiden. Daneben bestehen verschiedene **Spezialbefugnisse**, etwa in §§ 8 ff. HmbPsychKG für die Unterbringung in einer psychiatrischen Einrichtung.[638] § 13 Abs. 1 bis 3 SOG normiert acht Tatbestände, die zu unterschiedlichen Zwecken zu einer Ingewahrsamnahme, also zur Begründung eines Gewahrsamsverhältnisses ermächtigen. Diese Befugnisse zielen nicht auf eine Bewirkung von Rechtsfolgen, sondern allein auf den *tatsächlichen* Erfolg einer Entziehung der Bewegungsfreiheit. Die Ingewahrsamnahme ist daher kein VA, sondern geschieht in Form eines Realaktes bzw. in der Abfolge mehrerer Realakte,[639] sodass die **Verfahrensvorgaben** des HmbVwVfG allenfalls analog zur Anwendung kommen. § 13 SOG bestimmt nicht ausdrücklich, wer für eine Ingewahrsamnahme **zuständig** ist, sodass die allgemeinen Zuständigkeitsregelungen gelten.[640]

169

aa) Schutz der Person

Nach § 13 Abs. 1 Nr. 1 SOG kann eine Person in Gewahrsam genommen werden, wenn dies zu ihrem eigenen Schutz vor einer Gefahr für Leib oder Leben erforderlich ist. Der sog. Schutzgewahrsam[641] erfasst als **polizeiliche Rettungsmaßnahme** Sachlagen, in denen (mindestens) eine gravierende Beeinträchtigung der körperlichen Unversehrtheit droht, sodass die **staatliche Schutzpflicht** aus Art. 2 Abs. 2 S. 1 GG ein freiheitsentziehendes Einschreiten gegen den Betroffenen selbst rechtfertigen kann.[642] Als nicht abschließende Regelbeispiele, in denen eine Ingewahrsamnahme zur Abwehr einer derartigen Gefahr *erforderlich* ist, benennt die Ermächtigung Fälle, in denen die betroffene Person sich erkennbar in einem die freie Willensbestimmung ausschließenden Zustand oder *sonst* in **hilfloser Lage** befindet.[643] Praktisch relevant sind Ingewahrsamnahmen etwa bei schwer alkoholisierten Personen oder zur Verhinderung von Selbsttötungen.[644] Eine hilflose Lage kann zudem vorliegen, wenn die Gefahr nicht von der

170

---

636 Zusätzliche Anforderungen an die Rechtmäßigkeit einer Freiheitsentziehung zur Gefahrenabwehr ergeben sich insbes. aus Abs. 1 S. 2 lit. b für den *Durchsetzungsgewahrsam* [→ D173] sowie aus Abs. 1 S. 2 lit. c für den *Präventivgewahrsam* [→ D177]. Soweit Vorgaben des Art. 5 EMRK nicht von §§ 13a bis c SOG abgebildet werden, sind diese unm. und ergänzend anzuwenden [→ D184].
637 Bei Widerstand kann jedoch eine Begleitverfügung [→ D12] ausgesprochen werden.
638 Vgl. auch § 30 IfSG (Absonderung) u. § 62b AufenthG (Ausreisegewahrsam). Zur Abgrenzung *Guckelberger* s. JURA 2015, 926 (927 f.) u. OVG Hamburg 7.8.2018 – 4 So 24/18.
639 VG Hamburg 15.9.2014 – 2 K 2225/14, Rn. 4; 5.6.2018 – 17 K 1823/18, Rn. 26; LD/*Graulich* Kap. E Rn. 530; *Finger* JuS 2005, 116 (117 ff.); *Lambiris* S. 122; aA *Kingreen/Poscher* § 13 Rn. 1.
640 So regelt § 13 SOG also nicht nur den polizeilichen, sondern auch den verwaltungs- bzw. ordnungsbehördlichen Gewahrsam.
641 Zur hist. Belastung der Bezeichnung „*Schutzgewahrsam*" [→ J36, J39].
642 Vgl. *Guckelberger* JURA 2015, 926 (929 f.); *DWVM* S. 197; sowie *Thiel* § 10 Rn. 132, der daher eine Gefahr von Verletzungen fordert, die einer qual. Körperverletzung entsprechen.
643 Der Gewahrsam ist zu beenden, wenn nach ärztl. Untersuchung die Annahme von Eigen- oder Fremdgefährdung widerlegt ist, vgl. OLG Koblenz 7.3.2018 – 1 U 1025/17.
644 Vgl. VGH Mannheim 10.1.2012 – 1 S 2963/11; OVG Bremen 23.9.2014 – 1 A 45/12 (Alkoholisierung). Eine leicht angetrunkene Person kann nicht in Schutzgewahrsam genommen werden, vgl. VGH Mannheim 13.5.2004 – 1 S 2052/03. Zum polizeil. Einschreiten gg. drohenden Suizid s. *Kirchhoff/Mischke* Die Polizei 2021, 141 sowie [→ C139].

Person selbst, sondern *von Dritten* ausgeht – in diesem Fall wäre ein Schutzgewahrsam jedoch nur erforderlich, wenn Maßnahmen gegen die vorrangig heranzuziehenden Verantwortlichen die Gefahr nicht abwehren könnten.[645] Denkbar wäre etwa das Absperren des Gästeblocks nach einem Fußballspiel zum Schutz der auswärtigen Fans.[646] Die Maßnahme kann grds. auch *gegen den Willen* der in Gewahrsam genommenen Person erfolgen.[647] Wer sich *freiwillig* in polizeiliche Obhut begibt, befindet sich mangels konstitutiver Freiheitseinschränkung nicht im Schutzgewahrsam.[648]

bb) Verhinderung von Straftaten und Ordnungswidrigkeiten

171 Zum Schutz der obj. Rechtsordnung kann die Polizei eine Person in sog. Vorbeuge- oder Unterbindungsgewahrsam nehmen, um diese von der Vornahme gesetzlich besonders sanktionierter Handlungen abzuhalten. § 13 Abs. 1 Nr. 2 SOG stellt für die auch als **Präventivgewahrsam** bezeichnete Maßnahme im Hs. 1 *qualifizierte* Anforderungen an die Gefahrenlage und das betroffene Schutzgut.[649] Vorausgesetzt wird die unmittelbar bevorstehende Begehung oder Fortsetzung einer Ordnungswidrigkeit von erheblicher Bedeutung für die Allgemeinheit oder einer Straftat, zu deren Verhinderung die Ingewahrsamnahme unerlässlich sein muss.[650] Das Erfordernis einer *erheblichen Bedeutung* für die Allgemeinheit bezieht sich allein auf Ordnungswidrigkeiten, wobei sich die Erheblichkeit aus dem geschützten Rechtsgut und der Gemeinschaftswidrigkeit der dafür hervorgerufenen Folgen ergibt – der Höhe einer angedrohten Geldbuße kommt eine Indizfunktion zu.[651]

172 **Beispiele:** Eine Ordnungswidrigkeit von erheblicher Bedeutung für die Allgemeinheit konnte etwa bei einem Verstoß gegen die Maskenpflicht in der Covid-19-Pandemie angenommen werden, da die Vorschriften der entspr. Verordnungen dem Schutz von Leben und Gesundheit der Bevölkerung dienen. Gleiches wird im Einzelfall bei einer schwerwiegenden Störung der Nachtruhe iSd § 117 OWiG sowie bei Ordnungswidrigkeiten nach § 29 VersG angenommen.[652]

173 Dass die Befugnis auch bevorstehende Ordnungswidrigkeiten für präventivpolizeiliche Freiheitsentziehungen als ausreichend ansieht, hat seit jeher Bedenken im Hinblick auf deren Vereinbarkeit mit **Art. 5 EMRK** aufgeworfen.[653] Die nationale Rspr. stützte sich insoweit auf den Rechtfertigungsgrund in Abs. 1 S. 2 lit. c 2. Var., obgleich dieser ausdrücklich auf die

---

645 Dies ergibt sich aus der insoweit abschl. Befugnisnorm, die einen Rückgriff auf die allg. Adressatenvorschriften sperrt, vgl. *Kingreen/Poscher* § 13 Rn. 23 f.; EFP/*Pünder* Rn. 285; unter Verweis auf § 10 Abs. 1 SOG dagegen BERS/*Stammer* § 13 SOG Rn. 9.
646 Vgl. dazu etwa *Geißler/Haase/Subatzus* NVwZ 1998, 711.
647 Etwas anderes gilt in Fällen zulässiger Selbstgefährdung [→ C138], in denen eine hilflose Lage regelmäßig ausscheiden wird, vgl. *Thiel* § 10 Rn. 134.
648 Vgl. *Kingreen/Poscher* § 13 Rn. 8; *Möller/Warg* Rn. 362.
649 Zum polizeil. Präventivgewahrsam *Michaelis* JA 2014, 198.
650 Eine menschen- u. verfassungsrechtlich bedenkliche „*Gefährderhaft*", die bereits eine bloße Gefahr für ein bes. wichtiges Rechtsgut als Gewahrsamsgrund ausreichen lässt, ist anders als in Art. 17 Abs. 1 Nr. 3 BayPAG im SOG nicht vorgesehen. Vgl. dazu *Kubiciel* ZRP 2017, 57. Zur Unzulässigkeit eines Präventivgewahrsams auf Grundlage einer *drohenden* Gefahr s. *Welzel/Ellner* DÖV 2019, 211, s. aber BayVerfGH 14.6.2023 – Vf. 15-VII-18.
651 Vgl. *Merten/Merten* § 13 Rn. 8; BERS/*Stammer* § 13 SOG Rn. 14; LD/*Rachor/Graulich*, 6. Aufl. 2018, Kap. E Rn. 510. Zweifelhaft dagegen OLG München 28.5.1998 – 3Z BR 66/98, Rn. 23, das für die Begründung der Erheblichkeit zusätzlich darauf abstellt, ob die Duldung einer Ordnungswidrigkeit den Eindruck vermittelt, der Rechtsstaat könne sich nicht durchsetzen.
652 Vgl. LG Köln 31.5.2021 – 34 T 27/21 sowie nachgehend BGH 8.2.2022 – 3 ZB 4/21, Rn. 14 ff. (Maskenpflicht); VG Schleswig 15.6.1999 – 3 A 209/97; OVG Magdeburg 26.7.2007 – 2 L 158/06 (Nachtruhe); OVG Bremen 9.6.2015 – 1 A 251/12 (VersR).
653 Vgl. *Thiel* § 10 Rn. 139.

III. Aktionelle Befugnisse

Verhinderung der Begehung einer *Straftat* abzielt.[654] Der EGMR trat dieser Praxis schließlich entgegen[655] und bestätigte im Jahr 2013 zwar grds. die Konventionskonformität, nahm für den Anwendungsbereich des Abs. 1 S. 2 lit. c aber eine Beschränkung auf Freiheitsentziehungen im Zusammenhang mit *Strafverfahren* an. So sollte der Präventivgewahrsam allein auf Abs. 1 S. 2 lit. b ("Erzwingung der Erfüllung einer gesetzlichen Verpflichtung") gestützt werden können, was allerdings eine konkrete Anordnung von Pflichten durch die Polizei ggü. den Betroffenen voraussetzt.[656] Unter teilweiser Aufgabe dieser ständigen Rechtsprechung im Jahr 2018 misst der EGMR den Präventivgewahrsam nunmehr an Art. 5 Abs. 1 S. 2 lit. c Var. 2 EMRK, sofern in Bezug auf Straftaten, deren Ort, Zeit und mögliche Opfer konkrete Anhaltspunkte bestehen.[657] Der Begriff der "*Straftat*" soll dabei *nicht* auf ein Verhalten beschränkt sein, das nach staatlichem Recht eine *strafbare* Handlung darstellt,[658] sodass von einer Konventionsrechtmäßigkeit eines Präventivgewahrsams auch bei *Ordnungswidrigkeiten* von erheblicher Bedeutung ausgegangen werden kann.[659]

Das Erfordernis einer **unmittelbar bevorstehenden Begehung** steigert die Anforderungen an die zeitliche Nähe und die Schadenseintrittswahrscheinlichkeit.[660] So müssen im Zeitpunkt der Entscheidung **konkrete** Tatsachen vorliegen, welche die Annahme begründen, dass der Schaden sofort oder in allernächster Zeit mit an Sicherheit grenzender Wahrscheinlichkeit eintreten wird.[661] An die Prognose ist aufgrund der hohen Eingriffsintensität ein strenger Maßstab zu stellen – dabei ist angesichts der Erwartung von Straftaten aus einer Gruppe etwa erforderlich, dass eine Tatbegehung gerade durch die Person droht, die in Gewahrsam genommen werden soll.[662] Die bloße Gruppenzugehörigkeit, etwa zur "Ultra-Fanszene", genügt nicht.[663] Als Auslegungshilfe dient das **Regelbeispiel** in § 13 Abs. 1 Nr. 2 Hs. 2 SOG, wonach eine Begehung auch dann unmittelbar bevorsteht, wenn die Person bereits mehrfach in vergleichbarer Weise als Störer in Erscheinung getreten ist und nach den Umständen eine Wiederholung der Straftat oder Ordnungswidrigkeit bevorsteht.[664] Möglich ist so etwa die Ingewahrsamnahme eines Drogendealers, auch wenn dieser die Ware im letzten Moment verschluckt hat und erst für Nachschub sorgen müsste.[665]

174

Als Eingriff in Art. 2 Abs. 2 S. 2 GG kommt eine präventivpolizeiliche Ingewahrsamnahme nur als **ultima ratio** in Betracht.[666] Dies kommt in der tatbestandlichen Voraussetzung zum Ausdruck, dass der Gewahrsam zur Verhinderung der tatbestandsmäßigen Handlungen *unerlässlich* sein

175

---

654 Vgl. BayVerfGH 2.8.1990 – Vf. 3-VII-89; SächsVerfGH 14.5.1996 – Vf. 44-II/94 (zu entspr. Befugnisnormen) sowie VGH Mannheim 27.9.2004 – 1 S 2206/03, Rn. 31 f. (Ingewahrsamnahme).
655 Vgl. EGMR 1.12.2011 – 8080 u. 8577/08 (Schwabe u. M.G./Dtl.) sowie dazu *Renzikowski/Schmidt-De Caluwe* JZ 2013, 289; *Trute* Die Verwaltung 2013, 537 (548 ff.). Die Entscheidung hatte mehrere Ingewahrsamnahmen während des G8-Gipfels 2007 in Heiligendamm zum Gegenstand.
656 EGMR 7.3.2013 – 15598/08 (Ostendorf/Dtl.); diese Auslegung noch bestätigend BVerfG 18.4.2016 – 2 BvR 1833/12, 2 BvR 1945/12, Rn. 33. Nach diesem Maßstab auch OLG Celle 3.7.2017 – 22 W 4/17. Krit. dazu *Michaelis* JA 2014, 198 (200); SchE/*Schoch/Kießling* Rn. 581 ff.
657 EGMR 22.10.2018 – 35553/12 (S, V u. A/Dänemark). So auch *Schenke* Rn. 156.
658 EGMR 22.10.2018 – 35553/12 (S, V u. A / Dänemark), Rn. 90.
659 OVG Bremen 9.6.2015 – 1 A 251/12; OLG Celle 7.10.2014 – 22 W 1/14; aA *Schenke* Rn. 156 Fn. 382; *Kingreen/Poscher* § 13 Rn. 18, die § 13 Abs. 1 Nr. 2 SOG insoweit als konventions- u. verfassungswidrig ansehen, weil das BVerfG die EMRK u. Rspr. des EGMR bei der Auslegung der Grundrechte maßgebl. berücksichtigt; vgl. BVerfG 18.4.2016 – 2 BvR 1833/12, Rn. 29.
660 Vgl. BVerwG 26.2.1974 – I C 31.72, Rn. 32 f.
661 VG Hamburg 5.6.2018 – 17 K 1823/18, Rn. 48 ff.; OVG Hamburg 29.3.2019 – 4 Bf 326/18.Z, Rn. 21 ff.
662 OVG Lüneburg 10.10.2019 – 11 LB 108/18, Rn. 34 ff.
663 OLG Braunschweig 31.8.2018 – 1 W 114/17.
664 Zur späteren Einführung des Regelbeispiels im Zusammenhang mit der Bekämpfung der Drogenkriminalität s. Bü-Drs. 15/5177, 5; BERS/*Stammer* § 13 SOG Rn. 17.
665 Vgl. OLG Hamburg 21.5.1997 – 2 Wx 16/97.
666 Vgl. dazu *Gusy/Eichenhofer* Rn. 307 f.; *Guckelberger* JURA 2015, 926 (931) mwN.

muss, was sich auch in Bezug auf die gerichtlich festzulegende Höchstdauer [→ D198] auswirkt. Die **Unerlässlichkeit** soll dabei qualitativ über die sachlich betroffenen Anforderungen von Geeignetheit und Erforderlichkeit hinausgehen.[667] Eine Ingewahrsamnahme darf so nur erfolgen, wenn die mit Strafe bedrohte Handlung *einzig* auf diese Weise und nicht auch durch eine andere polizeiliche Maßnahme verhindert werden kann. Das erfordert zunächst, dass eine Tatbegehung konkret und unmittelbar zu erwarten war, also zu einem bestimmten Zeitpunkt oder jedenfalls innerhalb eines eingrenzbaren Zeitraums.[668] Zudem muss sich die betroffene Person *unwillig* gezeigt haben, die Straftat zu unterlassen, und müsste ohne Ingewahrsamnahme auch noch die Möglichkeit haben, diese zu begehen.[669] Erforderlich ist insoweit, dass nach einem Hinweis auf die konkret zu unterlassende Handlung eindeutige und aktive Schritte unternommen wurden, die darauf hindeuten, dass die betroffene Person der konkretisierten Verpflichtung nicht nachkommen wird.[670]

176 **Beispiel:** Eine präventive Ingewahrsamnahme von Klimaaktivisten in der Nähe eines Steinkohlekraftwerks konnte nicht allein auf in deren Fahrzeug vorgefundene Gegenstände (Schlafsäcke, Lebensmittel, Stirnlampe), die Bekleidung und die auf einem Handy vorgefundene Nachricht („Viel Erfolg") gestützt werden – diese Umstände ließen zwar den Schluss auf eine Teilnahme an einer Protestaktion zu, begründeten aber keine an Sicherheit grenzende Wahrscheinlichkeit für eine Beteiligung an strafbaren Handlungen. Nicht unerlässlich war die Ingewahrsamnahme einer professionellen Sportkletterin im Rahmen einer Protestaktion gegen Atomkraft. Die Polizei hatte die mit Seilen gesicherte Aktivistin dabei zunächst aus einem Baum geborgen und im Anschluss deren Ausrüstung sichergestellt. Danach wäre etwa ein Platzverweis gegen die amtsbekannte Person ausreichend gewesen.[671] Demggü. konnten Ingewahrsamnahmen von Personen iRd G20-Gipfels darauf gestützt werden, dass diese sich bereits innerhalb einzelner Demonstrationsgruppen an Ausschreitungen und Angriffen auf Polizeikräfte beteiligt hatten, was sich u.a. auch aus Videoaufzeichnungen und dem Fund äußerlich in den sog. Schwarzen Block passenden Gegenständen bei den Betroffenen ergab.[672]

cc) Durchsetzung eines Platzverweises, Betretungs-, Kontakt- und Näherungs- oder Aufenthaltsverbots

177 Nach § 13 Abs. 1 Nr. 3 u. 4 SOG kann eine Person in Gewahrsam genommen werden, um eine ihr ggü. angeordnete Polizeiverfügung durchzusetzen. Einen solchen **Durchsetzungsgewahrsam** sieht das Gesetz *abschließend* für Maßnahmen nach §§ 12a und 12b SOG vor.[673] Die durchzusetzende Verfügung und der Durchsetzungsgewahrsam stehen dabei rechtlich nebeneinander, die Ingewahrsamnahme stellt also eine eigenständige Maßnahme und *keine* Vollstreckungshandlung nach dem HmbVwVG dar.[674] Daher setzt eine Ingewahrsamnahme nach § 13 Abs. 1 Nr. 3 oder 4 SOG anders als Maßnahmen der Verwaltungsvollstreckung voraus, dass die durchzusetzende

---

667 BVerfG 30.10.1990 – 2 BvR 562/88, Rn. 34 u. 38. Vgl. auch BVerwG 26.2.1974 – I C 31.72, Rn. 29 mit großzügigerem Maßstab; aA *Thiel* § 10 Rn. 140; *Kingreen/Poscher* § 13 Rn. 25.
668 LG Hamburg 29.3.2023 – 301 T 103/23, Rn. 11, wonach nicht ausreicht, dass ein betroffenes Mitglied der „Letzten Generation" bereits eine vergleichbare Tat begangen u. die Gruppe weitere Aktionen avisiert hatte, solange diese unkonkret bleiben u. der subj. Beteiligungswille nicht festgestellt werden kann.
669 Vgl. BVerfG 18.4.2016 – 2 BvR 1833/12, Rn. 35; OLG Frankfurt 18.6.2007 – 20 W 221/06, Rn. 9; *Kugelmann* Kap. 6 Rn. 51.
670 VG Gelsenkirchen 10.8.2022 – 17 K 4838/20, Rn. 32 ff.
671 Vgl. VG Gelsenkirchen 10.8.2022 – 17 K 4838/20, Rn. 29 (Klima); BVerfG 20.4.2017 – 2 BvR 1754/14 (Atomkraft), so auch OLG Braunschweig 5.3.2021 – 3 W 104/20, Rn. 61 ff. u. LG Landshut 9.9.2021 – 65 T 2529/21 (Abseilaktion IAA).
672 Vgl. BGH 10.3.2021 – 3 ZB 5/20, Rn. 7 ff.; BGH 12.2.2020 – StB 36/18, Rn. 19 ff.
673 Vgl. die Regelungen anderer Länder zum Gewahrsam bei Verstößen gg. Meldeauflage o. EAÜ, etwa Art. 17 Abs. 1 Nr. 4 u. 5 BayPAG; § 55 Abs. 1 Nr. 5 SOG M-V; § 204 Abs. 1 Nr. 4–6 LVwG-SH.
674 So auch BERS/*Stammer* § 13 SOG Rn. 20; offengelassen VG Hamburg 2.10.2012 – 5 K 1236/11, Rn. 221 ff. Eine Anwendung unm. Zwangs kann gem. § 17 Abs. 2 SOG erst nach Begründung des Gewahrsams [→ D10] oder zur Durchsetzung einer Begleitverfügung erfolgen.

Verfügung nicht nur *wirksam*, sondern auch *rechtmäßig* ist.[675] Dabei muss der Gewahrsam nach
§ 13 Abs. 1 Nr. 3 oder Nr. 4 SOG zur Durchsetzung der jeweiligen polizeilichen Anordnung **unerlässlich** sein.[676] Dabei ist darauf zu achten, dass die tatbestandliche Bezugnahme auf andere
Standardbefugnisse nicht zu einer Absenkung der verfassungsrechtlich gebotenen Eingriffsschwelle für Freiheitsentziehungen führen darf.[677] So wird eine Ingewahrsamnahme regelmäßig
nur zur Durchsetzung polizeilicher Verfügungen erfolgen dürfen, die der Abwehr *erheblicher*
Rechtsgutsverletzungen dienen – insbes. bei einem Platzverweis, der nach § 12a SOG zur Abwehr
jeder konkreten Gefahr ergehen kann, ist dies jedoch nicht immer der Fall.[678]

Beispiel: Als unerlässlich wurde eine Ingewahrsamnahme zur Durchsetzung eines Platzverweises ggü. 178
einem stark alkoholisierten Soldaten angesehen, der in aggressiver Weise Rettungskräfte bei der Versorgung
seines schwer verletzten Kollegen störte, nachdem dieser einer höflichen Aufforderung und der mehrfach
förmlich formulierten Anordnung, sich von dem Rettungswagen und dessen unmittelbarer Umgebung zu
entfernen, nicht Folge leistete.[679]

Nicht unerlässlich wäre ein Durchsetzungsgewahrsam, wenn eine **Vollstreckung als milderes** 179
Mittel die ursprünglich angeordnete Verfügung verwirklichen könnte, etwa durch das Zurückdrängen der Adressaten eines Platzverweises unter Anwendung unmittelbaren Zwangs.[680] Ein
Vollstreckungsversuch muss nicht unternommen werden, wenn eine Zwangsmittelanwendung
unmöglich ist oder konkrete Anhaltspunkte vorliegen, die für eine erneute Zuwiderhandlung
in Form einer alsbaldigen Rückkehr sprechen, was etwa bei Angehörigen der Drogenszene
angenommen wird, die bestimmte Orte immer wieder aufsuchen.[681] Bei einem Verstoß gegen
ein Betretungs- oder ein Kontakt- und Näherungsverbot in Fällen häuslicher Gewalt kommt
ein Durchsetzungsgewahrsam in Betracht, wenn nicht bereits die Voraussetzungen für einen
Unterbindungsgewahrsam nach § 13 Abs. 1 Nr. 2 SOG erfüllt sind.[682] Ingewahrsamnahmen zur
Durchsetzung von Aufenthaltsverboten können als präventive Maßnahmen in den Grenzen der
Verhältnismäßigkeit nur für einen **kurzen Zeitraum** und als Ergänzung von Zwangsgeldern
und Erzwingungshaft relevant werden.[683] Innerhalb der gesetzlich geregelten Höchstdauer ist
eine Freiheitsentziehung spätestens zu beenden, wenn die zugrundeliegende Verfügung infolge
Zeitablaufs unwirksam geworden ist.[684]

dd) Schutz privater Rechte

Nach § 13 Abs. 1 Nr. 5 SOG kann ein polizeilicher Gewahrsam zum Schutz privater Rechte 180
erfolgen. Erfasst werden Sachverhalte, in denen durch die Nichterfüllung oder **Vereitelung eines**
Anspruchs die Schwelle zu einer Straftat noch nicht überschritten wird und iSd § 3 Abs. 3 SOG
nur die Ingewahrsamnahme des Schuldners dem Gläubiger die **zivilgerichtliche Durchsetzung**
seines Anspruchs sichert.[685] Tatbestandlich müssen dafür zusätzlich die **Voraussetzungen der**
Selbsthilfe nach § 229 BGB vorliegen, die dem Gläubiger privatrechtlich eine Festnahme des

---

675 VG Hamburg 2.10.2012 – 5 K 1236/11, Rn. 220 ff.; LD/*Graulich* Kap. E Rn. 533 ff. Vgl. auch BVerfG
26.10.2004 – 1 BvR 1726/01, Rn. 27. Dies bestätigt auch der Blick auf Art. 5 Abs. 1 S. 2 lit. b EMRK; vgl.
Thiel § 10 Rn. 143; SchE/*Schoch/Kießling* Rn. 584.
676 EFP/*Pünder* Rn. 287; SchGR/*W.-R. Schenke* § 39 BPolG Rn. 8. Zum Maßstab [→ D175].
677 Vgl. *Kingreen/Poscher* § 13 Rn. 20; krit. dazu auch *Kniesel* GSZ 2021, 111.
678 Vgl. *Guckelberger* JURA 2015, 926 (933); SchGR/*W.-R. Schenke* § 39 BPolG Rn. 8 sowie OLG München
10.2.1999 – 3Z BR 25/99, Rn. 11.
679 Vgl. VG Neustadt (Weinstr.) 6.9.2017 – 5 K 783/16.NW.
680 Vgl. EFP/*Pünder* Rn. 287. Vgl. auch LG Aachen 14.9.2021 – 12 O 559/19 (Hambacher Forst).
681 Vgl. BayVerfGH NVwZ 1991, 664 (668); SchGR/*W.-R. Schenke* § 39 BPolG Rn. 9; BERS/*Stammer* § 13 SOG
Rn. 22 ff. mwN.
682 S. dazu *Reuter* Die Polizei 2017, 344. Vgl. auch VGH München 1.8.2016 – 10 C 16.637.
683 Vgl. BERS/*Stammer* § 13 SOG Rn. 25 ff. Zur Durchsetzung von Aufenthaltsverboten [→ D154].
684 *Thiel* § 10 Rn. 144. Zur Höchstdauer [→ D197].
685 Vgl. Bü-Drs. 13/5422, 16.

der Flucht verdächtigen Anspruchsgegners gestatten – diese sind, wie auch das Bestehen des Anspruchs selbst, der Polizei ggü. *glaubhaft* zu machen.[686]

ee) Durchsetzung einer elektronischen Aufenthaltsüberwachung

181 Nach dem jüngst eingeführten Tatbestand in § 13 Abs. 1 Nr. 6 SOG ist eine **Ingewahrsamnahme** zulässig ist, wenn sie unerlässlich ist, um eine Anordnung der elektronischen Aufenthaltsüberwachung (EAÜ) nach § 30 PolDVG [→ D88] durchzusetzen. Nach der Vorstellung des Gesetzgebers ist insbes. die Verhältnismäßigkeit durch die hochrangigen Rechtsgüter gewahrt, die eine Anordnung der EAÜ voraussetze; die Zwangsmöglichkeiten nach § 35 FamFG seien nicht hinreichend effektiv.[687]

ff) Zuführung von Minderjährigen

182 § 13 Abs. 2 SOG sieht eine Ingewahrsamnahme zugunsten der Zuführung zu Sorgeberechtigten oder zum Jugendamt vor,[688] wenn Minderjährige sich (selbst) aus deren Obhut *entzogen* haben. Für eine **Entziehung** wird vorausgesetzt, dass Kinder oder Jugendliche sich zumindest für eine gewisse Dauer *ohne Wissen* der Sorgeberechtigten entfernen und ihr Aufenthaltsort *unbekannt* ist,[689] mitunter auch, dass sie sich an einem den Sorgeberechtigten *bekannten* Ort *gegen* deren ausdrücklichen Willen aufhalten.[690] Die Befugnis soll die Lücke zu Schutz- und Präventivgewahrsam schließen, deren Voraussetzungen etwa im Fall des Ausreißens eines Teenagers auch nach mehreren Tagen regelmäßig nicht erfüllt sein werden; sie ergänzt zudem speziellere Ermächtigungen in § 8 JuSchG, die auf den Schutz von Kindern und Jugendlichen ausgerichtet sind und dazu an eine drohende unmittelbare Gefährdung aufgrund der aufgesuchten Örtlichkeit anknüpfen.[691] Eine Gefahr für oder durch Minderjährige ist tatbestandlich *nicht* gefordert – die Befugnis setzt an der Entziehung selbst und einer damit verbundenen **Störung des Personensorgerechts** als Bestandteil [→ C140] der öff. Sicherheit an.[692] Bereits unterhalb der Ermessensebene dürfte daher ein enges Verständnis anzulegen sein, um eine *tatbestandsmäßige* Entziehung zu bestimmen, die ein polizeiliches Einschreiten in Gestalt einer Freiheitsentziehung gebieten kann. Der Sorgerechtsgewahrsam ist auf den für die **Übergabe** an die zu ermittelnden Sorgeberechtigten oder die Ermöglichung einer staatlichen Inobhutnahme erforderlichen Zeitraum zu beschränken.

gg) Zurückführung entwichener Personen

183 Auch eine Ingewahrsamnahme nach § 13 Abs. 3 SOG erfordert *keine* zusätzliche Gefahr, um inhaftierte oder aufgrund richterlicher Anordnung anderweitig untergebrachte Personen zurückzubringen, die aus ihrer Einrichtung entwichen oder unerlaubt nicht in diese zurückgekehrt sind. In Ergänzung der bundesrechtlichen Vorschriften in § 457 Abs. 2 S. 2 StPO und § 87 StVollzG erfasst der gefahrenabwehrrechtliche **Rückführungsgewahrsam** jene Fälle, in denen die Festnahme *nicht* auf Veranlassung von StA oder JVA, sondern zur Beseitigung der durch

---

686 Weiterführend dazu *Thiel* § 10 Rn. 151 ff. Vgl. § 294 ZPO.
687 Vgl. Drs. 22/16042, 10 u. 13.
688 Sorgeberechtigt für ein Kind sind nach §§ 1626, 1626a BGB die Eltern bzw. die Mutter sowie nach § 1789 BGB der Vormund für das Mündel. Nach §§ 1631 Abs. 1 u. 1795 Abs. 1 S. 1 BGB ist davon auch das Recht zur Bestimmung des Aufenthaltsortes umfasst.
689 Vgl. *Thiel* § 10 Rn. 156; SchGR/*W.-R. Schenke* § 39 BPolG Rn. 13.
690 *Merten/Merten* § 13 Rn. 18; BERS/*Stammer* § 13 SOG Rn. 30.
691 Vgl. Bü-Drs. 13/5422, 16. Vgl. auch § 42 SGB VIII.
692 Vgl. BERS/*Stammer* § 13 SOG Rn. 30; *Gusy/Eichenhofer* Rn. 298; *DWVM* S. 198 mit Fn. 102.

III. Aktionelle Befugnisse 251

das Entweichen eingetretenen Störung der öffentlichen Sicherheit erfolgt.[693] Für aus der U-Haft entflohene Personen gilt § 127 Abs. 2 StPO.[694]

c) Besondere Anforderungen an Gewahrsam bzw. Festhalten

Die §§ 13a bis c SOG konkretisieren und ergänzen einfachgesetzlich die verfassungs- und menschenrechtlichen Anforderungen aus Art. 104 GG sowie aus Art. 5 EMRK. So enthält § 13a SOG nähere Bestimmungen zur richterlichen **Entscheidung** über die Freiheitsentziehung. § 13b SOG definiert für den Gewahrsam als länger andauernde polizeiliche Maßnahme Anforderungen an die **Behandlung** festgehaltener Personen. Die **zeitlichen Grenzen** des Gewahrsams sind in § 13c SOG geregelt. Alle Regelungen setzen voraus, dass eine Person *festgehalten* wird, wobei § 13a SOG (nur) für *Ingewahrsamnahmen* nach § 13 SOG gilt, §§ 13b und c SOG dagegen auch für eine (verwaltungsbehördliche) *Vorführung* nach § 12 Abs. 2 SOG.[695] Im Übrigen wird das Gewahrsamsverhältnis durch Verwaltungsvorschriften weiter ausgestaltet und angeleitet.[696]

184

aa) Entscheidung über die Ingewahrsamnahme

Soll eine Person nach § 13 SOG in Gewahrsam genommen und ihr in dieser Weise die Freiheit entzogen werden, ist dies nach dem **Richtervorbehalt** in Art. 104 Abs. 2 S. 1 GG grds. nur zulässig, wenn dies *zuvor* durch eine Richterin oder einen Richter entschieden wurde.[697] Eine Erreichbarkeit auch zur Nachtzeit und am Wochenende wird durch den richterlichen Bereitschaftsdienst sichergestellt.[698] Wie sich allerdings aus Art. 104 Abs. 2. S. 2 GG ergibt, kommt auch eine *vorläufige* Freiheitsentziehung durch die Behörde als rechtfertigungsbedürftige Ausnahme in Betracht, wenn der mit der Ingewahrsamnahme verfolgte Zweck andernfalls nicht erreichbar gewesen wäre.[699] Diese materielle Anforderung, die auch in der Erforderlichkeit verankert werden kann, ergibt sich zwar nicht ausdrücklich aus § 13a SOG, entspricht aber dem Regel-Ausnahme-Verhältnis von Art. 104 Abs. 2 S. 1 u. 2 GG.

185

Auch bei der **vorläufigen Freiheitsentziehung** ist die richterliche Entscheidung grds. nicht entbehrlich, sondern muss nach Art. 104 Abs. 2 S. 2 GG und § 13a Abs. 1 S. 1 SOG *unverzüglich* herbeigeführt bzw. nachgeholt werden. Die den Betroffenen festhaltende Behörde hat also unverzüglich den zuständigen Richter *einzuschalten*, der seinerseits unverzüglich über die *weitere* Freiheitsentziehung zu *entscheiden* hat.[700] Dabei dürfen **keine Verzögerungen** entstehen, die sich nicht mit sachlichen Gründen rechtfertigen lassen – z. B. mit der Länge des

186

---

693 Vgl. *Schenke* Rn. 158; BERS/*Stammer* § 13 SOG Rn. 31; Bü-Drs. 13/5422, 16; aA *Knemeyer* Rn. 223, der eine Systemwidrigkeit annimmt u. einen präventiven Charakter der Befugnis ablehnt.
694 LD/*Graulich* Kap. E Rn. 554.
695 [→ D46] Für den im Wortlaut unbestimmteren § 13c SOG ergibt sich dies aus seiner system. Stellung im Anschluss an § 13b SOG sowie aus § 13c Abs. 2 SOG. Bemerkenswert ist zudem, dass sich § 13b SOG ausdrückl. nur für die *verwaltungsbehördl.* (§ 12 Abs. 2 SOG), nicht aber auch die *polizeil.* Sistierung nach § 13 Abs. 4 S. 1 Nr. 6 PolDVG für anwendbar [→ D41] erklärt. Dieser Verweis auch auf die grds. nur *freiheitsbeschränkende* Sistierung verdeutlicht die notwendige Differenzierung [→ D166] zwischen *Festhalten* und *Freiheitsentziehung*.
696 Die Regelungen zum polizeil. Gewahrsam sind Bestandteil der PDV 350 (HH) [→ B12], die nicht veröffentlicht wird, vgl. Bü-Drs. 21/9049, 2. Zur prakt. Ausgestaltung des Polizeigewahrsams in der FHH s. die Jahresberichte 2019 bzw. 2017 der Nationalen Stelle zur Verhütung von Folter.
697 Vgl. BVerwG 26.2.1974 – I C 31.72, Rn. 48; *Gusy/Eichenhofer* Rn. 303; auch Bü-Drs. 13/5422, 16.
698 Vgl. BVerfG 13.12.2005 – 2 BvR 447/05, Rn. 36. Zu den Anforderungen vgl. BVerfG 20.2.2001 – 2 BvR 1444/00. S. dazu auch Ziffer 4.2.3.1. des GVP 2024 des AG Hamburg-Mitte.
699 BVerfG 15.5.2002 – 2 BvR 2292/00, Rn. 27; DHSch/*Mehde* Art. 104 Rn. 76 f.; Dreier/*Schulze-Fietitz*, Art. 104 Rn. 46. Vgl. auch VG Hamburg 24.10.2005 – 4 K 3236/04.
700 BVerfG 13.12.2005 – 2 BvR 447/05, Rn. 38; JP/*Jarass* Art. 104 Rn. 24. Bedenklich OLG Frankfurt 15.2.2000 – 3 Ws 144/00.

Weges, Schwierigkeiten beim Transport, der notwendigen Registrierung und Protokollierung, renitentem Verhalten festgenommener Personen oder vergleichbaren Umständen, wobei von der Polizei für *erwartbare* Massenfestnahmen organisatorische Vorkehrungen zu treffen sind.[701] Als unverzüglich wurde die Nachholung einer gerichtlichen Entscheidung zur Tageszeit innerhalb von zwei bis drei Stunden angesehen,[702] wobei die Frist mit dem behördlichen Festhalten beginnt.[703] Ein Verstoß gegen das Unverzüglichkeitsgebot führt zur Rechtswidrigkeit der Ingewahrsamnahme, sodass diese zu beenden und die betroffene Person freizulassen ist.[704] Ohne richterliche Anordnung hat dies nach Art. 104 Abs. 2 S. 3 GG *spätestens* bis zum Ende des Tages nach dem Ergreifen zu erfolgen.

187 § 13a Abs. 1 S. 2 SOG bestimmt den einzigen Fall der **Entbehrlichkeit einer gerichtlichen Entscheidung**. Danach kann deren nachträgliche Herbeiführung entfallen, wenn mit einem Ergebnis erst nach dem Wegfall des Gewahrsamsgrundes zu rechnen wäre – andernfalls würde eine Entlassung unnötig verzögert.[705] So macht auch ein ausdrücklicher Verzicht eine gerichtliche Anordnung nicht entbehrlich, da diese unabhängig von einem entspr. Wunsch oder Antrag der festgehaltenen Person zu erfolgen hat.[706] Selbst eine etwa alkoholbedingte Vernehmungsunfähigkeit des Betroffenen befreit die Polizei nicht von der Verpflichtung zur unverzüglichen Herbeiführung einer gerichtlichen Entscheidung.[707] Gleiches gilt, auch wenn die Behörde die festgehaltene Person vor Ablauf der Frist des Art. 104 Abs. 2 S. 3 GG aus dem Gewahrsam entlässt.[708]

188 Gerichtlich **zuständig** für die Entscheidung über Zulässigkeit oder Fortdauer des Gewahrsams ist nach Maßgabe der Sonderzuweisung in § 13a Abs. 2 S. 1 SOG das **AG Hamburg**, das auch über andere freiheitsentziehende Maßnahmen entscheidet,[709] und hier der gesetzliche, also hauptberuflich und planmäßig angestellte und nach Geschäftsverteilungsplan zuständige Richter (Art. 101 GG). Die amtsgerichtliche Entscheidung stellt dabei keine Überprüfung der Rechtmäßigkeit des behördlichen Gewahrsams dar – die gerichtliche Entscheidung über Zulässigkeit oder Fortdauer des Gewahrsams erfolgt *eigenständig* als ein für die Freiheitsentziehung konstitutives Element.[710] Materiell-rechtlich ist durch das Gericht § 13 SOG anzuwenden und auf Grundlage einer eigenen Sachaufklärung und Gefahrenprognose festzustellen, ob die Voraussetzungen einer Freiheitsentziehung im Zeitpunkt der Entscheidung vorliegen.[711] Für das anzuwendende Verfahrensrecht verweist § 13a Abs. 2 S. 2 SOG auf die §§ 415 ff. im siebten Buch des FamFG und das dort geregelte **Verfahren für Freiheitsentziehungssachen**.[712]

189 Die Verweisung umfasst auch die in den allgemeinen Vorschriften vorgesehenen **Rechtsmittel** der Beschwerde gegen die amtsgerichtliche Anordnung nach §§ 58 ff. FamG sowie der anschließenden Rechtsbeschwerde nach §§ 70 ff. FamG.[713] Nach § 13a Abs. 2 S. 3 SOG ist jedenfalls für Präventiv- und Durchsetzungsgewahrsam iSd § 13 Abs. 1 Nr. 2 bis 4 SOG das Beschwerdever-

---

701 Vgl. BVerfG 18.4.2016 – 2 BvR 1833/12, 2 BvR 1945/12, Rn. 27.
702 OLG Rostock 16.7.2007 – 3 W 79/07, Rn. 40 f.
703 EGMR 29.4.1999 – 25642/94 (Aquilina/Malta).
704 Vgl. LG Rostock 28.7.2017 – 3 T 194/17, Rn. 16. Ein solcher Verstoß steht der Rechtmäßigkeit einer (späteren) Entscheidung des Gerichtes über die Fortdauer der Freiheitsentziehung allerdings nicht entgegen; so BGH 12.2.2020 – StB 36/18, Rn. 31 ff.
705 *Schenke* Rn. 159 f.; vgl. den Maßstab bei BERS/*Stammer* § 13a SOG Rn. 8.
706 Vgl. BVerfG 14.2.2017 – 1 BvR 2639/15, Rn. 21; OLG Braunschweig 5.3.2021 – 3 W 104/20, 3 W 105/20, 3 W 3/21, Rn. 79 ff.
707 Vgl. *Kingreen/Poscher* § 13 Rn. 9; VGH Mannheim 10.1.2012 – 1 S 2963/11, Rn. 8.
708 BVerfG 15.5.2002 – 2 BvR 2292/00, Rn. 28.
709 Vgl. Bü-Drs. 13/5422, 17.
710 Vgl. SchE/*Schoch/Kießling* Rn. 595 f. mwN.
711 Vgl. *Schenke* Rn. 160. Als Beispiel s. LG Hamburg 29.3.2023 – 301 T 103/23.
712 Zum Verfahren nach den §§ 415 ff. FamFG s. etwa LD/*Graulich* Kap. E Rn. 569 ff.
713 BGH 12.2.2020 – StB 36/18, Rn. 8; 10.3.2021 – 3 ZB 5/20 (G20).

fahren gegen die Entscheidung des AG über die Freiheitsentziehung auch *nach* **Wegfall der Beschwer** zulässig – sowohl der Betroffene als auch die Behörde können deren Richtigkeit so auch noch nach der Beendigung des *angeordneten* bzw. infolge der Versagung des *beantragten* Gewahrsams überprüfen lassen, ohne dass es auf ein fortbestehendes Rechtsschutzbedürfnis iSd § 62 FamFG ankommt.[714] Als deklaratorische Klarstellung ist vor diesem Hintergrund § 13a Abs. 2 S. 4 SOG zu verstehen, der auf die Möglichkeit der *nachträglichen* Überprüfung der Rechtmäßigkeit einer Ingewahrsamnahme durch das **Verwaltungsgericht** hinweist.[715] Um konkurrierende Rechtswegeröffnungen zu vermeiden, dürfte die Vorschrift jene Fälle erfassen, in denen das Amtsgericht *nicht* über den Gewahrsam entschieden hat, sodass eine Fortsetzung des Rechtswegs vor den ordentlichen Gerichten nicht möglich ist.[716]

bb) Behandlung festgehaltener Personen

Nach § 13b Abs. 1 SOG ist die Behörde zur **Aufklärung** über den **Grund** der polizeilichen Maßnahme verpflichtet. Dies umfasst jedenfalls den *Sachverhalt* und die einschlägige *Befugnisnorm*, worüber die festgehaltene Person *unverzüglich*, also frühestmöglich bereits während der Ingewahrsamnahme, und gem. Art. 5 Abs. 2 EMRK in einer ihr verständlichen Sprache, im Übrigen aber formfrei zu informieren ist.[717] Da die Polizei eine gerichtliche Entscheidung von sich aus herbeizuführen bzw. nachzuholen hat, ist eine Pflicht zur **Rechtsmittelbelehrung** von § 13b SOG zwar nicht ausdrücklich vorgesehen, kann sich im Einzelfall aber aus Art. 19 Abs. 4 GG ergeben, wenn Rechtsschutz sonst unzumutbar erschwert würde.[718]

190

§ 13b Abs. 2 S. 1 Hs. 1 SOG verpflichtet die Behörde, der festgehaltenen Person unverzüglich eine Gelegenheit zu geben, einen **Angehörigen oder eine Person ihres Vertrauens zu benachrichtigen**. Dazu ist am Ort des Gewahrsams kostenlos ein Telefon zur Verfügung zu stellen. Eine auch nur temporäre Aushändigung des eigenen Handys wird jedenfalls grds. nicht in Betracht kommen.[719] Nach S. 1 Hs. 2 hat eine Benachrichtigung zu unterbleiben, soweit dies zur Verhütung von Straftaten erforderlich ist. Nach S. 3 soll sie von der Behörde übernommen werden, wenn die festgehaltene Person dazu nicht in der Lage ist und die **Übernahme durch die Behörde** ihrem mutmaßlichen oder ausdrücklichen Willen nicht widerspricht. Ausländische Staatsbürger sind über ihr Recht auf konsularische Unterstützung zu unterrichten.[720] Werden **Minderjährige** oder **unter Betreuung stehende volljährige Personen** in Gewahrsam genommen, hat stets eine unverzügliche Benachrichtigung durch die Polizei ggü. einer sorgeberechtigten Person zu erfolgen (S. 4 u. 5).

191

---

714 BGH 12.2.2020 – StB 36/18, Rn. 16 ff. Vgl. zur Historie Bü-Drs. 15/5177, 2 f., 5, sowie OLG Hamburg 3.11.1995 – 2 Wx 71/95; 21.5.1997 – 2 Wx 16/97, Rn. 6 ff.
715 Vgl. etwa die entspr. Rechtslage aufgrund des anderslautenden § 56 Abs. 5 S. 4 SOG M-V sowie dazu OVG Greifswald 14.10.2008 – 3 O 161/08 u. BVerwG 17.2.2012 – 6 AV 2.11. Gänzlich versperrt ist der Verwaltungsrechtsweg demggü. nur dann, wenn dafür eine explizite Regelung besteht, vgl. etwa § 31 Abs. 2 u. 3 S. 1 ASOG sowie dazu Pewestorf/Söllner/Tölle/*Söllner* § 31 Rn. 30.
716 So auch BERS/*Stammer* § 13a SOG Rn. 9 u. 12. Vgl. VG Hamburg 5.6.2018 – 17 K 1823/18, Rn. 23 u. OVG Hamburg 29.3.2019 – 4 Bf 326/18.Z. In diesem Fall war der Kläger entlassen worden, bevor das AG über die Freiheitsentziehung entschieden hatte. Vgl. auch *Finger* JuS 2005, 116 (119).
717 Vgl. LD/*Graulich* Kap. E Rn. 589.
718 BERS/*Stammer* § 13b SOG Rn. 2; Bü-Drs. 13/5422, 17.
719 Vgl. SchGR/*W.-R. Schenke* § 41 BPolG Rn. 5 ff.
720 BVerfG 19.9.2006 – 2 BvR 2115/01. Nach Art. 36 WÜK können ausl. Staatsbürger etwa eine Benachrichtigung ihres zust. Konsulats verlangen. An dieses gerichtete Mitteilungen müssen sofort weitergeleitet werden. Diese Pflichten entstehen allein aufgr. der Staatsbürgerschaft der Betroffenen u. hängen nicht von ihrem tats. Lebensmittelpunkt ab, vgl. BGH 25.9.2007 – 5 StR 116/01, 5 StR 475/02, Rn. 19.

192 **Beispiel:** Als unverzüglich wurde die Benachrichtigung der Mutter eines alkoholisierten 16-Jährigen über dessen Ingewahrsamnahme angesehen, obwohl sie nicht bereits im Streifenwagen, sondern erst nach einer angeordneten Blutentnahme im Krankenhaus bei Ankunft in der Gewahrsamseinrichtung erfolgte.[721]

193 Äußere Vorgaben zur **Art und Weise der Unterbringung** sind in § 13b Abs. 3 SOG geregelt. Festgehaltene Personen sollen nach S. 1 *gesondert*, also in Einzelzellen, Männer und Frauen nach S. 2 *getrennt* untergebracht werden.[722] Abweichungen vom Grundsatz der nicht bindenden Soll-Vorschriften können sich aufgrund räumlicher Kapazitäten ergeben, wobei auch ohne ausdrückliche Regelung im SOG jedenfalls die gemeinsame Unterbringung in Gewahrsam genommener Personen mit Straf- oder Untersuchungsgefangenen auszuschließen und bei Kindern bis zu einer etwaigen Übergabe an den Kinder- und Jugendnotdienst eine altersgerechte Unterbringung und Beaufsichtigung sicherzustellen ist.[723] Der in S. 3 normierte allgemeine Grundsatz betont die Anforderungen der **Verhältnismäßigkeit** für weitere Beschränkungen, die auf das für den Zweck der Freiheitsentziehung oder die Ordnung im Gewahrsam erforderliche Maß zu reduzieren sind. Soweit nach polizeilicher Prognose ein Einsatzgeschehen mit einer hohen Zahl an Ingewahrsamnahmen absehbar ist, hat die Behörde Sorge etwa für das Vorhandensein ausreichender sanitärer Einrichtungen zu tragen.[724] Im Einzelfall kann § 13b Abs. 3 S. 3 SOG auch ein Absehen von der Ingewahrsamnahme erforderlich machen, wenn diese nicht ordnungsgemäß durchführbar ist, weil räumliche und personelle Mittel fehlen.[725]

194 **Beispiele:** Als rechtswidrig wurde die Behandlung einer Person im Gewahrsam qualifiziert, soweit diese sich für eine Durchsuchung vollständig entkleiden und die WC-Tür bei Toilettengängen offen stehen bleiben musste. Auch die zwangsweise Entkleidung einer weiblichen inhaftierten Person bis auf den Slip unter Beteiligung männlicher Beamter, um ihren BH auf Metallbügel zu überprüfen, wurde als rechtswidrig angesehen. Für die Zulässigkeit der Verweigerung eines Toilettengangs während des Transports in eine Gewahrsamseinrichtung wird auf die Umstände des Einzelfalls, etwa auf die Betonung der Dringlichkeit und eine erneute Äußerung eines entspr. Wunsches sowie bei einer Vielzahl von Ingewahrsamnahmen auf die dadurch entstehenden Verzögerungen für andere Personen abgestellt.[726]

195 Soweit überhaupt erforderlich, kann eine den Gewahrsam ergänzende **Fesselung** oder **Fixierung** nur unter den zusätzlichen Voraussetzungen des § 23 SOG erfolgen – gleiches gilt für die regelmäßig im Rahmen einer Ingewahrsamnahme durchzuführende **Durchsuchung** der Person und die **Sicherstellung** mitgeführter Gegenstände nach § 15 Abs. 1 Nr. 1 bzw. § 14 Abs. 1 S. 1 lit. b SOG. Der Einsatz von **Videoüberwachung** zum Schutz der festgehaltenen Person, der Vollzugsbediensteten oder zur Verhütung von Straftaten in polizeilichen Einrichtungen richtet sich nach § 18 Abs. 4 PolDVG – unter den Voraussetzungen des § 17 PolDVG können zudem Fotos angefertigt werden, etwa zur Erleichterung der Zuordnung im Falle einer Vielzahl in Gewahrsam genommener Personen, die in einem Ausnahmefall in einer Sammelzelle untergebracht sind.

196 Eine absolute Grenze bildet das **Misshandlungsverbot** in Art. 104 Abs. 1 S. 2 GG, das Art. 1 Abs. 1 GG konkretisiert und nicht nur auf *freiheitsbeschränkende*, sondern auch auf *freiheitsentziehende* Maßnahmen anwendbar ist.[727] Es betrifft Beeinträchtigungen, vor denen auch die Grundrechte, etwa Art. 2 Abs. 1 u. Abs. 2 S. 1 sowie Art. 5 Abs. 1 S. 1 GG, schützen. Da diese auch in staatlichen Gewahrsamsverhältnissen iSd Art. 1 Abs. 3 GG unvermindert gelten,[728] ist hier schon deshalb

---

721 Vgl. OVG Bautzen 15.4.2020 – 3 A 211/20.
722 Auch ohne ausdrückl. Vorgabe gebietet der Grundsatz der Verhältnismäßigkeit, dass auf bes. Bedürfnisse trans- oder intergeschlechtl. sowie nicht-binärer Personen Rücksicht zu nehmen ist. Nach dem durch Ablauf der 20. Wahlperiode erledigten Gesetzesentwurf zur Neustrukturierung des BPolG sollte ein Wahlrecht bzgl. ihrer Unterbringung eingeräumt werden, vgl. BT-Drs. 20/10406, 125 f.
723 Vgl. SchGR/*W.-R. Schenke* § 41 BPolG Rn. 8 f.; BERS/*Stammer* § 13b SOG Rn. 7.
724 VGH Mannheim 20.1.2022 – 1 S 1724/20, Rn. 33 ff.
725 Vgl. LG Hamburg NVwZ 1987, 833.
726 Vgl. BGH 10.3.2021 – 3 ZB 5/20 (Toilettentür); BayObLG 7.12.2022 – 206 StRR 296/22 (Entkleidung); VGH Mannheim 20.1.2022 – 1 S 1724/20, Rn. 43 ff. (Verweigerung).
727 JP/*Jarass* Art. 104 Rn. 23. Zum Verhältnis von Art. 104 Abs. 1 u. 2 [→ DFn 633].
728 Vgl. BVerfG 14.3.1972 – 2 BvR 41/71, Rn. 22.

der Schutz vor staatlicher Misshandlung nicht geringer als außerhalb.[729] Art. 104 Abs. 1 S. 2 GG geht durch Statuierung eines strikten Verbotes jedoch darüber hinaus: Eine Misshandlung kann nicht gerechtfertigt werden.[730] Eine **seelische Misshandlung** besteht in einer entwürdigenden und entehrenden Behandlung, etwa durch schwere Beleidigungen.[731] Als **körperliche Misshandlung** wird ein übles, unangemessenes Behandeln angesehen, das entweder das körperliche Wohlbefinden oder die körperliche Unversehrtheit erheblich beeinträchtigt,[732] insbes. jede Form der **Folter**.[733]

cc) Dauer der Freiheitsentziehung

Zeitliche Grenzen einer Freiheitsentziehung auf Grundlage der §§ 13, 12 Abs. 2 SOG ergeben sich aus den Regelungen in § 13c Abs. 1 Nr. 1 u. 2 SOG. Danach ist die zulässige Dauer an den materiellen **Grund des Gewahrsams** gekoppelt (Nr. 1).[734] Dabei macht es keinen Unterschied, ob bereits eine gerichtliche Entscheidung über Zulässigkeit oder Fortdauer des Gewahrsams getroffen wurde. Die Polizei hat das Fortbestehen des Gewahrsamsgrundes fortwährend zu prüfen und die Freiheitsentziehung bei Erreichen oder Fortfall des Zwecks zu beenden.[735] Gleiches gilt, wenn durch die nachträglich herbeigeführte gerichtliche Entscheidung die **Fortdauer** des Gewahrsams für **unzulässig** erklärt wird (Nr. 2). Darüber hinaus statuieren Abs. 1 Nr. 3 und Abs. 2 ein **zeitliches Höchstmaß**, das als Ausdruck einer vertypten Verhältnismäßigkeit nach den Gründen der Freiheitsentziehung **gestaffelt** ist: Dient die Ingewahrsamnahme der Personalienfeststellung darf sie *zwölf Stunden* nicht überschreiten (Abs. 2). In allen anderen Fällen ist iSd Art. 104 Abs. 2 S. 3 GG der Betroffene spätestens bis zum *Ende des darauffolgenden Tages* (24 Uhr) zu entlassen,[736] wenn nicht vorher die Fortdauer der Freiheitsentziehung durch richterliche Entscheidung angeordnet wird (Nr. 3).

197

Erfolgt eine **gerichtliche Entscheidung**, ist durch sie nach Abs. 1 Nr. 3 eine **individuelle Festlegung** der höchstzulässigen Dauer der Freiheitsentziehung in den von der Norm vorgegebenen Grenzen zu treffen. In den Fällen des *Präventiv-* und des nicht auf Platzverweisungen bezogenen *Durchsetzungsgewahrsams* kann ein Zeitraum von bis zu *zehn Tagen* bestimmt werden, wobei anders als in anderen Ländern keine Verlängerungsmöglichkeit vorgesehen ist.[737] Für jede andere Art von Gewahrsam liegt die Grenze bei *zwei Tagen*. Dies gilt indes nur, soweit die Verhältnismäßigkeit im Einzelfall gewahrt wird und ein Gewahrsam für den festgesetzten Zeitraum unerlässlich ist.[738] Weiterhin wird in der Lit. vereinzelt die **Verfassungswidrigkeit** jener Befugnisnormen angenommen, die wie § 13c Abs. 1 Nr. 3 S. 2 Hs. 2 SOG eine *vier Tage* überschreitende **Höchstdauer** des Gewahrsams vorsehen.[739] Aufgrund der Koppelung an das

198

---

729 Vgl. JP/*Jarass* Art. 104 Rn. 7 mwN.
730 DHSch/*Mehde* Art. 104 Rn. 183; Dreier/*Schulze-Fielitz* Art. 104 Rn. 61.
731 DHSch/*Mehde* Art. 104 Rn. 179.
732 BGH 3.5.1960 – 1 StR 131/60; Dreier/*Schulze-Fielitz*, Art. 104 Rn. 61.
733 HV/*Gusy* Art. 104 Rn. 34. Für Verletzungen, die während des Gewahrsams entstanden sind, hat der Staat nachzuweisen, dass diese nicht durch eine staatl. Misshandlung verursacht wurden, vgl. EGMR 28.7.1999 – 25803/94 (Selmouni/Frankreich); Dreier/*Schulze-Fielitz*, Art. 104 Rn. 60. Zum sog. Hamburger Polizeiskandal [→ J51].
734 Bü-Drs. 13/5422, 17.
735 Vgl. BERS/*Stammer* § 13c SOG Rn. 1.
736 Ohne eine bereits ergangene (wohl aber beantragte) richterliche Anordnung hängt die zulässige Maximaldauer der Freiheitsentziehung daher von der Tageszeit der Festnahme ab.
737 Vgl. demggü. die verfassungsrechtl. bedenkliche Regelung in Art. 20 BayPAG mit einer Maximaldauer von zwei Monaten bei entspr. Verlängerungsmöglichkeit.
738 Vgl. *Guckelberger* JURA 2015, 926 (936).
739 *Kingreen/Poscher* § 13 Rn. 28 ff.; *Blankenagel* DÖV 1989, 689; krit. dazu *Schenke* Rn. 161 mit Angaben zu überwiegend höheren Fristenregelungen in anderen Ländern.

Fortbestehen des materiellen Grundes und der Pflicht zur Bestimmung der Gewahrsamsdauer in Abhängigkeit von der genauen Gefahrenprognose im Einzelfall vermag diese Auffassung in ihrer Pauschalität nicht zu überzeugen.[740] Im Hinblick auf die so gebotene, restriktive Handhabung kann von einer Verfassungsmäßigkeit der Regelungen ausgegangen werden, da Gefahrenlagen vorstellbar sind, denen nur mit einer längeren Freiheitsentziehung begegnet werden kann oder mit Blick auf grundrechtliche Schutzpflichten sogar entspr. begegnet werden muss.[741]

199 **Beispiel:** Im Rahmen der gewaltsamen Proteste gegen den G20-Gipfel in Hamburg erfolgte am Freitag, 7. Juli 2017, um 6:27 Uhr die Ingewahrsamnahme einer Person als Teil einer Gruppe des sog. Schwarzen Blocks, aus der heraus Flaschen, Steine und pyrotechnische Gegenstände auf Einsatzkräfte der Polizei geworfen wurden. Die Person wurde in die Gefangenensammelstelle verbracht, um dort eine gerichtliche Entscheidung herbeizuführen, die am Sonnabend, 8. Juli, um 23:12 Uhr erging. Wäre dies nicht geschehen, hätte 48 Minuten später der polizeiliche Gewahrsam nach § 13c Abs. 1 Nr. 3 SOG beendet werden müssen. In Ausrichtung an den materiellen Gründen des Unterbindungsgewahrsams, ausgehend vom Fortbestehen einer hohen Wahrscheinlichkeit für die Begehung von Straftaten, wurde gerichtlich eine Freiheitsentziehung bis zum Sonntag, 9. Juli, 20 Uhr, angeordnet. Ein Zweckfortfall iSd § 13c Abs. 1 Nr. 1 SOG bereits mit der Beendigung des Gipfels am 8. Juni konnte noch nicht angenommen werden, da davon auszugehen war, dass sich die Gefährdungslage auch noch auf den Folgetag bis zur Abreise der Teilnehmenden des Gipfels erstrecken würde.[742]

d) Exkurs: Verbringungsgewahrsam

200 Der sog. Verbringungsgewahrsam bezeichnet eine polizeiliche Maßnahme, bei der Personen von einem bestimmten Ort *verwiesen*, an einen entlegenen Ort *gebracht* und dort *freigelassen* werden, um eine **Rückkehr an den Ursprungsort** zu erschweren bzw. zu verzögern.[743] In der Praxis werden etwa Fußballspiele oder Versammlungen zum Anlass für solche Verbringungen genommen, um Hooligans oder gewalttätige Demonstrierende, die nicht von sich aus ihnen ggü. verfügten Platzverweisen nachkommen, aber auch nicht in Durchsetzungsgewahrsam genommen werden können, für die Dauer des jeweiligen Ereignisses vom Ort des Geschehens fernzuhalten.[744] Seit einer Entscheidung des LG Hamburg im Jahr 1996 wird die Maßnahme in der FHH nicht mehr angewendet.[745] Das Gericht hatte sich umfänglich mit der Rechtmäßigkeit der Maßnahme auseinandergesetzt und zutreffend festgestellt, dass diese bereits deshalb unzulässig war, da das SOG dafür **keine Ermächtigung** enthält.[746]

201 Irreführend mutet bereits die Bezeichnung als Verbringungs-„*Gewahrsam*" an, da es sich dabei gerade *nicht* um eine Form des (Durchsetzungs-)Gewahrsams handelt. Anders als eine Ingewahrsamnahme ist die Verbringung nicht (primär) auf *Festhalten* und *Verwahrung* einer Person gerichtet, sondern auf die *Herstellung räumlicher Distanz*.[747] Aufgrund dieser unterschiedlichen Zielsetzung ist die Verbringung als **aliud** einzuordnen und kann nicht auf § 13

---

740 So auch *Pünder* NordÖR 2005, 292 (295); *Schenke* Rn. 161.
741 Vgl. BayVerfGH 2.8.1990 – Vf. 3-VII-89; SächsVerfGH 14.5.1996 – Vf. 44-II/94 (mit Blick auf die damaligen Fristenregelungen). Mit entspr. Begründung war die Höchstdauer für Präventivs. u. Durchsetzungsgewahrsam zeitweise auf 14 Tage angehoben worden; vgl. Bü-Drs. 18/1487, 9. Mit Bü-Drs. 20/1923, 23 wurde dies rückgängig gemacht, da bis zu 10 Tage als ausreichend angesehen wurden.
742 Vgl. BGH 10.3.2021 – 3 ZB 5/20 (Bestätigung der Entscheidung des LG Hamburg).
743 Weiterführend zum Verbringungsgewahrsam *Schucht* DÖV 2011, 553.
744 Vgl. *Götz/Geis* § 17 Rn. 41.
745 Bü-Drs. 21/12266; 18/340, 3; *Merten/Merten* § 13 Rn. 27. Seinerzeit war die Anordnung eines Polizeibeamten, Angehörige der Drogenszene, die im Umfeld des Hauptbahnhofes in Gewahrsam genommen worden waren, vom PK 11 in St. Georg aus in die Boberger Dünen zu verbringen, als Freiheitsberaubung und Nötigung qualifiziert worden; vgl. LG Hamburg NVwZ-RR 1997, 537.
746 So zur Rechtslage in der FHH BERS/*Stammer* § 13 SOG Rn. 6; *Finger* NordÖR 2006, 423. So auch *Kingreen/Poscher* § 13 Rn. 6; *Kugelmann* Kap. 6 Rn. 58 ff; *Guckelberger* JURA 2015, 926 (933 f.).
747 LG Hamburg NVwZ-RR 1997, 537, 538; *Finger* NordÖR 2006, 423 (426).

SOG gestützt werden.[748] Die Verbringung erweist sich auch nicht als Form der **Vollstreckung** des Platzverweises durch unmittelbaren Zwang, da der Verfügungsadressat lediglich dazu verpflichtet ist, das Verweisungsgebiet zu *verlassen*, nicht jedoch dazu, einen bestimmten weit entfernten Ort *aufzusuchen*.[749] Als weder neue noch atypische Maßnahme, die eine derart hohe Eingriffsintensität in Bezug auf die Freiheit der Person aufweist, scheidet auch ein **Rückgriff auf § 3 Abs. 1 SOG** aus.[750] Wird die Verbringung als Freiheitsentziehung gewertet, kann die Generalklausel als Ermächtigung bereits den Anforderungen des Art. 104 Abs. 2 bis 4 GG [→ D166] nicht genügen.[751] Ungeachtet dessen offenbart sich ein grundsätzlicher Konflikt in Bezug auf die **Verhältnismäßigkeit** anhand von Fallgestaltungen, die anderen strafgerichtlichen Entscheidungen zugrundelagen.[752] Auch ein **polizeipraktisches Bedürfnis**, volltrunkene oder renitente Personen angesichts einer Überbelegung von Gewahrsamsräumen nicht an eine andere Dienststelle, sondern an den Stadtrand zu verbringen, wird in Stadtstaaten kaum anzunehmen sein.[753]

9. Sicherstellung von Sachen

Eine Sicherstellung liegt vor, wenn der Gewahrsam des bisherigen Gewahrsamsinhabers *beendet* und neuer Gewahrsam durch die Verwaltung oder eine von ihr angewiesene Person unter **Herstellung eines amtlichen Verwahrungsverhältnisses** *begründet* wird.[754] Sowohl der *Ausschluss des Berechtigten* von der tatsächlichen Sachherrschaft als auch die *amtliche Verwahrung* der Sache sind dabei nicht bloß mögliche Folgen, sondern konstitutive Elemente einer Sicherstellung.[755] Daher liegt *keine* Sicherstellung vor, wenn eine Sache durch die Polizei zerstört oder ein Fahrzeug auf einen freien Parkplatz umgesetzt oder eine Parkkralle angebracht wird.[756] Die Sicherstellung bewirkt einen Eingriff in die **Eigentumsgarantie**, weil sie den Betroffenen in seiner Herrschaft über die Sache, also in seinem Recht, die Sache zu besitzen und von ihr Gebrauch zu machen, einschränkt.[757] Die daher gem. Art. 14 Abs. 1 S. 2 GG notwendige gesetzliche Ermächtigung im Polizei- und Ordnungsrecht enthält **§ 14 Abs. 1 SOG**.[758] Die Sicherstellung erfolgt als Verfügung, die Sache zur (dauerhaften) Verwahrung herauszugeben. Sie ist daher als

202

---

748 So auch EP/v. *Rodbertus* Rn. 324 unter Verweis auf staatl. Fürsorgepflichten im Gewahrsam. Anders OVG Bremen NVwZ 1987, 235, 237 u. OLG München 6.7.1989 – BReg 3 Z 22/89, Rn. 31, wonach die Verbringung als „Minus-Maßnahme" der Ingewahrsamnahme auf deren Befugnisnorm gestützt werden kann. Vgl. auch VG Berlin 8.9.2014 – 80 K 41.13 OL, das ein milderes Gepräge ablehnt, aber dennoch Gewahrsam auf Grundlage des § 30 ASOG annimmt.
749 *Schucht* DÖV 2011, 553 (557); *Gusy/Eichenhofer* Rn. 297; aA *Götz/Geis* § 17 Rn. 41.
750 *Kingreen/Poscher* § 13 Rn. 6; aA EFP/*Pünder* Rn. 288; *Schenke* Rn. 157 für kurze Verbringungen; LD/*Graulich* Kap. E Rn. 550 ff., der einen Gewahrsam während der Autofahrt u. die Durchsetzung einer auf die Generalklausel gestützten Umsetzungsverfügung kombiniert. So auch VGH Mannheim 18.11.2021 – 1 S 803/19, Rn. 108 ff.
751 SchE/*Schoch/Kießling* Rn. 577.
752 Vgl. etwa BGH 10.1.2008 – 3 StR 463/07 (Aussetzung mit Todesfolge). Vgl. aber die Erwägungen zur Verbringung als im Einzelfall milderes Mittel bei *Thiel* § 10 Rn. 149.
753 Ähnlich auch *Pewestorf/Söllner/Tölle* § 30 Rn. 6, die zudem auf die mangelnde Geeignetheit angesichts eines gut ausgebauten ÖPNV verweisen.
754 Vgl. *DWVM* S. 209; SchE/*Schoch/Kießling* Rn. 630 f. Das SOG verwendet einen weiten Sicherstellungsbegriff, der die *Beschlagnahme* mitumfasst; vgl. demgü. etwa § 38 BWPolG.
755 Vgl. OVG Münster 21.1.1991 – 7 A 246/88; *Kingreen/Poscher* § 15 Rn. 2; *Schenke* Rn. 173. Auf die Gewahrsamsdauer kommt es dagegen nicht an, sodass auch eine kurze Inbesitznahme eine Sicherstellung sein kann, vgl. *Schenke* Rn. 173; aA *Kingreen/Poscher* § 15 Rn. 4.
756 Vgl. VG Hamburg 22.6.2018 – 1 E 2009/18, Rn. 41 f.; *Thiel* § 10 Rn. 181. Herrenlose Sachen können mangels Gewahrsamsverlust nicht sichergestellt werden; aA BERS/*Beaucamp* § 14 SOG Rn. 3.
757 DHSch/*Papier/Shirvani* Art. 14 Rn. 146 u. 323 mwN. EFP/*Pünder* Rn. 275.
758 Vgl. die vorrangigen spezialgesetzl. Befugnisse in § 23 Abs. 9 HundeG, § 13 Abs. 1 PassG, § 29 Abs. 2 PAuswG, § 17 Abs. 1 StVZO oder § 46 Abs. 4 WaffG. Zur parl. Sicherstellungsbefugnis HmbVerf KJ/*Hellwig/Nowrot*, Art. 17 Rn. 20 ff. Zur strafproz. Beschlagnahme vgl. §§ 94 ff. StPO. Im Anwendungsbereich des HmbPresseG ist § 14 SOG nicht anwendbar, vgl. § 1 Abs. 2 [→ C67]. Da das HmbPresseG selbst

(**Dauer-**)**VA** iSd § 35 S. 1 HmbVwVfG zu qualifizieren.[759] Die Sicherstellungsanordnung ist von ihrer zwangsweisen **Durchsetzung** zu trennen, falls die Sache nicht freiwillig herausgegeben wird.[760] Diese erfolgt durch *Wegnahme* nach § 17 HmbVwVG, also als Realakt nach Maßgabe des Vollstreckungsrechts. Bei Ortsabwesenheit des Eigentümers oder Inhabers der tatsächlichen Gewalt, hat eine Sicherstellung unter den Voraussetzungen des § 7 Abs. 1 SOG zu erfolgen.[761]

a) Gegenstand einer Sicherstellung

203 Gegenstand einer Sicherstellung sind **Sachen**. Was darunter zu verstehen ist, definieren weder SOG noch das öff. Recht im Allgemeinen.[762] Begreift man die Rechtsordnung als einheitlich oder jedenfalls das öffentliche und private Recht als wechselseitige Auffangordnungen, bietet sich der Rückgriff auf § 90 BGB an.[763] Sachen sind demnach nur **körperliche**, also solche **Gegenstände**, die man entweder *anfassen* oder aber jedenfalls *sinnlich wahrnehmen* und *technisch beherrschen* kann.[764] Erfasst sind sowohl *bewegliche* Sachen wie Waffen,[765] Tiere, Fahrzeuge oder deren Schlüssel als auch Immobilien[766] sowie *Bargeld*.[767] *Buchgeld* stellt demggü. keine sicherstellungsfähige Sache iSd § 90 BGB, sondern lediglich eine Forderung des Kontoinhabers gegen das Kreditinstitut dar.[768]

204 Auch **Daten** sind demnach keine Sachen, selbst wenn man das Kriterium der Körperlichkeit nicht in der Strenge des § 90 BGB anwenden,[769] sondern die Spezifika des jeweiligen Fachrechts in den Sachbegriff modifizierend einfließen lassen will.[770] Denn das Polizei- und Ordnungsrecht der FHH bestätigt das nicht-sächliche Verständnis von Daten, indem es den Umgang mit ihnen gerade nicht im SOG unter dem Gesichtspunkt der *Verfügungsgewalt* und aktioneller Befugnisse, sondern im PolDVG unter dem Gesichtspunkt der *Datenverarbeitung* regelt.[771] Sachen und damit Gegenstand einer Sicherstellung können allerdings die **Trägermedien** der

---

keine Sicherstellungsbefugnis vorsieht, sind Presseerzeugnisse letztlich nicht sicherstellungsfähig. Zur sog. Polizeifestigkeit des Presserechts vgl. *Götz/Geis* § 17 Rn. 68.
759 BVerwG 14.7.1999 – 6 C 7.98, Rn. 18; OVG Münster 21.1.1991 – 7 A 246/88, Rn. 16; *Gusy/Eichenhofer* Rn. 286; *Lambiris* S. 120; *Götz/Geis* § 17 Rn. 60; *Kugelmann* Kap. 6 Rn. 93; LD/*Graulich* Kap. E Rn. 608; aA VGH München 23.2.2016 – 10 BV 14/2353, Rn. 16.
760 Vgl. BVerwG 14.7.1999 – 6 C 7.98; VGH Kassel 19.5.2008 – 8 B 557/08; SchE/*Schoch/Kießling* Rn. 631. Dagegen will SBS/*Stelkens* § 35 Rn. 97 eine Zweiaktigkeit nur annehmen, wenn diese vom Gesetz ausdrückl. vorgesehen ist, die Sicherstellung iÜ als einen *einzigen* Realakt qualifizieren.
761 Vgl. *Lambiris* S. 150 f.
762 Vgl. SBS/*Stelkens* § 35 Rn. 310a. Gesetzl. Zuordnungen zum Sachbegriff finden sich nur vereinzelt in spez. Fachgebieten des ÖffRs, etwa in § 1 Abs. 4 Nr. 2 FStrG.
763 VGH München 23.2.2016 – 10 BV 14/2353, Rn. 18; OVG Bremen 24.6.2014 – 1 A 255/12; OVG Lüneburg 7.3.2013 – 11 LB 438/10. Allg. die Beiträge in *Hoffmann-Riem/Schmidt-Aßmann*, Öffentliches Recht u. Privatrecht als wechselseitige Auffangordnungen, 1996; *Röhl/Röhl* S. 426 ff.
764 MüKoBGB/*Stresemann*, 9. Aufl. 2021, BGB § 90 Rn. 1.
765 Dabei sind die Ermächtigungen zur Sicherstellung bei nicht mehr bestehender oder fehlender Erlaubnis in § 46 Abs. 2 S. 2, Abs. 3 S. 2 WaffG vorrangig. Eine sof. Sicherstellung kommt im Fall eines Waffenverbots oder der Gefahr des missbräuchl. Verwendung nach § 46 Abs. 4 WaffG in Betracht, vgl. OLG Hamm 10.8.2010 – I-15 W 86/10, Rn. 22. Sofern eine sich aus anderen Gründen ergebende Gefahr besteht, ist der Rückgriff auf § 14 SOG möglich, vgl. OVG Lüneburg 15.4.2021 – 11 ME 48/21.
766 Vgl. OVG Koblenz 3.9.2019 – 7 A 10049/19 (Kfz); VGH München 14.6.2018 – 10 CS 18/515 (Hund).
767 S. etwa OVG Münster 2.3.2021 – 5 A 942/19; OVG Bremen 24.6.2014 – 1 A 255/12; VG Hamburg 9.2.2017 – 17 E 7585/16 (Sicherstellung zum Schutz priv. Rechte bei unbek. Eigentümer).
768 VGH München 23.2.2016 – 10 BV 14/2353, Rn. 18 ff.; aA OVG Lüneburg 7.3.2013 – 11 LB 438/10 sowie OVG Bremen 19.4.2016 – 1 LB 200/15. Umfassend dazu *Thiel/Disselkamp* KriPoZ 2020, 281. Auch Kryptogeld (z.B. Bitcoin) wird als nicht sicherstellungsfähig angesehen. Hierfür sprechen auch Spezialermächtigungen in anderen Gesetzen, etwa § 38 Abs. 2 BWPolG, die im SOG fehlen.
769 In diese Richtung *Papier*, Recht der öffentlichen Sachen, 2. Aufl., Reprint 2019, S. 2.
770 Vgl. SBS/*Stelkens* § 35 Rn. 310 f. mwN.
771 Vgl. demggü. die im Ländervergleich bislang einzigartige Vorschrift des Art. 25 Abs. 3 BayPAG.

Daten sein, also etwa (bedrucktes) Papier oder elektronische Speichermedien.[772] § 14 Abs. 1 S. 1 SOG ermächtigt konsequenterweise auch nur zur *Gewahrsamsänderung* an diesen Trägern, nicht hingegen zum hiervon zu trennenden *(Aus-)Lesen* der Daten, das sich nach den speziell auf die Datenerhebung und -verarbeitung zugeschnittenen Befugnissen zu richten hat. Dafür dürfte, soweit es *nicht* um die Verfügungsgewalt über die Datenträgern geht,[773] auch der Rückgriff auf die Generalklauseln in § 11 PolDVG und ggf. auch § 3 Abs. 1 SOG in Betracht kommen, weil Daten zwar keine Sachen sind, es aber auch nicht das Ziel ist, die Verfügungsgewalt über die Daten zu entziehen und neu zu begründen,[774] sondern sie informationell zu verarbeiten. Letzteres regelt § 14 SOG rechtsfolgenseitig aber nicht, sodass von ihm insoweit auch keine **Sperrwirkung** ausgehen kann.[775] Freilich helfen auch informationelle Befugnisse nicht weiter, wenn und solange man den Datenträgern inklusive der Daten nicht habhaft wird, etwa weil diese in technischen Trägersystemen wie einer Cloud gespeichert sind, an die eine Sicherstellung jedenfalls praktisch nicht ansetzen kann.[776]

b) Sicherstellungstatbestände und -voraussetzungen

Als Befugnisnorm sieht § 14 Abs. 1 S. 1 SOG drei Tatbestände vor, nach denen eine Sicherstellung zulässig ist.[777] Dabei gelten die allgemeinen Regelungen zur **Zuständigkeit**.[778] Formelle Anforderungen ergeben sich aus § 14 Abs. 2 SOG, wonach die betroffene Person eine **Bescheinigung** über die Sicherstellung verlangen kann. Zwar ist eine ausdrückliche Pflicht zur *Unterrichtung* des Eigentümers oder des bisherigen Inhabers der tatsächlichen Gewalt nicht vorgesehen,[779] gegenüber der betroffenen Person hat gem. § 41 Abs. 1 HmbVwVfG jedoch ohnehin eine **Bekanntgabe** der Sicherstellungsverfügung zu erfolgen.

205

aa) Abwehr unmittelbar bevorstehender Gefahren

Nach § 14 Abs. 1 S. 1 lit. a SOG kann eine Sicherstellung erfolgen, wenn dies zur Abwehr einer unmittelbar bevorstehenden Gefahr für die öffentliche Sicherheit oder Ordnung oder zur Störungsbeseitigung erforderlich ist. Gesteigerte Anforderungen bestehen hier also hinsichtlich der zeitlichen Nähe des Schadenseintritts [→ C186]. Eine entspr. Gefahr kann dabei sowohl von der Sache selbst ausgehen, etwa von einer Giftschlange, als auch von der Art ihrer Verwendung durch den Eigentümer oder Inhaber der tatsächlichen Gewalt, z.B. von einem Fahrzeug bei einem illegalen Straßenrennen. Führen bereits die **Art und Weise des Besitzes** zu einem Verstoß gegen Rechtsvorschriften und so zu einer Störung der öffentlichen Sicherheit, kann dies eine Sicherstellung erforderlich machen, etwa bei einer Vielzahl von Schusswaffen

206

---

772 Sicherstellung von Daten s. *Michl* NVwZ 2019, 1631 sowie *Löffelmann* GSZ 2020, 244 (249) in Bezug auf Smart-Home-Geräte.
773 S. dazu VGH München 23.2.2016 – 10 BV 14/2353, Rn. 34.
774 Hierin dürfte sich der Zugriff auf *Daten* von dem auf *Buchgeld* unterscheiden, weshalb für letzteres die Annahme einer Sperrwirkung näherliegt; anders EFP/*Pünder* Rn. 277.
775 Zur Sperrwirkung des § 14 SOG vgl. SchE/*Schoch/Kießling* Rn. 634 f.
776 Hierin liegt die Bedeutung des erwähnten Art. 25 Abs. 3 BayPAG [→ DFn 771], der so insbes. den Zugriff auf Cloud-Datenbestände ermöglicht, vgl. *Schenke* Rn. 180. Mit demselben Ziel wird der strafproz. § 94 StPO durch die Rspr. entspr. ausgelegt, vgl. BVerfG 12.4.2005 – 2 BvR 1027/02.
777 S. 2 enthält lediglich eine Ermessensvorschrift [→ E53] hinsichtl. der Sicherstellung verbotswidrig abgestellter oder liegengebliebener Fahrzeuge. Eine Sicherstellung zur vorbeugenden Kriminalitätsbekämpfung kennt das SOG nicht; vgl. demggü. etwa § 40 Abs. 1 Nr. 4 HSOG.
778 VG Hamburg 9.2.2017 – 17 E 7585/16, Rn. 22.
779 Vgl. demggü. § 37 Abs. 2 BWPolG. Für Fälle der unm. Ausführung s. § 7 Abs. 2 SOG.

und Munition, soweit diese unter Verstoß gegen waffenrechtliche Aufbewahrungsvorschriften gelagert werden.[780]

207 **Beispiele:** Zur Gefahrenabwehr sicherstellen kann die Polizei etwa gefährliche Chemikalien aus einem unbewachten und unverschlossenen Giftlager oder aus einem Risikogebiet für Maul- und Klauenseuche importiertes Rindfleisch, das aufgrund gefälschter Begleitdokumente nicht tierärztlich untersucht wurde. Eine unmittelbar bevorstehende Gefahr begründen auch Elektroschocker und Pfefferspray, die in einem Kofferraum nahe eines Rockertreffs aufgefunden werden. Sichergestellt werden können eine für sich genommen ungefährliche Flugdrohne, wenn die Prognose iRd Ausreiseversuchs ihres Besitzers ergibt, dass dieser sie zur Unterstützung des bewaffneten Jihads mitführt, oder ein Kfz aufgrund dessen fortwährenden Nutzung durch eine Person ohne Fahrerlaubnis.[781] Gleiches gilt für einen Impfpass mit ärztlicher Dokumentation einer tatsächlich nicht durchgeführten Schutzimpfung.[782]

208 Besonderheiten gelten für die Sicherstellung von **Foto- und Videomaterial** polizeilicher Einsätze, dessen Anfertigung und Verbreitung nur in Ausnahmefällen eine Gefahr für die öff. Sicherheit begründen kann [→ C147]. Um eine Sicherstellung zum Schutz obdachloser Menschen [→ C137] handelt es sich, wenn **Wohnungen oder Gebäude** für ihre Unterbringung in Anspruch genommen werden, wobei die Sicherstellung nicht daran scheitert, dass die Polizei der darin eingewiesenen Person die Ausübung des Gewahrsams *überlässt*.[783] Seit April 2024 gilt mit **§ 14a SOG** abermals die besondere, befristete Befugnisnorm zur Sicherstellung ungenutzter Immobilien für die **Unterbringung geflüchteter Menschen**, die insbes. durch die Absenkung der Gefahrenschwelle auf eine *bevorstehende Gefahr* und die gesetzliche Anordnung der sofortigen Vollziehung das Verfahren vereinfachen und beschleunigen soll.[784] Ein häufiger Anwendungsfall ist die **Sicherstellung von Bargeld**, die aufgrund der erhöhten Gefahrenschwelle hinreichende Anhaltspunkte erfordert, dass das Geld mit *an Sicherheit grenzender Wahrscheinlichkeit* für die Durchführung strafbarer Handlungen genutzt wird, was insbes. durch die Herkunft aus Drogengeschäften indiziert sein kann.[785] Ziel einer solchen *präventiv-polizeilichen Gewinnabschöpfung* ist die Verhinderung weiterer illegaler Geschäfte.[786]

bb) Verhinderung missbräuchlicher Verwendung im Gewahrsam

209 Zur Verhinderung einer missbräuchlichen Verwendung durch eine in Gewahrsam genommene Person kann eine Sache nach § 14 Abs. 1 S. 1 lit. b SOG sichergestellt werden. Die Befugnis gilt über den polizeilichen Gewahrsam nach § 13 SOG hinaus auch für vorläufige Festnahmen

---

780 OVG Lüneburg 15.4.2021 – 11 ME 48/21. Zu Verbreitung und Gebrauch von Schusswaffen s. Bü-Drs. 22/15918.
781 Vgl. OVG Hamburg 6.10.2004 – 1 Bs 447/04, Rn. 7 f. (Fleisch); VG Cottbus 2.4.2020 – 3 L 559/19, Rn. 13 ff. (Chemikalien); VG Berlin 16.9.2011 – 1 K 312/10 (Rocker); VG Braunschweig 7.9.2016 – 5 A 192/15 (Flugdrohne); OVG Koblenz 3.9.2019 – 7 A 10049/19, (Fahrerlaubnis).
782 Unabhängig von den Anforderungen strafrechtl. Bestimmungen, die zu Beginn der Impfkampagne gegen Covid-19 durch die Besitzer derartiger Dokumente regelmäßig nicht erfüllt wurden, liegt ohne Schwierigkeiten mit dem strafrechtl. Rückwirkungsverbot eine Störung der öff. Sicherheit vor, die eine Sicherstellung rechtfertigt. Vgl. entspr. Hinweise in den strafgerichtl. Entscheidungen etwa des LG Lüneburg 28.1.2022 – 111 Qs 5/22, Rn. 16; 16.12.2021 – 111 Qs 76/21, Rn. 13. Zur Problematik vgl. *Gaede/Krüger* NJW 2021, 2159 sowie nunmehr BGH 10.11.2022 – 5 StR 283/22.
783 Zur Sicherstellung von Wohnungen für die Unterbringung von obdachlosen oder geflüchteten Menschen s. *Beaucamp* JA 2017, 728 (729 f.) sowie [→ C290].
784 Vgl. Bü-Drs. 22/14786, 9, wonach eine Sicherstellung nach den einzelfallorientierten § 14 Abs. 1 iVm § 10 SOG ungeeignet sei. § 14a SOG bestand in gleichlautender Fassung auch schon von Oktober 2015 bis März 2017, wurde in der Praxis aber nie angewendet, vgl. Bü-Drs. 21/8997; 21/1677. Vgl. zur Unterbringung von Geflüchteten auch *Guckelberger/Kollmann/Schmidt* DVBl 2016, 1088.
785 Vgl. OVG Münster 8.7.2021 – 5 B 1922/20, Rn. 37; OVG Lüneburg 2.7.2009 – 11 LC 4/08, Rn. 38 ff. Vgl. auch VGH München 1.8.2022 – 10 CS 21/2223, (Bargeldfund in Pkw mit Kokainspuren). Ausführlich zur Sicherstellung von Geld s. SchE/*Schoch/Kießling* Rn. 646 ff. u. LD/*Graulich* Kap. E Rn. 624 ff.
786 Vgl. OVG Lüneburg 25.6.2015 – 11 LB 34/14; LD/*Graulich* Kap. E Rn. 624. Zum Verhältnis zu strafproz. Verfall nach §§ 73 ff. StGB, § 111b StPO s. VG Hamburg 9.2.2017 – 17 E 7585/16.

III. Aktionelle Befugnisse

oder Unterbringungen.[787] Eine konkrete Gefahr ist tatbestandlich nicht gefordert, sodass es nicht auf eine entspr. Verwendungsabsicht ankommt.[788] Es genügt die **abstrakte Möglichkeit** einer missbräuchlichen Verwendung, etwa weil der Gegenstand geeignet ist, die Flucht aus dem Gewahrsam zu ermöglichen oder zu erleichtern, Personen zu verletzen, Sachen zu beschädigen, sich selbst zu verletzen oder zu töten.[789] Sichergestellt werden dürfen so nahezu sämtliche mitgeführten Sachen einer Person – in der Regel etwa Gürtel, Kordeln aus Kleidungsstücken oder die Kleidungsstücke selbst, jegliche Art spitzer Gegenstände sowie Kugelschreiber oder Zigaretten. Regelhaft verbleiben Unterwäsche sowie Ober- und Unterbekleidung.

cc) Schutz vor Verlust oder Beschädigung

Zum Schutz vor Verlust oder Beschädigung kann nach § 14 Abs. 1 S. 1 lit. c SOG eine Sache zugunsten des Eigentümers oder des rechtmäßigen Inhabers der tatsächlichen Gewalt sichergestellt werden. Dies kommt in Betracht, wenn die Polizei verlorene oder gestohlene Gegenstände bei Dritten auffindet oder wenn ortsabwesende oder bewusstlose Berechtigte sich selbst nicht um ihre Sachen kümmern können – die Maßnahme ermöglicht dann eine unbeschädigte Rückgabe an die berechtigte Person.[790] Die Schutzsicherstellung ist ein Anwendungsfall der Gefahrenabwehr zum **Schutz privater Rechte**, darf also nur nach Maßgabe des § 3 Abs. 3 SOG erfolgen, wenn andernfalls eine Wiedererlangung des unbeschädigten Eigentums verhindert oder wesentlich erschwert würde.[791] Voraussetzung ist eine **konkrete Gefahr** des Verlusts oder der Beschädigung der Sache.[792] Ist diese im Besitz einer Person, kann von einem drohenden **Eigentumsverlust** nur ausgegangen werden, wenn für den Besitzer die Eigentumsvermutung des § 1006 BGB widerlegt ist, etwa weil dieser keine Angaben zur zweifelhaften Herkunft der Sache machen, Kaufbelege vorweisen oder sich sonst als Eigentümer legitimieren kann.[793] Auch wenn die tatsächlich berechtigte Person unbekannt ist und sich zunächst nicht ermitteln lässt, kann eine präventive Sicherstellung zu ihrem Schutz erfolgen, solange eine zukünftige Ermittlung nicht ausgeschlossen ist.[794] Steht hingegen fest, dass ein Eigentümer nicht ermittelt werden kann, wäre eine Sicherstellung zu dessen Schutz vor Verlust oder Beschädigung ermessensfehlerhaft.[795]

Als besonders geregelter Fall einer **Geschäftsführung ohne Auftrag** ist eine Schutzsicherstellung nur rechtmäßig, wenn sie dem *tatsächlichen* oder dem *mutmaßlichen* Willen des Berechtigten entspricht – eine nachträgliche Billigung ist aber nicht erforderlich.[796] Dies ist etwa von Bedeutung, wenn die Polizei ein **Kfz** sicherstellt, weil dieses unverschlossen ist oder weil Wertgegenstände im Fahrzeugraum vor einem Zugriff Dritter durch ein geöffnetes Seitenfenster geschützt werden sollen – iRd Gefahrenprognose sind dann die genauen Umstände des Einzelfalls wie der *Abstellort*[797] oder die zu erwartende *Dauer des Parkvorgangs* zu berücksichtigen, nicht aber

---

787 Vgl. § 127 StPO sowie § 12 HmbPsychKG; EP/*Beaucamp* Rn. 404.
788 Vgl. *Gusy/Eichenhofer* Rn. 285; *Merten/Merten* § 14 Rn. 15.
789 Vgl. *Kingreen/Poscher* § 15 Rn. 10.
790 EP/*Beaucamp* Rn. 405. Ein Tier wird zur GefAbw. (lit. a) u. nicht zum Schutz des Eigentümers (lit. c) sichergestellt, wenn dieser selbst das Tier misshandelt, vgl. VGH München 18.10.2010 – 10 C 10/2104.
791 Vgl. Bü-Drs. 13/5422, 17; *Gusy/Eichenhofer* Rn. 285; SchE/*Schoch/Kießling* Rn. 637 mwN.
792 Vgl. *Kingreen/Poscher* § 15 Rn. 12; *Merten/Merten* § 14 Rn. 20.
793 Vgl. SchE/*Schoch/Kießling* Rn. 638 f. mwN. S. auch die Beispiele VGH München 27.2.2019 – 10 C 18/2522 (Autoreifen ohne Kaufbeleg); 6.6.2019 – 10 ZB 17/2241, (mit schwarzer Folie überklebtes E-Bike); VG Freiburg 28.10.2010 – 4 K 389/09 (zerkleinerte Kupferkabel).
794 Vgl. OVG Münster 22.2.2010 – 5 A 1189/08, Rn. 15 (Bargeld); VG Neustadt (Weinstr.) 5.6.2018 – 5 K 1216/17.NW (Archäologisches Fundstück).
795 VG Hamburg 9.2.2017 – 17 E 7585/16, Rn. 26 (Geld aus Drogenverkäufen).
796 Vgl. EFP/*Pünder* Rn. 281; OVG Greifswald 7.2.2007 – 3 L 364/05, Rn. 25.
797 Vgl. OVG Bautzen 11.8.2015 – 3 A 224/14; VGH München 11.12.2013 – 10 B 12/2569: kein Schutzinteresse bei offenem Pkw auf einem vollen, videoüberwachten Parkplatz.

technische Ausstattungsmerkmale wie eine Wegfahrsperre; zudem ist der *Wert* des Fahrzeugs oder der darin befindlichen Gegenstände mit den Kosten der Sicherstellung ins Verhältnis zu setzen.[798] Im Zweifel dürfte die Verhältnismäßigkeit auch aufgrund der Subsidiarität eines polizeilichen Einschreitens zum Schutz privater Rechte von dem Versuch der Benachrichtigung des Halters abhängig sein.[799]

c) Verwahrung

212 Art und Dauer der Verwahrung einer sichergestellten Sache sind in § 14 Abs. 3 SOG geregelt. Während der nach Maßgabe des S. 1 zu begründenden öffentlich-rechtlichen Verwahrung, die ein **verwaltungsrechtliches Schuldverhältnis** darstellt, ist die Behörde verpflichtet, sorgsam mit dem fremden Eigentum umzugehen und Wertminderungen, Beschädigungen oder einen Verlust der Sache zu vermeiden.[800] Die konkrete Ausgestaltung der Verwahrung richtet sich nach der Art der Sache, die in den Räumlichkeiten der Behörde asserviert oder im Falle einer Immobilie amtlich versiegelt werden kann. S. 2 stellt klar, dass auch Dritte mit der Verwahrung beauftragt werden können, etwa der private Betreiber des zentralen Verwahrplatzes für abgeschleppte Kfz oder ein Tierheim.[801] Soweit in Abs. 3 keine besondere Regelung getroffen wird, können die zivilrechtlichen Vorschriften zum Verwahrungsvertrag analog angewendet werden – eine Ausnahme bildet § 690 BGB, der den Haftungsmaßstab auf eigenübliche Sorgfalt begrenzt, was bei einer zwangsweise begründeten, hoheitlichen Verwahrung nicht interessengerecht wäre.[802] Vielmehr gelten für einen **Schadensersatzanspruch analog § 280 BGB** wegen der Verletzung von Pflichten im öffentlich-rechtlichen Schuldverhältnis die §§ 276, 278 u. 280 Abs. 1 S. 2 BGB, wonach das Vertretenmüssen der Behörde vermutet wird, die insoweit auch für das Verschulden ihrer Erfüllungsgehilfen einstehen muss.[803]

213 Entfallen die tatbestandlichen Voraussetzungen der getroffenen Sicherstellungsverfügung, etwa weil von der Sache keine weitere Gefahr ausgeht, eine Person aus dem Gewahrsam entlassen wird oder den Nachweis hinsichtlich ihrer Berechtigung erbringt, erledigt sich der Dauer-VA iSd § 43 Abs. 2 HmbVwVfG und die **Sache ist herauszugeben**.[804] § 14 Abs. 3 S. 1 SOG statuiert nicht nur eine objektiv-rechtliche Verpflichtung der Behörde, sondern stellt als spezielle Ausprägung des (Vollzugs-)**Folgenbeseitigungsanspruchs** eine subjektiv-rechtliche Anspruchsgrundlage dar, die *vom Berechtigten* im Wege der allg. Leistungsklage durchgesetzt werden kann.[805] Die Herausgabe erfolgt also nicht notwendigerweise an die Person, bei der die Sache sichergestellt wurde.[806] Die **Kosten** der rechtmäßigen Sicherstellung und Verwahrung sind iSd S. 3 u. 4 von den nach §§ 8 u. 9 SOG verantwortlichen Personen zu tragen [→ H13]. § 14 Abs. 3 S. 5 SOG statuiert zur Vorbeugung entspr. Einnahmeverluste ein **Zurückbehaltungsrecht** der Behörde

---

798 OVG Münster 11.4.2003 – 5 A 4351/01, Rn. 26 ff.; OVG Bautzen 11.8.2015 – 3 A 224/14, Rn. 9 ff.
799 *Thiel* § 10 Rn. 191; VGH München 11.12.2013 – 10 B 12.2569, Rn. 19.
800 Vgl. MdSadB Nr. 75, 1965, 17; EP/*Beaucamp* Rn. 408.
801 *Thiel* § 10 Rn. 196. Vgl. auch Bü-Drs. 17/2810, 4.
802 *Schenke* Rn. 175; EFP/*Pünder* Rn. 282.
803 Der Anspruch besteht neben dem Amtshaftungsanspruch, für den allerdings ein rechtsw. Behördenhandeln nachzuweisen ist – § 40 Abs. 2 S. 1 VwGO verweist diesbezügl. auf den ordentl. Rechtsweg; vgl. BGH 18.2.2014 – VI ZR 383/12, Rn. 14; *Kugelmann* Kap. 6 Rn. 100; *Schenke* Rn. 175.
804 LD/*Graulich* Kap. E Rn. 639. S. etwa VG Berlin 16.9.2011 – 1 K 312/10, Rn. 21 ff. (Herausgabe von Elektroschocker u. Pfefferspray nach Beendigung des Treffens eines Motorradclubs). Zur Systematik zw. Sicherstellung, Verwahrung u. Herausgabe vgl. *Michl* NVwZ 2022, 1426.
805 Vgl. VG Hamburg 9.2.2017 – 17 E 7585/16, Rn. 32 ff. mit entspr. Unterscheidung zw. allg. öff.-rechtl. FBA [→ H31] u. dem Anspruch aus § 14 Abs. 3 S. 1 SOG. Vgl. auch *Kugelmann* Kap. 6 Rn. 100. Zu Rechtsschutzfragen hinsichtl. der Verwahrung *Michl* JuS 2023, 119 (124 f.).
806 Vgl. SchE/*Schoch/Kießling* Rn. 653; VGH München 15.11.2016 – 10 BV 15/1049, Rn. 45 ff.; OVG Berlin-Brandenburg 15.11.2018 – OVG 1 B 2/18.

III. Aktionelle Befugnisse

oder eines von ihr beauftragten Dritten, dessen Ausübung den allg. Ermessensanforderungen genügen muss.[807]

d) Verwertung, Einziehung, Unbrauchbarmachung, Vernichtung

Anstelle einer (weiteren) Verwahrung oder Herausgabe ermöglicht § 14 Abs. 4 SOG der Behörde in bestimmten Fällen eine **Verwertung** der sichergestellten Sache, also deren Umsetzung in einen Geldbetrag, der an die Stelle der Sache tritt (Surrogation).[808] Eine Verwertung kann nach Ablauf eines Jahres (S. 1) oder bereits zuvor (S. 2) erfolgen, wenn die Sache vom Berechtigten trotz Aufforderung nicht fristgerecht abgeholt wird (1. Var.), Verderb oder wesentliche Wertminderung drohen (2. Var.) oder die Verwahrung mit unverhältnismäßigem (Kosten-)Aufwand verbunden ist (3. Var.).[809] Regelmäßig erfolgt die Verwertung nach Maßgabe des § 14 Abs. 5 SOG durch *öff. Versteigerung*, etwa von Fundsachen, oder bei Wertgegenständen mit Börsen- oder Marktpreis wie Edelmetallen und Autos durch *freihändigen Verkauf* – an die Stelle des Herausgabeanspruches tritt ein Anspruch auf **Auskehrung des Erlöses** abzüglich angefallener Kosten (S. 4 u. 5).[810]

214

§ 14 Abs. 6 SOG sieht eine **Einziehung, Vernichtung oder Unbrauchbarmachung** der Sache vor, wenn eine Verwertung erfolgen darf, aber nicht möglich ist (lit. a), weil die Versteigerung scheitert oder ein Übernahmeinteresse Dritter von vorherein nicht in Betracht kommt.[811] Gleiches gilt, wenn nach erfolgter Verwertung abermals die Voraussetzungen einer Sicherstellung vorlägen (lit. b), weil eine verbotene, giftige oder etwa gefälschte Sache auch in der Hand eines neuen Erwerbers eine Gefahr darstellen würde.[812] Einziehung, Vernichtung oder Unbrauchbarmachung sind als Inhalts- und Schrankenbestimmungen iSd Art. 14 Abs. 1 S. 2 GG aufgrund der Sozialbindung des Eigentums entschädigungslos hinzunehmen.[813] Auf Immobilien können die Befugnisse des § 14 Abs. 3 bis 6 nicht angewendet werden.[814]

215

10. Durchsuchung von Personen, Sachen und Wohnungen

Das ziel- und zweckgerichtete **Suchen**, um die Lage aufzuklären, etwas aufzuspüren oder einen Sachverhalt zu ermitteln, gehört seit jeher zu den zentralen Tätigkeiten der Polizei- und Ordnungsbehörden.[815] Das Polizei- und Ordnungsrecht differenziert danach, *wer* oder *was* durch- oder untersucht wird, nämlich **Personen, Sachen, Wohnungen** oder, als Folge der Digi-

216

---

807 Vgl. OVG Hamburg 22.5.2007 – 3 Bs 94/07, Rn. 17 f.; *Merten/Merten* § 14 Rn. 35 ff. Die Ausübung des Zurückbehaltungsrechts kann rechtswidrig sein, soweit sie im konkr. Einzelfall unbillig ist oder den Zweck als Druck- u. Sicherungsmittel offensichtlich verfehlt. Denkbar seien Fälle, in denen Abholwillige glaubhaft machen können, nicht genügend Geld bei sich zu haben, das sichergestellte Fahrzeug aber aus wichtigen Gründen unverzügl. zu benötigen; vgl. Bü-Drs. 17/2810, 4.
808 Ausführlich dazu s. LD/*Graulich* Kap. E Rn. 643 ff.
809 Vgl. BERS/*Beaucamp* § 14 SOG Rn. 24 mit Beispielen.
810 Dazu *Merten/Merten* § 14 Rn. 45 ff. Vgl. auch § 935 Abs. 2 BGB. Zum jüngst in § 14 Abs. 5 S. 1 PolDVG als Hs. 2 eingefügten Verweis auf § 979 Abs. 1 bis 1b BGB s. Bü-Drs. 22/16042, 10 u. 36.
811 Vernichtet werden können so etwa Farbbeutel, Molotowcocktails oder andere bei Versammlungen sichergest. Gegenstände wie Schilder oder Transparente, vgl. *Merten/Merten* § 14 Rn. 51. Zwar normiert § 14 Abs. 6 eine Einziehung zugunsten des Fiskus als selbst. Maßnahme, diese hat ggü. Vernichtung u. Unbrauchbarmachung keine eigenst. Bedeutung, vgl. *DWVM* S. 212 f.
812 Vgl. BERS/*Beaucamp* § 14 SOG Rn. 27; MdSadB Nr. 75, 1965, 17 f.
813 Die Maßnahmen sind *nicht* als entschädigungspfl. Enteignung zu qualifizieren, da sie nicht der hoheitlichen Güterbeschaffung dienen, sondern als ultima ratio zur Gefahrenabwehr erfolgen; vgl. BVerfG 6.12.2016 – 1 BvR 2821/11, Rn. 243 ff.; *DWVM* S. 214; *Schenke* Rn. 183 sowie EFP/*Pünder* Rn. 283, der zumindest den Versuch einer Rechtfertigung für erforderlich hält.
814 Vgl. *Kingreen/Poscher* § 15 Rn. 17; LD/*Graulich* Kap. E Rn. 652; SchE/*Schoch/Kießling* Rn. 657 f.
815 Vgl. BVerfG 2.7.1963 – 1 BvR 947/58; BVerwG 12.12.1967 – I C 112.64; 9.6.1974 – I C 17/73.

talisierung, auch IT-Systeme.[816] Die Durchsuchungsbefugnisse in den §§ 15a ff. SOG haben dabei gemein, dass sie nach Maßgabe der allg. Regelungen zur **Zuständigkeit** Verwaltungsbehörden und Vollzugspolizei zum Durchsuchen und damit zu einem **Realakt** ermächtigen, sodass die allg. **Verfahrensvorgaben** des HmbVwVfG allenfalls analog zur Anwendung kommen – dabei statuiert das SOG für alle Arten von Durchsuchungen spezielle Anforderungen im Sinne eines Grundrechtschutzes durch Verfahren. Anders für entspr. strafprozessuale Maßnahmen nach §§ 103 ff. StPO gilt im Polizei- und Ordnungsrecht für die Durchsuchung von *Personen* oder von *Sachen* allerdings **kein Richtervorbehalt**, ein solcher ist nach § 16a Abs. 1 SOG allein für das Durchsuchen von *Wohnungen* vorgesehen. *Gegen wen* sich eine Durchsuchung richten darf, geht aus den §§ 15 ff. SOG selbst hervor, sodass es zur Bestimmung tauglicher **Adressaten** keines Rückgriffs auf die §§ 8 ff. SOG bedarf.[817]

a) Durchsuchen und Untersuchen von Personen

217 § 15 SOG ermächtigt zur gefahrenabwehrrechtlichen Durchsuchung einer Person,[818] also der **Suche nach verborgenen körperfremden Gegenständen** in der getragenen Kleidung oder *am Körper* des Betroffenen, indem in und zwischen die Kleidungsstücke gegriffen, der bekleidete Körper abgetastet oder der unbekleidete Körpers betrachtet wird.[819] Die Befugnis umfasst dabei die Nachschau an der *Körperoberfläche* und in den ohne Weiteres zugänglichen, natürlichen Körperöffnungen wie Mund, Nase und Ohren, nicht aber *in* den Körperöffnungen des Intimbereichs.[820] Das Auseinanderdrücken von Pobacken oder Oberschenkeln wird noch als Bestandteil einer Durchsuchung qualifiziert, soweit dadurch eine Nachschau an der Körperoberfläche ermöglicht werden soll.[821] Von der Durchsuchung einer Person ist deren **körperliche Untersuchung** abzugrenzen, die sich auf den Zustand und das nicht einsehbare *Innere* des Körpers bezieht und als eingriffsintensivere Maßnahme einer eigenständigen gesetzlichen Ermächtigung bedarf, die mit § 15 Abs. 4 SOG zur Verfügung steht.

218 Die Durchsuchung von Personen führt je nach Ausführung nur zu einem **Eingriff in Art. 2 Abs. 1 GG**. Die Maßnahme kann aber auch in die vom Allgemeinen Persönlichkeitsrecht nach Art. 2 Abs. 1 iVm Art. 1 Abs. 1 GG geschützten Privat- und Intimsphären eingreifen, dies sogar schwerwiegend, etwa wenn die Durchsuchung mit einem *Entkleiden* der betroffenen Person verbunden ist.[822] Dies gilt in besonderem Maße, wenn es dabei zu einer Inspizierung normalerweise bedeckter Körperöffnungen kommt.[823] In der Praxis kommt es häufig vor, dass die betroffene Person vor ihrer Durchsuchung aufgefordert wird, Kleidungsstücke eigenständig abzulegen oder etwa aus einem Fahrzeug auszusteigen.[824] Derartige **Begleitverfügungen** können

---

816 Zur sog. Online-Durchsuchung [→ D78].
817 Durchsucht werden darf nach § 15 SOG „*eine Person*" („sie"). Die Durchsuchung einer Sache nach § 15a SOG richtet sich zumeist gegen den *Inhaber der tats. Gewalt*; vgl. etwa Nr. 1 u. Nr. 6. Betroffener einer Wohnungsdurchsuchung nach § 16 SOG ist regelmäßig der *Wohnungsinhaber*.
818 Vgl. demgegü. die strafproz. Befugnis in § 102 StPO.
819 Vgl. LD/*Graulich* Kap. E Rn. 485. Wird demggü. ein Gegenstand *ergriffen*, von dem *bekannt* ist, an welcher Stelle am Körper er sich befindet, handelt es sich um Sicherstellung nach § 14 SOG; vgl. Schmidbauer/Steiner/*Schmidbauer* Art. 21 BayPAG Rn. 14. Werden Kleidungsstücke durchsucht, die nicht *getragen*, sondern nur *mitgeführt* werden, ist § 15a SOG einschlägig. Vgl. auch den spezielleren § 13 Abs. 2 PolDVG für die Durchsuchung von Personen und Sachen in Waffenverbotszonen.
820 Vgl. VGH München 16.7.1998 – 24 ZB 98/850, Rn. 9 f; *Kingreen/Poscher* § 14 Rn. 2; SchGR/*W.-R. Schenke* § 43 BPolG Rn. 3.
821 Vgl. VG Köln 25.11.2015 – 20 K 2624/14, Rn. 158 ff. Vgl. auch *Thiel* § 10 Rn. 160.
822 BVerfG 29.10.2003 – 2 BvR 1745/01; 16.1.2019 – 2 BvR 1081/18.
823 BVerfG 24.2.2009 – 2 BvR 455/08, Rn. 25.
824 Vgl. *Kingreen/Poscher* § 14 Rn. 1; BERS/*Stammer* § 15 SOG Rn. 3. Zu den prakt. (begrenzten) Auswirkungen auf den Rechtsschutz vgl. VGH München 20.3.2015 – 10 B 12.2280, Rn. 24 ff.

III. Aktionelle Befugnisse

sogar als milderes Mittel erforderlich sein und – wie etwa die Aufforderung zur Leerung der Hosentaschen – die Durchsuchung entbehrlich machen. Sie sind schon begrifflich keine Durchsuchung, sodass ihre Rechtmäßigkeit nicht an den höheren Anforderungen des § 15 SOG zu messen ist.[825]

aa) Besondere Verfahrensvorgaben

Eine besondere Verfahrensvorgabe trifft Abs. 3, wonach eine Durchsuchung nur **von Personen gleichen Geschlechts** durchgeführt werden *soll*.[826] Ausnahmen enthält die Norm für eine Durchführung der Maßnahme durch *ärztliches* Personal oder im Falle der Erforderlichkeit einer *sofortigen* Durchsuchung zum Schutz gegen eine Gefahr für Leib oder Leben. Mit Blick auf den hohen Rang des durch die Vorschrift geschützten Rechtsguts wird ein Verfahrensfehler *stets* die Rechtswidrigkeit einer Maßnahme zur Folge haben.[827] In der Annahme eines geschlechterbinären Verständnisses bleibt jedenfalls auf Ebene des § 15 Abs. 3 SOG offen, was für die Durchsuchung trans- oder intergeschlechtlicher sowie anderer Menschen gilt, die sich nicht in ein binäres Geschlechterverständnis einordnen lassen.[828] Entspr. Vorschriften anderer Länder knüpfen mitunter an das insoweit bestehende **berechtige Interesse** betroffener Personen eine Wahlmöglichkeit, ob die Durchsuchung durch eine Frau oder einen Mann erfolgen soll.[829] Ungeachtet etwaiger untergesetzlicher Vorgaben ist davon auszugehen, dass die Verweigerung eines entspr. Vorgehens etwa bei der Durchsuchung einer transgeschlechtlichen Person mit anerkanntem Ergänzungsausweis regelmäßig ermessensfehlerhaft bzw. unverhältnismäßig wäre.[830] Auch dürfte im Einzelfall in die Erwägungen einzubeziehen sein, inwieweit es überhaupt einer Durchsuchung durch einen Menschen bedarf und der Durchsuchungszweck nicht auch durch technische Einrichtungen erreicht werden kann.

219

bb) Durchsuchungstatbestände

Die verschiedenen Tatbestände der Durchsuchung und deren **Voraussetzungen** sind in § 15 Abs. 1 u. 2 SOG geregelt. Sie knüpfen zum Teil an andere Standardmaßnahmen an, weil deren Zweck wie bei Ingewahrsamnahme oder Identitätsfeststellung mitunter nur erreicht werden kann oder sie wie eine Sicherstellung überhaupt erst in den Blick kommen, wenn die Person (zuvor) auch durchsucht wird.[831] Im Einzelfall lassen sich die verschiedenen Durchsuchungstat-

220

---

825 LD/*Graulich* Kap. E Rn. 485; VGH Mannheim 13.2.2018 – 1 S 1468/17, Rn. 143 ff. Als Rechtsgrundlage wird im Zweifel § 3 Abs. 1 SOG heranzuziehen sein.
826 Der Norm dürfte ein binäres Geschlechterverständnis zu Grunde liegen. Dafür sprechen Genese und Wortlaut, zumal ein Abstellen auf das „gleiche" Geschlecht in der Annahme einer Vielzahl von Geschlechterformen keinesfalls sinnvoll erscheint. Zwingend ist ein solches (binäres) Verständnis der Norm selbstverständl. nicht.
827 Vgl. *Kingreen/Poscher* § 14 Rn. 5; LD/*Graulich* Kap. E Rn. 487; BERS/*Stammer* § 15 SOG Rn. 14, die insoweit einen Verstoß gegen die Menschenwürde annehmen.
828 Auf diese Frage wurde bereits in Bü-Drs. 17/1105 sowie von *Merten/Merten* § 15 Rn. 18 hingewiesen. Dabei ist zu beachten, dass transgeschlechtl. Menschen, soweit diese sich mit dem „Gegengeschlecht" identifizieren u. anerkannt sind, im binären Geschlechterverständnis bleiben.
829 Vgl. etwa § 34 Abs. 4 S. 2 ASOG u. dazu *Heintzen/Siegel* LKV 2021, 289 (295) mVa AH-Drs. 18/2787, 40; § 17 Abs. 4 BremPolG u. dazu *Arzt/Wiese* NordÖR 2021, 261 (263) sowie § 53 Abs. 5 SOG M-V, § 203 Abs. 2 LVwG SH u. § 81d Abs. 1 S. 2 StPO. Ein berechtigtes Interesse dürfte zudem im Falle von Missbrauchserfahrungen vorliegen. Die Problematik war iRd abermals gescheiterten Reform des BPolG aufgegriffen worden, vgl. BT-Drs. 20/10406, 128.
830 S. www.dgti.org zum Ergänzungsausweis der Deutschen Gesellschaft für Transidentität u. Intersexualität. Zu den LSBTI-Ansprechpersonen der Polizei Hamburg s. www.polizei.hamburg/lsbti/; s. außerdem Bü-Drs. 22/16914, 22/1307 u. 22/4148.
831 Vgl. Schmidbauer/Steiner/*Schmidbauer* Art. 21 BayPAG Rn. 1.

bestände nicht immer trennscharf voneinander abgrenzen und werden zudem von spezielleren Befugnissen überlagert. Es ist dann auf den Schwerpunkt der in Rede stehenden Durchsuchung abzustellen.[832] Denkbar ist auch, dass sich eine Personendurchsuchung auf mehrere Tatbestände stützen lässt.

221 § 15 Abs. 1 Nr. 1 SOG ermächtigt zur Durchsuchung einer **Person, die festgehalten werden darf**, egal ob sich dies nach dem SOG oder nach anderen Rechtsvorschriften richtet. Nach dem Willen des Gesetzgebers legitimiert also bereits das (rechtmäßige) *Festhalten* die Durchsuchung, weil allein die körperliche Nähe, der Stress und andere mit dem Festhalten einhergehende Umstände – unabhängig von dessen Grund – das Risiko erhöhen, dass sich die Beteiligten (selbst) verletzen. Zweck der Befugnis ist somit die **Eigensicherung der Bediensteten** und der **Schutz der Festgehaltenen** vor Selbstverletzung.[833] Das Gesetz knüpft bewusst an das *Festhalten* und nicht lediglich den *Gewahrsam* an, sodass auch Freiheitsbeschränkungen erfasst werden [→ D166], die mit gleichzeitiger Anwesenheit von Bediensteten einhergehen, zu deren Schutz die Befugnis eine Durchsuchung gestattet.[834] Die betroffene Person muss dabei nicht tatsächlich festgehalten *werden* bzw. bereits in Gewahrsam genommen *worden sein*, es genügt, dass insoweit die Voraussetzungen erfüllt sind.[835] Entsprechende Befugnisse können sich aus SOG und PolDVG oder etwa aus der StPO, dem StVollzG oder AufenthG ergeben.[836] Dabei ist zu beachten, dass deren Zweck regelmäßig nicht das Festhalten selbst ist, sondern dieses wiederum anderen Zwecken dient, etwa der Durchsetzung eines Betretungsverbots.

222 Eine Person darf nach § 15 Abs. 1 Nr. 2 SOG durchsucht werden, wenn Tatsachen die Annahme rechtfertigen, dass sie **Sachen** mit sich führt, **die sichergestellt werden dürfen**. Verwiesen wird damit auf § 14 SOG, aber auch auf andere Sicherstellungsbefugnisse wie etwa § 46 Abs. 4 WaffG. Insoweit ist keine sichere Kenntnis für die Maßnahme erforderlich, die als *Gefahrerforschungseingriff* gerade erst darauf abzielt, Gewissheit über eine tatsächlich bestehende Gefahrenlage herzustellen. Der tatbestandlich ausreichende Gefahrenverdacht muss sich aus einer hinreichend objektivierbaren Tatsachenbasis [→ C196] ergeben und darf nicht allein auf polizeilicher Erfahrung oder gar auf dem Bauchgefühl handelnder Amtswalter beruhen.[837] Die Rechtmäßigkeit der Durchsuchung hängt *nicht* davon ab, ob es – sofern sich der Gefahrenverdacht bestätigt – anschließend tatsächlich zu einer Sicherstellung kommt.

223 Die Durchsuchung aufgrund der konkreten Gefahr für eine **Person in hilfloser Lage** nach § 15 Abs. 1 Nr. 3 SOG dient insbes. der Identitätsfeststellung im Interesse des Betroffenen, etwa um Angehörige benachrichtigen zu können.[838] Die Maßnahme kann zugleich zur Aufklärung der Notlage beitragen, die von der zu durchsuchenden Person aus eigener Kraft nicht beendet werden kann, und etwa die Feststellung ermöglichen, welche Substanzen diese konsumiert hat oder ob einzunehmende Medikamente mitgeführt werden.[839]

224 Im Falle einer **Ausschreibung zur gezielten Kontrolle** nach § 31 Abs. 1 S. 2 PolDVG kann eine Person auf Grundlage des § 15 Abs. 1 Nr. 4 SOG durchsucht werden. § 15a Abs. 1 S. 1 Nr. 9 SOG

---

832 Merten/Merten § 15 Rn. 3.
833 Vgl. VG Freiburg 4.4.2019 – 10 K 3092/18, Rn. 58; BVerwG 21.1.2019 – 6 B 120.18; Bü-Drs. 13/5422, 17.
834 BERS/*Stammer* § 15 SOG Rn. 4.
835 LD/*Graulich* Kap. E Rn. 480; aA *Gusy/Eichenhofer* Rn. 246; *Kingreen/Poscher* § 14 Rn. 11. Ist bzw. wäre bereits das Festhalten rechtswidrig, gilt das auch für die Durchsuchung; vgl. VG Köln 8.8.2019 – 20 K 881/18, Rn. 44.
836 Vgl. etwa § 11 Abs. 3 SOG, §§ 127, 164 StPO, § 73 Abs. 1 HmbStVollzG u. § 62 AufenthG, nicht aber § 13 Abs. 4 S. 1 Nr. 4 PolDVG. Wird danach eine Person zur Identitätsfeststellung festgehalten, findet sich in S. 2 Nr. 5 eine speziellere Durchsuchungsbefugnis, allerdings nur für die Vollzugspolizei.
837 Vgl. OVG Saarlouis 30.11.2007 – 3 R 9/06, Rn. 33 ff.; SchE/*Schoch/Kießling* Rn. 607. Umstritten ist, ob ein Eintrag in polizeil. Datenbanken ausreicht [→ D152].
838 Vgl. Bü-Drs. 13/5422, 17; SchE/*Schoch/Kießling* Rn. 607.
839 *Thiel* § 10 Rn. 164.

erstreckt die Befugnis auf die mitgeführten Sachen der Person oder ein entspr. ausgeschriebenes Kfz – so soll etwa im Bereich der Rockerkriminalität die Sicherstellung von Schusswaffen ermöglicht werden.[840]

Weitere Ermächtigungstatbestände finden sich in § 15 Abs. 2 SOG. Nach dessen S. 1 darf eine Person, deren **Personalien festgestellt** oder die im öffentlichen Verkehrsraum **angehalten und kontrolliert** werden soll, nach Waffen, anderen gefährlichen Gegenständen und Explosivmitteln durchsucht werden, wenn dies zum Schutz von Bediensteten oder eines Dritten gegen eine Gefahr von Leib oder Leben erforderlich ist. Zweck ist also die **Eigensicherung der Bediensteten** und der **Schutz von Dritten**. Die genannte Gefahr ist *keine* Voraussetzung der Befugnis, sondern drückt deren Zweck aus („gegen"). Vorausgesetzt werden nur *Umstände*, also obj. Tatsachen, die eine Durchsuchung zu diesem Zweck erforderlich machen. Belegt werden muss eine *gefahrträchtige Situation*, in der Verwaltungsbehörden oder Polizei in Kontakt mit einer womöglich gefahrverursachenden Person treten. Die Durchsuchung ist also nicht anlasslos, sondern muss erforderlich sein, um bereits den Eintritt einer Gefahr zu verhindern.[841] Nach § 15 Abs. 2 S. 2 SOG darf eine Person zu diesem Zweck ebenso durchsucht werden, wenn sie rechtmäßig **vorgeführt** oder zur Durchführung einer Maßnahme an einen anderen Ort **gebracht** werden soll. 225

Für eine fehlerfreie und insbes. verhältnismäßige **Ausübung des Auswahlermessens** sind die konkrete Ausgestaltung der Durchsuchungsmaßnahme und deren äußere Rahmenbedingungen von Bedeutung. Diskriminierende Begleitumstände sind so weit wie möglich zu vermeiden, was eine Verlegung der Maßnahme aus der Öffentlichkeit in Räumlichkeiten der Polizei erforderlich machen kann, da auch die Einwilligung einer Person in Bezug auf eine öff. Vornahme der Durchsuchung nichts daran ändert, dass der gebotene Schutz der Privatsphäre zu Abstrichen bei der Gründlichkeit der Durchsuchung führen kann.[842] Die mit einem *Entkleiden* verbundene Durchsuchung darf nur im Ausnahmefall mit einer Freilegung des Intimbereichs einhergehen und nur unter größtmöglicher Schonung der Intimsphäre erfolgen, was etwa ein gleichzeitiges Ausziehen sämtlicher Kleidungsstücke regelmäßig ausschließt.[843] Auf Gesetzesebene ist eine entspr. Vorgabe in der FHH bisher anders als in anderen Ländern nicht zu finden.[844] 226

cc) Befugnisse zur körperlichen Untersuchung

Anders als die *Durchsuchung* einer Person betrifft die körperliche *Untersuchung* den **Zustand und das Innere des Körpers** und greift regelmäßig in Art. 2 Abs. 2 S. 1 GG ein.[845] Die daher erforderliche eigenständige Befugnis für die Untersuchung zur Gefahrenabwehr findet sich in **§ 15 Abs. 4 SOG**,[846] der zu diesem Zweck die Entnahme von Blutproben und andere **körperliche Eingriffe** *ohne Einwilligung* des Betroffenen für zulässig erklärt, die aus ärztlicher Sicht erforderlich sind und keine gesundheitlichen Nachteile befürchten lassen (S. 2). Derartige Maßnahmen dürfen ausschließlich durch **ärztliches Personal** und nach den Regeln der ärztlichen Kunst 227

---

840 Vgl. Bü-Drs. 21/17906, 61 u. 85. Zum (zunehmenden) Schusswaffengebrauch durch Private s. Bü-Drs. 22/15918.
841 Vgl. BERS/*Stammer* § 15 SOG Rn. 11 u. 13; aA *Merten/Merten* § 15 Rn. 12 ff.
842 Vgl. SchE/*Schoch/Kießling* Rn. 609; VGH München 8.3.2012 – 10 C 12.141, Rn. 18.
843 S. OVG Saarlouis 30.11.2007 – 3 R 9/06, Rn. 45 ff. (Durchs. weibl. Fußballfans nach Pyrotechnik).
844 Vgl. etwa § 17 Abs. 2 BremPolG u. dazu *Arzt/Wiese* NordÖR 2021, 261 (263). Auch ohne einfachgesetzliche Bestimmung dürfte eine genaue Dokumentation der Anhaltspunkte zu fordern sein, die zur Annahme der Erforderlichkeit eines vollständigen Entkleidens geführt haben.
845 Zur Diff. nach Zweck u. Eingriffsintensität LD/*Rachor/Graulich*, 6. Aufl. 2018, Kap. E Rn. 573 ff.
846 Ein Rückgriff auf die Generalklausel ist auch in atypischen Fällen ausgeschlossen, vgl. EFP/*Pünder* Rn. 222. Strafproz. Untersuchungen richten sich nach §§ 81a, 81c u. 81d StPO. Dazu s. BVerfG 10.6.1963 – 1 BvR 790/58, Rn. 15 ff. Vgl. auch §§ 25 ff. IfSG.

durchgeführt werden – potenziell in Betracht kommen dabei Röntgenaufnahmen, Auspumpen des Magens, Suche nach rektal oder vaginal eingeführten körperfremden Gegenständen oder auch eine Verabreichung von Abführ- oder Brechmitteln.[847] Der Begriff der *Untersuchung* setzt nicht voraus, dass dabei medizinische Hilfsmittel eingesetzt werden, auch wenn dies aus medizinischen Gründen häufig der Fall sein wird.[848] Soweit sich die Person – wie in der Praxis häufig – in amtlichem Gewahrsam befindet, kommt § 18a SOG als speziellere Vorschrift [→ E30] zur Anwendung. Eine *molekulargenetische Untersuchung* (DNA-Analyse) ist im SOG nicht geregelt und kann auch nicht auf die Generalklausel gestützt werden – allein zur Identifizierung unbekannter Toter oder im Katastrophenfall auch schwerverletzter Personen enthält § 16 Abs. 4 PolDVG eine entspr. Befugnis.[849]

228 Die Untersuchung ist nur zur Abwehr einer **Gefahr für Leib oder Leben** einer Person zulässig (S. 1), wobei Gesundheitsgefahren in Folge der Schwere des Eingriffs entspr. der Verhältnismäßigkeit *erheblich* sein müssen. In der Praxis bildet weiterhin die **konkrete Gefahr einer Infektion** etwa mit HIV, Hepatitis B oder C den Hauptanwendungsfall der Maßnahme, aufgrund einer Vergewaltigung durch ungeschützte Penetration oder infolge einer Stichverletzung mit womöglich infektiös verunreinigten Gegenständen.[850] Die Untersuchung dient einer entspr. Diagnose des **Gefahrenverursachers**, um gefährdeten Dritten ggf. eine ansteckungshemmende medikamentöse **Postexpositionsprophylaxe** zu ermöglichen.[851] In ihrem Anwendungsbereich bleibt die Befugnis zwar nicht auf einen derartigen Schutz Dritter beschränkt, käme also auch zur Abwehr einer Gefahr für die zu untersuchende Person *selbst* in Betracht.[852] Insoweit ist der praktische Bedarf jedoch gering, da eine medizinisch notwendige Untersuchung im Interesse des Betroffenen regelmäßig gedeckt von dessen zumindest *mutmaßlicher* Einwilligung erfolgen würde oder andernfalls etwa zum Auffinden von Betäubungsmitteln auch *gegen* den Willen einer Person auf § 81a StPO oder im Gewahrsam auf § 18a SOG gestützt werden könnte.[853] § 15 Abs. 4 S. 3 SOG setzt eine **amtsrichterliche Anordnung** der Maßnahme voraus, bei *Gefahr im Verzug* ist auch eine polizeiliche Anordnung ausreichend.

b) Durchsuchen von Sachen

229 Die Befugnis in **§ 15a SOG** ermächtigt zu einer Durchsuchung von Sachen, insbes. um die Durchsuchung von Personen zu ergänzen und um **Gegenstände** oder auch **Personen** aufzuspüren, die sich *in* einer Sache befinden. Erlaubt ist nach der Vorschrift die Durchsuchung der Sachen, *nicht* deren Sicherstellung, Mitnahme oder Abtransport.[854] Die Durchsuchung von Sachen führt

---

847 Vgl. Bü-Drs. 18/2288, 13. So umfasst auch die Untersuchung eine Suche nach körperfremden Gegenständen wie etwa verschluckten BTM-Vorräten. Das auch in Hamburg [→ J52] zeitweise praktizierte Verabreichen von Brechmitteln (sog. Emetika) bei Verdacht des Drogenhandelns ist im strafproz. Ermittlungsverfahren generell unzulässig: EGMR 11.7.2006 – 54810/00 (Jalloh/Dtl.), dazu u. zur Gegenmeinung LD/*Frister* Kap. F Rn. 271. Denkbar bleibt allerdings der gefahrenabwehrrechtl. Einsatz auf Grundlage von § 15 Abs. 4 SOG, etwa zum Schutz des Betroffenen, wobei die prakt. Bedeutung gering sein dürfte. In der Regel wird sich niemand gegen gesundheits- oder lebenserhaltende ärztliche Maßnahmen wehren, vgl. LD/*Rachor/Graulich*, 6. Aufl. 2018, Kap. E Rn. 577.
848 Vgl. VGH München 16.7.1998 – 24 ZB 98/850, Rn. 9; aA *DWVM* S. 201.
849 Vgl. etwa § 19 Abs. 3 HSOG u. §§ 81e-81h StPO sowie *Schenke* Rn. 165; *Götz/Geis* § 17 Rn. 81.
850 Vgl. Bü-Drs. 18/1487, 9 f. Zu präventivpolizeil. Blutentnahmen bei HIV-Infektionsgefahr sowie zur Unzulässigkeit der Verwendung der Daten zur Strafverfolgung s. *Soiné* GSZ 2021, 53.
851 Bü-Drs. 18/1487, 9 f.; s. dazu BERS/*Stammer* § 15 SOG Rn. 17 ff.
852 Bü-Drs. 18/1487, 11; *Pünder* NordÖR 2005, 292 (295).
853 Vgl. BERS/*Stammer* § 15 SOG Rn. 16.
854 *Gusy/Eichenhofer* Rn. 248.

III. Aktionelle Befugnisse

regelmäßig zu einem **Eingriff** in das Eigentum und in das allg. Persönlichkeitsrecht, jedenfalls aber in die allgemeine Handlungsfreiheit.[855]

aa) Gegenstand einer Durchsuchung

Zu den durchsuchbaren Sachen [→ D203] gehören alle **körperlichen Gegenstände**, ungeachtet ob sie wie ein Kfz, Gepäckstücke oder nicht am Körper getragene Kleidung *beweglich* oder ob sie *unbeweglich* sind, wie etwa Grundstücke, Bürogebäude oder Betriebsgelände.[856] Handelt es sich jedoch um eine *Wohnung*, gehen §§ 16 f. SOG als speziellere Regelungen vor, auch hinsichtlich der darin befindlichen Sachen. Auch für die Durchsuchung von *Datenträgern* wie USB-Sticks oder Mobiltelefonen gilt § 15a SOG nur, soweit nicht speziellere Befugnisse [→ D77] anwendbar sind.[857] Für das Betreten, Besichtigen und Durchsuchen von *Land-, Wasser- oder Luftfahrzeugen* sowie *Ladungsbehältnissen* im Hamburger Hafen trifft das HafenSG vorrangige Regelungen.[858]

230

bb) Besondere Verfahrensvorgaben

Die Vorgaben des § 15a Abs. 2 SOG sollen den Belangen Betroffener Rechnung tragen und Bedienstete vor ungerechtfertigten Vorwürfen schützen.[859] Sie umfassen ein **Anwesenheitsrecht** der betroffenen Person, ihres Vertreters oder eines anderen Zeugen sowie die Pflicht der Behörde, auf Nachfrage eine **Bescheinigung** über die Maßnahme und deren Grund auszustellen. Nach § 25 Abs. 1 S. 2 HmbVwVfG ist auf die Verfahrensrechte hinzuweisen, deren Verletzung die Durchsuchung rechtswidrig macht, wobei eine Heilung oder Unbeachtlichkeit nicht ausgeschlossen ist.[860]

231

cc) Durchsuchungstatbestände

Die materiellen Voraussetzungen der Maßnahme ergeben sich aus den Durchsuchungstatbeständen in § 15a Abs. 1 S. 1 Nr. 1 bis 9 SOG. Sie betreffen verschiedene Situationen und Anlässe und knüpfen ihrerseits an andere Befugnisse an. Sie lassen sich ansatzweise in **drei Gruppen** systematisieren. Angeknüpft wird entweder an die eine Sache mitführende *Person*, einen Verdacht der *Verbergung* von Menschen oder Gegenständen oder an den *Ort*, an dem sich eine Sache befindet. Entspr. ihres *Zwecks* als *Gefahrerforschungsmaßnahme* erfordert die Durchsuchung *keine* konkrete Gefahr, sondern setzt im Vorfeld an.

232

(1) Von einer Person mitgeführte Sachen, insbes. Fahrzeuge

Auf Grundlage des § 15a Abs. 1 S. 1 Nr. 1 SOG darf eine nach § 15 SOG zulässige Durchsuchung einer Person auf **mitgeführte Sachen** erstreckt werden, also sämtliche Gegenstände, die sich zum Zeitpunkt der Maßnahme derart im unmittelbaren Herrschaftsbereich der betroffenen Person befinden, dass deren Durchsuchung ohne eine Einbeziehung der Sachen unvollkommen bliebe

233

---

855 Vgl. SchE/*Schoch/Kießling* Rn. 611 mwN; diff. am Beispiel des Kofferraums VGH München 13.3.2017 – 10 ZB 16/965, Rn. 9. Zur Eingriffsintensität vgl. OVG Hamburg 13.5.2015 – 4 Bf 226/12.
856 Vgl. *Lambiris* S. 31; *Götz/Geis* § 17 Rn. 51; *Gusy/Eichenhofer* Rn. 248 f.
857 Demnach muss sich insbes. das Auslesen von Daten eines sichergestellten Datenträgers (z.B. eines Mobiltelefons) an § 15a SOG messen lassen („Sicherstellung von Daten"). Krit. dazu LD/*Müller/Schwabenbauer* Kap. G Rn. 698 ff. Zu den europarechtl. Anforderungen an eine Rechtsgrundlage EuGH 4.10.2024 – C-548/21, Rn. 110 u. 123.
858 Zu den Befugnissen nach dem HafenSG vom 11.5.2021 s. Bü-Drs. 22/2645. Zu den Vorgängervorschriften s. EP/*Bertram* Rn. 921 ff.
859 Bü-Drs. 13/5422, 17.
860 Zum Verfahren der Personendurchsuchung s. *Kingreen/Poscher* § 14 Rn. 14 f.; EP/*Beaucamp* Rn. 422 f.

– dies kann auch ein Kfz umfassen.[861] Tatbestandlich reicht dafür aus, dass die Voraussetzungen für eine Durchsuchung der Person nach § 15 SOG vorliegen, ohne dass diese tatsächlich durchgeführt werden müsste.[862]

234 Auch § 15a Abs. 1 S. 1 Nr. 9 SOG erstreckt in Anknüpfung an eine **Ausschreibung zur gezielten Kontrolle** nach § 31 PolDVG die Befugnis zur Durchsuchung einer Person [→ D224] auf Sachen, die von dieser mitgeführt werden, sowie auf entspr. ausgeschriebene Kfz.[863] Ein eigenständiger Anwendungsbereich dürfte der Ermächtigung allerdings nur für die Kraftfahrzeuge zukommen, für die der Hs. 2 eine Durchsuchung – sprachlich missglückt – auf die „*in oder an dem Fahrzeug enthaltenen Sachen*" erstreckt.[864] Die tatbestandliche Eingriffsschwelle wird durch die Anforderungen an die Ausschreibung von Person oder Fahrzeug bestimmt.

235 Auf Grundlage des § 15a Abs. 1 S. 1 Nr. 8 SOG dürfen Fahrzeuge und darin enthaltene Gegenstände durchsucht werden, wenn die Identität der Insassen an einer eingerichteten **Kontrollstelle** festgestellt werden darf. Auch insoweit wird die Eingriffsschwelle von den Anforderungen in § 13 Abs. 1 Nr. 4 PolDVG an die Einrichtung von Kontrollstellen mitbestimmt. Allerdings wird anders als für § 15a Abs. 1 S. 1 Nr. 1 und Nr. 9 SOG zu fordern sein, dass nicht lediglich die Voraussetzungen einer Einrichtung vorliegen, sondern die Kontrollstelle auch *tatsächlich* eingerichtet wurde und die Insassen an dieser angetroffen werden. Eine andere Auffassung widerspräche dem konkret-räumlichen Charakter einer Kontrollstelle.

(2) Zum Verbergen von Personen und Gegenständen genutzte Sachen

236 Eine Sache darf nach § 15a Abs. 1 S. 1 Nr. 2 u. 3 SOG auch durchsucht werden, wenn Tatsachen die Annahme rechtfertigen, dass sich *in ihr* eine *Person*, die in Gewahrsam genommen werden darf, widerrechtlich festgehalten wird oder hilflos ist (Nr. 2), oder eine *Sache* befindet, die sichergestellt werden darf (Nr. 3). Die **Suche nach Personen oder Sachen in einer Sache** kann sich in einem Blick in einen geöffneten Kofferraum oder einem Hineingreifen in einen Rucksack erschöpfen,[865] aber auch das Betreten und das Durchforsten eines Raums bedeuten, etwa eines Lkw bei Verdacht eines versteckten Transports von Hundewelpen aus illegaler Zucht oder eines Industriegeländes bei der Suche nach einer hilflosen Person.[866] Tatbestandlich werden dafür lediglich **Tatsachen** gefordert, die eine **bestimmte Annahme** rechtfertigen. Die bloße Annahme, dass sich in einer Sache *überhaupt* eine Person oder eine Sache befindet, dürfte nicht ausreichen.

---

861 Vgl. BERS/*Stammer* § 15a SOG Rn. 3; *Lambiris* S. 31.
862 Die Maßnahme kann sich iE also auf mitgef. Sachen beschränken. Zu beachten ist, dass die Personendurchsuchung ihrerseits (nur) an den Voraussetzungen eines *Festhaltens* ansetzt [→ D221]. In Hinblick auf den Verweis auf § 15 Abs. 2 SOG vgl. auch die in § 13 Abs. 2 PolDVG im Zusammenhang mit der Identitätsfeststellung mitgeregelte Durchsuchung von Personen und Sachen [→ D44].
863 Vgl. Bü-Drs. 21/17906, 85.
864 Da eine ausgeschr. Person gem. § 15 Abs. 1 Nr. 4 SOG durchsucht werden darf, wäre eine Durchsuchung mitgef. Sachen u. einem von ihr geführten Kfz bereits von § 15a Abs. 1 S. 1 Nr. 1 SOG erfasst. Die Befugnis wird so nur für die Durchsuchung eines ausgeschr. Kfz relevant, wenn dieses *abgestellt aufgefunden* oder mit einer selbst *nicht* ausgeschr. Person am Steuer angehalten wird. Insoweit ist die Ermächtigung zur Durchsuchung von *am* Kfz enthaltenen Sachen wie etwa einem Dachgepäckträger tats. notwendig. Im Falle des § 15a Abs. 1 S. 1 Nr. 8 SOG dürfte dieser dann allerdings nur als mitgef. Sache von Fahrzeuginsassen durchsucht werden. Zu erwägen ist auch, ob der Gesetzgeber mit Nr. 9 nicht (sogar) Gegenstände erfassen wollte, die am Kfz stehen oder zu ihm gehören, ohne fest damit verbunden zu sein, etwa ein neben der Fahrertür abgestellter Kanister.
865 Vgl. *Ernst* NVwZ 2014, 633 (636); aA VGH München 13.3.2017 – 10 ZB 16/965. Die Suche nach Beweismitteln richtet sich nach §§ 102, 105 StPO, vgl. *Merten/Merten* § 15a Rn. 10. Zur Problematik von Zufallsfunden s. LD/*Rachor/Graulich*, 6. Aufl. 2018, Kap. E Rn. 592 f.
866 Anders als in § 16 SOG ist das *Betreten* vom Wortlaut zwar nicht ausdrückl. eingeschlossen, dürfte als notw. Vorstufe entspr. Maßnahmen aber mitumfasst u. anders als bei einem Betreten von Wohnungen isoliert nicht von vergleichbarem Gewicht sein, vgl. SchE/*Schoch/Kießling* Rn. 610; aA *Thiel* § 10 Rn. 167 (Rückgriff auf die Generalklausel).

III. Aktionelle Befugnisse

Es müssen vielmehr Tatsachen vorliegen, die annehmen lassen, dass die verborgene *Person* von der Polizei in Gewahrsam genommen werden dürfte, diese widerrechtlich festgehalten werde oder hilflos wäre bzw. dass die verborgene *Sache* sichergestellt werden dürfte.[867]

(3) An bestimmten Orten befindliche Sachen

Bei einer dritten Gruppe von Tatbeständen steht die Durchsuchung einer Sache im Kontext zu dem Ort, an dem diese sich befindet. So darf eine Sache auf Grundlage des § 15a Abs. 1 S. 1 SOG durchsucht werden, wenn sie von Personen an einem sog. **gefährlichen oder gefährdeten Ort** *mitgeführt* (Nr. 4 u. 5) oder an einem solchen Ort *aufgefunden* wird (Nr. 6 u. 7).[868] Abermals wird dafür keine konkrete Gefahr gefordert, sondern die **Eingriffsschwelle** an die jeweiligen Anforderungen hinsichtlich der (abstrakten) *Gefährlichkeit* bzw. *Gefährdung* des Ortes oder Objektes gekoppelt, so wie diese in den einzelnen Tatbeständen definiert sind. Hinzu kommt der Umstand des **Antreffens** der die Sache mitführenden Person an einem solchen Ort oder Objekt (Nr. 4 u. 5) oder jedenfalls die dortige **Belegenheit** der Sache (Nr. 6 u. 7). Zusätzlich beschränkt werden die Durchsuchungstatbestände in § 15a Abs. 1 S. 1 Nr. 4 u. 5 SOG durch die Regelung in Abs. 1 S. 2. Verlangt werden danach *auf die Person* bezogene tatsächliche Anhaltspunkte, die eine entspr. Maßnahme erforderlich machen. So können etwa die mitgeführten Sachen einer Person, die an einem Ort angetroffen wird, an dem vermehrt Straftaten aus dem Bereich der BTM-Kriminalität begangen werden, nur dann durchsucht werden, wenn diese Person aktenkundig mit BTM-Delikten auffällig geworden ist.[869] Der bloße Aufenthalt an einem einschlägigen Ort kann eine eingriffsintensive Durchsuchung nicht rechtfertigen, wenn nicht konkrete **personenbezogene Umstände** hinzutreten, die in einem inneren Zusammenhang mit der Gefährlichkeit des Ortes stehen.[870]

c) Betreten und Durchsuchen von Wohnungen

Dringt die Polizei in eine Wohnung ein und durchsucht diese *ohne* oder *gegen* den Willen der berechtigten Person, greift sie in die von Art. 13 Abs. 1 GG gewährleistete **Unverletzlichkeit der Wohnung** ein.[871] Das Grundrecht dient der Menschenwürde und der freien Entfaltung der Persönlichkeit und gewährleistet die **Privatheit** der Wohnung als einen elementaren Lebensraum, in dem jeder das Recht hat, in Ruhe gelassen zu werden.[872] Speziell für die *Durchsuchung* normiert Art. 13 Abs. 2 GG einen **Gesetzesvorbehalt** und definiert die verfassungsrechtlichen Anforderungen an eine gesetzliche Befugnis. Art. 13 Abs. 7 GG statuiert einen Gesetzesvorbehalt für *andere Eingriffe*,[873] etwa durch bloßes Betreten einer Wohnung zu anderen Zwecken als einer

---

867 Andernfalls wäre die Eingriffsschwelle zu weit abgesenkt. Allein der Umstand, dass sich Personen oder Sachen in Sachen befinden, lässt noch nicht auf eine (noch so entfernte) Gefahr schließen.
868 Zum ortsbezogenen Gefahrenverdacht [→ D38]. Die Befugnisse in § 15a Abs. 1 S. 1 Nr. 4 bis 7 SOG sind an die Stelle der früheren Befugnis in § 4 Abs. 2 PolDVG aF getreten, die in sog. Gefahrengebieten eine Inaugenscheinnahme von dort mitgeführten Sachen vorsah [→ D42].
869 Vgl. Bü-Drs. 21/5325, 4.
870 Vgl. VGH München 8.3.2012 – 10 C 12.141, Rn. 15; VG Berlin 25.6.2018 – 1 K 230.16, Rn. 22; aA OVG Bautzen 19.12.2019 – 3 A 851/18, Rn. 35. Zu derartigen Anforderungen [→ D40].
871 Zur Unverletzlichkeit der Wohnung nach Art. 13 GG s. *Schoch* JURA 2010, 22.
872 BVerfG 3.4.1979 – 1 BvR 994/76, Rn. 40; 3.3.2004 – 1 BvR 2378/98, Rn. 104; 16.6.2015 – 2 BvR 2718/10, Rn. 56. Vgl. Art. 12 AEMR, Art. 8 EMRK und Art. 7 GrCh.
873 Zum Teil wird in Hs. 1 eine verfassungsunm. Befugnis u. nur in Hs. 2 („auf Grund eines Gesetzes") ein Gesetzesvorbehalt gesehen, so etwa HV/*Gornig* Art. 13 Rn. 151; DHSch/*Papier* Art. 13 Rn. 117. Wie hier Dreier/*Wischmeyer* Art. 13 Rn. 117; JP/*Jarass* Art. 13 Rn. 35.

Durchsuchung.[874] Die danach notwendigen gefahrenabwehrrechtlichen Befugnisse[875] finden sich in §§ 16 u. 16a SOG.[876] Sie gestalten die verfassungsrechtlichen Vorgaben aus und sind in deren Licht auszulegen. Unklar ist dabei das Verhältnis der Gesetzesvorbehalte zueinander,[877] was sich auch auf das Verständnis der §§ 16 u. 16a SOG überträgt. So müssen Rechtsgrundlagen für eine *Durchsuchung* iSd Art. 13 Abs. 2 GG anders als für *andere Eingriffe* nach Art. 13 Abs. 7 GG keine Gefahr voraussetzen,[878] obwohl der Verfassungsgeber – wie der Richtervorbehalt in Abs. 2 zeigt – die Durchsuchung als besonders schwerwiegenden Eingriff ansieht.[879]

239 § 16 Abs. 1 SOG bestimmt den zentralen **Begriff der Wohnung** und unterscheidet dabei zwischen *privatem Wohnraum* und (beschränkt) *öffentlichen Räumen*, insbes. Geschäfts-, Betriebs- und Arbeitsräumen. Hieran knüpfen die in Abs. 2 bis 5 geregelten **Befugnisse** an, die ein (schlichtes) *Betreten* oder ein (zusätzliches) *Durchsuchen* erlauben, allerdings nur zu bestimmten Zeiten. Die begriffliche Unterscheidung von *Betreten* und *Durchsuchen* ist wichtig, weil das Gesetz für beide Befugnisse verschiedene Anforderungen definiert,[880] die sich nach Gefahrenintensität, Rang der gefährdeten Rechtsgüter und „Personennähe" des betroffenen Raums abstufen.

aa) Begriff der Wohnung

240 Die Befugnisse in § 16 Abs. 2 bis 5 SOG ermächtigen zum Betreten und Durchsuchen von *Wohnungen*. Wohnungen iSd § 16 Abs. 1 SOG sind **Wohn- und Nebenräume**, Arbeits-, Betriebs- und Geschäftsräume sowie anderes befriedetes Besitztum, das mit diesen Räumen im Zusammenhang steht.[881] Sie werden erfasst, wenn der Einzelne nach außen erkennbar gewillt ist, eine **räumliche Privatsphäre** zu schaffen, indem er insbes. über den Zugang anderer Personen entscheidet, und wenn diese Zweckbestimmung sozial anerkannt ist.[882] Wie allerdings § 16 Abs. 5 SOG zeigt, werden **Arbeits-, Betriebs- und Geschäftsräume** darüber hinaus auch dann noch vom Wohnungsbegriff des Abs. 1 erfasst, wenn sie in einer Weise **öffentlich zugänglich** sind, dass Kunden, Arbeitnehmer oder andere Personen sich darin aufhalten können und diese nicht auf Vorkehrungen treffen, die sie am Betreten hindern.[883]

241 **Beispiele:** Dem Wohnungsbegriff unterfallen der Wohnraum in Wohngemeinschaften und Studierendenwohnheimen, Hotel- und Krankenhauszimmer, Wohnmobile, Zelte, Hausboote, Schiffskabinen oder die

---

874 Vgl. etwa OVG Hamburg 23.10.1996 – Bf V 21/96, Rn. 14: „*Behebung von Raumnot*".
875 Willigt der Grundrechtsinhaber in das Betreten u. Durchsuchen der Whg. ein, liegt schon kein Eingriff vor, sodass es keiner RGL bedarf; vgl. JP/*Jarass* Art. 13 Rn. 10; SchE/*Schoch/Kießling* Rn. 616. Deshalb regelt § 16 Abs. 2 SOG nur das Betreten u. Durchsuchen *ohne* Einwilligung. Allg. dazu [→ C38].
876 Sicherstellungen oder das Anbringen technischer Mitteln werden von §§ 16 u. 16a SOG nicht umfasst; s. dazu § 14 SOG u. § 22 PolDVG. Vgl. auch die strafproz. Befugnisse in § 102 ff. StPO sowie § 23 HmbVwVG zum Betreten u. Durchsuchen iRd Verwaltungsvollstreckung. Vgl. zudem die spez. Befugnisse in § 58 Abs. 5 bis 10 AufenthG u. § 16 Abs. 3 S. 1 Nr. 2 lit. b TierSchG (dazu etwa VG Hannover 25.7.2024 – 10 A 1254/23).
877 Dazu HV/*Gornig* Art. 13 Rn. 56 ff.
878 Vgl. BVerfG 16.6.1981 – 1 BvR 1094/80, Rn. 40; HV/*Gornig* Art. 13 Rn. 68.
879 Vgl. BVerfG 3.4.1979 – 1 BvR 994/76, Rn. 29; 5.5.2008 – 2 BvR 1801/06, Rn. 15; 20.2.2001 – 2 BvR 1444/00, Rn. 26; 12.3.2019 – 2 BvR 675/14, Rn. 52; HV/*Gornig* Art. 13 Rn. 57 u. 67. § 3 Abs. 1 SOG dürfte mangels hinr. Bestimmtheit als RGL nicht ausreichen; JP/Jarass Art. 13 Rn. 16 mwN; so aber BVerwG 9.6.1974 – I C 17.73.
880 Vgl. SchE/*Schoch/Kießling* Rn. 618.
881 Zu den Begriffen im Einzelnen s. BERS/*Stammer* § 16 SOG Rn. 3 ff.
882 Vgl. *Kingreen/Poscher* § 14 Rn. 20; *Gusy/Eichenhofer* Rn. 249. Abgrenzungsfragen zu § 15 SOG können sich bei Kfz ergeben, die (auch) dem Wohnen dienen, vgl. LG Stendal NStZ 1994, 556.
883 Der Wohnungsbegriff des Abs. 1 korrespondiert mit dem noch *weiter* gefassten Wohnungsbegriff des Art. 13 GG (vgl. BVerfG 9.8.2018 – 2 BvR 1684/18, Rn. 29; 18.9.2008 – 2 BvR 683/08, Rn. 14; 27.2.2008 – 1 BvR 370/07, 1 BvR 595/07, Rn. 192), der etwa auch Dienstzimmer der Beamten (BVerfG 2.3.2006 – 2 BvR 2099/04, Rn. 113 ff.) u. (unkontrolliert) öff. zugängliche Räume, wie Verkaufsräume (BVerfG 17.2.1998 – 1 BvF 1/91, Rn. 138; BVerwG 25.8.2004 – 6 C 26.03), umfasst.

III. Aktionelle Befugnisse

Schlafkoje in der Fahrkabine eines Lkw sowie das abschließbare Zimmer in einer Gemeinschaftsunterkunft für geflüchtete Menschen; zum befriedeten Besitztum gehören Garten, Hof und Spielbereich.[884] Keine Wohnungen sind Haftraum, Strandkorb, Telefonzelle oder etwa nur zur Fortbewegung genutzte Pkw.[885] Umstritten ist die Einordnung von Unterkunftsräumen von Soldaten und Polizeibediensteten.[886]

bb) (Bloßes) Betreten einschließlich Besichtigen

§ 16 Abs. 4 u. 5 SOG regelt Befugnisse zum *Betreten* von Wohnungen iSd Abs. 1. **Betreten** umfasst, in die Wohnung einzutreten, in ihr zu verweilen und sie zu besichtigen,[887] sich also in ihr umzusehen, *ohne* ziel- und zweckgerichtet nach Personen oder Sachen zu suchen [→ D245]. Das gewaltsame Öffnen der Eingangstür kann nicht mehr als *Betreten* bezeichnet werden.[888] Dies hat indes nicht zur Folge, dass nur noch Fälle übrig blieben, in denen Wohnungsinhaber in das Betreten *einwilligen* und die deshalb überhaupt keiner Rechtsgrundlage bedürfen.[889] So betreffen die Befugnisse der Abs. 4 u. 5 vor allem den Fall, dass zwar dem Zutritt zur Wohnung *keine physischen Hindernisse* entgegen stehen, etwa weil die Tür freiwillig geöffnet wird, Wohnungsinhaber aber mit dem Betreten nicht einverstanden sind, also *deren Wille* entgegensteht.[890] Die Verfahrensvorgaben des § 16a SOG gelten für das bloße Betreten *nicht*.[891] Tatbestandlich erfüllt eröffnen die Befugnisse in Abs. 4 u. 5 ein **Ermessen**. 242

Unter den Voraussetzungen des Abs. 4 dürfen **Wohnungen** iSd Abs. 1, also nicht nur Wohn-, sondern auch Arbeits-, Betriebs- oder Geschäftsräume, betreten werden – und zwar **jederzeit**. Tatbestandlich muss eine **dringende Gefahr** vorliegen, also mit einer hohen Wahrscheinlichkeit ein Schaden für ein besonders hochrangiges Rechtsgut drohen [→ C186]. *Zusätzlich* muss es nach Nr. 1 oder Nr. 2 um sog. **verrufene Räume** gehen.[892] Tatsachen müssen die Annahme rechtfertigen, dass in der Wohnung Personen *Straftaten von erheblicher Bedeutung* verabreden, vorbereiten oder verüben, oder dass sich darin gesuchte Straftäter verbergen, was auch Personen umfasst, nach denen im Rahmen eines Ermittlungsverfahrens gefahndet wird.[893] *Alternativ* verlangt Nr. 2, dass es sich bei der Wohnung um einen Schlupfwinkel iSd § 104 Abs. 2 StPO handelt,[894] also um einen Ort, der für Glücksspiel, unerlaubten Betäubungsmittel- oder Waffenhandel oder für Prostitution bekannt ist. 243

§ 16 Abs. 5 SOG regelt eine Befugnis für das Betreten *nur* von **Arbeits-, Betriebs- oder Geschäftsräumen** iSd Abs. 1 – erfasst werden so etwa Vereins- und Clubräume, Personalaufenthaltsräume, Arbeitshallen, Treppenhäuser, Flure, Büro- und Lagerräume oder auch abgeschirmte Zwinger in einem Tierheim.[895] Werden solche Räume während der Arbeits-, Betriebs-, Geschäfts- und **Öffnungszeiten** oder in Zeiten betreten, in denen sich Kunden, Arbeitnehmer oder andere 244

---

884 Vgl. *Kugelmann* Kap. 6 Rn. 82; *Thiel* § 10 Rn. 171 mwN sowie OVG Hamburg 18.8.2020 – 4 Bf 160/19, Rn. 31 f. (Unterkunft).
885 Vgl. VGH Mannheim 28.3.2022 – 1 S 1265/21, Rn. 60 zum Wohnungsbegriff des Art. 13 GG.
886 BVerfG 12.2.2004 – 2 BvR 1687/02, Rn. 13.
887 *DWVM* S. 204; *Thiel* § 10 Rn. 173. Willigt der Wohnungsinhaber zunächst ein u. gewährt Zutritt, zieht dann aber seine Einwilligung zurück, liegt ab diesem Zeitpunkt in dem *Verweilen* in der Wohnung ein *Betreten*, das nicht mehr auf die Einwilligung gestützt werden kann, sondern nur unter den Voraussetzungen des § 16 Abs. 4 SOG zulässig ist, vgl. *Schenke* Rn. 169; *Gusy/Eichenhofer* Rn. 251.
888 Die Überwindung physischer Hindernisse richtet sich nach anderen Befugnissen einschl. des VerwVollstrR und der unm. Ausführung, vgl. *Thiel* § 10 Rn. 174.
889 So aber *Gusy/Eichenhofer* Rn. 251; ähnlich *Schenke* Rn. 167.
890 Vgl. Abs. 2: „darf ohne Einwilligung des Inhabers betreten [...] werden".
891 Insbes. gibt es in Entsprechung mit Art. 13 Abs. 2 u. 7 GG keinen Richtervorbehalt.
892 Vgl. *Gusy/Eichenhofer* Rn. 252; *Schenke* Rn. 170.
893 Vgl. § 2 Abs. 2 PolDVG sowie BERS/*Stammer* § 16 SOG Rn. 18.
894 Anders als für die Varianten der Nr. 1 reicht nach Nr. 2 ein entspr. Verdacht nicht aus.
895 Vgl. DHSch/*Papier* Art. 13 Rn. 10 u. 17; VGH München 2.10.2012 – 10 BV 09/1860, Rn. 31, 12.5.2022 – 10 CS 22/1799, Rn. 67.

Personen dort aufhalten, reicht es aus, dass dies *zum Zwecke der Gefahrenabwehr* erfolgt. Es bedarf also keiner dringenden Gefahr wie nach Abs. 4. Verlangt wird mit Blick auf Art. 13 Abs. 7 GG eine (einfache) konkrete Gefahr,[896] zum Teil aber auch gar keine Gefahr,[897] weil derartige Maßnahmen nicht als Eingriff iSd Art. 13 Abs. 7 GG zu qualifizieren seien.[898] § 16 Abs. 5 S. 2 SOG statuiert eine **Rückausnahme**, wenn ein solcher Raum für einen sachlich und personell *eng abgegrenzten Personenkreis* bestimmt ist und *Vorkehrungen* getroffen sind, die andere am Betreten hindern. § 16 Abs. 5 S. 1 SOG regelt für Arbeits-, Betriebs- oder Geschäftsräume im Vergleich zu Abs. 4 so zwar eine spezielle, aber *keine abschließende* Befugnis, sodass für diese Räume beide Befugnisse **nebeneinander anwendbar** sind.[899]

cc) Durchsuchen einschließlich Betreten

245 § 16 Abs. 2 u. 3 SOG regelt eine Befugnis zum *Durchsuchen einschl. Betreten* von Wohnungen iSd Abs. 1. Durchsuchen meint hier die **gezielte und zweckgerichtete Suche** nach Personen oder Sachen oder die Ermittlung eines Sachverhalts in einer Wohnung, um etwas aufzuspüren, was Inhaber nicht von sich aus offenlegen oder herausgeben wollen.[900] Die Maßnahme umfasst das systematische Durchkämmen einer Räumlichkeit und je nach Erkenntnislage eine Öffnung und Einsichtnahme von Schränken oder Schubladen einschließlich ihres Inhalts, die Überprüfung von Hohlräumen insbes. in beschädigten Gegenständen, potenziell auch das Verschieben von Möbeln oder das Austopfen von Pflanzen – nicht aber das Lesen von Schriftstücken oder die Zerstörung von Gegenständen.[901] Wahrnehmungen, etwa von Personen, Sachen und Zuständen, die dagegen bereits (unvermeidlich) mit dem *Betreten* der Wohnung einhergehen, sind nicht das Ergebnis eines *Durchsuchens*.[902] Die **Abgrenzung** ist nicht immer einfach, da das *Betreten* das *Besichtigen* umschließt und weil die Zwecke, die jedem Suchen und jedem Betreten zugrundeliegen müssen, sich überschneiden können.[903]

246 **Beispiele:** Die gezielte Nachschau nach verletzten Personen infolge eines zuvor aus der Wohnung vernehmbaren heftigen Streits mit erheblichem Lärm wird als ein (bloßes) Betreten und (noch) kein Durchsuchen qualifiziert. Soll demggü. eine Person in der Wohnung aufgespürt werden, um deren geplante Abschiebung zu realisieren, wird darin ein zielgerichtetes Suchen nach der Person und somit eine Durchsuchung gesehen.[904]

---

896 Vgl. SchE/*Schoch/Kießling* Rn. 628 mit grundsätzl. verfassungsrechtl. Bedenken.
897 Vgl. BERS/*Stammer* § 16 SOG Rn. 24; BVerwG 25.8.2004 – 6 C 26.03 (Razzia Teestube).
898 BVerfG 15.3.2007 – 1 BvR 2138/05, Rn. 32. Räumlichkeiten iSd § 16 Abs. 5 SOG seien ohnehin öffentlich zugänglich, sodass nur ein geringes Schutzbedürfnis bei behördl. Nachschaubefugnissen bestünde, vgl. SchE/*Schoch/Kießling* Rn. 628 f. mwN.
899 Dies zeigt die Rückausnahme des Abs. 5 S. 2 sowie der Umstand, dass der Wohnungsbegriff in Abs. 1, wie er von Abs. 4 vorausgesetzt wird, diese Räume mitumfasst.
900 Vgl. BVerfG 3.4.1979 – 1 BvR 994/76, Rn. 26; BVerwG 25.8.2004 – 6 C 26.03, Rn. 24; OVG Hamburg 23.10.1997 – Bf V 21/96, Rn. 12.
901 Vgl. BVerwG 7.6.2006 – 4 B 36.06; VGH Mannheim 28.3.2022 – 1 S 1265/21; VGH München 20.3.2015 – 10 B 12/2280, Rn. 40; *Gusy/Eichenhofer* Rn. 253; *Merten/Merten* § 16 Rn. 15.
902 BVerwG 25.8.2004 – 6 C 26.03, Rn. 24.
903 Zur *Durchsuchung* einer Whg. muss diese notwendigerweise *betreten* werden, um die eigentlichen Suchhandlungen vorzunehmen. Umgekehrt muss dem *Betreten* aber keine Durchsuchung folgen; vgl. BVerfG 16.6.1987 – 1 BvR 1202/84, Rn. 26; *Lambiris* S. 33. Bleibt es beim bloßen *Betreten*, kommen als RGL nicht nur §§ 16 Abs. 2 u. 3 SOG, sondern auch Abs. 4 u. 5 in Betracht.
904 Vgl. VGH München 20.3.2015 – 10 B 12/2280, Rn. 40 (Verletzte); OVG Hamburg 18.8.2020 – 4 Bf 160/19, Rn. 33 ff. (Abschiebung). Vgl. aber BVerwG 15.6.2023 – 1 C 10.22 sowie die dagegen eingelegte Verfassungsbeschwerde; Az. 2 BvR 42/24. Zur Abgrenzung von Betreten u. Durchsuchen bei der Durchsetzung von Abschiebungen s. *Lichtenberg/Sitz* ZAR 2021, 232 mwN.

III. Aktionelle Befugnisse

(1) Besondere Verfahrensvorgaben

§ 16a SOG statuiert nach Maßgabe des Art. 13 Abs. 2 GG für Durchsuchungen besondere Verfahrensvorgaben, insbes. einen **Richtervorbehalt** in dessen Abs. 1, der im Sinne eines *prozeduralen Grundrechtsschutzes* eine vorbeugende Kontrolle der Maßnahme durch eine unabhängige und neutrale Instanz vorsieht.[905] Das nach S. 2 zuständige AG Hamburg entscheidet auf Grundlage des vorgetragenen und ermittelten Sachverhalts *umgehend*,[906] ob die Voraussetzungen des § 16 Abs. 2 oder 3 SOG vorliegen.[907] Dabei sind Ziel und Rahmen der Durchsuchung so festzulegen, dass Missverständnisse der vollziehenden Behörden ausgeschlossen sind und Wohnungsinhaber wissen, was sie zu dulden haben.[908] § 16a Abs. 1 S. 3 SOG verweist für das *Verfahren* auf §§ 1–110 FamFG.[909] Nur bei **Gefahr im Verzug** darf die Polizei ohne eine richterliche Anordnung durchsuchen [→ B187], was streng und als Ausnahme zu handhaben ist.[910] Auslegung und Anwendung des Begriffs sind gerichtlich uneingeschränkt nachprüfbar.[911] Auch wenn eine Wohnungstür bereits rechtmäßig geöffnet wurde, ist die Einholung eines richterlichen Beschlusses weiterhin erforderlich, sofern die Polizei in diesem Zusammenhang eine Durchsuchung beabsichtigt.[912] Das **Verfahren** der Durchsuchung selbst gestaltet § 16a SOG in Abs. 2 bis 5 weiter aus, statuiert insbes. ein **Anwesenheitsrecht** des Betroffenen oder einer Vertretung, die **Bekanntgabe** des Durchsuchungsgrundes sowie die Pflicht zur Fertigung einer **Niederschrift**.[913]

247

(2) Materielle Voraussetzungen

§ 16 Abs. 2 SOG normiert vier Durchsuchungstatbestände, die zum Teil der **Umsetzung anderer Standardmaßnahmen** dienen. So darf nach dessen Nr. 1 eine Wohnung betreten und durchsucht werden, wenn *Tatsachen die Annahme rechtfertigen*, dass sich darin eine **Person** befindet, die zur Ermöglichung von Vernehmung oder ED-Behandlung *vorgeführt* oder *in Gewahrsam genommen* werden darf. Gleiches gilt nach Nr. 2 im Falle der gerechtfertigten Annahme, dass sich in der Wohnung eine **Sache** befindet, die zur Abwehr einer unmittelbar bevorstehenden Gefahr oder zur Störungsbeseitigung *sichergestellt* werden darf. Während Nr. 2 nur auf eine Variante des § 14 Abs. 1 S. 1 SOG verweist, erfasst die Befugnis in Nr. 1 alle Tatbestände des § 13 SOG, sodass eine Durchsuchung auch in Betracht kommt, wenn Verfügungen nach §§ 12a u. 12b SOG durchgesetzt oder Minderjährige zu den Sorgeberechtigten zurückgeführt werden sollen.[914] Bei beiden Tatbeständen reicht ein **tatsachenbasierter Verdacht** aus, dass sich die *Person* oder *Sache* in der Wohnung befindet: Die Tatsachengrundlage darf *insoweit* lückenhaft sein [→ C196], die

248

---

905 Vgl. BVerfG 20.2.2001 – 2 BvR 1444/00, Rn. 27; SchE/*Schoch/Kießling* Rn. 622. Zu Richtervorbehalt u. Durchsuchungsbeschluss s. auch LD/*Graulich* Kap. E Rn. 515 ff.
906 BVerfG 27.5.1997 – 2 BvR 1992/92, Rn. 26; 16.6.2015 – 2 BvR 2718/10, Rn. 61 u. 87. Eine entspr. Erreichbarkeit ist sicherzustellen; vgl. dazu LG Hamburg 30.6.2010 – 706 Ns 17/10, Rn. 50 f.
907 Vgl. HV/*Gornig* Art. 13 Rn. 68.
908 BVerfG 19.11.1999 – 1 BvR 2017/97.
909 Vgl. auch § 16a Abs. 1 S. 4, unter dessen Voraussetzungen von einer *Anhörung* des Wohnungsinhabers abgesehen werden kann, sowie S. 5, der das *Wirksamwerden* der Anordnung regelt.
910 Vgl. BVerfG 19.11.1999 – 1 BvR 2017/97, Rn. 12; 20.2.2001 – 2 BvR 1444/00, Rn. 29 ff. Entgegen Art. 13 Abs. 2 GG („in den Gesetzen vorgesehenen") trifft § 16a SOG keine Festlegung, welche Organe oder Behörden bei Gefahr im Verzug zuständig sind.
911 BVerfG 22.1.2002 – 2 BvR 1473/01, Rn. 13. Die maßgeblichen Umstände sind zu diesem Zweck zu dokumentieren; *Schenke* Rn. 171 mwN.
912 LG Hamburg 9.10.2017 – 711 Ns 58/16, Rn. 14 ff. (Marihuana-Plantage, Feuerwehreinsatz).
913 Zu den Verfahrensvorgaben s. EP/*Beaucamp* Rn. 437 ff.
914 Vgl. BERS/*Stammer* § 16 SOG Rn. 12. Hinsichtlich § 16 Abs. 2 Nr. 1 u. 2 SOG weisen *Schwabe* NVwZ 1993, 1173 (1173 f.) u. *Merten/Merten* § 16 Rn. 25 darauf hin, dass die Vorschriften verfassungskonform dahingehend auszulegen sind, dass eine dringende Gefahr bestehen muss.

Voraussetzungen der jeweils in Bezug genommenen Standardmaßnahmen müssen allerdings erfüllt sein (vgl. „werden darf").[915]

249 **Beispiele:** Obwohl die Voraussetzungen einer Sicherstellung vorgelegen hätten, wurde eine Durchsuchung zum Auffinden von Identitätspapieren als unzulässig bewertet, da diese auf Basis der bloß vage angenommenen Möglichkeit erfolgte, die Papiere könnten sich in der Wohnung befinden. Gleiches galt für eine Durchsuchungsanordnung zwecks Ingewahrsamnahme zur Abschiebung einer Person, weil diese sich zwar in der Wohnung aufhielt, aber eine gültige Duldung besaß, sodass die Voraussetzungen der Ingewahrsamnahme nicht vorlagen. Als rechtmäßig erachtet wurde dagegen eine Wohnungsdurchsuchung zum Auffinden von Datenträgern bei einem aktiven Unterstützer einer angekündigten Hausbesetzung, um diese mit Hilfe der gewonnenen Informationen zu verhindern. Die für die Sicherstellung erforderliche gegenwärtige Gefahr in Gestalt der geplanten Aktion wurde aufgrund von Internetankündigungen, zuvor aufgefundenen Bannern sowie der bereits begonnenen Präparation des zu besetzenden Gebäudes angenommen. Der Auffindeverdacht resultierte aus der belegten Unterstützerrolle des Wohnungsinhabers.[916]

250 Nach § 16 Abs. 2 Nr. 3 SOG darf eine Wohnung *betreten* und *durchsucht* werden, von der Emissionen ausgehen, die nach Art, Ausmaß oder Dauer zu einer erheblichen **Belästigung der Nachbarschaft** führen. Die Befugnis soll dem Schutz vor **Emissionen** wie Lärm, Gasen oder Gerüchen dienen und (weiteren) Eskalationen etwa angesichts einer Störung der Nachtruhe vorbeugen.[917] Eine Gefahr muss von den Emissionen *nicht* ausgehen. Es reichen **Belästigungen** aus, die allerdings *erheblich* sein und sicher vorliegen müssen.[918] Weitergehende Anforderungen dürften sich indes aus dem Verhältnismäßigkeitsgrundsatz ergeben.[919] Nach § 16 Abs. 2 Nr. 4 SOG darf eine Wohnung ferner zur Abwehr einer **unmittelbar bevorstehenden Gefahr** für Leib, Leben oder Freiheit einer Person oder für Sachen von bedeutendem Wert betreten und durchsucht werden. Die Maßnahme kann etwa zum Zweck der Befreiung widerrechtlich festgehaltener oder zur Rettung hilfloser Personen erfolgen.

251 Für die Durchsuchung einer Wohnung eröffnet § 16 Abs. 2 SOG **Ermessen**. In Folge der hohen Eingriffsintensität und angesichts der vergleichsweise geringen *materiellen* Anforderungen in Art. 13 Abs. 2 GG [→ D238] kommt dem Grundsatz der **Verhältnismäßigkeit** dabei eine maßgebliche Rolle zu.[920] Insbesondere ist im Einzelfall zu bemessen, ob *mildere Mittel* zur Verfügung stehen, etwa die Aufforderung zur Herausgabe eines gesuchten Gegenstandes.[921] Die Durchsuchung muss in ihrer konkreten Eingriffsintensität in einem angemessenen Verhältnis zu ihrem tatbestandlich definierten Zweck stehen. Dies hat der Gesetzgeber in § 16 Abs. 3 SOG *in zeitlicher Hinsicht* konkretisiert und das Betreten und Durchsuchen zur **Nachtzeit** für die Tatbestände des § 16 Abs. 2 Nr. 1 u. 2 SOG ausgeschlossen und nur für jene der Nr. 3 u. 4 zugelassen. Gem. § 104 Abs. 3 StPO erfasst die Nachtzeit den Zeitraum von 21 bis 6 Uhr.[922] Aus dem Übermaßverbot wird zudem ein Durchsuchungsverbot für **einzelne Gegenstände in der Wohnung** abgeleitet, weil und soweit diese unter dem Schutz weiterer Grundrechte stehen – dies gilt etwa für Endgeräte der Telekommunikation, IT-Systeme und darin gespeicherte Daten sowie für persönliche Briefe und Aufzeichnungen.[923]

252

---

915 Vgl. SchE/*Schoch/Kießling* Rn. 620.
916 LG Ravensburg 24.3.2003 – 6 T 364/01 (Ausweispapiere); LG Aurich 19.11.2018 – 7 T 271/18 (Abschiebung); OLG München 14.11.2018 – 34 Wx 42/18 (Hausbesetzung).
917 Vgl. Bü-Drs. 13/5422, 17. Weiterführend dazu EP/*Beaucamp* Rn. 431.
918 Trotz niedriger Eingriffsschwelle und hoher Eingriffsintensität dürfte sich die Befugnis noch IRd Art. 13 Abs. 2 GG bewegen; krit. dagegen *Schwabe* NVwZ 1993, 1173 (1174).
919 Vgl. etwa EFP/*Pünder* Rn. 225, der erhebliche Gesundheitsgefahren fordert.
920 Vgl. BVerfG 5.8.1966 – 1 BvR 586/62, Rn. 89 ff.; 3.4.1979 – 1 BvR 994/76, Rn. 47; 10.11.1981 – 2 BvR 1118/80, Rn. 5; 15.10.1985 – 2 BvR 528/85, Rn. 4.
921 Vgl. SchE/*Schoch/Kießling* Rn. 621; *Schenke* Rn. 169.
922 Vgl. dazu BVerfG 12.3.2019 – 2 BvR 675/14, Rn. 62 ff. Zur Abschaffung der verkürzten Nachtzeit in den Sommermonaten s. BT-Drs. 19/27654, 72 sowie *Hütwohl* NJW 2021, 3298.
923 Vgl. BVerfG 2.3.2006 – 2 BvR 2099/04; 27.2.2008 – 1 BvR 370/07; *Kingreen/Poscher* § 14 Rn. 34.

IV. Generalbefugnis

Als unverhältnismäßig wurde die Durchsuchung zur Sicherstellung von Ausweispapieren infolge einer Verletzung ausweisrechtlicher Mitwirkungspflichten angesehen, weil es sich dabei nur um eine Ordnungswidrigkeit mit geringer Geldbuße handelte. Auch eine Durchsuchung zwecks Beschlagnahme von Computern und Routern infolge wiederholter Belästigung der Polizei mit wirren E-Mails wurde als nicht erforderlich bewertet. Die Polizei hätte die E-Mail-Adressen des Absenders sperren, die Mails technisch als Spam aussortieren oder jedenfalls Mails ungelesen in einen anderen Ordner verschieben können. Dagegen wurde eine Wohnungsdurchsuchung als erforderlich angesehen, um die Sicherstellung der durch ein Rockerclubmitglied gefertigten Fotos von mit Rockerkriminalität befassten Polizeibediensteten und einem zivilen Einsatzfahrzeug zu ermöglichen.[924]

IV. Generalbefugnis

§ 3 Abs. 1 SOG statuiert eine **Befugnis genereller Art**. So werden die Verwaltungsbehörden und in Eilfällen nach Abs. 2 auch die Vollzugspolizei ermächtigt, die *erforderlichen Maßnahmen* zu treffen, um im Einzelfall „bevorstehende Gefahren für die öff. Sicherheit oder Ordnung abzuwehren oder Störungen zu beseitigen". Auf diese Weise füllt § 3 Abs. 1 SOG jene lückenhaften Bereiche aus, die vom Gesetzgeber nicht mit vorrangigen Regeln, insbes. mit den Standardbefugnisnormen erfasst wurden. Die Generalklausel wird dogmatisch als „Grundmodell der Gefahrenabwehr[925]" angesehen, dessen Struktur in spezielleren Befugnissen durch konkretere Vorgaben modifiziert wird.[926] Diese, aus *dogmatischer* Perspektive zutreffende Einordnung darf jedoch nicht zu der Annahme führen, dass sich *jedes* Handeln der Polizei- und Ordnungsbehörden im Zweifel auf die Generalklausel als Rechtsgrundlage stützen ließe. Vielmehr sind auch und gerade bei der Generalklausel **Subsidiarität** und **Auffangcharakter** [→ C70] zu beachten. 253

Beispiele: Auf § 3 Abs. 1 SOG werden konkret-individuelle Verfügungen gestützt, die der adressierten Person gefahrbegründendes Handeln verbieten, wie die Weiterfahrt mit einem beschädigten Fahrradgepäckträger nach einem Verkehrsunfall, die Abgabe von Eintrittskarten für ein Risikofußballspiel an Fans der Gästemannschaft, das Tragen von Rockerkutten, das Führen von Messern und anderen gefährlichen Gegenständen, die kommerziell betriebene Suizidbegleitung oder die Durchführung von Heilbehandlungen ohne behördliche Erlaubnis nach dem HeilprG.[927] Auch konkrete Gebote zur Gefahrenabwehr können auf Grundlage des § 3 Abs. 1 SOG angeordnet werden, wie Terrorschutzmaßnahmen gegenüber der Veranstalterin eines Straßenfestes.[928] Die Generalklausel soll zudem eine Rechtsgrundlage für die Beseitigung störender Inhalte liefern, etwa für das Übermalen eines entspr. Schriftzugs an einem Gebäude oder für das Abhängen von Wahlplakaten mit beleidigenden oder volksverhetzenden Slogans,[929] sowie – in Ergänzung zur Observation von Personen nach § 20 PolDVG – für die Beobachtung von Örtlichkeiten.[930] 254

Aus Gründen eines effektiven Grundrechtsschutzes ist der Gesetzgeber verfassungsrechtlich gehalten, die Befugnisse der Polizei möglichst konkret und bestimmt zu regeln [→ B 40]. Die Generalklausel ermächtigt demggü. unter vergleichsweise unspezifischen Voraussetzungen zu ebenso wenig spezifizierten (unbenannten) Handlungen, den *erforderlichen Maßnahmen*. Diese Verknüpfung von unbestimmten Rechtsbegriffen – etwa der nicht näher beschriebenen Gefahr 255

---

924 OLG Braunschweig 14.4.2020 – 3 W 30/20 (Ausweispapiere); OLG Karlsruhe 23.8.2016 – 11 W 79/16, Rn. 32 (E-Mail-Belästigung); OLG Brandenburg 16.9.2014 – 11 Wx 6/11 (Fotos).
925 So ausdrücklich EFP/*Pünder* Rn. 19 u. 384. S. auch *Meyer* JA 2024, 749, mit Übungsfällen.
926 Vgl. SchE/*Schoch/Kießling* Rn. 240.
927 Vgl. VG Hamburg 18.3.2022 – 5 K 6932/17 (Gepäckträger); OVG Hamburg 13.4.2012 – 4 Bs 78/12 (Eintrittskarten); VG Aachen 24.8.2016 – 6 K 79/16 (Kuttentrageverbot), OVG Münster 8.7.2025 – 5 B 579/25 (Messerführungsverbot), VG Hamburg 6.2.2009 – 8 E 3301/08 (Suizidbegleitung), zu Verstößen gegen das HeilprG [→ CFn 311].
928 Vgl. VG Hamburg 13.12.2023 – 5 K 1923/20, Rn. 45.
929 Vgl. Bü-Drs. 22/6157, 3 (Schriftzug Flora); OVG Bautzen 21.9.2021 – 6 B 360/21, Rn. 17 („Hängt die Grünen").
930 Vgl. OVG Lüneburg 28.11.2023 – 11 LC 303/20, Rn. 92 („Observation eines Eingangsbereichs").

oder der Schutzgüter – mit einem rechtsfolgenseitigen Ermessen hinsichtlich des *Ob* und des *Wie* des Einschreitens macht die Generalklausel zu einer flexiblen und effektiven Reservebefugnis, die dennoch nicht gegen das **rechtsstaatliche Bestimmtheitsgebot** verstößt.[931] Die Generalklausel ist „in jahrzehntelanger Entwicklung durch Rspr. und Lehre nach Inhalt, Zweck und Ausmaß hinreichend präzisiert, in ihrer Bedeutung geklärt und im juristischen Sprachgebrauch verfestigt".[932] Zweifel an ihrer **Verfassungsmäßigkeit** sind so nicht mehr angezeigt.[933] Auch auf Grundlage einer Generalbefugnis bleiben Polizei- und Ordnungsbehörden in ihrem Handeln im Sinne eines demokratischen und rechtsstaatlichen Mindeststandards an rechtliche Kernvorgaben wie die Einhaltung tatbestandlicher Grenzen, die Anforderungen an die pflichtgemäße Ausübung des Ermessens und den Grundsatz der Verhältnismäßigkeit gebunden.

256 Auch wenn ein behördliches Handeln nicht (abschließend) spezialgesetzlich oder durch Standardbefugnisnormen geregelt ist, können sich **Grenzen** für den Rückgriff auf § 3 Abs. 1 SOG ergeben.[934] Aus § 1 Abs. 1 PolDVG folgt, dass die Generalklausel nicht für *informationelles* Handeln der Vollzugspolizei anwendbar ist, soweit dieses in einer Verarbeitung personenbezogener Daten besteht – hierfür normiert § 11 PolDVG eine eigene Generalklausel [→ D123]. Entsprechendes folgt für die Verwaltungsbehörden aus den speziellen Fachgesetzen einschl. dem HmbDSG. Auch bei *aktionellen* Maßnahmen wird der Rückgriff auf die Generalklausel mitunter als ausgeschlossen angesehen, wenn diese besonders schwerwiegend in **Grundrechte** eingreifen.[935] Unter Verweis auf die typisierende Natur der Standardbefugnisse wird die Generalklausel auf die Abwehr **atypischer Gefahren** begrenzt, für die sich noch keine typisierbaren Maßnahmen und polizeilichen Standards entwickelt haben.[936] In diesen Fällen scheint die Schaffung einer speziellen Befugnis erforderlich[937] – der Gesetzgeber kann jedoch erst dann tätig werden, wenn eine polizeiliche Vorgehensweise bereits praktiziert oder in der Rechtswissenschaft diskutiert wird. Während der Übergangszeit bis zu einer speziellen Normierung müssen zum Schutz höchstrangiger Rechtsgüter aber auch schwerwiegende Eingriffe auf Grundlage der Generalklausel erfolgen können.[938] Wird der Gesetzgeber tätig und schafft eine besondere Befugnisnorm für eine entspr. Maßnahme, endet damit die bisherige Praxis.[939]

257 Die **tatbestandlichen Voraussetzungen** der Generalklausel knüpfen an die Grundbegriffe des Polizei- und Ordnungsrechts an, die in ihrer allg. Form zu einem Tätigwerden auf Grundlage des § 3 Abs. 1 SOG ermächtigen. So muss für die **Schutzgüter**, öff. Sicherheit oder Ordnung, eine bevorstehende, also **konkrete Gefahr** oder eine Störung vorliegen.[940] Eigene adressatenbezogene Voraussetzungen enthält die Generalklausel nicht, sodass insoweit die allg. Vorschriften zur **Verantwortlichkeit** in den §§ 8 ff. SOG heranzuziehen sind. Außerdem stellt die Generalklausel deklaratorisch klar, dass die Polizei- und Ordnungsbehörden nur nach pflichtgemäßem **Ermessen** iSd § 40 HmbVwVfG die *erforderlichen* Maßnahmen treffen dürfen, womit nicht nur auf

---

931 *Kingreen/Poscher* § 5 Rn. 4; SchE/*Schoch/Kießling* Rn. 241.
932 BVerfG 23.5.1980 – 2 BvR 854/7954, Rn. 5.
933 Vgl. *DWVM* S. 37 f.; *Götz/Geis* § 17 Rn. 7; *Schenke* Rn. 49.
934 Rechtssetzendes Handeln lässt sich nicht auf § 3 Abs. 1 SOG stützen, vgl. „im Einzelfall" u. § 1 SOG.
935 So *Schenke* Rn. 50; EFP/*Pünder* Rn. 24 mit vergleichendem Blick auf die häufig eingriffsintensiven Rechtsfolgen der Standardbefugnisse; aA *Lambiris* S. 45. Einschränkend *Götz/Geis* § 17 Rn. 9 u. *Thiel* § 6 Rn. 16, wenn im Einzelfall eine qualifizierte Gefahrenstufe erforderlich ist.
936 Vgl. *Butzer* VerwArch 2002, 506 (523); *Kingreen/Poscher* § 5 Rn. 24; SchE/*Schoch/Kießling* Rn. 227; aA EFP/*Pünder* Rn. 23; *Thiel* § 6 Rn. 15.
937 Dies dürfte etwa für Kontaktverbote ohne Bezug zum Stalking [→ D161] anzunehmen sein.
938 Vgl. BVerwG 13.1.2014 – 6 B 59.13, Rn. 8; krit. BVerfG 8.11.2012 – 1 BvR 22/12, Rn. 52 zur Dauerobservation. So auch *Gusy/Eichenhofer* Rn. 184.
939 Vgl. etwa die nunmehr in § 11a bzw. § 15a SOG geregelte Meldeauflage bzw. körperl. Untersuchung sowie auf Bundesebene den zur Abwehr von Drohnen geplante § 39 des Referentenentwurfs zur Änderung des BPolG [→ BFn 123].
940 Vgl. Bü-Drs. 13/5422, 16; OVG Hamburg 31.5.1978 – Bf III 19/77.

IV. Generalbefugnis

den Grundsatz des mildesten Mittels verwiesen, sondern die **Verhältnismäßigkeit** insgesamt in Bezug genommen wird, die in § 4 SOG einfachgesetzlich normiert ist. Zu beachten sind ferner die Einschränkungen des **Zitiergebots** [→ C51].

Wie die Praxis zeigt, kann auf eine Generalbefugnis nicht verzichtet werden, damit Polizei und Verwaltungsbehörden ihre gesetzlich zugewiesene Aufgabe der Gefahrenabwehr auch in neuen, vom Gesetzgeber *unvorhergesehenen* und daher *ungeregelten* Gefahrenlagen wahrnehmen können. In ihrem Anwendungsbereich bleibt die Generalklausel jedoch nicht auf neuartige Gefahren beschränkt – vielmehr lässt sich feststellen, dass bestimmte **Maßnahmen typischerweise** auf Grundlage von § 3 Abs. 1 SOG getroffen werden können, sodass – ähnlich wie bei Standardbefugnissen – **abstrakte Anforderungen** an das polizeiliche Handeln zu stellen sind, auch wenn diese sich nicht unmittelbar aus der Generalklausel selbst ergeben. Regelmäßig zur Anwendung kommt die Generalklausel als Befugnisnorm etwa für das Abschleppen von Fahrzeugen im Wege der unm. Ausführung [→ E58], für die Einweisung obdachloser Menschen in eine Wohnung [→ C290], für Verbote von Veranstaltungen sowie für Begleitverfügungen bei realisierenden Standardmaßnahmen [→ D13]. Typisieren lassen sich zudem die Anforderungen an die Gefährderansprache und an bestimmtes polizeiliches Informationshandeln.

258

1. Gefährderansprache

Mit einer Gefährderansprache wird eine Person, von der befürchtet wird, dass sie in der Zukunft Gefahren für die öffentliche Sicherheit oder Ordnung verursacht, mündlich oder durch entspr. Gefährderanschreiben dazu **ermahnt**, gefahrverursachende Handlungen zu unterlassen.[941] Die Polizei weist die betroffene Person darauf hin, dass sie aufgrund ihres vergangenen Verhaltens unter Beobachtung steht, und erläutert, welche Folgen eine erneute Störung hätte. Ziel der Gefährderansprache ist es, der angesprochenen Person die Aufmerksamkeit der Polizei und die drohenden Rechtsfolgen ihres potenziellen Verhaltens **vor Augen zu führen** und sie auf diese Weise von künftigen gefahrverursachenden Handlungen abzuhalten.[942] Charakteristisch für die Gefährderansprache ist, dass ihr Empfänger lediglich über mögliche Rechtsfolgen seines Verhaltens informiert wird, ohne dass ihm ein Tun oder Unterlassen – etwa in Form einer Meldeauflage – angeordnet wird.[943] Der Gefährderansprache fehlt es an einer Regelung iSd § 35 S. 1 HmbVwVfG, sodass sie als **Realakt** zu qualifizieren ist.[944]

259

Beispiele: Gefährderansprachen im Vorfeld vor politischen Gipfeltreffen, Risiko-Fußballspielen und ähnlichen Veranstaltungen,[945] aber auch in Fällen häuslicher Gewalt, von Stalking oder Sexualstraftaten, bei politischem Extremismus oder ggü. jugendlichen Intensivtätern.[946]

260

Auch wenn den angesprochenen Personen kein bestimmtes Verhalten vorgeschrieben oder verboten wird, kann die Gefährderansprache **grundrechtseingreifende Wirkung** haben – etwa in Art. 2 Abs. 1 GG, wenn die Ermahnung derart einschüchternd und abschreckend wirkt, dass vernünftigerweise kein anderer Entschluss getroffen werden kann, als dieser zu entsprechen.[947] Maßgeblich ist dabei, ob die Willensentschließungsfreiheit des Adressaten in

261

---

941 Vgl. *Kießling* DVBl 2012, 2010 (2010); *Hebeler* NVwZ 2011, 1364; *Kugelmann* Kap. 6 Rn. 104.
942 VGH Mannheim 7.12.2017 – 1 S 2526/16, Rn. 45; *Kreuter-Kirchof* AöR 2014, 257 (260).
943 Vgl. VG Düsseldorf 25.11.2018 – 18 K 2340/18, Rn. 20; *Hebeler* NVwZ 2011, 1364 (1365).
944 Vgl. OVG Magdeburg 21.3.2012 – 3 L 341/11, Rn. 30; *Barczak* JURA 2014, 888 (890).
945 OVG Lüneburg 22.9.2005 – 11 LC 51/04 mit Wiedergabe des Wortlauts eines entspr. Gefährderanschreibens; *Kingreen/Poscher* § 12 Rn. 10 u. § 20 Rn. 51.
946 Vgl. Bü-Drs. 22/9726, 4 (Stadtderby); VG Düsseldorf 25.10.2018 – 18 K 2340/18 (Stalking); VG Köln 20.11.2014 – 20 K 2466/12; VG Köln 8.3.2019 – 20 K 9261/17 (Sexualstraftäter); vgl. VG Köln 14.2.2008 – 20 K 1934/06 (Extremismus); vgl. VG Arnsberg 5.11.2008 – 3 I 769/08 (jugendl. Intensivtäter); Bü-Drs. 18/3314, S. 10 (häusl. Gewalt).
947 VGH Mannheim 7.12.2017 – 1 S 2526/16, Rn. 33; VG Meiningen 3.8.2021 – 2 K 863/18 Me, Rn. 27.

relevanter Weise eingegrenzt ist oder ob diesem, etwa mangels Hinweis auf vorangegangenes Tun, ein Spielraum verbleibt.[948] Ferner können Art. 5 Abs. 1 und Art. 8 Abs. 1 GG betroffen sein, wenn die Gefährderansprache im Vorfeld einer Versammlung vor einer Teilnahme abschrecken soll.[949] Je nach den Umständen der Durchführung kann auch das allgemeine Persönlichkeitsrecht beeinträchtigt sein, wenn etwa die Gefährderansprache den Adressaten öffentlich oder in seinem sozialen Umfeld mit Straftaten in Verbindung bringt.[950] Greift die Gefährderansprache in Grundrechte ein, bedarf sie einer **gesetzlichen Grundlage**, die in der FHH mangels spezieller Befugnis in der Generalklausel gesehen wird.[951]

262 Als Eingriffsschwelle verlangt § 3 Abs. 1 SOG eine **konkrete Gefahr**, was bei einer Gefährderansprache regelmäßig problematisch ist, soweit sie in einer vorsorgenden Intention zu einem Zeitpunkt erfolgt, zu dem die künftige Verursachung von Gefahren nur befürchtet werden kann.[952] Die konkrete Gefahr ist zudem Voraussetzung für die Feststellung der Verhaltensverantwortlichkeit des **Empfängers** der Gefährderansprache.[953] Das vorangegangene Verhalten, durch das die Polizei- und Ordnungsbehörde auf die Person aufmerksam geworden ist, dient dabei als Anhaltspunkt innerhalb der Prognoseentscheidung. Es muss aber einen sachlichen Bezug und zeitliche Nähe zum Anlass der Gefährderansprache aufweisen.[954] Der Inhalt einer Gefährderansprache kann unterschiedlich konkret ausfallen und insbes. Informationen, Mahnungen oder Ankündigungen von Maßnahmen umfassen.[955] Innerhalb des **Mittelauswahlermessens** kann ein Gefährderanschreiben oder ein Telefonat als milderes Mittel im Vergleich zu einer Ansprache vor Ort, die von anderen Personen wahrgenommen werden kann, in Betracht kommen.[956] Wenngleich die Maßnahme eingriffsfrei gestaltet werden *kann*, ist unverständlich, warum der Gesetzgeber die Regelung einer entspr. Befugnis unterhalb der Schwelle einer konkreten Gefahr unterlassen hat. Dies wird die Vornahme einer *tatsächlich wirkungsvollen* Ansprache als vergleichsweise geringen Grundrechtseingriff häufig ausschließen.

2. Informations-, Kommunikations- und Digitalhandeln, insbes. in sozialen Medien

263 Zur Tätigkeit von Polizei und Verwaltungsbehörden gehört die **Information** von und die **Kommunikation** mit Menschen *ohne* imperativen Charakter, etwa die Veröffentlichung von Jahresberichten, Warnungen vor Produkten und Gruppierungen oder der Bericht über Einsatztätigkeiten in den (sozialen) Medien.[957] Soweit solche Tätigkeiten nicht in Grundrechte eingreifen, sind sie rechtmäßig, wenn sie sich iRd **gesetzlich zugewiesenen Aufgaben** bewegen.[958] Im Bereich der Gefahrenabwehr finden sie ihre Rechtsgrundlage dementsprechend in § 3 Abs. 1 SOG (in seiner Funktion als Aufgabennorm) bzw. § 1 Abs. 1 PolDVG [→ C44]. Informationshandeln, das

---

948 VG Köln 20.11.2014 – 20 K 2466/12, Rn. 39 ff.; OVG Lüneburg 22.9.2005 – 11 LC 51/04, Rn. 27; LD/*Graulich* Kap. E Rn. 290.
949 *Hebeler* NVwZ 2011, 1364 (1365 f.); *Kugelmann* Kap. 6 Rn. 106.
950 VG Meiningen 3.8.2021 – 2 K 863/18, Rn. 39.
951 Vgl. VG Hamburg 2.4.2012 – 15 E 756/12, Rn. 51; EFP/*Pünder* Rn. 23. Für das Erfordernis einer spez. EGL *Kießling* DVBl 2012, 2010 (1214). Vgl. etwa § 12a NPOG, § 18b BlnASOG, § 14 VersG NRW.
952 Vgl. *Hebeler* NVwZ 2011, 1364 (1366).
953 *Kießling* DVBl 2012, 2010 (2012); *Götz/Geis* § 18 Rn. 7.
954 So können Straftaten, die sechs Jahre zurückliegen, oder Auffälligkeiten bei politischen Demonstrationen vor Ort es nicht rechtfertigen, eine Person vor der Teilnahme an einer Versammlung im Ausland zu warnen; vgl. OVG Lüneburg 22.9.2005 – 11 LC 51/04, Rn. 38 ff.; VG Bayreuth 12.9.2019 – B 1 K 850/17, Rn. 24; *Barczak* JURA 2014, 888 (891).
955 *Kreuter-Kirchof* AöR 2014, 257 (260).
956 VG Bayreuth 12.9.2019 – B 1 K 850/17, Rn. 32.
957 Zu Social-Media-Aktivitäten der Polizei Hamburg vgl. Bü-Drs. 22/8015 (SMT, Zwecke, Organisation) sowie 22/9575 (Twitter-Marathon). Vgl. auch Bü-Drs. 22/750 („Social-Media-Katastrophen").
958 Vgl. BVerfG 26.6.2002 – 1 BvR 558/91, Rn. 51; BVerwG 19.2.2015 – 1 C 13.14, Rn. 35; CGKM/*Grünewald* § 7 Rn. 14.

IV. Generalbefugnis

in Grundrechte *eingreift* oder sich als funktionales Äquivalent eines Eingriffs erweist [→ C35], etwa in das allg. Persönlichkeitsrecht, die Religions-, Berufs- oder Versammlungsfreiheit,[959] bedürfen hingegen einer **gesetzlichen Ermächtigung**, deren tatbestandliche Voraussetzungen im Einzelfall erfüllt sein müssen. Spezielle Befugnisse finden sich mitunter im besonderen Gefahrenabwehrrecht und im PolDVG einschl. § 11 PolDVG. Im Übrigen kann – soweit der Rückgriff nicht gesperrt ist – auf die **Generalklausel** in § 3 Abs. 1 u. 2 SOG (jetzt in seiner Funktion als Befugnisnorm) zurückgegriffen werden.[960]

Unabhängig davon, ob polizeiliche Informationstätigkeit im Einzelfall einer gesetzlichen Grundlage bedarf, müssen die Äußerungen den allg. Anforderungen genügen, die an rechtsstaatliches Informationshandeln gestellt werden. Wenn eine Behörde Behauptungen aufstellt, erfordert das Gebot der **Richtigkeit**, dass diese auf Tatsachen basieren, die objektiv zutreffen oder deren Ungewissheit kenntlich gemacht wurde – so ist der Polizei etwa untersagt, ein Bild von Fußballfans in Regencapes am Stadioneingang zu posten, verbunden mit der Unterstellung, diese hätten die Capes zur Verhinderung einer Durchsuchung angezogen.[961] Zur Wahrung des **Sachlichkeitsgebots** darf die Behörde keine sachfremden Erwägungen anstellen, unsachliche oder herabsetzende Formulierungen verwenden.[962] Hinsichtlich Religion, Weltanschauung und (partei-)politischen Positionen gilt das **Neutralitätsgebot**, das diffamierende, diskriminierende oder verfälschende Darstellungen verbietet, etwa bei der Warnung vor Sekten oder sog. Hasspredigern.[963] Zudem muss die Maßnahme **verhältnismäßig** sein und die Auswahl der Ereignisse und Personen, über die informiert wird, darf nicht willkürlich erfolgen.[964]

264

Neben zumeist eingriffsloser Information und Kommunikation stehen der Polizei auf ihren Social-Media-Accounts weitere, auch **grundrechtsrelevante Funktionen** zur Verfügung,[965] z.B. das **Sperren** anderer Accounts, über die in störender Weise agiert wird, etwa in Form von *Desinformation*, *Beleidigungen* oder *Hassrede*.[966] Das Sperren kann in Art. 5 Abs. 1 GG in mehrfacher Hinsicht eingreifen, weil es als Reaktion auf eine Meinungsäußerung erfolgt und es der Person erschwert, sich künftig auf den Profilseiten der Polizei zu informieren und zu äußern.[967] Es bedarf dann einer Rechtsgrundlage, für die jedenfalls § 3 Abs. 1 SOG in Betracht kommt.[968] Die öff. Sicherheit kann durch das Verhalten einer Person auf Social Media gefährdet sein, wenn etwa durch unsachliche Diskussionen die Nutzung des Polizei-Accounts als **staatliche Einrichtung** durch andere User behindert wird, wenn Äußerungen den Straftatbestand der **Beleidigung** erfüllen oder *bestimmte* Polizeibedienstete in ihrer persönlichen Ehre verletzen.[969] Stets ist zu

265

---

959 BVerwG 15.12.2005 – 7 C 20.04 (Bereitstellen von Erklärungen zur Distanzierung von Scientology im Geschäftsverkehr); OVG Münster 9.9. 2013 – 5 B 417/13 (Bezeichnung als Gewalttäter im Jahresbericht Fußball); BVerwG 20.11.2014 – 3 C 27.13 (Warnung vor E-Zigaretten). Zu Art. 8 GG *Schier*, Konflikte mit der Versammlungsfreiheit bei polizeil. Öffentlichkeitsarbeit, 2020, S. 63 ff.
960 Vgl. § 26 Abs. 2 ProdSG, § 40 LFGB, § 69 Abs. 4 AMG u. *Götz/Geis* § 7 Rn. 11; EFP/*Pünder* Rn. 15. Zur konkr. Gefahr durch scientolog. Indoktrination VG Hamburg 20.11.2012 – 2 K 1939/09, Rn. 44.
961 OVG Münster 28.11.2022 – 5 A 2808/19. Zu *personen*bezogenen Daten [→ D22].
962 BVerfG 26.6.2002 – 1 BvR 558/91, Rn. 61; CGKM/*Grünewald* § 7 Rn. 22.
963 BVerfG 26.6.2002 – 1 BvR 670/91, Rn. 53; CGKM/*Kalscheuer/Jacobsen/Conrad* § 2 Rn. 88. Vgl. auch § 33 Abs. 1 S. 2 BeamtStG sowie – auch zur Sachlichkeit – Art. 58 HmbVerf [→ B54].
964 OVG Bremen 31.5.2021 – 1 B 150/21; *Gusy* JZ 2022, 7 (11).
965 Zu grundrechtsrel. polizeil. Öffentlichkeitsarbeit vgl. OVG Münster 28.11.2022, 5 A 2808/19. S. auch *Gusy* JZ 2022, 7 (Prangerwirkung).
966 Zur Bedeutung soz. Medien für die polizeil. Aufgabenerfüllung vgl. Bü-Drs. 22/8015. Anfang 2018 hatte die Polizei Hamburg insgesamt 515 Twitter-Accounts blockiert, vgl. Bü-Drs. 21/11581, 3.
967 Vgl. VG Hamburg 28.4.2021 – 3 K 5339/19, Rn. 68; *Tschorr* NVwZ 2020, 1488 (1489).
968 VG Hamburg 28.4.2021 – 3 K 5339/19, Rn. 69. Dies gilt unabhängig davon, ob das Blockieren auf das umstrittene „virtuelle Hausrecht" gestützt werden kann, dazu *Schmehl/Richter* JuS 2005, 817.
969 VG Hamburg 28.4.2021 – 3 K 5339/19, Rn. 72 f. Verstöße gegen die sog. „*Netiquette*", die als Verhaltenskodex Eingriffe nicht legitimieren kann, können eine entspr. Gefahr indizieren. Vgl. VG München 27.10.2017 – M 26 K 16.5928, Rn. 15; *Tschorr* NVwZ 2020, 1488 (1490); Bü-Drs. 21/11581, 2.

prüfen, ob ebenso geeignete, aber mildere Mittel als das Sperren in Betracht kommen, etwa das **Löschen** oder Verbergen der störenden Kommentare oder das **Stummschalten** des Accounts.[970]

V. Exkurs: Befugnisse zum Schutz bei psychischen Krankheiten

266 In der polizeilichen Praxis gewinnen Maßnahmen nach dem Hamburgischen Gesetz über **Hilfen und Schutzmaßnahmen bei psychischen Krankheiten** zunehmend an Bedeutung.[971] Sind Anzeichen vorhanden, dass eine Person aufgrund einer psychischen Erkrankung sich selbst oder andere gefährdet, ermächtigen die §§ 7 bis 12 HmbPsychKG zu Maßnahmen zur Hilfe und zum Schutze der betroffenen Person – ggf. auch gegen deren Willen. Zuständig sind die sozial- bzw. jugendpsychiatrischen Dienste der Bezirksämter, die sich zum Vollzug auch der *Amtshilfe* der Vollzugspolizei bedienen. Häufig liegen jedoch die Voraussetzungen eines Eilfalls nach § 3 Abs. 2 S. 1 lit. a SOG vor, sodass die Vollzugspolizei nicht lediglich iRd Vollzugshilfe, sondern in *originärer Zuständigkeit* tätig wird. Von Bedeutung ist hier insbes. die Maßnahme der **sofortigen Unterbringung** nach § 12 HmbPsychKG, bei der die Polizei die kurzzeitige Unterbringung einer psychisch kranken Person in einem Krankenhaus bereits vor einer gerichtlichen Entscheidung selbst anordnen kann.[972] Voraussetzung hierfür ist ein ärztliches Zeugnis über die *gegenwärtige Gefahr einer erheblichen Selbst- oder Fremdschädigung*. Bei psychischen Erkrankungen sind gefahrenabwehrrechtliche Befugnisse außerhalb des HmbPsychKG, insbes. die Ingewahrsamnahme nach § 13 SOG, nur subsidiär anwendbar, bis ein Verfahren nach dem HmbPsychKG eingeleitet wird.[973]

VI. Befugnisse im Rahmen der Amts-, Informations- und Vollzugshilfe

267 Zu Erfüllung von Pflichten zur Amts-, Vollzugs- oder Informationshilfe [→ B72] sehen SOG u. PolDVG **keine eigenen, spezifischen Regelungen** vor.[974] Auch für die Polizei- und Ordnungsverwaltung gelten daher die allg. Vorschriften der §§ 4 ff. HmbVwVfG und Art. 35, 91 GG.[975] Nach § 4 Abs. 2 HmbVwVfG liegt Amtshilfe von vornherein *nicht* vor, wenn Behörden untereinander in einem *Weisungsverhältnis* Hilfe leisten (Nr. 1) oder wenn die Hilfeleistung in Handlungen besteht, die der ersuchten Behörde als *eigene Aufgabe* obliegen (Nr. 2).[976] Amtshilfe ist also stets ein Handeln zur Erfüllung *fremder* Aufgaben. Sind die **Voraussetzungen** der Amtshilfe nach Maßgabe des § 5 HmbVwVfG erfüllt, ist die ersuchte Behörde zur Hilfeleistung *verpflichtet*. Wird

---

970 Vgl. VG Hamburg 28.4.2021 – 3 K 5339/19, Rn. 121; *Milker* NVwZ 2018, 1751 (1755); *Tschorr* NVwZ 2020, 1488 (1491).
971 S. dazu Bü-Drs. 22/12782, 5 f.
972 Zur sof. Unterbringung Marschner/Lesting/Stahmann/*Marschner* Kap. B Rn. 94 ff.
973 Marschner/Lesting/Stahmann/*Marschner* Kap. B Rn. 94.
974 Insbes. die §§ 30 bis 30b SOG u. die §§ 11 Abs. 1 Nr. 1, 13 Abs. 1 Nr. 1 PolDVG sind Regelungen der örtl. Zuständigkeit [→ C106] bzw. Befugnisnormen. Der Gesetzgeber sieht wg. des bes. Verwaltungsaufbaus der FHH kein Bedarf für spez. Regelungen, vgl. Bü-Drs. 13/5422, 16. Vgl. dagegen Art. 67 Abs. 1 BayPAG u. § 47 Abs. 1 PolG NRW.
975 Innerhalb der FHH ist § 5 *HmbVwVG* für das Verhältnis von Fachbehörden, Bezirksämtern u. Polizei nicht anwendbar, da diese nach Ziff. I der Anordnung über Vollstreckungsbehörden selbst Vollstreckungsbehörden iSd § 5 HmbVwVG [→ E5] sind. Maßgebl. ist die Vorschrift für die Vollstreckung zugunsten *außerhamburgischer* Behörden u. solchen der *mittelbaren* Staatsverwaltung; vgl. HRK/*Beaucamp* Rn. 96; MdSadB Nr. 83, 1960, 382.
976 Keine Amtshilfe ist daher die Beteiligung der den Weisungen der StA unterworfenen Polizei am strafrechtl. Ermittlungsverfahren [→ B73] oder die der Vollzugspolizei als eigene Aufgabe [→ B63] zugewiesene unaufschiebbare GefAbw. Die Abgrenzung, ob etwa eine polizeil. Auskunft o. eine Maßnahme des unm. Zwangs der eigenen Aufgabe der GefAbw o. der Vollzugshilfe zugunsten anderer Behörden dient, kann im Einzelfall schwierig sein, vgl. etwa §§ 757a Abs. 1, § 758 Abs. 3 ZPO u. dazu *Kingreen/Poscher* § 25 Rn. 16 f.; LD/*Bäcker* Kap. D Rn. 44.

VI. Befugnisse im Rahmen der Amts-, Informations- und Vollzugshilfe

die Polizei- und Ordnungsverwaltung iRd Amtshilfe tätig, ist hinsichtlich der **Rechtmäßigkeit** nach Maßgabe des § 7 HmbVwVfG zwischen der *Hauptmaßnahme* der ersuchenden Behörde und der *Amtshilfemaßnahme* zu unterscheiden.[977] Die *ersuchende* Behörde bleibt Herrin des Verfahrens und trägt nach Abs. 2 S. 1 die Verantwortung für Recht- und Zweckmäßigkeit der **Hauptmaßnahme**, die sie (auch) mittels Amtshilfeleistung der Polizei verwirklichen will. Die *Zulässigkeit* der Hauptmaßnahme bestimmt sich nach Abs. 1 Hs. 1 so allein nach dem Recht der *ersuchenden* Behörde.[978] Die Zulässigkeit der **Amtshilfehandlung** richtet sich nach Abs. 1 Hs. 2 dagegen nach dem Recht der *ersuchten* Behörde, die nach Abs. 2 S. 2 für die *Durchführung* der Amtshilfe verantwortlich ist.

Zur Erfüllung ihrer Hilfepflicht stehen der Polizei **nur die Befugnisse** zu, die ihr auch sonst zugewiesen sind,[979] im Fall der **Vollzugshilfe** also etwa die Befugnisse zur Anwendung unm. Zwangs. Sie muss ihre Amtshilfehandlung nach dem für sie geltenden Recht auf eine Rechtsgrundlage stützen können, welche die Amtshilfehandlung – unterstellt, sie diente der Erfüllung einer eigenen Aufgabe – rechtfertigen würde.[980] Auf Befugnisse der Behörde, die um Amtshilfe ersucht, kann die hilfeleistende Polizei sich also nicht stützen.[981] Entsprechendes gilt für Maßnahmen der **Informationshilfe**. Soweit personenbezogene Daten übermittelt werden, reichen die Amtshilfebefugnisse in §§ 4 ff. HmbVwVfG für die damit einhergehenden Eingriffe in die informationelle Selbstbestimmung nicht aus. Im Hinblick auf die enge *Zweckbindung* der Daten sind spezielle, gesetzliche Ermächtigungen zur Datenweitergabe notwendig.[982] Sie finden sich für die Informationsweitergabe innerhalb der Vollzugspolizei sowie an andere Behörden in den §§ 34 ff. PolDVG in Verbindung mit der JI-RL,[983] ergänzt um den jüngst eingefügten § 4 Abs. 1 Nr. 3 PolDVG insbes. für den Fall, dass die Übermittlung nicht der Erfüllung einer polizeilichen Aufgabe, sondern der Informationshilfe dient.[984]

268

---

977 Zum Folgenden LD/*Bäcker* Kap. D Rn. 42 f. mwN.
978 Die ersuchende Behörde kann insbes. nicht die weitreich. Befugnisse der Polizei in Anspruch nehmen, um ihre Aufgaben wirksamer zu erfüllen, als sie es mit ihren eigenen Befugnissen könnte. Vgl. etwa die ausdrückl. Regelung in § 11 Abs. 2 S. 1 BPolG für die Unterstützung eines Landes durch die BPOL.
979 Vgl. BVerwG 22.10.2003 – 6 C 23.02, Rn. 31.
980 Vgl. BVerwG 26.9.2006 – 2 WD 2.06, Rn. 94.
981 S. LD/*Bäcker* Kap. D Rn. 42.
982 Vgl. KR/*Ramsauer* § 5 Rn. 19 ff.; EFP/*Pünder* Rn. 53. So könnte etwa bezweifelt werden, dass für die (Rück-)Übermittlung von personenbezogenen Daten besonderer Kategorien durch die Polizei an die Bezirks- bzw. Gesundheitsämter in der Corona-Pandemie mit § 4 Abs. 1 Nr. 1 PolDVG eine hinreichende RGL vorlag, weil die Übermittlung nicht der Erfüllung einer polizeilichen Aufgabe, sondern der Informationshilfe diente.
983 Zur Datenübermittlung zw. den Verwaltungsbehörden nach DS-GVO iVm HmbDSG HRK/*Caspar* Rn. 7 ff.
984 Vgl. Bü-Drs. 22/16042, 2 u. 12 f.

E. Um- und Durchsetzung

1 Treffen Polizei oder Verwaltungsbehörden eine Maßnahme, muss damit eine Gefahrenlage noch nicht bewältigt sein. Ob etwa eine polizeiliche *Verfügung* zur erfolgreichen Abwehr einer Gefahr führt, hängt davon ab, ob die adressierte Person ihrer *rechtlichen* Verpflichtung aus der Verfügung auch nachkommt, einem ausgesprochenen Ge- oder Verbot also von sich aus Folge leistet und so eine Veränderung der *tatsächlichen* Umstände herbeiführt, von denen die Gefahr ausgeht. Eine effektive Gefahrenabwehr muss jedoch regelmäßig eine derartige **Veränderung der tatsächlichen Situation** zum Ergebnis haben. Insbes. darf sie nicht von der Fähigkeit oder dem Willen der Verantwortlichen abhängig sein, die zur Gefahrenabwehr in Anspruch genommen werden. Die Polizei- oder Ordnungsbehörde muss die Veränderung der gefahrenbegründenden Umstände, also etwa des Verhaltens einer Person oder des Zustands einer Sache, im Zweifel auch selbst *um-* bzw. gegen den Willen der adressierten Person *durchsetzen* können. Unter welchen Voraussetzungen dies zulässig ist, regelt vor allem das **Verwaltungsvollstreckungsrecht** (dazu I) und in seiner Ergänzung die Möglichkeit, eine Maßnahme auch im Wege der **unmittelbaren Ausführung** zu treffen (dazu II).

2 Vollstreckung und unm. Ausführung sind jedoch nicht die einzigen Mechanismen, um eine Veränderung der tatsächlichen Situation zu erreichen. Die Vorstellung, Polizei oder Verwaltungsbehörden würden stets durch Ausspruch einer Verfügung tätig, die bei Bedarf durch weitere Akte erzwungen oder ggf. ersetzt wird, bildet den rechtlichen Rahmen und die Dogmatik des Polizei- und Ordnungsrechts nicht ab.[1] Dieses sieht eine Reihe **realisierender Maßnahmen** vor, denen ein tatsächliches Element inhärent ist [→ C15]. So ermächtigt § 3 Abs. 1 SOG zu *Maßnahmen*, also zu jeglicher, nicht nur verfügender, sondern auch tatsächlicher Tätigkeit in Form eines **Realhandelns**. Auch realisierende *Standardmaßnahmen* tragen einen Mechanismus zu ihrer Um- bzw. Durchsetzung in sich.[2] Andere Standardbefugnisse sehen zwar selbst nur den Erlass einer Verfügung vor, an der dann jedoch weitere Befugnisnormen anknüpfen und die Behörde zu einem konkreten **Folgehandeln** ermächtigten [→ D10], um die tatsächliche Zielsetzung der getroffenen Anordnung zu verwirklichen. Das Zusammenspiel unterschiedlicher Durchsetzungsmechanismen zeigt sich insbes. am Beispiel des *Abschleppens von Fahrzeugen* (dazu III).

I. Verwaltungsvollstreckung

3 Als Ausdruck des staatlichen Gewaltmonopols ermöglicht das Verwaltungsvollstreckungsrecht die **zwangsweise Durchsetzung** öffentlich-rechtlicher Pflichten durch eine Behörde, ohne dass es hierfür wie im Privatrecht der Anrufung eines Gerichtes bedarf. Wird ein belastender VA als Grundverfügung gegen den Willen der adressierten Person durchgesetzt, liegt in der Vollstreckung mit Zwangsmitteln ein weiterer Grundrechtseingriff, der an eigenständigen Befugnisnormen zu messen ist.[3] Soweit Landesbehörden tätig werden, ist nach dessen § 2 Abs. 1 u. Abs. 3 S. 1 grds. das **HmbVwVG** anwendbar, welches die Erzwingung von Handlungen, Duldungen und Unterlassungen auf Grund eines im Verwaltungswege vollstreckbaren Titels

---

1 Hierin ist auch keine unzulässige Umgehung der Regelungen des HmbVwVG zu erkennen, dessen disziplinierende Anleitung in Bezug auf das Verfahren mitunter sogar hinter den form. Anforderungen zurückbleibt, die etwa §§ 13a-c u. 16a SOG für Ingewahrsamnahmen und Durchsuchungen aufstellen.
2 So ist bei Standardbefugnissen stets durch Auslegung zu ermitteln, ob diese nur zu Verfügungen ermächtigen oder ob/inwieweit tats. Handeln von ihrer Rechtsfolge umfasst sind ob es für eine Durchsetzung eines Rückgriffs auf das VollstrR oder die unm. Ausf. bedarf [→ D2].
3 Zum VollStrR des Bundes *Voßkuhle/Wischmeyer* JuS 2016, 698 ff.

I. Verwaltungsvollstreckung

für die Verwaltung allgemein regelt.[4] § 3 Abs. 1 Nr. 1 HmbVwVG normiert mit dem VA als **Grundverfügung** den häufigsten Vollstreckungstitel; die §§ 8 ff. HmbVwVG treffen Regeln zur Art und Weise der Vollstreckung und stellen insbes. in §§ 11, 13 ff. HmbVwVG die Ersatzvornahme, das Zwangsgeld, den unmittelbaren Zwang und die Erzwingungshaft als Zwangsmittel zur Verfügung. SOG und PolDVG enthalten selbst keine umfassende, polizeispezifische Normierung des Vollstreckungsrechts.[5] Da körperliche Gewalt, Waffeneinsatz und anderen Formen unmittelbaren Zwangs aber insbes. für die Polizei bedeutsam sind, finden sich *ergänzende* Regelungen zu deren Ausübung in §§ 17 ff. SOG, auf die § 15 Abs. 1 HmbVwVG verweist.

1. Voraussetzungen der Verwaltungsvollstreckung

Maßgeblich für die Bestimmung der Voraussetzungen einer rechtmäßigen Verwaltungsvollstreckung ist die **Differenzierung** zwischen dem als *gestreckt* bezeichneten Regelverfahren und dem in § 27 HmbVwVG vorgesehenen *beschleunigten* Verfahren für Vollstreckungsmaßnahmen zur Gefahrenabwehr in Eilfällen. In beiden Fällen handelt es sich um **mehraktige Verfahren**, die für eine Vollstreckungsmaßnahme einen Vollstreckungstitel voraussetzen – als sog. Grundverfügung fungiert nach § 3 Abs. 1 Nr. 1 HmbVwVG etwa ein VA. Während das *gestreckte* Verfahren mehrere, aufeinander aufbauende und die Zwangswirkung steigernde Verfahrensschritte vorsieht, ermöglicht das *beschleunigte* Verfahren gem. § 27 HmbVwVG im Interesse effektiver Gefahrenabwehr Ausnahmen von vielen Voraussetzungen des Regelverfahrens. Der zu vollstreckende Titel bleibt indes auch im beschleunigten Verfahren notwendig. Anders als in den meisten anderen Ländern und im Bundesrecht ist ein **einaktiges Verfahren** der Verwaltungsvollstreckung, das eine Vollziehung ohne zugrundeliegenden Titel ermöglicht, in der FHH gesetzlich nicht vorgesehen.[6] Insbes. das Erfordernis einer Grundverfügung unterscheidet die Vollstreckung auch von der **unmittelbaren Ausführung** nach § 7 SOG, die als eigenständiges Rechtsinstitut von der Verwaltungsvollstreckung abzugrenzen ist.[7]

a) Formelle Rechtmäßigkeitsvoraussetzungen der Vollstreckung

Gem. § 4 S. 1 HmbVwVG bestimmt der Senat die **Vollstreckungsbehörden**, die nach S. 2 Teil der unmittelbaren Staatsverwaltung sein sollen. Daran anknüpfend bestimmt Ziff. 1 Abs. 1 der entspr. Anordnung des Senats u.a. die Fachbehörden (Nr. 2) und somit auch die Polizei als Teil der Behörde für Inneres und Sport sowie die Bezirksämter (Nr. 6) als Vollstreckungsbehörden im Rahmen ihrer fachlichen Zuständigkeit.[8] Verfügungen *anderer*, zumeist außerhamburgischer Behörden [→ B267] können iSd § 5 HmbVwVG durch die Vollstreckungsbehörden im Wege der *Vollstreckungshilfe* durchgesetzt werden. Innerhalb der Vollstreckungsbehörden sind die als Vollziehungspersonen bestellten Bediensteten zuständig.[9] Sollen Maßnahmen in der Verwaltungsvollstreckung getroffen werden, kann gem. § 28 Abs. 2 Nr. 5 HmbVwVfG von einer **Anhörung** abgesehen werden.

---

4 Zum VerwVollstrR der FHH HRK/*Beaucamp* Rn. 92 ff.
5 Zum VollstrR in den Polizeigesetzen anderer Länder LD/*Graulich* Kap. E Rn. 901.
6 Vgl. Bü-Drs. 20/4579, 17; vgl. demggü. etwa § 6 Abs. 2 VwVG oder § 64 Abs. 2 NPOG. Das beschleunigte Verfahren sollte daher nicht als „sofortiger Vollzug" o. „Sofortvollzug" bezeichnet werden, da diese einaktigen Vollstreckungsverfahren gerade von der Notwendigkeit einer Grundverfügung absehen.
7 Vgl. § 27 Abs. 2 HmbVwVG.
8 Anordnung über Vollstreckungsbehörden vom 1. Juni 1999.
9 Zu den Regelungen für die Vollziehungspersonen in §§ 6, 22 ff. HmbVwVG s. HRK/*Beaucamp* Rn. 99.

b) Anforderungen an die Grundverfügung

6   § 3 Abs. 1 HmbVwVG enthält eine abschließende Aufzählung der sechs möglichen **Vollstreckungstitel** als materielle Grundvoraussetzung für die Anwendung des Verwaltungszwangs. § 3 Abs. 1 Nr. 1 HmbVwVG normiert mit dem VA als Grundverfügung den häufigsten und für die Polizei- und Ordnungsverwaltung praktisch relevantesten Anwendungsfall.[10] Anders als für die zivilrechtliche Zwangsvollstreckung, die iSd §§ 704, 794 ZPO regelmäßig ein gerichtliches Urteil oder einen Beschluss als Titel voraussetzt, bedarf es für eine Vollstreckung der in § 3 Abs. 1 HmbVwVG genannten Titel keines vorangegangenen Gerichtsverfahrens. Polizei- und Ordnungsbehörden schaffen sich gleichsam selbst einen vollstreckbaren Titel, indem sie einen *wirksamen* und nach § 3 Abs. 3 HmbVwVG *vollstreckbaren* VA erlassen.

aa) Inhalt, Wirksamkeit und Vollstreckbarkeit

7   Aus § 1 HmbVwVG sowie aus der Überschrift des zweiten Titels ergibt sich, dass der VA als Grundverfügung auf ein **Handeln, Dulden oder Unterlassen** gerichtet sein muss, um nach §§ 8 ff. HmbVwVG vollstreckt zu werden. Feststellende oder gestaltende Verwaltungsakte, die auch ohne weiteres Geschehen bereits ihre angestrebte Wirkung entfalten, haben keinen vollstreckungsfähigen bzw. -bedürftigen Inhalt.[11] Für auf Zahlung einer Geldsumme gerichtete Verwaltungsakte bestehen eigene Regelungen in den §§ 30 ff. HmbVwVG über die sog. Beitreibung von Geldforderungen. Die Grundverfügung muss zudem **wirksam**, also nach Maßgabe der §§ 41, 43 HmbVwVfG ordnungsgemäß bekanntgegeben und nicht nach § 44 HmbVwVfG nichtig sein. Hat sich der VA iSd § 43 Abs. 2 HmbVwVfG erledigt, kann dieser nicht mehr vollstreckt werden.[12]

8   § 3 Abs. 3 Nr. 1 bis 3 HmbVwVG normiert die Voraussetzungen für die **Vollstreckbarkeit** der Grundverfügung. Ein VA kann danach nur vollstreckt werden, wenn der Adressat diesen nicht mehr mit Rechtsmitteln angreifen kann (Nr. 1), oder aber zulässige Rechtsbehelfe entgegen § 80 Abs. 1 VwGO keine aufschiebende Wirkung entfalten würden (Nr. 2, 3). Die Vollstreckung darf nicht zu einem Unterlaufen der Widerspruchsfrist führen. **Unanfechtbarkeit** iSd § 3 Abs. 3 Nr. 1 HmbVwVG tritt ein, wenn innerhalb der Fristen der §§ 70, 74 VwGO kein Rechtsbehelf eingelegt bzw. ein eingelegter Rechtsbehelf in der Hauptsache ablehnend beschieden wurde.[13] Praktisch hat die Unanfechtbarkeit der Grundverfügung für die Polizei nur eine geringe Bedeutung, da regelmäßig eine Konstellation iSd § 80 Abs. 2 VwGO bzw. § 3 Abs. 3 Nr. 2, 3 HmbVwVG gegeben sein wird, in der Widerspruch und Anfechtungsklage **keine aufschiebende Wirkung** entfalten. So statuiert § 80 Abs. 2 S. 1 Nr. 2 VwGO die sofortige Vollziehbarkeit unaufschiebbarer Anordnungen und Maßnahmen von Polizeivollzugsbeamten.[14] Gleiches gilt für Verkehrszeichen, auf welche die Vorschrift aufgrund der Funktionsgleichheit mit polizeilichen Anordnungen analog anwendbar ist.[15]

---

10 Bü-Drs. 20/4579, 18; grundl. zur Vollstreckungsfunktion des VAes Voßkuhle/Eifert/Möllers/*Waldhoff* Bd. II § 44 Rn. 90 ff.
11 Vgl. *Kingreen/Poscher* § 25 Rn. 29.
12 EFP/*Pünder* Rn. 305.
13 Vgl. KR/*Ramsauer* § 35 Rn. 12; *Thiel* § 13 Rn. 4.
14 Wird eine Ordnungsbehörde tätig, findet § 80 Abs. 2 S. 1 Nr. 2 VwGO keine Anwendung, regelmäßig wird die sof. Vollz. aber nach § 80 Abs. 2 S. 1 Nr. 4 VwGO angeordnet sein; vgl. *Götz/Geis* § 20 Rn. 4 f.
15 *Schenke* Rn. 602; BERS/*Beaucamp* Vor §§ 17 ff. SOG Rn. 3 mwN.

bb) Rechtmäßigkeit der Grundverfügung

Von dem Erfordernis der *Wirksamkeit* und der *Vollziehbarkeit* der Grundverfügung ist die Frage zu unterscheiden, ob auch deren *Rechtmäßigkeit* Voraussetzung für eine rechtmäßige Vollstreckung ist. Ein solcher **Rechtmäßigkeitszusammenhang** hätte zur Folge, dass die Rechtswidrigkeit der Grundverfügung stets auf die Vollstreckung durchschlagen würde. Die Frage nach dem Bestand einer derartigen *Konnexität* betrifft grundl. Prinzipien des allg. Verwaltungsrechts.[16] Sie muss am Maßstab der betroffenen Ausprägungen des Rechtsstaatsprinzips beantwortet werden: Die Gesetzbindung der Verwaltung nach Art. 20 Abs. 3 GG und das Gebot effektiven Rechtsschutzes nach Art. 19 Abs. 4 GG – andererseits das Erfordernis von Rechtssicherheit und Effizienz des Verwaltungshandelns.[17] Dabei ist hinsichtlich der auch von § 3 Abs. 3 HmbVwVG vorgegebenen Konstellationen der Vollstreckbarkeit zu unterscheiden. Einigkeit besteht darüber, dass es auf die Rechtmäßigkeit *nicht* ankommt, wenn der zu vollstreckende VA **unanfechtbar** geworden ist.[18] Erwächst eine rechtswidrige Grundverfügung aufgrund eines Verstreichens der Widerspruchsfrist in Bestandskraft, trifft die adressierte Person der Vollzug nicht ohne eigene Verantwortung.[19] Ein Durchschlagen der Rechtswidrigkeit würde die Rechtsbehelfsfristen unterlaufen, deren bestandskrafterzeugende Wirkung gerade das Ziel hat, die Frage nach der Rechtmäßigkeit des Verwaltungsaktes abzuschneiden.[20]

Ist die rechtswidrige **Grundverfügung** noch anfechtbar, aber gem. § 80 Abs. 2 VwGO **sofort vollziehbar** (vgl. § 3 Abs. 3 Nr. 2, 3 HmbVwVG), bestehen unterschiedliche Auffassungen in Bezug auf eine Konnexität. Ein Rechtmäßigkeitszusammenhang wird teilweise unter Verweis auf die rechtsstaatliche Gesetzmäßigkeit der Verwaltung angenommen, die eine Vollstreckung rechtswidriger VAe verbiete, welche zu einer Vertiefung des Unrechts führen und den Rechtsschutz unzulässig verkürzen würde.[21] Ganz überwiegend wird dem entgegengehalten, dass iSd Wortlauts der einschlägigen Vorschriften, die gerade nur auf die *Vollstreckbarkeit* der Grundverfügung abstellen, allein die *Wirksamkeit*, nicht aber die *Rechtmäßigkeit* Bedingung für einen nachfolgenden Vollstreckungsakt ist.[22] Solange der VA nicht nichtig ist, entfaltet dieser bis zu seiner Aufhebung oder Erledigung bindende **Tatbestandswirkung**, die eine Vollstreckung zugunsten effektiver Abwehr von Gefahren für die vom Staat zu gewährleistende Sicherheit anderer Rechtsgüter ermöglicht.[23] Hieraus resultiert keine unzulässige Verkürzung des Rechtsschutzes, der in Form eines Antrages nach § 80 Abs. 5 VwGO oder nachträglich im Wege der (Fortsetzungs-)Feststellungsklage erlangt werden kann.[24] Im Vollstreckungsrecht der FHH verdeutlicht zudem § 29 Abs. 2 S. 1 HmbVwVG, dass ein Rechtmäßigkeitszusammenhang nicht anzunehmen ist, wonach Einwendungen gegen die Rechtmäßigkeit des Vollstreckungstitels nur *außerhalb* des Vollstreckungsverfahrens geltend gemacht werden können.[25]

---

16 Zum Rechtmäßigkeitszusammenhang *Hyckel* LKV 2015, 300 (302 ff.); *Sattler* FS Götz, 2005, 405.
17 Vgl. *Götz/Geis* § 20 Rn. 10 mwN.
18 BVerwG 13.4.1984 – 4 C 31.81, Rn. 12; *Voßkuhle/Wischmeyer* JuS 2016, 698 (700); *Thiel* § 13 Rn. 7; EFP/*Pünder* Rn. 306, 309; *Kingreen/Poscher* § 25 Rn. 32.
19 *Thiel* § 13 Rn. 7.
20 *Voßkuhle/Wischmeyer* JuS 2016, 698 (700); *Kingreen/Poscher* § 25 Rn. 32.
21 Vgl. SchE/*Schoch/Kießling* Rn. 917; *Knemeyer* Rn. 358; *Pietzcker* FS Schenke, 2011, 1046 (1053 ff.); Gusy/*Eichenhofer* Rn. 438.
22 Vgl. BVerfG 7.12.1998 – 1 BvR 831/89, Rn. 30 f.; BVerwG 13.4.1984 – 4 C 31.81, Rn. 12; EFP/*Pünder* Rn. 310; *Schenke* Rn. 599; *Kingreen/Poscher* § 25 Rn. 32.
23 Vgl. BVerfG 7.12.1998 – 1 BvR 831/89, Rn. 31 f.; EFP/*Pünder* Rn. 310.
24 LD/*Graulich* Kap. E Rn. 909.
25 Vgl. auch OVG Hamburg 11.2.2002 – 3 Bf 237/00, Rn. 35 ff.; 7.10.2008 – 3 Bf 116/08, Rn. 41. Zur Bedeutung der behördl. Kenntnis von der Rechtswidrigkeit der Grundverfügung s. *Schenke* Rn. 599.

c) Anforderungen an die Art und Weise der Vollstreckung

11 Wegen ihrer Eingriffsintensität sind die Zwangsmittel und ihre Anwendung gesetzlich genau bestimmt. Die für alle Zwangsmittel maßgeblichen allg. (materiellen) Vorgaben zur Art und Weise der Vollstreckung sind in den §§ 8 ff. HmbVwVG geregelt. Anders als etwa im Bundesrecht, das diesbezüglich eine dreistufige Struktur aus Androhung, Festsetzung und Anwendung der Zwangsmittel vorgibt,[26] ist eine Festsetzung in der FHH nur für das Zwangsgeld vorgesehen.[27] Erforderlich für den Beginn der Vollstreckung sind nach § 8 Abs. 1 S. 1 HmbVwVG ein **Hinweis** auf den beabsichtigten Zwangsmitteleinsatz sowie das Setzen einer (Schon-)**Frist** zur Befolgung der angeordneten Verhaltenspflicht. Hinweis und Fristsetzung, die als bloße Warnung mangels Regelungscharakter keinen VA darstellen, können nach Abs. 2 S. 1 bereits in die zu vollstreckende Verfügung mit aufgenommen werden.[28] Eine (schriftliche) Androhung des Zwangsmitteleinsatzes ist in der FHH nach § 22 SOG nur für die Anwendung unmittelbaren Zwangs erforderlich – diese stellt einen eigenständig anfechtbaren VA dar.[29] § 9 HmbVwVG bestimmt, *gegen wen* die Vollstreckung zu richten ist. Pflichtig als sog. **Vollstreckungsschuldner** ist nach Abs. 1 die Person, gegen die sich der Titel richtet bzw. deren Rechtsnachfolger.[30]

12 Was die **Vollstreckung gegen Hoheitsträger** betrifft, ist die jüngst eingeführte und an § 255 AO angelehnte Vorschrift des § 10 HmbVwVG zu beachten. Nach dessen Abs. 1 S. 1 ist – ungeachtet der umstr. Fragen der Pflichtigkeit von Hoheitsträgern sowie der Anordnungskompetenz der Polizei- und Ordnungsbehörden, gegen sie einzuschreiten – die Vollstreckung gegen eine staatliche Stelle des Bundes, der FHH oder eines anderen Landes grds. *unzulässig*. Eine wichtige Ausnahme regelt Abs. 1 S. 2 für die unter Aufsicht stehenden jur. Personen des öff. Rechts, etwa die Universitäten. Der Gesetzgeber geht davon aus, dass deren gefahrenabwehrrechtliche Pflichtigkeit mit dem Instrumentarium der Aufsicht geregelt werden kann.[31] Weitere Ausnahmen regeln § 10 Abs. 2 u. 3 HmbVwVG.

13 Für die **ordnungsgemäße Anwendung** der in § 11 HmbVwVG bestimmten Zwangsmittel enthalten die §§ 13 ff. HmbVwVG **spezifische Regelungen**, welche die allg. Bestimmungen zur Art und Weise der Vollstreckung ergänzen. Maßgeblich für die Rechtmäßigkeit des Zwangsmitteleinsatzes ist darüber hinaus die fehlerfreie Ausübung des **Entschließungs- und des Auswahlermessens**, wobei insbesondere das in § 12 HmbVwVG einfachgesetzlich normierte Übermaßverbot zu wahren ist.

14 **Beispiele:** Zum Schutz der Privatsphäre wurde es als angemessen angesehen, den Betroffenen einer Durchsuchung unter Anwendung unm. Zwangs mit zur Dienststelle zu nehmen, obwohl dieser eine Durchsuchung vor Ort (am Hauptbahnhof) bevorzugte und sich gegen die Mitnahme wehrte. Der Einsatz von Pfefferspray gegen gewaltbereite Fußballfans, die Glasflaschen auf Polizeibedienstete warfen, wurde als verhältnismäßig und insbes. angemessen angesehen, da den Betroffenen mehrfach die Hilfe der anwesenden Rettungswagenkräfte angeboten wurde. Gleiches gilt für den Einsatz eines Polizeihundes, der in einer Polizeikette zur Durchsetzung eines Versammlungsverbots mitgeführt wurde, in die ein Demonstrant hineinlief und von dem Hund gebissen wurde. Als unangemessen wurde dagegen die Fesselung der Eltern eines geistig behinderten Jugendlichen bemängelt, mit der verhindert werden sollte, dass diese sich gegen die Fesselung ihres Sohnes durch die Polizei wehren. Bezweifelt wurde auch die Angemessenheit des Einsatzes von Wasserstößen mit einem Wasserwerfer zur Durchsetzung eines Platzverweises gegen eine dicht stehende

---

26 Zu Art u. Weise der Vollstreckung außerhalb der FHH s. SchE/*Schoch/Kießling* Rn. 920 ff.
27 Vgl. §§ 11 Abs. 1 Nr. 2, 14 HmbVwVG.
28 HRK/*Beaucamp* Rn. 102.
29 Vgl. dagegen § 13 Abs. 1 S. 1 VwVG, der eine schriftl. Androhung für alle Zwangsmittel vorsieht.
30 HRK/*Beaucamp* Rn. 102; Bü-Drs. 20/4579, 22.
31 Vgl. Bü-Drs. 20/4579, 22.

Versammlung von Menschen; die Wasserstöße trafen einen Demonstranten ins Gesicht und verletzten seine Augen.[32]

d) Vollstreckung im beschleunigten Verfahren

Für die Vollstreckungstätigkeit der Polizei hat das beschleunigte Verfahren besondere Relevanz. Dies zeigen schon die in § 27 Abs. 1 Nr. 1 bis 3 HmbVwVG beschriebenen **Voraussetzungen**, die jene **Eilfälle** festlegen, in denen das Regelverfahren für eine effektive Gefahrenabwehr zu viel Zeit in Anspruch nehmen würde. Ein Absehen von den allermeisten Verfahrensvorgaben des gestreckten Verfahrens ist so allein für **Ersatzvornahme** und **unmittelbaren Zwang** vorgesehen. Die beschleunigte Vollstreckung ist nur zulässig, wenn eine *Störung* für die öff. Sicherheit oder Ordnung auf andere Weise nicht beseitigt (Nr. 1) oder eine *rechtswidrige Tat*, die einen Straf- oder Bußgeldtatbestand verwirklicht, anders nicht verhindert werden kann (Nr. 3). Während diese Tatbestandsvarianten eine *alternativlose* Eignung der beschleunigten Vollstreckung erfordern, wird in Nr. 2 differenziert. Danach muss die Beschleunigung zum Schutz vor einer *unmittelbar bevorstehenden Gefahr* erforderlich sein, es darf also keine gleich geeigneten, weniger eingreifenden Verfahrensweisen als die *beschleunigte* Vollstreckung geben.[33] Die Wahl des beschleunigten Verfahrens steht im pflichtgemäßen **Ermessen** der Behörde. Der Eilfall bewirkt ein **Entfallen** insbes. der Anforderungen des § 3 Abs. 3 HmbVwVG an die Vollstreckbarkeit der Grundverfügung sowie von Hinweis und Fristsetzung iSd § 8 Abs. 1 HmbVwVG.[34] Nicht befreit wird vom Erfordernis einer wirksamen Grundverfügung iSd § 3 Abs. 1 HmbVwVG oder der Verhältnismäßigkeit nach § 12 HmbVwVG. Auch sind etwaige Vollstreckungshindernisse iSd § 28 HmbVwVG zu beachten.

15

2. Vollstreckungshindernisse

Die Vollstreckung ist gem. § 28 Abs. 1 HmbVwVG einzustellen oder zu beschränken, soweit deren Voraussetzungen nach Maßgabe der Nr. 1–5 entfallen sind.[35] Dies kann sich insbes. aus einer behördlichen oder gerichtlichen **Aufhebung der Grundverfügung** iSd §§ 48 ff. HmbVwVfG bzw. § 113 Abs. 1 VwGO (Nr. 1) oder einer Anordnung bzw. Wiederherstellung der **aufschiebenden Wirkung** nach § 80 Abs. 4, Abs. 5, Abs. 7 VwGO (Nr. 3) ergeben.[36] Jede Form der **Erledigung** der Grundverfügung nach § 43 Abs. 2 HmbVwVfG, wie die Erreichung des Zwecks der Vollstreckung oder deren Unmöglichkeit begründen ein Hindernis (Nr. 4) – etwa, wenn die zu vollstreckende Pflicht derweil erfüllt wurde.[37]

16

---

32 Vgl. VGH München 8.3.1012 – 10 C 12/141 (Durchsuchung); VG München 12.10.2016 – M 7 K 14/2128 (Pfefferspray); VG Lüneburg 27.7.2004 – 3 A 124/02 (Hundebiss); VGH München 20.3.2015 – 10 B 12/2280 (Fesselung); VG Stuttgart 18.11.2015 – 5 K 1265/14 (Wasserwerfer).
33 Die Eingriffsintensität bemisst sich dabei am Ausmaß der Absenkung der spezifischen rechtsstaatlichen Sicherungen der Verwaltungsvollstreckung gegenüber dem gestreckten Verfahren.
34 Weitere Ausnahmen von Vorschriften des HmbVwVG beziehen sich auf Vollziehungspersonenstatus u. Vollstreckungsauftrag (§ 6), die Fristsetzung bei der Zwangsräumung (§ 18 Abs. 1), die Anwesenheit von Vollziehungspersonen (§ 23 Abs. 5), die Hinzuziehung von Zeugen u. Vertrauenspersonen (§ 24) sowie auf das Nachtzeitverbot (§ 25).
35 Zu Vollstreckungshindernissen LD/*Graulich* Kap. E Rn. 913 ff.
36 Vgl. mwN HRK/*Beaucamp* Rn. 115 u. EFP/*Pünder* Rn. 315. § 34 HmbVwVG enthält eine vergleichbare Regelung für die Beitreibung von Geldforderungen.
37 Vgl. VG Hamburg 16.7.2015 – 15 K 5677/14, Rn. 33 ff.

3. Die Zwangsmittel im Einzelnen

17 § 11 Abs. 1 HmbVwVG stellt als Zwangsmittel die Ersatzvornahme, das Zwangsgeld, den unmittelbaren Zwang und die Erzwingungshaft zur Verfügung. Dabei handelt es sich um eine **abschließende Aufzählung** (numerus clausus) – andere als die beschriebenen Zwangsmittel, etwa eine Information des Arbeitgebers oder eine Unterbrechung der Stromzufuhr, dürfen von Polizei- und Ordnungsbehörden nicht angewendet werden.[38] Auch Standardbefugnisse, die wie etwa § 13 Abs. 1 Nr. 3 SOG zur Durchsetzung einer *anderen* Standardmaßnahme ermächtigen, stellen *keine* Zwangsmittel iSd Vollstreckungsrechts dar. Zwangsmittel dienen dazu, einen entgegenstehenden Willen einer Person zu beugen und so eine an diese gerichtete Verfügung durchzusetzen – sie sind ausschließlich in die Zukunft gerichtet und dürfen keine Sanktion für vergangenes Verhalten darstellen. So können sie gem. § 12 Abs. 2 HmbVwVG auch neben einer Strafe oder einem Bußgeld zulässig sein und bis zur Herbeiführung des angestrebten Erfolgs wiederholt werden.[39]

a) Ersatzvornahme

18 Das Zwangsmittel der Ersatzvornahme ermöglicht die Ausführung **vertretbarer Handlungen** *anstelle* und nach § 13 Abs. 2 bis 4 HmbVwVG auch *auf Kosten* des Polizeipflichtigen. Kommt dieser einer ihm auferlegten Handlungspflicht *nicht* oder *nicht vollständig* nach, kann die Handlung gem. § 13 Abs. 1 S. 1 HmbVwVG durch die Vollstreckungsbehörde (Selbstvornahme) oder durch einen damit beauftragten Dritten (Fremdvornahme) ausgeführt werden.[40] *Vertretbar* iSd Legaldefinition des S. 1 ist jede Handlung, deren Vornahme auch durch eine andere Person *möglich* [→ C308] ist. So könnte etwa eine auf § 3 Abs. 1 SOG gestützte Aufforderung, einen Holzkohlegrill zu löschen, der im Alsterpark außerhalb der erlaubten Grillzonen betrieben wird, im Wege der Ersatzvornahme mit dem Handfeuerlöscher aus einem Streifenwagen durchgesetzt werden. Bei **höchstpersönlichen** Verhaltensweisen wie dem Verlassen eines bestimmten Ortes, der Meldung auf einem Polizeikommissariat, bei Zeugenaussagen oder einer Impfpflicht scheidet eine Ersatzvornahme hingegen aus – auch Duldungen oder Unterlassungen sind stets unvertretbar.[41] Häufiger Anwendungsfall der Ersatzvornahme ist das Abschleppen von Fahrzeugen zur Durchsetzung der Regelung eines Verkehrszeichens.

19 Wird die Vollstreckungsbehörde nicht selbst mit eigenen Mitteln tätig, sondern beauftragt mangels spezieller Sachkenntnisse oder erforderlicher Mittel einen Dritten, wie etwa ein Abschlepp- oder Entsorgungsunternehmen, erfolgt die Vollstreckung im Wege der **Fremdvornahme**.[42] Durch den von der Behörde mit einem privaten Dritten geschlossenen, typischerweise privatrechtlichen Vertrag entsteht keine Rechtsbeziehung zwischen dem Unternehmen und dem Pflichtigen, der die Fremdvornahme dennoch zu dulden hat.[43] Der private Dritte wird als *Verwaltungshelfer* tätig, ist also *nicht* als Beliehener mit hoheitlicher Gewalt betraut.[44]

20 Wird die Behörde mit eigenen Mittel tätig, bedarf es einer **Differenzierung** zwischen einer Ersatzvornahme in Form der *Selbstvornahme* und der *Anwendung unmittelbaren Zwangs*. So sind gem. § 13 Abs. 2 S. 1 HmbVwVG die Kosten einer Ersatzvornahme anders als bei der Anwendung

---

38 Mit Beispielen *Kingreen/Poscher* § 25 Rn. 8 f.; *DWVM* S. 524.
39 Vgl. SchE/*Schoch/Kießling* Rn. 896; Bü-Drs. 20/4579, 23.
40 Nach preuß. Recht galt nur die *Fremdvornahme*, also etwa die Ausführung durch privatrechtl. beauftragte Unternehmen als Ersatzvornahme, nicht dagegen die *Selbstvornahme*, was Bedeutung für die Kostenerstattung hatte; vgl. *Götz/Geis* § 20 Rn. 25; MdSadB Nr. 83, 1960, 385. So noch heute § 10 VwVG.
41 Vgl. HRK/*Beaucamp* Rn. 105; *Kingreen/Poscher* § 25 Rn. 10.
42 Vgl. EFP/*Pünder* Rn. 317; HRK/*Beaucamp* Rn. 106.
43 Vgl. *Voßkuhle/Wischmeyer* JuS 2016, 698 (699); EFP/*Pünder* Rn. 317 mwN.
44 Vgl. *Schenke* Rn. 613; *Götz/Geis* § 20 Rn. 27.

I. Verwaltungsvollstreckung

unm. Zwangs von der pflichtigen Person zu tragen [→ H10]. Eine körperliche Einwirkung auf eine *Person*, etwa in Form eines Polizeigriffs, ist als unm. Zwang zu qualifizieren, soweit die Person dadurch zu einer höchstpersönlichen Handlung motiviert wird, sie etwa aufsteht oder zurückweicht.[45] Bei körperlicher Einwirkung auf *Sachen oder Tiere* kommt es auf den Inhalt der zu vollstreckenden Verfügung an, nämlich ob das angeordnete Handeln im Wesen mit der Vollstreckungshandlung *identisch* ist. Handelt die Behörde so, wie die pflichtige Person nach der Verfügung hätte handeln müssen, liegt eine Ersatzvornahme vor.[46] So stellt etwa die ggü. einem Wohnungsinhaber angeordnete Öffnung einer verschlossenen Tür bei fachgerechter Ausführung durch einen Schlüsseldienst eine Ersatzvornahme dar, während ein gewaltsames Aufbrechen als unmittelbarer Zwang zu qualifizieren wäre.[47]

b) Zwangsgeld

Ein Zwangsgeld kommt idR zur Erzwingung *unvertretbarer* Handlungen in Betracht, etwa einer Auskunftserteilung, eines Aufenthaltsverbots oder, wie in § 11 Abs. 3 SOG vorgesehen, einer Vorladung. Es kann aber gem. § 14 Abs. 1 HmbVwVG auch bei *vertretbaren* Handlungen eingesetzt werden und tritt insoweit neben die Ersatzvornahme.[48] Auch das Zwangsgeld ist darauf gerichtet, einen entgegenstehenden Willen zu beugen, stellt aber ein **psychisches Druckmittel** dar.[49] § 14 Abs. 2 HmbVwVG bestimmt eine **Festsetzung** des genauen Betrags, was bereits im durchzusetzenden VA oder öffentlich-rechtlichen Vertrag erfolgen kann. Diese Festsetzung stellt einen eigenständigen VA dar.[50] Weil das Zwangsgeld anders als die Geldbuße keinen Straf-, sondern einen Beugecharakter hat, darf es wiederholt und auch mit immer höheren Beträgen festgesetzt werden, ohne dass gegen das Verbot der Doppelbestrafung aus Art. 103 Abs. 3 GG verstoßen würde.[51] § 14 Abs. 4 S. 1 HmbVwVG legt eine Maximalgrenze von 1 Mio. € für ein einzelnes Zwangsgeld fest, wobei nach S. 2 das Interesse der pflichtigen Person an der Nichtbefolgung des Titels und deren wirtschaftliche Leistungsfähigkeit zu berücksichtigen sind.

21

c) Unmittelbarer Zwang

Eine gewaltsame Einwirkung auf eine pflichtige Person oder auf deren Sachen, die sich nicht als Ersatzvornahme oder Erzwingungshaft erweist, erfolgt als Anwendung unmittelbaren Zwangs.[52] Umfasst werden so nach § 11 Abs. 1 Nr. 3 iVm § 17 bis 19 HmbVwVG die besonders geregelten Mittel der **Wegnahme**, **Zwangsräumung** und **Vorführung**. Hinzu kommen weitergehende Zwangsmittel, insbes. solche der **physischen Gewalt**, deren Anwendung für eine effektive Gefahrenabwehr oder die Verfolgung von Straftaten notwendig werden kann. So sind Polizeibedienstete etwa in Kampfsportarten trainiert und mit Schlagstock, Pfefferspray, Wasserwerfern, Handfesseln und Schusswaffen ausgerüstet. Derartige Mittel zielen iSd § 18 Abs. 1 SOG auf die Einwirkung auf Personen oder Sachen durch *körperliche Gewalt, Hilfsmittel der körperlichen Gewalt* und *Waffen* und erweitern über § 15 Abs. 1 HmbVwVG iVm §§ 17 ff. SOG die Möglichkeiten

22

---

45 Vgl. *Hoffmann-Riem* DÖV 1967, 296 (299 f.).
46 HRK/*Beaucamp* Rn. 108; *Kingreen/Poscher* § 25 Rn. 14. Eine Verfügung, ein gefährliches Tier zurückzuhalten und anzuleinen, kann durch den Abschuss eines Betäubungspfeils nicht „ersetzt" werden.
47 Vgl. *Schenke* Rn. 611; vgl. auch *Thiel* § 12 Rn. 3 ff., dem insoweit zuzustimmen ist, dass eine Identität auch beim Abschleppen eines Fahrzeugs aufgrund eines Halteverbots anzunehmen ist.
48 Vgl. BERS/*Beaucamp* Vor §§ 17 ff. SOG Rn. 12; Bü-Drs. 20/4579, 24.
49 Vgl. BVerwG 21.1.2003 – 1 C 5.02; 14.3.2006 – 1 C 11.05, Rn. 9; EFP/*Pünder* Rn. 319.
50 Vgl. KR/*Ramsauer* § 35 Rn. 113.
51 Vgl. HRK/*Beaucamp* Rn. 109.
52 So der Versuch einer Definition in MdSadB Nr. 83, 1960, 385 vor Einführung des § 18 Abs. 1 SOG.

des unmittelbaren Zwangs. Sie sind aber auch besonders eingriffsintensiv.[53] Die Durchsetzung des Rechts mit (physischem) Zwang, die Zuordnung dieser Macht zum Staat und hier vor allem zur Polizei ist für die grundgesetzliche Rechtsordnung von **fundamentaler Bedeutung**. Dass Recht nötigenfalls zwangsweise durchgesetzt werden kann, ist notwendige Rahmenbedingung für den Geltungsanspruch der Rechtsordnung sowie erforderlicher Ausgleich für das der Allgemeinheit auferlegte und auf äußerste Ausnahmen reduzierte Gewaltanwendungsverbot.[54]

23 Welche Mittel von wem unter welchen Voraussetzungen eingesetzt werden dürfen, richtet sich nach den für den unmittelbaren Zwang **maßgeblichen Vorschriften** in §§ 15, 17 bis 19 HmbVwVG und §§ 17 ff. SOG. Ausgangspunkt bildet eine iSd § 1 HmbVwVG zu vollstreckende **Grundverfügung**, die nach § 11 Abs. 1 Nr. 3 HmbVwVG auch durch unm. Zwang durchgesetzt werden kann. Dazu stehen den Vollstreckung-, also auch den Polizei- und Ordnungsbehörden, mit Wegnahme, Zwangsräumung und Vorführung eigens im HmbVwVG geregelte Zwangsmittel zur Verfügung. Daneben erklärt § 15 Abs. 1 HmbVwVG die Vorschriften der §§ 17 ff. SOG und die in ihnen geregelten Zwangsmittel der körperlichen Gewalt für anwendbar, ohne die §§ 17 bis 19 HmbVwVG in ihrer Anwendbarkeit zu verdrängen.[55] Soweit demnach (auf Grundlage des HmbVwVG) bei **Maßnahmen zur Gefahrenabwehr** unm. Zwang ausgeübt werden darf, finden gem. **§ 17 Abs. 1 S. 1 SOG** die Vorschriften der §§ 17 ff. SOG Anwendung.[56] So kann die Polizei etwa auf Grundlage des § 11 Abs. 1 Nr. 3 HmbVwVG eine Herausgabeverfügung im Zuge einer Sicherstellung nach § 14 Abs. 1 SOG vollstrecken, indem sie die Sache nach Maßgabe des § 17 Abs. 1 HmbVwVG wegnimmt. Soweit ein bloßes Zugreifen nicht ausreicht, kann die Polizei (zusätzlich) körperliche Gewalt iSd § 18 Abs. 2 SOG anwenden und der pflichtigen Person die Sache etwa entreißen.

24 Die §§ 17 ff. SOG gelten allerdings nicht nur für die Vollstreckung von Maßnahmen der Gefahrenabwehr iSd § 17 Abs. 1 S. 1 SOG, sondern nach **§ 17 Abs. 1 S. 2 SOG** auch für alle **weiteren Fälle**, in denen Rechtsvorschriften vorsehen, dass unm. Zwang zulässig ist, etwa zu Zwecken der *Strafverfolgung*, des *Strafvollzugs* und der Verkehrsregelung.[57] Nach § 17 Abs. 2 SOG kommen die §§ 17 ff. SOG zudem bei der Ausübung unm. Zwangs gegen Personen zur Anwendung, die sich im amtl. **Gewahrsam** oder in einer öff. **Anstalt** befinden.[58] Soweit besondere Bestimmungen über die Art und Weise der Ausübung unm. Zwangs einschlägig sind, bleiben sie gem. § 17 Abs. 3 SOG durch die Anwendung der § 17 ff. SOG unberührt.[59]

---

53 Aus soziologisch-kriminologischer Sicht zur polizeilichen Gewaltanwendung vgl. *Addul-Rahman/Grau/Klaus/Singelnstein*, Gewalt im Amt. Übermäßige polizeiliche Gewaltanwendung und ihre Aufarbeitung, 2023.
54 *Götz/Geis* § 20 Rn. 41. Vgl. Art. 20 Abs. 4 GG, §§ 32 ff. StGB, §§ 228 f. BGB, § 127 Abs. 1 S. 1 StPO.
55 Für Maßnahmen auf Grundlage des SOG dürfte die erst im Jahr 2012 ergänzte Bestimmung des § 15 HmbVwVG rein deklaratorischer Natur sein, da insoweit keine Zweifel an der unm. Anwendbarkeit des § 17 Abs. 1 S. 1 SOG bestehen, der anders als etwa § 19 SOG auch nicht zw. den Zwangsmittel anwendenden Behörden differenziert. Relevanz dürfte der Vorschrift so insbes. für die Vollstreckung von Verfügungen auf Grundlage des bes. GefAbwRs zukommen; vgl. auch Bü-Drs. 20/4579, 25. Vollstrecken Verwaltungsbehörden nicht selbst, können sie die Polizei um Amts- bzw. Vollstreckungshilfe [→ B72] ersuchen.
56 S. MdSadB Nr. 75, 1965, 19, wonach Abs. 1 S. 1 den Anschluss an die vorangehenden Bestimmungen des Gesetzes herstellt und damit für Maßnahmen gelten soll, die nach dem HmbVwVG vollstreckt oder im Wege des § 7 SOG unm. ausgeführt werden.
57 Vgl. BERS/*Beaucamp* vor §§ 17 ff. SOG Rn. 1; MdSadB Nr. 75, 1965, 19 sowie Meyer-Goßner/Schmitt/*Schmitt*, Einl StPO Rn. 46 u. etwa § 34 HmbMVollzG.
58 Dazu zählen etwa psychiatrische Heime, Entziehungsanstalten oder geschlossene Heime für Jugendliche; vgl. BERS/*Beaucamp* § 17 SOG Rn. 4.
59 Vgl. etwa § 11 Abs. 3 u. 4 SOG; §§ 78 ff. HmbStVollzG, §§ 58 ff. AufenthG, § 81c Abs. 6 S. 2 StPO.

aa) Allgemeine Voraussetzungen

§ 18 Abs. 1 SOG definiert unmittelbaren Zwang als **Einwirkung auf Personen oder Sachen** durch körperliche Gewalt, durch Hilfsmittel der körperlichen Gewalt oder durch Waffen. Die Absätze 2 bis 4 bestimmen und definieren diese einzelnen Zwangsmittel, die dann in den Vorschriften der §§ 18a, 19 u. 23 bis 26 SOG besonders geregelt werden. Neben §§ 17 u. 18 SOG enthalten die §§ 20 bis 22 SOG Voraussetzungen, die ganz überwiegend für *jede* Form des unm. Zwangs gelten.[60] Dieser darf gegen Personen oder Sachen zur Durchsetzung vertretbarer wie unvertretbarer Handlungen eingesetzt werden. Ob unm. Zwang angewendet wird, liegt grds. in der Entscheidung des einzelnen Bediensteten. Nach § 20 Abs. 1 S. 1 SOG müssen sich Polizeivollzugsbeamte allerdings an **Anordnungen** ihrer Vorgesetzten und anderer weisungsbefugter Personen, etwa der StA, halten, sofern dadurch nach S. 2 nicht die Menschenwürde der handelnden Amtswalter oder der von der Maßnahme Betroffenen verletzt wird und es sich nicht um eine zweckfremde Anordnung handelt. Eine weitere Ausnahme gilt nach Abs. 2 für den Fall einer Straftatbegehung, wobei die Schuld des Bediensteten ggf. nach Abs. 2 S. 2 ausgeschlossen sein kann, falls dieser die Anordnung dennoch ausführt.[61] Nach § 21 SOG ist Personen, die durch die Anwendung unm. Zwangs verletzt werden, **Hilfe zu leisten**.

Während das allg. Vollstreckungsrecht keine Androhung erfordert, sondern nur eine Hinweispflicht nach § 8 HmbVwVG statuiert, ist für den unm. Zwang eine **Androhung** speziell in § 22 SOG geregelt. Diese, als VA selbständig anfechtbare[62] Androhung muss erkennen lassen, welche Maßnahme des unm. Zwangs beabsichtigt ist. Eine besondere Fristsetzung ist nicht vorgeschrieben. Der pflichtigen Person muss allerdings grds. Zeit bleiben, den Zwangsmitteleinsatz durch eigenes Handeln wie die Beseitigung der Gefahr oder die Signalisierung entspr. Bereitschaft überflüssig zu machen. Aufgrund der Eingriffsintensität ist die Anwendung unm. Zwangs in den Grenzen des **Übermaßverbots** nur geboten, wenn mildere Zwangsmittel erfolglos geblieben oder untunlich sind – bei *vertretbaren* Handlungen ist insoweit eine Ersatzvornahme vorrangig, bei *unvertretbaren* Handlungen die Verhängung eines Zwangsgeldes.[63] Auch im Verhältnis der einzelnen Zwangsmittel *zueinander* spielt das Übermaßverbot also eine wichtige Rolle. So unterscheiden sich die Zwangsmittel etwa was die räumliche Reichweite oder die Intensität betrifft.[64]

Unmittelbarer Zwang darf nicht angedroht und eingesetzt werden, um die Erteilung einer Auskunft oder die **Abgabe einer Erklärung** herbeizuführen. Dies ist nicht nur nach § 15 Abs. 2 HmbVwVG ausdrücklich **unzulässig**,[65] sondern folgt auch aus der Unantastbarkeit der Menschenwürde, dem Misshandlungsverbot festgehaltener Personen nach Art. 104 Abs. 1 S. 2 GG und dem absoluten Folterverbot nach Art. 3 EMRK und der UN-Folterkonvention.[66] Auch die sog. „Rettungsfolter", bei der zum Schutz des Entführungsopfers eine Aussage durch nach § 136a StPO verbotene Methoden erzwungen werden soll, darf keine Ausnahme des Folterverbots darstellen und bleibt unzulässig.[67]

---

60 Vgl. aber § 22 Abs. 3 S. 2 SOG.
61 Zur Regelung dieses spez. Strafausschließungsgrunds sind nach § 16 UZwG die Länder ermächtigt.
62 Vgl. BVerwG 2.12.1988 – 4 C 16.85; BERS/*Beaucamp* § 22 SOG Rn. 1.
63 Vgl. SchE/*Schoch/Kießling* Rn. 905 ff.; *Götz/Geis* § 20 Rn. 49.
64 So wurde die Einführung des Distanz-Elektroimpulsgeräts (DEIG) auch damit begründet, dass Schlagstock u. Reizstoffsprühgerät geringe Distanz zum aggress. Gegenüber voraussetzen, wodurch sich Einsatzkräfte selbst gefährden würden, während der Einsatz der Schusswaffe häufig zu eingriffsintensiv sei.
65 Bü-Drs. 20/4579, 25 f.
66 Zur Begründung des Folterverbots wegen Missbrauchsgefahr s. *Gebauer* NVwZ 2004, 1405.
67 EFP/*Pünder* Rn. 328; *Haurand/Vahle* NVwZ 2003, 513 (518 f.); aA *Brugger* JZ 2000, 165.

bb) Anwendung körperlicher Gewalt

28 Unter körperlicher Gewalt ist nach § 18 Abs. 2 SOG jede unmittelbare **körperliche Einwirkung auf Personen oder Sachen** zu verstehen.[68] Anders als beim Einsatz von *Hilfsmitteln* erfolgt diese Einwirkung durch unmittelbare Anwendung von Körperkräften der handelnden Bediensteten.[69] Darunter fallen die händische Gewaltanwendung, etwa durch Festhalten, Wegschieben, einen Polizeigriff oder durch das Entreißen einer Sache, die Anwendung von Gewalt durch andere Körperteile wie beim Aufbrechen einer Tür mit Schulter oder Fuß sowie der Einsatz des eigenen Körpergewichts, etwa beim Niederdrücken einer Person.[70] Auch bestimmte Schlag- und Nervendrucktechniken stellen Fälle der körperlichen Gewalt ohne Einsatz von Hilfsmitteln dar.[71]

29 Auf eine Person körperlich einwirken zu dürfen, schließt nicht selbstverständlich ein, dieser auch **Schmerzen** zu bereiten. Andererseits ist es nicht *unwahrscheinlich*, in bestimmten Konstellationen mitunter *unvermeidbar*, dass durch körperl. Einwirkung auch Schmerzen hervorgerufen werden. Dies dürfte zulässig sein, solange der Schmerz der konkr. Weise der körperl. Einwirkung immanent ist und unmittelbar dazu führt, dass sich Betroffene intuitiv wie gewünscht verhalten – etwa wenn jemand dergestalt in einen **Polizeigriff** genommen wird, dass er sich *von sich aus* in der geforderten Weise bewegen oder zu dieser Bewegung geführt werden kann und der Griff *erst* und *nur dann* Schmerzen bereitet, wenn die Person der Bewegung nicht nachkommt bzw. sich dem Geführtwerden widersetzt.[72] Bedenklich sind dagegen Fälle, in denen einer Person Schmerzen zugefügt werden, um diese zu einer zeitlich zäsierten, eigenständigen Handlung zu bringen, etwa vom Boden aufzustehen, ein besetztes Gebäude zu verlassen, die Hände vorzuzeigen oder gar eine Information preiszugeben.[73] Eine Rechtfertigung dürfte lediglich in Betracht kommen, soweit Schmerzen zu einer reflexartigen Verhaltenssteuerung führen, die einen entgegenstehenden Willen unbedeutend werden lässt, diesen Willen aber nicht umzustimmen versucht. Jedenfalls ist die Schmerzwirkung im Rahmen der Verhältnismäßigkeit, also insbesondere in der Abwägung zu alternativen Zwangsmitteln, zu berücksichtigen.[74] Sets unzulässig ist die Zufügung von Schmerzen, die nicht mehr Mittel zu einem (legitimen) Zweck ist, sondern als Selbstzweck erscheint oder erkennbar einen Strafzweck verfolgt.[75]

cc) Ärztliche Zwangsmaßnahmen

30 Aus der systematischen Stellung des § 18a SOG lässt sich folgern, dass der Gesetzgeber ärztliche Zwangsmaßnahmen als eine **besondere Form körperlicher Gewalt** ansieht. Auch bei ärztl. Zwangsmaßnahmen kommen demzufolge grds. die allg. Voraussetzungen zur Anwendung, soweit diese nicht durch die speziellen Regelungen des § 18a SOG verdrängt werden. Ärztl. Zwangsmaßnahmen sind die *Untersuchung* (Abs. 1 Var. 1) sowie die *Behandlung* (Var. 2), zu der insbes. die *Beibringung von Beruhigungsmitteln* (Abs. 2) und die *zwangsweise Ernährung* (Abs. 3) zählen. Die hohen **Eingriffsvoraussetzungen** der Norm unterstreichen die Schwere

---

68 Zu Abgrenzung von Ersatzvornahme u. unm. Zwang bei der körperl. Einwirkung auf Sachen [→ E20].
69 LD/*Graulich* Kap. E Rn. 962.
70 *Thiel* § 12 Rn. 16; *Gusy/Eichenhofer* Rn. 448.
71 Vgl. OVG Lüneburg 28.10.2016 – 11 LB 209/15. Zum Einsatz derartiger Eingriffstechniken s. etwa Bü-Drs. 22/5367, 1 u. Bü-Drs. 22/5121, 3. Die Zwangswirkung einer Versiegelung von Gebäuden geht dagegen nicht von körperl. Gewalt, sondern von einer Strafandrohung aus; vgl. § 136 Abs. 2 StGB.
72 Vgl. *Plicht* NVwZ 2017, 862 (863); weiterführend dazu mit aA *Mooser*, Nervendrucktechniken im Polizeieinsatz, 2022, S. 211 ff. mwN.
73 Als zulässig angesehen von OVG Lüneburg 28.10.2016 – 11 LB 209/15; LD/*Graulich* Kap. E Rn. 963; aA *Plicht* NVwZ 2017, 862 (863), auch mit Hinweis auf das Folterverbot [→ E27]]; offen gelassen von VG Berlin 20.3.2025 – 1 K 281/23.
74 Vgl. VG Berlin 20.3.2025 – 1 K 281/23.
75 Vgl. LD/*Graulich* Kap. E Rn. 963.

der damit verbundenen Eingriffe. So dürfen ärztl. Zwangsmaßnahmen nach § 18a Abs. 1 bis 3 SOG nur bei Personen ergriffen werden, die sich im amtl. Gewahrsam befinden.[76] Sie müssen nach Abs. 4 *zumutbar* sein und dürfen insbes. nicht das Leben der Betroffenen gefährden. Nach Abs. 5 dürfen Zwangsmaßnahmen grds. nur von einem Arzt *angeordnet* werden (S. 1), dem auch *Durchführung* und *Überwachung* obliegen, soweit es der Gesundheitsschutz des Betroffenen erfordert (S. 2). Nur wenn ein Arzt nicht sofort erreichbar ist und sich mit dem zeitl. Aufschub eine *Lebensgefahr* für die in Gewahrsam befindliche oder für eine andere Person verbindet, darf die Zwangsmaßnahme auch von der Polizei selbst angeordnet, durchgeführt und überwacht werden (S. 3).

Die **Untersuchung** und die **Behandlung** als Grundformen ärztl. Zwangsmaßnahmen müssen nach § 18a Abs. 1 SOG zur Abwehr einer **Lebensgefahr** für die in Gewahrsam befindlichen Person oder zur Abwehr einer Lebensgefahr *oder* einer erheblichen Gesundheitsgefährdung für eine andere Person erforderlich sein.[77] Die Erstreckung auch auf *andere* Personen wird in Fällen relevant, in denen etwa eine Ansteckungsgefahr mit gefährlichen Krankheiten oder Seuchen besteht.[78] Als besondere Form der Behandlung dürfen **Beruhigungsmittel** nicht nur unter den Voraussetzungen des Abs. 1 zwangsweise beigebracht werden, sondern nach Abs. 2 auch dann, wenn sich die in Gewahrsam genommene Person in einem krankhaften, die Ordnung in der Anstalt erheblich störenden Erregungszustand befindet. Die Verabreichung von Beruhigungsmitteln kommt also nicht lediglich in Fällen in Betracht, in denen die Person sich selbst zu verletzen versucht oder andere angreift, sondern etwa auch bei Lärmstörungen oder Sachbeschädigungen.[79] Nach Abs. 3 kann eine **Zwangsernährung** der im Gewahrsam befindlichen Person erfolgen, wenn diese *beharrlich* die Nahrungsaufnahme verweigert, etwa in einen Hungerstreik tritt.[80] Zudem muss die zwangsweise Ernährung *erforderlich* sein, um eine Gefahr abzuwehren, wobei auch eine Gefahr für die Gesundheit der in Gewahrsam befindlichen Person ausreicht.

31

dd) Anwendung von Hilfsmitteln der körperlichen Gewalt, insbes. Fesselung von Personen

Ist die Anwendung einfacher körperl. Gewalt nicht ausreichend, dürfen Hilfsmittel verwendet werden.[81] Als **Hilfsmittel der körperlichen Gewalt** sind in § 18 Abs. 3 SOG *beispielhaft* Fesseln, Wasserwerfer, technische Sperren, Diensthunde,[82] Dienstfahrzeuge, Reiz- und Betäubungsstoffe und Sprengmittel aufgelistet. Praktische Bedeutung haben vor allem Dienstpferde oder Spuckschutzhauben. Auch die Verwendung von Lösungsmitteln, um den Kleber zu lösen, mit dem sich Personen bei Protestaktionen an der Fahrbahn festkleben, ist als Einsatz eines Hilfsmittels anzusehen.[83] Mit Ausnahme der Fesselung bestehen für den Einsatz von Hilfsmitteln der körperl. Gewalt keine besonderen tatbestandlichen Anforderungen – ihr Einsatz ist deshalb vor allem

32

---

76 Für nach dem HmbPsychKG untergebrachte Personen, die an einer psychischen Krankheit leiden, gelten die spezielleren §§ 16 f. PsychKG, vgl. *Merten/Merten* § 18a SOG Rn. 4.
77 Der eindeutige Wortlaut des Abs. 1 u. der system. Abgleich mit Abs. 2 u. 3 zeigen, dass eine auch erhebliche Gesundheitsgefährdung nicht ausreicht, wenn sie *die in Gewahrsam befindliche Person* betrifft.
78 BERS/*Beaucamp* § 18a SOG Rn. 8. Zum Verhältnis von § 18a SOG zu § 15 Abs. 4 SOG [→ D227].
79 Vgl. *Merten/Merten* § 18a SOG Rn. 11.
80 Verfassungsrechtlich zulässig wird die Zwangsernährung regelmäßig aber nur dann sein, wenn die Nahrungsaufnahmeverweigerung nicht mehr auf einem freien Entschluss beruht, vgl. DHSch/*Mehde* Art. 104 GG Rn. 181; BERS/*Beaucamp* § 18a SOG Rn. 11.
81 *Götz/Geis* § 20 Rn. 49.
82 Zu Diensthunden in der FHH Bü-Drs. 22/14414.
83 Die Entfernung der Personen von der Straße dürfte regelmäßig als Anwendung unm. Zwangs unter Zuhilfenahme des Lösungsmittels zur Vollstreckung eines Platzverweises erfolgen. Eine nichtigkeitsbegründende Unmöglichkeit des Entfernungsgebots dürfte iSd diesbezügl. Grundsätze [→ C308] nicht anzunehmen

mit Blick auf die **Verhältnismäßigkeit** zu überprüfen, insbes. wenn die körperl. Unversehrtheit betroffen ist.[84] Die abschließende Aufzählung zulässiger Waffen in § 18 Abs. 4 SOG darf nicht dadurch umgangen werden, dass Hilfsmittel der körperl. Gewalt wie Waffen verwendet werden.[85]

33 Wird eine Person nicht bloß *festgehalten*, sondern *gefesselt*, wird sie in ihrer Bewegungsfreiheit iSd Art. 2 Abs. 2 S. 2 GG *besonders* eingeschränkt, weshalb die **Fesselung** in § 23 SOG eine konkrete Ausgestaltung erfahren hat. Zum Einsatz kommen dabei Hilfsmittel der körperl. Gewalt wie Handschellen, Kabelbinder oder auch Klettbandhandfesseln und Gefangenentransportgürtel.[86] Eine Person kann nach § 23 Abs. 1 SOG gefesselt werden, wenn diese sich etwa in Folge einer Ingewahrsamnahme nach § 13 SOG oder einer vorläufigen Festnahme nach § 127 Abs. 2 StPO in amtl. **Gewahrsam** befindet,[87] nach § 11 Abs. 3 SOG oder anderen Rechtsvorschriften vorgeführt[88] oder zur Durchführung einer Maßnahme an einen anderen Ort gebracht wird – etwa für eine Blutentnahme oder Identitätsfeststellung auf einem Polizeikommissariat.[89] Zusätzlich muss ein **Fesselungsgrund** nach § 23 Abs. 1 lit. a bis d SOG vorliegen, wobei hinsichtlich Fremdschädigung oder Widerstand, Verdunklungshandlungen und Selbsttötung bzw. -verletzung eine *Gefahr* vorausgesetzt wird – für Flucht- und Befreiungsversuche (lit. b) genügt bereits die *Besorgnis*.[90]

34 Im Einzelfall kann ein bloßes *Festhalten* als milderes Mittel die Erforderlichkeit ausschließen, in jedem Fall sind an die **Verhältnismäßigkeit** einer derartigen Maßnahme, die auch einen Eingriff in die körperl. Unversehrtheit darstellen kann, hohe Anforderungen zu stellen.[91] Ein Eingriff in Art. 2 Abs. 2 S. 1 GG wird bei einer besonders schmerzhaften oder gesundheitsschädlichen Durchführung nicht mehr zu rechtfertigen sein.[92] Dies gebietet eine **Arretierung** angebrachter Handschellen, um ein weiteres Zuziehen auszuschließen. Als unverhältnismäßig wurde auch die Fesselung der Hände hinter dem Rücken bei einem Transport in einem Linienbus bewertet, wobei die betroffene Person sich nicht festhalten kann.[93] Das Anlegen von Fesseln an Händen *und* Füßen kann (nur) im begründeten Einzelfall erforderlich sein.[94] Eine Fesselung in der Öffentlichkeit kann erniedrigende Wirkung entfalten, sodass diesbezüglich etwa iRd Transports besondere Rücksichtnahme angezeigt ist – wird die anprangernde Wirkung bewusst eingesetzt, liegt hierin ein Verstoß gegen die Menschenwürde.[95]

35 Als besonders eingriffsintensiven Unterfall der Fesselung regelt § 23 Abs. 2 SOG die **Fixierung sämtlicher Gliedmaßen einer Person**, die durch das Festbinden mit speziellen Sicherungsgurten erfolgt und zu einer vollständigen Aufhebung der Bewegungsfreiheit führt.[96] Mit der Normierung einer eigenständigen Befugnis für diese Maßnahme, die zuvor als letztes zulässiges Mittel zur Fesselung einer Person unter den mit dem heutigen Abs. 1 deckungsgleichen § 23 SOG

---

sein. Nach § 17 Abs. 1 S. 1 SOG würden die Regelungen zum Zwangsmitteleinsatz indes auch bei unm. Ausführung einer entspr. Verfügung Anwendung finden.
84 Vgl. BVerfG 7.12.1998 – 1 BvR 831/89 (Wasserwerfer); VG Lüneburg 27.7.2004 – 3 A 124/02 (Diensthunde); VG Göttingen 12.5.2021 – 1 A 130/16 sowie Bü-Drs. 22/631, 2 (Pfefferspray).
85 Der Einsatz von Sprengmitteln ist daher nur gegen Sachen zulässig; vgl. BERS/*Beaucamp* § 18 SOG Rn. 13; SchGR/*Ruthig* § 2 UZwG Rn. 4.
86 Vgl. BERS/*Beaucamp* § 18 SOG Rn. 6; SchGR/*Ruthig* § 8 UZwG Rn. 1 u. § 2 UZwG Rn. 5.
87 Vgl. die spez. Regelungen in §§ 74 Abs. 2 S. 1 Nr. 6 u. Abs. 6, 78 Abs. 3 HmbStVollzG sowie § 54 Abs. 2 S. 1 Nr. 6 HmbUVollzG.
88 Vgl. etwa §§ 51 Abs. 1 S. 3, 115 Abs. 1, 128 Abs. 1 S. 1, 230 Abs. 2 StPO.
89 Vgl. BERS/*Beaucamp* § 23 SOG Rn. 4 f.; Bü-Drs. 18/1487, 11; EP/*O'Hara* Rn. 501.
90 Jedenfalls für lit. c dürfte hier eine konkr. Gefahr gemeint sein, vgl. Bü-Drs. 18/1487, 11.
91 Vgl. VGH München 20.3.2015 – 10 B 12/2280, Rn. 88 ff.
92 Vgl. SchGR/*Ruthig* § 8 UZwG Rn. 6. Restriktiver insoweit EP/*O'Hara* Rn. 502.
93 VG Karlsruhe 10.12.2018 – 1 K 6428/16, Rn. 87 ff.
94 Vgl. OLG Thüringen 20.2.2018 – 1 Ws 54/17, Rn. 15 ff; Merten/Merten § 23 Rn. 2.
95 Vgl. BVerwG 4.2.1998 – 2 WD 9.97; BERS/*Beaucamp* § 23 SOG Rn. 13.
96 Vgl. Bü-Drs. 21/17906, 86. So auch OLG Hamm 20.11.2018 – 1 Vollz (Ws) 391/18.

a.F. subsumiert worden war, folgte der Gesetzgeber den Vorgaben des BVerfG.[97] Aufgrund der hohen Intensität des Eingriffs in die Freiheit der Person hatte das BVerfG die nicht nur kurzfristige Fixierung als Freiheitsentziehung iSd Art. 104 Abs. 2 GG qualifiziert, welche die Notwendigkeit einer eigenständigen richterlichen Anordnung auslöst.[98] Eine Fixierung ist gem. § 23 Abs. 2 S. 1 SOG nur zulässig, wenn diese zur Abwehr einer *gegenwärtigen erheblichen* Gefahr einer Selbsttötung, Selbstverletzung oder von Angriffen gegen eine andere Person unerlässlich ist. Zu beachten ist, dass Fixierte – zumal wenn sie erkrankt oder alkoholisiert sind – ein Gefühl völliger Ohnmacht überkommen kann.[99] Die Fixierung kommt daher nur als **ultima ratio** in einer qualitativ und zeitlich gesteigerten Gefahrenlage in Betracht.[100] Ohne die nach S. 2 erforderliche **gerichtliche Anordnung** kann nur eine kurzfristige Fixierung erfolgen, die absehbar die Dauer einer halben Stunde unterschreitet,[101] wenn nicht aufgrund von *Gefahr im Verzug* nach S. 3 eine vorläufige polizeiliche Anordnung ausreicht oder die Einholung eines gerichtlichen Beschlusses nach S. 4 entbehrlich ist.[102] Die Sätze 6–8 enthalten Hinweis- und Dokumentationspflichten zur Gewährleistung effektiven Rechtsschutzes.[103]

ee) Gebrauch von Waffen, insbes. von Schusswaffen

Als Form des unm. Zwangs und damit als Mittel zur Durchsetzung polizeilicher Maßnahmen sieht das in Gesetz auch die Einwirkung durch bzw. den Gebrauch von Waffen vor (§§ 18 Abs. 1, 19 SOG). In der Praxis löst der Einsatz von Waffen mitunter schwierige Fragen aus. Rechtspolitisch ist seit jeher umstritten, welche Waffen der Polizei zur Verfügung gestellt werden sollten. § 18 Abs. 4 SOG enthält eine *abschließende* Aufzählung der **zugelassenen Waffen**: Schlagstock, Pistole, Revolver, Gewehr, Maschinenpistole[104] und – seit der Novellierung des SOG im Jahr 2005 – auch das Distanz-Elektroimpulsgerät (DEIG), mit dem bislang nur einige Spezialeinheiten, aber noch nicht der Polizeidienst in der gesamten Breite ausgestattet sind.[105] Das DEIG verschießt mittels Druckluft über eine Distanz von mehreren Metern winzige Pfeilelektroden, die über spinnfadenartige, elektrische Leitungen mit dem Gerät verbunden sind und Getroffene innerhalb weniger Millisekunden durch Elektroimpulse handlungsunfähig machen. In der Praxis kommen neben Reizstoffsprühgeräten (RSG – „Pfefferspray"), die als Hilfsmittel der körperl. Gewalt eingeordnet werden,[106] vor allem der Schlagstock, (EKA – „Einsatzstock kurz ausziehbar") und die Pistole zum Einsatz. Die **Befugnis** zum Waffengebrauch steht nach § 19 Abs. 1 SOG nur Polizeivollzugsbeamten zu. Von den zugelassenen Waffen bilden die **Schusswaffen** die regelmäßig eingriffsintensivsten Einsatzmittel. Als Schusswaffen

36

---

97 Vgl. Bü-Drs. 21/17906, 85 f. Vgl. auch Bü-Drs. 21/14828 zur vorangegangenen Umsetzung für Fixierungen iRd Unterbringung nach HmbPsychKG sowie im Straf- oder Maßregelvollzug.
98 BVerfG 24.7.2018 – 2 BvR 309/15, Rn. 64 ff., zu 5- o. 7-Punkt-Fixierungen, wobei neben der Sicherung mit einem Bauchgurt sämtl. Gliedmaßen des Betroffenen bzw. zusätzlich noch Brust u. Stirn mit Gurten idR am Bett festgebunden werden. S. auch *Tomerius* NVwZ 2021, 289 (290 f.).
99 *Tomerius* NVwZ 2021, 289 (292).
100 Bü-Drs 21/17906, 86. Vgl. BVerfG 24.7.2018 – 2 BvR 309/15, Rn. 73 u. 80.
101 Vgl. BVerfG 24.7.2018 – 2 BvR 309/15, Rn. 68; Bü-Drs 21/17906, 87.
102 Vgl. Ziff 4.2.2.2 des GVP des AG Hamburg-Mitte 2024 zu dem vom BVerfG 24.7.2018 – 2 BvR 309/15, Rn. 100, vorausgesetzten, gerichtl. Bereitschaftsdienst von 6 bis 21 Uhr.
103 Bü-Drs. 21/17906, 87. Vgl. BVerfG 24.7.2018 – 2 BvR 309/15, Rn. 84 f.
104 Vgl. Bü-Drs. 13/5422, 18. Zu Reizstoffmunition u. Gummigeschossen Bü-Drs. 21/20194 u. 21/9602 sowie *Pohl* Die Polizei 2020, 320; zu Granatwerfern vgl. Bü-Drs. 13/5422, 18.
105 Zum DEIG-Einsatz s. *Klein* GSZ 2019, 228, sowie Bü-Drs. 18/1487, 11; 21/19586; 22/3738; 22/4501.
106 Vgl. auch § 78 Abs. 3 HmbStVollzG.

gelten gem. § 22 Abs. 2 S. 2 SOG Pistole, Revolver, Gewehr und Maschinenpistole, nicht jedoch das DEIG.[107]

37 Der **Gebrauch** einer (Schuss-)Waffe beginnt mit der bestimmungsgemäßen Einwirkung auf die Person, also etwa der Abgabe eines Schusses in Zielrichtung, nicht bereits mit dem entschlossenen Richten der Waffe auf das Ziel oder der Abgabe eines Warnschusses.[108] In einem *Warnschuss* kann nach § 22 Abs. 1 S. 3 SOG vielmehr die für den Schusswaffengebrauch grds. erforderliche **Androhung** liegen, die beim Schusswaffengebrauch *gegen Personen in einer Menschenmenge* nach Abs. 3 S. 2 unabdingbar und zu wiederholen ist. Außerhalb einer Menschenmenge ist sie dagegen nach Abs. 2 S. 1 (nur) entbehrlich, wenn dies zur Abwehr einer unmittelbar bevorstehenden Gefahr für Leib oder Leben erforderlich ist.

38 § 24 SOG legt **allgemeine Grundsätze** für den Schusswaffengebrauch fest – dieser ist nach Abs. 1 als ultima ratio ausgestaltet und dessen *Zweck* nach Abs. 2 S. 1 darauf beschränkt, angriffs- oder fluchtunfähig zu machen. Wenn erkennbar Unbeteiligte, also iSd Polizei- und Ordnungsrechts *nicht verantwortliche* Personen, mit hoher Wahrscheinlichkeit gefährdet werden, ist der Schusswaffengebrauch nach § 24 Abs. 2 S. 2 u. 3 SOG nur zulässig, wenn er das *einzige* Mittel zur Abwehr einer unmittelbar bevorstehenden *Lebensgefahr* ist. Dieser Grundsatz wird in § 26 Abs. 1 SOG für den Schusswaffengebrauch gegen Personen in einer **Menschenmenge** bekräftigt und der Begriff der Unbeteiligten in Abs. 2 konkretisiert. Der Gebrauch von Schusswaffen **gegen einzelne Personen** ist nach § 25 Abs. 1 SOG auf Situationen im Zusammenhang mit der Verhinderung von Verbrechen oder bestimmter Vergehen, der Flucht vor Festnahme oder Personalienfeststellung im Zusammenhang mit derartigen Taten sowie der Flucht-/Befreiungsvereitelung aus amtl. Gewahrsam bzw. des Wiederergreifens begrenzt.[109]

39 Erst seit dem Jahr 2005 regelt das SOG in § 25 Abs. 2 SOG ausdrücklich den sog. **finalen Rettungsschuss**.[110] Der Norm war eine intensive parlamentarische sowie rechts- und sicherheitspolitische Diskussion [→ J53] vorausgegangen. Vor der Einführung war der tödliche Einsatz der Schusswaffe auch gefahrenabwehrrechtlich auf die *strafrechtlichen* Rechtfertigungsgründe der Notwehr und -hilfe gestützt worden [→ C48], die indes von Befugnissen im SOG abzugrenzen sind. Nach § 25 Abs. 2 SOG ist der finale Rettungsschuss zulässig, wenn er das *einzige Mittel* zur Abwehr einer unmittelbar bevorstehenden Gefahr für das Leben oder einer schwerwiegenden Verletzung der körperlichen Unversehrtheit ist. Die Ausführung des Schusses ist mit Rücksicht auf die Gewissensfreiheit nach § 25 Abs. 2 S. 2 SOG ausdrücklich von der Gehorsamspflicht ausgenommen, obliegt also allein der Entscheidung des jeweiligen Schützen.[111] Die Regelungen des SOG zum unm. Zwang, insbes. zum Schusswaffengebrauch sind stets im Lichte der Art. 1 Abs. 1, 2 Abs. 2, 19 Abs. 2 GG und des Art. 2 EMRK zu lesen, die aber auch den finalen Rettungsschuss nach ganz überwiegender Auffassung nicht grds. ausschließen.[112] Auch für den finalen Rettungsschuss gilt die Zwecksetzung des § 24 Abs. 2 S. 1 SOG.

---

107 Eine Einstufung des DEIG als Schusswaffe hätte dessen Einsatz gegen suizidale Personen ausgeschlossen; vgl. Bü-Drs. 20/1923, 24. Vorschriften zur Anwendung des DEIG sind in der FHH nicht getroffen worden, vgl. dagegen § 258a SHLVwG; § 19a UZwG Bln. Dazu *Roggan* LKV 2024, 1 (7 f.).
108 Vgl. LD/*Graulich* Kap. E Rn. 977; *Wagner* GSZ 2021, 20 zu weiteren Waffenhaltungsvarianten. Auch Signal- u. Alarmschüsse fallen nicht unter den Schusswaffengebrauch, vgl. *Merten/Merten* § 22 Rn. 20.
109 Zur Begründung des Schusswaffeneinsatzes gg. eine Person vgl. etwa Bü-Drs. 22/7585.
110 Zur verfassungsrechtl. Bewertung vgl. *Wolff* NVwZ 2021, 695.
111 Vgl. Bü-Drs. 18/1487, 12.
112 Vgl. *Götz/Geis* § 20 Rn. 53; krit. *Gusy/Eichenhofer* Rn. 451. Die Menschenwürde werde nicht verletzt, da Betroffene nicht zum Objekt staatl. Handelns gemacht würden, vgl. *Wolff* NVwZ 2021, 695 (696).

d) Erzwingungshaft

Neben Ersatzvornahme, Zwangsgeld und unm. Zwang sieht § 11 Abs. 1 Nr. 4 HmbVwVG als weiteres Zwangsmittel die Erzwingungshaft vor. Sie ist nach § 16 Abs. 1 HmbVwVG allerdings erst zulässig, wenn ein anderes Zwangsmittel erfolglos geblieben ist und seine Wiederholung oder die Anwendung eines anderen Zwangsmittels – bei vertretbaren Handlungen insbes. auch die Ersatzvornahme – offenbar keinen Erfolg verspricht.[113] § 16 HmbVwVG regelt die Erzwingungshaft als ein **eigenständiges, letztes und schärfstes Zwangsmittel** und nicht wie Bund und andere Länder nur als eine *Ersatzzwangshaft* für Zwangsgelder,[114] die sich als uneinbringlich und damit zur Durchsetzung einer Verfügung als erfolglos erwiesen haben.[115] Auch die Rspr. hat mit Blick auf das Freiheitsgrundrecht früh betont, dass eine Haft zu Vollstreckungszwecken nur angeordnet werden darf, wenn alle sonstigen Zwangsmittel erschöpft sind.[116] Wie für alle Arten der Haft sind auch hier strenge Anforderungen an die **Verhältnismäßigkeit** der Maßnahme zu stellen.[117] Betroffene sind daher auf die Möglichkeit einer Erzwingungshaft hinzuweisen.[118] Als Freiheitsentziehung bedarf diese gem. Art. 104 Abs. 2 GG einer **richterlichen Anordnung**. Zuständig ist nach § 16 Abs. 3 S. 1 HmbVwVG das VG Hamburg.[119] Es stellt auf Antrag der Vollstreckungsbehörde einen **Haftbefehl** aus, der nach Abs. 4 von einer *Vollziehungsperson*,[120] in entspr. Anwendung der §§ 802g f. ZPO auszuführen ist.[121] Die Erzwingungshaft an sich wird nach § 16 Abs. 5 HmbVwVG durch die Landesjustizverwaltung nach dem Vollstreckungsplan der Behörde für Justiz und Verbraucherschutz vollstreckt. Nach Abs. 2 dauert sie mindestens einen Tag und darf sechs Wochen nicht überschreiten. Gem. Abs. 6 hat die pflichtige Person die Kosten zu erstatten, die von der Vollstreckungsbehörde festzusetzen sind.

40

II. Unmittelbare Ausführung

Das polizeirechtliche Grundprinzip, dass Gefahren durch verpflichtende und nötigenfalls zu vollstreckende Verfügungen ggü. dem Verantwortlichen abzuwehren sind, kann in einzelnen Situationen dazu führen, dass eine Gefahr *nicht* oder *nicht rechtzeitig* abgewehrt würde. Ist etwa die nach §§ 8 und/oder 9 SOG **verantwortliche Person** unbekannt, ortsabwesend, bewusstlos oder aus anderen Gründen **nicht erreich- oder ansprechbar**, kann ihr gegenüber ein VA nicht iSd § 41 Abs. 1 HmbVwVfG bekanntgegeben und folglich nicht nach § 43 HmbVwVfG wirksam werden. Ein Vollstreckungstitel, insbes. ein wirksamer VA, ist aber eine notwendige Voraussetzung für eine Vollstreckung [→ E6], und zwar auch im beschleunigten Verfahren nach § 27 Abs. 1 HmbVwVG.[122] Um in diesen Lagen dennoch eine Gefahr effektiv abwehren zu können, dürfen die Behörden auf Grundlage des § 7 Abs. 1 SOG eine **Maßnahme** *unmittelbar ausführen*

41

---

113 Vgl. BERS/*Beaucamp* Vor. §§ 17 ff. SOG Rn. 13. S. auch VG Hamburg 21.3.2006 – 15 V 418/06, zur Verhängung von Erzwingungshaft gg. einen Vater, um die Schulpflicht seines Kindes durchzusetzen.
114 Vgl. etwa § 16 Abs. 1 VwVG, § 68 Abs. 1 S. 1 NPOG u. *DWVM* S. 537; *Götz/Geis* § 20 Rn. 39.
115 Vgl. Bü-Drs. 20/4579, 26; VG Hamburg 17.10.2022 – 2 V 2522/12 (Erzwingung Aufenthaltsverbot).
116 Vgl. BVerwG 6.12.1956 – I C 10.56; OVG Münster 13.2.1976 – X B 1427/75. S. auch BVerfG 1.10.1987 – 2 BvR 1165/86.
117 DHSch/*Di Fabio* Art. 2 Abs. 2 S. 2 GG Rn. 82 mwN. Anders als *Straf-* ist Erzwingungshaft nicht mit einem Unwerturteil über eine Verhaltensweise der Betroffenen o. dem Vorwurf einer Auflehnung gg. die Rechtsordnung verbunden, sondern soll rechtsgrundlosen Widerspruch des Bürgers abwenden, indem sie diesen nachdrückl. zur Erfüllung seiner Pflichten ermahnt, s. BVerfG 9.11.1976 – 2 BvL 1/76, Rn. 25.
118 Vgl. LG Oldenburg NVwZ 1985, 221 (222); HRK/*Beaucamp* Rn. 112.
119 Vgl. HRK/*Beaucamp* Rn. 112; *Merten/Merten* vor §§ 17 Rn. 12.
120 Vollziehungspersonen iSd § 6 HmbVwVG sind behördl. besonders zur Vollstreckung bestellte Bedienstete (Beamte u. Angestellte), oder auch Dritte, vgl. Bü-Drs. 20/4579, 26; MdSadB Nr. 83, 1960, 382.
121 Zur Einführung des Begriffs „Haftbefehl" s. Bü-Drs. 20/4579, 26.
122 Vgl. OVG Hamburg 28.3.2000 – 3 Bf 215/98, Rn. 24.

und die Gefahr durch anderes, insbes. *eigenes* Handeln abwehren.[123] Diese systematische Nähe der unm. Ausführung zu den Regelungen zur Verantwortlichkeit kommt in ihrer Stellung vor den §§ 8 ff. SOG zum Ausdruck.[124] Anders als der Erlass eines Verwaltungsakts, der eine *Rechtsfolge* herbeiführt, und ähnlich wie dessen Vollstreckung ist die unm. Ausführung darauf gerichtet, einen **tatsächlichen Erfolg** zu erzielen.[125] Hinsichtlich ihrer Handlungs- bzw. Rechtsform besteht weitgehende Einigkeit darüber, dass eine Maßnahme im Wege der unm. Ausführung einen **Realakt** darstellt.[126]

42 **Beispiele:** Maßnahmen im Wege der unm. Ausführung können erfolgen durch Entfernen eines verkehrsbehindernd abgestellten Fahrzeugs, das Einfangen eines entlaufenen Löwen sowie durch die Beseitigung einer Ölverschmutzung im Hafen, die Befreiung eines nicht durch die Anlieger geräumten Weges von Schnee und Eis oder die Entfernung eines Eichenprozessionsspinners aus den Bäumen auf einem Grundstück.[127] Die Vornahme einer Notbestattung erfolgt in der FHH anders als in anderen Ländern nicht im Wege der unm. Ausführung.[128]

1. Abgrenzung zur Verwaltungsvollstreckung

43 Das unmittelbare Tätigwerden der Behörde ohne Inanspruchnahme verantwortlicher Personen ist von der für die *Verwaltungsvollstreckung* typischen Konstellation zu unterscheiden, in der eine adressierte Person einer wirksam erlassenen Verfügung nicht freiwillig nachkommt und diese gegen ihren Willen durchgesetzt wird. Für die unm. Ausführung ist dagegen kennzeichnend, dass schon kein Vollstreckungstitel, insbes. kein wirksamer VA vorliegt, der vollstreckt werden könnte. So ist die unm. Ausführung, wie auch der Umkehrschluss zu § 7 Abs. 3 S. 1 SOG zeigt, **keine Maßnahme der Verwaltungsvollstreckung** nach dem HmbVwVG. Dessen Vorschriften sind auf eine Maßnahme im Wege der unm. Ausführung nicht anwendbar.[129]

44 Trotz dieses grundl. dogmatischen Unterschieds weisen unm. ausgeführte Maßnahmen und Vollstreckungsmaßnahmen viele Ähnlichkeiten auf und werden vor allem in vergleichbaren Fallsituationen bedeutsam. Dies zumal ein VA nicht nur ausdrücklich, sondern auch stillschweigend oder konkludent ergehen kann,[130] sodass sich insbes. die beschleunigte Vollstreckung und die unm. Ausführung in ihrem tatsächlich wahrnehmbaren Geschehen sehr ähneln können. Immerhin kommt die **Unterscheidung beider Verfahren** im Wortlaut des § 27 HmbVwVG und des § 7 SOG zum Ausdruck, die sich in ihrer Formulierung so nicht in anderen Ländern oder im Bund finden.[131] Hinsichtlich Anwendungsbereich, Voraussetzungen und Rechtsfolgen sind § 7 SOG und § 27 Abs. 1 HmbVwVG aus sich heraus und voneinander unberührt auszulegen.[132]

---

123 Zu Anwendungsbereich u. Rechtsfolgen des § 7 SOG *Felix/Schmitz* NordÖR 2003, 133.
124 Besser wäre diese *nach* §§ 8, 9 u. *vor* § 10 SOG zu verorten gewesen, vgl. § 7 Abs. 1 SOG „*auf andere Weise*" u. § 10 Abs. 1 SOG [→ C245]; *Kugelmann* Kap. 11 Rn. 41; SchE/*Schoch/Kießling* Rn. 936.
125 Vgl. BERS/*Beaucamp* § 7 SOG Rn. 3; *Felix/Schmitz* NordÖR 2003, 133 (134).
126 HRK/*Beaucamp* Rn. 114; *Voßkuhle/Wischmeyer* JuS 2016, 698 (700); *Felix/Schmitz* NordÖR 2003, 133 (133); *Merten/Merten* Rn. 7 f.; diff. KR/*Ramsauer* § 35 Rn. 117. Die frühere Einordnung als VA gründet auf § 44 Abs. 2 S. 2 PrPVG, in dessen Tradition § 7 SOG steht u. wonach eine Grundverf. fingiert wurde, um den einst nur gg. VAe vorgesehenen Rechtsweg zu eröffnen, vgl. *DWVM* S. 439 u. 441.
127 Vgl. OVG Hamburg NJW 1986, 2005 (Löwe); OVG Hamburg 15.11.2000 – 5 Bf 41/96 (Öl); VG Neustadt (Weinstr.) 9.5.2017 – 5 K 566/16.NW (Eichenprozessionsspinner).
128 Vgl. etwa VG Neustadt (Weinstr.) 13.11.2017 – 5 K 511/17, Rn. 17 ff. – in der FHH s. dagegen § 10 Abs. 1 u. 2 BestG u. dazu OVG Hamburg 26.5.2010 – 5 Bf 34/10.
129 *Götz/Geis* § 15 Rn. 2: Vollzugsmaßnahme eigener Art. Vgl. auch *Mehde* NordÖR 2005, 145 (145), der die unm. Ausf. funktional in einer Mittelstellung zw. Vollstreckungs- u. Polizeirecht einordnet.
130 SBS/*Stelkens* § 35 Rn. 81.
131 Zur Unterscheidung von unm. Ausf. u. Sofortvollzug in Bund u. Ländern mit einaktiger Verwaltungsvollstreckung *Götz/Geis* § 15 Rn. 2 ff. u. § 20 Rn. 6 ff.
132 Vgl. § 27 Abs. 2 HmbVwVG, § 7 Abs. 3 S. 1 SOG. Zur Abgrenzung s. auch Bü-Drs. 20/4579, 32.

II. Unmittelbare Ausführung

2. Voraussetzungen

Die unm. Ausführung stellt keine *inhaltliche* Erweiterung, sondern lediglich eine *modale* Konkretisierung der Befugnisse von Polizei- und Ordnungsbehörden dar. Voraussetzung für rechtmäßiges Handeln bleibt die Existenz einer Befugnisnorm für die Maßnahme, die nunmehr *unmittelbar* ausgeführt werden darf. § 7 Abs. 1 SOG vermittelt also **keine eigene Rechtsgrundlage**, sondern kommt stets in Verbindung mit einer solchen zur Anwendung.[133] Entgegen einer früher vertretenen Auffassung ist die unm. Ausführung dabei nicht auf Maßnahmen beschränkt, die sich auf die Generalklausel in § 3 Abs. 1 SOG stützen lassen.[134] Im **Anwendungsbereich** von § 7 Abs. 1 SOG liegen alle (Standard-)Befugnisse, die *durch Verfügung* und damit auch *unmittelbar* ausgeführt werden können.[135]

45

a) Rechtmäßigkeit einer hypothetischen Grundverfügung

§ 7 Abs. 1 SOG ermächtigt die Behörde zu einer modifizierten Durchführung einer Maßnahme *im Wege* eines unmittelbaren Tätigwerdens ohne vorherige Verfügung. Mit der erlaubten „Verfahrensabkürzung" sollen jedoch *nicht* die materiell-inhaltlichen Anforderungen, wie sie insbes. durch die jeweilige Ermächtigungsgrundlage statuiert werden, abgesenkt werden.[136] Eine grundl. Voraussetzung für die Rechtmäßigkeit ist daher, dass die (tatsächlich nicht vorhandene) **hypothetische Grundverfügung** materiell rechtmäßig *wäre*, würde sie der pflichtigen Person ggü. rechtzeitig getroffen werden können.[137] Im Unterschied zur Vollstreckung, der ein Handlungsgebot in Form eines Titels vorausgeht, haben Betroffene – die über das Einschreiten nicht *zuvor* informiert werden müssen (vgl. § 7 Abs. 2 SOG) – von vornherein keine Chance, der unm. Ausführung durch eigenes Handeln zu entgehen, iSd § 4 Abs. 3 SOG ein Austauschmittel anzubieten oder Rechtsmittel einzulegen.[138] Daher ist die Rechtmäßigkeit der hypothetischen Grundverfügung zwingend erforderlich.[139] Für die unm. Ausführung besteht, anders als bei der Vollstreckung eines Verwaltungsakts, ein **Rechtmäßigkeitszusammenhang**.

46

b) Eilbedürftigkeit

Die expliziten Voraussetzungen des § 7 Abs. 1 SOG bilden die Eilbedürftigkeit ab und rechtfertigen so die Entbindung des polizeilichen Handelns von den Stufen des Regelvorgehens. Es muss nicht nur eine konkrete **Gefahr** vorliegen, was regelmäßig bereits die einschlägige Rechtsgrundlage der hypothetischen Grundverfügung verlangen wird, etwa § 3 Abs. 1 SOG. Diese muss vielmehr *unmittelbar bevorstehen*. Der Schadenseintritt muss zeitlich also besonders nah sein,[140] wenn nicht bereits eine Störung eingetreten ist, weil etwa ein Fahrzeug entgegen den Vorschriften der StVO abgestellt worden ist.[141]

47

---

133 Vgl. *Merten/Merten* § 7 Rn. 7; *Kugelmann* DÖV 1997, 153 (154); aA *Mehde* NordÖR 2005, 145 (147).
134 So *Knemeyer* Rn. 344; *Merten/Merten* § 7 Rn. 10, die eine unm. Ausf. nur für vertretbare Handlungen für mögl. halten u. damit anordnende Standardmaßnahmen aus ihrem Anwendungsbereich ausschließen.
135 Dies verdeutlichen mit anschaulichem Beispiel etwa *Felix/Schmitz* NordÖR 2003, 133 (134 ff.); vgl. auch BERS/*Beaucamp* § 7 SOG Rn. 6; iE auch *Götz/Geis* § 15 Rn. 7 u. 10.
136 BERS/*Beaucamp* § 7 SOG Rn. 4 ff.; *Felix/Schmitz* NordÖR 2003, 133 (134); *Merten/Merten* § 7 Rn. 7.
137 OVG Hamburg NJW 1986, 2005 (2006); HRK/*Beaucamp* Rn. 114; *Götz/Geis* § 15 Rn. 9; EFP/*Pünder* Rn. 330; aA *Mehde* NordÖR 2005, 145 (147).
138 EFP/*Pünder* Rn. 330; BERS/*Beaucamp* § 7 SOG Rn. 1.
139 Zu prüfen sind folglich insbes. das Vorliegen einer EGL, Zuständigkeit (nicht aber Verfahren u. Form), Tatbestandsvoraussetzungen, Verantwortlichkeit u. Ermessensgrenzen, insbes. die Verhältnismäßigkeit.
140 Vgl. OVG Hamburg 29.9.1992 – Bs VI 71/92, Rn. 4.
141 Vgl. OVG Hamburg 28.3.2000 – 3 Bf 215/98, Rn. 26.

48 Ausdruck der Eilbedürftigkeit ist zudem, dass eine unm. Ausführung nur in Betracht kommt, wenn auf andere Weise die Gefahr für die öff. Sicherheit oder Ordnung nicht abgewehrt oder eine Störung nicht beseitigt werden kann. Statuiert wird so ein **Vorrang für den Erlass eines Verwaltungsaktes** gegen die nach §§ 8 oder 9 SOG verantwortliche Person und dessen ggf. beschleunigte Vollstreckung – nur wenn ein derartiges Vorgehen nach den konkr. Umständen des Einzelfalls *nicht möglich* oder *nicht erfolgversprechend* ist, kann (subsidiär) eine unm. Ausführung durch die Polizei- oder Ordnungsbehörde erfolgen.[142] **Unmöglich** ist der Erlass eines Verwaltungsaktes etwa bei Personen, die *nicht ansprechbar, bewusstlos* oder sonst *nicht handlungsfähig* iSd § 12 HmbVwVfG sind.[143] Gleiches gilt, wenn Verantwortliche – etwa im Falle eines freilaufenden, bissigen Hundes oder einer gefährlichen Verschmutzung – *unbekannt* oder wie nach dem rechtswidrigen Abstellen seines Fahrzeuges jedenfalls *nicht anwesend* sind.[144] § 7 Abs. 1 SOG verpflichtet die Behörde zwar, grds. auch die Gefahr- oder Störungsbeseitigung durch den Verantwortlichen selbst in Betracht zu ziehen, allerdings ohne dabei zu größeren Ermittlungen hinsichtlich der Person zu verpflichten.[145]

49 **Beispiel:** Trifft die Polizei im Rahmen einer Verkehrskontrolle auf eine alkoholisierte Person, darf sie dieser nicht aufgeben, ihr Auto wegzufahren, da eine derartige Verfügung jedenfalls aus rechtlichen Gründen unmöglich und aufgrund des damit einhergehenden Verstoßes gegen § 24a Abs. 1 StVG oder § 316 StGB gem. § 44 Abs. 2 Nr. 5 HmbVwVfG nichtig wäre. Auch in diesem Fall liegen die Voraussetzungen für eine unm. Ausführung vor, wenngleich eine zustandsverantwortliche Person ortsanwesend und ansprechbar wäre.[146]

50 Ist eine als verantwortlich ausgemachte Person *anwesend* oder anderweitig *erreichbar*, aber nicht zur Mitwirkung *bereit*, schließt dies eine unm. Ausführung grds. aus, soweit deren **entgegenstehender Wille** im Wege der Verwaltungsvollstreckung rechtzeitig überwunden werden kann. Die unm. Ausführung bleibt jedoch ausnahmsweise möglich, wenn reguläre Maßnahmen des gestreckten oder beschleunigten Verfahrens **nicht rechtzeitig** erfolgen würden.[147] Weil es auf die Effektivität der Gefahrenabwehr ankommt und § 27 Abs. 2 HmbVwVG die Befugnis nach § 7 Abs. 1 SOG ausdrücklich unberührt lässt, kann sich die Behörde bei einer wirksam erlassenen Grundverfügung – etwa ggü. einer mittlerweile verstorbenen Person – zwar für den Weg der Vollstreckung (ggü. dem Rechtsnachfolger) entscheiden, sie muss es aber nicht und kann stattdessen nach § 7 Abs. 1 SOG vorgehen, etwa wenn ihr dies einzig erfolgversprechend erscheint.[148]

51 **Beispiele:** Verletzen Anlieger ihre Räum- und Streupflichten nach § 31 HWG können bei Schnee und Eisglätte unmittelbar bevorstehende Gefahren für die körperliche Unversehrtheit von Fußgängern regelmäßig nicht anders als durch eine sofortige Räumung abgewehrt werden. Gleiches gilt im Falle der Entfernung eines Eichenprozessionsspinners aus Bäumen auf dem Grundstück des ortsabwesenden und nicht ohne zeitliche Verzögerung erreichbaren Eigentümers durch eine von der Feuerwehr beauftragte Drittfirma.[149]

3. Rechtsfolge

52 Schließlich muss die Entscheidung, die Maßnahme nicht per Verfügung, sondern im Wege der unm. Ausführung zu treffen, *ermessensfehlerfrei* sein, also insbes. die auch hier maßgeblichen einfachgesetzlichen Anforderungen des **Übermaßverbots** in § 4 SOG erfüllen. Zu beachten ist

---

142 Vgl. OVG Hamburg 14.8.2001 – 3 Bf 429/00, Rn. 26 ff.; BERS/*Beaucamp* § 7 SOG Rn. 7. Eine Heranziehung Nichtverantwortlicher kommt nur in Betracht [→ C245], wenn die unm. Ausf. ausscheidet.
143 Vgl. *Felix/Schmitz* NordÖR 2003, 133 (133).
144 EFP/*Pünder* Rn. 331; OVG Hamburg 14.8.2001 – 3 Bf 429/00, Rn. 30; 15.11.2000 – 5 Bf 41/96, Rn. 41. Gleiches gilt, wenn eine Gefahr selbst. durch KI ausgelöst wird, die mangels Personalität nicht verantwortlich sein kann [→ C220] und unklar ist, wer diese programmiert o. in den Verkehr gebracht hat.
145 S. nur OVG Hamburg 28.3.2000 – 3 Bf 215/98, Rn. 25 ff. Vgl. auch OVG Magdeburg 25.7.2019 – 2 L 44/17, Rn. 32 ff.
146 Vgl. VGH Mannheim 24.2.2022 – 1 S 2283/20, Rn. 32 ff.
147 Zur Bedeutung der „nicht rechtzeitigen" Beseitigung s. auch *Hebeler* JA 2012, 79 (80).
148 Für ein eingeschränktes Wahlrecht *Thomas* DVBl 1961, 902 (906).
149 Vgl. HRK/*Birko* Rn. 28 (Eisglätte); VG Neustadt (Weinstr.) 9.5.2017 – 5 K 566/16, Rn. 28 ff.

dabei, dass die Rechtmäßigkeitsanforderungen des **Zwangsmitteleinsatzes** eingehalten werden, die über § 17 Abs. 1 S. 1 SOG zur Anwendung gelangen [→ E23], soweit für eine Maßnahme im Wege der unm. Ausführung unmittelbarer Zwang angewendet wird – etwa gegen eine handlungsunfähige Person, die durch körperliche Gewalt an einem Angriff gehindert wird.[150] Die Benachrichtigung nach § 7 Abs. 2 SOG stellt eine bloße Ordnungsvorschrift dar.[151]

III. Insbesondere: Abschleppen von Fahrzeugen

Das Abschleppen von Fahrzeugen hat große praktische Relevanz für den Alltag der Polizei- und Ordnungsbehörden.[152] „**Abschleppfälle**" werfen viele Fragen des allg. Verwaltungs-, des Polizei- und Ordnungsrechts auf und sind deshalb häufig auch Gegenstand in Studium und Ausbildung. Erforderlich ist eine Abgrenzung zwischen den verschiedenen **Rechtsgrundlagen**, die für einen Abschleppvorgang in Betracht kommen, sowie eine Auseinandersetzung mit den Vorgaben der Rspr., etwa zur Bekanntgabe von Verkehrszeichen oder zur **Verhältnismäßigkeit**. Anschlussfragen stellen sich hinsichtlich der Kostentragung. Das Abschleppen von Kfz kann im Hamburger Polizei- und Ordnungsrecht zunächst als *Sicherstellung* auf § 14 Abs. 1 S. 1 lit. a, S. 2 SOG, also eine Standardbefugnis gestützt werden. Daneben können Abschleppmaßnahmen aber auch vollstreckungsrechtlich als *Ersatzvornahme* iSd §§ 11 Abs. 1 Nr. 1, 13 Abs. 1 HmbVwVG zu qualifizieren sein oder auch im Wege der *unmittelbaren Ausführung* iSd § 7 Abs. 1 SOG erfolgen.

53

1. Sicherstellung

§ 14 Abs. 1 S. 2 SOG regelt die Sicherstellung verbotswidrig abgestellter oder liegengebliebener Kraftfahrzeuge. Das Abschleppen eines Fahrzeugs ist jedenfalls dann eine solche Sicherstellung, wenn es zu einem **Verwahrplatz** verbracht und nicht etwa nur *umgesetzt* wird.[153] Als charakteristisch für die Sicherstellung gilt, dass die Gefahrenabwehr durch den **Entzug der Sachherrschaft** und die **Begründung eines Verwahrungsverhältnisses** durch die Polizei oder von ihr beauftragte Dritte erfolgt.[154] § 14 Abs. 1 S. 2 SOG stellt klar, dass die Sicherstellung von Fahrzeugen in Hamburg nicht auf Fälle beschränkt ist, in denen *vom Fahrzeug selbst* die Gefahr ausgeht – etwa weil dieses stark beschädigt oder unverschlossen ist – und in denen die Verwahrung den Zugriff Dritter ausschließen soll.[155] Ob sich die amtl. Verwahrung und der Ausschluss der Zugriffsmöglichkeit als *bloße Nebeneffekte* einer Abschleppmaßnahme darstellen, deren *Hauptziel* in der Beseitigung der Störung aufgrund des verbotswidrigen Parkens liegt, kann mit Blick auf das identische Ergebnis und den Wortlaut der Norm dahinstehen.[156] Erfolgt eine bloße Umsetzung des Fahrzeugs auf einen nahgelegenen Parkplatz, stellt dies jedenfalls keine Sicherstellung dar, sondern ist als Ersatzvornahme oder als unm. Ausführung zu qualifizieren.

54

Nach dem Wortlaut und dem gesetzgeberischen Willen dürfte § 14 Abs. 1 S. 2 SOG keine eigene Ermächtigungsgrundlage, sondern eine Regelung zur **Ermessensausübung** darstellen.[157]

55

---

150 Vgl. *Felix/Schmitz* NordÖR 2003, 133 (134), wobei es um die Rechtmäßigkeit am Maßstab des öff. Rechts ankommt, nicht etwa auf eine strafrechtl. Rechtfertigung. Vgl. auch *Merten/Merten* § 17 Rn. 1.
151 Vgl. OVG Hamburg 17.5.2000 – 5 Bf 31/96, Rn. 157; BERS/*Beaucamp* § 7 SOG Rn. 10 mwN.
152 In Hamburg wurden im Jahr 2022 29.376 Kfz sowie im 1. Halbj. 2024 16.515 Kfz (davon 8.985 sichergestellt und 6.238 umgesetzt) abgeschleppt, vgl. Bü-Drs. 22/15955.
153 Zentrale Fahrzeugverwahrstelle für abgeschleppte Fahrzeuge („Autoknast"), Ausschläger Allee 179.
154 Vgl. VG Hamburg 22.6.2018 – 1 E 2009/18, Rn. 41; Bü-Drs. 17/2810, 3.
155 Vgl. *Schenke* Rn. 778 mVa § 14 Abs. 1 S. 2 SOG.
156 Vgl. BERS/*Beaucamp* § 14 SOG Rn. 8 mwN; vgl. auch *Gusy/Eichenhofer* Rn. 290. Anders noch OVG Hamburg 19.8.1993 – Bf VII 3/93, Rn. 27.
157 Bü-Drs. 17/2810, 3. Vgl. aber VG Hamburg 27.9.2010 – 10 K 410/10, Rn. 19, das die Sicherstellung *nur* auf § 14 Abs. 1 S. 2 SOG stützt. Der Unterschied zw. beiden Ansätzen dürfte sich nur in den Fällen auswirken, in

Danach *soll* eine Sicherstellung gestützt auf § 14 Abs. 1 S. 1 lit. a SOG *im Regelfall* vorgenommen werden, wenn alle drei Voraussetzungen des S. 2 vorliegen.[158] Dies erfordert zunächst ein verbotswidrig abgestelltes oder liegengebliebenes Fahrzeug, regelmäßig also einen Verstoß gegen straßenverkehrsrechtliche Vorschriften als Störung der öff. Sicherheit. Dadurch muss die Sicherheit oder Leichtigkeit des Verkehrs beeinträchtigt oder eine Gefährdung, Behinderung oder Belästigung anderer Verkehrsteilnehmender jedenfalls nicht auszuschließen sein.[159] Schließlich darf eine bloße Umsetzung auf einen geeigneten Platz in unmittelbarer Nähe nicht möglich sein, wobei die Behörde nicht zu einer intensiveren Suche oder gar einem Umherfahren verpflichtet ist.[160] Wenngleich § 14 Abs. 1 S. 2 SOG bereits Teilaspekte mit Bezug zur **Verhältnismäßigkeit** in den Tatbestand vorverlagert, lässt die (intendierte) Ermessensregelung hinreichend Raum für die Besonderheiten des Einzelfalls, wobei iRd Güterabwägung auch die Funktion der verletzten Verkehrsnorm berücksichtigt werden kann.[161] Ob ausnahmsweise von der Ermessensregel, das Fahrzeug sicherzustellen, abzusehen ist, obwohl die Voraussetzungen des Abs. 1 S. 2 vorliegen, beurteilt sich am Maßstab der Verhältnismäßigkeit, insbes. so, wie dieser für das Abschleppen von Fahrzeugen spezifiziert wurde.[162]

2. Ersatzvornahme

56 Wird ein Fahrzeug nur umgesetzt, statt dieses etwa auf den Verwahrplatz zu bringen, liegt eine Ersatzvornahme vor. Diese setzt eine entspr. **Grundverfügung** voraus, die durch das Abschleppen vollstreckt wird. Ein VA als Vollstreckungstitel kann sich dabei etwa aus der mündl. Aufforderung zum Entfernen des Fahrzeugs durch die Polizei ergeben.[163] Häufiger dürfte ein Verstoß gegen die Regelungen von **Verkehrszeichen** vorliegen, die als benutzungsregelnde **Allgemeinverfügungen** zu qualifizieren sind.[164] Verkehrszeichen, die ein *Halte- oder Parkverbot* statuieren, enthalten zugleich das *Gebot*, ein in ihrem Geltungsbereich abgestelltes Fahrzeug wieder zu entfernen.[165] Das analog § 80 Abs. 2 S. 1 Nr. 2 VwGO **sofort vollziehbare** Wegfahrgebot kann im gestreckten Verfahren als Ersatzvornahme durch die Polizei oder durch ein von ihr beauftragtes Unternehmen durchgesetzt werden, wenn die übrigen Anforderungen an die Vollstreckung erfüllt sind.[166]

57 Besonderheiten bestehen insbes. hinsichtlich der für die Wirksamkeit erforderlichen **Bekanntgabe**. Bei **Verkehrszeichen** richtet sich diese nicht nach § 41 HmbVwVfG, sondern nach den bundesrechtlichen Spezialvorschriften in §§ 39 Abs. 1, 45 Abs. 4 StVO, die eine besondere

---

denen zwar die in Abs. 1 S. 1 lit. a verlangte Gefahr oder Störung anzunehmen ist, das Fahrzeug aber nicht gem. Abs. 1 S. 2 verbotswidrig abgestellt wurde oder liegengeblieben ist.

158 Vgl. VG Hamburg 30.12.2021 – 5 K 1268/20, Rn. 24 ff.; OVG Hamburg 28.7.2009 – 3 Bf 126/06/Z; 27.11.2009 – 3 Bf 36/06.
159 „Belästigungen" bilden nicht die Eingriffsschwelle (Gefahr oder Störung gem. Abs. 1 lit. a), sondern sind eine Voraussetzung, unter der das Ermessen auf die Regelfolge „Sicherstellung" verdichtet.
160 Vgl. Bü-Drs. 17/2810, 3. Vgl. auch VG Hamburg 30.12.2021 – 5 K 1268/20, Rn. 25, wonach bei der Möglichkeit einer Umsetzung eine Sicherstellung nur in atypischen Fällen erfolgen darf.
161 Vgl. VG Hamburg 30.12.2021 – 5 K 1268/20, Rn. 24 ff.; OVG Hamburg 28.7.2009 – 3 Bf 126/06/Z, Rn. 14; 27.11.2009 – 3 Bf 36/06, Rn. 29; krit. dazu *Merten/Merten* § 17 Rn. 27.
162 Vgl. OVG Hamburg 28.7.2009 – 3 Bf 126/06/Z; 27.11.2009 – 3 Bf 36/06.
163 *Weber* NZV 2012, 212 (212) mit Beispielen in den Fn. 13–16.
164 Vgl. BVerwG 9.6.1967 – VII C 18.66, Rn. 8 f.; 13.12.1979 – 7 C 46.78, Rn. 16 f.; *Kümper* JuS 2017, 731 (732 f.); *Maurer/Waldhoff* § 9 Rn. 35 f; KR/*Ramsauer* § 35 Rn. 170 ff.
165 Vgl. BVerwG 7.11.1977 – VII B 135.77, Rn. 5; 11.12.1996 – 11 C 15/95, Rn. 10; OVG Hamburg 22.2.2005 – 3 Bf 25/02, Rn. 28; *Schenke* Rn. 777; aA SchE/*Schoch/Kießling* Rn. 946.
166 Vgl. BVerwG 7.11.1977 – VII B 135.77, Rn. 4, das die Analogie mit einer „Funktionsgleichheit" u. „wechselseitigen Vertauschbarkeit" der Verkehrsregelung durch Verkehrszeichen u. Polizeibedienstete begründet; s. auch OVG Hamburg 22.2.2005 – 3 Bf 25/02, Rn. 31; *Maurer/Waldhoff* § 9 Rn. 37.

Form der öff. Bekanntgabe regeln, welche durch die Aufstellung eines Schildes erfolgt.[167] Sind Verkehrszeichen so aufgestellt oder angebracht, dass durchschnittliche Kraftfahrer sie bei Einhaltung der nach § 1 StVO erforderlichen Sorgfalt schon *„mit einem raschen und beiläufigen Blick"* erfassen können, äußern sie ihre Rechtswirkung ggü. jedem von der Regelung betroffenen Verkehrsteilnehmender, wobei es iSd dieses sog. **Sichtbarkeitsgrundsatzes** nicht auf eine tatsächliche Wahrnehmung ankommt.[168] Für den ruhenden Verkehr gelten niedrige Anforderungen an die Sichtbarkeit, sodass vom Fahrer eine einfache Umschau nach dem Verlassen des Fahrzeugs erwartet werden kann.[169] Verkehrsteilnehmer und somit auch Adressat eines Verkehrszeichens ist nicht nur, wer *aktiv* am Verkehr teilnimmt, sondern auch der Halter eines *geparkten* Fahrzeugs, solange er Inhaber der tatsächlichen Sachherrschaft ist.[170] Besondere Relevanz haben sog. **mobile Halteverbotsschilder**, die ihre Rechtswirkung auch dann entfalten und das rechtmäßige Abschleppen eines Fahrzeuges auslösen können, wenn die Verkehrsregelung in dem Zeitpunkt, als das Kfz abgestellt wurde, noch gar nicht bestand.[171] In diesem Fall ist jedoch eine Differenzierung hinsichtlich der **Kostentragung** geboten: Die Auferlegung der Abschleppkosten ist nur verhältnismäßig, wenn zwischen dem Aufstellen des Schilds und der Abschleppmaßnahme drei volle Tage liegen.[172]

3. Unmittelbare Ausführung

Das Abschleppen eines Kfz erfolgt im Wege der unm. Ausführung iSd § 7 Abs. 1 SOG, wenn das gefahrbegründende, verkehrsordnungswidrige Verhalten in einem **Verstoß gegen unmittelbar geltende Rechtsvorschriften** besteht. Bedeutung haben hier vor allem die Ge- und Verbotsvorschriften der StVO als Teil der obj. Rechtsordnung.[173] Im Falle eines derartigen Verstoßes fehlt es regelmäßig an einem im Wege der Ersatzvornahme vollstreckbaren Titel etwa in Gestalt eines Verkehrszeichens, sodass die Umsetzung eines Fahrzeugs nur auf § 7 Abs. 1 SOG iVm § 3 Abs. 1 SOG gestützt werden kann, wobei die Generalklausel die Rechtsgrundlage der *hypothetischen* Grundverfügung bildet.[174] Zum gleichen Ergebnis gelangt ferner, wer die vom BVerwG aufgestellten (Sichtbarkeits-)Grundsätze ablehnt, sodass mangels Bekanntgabe das Abschleppen nur unmittelbar ausgeführt werden kann.[175]

58

4. Verhältnismäßigkeit des Abschleppens

Unabhängig von der Qualifizierung als Sicherstellung, Ersatzvornahme oder unm. Ausführung ergeben sich **gemeinsame Grenzen für polizeiliche Abschleppmaßnahmen** aus dem Grundsatz der Verhältnismäßigkeit.[176] Zunächst stellt sich die Frage, ob die Störung der öff. Sicherheit aufgrund des regelwidrig abgestellten Fahrzeugs *nicht auf andere Weise* beseitigt werden kann als

59

---

167 Vgl. BVerwG 11.12.1996 – 11 C 15.95, Rn. 9; 6.4.2016 – 3 C 10.15, Rn. 16; *Kümper* JuS 2017, 731 (734f.); *Guckelberger* § 13 Rn. 12; EFP/*Pünder* Rn. 181 mwN.
168 BVerwG 11.12.1996 – 11 C 15.95, Rn. 9; BGH 8.4.1970 – III ZR 167/68, Rn. 11.
169 Vgl. BVerwG 6.4.2016 – 3 C 10.15; *Waldhoff* JuS 2017, 91; OVG Hamburg 30.6.2009 – 3 Bf 408/08.
170 BVerwG 11.12.1996 – 11 C 15.95, Rn. 10; aA EFP/*Pünder* Rn. 332 mit Fn. 1304.
171 Vgl. BVerwG 11.12.1996 – 11 C 15.95, Rn. 13; *Guckelberger* § 13 Rn. 12 mwN; aA *Schenke* Rn. 779, der die Bekanntgabe ablehnt u. das Abschleppen daher als unm. Ausf. oder Sofortvollzug qualifiziert. Krit. auch LD/*Rachor/Graulich*, 6. Aufl. 2018, Kap. E Rn. 220ff.
172 BVerwG 24.5.2018 – 3 C 25.16, Rn. 28.
173 Vgl. OVG Hamburg 28.3.2000 – 3 Bf 215/98, Rn. 24; 14.8.2001 – 3 Bf 429/00, Rn. 27.
174 Vgl. OVG Hamburg 28.3.2000 – 3 Bf 215/98, Rn. 24; *Thiel* § 12 Rn. 5; *Schenke* Rn. 780.
175 Vgl. etwa SchE/*Schoch/Kießling* Rn. 950f.; EFP/*Pünder* Rn. 332 in Bezug auf den nicht mit dem Fahrer identischen Halter; vgl. auch OVG Hamburg 27.6.1991 – Bf II 38/90, das im Abschleppen ggü. dem *Fahrer* eine Ersatzvornahme, ggü. dem *Halter* eine unm. Ausführung sah. Diese Rspr. wurde mit OVG Hamburg 4.11.2003 – 3 Bf 23/03, aufgegeben u. an das BVerwG angepasst.
176 Vgl. LD/*Graulich* Kap. E Rn. 879 ff. u. 887 ff.

durch das Abschleppen. Dies ist iRd Prüfung von § 7 Abs. 1 SOG und auch von § 27 Abs. 1 Nr. 1 HmbVwVG bereits eine Frage der Tatbestandsvoraussetzungen, wobei sich die Anforderungen hier im Wesentlichen übertragen lassen.[177]

60 Die Möglichkeit einer anderweitigen Störungsbeseitigung kann sich aus dem Versuch einer **Kontaktaufnahme mit dem abwesenden Fahrer** ergeben, wenn dieser ohne Schwierigkeiten und ohne Verzögerung festgestellt und zum Entfernen des verbotswidrig geparkten Fahrzeugs veranlasst werden kann.[178] *Zumutbar* wäre etwa, ein geöffnetes Geschäft zu betreten, um nach dem Fahrer zu schauen, wenn ein erkennbar zugehöriges Fahrzeug für das Entladen von Waren direkt vor dem Gebäude abgestellt ist – als *unzumutbar* wurde hingegen der Versuch angesehen, zu einem Handwerksbetrieb aus einem anderen Stadtteil Kontakt aufzunehmen, auf dessen Kleintransporter eine Festnetznummer angebracht war.[179] Umfänglichere Ermittlungen der Polizei oder eine **Halterabfrage** sind aufgrund ungewisser Erfolgsaussichten und nicht absehbarer weiterer Verzögerungen nicht zu verlangen.[180]

61 Ein auf dem Armaturenbrett deponierter, gut sicht- und lesbarer **Hinweiszettel** samt Handynummer macht einen **Anrufversuch** erforderlich, wobei in der Rspr. insoweit bereits eine sichere Einschätzung gefordert wird, dass der Fahrer in der Nähe ist und das Fahrzeug binnen weniger Minuten entfernen könnte.[181] Verbreitet wird allerdings ein *konkreter Situationsbezug* der Nachricht verlangt, der nicht vorliege, wenn der Hinweiszettel pauschal für eine Vielzahl von Fällen vorformuliert ist.[182] Richtigerweise wird eine hinterlassene, gut lesbare Handynummer auch *ohne konkrete Aufenthaltsortsangabe* den Schluss zulassen, dass der Fahrer bei erfolgreicher Kontaktaufnahme sein Fahrzeug selbst schneller entfernen könnte als ein (ebenso herbeigerufenes) Abschleppunternehmen – ein zunächst erfolgender Anrufversuch wäre dann eine nicht bloß *mildere*, sondern auch *effektivere* Möglichkeit zur Störungsbeseitigung.[183] In besonders dringlichen Situationen würde darauf wohl kaum verzichtet werden. Liegt dagegen nicht einmal eine Behinderung anderer Verkehrsteilnehmer vor, muss ein Anrufversuch der Polizei erst recht zumutbar sein – das sofortige Abschleppen kann jedenfalls nicht allein durch eine *generalpräventive Zwecksetzung* gerechtfertigt werden und ist getrennt von einem etwaigen Bußgeldverfahren zu betrachten.[184] Ist nach den sich aus dem Telefonat ergebenden Umständen *sicher* mit der kurzfristigen Beseitigung eines Fahrzeugs zu rechnen, wäre ein Abschleppen

---

177 S. dazu *Hebeler* JA 2012, 79 (80).
178 Vgl. BVerwG 27.5.2002 – 3 B 67.02. Der Fahrer in Ruf- oder Sichtweite steht zur Störungsbeseitigung zur Verfügung u. ist vorrangig in Anspruch zu nehmen, vgl. OVG Hamburg 14.8.2001 – 3 Bf 429/00, Rn. 28 ff.; VGH München 6.1.2001 – 24 B 99/1571, Rn. 36.
179 Vgl. OVG Hamburg 27.11.2009 – 3 BF 36/06; 22.2.2005 – 3 Bf 25/02, Rn. 36 mwN.
180 Vgl. BVerwG 6.7.1983 – 7 B 182.82; 27.5.2002 – 3 B 67.02; so auch *Thiel* § 12 Rn. 7; aA *Ostermeier* NJW 2006, 3173 (3174).
181 Vgl. OVG Hamburg 14.8.2001 – 3 Bf 429/00. Vgl. auch EFP/*Pünder* Rn. 167 mwN; aA mit geringeren Anforderungen *Thiel* § 12 Rn. 7; BERS/*Beaucamp* § 4 SOG Rn. 13 f.
182 Vgl. OVG Hamburg 27.11.2009 – 3 Bf 36/06, Rn. 31; 22.2.2005 – 3 Bf 25/02, Rn. 40; 14.8.2001 – 3 Bf 429/00, Rn. 36 f.; VGH München 8.11.2017 – 10 ZB 17/1912, Rn. 6. Vgl. auch BVerwG 9.4.2014 – 3 C 5.13, Rn. 16 f., wobei ein Anrufversuch aber bereits erfolgt war.
183 So auch *Schwabe* NJW 2002, 652; *Thiel* § 12 Rn. 7; EFP/*Pünder* Rn. 167; vgl. auch LD/*Rachor/Graulich*, 6. Aufl. 2018, Kap. E Rn. 217, hinterlegte Nummer mit Angabe „sofortiger" Rückkehr ausreichend.
184 Vgl. *Ostermeier* NJW 2006, 3173 (3176); *Kugelmann* Kap. 10 Rn. 44; LD/*Graulich* Kap. E Rn. 888; so auch OVG Hamburg 8.6.2011 – 5 Bf 124/08, Rn. 37 f. Vgl. auch VG Hamburg 12.5.2016 – 15 K 6236/15, Rn. 43, wonach ein Kontaktversuch jedenfalls erfolgen soll, wenn keine Eile geboten ist.

III. Insbesondere: Abschleppen von Fahrzeugen

unverhältnismäßig.[185] Dies gilt auch bei entspr. Erklärung unter Anwesenden, selbst wenn die verantwortliche Person sich über eine mündlich ergangene Anordnung hinwegsetzt.[186]

Wird ein Fahrzeug tatsächlich abgeschleppt oder umgesetzt, dürfen die für die betroffene Person damit verbundenen **Nachteile nicht außer Verhältnis zu dem bezweckten Erfolg** stehen, was durch eine Abwägung der im Einzelfall maßgeblichen Umstände zu ermitteln ist.[187] Dabei sind die Auswirkungen des rechtswidrigen Parkens in den Blick zu nehmen. Ein bloßer Verstoß gegen straßenverkehrsrechtliche Normen und auch dessen negative Vorbildwirkung [→ C271] liefern für sich genommen regelmäßig noch keine Rechtfertigung für das Umsetzen eines Kfz.[188] Keine Zweifel an der Verhältnismäßigkeit bestehen aber, wenn es durch ein geparktes Fahrzeug zu einer **Behinderung anderer Verkehrsteilnehmender** kommt.[189] Andererseits wird das Abschleppen des Fahrzeugs nicht zwangsläufig ausgeschlossen, nur weil eine derartige Behinderung *nicht* entsteht – den gegenläufigen Interessen der verantwortlichen Person kommt dann jedoch höheres Gewicht zu.[190] Auch die Beeinträchtigung der Funktion von Verkehrseinrichtungen rechtfertigt grds. das Abschleppen.[191]

62

Beispiele: Eine Behinderung anderer Verkehrsteilnehmender wird angenommen, wenn ein abgestelltes Fahrzeug den Radweg verengt, die Übersicht im Einmündungs- und Kreuzungsbereich erschwert oder die Bordsteinabsenkung versperrt.[192] Ein Abschleppen ist zulässig, wenn eine amtl. gekennzeichnete Feuerwehrzufahrt, ein Sonderparkplatz für Elektro- oder Carsharing-Fahrzeuge oder ein Busparkplatz beeinträchtigt wird.[193] Auch das verbotswidrige Abstellen eines Fahrzeugs auf einem Parkplatz für Menschen mit Behinderung rechtfertigt stets ein Abschleppen.[194] Die Anwesenheit eines Hundes im Fahrzeug führt nicht zur Unverhältnismäßigkeit einer Abschleppmaßnahme.[195]

63

---

185 Vom Erfordernis einer Kontaktaufnahme ist weiterhin die Frage zu unterscheiden, welche konkr. Anstrengungen die Polizei unternehmen muss u. wann diese als erfolgreich angesehen werden kann. Zu den Kriterien vgl. OVG Hamburg 22.2.2005 – 3 Bf 25/02, wonach nur ein Anrufversuch zu erfolgen hat u. der Verantwortliche das Risiko der Nichterreichbarkeit tragen soll, u. OVG Hamburg 14.8.2001 – 3 Bf 429/00, mit einer Festlegung der Ankunft binnen fünf Minuten.
186 Vgl. OVG Hamburg 8.6.2011 – 5 Bf 124/08 (Verbotswidriges Parken vor Kindergarten).
187 Vgl. BVerwG 6.7.1983 – 7 B 182.82, Rn. 5; 9.4.2014 – 3 C 5.13 mit ausführlicher Prüfung.
188 Vgl. BVerwG 14.5.1992 – 3 C 3.90, Rn. 27; OVG Hamburg, 8.6.2011 – 5 Bf 124/08, Rn. 37; 22.2.2005 – 3 Bf 25/02, Rn. 50 f.; EFP/*Pünder* Rn. 167 mwN; *Thiel* § 12 Rn. 5.
189 Vgl. BVerwG 14.5.1992 – 3 C 3.90, Rn. 27 (Fallgruppenbildung); LD/*Rachor/Graulich*, 6. Aufl. 2018, Kap. E Rn. 218 zur Beeinträchtigung durch das Parken auf Geh- u. Radwegen.
190 BVerwG 1.12.2000 – 3 B 51.00, Rn. 4.
191 Vgl. *Schenke* Rn. 785 u. LD/*Graulich* Kap. E Rn. 888 mit weiteren Beispielen.
192 Vgl. OVG Hamburg 28.3.2000 – 3 Bf 215/98 (Radweg); OVG Münster 9.6.2000 – 5 A 5135/99 (Kreuzung); OVG Hamburg 14.8.2001 – 3 Bf 429/00 (Bordstein). Vgl. auch *Koehl* SVR 2014, 98 (103) mwN.
193 Vgl. VGH München 12.3.2021 – 10 C 21/682; VG Hamburg 20.10.2016 – 16 K 5900/15 (Feuerwehrzufahrt); VG Hamburg 25.5.2018 – 2 K 7467/17 (E-Parkplatz); VG Düsseldorf 20.2.2024 – 14 K 491/23 (Carsharing); OVG Münster 24.9.1998 – 5 A 6183/96 (Bus).
194 Vgl. BVerwG 14.5.1992 – 3 C 3.90, Rn. 27. Dies gilt auch, wenn die Voraussetzungen für eine Berechtigung vorliegen, der Nachweis aber abgelaufen ist, vgl. OVG Hamburg 16.11.2011 – 5 Bf 292/10.
195 Aspekte des Tierschutzes können lediglich die Öffnung des Kfz vor oder nach dem Abschleppen und eine Sicherstellung des Hundes zur Folge haben, vgl. VG Hamburg 10.1.2008 – 8 K 2894/07, Rn. 17.

F. Polizeiliche Genehmigungsverfahren

1 § 31 SOG statuiert eine **Genehmigungspflicht für öffentliche Veranstaltungen** und regelt das bisher einzige *Genehmigungsverfahren* im SOG.[1] Zuvor richtete sich die Zulässigkeit von Großveranstaltungen nach einer Vielzahl von Gefahrenabwehrnormen und Einzelgenehmigungen, was widersprüchliche Bescheide zur Folge haben konnte, die eine Gefahrensituation in ihrer Gänze nicht zu bewerten vermochten.[2] Die Vorschrift zielt daher auf ein einheitliches, gebündeltes Verfahren, das die Veranstaltung schon im Vorfeld steuert und nach Abs. 9 **Konzentrationswirkung** hinsichtlich anderer veranstaltungsbezogener Behördenentscheidungen entfaltet.[3] Auf Grundlage von Abs. 15 hat der Senat eine Durchführungsverordnung erlassen, die das Genehmigungsverfahren ausgestaltet.[4]

2 § 31 SOG ist nur auf **öffentliche Veranstaltungen** anwendbar, die das Gesetz in spezifischer Weise definiert. So sind Veranstaltungen, die in bauordnungsrechtlich, insbes. nach der VStättVO zu genehmigenden Versammlungsstätten wie Stadien oder Theatern stattfinden, nach Abs. 2 S. 1 bereits vom Veranstaltungsbegriff ausgenommen. Wenn eine Veranstaltung sowohl *in* als auch *außerhalb* einer Versammlungsstätte stattfindet, ist für die Abgrenzung ihr Schwerpunkt maßgeblich.[5] Auch Versammlungen iSd VersG gelten gem. § 31 Abs. 2 S. 1 SOG – mit Blick auf die in Art. 8 Abs. 2 GG garantierte Anmelde- und Erlaubnisfreiheit konsequent – nicht als Veranstaltungen iSd Vorschrift.[6] Gem. § 31 Abs. 2 S. 1 SOG gilt die Veranstaltung als *öffentlich*, wenn sie – auch bei Zahlung eines Entgelts – für **jeden zugänglich** ist, was etwa durch eine entspr. öffentliche Ankündigung indiziert sein kann,[7] etwa bei Open-Air-Konzerten, Festivals, Straßenfesten oder Umzüge.[8] Findet eine **Veranstaltung unter freiem Himmel** statt, gilt sie gem. Abs. 2 S. 2 schon deshalb als öffentlich – und zwar unabhängig davon, ob sie auf öff. Wegen, Plätzen, Grün- und Erholungsanlagen oder auf privaten oder wegerechtlichen nicht gewidmeten Flächen stattfindet.[9]

3 Nicht jede öff. Veranstaltung iSd § 31 Abs. 2 SOG ist **genehmigungsbedürftig**, sondern gem. Abs. 1 S. 1 nur solche, bei denen zeitgleich mehr als 10.000 Teilnehmende zu erwarten sind (Nr. 1)[10] oder ein **erhöhtes Gefährdungspotenzial** anzunehmen begründet ist (Nr. 2). Ein solches Gefährdungspotenzial kann sich aus der Art der Veranstaltung ergeben, insbes. bei motorsportlichen Veranstaltungen, aber auch aus der Lage und Beschaffenheit des Veranstaltungsorts, wobei

---

1 Zur geringen Bedeutung von Genehmigungen im allg. POR s. SchE/*Schoch/Kießling* Rn. 877 ff. Im bes. GefAbwR s. etwa § 19 Abs. 1 HWG, §§ 59, 72 HBauO, § 2 StVG iVm FeV; §§ 2 Abs. 2, 10 WaffG.
2 *El Bureiasi* NVwZ 2019, 1151 (1154); *Pfeffer* NVwZ-Extra 6/2021, 1 (2). Hintergrund der Regelungen sind Unglücke wie bei der Loveparade am 24.7.2010 in Duisburg, dazu OLG Düsseldorf 18.4.2017 – III-2 Ws 528–577/16.
3 Bü-Drs. 21/19042, 5. Zu anderen Landesregelungen *El Bureiasi* NVwZ 2019, 1151 (1155).
4 VO zur Durchführung des § 31 des Gesetzes zum Schutz der öff. Sicherheit u. Ordnung v. 24.11.2020.
5 Bü-Drs. 21/19042, 8.
6 Der grundrechtl. u. der versammlungsgesetzl. Versammlungsbegriff müssen nicht übereinstimmen, vgl. RBD/*Deisreoth/Kutscha* Art. 8 GG Rn. 91. Indem § 31 SOG auf Letzteren abstellt, wird sichergestellt, dass eine Veranstaltung nicht zugleich unter § 31 SOG u. das VersG fällt. § 31 SOG dürfte aber auch nicht auf Versammlungen iSd Art. 8 Abs. 1 GG anzuwenden sein, um die dort garantierte Anmelde- u. Erlaubnisfreiheit nicht zu unterlaufen.
7 Vgl. Bü-Drs. 21/19042, 8; vgl. auch VGH München 14.12.2020 – 10 ZB 20.2656.
8 Bü-Drs. 21/19042, 8.
9 Dass es etwa auf die Widmung u. die damit einhergehende (möglicherweise gerade eingeschränkte) wegerechtl. Zugänglichkeit (s. §§ 2, 6 u. 16 ff. HWG) nicht ankommt, zeigt, dass § 31 Abs. 2 SOG einen für seine Zwecke spezifischen Begriff der Zugänglichkeit u. Öffentlichkeit definiert.
10 Etwa Hafengeburtstag, Alstervergnügen, Osterstraßenfest oder Altonale, vgl. Bü-Drs. 21/19397, 2 f. Da es ex-ante um eine *Erwartung* geht, dürften auch sorglos ausgerufene und ausufernde Facebook-Parties o.ä. erfasst werden, s. etwa VG Magdeburg 28.3.2017 – 1 A 1108/14.

u.a. Wassernähe, Fluchtmöglichkeiten und die Parkmöglichkeiten zu berücksichtigen sind.[11] Die Größe der Veranstaltungsfläche kann, auch im Verhältnis zur Teilnehmerzahl, eine Rolle spielen, ebenso Konfliktmöglichkeiten zwischen den Teilnehmenden, Sicherheitspersonal oder anderen Dritten.[12] *Verkaufsoffene Sonntage* iSd § 8 Abs. 1 LadenöffnungsG gelten nach § 31 Abs. 1 S. 2 SOG nicht als genehmigungsbedürftig. Sie sollen nicht den typischen Charakter der in § 31 SOG regulierten Großveranstaltungen haben.[13]

Der *Veranstalter* iSd Abs. 3 muss die **Durchführung des Genehmigungsverfahrens** spätestens sechs Monate vor Beginn der Veranstaltung schriftlich beim örtlich zuständigen Bezirksamt bzw. für das Hafennutzungsgebiet bei der Hamburg Port Authority mit allen notwendigen Unterlagen beantragen (Abs. 5 S. 1 bis 7).[14] Dazu gehört insbes. ein **Sicherheitskonzept**, das der Veranstalter nach Maßgabe des Abs. 4 iVm § 42 Abs. 2 S. 2 VStättVO und § 1 Abs. 2 der VO zur Durchführung des § 31 SOG zu erstellen hat.[15] Zudem hat er eine mit der **Leitung** der Veranstaltung beauftragte Person zu benennen (Abs. 5 S. 7 bis 9). Wegen der Konzentrationswirkung der Genehmigung iSd Abs. 9 S. 1 muss die Genehmigungsbehörde alle **Behörden und Stellen einbinden**, deren Entscheidungen wegen der Genehmigung entfallen oder deren Aufgabenbereiche durch das Vorhaben berührt werden (Abs. 10 S. 1).[16] Dazu zählen nach Abs. 9 S. 1 u. 3 alle öffentlich-rechtlichen Vorschriften, etwa das Bauordnungs-, Gaststätten-, Straßen-, Wege- und Grünanlagen-, nicht aber das Vergaberecht.

4

Nach Abs. 6 wird der zuständigen Behörde für die **Entscheidung** über den Antrag grds. eine Frist von *drei Monaten* nach Eingang der vollständigen Unterlagen (nicht des Antrags) eingeräumt. Der Entscheidungsspielraum ist gesetzlich vorstrukturiert: So *ist* die Genehmigung *zu versagen*, wenn mindestens einer der vier Tatbestände des Abs. 7 vorliegt, etwa Tatsachen die Annahme rechtfertigen, dass der Veranstalter oder die Leitung nicht die erforderliche *Zuverlässigkeit* besitzt. Die Genehmigung hat damit nicht nur eine veranstaltungs-, sondern auch eine personenbezogene Ausrichtung.[17] Weitere **zwingende Versagungsgründe** betreffen eine fehlende Veranstalterhaftpflichtversicherung, den Schutz der Teilnehmenden vor Gefahren für Leben oder Gesundheit und entgegenstehende öffentlich-rechtliche Vorschriften.[18] Nach Abs. 8 *kann* die Genehmigung versagt werden, wenn die Antragsunterlagen unvollständig oder nicht fristgerecht eingereicht wurden (Nr. 1) oder wenn die Versagung zum Schutz vor erheblichen Nachteilen oder erheblichen Belästigungen für die Allgemeinheit oder die Nachbarschaft[19] oder vor erheblichen Beeinträchtigungen der Natur oder Landschaft oder anderen Störungen der öff. Sicherheit und Ordnung erforderlich erscheint (Nr. 2). Schließlich kann die Behörde nach Abs. 11 S. 1 die Genehmigung mit **Nebenbestimmungen** versehen und unter Vorbehalt nachträglicher Auflagen erteilen.[20]

5

---

11 Vgl. Bü-Drs. 21/19042, 7 mwN sowie Bü-Drs. 21/19397, 2 (Gokart-Rennen auf Heiligengeistfeld).
12 Bü-Drs. 21/19042, 7.
13 Bü-Drs. 21/19042, 8.
14 Zur Zuständigkeit s. Ziffer V Abs. 1 u. 4 der Anordnung zur Durchführung des Gesetzes zum Schutz der öff. Sicherheit und Ordnung und des Gesetzes über die Datenverarbeitung der Polizei v. 9.12.1991. Zu den erforderlichen Unterlagen s. § 2 Abs. 2 VO zur Durchführung des § 31 SOG.
15 Zu Vorkehrungen zum Schutz vor Terroranschlägen vgl. *Pfeffer* NVwZ-Extra 6/2021, 1 (7) mwN.
16 Zum Verfahren der Einbindung s. § 31 Abs. 10 S. 2 bis 4 SOG sowie allg. *Maurer/Waldhoff* § 9 Rn. 29.
17 Zur Beurteilung der (Un-)Zuverlässigkeit kann sich an der Rspr. zum Gewerberecht (v.a. § 35 GewO) orientiert werden, vgl. Bü-Drs. 21/19042, 10; dazu s. Landmann/Rohmer/*Marcks* § 35 GewO Rn. 28 ff. Zu (polizei)datenschutzrechtlichen Vorgaben für die Zuverlässigkeitsprüfung s. § 51 PolDVG [→ D116].
18 Vgl. VGH München 14.12.2020 – 10 ZB 20.2656 (Jugendschutz), 16.12.2014 – 10 ZB 13.61 (Feiertagsschutz) sowie BeckOK/*Engelbrecht* Art. 19 LStVG Rn. 88 mwN.
19 Zum immissionsschutzrechtl. Zusammenhang vgl. VGH München 14.12.2020 – 10 ZB 20.2656.
20 Vgl. § 36 Abs. 2 Nr. 4 u. 5 HmbVwVfG.

6 Für die Zeit *nach* Genehmigungserteilung sieht Abs. 12 S. 1 verschiedene **Mitwirkungs-, Duldungs-, Gestattungs- und Auskunftspflichten** des Veranstalters und der betreffenden Grundstückseigentümer und -besitzer vor, um dem zuständigen Bezirksamt Hamburg-Mitte[21] *vor*, *während* und *nach* der Veranstaltung die **Überwachung** zu bestimmten Zeiten zu ermöglichen. Zudem ist die Behörde gem. Abs. 11 S. 1 Var. 3 befugt, nach der Genehmigung **Anordnungen** zur Erfüllung gesetzlicher Pflichten zu erlassen, wenn etwa die Veranstaltung derart verläuft, dass sie nicht mehr genehmigungsfähig wäre und nach Abs. 7 oder 8 hätte versagt werden müssen bzw. können.[22] Zudem bleiben **sonstige Befugnisse** nach dem SOG – auch soweit sie anderen Behörden wie etwa der Vollzugspolizei zugeordnet sind – nach Abs. 11 S. 2 unberührt [→ C133]. Abs. 13 regelt flankierende Ordnungswidrigkeitstatbestände und Abs. 14 eine Kostenregelung.

---

21 S. Ziffer V Abs. 2 der Anordnung zur Durchführung des Gesetzes zum Schutz der öffentlichen Sicherheit und Ordnung und des Gesetzes über die Datenverarbeitung der Polizei.
22 Bü-Drs. 21/19042, 11.

G. Gefahrenabwehrverordnungen

Zu den klassischen Handlungsformen der Polizei- und Ordnungsbehörden gehört der Erlass von 1
Verordnungen, früher Polizeiverordnungen (§ 24 PrPVG) und heute in Hamburg **Verordnungen zur Gefahrenabwehr** genannt.[1] Drohen in einer unbestimmten Vielzahl von Fällen und durch eine Vielzahl von Personen regelmäßig Gefahren für die öff. Sicherheit oder Ordnung, lässt sich die Gefahrenlage durch Verfügungen und Realakte ggü. einzelnen Personen(gruppen) nicht effektiv bewältigen – ein probates Mittel stellen dann Ge- und Verbote dar, die bereits im Vorfeld eines konkreten Einzelfalls als abstrakt-generelle Regelungen für alle auftretenden Fälle in einer Verordnung normiert werden.[2] Rechtsverordnungen sind **untergesetzliche Rechtsvorschriften**, die von der Exekutive erlassen werden, sich also von formellen Gesetzen weniger durch ihren Inhalt oder ihre Bindungswirkung, sondern vor allem durch den *Normgeber* unterscheiden.[3] Sie ermöglichen der Verwaltung eine vom parlamentarischen Gesetzgebungsverfahren unabhängige und damit zeitlich, örtlich und sachlich *flexible* Reaktion auf **typischerweise auftretende Gefahrenlagen** für die polizeilichen Schutzgüter.[4] Zugleich entlasten sie in dieser Weise den Gesetzgeber.[5] Während in der jüngeren Vergangenheit eine Rückläufigkeit der praktischen Relevanz von Gefahrenabwehrverordnungen infolge einer zunehmenden Vergesetzlichung gefahrenträchtiger Materien festgestellt worden war,[6] hat die exekutive Normsetzung als schnelle Reaktion auf abstrakte Gefahren in der **Covid-19-Pandemie** an Bedeutung gewonnen.[7]

Gefahrenabwehrverordnungen sind nicht nur ein Instrument oder eine **Handlungsform** des Ge- 2
setzesvollzugs, sondern können zugleich als Rechtsquelle und Maßstab polizeilichen Handelns begriffen werden.[8] Von anderen Handlungsformen unterscheidet sich die Gefahrenabwehrverordnung in den *Anforderungen an die Rechtmäßigkeit*, aber auch in den *Folgen der Rechtswidrigkeit* und den *Voraussetzungen für den Rechtsschutz*. Die damit notwendige **Abgrenzung** [→ C17] ist nicht immer einfach, insbes. zu Handlungsformen, die wie die Allgemeinverfügung, die Satzung und die Verwaltungsvorschrift ebenfalls einen abstrakt-generellen Charakter haben. Eine Gefahrenabwehrverordnung ist **rechtmäßig**, wenn sie auf einer hinreichenden Rechtsgrundlage beruht und sie den formellen und materiellen Anforderungen genügt. Dabei ist zu beachten, dass Gegenstand der Rechtmäßigkeitsprüfung die Verordnung im Ganzen, aber auch nur **einzelne Vorschriften** sein können, die etwa iRd Prüfung einer Polizeiverfügung im Sinne einer Vorfrage von Bedeutung sind, weil sich die Verfügung auf die Verordnungsvorschriften stützt.[9] Die Inzidentprüfung ist dann auf die konkret relevanten Vorschriften der Verordnung zu beziehen und hat dort einzusetzen, wo diese für die Einzelfallmaßnahme relevant werden.[10]

Entspricht die Gefahrenabwehrverordnung von Anfang an oder zu einem späteren Zeitpunkt 3
nicht (mehr) den Rechtmäßigkeitsanforderungen, ist sie oder sind jedenfalls die jeweiligen Vor-

---

1 S. die Überschrift zum ersten Teil des SOG sowie *DWVM* S. 484 ff. mwN.
2 Vgl. *Thiel* § 16 Rn. 1 f.; *Schenke* Rn. 667. Zur Einführung in die Thematik mit Fallbeispielen s. auch *Schoch* JURA 2005, 600 u. *Honer/Holst* JA 2024, 129.
3 *Maurer/Waldhoff* § 4 Rn. 20.
4 SchE/*Schoch/Kießling* Rn. 786.
5 *Maurer/Waldhoff* § 4 Rn. 22; *David* Art. 53 Rn. 1.
6 Vgl. BERS/*Rogosch* § 1 SOG Rn. 6, 17 für die FHH.
7 Zu RVOen zur Pandemiebekämpfung s. etwa *Klafki* JuS 2020, 511; *Gärditz/Abdulsalam* GSZ 2020, 108; *Klafki* JöR 2021, 583; OVG Hamburg 18.11.2020 – 5 Bs 209/20, Rn. 10 ff. (Schließung von Fitnessstudios), 18.3.2021 – 5 Bs 33/21, 2 E 195/21, Rn. 26 ff. (Alkoholkonsumverbot), 21.6.2021 – 1 Bs 114/21, Rn. 41 ff. (Testpflicht vor Teilnahme am Schulunterricht).
8 Vgl. *Maurer/Waldhoff* § 13 Rn. 1 f.
9 Vgl. *Schenke* Rn. 697.
10 Vgl. zum häufigen Fall, dass eine VO-Vorschrift im Teilschutzgut „Unversehrtheit der Rechtsordnung" relevant wird, den Prüfungsaufbau bei *Kingreen/Poscher* § 28 Rn. 17 sowie [→ G30].

schriften nicht nur rechtswidrig,[11] sondern **nichtig**, also ab diesem Zeitpunkt **unverbindlich**,[12] ohne dass es hierfür noch einer gerichtlichen Entscheidung oder eines anderen Rechtsakts bedürfte. Die Polizei- und Ordnungsverwaltung darf sich in ihrem Handeln nicht nach ihnen richten und ein Gericht darf sie im Rahmen einer Kontrolle nicht als Maßstab anwenden. Hierin unterscheidet sich die Gefahrenabwehrverordnung vom VA und somit auch von der Allgemeinverfügung. Ein VA ist im Falle der Rechtswidrigkeit grds. nur *anfechtbar*, aber – sofern keine Nichtigkeit vorliegt und solange er nicht aufgehoben wurde oder sich erledigt hat – *wirksam* und erwächst nach Ablauf der Anfechtbarkeit in Bestandskraft, selbst wenn er rechtswidrig sein sollte.[13] Allerdings ist von der Rechtsfolge der Nichtigkeit von Gefahrenabwehrverordnungen die Frage zu trennen, ob und inwieweit Verwaltungsbehörden überhaupt zu ihrer (inzidenten) Prüfung und **Verwerfung** befugt oder sogar verpflichtet sind.[14]

I. Rechtsgrundlage der Gefahrenabwehrverordnung

4   Aus dem *Vorbehalt des Gesetzes* folgt, dass der Gesetzgeber alle Entscheidungen, die in Grundrechte eingreifen oder (grundrechts-)wesentlich sind, *selbst* – also durch Gesetz – zu treffen hat. Art. 80 GG und Art. 53 HmbVerf sehen für den Gesetzgeber die Möglichkeit einer **Delegation seiner Normsetzungsbefugnisse** auf die Exekutive vor. Es liegt in der Konsequenz des Vorbehalts des Gesetzes, dass gem. Art. 80 Abs. 1 S. 1 GG und Art. 53 Abs. 1 S. 1 HmbVerf eine solche Ermächtigung durch ein Gesetz erfolgen bzw. aus Sicht der Exekutive die Rechtverordnung auf einer **gesetzlichen Verordnungsbefugnis** beruhen muss. Eine solche Befugnis muss aus der Rechtsordnung bestimmt werden und den an sie zu stellenden Anforderungen genügen. Andernfalls ist die Gefahrenabwehrverordnung schon deswegen *rechtswidrig* und damit *nichtig*.

1. Bestimmung der Verordnungsbefugnis

5   Um eine einschlägige und anwendbare Befugnis für den Erlass einer Gefahrenabwehrverordnung zu finden, ist der Blick grds. auf die gesamte Rechtsordnung zu richten. **§ 1 SOG** statuiert eine **Generalverordnungsbefugnis**. Ihr kommt eine tragende Bedeutung zu, da das allg. Gefahrenabwehrrecht – von § 1a und § 31 Abs. 15 SOG abgesehen – keine besonderen Verordnungsbefugnisse vorsieht. Danach ist der Senat ermächtigt, durch Rechtsverordnung die zum Schutz der Allgemeinheit oder des Einzelnen erforderlichen Bestimmungen zu erlassen, um Gefahren für die öffentliche Sicherheit oder Ordnung abzuwehren. Auf Grundlage von § 1 Abs. 1 u. 2 SOG wurde so etwa die KampfmittelVO oder jüngst die Verordnung über das Verbot des Verkaufs sowie der Ab- und Weitergabe von Distickstoffmonoxid „Lachgas" an Minderjährige (LachgasVO) erlassen.

6   **Spezielle Verordnungsbefugnisse** im besonderen Gefahrenabwehrrecht des Bundes und der Länder haben ggü. der Generalbefugnis in § 1 SOG **Vorrang**, die dann allenfalls ergänzend zur Anwendung kommt.[15] Die Anwendbarkeit von Verordnungsbefugnissen untereinander verhält sich ähnlich wie jene von Befugnissen zu Einzelmaßnahmen.[16] Keine Anwendungskollisionen ergeben sich etwa aus den landesrechtlichen Spezialverordnungsbefugnissen in § 28 HmbFwG, auf

---

11 Zur Frage der Teilnichtigkeit von RVOen s. *Wienbracke* NJW 2020, 3351.
12 Dies gilt grds. auch für Verstöße gg. form. Anforderungen, etwa das Zitiergebot in Art. 53 Abs. 2 S. 1 HmbVerf, vgl. BVerfG 6.7.1999 – 2 BvF 3/90, Rn. 158, vgl. aber auch BVerfG 11.10.1994 – 1 BvR 337/92, Rn. 101 ff. sowie KJ/*Schaefer* Art. 53 Rn. 34.
13 Vgl. *Maurer/Waldhoff* § 13 Rn. 17; EFP/*Pünder* Rn. 292.
14 Vgl. *Maurer/Waldhoff* § 4 Rn. 67 mwN, auch zu vermittelnden Ansätzen.
15 Vgl. SchE/*Schoch/Kießling* Rn. 789 ff.; *Gusy/Eichenhofer* Rn. 404.
16 Vgl. SchE/*Schoch/Kießling* Rn. 789.

I. Rechtsgrundlage der Gefahrenabwehrverordnung

dessen Grundlage die FluglaternenVO erlassen wurde,[17] oder in § 3 Abs. 1 GrAnlG, der die Grundlage für die GrünanlagenVO bildet.[18] Soweit spezielle Befugnisse ihren Anwendungsbereich **abschließend** regeln, ist die Generalbefugnis *unanwendbar* und kommt auch nicht ergänzend zur Anwendung, selbst wenn eine auf der Spezialbefugnis erlassene Gefahrenabwehrverordnung deren Anwendungsbereich nicht ausschöpft.[19] Falls eine Sperrwirkung besteht, erfasst sie allerdings nicht solche **Regelungsbereiche**, die an den Anwendungsbereich der Spezialbefugnis **angrenzen** mögen, aber nicht von ihm erfasst werden. So bezweckt ein Taubenfütterungsverbot auch die Verhinderung von Verschmutzungen und Beschädigungen öffentlicher Gebäude und Plätze, sodass insoweit Raum für Verordnungen nach der Generalbefugnis verbleibt.[20]

Beispiele: Die hamburgische TaubFüttVerbVO stützt sich neben dem (bundesrechtlichen) § 17 Abs. 5 IfSG zugleich auf § 1 Abs. 1 SOG,[21] ebenso die (hamburgische) GastVO auf Grundlage der §§ 4 Abs. 3, 21 Abs. 2, 30 GastG. Art. 297 EGStGB ermächtigt zur Festlegung von Sperrgebieten, in denen zum Schutz der Jugend oder des öffentlichen Anstandes die Sexarbeit verboten ist[22] und lässt daher Raum für Regelungen auf Grundlage von § 1 Abs. 1 SOG, die – wie die (hamburgische) KontaktverbotsVO[23] – generell verbieten, zu Personen Kontakt aufzunehmen, um sexuelle Dienste gegen Entgelt zu vereinbaren, mit dem Ziel, auch die Empfänger solcher Dienstleistungen mit einem Verbot zu belegen.[24]

7

2. Anforderungen an die Verordnungsbefugnis

Die einschlägige und anwendbare Verordnungsbefugnis muss ihrerseits **wirksam**, also mit höherrangigem Recht vereinbar sein. Insbes. muss das Gesetz gem. Art. 53 Abs. 1 S. 2 HmbVerf und Art. 80 Abs. 1 S. 2 GG *Inhalt, Zweck und Ausmaß* der Verordnung bestimmen.[25] Das Gesetz muss die grundrechtswesentlichen Angelegenheiten also selbst regeln [→ B42], sodass für die Bürger **vorhersehbar** ist, in welchen Fällen und mit welcher Tendenz von der Ermächtigung Gebrauch gemacht werden und welchen Inhalt eine Verordnung haben kann.[26] Genügt die Verordnungsbefugnis diesen Anforderungen nicht, ist sie *unwirksam*.[27] In der Folge fehlt

8

---

17 Die Spezialvorschriften zur luftverkehrsrechtl. GefAbw in § 29 Abs. 1 LuftVG entfalten keine Sperrwirkung ggü. der polizeil. Generalklausel, da Fluglaternen keine Luftfahrzeuge iSd § 1 Abs. 2 LuftVG darstellen; vgl. BVerwG 25.10.2017 – 6 C 44.16, Rn 13 ff. In der FHH sperrt jedoch § 28 Abs. 1 HmbFwG.
18 Aus der GrünanlagenVO ergeben sich Verbote für die Nutzung von Grün- u. Erholungsanlagen auch in Bezug auf Lärmemissionen. Vgl. VGH Mannheim 5.8.2021 – 1 S 1894/21 zur Reichweite des BImSchG bzgl. Regelungen in der VO der Stadt Konstanz mit einem Verbot der Nutzung von Bluetooth-Boxen u. Trinkspielen.
19 Maßnahmen zur Verhütung und Bekämpfung übertragbarer Krankheiten können nur auf Basis infektionsschutzrechtl. Verordnungen nach den bundesrechtl. Ermächtigungen der §§ 17, 32 IfSG getroffen werden. Die HmbSARS-CoV-2-EindämmungsVO, die allein dem Schutz der Bevölkerung vor übertragbaren Krankheiten iSd IfSG diente, konnte daher nicht auf § 1 Abs. 1 SOG gestützt werden, um die spezialgesetzlichen Voraussetzungen nicht zu unterlaufen; vgl. *Schenke* Rn. 668; zum Spezialitätsverhältnis innerhalb des IfSG vgl. OVG Hamburg 12.3.2021 – 5 Bs 33/21, 2 E 195/21, Rn. 17 ff.
20 Vgl. VGH Mannheim 27.9.2005 – 1 S 261/05, Rn. 18.
21 Vgl. die Eingangsformel der TaubFüttVerbVO.
22 Vgl. die VO über das Verbot der Prostitution vom 21. Oktober 1980; SchE/*Schoch/Kießling* Rn. 790.
23 Die VO wurde im Auftrag der Bürgerschaft umfassend evaluiert, vgl. Bü-Drs. 21/20314 sowie den krit. Abschlussbericht, abrufbar unter www.hamburg.de/contentblob/12151456/evaluation-kontaktverbot.
24 Vgl. EFP/*Pünder* Rn. 294; VGH Mannheim 11.10.2000 – 1 S 2964/99.
25 Vgl. *Voßkuhle/Wischmeyer* JuS 2015, 311; *Kingreen/Poscher* § 24 Rn. 2; *Gusy/Eichenhofer* Rn. 405. Im Unterschied zu Art. 80 Abs. 1 S. 1 bzw. 2 soll S. 4 nicht auf landesgesetzl. Ermächtigungen anwendbar sein, sondern ausschließlich Art. 53 Abs. 2 S. 2 HmbVerf, vgl. BVerfG 23.10.1986 – 2 BvL 7/84, Rn. 29 sowie HV/*Brenner* Art. 80 Rn. 25. Nach beiden Vorschriften ist eine Weiterübertragung der Ermächtigung (sog. Subdelegation) nur zulässig, wenn dies durch Gesetz zugelassen ist und durch RVO erfolgt, vgl. BVerfG 19.9.2018 – 2 BvF 1/15, Rn. 207; KJ/*Schaefer* Art. 53 Rn. 20 ff.
26 Vgl. JP/*Kment* Art. 80 Rn. 13.
27 Ob eine VO-Befugnis etwas Grundrechtswesentliches nicht geregelt hat, dürfte freilich erst mit Blick auf die auf sie gestützte VO erkennbar werden, nämlich ob diese etwas regelt, was in der VO-Befugnis selbst oder jedenfalls (zumindest auch) auf der gesetzlichen Ebene hätte geregelt werden müssen.

der Gefahrenabwehrverordnung bereits die notwendige Rechtsgrundlage. Sie ist *rechtswidrig*, wenn sie sich nicht auf eine andere (anwendbare und wirksame) Verordnungsbefugnis stützen lässt. Tritt eine ursprünglich wirksame Verordnungsbefugnis außer Kraft, bleiben die auf ihrer Grundlage erlassenen Verordnungen nach verbreiteter Auffassung grds. wirksam.[28]

9 Trotz ihrer weiten und unbestimmten Reichweite soll auch die **Generalverordnungsbefugnis** des § 1 Abs. 1 SOG den verfassungsrechtlichen Anforderungen genügen.[29] Diese sei in jahrzehntelanger Entwicklung durch Rspr. und Lit. nach Inhalt, Zweck und Ausmaß hinreichend präzisiert, in ihrer Bedeutung geklärt und im juristischen Sprachgebrauch verfestigt.[30] Tragen dürfte diese Argumentation, wenn man es für ausreichend erachtet, dass sich die Vorgaben des ermächtigenden Gesetzes – hier § 1 Abs. 1 SOG – erst durch **Auslegung** hinreichend bestimmt erschließen lassen.[31] Insoweit bleibt die Ermächtigung in ihrer Unbestimmtheit kaum hinter der – ebenfalls als verfassungskonform angesehenen – Generalbefugnis für einzelne Maßnahmen des § 3 SOG zurück, zumal der für die Auslegung wichtige Zweck in § 1 Abs. 1 SOG ausdrücklich (*„zum Schutz..."*) benannt wird.[32]

II. Formelle Rechtmäßigkeit der Gefahrenabwehrverordnung

10 Eine Gefahrenabwehrverordnung unterliegt formellen Anforderungen. Diese können sich wie bei Einzelmaßnahmen in erster Linie aus der jeweils **einschlägigen Befugnis** ergeben. Hinzu kommen **allgemeine Anforderungen**, die sich aus dem Landes- und nicht etwa aus dem Bundes(verfassungs)recht ergeben – und zwar selbst dann, wenn eine Hamburger Gefahrenabwehrverordnung auf einer bundesgesetzlichen Ermächtigung beruht. Denn auch dann handelt es sich um eine landesrechtliche Rechtsverordnung.[33]

11 Die **Zuständigkeit** für den Erlass von Gefahrenabwehrverordnungen auf Grundlage der Generalbefugnis weisen § 1 Abs. 1 SOG ebenso wie § 1a und § 31 Abs. 15 SOG ausschließlich dem **Senat** zu, ohne diesen zu einer Weiterübertragung zu ermächtigen.[34] Die Benennung des Senats entspricht der landesverfassungsrechtlichen Vorgabe in Art. 53 Abs. 1 S. 1 HmbVerf als Konsequenz seiner verfassungsrechtlichen Stellung als oberste Landesbehörde.[35] Gemeint ist der Senat als *Kollegialorgan*, sodass etwa der Senator für Inneres nicht für ihn handeln kann.[36] Dies gilt auch, wenn bundesgesetzliche Verordnungsbefugnisse wie § 17 Abs. 5 IfSG entspr. Art. 80 Abs. 1 S. 1 GG die Landesregierungen ermächtigen.[37]

---

28 Vgl. BVerfG 27.7.1971 – 2 BvL 9/70, Rn. 27, 10.5.1988 – 1 BvR 482/84, 1 BvR 1166/85, Rn. 55; BVerwG 4.5.1999 – 1 B 34.99, Rn. 11; *David* Art. 53 Rn. 25 mwN; EFP/*Pünder* Rn. 294. Krit. *Maurer/Waldhoff* § 13 Rn. 7 mwN. S. auch § 35 Abs. 1 S. 1 SOG.
29 Vgl. bereits *DWVM* S. 492 ff.; BERS/*Rogosch* § 1 SOG Rn. 1 mwN; VG Hamburg 24.11.1992 – 17 VG 2854/92, Rn. 26 aE.
30 BVerfG 23.5.1980 – 2 BvR 854/79, Rn. 5.
31 Vgl. BVerfG 11.3.2020 – 2 BvL 5/17, Rn. 101; BVerwG 4.12.2020 – 3 C 5.20, Rn. 34.
32 Vgl. KJ/*Schaefer* Art. 53 Rn. 15; zur Bedeutung des Zwecks v. Münch/Kunig/*Wallrabenstein*, Grundgesetz, 7. Auflage 2021, Art. 80 Rn. 45; JP/*Kment* Art. 80 Rn. 15.
33 Vgl. HV/*Brenner* Art. 80 Rn. 38 u. 62. Hamburg kennt allerdings kein systematisches VO-Recht, sondern nur „verstreute" Vorgaben, anders etwa §§ 53–64 LVwG SH.
34 S. als Gegenbeispiel § 42 Abs. 5 u. 6 WaffG sowie § 18 Abs. 1 S. 3 GastG, von dem Hamburg aber keinen Gebrauch gemacht hat (vgl. aber § 2 Abs. 1 SperrzeitVO).
35 Vgl. *David* Art. 53 Rn. 11 f.; zur Zuständigkeit in anderen Ländern vgl. SchE/*Schoch/Kießling* Rn. 800. Mit der Bezeichnung „Senat" in Art. 53 Abs. 1 S. 1 HmbVerf ist deshalb auch nicht die Verwaltungsbehörde iSv § 1 Abs. 1 S. 2 VerwBehG gemeint, sodass Senatskommissionen u. Senatsämter keine RVOen für den Senat erlassen dürfen, vgl. KJ/*Schaefer* Art. 53 Rn. 19.
36 Vgl. Art. 42 Abs. 2 S. 2 Nr. 4 HmbVerf, §§ 8 Nr. 8, 10 S. 1 HmbSenGO.
37 Vgl. Art. 33 Abs. 2 S. 1 HmbVerf; BVerfG 10.5.1960 – 2 BvL 76/58, Rn. 18 ff., 11.10.1994 – 1 BvR 337/92, Rn. 102; vgl. zudem Art. 80 Abs. 4 GG.

Die Verordnungsbefugnisse stellen nur selten Anforderungen an das **Verfahren** zum Erlass einer Gefahrenabwehrverordnung. Mit Blick auf Art. 53 Abs. 2 S. 2 HmbVerf ist stets eine **Befassung des Senatsplenums** erforderlich, weshalb etwa ein Beschluss im Verfügungswege iSd § 22 HmbSenGO nicht zulässig ist.[38] Zeitlich kann eine Verordnung erst erlassen werden, wenn die ihr zu Grunde liegende Verordnungsbefugnis wirksam ist.[39]

Die Gefahrenabwehrverordnung muss, was aufgrund ihrer Abstraktheit vom Einzelfall selbstverständlich ist, in schriftlicher **Form** erlassen werden. Sie muss zwar nach verbreiteter Auffassung nicht begründet,[40] aber in ihrem **verbindlichen Text festgelegt** werden. Anders als etwa Art. 82 Abs. 1 S. 2 GG verlangt die HmbVerf hierfür keine besondere Form, insbes. keine Ausfertigung, also eine von der erlassenen Stelle unterschriebene und datierte Urschrift.[41] Gem. Art. 53 Abs. 2 S. 1 HmbVerf bzw. Art. 80 Abs. 1 S. 3 GG ist die Verordnungsbefugnis in der Verordnung anzugeben.[42] Das regelmäßig in der Eingangsformel einer Verordnung umgesetzte **Zitiergebot** soll zur Rechtsklarheit die Prüfung ermöglichen, ob für die Gefahrenabwehrverordnung eine ausreichende Ermächtigung besteht, deren Grenzen eingehalten werden.[43]

Die Gefahrenabwehrverordnung ist **öffentlich bekanntzugeben**. Andernfalls ist die Verordnung rechtlich nicht existent, jedenfalls aber nicht wirksam.[44] Die Verkündung von Rechtsverordnungen ist allerdings in der HmbVerf – anders als in Art. 82 Abs. 1 S. 2 GG – nicht geregelt. Von einer **Veröffentlichung** wird jedoch in Art. 54 S. 1 HmbVerf erkennbar ausgegangen. Sie erfolgt nach § 1 RVVerkG entweder im *HmbGVBl.* oder im *Amtl. Anz.*, in besonderen Eilfällen oder Notständen nach § 4 RVVerkG auch als *Notverkündung* durch geeignete Nachrichtenmittel, insbes. Presse, Rundfunk, Lautsprecherwagen, Maueranschlag oder Internet.[45] Eine besondere, formale Wirksamkeitsregelung findet sich in § 2 Abs. 1 SOG. Danach treten Verordnungen, die ausschließlich auf Grund des SOG erlassen werden, mit ihren Änderungen spätestens 20 Jahre nach Ablauf des Jahres **außer Kraft**, in dem sie erlassen worden sind. Die Regelung ist Ausdruck des Verhältnismäßigkeitsgrundsatzes.[46]

III. Materielle Rechtmäßigkeit der Gefahrenabwehrverordnung

Die Gefahrenabwehrverordnung muss sich mit ihren Regelungen auch im materiell-rechtlichen **Rahmen der Verordnungsbefugnis** halten sowie mit den übrigen **gesetzlichen und verfassungsrechtlichen Regelungen** vereinbar sein. Soweit der Erlass der Gefahrenabwehrverordnung im Ermessen des Verordnungsgebers steht, muss dieser die **Ermessensgrenzen** einhalten. Verordnungsbefugnisse sind ähnlich strukturiert wie Befugnisse für Maßnahmen im Einzelfall, ermächtigen jedoch nicht zu *konkretem Handeln*, sondern zum *Erlass abstraktgeneller Regelungen*. Zudem knüpfen sie ihre Ermächtigungen häufig an eine bestimmte **Zweckangabe**.[47] Dieser Zweck prägt die Verordnungsbefugnis *sowohl in ihren Voraussetzungen*

---

38 KJ/*Schaefer* Art. 53 Rn. 19 u. 43.
39 Dazu KJ/*Schaefer* Art. 53 Rn. 44.
40 BVerfG 13.5.2020 – 1 BvR 1021/20, Rn. 7; OVG Hamburg 28.10.2022 – 5 Bf 184/21.Z, Rn. 23 f.; Dreier/*Bauer* Art. 80 Rn. 47. Anders *Groß* NordÖR 2015, 467 (470 ff.) mwN u. beachtlichen Argumenten im Hinblick auf Art. 19 Abs. 4 GG u. die beim Erlass von VOen bestehenden Prognose- u. Ermessensspielräume.
41 KJ/*Schaefer* Art. 53 Rn. 32.
42 Beruht die VO auf mehreren Befugnissen bzw. Ermächtigungen, sind alle anzugeben, vgl. BVerfG 6.7.1999 – 2 BvF 3/90, Rn. 157; JP/*Kment* Art. 80 Rn. 23.
43 Vgl. BVerfG 6.7.1999 – 2 BvF 3/90, Rn. 152, 157; *Maurer/Waldhoff* § 13 Rn. 6 f.; KJ/*Schaefer* Art. 53 Rn. 44. S. etwa die Eingangsformel der KontaktverbotsVO: „Auf Grund von § 1 Absatz 1 des Gesetzes zum Schutz der öffentlichen Sicherheit und Ordnung (SOG) [...] wird verordnet: [...]".
44 Vgl. *Maurer/Waldhoff* § 13 Rn. 13; JP/*Kment* Art. 82 Rn. 1.
45 Hierzu s. das RVVerkG sowie *David* Art. 53 Rn. 28; KJ/*Schaefer* Art. 53 Rn. 33.
46 *Kingreen/Poscher* § 24 Rn. 22.
47 Zur rechtstheoretischen Einordnung solcher Normstrukturen *Röhl/Röhl* S. 242 ff., insbes. 246.

als auch in ihrer *Rechtsfolge*. Verordnungsbefugnisse formulieren so letztlich einen Auftrag bzw. Ermächtigung an den Verordnungsgeber, wenn der jeweils genannte Zweck es gebietet (Voraussetzung), dem Zweck entspr. Verhaltensnormen zu erlassen (Rechtsfolge). So wird der Senat durch § 1 Abs. 1 SOG ermächtigt, „[...] *Bestimmungen zu erlassen, um Gefahren für die öffentliche Sicherheit oder Ordnung abzuwehren*", oder gem. § 28 HmbFwG „[...], *um Gefahren abzuwehren, die der Allgemeinheit, dem einzelnen oder erheblichen Sachwerten durch Brände, Explosionen, Unglücksfälle oder ähnliche Ereignisse drohen.*"

1. Vereinbarkeit mit den Vorgaben der Verordnungsbefugnis

16 Der Erlass einer Gefahrenabwehrverordnung ist kein Einschreiten zur Abwehr einer konkreten Gefahr oder Störung, sondern bezweckt die Abwehr abstrakter, also nicht konkret vorliegender, sondern typisierter Gefahren oder auch Gefährdungen für bestimmte Schutzgüter in einer Vielzahl denkbarer Einzelfälle.[48] Soweit eine **spezielle Verordnungsbefugnis** einschlägig ist, ist zu beachten, dass sie die Anforderungen an diese abstrakten Lagen häufig *spezifisch* und zugeschnitten auf einen besonderen Lebensbereich beschreiben, etwa durch Benennung bestimmter Schutzgüter oder Gefährdungsgrade. So können etwa nach Art. 297 Abs. 1 EGStGB Verordnungen „*zum Schutz der Jugend oder des öffentlichen Anstandes*" oder etwa nach § 17 Abs. 5 S. 1 IfSG „*zur Verhütung und Bekämpfung übertragbarer Krankheiten*" erlassen werden.[49]

17 Nach der **Generalverordnungsbefugnis** des § 1 Abs. 1 SOG ist der Senat zum Erlass einer Verordnung ermächtigt, um Gefahren für die öff. Sicherheit oder Ordnung abzuwehren. Die Befugnis setzt also tatbestandlich ein Schutzgut, nämlich – wie in § 3 Abs. 1 SOG – die **öffentliche Sicherheit und Ordnung** sowie eine dafür bestehende (einfache) Gefahr voraus. Mit „*Gefahr*" ist vor dem Hintergrund des Zwecks von Verordnungen eine **abstrakte Gefahr** gemeint.[50] Auch eine *abstrakte* Gefahr beschreibt eine Sachlage, bei der die hinreichende Wahrscheinlichkeit besteht, dass in absehbarer Zeit ein Schaden für ein Schutzgut eintreten wird. Um eine Verordnung erlassen zu dürfen, muss eine solche Sachlage aber *nicht tatsächlich* vorliegen, sondern sich nur „vorgestellt" werden können. So ist eine abstrakte Gefahr eine *mögliche* Sachlage, die *im Fall ihres Eintritts* eine konkrete Gefahr darstellen würde.[51] Von der *konkreten* unterscheidet sich die *abstrakte* Gefahr also nicht in den qualitativen Kriterien, z.B. des Schadens oder der Eintrittswahrscheinlichkeit, sondern in der fehlenden Tatsachenbasiertheit und Einzelfallbezogenheit.[52]

18 In Sinne dieser Abstraktheit müssen die in der Verordnung umschriebenen Lebenssachverhalte oder Situationen **regelmäßig und typischerweise** zu einer Verletzung der polizeilichen Schutzgüter führen.[53] Die damit jeder Gefahrenabwehrverordnung inhärente und gerichtlich voll überprüfbare **Prognose** durch den Senat muss auf tatsächlichen Erkenntnissen über das typische Gefahrenpotenzial und die zu erwartenden Kausalverläufe beruhen, wobei es auf die voraussichtliche Häufigkeit von Schadensfällen und deren Gewicht ankommt.[54] Auch für die abstrakte

---

48 Vgl. etwa EFP/*Pünder* Rn. 297; BERS/*Rogosch* § 1 SOG Rn. 5; *Gusy/Eichenhofer* Rn. 406.
49 § 31 Abs. 15 SOG normiert demgü. keinen mat. Tatbestand, da er zum Erlass von Durchführungsregelungen zum Genehmigungsverf. ermächtigt u. prozedural der Abwehr von Gefahren iSv § 31 SOG dient.
50 Im Vergleich spricht § 3 Abs. 1 SOG immerhin von einer „bevorstehenden" Gefahr, worin man die Unterscheidung von konkr. u. abstr. Gefahr als bekräftigt sehen kann.
51 Vgl. BVerwG 26.6.1970 – IV C 99.67, Rn. 14; 3.7.2002 – 6 CN 8.01, Rn. 32; vgl. auch die anderen Ländern bestehenden Legaldefinitionen, etwa in § 2 Nr. 6 NPOG oder in § 3 Nr. 3 lit. f SOG LSA.
52 Vgl. BVerwG 3.7.2002 – 6 CN 8.01, Rn. 35; *Götz/Geis* § 12 Rn. 22.
53 Vgl. VGH Mannheim 28.7.2009 – 1 S 2200/08, Rn. 35; SchE/*Schoch/Kießling* Rn. 806.
54 BVerwG 25.10.2017 – 6 C 44.16, Rn 23. Vgl. auch § 2 Nr. 6 NPOLG: „[...] *nach allgemeiner Lebenserfahrung oder den Erkenntnissen fachkundiger Stellen* [...]". Zur gerichtlichen Überprüfbarkeit des Vorliegens einer abstr. Gefahr vgl. BVerwG 3.7.2002 – 6 CN 8.01, Rn. 35.

III. Materielle Rechtmäßigkeit der Gefahrenabwehrverordnung

Gefahr reduzieren sich die Anforderungen an die typische Schadenseintrittswahrscheinlichkeit mit Blick auf die Bedeutung des bedrohten Rechtsguts („Je-desto-Formel").[55]

Kommt es im Einzelfall zu Abweichungen des *tatsächlichen* von dem *prognostizierten* Geschehensablauf, wie er der Gefahrenabwehrverordnung als Annahme zu Grunde liegt, sind die Anforderungen an eine abstrakte Gefahr iSv § 1 Abs. 1 SOG dennoch gewahrt, da Gefahrenabwehrverordnungen wesensgemäß mit **Unsicherheit** verbunden sind.[56] Ist der Senat allerdings schon zu einer erkenntnisbasierten Prognose nicht im Stande, weil **Ungewissheit** über deren Grundlage herrscht, besteht bloß ein (abstrakter) Gefahrenverdacht – die Verordnung bezieht sich dann nicht auf die Abwehr von Gefahren, sondern auf die Bekämpfung von **Risiken** (sog. Gefahrenvorsorge).[57] Sie lässt sich nicht mehr auf § 1 Abs. 1 SOG stützen. Die aufgrund von Ungewissheit politisch geprägte Risikobewertung ist vielmehr dem parlamentarischen **Gesetzgeber** vorbehalten,[58] der etwa spezielle Verordnungsermächtigungen zur Gefahrenvorsorge schaffen muss. Der Gesetzgeber hat daher den Senat gesondert in § 1a Abs. 1 SOG dazu ermächtigt, Alkoholverbotszonen durch Verordnung einzurichten, wenn *Tatsachen die Annahme rechtfertigen*, dass dort Ordnungswidrigkeiten oder Straftaten wegen übermäßigen Alkoholkonsums begangen werden.[59]

Beispiele: Als bloße Gefahrenvorsorge wurde vom BVerwG der somit rechtswidrige Erlass von Hundeverordnungen mit einer Gefährlichkeitseinstufung in Anknüpfung an bestimmte Rassen (Kampfhunde) qualifiziert.[60] Das BVerfG hielt in einer anderen Entscheidung die Annahme einer abstrakten Gefahr (durch den Gesetzgeber) aufgrund der Rasse für möglich.[61] Mangels abstrakter Gefahr sind ohne spezielle gesetzliche Ermächtigung auch Glasflaschen- oder Alkoholverbotszonen rechtswidrig, da der Genuss alkoholischer Getränke oder das Mitführen von Glas nicht typischerweise und regelmäßig zu Gesundheitsschäden (anderer Personen) führt.[62] Auch sog. „stilles Betteln" – mag es individuell als sozial unerwünscht wahrgenommen werden – begründet keine abstrakte Gefahr für die öff. Ordnung.[63]

2. Vereinbarkeit mit höherrangigem Recht

Die Gefahrenabwehrverordnung muss nicht nur mit der ihr zugrundeliegenden Verordnungsbefugnis, sondern mit Blick auf Art. 20 Abs. 3 GG auch mit den übrigen gesetzlichen und

---

55 Vgl. BVerwG 25.10.2017 – 6 C 44.16, Rn 23; EFP/*Pünder* Rn. 297; *Thiel* § 17 Rn. 4.
56 BVerwG 3.7.2002 – 6 CN 8.01, Rn. 35.
57 BVerwG 3.7.2002 – 6 CN 8.01, Rn. 30; LD/*Bäcker* Kap. D Rn. 230; *Honer/Holst* JA 2024, 129 (133); zu Polizeiverordnungen im Bereich des Risikos s. auch *Trute* Die Verwaltung 2013, 537 (541 ff.).
58 Vgl. VGH Mannheim 26.7.2012 – 1 S 2603/11, Rn. 30; LD/*Graulich* Kap. E Rn. 75; SchE/*Schoch/Kießling* Rn. 807 mwN in Fn. 2170 f.
59 Vgl. Bü-Drs. 22/13895. Weiterführend dazu *Domsgen* NordÖR 2025, 1. Eine solche Verbotszone wurde hinter dem Hbf. eingerichtet, vgl. AlkHbfVerbVO.
60 BVerwG 3.7.2002 – 6 CN 8.01. S. dazu LD/*Rachor/Graulich*, 6. Aufl. 2018, Kap. E Rn. 53 ff.
61 BVerfG 16.3.2004 – 1 BvR 1778/01, Rn. 78 f. Auch der Erlass von Verordnungen auf Grundlage der polizeil. Generalermächtigung wird so mitunter weiterhin für zulässig gehalten; vgl. *Götz/Geis* § 19 Rn. 29 ff.; SchE/*Schoch/Kießling* Rn. 791. In der FHH ist die Frage nicht mehr von Bedeutung, nachdem die Bürgerschaft die frühere HundeVO durch das HundeG abgelöst hat, das nunmehr in § 2 die abstr. Gefährlichkeit bestimmter Rassen festlegt. Vgl. zur früheren HundeVO VG Hamburg 1.9.2003 – 5 VG 3300/2000, und zum neuen HundeG OVG Hamburg 18.8.2008 – 4 Bs 72/08.
62 S. *Thiel* § 17 Rn. 6; *Kalscheuer* KommJur 2019, 207 (208 f.); *Trute* Die Verwaltung 2013, 537 (541 ff.); OVG Bremen 15.11.2016 – 1 D 57/15; vgl. aber auch OVG Lüneburg 30.11.2012 – 11 KN 187/12, mit der Annahme eines Zusammenhangs zw. Alkoholkonsum u. einer Störung der Nachtruhe. In der FHH beruht das Verbot von Glasflaschen im Bereich der Reeperbahn auf dem GlasflaschenverbotsG. Nach zutreff. Ansicht des Senats (Bü-Drs. 19/3397, 2) konnte eine abstr. Gefahr für die öff. Sicherheit nicht angenommen werden, im Hinblick auf die „*Zahl der durch Glasflaschen verursachten Verletzungen im Verhältnis zur Zahl der Menschen, die sich dort aufhalten*". Vgl. auch Bü-Drs. 19/3253.
63 Vgl. VGH Mannheim 6.7.1998 – 1 S 2630/97; *Kalscheuer* KommJur 2019, 207 (209). Zu behördl. Bettelverboten s. *Hecker* NJW 2024, 1316; *Enzensperger* NJW 2018, 3350. Vgl. BERS/*Rogosch* § 1 SOG Rn. 8 zum Fehlschlagen polit. Bestrebungen (vgl. Bü-Drs. 18/3653) zum Erlass einer BettelVO in der FHH. Zur Untersagung „unerwünschten Verhaltens" im öff. Raum s. *Schoch* JURA 2012, 858.

verfassungsrechtlichen Regelungen vereinbar sein.[64] Diese Vorgaben können – was sich insbes. für den **Grundsatz der Verhältnismäßigkeit** anbietet – auch als Grenzen des Ermessens des Verordnungsgebers begriffen und in diesem Rahmen geprüft werden.[65] Insbes. an die **Bestimmtheit** von Gefahrenabwehrverordnungen sind hohe Anforderungen zu stellen. Für den potenziellen Adressaten muss sich hinreichend deutlich ergeben, welches konkrete Verhalten in welchem Gebiet untersagt oder anderweitig reglementiert wird.[66] Eine bloße Bezeichnung des angestrebten Zustands ist dafür nicht ausreichend.[67] Über das rechtsstaatliche Bestimmtheitsgebot hinaus gelten die strengeren Vorgaben des Art. 103 Abs. 2 GG, soweit Ge- und Verbote als bußgeldbewährte Ordnungswidrigkeiten ausgestaltet sind.[68]

3. Verordnungsermessen

22 Sind die Voraussetzungen des § 1 Abs. 1 SOG oder auch einer speziellen Verordnungsbefugnis erfüllt, hat der Verordnungsgeber einen – auch gerichtlich zu respektierenden – **Einschätzungsspielraum**, *ob* und *wie* er von der Verordnungsbefugnis Gebrauch machen will.[69] Dieses Erlass- und Ausgestaltungsermessen ist in den Verordnungsbefugnissen selbst meist nur schwach konturiert. So wird der Senat etwa durch die Generalbefugnis des § 1 Abs. 1 SOG rechtsfolgenseitig *ermächtigt* – also nicht angehalten oder gar verpflichtet –, die *zum Schutz der Allgemeinheit oder des Einzelnen erforderlichen Bestimmungen zu erlassen*. Auch ohne eine dem § 40 HmbVwVfG vergleichbare Vorschrift bestehen rechtliche **Grenzen des Verordnungsermessens**, die sich, soweit nicht aus der Befugnis selbst, aus anderen Gesetzen oder der Verfassung ergeben können. Sie sind grds. *weit* gezogen, ihre Einhaltung unterliegt aber der **gerichtlichen Kontrolle**.[70] Zudem erfordert der Erlass abstrakt-genereller Regelungen eine Orientierung am *typischen* und nicht am konkreten Fall – auch insoweit unterscheidet sich das Verordnungsermessen von dem Ermessen bei einer Einzelfallmaßnahme.[71]

a) Erlassermessen

23 Die Entscheidung über den Erlass muss sich am **Zweck** der Verordnungsbefugnis orientieren, der regelmäßig in der *Abwehr von Gefahren* liegt.[72] Die Erforderlichkeit für eine Verordnung ist daher zweifelhaft, wenn eine wirksame Gefahrenabwehr bereits durch *Einzelfallanordnungen* möglich ist[73] oder die Verordnung lediglich die polizei- und ordnungsbehördliche Arbeit *erleichtern* soll.[74] Ein Bedarf kann sich dagegen aus § 2 Abs. 1 S. 2 SOG ergeben. Umgekehrt kann sich das Erlassermessen zu der Pflicht verdichten, eine bestehende Verordnung *aufzuheben*, wenn

---

64 *Maurer/Waldhoff* § 13 Rn. 14.
65 So die Einordnung bei SchE/*Schoch/Kießling* Rn. 822 ff. mwN. Die einfachgesetzl. Konkretisierung der Verhältnismäßigkeit in § 4 SOG gilt nur für Maßnahmen iSd zweiten Teils des SOG, nicht aber für VOen, vgl. BERS/*Beaucamp* § 4 SOG Rn. 2.
66 *Thiel* § 17 Rn. 8; vgl. auch *Götz/Geis* § 19 Rn. 44 mit Beispielen.
67 *Gusy/Eichenhofer* Rn. 408.
68 *Kingreen/Poscher* § 24 Rn. 23.
69 Vgl. *Maurer/Waldhoff* § 13 Rn. 15; SchE/*Schoch/Kießling* Rn. 821; EFP/*Pünder* Rn. 300.
70 Für eine restriktive gerichtliche Kontrolle vgl. BVerwG 26.4.2006 – 6 C 19.05, Rn. 16; OVG Lüneburg 17.5.2017 – 11 KN 105/16, Rn. 37.
71 *Maurer/Waldhoff* § 13 Rn. 15 mwN. Allg. zum Verordnungsermessen *Detterbeck* Rn. 837.
72 Vgl. § 1 Abs. 1 SOG: „zum Schutz der Allgemeinheit oder des Einzelnen".
73 Vgl. *Schenke* Rn. 688; *Götz/Geis* § 19 Rn. 47; *Ruthig* LKRZ 2015, 481 (484 f.).
74 Vgl. VGH Kassel 10.4.2014 – 8 A 2421/11, Rn. 30; *Schenke* Rn. 685; *Kingreen/Poscher* § 24 Rn. 20; *Ruthig* LKRZ 2015, 481 (485).

die maßgeblichen Umstände oder der Zweck weggefallen sind, welche die Notwendigkeit der Verordnung begründet hatten.[75]

b) Ausgestaltungsermessen

Auch die inhaltliche Ausgestaltung der Verordnung muss sich am **Zweck** der Verordnungsbefugnis orientieren und die **Verhältnismäßigkeit** wahren. Dies kommt etwa in § 1 Abs. 1 SOG zum Ausdruck, wenn der Senat zum Erlass (nur) von solchen Bestimmungen ermächtigt wird, *die zum Schutz der Allgemeinheit oder des Einzelnen erforderlich sind, um Gefahren für die öff. Sicherheit oder Ordnung abzuwehren.* Dabei wird die Ausgestaltung vor allem durch das **Bestimmtheitsgebot** in Art. 53 Abs. 1 S. 2 HmbVerf und Art. 80 Abs. 1 S. 2 GG begrenzt, das in seiner Konkretisierung durch den **Wesentlichkeitsgrundsatz** verlangt, dass die grundrechtswesentlichen Angelegenheiten durch den Gesetzgeber (selbst) zu regeln sind. So darf der Verordnungsgeber keine Regelungen treffen, die in Grundrechte eingreifen oder grundrechtswesentlich sind, wenn diese in der Verordnungsbefugnis oder jedenfalls im Gesetz keine Grundlage finden. Insbes. bei Bestimmungen in Verordnungen auf Grundlage des § 1 Abs. 1 SOG erscheint dies aufgrund der Weite und Unbestimmtheit der Norm nicht selten zweifelhaft.[76]   24

Unter Berücksichtigung dieser verfassungsrechtlichen Grenzen dürfen in Gefahrenabwehrverordnungen vor allem **Ver- und Gebote** geregelt werden.[77] Sie können zugleich mit einer Normierung von **Erlaubnis- und Ausnahmetatbeständen** unterschiedlicher Art einhergehen, wie etwa jeweils in § 3 WaffFVerbotVO und WaffFHpt/BusBhfVerbotV HA, die auf § 42 Abs. 5 S. 2 u. Abs. 6 S. 2 WaffG beruhen.[78] Soweit – wie in § 1 Abs. 2 SOG – gesetzlich fundiert, können in Verordnungen zudem bußgeldbewehrte **Ordnungswidrigkeiten** geregelt werden.   25

Beispiele: In öffentlichen Bereichen von St. Georg ist es nach § 2 KontaktverbotsVO verboten, zu Personen Kontakt aufzunehmen, um sexuelle Dienstleistungen gegen Entgelt zu vereinbaren. Nach § 1 FluglaternenVO ist das Aufsteigenlassen von Fluglaternen im gesamten Stadtgebiet verboten. Ein Gebot enthält etwa § 2 Abs. 1 KampfmittelVO in Form einer Anzeigepflicht für militärische Kampf- und Explosivstoffe. Ein Beispiel für einen Bußgeldkatalog bietet die damalige HmbSARS-CoV-2-EindämmungsVO.   26

Grds. kann der Verordnungsgeber auch regeln, an welche **Personen** sich seine Vorschriften richten, also ob etwa ein Verbot für *jedermann* oder nur für einen *bestimmten* Personenkreis gilt.[79] Allerdings muss auch dies eine gesetzliche Stütze etwa in der Verordnungsbefugnis finden, soweit die Adressierung grundrechtswesentlich ist. So statuiert etwa § 3 WaffFVerbotVO Ausnahmen vom Waffenführungsverbot für bestimmte Berufs- und Personengruppen, was in der zugrundeliegenden Verordnungsbefugnis des § 42 Abs. 5 S. 2 WaffG ausdrücklich vorgesehen ist. Bei Verordnungen auf Grundlage der **Generalverordnungsbefugnis** ist der Verordnungsgeber grds. nicht gehalten, seine Bestimmungen nur an *bestimmte* Personen zu adressieren, sondern kann diese auch *allgemein* halten. Da seine Bestimmungen allerdings die Abwehr von Gefahren bezwecken (müssen), also etwa ein bestimmtes gefahrträchtiges Verhalten verbieten, werden sie sich regelmäßig an Personen richten, die durch ihr *Verhalten* oder ihre *Beziehung zu einer Sache* gefahrenverantwortlich erscheinen. So richtet sich etwa § 2 KontaktverbotsVO an alle Personen,   27

---

75 So bestand etwa in Folge der Einführung des § 303 Abs. 2 StGB im Jahr 2005 kein Bedürfnis mehr für ein Fortgelten der GraffitiVO, sodass der Senat diese aufhob; vgl. VO zur Aufhebung der Graffiti-Verordnung vom 29. August 2006; *Merten/Merten* § 1 Rn. 7.
76 Für unzulässig wird so etwa eine Ausgangssperre gehalten, die in einer Gefahrenabwehrverordnung gestützt auf die Generalverordnungsbefugnis erlassen wird; vgl. *Schenke* Rn. 668.
77 Vgl. EFP/*Pünder* Rn. 294; *Gusy/Eichenhofer* Rn. 404.
78 Zu Erlaubnistatbeständen in GefAbwVOen s. *Götz/Geis* § 19 Rn. 6 ff.
79 Davon zu unterscheiden ist die Frage, gegen wen sich eine Maßnahme zu richten hat, um etwa die Verletzung eines in einer VO normierten Verbots u. damit einer Störung der öffentl. Sicherheit abzuwehren. Dies richtet sich nach den Vorschriften zur Verantwortlichkeit.

die zu anderen Personen Kontakt aufnehmen, und § 1 FluglaternenVO an alle Personen, die Fluglaternen aufsteigen lassen wollen.

28 Darüber hinaus wird vertreten, dass der Verordnungsgeber die **Grundsätze über die polizeiliche Verantwortlichkeit** zu beachten habe, er also seine Bestimmungen nur an solche Personen adressieren *dürfe*, die für eine (abstrakte) Gefahr verantwortlich sind.[80] Dafür können zwar nicht die §§ 8 ff. SOG angeführt werden, da diese nicht für Verordnungen, sondern nur für (Einzel-)Maßnahmen gelten. Für eine sinngemäße Orientierung an den allg. Grundsätzen spricht jedoch, dass auch die Verordnung iSd § 1 Abs. 1 SOG als Handlungsform der Aufgabe der Gefahrenabwehr verpflichtet, wegen der Weite und Unbestimmtheit der wenigen Regelungen der §§ 1 ff. SOG aber gesetzlich kaum angeleitet ist. Insoweit entspricht es dem Sinn der Handlungsform, die Verantwortlichkeit – wie auch schon die Gefahrenprognose – nur auf die *abstrakte Gefahr* zu beziehen, und die personelle Verpflichtung durch die Verordnung nicht zusätzlich davon abhängig zu machen, ob eine Person auch eine konkrete Gefahr verursacht hat.[81] Unter Orientierung an diesen Grundsätzen wird es in Ausnahmefällen auch für zulässig gehalten, dass in einer Gefahrenabwehrverordnung nach § 1 Abs. 1 SOG auch Unbeteiligte zur Abwehr einer abstrakten Gefahr verpflichtet werden.[82]

29 **Beispiel:** Die KampfmittelVO verpflichtet in § 5 den Eigentümer eines Grundstücks aufgrund seiner Zustandsverantwortlichkeit, Gefahren und Schäden Dritter durch Kampfmittel zu beseitigen bzw. zu verhindern. Zur unverzüglichen Anzeige verpflichtet deren § 2 Abs. 1 dagegen bereits jeden, der Kampfmittel entdeckt.

30 Verordnungsbefugnisse dürften – soweit sie dies nicht explizit vorsehen – nicht ausreichen, um in einer Verordnung neue **Befugnisse** (zu Einzelmaßnahmen) zu *konstituieren*, sondern allenfalls um im Gesetz normierte Befugnisse zu *konkretisieren*.[83] Gefahrenabwehrverordnungen sind deswegen nicht wirkungslos („zahnlose Tiger"). Als materielle Gesetze sind sie **Teil der objektiven Rechtsordnung.** Ein drohender oder erfolgter Verstoß gefährdet bzw. stört die **öffentliche Sicherheit** und ermächtigt so zur Durchführung und ggf. Vollstreckung polizeilicher Maßnahmen auf Grundlage von § 3 Abs. 1 SOG oder einer Standardbefugnis – und zwar ohne dass es darauf ankommt, ob im konkreten Fall über den Verordnungsverstoß hinaus ein Schaden droht.[84] Der gefahreneffektive Mehrwert einer Verordnung liegt also darin, die konkrete Gefährlichkeit von Handlungen oder Verhaltensweisen rechtsverbindlich *festzustellen*, sodass es eines Nachweises im Einzelfall nicht mehr bedarf.[85]

31 **Beispiel:** Missachtete eine Person eine lokal bestehende Maskenpflicht nach der HmbSARS-CoV-2-EindämmungsVO, durfte die Polizei sie auf Grundlage von § 3 Abs. 1 SOG zum Tragen einer Maske auffordern, erforderlichenfalls gem. § 12a SOG einen Platzverweis aussprechen und zugleich ein Bußgeld verhängen – auch bei tagesaktuellem PCR-Test und Impfnachweis.

---

80 *Kingreen/Poscher* § 24 Rn. 18; *Götz/Geis* § 19 Rn. 7.
81 Vgl. VGH Mannheim 26.7.2012 – 1 S 2603/ 11, Rn. 28 ff.; EFP/*Pünder* Rn. 299; *Schenke* Rn. 686; *Thiel* § 17 Rn. 7; aA *Krüper* DVBl 2017, 10 (15).
82 *Schenke* Rn. 686; *Kingreen/Poscher* § 24 Rn. 18; aA DWVM S. 489; BERS/*Rogosch* § 1 SOG Rn. 12.
83 *Kingreen/Poscher* § 24 Rn. 5; vgl. etwa § 10b Abs. 2 HmbSARS-CoV-2-EindämmungsVO. Nachdenkenswert erscheint etwa die auf § 6 Abs. 1 Nr. 1 StVG beruhende Befugnis in § 48 StVO.
84 Vgl. SchE/*Schoch/Kießling* Rn. 833.
85 Vgl. DWVM S. 496; *Götz/Geis* § 19 Rn. 43; *Gusy/Eichenhofer* Rn. 407.

H. Kostentragung und Entschädigung

Staatliches Handeln zur Gefahrenabwehr kann auf der sog. *Sekundärebene* Ausgleichsansprüche nach sich ziehen.[1] Anschließend an die Frage nach der Rechtmäßigkeit eines polizei- oder ordnungsbehördlichen Handelns wird so regelmäßig zu klären sein, wer die dadurch angefallenen *Kosten zu tragen* oder entstandene *Schäden zu ersetzen* hat. Während sich die Anforderungen an die Rechtmäßigkeit des Handelns auf der *Primärebene* maßgeblich daran orientieren, dass die Verwaltung zum Wohle der Allgemeinheit eine Gefahrenlage innerhalb kurzer Zeit effektiv beseitigen kann, ist auf der *Sekundärebene* ein gerechter **Lastenausgleich** zwischen Gemeinwohl- und Individualinteressen herzustellen.[2] Mit Bewältigung der Gefahrenlage sind Entscheidungen, anders als etwa iRd Gefahrenprognose oder der Ermessensausübung, nicht mehr maßgeblich an der Effektivität der Gefahrenabwehr aus einer ex-ante-Perspektive auszurichten, sondern vielmehr an dem tatsächlichen Sachverhalt, so wie dieser sich im Nachhinein oder als Ergebnis weiterer Ermittlungen darstellt.[3] Zu unterscheiden ist dabei zwischen *hoheitlichen Ansprüchen auf Kostenersatz* und *Entschädigungsansprüchen des Bürgers gegen den Staat*.

1

I. Kostentragung

In Erfüllung ihrer Aufgaben entstehen den Verwaltungsbehörden und der Vollzugspolizei Aufwendungen für Personal und Sachmittel. Diese sind entspr. dem Prinzip der **Steuerfinanzierung** grds. vom jeweiligen Verwaltungsträger, also der FHH, selbst zu finanzieren – dies gilt auch für die Aufgabe der Gefahrenabwehr.[4] Ausnahmsweise kann ein Kostenersatz verlangt werden, wegen des Vorbehalts des Gesetzes und des sich aus dem Rechtsstaatsprinzip ergebenden Bestimmtheitsgrundsatzes jedoch nur, wenn und soweit eine **gesetzliche Grundlage** diesen Kostenersatz vorsieht.[5] Schließlich liegt in der Erhebung von Kosten ggü. dem Adressaten eines entspr. Bescheids jedenfalls ein Eingriff in die allg. Handlungsfreiheit.[6]

2

Die Frage, von wem und unter welchen Voraussetzungen Polizei und Verwaltungsbehörden (welche) Kosten verlangen können, lässt sich nicht einheitlich beantworten.[7] Es fehlt an einer universellen Rechtsgrundlage, wonach zur Gefahrenabwehr herangezogene Personen stets für angefallene Kosten aufzukommen hätten. Vielmehr bestehen **einzelne Rechtsgrundlagen** für die Kostentragung, die entweder in *SOG* und *HmbVwVG* geregelt sind oder sich aus dem *GebG* und danach erlassenen *Gebührenordnungen* ergeben. Das polizeiliche Kostenrecht der FHH wird so maßgeblich durch zwei Stränge gekennzeichnet: Während Polizei- und Vollstreckungsrecht an die **Pflicht zur Gefahrenabwehr** anknüpfen, die durch die Verwaltung für oder gegen den Pflichtigen realisiert wird, stellen die gebührenrechtlichen Vorschriften etwa auf den einer Person erwachsenen **Vorteil** oder den ihr zurechenbaren **Anlass** einer Amtshandlung ab.[8] Demnach kommen als Adressaten des Kostenersatzes bzw. der Gebührenerhebung im Einzelfall *Verantwortliche* sowie *Begünstigte oder Veranlasser* in Betracht, angesichts der Gesetzesbindung der Verwaltung allerdings nur, soweit das kostenverursachende Behördenhandeln *rechtmäßig*

3

---

1 Teilw. auch „*Tertiärebene*", vgl. etwa *Thiel* § 15 Rn. 1 ff.
2 BERS/*Beaucamp* Vor § 8 ff. SOG Rn. 12; LD/*Buchberger* Kap. L Rn. 111 ff.
3 Vgl. *Gusy/Eichenhofer* Rn. 460.
4 SchE/*Schoch/Kießling* Rn. 954.
5 BVerfG 7.11.1995 – 2 BvR 413/88, 2 BvR 1300/93; EFP/*Pünder* Rn. 335; zu verfassungsrechtl. Grenzen s. etwa *Moench* FS Scholz, 2007, 813 ff.
6 Vgl. BVerfG 1.6.1989 – 2 BvR 239/88, 1205/87, Rn. 30 f; 10.3.1998 – 1 BvR 178/97, Rn. 52.
7 Zur Erhebung von Gebühren für Verwaltungstätigkeiten s. HRK/*Beaucamp* Rn. 70 ff.
8 *Kingreen/Poscher* § 26 Rn. 3 f.; vgl. auch *Gusy/Eichenhofer* Rn. 456, die insoweit zw. dem *Verursacherprinzip* und dem *Prinzip des Vorteilsausgleichs* differenzieren.

war.⁹ Wie für die Pflichtigkeit kommt es für eine Kostentragung weder auf die Schuldfähigkeit noch auf ein etwaiges Verschulden an, sodass etwa auch Minderjährige kostentragungspflichtig sein können.¹⁰

4 Anders als in anderen Ländern lässt sich dem SOG selbst nicht entnehmen, was von dem Begriff der „*Kosten*" umfasst ist und woraus sich die Rahmenbedingungen des Kostenersatzes ergeben.¹¹ § 39 Abs. 1 HmbVwVG definiert *Kosten* in Bezug auf *vollstreckungsrechtliche Amtshandlungen* als **Gebühren und Auslagen** (S. 1) und erklärt das GebG für entspr. anwendbar (S. 2).¹² Regelungen für die *vollstreckungsrechtliche* Kostenerhebung finden sich in der auf Grundlage des § 40 HmbVwVG erlassenen VKO. *Gebühren* werden nach § 1 Abs. 1 GebG als Gegenleistung für konkrete Amtshandlungen (Verwaltungsgebühren) oder die tatsächliche Inanspruchnahme öff. Einrichtungen (Benutzungsgebühren) erhoben, um die Kosten dieser Leistungen ganz oder teilweise zu decken.¹³ Eine Erhebung von Gebühren ist allerdings nur möglich, soweit für konkrete Verwaltungsleistungen ein spezieller Gebührentatbestand vorgesehen ist. Entsprechende Regelungen mit Bedeutung für die Aufgabe der Gefahrenabwehr treffen insbes. die *SiOGebO* und die *ÖUntbrGebO*. *Auslagen* entstehen durch sächliche Aufwendungen der Verwaltung etwa bei der Selbstvornahme, der Anwendung unmittelbaren Zwangs, der unmittelbaren Ausführung oder aufgrund der Beauftragung Dritter.¹⁴

1. Kostentragung von Verantwortlichen

5 Soweit Verantwortliche eine Gefahr selbst abwehren und die Last allein für sie anfällt, entstehen der Verwaltung keine ausgleichsbedürftigen Kosten. Die Frage der Kostentragung stellt sich indes, wenn Verantwortliche einer Gefahrenbeseitigungspflicht mit eigenen Mitteln *nicht* nachkommen und stattdessen die zuständige Behörde an ihrer Stelle tätig wird. Die dadurch entstehenden Kosten kann die Behörde ersetzt verlangen, wenn und soweit dies im **Gesetz** vorgesehen ist – funktional tritt die Kostentragungspflicht als Surrogat an die Stelle der nicht erfüllten Pflicht zur Gefahrbeseitigung.¹⁵ Die Kostentragungspflicht kann so durch eine iRd Auswahlermessens getroffene Entscheidung der Behörde präjudiziert sein. An der Verantwortlichkeit auf der Primärebene anknüpfende Kostentragungsregelungen finden sich im HmbVwVG für **Vollstreckungsmaßnahmen** sowie im SOG für die **unmittelbare Ausführung** und die **Sicherstellung**.¹⁶

6 Für **Notstandspflichtige** resultiert aus einer Inanspruchnahme nach § 10 Abs. 1 SOG *keine Kostentragungspflicht*, da eine Heranziehung lediglich aus Effektivitätsgründen erfolgt, während die Herbeiführung der Gefahrenlage gerade nicht zugerechnet werden kann.¹⁷ Vielmehr hat die Behörde regelmäßig einen Ausgleich für entstandene Vermögenseinbußen zu gewähren, für deren Kosten sie nach § 10 Abs. 4 SOG die nach § 8 und/oder § 9 SOG Verantwortlichen in Regress nehmen kann. Gleiches gilt sowohl für **Anscheinsverantwortliche**, die nur für

---

9 BVerwG 21.8.1996 – 4 B 100.96; EFP/*Pünder* Rn. 340. Vgl. auch § 12 Abs. 5 S. 1 GebG.
10 Vgl. OVG Lüneburg 26.1.2012 – 11 LB 226/11, Rn. 22 ff.; *Kingreen/Poscher* § 26 Rn. 8. Nach § 9 Abs. 4 S. 1 GebG sind daneben auch deren Eltern zur Gebührenzahlung verpflichtet. Nach S. 2 gelten die §§ 828 u. 832 BGB entspr., so kommt es bei Minderjährigen auf die Einsichtsfähigkeit an.
11 Vgl. demgü. § 114 Abs. 1 SOG M-V, § 75 Abs. 1 ThürPAG.
12 Vgl. auch die ähnliche Definition in § 8 Abs. 2 HmbVwVfG.
13 Vgl. § 3 Abs. 1 u. § 4 Abs. 1 GebG. Zum Kostendeckungsprinzip vgl. § 6 Abs. 1 S. 1 u. 2 GebG sowie BVerfG 14.1.2025 – 1 BvR 548/22, Rn. 61 u. 66, 6.2.1979 – 2 BvL 5/76, Rn. 35; HRK/*Beaucamp* Rn. 70.
14 *Kingreen/Poscher* § 26 Rn. 6. Auslagen können nach § 5 Abs. 1 GebG nur erhoben werden, soweit die Kosten nicht bereits von einer Gebühr erfasst sind.
15 SchE/*Schoch/Kießling* Rn. 956 f.; *Kugelmann/Alberts* JURA 2013, 898 (899).
16 Vgl. §§ 7 Abs. 3 S. 1, 14 Abs. 3 S. 3 SOG sowie §§ 13 ff. HmbVwVG.
17 Vgl. OVG Hamburg DVBl 1985, 972; *Gusy/Eichenhofer* Rn. 460.

die Kosten herangezogen werden können, wenn diese den Anschein begründende Umstände zurechenbar verursacht haben, als auch für **Verdachtsverantwortliche**, soweit sich nicht im Lichte der vorgenommenen Gefahrerforschungsmaßnahmen eine Verantwortlichkeit ergibt.[18]

Beispiel: Keine Pflicht zur Tragung der Kosten einer polizeilichen Suchaktion mit zwölf Streifenwagen ergab sich für den Halter eines drei Monate alten Löwen, der diesen gemeinsam mit einer als „Leittier" dienenden jungen Hündin morgens zum „Spazieren" ausgeführt und dadurch den Notruf eines Anwohners ausgelöst hatte. Tatsächlich drohte weder ein Verstoß gegen § 121 Abs. 1 Nr. 1 OWiG noch ein Schaden für Individualrechtsgüter. Dabei ließ sich nicht nachweisen, dass der Tierhalter jene, die Anscheinsgefahr begründenden Umstände zurechenbar verursacht hatte. Insbesondere die geringe Größe des Löwen und dessen ständige Begleitung durch den Halter sprachen dagegen, dass der Spaziergang mit dem Löwen tatsächlich den Eindruck einer Gefahr hervorgerufen hatte, sodass eine Kostentragung entfiel.[19]

a) Verwaltungsvollstreckung

Regelmäßig ergibt sich eine Kostentragungspflicht für die iRd Verwaltungsvollstreckung in Anspruch genommenen Personen nach Maßgabe der §§ 39, 40 HmbVwVG iVm der VKO.[20] Diese haben nach § 13 Abs. 2 S. 1 u. 2 HmbVwVG die *Kosten* der **Ersatzvornahme** nach Festsetzung der Vollstreckungsbehörde zu tragen. Nicht dem Grunde, wohl aber der Höhe nach unterscheiden sich die Kosten bei *Fremdvornahme* und polizeilicher *Selbstvornahme*.[21] Ferner sind gem. § 13 VKO Auslagen zu ersetzen. Die Entstehung der Kostenpflicht ergibt sich aus § 10 VKO. Die Kostenforderung wird nach § 16 VKO durch Festsetzung in einem *Kostenbescheid* fällig. Nach § 13 Abs. 4 HmbVwVG können die Kosten indes auch abweichend nach dem GebG erhoben werden. Der Gesetzgeber hat so den zuständigen Behörden, insbes. für das **Abschleppen von Kfz**, die Möglichkeit eingeräumt, zur Abgeltung der entstandenen Kosten anstelle eines Kostenbescheids einen **Gebührenbescheid** zu erlassen.[22] Anders als Kosten- sind Gebührenbescheide kraft Gesetzes nach § 80 Abs. 2 S. 1 Nr. 1 VwGO **sofort vollziehbar**.[23] § 13 Abs. 4 HmbVwVG schließt den Erlass eines Kostenbescheides nach den Bestimmungen der VKO zwar nicht aus, soweit allerdings Amtshandlungen von gebührenrechtlichen Tatbeständen erfasst werden, sind diese Regelungen als abschließend anzusehen.[24] Die Möglichkeit zum Erlass eines Kostenbescheides bleibt indes relevant, wenn gebührenrechtliche Regelungen fehlen.[25]

Nach § 13 Abs. 2 S. 1 u. 2 HmbVwVG *sind* die Kosten der Ersatzvornahme vom Pflichtigen zu erstatten. Der Behörde ist jedenfalls dem Wortlaut nach kein **Ermessen** eingeräumt. Dass diese strikte gesetzliche Vorgabe mitunter zu unbilligen Ergebnissen führen kann, wenn die Besonderheiten des Einzelfalls die Einschätzung nahelegen, dass die Allgemeinheit den entstandenen Kosten „*näher steht*" als die pflichtige Person, gegen die sich die Maßnahme richtet, ist in der

---

18 VGH München 8.7.2016 – 4 B 15.1285; *Kingreen/Poscher* § 26 Rn. 10. Umfassend dazu *Kugelmann/Alberts* JURA 2013, 898 (900 f.).
19 Vgl. OVG Hamburg NJW 1986, 2005. So auch OVG Hamburg 21.7.1992 – Bf VI 49/91 (Ölaustritt).
20 Ob es für die Kostenerhebung allein auf die Rechtmäßigkeit der Vollstreckungsmaßnahme ankommt, oder insoweit, anders als für die Vollstr. selbst, die Rechtmäßigkeit des zugrundeliegenden Titels vorauszusetzen ist, ist umstr.; dazu *Enders* NVwZ 2009, 958 sowie VGH Mannheim 3.5.2021 – 1 S 512/19.
21 Gem. § 1 Abs. 2 VKO wird bei der Fremdvornahme zusätzl. zu den Aufwendungen ein Gemeinkostenzuschlag iHv zehn Prozent erhoben. Gem. § 5 Abs. 5 GebG gilt dies auch für Aufwendungen aufgr. einer Beauftragung Dritter bei gebührenpfl. Amtshandlungen; s. VG Hamburg 23.8.2021 – 9 K 1327/20.
22 In der FHH werden eine Vielzahl von Abschleppmaßnahmen durch Polizeibedienstete angeordnet. Dies hat den Gesetzgeber dazu veranlasst, eine einheitl. gebührenrechtl. Lösung zu schaffen, um so einen Gleichlauf der Kostenregelung zu erreichen u. zwar unabhängig davon, ob das Abschleppen im Wege der unm. Ausführung, der Ersatzvornahme oder der Sicherstellung erfolgt; vgl. Bü-Drs. 17/2810.
23 Vgl. etwa OVG Hamburg 3.11.2005 – 3 Bs 566/04, Rn. 12 ff.
24 Vgl. OVG Hamburg 7.10.2008 – 3 Bf 116/08, Rn. 35 f.
25 Vgl. Anlage 1 SiOGebO, die insbes. Regelungen zum Abschleppen von Kfz trifft.

Rspr. anerkannt.[26] Auch das OVG Hamburg hatte in diesem Sinne angenommen, dass § 13 Abs. 2 S. 1 und 2 HmbVwVG der Korrektur im Wege einer am Übermaßverbot orientierten, verfassungskonformen Auslegung bedürften.[27] Seit der Novellierung des Vollstreckungsrechts im Jahr 2012 ergibt sich ein entspr. Vorbehalt aus § 13 Abs. 2 S. 4 HmbVwVG, wonach Kosten nicht erhoben werden, soweit dies grob unbillig wäre.[28]

10   Wird nicht im Wege der Ersatzvornahme vollstreckt, ist eine eigene Regelung zur Kostentragung nur für die **Erzwingungshaft** in § 16 Abs. 6 HmbVwVG vorgesehen, Gebühren *und* Auslagen richten sich nach §§ 4, 13 VKO. Kosten werden nach § 39 Abs. 1 S. 1 HmbVwVG aber für alle vollstreckungsrechtlichen Amtshandlungen erhoben. Für Fälle des **unmittelbaren Zwangs** bestehen *Gebührenregelungen* nach den §§ 2 bis 4 VKO lediglich für die Wegnahme, die Zwangsräumung unbeweglicher Sachen und die Vorführung – daneben und für andere Formen des Zwangsmitteleinsatzes kommt eine Kostenerhebung allein in Bezug auf *Auslagen* nach § 13 VKO in Betracht.[29] Gleiches gilt bei der Verhängung eines **Zwangsgeldes**.

b) Unmittelbare Ausführung

11   Wird eine polizeiliche Maßnahme im Wege der unmittelbaren Ausführung getroffen, liegt hierin keine Maßnahme der Verwaltungsvollstreckung nach dem HmbVwVG.[30] Zur Schließung der dadurch entstehenden Lücke für Fälle, in denen der Erlass eines Verwaltungsaktes zur Gefahrenabwehr nicht in Betracht kommt, ermächtigt § 7 Abs. 3 SOG die Behörde, die Kosten von nach § 8 und/oder § 9 SOG Verantwortlichen **in gleichem Umfang** erstattet zu verlangen, wie dies nach einer **Vollstreckung** erfolgt wäre.[31] Die Kostentragung fällt daher unterschiedlich aus, je nachdem, ob die in der unmittelbaren Ausführung enthaltene Zwangsanwendung als unmittelbarer Zwang oder als Ersatzvornahme zu qualifizieren wäre.[32] Wer im Falle der Vollstreckung eines Verwaltungsakts zur Kostenerstattung verpflichtet wäre, soll nicht lediglich deshalb davon befreit sein, weil stattdessen eine Maßnahme im Wege der unmittelbaren Ausführung getroffen wird.[33]

12   Die Kostenerhebung liegt im **Ermessen** der Behörde, die insoweit das Interesse der Allgemeinheit, nicht mit den Kosten der unmittelbaren Ausführung belastet zu bleiben, gegen das Interesse der Verantwortlichen, diese nicht erstatten zu müssen, abzuwägen hat.[34] Ein vollständiger Verzicht kann dabei nur ausnahmsweise in Betracht kommen.[35] Grds. gilt iSd Verursacherprinzips, dass die polizeirechtlich verantwortliche Person der Kostenlast, die mit Maßnahmen im

---

26 Vgl. etwa die in diesem Zusammenhang jüngere Rspr. zur Verhältnismäßigkeit der Kostenerhebung bei Abschleppvorgängen aufgrund mobiler Halteverbotsschilder [→ E57].
27 Vgl. etwa OVG Hamburg 4.11.2003 – 3 Bf 23/03, Rn. 30.
28 Zu denkbaren Konstellationen grober Unbilligkeit s. Bü-Drs. 20/4579, 24.
29 Die vollstreckungsrechtl. Kostenregeln gelten nach § 39 Abs. 1 S. 1 HmbVwVG für Amtshandlungen „*nach diesem Gesetz*", was gem. § 15 Abs. 1 HmbVwVG Maßnahmen nach §§ 17 ff. SOG unabhängig davon mit einschließt, ob im regulären oder im beschl. Verfahren nach § 27 HmbVwVG vollstreckt wird. Da etwa für den Einsatz eines Wasserwerfers iSd § 18 Abs. 3 SOG zur Vollstr. eines Platzverweises keine Gebührenregelung besteht, können Kosten lediglich in Form von Auslagen erhoben werden. Nach § 13 Abs. 1 S. 2 VKO werden Aufwendungen für den Fahrzeugeinsatz in entspr. Anwendung der für den jew. Verwaltungsbereich geltenden GebO berechnet; vgl. dazu etwa Ziff. 29.1.2 Anl. SiOGebO.
30 Vgl. § 7 Abs. 3 S. 1 SOG („in gleichem Umfang wie die Kosten einer Verwaltungsvollstr."); vgl. auch OVG Hamburg 2.9.1971 – Bf II 47/70. Auch hier findet die VKO Anwendung, soweit nicht eine abschl. Gebührentatbestand einschlägig ist.
31 OVG Hamburg 3.11.2005 – 3 Bs 566/04.
32 Zur Kostentragung iRd unm. Ausführung *Felix/Schmitz* NordÖR 2003, 133.
33 Vgl. MdSadB Nr. 75, 1965, 14.
34 Vgl. § 7 Abs. 3 S. 1 SOG, wonach die Verwaltungsbehörden Kosten erheben „*können*" sowie dazu OVG Hamburg 14.7.1994 – Bf VII 14/94.
35 Vgl. OVG Hamburg 14.7.1994 – Bf VII 14/94, Rn. 40 f.; BERS/*Beaucamp* § 7 Rn. 14.

I. Kostentragung

Wege der unmittelbaren Ausführung verbunden ist, „*näher steht*" als die Allgemeinheit.[36] Die Entscheidung der Behörde wird so regelmäßig auf eine Erhebung aller angefallenen Kosten zu richten sein.[37] § 7 Abs. 3 S. 2 SOG stellt klar, dass die Regelungen des GebG unberührt bleiben, sodass auch die Kosten der unmittelbaren Ausführung durch Gebührenbescheid erhoben werden, soweit gebührenrechtliche Regelungen bestehen.

c) Sicherstellung und Verwahrung

Gesetzlich vorgesehen ist eine Kostentragungspflicht für Verhaltens- und Zustandsverantwortliche in § 14 Abs. 3 S. 3 SOG. Sie haben die Kosten einer rechtmäßig erfolgten **Sicherstellung und Verwahrung** zu tragen, die Rahmenbedingungen der Kostenerhebung regelt das SOG indes nicht. Gebührenrechtliche Regelungen für Maßnahmen im Zusammenhang mit einer Sicherstellung finden sich in der SiOGebO lediglich für Fahrzeuge.[38] Daneben bestehen Regelungen für Sicherstellungen nach dem WaffG in der GebOWaffR. Im Übrigen ist nach Art der Durchführung [→ D202] zu unterscheiden. Wird eine Sicherstellungsanordnung durch *Wegnahme* nach § 17 HmbVwVG vollstreckt oder wird die Sicherstellung u*nmittelbar ausgeführt*, richtet sich die Kostentragung nach §§ 39, 40 HmbVwVG iVm der VKO, ggf. iVm § 7 Abs. 3 SOG. Wird die Sache *freiwillig herausgegeben*, ist das Vollstreckungsrecht nicht anwendbar und auch ein entspr. Verweis auf die Regelungen des HmbVwVG nicht vorhanden – bei den Kosten der Sicherstellung und Verwahrung handelt es sich dann lediglich um *Auslagen* nach dem GebG, die nach § 17 Abs. 1 GebG grds. mit Bekanntgabe der Festsetzung fällig werden. Die Höhe der Kosten richtet sich nach den Eigenschaften der Sache und den damit verbundenen Anforderungen an die Verwahrung. Die Ausübung eines **Zurückbehaltungsrechts** [→ D213] an den verwahrten Gegenständen bis zur Erstattung der geschuldeten Kosten ermöglicht es der Behörde, Kostenforderungen effizienter durchzusetzen und Einnahmeverlusten vorzubeugen.

d) Kostentragung bei mehreren Verantwortlichen

Sind mehrere Personen für eine Gefahr verantwortlich, so hat die Behörde iRd ihr zustehenden Auswahlermessens zu entscheiden, wen sie zur Gefahrenabwehr in Anspruch nimmt. Die Behörde wird sich regelmäßig für die Person entscheiden, deren Heranziehung unter den Gesichtspunkten der Erreichbarkeit und der Leistungsfähigkeit die beste Aussicht auf eine effektive Abwehr der Gefahr verspricht.[39] Da die Pflichtigkeit in der Regel mit der Kostentragung einhergeht, schließt sich die Frage an, ob und ggf. auf welcher rechtlichen Grundlage, der *durch die Behörde herangezogenen Person* ein **Ausgleichsanspruch** gegen die *übrigen Verantwortlichen* zustehen kann. Ein allgemeiner Rechtsgrundsatz, der stets einen Binnenausgleich zwischen mehreren Verantwortlichen vorsieht, besteht im Polizei- und Ordnungsrecht *nicht*. Regelmäßig können sich zwischen den Verantwortlichen vertragliche oder deliktische Schadensersatzansprüche ergeben, die jedoch nicht allein aus einer Begleichung der Kostenschuld durch den Pflichtigen resultieren und ein Verschulden voraussetzen. Ein ausdrücklich normierter Ausgleich findet sich in § 14 Abs. 3 S. 4 SOG, welcher bei der Kostenerhebung für die Sicherstellung und

---

36 *Pünder* Die Verwaltung 2012, 1 (23 ff.).
37 Hierfür spricht auch der gewünschte Gleichlauf mit der lediglich unter Billigkeitsvorbehalt stehenden Kostentragung iRd Verwaltungsvollstreckung.
38 Die Kostenerhebung umfasst neben den Auslagen für das Abschleppen die Amtshandlungsgebühr, die Verwahrgebühr sowie einen Gemeinkostenzuschlag und ggf. Kosten für Amtshandlungen im Zuge der Verwertung oder Verschrottung, vgl. hierzu Bü-Drs. 17/2810 u. 22/15955 (im Jahr 2024: Sicherstellung ca. 510 u. Umsetzung eines Kfz ca. 380 Euro) sowie SiOGebO Anl. 1 Nr. 25 ff.
39 Zur Problematik der „Störermehrheit" auf Primärebene *Schoch* JURA 2012, 685.

Verwahrung eine Gesamtschuld vorsieht.[40] Relevanz behält die Frage nach einem Ausgleichsanspruch aber bei der Kostentragung im Rahmen von Vollstreckungsmaßnahmen und der unmittelbaren Ausführung.[41]

15 Zwar sieht § 12 Abs. 1 VKO die **anteilige Kostenerhebung** bei einer Mehrzahl von *Pflichtigen* vor, gegen die sich die Vollstreckung richtet, und könnte deshalb eine Ausgleichslösung bieten.[42] Es liegt jedoch gerade keine Mehrzahl von Pflichtigen vor, wenn auf Primärebene nicht *alle* Verantwortlichen in Anspruch genommen wurden.[43] Eine analoge Anwendung der Vorschriften der *Geschäftsführung ohne Auftrag* nach §§ 677, 683, 670 BGB scheitert daran, dass der Pflichtige kein *„fremdes Geschäft"* führt, soweit er lediglich die Forderung aus dem an ihn adressierten Kostenbescheid begleicht.[44] Ferner dürfte auch ein Ausgleich anhand *bereicherungsrechtlicher Vorschriften* ausscheiden, da für die Zahlung der Kosten – in Gestalt des Kostenbescheids – ein Rechtsgrund besteht.[45] In der Lit. wird daher überwiegend ein Innenausgleich in analoger Anwendung der Vorschriften zur **Gesamtschuld** in §§ 421, 426 Abs. 1 BGB gefordert.[46] Der BGH lehnt deren analoge Anwendung mangels vergleichbarer Interessenlage ab, wenn eine Gesamtschuld gesetzlich nicht ausdrücklich vorgesehen ist, weil die an Gesetz und Recht gebundene Behörde nicht „nach Belieben" einen Verantwortlichen zur Erfüllung seiner Pflichten herausgreifen dürfe; vielmehr könne es geboten sein, einen Pflichtigen vorrangig vor anderen heranzuziehen.[47] Dagegen wird eingewandt, dass die rechtliche Beziehung zwischen den Verantwortlichen im Innenverhältnis mit der einer Gesamtschuld iSd § 421 BGB jedenfalls vergleichbar und deshalb in spezialgesetzlichen Vorschriften bereits teilweise ausdrücklich vorgesehen sei.[48] Andernfalls könne eine dem in Art. 3 Abs. 1 GG wurzelnden Gebot gerechter Lastenverteilung entspr. Lösung auf Sekundärebene nicht gewährleistet werden, der Kostenschuldner würde in Ermangelung schadensrechtlicher Ersatzansprüche oder anderer Ausgleichsansprüche „schutzlos" stehen.[49] Für eine Analogie spreche insofern nicht nur eine Vergleichbarkeit der Interessenlage, sondern auch ein rechtspolitisch befriedigendes Ergebnis.

2. Kostentragung durch Veranlasser und Begünstigte

16 Grds. wird die allgemeine, im öffentlichen Interesse liegende Gefahrenabwehr steuerfinanziert ermöglicht. So wird im Regelfall keine zusätzliche „Gegenleistung" von denjenigen verlangt, denen das polizeiliche Handeln zu Gute kommt, selbst wenn das behördliche Handeln auch dem privaten Rechtsgüterschutz dient.[50] Eine **Erhebung von Verwaltungs- oder Benutzungs-**

---

40 Daneben sehen weitere Vorschriften eine gesamtschuldn. Haftung der Polizeipflichtigen u. damit einen internen Rückgriffanspruch ausdrückl. vor, so etwa § 9 Abs. 7 GebG u. § 19 Abs. 2 GebG.
41 Anders als in anderen Ländern fehlt es an einer Regelung, die eine gesamtschuldn. Haftung für die unmittelbare Ausführung vorsieht; vgl. etwa Art. 9 Abs. 2 BayPAG iVm Art. 2 Abs. 4 BayKG; § 15 Abs. 2 ASOG Bln; § 9 Abs. 2 S. 2 SOG LSA; § 9 Abs. 2 S. 2 ThürPAG.
42 Sog. Kostenaufteilung „pro rata" vgl. etwa VG Stuttgart 5.7.2018 – 14 K 2804/16, Rn. 60.
43 *Pflichtige* iSd § 12 Abs. 1 VKO sind nur die Personen, gegen die sich der Titel richtet, vgl. § 9 Abs. 1 Nr. 1 HmbVwVG. Für eine Übertragung auf nicht primär Adressierte vgl. LD/*Buchberger* Kap. L Rn. 119.
44 BGH 11.6.1981 – III ZR 39/80, Rn. 23; *Kingreen/Poscher* § 26 Rn. 19; aA *Felix/Nitschke* NordÖR 2004, 475.
45 Weiterführend dazu *Felix/Nitschke* NordÖR 2004, 475.
46 So etwa *Lennartz* NVwZ 2018, 1429; LD/*Buchberger* Kap. L Rn. 115 ff.; *Schenke* Rn. 360 ff.; SchE/*Schoch/Kießling* Rn. 434; *Zimmermann* NVwZ 2015, 787; *Kingreen/Poscher* § 26 Rn. 19; EP/*Sperr* Rn. 531; aA *Kugelmann* 11. Kap. Rn. 74; *Möller/Warg* Rn. 145; *Papier* NVwZ 1986, 256.
47 So in st. Rspr. BGH 11.6.1981 – III ZR 39/80, Rn. 28; 10.7.2014 – III ZR 441/13, Rn. 14.
48 Vgl. etwa § 24 Abs. 2 BBodSchG sowie §§ 24 Abs. 3 S. 1 u. 2; 50 Abs. 1, 2 iVm §§ 45 ff MEPolG, wonach in Fällen der Sicherstellung u. Verwahrung oder auch für den Regressanspruch gg. den Verantwortlichen eine gesamtschuldn. Haftung vorgesehen ist. Dazu *Schenke* Rn. 362; EP/*Sperr* Rn. 531.
49 Vgl. dazu auch *Schenke* Rn. 360 f.
50 Vgl. LD/*Buchberger* Kap. L Rn. 109; *Kugelmann* Kap. 11 Rn. 70. Zum Begriff der Gebühr *Wienbracke* JuS 2019, 1070 (1071 f.). Vgl. aber BVerfG 14.1.2025 – 1 BvR 548/22, Rn. 71 ff.: Einen allg Grundsatz, nach dem die

I. Kostentragung

gebühren kann im Einzelfall jedoch nach den Vorschriften des Gebührengesetzes und den Bestimmungen der nach § 2 Abs. 1 S. 1 GebG erlassenen Gebührenordnungen erfolgen, soweit diese für bestimmte Maßnahmen zur Gefahrenabwehr spezielle Gebührentatbestände vorsehen. Wegen des Vorbehalts des Gesetzes bedarf es stets einer hinreichend bestimmten **Gebührenregelung**, die insbes. die individuelle Zurechenbarkeit und die Höhe der für die Verwaltungsleistung anfallenden Gebühr zum Gegenstand hat.[51] Das *Äquivalenzprinzip* als gebührenrechtliche Ausprägung des Verhältnismäßigkeitsgrundsatzes erfordert dabei, dass die Gebührenhöhe nicht in einem Missverhältnis zur Bedeutung der Amtshandlung steht.[52] Eine gebührenrechtliche Regelung kommt in Betracht, um die Vorteile auszugleichen, die private Nutznießer aus staatlicher Sicherheitstätigkeit erlangt haben.[53] Für Amtshandlungen werden deshalb *ausnahmsweise* Gebühren nach § 3 Abs. 1 GebG erhoben, soweit diese im überwiegenden Interesse einer Person liegen, die dadurch besonders *begünstigt* wird (Nr. 2) oder dieser anderweitig zugerechnet werden kann, etwa weil sie eine Amtshandlung *veranlasst* hat (Nr. 4).[54]

Gesetzliche Regelungen zur Gebührenerhebung iSd § 3 Abs. 1 Nr. 4 GebG finden sich für **Veranlasser** gefahrenabwehrrechtlichen Handelns. Diese waren mitursächlich für die polizei- und ordnungsrechtliche Maßnahme und sollen demnach vergleichbar zu den nach §§ 8 u. 9 SOG Verantwortlichen zur Kostentragung herangezogen werden, wenn und soweit der Gesetz- oder Verordnungsgeber dies ausdrücklich vorsieht.[55] Regelungen finden sich in der SiOGebO insbes. für Einsätze bei Fehlalarmen von Einbruchs- oder Brandmeldeanlagen.[56] Auch für die vorsätzliche oder grob fahrlässige Verursachung eines Polizeieinsatzes, für den ein Anlass nicht besteht, werden Gebühren erhoben.[57] Jüngst eingeführt wurden pauschalisierte Gebührensätze ferner für Amtshandlungen im Zusammenhang mit der Ingewahrsamnahme.[58]

17

Wer finanzielle Vorteile aus einer behördlichen Maßnahme zieht – etwa durch Einsparung eigener Schutzaufwendungen –, gilt kostenrechtlich als **Begünstigter**.[59] In der FHH wurde daran festgehalten, dass eine Erhebung von Gebühren nach § 3 Abs. 1 Nr. 2 GebG in Anknüpfung an eine Begünstigung nur erfolgen darf, wenn Amtshandlungen in *überwiegendem* Privatinteresse vorgenommen werden.[60] Das gilt etwa für die polizeiliche **Begleitung von Schwer- und Großraumtransporten**, die zu ihrer sicheren Durchführung hoheitliche Eingriffe in den Straßenverkehr erfordern.[61] Auch die Gebührenerhebung iRd Schutzgewahrsams nach § 13 Abs. 1

18

---

polizeil. Sicherheitsvorsorge durchgängig kostenfrei zur Verfügung gestellt werden muss, kennt das GG nicht.
51 Vgl. OVG Hamburg 20.10.2021 – 3 Bf 28/19, Rn. 57 ff.; SchE/*Schoch/Kießling* Rn. 976. Eine Generalklausel zur Gebührenerhebung wäre insofern unzulässig; *Gusy/Eichenhofer* Rn. 46.
52 BVerwG 13.6.2023 – 9 CN 2.22, Rn. 56 u. 69; OVG Hamburg 26.1.1995 – Bf II 44/92, Rn. 29 ff.; Vgl. auch § 6 Abs. 1 S. 3 GebG für die Festlegung der Höhe innerhalb eines Gebührenrahmens.
53 Weiterführend dazu SchE/*Schoch/Kießling* Rn. 974 ff.
54 Gebühren resultieren aus einer individuell zurechenbaren Leistung. Der Vorteilsausgleich ist ein leg. Gebührenzweck vgl. BVerfG 6.11.2012 – 2 BvL 51/06, Rn. 50, 17.1.2017 – 2 BvL 2/14, Rn. 64.
55 Vgl. Bü-Drs. 11/4694, 21; *Kingreen/Poscher* § 26 Rn. 23.
56 Vgl. § 3 Abs. 1 Nr. 1 GebG iVm § 2 Abs. 2 Nr. 2 u. Ziff. 20.5.2 f. Anl. 1 SiOGebO; OVG Hamburg 24.11.1997 – Bf III 35/97 sowie BVerwG 23.8.1991 – 8 C 37.90. Dazu *Vogel* DÖV 2019, 193. Entspr. Gebührentatbestände normiert auch die GebOFw.; zu Fehlalarmen s. Bü-Drs. 21/6415 u. 21/17420.
57 Vgl. § 3 Abs. 1 Nr. 4 HmbGebG iVm § 2 Abs. 2 Nr. 1 u. Ziff. 20.5.1 Anl. 1 SiOGebO.
58 Anl. 1 Nr. 29 ff. SiOGebO; vgl. HmbGVBl. 2022, S. 643 f. u. Bü-Drs. 22/10723. Zu erhobenen Gebühren für Ingewahrsamnahmen s. Bü-Drs. 22/17517 u. 22/13774. Anders als in §§ 7 Abs. 3, 14 Abs. 3 wurde in § 13 SOG keine RGL für die Kostentragung vorgenommen, sondern lediglich die Änderung im Gebührentarif.
59 *Kingreen/Poscher* § 26 Rn. 25.
60 Verfassungsrechtl. wird eine Gebührenerhebung auch für zulässig gehalten, wenn eine Amtshandlung vorwiegend öff. Interessen dient; vgl. BVerwG 3.3.1994 – 4 C 1.93, Rn. 37; *Kingreen/Poscher* § 26 Rn. 25. Eine entspr. Änderung wurde auch in der FHH geplant, dann aber doch nicht vorgenommen; vgl. Bü-Drs. 11/5704, 1 u. 11/4694, 20. Vgl. auch *Klein* DVBl 2015, 275 (277) zur Bremer Regelung.
61 Die Gebührenerhebung richtet sich u.a. nach der für Begleitung, Planung, Vor- und Nachbereitung aufgewendeten Zeit sowie der gefahrenen Strecke. Zu derartigen Gebühren s. Ziff. 22 Anl. 1 SiOGebO.

19 Diskutiert wird die Gebührenerhebung für Polizeieinsätze bei Veranstaltern **kommerzieller Großveranstaltungen**, insbes. sog. Hochrisikospiele der Fußball-Bundesliga.[63] Die Veranstalter trügen selbst eine Verantwortung für den sicheren Ablauf der Veranstaltungen und profitierten insofern wirtschaftlich von den unentgeltlichen Polizeieinsätzen.[64] Als bislang einziges Land hat Bremen einen Gebührentatbestand für derartige Veranstaltungen eingeführt, wobei die Gebühr nach dem durch die erwarteten Ausschreitungen veranlassten *Mehraufwand* berechnet wird, während die normale Polizeipräsenz vor, während und nach den Veranstaltungen nicht gebührenpflichtig ist.[65] Infolge der erstmaligen Erhebung der Gebühr anlässlich eines Bundesligaspiels zwischen Werder Bremen und dem HSV nahm das BVerwG ausführlich dazu Stellung, *dass* und *in welcher Höhe* dem Veranstalter, der Deutschen Fußball Liga GmbH (DFL), die Kosten für Polizeieinsätze im Zusammenhang mit Hochrisiko-Veranstaltungen durch landesrechtlichen Gebührenbescheid auferlegt werden dürfen.[66] Eine dagegen gerichtete Verfassungsbeschwerde der DFL hat das BVerfG im Januar 2025 zurückgewiesen und festgestellt, dass eine derartige Abwälzung aufgrund von Hochrisikospielen entstehender Mehrkosten der Polizei auf deren Veranstalter mit Art. 12 Abs. 1 u. Art. 3 Abs. 1 GG vereinbar ist.[67]

II. Folgenbeseitigung, Entschädigung und Schadensersatz

20 Ansprüche des Einzelnen gegen den Staat können sich aus *rechtswidrigen* und aus *rechtmäßigen* Maßnahmen der Polizei- und Ordnungsbehörden sowie aus einem unterlassenen Einschreiten ergeben. Insoweit ist auf das **allgemeine Staatshaftungsrecht** zu verweisen, das insbes. zwischen Ansprüchen auf *Unterlassung* bzw. *Wiederherstellung* eines ursprünglichen, durch einen rechtswidrigen Eingriff veränderten Zustands, auf *Schadensersatz* für rechtswidriges und schuldhaftes und *Entschädigung* für rechtswidriges und schuldloses oder rechtmäßiges Verwaltungshandeln unterscheidet.[68] Das Recht der staatlichen Ersatzleistungen ist nicht einheitlich geregelt.[69] Ansprüche ergeben sich etwa aus gewohnheitsrechtlich anerkannten Grundsätzen der Aufopferung, aus Amtshaftung oder aus analoger Anwendung des § 280 Abs. 1 BGB für öffentlich-rechtliche Schuldverhältnisse. Die allgemeinen Regelungen werden durch eigene Anspruchsgrundlagen im Polizei- und Ordnungsrecht ergänzt.[70]

---

62 Vgl. Bü-Drs. 22/10723, 3.
63 Dazu SchE/*Schoch/Kießling* Rn. 988 ff. Zu rechtspol. Aspekten *Drechsler* NVwZ 2020, 433.
64 *Götz/Geis* § 21 Rn. 38.
65 Vgl. § 4 Abs. 4 BremGebBeitrG u. § 81 Abs. 2 S. 1 BWPolG aF; krit. *Schiffbauer* NVwZ 2014, 1282.
66 Vgl. BVerwG 29.3.2019 – 9 C 4.18, krit. *Brüning* NVwZ 2019, 1416 u. OVG Bremen 5.2.2018 – 2 LC 139/17 sowie BVerwG 21.12.2021 – 9 B 6.21 u. OVG Bremen 11.11.2020 – 2 LC 294/19. Aus der älteren Rspr. vgl. VGH Mannheim 18.6.1979 – I 47/79 (Motorsportveranstaltung); 15.11.1980 – I 1107/78; 20.1.1986 – 1 S 1895/84 (Popkonzerte). Zur Beteiligung von Fußballclubs an Polizeikosten in Hamburg s. Bü-Drs. 22/16177 u. 22/17399.
67 BVerfG 14.1.2025 – 1 BvR 548/22. Dazu krit. *Lege* JZ 2025, 477. S. auch *Thiel* KriPoZ 2025, 129 u. *Eisenbarth/Haouache* DVBl 2025, 680.
68 Zur system. Einführung in das Rechtsgebiet s. *Sauer* JuS 2012, 695.
69 Zu den Hintergründen s. LD/*Rachor/Buchberger* Kap. L Rn. 1 ff.; *Detterbeck* Rn. 1052.
70 Für einen Überblick über die Anspruchsgrundlagen s. *Spitzlei/Hautkappe* DÖV 2018, 134. S. auch *Hestermeyer* DÖV 2018, 260 zum Ersatz von iRd G20-Gipfels entstandenen Schäden sowie zum Tumultschädengesetz.

II. Folgenbeseitigung, Entschädigung und Schadensersatz

1. Entschädigung bei rechtmäßigem Handeln der Behörde

Bei einem rechtmäßigen Einschreiten einer Behörde haben die für eine Gefahr Verantwortlichen einen Schaden, der ihnen durch das hoheitliche Handeln entsteht, grds. hinzunehmen.[71] Dem Einzelnen obliegt in Bezug auf sein Verhalten bzw. auf sein Eigentum eine *allgemeine Gefahrenvorsorgepflicht*, die sich mit der Inanspruchnahme als Verhaltens- oder Zustandspflichtiger lediglich zu einer *Gefahrenbeseitigungspflicht* konkretisiert.[72] Wer nach § 8 SOG oder § 9 SOG herangezogen werden darf, erbringt insoweit *kein* Sonderopfer, sondern wird lediglich in die Schranken des Rechts verwiesen.[73] Insoweit besteht keine Schutzwürdigkeit, da sich das behördliche Handeln iSd gesetzgeberischen Intention unmittelbar gegen die Verantwortlichen richtet. Bei rechtmäßigem Handeln der Polizei- und Ordnungsbehörden sind Ansprüche lediglich für Notstandspflichtige, Polizeihelfer, unbeteiligte Dritte sowie für Anscheins- und Verdachtsverantwortliche vorgesehen – ihre Inanspruchnahme kann zugunsten einer effektiven Gefahrenabwehr rechtmäßig erfolgen, sie resultiert aber nicht aus einem vorwerfbaren Verhalten. Einen Ausgleich für rechtmäßig in Anspruch genommene Verantwortliche gewähren demggü. spezialgesetzliche Regelungen im besonderen Gefahrenabwehrrecht.[74] Sie sollen die effektive Mitwirkung der Bevölkerung bei der Bewältigung besonderer Gefahrenlagen sicherstellen.[75] Sind die Voraussetzungen eines spezialgesetzlichen Entschädigungstatbestands erfüllt, bestehen keine potenziell weitergehenden Ersatzansprüche nach dem Polizei- und Ordnungsrecht.[76]

a) Entschädigung von Notstandspflichtigen und Polizeihelfern

Notstandspflichtige können unter den Voraussetzungen des § 10 Abs. 3 S. 1 u. 2 SOG eine Entschädigung verlangen. Der Anspruch stellt eine **Konkretisierung des allgemeinen Aufopferungsanspruchs** dar und ist diesem ggü. vorrangig.[77] Ein Anspruch aus § 10 Abs. 3 SOG setzt zunächst voraus, dass die Polizei- oder Ordnungsbehörde eine Person nach § 10 Abs. 1 SOG rechtmäßig in Anspruch genommen hat. Entsteht dadurch ein kausaler Schaden, der die zur Gefahrenabwehr herangezogene Person im Verhältnis zur Allgemeinheit ungleich belastet, ist dieser auf Antrag eine Entschädigung zu gewähren. Ein derartiges **Sonderopfer** scheidet daher nach § 10 Abs. 3 S. 2 SOG aus, wenn das Tätigwerden der Behörde gerade zum Schutz der Person oder ihres Vermögens erfolgt.

Der **Umfang des Anspruchs** aus § 10 Abs. 3 SOG ist nicht analog §§ 249 ff. BGB zu bestimmen, sondern gesetzlich auf eine „*angemessene Entschädigung in Geld*" beschränkt, deren Höhe durch VA festzusetzen ist.[78] Ersetzt werden danach nur *unmittelbar* durch das behördliche Handeln entstandene Vermögensschäden, nicht etwa entgangener Gewinn oder immaterielle Positionen.[79] Etwaige Mitverschuldensanteile sind demggü. analog § 254 BGB zu berücksichtigen.[80] Während die Polizeigesetze anderer Länder bei einer Verletzung von Körper, Gesundheit

---

71 Vgl. BGH 3.3.2011 – III ZR 174/10, Rn. 8; EFP/*Pünder* Rn. 354.
72 Weiterführend zum Entschädigungsrecht s. etwa *Sydow* JURA 2007, 7; *Ossenbühl/Cornils* S. 491 ff.
73 So *Götz/Geis* § 22 Rn. 2; vgl. auch SchE/*Schoch/Kießling* Rn. 1004.
74 Vgl. etwa §§ 15 ff. TierGesG für den Fall einer Anordnung der Tötung einzelner Tiere zur Seuchenbekämpfung oder die Ersatzansprüche in §§ 56 ff. IfSG bei quarantänebedingtem Verdienstausfall.
75 Zu Ausgleichansprüchen für rechtmäßig in Anspruch genommene Personen vgl. etwa LG Hamburg 9.4.2021 – 303 O 65/20. Zu coronabedingten Ersatzansprüchen s. etwa *Rinze/Schwab* NJW 2020, 1905; *Stöß/Putzer* NJW 2020, 1465; *Lorenzen/Lintz* JuS 2022, 602.
76 Vgl. BGH 3.7.1997 – III ZR 208/96, Rn. 7 f.; SchE/*Schoch/Kießling* Rn. 1007.
77 Vgl. *Merten/Merten* § 10 SOG Rn. 13; *Gusy/Eichenhofer* Rn. 468.
78 Dazu *Ossenbühl/Cornils* S. 488; Vgl. auch DWVM S. 670 f.
79 BERS/*Beaucamp* § 10 SOG Rn. 10; *Schenke* Rn. 750; SchE/*Schoch/Kießling* Rn. 1015 ff.; krit. zum Unmittelbarkeitskriterium EFP/*Pünder* Rn. 359, der eine „adäquate Verursachung" für ausreichend hält.
80 Insoweit trifft die Norm keine Aussage, sodass eine Regelungslücke besteht. Vgl. auch BERS/*Beaucamp* § 10 SOG Rn. 10. Zum Anspruch aus § 10 Abs. 3 SOG LD/*Rachor/Buchberger* Kap. L Rn. 19.

sowie bei einer Freiheitsentziehung auch einen Ausgleich jenes Schadens vorsehen, der nicht Vermögensschaden ist, hat der hamburgische Gesetzgeber eine derartige Regelung bisher nicht geschaffen.[81] Dies erscheint insbes. im Hinblick auf die neuere Rechtsprechung des BGH zum allgemeinen Aufopferungsanspruch geboten, da nicht erkennbar ist, warum § 10 Abs. 3 SOG als spezielle Ausprägung hinter dessen Umfang zurückbleiben sollte.[82] Der Anspruchsinhaber ist für die Durchsetzung nach § 40 Abs. 2 S. 1 Var. 1 VwGO auf den **ordentlichen Rechtsweg** zu verweisen. Gegenüber den nach §§ 8 und 9 SOG Verantwortlichen, deren Heranziehung nicht möglich war, erwächst der Behörde ein Regressanspruch aus § 10 Abs. 4 SOG, der neben den regulären Kostenerstattungsanspruch tritt.

24 Nach § 10 Abs. 5 SOG ist der Schadensausgleich auch sog. **Polizeihelfern** zu gewähren.[83] Dabei handelt es sich ebenfalls um Personen, die keine Polizeipflicht nach §§ 8 und 9 SOG trifft. Anders als Notstandsverantwortliche werden sie allerdings nicht durch Polizeiverfügung herangezogen, ihr Eintritt erfolgt aus eigener Bereitschaft. Wer Polizei- und Ordnungsbehörden, mit deren Zustimmung iSd §§ 183, 184 Abs. 1 BGB, bei der Erfüllung ihrer Aufgaben unterstützt und dadurch eine Heranziehung von Notstandsverantwortlichen entbehrlich macht, soll nicht schlechter gestellt werden als Personen, die ihren Beitrag nur aufgrund einer entspr. Anordnung geleistet haben.[84] So entsteht auch für Personen, die durch **freiwillige Mitwirkung** und ggf. den Einsatz oder die Bereitstellung eigener Sachen Hilfe leisten und dabei einen Schaden erleiden, ein auf angemessene Entschädigung in Geld gerichteter Anspruch.[85]

b) Entschädigung unbeteiligter Dritter

25 Ein Entschädigungsanspruch ist auch zugunsten von Personen anzunehmen, die für eine Gefahr weder verantwortlich noch an deren Abwehr beteiligt sind, sondern von einer polizei- oder ordnungsbehördlichen Maßnahme vielmehr nur zufällig betroffen werden. **Unbeteiligte Dritte** haben einen Anspruch auf Entschädigung nach Maßgabe des **allgemeinen Aufopferungsanspruchs** und des **enteignenden Eingriffs**.[86] Mitunter wird dieser Anspruch auch mit einer Analogie zu § 10 Abs. 3 SOG begründet.[87] Insoweit dürfte es jedoch bereits an einer planwidrigen Regelungslücke fehlen, da die allg. richterrechtlichen Aufopferungsgrundsätze anwendbar sind.[88] Jedenfalls wird eine vergleichbare Interessenlage abzulehnen sein, da es anders als bei Notstandspflichtigen an einer finalen Maßnahme, die gerade auf die Güter des Betroffenen abzielt, mithin an einer faktischen Inanspruchnahme des Unbeteiligten iSd § 10 Abs. 1 SOG fehlt.[89]

26 Der allg. Aufopferungsanspruch hat sich gewohnheitsrechtlich aus den in §§ 74, 75 der Einleitung des Preußischen Allgemeinen Landrechts von 1794 enthaltenen Rechtsgrundsätzen entwickelt.[90]

---

81 Vgl. etwa § 118 f. BremPolG; § 60 Abs. 2 ASOG Bln; § 81 Abs. 2 NPOG.
82 S. dazu BGH 7.9.2017 – III ZR 71/17, Rn. 8 ff 26.
83 Vgl. aber auch § 2 Abs. 1 Nr. 11 lit. a u. Nr. 13 SGB VII, die eine Entschädigung für Personen vorsehen, die zur Unterstützung herangezogen werden, bei Unglücksfällen, gemeiner Gefahr o. Not Hilfe leisten.
84 Vgl. *Kingreen/Poscher* § 27 Rn. 7; EFP/*Pünder* Rn. 361.
85 Zum Anspruch des Polizeihelfers LD/*Rachor/Buchberger* Kap. L Rn. 36. Zu den Regelungen im bundesweiten Vergleich s. *Spitzlei/Hautkappe* DÖV 2018, 134 (135, 137).
86 Vgl. BGH 3.3.2011 – III ZR 174/10, Rn. 13, OVG Hamburg HmbJVBl. 1972, 54; *Schenke* Rn. 752 f.
87 So etwa BERS/*Beaucamp* § 10 SOG Rn. 7 ff.; *Merten/Merten* § 10 SOG Rn. 13; *Sydow* JURA 2007, 7 (9); EFP/ *Pünder* Rn. 362 mwN.
88 S. dazu *Spitzlei/Hautkappe* DÖV 2018, 134 (139) sowie LD/*Rachor/Buchberger* Kap. L Rn. 22 f.; *Ossenbühl/Cornils* S. 501 f.
89 So wohl BGH 3.3.2011 – III ZR 174/10 Rn. 13; vgl. auch *Thiel* § 20 Rn. 4.
90 Eingehend zur hist. Entwicklung *Ossenbühl/Cornils* S. 124 ff; *Maurer/Waldhoff* § 28 Rn. 1 ff. Die in ihrer Anwendung zunächst auf *rechtmäßiges* Behördenhandeln begrenzten allg. Aufopferungsgrundsätze sind im Laufe der Zeit auf *rechtswidrige* Eingriffe ausgedehnt worden.

II. Folgenbeseitigung, Entschädigung und Schadensersatz

Danach ist der Staat gehalten, denjenigen zu entschädigen, der seine besonderen Rechte und Vorteile dem Wohl des Gemeinwesens aufzuopfern genötigt wird, also ein Sonderopfer erbringt.[91] Der **allgemeine Aufopferungsanspruch** setzt die Verletzung einer nicht vermögenswerten Rechtsposition durch einen rechtmäßigen, hoheitlichen Eingriff voraus, die den Einzelnen im Verhältnis zu anderen übermäßig belastet.[92] Es ist eine angemessene Entschädigung in Geld zu gewähren, die das aufgebrachte Sonderopfer kompensieren soll.[93] Bei Eingriffen in die körperliche Unversehrtheit wird der Ersatz mittlerweile nicht mehr auf materielle Schäden begrenzt, sondern auf *darüber hinausgehende Nachteile* des Betroffenen erstreckt, dem etwa ein Schmerzensgeld gewährt werden kann.[94] Der Aufopferungsanspruch bezieht sich lediglich auf immaterielle Rechtspositionen wie Leben, Gesundheit und persönliche Freiheit, während bei einer unmittelbaren Beeinträchtigung des Eigentums ein Anspruch unter im Übrigen gleichen Voraussetzungen auf die Grundsätze des **enteignenden Eingriffs** gestützt werden muss.[95]

Beispiele: Wer infolge eines polizeilichen Schusswaffengebrauchs von einer abirrenden Kugel (Querschläger) getroffen wird, gerät als unbeteiligter Dritter zufällig in die Situation der Gefahrenabwehr hinein und erleidet unbeabsichtigt einen Schaden, der über den allgemeinen Aufopferungsanspruch zu ersetzen ist. Aus den Grundsätzen des enteignenden Eingriffs kann sich der Anspruch eines zur Vollbremsung gezwungenen Autofahrers ergeben, wenn Polizeibedienstete in Übereinstimmung mit § 35 StVO zur Verfolgung eines Tatverdächtigen trotz roter Fußgängerampel eine Straße überqueren und aus dem Abbremsen unmittelbar ein Auffahren dahinterliegender Fahrzeuge resultiert.[96]

c) Entschädigung von Anscheins- und Verdachtsverantwortlichen

In Fällen der **Anscheinsgefahr** und des **Gefahrenverdachts** ist zu differenzieren: Wenn sich im Nachhinein (ex post) die anfängliche (ex ante) Annahme einer Gefahr als falsch erwiesen oder sich der Gefahrenverdacht nicht bestätigt hat, bleiben die Maßnahmen zwar rechtmäßig (Primärebene), die Betroffenen sind aber wie rechtmäßig in Anspruch genommene Notstandspflichtige analog § 10 Abs. 3 SOG zu entschädigen – dies gilt allerdings nur, wenn ihnen der Anschein der Gefahrenverursachung bzw. der Gefahrenverdacht rückblickend *nicht vorwerfbar zugerechnet* werden kann.[97] Maßnahmen zur Abwehr einer **Scheingefahr** sind demggü. als rechtswidrig einzustufen: Wird durch das polizei- oder ordnungsbehördliche Handeln auf Grundlage einer fehlerhaften Prognose ein Schaden verursacht, stehen den Betroffenen Ansprüche aus der Unrechtshaftung zur Seite.

Beispiel: Infolge einer bundespolizeilichen Untersagung der Ausreise ggü. einem mit seiner minderjährigen Tochter reisenden Vater samt Eskorte aus dem Flugzeug zurück in den Flughafen waren diesem Hotel-, Verpflegungs- und Flugkosten zu ersetzen. Die Bediensteten hatten aufgrund der Benachrichtigung durch die Mutter und der von ihr angekündigten Übersendung eines amtsgerichtlichen Beschlusses fälschlich angenommen, dass mangels mütterlichen Einverständnisses eine Gefahr für den Schutz privater Rechte bzw. des Kindeswohls vorläge, obwohl ein amtsgerichtlicher Beschluss tatsächlich nicht bestand, es auf das Einverständnis der Mutter nicht ankam und auch keine Sicherheitsbedenken hinsichtlich des Reiseziels vorlagen. Der Anschein der Gefahr war dem in Anspruch genommenen Vater nicht zurechenbar.[98]

---

91 So wörtlich BGH 7.9.2017 – III ZR 71/17, Rn. 16; vgl. auch OLG Frankfurt 26.1.2017 – 1 U 31/15 Rn. 23; *Guckelberger* § 40 Rn. 2.
92 Vgl. *Maurer/Waldhoff* § 28 Rn. 7; zum Aufopferungsanspruch *Schenke* NJW 1991, 1777.
93 BGH 31.1.1996 – III ZR 118/64, Rn. 75.
94 Aufgabe der früheren Senatsrspr., BGH 7.9.2017 – III ZR 71/17, Rn. 8 ff.
95 Der allg. Aufopferungsanspruch ist abzugrenzen von enteignenden, also rechtm. Eingriffen in das Eigentum die weder Inhalts- u. Schrankenbestimmungen noch Enteignungen darstellen sowie von enteignungsgleichen, also rechtswidrigen Eingriffen. Zur Abgrenzung s. *Ossenbühl/Cornils* S. 131 f.; DWVM S. 652 f. Vgl. auch LG Hannover 9.7.2020 – 8 O 2/20, Rn. 63 ff. (Betriebsschließungen Gastro).
96 Vgl. BGH 16.2.1956 – III ZR 169/54 (Schusswaffe); KG Berlin 3.1.2005 – 12 U 11/03 (Bremsung).
97 Vgl. BGH 12.3.1992 – III ZR 128/91, Rn. 21 ff.; 23.6.1994 – III ZR 54/93, Rn. 12; OVG Hamburg NJW 1986, 2005 (2006); 21.7.1992 – Bf VI 49/91, Rn. 54 f.; EFP/*Pünder* Rn. 369 mwN.
98 Vgl. OLG Frankfurt 17.5.2018 – 1 U 202/17.

2. Ansprüche bei rechtswidrigem Handeln der Behörde

30 Soweit für *rechtmäßiges* Handeln von Polizei- oder Ordnungsbehörden ein Schadensausgleich gewährt wird, so muss dies erst recht für *rechtswidrige* Maßnahmen gelten. Dabei ist zwischen Ansprüchen, die ein Verschulden der Bediensteten voraussetzen, und verschuldensunabhängiger Unrechtshaftung zu unterscheiden. Das SOG enthält, anders als Polizeigesetze anderer Länder,[99] hinsichtlich des Schadensausgleichs bei rechtswidrigen Maßnahmen **keine Spezialregeln**, weshalb diesbezüglich etwa auf den Amtshaftungsanspruch und die allgemeinen Aufopferungsgrundsätze zurückzugreifen ist.[100] Ein gesetzlich geregelter Schadensersatzanspruch wegen *rechtswidriger* **Verarbeitung personenbezogener Daten** findet sich in § 71 PolDVG, wobei Abs. 1 S. 2 eine Haftung für vermutetes Verschulden vorsieht, während für Schäden bei *automatisierter* Datenverarbeitung verschuldensunabhängig gehaftet wird.[101]

31 Bei rechtswidrigem Behördenhandeln können allerdings nicht nur Kompensations-, sondern auch **Restitutionsansprüche** der Betroffenen relevant werden, die auf *Abwehr* bzw. auf *Unterlassung* oder auf die *Beseitigung anhaltender Folgen* eines rechtswidrigen Eingriffs gerichtet sind. Derartige Ansprüche sind den Schadensersatz- und Entschädigungsansprüchen vorgeordnet. Entgegen dem vom Reichsgericht entwickelten und vom BGH lange vertretenen *„dulde und liquidiere"*-Grundsatz hatte das BVerfG klargestellt,[102] dass zunächst gerichtlich gegen ein rechtswidriges Behördenhandeln vorzugehen ist, bevor eine Entschädigung begehrt werden kann.[103] Für das Polizei- und Ordnungsrecht haben Abwehr- bzw. Unterlassungsansprüche nur einen geringen Anwendungsbereich, da sich gefahrenabwehrende Maßnahmen typischerweise schnell erledigen und Rechtsschutz erst im Nachhinein zu erlangen ist.[104] Praktische Relevanz verbleibt insoweit für den **Folgenbeseitigungsanspruch**.[105] Denkbar ist ein allgemeiner Anspruch auf Folgenbeseitigung etwa bei anfänglich rechtswidrigen Sicherstellungen oder rufschädigenden Äußerungen durch Polizeibedienstete.[106] SOG und PolDVG enthalten daneben eigene Anspruchsgrundlagen etwa zur Herausgabe einer Sache nach Entfallen der Voraussetzungen einer (anfängl. rechtmäßigen) Sicherstellung [→ D213] sowie insbes. zur Berichtigung, Löschung und Einschränkung der Datenverarbeitung [→ D26].

a) Amtshaftungsanspruch

32 Handelt die Behörde *rechtswidrig* und *schuldhaft*, kann **jeder Betroffene** einen auf **Schadensersatz** gerichteten Amtshaftungsanspruch aus § 839 Abs. 1 S. 1 BGB iVm Art. 34 S. 1 GG geltend machen.[107] Als Ausfluss des Rechtsstaatsprinzips statuiert Art. 34 S. 1 GG – zwecks Schaffung eines liquiden Schuldners sowie zur Stärkung der Einsatzbereitschaft der Amtswalter – eine **gesetzliche Haftungsüberleitung** auf die Anstellungskörperschaft, die eine uneingeschränkte persönliche Haftung des Amtswalters ausschließt.[108] Der Anspruch setzt voraus, dass Amtswalter

---

99 Vgl. etwa § 59 Abs. 2 ASOG Bln; § 80 Abs. 1 S. 2 NPOG; § 51 Abs. 2 Nr. 1 BPolG.
100 Vgl. LD/*Rachor/Buchberger* Kap. L Rn. 39 mit Verweis auf das SOG.
101 Der Anspruch in § 71 PolDVG dient der Umsetzung von Art. 56 der JI-RL; vgl. Bü-Drs. 21/17906, 80.
102 BVerfG 15.7.1981 – 1 BvL 77/78 (Nassauskiesung).
103 BGH 2.4.1998 – III ZR 309/96, Rn. 10. Weiterführend dazu *Acker* NJOZ 2021, 641.
104 Zu Restitutionsansprüchen s. LD/*Rachor/Buchberger* Kap. L Rn. 83 ff. Vgl. aber OVG Hamburg 22.6.2010 – 4 Bf 276/07 (Videoüberw.). Bei einem VA hilft der allg. Abwehr- u. Unterlassungsanspruch anders als bei Realhandeln nicht weiter. Für Maßnahmen mit Dauerwirkung, deren Voraussetzungen nicht mehr vorliegen, gewährt § 5 SOG einen bes. Aufhebungsanspruch auf Antrag des Betroffenen.
105 Zum FBA siehe etwa *Voßkuhle/Kaiser* JuS 2012, 1079.
106 Vgl. VG Aachen 18.2.2011 – 6 K 1174/10.
107 Zum Amtshaftungsanspruch s. *Voßkuhle/Kaiser* JuS 2015, 1076; *Wittreck/Wagner* JURA 2013, 1213.
108 Vgl. *Maurer/Waldhoff* § 26 Rn. 5 f.; *Ossenbühl/Cornils* S. 8 ff.

in Ausübung des ihnen anvertrauten öffentlichen Amtes schuldhaft eine ggü. Dritten bestehende Amtspflicht verletzen und kein Ausschlussgrund eingreift.[109]

Als **Amtswalter** sind, entgegen dem Wortlaut des § 839 Abs. 1 BGB („Beamter"), nicht lediglich Beamte im *statusrechtlichen* Sinne zu verstehen – vielmehr ist die Formulierung des Art. 34 S. 1 GG („jemand") in die Auslegung der einfachgesetzlichen Anspruchsgrundlage einzubeziehen, die einen *haftungsrechtlichen* Beamtenbegriff begründet.[110] Diesem unterfällt jede Person, die hoheitliche Tätigkeiten ausführt.[111] Erfasst werden auch Privatpersonen, soweit sie als Beliehene oder Verwaltungshelfer wie beim Abschleppen verbotswidrig abgestellter Fahrzeuge hoheitliche Aufgaben wahrnehmen.[112] Die **Drittbezogenheit der Amtspflicht** ist durch Auslegung der zugrundeliegenden Norm zu ermitteln und jedenfalls dann anzunehmen, wenn die geschädigte Person in den Adressatenkreis der Norm fällt, die nebst den Interessen der Allgemeinheit zumindest auch ihren Schutz bezweckt.[113] Für das Gefahrenabwehrrecht relevant ist insbes. die Amtspflicht zu rechtmäßigem Handeln (vgl. § 36 Abs. 1 BeamtStG, § 107 Abs. 2 S. 1 HmbBG). Amtspflichtverletzungen können dabei nicht bloß durch positives Tun, sondern auch durch ein Unterlassen begangen werden, sofern eine entspr. Pflicht zum Handeln bestand.[114]

33

Im Rahmen der Amtshaftung richten sich **Art und Umfang des Schadensersatzes** nach §§ 249 ff. BGB, sodass neben Vermögensschäden auch immaterielle Schäden zu ersetzen sind.[115] Angeknüpft wird dabei trotz Haftungsüberleitung auf den Staat an die Haftung der Bediensteten aus § 839 Abs. 1 BGB als *Privatpersonen*, sodass mangels rechtlicher Befugnis zur Wiederherstellung eines rechtmäßigen Zustands durch Hoheitsakt ein Anspruch auf Naturalrestitution iSd § 249 Abs. 1 BGB *ausgeschlossen* ist.[116] Der Anspruch aus Amtshaftung steht in Idealkonkurrenz zu den polizeilichen Entschädigungsansprüchen und kann neben diesen geltend gemacht werden.[117] Für den **Rechtsweg** gilt § 40 Abs. 2 S. 1 Var. 3 VwGO.

34

Beispiele: Eine ausgleichspflichtige Amtspflichtverletzung wurde etwa bei Stößen von Polizeibeamten gegen einen mit dem Rücken zur Bande des Spielfelds stehenden Fußballfan angenommen, der sich in der Folge einen Bruch der Lendenwirbelkörper zuzog. Die Person hatte zuvor den Abtransport eines Banners behindert, sich zum Zeitpunkt des Stoßes jedoch bereits vom Geschehen entfernt, sodass keine Gefahr mehr von ihr ausging, die mit der Anwendung körperlichen Zwangs hätte abgewehrt werden können. Schadensersatz für Sachschäden und Schmerzensgeld wurden ferner einem Klimaaktivisten im Zuge der Räumung des Hambacher Forsts zugesprochen, nachdem dieser – mangels vorheriger Androhung – rechtswidrig von Polizeibeamten umgerissen und zu Boden geworfen worden war, woraufhin dessen Filmkamera und Stativ beschädigt wurden und er erhebliche Verletzungen erlitt. Ein pflichtwidriges Unterlassen, das eine Amtspflichtverletzung begründet, wurde für das Verlassen eines Tatorts durch die Polizei mit zwei Tatverdächtigen angenommen, wobei das Opfer mit weiteren Tatbeteiligten allein am Geschehensort verblieb, obwohl dieses ausdrücklich aus Furcht vor „Rache" um einen Verbleib der Bediensteten gebeten hatte und sodann nach Abrücken der Polizei verprügelt wurde.[118]

35

---

109 Vgl. § 839 Abs. 1 S. 2, Abs. 2 S. 1 oder Abs. 3 BGB sowie *DWVM* S. 629 ff.
110 S. *Detterbeck* Rn. 1055 f.; *Maurer/Waldhoff* § 26 Rn. 13 f.
111 *Voßkuhle/Kaiser* JuS 2015, 1076 (1076).
112 *EFP/Pünder* Rn. 366; *Ossenbühl/Cornils* S. 17 ff.
113 *Guckelberger* § 37 Rn. 12; *Ossenbühl/Cornils* S. 59 ff.
114 BGH 4.4.2019 – III ZR 35/18, Rn. 25; *Maurer/Waldhoff* § 26 Rn. 22.
115 *Guckelberger* § 37 Rn. 24; *SchE/Schoch/Kießling* Rn. 1034 f.
116 LD/*Rachor/Buchberger* Kap. L Rn. 57; *Voßkuhle/Kaiser* JuS 2015, 1076 (1078); *Detterbeck* Rn. 1093.
117 Im Recht der FHH fehlt es an einer gesetzl. Klarstellung, dass weitergehende Ersatzansprüche unberührt bleiben; vgl. dagegen etwa § 59 Abs. 4 ASOG Bln; § 64 Abs. 4 HessSOG; § 80 Abs. 4 NPOG. Insoweit kann jedoch für die FHH nichts anderes gelten, da der Amtshaftungsanspruch schon aufgrund der divergierenden Rechtsfolgen nicht durch die polizei. Entschädigungsansprüche verdrängt sein kann.
118 Vgl. LG Frankfurt 26.2.2020 – 2–04 O 289/19 (Fußballfan); LG Aachen 14.9.2021 – 12 O 559/19 (Hambacher Forst); OLG Bremen 29.11.1989 – 1 U 129/89 (Unterlassen).

b) Anspruch aus öffentlich-rechtlichem Schuldverhältnis

36 Ferner ist der Anspruch aus schuldhafter Pflichtverletzung in einem „**verwaltungsrechtlichen Schuldverhältnis**" analog **§ 280 BGB** zu nennen. Dieser wird insbes. iRd der öffentlich-rechtlichen Verwahrung nach einer Sicherstellung relevant.[119] Der Rechtsträger haftet entspr. § 278 BGB für Schäden, die von einem privaten Unternehmen als „*Erfüllungsgehilfen*" (Verwaltungshelfer) beim Abschleppen und während der Verwahrung verursacht wurden.[120] Der Anspruch besteht neben dem Amtshaftungsanspruch. Für den Geschädigten ist jedoch insbes. die Beweislastregelung des § 280 Abs. 1 S. 2 BGB im Vergleich zum Amtshaftungsanspruch von Vorteil, da das Verschulden vermutet wird.

c) Verschuldensunabhängige Haftung

37 Wenn es an einem **Verschulden** fehlt, können sich Ansprüche auf **Entschädigung** ergeben, die auf den *aufopferungsgleichen* und den *enteignungsgleichen* Eingriff gestützt werden.[121] Die Voraussetzungen des Anspruchs aus aufopferungs- oder enteignungsgleichem Eingriff unterscheiden sich von den allg. Aufopferungsgrundsätzen nur in Bezug auf die Rechtswidrigkeit der dem Anspruch zugrundeliegenden Maßnahme, wodurch die Aufbringung eines Sonderopfers indiziert wird.[122] Relevant werden können die Ansprüche sowohl für unbeteiligte Dritte, für lediglich Scheinverantwortliche als auch für tatsächlich Verhaltens- oder Zustandsverantwortliche, deren Inanspruchnahme etwa aufgrund eines Verstoßes gegen § 4 SOG rechtswidrig war. Einzig für *rechtswidrig* entgegen § 10 Abs. 1 SOG in Anspruch genommene Dritte ergibt sich ein Anspruch in analoger Anwendung des § 10 Abs. 3 SOG.[123]

38 **Beispiele:** Eine Entschädigung aus enteignungsgleichem Eingriff wurde dem Eigentümer eines Jungbullen zugesprochen, welcher durch einen Polizeibeamten erschossen wurde, nachdem der Jungbulle auf einen öffentlichen Weg gestürzt und sich schwer verletzt hatte, obwohl die Herbeirufung eines Tierarztes möglich und geboten war. Ein Anspruch aus § 10 Abs. 3 SOG analog käme etwa bei der Beschlagnahme einer Immobilie zur Unterbringung unmittelbar von Obdachlosigkeit bedrohter Personen in Betracht, soweit die Voraussetzungen der Inanspruchnahme des nichtverantwortlichen Eigentümers zum Zeitpunkt der Sicherstellung tatsächlich nicht vorlagen, etwa weil die Behörde nicht darlegen kann, dass ihr eigene Unterkünfte zur Unterbringung nicht zur Verfügung stehen oder ihr die Beschaffung geeigneter anderer Unterkünfte bei Dritten unmöglich wäre.[124]

39 Einen speziellen verschuldensunabhängigen Schadensersatzanspruch bei **rechtswidrigen Freiheitsentziehungen**, etwa einer präventiven Ingewahrsamnahme unter Verstoß gegen die Verfahrensgarantien, gewährt Art. 5 Abs. 5 EMRK.[125]

---

119 Vgl. etwa BGH 5.10.1989 – III ZR 126/88.
120 BGH 4.12.2006 – III ZR 303/05 Rn. 9 ff. Vgl. *Detterbeck* Rn. 1273; *Maurer/Waldhoff* § 29 Rn. 1 ff.
121 EFP/*Pünder* Rn. 366.
122 LD/*Rachor/Buchberger* Kap. L Rn. 39.
123 Während § 10 Abs. 3 SOG bei *rechtm.* Inanspruchnahme einer Person einen solchen Anspruch vorsieht, muss dieser erst Recht gelten, wenn die Inanspruchnahme *rechtswidrig* ist, wenn ein Amtshaftungsanspruch mangels Verschulden ausscheidet; vgl. DWVM S. 665; *Kingreen/Poscher* § 27 Rn. 20; aA EFP/*Pünder* Rn. 364; krit. auch *Ossenbühl/Cornils* S. 517.
124 Vgl. OLG Köln 11.6.1990 – 7 U 28/90 (Jungbulle); OVG Lüneburg 1.12.2015 – 11 ME 230/15 (Obdachlosigkeit).
125 Dazu SchE/*Schoch/Kießling* Rn. 1037; *Ossenbühl/Cornils* S. 631 f.

I. Rechtsschutz gegen polizeiliche Maßnahmen

Nach Art. 19 Abs. 4 S. 1 GG steht jedem der Rechtsweg offen, der durch die öffentliche Gewalt in eigenen Rechten verletzt wird – die **Rechtsweggarantie** des Grundgesetzes gewährleistet Rechtsschutz gegen alle Formen von Maßnahmen der Polizei- und Ordnungsbehörden.[1] Da das Gefahrenabwehrrecht im Einzelfall schwerwiegende und irreversible Grundrechtseingriffe legitimiert, besteht ein besonderes praktisches Bedürfnis nach gerichtlicher Kontrolle des polizeilichen Handels. Der Rechtsschutz folgt den allg. Regeln der jeweils anzuwendenden Prozessordnung.[2] Gerade die Bestimmung des *Rechtswegs* und abhängig davon die Frage nach dem einschlägigen Prozessrecht kann im Gefahrenabwehrrecht systematisch komplexe Abgrenzungsfragen aufwerfen.[3] Im Übrigen beschränken sich die folgenden Ausführungen auf eine schwerpunktmäßige Darstellung der statthaften Rechtsbehelfe anhand der streitgegenständlichen Maßnahmen von Polizei und Verwaltungsbehörden.

1

I. Rechtsweg

Polizei- und ordnungsbehördliches Handeln ist regelmäßig öffentlich-rechtlicher Natur, weshalb Rechtsschutzsuchende nach § 40 Abs. 1 S. 1 VwGO grds. den **Verwaltungsrechtsweg** zu beschreiten haben. Etwas anderes gilt für öffentlich-rechtliche Streitigkeiten, die aufgrund *abdrängender Sonderzuweisungen* den ordentlichen Gerichten zugewiesen sind – das *Bundesrecht* trifft derartige Regelungen insbes. für den Rechtsschutz gegen **Strafverfolgungsmaßnahmen**.[4] Dieser wird nach **§ 23 Abs. 1 S. 1 EGGVG** für Rechtsbehelfe gegen sog. *Justizverwaltungsakte* gewährt, wozu auch Maßnahmen der Polizeibehörden auf dem Gebiet der Strafrechtspflege gehören.[5] Nach § 23 Abs. 3 EGGVG sind die insoweit gem. § 25 EGGVG zuständigen Oberlandesgerichte jedoch nur zur Entscheidung berufen, wenn der Rechtsweg zu den ordentlichen Gerichten nicht bereits durch andere Vorschriften eröffnet wird.[6] Derartige Bestimmungen finden sich vielfach in der StPO,[7] wobei insbes. **§ 98 Abs. 2 S. 2 StPO** über dessen Wortlaut hinaus eine gerichtliche Entscheidung über Maßnahmen von Polizei und Staatsanwaltschaft im Ermittlungsverfahren vorsieht, die in Ausübung einer Eilkompetenz oder in originärer Zuständigkeit ohne Beteiligung des Ermittlungsrichters getroffen werden.[8] Maßgeblich für den Rechtsweg ist somit, ob die Polizei *präventiv* zur Gefahrenabwehr oder *repressiv* auf dem Gebiet der Strafverfolgung tätig wird. Erfolgt also etwa eine ED-Behandlung nicht nach § 81b Var. 1 StPO *„zur Durchführung*

2

---

1 Weiterführend dazu *Schoch* JURA 2001, 628.
2 *Schoch* JURA 2001, 628 (629).
3 *Schoch* JURA 2013, 1115 (1121).
4 Vgl. auch §§ 62, 68 OWiG für gerichtl. Entscheidungen über Maßnahmen iRd Bußgeldverfahrens.
5 Organisatorisch ist die Polizei kein Teil der Justizverwaltung – maßgebl. ist insoweit ein funktionales Begriffsverständnis der „*Justizbehörden*". Umfasst werden von § 23 EGGVG Maßnahmen der als Ermittlungspersonen iSd § 152 Abs. 1 GVG oder auf Ersuchen der StA tätigen Polizeibehörden zur Strafverfolgung u. Strafvollstreckung ungeachtet ihrer Handlungsform, vgl. BVerwG 3.12.1974 – I C 11.73, Rn. 18 sowie BGH 12.1.2001 – 2 ARs 355/00, Rn. 7.
6 Zur Abgrenzung s. ESch/*Ehlers* § 25 Rn. 161.
7 Vgl. etwa §§ 101 Abs. 7, 128 Abs. 1, 163a Abs. 3 StPO. Zum Rechtsschutz gg. strafproz. Maßnahmen *Zeyher* JuS 2022, 636.
8 Gewährt wird auch nachträgl. Rechtsschutz gg. erledigte Maßnahmen, vgl. die Übersicht bei *Kingreen/Poscher* § 2 Rn. 13. Umfassend zur Reichweite des § 98 Abs. 2 S. 2 StPO *Schoch* JURA 2001, 628 (630); BGH 5.8.1998 – 5 ARs (VS) 1–97; krit. *Schenke* NJW 2011, 2838 (2839 f.).

eines Strafverfahrens", sondern nach § 16 Abs. 1 Nr. 2 PolDVG präventiv *„zur vorbeugenden Bekämpfung von Straftaten"* [→ D49], ist der Verwaltungsrechtsweg eröffnet.[9]

3 Lässt sich ein polizeiliches Handeln nach dessen äußeren Erscheinungsbild nicht ohne weiteres als präventiv oder repressiv einordnen, ist auch der Rechtsweg zur Überprüfung der Rechtmäßigkeit sog. **doppelfunktionaler Maßnahmen** [→ B75] umstritten.[10] Die Rspr. und Teile der Lit. nehmen eine Zuordnung danach vor, ob sich eine Maßnahme ihrem **Schwerpunkt** nach als solche der Strafverfolgung oder der Gefahrenabwehr darstellt.[11] Maßgeblich für die Bestimmung sei der für den *Betroffenen* erkennbare Grund des polizeilichen Einschreitens oder im Übrigen die Einordnung des konkreten Lebenssachverhalts aus Sicht eines verständigen Bürgers in der Lage des Betroffenen.[12] Ist aus Sicht des Betroffenen eine eindeutige Zuordnung nicht möglich, kommt aber zumindest *auch* die präventiv-polizeiliche Befugnis als maßgebliche Ermächtigung für das verfahrensgegenständliche Handeln in Betracht, nimmt die verwaltungsgerichtliche Rspr. eine Eröffnung des Verwaltungsrechtswegs an.[13] In der überwiegenden Lit. wird Rechtsschutzsuchenden für die gerichtliche Überprüfung (echter) doppelfunktionaler Maßnahmen demggü. ein **Wahlrecht** zwischen dem ordentlichen und dem Verwaltungsrechtsweg zugestanden, wenn eine eindeutige Zuordnung auch bei differenzierter Betrachtung nicht möglich ist.[14] Das nach dem Schwerpunkt oder nach Wahl des Klägers anzurufende Gericht hat den Rechtsstreit nach Maßgabe des § 17 Abs. 2 S. 1 GVG unter allen in Betracht kommenden rechtlichen Gesichtspunkten zu entscheiden, auch wenn dies eine Erörterung rechtswegfremder Normen umfasst.[15] Einer anderen Ansicht zufolge habe der Kläger – angesichts zweier isoliert zu betrachtender Streitgegenstände, über die ein Gericht lediglich innerhalb der eigenen Gerichtsbarkeit entscheiden könne – stets **beide Rechtswege** zu beschreiten.[16]

4 Den ordentlichen Gerichten zugewiesen sind gem. § 40 Abs. 2 S. 1 VwGO **Streitigkeiten über staatshaftungsrechtliche Ansprüche** aus Aufopferung, aus öffentlich-rechtlicher Verwahrung sowie Amtshaftungs- und andere Entschädigungsansprüche, soweit diese nicht auf einem öffentlich-rechtlichen Vertrag beruhen. Anders als in anderen Ländern enthält das Polizei- und Ordnungsrecht der FHH keine eigene Rechtswegbestimmung für die Durchsetzung von Entschädigungsansprüchen aus SOG und PolDVG,[17] sodass auch für Streitigkeiten etwa über die

---

9 Gleiches gilt für eine derartige Maßnahme die auf Grundlage des § 81b Var. 2 StPO bei einem Beschuldigten *„für die Zwecke des Erkennungsdienstes"* erfolgt. Auch insoweit wird die Polizei zur vorbeugenden Bekämpfung von Straftaten u. damit zur GefAbw tätig (vgl. § 1 Abs. 1 S. 2 Nr. 1 PolDVG).

10 Zum Streitstand für die Bestimmung des Rechtswegs bei doppelfunktionalen Maßnahmen s. *Schoch* JURA 2013, 1115 (1121 f.); *Schenke* NJW 2011, 2838 (2841 f.).

11 Vgl. BVerwG 3.12.1974 – I C 11.73, Rn. 24; OVG Lüneburg 8.11.2013 – 11 OB 263/13, Rn. 4; OVG Hamburg 7.8.2018 – 4 So 24/18, Rn. 18; OVG Bautzen 23.12.2021 – 6 A 680/19, Rn. 12; VGH München 29.9.2022 – 10 C 22.556, Rn. 8; EFP/*Pünder* Rn. 68; LD/*Graulich* Kap. E Rn. 178; *Knemeyer* Rn. 122.

12 BVerwG 3.12.1974 – I C 11.73, Rn. 24; OVG Hamburg 7.8.2018 – 4 So 24/18, Rn. 19; OVG Münster 6.8.2014 – 5 E 375/14, Rn. 6. Geht das Gericht entgegen der Auffassung des Klägers davon aus, dass der Schwerpunkt der Maßnahme im repressiven bzw. präv. Tätigwerden zu verorten ist, ergeht ein Verweisungsbeschluss nach § 173 S. 1 VwGO iVm § 17a Abs. 2 GVG. Vgl. auch *Möller/Warg* Rn. 464.

13 OVG Lüneburg 8.11.2013 – 11 OB 263/13, Rn. 8; OVG Münster 9.1.2012 – 5 E 251/11, Rn. 16 ff.; VGH Mannheim 18.11.2021 – 1 S 803/19, Rn. 24.

14 *Götz/Geis* § 25 Rn. 8; Sodan/Ziekow/*Sodan* § 40 Rn. 618; *Danne* JuS 2018, 434 (437). Zur Kritik s. etwa *Schoch* JURA 2013, 1115 (1118): Die pauschale Herangehensweise der nach unklaren Maßstäben erfolgenden Schwerpunktsermittlung verdecke die notw. rechtl. Differenzierungen.

15 Vgl. etwa OVG Bautzen 23.12.2021 – 6 A 680/19, Rn. 26; OVG Lüneburg 8.11.2013 – 11 OB 263/13, Rn. 8; *Schoch* JURA 2013, 1115 (1122); SchSch/*Ehlers/Schneider* § 40 VwGO Rn. 607.

16 OVG Schleswig 15.3.2007 – 4 MB 5/07, Rn. 4; *Schenke* Rn. 477 u. NJW 2011, 2838 (2841 ff.); *Graulich* NVwZ, 685 (690); LD/*Buchberger* Kap. K Rn. 27.

17 Vgl. demggü. etwa § 70 HSOG; § 77 SOG M-V; § 86 NPOG; § 74 ThürPAG; § 123 BremPolG.

Entschädigung von Notstandspflichtigen nach § 10 Abs. 3 SOG oder über einen Anspruch aus § 71 PolDVG die abdrängende Sonderzuweisung der VwGO maßgeblich ist.[18]

Abdrängende Sonderzuweisungen aus dem *Landesrecht* iSd § 40 Abs. 1 S. 2 VwGO finden sich etwa in § 13a Abs. 2 SOG für die richterliche Entscheidung über den Gewahrsam und in § 16a Abs. 1 S. 2 SOG für die Anordnung der Durchsuchung von Wohnungen. Neben derartigen Konkretisierungen der verfassungsrechtlichen Vorgaben aus Art. 104 Abs. 2 GG bzw. Art. 13 Abs. 2 GG sehen SOG und PolDVG weitere **Richtervorbehalte** für Ermittlungsmaßnahmen vor, die zu schwerwiegenden Grundrechtseingriffen führen, etwa in § 15 Abs. 4 S. 4 SOG für die Untersuchung von Personen oder in § 20 Abs. 2 S. 5 PolDVG für die Observation.[19] Rechtsschutz gegen entspr. richterliche Anordnungen wird auf dem *ordentlichen Rechtsweg* nach Maßgabe der §§ 58 ff., 70 ff. FamFG gewährt. Sind in polizeilicher Eilkompetenz ergriffene Maßnahmen abgeschlossen, bevor es zu einer Befassung des Amtsgerichts kommt, bleibt der Verwaltungsrechtsweg für eine *nachträgliche* Überprüfung der Rechtmäßigkeit eröffnet.[20]

II. Statthafte Formen des Verwaltungsrechtsschutzes

Welche Rechtsschutzmöglichkeiten im Einzelfall bestehen, richtet sich nach dem **Begehren der Rechtsschutzsuchenden.**[21] Maßgeblich für die Bestimmung der im Einzelfall bestehenden Rechtsschutzmöglichkeiten ist zunächst, ob die *Aufhebung* einer polizeilichen Anordnung, eine *Leistung* oder *Feststellung* begehrt wird, ob ein behördliches *Vorverfahren* statthaft ist oder *vorläufiger Rechtsschutz* angestrebt wird. Welche Klage- bzw. Antragsarten statthaft sind, ist abhängig von der **Handlungs- bzw. Rechtsform** der behördlichen Maßnahme, ob darin also etwa ein *VA*, *Realakt* oder eine *Verordnung* zu erblicken ist.

Heute besteht weitgehende Einigkeit darüber, dass zur Gewährleistung effektiven Rechtsschutzes die Konstruktion einer **konkludenten Duldungsverfügung** nicht mehr erforderlich ist. Bis zum Inkrafttreten der VwGO im Jahr 1960 wurde die Annahme einer solchen, einen Realakt jedenfalls begleitenden Verfügung noch für erforderlich gehalten, weil die Rechtswegeröffnung mit dem Vorliegen eines Verwaltungsaktes korrelierte.[22] Das BVerwG hatte eine konkludente Duldungsverfügung noch im Jahr 1967 für polizei- und ordnungsbehördliches Realhandeln in Form eines Knüppelschlags angenommen.[23] Einer derartigen Fiktion bedarf es unter Geltung der VwGO, die mit der Leistungs- und Feststellungsklage prozessuale Instrumente zur Überprüfung von Realakten bereithält und in § 40 Abs. 1 S. 1 Hs. 1 VwGO für die Eröffnung des Verwaltungsrechtswegs den Begriff der Verfügung unerwähnt lässt, indes nicht mehr.[24]

1. Rechtsschutz gegen Verwaltungsakte

Gegen Polizeiverfügungen, die als **belastende Verwaltungsakte** iSd § 35 HmbVwVfG zu qualifizieren sind,[25] ist in Hamburg – anders als in anderen Ländern, die von der Öffnungsklausel des

---

18 MdSadB Nr. 75, 1965, 15.
19 Dazu LD/*Buchberger* Kap. K Rn. 32 ff.
20 In diesen Fällen ist kein Raum mehr für eine Entscheidung des AG, die Gegenstand eines Beschwerdeverfahrens bilden könnte, vgl. *Götz/Geis* § 25 Rn. 5 ff; SchSch/*Ehlers/Schneider* § 40 VwGO Rn. 616 ff. Die öff.-rechtl. Streitigkeit ist insoweit nicht den ordentl. Gerichten zugewiesen, vgl. § 5 AGVwGO.
21 Vgl. die Regelung für den Verwaltungsrechtsweg in § 88 VwGO.
22 Ausführlich dazu *Pietzner* VerwArch 1993, 261 (271 ff.). So war etwa in Preußen eine Klage nur gegen VAe möglich, vgl. §§ 50, 127 ff. PrLVG, dazu PrOVGE 79, 400 (405).
23 Vgl. BVerwG 9.2.1967 – I C 49.64 (Schwabinger Krawalle).
24 VG Stuttgart 18.11.2015 – 5 K 1265/14, Rn. 21 (Stuttgart 21); DWVM S. 217; LD/*Rachor/Graulich*, 6. Aufl. 2018, Rn. 35 f.; SchSch/*Knauff* § 35 Rn. 152, *Schoch* FS Stree u. Wessels, 1993, 1095 (1100).
25 Zum Rechtsschutz gg. VAe s. *Schaks/Friedrich* JuS 2018, 860 u. 954.

§ 68 Abs. 1 S. 2 VwGO Gebrauch gemacht haben[26] – zunächst **Widerspruch** einzulegen.[27] Im Fall der Zurückweisung des Widerspruchs ist die **Anfechtungsklage** nach § 42 Abs. 1 Var. 1 VwGO statthaft. Die Einlegung eines Widerspruchs wird indes nur bei Verwaltungsakten möglich sein, die sich nicht schon innerhalb kurzer Zeit erledigen, was etwa bei langfristigen Meldeauflagen, Aufenthalts- oder Kontakt- und Näherungsverboten in Betracht kommt.

9 Widerspruch und Anfechtungsklage entfalten nach § 80 Abs. 1 VwGO grds. **aufschiebende Wirkung** – die Wirksamkeit des Verwaltungsakts wird vorübergehend gehemmt, sodass die Rechte des Widerspruchsführers bzw. des Klägers bis zur Entscheidung geschützt bleiben.[28] Bei Maßnahmen von Polizeivollzugsbeamten *entfällt* die aufschiebende Wirkung eines Rechtsbehelfs indes nach § 80 Abs. 2 Nr. 2 VwGO.[29] Die Vorschrift dient der Effektivität der Gefahrenabwehr und umfasst lediglich Maßnahmen der Vollzugspolizei im institutionellen Sinne, nicht also solche der allgemeinen Fach- bzw. Ordnungsbehörden.[30] Gleiches gilt in den Fällen, in denen die sofortige Vollziehung im öffentlichen Interesse oder im überwiegenden Interesse eines Beteiligten nach § 80 Abs. 2 Nr. 4 VwGO behördlich *angeordnet* wird. Derartige Verwaltungsakte sind *sofort vollziehbar*, können also unabhängig von ihrer Bestandskraft *vollstreckt* werden. Adressaten können im Wege des **einstweiligen Rechtsschutzes** nach § 80 Abs. 5 S. 1 VwGO die aufschiebende Wirkung ganz oder teilweise *anordnen* bzw. *wiederherstellen* lassen. Dies ist insbes. bei versammlungsrechtlichen Allgemeinverfügungen von Bedeutung.[31]

a) Erledigte Verwaltungsakte

10 Es liegt in der Natur gefahrenabwehrrechtlicher Anordnungen, dass diese regelmäßig nur von begrenzter zeitlicher Dauer sind. Gerichtlicher Rechtsschutz kann so oftmals nicht erwirkt werden, *bevor* sich ein VA gem. § 43 Abs. 2 HmbVwVfG erledigt hat und eine Anfechtungsklage unzulässig wird.[32] Betroffenen bleibt die Möglichkeit einer *nachträglichen Feststellung* der Rechtswidrigkeit des Verwaltungsakts im Wege der **Fortsetzungsfeststellungsklage**, der im Polizei- und Ordnungsrecht so eine gesteigerte Bedeutung zukommt. § 113 Abs. 1 S. 4 VwGO gilt dem Wortlaut nach nur für Verwaltungsakte, die sich *nach* Klageerhebung erledigen. Regelmäßig wird die Erledigung bei einer Polizeiverfügung allerdings bereits eingetreten sein, *bevor* es zur Erhebung einer Klage gekommen ist. Für diesen Fall ist § 113 Abs. 1 S. 4 VwGO analog anzuwenden.[33] Als besondere Sachentscheidungsvoraussetzung verlangt die Vorschrift ein **berechtigtes Interesse an der Feststellung**.[34] Dieses kann sich aus einer hinreichend

---

26 Vgl. etwa § 80 NJG; Art. 12 Abs. 2 BayAGVwGO; § 110 NRWJustG.
27 Vgl. § 6 AGVwGO. Zur Bedeutung des Vorverfahrens in Hamburg s. HRK/*Beaucamp* Rn. 58 ff.
28 KSch/*W.-R. Schenke* § 80 Rn. 22.
29 Vgl. etwa OVG Münster 14.5.2012 – 5 B 599/12 (Rückkehrverbot); VG Aachen 2.10.2017 – 6 L 1619/17 (Wohnungsverw.); dazu *Götz/Geis* § 25 Rn. 11 mwN. Gleiches gilt für Verkehrszeichen [→ E56].
30 OVG Hamburg 21.6.2021 – 1 Bs 114/21, Rn. 37.
31 Vgl. OVG Hamburg 5.7.2017 – 4 Bs 148/17 (G20-Protestcamp). Zum einstw. Rechtsschutz nach § 80 Abs. 5 VwGO *Herbolsheimer* JuS 2024, 24.
32 Nach überw. Meinung fehlt es in diesem Fall am Rechtsschutzbedürfnis, so etwa BVerwG 12.4.1991 – 7 C 36.90, Rn. 13; 11.7.2012 – 6 C 39.11, Rn. 17; anders noch BVerwG 15.11.1990 – 3 C 49.87, Rn. 21 f., wonach die Klagebefugnis iSv § 42 Abs. 2 VwGO mit Erledigung entfiele.
33 Ausführlich zur Begründung der Analogie vgl. ESch/*Ehlers* § 31 Rn. 26 ff. Nach aA liegen in solchen Fällen die Voraussetzungen einer Analogie nicht vor, sodass eine nachträgliche Feststellungsklage gem. § 43 Abs. 1 VwGO statthaft ist, dazu mit beachtenswerten Argumenten insbes. Felix DVBl 2020, 481; *Glaser* NJW 2009, 1043; s. auch BVerwG 14.7.1999 – 6 C 7.98, Rn. 22.
34 Vgl. BVerwG 24.10.2006 – 6 B 61.06; *Hufen* § 18 Rn. 47. S. dazu auch die umfassende Prüfung durch das OVG Münster 27.9.2021 – 5 A 2807/19, Rn. 30 ff. (Platzverweis).

konkreten *Wiederholungsgefahr*,[35] einem *Rehabilitationsinteresse*[36] oder der Absicht zur Führung eines Schadensersatzprozesses (Präjudizinteresse)[37] ergeben. Darüber hinaus kann ein fortbestehendes Rechtsschutzinteresse in Fällen sich *typischerweise kurzfristig erledigender Maßnahmen* angenommen werden, in denen eine Überprüfung im gerichtlichen Hauptsacheverfahren nur im Rahmen einer Fortsetzungsfeststellungsklage möglich ist – im Einklang mit Art. 19 Abs. 4 GG wird dafür jedoch stets ein *qualifizierter Grundrechtseingriff* vorauszusetzen sein.[38]

Beispiele: Die polizeiliche Untersagung der Weiterfahrt mit einem am Kfz montierten, unbeleuchteten Fahrradgepäckträger, der nach einem Verkehrsunfall, bei dem der Gepäckträger gefahrbegründend beschädigt wurde, erledigt sich mit dessen Demontage – ein Interesse an der gerichtlichen Überprüfung der Rechtmäßigkeit des Verwaltungsakts besteht aufgrund der Gefahr einer erneuten Anordnung, wenn der Kläger den Gepäckträger weiterhin in gleicher Weise in der FHH nutzen will. Demggü. hat ein Fortsetzungsfeststellungsinteresse in Bezug auf die Überprüfung eines Aufenthaltsverbots für die gesamte Innenstadt dann auszuscheiden, wenn weder eine Wiederholungsgefahr dargetan ist, noch ein Rehabilitationsinteresse nachgewiesen werden kann, weil der Betroffene die Information über die ihm ggü. ergangene polizeiliche Maßnahme selbstinitiiert an Dritte weitergegeben hat. Eine rechtlich erhebliche Beeinträchtigung kann insoweit nicht durch eigenes Verhalten selbst geschaffen werden, sondern muss gerade auf das staatliche Handeln rückführbar sein.[39]

b) Kosten- und Gebührenbescheide

Regelmäßig wird Rechtsschutz nicht gegen eine polizeiliche Maßnahme selbst angestrebt, sondern ein anschließend ergehender Bescheid angegriffen, der dem Adressaten die Kosten auferlegt, die durch das Tätigwerden der Behörde angefallen sind. Nach Bekanntgabe eines Kosten- oder Gebührenbescheids sind Widerspruch und Anfechtungsklage statthaft. Im behördlichen bzw. dem anschließenden gerichtlichen Verfahren sind die **Rechtmäßigkeit des Bescheids** und inzident jene der zugrundeliegenden Maßnahme zu prüfen, da nur ein **rechtmäßiges Behördenhandeln** Grundlage für eine Kostenerhebung sein kann. Zu beachten ist indes, dass Rechtsbehelfen gegen einen *Gebührenbescheid* nach § 80 Abs. 2 Nr. 1 VwGO keine aufschiebende Wirkung zukommt, sodass auch ein erhobener Widerspruch die Pflicht zur Zahlung der mit dem Bescheid festgesetzten Kosten – etwa der Gebühren für das Abschleppen eines Fahrzeugs – nicht suspendiert. Um dies zu erreichen, ist nach § 80 Abs. 5 S. 1 Var. 1 VwGO beim Verwaltungsgericht ein Antrag auf Anordnung der aufschiebenden Wirkung des Anfechtungsrechtsbehelfs zu stellen, dessen Zulässigkeit nach Maßgabe des § 80 Abs. 6 VwGO von der *Ablehnung* (S. 1) oder der *Entbehrlichkeit* (S. 2) eines vorherigen Aussetzungsantrags bei der Behörde abhängt.

2. Rechtsschutz gegen Realakte

Auch im Hinblick auf polizei- oder ordnungsbehördliche Realakte steht der Verwaltungsrechtsweg offen. Für ein Vorgehen gegen einen *belastenden Realakt*, etwa die automatisierte Kennzei-

---

35 Vgl. VG Hamburg 13.12.2023 – 5 K 1923/20 (Anordnung von „Terrorschutzmaßnahmen" für jährliches Stadtfest); VG Hamburg 28.4.2021 – 3 K 5339/19 (Blockieren Twitter-Account); VG Köln 13.6.2013 – 20 K 4683/12 (IdF); VG Oldenburg 26.6.2012 – 7 A 3177/12 (Meldeauflage).
36 VG Hamburg 10.11.2020 – 20 K 1515/17 (IdF wg. BTM-Deliktsverdacht); VG Augsburg 26.3.2019 – Au 8 K 18.1922 (Platzverweis gg. Priester).
37 VG Münster 23.9.2021 – 5 K 938/20 (pandemiebedingter Betriebsschließungsanordnung). Aufgr. der ansonsten sofort mögl. Anrufung der ordentl. Gerichte kommt ein Präjudizinteresse nur bei Erledigung des VAs *nach* Klageerhebung in Betracht, vgl. BVerwG 9.5.1989 – 1 B 166.88, Rn. 4.
38 So nunmehr BVerwG 24.4.2024 – 6 C 2.22. Vgl. auch OVG Münster 7.12.2021 – 5 A 2000/20 (abgelehnt bei Betretungs- u. Aufenthaltsverbot); OVG Bremen 8.1.2019 – 1 LB 252/18 (abgelehnt bei Platzverweis); OVG Schleswig 25.1.2018 – 4 LB 36/17 (Durchsuchung u. Sicherstellung Mobiltelefon). Anders noch OVG Lüneburg 17.12.2018 – 11 LA 66/18, Rn. 8 ff. (Observation).
39 VG Hamburg 18.3.2022 – 5 K 6932/17, Rn. 27 ff. (Gepäckträger); OVG Münster 7.12.2021 – 5 A 2000/20, Rn. 39 ff. (Aufenthaltsverbot).

chenerfassung oder bei Videoüberwachungsmaßnahmen, ist die **Leistungsklage** als Unterlassungsklage statthaft.[40] Bereits vor Beginn des behördlichen Handelns kann die Leistungsklage als *vorbeugende* Unterlassungsklage erhoben werden, wenn insoweit ein besonders schützenswertes Interesse besteht.[41]

14 Hat sich eine polizeiliche Maßnahme in Form eines Realaktes erledigt, kann *nachträglich* im Wege der **Feststellungsklage** nach § 43 VwGO eine gerichtliche Entscheidung über deren Rechtmäßigkeit begehrt werden – etwa hinsichtlich einer polizeilichen Dauerobservation.[42] Voraussetzung dafür ist, dass der Streitgegenstand ein *feststellbares Rechtsverhältnis* bildet, es also auf das Bestehen oder Nichtbestehen einer sich aus einem konkreten Sachverhalt aufgrund einer Rechtsnorm des öff. Rechts ergebenen Beziehung zwischen Personen untereinander oder zwischen einer Person und einer Sache ankommt.[43] Dazu bedarf es eines qualifizierten Interesses der betroffenen Person an der nachträglichen Feststellung.[44] Die Anforderungen sind insoweit vergleichbar mit denen der Fortsetzungsfeststellungsklage.

15 **Beispiele:** Ob in unzulässiger Weise Daten über eine Person durch eine verdeckte Ermittlungsperson erhoben wurden, kann im Wege der Feststellungsklage geklärt werden. Die Frage, ob die Datenerhebung von einer Rechtsgrundlage gedeckt war, begründet ein feststellungsfähiges Rechtsverhältnis – dem steht nicht entgegen, dass die Ermittlungsperson bereits entfernt ist. Kein feststellungsfähiges Rechtsverhältnis wird demggü. in der isolierten Frage gesehen, ob der intime Kontakt und einvernehmliche Geschlechtsverkehr einer verdeckten Ermittlungsperson mit der Zielperson zulässig war. Feststellungsfähig ist auch die Frage danach, ob die Polizei dazu verpflichtet war, einer Person im Gewahrsam einen Toilettengang zu ermöglichen.[45]

16 Gleiches gilt für **Vollstreckungsakte**, die als Realakt zu qualifizieren sind, wie die *Ersatzvornahme* oder die *Anwendung unmittelbaren Zwangs*, etwa in Form des Einsatzes eines Polizeihundes.[46] Auch diesbezüglich ist eine Feststellungsklage statthaft. Gehen von der Maßnahme keine fortdauernden Beeinträchtigungen mehr aus, kann klageweise festgestellt werden, dass die Behörde zur Vollstreckung nicht berechtigt war, sofern Betroffenen ein berechtigtes Interesse an der Feststellung zusteht.[47] Dauert die rechtliche Beeinträchtigung durch die Vollstreckungsmaßnahme fort, kann ihr Unterlassen mithilfe einer entspr. Leistungsklage erwirkt werden.[48]

3. Durchsetzung von Ansprüchen auf polizeiliches Handeln

17 Soll nicht der Vollzug eines belastenden Verwaltungsaktes verhindert, sondern vielmehr der Erlass eines *begünstigenden Verwaltungsakts* erreicht werden, ist die **Verpflichtungsklage** nach § 42 Abs. 2 Var. 2 VwGO statthaft – im Falle der Ablehnung eines entspr. Antrages ist nach § 68 Abs. 2 VwGO zuvor ein Widerspruchsverfahren durchzuführen. So kann im Wege der Verpflichtungsklage etwa ein *subjektives Recht auf polizeiliches Einschreiten* oder die *Erteilung einer Genehmigung* für eine Großveranstaltung nach § 31 SOG durchgesetzt werden. Hat die betroffene Person einen **Anspruch auf polizeiliches Handeln**, insbes. weil das Ermessen der

---

40 Vgl. BVerwG 22.10.2014 – 6 C 7.13 (autom. Kennzeichenerfassung); BVerwG 25.1.2012 – 6 C 9.11, Rn. 16; dazu auch OVG Hamburg 22.6.2010 – 4 Bf 276/07, Rn. 41 u. 2.5.2024 – 6 B 66.23 (beide zur Videoüberwachung).
41 Dies wird angenommen, wenn der Verweis auf nachgängigen Rechtsschutz mit für den Betroffenen unzumutbaren Nachteilen verbunden wäre, vgl. BVerwG 22.10.2014 – 6 C 7.13.
42 VGH Saarlouis 6.9.2013 – 3 A 13/13, Rn. 29; vgl. auch OVG Lüneburg 17.12.2018 – 11 LA 65/18, welches infolge einer polizeil. Observation ein feststellungsfähiges Rechtsverhältnisses ablehnt.
43 Vgl. *Hufen* § 18 Rn. 9 f.
44 Vgl. VG Cottbus 26.1.2021 – 3 K 654/18 (Gefährderanschreiben); ESch/*Ehlers* § 30 Rn. 46 ff.
45 Vgl. VG Karlsruhe 26.8.2015 – 4 K 2113/11, Rn. 36 ff. (Ermittlungsperson); OVG Hamburg 8.6.2018 – 4 Bf 103/17.Z, Rn. 14; VG Hamburg 19.4.2017 – 17 K 7997/16, Rn. 21 ff. (Geschlechtsverkehr (→ D87)); VGH Mannheim 20.1.2022 – 1 S 1724/20, Rn. 17 (Toilettengang).
46 Vgl. VG Lüneburg 27.7.2004 – 3 A 124/02.
47 *Schenke* Rn. 634.
48 Dazu *Hufen* § 18 Rn. 6 u. § 22 Rn. 3; ESch/*Ehlers* § 30 Rn. 43.

II. Statthafte Formen des Verwaltungsrechtsschutzes 341

Behörde auf null reduziert ist, ist eine Vornahmeklage iSd § 113 Abs. 5 S. 1 VwGO statthaft – bleibt ein Ermessensspielraum, richtet sich die Klage auf Neubescheidung nach § 113 Abs. 5 S. 2 VwGO.[49] Auch wenn ein *Realakt* der Behörde begehrt wird, die vorgeschaltete Entscheidung darüber aber VA-Charakter hat, ist eine Verpflichtungsklage statthaft.[50]

Um die Behörde zu einem realen Handeln zu verpflichten, etwa zum Einschreiten gegen Lärmbelästigungen,[51] kann eine **allgemeine Leistungsklage** erhoben werden. Hierbei ist keine Klagefrist einzuhalten und es bedarf keines Vorverfahrens. Die allg. Leistungsklage ist auch statthaft, wenn die Beseitigung der Folgen eines behördlichen Handelns begehrt wird – ggf. als Annexantrag neben der Anfechtung eines VAs nach § 113 Abs. 1 S. 2 oder Abs. 4 VwGO. So kann im Wege der allg. Leistungsklage bspw. die *Herausgabe* einer sichergestellten und verwahrten Sache, die *Löschung* von gespeicherten Daten oder ein öffentlich-rechtlicher *Erstattungsanspruch*, etwa infolge der Zahlung auf eine rechtswidrige Kostenforderung, durchgesetzt werden.[52] Im Fall einer Eilbedürftigkeit kommt sowohl in der Konstellation der Verpflichtungsklage als auch der allg. Leistungsklage ein Antrag auf Erlass einer einstweiligen Anordnung nach § 123 Abs. 1 VwGO in Betracht.

18

4. Rechtsschutz gegen Gefahrenabwehrverordnungen

Besonderheiten ergeben sich im Recht der FHH für den Rechtsschutz gegen Verordnungen zur Gefahrenabwehr. Eine gerichtliche Kontrolle von im Rang unter dem Landesgesetz stehenden Rechtsvorschriften kann im Wege eines Normenkontrollantrags nach § 47 Abs. 1 Nr. 2 VwGO nur erlangt werden, sofern das Landesrecht dies vorsieht. Der hamburgische Gesetzgeber hat von dieser Ermächtigung indes keinen Gebrauch gemacht, sodass ein entspr. Antrag nach § 47 Abs. 1 Nr. 2 VwGO unzulässig wäre.[53] Gegen eine gefahrenabwehrrechtliche Verordnung besteht in Hamburg somit kein unmittelbarer Rechtsschutz – eine gerichtliche Kontrolle kann nur im Wege einer **inzidenten Normenkontrolle** erreicht werden.[54] Dies setzt grds. einen Anfechtungsrechtsbehelf gegen einen auf Grundlage einer Bestimmung der Verordnung erlassenen VA voraus, wobei das Gericht als Vorfrage die Rechtmäßigkeit des materiellen Gesetzes zu klären hat.[55] Sofern es für den Betroffenen unzumutbar ist, einen auf Grundlage der Verordnung ergehenden VA abzuwarten, kommt die Erhebung einer **Feststellungsklage** bzw. ein Antrag nach § 123 Abs. 1 VwGO in Betracht.[56] Anders als in anderen Ländern war in Hamburg daher maßgeblich das VG mit der Überprüfung der Bestimmungen der HmbSARS-CoV-2-EindämmungsVO befasst, während das OVG als Beschwerdeinstanz tätig geworden ist.[57]

19

Dem Verwaltungsgericht steht eine – mit Blick auf Art. 64 Abs. 2 S. 1 HmbVerf allerdings eingeschränkte – **Normüberprüfungs- und Normverwerfungskompetenz** zu.[58] Sofern der gerichtliche Streitgegenstand ein auf einer Verordnung beruhender VA bzw. das sich aus der

20

---

49 EFP/*Pünder* Rn. 79.
50 LD/*Buchberger* Kap. K Rn. 96; ESch/*Ehlers* § 28 Rn. 12.
51 Vgl. VG Freiburg 10.10.2018 – 4 K 805/16; VGH Mannheim 3.8.2023 – 1 S 1718/22.
52 Vgl. VGH München 22.5.2017 – 10 B 17/83 (Herausgabe); OVG Saarlouis 30.1.2018 – 2 A 269/16, Rn. 27 (Datenlöschung); OVG Lüneburg 6.6.2003 – 12 LB 68/03 (Erstattungsanspruch).
53 HRK/*Beaucamp* Rn. 66. Vgl. demggü. § 75 NJG; § 109a NRWJustG.
54 ESch/*Ehlers* § 32 Rn. 35 f.; *Götz/Geis* § 26 Rn. 3.
55 *Thiel* § 17 Rn. 10; *Maurer/Waldhoff* § 13 Rn. 19.
56 Dies gilt insbes. wenn ein Verstoß gegen die VO bußgeld- oder strafbewehrt ist. Vgl. BVerfG 17.1.2006 – 1 BvR 541/02, Rn. 40 ff.; BVerwG 28.6.2000 – 11 C 13.99, Rn. 30; 23.8.2007 – 7 C 13.06 Rn. 17 ff.; SchSch/*Pietzcker/Marsch* § 42 Rn. 165 ff.
57 Krit. zu Feststellungsbegehren im einstweil. Verfahren OVG Hamburg 20.5.2020 – 5 Bs 77/20, Rn. 13 ff. (Fitnessstudios).
58 Vgl. ESch/*Ehlers* § 32 Rn. 2.

Verordnung ergebende Rechtsverhältnis ist, kann das VG die Verordnung im verwaltungsgerichtlichen Verfahren überprüfen und bei Feststellung der Rechtswidrigkeit unanwendbar lassen. Ein begründeter Normenkontrollantrag hat gem. § 47 Abs. 5 VwGO eine *parteiunabhängige* Unwirksamkeit der Verordnung zur Folge, während eine entspr. Entscheidung über eine Anfechtungs- und Feststellungklage lediglich *inter partes* wirkt.[59]

21 Beispiel: Im Jahr 2021 befasste sich das OVG Hamburg im Rahmen eines Eilrechtsschutzverfahrens nach § 123 Abs. 1 S. 2 VwGO mit der Verfassungsmäßigkeit des § 4d HmbSARS-CoV-2-EindämmungsVO, welcher den Konsum alkoholischer Getränke im öffentlichen Raum untersagte. Es hielt die Regelung mangels ausreichender Rechtsgrundlage zwar für verfassungswidrig, konnte dies allerdings lediglich im Verhältnis zum Antragsteller feststellen und die Stadt Hamburg einstweilig nur dazu verpflichten, fortan sanktionsfrei zu dulden, dass dieser alkoholische Getränke auf öff. Wegen, Straßen, Plätzen und Grün- und Erholungsanlagen alleine verzehrt.[60]

---

[59] *Honer/Holst* JA 2024, 129 (134 f.). Vgl. OVG Hamburg 12.3.2021 – 5 Bs 33/21, 2 E 195/21, Rn. 11 ff. zu den gesteigerten Anforderungen an die Erfolgsaussichten im Hauptsacheverfahren.
[60] OVG Hamburg 12.3.2021 – 5 Bs 33/21, 2 E 195/21 (Alkoholkonsumverbot).

J. Geschichte der Hamburger Polizei und des Hamburgischen Polizeirechts

Wie alles andere, bewegt sich auch das Recht in der **Zeit**. Vorschriften, Urteile und Rechtsmeinungen entstehen in einer bestimmten Zeit, werden mit der Zeit bedeutungslos oder überdauern sie auch, werden dabei aber durch die Zeit geprägt.[1] Das gilt auch für das Polizei- und Ordnungsrecht. Viele Vorschriften lassen sich erst verstehen, wenn man sich eine Vorstellung von der Welt gemacht hat, in der sie entstanden sind, wenn man die **gesellschaftliche Entwicklung** nachvollzieht, die sie begleitet und mitgesteuert hat. Vor allem der geschichtliche Blick auf die gegenwartsnahe Rechtsgeschichte[2] kann dabei helfen, das Recht zu verstehen, trifft dabei jedoch auch auf Grenzen: Die Vergangenheit kann nicht vollends verstehen, wer nicht in ihr gelebt hat. Jede historische Situation steht für sich und lässt sich nicht einfach mit der Gegenwart vergleichen.[3] Aber auch in diesen Grenzen die **Vergangenheit des Rechts** nachzuvollziehen, trägt mit dazu bei, dessen Gegenwart zu verstehen.[4]

Die historische **Entwicklung von Polizei und Polizeirecht** ist geprägt von dem geschichtlichen Wandel der staatlichen Zwecke, des städtischen Lebens und einer sich mit der Zeit immer mehr arbeitsteilig organisierenden Gesellschaft.[5] Die geschichtliche Besonderheit Hamburgs als bedeutende Handelsstadt, Freie Reichsstadt und späterer Stadtstaat steht für die stetige Suche einer Stadt nach Eigenständigkeit und gleichzeitiger Verbundenheit mit den sie in jeder historischen Epoche umgebenden Mächten. *Eigenständigkeit* und *Eingebundenheit* spiegeln sich so auch in der Geschichte der Hamburger Polizei und des Hamburger Polizei- und Ordnungsrechts wider. Sie machen diese zu einem besonderen, nicht immer leicht durchschaubaren Teil der Geschichte des Polizei- und Ordnungsrechts und der Polizeien in Deutschland.[6]

I. Spätmittelalter und frühe Neuzeit: Policey und Polizeiordnungen

Als älteste Vorformen der heute geltenden Polizei- und Ordnungsgesetze werden die **Polizeiordnungen** angesehen. Sie entstanden im 13. und 14. Jahrhundert zunächst in den *Städten* wie Hamburg und ab dem 15. Jahrhundert auch in *Territorien* des Reichs.[7] In Hamburg wurden die Ordnungsvorschriften von dem seit 1216 bestehenden Senat erlassen, der bis 1860 auch Rat (bzw. Rath) genannt wurde.[8] Im Rat waren vor allem die Handelsleute vertreten, die im 12. und 13. Jahrhundert aufgrund ihres wirtschaftl. Erfolgs ihre Privilegien und damit die Rechte Hamburgs

---

1 *Grimm* ARSP Beiheft 13 N.F., 1980, 17.
2 *Röhl* Jura 1994, 173, 178; anders *Stolleis* JuS 1989, 871.
3 Zum Historismus aus erkenntnistheoretischer Perspektive *Seiffert*, Geisteswissenschaftliche Methoden, 11. Auflage 2006, S. 57 ff.
4 Zur Bedeutung der Rechtsgeschichte: *Laufs* JuS 1976, 63; *Kugelmann* Kap. 2 Rn. 1; *Kingreen/Poscher* § 1 Rn. 1; krit. *Röhl* Jura 1994, 173 (173).
5 LD/*Stolleis/Kremer* Kap. A Rn. 1 f. u. 9 mwN.
6 Mit welcher Vorsicht von einer Geschichte der „Hamburger" Polizei u. des „Hamburger" POR gesprochen werden sollte, wird schon daran deutlich, dass Altona, Wandsbek, Harburg-Wilhelmsburg, Bramfeld, Duvenstedt, Poppenbüttel u. Neugraben erst 1937 zum heutigen Hamburg dazukamen u. bis dahin anderen Staaten, zuletzt Preußen, angehörten u. dementsprechend stärker an deren geschichtlicher Entwicklung teilhatten.
7 LD/*Stolleis/Kremer* Kap. A Rn. 2 u. 10. Zum Stadtrecht Hamburgs zur frühen Neuzeit s. etwa *Krieger* S. 21 ff.
8 S. etwa Der Stadt Hamburg Statuta und Gerichts Ordnung v. 10.10.1603, online einsehbar unter de.wikisource.org/wiki/Der_Stadt_Hamburg_Statuta_und_Gerichts_Ordnung.

ggü. weltlichen (Kaisern, Herzögen, Landes- und Stadtherren) und kirchlichen Herrschern (insbes. Bischöfen) Stück für Stück ausbauen konnten.[9]

4 Für die neuen in den Städten wie Hamburg entstehenden Ordnungsherausforderungen stand die Bezeichnung **„Policey"**, die in der zweiten Hälfte des 15. Jahrhunderts Eingang in die deutsche Kanzleisprache, also den geschäftlichen und administrativen Sprachgebrauch findet. „Policey" (von griechisch »politeia«) bezeichnete keine Behörde oder deren Tätigkeit, sondern einen zu erreichenden Zustand, nämlich den der **guten Ordnung eines Gemeinwesens**.[10] Sie erstreckte sich vor allem auf das, was – auch aus einer traditionellen Sicht heraus – in einer sich wandelnden, unsicheren Zeit als ordnungsbedürftig erschien. Abgegrenzt wurde die „Policey" von Materien und Aufgabenbereichen, die wegen ihrer Nähe zur unmittelbaren Machtausübung des Herrschers oder anderer Obrigkeiten nicht der Administration überlassen wurden, wie etwa das Münzwesen, die Entscheidung über Krieg und Frieden, das Militär oder die Finanzhoheit.[11] Die Unbestimmtheit und eher funktionale Ausrichtung des Policeybegriffs mag am Maßstab heutiger Rechtsstaatlichkeit defizitär erscheinen, bot aber die notwendige, auch im heutigen Polizei- und Ordnungsrecht noch verankerte Offenheit, um auf die sich immer dynamischer fortentwickelnde Gesellschaft reagieren und auch das „policeyliche" Handeln entspr. fortentwickeln zu können.[12]

5 Auch die **Reichspolizeiordnungen** des Heiligen Römischen Reiches von 1530, 1548 und 1577 griffen den Begriff der „Policey" auf.[13] Wie schon die Polizeiordnungen der Landesherren und der Reichsstädte regelten sie vor allem das **sittliche Leben** und hier alles, was aus der damaligen Sicht in einer sich wandelnden, unsicheren Zeit als ordnungsbedürftig erschien, ein regulativer Gedanke, der in seiner Abstraktheit noch heute im Schutzgut der **öffentlichen Ordnung** zum Ausdruck kommt. So verboten die Polizeiordnungen etwa übermäßigen Aufwand beim Bewirten von Gästen und bestimmten das genaue Maß an Luxus, das sich die Angehörigen der verschiedenen Stände in der Kleidung leisten durften.[14] Sie regelten gesundheitliche Angelegenheiten (Seuchenbekämpfung, Krankenversorgung, Nahrungsmittelqualität), die Festkultur und Glücksspiel, befassten sich aber auch mit rein privatrechtlichen Belangen, etwa der Festlegung eines Höchstzinssatzes von fünf Prozent oder einzelnen erbrechtlichen Fragen.[15] Gerade diese Ausdehnung der gerichtlichen oder obrigkeitlichen Fürsorge für private Rechte und Interessen wird als typisch für das polizeilich-fürsorgliche Denken angesehen, das in dieser Zeit aufkam.[16] Zum Hauptgegenstand der Polizeiordnungen gehörte zudem die **Sanktionierung abweichenden Verhaltens**, etwa die Verfolgung von Vaganten oder die Bestrafung unerwünschten Sexualverhaltens (Ehebruch, Konkubinat, Homosexualität). Die Polizeiordnungen modifizierten so das gemeine Recht. Ihre konkrete Umsetzung förderte nicht

---

9 Ausdruck dieser Autonomiebestrebungen waren etwa das 1230 erbaute Rathaus, die Einführung der lübischen Mark als eigene Währung im Jahr 1255, das 1292 bestätigte Recht zum Erlassen eigenständiger Gesetze oder der im Jahr 1310 abgeschlossene Kauf des gesamten Alsterlaufs.
10 Kingreen/Poscher § 1 Rn. 2; LD/*Stolleis/Kremer* Kap. A Rn. 4 mwN.
11 LD/*Stolleis/Kremer* Kap. A Rn. 4 ff. mwN. Diese Abgrenzung deutet die heute geläufige Unterscheidung von Staats- und Verwaltungsrecht an.
12 LD/*Stolleis/Kremer* Kap. A Rn. 7 mwN.
13 In dieselbe Zeit fällt der Erlass der das Straf- u. Strafprozessrecht deutschlandweit vereinheitlichenden Peinlichen Gerichtsordnung Kaiser Karls V. (Constitutio criminalis Carolina) von 1532.
14 Für Hamburg s. etwa Eines Ehrb. Rahts der Stadt Hamburg gemachte Kleider-Ordnung v. 6.5.1648, online einsehbar unter de.wikisource.org/wiki/Eines_Ehrb._Rahts_der_Stadt_Hamburg_gemachte_Kleider-Ordnung.
15 *Gmür/Roth* Rn. 305.
16 *Gmür/Roth* Rn. 305, die hierin auch einen Ausbau älterer Ansätze der sog. Freiwilligen Gerichtsbarkeit [→ D188] sehen.

nur die Akzeptanz einer Verrechtlichung im Allgemeinen, sondern trug auch entscheidend zur Entstehung des öffentlichen Strafrechts bei.[17]

II. Reformation, Aufklärung und Stadtrepublik: Policey, Polizeigewalt und Polizeiorganisation

Mit Ausgang des 16. Jahrhunderts hatte sich Hamburg zur führenden Handels- und Finanzmacht im Heiligen Römischen Reich entwickelt.[18] Vom Dreißigjährigen Krieg (1618 bis 1648) wurde die seit 1529 lutherische Hansestadt weit weniger als viele andere Städte und Territorien des Alten Reichs betroffen und ging aus ihm sogar wirtschaftlich und politisch gestärkt hervor, weil sie sich strikt neutral verhielt. Zugleich veränderte sich die innere Machtverteilung. Im Zuge und im Nachgang der Reformation Hamburgs nahmen Spannungen zwischen den Bürgern – seit dem 15. Jahrhundert auch durch das Gremium der Erbgesessenen Bürgerschaft repräsentiert – und dem Rat zu, auch weil die ratsfähigen Familien als politisch führende Schicht zunehmend Alleinherrschaftsansprüche formulierten. Die republikanisch-korporativ verfasste Stadt nahm eine absolutistische Entwicklung, begünstigt durch Absprachen und Bündnisse, die aufständische Gruppen mit Kaiser und dänischem König eingingen, deren Konkurrenz als Stadtherren erst endete, als Dänemark 1768 die Unabhängigkeit der Stadt anerkannte. Hamburg nahm fortan als **freie Reichsstadt** am Reichstag zu Regensburg teil. Mit den Reichspolizeiordnungen war zwar das Reich als **Träger der Polizeigewalt** in Erscheinung getreten. Ihm fehlte jedoch ein eigenständiger Verwaltungsapparat. Die Festlegung polizeilicher Zustände blieb so – auch in Hamburg – bis zum Ausgang des 19. Jahrhunderts im Wesentlichen eine Aufgabe der Herrschenden in den **freien Reichsstädten** und der **fürstlichen Territorien**, in Hamburg also vor allem der Ratsherren und ratsfähigen Familien.[19] 6

Im Zuge der absolutistischen Entwicklung wandelte sich das Verständnis von **Polizei**. Verstanden als **Aufgabe** – für die der hergebrachte, spätmittelalterliche Begriff der „Policey" stand – erfuhr er eine bedeutsame inhaltliche Ausweitung: Der wirtschl. u. gesellschaftl. Wiederaufbau in Folge des Dreißigjährigen Kriegs, eine merkantilische Handels- und Wirtschaftspolitik und die zunehmende Ökonomisierung setzten die Sicherheit und Ordnung in den Kontext von sozialem und wirtschaftlichem Wohlergehen. Die Policey konnte sich nicht mehr nur auf den Erhalt einer moralischen Ordnung beschränken, sondern zielte fortan auch auf die aktive Gestaltung einer materiellen Lage zur Sicherung des Wohlstands der Bevölkerung. „Policey" meinte nun etwa auch die Förderung der Gewerbe, des Verkehrs, später auch der Landwirtschaft, der Jagd und Fischerei, des Bergbaus und auch des Bildungswesens und der Künste.[20] Unter Begleitung einer sich zugleich entfaltenden Polizeiwissenschaft umspannte Policey tendenziell die gesamte innere Verwaltung und richtete sich neben der Erhaltung der Sicherheit auch auf die **Förderung der Wohlfahrt**.[21] 7

---

17 *Gmür/Roth* Rn. 305a. Die Nähe zum StrafR wird auch im heutigen POR an vielen Stellen sichtbar [→ C128].
18 Zum Folgenden s. *Sarnowsky*, Die politische Entwicklung und die sozialen Strukturen Hamburgs im Spätmittelalter, in: Plagemann, Die Kunst des Mittelalters in Hamburg, Aufsätze zur Kulturgeschichte, Hamburg 1999, S. 97–108 u. 343 f. Neben der Ordnungstätigkeit, die von Städten und den Grundherren auf dem Lande ausgeübt wurde („niedere Polizei"), sollte es die Tätigkeit der Landesherren und – in freien Reichsstädten wie Hamburg – der Ratsherren sein, die das prägten, was fortan unter „Polizei" verstanden wurde.
19 LD/*Stolleis/Kremer* Kap. A Rn. 10. Auch heute liegt die Gesetzgebungs- u. Verwaltungskompetenz zum allg. POR im Wesentlichen bei den Ländern [→ B47].
20 LD/*Stolleis/Kremer* Kap. A Rn. 11 mwN. Zur heutigen Einordnung des allg. POR in das allg. u. bes. Verwaltungsrecht [→ A1].
21 LD/*Stolleis/Kremer* Kap. A Rn. 11 ff. u. 15 ff.

8 Weil sich das polizeiliche Handeln aus der polizeilichen Aufgabe heraus legitimierte,[22] formte sich zugleich ein entspr. weitreichendes **befugnis- oder handlungsbezogenes** Verständnis von Polizei heraus, für das der Begriff der **Polizeigewalt** („ius politiae") stand.[23] In diesem Sinne bezeichnete Polizei ein Hoheitsrecht des absoluten Herrschers über seine Untertanen, kraft dessen er durch seine Beamten mit verbindlichen Anordnungen das gesamte soziale Leben seiner Untertanen reglementieren und seine Anordnungen mit Zwangs-, insbes. mit Strafgewalt durchsetzen konnte, und zwar ohne Bindung an Verfassung, parlamentarische Gesetzgebung, Gewaltenteilung, ohne Rücksicht auf private Freiheiten und ohne Rechtsschutz durch unabhängige Gerichte.[24] Vielmehr galt der **Schluss vom Zweck auf die Mittel**.[25] Eine solche generelle, nahezu unbegrenzte polizeiliche Befugnis[26] wird im geschichtlichen Rückblick als Inbegriff des negativ konnotierten **Polizeistaats** gesehen.[27] Mit der Erweiterung der polizeilichen Aufgabe um die Förderung der „allgemeinen Wohlfahrt" oder der „allgemeinen Glückseligkeit" war nicht gemeint, dass der Staat im Sinne sozialer Marktwirtschaft und Daseinsvorsorge für das soziale und wirtschaftliche Wohl der Individuen zu sorgen hätte, sondern dass er – eben mit Hilfe der Polizeigewalt – aufständische Umtriebe und Konflikte zu unterbinden hat, insbes. um die Steuerkraft der Wirtschaft und der Bevölkerung zu heben.[28] Dies entsprach jedenfalls einer kameralistischen, auf Mehrung der Staatseinkünfte zielenden Staatswirtschaftslehre. Sie prägte die noch junge und zu dieser Zeit aufblühende **Polizeiwissenschaft**[29] und wurde von einem naturrechtlichen Staatsverständnis kritisiert, wonach staatliches und damit auch polizeiliches Handeln nicht nur den Interessen und dem Wohl des **Staates,** sondern in aller erster Linie dem Gemeinwohl oder „Bürgerglück" zu dienen hatte, also darauf auszurichten sei, die Voraussetzungen für die „Vervollkommnung des **Menschen**" zu schaffen.[30] Beide Sichtweisen ließen sich zwar bis zu einem gewissen Grade miteinander vermitteln, blieben aber auch in der Folgezeit in einem prinzipiellen Spannungsverhältnis.[31]

9 Vor diesem Hintergrund und als Ausdruck der ius politiae hatten die Verordnungsaktivitäten im Reich, in den Ländern und Städten ab dem letzten Drittel des 17. Jahrhundert nochmal rasant zugenommen.[32] Dabei wurde der Begriff der Polizei nicht nur für die Aufgabe („policey") und die Handlungsbefugnisse („ius politiae"), sondern mehr und mehr auch in einem **institutionellen Sinne** gebraucht, nämlich als Bezeichnung für die die gute Ordnung durchsetzenden Kräfte und Einrichtungen. In der Hansestadt bildeten diese Kräfte – anders als die in vielen anderen Städten eingerichteten Polizeidirektoren[33] – indes auch in dieser Zeit noch keine einheitliche Institution, sondern bestanden aus **vielen Einheiten mit unterschiedlichen Zuständigkeiten**, was auch der republikanischen und obrigkeitskritischen Einstellung der Bürgerschaft geschuldet sein dürfte. Anders als heute wurde zwischen Aufgaben der Rechtsprechung und inneren und äußeren Sicherheit noch nicht strikt unterschieden, was sich in der Organisation der

---

22 Hierzu EFP/*Pünder* Rn. 5.
23 LD/*Stolleis/Kremer* Kap. A Rn. 14; EFP/*Pünder* Rn. 5.
24 *Götz/Geis* § 1 Rn. 3 f.; LD/*Stolleis/Kremer* Kap. A Rn. 13. Zu den die Polizeiangelegenheiten überprüfenden, verwaltungsinternen Kameraljustiz („Justiz-Collegia") vgl. EFP/*Pünder* Rn. 5.
25 *Kingreen/Poscher* § 1 Rn. 4 mwN. Dagegen heute [→ A5].
26 EFP/*Pünder* Rn. 5 mwN.
27 *Götz/Geis* § 1 Rn. 4. Etwa zur selben Zeit erhielt Begriff der Bürokratie eine negative Konnotation als Ausdruck polizeil. Bevormundung u. Gängelung, vgl. LD/*Stolleis/Kremer* Kap. A Rn. 19.
28 *Götz/Geis* § 1 Rn. 5.
29 *Götz/Geis* § 1 Rn. 5 u. LD/Stolleis/Kremer Kap. A Rn. 15 u. 17 f., jeweils mwN insbes. zu den damaligen Arbeiten von *Johannes Ordendorp, Justus Christoph Dithmar, Johann Heinrich Gottlob von Justi, Joseph von Sonnenfels* u. *Günther Heinrich von Berg*.
30 LD/*Stolleis/Kremer* Kap. A Rn. 16 mwN auf damalige Arbeiten von *Christian Wolff*.
31 LD/*Stolleis/Kremer* Kap. A Rn. 17 u. 19.
32 *Gmür/Roth* Rn. 305a.
33 LD/*Stolleis/Kremer* Kap. A Rn. 12.

einzelnen Einheiten widerspiegelt. Zu nennen sind etwa die **Rätel- oder Nachtwache**, die 1671 eingerichtet wurde und mit wechselnden Bezeichnungen bis 1852 existierte. Sie war für die **öffentliche und private Sicherheit** zuständig und wurde von zwei Prätoren geführt, die Mitglieder des Rats und zugleich Vorsitzende Richter des Niedergerichts waren. Mit ihren lediglich etwa 425 mit Lanze, Seitengewehr und Schnurre („Rätel") ausgestatteten Wachmännern konnte die Rätelwache allerdings die Sicherheit der stetig wachsenden und 1842 200.000 Menschen zählenden Einwohnerschaft kaum gewährleisten. Daher übernahmen auch das **Militär** sowie ein **Bürgermilitär**, bestehend aus wehrfähigen Männern zwischen achtzehn bis sechzig Jahren, Aufgaben der inneren Sicherheit.[34] Aufgaben der **Ordnung und Sitte**, also etwa der Gesundheit, der Zulassung zum Bürgerrecht, des Marktverkehrs, des Maß-, Gewichts- und des Fremdenwesens, nahm die **Wedde** wahr. Die Wedde existierte zunächst bis 1811 und konnte bei Übertretung von Ratsbeschlüssen Strafgelder verhängen.[35] Sie wurde von vier Senatoren als Teil der ordentlichen Gerichtsbarkeit geführt. Diese verschiedenen Einheiten wurden später Teile der 1814 eingerichteten **Hamburger Polizeibehörde**, in die 1875 als letzte Einheit auch die 1787 eingerichtete **Hafenpatrouille** eingegliedert werden sollte.[36]

III. Von der napoleonischen Besetzung bis zum Ende des Kaiserreichs

Unter dem Einfluss der Aufklärung, der Französischen Revolution[37] und vor allem des aus England importierten Rechtsstaatsgedankens stieß das absolutistische Staatsverständnis mit seiner polizeistaatlichen, sich auf die Förderung der Wohlfahrt berufenen Regulierung und Bevormundung auf zunehmende Kritik. Nicht die Förderung der Wohlfahrt, sondern die Abwendung drohender Gefahren sei die Aufgabe der Polizei.[38] Das **19. Jahrhundert** sollte die Vorstellung von Polizei in einer grundl. Weise verändern, die noch heute fortwirkt: Der Wohlfahrtsgedanke wurde von der Polizei abgetrennt. Bereiche wie das Finanz-, das Bauwesen und die Justiz wurden aus dem Aufgabenbereich der Polizei herausgenommen.[39] In den Mittelpunkt der Polizei und des Polizei- und Ordnungsrechts rückten **Sicherheit und Gefahrenabwehr**,[40] wie dies ein Jahrhundert später § 14 PrPVG und an ihm wiederum ansetzend die Aufgaben- und Befugnisgeneralklauseln des heute geltenden Polizei- und Ordnungsrechts – wie etwa § 3 Abs. 1 SOG – zum Ausdruck bringen sollten. Den Anfang dieser Entwicklung markierte indes § 10 Abs. 2 S. 17 PrALR, der festlegte: „Die nöthigen Anstalten zur Erhaltung der öffentlichen Ruhe, Sicherheit und Ordnung zur Abwendung der dem Publio oder einzelnen Mitgliedern desselben bevorstehenden Gefahr zu treffen, ist das Amt der Polizey."

---

34 Das Bürgermilitär wurde 1868 aufgelöst, das Militär im Rahmen des Norddeutschen Bundes in das preußische Heer eingegliedert, vgl. *Kopitzsch*, Geschichte der Hamburger Polizei, S. 12.
35 „Wedde" ist die altgermanische Bezeichnung für ein Strafgeld, vgl. § 1 Bedeutung der Wörter Wedde und Policey, in: Allgemeine deutsche Verfassungen im Policey-Wesen, in: J. Klefeker: Sammlung der Hamburgischen Gesetze und Verfassungen 1765–1774. Bd. 12, 25. Abschnitt, S. 401 u. 412 ff.
36 Vgl. zum Ganzen auch *Kopitzsch*, Geschichte der Hamburger Polizei, S. 12.
37 Die Stadtgesellschaft setzte sich nicht nur intensiv mit den Ideen u. Folgen der Aufklärung u. der Französischen Revolution auseinander, die Stadt war auch Ziel vieler Revolutionsgeflüchteter, die das städtische Leben fortan mitprägen sollten, s. dazu *Krieger* S. 80 f.
38 Insbes. *Johann Stephan Pütter*, Institutiones iuris publici Germaninici, 1170, 6. Aufl. 1803, § 331. Dazu etwa *Götz/Geis* § 1 Rn. 6; EFP/*Pünder* Rn. 6.
39 Heute sprechen gute Gründe dafür, dass entgegen früherer Annahmen nicht bereits die Einführung dieser Vorschrift durch den Gesetzgeber, sondern erst ihre Auslegung durch das PrOVG im sog. Kreuzberg-Urteil fast ein Jahrhundert später zur Abtrennung der Wohlfahrtsaufgabe führte, vgl. dazu LD/*Stolleis/Kremer* Kap. A Rn. 20; *Götz/Geis* § 1 Rn. 6 u. 8.
40 Zum heutigen Verständnis von Aufgabe u. Gegenstand der Polizei bzw. des POR [→ A2, B62].

1. Wandel des allgemeinen Verständnisses von Polizei im Zuge der gesellschaftlichen Entwicklung und der liberalen Polizeikritik

11 Freilich war die **Herauslösung der Wohlfahrtsaufgabe** aus dem Polizeibegriff keine stringente Entwicklung, sondern vielmehr ein im 19. Jahrhundert währendes Ringen verschiedener Strömungen um das richtige Verständnis von polizeilicher Sicherheit und Gefahrenabwehr, überwölbt und ausgelöst von einer grundlegenden Diskussion über Grenzen der Wirksamkeit des Staates, der sich im Übergang zum Verfassungsstaat und zur konstitutionellen Monarchie befand.[41] So wurde anfangs zwar die Abtrennung der Wohlfahrtsaufgabe postuliert, jedoch gleichzeitig der Begriff der Sicherheit weit ausgelegt und im Sinne einer Sicherheitsprävention auf die Bekämpfung jeglicher Gefahren für das existenzielle Dasein ausgedehnt. So ließen sich viele der herkömmlichen Wohlfahrtsaufgaben wie etwa die Verbesserung der sanitären Verhältnisse („Gesundheitspolizei"), die Sorge für die Bildung oder die sittliche Förderung auch unter dem Gesichtspunkt der Sicherheit im polizeilichen Aufgabenbereich halten.[42] Die Ideen der Aufklärung und des Liberalismus standen zwar für ein engeres, die Aufgabe der Wohlfahrt ausschließendes und auf die Abwehr von Freiheitseinschränkungen beschränktes Sicherheitsverständnis.[43] Die Vorstellung von Sicherheit und Wohlfahrt als parallele Aufgaben der Polizei blieb aber selbst nach der Revolution von 1848 noch bestimmend. Immerhin betrachteten auch die konservativeren Strömungen die Sicherheit als vorrangige Aufgabe der Polizei[44] und forderten zudem, dass Polizei generell nur dort eingreifen dürfe, wo der Einzelne nicht in der Lage sei, sich selbst zu helfen.[45] Auch wurde gefordert, dass jedenfalls die polizeilichen Zwangsbefugnisse nur noch zur Gefahrenabwehr und nicht mehr zur Durchsetzung der Wohlfahrt eingesetzt werden dürfen.[46]

12 Dass trotz der Kritik der Aufklärung und des Liberalismus an der Wohlfahrt als polizeiliche Aufgabe neben der Gefahrenabwehr festgehalten wurde,[47] lässt sich erst vor dem Hintergrund der **gesellschaftlichen und sozialen Entwicklung und Veränderungen** im 19. Jahrhundert nachvollziehen:[48] Die Bevölkerung wuchs stark an. Die Industrialisierung zog die Menschen in die immer größer werdenden Städte. Eine Arbeiterklasse bildete sich heraus und rückte die Frage nach sozialer Absicherung, Gerechtigkeit und Gleichheit in den Mittelpunkt. Aber auch die Kriminalität nahm zu, ebenso wie neuartige Gefährdungen durch die Industriewelt. All das bestärkte ein Staatsverständnis, wonach sich der Staat und seine Verwaltung nicht darauf beschränken könnten, Gefahren für Freiheit und Sicherheit abzuwehren. Sie hätten auch die Aufgabe, eine darüber hinausgehende Ordnung zu gewährleisten und gesellschaftliche Ungleichgewichte auszupendeln.[49] Mit „Verwaltung" war nach dem damaligen Verständnis aber die Polizei gemeint, denn sie war für alles zuständig, was nicht Rechtspflege, Finanz- oder Kriegsverwaltung war. Die qualitative und quantitative Ausweitung der polizeilichen Tätigkeitsfelder schlug sich in

---

41 LD/*Stolleis/Kremer* Kap. A Rn. 20.
42 Vgl. LD/*Stolleis/Kremer* Kap. A Rn. 21 u. 23. Noch heute wird das POR von der schwierigen Abgrenzung von Gefahrenabwehr u. Prävention geprägt [→ B69, B73].
43 LD/*Stolleis/Kremer* Kap. A Rn. 22 u. 40 mwN.
44 Signifikant *Johann Ludwig Klüber*, Öffentliches Recht des Teutschen Bundes und der Bundesstaaten, 3. Aufl. 1831, § 391, zit. bei LD/*Stolleis/Kremer* Kap. A Rn. 23.
45 Vgl. hierzu *Robert von Mohl*, Die Polizei-Wissenschaft nach den Grundsätzen des Rechtsstaats, 3. Aufl. 1866, Bd. 1, § 4. Zum Ganzen LD/*Stolleis/Kremer* Kap. A Rn. 24 mwN. Die Selbstbestimmung des Einzelnen wird heute z.B. durch das Öffentlichkeits- u. Unerlässlichkeitskriterium des Schutzguts der *öffentlichen* Ordnung gewährleistet [→ C155]. Die grundrechtl. Gewährleistung der Selbstbestimmung findet ihren Einfluss z.B. in der Diskussion um das polizeil. Einschreiten bei Selbstgefährdung u. -tötung [→ C138].
46 *Otto Mayer*, Deutsches Verwaltungsrecht, Band 1, 3. Auflage 1924, S. 205.
47 Noch in der Weimarer Republik war die Unterscheidung von Sicherheits- u. Wohlfahrtspolizei geläufig, s. etwa *Retzlaff/Gundlach/Arnim* S. 1 f.
48 Hierzu u. zum Folgenden LD/*Stolleis/Kremer* Kap. A Rn. 26 mwN.
49 LD/*Stolleis/Kremer* Kap. A Rn. 26.

einer zunehmenden **Verstaatlichung und Professionalisierung** der Polizei nieder, die etwa in der Einführung polizeilicher Routinen wie regelmäßigen Streifengängen zum Ausdruck kamen. Der Streifenpolizist wird so im Stadtbild zum dauerhaften Repräsentanten der staatl. Macht, stellt aber gleichzeitig auch den ständig sichtbaren, ansprechbaren und damit auch allzuständigen Vertreter der immer stärker expandierenden staatlichen Leistungsverwaltung dar.[50] Zugleich führte die Aufgabenausweitung zu einer **Ausdifferenzierung und Spezialisierung** der Polizei.[51] Die Polizei gliederte sich in **Fachpolizeien** wie die Armen- und Gesundheits-, die Medizinal-, die Bahn-, die Gewerbe- und die Lebensmittelpolizei aus.[52] Im Kernbereich der Polizei entstanden mit den Schutzmannschaften die Vorläuferorganisation der **Schutzpolizei**, die auf die Verbrechensverfolgung spezialisierte **Kriminalpolizei** und die für „politische Verbrechen und Überwachung" zuständige **politische Polizei** als Vorläufer des Staatsschutzes.[53]

Begünstigt wurde diese Entwicklung der Verstaatlichung, Ausdifferenzierung, Spezialisierung und Professionalisierung der Polizei durch den wissenschaftlich-technischen Fortschritt, der für die einzelnen (fach-)polizeilichen Aufgaben besondere Fähigkeiten, Kenntnisse und Apparaturen oder – wie bei der Kriminalpolizei – sogar eine besondere Ausbildung notwendig machte.[54] Die Polizeiarbeit wird verwissenschaftlicht, insbes. durch eine Reihe von naturwissenschaftlichen und medizinischen Disziplinen.[55] Gegen Ende des Jahrhunderts wurden in vielen Großstädten die ersten **Polizeischulen** eingerichtet, um die vor allem von liberaler Seite geforderte Professionalisierung der Ausbildung der Polizeikräfte zu institutionalisieren.[56] Polizei wird zum Beruf. – Für die zwei- bis drei monatigen Lehrgängen wurden nicht mehr nur gediente Militärs, sondern auch Arbeiter, Bergleute, Handwerker und andere zivilgesellschaftliche Gruppen angeworben, die die Polizeiführung zuvor lange bekämpft hatte.[57] Hamburg rekrutierte – ähnlich wie Preußen – allerdings wohl noch vergleichsweise lange seine Polizisten aus dem Heer u. den ländlichen Gegenden Preußens. In allen Ländern nahmen die Zahl der Polizeibeamten und somit die **Polizeidichte**, also das Verhältnis von Einwohnerzahl zu polizeilichen Exekutivbeamten, im Laufe des Jahrhunderts stark zu.[58]

Später wurden die speziellen, (fach-)polizeilichen Bereiche als besondere Verwaltungen verschiedenen ministeriellen Ressorts und Geschäftsbereichen wie etwa dem Gesundheits-, dem Bau- oder dem Verkehrsressort zugeordnet.[59] An die Stelle des umfassenden Polizeibegriffs des 18. Jahrhunderts trat der Begriff der **öffentlichen Verwaltung,** bei der die Polizei – nun enger bezogen auf jene, meist uniformierten Amtsträger, die sicherheitspolizeiliche Aufgaben wahrnehmen – einen von mehreren **Verwaltungszweigen** des Staates bildete.[60] Diese, sich noch bis ins 20. Jahrhundert fortsetzende Entwicklung der Entpolizeilichung der Verwaltung bildet den historischen Grund, warum der **Begriff der Polizei** mehrere Bedeutungen hat und – je nach Zusammenhang – noch heute verschieden verstanden wird. In einem **institutionellen**, die verwaltungsorganisatorische Sicht auf die Polizei prägenden Sinne bezeichnet Polizei alle, als

---

50 *Kleinknecht/Schulte/Kock* S. 19.
51 Hierzu allg. für Deutschland LD/*Stolleis/Kremer* Kap. A Rn. 32 f.
52 LD/*Stolleis/Kremer* Kap. A Rn. 27.
53 Ausführlich LD/*Stolleis/Kremer* Kap. A Rn. 29 ff. Zur heutigen Organisation der Hmb. Polizei [→ B81] sowie zur Trennung von Polizei u. Staats- bzw. Verfassungsschutz [→ B88]. Neben Scotland Yard galten insbes. die Kriminalpolizeien in Hamburg und Dresden als besonders weit entwickelt.
54 LD/*Stolleis/Kremer* Kap. A Rn. 37.
55 Anschaulich *Kleinknecht/Schulte/Kock* S. 26 f.
56 *Harnischmacher/Semerak*, Deutsche Polizeigeschichte: Eine allgemeine Einführung in die Grundlagen, 1986, S. 70; LD/*Stolleis/Kremer* Kap. A Rn. 42.
57 *Kleinknecht/Schulte/Kock*, in: Polizei-Führungsakademie, 100 Jahre Bildungsarbeit in der Polizei, 2002, S. 22.
58 Im Einzelnen LD/*Stolleis/Kremer* Kap. A Rn. 28 mwN. Zur Polizeidichte in Hamburg *Hatje* S. 341 f.
59 LD/*Stolleis/Kremer* Kap. A Rn. 36.
60 LD/*Stolleis/Kremer* Kap. A Rn. 38.

„Polizei" firmierende Behörden und Organisationseinheiten.[61] Demggü. bezeichnet Polizei in einem inhaltlichen oder **materiellen** Sinne jede (ggf. mit Zwangsgewalt verbundene) Tätigkeit zur Abwehr von Gefahren für die Sicherheit und Ordnung.[62] Der materielle Polizeibegriff bezeichnet als Polizei also nicht einen Teil der Verwaltungsorganisation, sondern wird von den besonderen Aufgaben und Befugnissen her definiert.[63] Mit der Entpolizeilichung ist allerdings nicht mehr nur die Polizei im institutionellen Sinne zur Gefahrenabwehr berufen, sondern auch Behörden anderer Verwaltungszweige, etwa die Gesundheitsbehörden. Umgekehrt sind der Polizei im institutionellen Sinne auch Aufgaben zugewiesen, die *keine* Gefahrenabwehr sind, weshalb die Notwendigkeit für einen **formellen** Polizeibegriff gesehen wird. Er bezeichnet die Summe der sachlichen Zuständigkeiten der Polizei im institutionellen Sinne, und zwar ungeachtet dessen, auf welche Tätigkeiten in der Sache sich die einzelne Zuständigkeit bezieht.[64] Der formelle Polizeibegriff wird so vor allem bei Fragen der Zuständigkeit bedeutsam.

15 Für eine nachhaltige Abtrennung der Wohlfahrtsaufgabe aus dem Aufgabenbereich der Polizei wird vor allem die 1863 einsetzende Institutionalisierung von **Verwaltungsgerichten** als entscheidend angesehen. Für das nicht zu Preußen oder anderen Staaten gehörende Gebiet Hamburgs wurde allerdings erst im Jahr 1922 eine Verwaltungsgerichtsbarkeit eingerichtet.[65] Die Verwaltungsgerichte ersetzten die polizeiinterne Justiz und waren von der Verwaltung abgetrennt, was einer Forderung insbes. der liberalen Kräfte entsprach.[66] Die Gerichte standen vor der Aufgabe, die rechtsstaatliche **Bindung der Polizei an das Gesetz** zu kontrollieren und sicherzustellen, die heute als Grundsatz der Gesetzmäßigkeit selbstverständlich ist. In den im 19. Jahrhundert aufkommenden, zuerst in Süddeutschland erlassenen Verfassungen wurde die Bindung der Polizei an das Gesetz als Ausdruck des **freiheitlichen Rechtsstaates** fest verankert und mit einer Aufteilung der staatlichen Macht kombiniert, um die staatliche Gewaltausübung zu beschränken und zu kontrollieren und sich so vom **Polizeistaat** mit seiner fürstlichen Willkür und Bevormundung **abzugrenzen**.[67] Die Bindung an das Gesetz bezog sich allerdings **nur auf Eingriffe in Eigentum und** (vor allem körperlicher) **Freiheit**, weil sie ansonsten – so die damalige Befürchtung – zu einer überregulierten und in der Folge ineffektiven oder gar handlungsunfähigen Polizei führen könnte.[68] Auf Grund dieser Abwägung und der entspr. eingeschränkten Reichweite des Gesetzesvorbehalts[69] war es konsequent, dass die Gesetzgeber zwar **polizeiliche Befugnisnormen** erließen, sich dabei aber auf besonders eingreifende Polizeimaßnahmen wie etwa Verhaftung, Durchsuchung und Beschlagnahme beschränkten. Gesetzeswerke wie etwa die süddeutschen Polizeistrafgesetzbücher oder das preußische „Gesetz zum Schutz der persönlichen Freiheit" vom 24.9.1848 wurden so zu Vorläufern des modernen Polizeirechts.[70]

16 Mit der Zeit setzte sich ein Rechts- und Verfassungsverständnis durch, nach dem „Eigentum und Freiheit" die gesamte Individualsphäre erfasste.[71] In der Folge weiteten sich der Vorbehalt des Gesetzes und die Bindung der Verwaltung an das Gesetz auf weitere Lebensbereiche

---

61 Vgl. LD/*Stolleis/Kremer* Kap. A Rn. 39; *Götz/Geis* § 1 Rn. 20.
62 SchE/*Schoch/Kießling* Rn. 8; *Götz/Geis* § 1 Rn. 21. Zur Bedeutung des Zwangsaspekts u. einem funktionalen Polizeibegriff LD/*Stolleis/Kremer* Kap. A Rn. 39a.
63 *Götz/Geis* § 1 Rn. 22.
64 *Götz/Geis* § 1 Rn. 24; SchE/*Schoch/Kießling* Rn. 8.
65 Vgl. *Albers*, Verwaltungsgerichtsbarkeit in Hamburg, S. 744.
66 LD/*Stolleis/Kremer* Kap. A Rn. 43.
67 LD/*Stolleis/Kremer* Kap. A Rn. 45.
68 Vgl. LD/*Stolleis/Kremer* Kap. A Rn. 47 mwN. Die Effektivität der GefAbw war also schon damals ein gewichtiges Interesse, das mit der Gesetzesbindung u. deren Reichweite u. -dichte in Abwägung gebracht wurde.
69 Auch heute ist die Frage der Reichweite des Gesetzmäßigkeitsprinzips bzw. des Gesetzesvorbehalts von zentraler Bedeutung [→ C34].
70 Vgl. LD/*Stolleis/Kremer* Kap. A Rn. 46 mwN.
71 Dazu *Jesch*, Gesetz und Verwaltung, 2. Auflage 1968, S. 127 ff., 141 ff.

aus, sodass die Gerichte nicht nur die Einhaltung des gesetzlichen Rahmens zu kontrollieren hatten, sondern häufig erst einmal feststellen mussten, auf welcher gesetzlichen Grundlage das eingeklagte Polizeihandeln beruhen könnte.[72] Da die Befugnisse allenfalls punktuell gesetzlich geregelt waren, blieb häufig nur der **Rückgriff auf das allgemeine** und zuvor schon bestehende **Recht**, das dadurch in seiner Funktion und seiner Bedeutung einen Wandel erfuhr. Sinnbildlich hierfür ist der Rückgriff des Preußischen Obertribunals und im Anschluss daran des PrOVG im sog. **Kreuzbergurteil** vom 14.6.1882[73] auf die zu diesem Zeitpunkt bereits fast 100 Jahre alte Vorschrift des § 10 Abs. 2 S. 17 PrALR, die bis dahin nur als Aufgabenbeschreibung bzw. als Norm zur Abgrenzung von Polizei- und Kriminalgerichtsbarkeit angesehen wurde.[74] Das PrOVG stellte fest, dass für die beklagte Polizeiverordnung und die darauf gestützte Untersagung der Polizei, die Umgebung des auf dem Berliner Kreuzberg errichteten Siegesdenkmals in einer Weise zu bebauen, die die Aussicht auf das Denkmal beeinträchtige, die notwendige spezielle gesetzliche Grundlage fehle. Auch § 10 Abs. 2 S. 17 PrALR greife nicht, da er die Polizei nicht dazu ermächtige, aus ästhetischen Gründen die Nutzung von Grundeigentum einzuschränken. Das Gericht betonte also nicht nur den Vorbehalt des Gesetzes, sondern qualifizierte § 10 Abs. 2 S. 17 PrALR als allg. Befugnisnorm (Generalklausel), wenn auch durch einen Schluss von der Aufgabe auf die Befugnis. Zugleich betonte das Gericht unter Hinweis auf den Wortlaut der Vorschrift die Erhaltung der öff. Sicherheit und Ordnung sowie die Abwehr von Gefahren als die eigentliche Aufgabe der Polizei und trennte so die Wohlfahrt aus dem Aufgabenbereich der Polizei endgültig ab.

Neben der Aufgabenkonkretisierung, dem Gesetzmäßigkeitsprinzip und dem subsidiären Zusammenspiel allgemeiner und besonderer Befugnisnormen[75] entwickelte die Rspr. in der Folgezeit **weitere rechtsstaatliche Präzisierungen**.[76] Diese Präzisierungen sind von der Wissenschaft systematisiert worden und so ins **Preußische Polizeiverwaltungsgesetz vom 1.6.1931** (PrPVG) eingeflossen, das wiederum Vorbildfunktion für die heutigen Polizeigesetze entfalten und (in Teilen von Hamburg) bis zur Ablösung durch das SOG im Jahr 1966 gelten sollte.

2. Gründung und Ausgestaltung der Hamburger Polizei

Dieser grundlegende, von der gesellschaftlichen und sozialen Entwicklung, der Kritik des Liberalismus, der Rechtsstaatsidee und dem Gesetzmäßigkeitsprinzip angetriebene **Verständniswandel von Polizei** im 19. Jahrhundert prägte auch die Gründung der Hamburger Polizei und das Entstehen eines Hamburger Polizei- und Ordnungsrechts sowie die weitere Entwicklung.[77] Es zeigen sich aber auch Besonderheiten und Unübersichtlichkeiten, zumal mit Harburg, das bis 1866 zum Königreich Hannover und dann zur preußischen Provinz Hannover zählte, dem seit 1864 zu Preußen gehörenden Wandsbek und dem seit 1867 zur preußischen Provinz Schleswig-

---

72 LD/*Stolleis/Kremer* Kap. A Rn. 49.
73 PrOVGE 9, 353.
74 LD/*Stolleis/Kremer* Kap. A Rn. 20.
75 Die in den heutigen Polizeigesetzen zu findende Kombination allg. u. bes. Befugnisnormen ist so gesehen das Ergebnis einer hist. Entwicklung: Während generalklauselartige Ermächtigungen in vielen, vor allem norddeutschen Staaten existierten, waren in süddeutschen Staaten (z.B. in Bayern ausschließlich) Spezialermächtigungen verbreitet.
76 Vgl. etwa zur Gefahr für die öffentl. Sicherheit u. Ordnung PrOVGE 36, 403 (407) u. dazu *Poscher* FS Würtenberger, 2013, 1029 (1030 ff.); zur konkreten Gefahr PrOVGE 53, 400 (402): „tatsächl. Voraussetzungen"; zur Abgrenzung der Gefahr vom bloßen Nachteil PrOVGE 44, 448 (451); zur Inanspruchnahme des „Nicht-Störers" PrOVGE 7, 354 (362 f.); u. zur Verhältnismäßigkeit PrOVGE 23, 336 (344): „geeignet"; 10, 375 (379 f.): „unumgänglich erforderlich", „nötiges Maß"; 13, 424 (426): „weit über das erstrebte Ziel hinausgreifendes Vorgehen"; 78, 272 (277): „angemessenes u. geeignetes Mittel".
77 S. dazu etwa aus der zeitgenössischen Geschichtsschreibung *Johann Wilhelm Christern*, Geschichte der freien Stadt Hamburg und ihrer Verfassung, 1843, S. 96.

Holstein zählenden Altona große Teile des heutigen Hamburgs unter andere Hoheiten, insbes. Preußens fielen.[78]

19   Schon während der napoleonischen Kriege, aber auch nach dem Zerfall des Heiligen Reichs Deutscher Nation in Preußen, Österreich und die Rheinbundstaaten am 6. August 1806 versuchte Hamburg, ebenso wie die Hansestädte Bremen und Lübeck, seine Reichsfreiheit und Neutralität staats- und völkerrechtlich zu bewahren. Auch in Folge der Niederlage Preußens, das als Bestands- und Schutzmacht eines neutralen Hamburgs fungierte, gegen Napoleon in der Schlacht bei Jena und Auerstedt am 14. Oktober 1806 konnte aber letztlich eine **Besetzung** der **Stadt durch Napoleon** und dessen Marschall Édouard Adolphe Mortier am 19. November 1806 nicht verhindert werden. Im Jahr 1810 wurde Hamburg zusammen mit weiten Teilen des heutigen Norddeutschlands in das französische Kaiserreich integriert.[79] Während ihrer achtjährigen Besetzung der Stadt führten die Franzosen **neuzeitliche Verwaltungsgrundsätze** ein, modernisierten die Finanzwirtschaft und **trennten die Verwaltung von der Justiz** und den Staat von der Kirche. Die Verwaltung wurde einheitlich und straff organisiert. Die Besatzer richteten insbes. eine einheitliche Polizeiverwaltung ein, aus der die Hamburger **Polizeibehörde** hervorging:[80] Nach ihrem Abzug im Mai 1814 drohte die Stadt in Anarchie zu versinken, weshalb der Senat am 26. Mai 1814 zwei Senatoren – Erster und Zweiter **Polizeiherr** genannt – die „Handhabung der Polizey und Erhaltung der Innern Ruhe unter dem Namen Polizey-Behörde" übertrug; „alle Bürger und Einwohner werden daher aufgefordert, denen an sie ergehenden Aufforderungen und Befehlen Genüge zu leisten". Dieser Beschluss gilt als **Gründungsurkunde der Hamburger Polizei**,[81] die anfänglich lediglich aus einem Oberpolizeivogt, vier Polizeibeamten und einigen Schreibern und Dienern bestand und ihren Sitz im Götz-Palais – auch Stadthaus genannt – am Neuen Wall bis zu dessen Zerstörung im Juli 1943 hatte.[82] Die Beamten waren noch nicht uniformiert, sondern nur an Säbel und Wappenknöpfen erkennbar. Im Jahr 1826 wurden der Polizeibehörde endgültig die Aufgaben der Allgemeinen Polizei und der Kriminalpolizei sowie der niederen Kriminaljustiz zugewiesen. Die richterliche Gewalt verlor die Polizeibehörde am 30. April 1869 im Zuge der gesetzlichen Trennung von Verwaltung und Justiz.[83]

20   Auch wenn Hamburg sich nach Abzug der Franzosen dafür entschieden hatte, wieder die alte Verfassungsordnung von 1712 einzusetzen, wurde doch mit der Zeit deutlich, dass sich die beschriebenen Ideen und Umwälzungen des 19. Jahrhunderts nicht mit ehrbaren Traditionen, bürgerlichen Kollegien und den traditionellen Polizeieinrichtungen des 18. Jahrhunderts[84]

---

78   Dies ist zu berücksichtigen, wenn im Folgenden von *Hamburg* die Rede ist, dessen stadtgeschichtl. Entwicklung in der ersten Hälfte des 19. Jh. v.a. durch Auswirkungen der Franz. Revolution geprägt ist, bevor sich die Stadt vor allem in der zweiten Hälfte zur modernen Industrie- und Handelsgroßstadt mit mehr als einer halben Million Einwohnern entwickelte.
79   *Krieger* S. 81 ff., auch zur zwischenzeitlichen Besetzung durch russische Truppen u. zu den allg. Auswirkungen der sog. Franzosenzeit für die städtische Entwicklung.
80   *Gretzschel* S. 79. In der zeitnäheren Geschichtsschreibung finden sich sogar Aussagen, nach denen es Napoleon u. die Franzosen gewesen seien, „die in Hamburg die Polizei im eig. Sinne gegründet" hätten, s. *Johann Wilhelm Christern*, Geschichte der freien Stadt Hamburg u. ihrer Verfassung, 1843, S. 78.
81   Hamburg erhielt so im Vergleich zu den benachbarten Fürstenstaaten erst sehr spät eine Polizei-Behörde.
82   Siehe *Johann Wilhelm Christern*, Geschichte der freien Stadt Hamburg und ihrer Verfassung, 1843, S. 78. Anschaulich *Diercks/Eckel/Garbe* S. 59 f. u. 63 ff.
83   *Jensen* S. 28.
84   Dass sich die Stadt allerdings bei der grundlegenden Neuausrichtung des Polizei- u. Verwaltungswesens alles andere als sicher war, zeigte sich nicht nur an der – wie es in der Gründungsurkunde hieß – „provisorischen" u. zunächst „für fünf Jahre" beschränkten Einrichtung. Auch die 1811 zu Gunsten der Polizei-Behörde aufgelöste Wedde wurde 1815 wiederbegründet u. erhielt einen Teil ihrer alten Zuständigkeiten, nämlich für das Heiratsregister, das Bürgerrecht, die jüdische Gemeinde, den Kran, die Waage u. den Teerhof zurück. 1837 übernahm sie die Zuständigkeit für das Personenstandswesen, die sie 1866 dem Zivilstandsamt als Vorläufer des heutigen Standesamts übertrug. Auch die Nachtwachen blieben einer eigenen Deputation unterstellt u. existierten noch bis 1852. Auch das Bürgermilitär blieb bis 1868 tätig u. war ebenso wie die

bewältigen ließen. Mit der Industrialisierung und Urbanisierung gingen auch **neue Herausforderungen** für die Gefahrenabwehr und die Kriminalitätsbekämpfung einher und förderten die Entwicklung der neu gegründeten Polizeibehörde hin zu einer **Polizei mit spezifischer und zeitgemäßer Aufgabenverteilung**. So bekam die Polizei mit ihren lediglich 48 Polizeibeamten und 425 Nachtwächtern den sog. Großen Brand vom 5. bis zum 8. Mai 1842 nicht rechtzeitig in den Griff, obwohl sie den Ausbruch des Feuers an der Deichstraße relativ schnell bemerkt hatte und ihr eine gut ausgestattete Feuerwehr zur Seite stand.[85] Auch die anschließenden Plünderungen und Unruhen konnte sie nicht verhindern.[86] Der Senat zog hieraus die Konsequenz und löste 1852 die Nachtwache auf und gründete die neue „Nacht- und Polizeiwache".

Auch wenn der Vormärz in Hamburg nicht dieselbe revolutionäre Dynamik wie in anderen deutschen Staaten erzeugte, kam auch hier die **Verfassungsfrage** auf. Auslöser waren die gesellschaftlichen Polarisierungen und sozialen Verwerfungen und Ungleichheiten, die mit der Entwicklung Hamburgs zu einer **Industrie- und Handelsmetropole** einhergingen:[87] Trotz eines – wenn auch nicht gradlinigen – ökonomischen Wachstums und überlanger Arbeitszeiten konnten die Hafenarbeiter, Handwerker und andere abhängig Beschäftigte häufig nicht von ihrem Lohn leben. Die städtebauliche Entwicklung nahm auf die Wohn- und Lebensbedürfnisse dieser stark wachsenden Gesellschaftsschicht keine Rücksicht, was sich etwa in sehr hohen Mieten und unhaltbaren Wohnverhältnissen ausdrückte. Gewerkschaften bildeten sich. Streiks und Arbeitsboykotte waren an der Tagesordnung. Die politische Macht blieb indes weiterhin in der Hand der durch die Großkaufleute geprägten städtischen Eliten und des Bürgertums. Unter dem Eindruck dieser sozialen und gesellschaftlichen Entwicklung, aber auch der Revolution von 1848/49 wurde einerseits über eine fortschrittlichere, an der Paulskirchenverfassung orientierte und andererseits über eine konservative, an die preußische Verfassung angelehnte Verfassung diskutiert.[88] 1860 trat – nachdem zuvor eine progressivere „Verfassung des Freistaates Hamburg" zwar beschlossen, aber nicht zur Geltung gelangt war – die neue Verfassung in Kraft: von nun an wurde die Bürgerschaft repräsentativ gewählt und die Bürgerlichen Kollegien als politische Gremien abgeschafft.[89] Wahlberechtigt war allerdings bis zum Ende des 19. Jahrhunderts nur eine vergleichsweise kleine Minderheit von etwa 5 Prozent der Gesamtbevölkerung.[90]

3. Modernisierung und Weiterentwicklung nach englischem und preußischem Vorbild

Parallel zu dieser innerstädtischen Entwicklung **integrierte sich Hamburg** im Laufe der zweiten Hälfte des 19. Jahrhunderts schrittweise in das sich herausbildende **Deutsche Reich**. Umliegende Orte wie Wandsbek, Altona und Harburg fielen in Folge des deutsch-dänischen und des österreichisch-preußischen Krieges an Preußen, was dazu führte, dass Hamburg sich politisch stärker an Preußen orientierte und schließlich 1867 dem Norddeutschen Bund und 1871 dem neugegründeten Deutschen Reich beitrat, um auf Dauer einen Konflikt mit dem neuen unmittelbaren und übermächtigen Nachbarn zu vermeiden, aber auch um vom allgemeinen ökonomischen Aufbruch der Kaiserzeit und später von der Kolonial- und Flottenpolitik zu

---

Hafen- u. Zollpatrouille u. die Armenpolizei für die öff. Sicherheit u. Ordnung neben der Polizei-Behörde zuständig.
85 Vgl. *Gretzschel* S. 88 f. Den (zu späten) Sprengungen von Häuserzeilen, die das Ausbreiten des Feuers verhindern sollten, fiel auch das Rathaus zum Opfer, s. dazu u. zur (hist. zufälligen) Bedeutung des in dieselben Tage fallenden Anschlusses Hamburgs an die Eisenbahn *Krieger* S. 83 ff.
86 Zum reformerischen Impuls, der von den Erfahrungen mit dem großen Brand ausging, s. *Johann Wilhelm Christern*, Geschichte der freien Stadt Hamburg und ihrer Verfassung, 1843, S. 78.
87 Hierzu u. zum Folgenden ausführlich *Krieger* S. 87 ff.
88 *Krieger* S. 85 f.
89 *Gretzschel* S. 85; *Krieger* S. 86.
90 *Krieger* S. 90 f.

profitieren.[91] Hamburg blieb allerdings – wie zahlreiche andere Länder – ein selbstständiger Staat innerhalb des Deutschen Reichs und stieg insbes. in Folge des expandierenden Seehandels zur weltweit größten Handelsmetropole auf. Der Freihafen, die Speicherstadt und die großen Reedereien entstanden.

23 Im Rahmen dieser verfassungsrechtlichen und staatlichen Entwicklung, aber auch noch unter dem Eindruck des großen Brandes begann der Hamburger Senat, die Grundlagen der Polizei zu modernisieren. Am 25.10.1875, mithin vier Jahre nach der Reichsgründung, erließ der Senat das **„Gesetz über die Reorganisation der Polizeibehörde"**, das den Entwicklungen im Deutschen Reich entsprach und die seit einigen Jahren zunehmende Militarisierung der Polizei festigte.[92] Den als Polizeiherren fungierenden Senatoren wurde ein beamteter **Polizeirath** – später in Polizeidirektor, ab 1912 in Polizeipräsident umbenannt – unterstellt, der die Polizei leitete. Das Gesetz sah zudem die Einrichtung einer **berittenen Abteilung** sowie die Gründung einer eigenständigen, für ganz Hamburg zuständigen **„Criminalpolizei"**, einer **Hafenpolizei** und des 650 mannstarken **„Constablercorps"** vor,[93] das nach Londoner Vorbild die Polizei- und Nachtwachen ablöste und aus dem später die Schutzmannschaft hervorging. Die Polizei war militärähnlich und mit „Pickelhaube" nach dem Vorbild der preußischen Polizei uniformiert. Im Zuge der Zollpolitik von Otto von Bismarck beschloss der Senat den Anschluss Hamburgs an das deutsche Zollgebiet, was die Wirtschaftsverhältnisse in Hamburg tiefgreifend veränderte und zur Verschärfung der sozialen Gegensätze beitrug, die v.a. 1885/86 in erbitterten Kämpfen um Lohn- und Arbeitsverbesserungen mündeten; der Senat bzw. die Polizeibehörde reagierte darauf u.a. mit der Einrichtung einer **politischen Polizei** im Oktober 1890, die insbes. die erstarkende Arbeiterbewegung – auch durch verdeckte Ermittlung – überwachte.[94] Nachdem im Jahr 1892 Tausende Hamburger der Cholera-Epidemie zum Opfer gefallen waren, wurde eine **„Schutzmannschaft"** gegründet. Zugleich wurde die bereits uniformierte Polizei immer professioneller. Allerdings war sie zunächst nur mit Hieb- und Stichwaffen ausgerüstet. Erst 1917 erhielt sie Pistolen.

24 Im Jahr 1914, und damit kurz nach Beginn des Ersten Weltkriegs, wurde die Davidwache an der Reeperbahn gebaut und am 10. Dezember der Polizeirevierwache 13 der Hamburger Polizeibehörde zugeordnet. In der **Novemberrevolution** 1918/19 und den sich anschließenden sozialen und politischen Auseinandersetzungen wurden neben der Polizei auch Regierungstruppen zur Niederschlagung der Aufstände eingesetzt. Am 6. November 1918 hatten meuternde Kieler Matrosen auch in Hamburg strategische Schlüsselstellen wie etwa den Hauptbahnhof und den Elbtunnel besetzt, nachdem sich mit dem Ende des Kaiserreichs auch die von den städtischen Eliten dominierten politischen Machtstrukturen in der Hansestadt aufgelöst hatten.[95]

4. Konturierung und Entwicklung des Hamburger Polizei- und Ordnungsrechts

25 Auch das Hamburger Polizei- und Ordnungsrecht bewegt sich im Wandel des allgemeinen Verständnisses von Polizei im Zuge der gesellschaftlichen Entwicklung und der liberalen Polizeikritik. Es weist in seiner Entstehung und Entwicklung im Vergleich zu anderen Staaten aber auch Besonderheiten auf. Vor der napoleonischen Besetzung hatte es ein Beschwerdeverfahren für Bürger gegeben, das auch den Zugang zu Gerichten ermöglichen konnte, in der

---

91 *Krieger* S. 86 f. u. 91 ff.
92 Vgl. *Kopitzsch*, Geschichte der Hamburger Polizei, S. 12.
93 Hierzu, zu den weiteren Abteilungen sowie zu deren erneuter Umorganisation im Jahr 1892 s. *Kopitzsch*, Geschichte der Hamburger Polizei, S. 12 f.
94 Vgl. zum Ganzen *Jensen* S. 17 f., 28 ff.; *Diercks/Eckel/Garbe* S. 65.
95 *Krieger* S. 98.

Praxis aber meistens mit Entscheidungen durch den Senat endete.⁹⁶ Während der Besetzung galt französisches (Polizei-)Recht, das durch einen Beschwerderechtszug nach französischem Vorbild innerhalb der Verwaltung nachkontrolliert werden konnte.⁹⁷ Nach der französischen Besatzungszeit übernahm ein recht detaillierter, unverbindlicher „**Leitfaden für die Polizei-Verwaltung**" des Senats die Funktion des materiellen Polizeirechts. Der Leitfaden beschrieb die Maßnahmen und ihren Umfang. Der Polizeiherr konnte unter Kontrolle des Senats auch Polizeiverordnungen erlassen.⁹⁸

1879 trat das „**Gesetz betreffend das Verhältnis der Verwaltung zur Rechtspflege (VerhG)**" in Kraft. Es sollte (in Teilen von Hamburg) bis zur Ablösung durch das SOG im Jahr 1966 Gültigkeit behalten und enthielt mit § 19 Abs. 1 eine Vorschrift, in der die spätere polizeiliche Generalklausel anklang.⁹⁹ § 24 VerhG eröffnete den Rechtsweg zu den ordentlichen Gerichten wegen Verletzungen von Privatrechten durch Verfügungen bzw. Maßnahmen von Verwaltungsbehörden. Der Privatrechtsbegriff wurde von den Gerichten aber so weit ausgelegt, dass sie auch über polizeirechtliche Streitigkeiten entschieden.¹⁰⁰   26

1923 wurde die **Verwaltungsgerichtsbarkeit in Hamburg** eingerichtet, die fortan die Einhaltung des VerhG kontrollierte. Allerdings fiel 1923 – wohl infolge eines gesetzgeberischen Versehens – § 19 Abs. 1 VerhG als Ermächtigungsgrundlage weg. Die Hamburger Gerichte stützten sich fortan auf einen Gewohnheitsrechtssatz oder auf einen in der allgemeinen staatsrechtlichen Stellung der Polizei wurzelnden Rechtsgrundsatz, den sie in Anlehnung an **§ 10 Abs. 2 S. 17 PrALR** herleiteten.¹⁰¹ In der Folge übernahmen die hamburgischen Verwaltungsgerichte die vom PrOVG auf Grundlage von § 10 Abs. 2 S. 17 PrALR entwickelte Polizeirechtsdogmatik, die so auch die weitere Entwicklung des Hamburger Polizei- und Ordnungsrechts prägen sollte.¹⁰²   27

IV. Weimarer Republik: Militarismus und Preußisches Polizeiverwaltungsgesetz

Auch wenn der Erste Weltkrieg kaum bauliche Zerstörungen mit sich brachte, prägten Hunger, Armut, Arbeitslosigkeit und Geldentwertung die Umbrüche und Revolutionswirren nach dem Ende des Krieges und des Kaiserreichs. Für die Polizei sollte zunächst eine **Phase der Reorganisation** beginnen, getrieben von den Auswirkungen der Revolution, aber auch des Drucks der alliierten Siegermächte, die den Aufbau eines „neuen deutschen Heeres in Polizeiuniform" verhindern wollten.¹⁰³   28

Die Polizei der Kaiserzeit, insbes. die Schutzmannschaft – soweit sie nicht aufgelöst worden war – erwies sich als ungeeignet, die einhergehenden Massenstreiks, Demonstrationen und Unruhen zu kontrollieren und wo nötig zu bekämpfen.¹⁰⁴ An ihrer Stelle traten zunächst die im Auftrag der Reichsregierung gebildeten und auf Wunsch des Senats auch in Hamburg   29

---

96 Vgl. *Quast* S. 8 ff.
97 Vgl. *Albers*, Verwaltungsgerichtsbarkeit in Hamburg, S. 782.
98 Vgl. zum Ganzen *Hatje* S. 289 ff, 301.
99 Danach konnten die Verwaltungs- und damit auch die Polizeibehörden, „so weit sie bisher dazu ermächtigt waren, im öffentlichen Interesse Einzelne durch Befehle zu Handlungen oder Unterlassungen anhalten, unter Androhung einer in den Befehlen namhaft zu machenden Geldstrafe für die Nichtbefolgung". Dazu u. zum Verhältnis zu den Regelungen zu den Aufgaben der Polizei *Albers*, Verwaltungsgerichtsbarkeit in Hamburg, S. 750.
100 Vgl. *Quast* S. 750 f.
101 S. auch allg. LD/*Stolleis*/Kremer Kap. A Rn. 47.
102 Z.B. zur Abgrenzung von Gefahr u. bloßer Belästigung, zu Polizeirechtsverordnungen, zur Unterscheidung von abstrakter u. konkreter Gefahr, zur Gefahrenprognose, zu Ermessensgrenzen u. zur Verhältnismäßigkeit, vgl. zum Ganzen mwN *Albers*, Verwaltungsgerichtsbarkeit in Hamburg, S. 751 f.
103 Vgl. *Bessel* S. 327.
104 Vgl. *Kopitzsch*, Hamburg, S. 166.

eingreifenden **Freikorps**,[105] die im Wesentlichen aus antirevolutionär und antibolschewistisch, monarchistisch und nationalistisch eingestellten Weltkriegssoldaten und Freiwilligen bestanden, die sich weniger der Republik und der Demokratie als vielmehr ihren Kommandeuren und dem Staat als solchem verpflichtet fühlten.[106] Hinzu kamen die von den regionalen Arbeiter- und Soldatenräten gebildeten Sicherheits- und **Volkswehren**.

30 Die so zusammengesetzten, polizeiähnlichen Kräfte vermochten allerdings nicht den ab 1919 zunehmenden Aufständen entgegenzutreten, in Hamburg etwa den sog. **Sülze-Unruhen**: Als das Gerücht aufkam, es seien verfaulte Tierkadaver in Sülze verarbeitet worden, stürmte eine aufgebrachte Menge ab dem 23. Juni 1919 mehrere Tage lang einige Fleischfabriken, bis die Unruhen durch einmarschierende Reichswehr-, Freikorps- und freikorpsähnliche Truppen wie dem „Wachbataillon Bahrenfeld" mit teilweise großer Härte niedergeschlagen wurden. In der Folge richtete der Hamburger Senat – wie andere Länder auch – auf Vorschlag von General Lettow-Vorbeck und Oberst Freiherr von Wangenheim nach dem Vorbild Preußens am 1. Oktober 1919 die (grün uniformierte) **Hamburger Sicherheitspolizei** ein.[107] Sie wurde aus zwei Regimentern der Freikorps und der Volkswehr rekrutiert, war kaserniert und militärisch ausgerichtet (z.B. Maschinengewehre, Handgranaten, Minenwerfer) und sollte die polizeilichen Aufgaben („Sicherheitsdienst") in Form geschlossener, stoßtruppartiger Verbände dort übernehmen, wo sich die (aus der Kaiserzeit erhaltene) Schutzmannschaft als ungeeignet oder zu schwach erwies, insbes. bei der Niederschlagung von Aufständen. Die Zuständigkeit der Hamburger Sicherheitspolizei wurde dabei durch Staatsvertrag auch auf die preußische Stadt Altona und später in Form des (Polizei-)**Zweckverbandes „Gross-Hamburg"** auf die preußischen Städte Harburg, Wandsbek und Wilhelmsburg erweitert, wohl weil angenommen wurde, dass diese Nachbarstädte keine eigene Sicherheitspolizei würden bilden können.[108] Die Schutzmannschaft wurde zum „**Aufsichtsdienst der Ordnungspolizei**" umfunktioniert; ihr blieb damit die Zuständigkeit vor allem für die Verkehrsregelung.[109]

31 Auf Intervention der Siegermächte wurde die Sicherheitspolizei allerdings schon am 10. September 1920 wieder aufgelöst, da sie in ihrer militärischen Ausrichtung, ihrer Stärke und Bewaffnung gegen die Friedensbestimmungen des Versailler Vertrages verstieß und eine gesetzliche Grundlage fehlte.[110] Es begann eine Phase der Konsolidierung der Polizei in dem Versuch, sich den politischen und sozialen Anforderungen der Weimarer Republik anzupassen.[111] An die Stelle der Sicherheitspolizei trat die zunächst deutlich abgerüstete, aber weiterhin in kasernierte Kräfte (Landschutz) und Revierpolizei (Aufsichtsdienst und Hafenschutz) gegliederte und in ihrem Aufgabenbereich erweiterte (blau-uniformierte) **Hamburger Ordnungspolizei**.[112] Weil jeder Polizeibeamte seine Laufbahn bei ihr begann und erst später in spezielle „Dienstzweige" wech-

---

105 Vgl. *Kopitzsch*, Hamburg, S. 167.
106 Illustrativ hierzu u. zum Folgenden *Bähr* S. 16 ff. Zum Einmarsch der Freikorpseinheiten in Hamburg *Weinhauer* S. 87.
107 *Weinhauer* S. 88; s. dazu die Dokumentation Staatsarchiv Hamburg 331–1_316; vgl. auch LD/*Stolleis/Kremer* Kap. A Rn. 52; *Kopitzsch*, Hamburg, S. 167.
108 Vgl. Staatsvertrag zw. Preußen u. Hamburg betr. Zuständigkeit der Polizeibeamten v. 2.2.1917, PrGS. 1917, 67; vgl. dazu auch *Bähr* S. 17.
109 S. dazu die Dokumentation Staatsarchiv Hamburg 331–1_316.
110 Die Forderung nach Auflösung war in zahlreichen alliierten Noten erhoben worden, insbes. in der Kollektivnote von Bolougne vom 22.6.1920, abgedruckt in: Materialien zur Entwaffnungsnote, 1925, S. 62 f.
111 Vgl. *Bessel* S. 325 ff. Zur Polizei in Preußen s. etwa das damalige Standardwerk von *Retzlaff/Gundlach/Arnim*, Der Polizeibeamte – Dienst- und Lebensregeln in Form einer Dienstvorschrift, 1925.
112 Dem (schon 1912 eingerichteten) Polizeipräsidenten waren Präsidialbüro, Polizei-Pressestelle, Polizeischule u. Ärztlicher Dienst sowie die Fachabteilungen der Wohlfahrts-, Kriminal-, Gewerbe-, Ordnungs-, Verkehrs-, Bau-, Melde- u. Passpolizei sowie die Betriebsverwaltung unterstellt. Hinzu kam das Aufsichtsamt für Dampfkessel u. Maschinen, das Feuerwehr- u. das Wohnungspflegeamt sowie die Hafen- u. Schiffahrtspolizei, s. Senatsbeschluss v. 8.9.1920, Staatsarchiv Hamburg 331–1_316.

selte, gilt sie auch als Ausgangspunkt des bis heute fortwirkenden Prinzips der **Einheitspolizei** [→ B82].[113] Allerdings entwickelte auch sie sich zunehmend militärisch, wurde mit schweren Waffen ausgestattet und zu hartem Vorgehen, insbes. gegen Kommunisten angehalten, was mit Unruhen wie dem sog. „**Hamburger Aufstand**" von 1923 und der Gefahr zukünftiger Aufstände begründet wurde. Am 23. Oktober 1923 hatten mehrere Hundert Kommunisten unter Führung u.a. von Ernst Thälmann etliche Polizeiwachen erstürmt, Waffen erbeutet und Stadtteile besetzt, bis die Ordnungspolizei den Aufstand niederschlug. Dabei kamen mehr als 100 Menschen, darunter 17 Polizisten ums Leben, über 300 wurden verletzt und mehr als 1400 wurden festgenommen.[114] Die Unzuverlässigkeit der Hamburger Ordnungspolizei dürfte ein Grund gewesen sein, warum die preußische Staatsregierung im Zuge des Unterelbevertrags und entgegen der ursprünglichen Intention des Zweckverbands Gross-Hamburg eigene, kasernierte Verbände in Altona, Wandsbek und Harburg-Wilhelmsburg stationierte. Der Staatsvertrag von 1917 wurde 1930 dahingehend ergänzt, dass er sich nun auf die Hamburger Ordnungspolizei und die preußisch-verstaatlichten Polizeiverwaltungen bezog und die örtlichen Zuständigkeiten wechselseitig nochmals erweitert wurden.[115] Schon im Jahr zuvor war der Zuständigkeitsbereich der Hamburger Ordnungspolizei zudem auf weitere, angrenzende Landgebiete erweitert worden, die im Übrigen durch die Kommunalaufsicht der Landherrschaft verwaltet wurden.[116] Die Eingemeindung mündete später im **Gesetz über Groß-Hamburg**, durch das die Hoheiten und damit auch die kommunalen und staatlichen Polizeien der preußischen Nachbarstädte und Gemeinden auf Hamburg bzw. die Polizei Hamburg übergingen[117] und das noch heute das Staatsgebiet Hamburgs maßgeblich bestimmt [→ B52].

Während die Polizeipraxis von Phasen der Reorganisation und Konsolidierung geprägt war und sich auch in Hamburg schwer tat, den demokratischen und rechtsstaatlichen Prinzipien der Weimarer Republik zu folgen, steuerte das **Polizeirecht** – gleichsam paradox – mit dem PrPVG vom 1.6.1931 auf den vorläufigen Abschluss einer rechtsstaatlichen Entwicklung zu, die in der zweiten Hälfte des 19. Jahrhunderts ihren Anfang genommen hatte und insbes. durch die Gerichte und die Wissenschaft vorangetrieben worden war. Die Bestimmungen des PrPVG sollten später zum Vorbild der Polizeigesetze in der Bundesrepublik Deutschland avancieren, wie insbes. der Vergleich von § 3 Abs. 1 SOG mit § 14 Abs. 1 PrPVG als Aufgaben- und Befugnisgeneralklausel zeigt.[118] Rechtsdogmatisch rückten die Handlungsformen mit der Besonderheit der „polizeilichen Verfügung" immer stärker in den Mittelpunkt.[119] Als Standardbefugnisse waren die polizeiliche „Verwahrung" von Personen, das Eindringen in Wohnungen und die Vorladung geregelt.[120]

---

113 Vgl. LD/*Stolleis/Kremer* Kap. A Rn. 53.
114 Dazu *Voß*, Der „Hamburger Aufstand" im Oktober 1923, in: dies./Büttner/Weber, Vom Hamburger Aufstand zur politischen Isolierung. Kommunistische Politik 1923–1933 in Hamburg und im Deutschen Reich, 1983, S. 9 ff. Es ist jedoch unklar, ob Ernst Thälmann selbst vor Ort war.
115 S. Ergänzung des Staatsvertrags zw. Preußen u. Hamburg, betreffend die Erweiterung der örtlichen Zuständigkeit der Altonaer u. der Hamburger Polizeibeamten v. 19.3.1930, HmbGVBl. 1930, 123 f.
116 S. hierzu Gesetz über die Polizei-Verwaltung im Hamburgischen Staatsgebiet v. 24.3.1929, HmbGVBl. 1929, 113.
117 Gesetz über Groß-Hamburg u. andere Gebietsbereinigungen v. 27.1.1937, RGBl. 1937, 91, das seine Bedeutung vor allem in den Gebietsveränderungen u. in der Beschränkung der Eigenständigkeit der Städte u. weniger in polizeil. Hoheitsgewalt gehabt haben dürfte. Letztere wurde bereits 1934 auf das Reich übertragen [→ J35].
118 „Die Polizeibehörden haben im Rahmen der geltenden Gesetze die nach pflichtgemäßem Ermessen notwendigen Maßnahmen zu treffen, um von der Allgemeinheit oder dem Einzelnen Gefahren abzuwehren, durch die die öffentliche Sicherheit oder Ordnung bedroht wird."
119 S. beispielhaft *Karl Friedrichs*, Grundzüge des Polizeirechts, 1923, S. 125 ff. u. 139 ff.
120 §§ 15, 16 u. 17 PrPVG.

33 In der Weimarer Republik war die Polizei und das Polizeirecht grds. **Angelegenheit der Länder**, sodass sich die unterschiedlichen Polizeirechtstraditionen in den Ländern – trotz der Dominanz Preußens[121] – fortsetzen konnten (vgl. Art. 12 WRV).[122] Nach **Art. 48 Abs. 2 WRV** durfte der Reichspräsident allerdings zur Wiederherstellung der öffentlichen Sicherheit und Ordnung nicht nur in der WRV festgesetzte Grundrechte ganz oder zum Teil außer Kraft setzen (S. 2), sondern auch die nötigen Maßnahmen treffen (S. 1), insbes. die Polizei der Länder dem Reich unterstellen und die Reichswehr einsetzen, etwa zur Niederschlagung von Aufständen.[123] Wie die meisten Länder, aber anders als etwa Thüringen, Mecklenburg-Strelitz, Lippe-Detmold und Preußen, **verzichtete** Hamburg – trotz des grundlegenden Verfassungswandels und der Ausrichtung des Diensteides auf die WRV (vgl. Art. 176)[124] – auf eine **neue Kodifikation des Polizeirechts**, sondern hielt an den rechtlichen Grundlagen aus der Zeit des Kaiserreichs fest.[125] Nach verbreiteter Auffassung genügten sie den verfassungsrechtlichen Anforderungen, insbes. dem Vorbehalt des Gesetzes, zumal die in der WRV neu eingefügten Grundrechte überwiegend nicht als unmittelbar anwendbares Verfassungsrecht angesehen wurden und der Vorbehalt des Gesetzes auch schon in der konstitutionellen Monarchie galt.[126] Gerade in den ersten Jahren taten sich Hamburg und andere selbständige Staaten des Deutschen Reichs schwer, sich in die nun föderal verfassten Kompetenzen zur Polizeigesetzgebung mit einer Vorranggesetzgebung des Reichs (vgl. Art. 9 WRV) einzufinden.[127]

V. Nationalsozialismus: Zentralisierung, Entstaatlichung und Rechtsumdeutung

34 Die Machtübernahme durch die Nationalsozialisten setzte der Entwicklung einer demokratischen und rechtsstaatlichen Polizei auch in Hamburg ein Ende.[128] Wie im Reich im Großen vollzogen sich zentralistische Herrschafts- und Verwaltungsentwicklungen im Kleinen in Hamburg: der Aufbau eines Führerstaates unter dem von Adolf Hitler eingesetzten Reichsstatthalter und Gauleiter Karl Kaufmann.[129] Die Polizei wurde auf der Reichsebene **zentralisiert** („verreichlicht"), mit dem Parteiapparat der **NSDAP verknüpft** („entstaatlicht") und so zum Repressionsinstrument des nationalsozialistischen Systems.[130] Ob es vor allem die polit. u. wirtschaftl. Krisen und die damit einhergehende polit. Entwicklung zu Beginn der dreißiger Jahre waren, die der Vereinnahmung des Hamburger Staates und des Polizeiapparats durch den Nationalsozialismus den Weg geebnet haben, scheint noch der historischen Aufarbeitung zu bedürfen. Eine andere These ist, dass die Vereinahmung Hamburgs (auch) durch nationalistische

---

121 Zur Dominanz Preußens s. LD/*Stolleis/Kremer* Kap. A Rn. 57.
122 *Götz/Geis* § 1 Rn. 11. Allerdings sah Art. 9 Nr. 2 WRV – anders als das GG [→ B47] – vor, dass das Reich die Gesetzgebung über den Schutz der öff. Ordnung u. Sicherheit hat, soweit ein Bedürfnis für den Erlass einheitlicher Vorschriften vorhanden ist. Hiervon hat das Reich nur sehr zurückhaltend Gebrauch gemacht, etwa in Form des bis 1926 geltenden Reichsgesetzes über die Schutzpolizei der Länder vom 17.7.1922, dazu EFP/*Pünder* Rn. 8. u. LD/*Stolleis/Kremer* Kap. A Rn. 57.
123 LD/*Stolleis/Kremer* Kap. A Rn. 59 f. Nach dem GG [→ BFn 139] sind Polizei u. Militär strikt getrennt. 51 135.
124 Vgl. dazu *Retzlaff/Gundlach/Arnim* S. 8 ff.
125 EFP/*Pünder* Rn. 8; LD/*Stolleis/Kremer* Kap. A Rn. 58. Auch in der Praxis lässt sich – trotz der grundlegend veränderten Verfassungsrechtslage – eine bemerkenswerte Kontinuität feststellen, etwa für die Kriminalpolizei anhand des 1860 in der 1. Aufl. erschienenen Standardwerks von *Stieber*, Praktisches Lehrbuch der Kriminalpolizei, das nach mehr als 60 Jahre von *Schneickert* in einer 2. Auflage von 1921 neu herausgegeben wurde.
126 Vgl. LD/*Stolleis/Kremer* Kap. A Rn. 59.
127 Illustrativ die Ausführungen bei *Friedrichs*, Grundzüge des Polizeirechts, 1923, S. 10.
128 Allg. vgl. *Bessel* S. 343. In Hamburg gelangten die Nationalsozialisten formal am 8.3.1933 als beherrschende Kraft eines „bürgerlichen" Senats an die Macht, dazu *Büttner* S. 59 ff.
129 *Lohalm*, „Modell Hamburg" – Vom Stadtstaat zum Reichsgau, in: Forschungsstelle für Zeitgeschichte in Hamburg, Hamburg im „Dritten Reich", 2. Auflage 2008, S. 153. Grundlage war das Zweite Gesetz zur Gleichschaltung der Länder mit dem Reich (sog. „Reichsstatthaltergesetz") v. 7.4.1933, RGBl. 1933 I, S. 173.
130 Zur Verknüpfung der Polizei mit dem Parteiapparat *Pünder* JURA 2023, 10 (12 ff.).

und völkische Kontinuitätslinien aus der Zeit vor dem Ersten Weltkrieg begünstigt wurde, die ebenso wie die sozialistischen und liberalen (idS hanseatischen) Traditionen vorhanden waren.[131] Wirkungsvoll erwies sich die zunehmende Aggressivität, Provokation und Gewalt, mit der die NSDAP und ihre Anhänger darauf abzielten, den regierenden Senat und die Polizeiführung als unfähig darzustellen, die öffentliche Sicherheit zu schützen.[132] Beim „**Altonaer Blutsonntag**" am 17. Juli 1932, also noch vor der Machtübernahme der Nationalsozialisten im Jahr 1933, kam es nach einem Marsch von 7.000 Anhängern der Sturmabteilung (SA) der NSDAP durch das als Hochburg der KPD bekannte Altona zu Schießereien, bei denen 18 Menschen, ganz überwiegend unbeteiligte Zivilisten, v.a. durch Polizeikugeln starben und 61 Menschen zum Teil schwer verletzt wurden.[133] Reichskanzler von Papen nahm das Ereignis zum Vorwand für die staatsstreichartige Absetzung der preußischen Staatsregierung am 20. Juli 1932.[134] Die Kombination von gewaltsamen Aktionen auf der Straße „von unten" und von administrativen Maßnahmen der Reichsregierung „von oben" sollte zum kennzeichnenden Muster der Gleichschaltung der Länder und Hansestädte werden.

Mit dem Gesetz über den Neuaufbau des Reichs vom 30.1.1934 und der damit einhergehenden Gleichschaltung vieler Lebensbereiche unter Reichsführung und Parteileitung **verlor Hamburg seine Eigenschaft als Staat**.[135] Seine Hoheitsrechte und damit auch seine **Polizeihoheit** gingen auf das Reich über und wurden nunmehr von Hamburg im Auftrag des Reiches wahrgenommen.[136] Die Hamburger Polizeibehörde, seit März 1933 von dem zum Polizeiherrn und Innensenator ernannten NSDAP-Bürgerschaftsabgeordneten und SA-Standartenführer Alfred Richter geführt, wurde Schritt für Schritt Teil der neu geschaffenen **Reichspolizei**. Ihre Schutz-, Verkehrs- und Ordnungspolizei wurde dem Hauptamt Ordnungspolizei, ihre Kriminalpolizei dem Reichssicherheitshauptamt unterstellt, unter dem auch die Geheime Staatspolizei (Gestapo) und der Sicherheitsdienst des Reichsführers SS organisiert war.[137] Beide Hauptämter unterstanden ihrerseits dem eigens geschaffenen Amt des Reichsführers SS und Chef der Deutschen Polizei im Reichsministerium des Innern.[138] Der Hamburger Polizeipräsident stand so letztlich unter der Aufsicht und Weisung des Reichsführers SS und Chef der Deutschen Polizei.

Die Hamburger Polizei war von 8.000 Beamten Anfang der zwanziger Jahre auf etwa 5.500 Beamte im Jahr 1933 zurückgegangen, die fast zur Hälfte in geschlossenen Einheiten organisiert und kaserniert waren.[139] Polizeibeamte stellten sich 1933 durchaus bereitwillig den neuen Machthabern zur Verfügung und beteiligten sich an deren **Verbrechen**, während des Krieges auch am Völkermord.[140] Die uniformierte, um eine „Hilfspolizei" – bestehend aus etwa 300

---

131 S. dazu *Büttner*, Der Aufstieg der NSDAP, in: Forschungsstelle für Zeitgeschichte in Hamburg, Hamburg im „Dritten Reich", 2. Auflage 2008, S. 31 f., auch zur Rolle des Hilfsschreibers bei der Polizeibehörde, Karl Teichmann, für die Gründung der Hamburger Ortsgruppe der NSDAP am 29.1.1922.
132 Vgl. *Diercks/Eckel/Garbe* S. 70.
133 Vgl. *Büttner* S. 53. Die Polizei sah ihr Feindbild zunehmend in den Kommunisten u. Demokraten, während sie den Nationalsozialisten nicht mit derselben Härte begegnete oder diese sogar unterstützte, vgl. *Diercks/Eckel/Garbe* S. 71 f.; *Kopitzsch*, Geschichte der Hamburger Polizei, S. 19.
134 Zum sog. Preußenschlag vgl. *Kopitzsch*, Geschichte der Hamburger Polizei, S. 19. Eine den Reichskanzler ermächtigende Notverordnung des Reichspräsidenten bestand allerdings schon seit dem 14. Juli 1932, also vor dem „Altonaer Blutsonntag", vgl. *Pyta*, Hindenburg, Herrschaft zwischen Hohenzollern und Hitler, 2007, S. 712 f.
135 KJ/*Strenge* Einl. 4 Rn. 76.
136 RGBl. 1934 I, 75, insbes. Art. 2. Dazu *Ipsen* FS Raape 1948, S. 423 ff.; KJ/*Schuler-Harms* Einl. 3 Rn. 7.
137 Gesetz über die Geheime Staatspolizei v. 10.2.1936.
138 Erlass über die Einsetzung eines Chefs der Deutschen Polizei im Reichsministerium des Innern vom 17.6.1936, RGBl. 1936 I, 487 f.
139 Beamtinnen gab es nur sehr wenig, dazu *Diercks/Eckel/Garbe* S. 66. 1927 war eine weibliche Kriminalpolizei eingerichtet, aber in ihren wesentl. Strukturen bereits 1931 wieder aufgelöst worden, vgl. *Kopitzsch*, Hamburg, S. 167.
140 *Diercks/Eckel/Garbe* S. 64 u. 104; *Kopitzsch*, Hamburg, S. 168 f.

Mitgliedern der SA und der SS – verstärkte und ab 1934 reichseinheitlich in **Schutzpolizei** umbenannte Ordnungspolizei stellte u.a. das Bewachungspersonal für das im Norden Hamburgs eingerichtete und der Hamburger Polizei unterstellte **Konzentrationslager** Wittmoor.[141] Das Lager diente v.a. dazu, politische Gegner „zum Schutze von Volk und Staat" zu inhaftieren („Schutzhaft").[142] Später stellte sie auch Teile der Wachmannschaft des Konzentrationslagers Neuengamme.[143] Ebenfalls bereits 1934 stellte der neue Chef der Ordnungspolizei Ernst Simon das „Kommando zur besonderen Verwendung" auf, das bald durch seine brutale Verfolgung der politischen Gegner der NSDAP berüchtigt wurde.[144]

37 Antidemokratische und antisemitische Einstellungen waren in der Polizei bereits vor 1933 verbreitet.[145] In Schulungen und Fortbildungen wurde den Beamten rassistisches Gedankengut vermittelt.[146] Die **nationalsozialistische Ideologie** wurde zur Aufgabe (auch) der Polizei erklärt, insbes. die Bekämpfung des „Asozialen" in Umsetzung der Rassentheorie. Die Ideologie wurde auch zum zentralen Gegenstand der Ausbildung in den Polizeischulen.[147] Auf Grundlage des Gesetzes zur Wiederherstellung des Berufsbeamtentums vom 7.4.1933[148] und zahlreicher Verordnungen und Verfügungen wurden in Hamburg etwa 200 Polizeibeamte aus dem Dienst entlassen, weil sie „nicht arischer Abstammung" waren oder sich als Mitglieder der SPD, der Gewerkschaften, des republikanischen Reichsbanners Schwarz-Rot-Gold oder anderer Organisationen politisch betätigt hatten.[149] Zugleich wurden SS- und SA-Angehörige in größerer Zahl in die Polizei übernommen.[150] Ein besonders dunkles Kapitel begann 1939 mit der Bildung von vier Polizei-Bataillonen mit je etwa 500 Mann, die während des Zweiten Weltkriegs hinter der Ostfront zum Einsatz kamen. Das **Reserve-Polizei-Bataillon 101** war an der Ermordung von mindestens 38.000 Jüdinnen und Juden beteiligt („Aktion Reinhardt") und wirkte an der Deportation von jedenfalls 45.000 Jüdinnen und Juden, Roma und Sinti in die Vernichtungslager mit.[151] Nur wenige Polizisten wurden Jahre später verurteilt, viele arbeiteten unbehelligt weiter bei der Hamburger Polizei.[152]

---

141 Für seine Brutalität bes. berüchtigt war das „Kommando zur besonderen Verwendung". Später wurde „Ordnungspolizei" die Bezeichnung des organisatorischen Dachs verschiedener Polizeien, darunter die „Schutzpolizei", die „Luftschutzpolizei", die „Feuerschutzpolizei" u. die „Polizeireserve". Die Hamburger Schutzpolizei umfasste Ende der 1930er-Jahre 2400 Beamte, räumlich ähnlich organisiert wie heute [→ B81] in regionalen Gruppen u. Untergliederungen in Abschnitten mit jeweils bis zu zehn Polizeiwachen, vgl. zum Ganzen *Diercks/Eckel/Garbe* S. 104 ff.
142 *Diercks/Eckel/Garbe* S. 112 f.
143 *Diercks/Eckel/Garbe* S. 122 ff.
144 *Kopitzsch*, Hamburg, S. 168. Insbes. zur Hamburger Gestapo und Kripo s. *Diercks/Eckel/Garbe* S. 128 ff., 176 ff., 200 ff., 224 ff. u. 246 ff.
145 *Diercks/Eckel/Garbe* S. 66.
146 *Diercks/Eckel/Garbe* S. 116.
147 *Harten*, Die weltanschauliche Schulung der Polizei im Nationalsozialismus, 2018, S. 165 ff., für Hamburg insbes. S. 364 ff. In Hamburg wurde erst im Jahr 1938 eine Verwaltungsschule eingerichtet, die auch Polizeibeamte ausgebildet hat. Aus ihr entstand 1988 die Fachhochschule für Öffentliche Verwaltung Hamburg, deren Fachbereich 2007 in die Hochschule der Polizei – die Vorläuferin der heutigen Akademie der Polizei [→ B81] – übergeleitet wurde.
148 RGBl. 1933 I, 175, v. 7.4.1933.
149 Dazu *Bähr* S. 36 ff. Entlassen wurde auch der Chef der Ordnungspolizei Lothar Danner, vgl. *Kopitzsch*, Hamburg, S. 167. Nur wenige der entlassenen Beamten leisteten in der Folgezeit aktiv politischen Widerstand, so etwa Otto Grot; viele Mitglieder sozialdemokratischer, konservativer u. liberaler Parteien, die sich nicht politisch betätigt hatten, verblieben auch im Dienst u. passten sich an; vgl. *Diercks/Eckel/Garbe* S. 75, 98 f., 104 u. 116.
150 *Kopitzsch*, Hamburg, S. 168.
151 *Kopitzsch*, Hamburg, S. 168. Nur wenige Polizisten verweigerten die Mitwirkung an den Erschießungen der „Aktion Reinhardt", obwohl sie freiwillig war, vgl. *Hempel*, „Aktion Reinhardt": Hamburger Polizei verübt Massaker von Józefów, abrufbar unter www.ndr.de/geschichte.
152 Dazu *Browning*, Ganz normale Männer. Das Reserve-Polizeibataillon 101 und die „Endlösung" in Polen, 1993, S. 189.

V. Nationalsozialismus: Zentralisierung, Entstaatlichung und Rechtsumdeutung

Zu einer Umschreibung des **Polizeirechts** kam es allerdings nicht. Insbes. die Erarbeitung eines nationalsozialistischen Polizeigesetzes blieb in Ansätzen stecken.[153] Den Machthabern ging es darum, die Polizei von jeder Rechtsbindung und gerichtlichen Kontrolle zu lösen, um sie als Repressionsinstrument von Staat und Partei willkürlich und uneingeschränkt einsetzen zu können.[154] Das Polizeirecht systematisch umzuschreiben hätte auch bedeutet, sich rechtlich festzulegen zu müssen. Leichter erschien es, sich auf den Erlass von Sondergesetzen zu beschränken und im Übrigen die auslegungsoffene Rechtsordnung im Sinne der nationalsozialistischen Ideologie umzudeuten – beides mit dem Ziel, die Polizei von der Bindung an rechtliche Vorgaben zu lösen oder das Recht zur Legitimation polizeilicher Willkür zu missbrauchen.

Solche, von jeder Rechtsbindung und Kontrolle entledigte Räume für Polizeieinsätze iSd nationalsozialistischen Diktatur eröffnete die auf Art. 48 Abs. 2 WRV gestützte (Not-)Verordnung des Reichspräsidenten zum Schutz von Volk und Staat vom 28.2.1933.[155] Sie erklärte zahlreiche Grundrechte als dauerhaft ausgesetzt, sodass der **Vorbehalt des Gesetzes und die Rechtsbindung entfiel** bzw. auf die Funktion reduziert wurde, die verwaltungsmäßige Umsetzung des (im Gesetz zum Ausdruck kommenden) Führerwillens zu gewährleisten.[156] In der Folge mussten sich die zahllosen Maßnahmen der Gestapo, die Inhaftierungen, Verhöre, Überweisungen in die Konzentrationslager und – seit 1937 – die sogenannte Vorbeuge- und Schutzhaft nicht mehr am Maßstab der geltenden Polizeigesetze messen lassen.[157] Wohnungen durften ohne Durchsuchungsbefehl durchsucht werden. Der rechtliche Ausnahme- wurde so zum Regelzustand erklärt. Soweit dies nicht ausreichte, trat die **Umdeutung des geltenden Polizeirechts**, insbes. der Aufgaben- und Befugnisnormen, im nationalsozialistischen Sinne hinzu.[158] So wurde eine „Störung der öffentlichen Sicherheit" gemäß § 14 PrPVG schon dann angenommen, wenn etwas „dem nationalsozialistischen Staat ggü. untergrabend, hemmend, verstimmend oder auch nur staatsentfremdend" wirkte[159] und so dem reformulierten Zweck des PrPVG widersprach, nämlich der „Sicherung und Förderung der deutschen Blutsgemeinschaft" zu dienen.[160] Die mit dem Gemeinschaftszweck verbundene strikte Ablehnung der liberalen Trennung von Staat und Gesellschaft (auch als „individualistisches" Staatsverständnis bezeichnet) bewirkte, dass die Polizei wieder „gesellschaftliche" Funktionen der Verhaltenssteuerung und Kontrolle zurückgewann. Diese Funktionen hatte man ihr auf der langen Entwicklung seit dem 18. Jahrhundert entzogen – nun wurde die Polizei (wieder) zur **„Hüterin der Gemeinschaft"**.[161]

---

153 LD/*Stolleis/Kremer* Kap. A Rn. 66 mwN. Angesichts der nationalsozialistisch entfesselten Polizei ist dies durchaus überraschend, zumal mit dem PrPVG seit dem Ende der Länderstaatlichkeit auch in Hamburg ein Gesetz galt, das auch für eine rechtsstaatliche Entwicklung stand.
154 Vgl. LD/*Stolleis/Kremer* Kap. A Rn. 66 mwN.
155 RGBl. 1933 I, 83.
156 Dazu *Laufs*, Rechtsentwicklungen in Deutschland, 6. Aufl. 2006, S. 408. Heute wird der Gesetzesbindung nicht nur eine staatsorganisatorische, sondern vor allem eine freiheitssichernde Funktion zugeschrieben [→ C1].
157 Vgl. *Götz*, Polizei und Polizeirecht, in: Jeserich, Deutsche Verwaltungsgeschichte, Band IV, 1985, S. 1020 f.; LD/*Stolleis/Kremer* Kap. A Rn. 66.
158 Hierzu LD/*Stolleis/Kremer* Kap. A Rn. 66. Zur nationalsozialistischen Auslegung der Generalklausel *Pünder* JURA 2023, 136 (138 ff.).
159 So der damalige Präsident des PrOVG *Bill Drews* in seinem Lehrbuch zum Preußischen Polizeirecht, 5. Auflage 1936, Bd. 1 S. 13 f. Zur öff. Ordnung gehörten – so S. 18 – „zahlreiche Bestandteile des nationalsozialistischen Gedankenguts – so z.B. die Liebe zu Volk u. Vaterland, zu deutschem Brauch, deutscher Sitte u. deutscher Rasse, das Gefühl für deutsche Ehre, [...]. Wer diese Gefühle des ganz überwiegenden Teiles der Volksgenossen [...] verletzt, verstößt damit gegen eine der wichtigsten Grundlagen gedeihlichen völkischen Zusammenlebens u. stört die öff. Ordnung." Vor diesem Hintergrund werden die grundlegenden Bedenken ggü. der öff. Ordnung als Schutzgut nachvollziehbar [→ C154]. In den zusammen mit zunächst *Gerhard Wacke*, dann auch *Klaus Vogel* und *Wolfgang Martens* herausgegebenen Nachkriegsauflagen des Lehrbuchs sind solche Aussagen relativiert oder gänzlich getilgt worden, vgl. dazu EFP/*Pünder* Rn. 9 mwN.
160 Vgl. LD/*Stolleis/Kremer* Kap. A Rn. 66.
161 Vgl. *Stolleis* S. 365.

Bezeichnend für die Okkupierung des Staates durch die NSDAP war auch, dass diese und ihre Organisationen den Einrichtungen des Staates gleichgestellt und damit von der öffentlichen Sicherheit als umfasst angesehen wurden.[162]

40 An dieser (unbegrenzten) Umdeutung und der rechtlichen Entgrenzung der Polizei hatten weite Teile der Justiz und vor allem der **Staats- und Verwaltungsrechtslehre** jener Zeit ihren gewichtigen Anteil.[163] Sie standen dem liberalen Rechtsstaat der Weimarer Republik offen ablehnend, zum Teil auch feindselig ggü. und spendeten dem **totalitären Polizeistaat** die juristische Legitimität. Grundrechte und subjektiv-öffentliche Rechte wurden mit dem völkischen Staat und der Volksgemeinschaft als unvereinbar angesehen, eine kontrollierende Verwaltungsgerichtsbarkeit abgelehnt.[164] Das Plädieren für sog. **justizlose Hoheitsakte** spielte dem Regime in die Hände.[165] So wurde 1936 in § 7 des Gesetzes über die Geheime Staatspolizei (GestapoG) festgeschrieben, dass Verfügungen und Angelegenheiten der Gestapo nicht der Nachprüfung durch die Verwaltungsgerichte unterliegen.[166] Schon ein Jahr zuvor hatte das PrOVG entschieden, dass die Gestapo eine Sonderpolizeibehörde sei, die deshalb nicht den Bestimmungen des PrPVG über den Rechtsmittelzug unterliege.[167] Die Einschüchterung der Gerichte und polizeiliche Repression taten ihr Übriges und führten zu einer völlig entgrenzten Macht zur Verfolgung von Kritikern und Gegnern.[168] Einer **Rechtsgrundlage** im alten Sinne – so die herrschende Meinung – **bedurfte es nicht mehr**.[169]

41 Das **Recht** hatte dieser Pervertierung der Polizei[170] **nichts entgegenzusetzen**, sondern hielt sogar als Legitimation und Rechtfertigung der Gewalt- und Willkürherrschaft her. Dies obwohl die WRV und auch das PrPVG ein freiheitliches und rechtsstaatliches Niveau erreicht hatten, das sie später zu Vorbildern für das Grundgesetz, die Hamburger Landesverfassung und die heute geltenden Polizeigesetze werden ließen. Es zeigt eines: Die Buchstaben, Worte und Sätze der Verfassung und der Gesetze können an und für sich eine freiheitliche, demokratische Gesellschaft nicht garantieren. Sie sind in ihrer freiheitsschützenden Wirkung abhängig von den politischen, sozialen und kulturellen Kontexten und in ihrer machtbegrenzenden und -disziplinierenden Kraft nur so stark, wie sie von einem Willen zur Gerechtigkeit derjenigen getragen werden, die sie deuten, anwenden und kontrollieren. Tatsächlich nutzten das nationalsozialistische Regime und seine Anhänger eine geradezu paradoxe Mischung von formal-positivistischen Gesetzen und ideologieoffenen Generalklauseln,[171] um ihre verbrecherische Ideologie mit polizeilichen Maßnahmen zu verwirklichen.

---

162 *Drews*, Preußisches Polizeirecht, 5. Aufl. 1936, S. 11. Zur Frage, inwieweit heute Parteien u. ihre Funktionsfähigkeit als vom Schutzgut der öff. Sicherheit als umfasst angesehen werden [→ C141].
163 Vgl. *Stolleis* S. 365. So forderten etwa mit *Carl Schmitt* (Neue Leitsätze für die Rechtspraxis, JW 1933, S. 2793 f.), *Ernst Rudolf Huber* (Die Einheit der Staatsgewalt, DJZ 1934, Sp. 950 ff. (958) u. *Theodor Maunz* (Gestalt und Recht der Polizei, 1943, S. 56 f. u. 63 f.) in der Weimarer Republik u. auch noch in der BRD einflussreiche Staatsrechtslehrer offen u. vehement, Generalklauseln, Verhältnismäßigkeitsgrundsatz u. andere Auslegungsspielräume iSd nationalsozialistischen Ideologie auszulegen (s. dazu auch EFP/Pünder Rn. 9 mwN). Zum fehlenden Widerstand in der Staatsrechtslehre *Dreier*, Die deutsche Staatsrechtslehre in der Zeit des Nationalsozialismus, 1. Bericht, in: VVDStRL Bd. 60, 2001, S. 9 ff.
164 *Stolleis* S. 363 f.
165 *Ipsen*, Politik und Justiz. Das Problem der justizlosen Hoheitsakte, 1937.
166 PrGS. 1936, 21.
167 PrOVGE 96, 83.
168 Vgl. *Stolleis* S. 365 f.
169 So etwa *Nebinger*, Reichspolizeirecht, 1939, S. 16: § 14 PrPVG sei „gesprengt".
170 EFP/*Pünder* Rn. 9 mwN.
171 Vgl. *Rüthers*, Die unbegrenzte Auslegung, 6. Auflage 2005, S. 91 ff., 210 ff.; *Röhl/Röhl* S. 333.

VI. Nachkriegszeit: Entpolizeilichung und Entnazifizierung

Nach dem Zusammenbruch und der Kapitulation Deutschlands 1945 begannen die Alliierten mit der Demokratisierung, Dezentralisierung und Denazifizierung der Polizei.[172] Die Polizeihoheit wurde vom Reich wieder auf die Länder übertragen.[173] Da Hamburg der britischen Militärregierung unterstand, wurde die Hamburger Polizei der Abteilung Public Safety Branch der örtlichen britischen Militärverwaltung unterstellt.[174] Die geheime Staatspolizei, die Sicherheitspolizei, der Sicherheitsdienst und jede Art von politischer Polizei wurden verboten. Deren Angehörige waren zu verhaften.[175] Besonders nachdrücklich ging die britische Besatzungsmacht an die Entmilitarisierung und Entpolitisierung der Polizei sowie die „**Entpolizeilichung**" der Staats- bzw. Ordnungsverwaltung, um die Polizei in eine zivile Einrichtung umzuwandeln und die Macht durch Verteilung zu begrenzen.[176] Die Hamburger Polizei wurde weitgehend entwaffnet.[177] Im Sinne der **Trennung von Polizei- und Ordnungsbehörden**, wie sie in den meisten Ländern eingeführt wurde, wurde auch in Hamburg, angepasst an die Organisation eines Stadtstaates,[178] die Polizei terminologisch und nach ihrer Zuständigkeit von den Verwaltungsbehörden unterschieden und getrennt. Diese „Verwaltungspolizeien" (z.B. die „Bau-, Gewerbe- oder Wegepolizei") sollten ursprünglich nur Ordnungs- und keine Polizeiaufgaben wahrnehmen, hatten aber seit der napoleonischen Besetzung immer mehr vollzugspolizeiliche Aufgaben an sich gezogen. Sie wurden auf Aufgaben der Ordnung, Überwachung und Gefahrenabwehr ohne unmittelbaren Zwang reduziert und dementsprechend fortan vor allem als Aufsichten bezeichnet (im Beispiel: „Bau-, Gewerbe- oder Wegeaufsicht").[179] Umgekehrt wurden die Schutz- und Kriminalpolizeien – soweit uniformierte und bewaffnete und zu Zwangsmitteln befugte Kräfte gemeint waren – unter der Bezeichnung „**Vollzugspolizei**" zusammengefasst[180] und vor allem auf Aufgaben der Gefahrenabwehr in Eilfällen und durch unmittelbaren Zwang sowie der Strafverfolgung beschränkt.[181]

Durch systematische **Entnazifizierung** ließ die britische Militärverwaltung bis 1950 etwa 1300 Belastete aus dem Polizeidienst entfernen. Auf ihre Anordnung hin wurden zunächst der 1933 entlassene Lothar Danner und der Polizeihauptmann Bruno Georges zum Hamburger „Polizeichef" ernannt und direkt dem zuständigen britischen Kontrolloffizier unterstellt.[182]

42

43

---

172 Allg. *DWVM* S. 11 ff.; EFP/*Pünder* Rn. 11. Aus Hamburger Perspektive *Schult*, Geschichte der Hamburger Polizei 1814–1964, Sportvereinigung Polizei Hamburg von 1920 e.V., 150 Jahre Hamburger Polizei, 1964, S. 146 ff., 182 ff.
173 EFP/*Pünder* Rn. 11.
174 *Diercks/Eckel/Garbe* S. 77. Dazu KJ/*Richter* Art. 77 Rn. 3.
175 *Diercks/Eckel/Garbe* S. 80.
176 *Götz/Geis* § 1 Rn. 14; EFP/*Pünder* Rn. 11.
177 *Diercks/Eckel/Garbe* S. 80.
178 Zum Trennungsprinzip BVerfG 16.6.1954 – 1 PBvV 2/52, Rn. 111 ff.; EFP/*Pünder* Rn. 11.Ein wichtiges Element des Trennungsprinzips war die Übertragung von Ordnungsaufgaben auf die unteren Verwaltungsinstanzen der Gemeinden u. Kreise, vgl. *Götz/Geis* § 1 Rn. 14. Die damit vorausgesetzte Trennung von staatl. u. gemeindlicher Ebene war in Hamburg bereits nach Art. 1 der Vorläufigen Verfassung der Hansestadt Hamburg v. 15.6.1946 u. auch Art. 1 u. 4 Abs. 1 der seit dem 1.7.1952 bis heute geltenden Verfassung der Freien u. Hansestadt Hamburg nicht vorgesehen.
179 Allg. *Götz/Geis* § 1 Rn. 14 f. u. 18, der jedoch darauf hinweist, dass die Entpolizeilichung insoweit über eine Abtrennung der früher als verwaltungspolizeil. Aufgaben angesehenen Angelegenheiten hinausging, als auch mit den Presse-, Versammlungs-, Vereins-, Pass- u. Ausländerangelegenheiten die ehedem als „sicherheitspolizeilich" bezeichneten Aufgaben aus der Zuständigkeit der (Vollzugs-)Polizei genommen wurden.
180 *Götz/Geis* § 1 Rn. 15.
181 S. die VOen über die Zuständigkeit der Polizei in der FHH v. 29.11.1945 u. 13.9.1946, HmbGVBl. 1946, 5 u. 95.
182 *Diercks/Eckel/Garbe* S. 77 u. 96 f. Lothar Danner wurde wegen seiner Rolle im Nationalsozialismus bereits wenige Tagen nach seiner Ernennung wieder von der Britischen Militärregierung abberufen und durch Bruno Georges ersetzt.

Weitere Schlüsselpositionen wurden mit Polizeibeamten besetzt, die wie Bruno Georges vor 1933 wegen ihrer demokratischen und republikanischen Orientierung von den Nationalsozialisten aus dem Dienst entlassen worden waren.[183] Als „weibliche Schutzpolizei" wurden erstmals auch (uniformierte) **Polizistinnen** eingesetzt, die sich zunächst vor allem um Kinder und Jugendliche kümmern sollten.[184] Es sollte noch bis 1978 dauern, bis der Senat sich für eine uneingeschränkte Gleichberechtigung des Einsatzes von Frauen entschied und eine vollständige Integration in die Schutzpolizei erfolgte.[185] Kriminalbeamtinnen waren seit 1927 im Dienst.

44 Ab 1947 ging die Verantwortung für die Polizei schrittweise an den **Hamburger Senat** und hier insbes. auf den zugleich als Polizeisenator fungierenden Ersten Bürgermeister Max Brauer über. Die Militärregierung behielt jedoch ein Weisungs- und Kontrollrecht.[186] Bruno Georges wurde als Hamburger Polizeipräsident eingesetzt. Allerdings stießen viele Maßnahmen der britischen Militärverwaltung auf Ablehnung des Senats und der Polizeiführung, insbes. widersprachen sie den Vorstellungen Max Brauers und des Bürgerschaftspräsidenten Adolph Schönfelder, der von 1926 bis 1933 Hmb. Polizeisenator gewesen war. Argumentiert wurde insbes. mit der Gefahr kommunistischer Aufstände wie etwa der „Hamburger Aufstand" von 1923, bei denen sich die Ordnungspolizei der Weimarer Republik bewährt hätte.[187] In der Folgezeit wurden – auch im Kontext des sich abzeichnenden Ost-West-Konflikts und der „Bedrohung aus dem Osten" – viele der britischen **Reformen** nach und nach **rückgängig gemacht**: Mit dem Aufbau geschlossener und mit schweren Waffen ausgestatteter kasernierter Einheiten, insbes. der **Hamburger Bereitschaftspolizei**, und deren militärisch geprägter Leitung und Ausbildung stellte sich die Hamburger Polizei wieder in die Polizeitradition der Weimarer Republik.[188] Auch die **Entnazifizierung** wurde **abgeschwächt**: Das Ausführungsgesetz zu Art. 131 GG von 1951 eröffnete nun auch denjenigen die Rückkehr in den öffentlichen Dienst, die nach 1933 bis Kriegsende Beamte gewesen waren, auch ehemaligen NSDAP-Angehörigen und SS-Mitgliedern.[189] In der Folge kehrten in Hamburg bis 1959 fast 1600 Beamte in den Polizeidienst zurück.[190] Die „131er" übernahmen aufgrund ihrer langen Beschäftigungszeit häufig höhere Posten und blockierten so die Aufstiegsmöglichkeiten der jungen, neu eingestellten Polizeikräfte und nahmen als Vorgesetzte Einfluss auf deren Ausbildung und Einsatz.[191] Auch auf der obersten Führungsebene der Polizei wurde der von der britischen Militärverwaltung eingeleitete **Bruch personeller Kontinuitäten nicht durchgehalten**, wie etwa die Ernennung des ehemaligen NSDAP-Mitglieds Walther Bruhl zum Nachfolger des Polizeipräsidenten Bruno Georges im Jahr 1958 zeigt.[192]

45 Auch das **Hamburger Polizeirecht** war durch Brüche und sich überlagernde Entwicklungen gekennzeichnet. Das **Gesetz über die Polizeiverwaltung** vom 7. November 1947,[193] das (in Teilen von Hamburg) bis zur Ablösung durch das SOG im Jahr 1966 gültig blieb, schuf in § 1

---

183 *Diercks/Eckel/Garbe* S. 77.
184 *Kopitzsch*, Hamburg, S. 169.
185 Zur Geschichte der Hamburger Polizei, in: Polizei Hamburg, 200 Jahre Polizei Hamburg, 2014, S. 22.
186 *Diercks/Eckel/Garbe* S. 83.
187 *Diercks/Eckel/Garbe* S. 77 u. 83.
188 *Diercks/Eckel/Garbe* S. 83 u. 88 f.
189 Eine gesetzl. Regelung war auch deswegen notwendig, weil alle Dienstverhältnisse im öff. Dienst wegen der Verbindung mit dem nationalsozialistischen Unrechtsstaat erloschen waren, vgl. BVerfG 13.11.1962 – 2 BvL 4/60, Rn. 53; 4.4.1970 – 2 BvL 23/64, Rn. 32; aA BGH 20.5.1954 – GSZ 6/53, Rn. 61 ff. Dabei hatte das BVerfG betont (BVerfG 4.4.1970 – 2 BvL 23/64, Rn. 34), dass Personengruppen, die etwa in der Gestapo oder anderen Organisationen in bes. Weise an der Verwirklichung der nationalsozialistischen Gewaltherrschaft u. Unrechtsideologie mitgewirkt hatten, völlig ausgeschlossen werden können.
190 *Diercks/Eckel/Garbe* S. 84 f. u. 102, auch zu einzelnen Personen.
191 *Diercks/Eckel/Garbe* S. 92, auch 90 f.; vgl. auch *Kopitzsch*, Hamburg, S. 170.
192 *Diercks/Eckel/Garbe* S. 93.
193 HmbGVBl. 1947, 73.

Abs. 1 eine dem § 14 PrPVG vergleichbare polizeiliche Generalklausel. Es war jedoch von Anfang strittig, ob sie – wie es der Intention der britischen Besatzungsmacht und der Terminologie und Systematik dieses Gesetzes entsprach – nur für die Vollzugspolizei galt.[194] Die Rechtslage war auch als Folge der Entwicklung des hamburgischen Staatsgebiets kompliziert, da in den alten preußischen Gebieten das PrPVG fortgelten konnte, in den althamburgischen Gebieten aber das mehrfach geänderte VerhG vom 23. April 1879 galt und ergänzend ein Rückgriff auf einen gewohnheitsrechtlichen, an § 10 Abs. 2 S. 17 PrALR angelehnten allgemeinen Polizeibegriff möglich war.[195]

VII. Im geteilten Deutschland: Reorganisation der Polizei und Vereinheitlichung des Polizeirechts

Bei der verheerenden **Sturmflut 1962** mit hunderten Toten erwiesen sich die Einsatzkräfte als überfordert. Als Konsequenz wurde auf Initiative des damaligen Polizeisenators Helmut Schmidt aus der seit 1814 bestehenden Polizeibehörde, dem Landesamt für Verfassungsschutz, dem Statistischen Landesamt und weiteren Ämtern und Abteilungen aus anderen Behörden die **Behörde für Inneres** eingerichtet, in der seither insbes. Polizei, Feuerwehr und Katastrophenschutz zusammengefasst sind. Der Polizeipräsident wurde dem Innensenator direkt unterstellt und leitete die **Polizei**, die in fünf Ämter untergliedert war: Schutzpolizei-, Kriminal-, Wasserschutzpolizei-, Polizeiverkehrs- und Verwaltungsamt.[196] Die Organisation besteht im Kern bis heute [→ B81]. Bei der Bewältigung der Flutkatastrophe hatten sich viele Freiwillige gemeldet, was den Gesetzgeber einige Jahre später zur Schaffung des Entschädigungsanspruches in § 10 Abs. 5 SOG bewegen sollte.[197] Einige Jahre zuvor waren nach einer längeren Entwicklung und in Folge der prozessrechtlichen Einführung der Verpflichtungsklage grundsätzlich subjektive Rechte bzw. **Ansprüche auf polizeiliches und ordnungsbehördliches Einschreiten** höchstrichterlich anerkannt worden.[198]

46

Das einstimmig von der Bürgerschaft verabschiedete, am 1. April 1966 in Kraft getretene Gesetz zum Schutz der öffentlichen Sicherheit und Ordnung (SOG) brachte eine **Vereinheitlichung des Polizeirechts** und löste insbes. PrVG, das VerhG und das Gesetz über die Polizeiverwaltung ab (vgl. § 33 Abs. 1 Nr. 1, 4 u. 21 SOG). Das SOG wurde nicht als ein Polizeigesetz ieS, sondern als ein für die gesamte (Ordnungs-)Verwaltung – also *auch* die Vollzugspolizei – geltendes Gesetz für den Bereich der Gefahrenabwehr konzipiert. Es hielt an einem engen, auf die Vollzugspolizei beschränkten formellen Polizeibegriff fest, legte aber einen weiten materiellen Polizeibegriff zugrunde, indem es der gesamten Staatsverwaltung, nämlich den Verwaltungsbehörden iRd jeweiligen Geschäftsbereichs, die Aufgabe der Gefahrenabwehr (§ 3 Abs. 1 SOG) und die allgemeinen ordnungsrechtlichen Befugnisse zuwies.[199]

47

Die **Studentenunruhen** der 1960er-Jahre, insbes. die Proteste gegen den Axel-Springer-Verlag stellten die Hamburger Polizei ebenso vor neue Herausforderungen wie die Ermittlungen rund um die **Rote Armee Fraktion** (RAF) in den 1970er Jahren und der Kampf um die besetzten Häuser in der Hamburger **Hafenstraße** in den 1980er-Jahren. 1986 sorgte der „**Hamburger Kessel**" für Schlagzeilen: Beamte schlossen auf Anweisung der Polizeiführung mehr als 800 Demonstranten der Anti-Atomkraft-Bewegung auf dem Heiligengeistfeld ein und hielten sie

48

---

194 Vgl. *Blomeyer-Bartenstein/Närger/Olzog*, Der polizeil. Eingriff in Freiheiten u. Rechte, 1951, S. 238.
195 Vgl. auch *DWVM* S. 24; *Frenzel* Die Polizei 1966, 198.
196 Ein hist. Organigramm mit Stand v. 8.6.1962 ist unter www.hamburg.de/innenbehoerde abrufbar.
197 MdSadB Nr. 75, 1965, 15.
198 Vgl. BVerwG 18.8.1960 – I C 42.59. Dazu *Götz/Geis* § 16 Rn. 37.
199 Vgl. *Kopitzsch*, Hamburg, S. 174. Von einer „Entpolizeilichung" konnte daher in mat. Hinsicht nicht gesprochen werden. Die Polizei ieS erhielt aber einen eng umgrenzten Aufgabenbereich [→ C88].

teilweise bis zu 13 Stunden lang fest.[200] Diese polizeiliche Praxis hat eine bis heute andauernde Rspr. zur Reichweite der Ingewahrsamnahme ausgelöst [→ D165].

49 In den 1980er Jahren verstärkten sich bundesweit die Bemühungen, das Polizei- und Ordnungsrecht zu reformieren und weiterzuentwickeln. Dazu beschloss die Innenministerkonferenz am 25.11.1977 den **Musterentwurf** eines einheitlichen Polizeigesetzes des Bundes und der Länder (MEPolG), das die (gemeinsamen) Grundstrukturen des Polizeirechts in Bund und Ländern nach 1949 auch unter dem Eindruck der terroristischen Bedrohung durch die RAF zusammentrug.[201] Im Mittelpunkt stand die Erweiterung der sog. **polizeilichen Standardbefugnisse**, deren Einsatz an jeweils tatbestandlich präzise umschriebene Voraussetzungen geknüpft, aber zum Teil auch gegen Personen zugelassen werden sollten, die **Nichtverantwortliche** („Nichtstörer") sind. Auch der Notwendigkeit von Eingriffen schon bei einem **Gefahrenverdacht** sollte Rechnung getragen werden.[202] Anlässlich des vom BVerfG im Volkszählungsurteil [→ C34] entwickelten Grundrechts auf informationelle Selbstbestimmung kam ein **Vorentwurf zur Änderung des MEPolG** (VEMEPolG) vom 12.3.1986 hinzu.[203]

VIII. Seit der Wiedervereinigung: Polizeirechtsreform und vorbeugende Verbrechensbekämpfung

50 In der Folgezeit fungierten beide Muster-Entwürfe – MEPolG und VEMEPolG – als rechtspolitische Planungsinstrumente für die Länder zur Harmonisierung der landespolizeilichen Befugnisse.[204] Auch der Hamburger Gesetzgeber reagierte und **reformierte** im Jahr 1991 **das SOG**. Die Standardbefugnisse der Polizei und die Anwendung von Zwangsmaßnahmen wurden novelliert. Vor allem aber wurden neue Befugnisse der **Informationserhebung und -verarbeitung** geschaffen. Anders als in anderen Ländern hat Hamburg die Befugnisse der Informationserhebung und -verarbeitung – soweit sie die Vollzugspolizei und nicht die Verwaltungs- bzw. Ordnungsbehörden ermächtigen – sogar in einem eigenen Gesetzeswerk, dem **Gesetz über die Datenverarbeitung der Polizei (PolDVG)**, geregelt.[205] Insbes. die in diesem Zug eingefügten Befugnisse zur verdeckten Datenerhebung haben eine bis heute anhaltende rechtspolitische und verfassungsrechtliche Diskussion ausgelöst, auch weil sie für eine Ausweitung **der vorbeugenden Verbrechensbekämpfung** als polizeiliche Aufgabe stehen [→ B23].

51 Im Jahr 1993 berichtete ein Hamburger Polizist über massive, menschenverachtende und -unwürdige Misshandlungen und Übergriffe auf v.a. Schwarze Männer durch Polizisten, insbes. der Polizeirevierwache 16 und des Polizeikommissariats 11 in Hamburg-St. Georg. Scheinhinrichtungen wurden durchgeführt, Körperverletzungen, Freiheitsberaubungen und sexuelle Misshandlungen begangen. Die Bewertungen des **Hamburger Polizeiskandals** gehen bis heute auseinander.[206] Entscheidend für die Aufklärung war die Offenbarung eines Polizeibeamten ggü. seinem Vorgesetzten. Der Polizeiskandal führte zum Rücktritt des damaligen Innensenators Werner Hackmann und zu weiteren personellen Veränderungen auf der politischen und

---

200 Dazu *Kopitzsch*, Geschichte der Hamburger Polizei, S. 22 u. 24 f.
201 EFP/*Pünder* Rn. 11; *Kingreen/Poscher* § 1 Rn. 18; *Götz/Geis* § 3 Rn. 3.
202 S. dazu *Götz/Geis* § 3 Rn. 3.
203 Zur Datenverarbeitung s *Clages/Kniesel/Vahle*, VE ME PolG, 1990. Zur Reform des SOG vgl. Bü-Drs. 13/5422 („Reform 1991").
204 *Götz/Geis* § 3 Rn. 5.
205 HmbGVBl. 1991, 187. Es folgten zahlreiche Änderungen des SOG (HmbGVBl. 1991, 339; 1993, 149; 1996, 150; 1999, 256; 2000, 146; 2001, 251; 2003, 467) u. des PolDVG (HmbGVBl. 1997, 76; 2000, 155). Zu späteren rechtspolitischen Erwägungen, SOG u. PolDVG in einem Gesetzeswerk zusammenzuführen vgl. Protokoll des Innen- u. Rechtsausschusses Nr. 18/12, S. 5.
206 S. etwa *Heyse*, Über die Kunst, einen Skandal vom Zaun zu brechen – Zur politischen Funktionalität von Skandalen am Beispiel des „Hamburger Polizeiskandals", 2012.

polizeilichen Führungsebene. Gegen etwa 80 Polizisten wurde straf- und disziplinarrechtlich ermittelt, insbes. wegen Körperverletzung, Nötigung und Freiheitsberaubung. Es kam zu wenigen Verurteilungen. Ein parlamentarischer Untersuchungsausschuss „Hamburger Polizei" legte nach 57 Sitzungen, Anhörung von 101 Zeugen und Auswertung von mehr als 3.000 Akten am 13. November 1997 einen 1200-seitigen Abschlussbericht mit Konsequenzen für die Organisation, Führung und Kontrolle der Polizei vor.[207] Die Probleme bei der Hamburger Polizei wären keine Einzelfälle, eine „Mauer des Schweigens" und falsch verstandene Kameraderie innerhalb der Polizei – so der Bericht – hätten dazu geführt, dass Misshandlungen und andere Übergriffe von Kollegen nicht als Straftat angezeigt wurden.[208]

Im Kampf gegen die **Drogenkriminalität** wurde im Jahr 2001 der Einsatz von Brechmitteln eingeführt, wie dies schon in Frankfurt am Main seit den 1990er-Jahren praktiziert und von den meisten Gerichten auch gebilligt wurde.[209] Ende 2001 kam in Hamburg der 19-jährige Achidi John im polizeilichen Gewahrsam ums Leben. Er soll mit Drogen gedealt haben. Um ihn strafprozessual zu überführen, war ihm mit Gewalt ein Brechmittel verabreicht worden, was letztlich zum Herzstillstand führte. Nach einem weiteren Todesfall in Bremen im Jahr 2004 stellte die Hamburger Polizei den zwangsweisen Einsatz von Brechmitteln zwei Jahre später ein.[210]

Vor allem in Reaktion auf die Terroranschläge vom 11. September 2001 in den USA,[211] in deren Folge das FBI wegen der sogenannten Hamburger Zelle um Mohammed Atta auch in der Hansestadt ermittelte, wurden im Jahr **2005** das SOG und das PolDVG – parallel zu Polizeigesetzen anderer Länder – **reformiert**.[212] Auf Bundesebene wurden mehrere sog. Anti-Terror-Pakete und weitere gesetzliche Vorhaben wie das LuftSiG verabschiedet.[213] Die Ermächtigungen sind allerdings nicht auf die Bekämpfung des Terrorismus begrenzt, sondern können auch in anderen Gefahrensituationen eingesetzt werden. Die Entwicklung stellte so einen qualitativen Sprung des Polizeirechts von der Gefahrenabwehr weit in das **Vorfeld von Gefahren**, insbes. zur sogenannten Gefahrenvorsorge dar.[214] Besonders wurden die Befugnisse zur Datenerhebung und -verarbeitung im Zusammenhang mit den Aufgaben der Straftatenverhütung und Gefahrenvorsorge ausgeweitet. Diese beiden Aufgaben waren der Polizei schon seit 1991 neben der „klassischen" Aufgabe der Abwehr konkreter Gefahren zugewiesen worden (s. § 1 Abs. 1 S. 1 PolDVG). Im Jahr 2005 kam es zu wesentlichen Änderungen des Polizeirechts wie der Ausweitung des Aufenthaltsverbots auf eine Dauer von maximal zwölf Monaten, der Einführung lagebildunabhängiger Kontrollen und der Videoüberwachung an Kriminalitätsschwerpunkten, der Erhebung von DNA-Material und der Einführung des Taser.[215] Insbesondere mit § 25 Abs. 2 SOG führte Hamburg als eines der letzten Bundesländer eine explizite Rechtsgrundlage für den sog. **finalen Rettungsschuss** ein, der bis dahin dreimal (1974, 1994 und 1999) eingesetzt und dabei auf die strafrechtlichen Rechtfertigungstatbestände der Notwehr und der Nothilfe sowie eine Dienstanweisung gestützt worden war. Intensiv diskutiert wurde zuvor, wie und in welchem Maß dem handelnden Beamten – wenn alle materiellen Voraussetzungen vorliegen –

---

207 Bü-Drs. 15/6200, 1068 ff., u.a. die Einrichtung einer unabhängigen externen Kontrollkommission, s. dazu das Gesetz über die Polizeikommission, HmbGVBl. 1998, 93 sowie Bü-Drs. 15/6200, 1074 f., 15/7564, 16/914, 16/3977, 16/4775, 16/6311. Die Kommission wurde 2001 wieder aufgelöst, s. dazu HmbGVBl. 2001, 594, Bü-Drs. 17/17, Plenarprotokoll 17/4, 104 ff.
208 Vgl. Bü-Drs. 15/6200, S. 937 ff.
209 Dazu LD/*Frister* Kap. F Rn. 271 f. mwN.
210 S. dazu auch jüngst die bürgerschaftliche Befassung, Bü-Drs. 22/5949.
211 Vgl. Bü-Drs. 18/1487 („Reform 2005") sowie LD/*Petri/Kremer* Kap. A Rn. 129 ff.
212 HmbGVBl. 2005, 233; Überblick bei *Pünder* NordÖR 2005, 292 ff., 349 ff., 497 ff.
213 Überblick zu Anti-Terror-Paketen bei *Nolte* DVBl 2002, 573; zu den Grundkonflikten *Hoffmann-Riem* ZRP 2002, 497. Zur teilweisen Verfassungswidrigkeit des LuftSiG BVerfG 15.2.2006 – 1 BvR 357/05.
214 S. etwa *Trute* Die Verwaltung 2003, 501; *Kugelmann* DÖV 2003, 781; *Schoch* Der Staat 2004, 347.
215 Vgl. *Kopitzsch*, Hamburg, S. 175.

54 Trotz der bereits weitreichenden Novellierung des Hamburger Polizeirechts im Jahr 2005 folgten im Jahr 2012 **weitere, größere Änderungen** im Bereich der Erhebung und Speicherung von Daten (s. §§ 21 ff. PolDVG bzw. § 10 ff. PolDVG aF) sowie im Bereich des Verwaltungsvollstreckungsrechts als Reaktion auf Terrorereignisse und andere gesellschaftliche Entwicklungen.[218] So wurde das HmbVwVG weitgehend neu geregelt, der Kreis der zugelassenen Schusswaffen in § 22 Abs. 2 SOG näher bestimmt und ein Kontakt- und Näherungsverbot in § 12b Abs. 3 SOG integriert.

die (Letzt-)Entscheidung über den tödlichen Schusswaffeneinsatz vorbehalten werden müsse – und zwar auch dann, wenn er von Vorgesetzten zum Einsatz angewiesen wird, was in der Ausschluss-Regelung des § 25 Abs. 2 S. 2 SOG mündete.[216] Gegenstand war auch, ob die Befugnis auf spezielle Kräfte wie das SEK beschränkt werden oder grds. für die gesamte Vollzugspolizei gelten sollte.[217]

55 Im Jahr 2014 normierte der Gesetzgeber in § 12c SOG in Reaktion auf die Rechtsprechung des EGMR eine restriktive Befugnis zur polizeilichen Begleitung ehemals **Sicherungsverwahrter** [→ D162]. Die im Zuge der Fluchtbewegungen im Jahr 2015 befristet eingeführte Regelung in § 14a SOG [→ D208] zur Sicherstellung privater Grundstücke und Gebäude zur **Unterbringung von Geflüchteten** ist am 31. März 2017 ausgelaufen, wurde aber im April 2024 angesichts gestiegener Zahlen an Schutzsuchenden erneut befristet wiedereingeführt. Die Ende 2019 abgeschlossene, größere Reform des Hamburger Polizei- und Ordnungsrechts sah neben einigen speziellen Änderungen im SOG vor allem eine grundlegende Reform des PolDVG vor, mit der europäische und verfassungsgerichtliche Vorgaben umgesetzt und polizeipraktische Bedarfe befriedigt werden sollen.[219] Zuletzt kamen die – allerdings im öffentlichen Dienstrecht verankerte – Kennzeichnungspflicht von Polizeivollzugsbediensteten in geschlossenen Einheiten der Landesbereitschaftspolizei[220] sowie die Einrichtung von Waffenverbotszonen hinzu (s. insbes. § 13 Abs. 2 PolDVG), welche die vormaligen Gefahrengebiete ersetzen [→ D42].

56 Am 7. und 8. Juli 2017 wurde das zwölfte Treffen der Gruppe der zwanzig wichtigsten Industrie- und Schwellenländer, der **G20-Gipfel**, in Hamburg ausgerichtet. Neben den Staats- und Regierungschefs nahmen insgesamt etwa 6.500 Delegierte aus 26 Ländern teil. Rund um den Gipfel fanden im Hamburger Stadtgebiet teilweise zeitgleich etwa 48 Versammlungen und Aufzüge mit bis zu 50.000 Teilnehmenden statt. Der Anspruch, einerseits rechtsstaatliche Freiheiten zu schützen und andererseits die Sicherheit der Gipfelteilnehmer, Journalisten, Bürger und Versammlungsteilnehmer zu gewährleisten, stellte nicht nur die mehr als 23.000 zusammengezogenen Polizeibediensteten aus Hamburg, anderen Bundesländern, des Bundes, aus Österreich und anderen benachbarten Staaten, sondern auch das Gefahrenabwehrrecht vor grundlegende Herausforderungen, die noch lange die Gerichte beschäftigen sollten.[221] Im Rahmen des Versammlungsrechts stellte sich etwa die Frage, inwieweit Infrastruktureinrichtungen („Antikapitalistisches Camp" mit 10.000 Teilnehmern in 3.000 Zelten) vom Schutzbereich des Art. 8 GG umfasst sind[222] oder weiträumige Versammlungsverbote für längere Zeiträume in Form von Allgemeinverfügungen und gestützt auf den polizeilichen Notstand ausgesprochen

---

216 Vgl. Prot. Innen- u. RechtsA Nr. 18/12, 16 f.; Nr. 18/15, 111 ff.; Bü-Drs. 18/2288, 15 ff. u. 114 f.; Plenarprotokoll 18/33, 1686 Rz. D.
217 Vgl. Prot. Innen- u. RechtsA Nr. 18/16 u. 17, S. 5 f., Bü-Drs. 18/2288, 37.
218 Bü-Drs. 20/1923 u. 20/4579.
219 Vgl. insbes. BVerfG 20.4.2016 – 1 BvR 966/09. Zur „Reform 2019" s. HmbGVBl., 485 sowie v.a. Bü-Drs. 21/17906 u. 21/19239.
220 S. Bü-Drs. 22/5887.
221 Etwa VG Hamburg 4.5.2022 – 21 K 264/18.
222 OVG Hamburg 22.6.2017 – 4 Bs 125/17; 5.7.2017 – 4 Bs 148/17; 1.3.2023 – 4 Bf 221/20; BVerwG 27.11.2024 – 6 C 4.23; *Fischer* NVwZ 2022, 353; *Friedrich* DÖV 2019, 55.

werden dürfen.²²³ Auch die im Zuge des G20-Gipfels entwickelte Gesichtserkennungssoftware, die von der Sonderkommission „Schwarzer Block" im Nachgang zur Ermittlung der Identität von Gewalttätern eingesetzt wurde, warf verfassungsrechtliche Bedenken auf.²²⁴

Anfang 2020 brach die **Covid-19-Pandemie** aus, die auch die Hamburger Polizei und das Polizei- und Ordnungsrecht der FHH vor besondere Herausforderungen stellte. Im Mittelpunkt der Gefahrenabwehr stand zwar das bundesrechtliche IfSG, welches allerdings auch durch die Grundbegriffe und Prinzipien des allgemeinen Gefahrenabwehrrechts geprägt ist. Um gegen Einzelne Maßnahmen zu richten, sind auch hier insbes. eine hinreichend fundierte Gefahrenprognose, eine individuelle Verantwortlichkeit und die Wahrung der Verhältnismäßigkeit notwendig. Die Gerichte haben die polizeilichen Corona-Maßnahmen zunächst vor allem im einstweiligen Rechtsschutz kontrolliert. Besonders die Unsicherheiten über den Fortgang der Pandemie haben zu schwierigen Rechtsfragen geführt.

Am 9. März 2023 erschoss ein **Amokläufer** bei einer Veranstaltung der Zeugen Jehovas in deren Gebäude an der Straße **Deelböge** im Hamburger Stadtteil Alsterdorf sieben Menschen – darunter ein ungeborenes Kind im Alter von sieben Monaten – und anschließend sich selbst. Neun weitere Menschen wurden zum Teil schwer verletzt.²²⁵ In der polizeilichen und politischen Aufarbeitung warfen ein der Tat vorangegangener anonymer Hinweis auf eine beim Täter vermutete, ärztlich aber nicht diagnostizierte psychische Erkrankung und ein von ihm verfasstes Buch mit dem Titel „The Truth About God, Jesus Christ and Satan: A New Reflected View of Epochal Dimensions" sowie eine ebenfalls vorangegangene waffenrechtliche Überprüfung des späteren Täters Fragen auf.²²⁶ In Reaktion wurden verschiedene Maßnahmen insbes. zur Verschärfung des Waffenrechts und zur Neustrukturierung der Waffenbehörde ergriffen.²²⁷

Um die **Sicherheit am Hauptbahnhof** zu erhöhen, hat der Hamburger Senat durch Rechtsverordnung eine Waffenverbotszone eingerichtet. Verboten ist das Führen von Messern und anderen Waffen in einem Gebiet rund um den Hauptbahnhof. Um das Verbot durchzusetzen, patrouillieren die Hamburger Polizei, die Bundespolizei sowie die DB-Sicherheit und die Hochbahnwache in sog. Quattro-Streifen („Allianz sicherer Hauptbahnhof") und führen größere Kontrollaktionen durch [→ D44]. Auch die Videoüberwachung rund um den Bahnhof wurde verstärkt. Der Messerangriff am Hauptbahnhof am 23.5.2025 mit 18, teils lebensgefährlich verletzten Personen hat eine Diskussion über die Effektivität der bislang ergriffenen Maßnahmen ausgelöst. Seit April 2024 ist auch das Trinken von Alkohol im Bereich untersagt. Um im unmittelbaren Bahnhofsumfeld insbesondere obdachlosen Menschen sowie der Drogenszene Hilfe zu vermitteln und auf die Einhaltung der Regeln hinzuweisen, hat die Behörde für Arbeit, Soziales, Familie und Integration Mitarbeiter eines privaten Sicherheitsdienstes als sog. Sozialraumläufer eingesetzt und eine Koordinierungsstelle („Social Hub") eingerichtet.²²⁸

Am 5. Februar 2025 sind weitere, durchaus weitreichende Änderungen insbes. des im PolDVG geregelten **Polizeiinformationsrechts** in Kraft getreten, welche die Bürgerschaft seit August 2024 beraten hatte.²²⁹ Neben der Umsetzung von verfassungsgerichtlichen Vorgaben etwa zur automatischen Datenanalyse und zum Zweckbindungsgrundsatz²³⁰ betreffen die Änderungen

---

223 OVG Hamburg 3.7.2017 – 4 Bs 142/17; dazu *Mehde* DÖV 2018, 1.
224 VG Hamburg 23.10.2019 – 17 K 203/19; *Mysegades* NVwZ 2020, 852.
225 S. dazu Prot. InnenA Nr. 22/25.
226 S. dazu Prot. InnenA Nr. 22/26.
227 S. dazu Bü-Drs. 22/12782.
228 S. dazu Bü-Drs. 22/14595 u. 16831, jeweils mwN.
229 Drittes (eigentlich: Viertes, vgl. HmbGVBl. 2016, S. 514 u. 2019, S. 485) Gesetz zur Änderung polizeirechtlicher Vorschriften, HmbGVBl. 2025, S. 183. Dazu s. insbes. Bü-Drs. 22/16042 u. Prot. InnenA Nr. 22/39. Die Änderungen werden im vorliegenden Lehrbuch an den entspr. Stellen berücksichtigt.
230 [→ BFn].

v.a. die Aufzeichnung von Notrufen per App, den Umgang mit DNA, insbes. sog. Trugspuren, sowie die Bodycam und die elektronische Aufenthaltsüberwachung.

Stichwortverzeichnis

Die Angaben verweisen auf die Kapitel des Buches (**fette Buchstaben**) sowie die Randnummern innerhalb der einzelnen Kapitel (magere Zahlen).

Abschleppen E 53 ff.
Abstrakte Gefahr C 164, G 17 ff.
Abwehrrechte B 32
Adäquanz C 225
Adressat C 219
Aktionelle Befugnisse D 111 ff.
Alkoholverbot G 19
Allgemeine Leistungsklage D 195, I 18
Allgemeinverfügung C 13 f., E 56
Amtshaftung H 32 ff.
Amtshilfe B 72, C 245, D 267 f.
Amtswalter H 33
Androhung E 26, 37
Anfechtungsklage I 8
Angemessenheit C 303 f.
Anhalten D 31
Anhörung C 112, E 5
Anordnungsbefugnis D 3
Anscheinsgefahr C 189
Anscheinsverantwortlichkeit C 250, H 6, 28
Anspruch
– auf Einschreiten C 285 ff., I 17
– auf Unterbringung C 288
– auf Wiedereinweisung C 290
– aus Grundrechten B 34
Anspruchsgrundlage C 285
Anstalt des öffentlichen Rechts B 79
Anwendungsexklusivität C 64 ff.
Anwendungsvorrang C 59 ff.
Ärztliche Zwangsmaßnahmen E 30 f.
Aufenthaltsverbot D 133 ff.
Aufgabe B 58 ff.
– Gefahrenabwehr B 21, 61 ff.
– Sicherheit B 15 ff.
– Trennung von Befugnis A 5, B 59, C 47
Aufhebungsanspruch C 296
Aufopferungsanspruch H 22 ff.
Aufschiebende Wirkung I 9
Ausführungskompetenz B 50 f.
Ausgleichsanspruch H 14 f.
Auskunftspflicht D 33 f.

Auslegung, Normen C 21
Ausschreibung zur polizeilichen Beobachtung oder gezielten Kontrolle D 91 f.
Austauschmittel C 302
Auswahlermessen C 262 ff.
Automatische Kennzeichenlesesysteme D 65 f.

Befragung D 31 ff.
Befugnis
– Inhalt und Reichweite C 45 f.
– Trennung von Aufgabe A 5, B 59, C 47
Begleitung, polizeiliche D 162 f.
Begleitverfügung D 13 f. 218
Begünstigte H 18
Behörde für Inneres und Sport B 81
Belästigung C 171
Beliehene B 79, 92
Benachrichtigung D 26
Berechtigungsschein D 45
Beruhigungsmittel E 31
Bestand und Funktionsfähigkeit des Staats C 141 ff.
Bestimmtheit
– Normenbestimmtheit B 40
– Verfügungen C 305 ff., D 136, 142
Betreten von Wohnungen D 142 ff.
Betretungsverbot D 144 ff.
Bezirksamt B 79, C 85
Bodycam D 58 ff.
Bundesbehörden B 51, 85 ff.
Bundeskriminalamt B 86
Bundespolizei B 85
Bundesrecht B 7
– Gesetzgebungskompetenz B 48
Bundesstaat B 46 ff.
Bundeswehr B 16, 89

Covid-19-Pandemie G 1, I 21, J 57

Dateisystem D 110
Datenabgleich D 41, 116 ff.
Datenerhebung D 28 ff.
– offene D 30

- verdeckte D 71 ff.
Datenübermittlung D 114
Datenverarbeitung D 19
- Gefahrenvorsorge D 47
- Generalklausel D 123 ff.
- Grundsätze D 22 ff.
- im Gewahrsam D 52, 57
- im öffentlichen Raum D 53 ff.
- Notrufe D 48
- weitere D 94 ff.
- zweckändernd D 103
- zweckrealisierend D 100
- zweckwahrend D 101 f.
Dauerverwaltungsakt D 149, 202
Demokratie B 42 ff.
Dereliktion C 240
Digitalisierung B 93
Diskriminierungsverbot C 278, D 40
Distanz-Elektroimpulsgerät E 36
DNA-Analyse D 49 ff.
Doppelfunktionale Maßnahme
- Befugnisnorm B 75
- Rechtsweg I 3
Dringende Gefahr C 186
Drohende Gefahr C 204 ff.
Drohnen D 63
DSGVO B 3
Duldungspflicht D 31
Duldungsverfügung C 309, D 7, I 7
Durchsetzungsgewahrsam D 177 ff.
Durchsuchung
- Begriff D 216
- von Personen D 41, 217 ff.
- von Sachen D 229 ff.
- von Wohnungen D 238 ff.
- zur Nachtzeit D 251
Eilbedürftigkeit E 47 ff.
Eilzuständigkeit Siehe Vollzugspolizei
Eingriff Siehe Grundrechtseingriff
Einheitsverwaltung B 54, 78
Einschreiten gegen Hoheitsträger
- Vollstreckung E 12
- Zuständigkeit C 101 ff.
Einwilligung C 38 f., D 24, 127
Einziehung D 215
Elektronische Aufenthaltsüberwachung D 88 ff.
EMRK B 57, D 168, 173, H 39

Entpolizeilichung B 78, J 14, 42
Entschädigung H 20 ff.
Entschließungsermessen C 260 f.
Erhebliche Gefahr C 185
Erkennungsdienstliche Maßnahme D 49 ff.
Ermächtigungsgrundlage C 28
- Wirksamkeit C 76 ff.
Ermessen C 257 ff.
- Grenzen C 277
- Verordnung G 22 ff.
Ermessensfehler C 266
Ermessensfehlgebrauch C 271 ff.
Ermessensnichtgebrauch C 268 ff.
Ermessensreduzierung auf Null C 283 ff.
Ermessensüberschreitung C 275 ff.
Ersatzvornahme E 18 ff.
- Abschleppen Siehe Abschleppen
Erzwingungshaft E 40
Europäische Union
- Behörden B 56
- Rechtsquellen B 3
Europäisierung B 56
Europarecht B 18, 55 f.
Europol B 56

Fahndung D 114
Fesselung E 33 f.
Feststellungsklage I 14, 19
Finaler Rettungsschuss E 39
Fixierung D 195, E 35
Folgenbeseitigungsanspruch D 213, H 20 ff. 31
Folterverbot D 196, E 27
Formelle Rechtmäßigkeit C 79 ff.
- Folgen bei Verstößen C 120 ff.
- Form C 115 f.
- Verfahren C 110 ff.
Fortsetzungsfeststellungsklage I 10 f.
Fotografieren und Filmen von Polizeieinsätzen C 147 ff.
Freiheit B 25 ff.
Freiheitsbeschränkung D 134, 166
Freiheitsentziehung D 134, 166 f.
- Dauer D 184 ff.
Fremdvornahme E 19
Fußfessel D 88 ff. 155

G20-Gipfel J 56
Gebühren H 16 ff.

Gebührenbescheid I 12
Gebührenfreiheit H 16
Gefahr C 160 ff.
- drohende C 204 ff.
- konkrete C 163 ff.
- qualifizierte C 184 ff.
Gefährderansprache D 259 ff.
Gefährdetes Objekt D 39, 55
Gefahrenabwehr A 2
- Aufgabe B 21 ff. 61 ff.
- besondere B 71
- Effektivität C 263
- Gefahren- und Kriminalprävention *Siehe Gefahren- und Kriminalprävention*
- Gesetzgebungskompetenz B 47 ff.
- Vorfeld B 24
- Vorsorge B 23
Gefahrenabwehrrecht A 4, B 6
Gefahrenabwehrverordnung *Siehe Rechtsverordnung*
Gefahrengebiete D 42 f.
Gefahren- und Kriminalprävention B 23 f. 65 ff.
- Pflichtigkeit C 218
- Verhältnismäßigkeit B 37
Gefahrenverdacht C 194 ff., G 19
Gefahrerforschungseingriff C 197, 254
Gefahr im Verzug C 187
Gefährlicher Ort D 39
Gefahrverursachung C 225 ff.
- Theorie der unmittelbaren Verursachung C 226
Gefangenensammelstelle D 52
Gegenwärtige Gefahr C 186
Genehmigungsverfahren F 1 ff.
Generalklausel D 123 ff. 253 ff.
- Anwendungsbereich C 70 ff.
Gesetzesrang C 41 ff.
Gesetzesvorbehalt *Siehe Vorbehalt des Gesetzes*
Gesetzgebungskompetenz B 47 ff.
Gesichtserkennung D 64
Gewahrsam *Siehe Ingewahrsamnahme*
Gewaltenteilung B 41
Gewaltmonopol E 3
Gewohnheitsrecht C 43
Glasflaschenverbot G 20
Grundgesetz B 29 ff.

Grundrechte B 32 ff.
- Bindung C 1
- Eingriff *Siehe Grundrechtseingriff*
- objektive Werteordnung C 96
- Schutz durch Organisation und Verfahren B 35, D 25
Grundrechtseingriff B 33
- faktisch/mittelbar C 31
- klassisch C 31
Grundrechtsverzicht C 38 f.
Grundverfügung E 3, 6 ff.
Hamburgischer Beauftragter für Datenschutz und Informationsfreiheit D 27
Handlungsbefugnis D 5
Handlungsform C 11 ff. 36, I 6 ff.
Handlungsformenlehre C 9
Handlungsstörer *Siehe Verhaltensverantwortlichkeit*
Hausrecht öffentlich-rechtlicher Einrichtungen C 143
Heilung C 121
Hilfsmittel der körperlichen Gewalt E 32 ff.
Hilfspolizisten B 83
Hoheitsträger, Einschreiten gegen *Siehe Einschreiten gegen Hoheitsträger*
Hypothetische Datenneuerhebung D 103
Hypothetische Grundverfügung E 46
Identitätsfeststellung D 35 ff.
- Begleitmaßnahmen D 41
- Verwaltungsbehörde D 46
Inaugenscheinnahme D 42
Individualrechtsgut C 135
Indiztatsache D 153
Informationelle Befugnisse D 15 ff.
Informationelle Selbstbestimmung D 15, 53, 60, 99
Informationshandeln D 263 ff.
Informationshilfe B 72, D 268
Ingewahrsamnahme D 164 ff.
- Behandlung von Personen D 190 ff.
- Dauer D 197 ff.
- Durchsuchung D 195
- Rechtsschutz D 189
- Sicherstellung D 195
- zum Schutz privater Rechte D 180
Internetstreife C 37, D 123
Inzidente Normenkontrolle I 19

IT-Systeme, lernende D 120 ff.
JI-RL B 3
Kernbereich exekutiver Eigenverantwortung B 41
Kernbereich privater Lebensgestaltung B 30, D 87
KI-VO B 3
Klimawandel B 94
Konkludente Duldungsverfügung D 7, I 7
Konkrete Gefahr C 163 ff.
Kontakt- und Näherungsverbot D 156 ff.
Kontaktverbotsverordnung G 26 f.
Kontrollquittung C 282
Körperliche Gewalt E 28 f.
Körperschaft des Öffentlichen Rechts B 79
Kostenbescheid I 12
Kostentragung H 2 ff.
Kreuzbergurteil J 16

Landeskriminalamt B 81
Landesrecht B 8 ff.
- Gesetzgebungskompetenz B 47
Lauschangriff D 75 f.
Legalitätsprinzip C 258

Maßnahme C 11
Meinungsfreiheit C 145
Meldeauflage D 135 ff.
Menschenwürde B 30
MEPolG B 9, J 49
Militärischer Abschirmdienst B 88
Mittelauswahlermessen C 265
Möglichkeit der Befolgung einer Verfügung C 308 ff.

Nationalsozialismus J 34 ff.
Neutralitätsgebot D 264
Nichtstörer *Siehe Notstandspflichtigkeit*
Nichtwissen C 212 ff.
Normenbestimmtheit B 40
Normenklarheit B 40
Normenkollision C 20, 54 ff.
Normprüfungskompetenz C 25, I 20
Normverwerfungskompetenz C 26, I 20
Notstandspflichtigkeit C 243 ff.
- Entschädigung H 22 ff.
- unechter Notstand C 246

- Zumutbarkeitsgrenze C 247
Obdachlosigkeit C 137, 288 ff.
Observation D 67 ff. 254
- kurzfristige D 70
- Verfahren D 69
Öffentliche Ordnung C 153 ff.
Öffentliche Sicherheit C 125 ff.
Öffentlichkeitsarbeit B 45, D 263 ff.
Online-Durchsuchung D 78
Opferschutz D 93
Opportunitätsprinzip C 258
Ordnungsbehörden
- allgemeine B 80
- des Bundes B 87
- Sonder- B 80
Ordnungsrecht
- des Bundes B 7
- Hamburgs B 8 ff.
Ordnungswidrigkeitenverfolgung B 73
Organisation der Polizei- und Ordnungsverwaltung B 77 ff.

Personenbezogene Daten D 15, 20, 23
Personenkontrolle
- verdachtslose D 42
- Waffenverbotsgebiet D 44
Pflichtigkeit C 215 ff.
- Kostentragung H 5 ff.
- Rechtsnachfolge C 40, 255
- Verordnung G 28
Pflicht zum Einschreiten C 284
Platzverweis D 140 ff.
PolDVG D 18 ff.
Policey J 4
Polizeibegriff B 22
Polizeidichte J 13
Polizeidienstvorschrift B 12
Polizeifestigkeit C 66
Polizeigriff E 29
Polizeihelfer H 24
Polizeiliche Begleitung D 162 f.
Polizeistaat J 8
Polizei- und Ordnungsrecht A 2 ff., B 8
- Geschichte J 1 ff.
Polizei- und Ordnungsverwaltung
- im Bund B 84 ff.
- in Hamburg B 78 ff., J 18 ff.

Stichwortverzeichnis 375

Polizeiverfügung C 12
Präventives Handeln B 60
Predictive Policing C 200 ff.
Pre-Recording D 61
Private Mitwirkung B 92
Private Rechte C 93, 97, 140
Privater Sicherheitsdienst B 83, 92
Privatrechtsschutz *Siehe Schutz privater Rechte*
Psychische Krankheit D 266
Putativgefahr C 190

Quellen-TKÜ D 78

Racial Profiling C 280 ff.
Rasterfahndung D 117
Razzia D 39
Realakt C 15 f.
- Rechtsschutz I 13 ff.
Recht am eigenen Bild C 148
Rechtfertigungsgründe C 48
Rechtmäßigkeit C 1, 6
Rechtmäßigkeitszusammenhang
- Datenverarbeitung D 96
- Durchsetzungsgewahrsam D 160
- Standardbefugnisse D 10
- Unmittelbare Ausführung E 46
- Vollstreckung E 9 f.
Rechtsbegriffe C 6 ff.
Rechtsbindung B 38 ff.
Rechtsgrundlage C 27 ff.
- Abschleppen *Siehe Abschleppen*
- Anwendungsbereich C 54 ff.
Rechtsordnung C 127 ff.
Rechtsquelle B 2 ff.
- Rangordnung B 13, C 23
Rechtsschutz I 1 ff.
Rechtsstaatsprinzip B 31 ff., C 33
Rechtsverordnung G 1 ff.
- Ermessen G 22 ff.
- Gesetzesrang C 42
- Handlungsform C 17
- Rechtsgrundlage G 4 ff.
- Rechtsquelle B 11
- Rechtsschutz I 19 ff.
Rechtsweg I 2 ff.
Repressives Handeln B 60
Rettungsfolter E 27

Richtervorbehalt D 69, 134, 139, 185, 216
- Observation D 69
- Wohnungsdurchsuchung D 247
Risiko C 211
Rückführungsgewahrsam D 183
Sache D 203 f.
Satzung B 11, C 18
Schadensersatz D 212, H 20 ff.
Scheingefahr C 190
Scheinverantwortlichkeit C 252
Schlagstock E 36
Schusswaffen E 37 ff.
Schutzgewahrsam D 170
Schutzgut C 123 ff.
Schutznormtheorie C 285
Schutzpflicht B 34, D 148
Schutzpolizei B 81
Schutz privater Rechte C 94 ff., D 180, 210 f.
Schutzsicherstellung D 210 f.
Selbstbindung der Verwaltung C 278
Selbstgefährdung C 138
Selbsttötung C 139
Selbstvornahme E 20
Senat B 78 ff.
Sicherheit
- Aufgabe B 15 ff.
- äußere B 16
- innere B 16 f. 88
- öffentliche *Siehe öffentliche Sicherheit*
- private B 19
- Recht auf B 18, 34
Sicherheitsdienstleister B 20, 83, 92
Sicherstellung D 202 ff.
- Abschleppen *Siehe Abschleppen*
- Gewahrsam D 202
- Immobilien C 290
- Kostentragung H 13
Sicherungsverwahrung D 145
Sichtbarkeitsgrundsatz E 57
Sistierung D 41, 46
Social Media D 245
Sonderopfer C 243, H 21 ff.
Sonderzuweisung I 5
Sorgerechtsgewahrsam D 164
Sozialnorm C 155
Speicherdauer, Daten D 109

Spezialbefugnis C 60
Spezialgesetz B 6
Spezialitätsgrundsatz C 56, 59 ff.
Staatsanwaltschaft B 73
Staatshaftungsrecht H 20 ff.
- Rechtsweg I 4
Staatsnotstandsrecht C 43
Stalking D 156 ff.
Standardbefugnis C 61, D 1 ff.
Standardmaßnahme
- anordnende D 3
- Durchsetzung D 10 ff.
- realisierende D 5
- Rechtsnatur D 3 ff.
Störer C 219
Störerauswahlermessen Siehe Auswahlermessen
Störermehrheit C 262 ff., H 14 f.
Störung C 181 ff.
Strafrecht, öffentliche Sicherheit C 128 ff.
Strafverfolgung
- Abgrenzung zur Gefahrenabwehr B 74 f.
- Aufgabe B 73 ff.
- Befugnis B 74
- Gesetzgebungskompetenz B 49, 69
- Rechtsquellen B 7
- Rechtsweg I 2
Strafverfolgungsvorsorge B 49
Straßenverkehrsrecht B 76
Subjektives Recht C 135 ff. 285
Subsidiaritätsklausel C 94 ff. 140
Suizid C 139
Surrogation D 214

Tarnidentität D 93
Taser E 36
Tatverdacht B 73
Telekommunikationsüberwachung D 77 ff.
Terrorismus B 23, C 205, J 55
Trennungsgebot B 35
Trennung von Polizei und Verwaltung B 78, C 84

Übermaßverbot C 291 ff.
Unaufschiebbarkeit C 88
Unbrauchbarmachung D 214
Unmittelbar bevorstehende Gefahr C 186

Unmittelbare Ausführung E 41 ff.
- Abgrenzung zur Verwaltungsvollstreckung E 43 f.
- Abschleppen Siehe Abschleppen
- Kostentragung H 11 f.
Unmittelbarer Zwang E 22 ff.
Unmöglichkeit C 308 ff.
Unrechtshaftung H 30 ff.
Unterbindungsgewahrsam D 171 ff.
Unterbringung C 288 ff.
- sofortige D 266
Untersuchung von Personen D 227 f., E 31

Veranlasser H 17
Veranstaltung, öffentliche F 2, H 19
Verantwortlichkeit C 215 ff.
- Hoheitsträger C 221
- juristischer Personen C 220
- Notstand Siehe Notstandspflichtigkeit
Verbringungsgewahrsam D 200 f.
Verdachtsverantwortlichkeit C 253, H 6, 28
Verdeckte Ermittlungspersonen D 84 ff.
Verdeckter Einsatz technischer Mittel D 71 ff.
- in oder aus Wohnungen D 75 f.
Verfassungsrecht B 14 ff.
- Öffentliche Sicherheit C 134
- Rechtsprechung B 26 f. 37
- Verfassung der FHH B 52 ff.
Verfassungsschutz B 88
Verfügung C 12
Verhaltensverantwortlichkeit C 223 ff.
Verhältnismäßigkeit B 36 ff., C 267
- Abschleppen Siehe Abschleppen
- Angemessenheit C 303 f.
- Erforderlichkeit C 298 ff.
- Geeignetheit C 294 ff.
- Grundsatz C 291 ff.
- legitimer Zweck C 292 f.
- unmittelbarer Zwang E 26
Verhütung von Straftaten B 68
Verkehrszeichen E 56 f.
Vernichtung D 214
Verordnung Siehe Rechtsverordnung
Verordnungsbefugnis G 4 ff.
Verpflichtungsklage I 17
Versammlungsrecht, Polizeifestigkeit C 66
Versammlungsschutz B 76
Vertrauenspersonen D 80 ff.

Stichwortverzeichnis

Vertretbare Handlung E 18
Verwahrung D 212 f., H 13
Verwaltungsakt
- Bekanntgabe C 117, E 57
- Blaulicht C 15
- Erledigung I 10 f.
- Form C 115
- Grundverfügung E 6 ff.
- Handlungsform C 12
- Legalisierungswirkung C 133
- Rechtsschutz I 8 ff.
- Verkehrszeichen E 57
- Wirksamkeit C 118

Verwaltungsaktbefugnis C 50
Verwaltungsbehörde B 79
- Zuständigkeit C 85 ff.

Verwaltungshelfer E 19, H 36
Verwaltungsrecht
- allgemeines A 1
- besonderes A 2 ff.
- öffentliche Sicherheit C 131 f.

Verwaltungsverfahren C 109
Verwaltungsvollstreckung E 3 ff.
Verwaltungsvorschrift B 12, C 19
Verwertung D 214
Videoüberwachung
- im Gewahrsam D 57, 195
- offene D 53 ff.

Völkerrecht, Rechtsquellen B 4, 57
Vollstreckung E 3 ff.
- Abgrenzung zur unmittelbaren Ausführung E 43 f.
- beschleunigte E 4, 15
- Kostentragung H 8 ff.
- Rechtmäßigkeitszusammenhang E 9 f.
- Rechtsschutz I 16

Vollstreckungsbehörde E 5
Vollstreckungstitel E 6
Vollzugshilfe B 72, D 268, E 5
Vollzugspolizei
- Eilzuständigkeit C 68
- Organisation B 82
- Zuständigkeit C 88 ff.

Vorbehalt des Gesetzes B 40, C 2, 29
- allgemeiner C 33
- grundrechtlicher C 30
- Reichweite C 34 ff.

Vorbereitung für die Hilfeleistung und das Handeln in Gefahrfällen B 70
Vorbereitungsmaßnahme B 70
Vorbeugende Bekämpfung von Straftaten B 23, 65, 68 f., D 19
Vorfeld *Siehe Gefahren- und Kriminalprävention*
Vorführung D 134
Vorladung D 129 ff.
Vorrang des Gesetzes B 40, C 2
Vorsorge B 65, 69, D 19, G 19, J 53

Waffen E 36 ff.
Waffenverbotszone D 44
Wasserschutzpolizei B 81
Weisung C 19
Wesentlichkeitstheorie C 42
Widerspruch I 8
Wiedereinweisung C 290
Wiederholungsmöglichkeit einer Maßnahme C 297
Wohlfahrt J 7
Wohnung D 240 ff.
Wohnungsverweisung D 127 ff.

Zitiergebot C 51
Zurückbehaltungsrecht D 213, H 13
Zusammenarbeit
- auswärtige Polizei- und Ordnungsbehörden C 106
- Bund-Länder-Ebene B 91
- Europäische B 55

Zusatzverantwortlichkeit C 235 f.
Zuständigkeit C 80 ff.
- der Verwaltungsbehörden C 85 ff.
- der Vollzugspolizei C 88 ff.
- grenzüberschreitende C 106
- Schutz privater Rechte C 93 ff.

Zuständigkeitsanordnung C 85
Zustandsverantwortlichkeit C 237 ff.
Zwangsernährung E 31
Zwangsgeld E 21
Zwangsmittel E 11, 17 ff.
Zweckbindungsgrundsatz D 97 ff.
Zweckveranlasser C 229 ff.